Verhandlungen

des

Neunundzwanzigsten
Deutschen Juristentages.

Herausgegeben

von

dem Schriftführer-Amt der ständigen Deputation.

Erster Band.
(Gutachten.)

Berlin 1908.
Kommissions-Verlag von J. Guttentag, Verlagsbuchhandlung,
G. m. b. H.

Inhaltsverzeichnis.

Gutachten.

(Erster Band.)

I.

Gutachten des Herrn Werner Rosenberg, Landgerichtsrat in Straßburg i. Elsaß,

über die Frage:

Welche Reformen empfehlen sich für die Voruntersuchung im Strafverfahren?

I.

Die Kommission für die Reform des Strafprozesses, welche 1903 vom Reichsjustizamt einberufen wurde, hat empfohlen, das System der gerichtlichen Voruntersuchung grundsätzlich beizubehalten, dasselbe jedoch in einzelnen Punkten zu verbessern.[1] Die Konferenz von Regierungsvertretern, welche 1907 im Reichsjustizamt die Grundzüge der Strafprozeßreform feststellte, hat sich ebenfalls für Beibehaltung und Verbesserung der Voruntersuchung ausgesprochen[2]. Die Beschlüsse beider Versammlungen stehen in Widerspruch mit den Forderungen zahlreicher und hervorragender Kriminalisten, die eine vollständige Neuordnung des gesamten Vorverfahrens unter gänzlicher Beseitigung des Untersuchungsrichters erstreben. Schon im Jahre 1848 hat Geib in seiner Schrift über die Reform des deutschen Rechtslebens ausgeführt:

> „Die Aufstellung eines besonderen Untersuchungsrichters außer und neben dem Beamten der Staatsbehörde muß getilgt und dieser ganze Abschnitt des Verfahrens muß der Staatsbehörde ausschließlich überwiesen werden.“[3]

---

[1]) Protokoll der Kommission für die Reform des Strafprozesses 1 S. 161 2 S. 67, 69.

[2]) Kölnische Zeitung vom 3. Juli 1907 N. 695.

[3]) Geib „Die Reform des deutschen Rechtslebens“ (1848) S. 106.

Vor Erlaß der deutschen Strafprozeßordnung haben Brauer,[4]) von Stemann,[5]) Dalcke,[6]) Sundelin,[7]) Keller,[8]) Schütze,[9]) Hugo Meyer[10]) und Ullmann[11]) ebenfalls den Vorschlag gemacht, das Amt des Untersuchungsrichters aufzuheben sowie seine Funktionen zwischen Staatsanwalt und Einzelrichter erster Instanz aufzuteilen. Seit Einführung der deutschen Strafprozeßordnung haben von Kries,[12]) Aschrott,[13]) Rosenfeld,[14]) Heinemann,[15]) von Lilienthal,[16]) W. Mittermaier,[17]) Feisenberger,[18]) M. Liepmann,[19]) Elvers,[20]) Beling,[21]) von

---

[4]) Gerichtssaal. Erster Jahrgang, zweiter Band (1849) S. 329, 333.

[5]) Goltdammers Archiv für preußisches Strafrecht 8 (1860) S. 42, Gerichtssaal 25 (1873) S. 191.

[6]) Goltdammers Archiv 8 S. 151.

[7]) Sundelin „Die Staatsanwaltschaft in Deutschland" (1860) S. 103; Allgemeine deutsche Strafrechtszeitung. Erster Jahrgang (1861) S. 55.

[8]) Verhandlungen des dritten deutschen Juristentags (1862) Band 1 Vorlage 9, Band 2 S. 293—301; Keller „Die Staatsanwaltschaft in Deutschland" (1866) S. 267.

[9]) Verhandlungen des elften deutschen Juristentags (1873) 2 S. 223.

[10]) Hugo Meyer „Die Mitwirkung der Parteien im Strafprozeß" (1873) S. 16, 18.

[11]) Allgemeine deutsche Strafrechtszeitung, dreizehnter Jahrgang (1873) S. 307—308.

[12]) Zeitschrift für die ges. Strafrechtswissenschaft 9 S. 99.

[13]) Mitteilungen der Internationalen kriminalistischen Vereinigung 8 S. 239; Aschrott Reform des Strafprozesses (1906), Generalreferat S. 90.

[14]) Mitteilungen der IKV. 10 S. 533, 545; deutsche Juristenzeitung (1904) S. 40.

[15]) Mitteilungen der IKV. 10 S. 663. 704; Heinemann Die rechtliche Stellung des Angeklagten (1906) S. 10.

[16]) Mitteilungen der IKV. 12 S. 293; Deutsche Juristenzeitung (1904) S. 1003: Reform des Strafprozesses, herausgegeben von Aschrott, S. 410—411.

[17]) Mitteilungen der IKV. 11 S. 283, 491, 853; Juristisch-psychiatrische Grenzfragen (herausgegeben von Finger, Hoche und Bresler) 2, Heft 6 (1904), Separat-Abdruck S. 18.

[18]) Zeitschrift für die ges. Strafrechtswissenschaft 24 S. 722, Mitteilungen der IKV. 14 S. 270.

[19]) Mitteilungen der IKV. 12 S. 330. 333.

[20]) Deutsche Juristenzeitung 1904 S. 627; Grenzboten Jahrgang 64 (1905) 20 S. 352—358.

[21]) Deutsche Juristenzeitung 1904 S. 918; Zeitschrift für die gesamte Strafrechtswissenschaft 24 S. 442, 443, 464, 471, 473.

Liszt,[22]) Weidlich,[23]) van Calker,[24]) Adickes,[25]) Stein[26]) und Andere die Ansicht vertreten, daß die gerichtliche Voruntersuchung ein ganz veraltetes, überflüssiges und sogar schädliches Rechtsinstitut sei, welches abgeschafft werden müsse. Im Auslande haben der Österreicher Zucker[27]) sowie die Franzosen Conte[28]) und Garçon[29]) denselben Standpunkt verteidigt.

Auf den Kongressen der Internationalen kriminalistischen Vereinigung in Budapest (1899) und Petersburg (1902) sowie auf den Versammlungen der deutschen Landesgruppe dieser Vereinigung in Bremen (1902), Dresden (1903), Stuttgart (1904) und Frankfurt (1906) hat sich indessen herausgestellt, daß die Gegner der Voruntersuchung noch immer in der Minorität sind. Die große Mehrzahl der deutschen und ausländischen Juristen schreckt vor einer radikalen Umgestaltung des ganzen Vorverfahrens zurück; sie betrachtet die vollständige Aufhebung der Voruntersuchung als ein gewagtes Experiment, einen Sprung ins Dunkle, dessen Folgen nicht zu übersehen sind. Auch die neuen Entwürfe einer französischen und italienischen Strafprozeßordnung halten an dem System der gerichtlichen Voruntersuchung fest.

Unsere Zeit ist für eine grundsätzliche Änderung des Vorverfahrens noch nicht reif; die Erkenntnis, daß eine solche Reform durchgeführt werden muß, hat sich in der großen Masse des Juristenstandes noch nicht Bahn gebrochen. Mit dieser Tatsache müssen auch diejenigen Juristen rechnen, die — wie Verfasser der vorliegenden Abhandlung — zu den Gegnern der Voruntersuchung gehören. Es muß daher der ernste, ehrliche Versuch unternommen werden, die notorischen Mängel der Voruntersuchung durch Teilreformen zu beseitigen. Mit einer Politik der

---

[22]) v. Liszt Reform des Strafverfahrens (1906) S. 33.

[23]) Weidlich Die englische Strafprozeßpraxis und die deutsche Strafprozeßreform (1906) S. 68.

[24]) Vortrag im unterelsässischen Fürsorge-Verein für entlassene Gefangene (1907).

[25]) Mitteilungen der JKV. 14 S. 252; Monatsschrift für Kriminalpsychologie und Justizreform (herausgegeben von Aschaffenburg). Vierter Jahrgang, erstes Heft (1907) S. 19; Adickes Zur Verständigung über die Justizreform (1907) S. 32—33.

[26]) Stein Zur Justizreform (1907) S. 31.

[27]) Gerichtssaal 47 S. 448; Mitteilungen der JKV. 8 S. 256, 11 S. 332, 347, 476; Zucker Ein Wort zur Aufhebung der grrichtlichen Voruntersuchung (1904) S. 40, 71.

[28]) Mitteilungen der JKV. 8 S. 282—284.

[29]) Mitteilungen 10 S. 293.

kleinen Mittel kann vielleicht dasselbe Ziel erreicht werden, welches durch einen radikalen Bruch mit der historischen Entwicklung erstrebt wird.

II.

Die zahlreichen Angriffe, welche gegen das herrschende System der Voruntersuchung gerichtet werden, lassen sich in drei kurze Sätze zusammenfassen:

ungenügende Information des Staatsanwalts, des Angeschuldigten und des Verteidigers,

ungenügender Schutz des Angeschuldigten,

unnötige Zeit-, Kraft- und Geld-Vergeudung.

A. Ungenügende Information des Staatsanwalts.

Die Vernehmung des Angeschuldigten, der Zeugen und Sachverständigen erfolgt in Abwesenheit des Staatsanwalts; Ausnahmen von dieser Regel sind nur in den Fällen der sogenannten „antizipierten" Beweisaufnahme zuläisig (§ 190 Absatz 2, § 191 StPO.). Die Ansicht, daß der Untersuchungsrichter auch in anderen Fällen dem Staatsanwalt die Anwesenheit gestatten dürfe, ist unrichtig.[30]) Der Staatsanwalt sieht also die Personen, welche in der Voruntersuchung vernommen werden, überhaupt nicht; er hört nicht ihre Aussagen, sondern liest nur die Protokolle, welche von anderen Personen über diese Aussagen errichtet worden sind. Die Protokolle aber geben vielfach ein ungenaues, unvollständiges, ja sogar falsches Bild von der Art und Weise der Vernehmung sowie von Form und Inhalt der abgegebenen Erklärungen. Aussagen, die sich auf einfache Bejahung oder Verneinung der gestellten Fragen beschränken, werden in ausführlicher Darstellung, dramatischer Schilderung und gewählten Ausdrücken wiedergegeben. Bei anderen Aussagen wird das Ergebnis einer stundenlangen Vernehmung in wenige, kurze Sätze zusammengefaßt. Der Eindruck, welchen die Persönlichkeit des Aussagenden macht, seine äußere Erscheinung, der Grad seiner körperlichen und geistigen Entwicklung, die Art und Weise seines Auftretens, die Schärfe seiner Sinne, die Stärke seines Gedächtnisses, das Maß seiner Intelligenz und Wahrheitsliebe verschwinden in den Akten vollständig.[31]) Der Staats-

---

[30]) Ortloff Das Vorverfahren des deutschen Strafprozesses (1893) § 54 S. 179–180. Löwe-Hellweg Die Strafprozeßordnung für das Deutsche Reich, 12. Auflage § 191 Anm. 1a S. 519.

[31]) Hahn Die gesamten Materialien zur Strafprozeßordnung 1 S. 789 (Gneist) – Mitteilungen der JKV. 8 S. 270 (Rosenblatt), 11 S. 383 (Zucker), S. 659 (Heinemann), S. 761 (Rosenberg), 12 S. 295 (v. Lilienthal); Ge-

anwalt, welcher auf Grund einer geheimen Voruntersuchung die Anklage erhebt, kann die Zeugen in der Regel nicht wägen, sondern nur zählen. Steht die Aussage eines Beamten (Schutzmann, Förster, Feldhüter usw) mit anderen Aussagen in Widerspruch, so muß er umgekehrt einen einzigen Zeugen gegenüber einer Mehrheit von Zeugen in die Wagschale werfen, ohne das Gewicht dieser verschiedenen Stimmen kontrollieren zu können.

Wie wichtig die persönliche Kenntnis des Angeschuldigten und der Zeugen für den Staatsanwalt ist, beweist eine kleine Geschichte, die Gageur in der Deutschen Juristenzeitung erzählt hat: Die Staatsanwaltschaft hatte auf Grund der Akten eine Anklage wegen Nötigung erhoben. In der Hauptverhandlung erschien auf der Anklagebank ein spindeldürres, schwaches Männchen, während der angeblich Genötigte eine athletische Gestalt war — „Allgemeine Heiterkeit, Freisprechung.“[32])

Bei der schriftlichen Fixierung einer Aussage können ferner leicht Mißverständnisse, Irrtümer und Fehler vorkommen. Der Untersuchungsrichter kann die Aussage falsch verstehen, unrichtig auffassen oder ungenau protokollieren. Die notorischen Mängel, welche selbst den besten Vernehmungsprotokollen anhaften, haben bereits zu dem beachtenswerten Vorschlag geführt, in jedem Untersuchungszimmer ein Grammophon aufzustellen, damit nicht bloß der wesentliche Inhalt einer Aussage, sondern auch Form und Ton jeder einzelnen Frage und Antwort fixiert sowie auf Verlangen reproduziert werden kann.[33])

B. Ungenügende Information des Angeschuldigten.

Der Angeschuldigte darf der Vernehmung von Zeugen und Sachverständigen nur in Fällen der antizipierten Beweisaufnahme beiwohnen. Selbst dieses beschränkte Recht geht ihm verloren, wenn er in Untersuchungshaft genommen wird und die Verhandlung an einem anderen Platze als an der Gerichtsstelle des Haftortes stattfindet. Die Regel ist also auch hier, daß der Angeschuldigte die Zeugen und Sachverständigen weder sieht noch hört. Der Angeschuldigte erfährt von dem Material,

---

richtssaal 47 S. 453 (Zucker); Zeitschrift für die gesamte Strafrechtswissenschaft 19 S. 67 (Bornhak); Deutsche Juristenzeitung 9 (1904) S. 626 (Elvers), S. 1003 (v Lilienthal); Zeitschrift „Recht“ 1903 S. 423 (Meikel), 1907 S. 1119 (Scholz); Grenzboten 64 (1905) Nr. 20 S. 354—356 (Elvers) — Protokolle der Kommission für die Reform des Strafprozesses 1 S. 163, 177, 2 S. 67 — Zucker Ein Wort zur Aufhebung der gerichtlichen Voruntersuchung (1904) S. 64—65.

[32]) Deutsche Juristenzeitung 1905 S. 399.

[33]) Placzek Archiv für Kriminal-Anthropologie und Kriminalistik 18 S. 61.

welches der Untersuchungsrichter ansammelt, nur dasjenige, was letzterer ihm mitzuteilen für gut findet. Es hängt ganz von dem Ermessen des Untersuchungsrichters ab, in welchem Abschnitt der Voruntersuchung er den Angeschuldigten vernehmen, sowie wann und wie oft er die Vernehmung wiederholen will. Bei längerer Dauer der Voruntersuchung können also Wochen und Monate vergehen, bis wieder eine Mitteilung des Untersuchungsrichters an den Angeschuldigten gelangt. Dieser Zustand der Unkenntnis und Ungewißheit wird namentlich von den verhafteten Angeschuldigten schwer empfunden, wie zahlreiche Briefe und sonstige Aufzeichnungen dieser Personen beweisen.

Ein Recht auf Akten-Einsicht steht dem Angeschuldigten nicht zu; einen formellen Anspruch anf Erteilung von Abschriften aus den Gerichtsakten hat er ebenfalls nicht. Der Angeschuldigte kann allerdings von seinem Verteidiger Auskunft über den Stand der Voruntersuchung verlangen. Der Verteidiger ist auch berechtigt, ihm diese zu erteilen[34]); allein nicht jeder Angeschuldigte hat einen Verteidiger; auch kennt nicht jeder Verteidiger den ganzen Akten-Inhalt. Es besteht also die Möglichkeit, daß dem Angeschuldigten Belastungs- und Entlastungsmomente gänzlich unbekannt bleiben, obwohl sie in der Voruntersuchung ermittelt worden sind. Dieser Fall wird besonders dann eintreten, wenn die fraglichen Momente erst nach Vernehmung des Angeschuldigten entdeckt werden und der Untersuchungsrichter eine nochmalige Vernehmung für überflüssig oder für aussichtslos hält.

C. Ungenügende Information des Verteidigers.

Der Verteidiger lernt die Zeugen und Sachverständigen ebenso wenig kennen wie der Staatsanwalt. Tritt er im Interesse seines Klienten mit den genannten Personen in Verbindung und veranstaltet er eine private „Neben-Untersuchung", so entsteht Kollusionsverdacht. Der Verteidiger läuft Gefahr, in der Hauptverhandlung als Zeuge vernommen zu werden und wegen Verdachts der strafbaren Begünstigung unbeeidigt zu bleiben.[35]) Von der Vernehmung des Angeschuldigten ist der Verteidiger ebenfalls ausgeschlossen. Der mündliche Verkehr mit dem verhafteten Angeschuldigten wird durch manche Gefängnis-Ordnungen Beschränkungen unterworfen, die mit

---

[34]) Hahn Materialien zur StPO. 1 S. 972 (Dr. Bähr), S. 974 (Miquel), S. 975 (Völk).
Rosenberg in der „Reform des Strafprozesses", herausgegeben von Aschrott S. 322.

[35]) Benedikt Die selbständigen Erhebungen des Verteidigers und die Strafprozeßreform (1901) S. 4, 33.

dem klaren Wortlaut des Gesetzes in Widerspruch stehen.[36]) Auch durch Anordnungen des Untersuchungsrichters kann dieser Verkehr beschränkt werden (§ 148 Absatz 3 StPO.). Eine offene, rückhaltlose Aussprache zwischen dem Angeschuldigten und seinem Verteidiger ist indessen unmöglich, wenn der Untersuchungsrichter selbst oder eine andere „Gerichtsperson" den Unterredungen beiwohnt. Die Gegenwart Dritter kann den Angeschuldigten hindern, ein offenes Geständnis abzulegen, Tatsachen mitzuteilen, die er bei seiner Vernehmung bestritten oder verschwiegen hat, Zeugen zu belasten oder zu entlasten, Ratschläge zu erbitten und Rechtsgutachten einzuholen. Die Anwesenheit Dritter kann auch den Verteidiger hindern, Fragen zu stellen, Nachrichten zu überbringen, Meinungen zu äußern und Vorschläge zu machen. Der schriftliche Verkehr zwischen dem Angeschuldigten und seinem Verteidiger leidet an denselben Mängeln wie der mündliche; er kann vom Untersuchungsrichter jeder Zeit kontrolliert werden. Von dieser Kontrolle wird nicht selten ein weitgehender Gebrauch gemacht.[37])

Während die Staatsanwaltschaft sämtliche Akten jeder Zeit einsehen darf (§ 194 StPO.), ist das Recht des Verteidigers auf die Einsicht bestimmter Aktenstücke beschränkt (§ 147 Absatz 3 StPO.). Im Übrigen hängt es von dem subjektiven Ermessen des Untersuchungsrichters ab, ob er dem Verteidiger die Akten-Einsicht wegen Gefährdung des Untersuchungszwecks verweigern will. Im Mordprozeß Hau z. B. ist dem Verteidiger die Einsicht der Gerichtsakten erst vier Monate nach der Tat gestattet worden.[38])

D. Ungenügender Schutz des Angeschuldigten.

1. Während im Ermittelungsverfahren eine gesetzliche Maximalgrenze für die Dauer der Untersuchungshaft besteht (§ 126 StPO.), fehlt eine solche Zeitgrenze in der Voruntersuchung. Der Untersuchungsrichter, welcher nicht bloß richterliche, sondern auch staatsanwaltschaftliche Funktionen wahrzunehmen hat, ist von den Kontrollvorschriften befreit, die für den Amtsrichter im vorbereitenden Verfahren gelten. Es ist also die Möglichkeit gegeben, daß der Angeschuldigte viele Monate und sogar Jahre lang in Untersuchungshaft verbleiben muß, bis der Untersuchungsrichter mit seinen Erhebungen fertig ist. Daß diese Möglichkeit nicht bloß eine theoretische ist, beweisen manche Sensationsprozesse, die in den

---

[36]) Juristische Wochenschrift 1903 S. 311, 1905 S. 109; Zeitschrift für die gesamte Strafrechtswissenschaft 26 S. 390; Reform des Strafprozesses 1906 S. 324.

[37]) Mamroth Deutsche Juristenzeitung 1906 S. 73.

[38]) Dietz in der Zeitschrift „März", Erster Jahrgang, Heft 15 (1907) S. 197.

letzten Jahren geführt worden sind: Im Fall Kracht, der mit Freisprechung des Ehemanns endete, hat die Untersuchungshaft des letzteren ein ganzes Jahr gedauert [39]) Major von Zander ist vom Schwurgericht Breslau zu 300 ℳ Geldstrafe verurteilt worden, nachdem er fünfzehn Monate lang wegen betrügerischen Bankerotts, Meineids und Betrugs in Untersuchungshaft gesessen hatte. Im Pommernbank-Prozeß sind die Angeschuldigten nach mehr als zweijähriger Untersuchungshaft weder verurteilt noch freigesprochen, sondern nur vorläufig freigelassen worden, weil die Sache noch immer nicht genügend aufgeklärt war.[40]) Eine Statistik über die Dauer der Haft bei Voruntersuchungen würde ein geradezu verblüffendes und erschreckendes Material zu Tage fördern. Leider hat die Reichsregierung es abgelehnt, über diesen wichtigen Punkt statistische Erhebungen zu veranstalten.[41]) Der für die Ablehnung angeführte Grund ist jedoch in keiner Weise stichhaltig. In allen Strafsachen, in denen überhaupt eine Voruntersuchung stattfindet, muß die Staatsanwaltschaft nach Erledigung des Verfahrens eine Schlußverfügung treffen. Diese Schlußverfügung macht schon jetzt eine summarische Durchsicht der Akten nötig behufs Prüfung, ob Zivil- und Militär-Behörden zu benachrichtigen, Schriftstücke und andere Sachen auszuhändigen, Kautionen freizugeben sind usw. Es wäre ein Leichtes, bei jeder Schlußverfügung festzustellen, ob der Angeschuldigte 1, 2, 3, 6, 12 Monate oder noch länger in Untersuchungshaft gewesen ist und wieviel Wochen bzw Monate die Haft in den einzelnen Prozeß-Abschnitten (Ermittlungsverfahren, Voruntersuchung, Zwischenverfahren, Hauptverfahren) gedauert hat. Eine solche Feststellung würde in jeder Sache höchstens 1 bis 2 Minuten in Anspruch nehmen, so daß von einer erheblichen Mehrbelastung der beteiligten Beamten keine Rede sein könnte. Das Ergebnis der Feststellung wäre sodann auf dem Aktendeckel kurz zu vermerken und vom Sekretariat in eine besondere Tabelle einzutragen.

2. Einen merkwürdigen Gegensatz zu der großen Machtbefugnis, welche der Untersuchungsrichter bezüglich der Fortdauer des Haftbefehls hat, bildet die geringe Machtbefugnis, welche derselbe Beamte bezüglich der Aufhebung des Haftbefehls hat.

Während der Amtsrichter im Ermittlungsverfahren den von ihm erlassenen Haftbefehl ohne und gegen den Antrag der Staatsanwaltschaft wieder aufheben kann, besitzt der Untersuchungsrichter diese Befug-

[39]) Archiv für Kriminal-Anthropologie und Kriminalistik 21 S. 249, 267.

[40]) Deutsche Juristenzeitung 1903 S. 393.

[41]) Protokolle der Kommission für die Reform des Strafprozesses 1 S. 93, 132.

nis nicht. Verweigert in der Voruntersuchung die Staatsanwaltschaft ihre Zustimmung zur Aufhebung des Haftbefehls, so kann der Untersuchungsrichter nur die Entscheidung der Strafkammer anrufen (§ 124 Absatz 2 StPO.). Zwei schlecht unterrichtete Behörden, welche nur auf Grund der Akten sich ein Urteil bilden können, haben also größere Gewalt als der Untersuchungsrichter, welcher das ganze Beweismaterial aus eigener Anschauung kennt.[42])

3. Die Erhebung des Entlastungsbeweises ist in der Voruntersuchung nicht ausreichend gesichert. Der Untersuchungsrichter soll Ankläger, Verteidiger und Richter in derselben Person sein.[43]) Eine gleichmäßige Erfüllung dieser vielfach kollidierenden Pflichten ist psychologisch unmöglich.[44]) Der Untersuchungsrichter bildet sich naturgemäß bald eine subjektive persönliche Ansicht über Schuld oder Unschuld des Angeschuldigten. Ist diese Ansicht dem Angeschuldigten günstig, so geht er auf die Beweisanträge des letzteren ein, genau ebenso wie dies der Staatsanwalt tun würde. Ist die Ansicht des Untersuchungsrichters dem Angeschuldigten ungünstig, so ist er ebenso wenig geneigt, Zeit und Mühe auf überflüssige und aussichtslose Ermittlungen zu verwenden wie der Staatsanwalt.

Die Anhänger der Voruntersuchung bestreiten, daß die verschiedenen Funktionen, welche das Gesetz dem Untersuchungsrichter beilegt, mit einander unvereinbar seien; sie behaupten, der Untersuchungsrichter erfülle die schwierige Aufgabe, gleichzeitig Ankläger und Verteidiger zu sein, so vortrefflich, daß er das volle Vertrauen des Publikums, ja sogar des Angeschuldigten besitze.[45]) Der Satz, daß das Publikum und der An-

---

[42]) Protokolle der Kommission für Reform des Strafprozesses 1 S. 97.

[43]) Prins et Pergameni Réforme de l'instruction préparatoire en Belgique (1871) S. 160, 186; Balogh Mitteilungen der JKV. 8 S. 114; Albanel Mitteilungen 8 S. 233:

Polzin Archiv für Kriminal-Anthropologie und Kriminalistik 13 (1903) S. 54;

v. Liszt Die Reform des Strafverfahrens (1906) S. 30;

[44]) Keller Verhandlungen des dritten deutschen Juristentags (1862) 2 S. 293, 297.

Kronecker Zeitschrift für die ges. Strafrechtswissenschaft 7 (1887) S. 403; v. Kries Zeitschrift 9 S. 9, 81—84;

Garçon Mitteilungen der JKV. 10 S. 287.

Zucker Mitteilungen 11 S. 352, 473, 475.

Rosenfeld Mitteilungen 10 S. 540—541; Deutsche Juristenzeitung 1904 S. 40.

[45]) vgl. Weingart in den Mitteilungen der JKV. 11 S. 506, 12 S. 305 bis 306;

„Reform des Strafprozesses", herausgegeben von Aschrott, S. 385.

geschuldigte Vertrauen zu dem Untersuchungsrichter haben, läßt sich nicht beweisen.[46]) Mit demselben Recht könnte man auch behaupten, daß sie Vertrauen zum Staatsanwalt haben. In Elsaß-Lothringen z. B. ist es früher häufig vorgekommen, daß Angehörige der unteren Volksklassen den Herrn „procureur" bei zivilrechtlichen Streitigkeiten um Rat gefragt haben. Richtig ist nur, daß der Untersuchungsrichter in manchen Fällen das Vertrauen des Publikums und des Angeschuldigten gewinnt. Wenn ihm Vertrauen entgegengebracht wird, so gilt dasselbe nicht seinem Amt, sondern seiner Person.

4. Die Eigenschaft des Untersuchungsrichters als Organ der Strafverfolgung beeinträchtigt seine Unbefangenheit bei der Vernehmung des Angeschuldigten. Nach dem Geist der deutschen Strafprozeßordnung ist der Angeschuldigte nicht lediglich Untersuchungsobjekt oder Beweismittel,[47]) auch nicht lediglich Prozeßsubjekt oder Prozeßpartei,[48]) sondern ein mit bestimmten prozessualen Vorrechten ausgestattetes Rechtssubjekt.[49]) Seine Vernehmung soll nicht dazu dienen, den Angeschuldigten über belastende Tatsachen auszuforschen[50]); sie soll vielmehr dem Angeschuldigten Gelegenheit geben, „die gegen ihn vorliegenden Verdachtsgründe zu beseitigen und die zu seinen Gunsten sprechenden Tatsachen geltend zu machen." In dem Text des Gesetzes ist nicht mit voller Schärfe und Klarheit ausgedrückt, daß die Vernehmung des Angeschuldigten nur den in § 136 Absatz 2 bezeichneten Zweck haben soll.[51]) Infolgedessen sind die Untersuchungsrichter geneigt, im Interesse der Strafverfolgung auf ein Geständnis hinzuarbeiten, welches — wie die Erfahrung lehrt — nachträglich häufig widerrufen wird. Die Heimlichkeit des Verfahrens begünstigt auch die Anwendung von Mitteln, die der Untersuchungsrichter in einer öffentlichen Verhandlung bezw. in Gegenwart des Verteidigers vermeiden würde.[52]) Manche Gesetzgebungen haben es daher

---

[46]) v. Lilienthal in der „Reform des Strafprozesses" S. 400–401.

[47]) Hahn Materialien zur StPO. 2 S. 1531 (Kommissionsbericht); Kulemann Mitteilungen der JKV. 10 S. 546, 574.

[48]) Birkmeyer Deutsches Strafprozeßrecht (1898) S. 132, 143, 145, 147; Ortloff Das Vorverfahren des deutschen Strafprozesses (1893) S. 172 Anm. 3; Weidlich Die englische Strafprozeßpraxis und die deutsche Strafprozeßreform S. 7, 61, 63, 65, 66, 78.

[49]) Rosenberg in der Zeitschrift für Strafrechtswissenschaft 26 S. 356—359.

[50]) Hahn Materialien 1 S. 139 (Motive) S. 704 (Herz, Schwarze, Gneist). Ortloff S. 173; Birkmeyer Deutsches Strafprozeßrecht S. 100, 143; Löwe StPO. 12. Aufl. § 136 Anm. 3; Rosenfeld Mitteilungen der JKV. 10 S. 544.

[51]) Hahn, Materialien 1 S. 703 (Wolffson).

[52]) Vergl. z. B. Archiv für Kriminal-Anthropologie und Kriminalistik 10 S. 89, 94.

für notwendig erachtet, den Angeschuldigten vor dem Untersuchungsrichter zu schützen. In den Kantonen Wallis, Neuchatel und Freiburg[53]) sowie in Ungarn[54]) ist es dem Untersuchungsrichter ausdrücklich untersagt, durch Drohung, Täuschung oder Zwang auf ein Geständnis hinzuwirken. Freiburg verbietet ferner „les questions captieuses ou suggestives" sowie „l'allégation de faits mensongers", Ungarn ebenso „unbestimmte, dunkle, mehrdeutige, spitzfindige oder solche Fragen, welche eine Andeutung der Beantwortung enthalten (§ 135). Ähnliche Vorschriften galten früher auch in Hannover und anderen deutschen Ländern.[55]) Nach der ungarischen Strafprozeßordnung von 1896 (§ 132 Absatz 2) müssen auf Verlangen des Angeschuldigten zwei gerichtliche Zeugen zur Vernehmung hinzugezogen werden. Auch darf der Beschuldigte nicht „durch nächtliches Verhör oder in anderer Weise absichtlich ermüdet" werden. In Frankreich hat der Verteidiger das Recht, dem Verhör des Angeschuldigten beizuwohnen. Art. 9 Abs. 2 des Gesetzes vom 8. Dezember 1897 bestimmt:

„L'inculpé détenu ou libre ne peut interrogé, à moins qu'il n'y renonce expressément, qu'en présence de son conseil ou lui dûment appelé."

In Deutschland ist ein direkter Mißbrauch der Amtsgewalt durch den Untersuchungsrichter, wie er in dem französischen Theaterstück „La robe rouge" geschildert und auch von Professor Garçon für erwiesen erachtet wird,[56]) bis jetzt nicht hervorgetreten, immerhin muß zugegeben werden, daß die Praxis der Untersuchungsrichter auf Erzielung von Geständnissen gerichtet ist, was der Absicht des Gesetzgebers widerspricht.[57])

5. Durch das System der gerichtlichen Voruntersuchung wird das Verhältnis zwischen Vorverfahren und Hauptverfahren vollständig verschoben.[58]) Das schriftliche und geheime Verfahren vor dem Untersuchungsrichter, welches nur zur Vorbereitung der Hauptverhandlung dienen soll,[59]) steigt zum wichtigsten Abschnitt des ganzen Verfahrens

---

[53]) Gautier Mitteilungen der IKV. 11 S. 429; Schweizerische Zeitschrift für Strafrecht 17 (1904) S. 247.

[54]) Strafprozeßordnung für das Königreich Ungarn vom 4. Dezember 1896 § 135 (Beilage zu Bd. 19 der Zeitschrift für die ges. Strafrechtswissenschaft).

[55]) Zachariä, Handbuch des deutschen Strafprozesses 2 (1868) S. 245—249.

[56]) Garçon Mitteilungen der IKV. 10 S. 287—288.

[57]) v. Holtzendorff Handbuch des deutschen Strafprozeßrechts 1 (1879) S. 382, 383; Glaser Handbuch des Strafprozesses 1 (1883) S. 618, Text und Anm. 19 S. 620; Löwe-Hellweg Strafprozeßordnung 12. Aufl. § 136 Anm. 3.

[58]) Heinemann Die rechtliche Stellung des Angeklagten (1906) S. 8.

[59]) Vgl. Bericht der Reichsjustizkommission (Hahn Materialien 2 S. 1549).

empor. Die mündliche und öffentliche Verhandlung vor dem erkennenden Gericht, in welcher der Schwerpunkt des ganzen Verfahrens liegen soll, sinkt zu einem nachträglichen Prüfungstermin für die Richtigkeit der in der Voruntersuchung festgestellten Tatsachen herab. In der Hauptverhandlung werden die Aussagen des Beschuldigten und der Zeugen mit den Protokollen über ihre früheren Aussagen beständig verglichen. Die Vernehmung erfolgt „mit dem Finger auf den Akten“, wie Stein treffend sagt.[60]) Jede nicht ganz unerhebliche Abweichung von dem Inhalt der früheren Aussage wird sofort vorgehalten und gerügt. Dem Angeschuldigten wird verblümt oder unverblümt der Vorwurf der Lüge gemacht, besonders dann, wenn er frühere Geständnisse einschränkt oder vollständig widerruft. Der Zeuge wird ermahnt, „die Wahrheit zu sagen“, auf die himmlischen und irdischen Folgen des Meineids hingewiesen und mit Verhaftung bedroht. Unter dem Drucke solcher Vorhaltungen und Drohungen entschließt er sich häufig, bei seiner früheren Aussage zu bleiben. Daß diese Schilderung nicht bloß für die Vergangenheit, sondern auch für die Gegenwart zutrifft, beweisen zahlreiche Veröffentlichungen, deren Verfasser aus den verschiedensten Teilen von Deutschland stammen.[61])

Die Protokolle der Voruntersuchung, welche von zwei Urkundspersonen errichtet und unterschrieben sind, haben die tatsächliche Vermutung der Richtigkeit und Vollständigkeit für sich. Der beständige Hinweis auf diese öffentlichen Urkunden erschwert die Aufklärung von Mißverständnissen und Irrtümern, die Berichtigung von übertriebenen und entstellten Schilderungen, den Widerruf von ganz oder teilweise erfundenen Behauptungen; er gefährdet also das höchste Ziel eines jeden Strafprozesses, die Erforschung der materiellen Wahrheit.

Durch die Abhängigkeit von der Voruntersuchung verliert die Hauptverhandlung ihre Selbständigkeit, Originalität und Frische; sie wird zu einer „mündlichen Reproduktion des Akten-Inhalts“,[62]) zu einer

---

[60]) Stein Zur Justizreform. Sechs Vorträge (1907) S. 30.

[61]) v. Stemann Gutachten für den elften Juristentag (1873) S. 20; Gneist und Völk in der Reichsjustizkommission, (Hahn Materialien 1 S. 863, 865); Kronecker Zeitschrift für die ges. Strafrechtswissensch. 7 S. 429—430; Rosenfeld Deutsche Juristenzeitung 1904 S. 40; Kulemann Mitteilungen der JKV. 10 S. 561—562; Staub Deutsche Juristenzeitung 1903 S. 515, 538; Elvers Grenzboten 64 Nr. 20 S. 355; v. Lilienthal Deutsche Juristenzeitung 1904 S. 1001; Heinemann Mitteilungen der JKV. 11 S. 660; die rechtliche Stellung des Angeklagten (1906) S. 8; v. Liszt Reform des Strafverfahrens (1906) S. 36.

[62]) Stein Zur Justizreform (1907) S. 30.

„Probe auf das schon im Vorverfahren gelöste Exempel“[63]), zu einem „einzigen, großen, wenn auch ungewollten Suggestions-Versuch“.[64]) Noch größer wird die Gefahr für den Angeschuldigten, wenn in der Hauptverhandlung nicht bloß richterliche, sondern auch polizeiliche Protokolle vorgehalten und vorgelesen werden. Über die Unzuverlässigkeit polizeilicher Vernehmungsprotokolle sind fast alle Juristen einig.[65]) Mit Recht werden daher die Protokolle als das „Grundübel“ des jetzigen Verfahrens,[66]) als der „Krebsschaden“ unserer heutigen Hauptverhandlung bezeichnet.[67])

Die Kommission für die Reform des Strafprozesses will diesen Krebsschaden nicht bloß fortbestehen lassen, sondern noch vergrößern. Dieselbe hat beschlossen, in den Fällen des § 253 der Strafprozeßordnung auch die Vorlesung staatsanwaltschaftlicher Protokolle zu gestatten.[68]) Dieser Beschluß entspricht nicht einmal den Interessen der Staatsanwälte, wie Langer bereits mit Recht ausgeführt hat.[69]) In der Kommission für die Reform des Strafprozesses ist gleichfalls die begründete Besorgnis geäußert worden, daß in der Hauptverhandlung leicht ein unerfreulicher Streit über die tatsächliche Richtigkeit der vom Staatsanwalt aufgenommenen Protokolle entstehen werde.[70]).

E. Unnötige Zeit-, Kraft- und Geld-Vergeudung.

1. In den Organen der Strafverfolgung findet ein mehrfacher Wechsel statt. Zuerst leitet der Staatsanwalt die Ermittelungen; hierauf tritt der Untersuchungsrichter an seine Stelle; später kommt wieder der Staatsanwalt an die Reihe. Jeder Beamte muß sich in das von seinem Vorgänger gesammelte Material hineinarbeiten, wodurch nicht bloß kostbare Arbeitskraft verschwendet wird, sondern auch Zeit verloren geht [71])

---

[63]) v. Lilienthal Deutsche Juristenzeitung (1904 S. 1000.

[64]) Rosenfeld Deutsche Juristenzeitung (1904 S 40.

[65]) Protokolle der Kommission für Reform des Strafprozesses 1 S. 150, 158, 264, 2 S. 129; Heinemann Mitteilungen der IKV. 11 S. 660; Bornhak Zeitschrift für die ges Strafrechtswissenschaft 19 S. 81; Gautier Schweizerische Zeitschrift für Strafrecht 17 S. 253; v. Lilienthal in der „Reform des Strafprozesses“ (1906) S. 390—392; v. Liszt Reform des Strafverfahrens S. 37.

[66]) Protokolle der Kommission für Reform des Strafprozesses 1 S. 150.

[67]) v. Liszt Reform des Strafverfahrens (1906) S. 36.

[68]) Protokolle 2 S 131

[69]) Deutsche Juristenzeitung 1905 S. 1138.

[70]) Protokolle 2 S. 74.

[71]) Gneist Vier Fragen zur deutschen Strafprozeßordnung (1874) S. 78—79, 88; Kronecker Zeitschrift für die gesamte Strafrechtswissenschaft 7 S. 431—435;

Dieser Zeitverlust kann in schwierigen oder verwickelten Sachen — z. B. in großen Meineids-, Betrugs-, Wucher- und Bankerutt-Prozessen — ein sehr erheblicher sein.

2. Staatsanwalt, Untersuchungsrichter und Ratskammer sind häufig verschiedener Meinung über die Richtung und den Umfang der anzustellenden Ermittelungen. In solchen Fällen kommt es zu einer nachträglichen Ergänzung der Voruntersuchung gemäß § 195 bezw. § 200 StPO. Die hierdurch entstehende Verzögerung könnte vermieden werden, wenn das ganze Vorverfahren in derselben Hand liegen würde.

3. Die gerichtliche Voruntersuchung wird in zahlreichen Fällen beantragt, in denen sie ganz überflüssig ist. Ein solcher Fall liegt z. B. vor in Schwurgerichtssachen, wenn der Angeschuldigte ein volles Geständnis abgelegt hat oder wenn seine Schuld klar bewiesen ist.[72]) Häufig wird die Eröffnung der Voruntersuchung nur deshalb beantragt, weil der Haftbefehl bereits vier Wochen bestanden hat und eine Verlängerung desselben notwendig ist. In einzelnen Fällen wird mit dem Institut der Voruntersuchung geradezu Mißbrauch getrieben. Die Staatsanwaltschaft benutzt dasselbe, um in aussichtslosen Sachen unbequeme Querulanten los zu werden oder um in zweifelhaften Sachen die Verantwortlichkeit für die Einstellung des Verfahrens auf das Gericht abzuwälzen. In diesen und anderen Sachen enthält die Voruntersuchung nur eine weitschweifige Wiederholung aller derjenigen Feststellungen, welche Polizei, Staatsanwalt und Amtsrichter bereits im Ermittelungsverfahren gemacht haben. Die Zeugen werden noch einmal über genau denselben Gegenstand vernommen, über den sie bereits früher ausgesagt haben.[73]) Diese Häufung der Vernehmungen verursacht zwecklose Kosten, nimmt die Zeit der Gerichtsbeamten unnötigerweise in Anspruch, belästigt das Publikum und enthält noch den weiteren Nachteil, daß die Zeugen-Aussage „abgenutzt" wird, d. h. ihre Frische, Lebendigkeit und Zuverlässigkeit verliert.[74]) Bei manchen Zeugen vermischt sich der Eindruck

---

v. Kries Zeitschrift 9 S. 85; Bornhak Zeitschrift 19 S. 66; Kulemann Mitteilungen der JKV. 10 S. 591; 11 S. 725; Heinemann Mitteilungen 11 S. 660; Gautier Schweizerische Zeitschrift für Strafrecht 17 S. 252—253; Beling Deutsche Juristenzeitung (1904) S. 918.

[72]) Kulemann Mitteilungen der JKV. 10 S. 587.

[73]) Zucker Gerichtssaal 47 S. 452; Mitteilungen der JKV. 11 S. 365; Kulemann Mitteilungen 10 S. 569.

[74]) Vgl. Hanns Groß Archiv für Kriminal-Anthropologie und Kriminalistik 12 (Sonder-Abdruck S. 5); Peterson Goltdammers Archiv für Strafrecht 29 S. 288.

ihrer persönlichen Erlebnisse mit dem, was die Zeugen bei dem Untersuchungsrichter sehen und hören.[75])

Es kann zugegeben werden, daß in einzelnen Kritiken des jetzigen Systems der Voruntersuchung Übertreibungen enthalten sind. Eine ebenso starke Übertreibung ist es jedoch, wenn Lukas,[76]) Weingart,[77]) Delbrück[78]) und Maßmann[79]) behaupten, die gerichtliche Voruntersuchung habe sich im wesentlichen bewährt, eine erhebliche Änderung der Gesetzgebung sei überhaupt nicht notwendig. Diesen Lobeshymnen gegenüber muß die Tatsache festgenagelt werden, daß angesehene, erfahrene und urteilsfähige Rechtsanwälte erklärt haben, bei dem herrschenden System der schriftlichen und geheimen Voruntersuchung seien weder die Interessen des Angeschuldigten noch die Interessen der Verteidigung in ausreichender Weise gewahrt.[80]) Die Wahrheit liegt auch hier in der Mitte. Das Rechtsinstitut der Voruntersuchung hat erhebliche Mängel. Diese Mängel treten nicht in jedem Strafprozeß hervor; sie machen sich aber doch so häufig und so stark fühlbar, daß eine Änderung des Verfahrens erforderlich erscheint.

Zur Verbesserung der gerichtlichen Voruntersuchung sind bereits zahllose Vorschläge gemacht worden. Die meisten dieser Vorschläge beruhen auf dem Grundgedanken, die bewährten Prinzipien der Öffentlichkeit, der Mündlichkeit und der Anklageform, welche für die Hauptverhandlung gelten, auf die Voruntersuchung auszudehnen. Neben

---

[75]) Freiherr von Schrenck-Notzing Über Suggestion und Erinnerungsfälschung im Berchtold-Prozeß (1897) S 74. Schneickert Archiv für Kriminal-Anthropologie und Kriminalistik 13 (1903) S. 206; Heinemann Mitteilungen der IKV. 11 S. 661.

[76]) Lukas Anleitung zur strafrechtlichen Praxis. Erster Teil. Zweite Auflage (1905) S. 62—65.

[77]) Weingart Mitteilungen der IKV. 12 S. 304—306. Reform des Strafprozesses S. 383—387.

[78]) Gerichtssaal 64 S. 455—456.

[79]) Deutsche Juristenzeitung (1904) S. 241.

[80]) Dr. Mayer Verhandlungen des elften deutschen Juristentages vom 29. August 1873 S. 217; Mamroth Deutsche Juristenzeitung (1903) S. 308; von Pannwitz Verhandlungen des sechzehnten deutschen Anwaltstages in Straßburg (1903) S. 49; Heinemann Mitteilungen der IKV. 11 S. 661 Z. 6; Die rechtliche Stellung des Angeklagten (1906) S. 8—11; Staub Deutsche Juristenzeitung (1903) S. 515, 538, ferner (1904) S. 150; Löwenstein Reform des Strafprozesses, herausgegeben von Aschrott (1906) S. 275, 279, 285, 292, 294, 299; Klausing Archiv für Kriminal-Anthropologie und Kriminalistik 21 S. 266—267; Stranz Deutsche Juristenzeitung (1906) S. 805 (1907) S. 1243; Auerbach Zeitschrift für die gesamte Strafrechtswissenschaft 24 S. 179.

einer Ausdehnung der genannten Prinzipien wird noch verlangt: Erweiterung der Rechte des Untersuchungsrichters, des Angeschuldigten und des Verteidigers.

III.
Öffentlichkeit.

Der eifrigste Vorkämpfer für die Öffentlichkeit der Voruntersuchung ist Rudolf Gneist gewesen. Auf dem deutschen Juristentage in Hannover hat derselbe die These verteidigt:

> „Für die gerichtliche Voruntersuchung ist der Grundsatz der Öffentlichkeit als Regel anzuerkennen.“[81])

Zur Begründung dieses Satzes hat er ausgeführt, die Öffentlichkeit sei notwendig

1. für den Angeschuldigten, der eine Genugtuung erhalte, falls das Verfahren ohne Hauptverhandlung eingestellt werde[82]),
2. für den Zeugen, dessen Aussage zuverlässiger werde[83]),
3. für den Richter, der seine Macht nicht mehr mißbrauchen könne und in Folge dessen das Vertrauen des Publikums wiedergewinne[84]),
4. für den Staat, der auf diesem Wege die Unterstützung des Publikums und der Tagespresse erlange[85]).

Unter dem Einfluß von Gneist hat der elfte deutsche Juristentag sowohl in der Abteilungssitzung vom 29. August 1873 als in der Plenarsitzung vom 30. August 1873 beschlossen, daß der Grundsatz der Öffentlichkeit auch für die gerichtliche Voruntersuchung als Regel anzunehmen sei.[86])

Zu den Anhängern der vollen Öffentlichkeit gehören auch Hänel,[87]) Kulemann,[88]) Benedikt[89]) und Bornhak.[90]) Im Auslande haben

---

[81]) Verhandlungen des elften deutschen Juristentags 2 S. 216.

[82]) Verhandlungen des elften Juristentags 2 S. 211, 332; Gneist Vier Fragen zur deutschen Strafprozeßordnung (1874) S. 86.

[83]) Verhandlungen 2 S. 211, 332; Gneist Vier Fragen S. 87.

[84]) Verhandlungen 2 S. 212, 332; Gneist Vier Fragen S. 87.

[85]) Verhandlungen 2 S. 213, 336; Gneist Vier Fragen S. 90, 95.

[86]) Verhandlungen 2 S. 228, 359.

[87]) Hahn Materialien 1 S. 507.

[88]) Kulemann Mitteilungen der JKV. 10 S. 546, 552 11 S. 491, 492.

[89]) Benedikt Die selbständigen Erhebungen des Verteidigers und die Strafprozeßreform (1901) S. 14.

[90]) Bornhak Zeitschrift für die geh. Strafrechtswissenschaft 19 S. 76, 81.

die Belgier **Prins** und **Pergameni**[91]) sowie die Ungarn **Barna** und **Visontai**[92]) denselben Standpunkt vertreten.

Die Gründe, welche **Gneist** für die Öffentlichkeit der Voruntersuchung angeführt hat, sind in keiner Weise stichhaltig. In einzelnen Fällen mag der Angeschuldigte ein Interesse daran haben, seine Unschuld durch eine öffentliche Gerichtsverhandlung klar stellen zu lassen. In vielen anderen Fällen dagegen wird es in seinem Interesse liegen, die Ergebnisse der Voruntersuchung vor der Öffentlichkeit auch dann geheim zu halten, wenn keine Anklage erhoben wird. Eine Handlung kann aus rechtlichen Gründen straflos sein, obwohl sie moralisch im höchsten Grade verwerflich ist. Es genügt hier, an die bekannte Rechtsprechung des Reichsgerichts über die Straflosigkeit des Betrugs bei unsittlichen oder unerlaubten Geschäften zu erinnern.[93]) Im Laufe eines jeden Strafverfahrens können ferner viele Tatsachen des Privatlebens aufgedeckt werden, deren Veröffentlichung auch einem unschuldigen Angeklagten nicht erwünscht ist: Liebschaften, ehebrecherische Verhältnisse, Verkehr in Bordellen, körperliche und geistige Abnormitäten, Krankheiten, Schulden, Vorstrafen, geschäftliche Beziehungen, Handelsmißbräuche usw. Die Notwendigkeit, eine öffentliche Genugtuung zu gewähren, liegt auch nicht vor bei Gewohnheitsverbrechern, deren Ruf bereits so schlecht ist, daß eine neue Untersuchung an demselben nichts mehr verderben kann. Endlich würde bei allen Verbrechen und Vergehen wider die Sittlichkeit die Öffentlichkeit für die Voruntersuchung aus denselben Gründen ausgeschlossen werden, aus denen sie schon jetzt für die Hauptverhandlung ausgeschlossen wird.

Der Behauptung von **Gneist**, daß die beste Zeugen-Aussage diejenige sei, welche in öffentlicher Verhandlung abgegeben wird, kann die Ansicht eines Praktikers entgegen gesetzt werden, welcher wohl die größte Autorität auf diesem Gebiet ist. **Hans Groß** vertritt auf Grund seiner langjährigen Erfahrungen die Meinung, daß von den verschiedenen Aussagen, welche ein Zeuge vor dem Polizeibeamten, dem Untersuchungsrichter und dem erkennenden Gericht abgebe, die Aussage vor dem Untersuchungsrichter in der Regel die beste sei.[94]) Mit **Groß** stimmt auch **Peterson** überein.[95])

[91]) **Prins et Pergameni** Réforme de l'instruction préparatoire (1871) S. 10, 182.

[92]) Mitteilungen der JKV. 8 S. 263, 279.

[93]) Entscheidungen des Reichsgerichts in Strafsachen 19 S. 186, 21 S. 161, 27 S. 300.

[94]) Archiv für Kriminal-Anthropologie und Kriminalistik 12 S. 196, 14 S. 131.

[95]) **Goltdammers** Archiv für Strafrecht 29 S. 289.

Um den Mißbräuchen vorzubeugen, welche die Richter unter dem System der geheimen Voruntersuchung angeblich verübt haben, ist jedenfalls die volle Öffentlichkeit nicht notwendig. Viele Rechtsanwälte, denen man wohl ein sachverständiges Urteil in dieser Frage zutrauen darf, haben bereits erklärt, daß es vollkommen ausreiche, wenn der Verteidiger den Vernehmungen des Angeschuldigten, der Zeugen und Sachverständigen beiwohnen dürfe.[96])

Daß die Mitwirkung des Publikums ein wichtiges und unentbehrliches Mittel zur Entdeckung und Überführung von Verbrechern ist, wird wohl Niemand bestreiten. Diese Mitwirkung kann jedoch auch ohne Einführung der öffentlichen Voruntersuchung erlangt werden. Es ist kein Grund ersichtlich, weshalb Berichte, die vom Untersuchungsrichter verfaßt und der Tagespresse übermittelt sind, nicht ebenso das Interesse des Publikums wecken sollen wie die Berichte von berufsmäßigen und gewerbsmäßigen Zeitungsschreibern. In geeigneten Fällen darf und soll der Untersuchungsrichter selbst zum Journalisten werden. Er muß in ständiger Fühlung mit der Tagespresse stehen und ihr diejenigen Nachrichten zugehen lassen, die er für notwendig oder für nützlich hält. In dem Mordprozeß Hau z. B. hat der Staatsanwalt öffentlich mitgeteilt, daß der Zeuge von Lindenau behaupte, er sei am 6. November 1906 in Baden-Baden gewesen. Gleichzeitig hat er alle Personen, welche über die Richtigkeit oder Unrichtigkeit dieser Behauptung sachdienliche Angaben machen können, aufgefordert, ihre Adressen der Staatsanwaltschaft anzugeben. Solche Bekanntmachungen kann auch der Untersuchungsrichter erlassen. Die Veröffentlichungen desselben haben noch den Vorzug, daß sie auf zuverlässigem Material beruhen und genau der Wahrheit entsprechen, während andere Zeitungsberichte über schwebende Untersuchungen und gerichtliche Verhandlungen häufig unvollständig, entstellt oder übertrieben sind.[97]) Die Zeitungen werden die Mitteilungen des Untersuchungsrichters schon deshalb gern aufnehmen, weil dieser freiwillige Mitarbeiter kein Honorar verlangt. Bei Prüfung der Frage, welche

---

[96]) Mayer auf dem elften Juristentage (1873) 2 S. 218, 220, 349; v. Pannwitz Verhandlungen des 16. Anwalttags (1903).

Heinemann Reform des Strafprozesses, herausgegeben von Aschrott (1906) S. 344—349;

Schneeberger, Friedmann, Hönigsmann auf der Versammlung der Österreichischen Landesgruppe der JKV. (1906). Mitteilungen 14 S. 447—449, 456, 458.

[97]) Delbrück Gerichtssaal 64 (1904) S. 438.

Wulffen Deutsche Juristenzeitung 1906 S. 1234.

Bedeutung die Tagespresse für die Entdeckung von Verbrechen hat, kommt auch in Betracht, daß nicht alle Strafsachen das Publikum in gleicher Weise interessieren. Die Zeitungen würden die Öffentlichkeit der Voruntersuchung benutzen, um in Sensations-Prozessen ausführliche Mitteilungen zu bringen[98]); die große Masse der übrigen Prozesse würden sie überhaupt nicht erwähnen oder mit einer kurzen wertlosen Notiz abfertigen. In den erwähnten Sensationsprozessen würde die Berichterstattung der Tagespresse nicht bloß Vorteile, sondern auch Nachteile und Gefahren mit sich bringen.[99]) Es kommt schon jetzt häufig vor, daß bei schweren Verbrechen, welche weite Kreise der Bevölkerung in Aufregung versetzen, einzelne Zeitungen Berichterstatter an Ort und Stelle schicken. Letztere besichtigen sodann den Tatort, vernehmen Zeugen, befragen Verdächtige und bilden sich naturgemäß ein subjektives Urteil über die mutmaßliche Tat und den mutmaßlichen Täter. Dieses Urteil kann leicht verschieden sein von demjenigen, welches die zuständigen Gerichtsbehörden auf Grund des amtlichen Materials gewinnen. Beispiele bieten der Konitzer Mord und andere dunkle Fälle, in denen der Verdacht eines Ritualmords entstanden ist. Wenn in solchen Fällen der Untersuchungsrichter genötigt wäre, alle Amtshandlungen öffentlich vorzunehmen, so würden seine journalistischen Konkurrenten jeden seiner Schritte verfolgen, ihn loben oder tadeln, je nachdem er mit ihrer Auffassung übereinstimmt oder nicht. Durch diese Kritik würde die öffentliche Meinung beeinflußt, die Unbefangenheit der Zeugen beeinträchtigt und ihr Erinnerungsvermögen getrübt werden. Placzek z. B. behauptet, die suggestive Macht der Presse gehe so weit, daß

> „tatsächliche Beobachtungen der Augenzeugen unter diesem suggestiven Presse-Einfluß allmählig umgeformt, zu einem Phantasiegemisch werden, aus dem der Einzelne sich nimmer herauszufinden weiß und das er schließlich als eigene Erfahrung zeugeneidlich bekundet.“[100])

In verschiedenen Berichten über den Mordprozeß Berchtold hat Freiherr von Schrenck-Notzing gleichfalls ausgeführt, daß ein Teil der Zeugen durch Zeitungsberichte zu Ungunsten des Angeklagten beein-

---

[98]) Gautier Schweizerische Zeitschrift für Strafrecht 17 S. 259.

[99]) Schneickert Archiv für Kriminal-Anthropologie und Kriminalistik 13 (1903) S. 200—202. Högel im „Recht“ 1907 S. 861, 867; Heilfron „Recht“ 1907 S. 1042; Sternberg Deutsche Juristenzeitung 1907 S. 960.

[100]) Placzek Archiv für Kriminal-Anthropologie und Kriminalistik 18 S. 24.

flußt worden sei.[101]) Die besseren Organe der Tagespresse geben auch offen zu, daß die fortgesetzte Einmischung der Zeitungen in den Gang schwebender Untersuchungen schädliche Folgen haben muß. Am 11. August 1907 schrieb z. B. die „Frankfurter Zeitung" bei einer Besprechung des Falls Hau:

> „So sehr wir die Öffentlichkeit lieben: für die Untersuchung derartiger Kriminalfälle scheint es uns nicht empfehlenswert zu sein, jedes neue Moment und jedes Gerücht sofort in tausend Variationen in die Presse zu bringen, bevor auch nur einigermaßen übersehen werden kann, welchen Wert die Gerüchte haben." — „Es wäre zu wünschen, daß bei dem was in die Presse gelangt, etwas mehr zwischen Wahrheit und Dichtung oder wenigstens verbürgten und unverbürgten Gerüchten geschieden würde." [102])

Die größte Gefahr der Öffentlichkeit besteht darin, daß der Angeschuldigte, seine Helfershelfer und Freunde über jeden Fortschritt der Untersuchung genau unterrichtet werden. In einem lesenswerten Aufsatz über „Die Verbrecherwelt von Berlin" ist genau geschildert, wie leicht schon jetzt ein Verbrecher sein angebliches alibi beweisen kann.[103]) Nach Einführung der vollen Öffentlichkeit würde es für den Täter, seine Mitschuldigen, Verwandten und Freunde ein Kinderspiel sein, die vom Untersuchungsrichter gesammelten Verdachtsmomente durch ihre gemeinsame planvolle Tätigkeit zu entkräften.[104]) Sind ausnahmsweise die Verdachtsgründe so stark, daß ein Entlastungsbeweis keinen Erfolg verspricht, so bietet die Öffentlichkeit dem Angeschuldigten immer noch den Vorteil, daß er rechtzeitig erfährt, in welchem Zeitpunkt seine Flucht notwendig wird.

Praktisch ist das System der öffentlichen Voruntersuchung bis jetzt noch nirgends erprobt worden. Im Kanton Genf wurde 1884 die Einführung der vollen Öffentlichkeit für die Voruntersuchung vorgeschlagen, auf den Widerspruch des Untersuchungsrichters jedoch vom Großen Rat mit einer

---

[101]) Freiherr von Schrenck-Notzing Über Suggestion und Erinnerungstäuschungen im Berchtold-Prozeß (1897) S. 95, ferner im Archiv für Kriminal-Anthropologie und Kriminalistik 5 (1900) S. 13 - 15.

[102]) „Frankfurter Zeitung" vom 11. August 1907, Zweites Morgenblatt N. 221.

[103]) Zeitschrift für die gesamte Strafrechtswissenschaft 5 S. 145—146.

[104]) Mitteilungen der IKV. 8 S. 274—275 (Felisch) 10 S. 89 (Simons); v. Kries Zeitschrift für die gesamte Strafrechtswissenschaft 9 S. 92.

Stimme Mehrheit abgelehnt.[105]) Auch in England besteht das System der öffentlichen Voruntersuchung nicht, obwohl dies vielfach behauptet wird. Die englische Voruntersuchung ist überhaupt kein Vorverfahren im Sinne des deutschen und französischen Strafprozesses, sondern ein Hauptverfahren über die Anordnung bzw. Aufrechterhaltung der Untersuchungshaft.[106]) Mit Recht sagt Binding in seinem Grundriß des deutschen Strafprozeßrechts:

> „Die englische sog. Voruntersuchung ist so anders geartet als die französisch-deutsche, daß man für diese verschiedenen Dinge nicht den gleichen Ausdruck gebrauchen sollte. Sie ist nie wesentlicher Bestandteil eines Strafprozesses, hat auch nie die Aufgabe einer umfassenden Vorbereitung des Prozesses; sie ist vielmehr ein Hauptverfahren über den Präjudizialpunkt, ob der Friedensrichter den Angeschuldigten und die Zeugen zur Hauptverhandlung sistieren, insbesondere ob er den ersteren verhaften oder gegen Bürgschaft oder ohne solche auf freien Fuß setzen soll.[107])

In der juristischen Literatur wird die Forderung der vollen Öffentlichkeit heute fast allgemein verworfen.[108])

Hugo Meyer, Heinze und Kahl haben den Vorschlag gemacht, nicht die „volle", sondern die „fakultative" Öffentlichkeit einzuführen. Nach dem System von Heinze und Kahl soll es ganz vom Ermessen des Untersuchungsrichter abhängen, ob er im einzelnen Falle die Öffent-

---

[105]) Gautier Mitteilungen der IKV. 11 S. 422; Schweizerische Zeitschrift für Strafrecht 17 S. 240.

[106]) Motive zum Entwurf einer deutschen Strafprozeßordnung (Hahn Materialien 1 S. 153—154; v. Holtzendorff Handbuch des deutschen Strafprozeßrechts 1 S. 38; Liepmann Zeitschrift für die ges. Strafrechtswissenschaft 6 S. 482 Zucker Mitteilungen der IKV. 11 S. 322; Polzin Archiv für Kriminal-Anthropologie und Kriminalistik 13 S. 61—63, 116—117; Weidlich Die englische Strafprozeßpraxis (1906) S. 11.

[107]) Binding Grundriß des deutschen Strafprozeßrechtes 5. Auflage (1904) S. 198.

[108]) v. Holtzendorff Handbuch des deutschen Strafprozeßrechts 1 (1879) S. 467; v. Kries Zeitschrift für die ges. Strafrechtswissenschaft 9 S. 92; Ortloff Das Vorverfahren des deutschen Strafprozesses (1893) S. 174/175; Heinemann Mitteilungen der IKV. 11 S. 683—684; Gautier Mitteilungen 11 S. 441; Schweizerische Zeitschrift für Strafrecht 17 S. 258; Lukas Anleitung zur strafrechtlichen Praxis. Erster Band. Zweite Aufl. (1905) S. 64; Polzin Archiv für Kriminal-Anthropologie und Kriminalistik 13 S. 105.

lichkeit zulassen oder ausschließen will.[109]) Diese Form der Öffentlichkeit besteht schon seit dem Jahre 1903 im Kanton Neuenburg:

> „L'enquête se poursuit publiquement ou à huis clos selon que le juge le trouve le plus convenable pour arriver à la manifestation de la vérité." [110])

Der Untersuchungsrichter in Neuenburg hat von seinem Recht, eine Voruntersuchung öffentlich zu führen, bis jetzt noch niemals Gebrauch gemacht.[111]) Es ist nicht zu erwarten, daß die deutschen Untersuchungsrichter eine größere Vorliebe für die Öffentlichkeit bekunden werden als ihr schweizerischer Kollege.

Nach dem System von Hugo Meyer soll die Öffentlichkeit der Voruntersuchung die Regel bilden; dem Untersuchungsrichter soll jedoch das Recht zustehen, aus „besonderen Gründen" von dieser Regel abzuweichen.[112]) Ein ganz ähnlicher Vorschlag ist auch in der Kommission für die Reform des Strafprozesses gemacht worden:

> „Das Verfahren ist öffentlich. Die Öffentlichkeit kann jedoch außer in den Fällen des § 173 des GVG. auch dann ganz oder teilweise ausgeschlossen werden, wenn sie eine Gefährdung des Untersuchungszwecks besorgen läßt." [113])

Sollten diese Vorschläge jemals Gesetz werden, so würde sich bei den Untersuchungsrichtern wahrscheinlich dieselbe Praxis ausbilden, die schon jetzt bei den Militärgerichten besteht. Letztere haben dem Begriff der „Gefährdung" in § 283 der Militärstrafgerichtsordnung eine solche Ausdehnung gegeben, daß in allen größeren Sachen die gesetzliche Regel der Öffentlichkeit (§ 282) zur tatsächlichen Ausnahme geworden ist. Die Öffentlichkeit der Voruntersuchung wird ein toter Buchstabe bleiben, wenn ihre Zulassung von dem guten Willen der Untersuchungsrichter abhängt.

IV.

Parteien-Öffentlichkeit.

Größeren Beifall als die Forderung der vollen Öffentlichkeit hat die Forderung der Parteien-Öffentlichkeit gefunden. Den Prozeßbeteiligten

---

[109]) Heinze Strafprozessuale Erörterungen S. 47 (Gerichtssaal 27); Kahl Goltdammers Archiv für Strafrecht und Strafprozeß 53 S. 13.

[110]) Carl Meyer Kritische und vergleichende Darstellung der Strafverfolgung und Voruntersuchung nach den kantonalen Gerichtsorganisationen und Prozeßordnungen (1897) S. 129.

[111]) Gautier Mitteilungen der JKV. 11 S. 421; Schweizerische Zeitschrift für Strafrecht 17 S. 239.

[112]) Hugo Meyer Die Mitwirkung der Parteien im Strafprozeß (1873) S. 23.

[113]) Protokolle 1 S. 199.

soll das Recht zustehen, an der Beweisaufnahme teilzunehmen und auf die Gestaltung derselben einzuwirken.[114]) Schon im Jahre 1821 hat der berühmte Kriminalist Anselm Feuerbach verlangt, daß der Verteidiger zu den Zeugenverhören des Vorverfahrens zugelassen werde.[115]) Auch Mittermaier, Brauer, v. Tippelskirch, v. Stemann, Dalcke, v. Bar, S. Mayer, Nissen u. A. sind Anhänger der Partei-Öffentlichkeit gewesen.[116]) Seit Erlaß der deutschen Strafprozeßordnung haben Kronecker,[117]) Rosenfeld,[118]) Polzin,[119]) von Pannwitz,[120]) Mugdan[121]) und Kahl[122]) die Einführung der Parteien-Öffentlichkeit befürwortet.

Im Auslande vertreten die Österreicher Vargha,[123]) Friedmann[124]) und Hönigsmann,[125]) die Schweizer Carl Meyer,[126]) Gautier[127]) und Stooß,[128]) der Franzose Poittevin[129]) und der Holländer Simons[130]) dieselbe Richtung. Gautier will die Partei-

---

[114]) v. Stemann Gerichtssaal 25 (1873) S. 194; Kronecker Zeitschrift für die ges. Strafrechtswissenschaft 7 S. 398—399.

[115]) Feuerbach Betrachtungen über die Öffentlichkeit und Mündlichkeit der Gerechtigkeitspflege (1821) S. 109 Anm.

[116]) Vgl. die Literatur-Nachweise bei Kronecker Zeitschrift für die ges. Strafrechtswissenschaft 7 S. 403—405, ferner Brauer im Gerichtssaal 1, zweite Abteilung (1849) S. 350, 353; v. Stemann Gerichtssaal 25 S. 196; Mayer Verhandlungen des elften Juristentages (1873) S. 217, 220; v. Bar Kritik der Prinzipien des Entwurfs einer deutschen Strafprozeßordnung (1873) S. 16; Nissen Bemerkungen zum Entwurf einer deutschen Strafprozeßordnung (1874) S. 58.

[117]) Kronecker Zeitschrift 7 S. 422, 439.

[118]) Rosenfeld Mitteilungen der JKV. 10 (1902) S. 543, 545, 619.

[119]) Polzin Archiv für Kriminal-Anthropologie und Kriminalistik 13 (1903) S. 105—106.

[120]) v. Pannwitz Verhandlungen des sechzehnten deutschen Anwaltstags in Straßburg (1903) S. 50.

[121]) Mugdan in der Zeitschrift „Recht" 8 (1904) S. 11.

[122]) Kahl Goltdammers Archiv für Strafrecht und Strafprozeß 53 (1906) S. 13.

[123]) Vargha Die Verteidigung in Strafsachen (1879) S. 396, 402.

[124]) Friedmann Mitteilungen der JKV. 14 S. 456.

[125]) Königsmann Mitteilungen 14 S. 458.

[126]) Carl Meyer Kritische und vergleichende Darstellung der Strafverfolgung und Voruntersuchung nach den kantonalen Gerichtsorganisationen und Strafprozeßordnungen (1879) S. 130.

[127]) Gautier Mitteilungen der JKV. 11 S. 442—443; Schweizerische Zeitschrift für Strafrecht 17 S. 261, 272.

[128]) Stooß Archiv für Kriminal-Anthropologie 14 (1904) S. 129.

[129]) Poittevin Mitteilungen der JKV. 8 S. 145.

[130]) Simons Mitteilungen 10 S. 95.

Öffentlichkeit von dem Verlangen der Beteiligten abhängig machen, um eine unnötige Verzögerung des Verfahrens zu vermeiden.

Schon im Jahre 1862 hat der dritte deutsche Juristentag beschlossen, bei der gerichtlichen Voruntersuchung solle „mindestens die Parteien-Öffentlichkeit" als Regel anerkannt werden.[131]) Nach dem ersten Entwurf einer deutschen Strafprozeßordnung mußte der Staatsanwaltschaft, dem Beschuldigten und dem Verteidiger auf Verlangen gestattet werden, der Vernehmung von Zeugen und Sachverständigen beizuwohnen.[132]) In den Motiven des genannten Entwurfs ist gesagt: „Der Entwurf gestattet bei allen gerichtlichen Beweiserhebungen in der Voruntersuchung die Anwesenheit des Beschuldigten wie seines Verteidigers." In der Reichstagskommission zur Beratung der Reichsjustizgesetze haben die Abgeordneten Marquardsen und von Puttkamer sowie Eysoldt, Klotz und Herz Anträge auf Einführung der Parteien-Öffentlichkeit gestellt.[133])

Den erwähnten Bestrebungen steht zunächst das Bedenken entgegen, daß es Fälle gibt, in denen der Unterschied zwischen voller Öffentlichkeit und Parteien-Öffentlichkeit gänzlich verschwindet. Im Jahre 1850 fand in der Pfalz ein Monstre-Prozeß gegen die Urheber und Teilnehmer des pfälzischen Aufstandes statt. Die Untersuchung hatte sich auf mehr als 10000 Personen erstreckt.[134]) Angeklagt wurden 401 Beschuldigte, von denen 333 vor das Spezialgericht, 3 vor die Assisen und 38 vor die Zuchtpolizeigerichte verwiesen wurden; gegen 30 Beschuldigte wurde das Verfahren eingestellt.[135]) Zwei andere Riesenprozesse sind im Laufe des 19. Jahrhunderts in Berlin geführt worden, nämlich ein Prozeß gegen die Diebes- und Hehlerbande Moses Levin Löwenthal und Genossen, in welchen 520 Beschuldigte verwickelt waren,[136]) und ein Prozeß gegen 137 Polen wegen Hochverrats, in welchem die Hauptverhandlung vom 7. Juli bis 23. Dezember 1864 dauerte.[137])

Der Nutzen, den die Staatsanwaltschaft von der Parteien-Öffentlichkeit hätte, wäre nur gering. Wenn das Personal derselben nicht gleichzeitig verdoppelt würde, so würde sie in den meisten Fällen durch

---

[131]) Verhandlungen des dritten deutschen Juristentags 2 S. 72—73, 351—352.

[132]) Entwurf einer deutschen Strafprozeßordnung (Berlin, R. v. Decker 1873) § 156).

[133]) Hahn Materialien 1 S. 733, 780.

[134]) Gerichtssaal 2 (1850) S. 269.

[135]) Gerichtssaal S. 270.

[136]) Zeitschrift für die ges. Strafrechtswissenschaft 5 S. 425.

[137]) Vgl die Liste der Angeklagten in der „Nationalzeitung" vom 9. Juli 1864 Nr. 315.

anderweitige dringende Amtsgeschäfte verhindert sein, den Terminen beizuwohnen. Auch die Angeschuldigten würden keinen großen Vorteil von der Reform haben. Daß Leute in abhängiger Stellung — Dienstboten, Tagelöhner, Gesellen, Fabrikarbeiter, Schreiber, Ladenmädchen usw. — wiederholt ihre Arbeit versäumen, um bei der Vernehmung eines Zeugen oder Sachverständigen anwesend zu sein, ist schon sehr unwahrscheinlich. Noch viel weniger ist zu erwarten, daß Personen vom Lande zu diesem Zweck eine Reise an den vielleicht weit entfernten Amtssitz des Untersuchungsrichters machen. Häufig würde ihnen nicht nur die Zeit, sondern auch das Geld fehlen. Die Rechtsanwälte sind schon jetzt kaum imstande, bei der Fülle kollidierender Termine die Interessen ihrer verschiedenen Klienten vor den Amts- und Landgerichten, Zivilkammern, Handelskammern, Strafkammern, beauftragten und ersuchten Richtern gleichzeitig wahrzunehmen. Sie würden jedenfalls nur dann erscheinen, wenn sie sicher wären, für ihren Zeitverlust eine ausreichende Entschädigung zu erhalten. In einigen Fällen würden sie Assessoren oder Referendare als Vertreter schicken; in anderen Fällen würden sie von dem Recht der Anwesenheit überhaupt keinen Gebrauch machen. Die Einführung der Parteien-Öffentlichkeit würde nur einem kleinen Teil der Angeschuldigten nützen, nämlich den vermögenden Leuten, welche große Honorare zahlen können.[138])

Die erwähnte Reform hätte ferner die unerwünschte Folge, daß das Verfahren — insbesondere auch die Untersuchungshaft — nicht kürzer, sondern länger würde.[139]) Vor jedem Termin müßte eine Benachrichtigung der Parteien stattfinden; schon die Beobachtung dieser Formvorschrift würde den Gang des Verfahrens aufhalten und verzögern. Häufig würden der Staatsanwalt, der Verteidiger oder der Angeschuldigte verhindert sein, einem Termin beizuwohnen. In wichtigen Fällen würden dieselben Anträge auf Vertagung stellen; aus Rücksichten der Billigkeit müßte diesen Anträgen in der Regel entsprochen werden, wenn nicht der Zweck des Gesetzes vereitelt werden soll.

Das System der Parteien-Öffentlichkeit würde die Erforschung der materiellen Wahrheit nicht erleichtern, sondern erschweren. Viele Zeugen scheuen sich, in Gegenwart des Angeschuldigten eine belastende Aussage zu machen.[140]) Dies ist nicht bloß dann der Fall, wenn der Zeuge in

[138]) Mitteilungen der IKV. 8 S. 226, 229, 232, 251.

[139]) Mitteilungen 8 S. 231, 246, 251.

[140]) Mitteilungen 8 S. 226, 251; 11 S. 785. Aschrott Reform des Strafprozesses (1906) S. 383 (Weingart), S. 403 (v. Lilienthal).

einem persönlichen Abhängigkeits-Verhältnis zu dem Angeschuldigten steht, sondern auch dann, wenn der Angeschuldigte als roher, rachsüchtiger oder gewalttätiger Mensch bekannt ist, desgleichen, wenn der Angeschuldigte Ansehen, Macht oder Einfluß in der Heimatgemeinde des Zeugen besitzt, oder wenn die öffentliche Meinung bestimmter Berufsklassen bezw. der ganzen Bevölkerung auf Seiten des Angeschuldigten steht. Ein lehrreiches Beispiel bietet der Prozeß gegen verschiedene Mitglieder der freiwilligen Feuerwehr von Siebenlehn (Sachsen) wegen vorsätzlicher Brandstiftung, der im Juni 1907 vor dem Schwurgericht Freiberg verhandelt wurde. Nach Zeitungsberichten haben in der Hauptverhandlung mehrere Zeugen erklärt, daß die gesamte Bevölkerung von Siebenlehn zusammengehalten habe, um die Entdeckung des wahren Sachverhalts zu verhindern; jede Verletzung der allgemeinen Schweigepflicht würde den wirtschaftlichen Ruin des Ausplauderers zur Folge gehabt haben. Wenn es schon in der geheimen Voruntersuchung kaum möglich gewesen ist, die Angeschuldigten zu überführen, so darf als sicher angenommen werden, daß in einer Voruntersuchung, die in Gegenwart der Angeschuldigten sich abgespielt hätte, gar nichts herausgekommen wäre. Für den Zeugen ist der Entschluß, eine belastende Aussage zu wiederholen, in der Regel leichter als der Entschluß, zum ersten Mal eine belastende Aussage zu machen; diese Erfahrungstatsache gilt für alle Vernehmungen, auch für diejenigen, welche in Anwesenheit des Angeschuldigten stattfinden. Das Gesetz nimmt auf den Umstand, daß manche Zeugen sich durch die Gegenwart des Angeschuldigten einschüchtern lassen, nicht bloß in der Hauptverhandlung, sondern auch in der Voruntersuchung Rücksicht. Dasselbe gestattet in § 192 StPO., den Angeschuldigten von der Anwesenheit bei einer Vernehmung auszuschließen, wenn zu befürchten ist, daß ein Zeuge in seiner Gegenwart nicht die Wahrheit sagen werde. Der Vorteil, welchen der Angeschuldigte von der Parteien-Öffentlichkeit haben würde, könnte also durch eine ausgedehnte Anwendung des § 192 wieder beeinträchtigt oder gänzlich aufgehoben werden.

Außer der Besorgnis der Befangenheit gibt es auch noch andere Gründe, welche die Zulassung des Angeschuldigten zu einem Beweistermin verbieten können. Personen, welche infolge eines Tötungsversuchs, einer Mißhandlung oder eines Sittlichkeitsverbrechens erkrankt sind, werden leicht eine schwere Schädigung ihrer körperlichen oder geistigen Gesundheit erleiden, wenn sie gezwungen sind, in krankem Zustande mit dem Täter zu verhandeln.[141])

---

[141]) Hahn, Materialien 2 S. 1314 (Zinn).

Bei Einführung der Parteien-Öffentlichkeit würde die Gefahr bestehen bleiben, daß der Angeschuldigte seine Kenntnis von dem Fortgang der Untersuchung benutzt, um alle Schritte des Untersuchungsrichters durch rechtzeitig ergriffene Gegenmaßregeln zu durchkreuzen.[142]) Daß diese Gefahr keine bloß eingebildete ist, wird von manchen Verteidigern offen zugegeben. Heinemann z. B. sagt:

> „Ein Verfahren, welches dazu dienen soll, die Entscheidung über die Zulässigkeit der Anklage zu ermöglichen, kann unmöglich ohne Vereitelung seines Zweckes ausnahmslos unter ständiger Kontrolle des Beschuldigten geführt werden."[143])

Durchaus zutreffend ist der vielfach gezogene Vergleich, daß bei der Parteien-Öffentlichkeit der Untersuchungsrichter mit offenen Karten spielt, während die übrigen Spieler — der Angeschuldigte und sein Verteidiger, eventuell auch die Mitbeschuldigten — ihre Karten verdeckt halten.[144])

Endlich würde die gleichzeitige Anwesenheit mehrerer Angeschuldigter in den Beweisterminen eine günstige Gelegenheit zu Kollusionen geben. Eine vollständige Trennung der einzelnen Angeschuldigten würde sich weder im Termin, noch vor oder nach demselben durchführen lassen; der Zweck der Kollusionshaft würde gänzlich vereitelt werden.[145])

Wie gering das praktische Bedürfnis nach Einführung der Parteien-Öffentlichkeit auf Seiten der Prozeßbeteiligten ist, beweisen die Erfahrungen, welche im Kanton Genf gemacht worden sind. Nach dem code d'instruction pénale de Genève von 1884 sollen der Staatsanwalt, der Angeschuldigte und der Verteidiger auf ihr Verlangen zu allen Terminen der gerichtlichen Voruntersuchung zugelassen werden. Von dieser Befugnis, an den Beweisterminen teilzunehmen, haben die Parteien höchstens zwei- oder dreimal im Jahr Gebrauch gemacht.[146]) Ein überzeugter Anhänger des Systems der Parteien-Öffentlichkeit — Gautier — schließt seine Schilderung der Genfer Verhältnisse mit den Worten: „La montagne a accouché d'une souris!" —

Sollte trotz aller Bedenken die Parteien-Öffentlichkeit in Deutschland eingeführt werden, so würde die Praxis voraussichtlich diejenige Ent-

---

[142]) Mitteilungen der JKV. 8 S. 273—274; Weingart in der „Reform des Strafprozesses", herausgegeben von Aschrott, S. 382.

[143]) Heinemann Die rechtliche Stellung des Angeklagten (1906) S. 11.

[144]) Abg. Bähr in der Reichsjustizkommission (Hahn Materialien 1 S. 782; v. Kries Zeitschrift für die ges. Strafrechtswissenschaft 9 S. 92; v. Lilienthal Mitteilungen der JKV. 12 S. 292.

[145]) Abg. Bähr in der Reichsjustizkommission (Hahn 1 S. 782).

[146]) Gautier Mitteilungen der JKV. 11 S. 425; Schweizerische Zeitschrift für Strafrecht 17 S. 243.

wicklung nehmen, welche Vollert auf dem elften deutschen Juristentage vorausgesagt hat.[147]) Die Staatsanwälte würden den Gefahren, welche das genannte System für die Strafverfolgung hat, dadurch vorzubeugen suchen, daß sie die Voruntersuchung möglichst umgehen. In denjenigen Sachen, in denen die Voruntersuchung fakultativ ist, würden sie dieselbe überhaupt nicht beantragen. In denjenigen Sachen, in denen die Voruntersuchung obligatorisch ist, würden sie dieselbe erst dann beantragen, wenn der Tatbestand bereits vollständig aufgeklärt ist. Schon im Jahre 1873 hat v. Bar mit Recht ausgeführt:

> „Alle Garantien, welche die Strafprozeßordnung für die Voruntersuchung enthält, sind fast wertlos, wenn es nur vom Belieben der Staatsanwaltschaft abhängt, wann die förmliche Voruntersuchung beginnen soll oder gar, ob eine solche überhaupt stattzufinden habe.[148])

In Frankreich hat der Abg. Bovier-Lapierre im Jahre 1895 die Einführung der Parteien-Öffentlichkeit vorgeschlagen;[149]) der von ihm ausgearbeitete Entwurf ist indessen bis jetzt nicht angenommen worden. Nach dem französischen Gesetz vom 8. Dezember 1897 haben die Parteien zu Terminen, in welchen Zeugen oder Sachverständige vernommen werden, überhaupt keinen Zutritt; zu der Vernehmung des Angeschuldigten wird nur der Verteidiger zugelassen, aber nicht der Staatsanwalt. Auch hier hat sich gezeigt, daß die Wirkungen der Reform den Hoffnungen ihrer Urheber nicht entsprechen.[150]) Dagegen hat die französische Gerichtspraxis bereits Mittel und Wege gefunden, um die nachteiligen Folgen, welche das erwähnte Gesetz für die Strafverfolgung haben könnte, aufzuheben oder wenigstens abzuschwächen. Der Pariser Advokat Coulon schildert diese Praxis in folgender Weise:

> „Les commissaires de police, les commissaires aux délégations judiciaires font l'instruction de la plupart des affaires, dans les quelles ils devraient être chargés de prendre des renseignements et rien de plus. Ils interrogent les inculpés, les con-

---

[147]) Verhandlungen des elften Juristentages in Hannover (1873) 2 S. 224.

[148]) v. Bar Kritik der Prinzipien des Entwurfs einer deutschen Strafprozeßordnung (1873) S. 15.

[149]) Documents parlementaires. Chambre de députés 1895. Annexe N. 1646 p. 1522, 1534, 1536 (art. 79, 138).

[150]) Mitteilungen der JKV. 8 S. 232—233, 246, 249—251, 11 S. 195—196, 206, 210. 791; Curtius Zeitschrift für die ges. Strafrechtswissenschaft, 23 S. 20 bis 40; Normand Texte et Commentaire de la loi du 8 décembre 1897 (1899) S. 20—23.

frontent, ils entendent les témoins et ce n'est que postérieurement à ces opérations absolument illégales que la véritable instruction, celle qui est protégée par la loi de 1897 (art 8 et 9) s'ouvre.

Et cependant l'inculpé n'a pas été assisté d'un défenseur, on ne lui a pas dit qu'il avait le droit de ne pas répondre aux questions qu'on lui posait, enfin il a été interrogé par des personnalités fort honorables, je le veux bien, mais ne présentant aucune des garanties des magistrats. Et il faut l'avouer, et pas un juge d'instruction ne pourra le nier, c'est sur cette instruction occulte, illégale que sera basée toute l'instruction, la vraie. L'inculpé sera mis en contradiction avec lui-même grâce à cette instruction et le juge d'instruction ne manquera aucune occasion de lui répéter: „Mais, voilà ce que vous avez dit au commissaire de police."

„Et ce n'est pas tout. Nous voici dans le cabinet du juge d'instruction, vous croyez qu'il va faire seul son instruction; pas du tout; neuf fois sur dix, il renvoie le dossier au commissaire de police ou au commissaire aux délégations qui toujours dans les mêmes conditions illégales, continuera, puissance occulte, l'instruction dont il ne doit pas être chargé."[151])

Ein anderes Mittel zur Umgehung des Gesetzes besteht darin, daß der Untersuchungsrichter einen Sachverständigen (expert) ernennt, welcher zu seiner Information den Angeschuldigten persönlich vernimmt. Bei dieser Vernehmung ist der Verteidiger natürlich nicht zugegen. Das Resultat der Verhandlung wird sodann in das schriftliche Gutachten des Sachverständigen aufgenommen und auf diese Weise zu den Gerichtsakten gebracht.[152])

Zur Beseitigung der geschilderten Mißbräuche hat Coulon einen Gesetzentwurf ausgearbeitet, in welchem den Polizeikommissaren und Sachverständigen ausdrücklich verboten wird, nach Eröffnung der gerichtlichen Voruntersuchung einen Angeschuldigten zu verhören.[153]) Eine andere

[151]) Coulon Une réforme indispensable. De la liberté individuelle (1901) S. 108—109, vgl. auch Curtius Zeitschrift für die ges. Strafrechtswissenschaft 23 S. 22.

[152]) Coulon S. 109—110.

[153]) Art. 16 Absatz 2: „Défense est faite aux commissaires de police de procéder dans ce cas à un interrogatoire" (Coulon S. 117, 146). — Art. 17: „Il est interdit aux experts commis par le juge d'instruction . . . d'interroger le prévenu" (Coulon S. 118, 152).

Vorschrift dieses Entwurfs bestimmt, daß die „enquêtes officieuses“ der Polizeikommissare nicht mehr zu den Gerichtsakten gebracht werden dürfen.

Die Erfahrungen, welche in Frankreich gemacht worden sind, bestätigen die Richtigkeit der mehrfach ausgesprochenen Warnung, der Gesetzgeber möge die Gewalt der Untersuchungsrichter nicht zu sehr beschränken, sonst werde nur die Gewalt der Polizei wachsen:

> „On n'a rien à gagner à désarmer la justice, à mesure que sa puissance diminue, celle de la police augmente. Il faut qu'une société vive; quand elle ne peut plus se défendre par la loi, elle cherche des expédients pour y suppléer.“[154])

Um die Gefahren der Parteien-Öffentlichkeit zu vermeiden, ist von verschiedenen Seiten der Vorschlag gemacht worden, nur eine fakultative Parteien-Öffentlichkeit einzuführen. Nach den Vorschlägen von Galli und Delbrück soll die Parteien-Öffentlichkeit die Regel bilden; dem Untersuchungsrichter soll jedoch gestattet werden, aus besonderen Gründen den Parteien die Zulassung zu einzelnen Terminen zu verweigern.[155]) Nach einem Gesetzentwurf des französischen Justizministers Le Royer und einem Bericht des Abg. Goblet soll eine gesetzliche Regel überhaupt nicht aufgestellt werden; das subjektive Ermessen des Untersuchungsrichters soll in jedem einzelnen Falle entscheiden, ob die Parteien einem Termin beiwohnen dürfen oder nicht.[156]) Die Kommission für die Reform des Strafprozesses hat das erste System für die Vernehmung von Zeugen und Sachverständigen, das zweite für die Vernehmung des Angeschuldigten adoptiert. Gemäß Beschluß Nr. 134 soll der Staatsanwaltschaft, dem Angeschuldigten und dem Verteidiger auf Verlangen die Anwesenheit bei der Vernehmung von Zeugen und Sachverständigen auch dann gestattet

---

[154]) Coulon S. 110 (Guillot); vgl. auch den Bericht des Senators Dauphin 1882: „La nécessité de découvrir la vérité ferait bientôt installer, comme en Angleterre, à côté de l'instruction officielle une oeuvre parallèle et occulte, où la gendarmerie, les agents de police et les renseignements particuliers prendraient la première place“ (Dalloz, Jurisprudence général, Recueil périodique et critique 1897 Teil IV S. 125 12 Anm. 1 II b).

[155]) Galli Deutsche Juristenzeitung 1903 S. 489—490; Delbrück Gerichtssaal 64 (1904) S 455.

[156]) Projet Le Royer art. 64: „Les témoins peuvent être entendus, soit en présence du ministère public, de la partie civile, de l'inculpé et de leur conseil, soit en de hors de leur présence“. (Journal officiel vom 15. Januar 1880. Sénat. Annexe N. 7, ferner rapport Goblet Art. 79. Documents parlementaires. Chambres des députés 1883 Annexe N. 2377 S. 1802).

werden, wenn die in § 191 Abs. 2 bezeichneten besonderen Voraussetzungen nicht vorliegen; die Gestattung darf nur insoweit versagt werden, als von ihr eine „Gefährdung des Untersuchungszwecks oder der öffentlichen Ordnung" zu besorgen ist.[157])

Dagegen soll es vom freien Ermessen des Untersuchungsrichters abhängen, ob er der Staatsanwaltschaft und dem Verteidiger die Anwesenheit bei der Vernehmung des Angeschuldigten gestatten will.[158]) Durch diese Beschlüsse werden die Interessen der Strafverfolgung in ausreichender Weise gewahrt; eine Gefährdung des Untersuchungszwecks kann von dem Untersuchungsrichter jeder Zeit verhindert werden. Dagegen besteht keine Garantie dafür, daß auch die Interessen der Verteidigung eine genügende Berücksichtigung finden. „Gefährdung" des „Untersuchungszwecks" und der „öffentlichen Ordnung" sind dehnbare Kautschuk-Begriffe, welche dem subjektiven Belieben jedes einzelnen Untersuchungsrichters weiten Spielraum lassen. Eine ähnliche Vorschrift, die § 283 der Militärstrafgerichtsordnung für die Hauptverhandlung aufstellt, wird von den Militärgerichten gleichfalls in ganz willkürlicher Weise ausgelegt. Schließt ein Untersuchungsrichter die Parteien in anderen als den gesetzlich zulässigen Fällen von einer Vernehmung aus, so hat diese Gesetzesverletzung keine rechtlichen Wirkungen; der Grundsatz der Parteien-Öffentlichkeit ist nur eine lex imperfecta. In Frankreich dagegen wird die Vorschrift, daß der Verteidiger der richterlichen Vernehmung des Angeschuldigten beiwohnen darf, in wirksamer Weise geschützt. Artikel 12 des französischen Gesetzes vom 8. Dezember 1897 bestimmt:

> „Seront observées, à peine de nullité de l'acte et de la procédure ultérieure, les dispositions prescrites par les articles 1, 3 paragraphe 2, 9 paragraphe 2 et 10."

Mit vollem Recht ist daher aus den Kreisen der Verteidiger gegen den Vorschlag der Reformkommission Protest erhoben worden;[159]) Heinemann hat die erwähnten Kommissionsbeschlüsse in scharfer, aber zutreffender Weise als Scheinkonzessionen bezeichnet.[160])

Die bisherige Untersuchung hat also folgendes Resultat ergeben: Der Staatsanwalt und der Verteidiger haben ein Interesse daran, schon in der Voruntersuchung bei Vernehmung von Angeschuldigten, Zeugen und Sachverständigen mitzuwirken; der Angeschuldigte selbst hat ebenfalls

---

[157]) Protokolle 1 S. 176, 2 S. 93, 475.

[158]) Beschluß Nr. 132; Protokolle 1 S. 176, 2 S. 92, 473.

[159]) Heinemann Die rechtliche Stellung des Angeklagten (1906) S. 13; Reform des Strafprozesses (herausgegeben von Aschrott) S. 347, 348, 356 Ziffer III 1.

[160]) Heinemann Die rechtliche Stellung des Angeklagten S. 7.

ein Interesse daran, in der Voruntersuchung bei Vernehmung von Zeugen und Sachverständigen mitzuwirken. Eine Mitwirkung der genannten Parteien bei allen Terminen ist unmöglich; die Auswahl der Termine kann weder den Parteien noch dem Untersuchungsrichter überlassen werden. Als einzige Lösung bleibt nur übrig, daß das Gesetz die Termine bestimmt, in welchen die Parteien ein Recht auf Anwesenheit haben. Zu diesen Terminen gehören in erster Linie die „antizipierten" Beweisaufnahmen (§ 191 StPO.), wie allgemein anerkannt wird. Ein Recht auf Anwesenheit muß den Parteien ferner eingeräumt werden bei jeder eidlichen Vernehmung eines Zeugen, sofern nicht Gefahr im Verzuge wegen schwerer Erkrankung oder Verwundung des Zeugen vorliegt. Durch die Beeidigung wird die Aussage des Zeugen „festgenagelt"; er wird verhindert, künftig „umzufallen". Jede Abweichung von der eidlichen Aussage — auch in nebensächlichen Dingen — begründet für den Zeugen die Gefahr, wegen Meineids oder wegen fahrlässigen Falscheids verfolgt und verurteilt zu werden, wie der klassische Fall der Zeugin Wieckowska im Kwilecki-Prozeß beweist.[161]) Den Parteien muß daher die Möglichkeit geboten werden, bei eidlichen Vernehmungen anwesend zu sein, um für erschöpfende Fragestellung sowie vollständige und zuverlässige Protokollierung zu sorgen. In der Reichstagskommission hat bereits Lasker diese Forderung erhoben und in überzeugender Weise begründet;[162]) später sind auch Heinemann[163]) und von Lilienthal[164]) für dieselbe Forderung eingetreten.

Ein Recht auf Anwesenheit müssen die Parteien gleichfalls haben bei gerichtlichen Vernehmungen, welche auf Antrag des Angeschuldigten zum Zwecke seiner Verteidigung erfolgen. Der Angeschuldigte und sein Verteidiger können nicht verlangen, daß jeder Zeuge, dessen Vernehmung sie beantragen, auch vernommen wird. Der Untersuchungsrichter muß das Recht behalten, die Erheblichkeit der angebotenen Entlastungsbeweise zu prüfen, sonst würde der Angeschuldigte ein einfaches und bequemes Mittel haben, um die Untersuchung zu verzögern. Der Angeschuldigte bzw. sein Verteidiger können auch nicht beanspruchen, daß jeder Entlastungszeuge gerichtlich vernommen wird; vielmehr wird es in zahlreichen Fällen zweckmäßig sein, zunächst durch polizeiliche Ermittlungen festzustellen, ob der benannte Zeuge überhaupt etwas von der

---

[161]) Deutsche Juristenzeitung 1903 S. 515, 538, 568; 1904 S. 41.

[162]) Hahn Materialien 2 S. 1312.

[163]) Heinemann Mitteilungen der JKV. 11 S. 702; Die rechtliche Stellung des Angeklagten S. 10; Reform des Strafprozesses S. 348, 356.

[164]) v. Lilienthal Deutsche Juristenzeitung 1904 S. 1006.

Sache weiß. Durch dieses Verfahren werden nicht nur Kosten gespart, sondern auch unnötige Belästigungen des Publikums vermieden. Wenn aber den Untersuchungsrichter die gerichtliche Vernehmung eines Entlastungszeugen für angemessen hält, so muß auch dem Angeschuldigten und seinem Verteidiger Gelegenheit gegeben werden, dieser Vernehmung beizuwohnen, um alle zur Aufklärung der Sache nötigen oder nützlichen Fragen zu stellen.[165])

Ein Recht auf Anwesenheit muß den Parteien viertens zugebilligt werden bei allen gerichtlichen Terminen, welche die Aufhebung einer vorläufigen Festnahme, Verhaftung oder Beschlagnahme zum Gegenstand haben. In diesen Fällen handelt es sich nicht um Vorbereitung einer künftigen Verhandlung, sondern um eine sofortige Entscheidung, welche unmittelbare Wirkungen für Freiheit und Vermögen des Angeschuldigten hat. Der Angeschuldigte und sein Verteidiger haben daher ein berechtigtes Interesse, das Belastungsmaterial ohne Verzug kennen zu lernen, um dasselbe noch rechtzeitig durch Gegenbeweise entkräften zu können.[166])

Endlich muß den Parteien das Recht zugestanden werden, dem Schlußverhör des Angeschuldigten beizuwohnen. Ein solches Schlußverhör war früher schon in einigen deutschen Ländern vorgeschrieben.[167]) In der Reichsjustizkommission hat Schwarze mit Recht seine Einführung empfohlen;[168]) die Kommission für Reform des Strafprozesses hat denselben Vorschlag gemacht.[169]) Wenn die Voruntersuchung bereits zum Abschluß reif ist, so kann von einer Gefährdung des Untersuchungszwecks nicht mehr ernstlich die Rede sein. Die Anwesenheit des Verteidigers im Schlußverhör ist unschädlich für die Anklage, aber nützlich für die Bekämpfung der Anklage.

---

[165]) Reform des Strafprozesses, herausgegeben von Aschrott S. 330 (Rosenberg) S. 352, 356, 357 (Heinemann).

[166]) Bozi Reform der Untersuchungshaft (1897) S. 6, 21, 72; v. Pannwitz: Verhandlungen des sechzehnten deutschen Anwaltstags in Straßburg (1903) S. 52; Heinemann Mitteilungen der JKV. 11 S. 684, 694; Die rechtliche Stellung des Angeklagten S 26; Rosenberg Zeitschrift für die gesamte Strafrechtswissenschaft 26 S. 381–382; Aschrott Reform des Strafprozesses S. 299—301 (Löwenstein) S. 330 (Rosenberg) S. 352, 357 (Heinemann); v. Liszt Reform des Strafverfahrens (1906) S. 45.

[167]) Zachariä Handbuch des Deutschen Strafprozesses 2 (1868) S. 335 Anm. 2

[168]) Hahn Materialien 1 S. 786.

[169]) Beschluß Nr. 136; Protokolle 1 S. 180, 2 S. 96, 475.

Durch Annahme dieser Vorschläge würde die rechtliche Stellung, welche Angeschuldigter und Verteidiger in der Voruntersuchung haben, erheblich verbessert werden. Die genannten Personen würden das Recht erlangen, in den wichtigsten Gerichtsterminen mitzuwirken; dieses gesetzliche Recht könnte ihnen von dem Untersuchungsrichter weder entzogen noch beschränkt werden. Die berechtigten Wünsche des Angeschuldigten und des Verteidigers würden aber doch nicht vollständig befriedigt sein. Dieselben können z. B. ein großes Interesse daran haben, schon in der Voruntersuchung bei der Vernehmung eines Sachverständigen mitzuwirken. Eine solche Mitwirkung wird in vielen Fällen zur Erforschung der materiellen Wahrheit beitragen, z. B. in großen Bankprozessen, in denen verwickelte Handelsgeschäfte aufzuklären, kaufmännische Bücher zu prüfen, Immobilien und Industriepapiere abzuschätzen sind. Andererseits kann ein allgemeines Recht auf Teilnahme an der gerichtlichen Vernehmung eines Sachverständigen nicht eingeräumt werden. Der Untersuchungsrichter muß jeder Zeit in der Lage sein, geheime Beratungen mit dem Sachverständigen abzuhalten und denselben über die Zweckmäßigkeit einzelner Untersuchungshandlungen — Beschlagnahme von Schriftstücken, Geschäftsbüchern, Waren, Waffen, Kleidungsstücken, Versiegelung eines Weinkellers, Unterbringung in eine Klinik oder Irrenanstalt — zu befragen. Für einen kranken Angeschuldigten kann es sogar schädlich sein, wenn der Sachverständige in seiner Gegenwart seinen körperlichen oder geistigen Zustand analysiert. Durch die vorgeschlagene Regelung wird auch der Übelstand nicht ganz beseitigt, daß gerichtliche und polizeiliche Protokolle, welche ohne Zuziehung des Angeschuldigten bezw. seines Verteidigers errichtet worden sind, in der Hauptverhandlung vorgelesen werden dürfen.

Unter diesen Umständen ist es vielleicht vorzuziehen, einen ganz neuen Weg einzuschlagen, um die widerstreitenden Interessen der Anklage und der Verteidigung auszugleichen. Das Recht der Parteien auf Zulassung zu den Gerichtsterminen kann nicht bloß nach *sachlichen*, sondern auch nach *formellen* Gesichtspunkten geregelt werden. Der Untersuchungsrichter vereinigt in seiner Person zwei ganz verschiedene Funktionen 1. die Funktionen, welche der Staatsanwalt im Ermittlungsverfahren hat 2. die Funktionen, welche der Amtsrichter im Ermittlungsverfahren hat. Er ist also zu gleicher Zeit *Staatsanwalt* und *Richter*, Organ der Strafverfolgung und Organ der richterlichen Gewalt. Demgemäß lassen sich auch seine Amtshandlungen in zwei verschiedene Klassen einteilen: Handlungen, die er als Organ der Strafverfolgung vornimmt — *gerichtspolizeiliche* Handlungen — und Handlungen, die er als Organ der richterlichen Gewalt vornimmt — *richterliche* Handlungen. Zu letzteren gehören Erlaß und Aufhebung von Haftbefehlen sowie Beeidigung von Zeugen und Sachverständigen. Die uneidliche Vernehmung von Zeugen und Sachverständigen sowie die Vernehmung des Angeschuldigten können sowohl gerichtspolizeiliche als richterliche Handlungen sein. An diese Einteilung muß der Gesetzgeber anknüpfen. Die gerichtspolizeiliche Vernehmung hat ausschließlich den Zweck, die Organe der Strafverfolgung — Untersuchungsrichter und Staatsanwalt — zu informieren. Das Protokoll über diese Vernehmung wird zu besonderen Akten genommen, auf deren Einsicht der Verteidiger keinen Anspruch hat. Nach Beendigung der Voruntersuchung gehören die gerichtspolizeilichen Protokolle zu den Handakten der Staatsanwaltschaft; dem erkennenden Gericht werden sie nicht vorgelegt. In der Hauptverhandlung dürfen sie nicht benutzt werden. Der Angeschuldigte und der Verteidiger haben kein Interesse, bei der Feststellung von Protokollen mitzuwirken, deren Verlesung unzulässig ist. Für die gerichtspolizeilichen Vernehmungen bleibt also der Grundsatz der Heimlichkeit bestehen. Dagegen haben die richterlichen Vernehmungen den Zweck, nicht nur die Organe der Strafverfolgung, sondern alle Prozeßbeteiligten — also auch den Angeschuldigten, den Verteidiger, die Eröffnungskammer, den Vorsitzenden und die Mitglieder des erkennenden Gerichts — gleichmäßig zu informieren. Die Protokolle über diese Vernehmungen werden zu den Gerichtsakten genommen, deren Einsicht dem Verteidiger jederzeit gestattet ist. In der Hauptverhandlung dürfen dieselben nach Maßgabe der bestehenden Vorschriften (§ 248—253 StPO.) verlesen werden. Der Angeschuldigte und der Verteidiger haben das Recht, bei Feststellung der richterlichen Protokolle mitzuwirken; ihre Benachrichtigung darf nur dann unterbleiben, wenn dieselbe wegen Gefahr im Verzuge oder aus anderen Gründen — z. B. Unkenntnis der Adresse — nicht möglich ist. Für die richterlichen Vernehmungen wird also der Grundsatz der Parteien-Öffentlichkeit eingeführt. Praktisch würde sich das Verfahren in der Weise gestalten, daß der Untersuchungsrichter zunächst Erhebungen aller Art in Abwesenheit der Parteien vornimmt. Stellen sich im Lauf der Voruntersuchung Erklärungen des Angeschuldigten, eines Sachverständigen oder einzelner Zeugen als *besonders wichtig* heraus, so werden diese Personen in einem *Sammeltermin*, der vielfach mit dem Schlußtermin zusammenfallen kann, in Gegenwart der Parteien nochmals vernommen und eventuell vereidigt. Die Teilnahme an einzelnen Sammelterminen wird den Parteien jederzeit möglich sein; die Teilnahme an allen Vernehmungsterminen ist ihnen unmöglich. Ob die Vernehmung einer Person eine richterliche sein soll, hängt also vom Ermessen des Untersuchungsrichters ab; den Parteien steht es jedoch frei, die richterliche Vernehmung zum Zwecke der Beweissicherung zu beantragen. Der Untersuchungsrichter hat diesen Anträgen zu enſprechen, soweit ein berechtigtes Interesse glaubhaft gemacht wird; die Vorschriften des § 485 der Zivilprozeßordnung können analoge Anwendung finden.[170]) Eine übermäßige Häufung der Vernehmungen ist nicht zu befürchten. Die Parteien-Öffentlichkeit soll stets auf wenige, wichtige Beweismittel beschränkt bleiben, sonst könnte der früher erwähnte Mangel, daß die Hauptverhandlung nur eine Reproduktion der Voruntersuchung ist, nicht beseitigt werden. Die wiederholte Vernehmung wird also nur bei einzelnen Hauptzeugen nötig sein, die schon jetzt zwei oder drei Mal in der Voruntersuchung vernommen werden.

Die hier vorgeschlagene Lösung des Problems steht im Einklang mit den Grundsätzen, welche Stooß bereits vor mehreren Jahren angedeutet, aber nicht näher entwickelt hat. Derselbe hat ausgeführt, daß im Vorverfahren zwei wesentlich verschiedene Arten von Prozeßhandlungen vorkommen 1. Beweisaufnahmen, deren Ergebnis der erkennende Richter zu würdigen haben wird, wenn es zu einer Hauptverhandlung kommt, 2. Ermittlungen, die lediglich den Ankläger in den Stand setzen sollen, zu entscheiden, ob er eine Anklage erheben will:

> „Wie das Vorverfahren auch gestaltet werde, so ist es Aufgabe des Gesetzgebers, diese der Art nach verschiedenen Prozeßhandlungen scharf zu scheiden und gesonderte Grundsätze auf sie anzuwenden.“ [171])

Gegen die Zweiteilung der Amtshandlungen des Untersuchungsrichters könnte vielleicht eingewendet werden, daß der Untersuchungsrichter ja eine dreifache Funktion besitzt, nämlich die Funktion des Anklägers, des Verteidigers und des Richters; in Folge dessen sei es logisch und konsequent, diese Dreiteilung auch bei seinen Amtshandlungen durchzuführen. Ein solcher Einwand wäre jedoch nicht ernst zu nehmen. Nach § 158 Absatz 2 StPO. ist die Staatsanwaltschaft verpflichtet, auch die zur Entlastung dienenden Umstände zu ermitteln. Es besteht also kein vernünftiger Grund, ihr die Beweiserhebungen zu verheimlichen, welche der Untersuchungsrichter als Verteidiger vornimmt. Auch ist nicht zu befürchten, daß die Staatsanwaltschaft Zeugen beeinflußt, zum Meineid verleitet oder in das Ausland schickt, Schriftstücke vernichtet oder ver-

[170]) Mitteilungen der IKV 11 S. 805 (Rosennberg).

[171]) Stooß Archiv für Kriminal-Anthropologie und Kriminalistik 14 (1904) S. 123.

fälscht, Überführungsstücke bei Seite schafft, Polizei- und Gefängnisbeamte besticht usw. Dagegen besteht die Gefahr, daß der Angeschuldigte solche Handlungen begeht, wie durch unzählige Beispiele bewiesen werden kann. Der Verteidiger kann schon deshalb nicht dem Staatsanwalt vollständig gleichgestellt werden, weil weder eine gesetzliche noch eine moralische Verpflichtung für ihn besteht, die Tatsachen, welche er in amtlicher Eigenschaft erfährt, vor seinem Klienten geheim zu halten.[172])

V.
Mündlichkeit.

Schon bei Beratung der jetzigen Strafprozeßordnung hat der württembergische Justizminister von Mittnacht die Frage aufgeworfen, ob es ganz unbedenklich sei, „einem rite konstruierten mündlichen Hauptverfahren ein schriftliches Vorverfahren vorausgehen zu lassen."[173]) Die Einführung einer mündlichen Voruntersuchung haben direkt verlangt Gneist,[174]) Kronecker,[175]) Bornhak,[176]) Kulemann[177]) sowie die Belgier Prins und Pergameni.[178]) In der Kommission für Reform des Strafprozesses sind gleichfalls Anträge in diesem Sinne gestellt worden.[179]) Zweck der Voruntersuchung soll nicht mehr, wie bisher, die Information der Eröffnungskammer und des erkennenden Gerichts, sondern die Information des Untersuchungsrichters, dessen Befugnisse erheblich zu erweitern sind, sowie die Information der Parteien sein. Den genannten Personen soll das Beweismaterial unmittelbar vorgeführt werden. Die Errichtung ausführlicher Protokolle soll überflüssig sein; durch Beseitigung bzw. Beschränkung derselben soll das Verfahren vereinfacht und beschleunigt werden. Nach der erwähnten Theorie hat der Begriff der Mündlichkeit denselben Sinn wie Unmittelbarkeit.[180]) Die Frage

---

[172]) Hahn Materialien 1 S. 972 (Dr. Bähr); Aschrott Reform des Strafprozesses S. 322 (Rosenberg).

[173]) Hahn Materialien 1 S. 501.

[174]) Gneist Vier Fragen zur deutschen Strafprozeßordnung (1874) S. 88.

[175]) Kronecker Zeitschrift für die ges. Strafrechtswissenschaft 7, S. 437, 440, 444.

[176]) Bornhak Zeitschrift für die ges. Strafrechtswissenschaft 19 S. 76.

[177]) Kulemann Mitteilungen der JKV. 10 S. 546, 560, 11 S. 492.

[178]) Prins et Pergameni Réforme de l'instruction préparatoire en Belgique (1871) S. 10 (préface) S. 161, 182.

[179]) Protokolle 1 S. 142, 151 153, 198—203.

[180]) Zachariä Handbuch des deutschen Strafprozesses 1 S. 49; v. Kries Zeitschrift für die ges. Strafrechtswissenschaft 6 S. 92 und 102 Text und Anm. 12; Kronecker Zeitschrift für die ges. Strafrechtswissenschaft 7 S. 400; Birkmeyer

der Mündlichkeit hängt daher mit der Frage der Parteien-Öffentlichkeit eng zusammen.[181]) Wird letztere nicht bewilligt, so kann auch die Mündlichkeit nicht bewilligt werden. Wie bereits im vorigen Abschnitt näher dargelegt wurde, müssen die Beweisaufnahmen des Untersuchungsrichters in zwei verschiedene Klassen eingeteilt werden 1) formlose Beweisaufnahmen, welche der Untersuchungsrichter als Organ der Strafverfolgung vornimmt; dieselben sollen ausschließlich zur Information des Untersuchungsrichters und des Staatsanwalts dienen. 2) formelle Beweisaufnahmen, welche der Untersuchungsrichter als richterliche Urkundsperson vornimmt, dieselben sollen zur Information aller beteiligten Prozeßparteien und Gerichtspersonen dienen. In beiden Fällen ist die Schriftlichkeit unentbehrlich. Der Staatsanwalt ist bei den Amtshandlungen des Untersuchungsrichters regelmäßig nicht zugegen; die Mitglieder der Eröffnungskammer und des erkennenden Gerichts dürfen bei denselben überhaupt nicht zugegen sein. Die genannten Personen können über diese Amtshandlungen nur dann in zuverlässiger Weise informiert werden, wenn ausführliche und genaue Protokolle errichtet worden sind. Die Einführung der Mündlichkeit ist mit dem Zweck der Voruntersuchung unvereinbar.

In der Literatur hat der Vorschlag, die schriftliche Voruntersuchung durch die mündliche zu ersetzen, bereits eine so treffende Kritik erfahren,[182]) daß ein näheres Eingehen auf dieses aussichtslose Projekt unnötig erscheint. Auch die Kommission für Reform des Strafprozesses hat alle Anträge auf Beseitigung der schriftlichen Voruntersuchung mit Recht abgelehnt.[183])

VI.

Anklageform.[184])

Die Form des Parteiprozesses, welche für die Hauptverhandlung durchgeführt ist, soll auch auf die Voruntersuchung ausgedehnt werden. Der Untersuchungsrichter soll in Zukunft nicht mehr Staatsanwalt

---

Deutsches Strafprozeßrecht (1898) S. 509—512; Kulemann Mitteilungen der JKV. 11 S. 492.

Weidlich Die englische Strafprozeßpraxis und die deutsche Strafprozeßreform S. 72

[181]) Ortloff Das Vorverfahren des deutschen Strafprozesses S. 167 Anm. 2.

[182]) Polzin Archiv für Kriminal-Anthropologie und Kriminalistik 13 S. 108 - 109.

[183]) Protokolle 1 S. 157, 198.

[184]) vgl. über den Unterschied von Anklageform und Anklageprinzip; Hahn Materialien 1 S. 153; Birkmeyer Deutsches Strafprozeßrecht S. 136 bis 138.

und Verteidiger, sondern ausschließlich Richter sein. Er soll eine unparteiische Urkundsperson werden, dessen Tätigkeit im Wesentlichen darauf beschränkt ist, die von den Parteien beantragten Beweise zu erheben; jedoch soll ihm die Befugnis vorbehalten bleiben, das von den Parteien herbeigeschaffte Beweismaterial zu ergänzen. Zu den Vertretern dieser Ansicht gehören Brauer,[185]) von Stemann,[186]) Zachariä,[187]) Hugo Meyer,[188]) von Pannwitz[189]) und Kronecker.[190]) In der Reichsjustizkommission haben Marquardsen und von Puttkammer die Einführung der Anklageform beantragt[191]); Anträge gleichen Inhalts sind auch in der Kommission für Reform des Strafprozesses gestellt, aber abgelehnt worden.[192]) Im Auslande haben die Belgier Prins und Pergameni[193]) sowie der Franzose Albanel[194]) ebenfalls empfohlen, dem Untersuchungsrichter die Funktion der Strafverfolgung zu entziehen und denselben auf rein richterliche Funktionen zu beschränken.

Die erwähnten Vorschläge haben den Vorzug, daß der Untersuchungsrichter eine ebenso unbefangene und unparteiische Stellung erhält, wie jeder andere Richter. Dieser Vorzug der Reform wird jedoch vollständig aufgewogen durch die Nachteile, welche dieselbe mit sich bringt. Ein Untersuchungsrichter, welcher nur Urkundsperson ist, hat kein besonderes Interesse mehr an einer sorgfältigen, genauen und erschöpfenden Beweisaufnahme. Es besteht die Gefahr, daß er die Zeugen und Sachverständigen in derselben summarischen Weise vernimmt, wie dies schon jetzt durch die Requisitionsrichter der Amtsgerichte geschieht. Die meisten Angeschuldigten sind vermögenslose und ungebildete Leute, die weder zur Sammlung von Beweismaterial noch zur Verwertung desselben imstande

185) Brauer Gerichtssaal. Erster Band. Zweite Abteilung (1849) S. 325, 352–354.

186) v. Stemann Goltdammers Archiv für Strafrecht 8 S. 41.

187) Zachariä Handbuch des deutschen Strafprozesses 1 (1861) S. 43 bis 44, 46.

188) Hugo Meyer Die Mitwirkung der Parteien im Strafprozeß (1873) S. 6.

189) v. Pannwitz Verhandlungen des sechzehnten deutschen Anwaltstags in Straßburg (1906) S. 50.

190) Kronecker Zeitschrift für die ges. Strafrechtswissenschaft 7 (1887) S. 437—440.

191) Hahn Materialien 1 S. 737—738, 746, 756.

192) Protokolle 1 S. 142, 152, 157, 201.

193) Prins et Pergameni Réforme de l'instruction préparatoire en Belgique (1871) S. 162, 166, 186.

194) Albanel Mitteilungen der JKV. 8 S. 234.

sind. Die Einführung der Anklageform könnte ihnen nur dann Nutzen bringen, wenn ihnen gleichzeitig ein Verteidiger beigeordnet würde.[195]) Am bedenklichsten ist jedoch der Umstand, daß durch kontradiktorische Erhebung aller Beweise in der Voruntersuchung die Hauptverhandlung ihre Bedeutung als entscheidendes Prozeßstadium vollständig verliert. Schon bei Beratung der jetzigen Strafprozeßordnung hat der württembergische Minister von Mittnacht auf diese Gefahr hingewiesen:

„Die Bedeutung der Hauptverhandlung möchte hier und da verlieren, wenn derselben eine präparatorische Prozedur in kontradiktorischer Form vorausgegangen wäre, in welcher schon über jedes in der Hauptverhandlung vorzulegende Beweismittel zwischen den Parteien verhandelt wäre.“[196])

Im Jahre 1879 hat Fuchs ebenfalls ausgeführt: „Jeder Versuch, die sogenannten Prozeßmaximen auf das Vorverfahren zu übertragen und möglichst konsequent durchzuführen, kann nur den Erfolg haben, daß der Schwerpunkt des Prozesses in das Vorverfahren verlegt wird und daß die Hauptverhandlung, in welcher das ganze Verfahren gipfeln soll, lediglich als eine Wiedervorführung resp. Wiederholung des gesammelten Beweismaterials erscheint.“[197])

Dieselben Bedenken hat auch Lukas geäußert.[198])

Als logische Konsequenz der Anklageform wird ferner verlangt, daß die Vernehmung des Angeschuldigten, der Zeugen und Sachverständigen in der Voruntersuchung nicht mehr durch den Richter, sondern durch die Parteien erfolgen soll. Der deutsche Juristentag hat bereits 1873 beschlossen:

„In Strafsachen ist das Kreuzverhör dem Verhör durch den Präsidenten vorzuziehen.“[199])

In der Kommission für Reform des Strafprozesses ist folgender Antrag gestellt, aber abgelehnt worden:

„Die Vernehmung jedes Zeugen und Sachverständigen erfolgt zunächst durch denjenigen Prozeßbeteiligten, welcher das Erscheinen

---

195) Hanns Groß Archiv für Kriminal-Anthropologie und Kriminalistik 12 S. 209.

196) Reichstagssitzung vom 24. November 1874 (Hahn Materialien 1 S. 501).

197) v. Holtzendorff Handbuch des deutschen Strafprozeßrechts 1 (1879) S. 466.

198) Lukas Anleitung zur strafrechtlichen Praxis. Erster Teil. Zweite Auflage (1905) S. 64.

199) Verhandlungen des elften Juristentags 2 S. 169.

des zu Vernehmenden veranlaßt. Demnächst sind den übrigen Prozeßbeteiligten Fragen zu gestatten. Der Richter kann ungehörige und nicht zur Sache gehörige Fragen zurückweisen und seinerseits die ihm erforderlich scheinenden Fragen stellen."[200])

Es kann zugegeben werden, daß fast sämtliche Schriftsteller, welche in England oder Amerika das Kreuzverhör aus eigener Anschauung kennen gelernt haben, diesem System den Vorzug vor dem deutschen Inquisitionssystem geben.[201]) Allein die Gründe, welche zugunsten des Kreuzverhörs angeführt werden, haben nur für die Hauptverhandlung Bedeutung, nicht auch für die Voruntersuchung. In erster Linie wird geltend gemacht, das Kreuzverhör sei die „gründlichste und erschöpfendste" Methode der Beweisaufnahme.[202]) Hierauf ist zu erwidern, daß nach den Grundprinzipien der deutschen Strafprozeßordnung die gründliche und erschöpfende Aufklärung der Sache erst in der Hauptverhandlung erfolgen soll; in der Voruntersuchung soll nur festgestellt werden, ob der Angeschuldigte „hinreichend verdächtig" ist.[203]) In zweiter Linie wird angeführt die „Lebendigkeit und Anschaulichkeit des Eindrucks", welchen das Kreuzverhör auf „Geschworene" mache.[204]) Auch dieser Grund kommt nur bei der Hauptverhandlung in Betracht, da bis jetzt noch niemand verlangt hat, daß auch in der Voruntersuchung Laienrichter mitwirken sollen. In dritter Linie wird behauptet, das Kreuzverhör erleichtere dem Vorsitzenden die Prozeßführung, schütze denselben vor Einseitigkeit, erhöhe das Vertrauen zu seiner Unparteilichkeit und erschwere Konflikte mit dem Verteidiger.[205]) Diese Gründe könnten

---

[200]) Protokolle 1 S. 143.

[201]) Mittermaier Das englische, schottische und nordamerikanische Strafverfahren (1851) S. 73, 120, 306, 309, 310, 312, 556; Gneist Verhandlungen des elften Juristentags (1873) 2 S. 151; Vier Fragen zur deutschen StPO. (1874) S. 113—115; Weidlich Die englische Strafprozeßpraxis und die deutsche Strafprozeßreform (1906) S. 67.

[202]) Gneist Verhandlungen des elften Juristentags 2 S. 146; Vier Fragen zur deutschen Strafprozeßordnung S. 113; Hahn Materialien 1 S. 837 (Gneist); Vargha Die Verteidigung in Strafsachen (1879) S. 397.

[203]) § 188, 201 StPO., Hahn Materialien 1 S. 163 (Motive), 2 S. 1549, 1862; Ortloff Das Vorverfahren des deutschen Strafprozesses (1893) S. 138—141; Birkmeyer Deutsches Strafprozeßrecht (1898) S. 598—599.

[204]) Gneist Verhandlungen des elften Juristentags 2 S. 147; Vier Fragen S. 114; Hahn Materialien 1 S. 838 (Gneist), S. 839 (Herz); Sundelin Gerichtssaal 11 (1859) S. 170—174; Hartmann Die Strafrechtspflege in Amerika (1906) S. 142—144.

[205]) Mittermaier Das englische, schottische und nordamerikanische Strafverfahren (1851) S. 73, 312, 556; v. Stemann Goltdammers Archiv für preußisches

allerdings erheblich sein, wenn das Prinzip der Öffentlichkeit auf die Voruntersuchung ausgedehnt würde. Eine solche Ausdehnung ist jedoch nicht zu empfehlen, wie bereits früher dargelegt wurde. In der geheimen Voruntersuchung bleibt die Tätigkeit des Richters vor dem Publikum verborgen; letzteres hat daher an der Einführung des Kreuzverhörs kein Interesse. Dem Angeschuldigten bringt das Kreuzverhör nur dann Nutzen, wenn er einen Verteidiger hat. Ein dringendes Bedürfnis nach Einführung des Kreuzverhörs ist schon deshalb nicht anzunehmen, weil die Parteien von der Befugnis des § 238 StPO. bis jetzt fast niemals Gebrauch gemacht haben.[206])

VII.

Erweiterung der Rechte des Untersuchungsrichters.

Durch Einführung der Anklageform sollen die Funktionen des Untersuchungsrichters beschränkt werden. Diesem Vorschlag stehen andere Vorschläge gegenüber, welche die Funktionen des Untersuchungsrichters erheblich erweitern wollen:

1 Die Fälle der obligatorischen Voruntersuchung sollen erheblich vermehrt werden. Nach den Vorschlägen von Gneist, Kronecker, Ortloff, Simons und Kahl soll die Voruntersuchung notwendig sein in allen Haftsachen [207]) nach dem Vorschlag von Kronecker auch in allen Strafkammersachen.[208]) Ein praktisches Bedürfnis für die vorgeschlagene Ausdehnung der notwendigen Voruntersuchung ist indessen nicht nachgewiesen. Das staatsanwaltschaftliche Ermittelungsverfahren hat sich bei den meisten Strafkammersachen, einschließlich der Haftsachen, bewährt. Einen Beweis hierfür bietet die Justizstatistik, nach welcher $^4/_5$ aller Strafkammersachen ohne Voruntersuchung instruiert werden. Der Prozentsatz

---

Strafrecht 8 (1860) S. 48; Verhandlungen des elften Juristentags (1873) 1 S. 17, 22, 25; Sundelin Die Staatsanwaltschaft in Deutschland (1860) S. 122–123; Gneist Verhandlungen des elften Juristentags 2 S. 148; Vier Fragen S. 115; Hahn Materialien 1 S. 837 (Gneist), S 839 (Herz); Protokolle der Kommission für Reform des Strafprozesses 1 S. 235; Auerbach Zeitschrift für Strafrechtswissenschaft 24 S 180; Weidlich Die englische Strafprozeßpraxis und die deutsche Strafprozeßreform (1906) S. 63-66.

[206]) Protokolle der Kommission für Reform des Strafprozesses 1 S. 236.

[207]) Hahn Materialien 1 S. 741 (Gneist); Kronecker Zeitschrift für die ges. Strafrechtswissenschaft 7 S. 437—438; Ortloff Das Vorverfahren des deutschen Strafprozesses (1893) S. 128; Simons Mitteilungen der IKV. 10 S. 87; Kahl Goltdammers Archiv für Strafrecht 53 S. 17.

[208]) Kronecker Zeitschrift 7 S. 438; Protokolle der Kommission für Reform des Strafprozesses 1 S. 448, 2 S. 82.

der Voruntersuchungen wird seit Jahren nicht höher, sondern geringer.[209]) Die vorgeschlagene Reform würde den Abschluß der Voruntersuchung verzögern, den Untersuchungsrichter unnötiger Weise belasten and an der schnellen Erledigung anderer, vielleicht großer und wichtiger Sachen hindern. Auch müßte die Beobachtung der Vorschrift des § 23 Absatz 2 StPO. bei kleinen Amtsgerichten, die nur mit einem Richter besetzt sind, große Schwierigkeiten und Kosten verursachen. Die Reichsjustizkommission und die Kommission für Reform des Strafprozesses, welche die Voruntersuchung in allen Haftsachen für notwendig erklären wollten, haben sich nachträglich davon überzeugen müssen, daß ihre Beschlüsse nicht durchzuführen sind.[210])

Alle Versuche, die Notwendigkeit der Voruntersuchung von äußerlichen Merkmalen — Haftsachen, Strafkammersachen, Verbrechen, Minimalstrafe bei Vergehen — abhängig zu machen, sind vollständig verfehlt. Viel richtiger würde es sein, die Natur des Delikts und die Person des Täters über die Notwendigkeit der Voruntersuchung entscheiden zu lassen. Die Natur des Delikts läßt die Voruntersuchung notwendig erscheinen bei allen Sittlichkeitsverbrechen, welche an Kindern oder an Geisteskranken verübt werden. In solchen Fällen kommt es vor, daß Berufene und Unberufene — Polizeidiener, Gendarm, Staatsanwalt, Richter, Angeschuldigter und Angehörige oder Freunde desselben, Verteidiger, Bürgermeister, Pfarrer, Lehrer und Zeitungsschreiber — neben und nach einander Verhöre mit den Zeugen abhalten, welche angeblich das Opfer eines unsittlichen Attentats geworden sind. Diese Zeugen werden durch die fortgesetzten, widerspruchsvollen Einwirkungen, denen sie ausgesetzt sind, häufig so unsicher, verwirrt und ängstlich, daß sie bei jeder Vernehmung eine andere Aussage machen. Dem Untersuchungsrichter müßte das ausschließliche Recht der Vernehmung vorbehalten bleiben; jede Neben- oder Nachuntersuchung sollte streng verboten werden.

Die Person des Täters läßt die Voruntersuchung notwendig erscheinen bei Greisen, sowie bei allen geistig unentwickelten oder geistig minderwertigen Personen.[211]) Es genügt hier an die

---

[209]) Zucker Mitteilungen der IKV. 11 S. 369—370; Ed. Mittermaier Juristisch-psychiatrische Grenzfragen 2, Heft 6 (1904), Separatabdruck S. 18—19; Mitteilungen der IKV. 11 S. 288.

[210]) Hahn Materialien 2 S. 1186, 1545; Protokolle der Reformkommission 2 S. 469 Anm. 1.

[211]) Kahl Goltdammers Archiv für Strafrecht 53 S. 17.

bekannten Sittlichkeitsdelikte der Greise[212]) sowie an die falschen Geständnisse von Melancholikern[213]) zu erinnern.

2. Der Untersuchungsrichter soll das Recht erhalten, in allen Fällen, welche zu seiner Zuständigkeit gehören, von Amtswegen einzuschreiten; ein Antrag der Staatsanwaltschaft soll also nicht erforderlich sein.[214]) Für die Notwendigkeit oder Zweckmäßigkeit dieser Reform ist bis jetzt kein Beweis erbracht. Die logische Folge derselben würde sein, daß das System der fakultativen Voruntersuchung gänzlich abgeschafft und durch das System der obligatorischen Voruntersuchung ersetzt werden müßte. In Wirklichkeit ist das erste System dem zweiten vorzuziehen. Zahlreiche Sachen sind so klar und einfach, daß es ein doktrinärer Formalismus wäre, dieselben noch an den Untersuchungsrichter abzugeben, nachdem der Amtsrichter wegen Gefahr im Verzuge alle wesentlichen Feststellungen gemacht hat, z. B. einen schwer verletzten Zeugen eidlich vernommen, den Tatort besichtigt und das Geständnis des Beschuldigten protokolliert hat. Wenn die Voruntersuchung überhaupt einen praktischen Zweck haben soll, so muß sie auf schwierige und verwickelte Fälle beschränkt werden, deren sorgfältige und zeitraubende Bearbeitung den Staatsanwälten neben ihren sonstigen, vielfach dringenden Amtsgeschäften nicht möglich ist.[215]) Die Entscheidung, ob ein Fall schwierig oder verwickelt ist, kann für einzelne Kategorien vom Gesetzgeber getroffen werden; im übrigen hat diejenige Behörde zu entscheiden, welche durch die Voruntersuchung entlastet werden soll.

3. Die Voruntersuchung soll auch dann zulässig sein, wenn der Täter noch unbekannt ist.[216]) Dieser Vorschlag enthält eine wesentliche Verbesserung des bisherigen Verfahrens; die Kommission für Reform des Strafprozesses hat denselben einstimmig befürwortet.[217])

---

[212]) Kirn Vierteljahrsschrift für gerichtliche Medizin. Dritte Folge 16 (1898) S. 280—289; Mitteilungen der JKV. 8 S. 371, 375 (Nikoladoni), 393—394 (Leppmann); Aschaffenburg Das Verbrechen und seine Bekämpfung (1903) S. 126; Hoche Handbuch der gerichtlichen Psychiatrie (1901) S. 620—621.

[213]) Hoche S. 576.

[214]) Gautier Mitteilungen der JKV. 11 S. 435; Schweizerische Zeitschrift für Strafrecht 17 S. 253, 255

[215]) Sundelin Die Staatsanwaltschaft in Deutschland (1860) S. 102, 107; Stenglein Gerichtssaal 62 (1903) S. 273; Weingart Mitteilungen der JKV. 12 S. 305; Reform des Strafprozesses S. 385.

[216]) Mitteilungen der JKV. 10 S 547, 610, 614; 11 S. 773; Recht (1902) S. 458 (Oppler); Deutsche Juristenzeitung (1903) S. 489 (Galli), (1905) S. 661 (Hamm).

[217]) Protokolle 1 S. 174, 2 S. 87.

4. Der Untersuchungsrichter soll nach Abschluß der Voruntersuchung die Funktionen des **Staatsanwalts** wahrnehmen.[218]) Dieser Vorschlag, welcher von **Kulemann** herrührt, hat nirgends Anklang gefunden; derselbe ist bereits von **Preetorius** und anderen in zutreffender Weise kritisiert worden.[219]) Eine nochmalige Bekämpfung des Vorschlags dürfte überflüssig sein.

5. Dem Untersuchungsrichter soll die Entscheidung über Eröffnung des Hauptverfahrens übertragen werden.[220]) Dieser Vorschlag, welcher sich an die Vorschriften des code d'instruction criminelle (Art. 128—130) sowie der hessischen und württembergischen Strafprozeßordnung[221]) anschließt, ist durch die neuere Entwicklung bereits überholt worden. Nach den Beschlüssen der Reformkommission soll der Untersuchungsrichter befugt sein, auf Antrag der Staatsanwaltschaft den Angeschuldigten außer Verfolgung zu setzen. Der Eröffnungsbeschluß soll gänzlich in Wegfall kommen; das Gericht soll jedoch in bestimmten Fällen entscheiden, ob Hauptverhandlung stattzufinden habe.[222]) Die vorgeschlagene Beseitigung des Eröffnungsbeschlusses hat in der Literatur fast allgemeinen Beifall gefunden,[223]) so daß an seiner Abschaffung wohl nicht mehr zu zweifeln ist. Ein näheres Eingehen auf diese Frage kann daher unterbleiben.

6. Der Untersuchungsrichter soll unter bestimmten Voraussetzungen das Urteil fällen.[224]) Dieser Vorschlag erscheint auf den ersten Blick befremdlich; derselbe hat jedoch den Vorzug, daß das Verfahren in allen

---

[218]) Mitteilungen der IKV. 10 S. 593, 597—598.

[219]) Mitteilungen 10, S. 612, 11 S. 772.

[220]) **Prins et Pergameni**: Réforme de l'instruction préparatoire en Belgique S. 174, 177; **Hahn** Materialien 1 S. 739 (Antrag **Marquardsen-Puttkamer**); **Kronecker** Zeitschrift für die ges. Strafrechtswissenschaft 7 S. 440; **Kulemann** Mitteilungen der IKV. 10 S. 564—567; **Preetorius** Mitteilungen 10 S. 613; **Gautier** Mitteilungen 11 S. 451—453.

[221]) **Hahn** Materialien 1 S. 166.

[222]) Beschluß Nr. 137, 138, 146, 147, 148; Protokolle 1 S. 183, 184, 186, 2 S. 97, 101.

[223]) Mitteilungen der IKV. 11 S. 492, 494, 667, 746, 810, 816 (Beschluß der Frankfurter Kommission, 12 S 287, 298, 310, 322, 328, 349, 355; **Kulemann** Recht (1904) S. 184; v. **Lilienthal** Deutsche Juristenzeitung (1904) S. 1006; **Klasing** Archiv für Kriminal-Anthropologie und Kriminalistik 21 (1905) S. 266; v. **Liszt** Reform des Strafverfahrens (1906) S. 33—35; **Aschrott** Reform des Strafprozesses (1906) S 96 (Generalreferat), S. 418—424 (v. **Lilienthal**) — vgl. auch **Brauer** Gerichtssaal 1, zweite Abteilung, S. 364, der schon 1849 das ganze Eröffnungsverfahren abschaffen wollte.

[224]) v. **Pannwitz** Verhandlungen des sechzehnten deutschen Anwalttags (1903) S. 55; **Kahl** Goltdammers Archiv für Strafrecht 53 S. 15.

glatten und klaren Sachen einfacher gestaltet und schneller erledigt werden kann. Eine Gefährdung der Interessen des Angeschuldigten ist nicht zu befürchten, wenn die sofortige Aburteilung nur im Falle eines Geständnisses erfolgen darf, wenn der Angeschuldigte ausdrücklich seine Einwilligung gibt und wenn die Berufung an das zuständige Gericht zulässig ist. In England besteht ebenfalls die Einrichtung, daß der Friedensrichter bestimmte Strafsachen, welche seine Zuständigkeit überschreiten, im Falle eines Geständnisses sofort aburteilen darf.[225]) Weidlich behauptet, daß diese Einrichtung, welche eine Prämiierung des Geständnisses enthält, „ausgezeichnet" wirke.[226])

VIII.

Erweiterung der Rechte des Angeschuldigten.

1. Die gerichtliche Voruntersuchung soll in allen Fällen stattfinden, in welchen der Angeschuldigte dieselbe beantragt; der Nachweis erheblicher Gründe (§ 176 Absatz 2 Ziffer 2 StPO) soll nicht mehr erforderlich sein.[227]) Es kann dahingestellt bleiben, ob die Befürchtung begründet ist, daß der Angeschuldigte sein Recht auf Voruntersuchung mißbrauchen werde, um das Verfahren zu verzögern.[228]) Näher liegt vielleicht die Gefahr, daß der Angeschuldigte aus Eigensinn, Ärger oder Zorn die Voruntersuchung in Fällen beantragen wird, in denen sie ganz überflüssig und zwecklos ist. Der früher aufgestellte Grundsatz, daß die Voruntersuchung auf schwierige und verwickelte Fälle beschränkt werden soll, läßt sich nur dann durchführen, wenn die Eröffnungsanträge des Angeschuldigten der Prüfung des Gerichts unterliegen; für die Eröffnungsanträge der Staatsanwaltschaft bildet die Dienstaufsicht der amtlichen Vorgesetzten eine ausreichende Kontrolle. Auch kommt in Betracht, daß die Stellung des Angeschuldigten hinsichtlich der Beweislast eine ganz andere ist als diejenige der Staatsanwaltschaft; der Angeschuldigte braucht zunächst garnichts zu beweisen, sondern kann abwarten, ob der von der Staatsanwaltschaft versuchte Beweis gelingt. Die Interessen des Angeschuldigten sind also vollkommen gewahrt, wenn ihm das Recht eingeräumt wird, die Sicherung derjenigen Beweise zu beantragen, deren Verlust für die Hauptverhandlung zu besorgen ist.

---

225) Liepmann Zeitschrift für die ges. Strafrechtswissenschaft 6 S. 417.

226) Weidlich Die englische Strafprozeßpraxis und die deutsche Strafprozeßreform (1906) S. 6.

227) Ortloff Das Vorverfahren des deutschen Strafprozesses S. 132—134; Protokolle der Kommission für Reform des Strafprozesses 1 S. 173, 2 S. 81, 469 Beschluß Nr. 128.

228) von Bomhard im „Recht" (1905) S. 639.

2. Der Angeschuldigte soll schon in der Voruntersuchung als „Prozeßsubjekt" anerkannt werden, infolgedessen soll das „Verhör" des Angeschuldigten auch in diesem Abschnitt des Verfahrens beseitigt werden. Zu den Vertretern der erwähnten Ansicht gehören Brauer, Gneist, von Pannwitz, Weidlich, Hartmann[229]) und der Niederländer Simons.[230]) Gneist hat das Verhör mit der Tortur verglichen und Weidlich nennt dasselbe eines „des bewußten modernen Menschen unwürdige Behandlung."[231]) Diese Kritiken gehen viel zu weit. Die Aussage des Angeschuldigten ist — genau wie die Zeugenaussage — ein Beweismittel und zwar ein so wichtiges Beweismittel, daß sie in vielen Fällen überhaupt nicht ersetzt werden kann.[232]) Da Zweck und Ziel eines jeden Strafprozesses die Erforschung der materiellen Wahrheit ist, so darf auf Benutzung eines der besten und wertvollsten Beweismittel nicht gänzlich verzichtet werden. Dagegen besteht kein Grund, die Aussage eines Angeschuldigten anders zu behandeln, als die Aussage eines Zeugen; auch letztere kann häufig nicht durch andere Beweismittel ersetzt werden. Es erscheint daher unbedenklich, die Vorschrift des § 51 StPO. auf den Angeschuldigten auszudehnen.[233]) In England und Amerika kann der Angeschuldigte sogar, wie ein Zeuge, eidlich vernommen werden[234]); für Deutschland ist diese Einrichtung allerdings nicht zu empfehlen.

Die hier vorgeschlagene Regelung des Verhörs war früher in Braunschweig geltendes Recht.[235]) Das französische Gesetz vom 8. Dezember 1897 bestimmt in Art. 3:

„Lors de cette première comparution le magistrat constate l'identité de l'inculpé, lui fait connaître les faits qui lui sont

---

[229]) Brauer Gerichtssaal 1, zweite Abteilung (1849) S. 334; Gneist Vier Fragen S. 82;
von Pannwitz Verhandlungen des sechzehnten Anwaltstags S. 59—60; Weidlich Die englische Strafprozeßpraxis und die deutsche Strafprozeßreform S. 63—66; Hartmann Die Strafrechtspflege in Amerika (1906) S. 242, 320.

[230]) Simons Mitteilungen der JKV. 10 S. 93.

[231]) Weidlich S. 65.

[232]) Hahn Materialien 2 S. 1531 (Kommissionsbericht); Heinze Strafprozessuale Erörterungen, Beilageheft zum Gerichtssaal 27 S. 23; Rosenberg Mitteilungen der JKV. 11 S. 777.

[233]) Carl Meyer Kritische und vergleichende Darstellung u. s. w. (1897) S. 159.

[234]) Weidlich S. 12, 18, 28—29; Hartmann Die Strafrechtspflege in Amerika S. 106, 231, 240; Stein Zur Justizreform S. 25.

[235]) Zachariä Handbuch des deutschen Strafprozesses 2 (1868) S. 238 bis 239.

imputés et reçoit ses déclarations après l'avoir averti qu'il est libre de ne pas en faire."

Nach dem neuesten Entwurf einer italienischen Strafprozeßordnung ist dem Angeschuldigten gleichfalls zu eröffnen, daß er nicht verpflichtet sei, zu antworten.[236])

3. Der Angeschuldigte soll das Recht erhalten, schon während der Voruntersuchung das gegen ihn gesammelte Beweismaterial kennen zu lernen. Der Untersuchungsrichter soll verpflichtet werden, neu ermittelte Beweise zwei Mal im Monat und die Gesamtheit der Beweise am Schlusse der Voruntersuchung dem Angeschuldigten vorzuhalten.[237]) Die Vorhaltung des ganzen Beweismaterials im Schlußverhör kann zur Aufklärung der Sache nur nützlich sein. Dagegen sprechen dieselben Gründe, welche gegen die Parteien-Öffentlichkeit angeführt worden sind, auch gegen die fortlaufende Mitteilung neuer Beweise an den Angeschuldigten. Soll diese Mitteilung nur erfolgen „soweit es nicht der Untersuchungszweck verbietet" (Protokolle 1 S. 180), so verliert die Vorschrift jede praktische Bedeutung und wird zu einer unschädlichen Scheinkonzession.

4. Die Fälle der notwendigen Verteidigung (§ 140 StPO.) sollen erheblich vermehrt werden. Sehr populär ist die Forderung, daß der Angeschuldigte in allen Haftsachen Anspruch auf Bestellung eines Offizial-Verteidigers haben soll.[238]) Ein anderer Vorschlag geht dahin, die Vorschriften der Zivilprozeßordnung über das Armenrecht in analoger Weise auf das Strafverfahren auszudehnen: dem verhafteten Angeschuldigten soll das Recht auf Beiordnung eines Offizial-Verteidigers dann eingeräumt werden, wenn er außer Stande ist, die Kosten der Verteidigung selbst zu bestreiten.[239]) Die Institution des Armenanwalts besteht bereits in Amerika, wo die Kosten desselben von der Gemeindekasse

---

[236]) Zürcher Schweizerische Zeitschrift für Strafrecht 19 S. 37; Rosenfeld Mitteilungen der IKV. 14 S. 162.

[237]) Protokolle der Kommission für Reform des Strafprozesses 1 S. 180, 2 S. 95, 475; Beschluß Nr. 136.

[238]) Heinze Strafprozessuale Erörterungen Gerichtssaal 27 (1875) Beilageheft S. 19; Mitteilungen der IKV. 11 S. 680, 696, 819, 840, 12 S. 288, 302, 14 S. 239;

v. Liszt Die Reform des Strafverfahrens (1906) S. 46;

Aschrott Reform des Strafprozesses (1906) S. 104 (Generalreferat), S. 362 (Heinemann).

[239]) Keller Antrag für den zweiten deutschen Juristentag (1861) 1 S. 7 § 5; v. Stemann Gerichtssaal 25 (1873) S. 204; Prins Mitteilungen der IKV. 8 S. 244.

getragen werden.[240]) Weitere Vorschläge wollen die Offizial-Verteidigung für bestimmte Personenklassen — Jugendliche, Greise, Taube, Stumme, geistig Minderwertige usw.[241]) — und für bestimmte Kategorien von Delikten[242]) einführen.

Wenn die Voruntersuchung auf schwierige und verwickelte Fälle beschränkt wird, so ist es nicht bloß möglich, sondern auch sachgemäß, das System der notwendigen Verteidigung auf alle Strafsachen auszudehnen, in denen überhaupt eine Voruntersuchung stattfindet. In Frankreich besteht schon seit zehn Jahren die Vorschrift, daß jedem Angeschuldigten auf Verlangen ein Offizial-Verteidiger beigeordnet werden muß. Art. 3 Absatz 3 des französischen Gesetzes vom 8. Dezember 1897 bestimmt:

„Si l'inculpation est maintenue, le magistrat donnera avis à l'inculpé de son droit de choisir un conseil parmi les avocats inscrits au tableau et admis au stage, ou parmi les avoués, et à défaut de choix, il lui en fait désigner un d'office si l'inculpé le demande; la désignation sera faite par le bâtonnier de l'ordre des avocats, s'il existe un conseil de discipline, et dans le cas contraire par le président du tribunal."

Nach dem neuesten Entwurf einer italienischen Strafprozeßordnung muß der Angeschuldigte in jeder Voruntersuchung gleichfalls einen Verteidiger haben und zwar bei Strafe der Nichtigkeit.[243])

5. In den Fällen der Offizial-Verteidigung soll der Angeschuldigte ein Recht darauf haben, daß der Verteidiger schon bei Eröffnung der Voruntersuchung bestellt wird.[244]) Dieser Vorschlag enthält eine wesentliche Verbesserung gegenüber dem bestehenden Rechtszustand. Wenn der Angeschuldigte überhaupt eines Verteidigers bedarf, so hat er ihn auch schon in der Voruntersuchung nötig, in welcher wichtige Entscheidungen über seine Freiheit und sein Vermögen getroffen werden können.

---

[240]) Hartmann Die Strafrechtspflege in Amerika S. 94.

[241]) Aschrott Reform des Strafprozesses S. 309—314, 365;

[242]) von Pannwitz Verhandlungen des sechzehnten Anwaltstags S. 50; Aschrott Reform des Strafprozesses S. 314, 361.

[243]) Rosenfeld Mitteilungen der JKV. 14 S. 148, 160.

[244]) Beschluß Nr. 110 der Reformkommission; Protokolle 1 S. 124, 2 S. 160; Delbrück Gerichtssaal 64 S. 454;

Heinemann Reform des Strafprozesses S. 365.

6. Die wichtigste Neuerung für den Angeschuldigten ist der Vorschlag, daß die Zeitdauer der Untersuchungshaft auch in der Voruntersuchung gesetzlich begrenzt werden soll. In der Konferenz der Regierungsvertreter ist beschlossen worden, der Untersuchungsrichter solle eine Entscheidung des Gerichts über die Fortdauer der Haft herbeiführen, wenn die Untersuchungshaft zwei Monate gedauert habe; nach abermals zwei Monaten solle in gleicher Weise verfahren werden.[245]) Mit diesem Beschlusse der Bundesregierungen wird endlich auch in Deutschland eine Bahn betreten, die in anderen Staaten schon längst eingeschlagen ist. In meiner Abhandlung über „die Reform der Untersuchungshaft[246]) habe ich nachgewiesen, daß in Italien, Belgien, Waadt und Ungarn die Haftbefehle der Untersuchungsrichter und Ratskammern nur für bestimmte Zeit Geltung haben. In Frankreich wird von Juristen aller Berufsklassen — Professoren, Advokaten, Staatsanwälten und Richtern — die Einführung der mandats à échéance fixe verlangt.[247]) Die französische Regierung selbst hat schon wiederholt Gesetzentwürfe vorgelegt, in denen die Dauer der verschiedenen Verwahrungs- und Haftbefehle an gesetzliche Maximalgrenzen gebunden ist.[248])

In Deutschland hat Brauer bereits 1849 empfohlen, in Fällen der Haftbeschwerde bestimmte Fristen für die Dauer der Untersuchungshaft einzuführen.[249]) 1874 hat Nissen eine Maximalgrenze für die Untersuchungshaft gefordert.[250]) In der Reichsjustizkommission hat der Abg. von Puttkamer folgenden Antrag gestellt:

> „Ist die Voruntersuchung gegen einen verhafteten Angeschuldigten nicht binnen vier Wochen seit dessen Verhaftung geschlossen, so hat der Untersuchungsrichter die Akten mit seinem Antrage der Strafkammer des Landgerichts zur Entscheidung über die Fortdauer oder Aufhebung der Untersuchungshaft vor-

---

[245]) Kölnische Zeitung vom 3. Juli 1907 No. 695.

[246]) Zeitschrift für die gesamte Strafrechtswissenschaft 26 S. 397—398.

[247]) Vgl. Revue pénitentiaire (1901) S. 209 (Larnaude), S. 224 (de Ramel), S. 233 (Poittevin), S. 435 (Jolly), S. 461 (Ribot), S. 640 (Picot). S. 649 (Coulon), S. 655 (Chanteau) — ferner Coulon Une réforme indispensable. De la liberté individuelle (1901) Art. 11 S. 115, 137—138; Morizot-Thibault Revue de droit public 21 (1904) S. 63.

[248]) Vgl. Entwurf Le Royer von 1879 (Journal officiel 1880. Sénat. Annexe N. 7 p. 306); Entwurf Dubost von 1894 (Journal officiel 1894. Chambre des députés. Annexe N. 411 p. 252.

[249]) Gerichtssaal. Erster Band, zweite Abteilung (1849) S. 359—360.

[250]) Nissen Bemerkungen zum Entwurf einer deutschen Strafprozeßordnung (1874) S. 43.

zulegen. Beschließt die Strafkammer die Fortdauer der Haft, so ist in Zwischenräumen von je zwei Wochen in derselben Form die wiederholte Entscheidung des Gerichts herbeizuführen."[251])

Der Vorschlag, den die Konferenz der Regierungsvertreter gemacht hat, ist offenbar aus der italienischen Strafprozeßordnung von 1865 entnommen.[252]) Hierbei sind jedoch die Verbesserungen nicht berücksichtigt, welche in dem neuesten Entwurf einer italienischen Strafprozeßordnung enthalten sind. Nach diesem Entwurf ist die Fortdauer der Haft „von Monat zu Monat" neu zu beschließen; nach drei Monaten ist die Fortdauer nur noch auf je zwei Monate zu bewilligen.[253]) In Belgien, Waadt und Ungarn muß der Haftbefehl des Untersuchungsrichters ebenfalls von Monat zu Monat verlängert werden. Die Frist von einem Monat reicht in den meisten Fällen aus, um eine Entscheidung zu begründen, ob der verhaftete Angeschuldigte „hinreichend" verdächtig ist. Es empfiehlt sich daher, an dieser Frist festzuhalten; in großen und schwierigen Sachen kann der Haftbefehl nach Bedarf von Monat zu Monat verlängert werden. Die periodische Kontrolle, welcher der Untersuchungsrichter unterworfen werden soll, wird das beste Mittel sein, um das „Schneckentempo des bureaukratischen Geschäftsgangs"[254]) zu beschleunigen und die Untersuchungshaft abzukürzen.

Zu billigen ist auch die Bestimmung, daß die Untersuchungshaft nur eine subsidiäre Maßregel sein soll, welche erst dann verhängt werden darf, wenn andere Sicherungsmaßregeln nicht ausreichen.[255]) Nach dieser Vorschrift wird es vielfach möglich sein, die Kollusionshaft durch Eingrenzung, Handgelöbnis und Friedensbürgschaft zu ersetzen.[256])

Gänzlich ungenügend sind die übrigen Verbesserungen, welche die Konferenz der Regierungsvertreter bezüglich der Untersuchungshaft beschlossen hat. Die Kollusionshaft soll in denjenigen Fällen beseitigt werden, welche mit Gefängnis von höchstens einem Monat, mit Haft oder mit Geldstrafe bis 300 Mk. bedroht sind.[257]) Allein in

---

[251]) Hahn Materialien 2 S. 1264.

[252]) Hahn Materialien 1 S. 408.

[253]) Zürcher Schweizerische Zeitschrift für Strafrecht 19 (1906) S. 41; Rosenfeld Mitteilungen der JKV. 14 S. 168.

[254]) Heinemann Die rechtliche Stellung des Angeklagten S. 21.

[255]) Kölnische Zeitung vom 3. Juli 1907 Nr. 695.

[256]) Zeitschrift für die gesamte Strafrechtswissenschaft 26 S. 365—374.

[257]) Kölnische Zeitung vom 3. Juli 1907.

diesen Bagatellsachen wird auch jetzt schon die Kollusionshaft fast niemals verhängt. Der Beschluß ist wieder eine der berühmten Scheinkonzessionen, welche an dem bestehenden Rechtszustand garnichts ändern. Viel wichtiger wäre es, die Kollusionshaft auf diejenigen Fälle zu beschränken, in welchen der Beschuldigte „Anstalten getroffen" hat, um Spuren der Tat zu vernichten, Zeugen oder Mitschuldige zu einer falschen Aussage oder Zeugen dazu zu verleiten, sich der Zeugnispflicht zu entziehen.[258]) Der größte Mangel des jetzigen Verfahrens — die Verhängung der Untersuchungshaft auf Grund der Akten und auf Grund polizeilicher Berichte[259]) — bleibt unverändert fortbestehen. Schon im Jahre 1874 hat Gneist erklärt:

> „Der Gerichtsbeschluß über die Verhaftung hat nur dann einen Wert, wenn das Gericht das Recht und die Pflicht hat, durch selbständige eigene Ermittelungen den Grund der Verhaftung festzustellen."[260])

Denselben Gedanken hat Lasker im Reichstage und Struckmann in der Reichsjustizkommission ausgesprochen.[261]) Seitdem sind von Kries, Bozi, von Pannwitz, Heinemann, W. Mittermaier, von Lilienthal, von Liszt, Aschrott, Löwenstein, der Franzose Garçon und andere für die Forderung eingetreten, daß der Haftbefehl nur auf Grund einer kontradiktorischen mündlichen Verhandlung und Beweisaufnahme erlassen werden dürfe.[262]) Gleichwohl ist von den Bundesregierungen nicht die geringste Konzession in dieser Richtung gemacht worden. Ich kann hier nur auf den Vorschlag verweisen, den

---

[258]) Zeitschrift für die gesamte Strafrechtswissenschaft 26 S. 363–365.

[259]) Zeitschrift 26 S. 374–382; Bozi Die Reform der Untersuchungshaft (1897) S. 20; Zucker Ein Wort zur Aufhebung der gerichtlichen Voruntersuchung (1904) S, 69.

[260]) Gneist Vier Fragen zur deutschen Strafprozeßordnung S. 74.

[261]) Hahn Materialien 1 S. 540, 666.

[262]) von Kries Zeitschrift für die gesamte Strafrechtswissenschaft 9 S. 66; Bozi Reform der Untersuchungshaft S. 6, 21, 72; von Pannwitz Verhandlungen des sechzehnten Anwaltstags S. 52; Heinemann Mitteilungen der JKV. 11 S. 684, 694; Die rechtliche Stellung des Angeklagten S. 25—27; W. Mittermaier Mitteilungen der JKV. 11 S. 844—846; von Lilienthal Mitteilungen der JKV. 12 S. 288, 302; von Liszt Die Reform des Strafverfahrens S. 45 bis 46; Aschrott Reform des Strafprozesses S 104, 106 (Generalreferat), S. 299 (Löwenstein), S. 349—351 (Heinemann); Garçon Mitteilungen der JKV. 10 S. 294; vgl. auch Beschluß der Frankfurter Kommission in den Mitteilungen der JKV. 11 S. 818.

ich in meiner Abhandlung über die Reform der Untersuchungshaft entwickelt habe.[263])

Auch die Verlängerung des Haftbefehls soll nicht auf Grund der Akten, sondern nur auf Grund einer mündlichen Verhandlung erfolgen.[264])

IX.

Erweiterung der Rechte des Verteidigers.

1. Der mündliche Verkehr zwischen dem Verteidiger und seinem verhafteten Klienten soll von allen Kontrollvorschriften befreit werden.[265]) Die Konferenz der Regierungsvertreter hat diese Forderung gebilligt;[266]) die Kommission für Reform des Strafprozesses, welche zuerst Bedenken hatte,[267]) hat in zweiter Lesung die Freigabe des mündlichen Verkehrs ebenfalls befürwortet.[268]) Bei dieser communis opinio erscheint eine nähere Begründung der Forderung überflüssig. In Norwegen und in Frankreich ist der freie mündliche Verkehr zwischen dem Verteidiger und dem verhafteten Angeschuldigten bereits geltendes Recht.[269]) Nach dem italienischen Entwurf soll der Verteidiger freien Verkehr mit dem Angeschuldigten haben, sobald das förmliche Verhör in der Voruntersuchung stattgefunden hat.[270]) In manchen deutschen Mittel- und Kleinstaaten — Hannover, Braunschweig, Oldenburg, Württemberg, Thüringen, Frankfurt a. Main — bestand schon früher die Vorschrift, daß der Verteidiger mit seinem verhafteten Klienten frei verkehren dürfe.[271])

2. Der schriftliche Verkehr zwischen dem Verteidiger und seinem verhafteten Klienten soll von allen Kontrollvorschriften befreit werden.[272])

---

[263]) Zeitschrift für die gesamte Strafrechtswissenschaft 26 S. 381—383; vgl. Mitteilungen der JKV. 11 S. 809.

[264]) Zeitschrift 26 S. 397.

[265]) Mitteilungen der JKV. 8 S. 144, 11 S. 698, 793, 811, 820, 12 S. 289, 303; Hahn Materialien 1 S. 975, 976; Vargha Die Verteidigung in Strafsachen (1879) S. 607; Heinemann Die rechtliche Stellung des Angeklagten S. 18; v. Liszt Reform des Strafverfahrens S. 46—47; Aschrott Reform des Strafprozesses S. 324, 358.

[266]) Kölnische Zeitung vom 3. Juli 1907 Nr. 695.

[267]) Protokolle 1 S. 130—132.

[268]) Protokolle 2 S. 168.

[269]) Norwegisches Gesetz vom 1. Juli 1887 § 243 Absatz 3; Französisches Gesetz vom 8.—10. Dezember 1897 Art. 8.

[270]) Rosenfeld Mitteilungen der JKV. 14 S. 149.

[271]) Vgl. Vargha Die Verteidigung in Strafsachen (1879) S. 608, 609.

[272]) Heinemann Mitteilungen der JKV. 11 S. 698; Reform des Strafprozesses S. 358; v. Liszt Reform des Strafverfahrens S. 46.

Auch diese Forderung ist grundsätzlich gebilligt worden. Die Kommission für Reform des Strafprozesses und die Konferenz der Regierungsvertreter verlangen jedoch mit Recht Garantien, daß nicht unberufene Dritte — z. B. Anwaltsschreiber — den Namen des Verteidigers mißbrauchen, um mit dem verhafteten Angeschuldigten einen unerlaubten Briefwechsel zu führen. Der Beschluß 116 der Reformkommission bildet eine brauchbare Grundlage für die künftige gesetzliche Regelung. In Elsaß-Lothringen ist durch Ministerialverfügung vom 28. Mai 1898 über den schriftlichen Verkehr des Verteidigers mit Untersuchungsgefangenen nach Eröffnung des Hauptverfahrens folgendes bestimmt:

> „Dem Vorstand der Anwaltskammer ist anheimgegeben worden, den Rechtsanwälten anzuempfehlen, auf den Briefumschlag einen von dem Verteidiger unterzeichneten Vermerk zu senden: „Absender der Verteidiger Rechtsanwalt N. in Z." Die mit einem solchen Vermerk versehenen Briefe sind den Untersuchungsgefangenen ungeöffnet auszuhändigen, sofern nicht etwa Anhaltspunkte dafür gegeben sind, daß Briefe trotz dieses Vermerkes nicht von dem Verteidiger herrühren, vielmehr seine Unterschrift gefälscht ist."

3. Der Verteidiger soll ein unbeschränktes Recht auf Akteneinsicht erhalten;[273]) dieses Recht soll sich sogar auf die Handakten der Staatsanwaltschaft erstrecken.[274]) Die Kommission für Reform des Strafprozesses steht auf einem ganz anderen Standpunkt; dieselbe will das gesetzliche Recht auf Einsicht „der dem Gericht vorliegenden Akten" (§ 147 Absatz 1 StPO.) noch weiter beschränken. Der Verteidiger soll nur befugt sein, die Untersuchungsakten einzusehen; dagegen soll die Befugnis zur Einsicht der Beiakten davon abhängen, ob diese Akten mit der Untersuchung im Zusammenhang stehen.[275]) In zutreffender Weise hat Heinemann den erwähnten Beschluß als eine direkte Verschlechterung des bestehenden Rechtszustands bezeichnet.[276])

In der Frage der Akteneinsicht ist genau derselbe Unterschied zu machen wie in der Frage der Parteien-Öffentlichkeit. Der Untersuchungs-

---

[273]) Visontai Mitteilungen der IKV. 8 S. 262—263; Heinemann Mitteilungen 11 S. 697; Reform des Strafprozesses S. 356; Auerbach Zeitschrift für die ges. Strafrechtswissenschaft 24 S. 173.

[274]) Mamroth Deutsche Juristenzeitung (1903) S. 309, (1904) S. 211.

[275]) Beschluß 113; Protokolle 2 S. 164—167, 457.

[276]) Heinemann Die rechtliche Stellung des Angeklagten S. 18—19; Reform des Strafprozesses S. 343-344; vgl. auch Stranz Deutsche Juristenzeitung (1906) S. 412 und Rosenberg Reform des Strafprozesses S. 323.

richter nimmt eine Doppelstellung ein: er ist zu gleicher Zeit Staatsanwalt und Richter, Organ der Strafverfolgung und öffentliche Urkundsperson. Das Material, welches er als Verfolgungsbeamter sammelt, gehört zu den Handakten der Staatsanwaltschaft. Der Staatsanwalt darf seine Handakten in der Hauptverhandlung weder verlesen noch vorhalten oder sonst vorlegen. Infolgedessen hat der Verteidiger kein berechtigtes Interesse, diese Akten kennen zu lernen. Der Verteidiger hat auch schon deshalb keinen Anspruch auf Einsicht der fraglichen Akten, weil er seine eigenen Handakten vor der Staatsanwaltschaft sorgfältig geheim hält. Dagegen gehören die Protokolle, welche der Untersuchungsrichter als öffentliche Urkundsperson errichtet, zu den Gerichtsakten. Der Staatsanwalt, der Verteidiger und das erkennende Gericht dürfen von denselben in gleicher Weise Gebrauch machen. Eine solche Zweiteilung der Untersuchungsakten in geheime Verwaltungsakten und öffentliche Gerichtsakten ist bereits von zahlreichen Schriftstellern empfohlen worden.[277]) Kronecker z. B. sagt:

> „Die polizeilichen Protokolle und Berichte sind, um sie einerseits auf das Hauptverfahren nicht einwirken zu lassen, andererseits der Kenntnis der Verteidigung zu entziehen, von den Gerichtsakten zu trennen und lediglich dem Staatsanwalt zu überlassen.“[278])

In einem Gesetzentwurf, welchen der französische Advokat Coulon ausgearbeitet hat, wird ebenfalls vorgeschlagen:

> „Les enquêtes officieuses des commissaires de police ne doivent en aucun cas être jointes au dossier de l'instruction.“[279])

---

[277]) Brauer Gerichtssaal 1, zweite Abteilung (1849) S. 347, 350, 353; von Bar Kritik der Prinzipien des Entwurfs einer deutschen Strafprozeßordnung (1873) S. 16—17; Heinemann Mitteilungen der JKV. 11 S. 663; Die rechtliche Stellung des Angeklagten S. 12; v. Lilienthal Mitteilungen der JKV. 12 S. 298; Deutsche Juristenzeitung (1904) S. 1004; Reform des Strafprozesses S. 411; Rosenfeld Deutsche Juristenzeitung (1904) S. 40; von Liszt Reform des Strafverfahrens S. 37; Aschrott Reform des Strafprozesses (Generalreferat) S. 91—92; Kahl Goltdammers Archiv für Strafrecht 53 (1906) S. 10.

[278]) Kronecker Zeitschrift für die ges. Strafrechtswissenschaft 7.

[279]) Coulon Une réforme indispensable de la liberté individuelle (1901) S. 117 Artikel 16.

Auf kleinere Reform-Vorschläge — wie Akten-Einsicht in der Privatwohnung,[280]) Erteilung von Abschriften aus den Gerichtsakten,[281]) Zustellung von Gerichtsbeschlüssen an den Verteidiger,[282]) Unterstützung des Verteidigers durch die Polizeibehörden[283]) — soll an dieser Stelle nicht eingegangen werden. Dieselben betreffen weniger die Materie der Voruntersuchung, als die Materie der Verteidigung. Ebenso ist die Frage, ob weiblichen Angeschuldigten weibliche Verteidiger zu bestellen sind,[284]) nicht bloß für die Voruntersuchung zu entscheiden, sondern für das ganze Gebiet des Strafprozesses einheitlich zu regeln. Eine Ausführung darüber, ob das System der freien Advokatur dem von Ortloff und Balogh empfohlenen System der staatlichen Verteidiger[285]) vorzuziehen sei, dürfte überflüssig sein.

X.

Auf Grund vorstehender Ausführungen ergibt sich für den Prozeß-Abschnitt der gerichtlichen Voruntersuchung folgendes Resultat:

1. Die Systeme der Öffentlichkeit, der Mündlichkeit und der Anklageform sind vollständig abzulehnen.

2. Das System der Parteien-Öffentlichkeit ist nur in modifizierter Form zu empfehlen.

a) Für bestimmte Prozeßhandlungen muß die Parteien-Öffentlichkeit obligatorisch sein; die Parteien müssen einen gesetzlichen Anspruch auf Anwesenheit haben bei antizipierten Beweisaufnahmen, bei eidlichen Vernehmungen von Zeugen und Sachverständigen, sowie bei dem Schlußverhör des Angeschuldigten.

---

[280]) Triest Goltdammers Archiv für Strafrecht 9 S. 800; Frydmann Systematisches Handbuch der Verteidigung in Strafsachen (1878) S. 160; Vargha Die Verteidigung in Strafsachen (1879) S. 614—615; Auerbach Zeitschrift für die ges. Strafrechtswissenschaft 24 S. 173.

[281]) Carl Meyer Kritische und vergleichende Darstellung usw. (1897) S. 167; v. Lilienthal Deutsche Juristenzeitung (1904) S. 1006; Gautier Mitteilungen der JKV. 11 S. 423.

[282]) Mamroth Deutsche Juristenzeitung (1903) S. 307.

[283]) v. Pannwitz Verhandlungen des sechzehnten Anwaltstages (1903) S. 54; Aschrott Reform des Strafprozesses S. 332; Rosenberg Mitteilungen der JKV. 11 S. 794—795.

[284]) Tekla Friedländer Mitteilungen der JKV. 14 S. 340.

[285]) Ortloff Das Vorverfahren des deutschen Strafprozesses (1893) S. 51, 52, 58, 167; Balogh Mitteilungen der JKV. 8 S. 124, 223, 226; dagegen Tanoviceanu, Tellier, Berger, Felisch Mitteilungen 8 S. 229, 249, 255, 275.

b) Für die übrigen Prozeßhandlungen muß die Parteien-Öffentlichkeit fakultativ sein; der Untersuchungsrichter kann auf Antrag oder von Amtswegen beschließen, daß die Parteien zu einzelnen Vernehmungen bezw. Verhören zugelassen werden.

c) Zur Sicherung der Rechte und Interessen des Angeschuldigten muß die gesetzliche Vorschrift erlassen werden, daß polizeiliche und staatsanwaltschaftliche Protokolle in der Hauptverhandlung überhaupt nicht verlesen werden dürfen, daß ferner gerichtliche Protokolle nur dann verlesen werden dürfen, wenn dieselben in den Formen der Parteien-Öffentlichkeit errichtet worden sind. Ausnahmen von dieser Regel sind nur dann zulässig, wenn die Benachrichtigung der Parteien von einem Gerichtstermin wegen Gefahr im Verzuge oder aus anderen Gründen nicht möglich gewesen ist.

d) Sind mehrere Angeschuldigte vorhanden, so kann der Untersuchungsrichter die Parteien-Öffentlichkeit auf diejenigen Angeschuldigten beschränken, welche an der Anwesenheit im Gerichtstermin ein berechtigtes Interesse haben; die Verlesung des Gerichtsprotokolls ist auch in diesem Falle zulässig.

3. Das System der notwendigen Voruntersuchung ist zu ändern: Entscheidend darf nicht mehr die Zuständigkeit des Gerichts, sondern nur die Natur des Delikts oder die Person des Beschuldigten sein.

4. Wenn die Voruntersuchung nicht notwendig ist, soll sie nur in großen und schwierigen Sachen beantragt werden.

5. Das Gericht kann den Antrag des Angeschuldigten auf Eröffnung der Voruntersuchung ablehnen, wenn ein großer und schwieriger Fall nicht vorliegt.

6. Das System der notwendigen Verteidigung ist zu ändern: Der Angeschuldigte muß in allen Sachen, in denen die Voruntersuchung eröffnet ist, einen Verteidiger haben.

7. Der Offizial-Verteidiger soll schon bei Beginn der Voruntersuchung bestellt werden; seine Bestellung muß vor dem ersten Gerichtstermin erfolgen, dem ein Verteidiger beizuwohnen berechtigt ist.

8. Der mündliche Verkehr zwischen dem Verteidiger und dem verhafteten Angeschuldigten muß von allen Beschränkungen befreit werden.

9. Der schriftliche Verkehr zwischen dem Verteidiger und dem verhafteten Angeschuldigten muß ebenfalls frei sein; Kontrollvorschriften dürfen nur erlassen werden, um zu verhindern, daß andere Personen den Namen des Verteidigers zur Absendung oder Empfangnahme von Briefen mißbrauchen.

10. Dem Verteidiger muß das Recht eingeräumt werden, die Gerichtsakten — einschließlich der Beiakten — schon während der Voruntersuchung einzusehen.

11. Das Recht der Akten-Einsicht erstreckt sich nicht auf die Handakten des Untersuchungsrichters; zu letzteren gehören die Protokolle über alle Vernehmungen, für welche die Parteien-Öffentlichkeit weder gesetzlich vorgeschrieben, noch durch Beschluß des Untersuchungsrichters zugelassen ist.

12. Die Handakten des Untersuchungsrichters dürfen nur der Staatsanwaltschaft vorgelegt werden, welche dieselben auch nach Beendigung der Voruntersuchung aufzubewahren hat; die Mitteilung dieser Akten an die Ratskammer oder an das erkennende Gericht ist unzulässig.

13. Für das Verhör des Angeschuldigten müssen dieselben Vorschriften gelten wie für die Vernehmuug eines Zeugen, der zur Verweigerung seiner Aussage berechtigt ist (§ 51 Abs. 2 StPO.).

14. Die Untersuchungshaft darf nur auf Grund einer mündlichen Verhandlung verhängt werden, für welche die Parteien-Öffentlichkeit obligatorisch ist. Bestreitet der Angeschuldigte die ihm zur Last gelegte Tat, den Fluchtverdacht oder die Kollusionsgefahr, so ist auch ein summarisches Beweisverfahren erforderlich. Vor der Entscheidung über Erlaß eines Haftbefehls kann der Untersuchungsrichter bereits provisorische Freiheitsbeschränkungen gegen den Angeschuldigten anordnen: Eingrenzung, Hausarrest, polizeiliche Verwahrung; letztere darf einen kurzen, gesetzlich bestimmten Zeitraum nicht überschreiten.

15. Der Haftbefehl des Untersuchungsrichters muß aufgehoben werden, wenn er nicht innerhalb gesetzlich bestimmter Fristen von der Ratskammer verlängert wird.

16. Der Untersuchungsrichter kann im Schlußverhör gegen einen geständigen Angeschuldigten das Urteil fällen, wenn beide Parteien in die sofortige Aburteilung einwilligen. Gegen dieses Urteil ist Berufung an das zuständige Gericht zulässig.

17. Das Eröffnungsverfahren ist abzuschaffen; der Antrag der Staatsanwaltschaft auf Anberaumung der Hauptverhandlung darf von dem zuständigen Gericht nur aus Rechtsgründen abgelehnt werden.

Bei Einführung dieser Reform würden fast alle Mängel der bisherigen Voruntersuchung in Wegfall kommen. Zwei Mängel würden allerdings bestehen bleiben, nämlich die Teilung der Strafverfolgung zwischen Staatsanwalt und Untersuchungsrichter sowie die **Trennung der Strafverfolgung von der Kriminalpolizei.**[286]) Beide Mängel lassen sich nur dann beseitigen, wenn das ganze Vorverfahren in der Hand des Staatsanwalts vereinigt wird.

Gegen das System der Aktenteilung ist eingewendet worden, daß der Vorsitzende die Hauptverhandlung nicht mehr in sachgemäßer Weise leiten könne, wenn ihm ein Teil der Untersuchungsakten unbekannt bleibe. Zur Widerlegung dieses Bedenkens genügt es, auf die zutreffenden Ausführungen von **Zucker**, **Beling**, **von Lilienthal** und **Aschrott** zu verweisen.[287]) In England liest der Vorsitzende die Gerichtsakten vielfach überhaupt nicht[288]) und es ist noch eine offene Frage, ob das englische System des Kreuzverhörs nicht wenigstens für die **Hauptverhandlung** unserem Inquisitionssystem vorzuziehen ist.[289]) Größeres Gewicht hat ein anderes Bedenken, welches gegen das hier vorgeschlagene Reformsystem geltend gemacht werden kann, daß nämlich dem Verteidiger **Entlastungsmaterial** unbekannt bleibt, welches in den geheimen Hand-

---

[286]) Verhandlungen des zweiten Juristentags (1861) 1 S. 220, 221 (v. **Seckendorff**), des dritten Juristentags (1862) Vorlage 18a Ziffer 4 (**Hautschek**), des fünften Juristentags (1864) 1 S. 156, 165 (v. **Freydorf**), 2 S. 217, 228 (**Planck**); Mitteilungen der JKV. 11 S. 797 (**Rosenberg**), S. 814 (Frankfurter Kommission), S. 834 (**W. Mittermaier**), 14 S. 233—234 (**Aschrott**); Deutsche Juristenzeitung (1900) S. 518 (**Schwickerath**) 1904 S. 628 (**Elvers**); Archiv für Kriminal-Anthropologie und Kriminalistik 20 (1905) S. 84, 85 (**Travers**); Grenzboten 64 (1905) Nr. 20 S. 356 (**Elvers**). **Dalcke** Goltdammers Archiv für Strafrecht 8 (1860) S. 149—151; **Sundelin** Die Staatsanwaltschaft in Deutschland (1860) S. 20, 28, 96, 97; **Keller** Die Staatsanwaltschaft in Deutschland (1866) S. 316; **Prins et Pergameni**: La réforme de l'instruction préparatoire en Belgique (1871) S. 186, 231, 235; **Gneist** Vier Fragen zur deutschen Strafprozeßordnung (1874) S. 19, 91; **Carl Meyer** Kritische und vergleichende Darstellung usw. (1897) S. 8—9; **Zucker** Ein Wort zur Aufhebung der ger. Voruntersuchung (1904) S. 63; **Weidlich** Die englische Strafprozeßpraxis usw. S. 71; **Aschrott** Reform des Strafprozesses (1906) S. 84 (Generalreferat).

[287]) **Zucker** Ein Wort zur Aufhebung der gerichtlichen Voruntersuchung (1904) S. 20—29); **Beling** Zeitschrift für die ges. Strafrechtswissenschaft 24 S. 473; v. **Lilienthal** Deutsche Juristenzeitung 1904 S. 1004; Reform des Strafprozesses (herausgegeben von Aschrott) S. 411—414; **Aschrott** Reform des Strafprozesses S. 111 (Generalreferat), Mitteilungen der JKV. 14 S. 235.

[288]) **Weidlich** Die englische Strafprozeßpraxis usw. S. 19; **Stein** Zur Justizreform S. 29.

[289]) Verhandlungen des elften Juristentags (1871) 1 S. 25 (Gutachten v. **Stemann**); **Sundelin** Die Staatsanwaltschaft in Deutschland (1860) S. 123 bis 124; v. **Stemann** Goltdammers Archiv 8 S. 47; **Görres** Der Wahrspruch der Geschworenen und seine psychologischen Grundlagen (1903) S. 29; **Weidlich** Die englische Strafprozeßpraxis usw. S. 66—67; Mitteilungen der JKV. 14 S. 297; **Stein** Zur Justizreform S. 30—31.

akten des Untersuchungsrichters enthalten ist. Die Gefahr, welche hierdurch für den Angeschuldigten entsteht, läßt sich wieder beseitigen oder wenigstens abschwächen, wenn dem Untersuchungsrichter aufgegeben wird, nicht bloß die Gesamtheit der Belastungsbeweise, sondern die Gesamtheit aller Beweise[290]) im Schlußverhör zur Kenntnis des Angeschuldigten zu bringen. Ferner ist die Staatsanwaltschaft nach dem Geist und Sinn der § 158 Absatz 2 sowie § 198 Absatz 2 StPO. verpflichtet, die zur Entlastung dienenden Umstände nicht bloß zu ermitteln, sondern dieselben auch in der Anklageschrift anzuführen und zu würdigen. Entscheidend ist jedoch folgende Erwägung: Für den Angeschuldigten ist der Vorteil, daß die Staatsanwaltschaft die geheimen Untersuchungsakten nicht als Beweismittel benutzen darf, viel größer als der Nachteil, daß die Verteidigung diese Akten überhaupt nicht benutzen darf.

[290]) Beschluß Nr. 136; Protokolle der Reformkommission 1 S. 180, 2 S. 96.

II.

Gutachten des Herrn Geheimrat Dr. v. Ullmann, ord. Professor an der Universität München

über die Frage:

Inwieweit bedarf das Legalitätsprinzip im Strafverfahren einer Beschränkung?

Es handelt sich hier um eine Gesetzgebungsfrage, deren Lösung besondere Schwierigkeiten bereitet, weil sie in letzter Reihe mit Anschauungen über die Tragweite der Rechtsschutzaufgabe des Staates und die Intensität, mit der die Staatsorgane diese Aufgabe praktisch zu lösen haben, auf das engste zusammenhängt. Soweit jener Schutz durch das Mittel der Strafe bewirkt werden soll, treten in unseren Tagen auf dem Boden der Reformbestrebungen innerhalb der Strafrechtspflege Momente in den Vordergrund, die man in der Zeit einfach pflichtmäßiger, gewissermaßen automatischer Anwendung der Strafe auf das Verbrechen unbeachtet lassen konnte. Die Bekämpfung des Verbrechertums erschöpft sich nicht in dem Akt der Bestrafung, es sind vielmehr praktische Ziele, die man der individualisierenden Einwirkung der Strafe auf den Delinquenten sichern möchte. Diese Betonung der praktischen Funktionen der Strafe und Strafrechtspflege beeinflußt natürlich die Anschauungen über die Frage, ob und wie die staatliche Repression gegen Verbrechen funktionieren soll; es liegt die Frage nahe, ob die Strafpflicht des Staates überall, wo sie überhaupt entstanden ist, mit absoluter Notwendigkeit auch realisiert werden muß, ob da, wo die praktischen Zwecke der Strafe unerreichbar sind oder die Verwirklichung dieser Zwecke gegenstandslos ist, nicht mit anderen Mitteln eingegriffen bezw. von der Anwendung der Strafe abgesehen werden soll. Es sind dies Fragen, die wesentlich die Wirksamkeit der Methoden der Bekämpfung des Verbrechertums berühren, also mit dem materiellen Strafrecht zusammenhängen und vom kriminalpolitischen Standpunkt gegenüber der Reform des materiellen Strafrechts Bedeutung gewinnen. Ihre Bedeutung äußert aber mit innerer Notwendigkeit gewisse Reflexwirkungen auf dem Gebiete des Prozeßrechts und zwar in erster Linie auf dem vorwiegend von publizistischen Gesichtspunkten beherrschten Gebiete der Fragen, die in ihrem Komplex als das Prinzip der Strafverfolgung bezeichnet werden. Der innige Zusammenhang dieses Prinzips mit der jeweiligen prinzipiellen Auffassung des Strafrechts und seiner praktischen Zwecke tritt in der Geschichte dieses Rechtsgebiets in voller Klarheit hervor. Ich erinnere nur an die Epoche, in welcher die Grundlagen für die heutige Auffassung des Strafrechts als Teils des öffentlichen Rechts gelegt wurden. So lange privatrechtliche Momente das Strafrecht beherrschten, war es selbstverständlich, daß das Prinzip der Strafverfolgung und sohin auch der Strafprozeß (in vorwiegender Anlehnung an den Zivilprozeß) von dem Gedanken der Disposition des zur Verfolgung berechtigten Subjekts beherrscht war. Seit der bewußten Betonung des Rechtsschutzes als einer nicht blos wichtigen, sondern gleichzeitig auch ausschließlichen Aufgabe des Staates mußten die privatrechtlichen Elemente des Strafrechts als unvereinbar mit jener Aufgabe aus diesem Teil der Rechtsordnung ausgeschieden werden; sofort traten aber auch gewisse Reflexwirkungen in der Geltendmachung des nunmehr ausschließlich dem Staate zustehenden subjektiven Strafrechts in den Vordergrund. Das Recht des Staates auf Strafe mußte unter den Gesichtspunkt der staatlichen Pflicht gestellt und dementsprechend auch für eine wirksame Strafverfolgung gesorgt werden. Bekanntlich ist gerade das Bedürfnis nach einem staatlichen Organ für die pflichtmäßige Verfolgung von Verbrechen einer der historischen Ausgangspunkte der Ausbildung des Inquisitionsprozesses gewesen. In Ermangelung eines anderen für den Zweck sicherer Strafverfolgung geeigneten Organs betraute man den Richter mit der Funktion der Strafverfolgung. Die den reformierten Strafprozeß charakterisierende Trennung der Funktionen der Strafverfolgung und des Richteramts schuf hinwieder das Bedürfnis nach einem selbständigen Organ der Strafverfolgung: der heutigen Staatsanwaltschaft. Die Initiative der Verfolgung und die Vertretung der öffentlichen Klage wurden der Staatsanwaltschaft übertragen.

Im inquisitorischen Verfahren entsprach es nun der rechtlichen Stellung der Gerichte und ihrer eigentümlichen Aufgabe, daß auch die Frage der Strafverfolgung nur nach Maßgabe des Gesetzes mit Ausschluß von Erwägungen anderweiten Nutzens und der Zweckmäßigkeit beantwortet wurde. Es war dies außerdem ein Standpunkt, der dem in jener Periode so intensiv in den Vordergrund gestellten Gedanken der absoluten Anwendung des Gesetzes und der auf diese Weise zu bewirkenden Bekämpfung des Verbrechens entsprach. Im reformierten Prozeß hatte jedoch die Trennung der Funktion der Strafverfolgung vom Richteramt und die Übertragung derselben an die Staatsanwaltschaft als ein von dem Justizministerium abhängiges Verwaltungsorgan vielfach dahin geführt, für die Frage der Strafverfolgung nicht den zur Zeit des Inquisitionsprozesses herrschenden Grundsatz der absoluten Pflicht in den Vordergrund zu stellen. Das Anklagemonopol der Staatsanwaltschaft wurde die Quelle von Erscheinungen, in denen vielfach eine nicht allseitig befriedigende Lösung der Rechtsschutzaufgabe des Staates zum Ausdruck kam. Man empfand ferner gerade im Bereich der Institutionen des modernen Staates darin einen Widerspruch, daß der an sich (für die Verhältnisse der kontinentalen Staaten) richtige Gedanke des Betriebs der Strafverfolgung von Staatswegen durch Ausschluß jedes Einflusses der Privaten auf die Strafverfolgung überspannt wurde. Im absolutistisch regierten Staate war es ein leicht erklärliches Ergebnis der ausschließlichen Fürsorge des Staates für die Interessen der Rechtsordnung, daß man sich gewöhnt hatte, durch die Strafverfolgung von seiten der staatlichen Organe sich befriedigt zu fühlen. Dagegen führte die richtige Erkenntnis des materiellen Verhältnisses der Einzelpersönlichkeit zur Staatspersönlichkeit und ein besseres Verständnis des Verhältnisses der Individual- und der Gesamtinteressen auch zu einer sachgemäßeren Auffassung des Prinzips der Strafverfolgung. Der Anteil, den der moderne Staat innerhalb der Lösung seiner Aufgabe den Staatsbürgern sichert, beansprucht auch Geltung auf dem Gebiete der Strafverfolgung. Geht man — wiewohl nicht anders möglich — davon aus, daß die Verbrechen materiell (in irgend einer Weise) auch die Interessen der Individuen berühren, da ja jedes Verbrechen im heutigen Strafrecht auch eine Auflehnung oder wenigstens (bei der culpa und den meisten Polizeidelikten) einen unbewußten Widerspruch gegenüber der Rechtsordnung bedeutet, an deren Integrität jeder Einzelne interessiert ist, so erscheint uns jede Reaktion gegen das Verbrechen nicht blos als Reaktion der von der Einzelpersönlichkeit und ihren Interessen materiell getrennt gedachten Staatspersönlichkeit. Das Gesamtinteresse, welches regelmäßig die Strafverfolgung gebietet, findet augenscheinlich einen wirksamen Schutz nur dann, wenn die Interessen aller Einzelpersönlichkeiten einen wirksamen Schutz finden. So kann der Schluß kaum zurückgewiesen werden, daß dem materiellen Zusammenhang der Interessen aller Einzelnen eine Beteiligung an der Reaktion gegen das Verbrechen entsprechen muß.

Hiernach kann als folgerichtig nur jene positivrechtliche Regelung der Strafverfolgung bezeichnet werden, die auch den Privaten einen entsprechenden Anteil an der Strafverfolgung sichert. Nach dem Gesagten scheint nun vor allem die Beschränkung dieses Anteils auf den durch die strafbare Handlung Verletzten den maßgebenden Gedanken nur unvollständig zum Ausdruck zu bringen. Wenn nun in einzelnen Staaten des Kontinents gerade nur in diesem beschränkten Umfang eine Beteiligung der Privaten an der Strafverfolgung zugelassen wurde, so erklärt sich dies vornehmlich aus dem Umstand, daß die geschichtliche Entwicklung der publizistischen Grundlagen, aus denen eine allseitige Beteiligung der Staatsbürger auch an dieser Funktion des Staates sich herausbilden könnte, durch die Tendenzen des Polizeistaats so vollständig unterbrochen wurde, daß der moderne Verfassungsstaat jene Grundlagen vielfach erst schaffen mußte, auf denen die staatsbürgerliche Anklage in das System der heutigen Institutionen eingefügt werden könnte. In England waren jene Grundlagen in dem Selfgovernment gegeben und beherrschen die Materie der Strafverfolgung bis in unsere Tage, während in Frankreich, dessen Einrichtungen in der Zeit der Strafprozeßreform für die übrigen Staaten des Kontinents vorbildlich geworden waren, der Gedanke maßgebend war, daß der Staatsanwaltschaft als der von Staatswegen berufenen Wächterin des Gesetzes die Strafverfolgung als amtliche Pflicht übertragen wurde. Neben diesem staatlichen Organ konnte sich eine Beteiligung der Privaten an der Strafverfolgung nur aus dem Titel eines individuellen, durch das Verbrechen berührten Interesses, nicht aus dem Titel eines staatsbürgerlichen Rechts oder allgemeiner Bürgerpflicht Geltung verschaffen. Wie auf dem Kontinent traten auch in England in neuerer Zeit Reformbestrebungen hervor. Jenem Unterschied der englischen und kontinentalen Einrichtungen entsprechend ist aber die Tendenz der Reform dort und hier eine ganz verschiedene. Auf dem Kontinent handelte es sich um Mittel der Einschränkung des staatsanwaltschaftlichen Anklagemonopols — in England um eine Korrektur der Mängel des staatsbürgerlichen Anklagerechts. Diese Korrektur fand man aber nicht in der Einführung des Instituts der Staatsanwaltschaft; man hielt an der traditionellen Einrichtung des staatsbürgerlichen Anklagerechts fest und beschränkte sich nur darauf, für wichtigere und schwierigere Straffachen das Amt eines Director of public prosecutions einzuführen, der nur *subsidiär* eingreift, wenn die Strafverfolgung nicht in der hergebrachten Weise eingeleitet worden ist. In den Reformbestrebungen der deutschen Wissenschaft und Gesetzgebung wurde mit Recht von der Voraussetzung ausgegangen, daß die Strafverfolgung *in erster Linie* als eine den staatlichen Behörden — der Staatsanwaltschaft — von Amtswegen obliegende Angelegenheit zu behandeln ist. Dieser leitende Gesichtspunkt entspricht der geschichtlichen Entwicklung des öffentlichen Rechts in Deutschland. Gegenüber der heutigen Ausbildung des öffentlichen Rechts in Deutschland und der Beteiligung des Volkes an der Gesetzgebung, Rechtsprechung und wichtigen Gebieten der Verwaltung hält man die Beteiligung an der Strafverfolgung in letzter Reihe nur für eine Ergänzung der öffentlichen Einrichtungen des heutigen Repräsentativstaats. Die Praxis des staatsanwaltschaftlichen Anklagemonopols zeigte überdies, daß das Bedürfnis nach einem Korrektiv gerade im Repräsentativstaat besonders stark hervortritt, insofern die konstitutionelle Ministerverwaltung sich vielfach dem Einfluß der Parteien nicht zu entziehen vermag und damit die Gefahr parteimäßigen Einflusses auf die Strafverfolgung nicht ausgeschlossen erscheint, wobei es keinen Unterschied bildet, ob positive Anweisungen seitens der vorgesetzten Behörde, oder die mit der abhängigen Stellung der Staatsanwaltschaft gegebene Bereitwilligkeit, dem Parteistandpunkt der herrschenden Regierung gerecht zu werden, in die Praxis der Strafverfolgung eindringen. Die Gefahr einer solchen Anomalie in der Praxis wird insbesondere gegenüber solchen Gesetzen hervortreten, deren Anwendung die Frage und das Urteil über den Einfluß der Anwendung oder Nichtanwendung betreffender Strafsanktionen auf das Interesse der herrschenden Regierung und der Regierungspartei nahelegt, nicht ausgeschlossen.

Der meines Erachtens maßgebende und oben angedeutete Grundgedanke der Korrektur des staatsanwaltschaftlichen Anklagemonopols wurde innerhalb der wissenschaftlichen und legislativen Bestrebungen zunächst nur in beschränktem Umfang zur Geltung gebracht. Der 2. deutsche Juristentag hatte für den Fall einer Ablehnung der Strafverfolgung seitens des Staatsanwalts das Korrektiv in der subsidiären Privatanklage des Beschädigten gefunden. Die wissenschaftliche Prüfung dieses Instituts und die keineswegs befriedigenden legislativen Versuche seit 1861 führten zu neuerlichen Diskussionen am 12. deutschen Juristentag, wo die publizistische Seite der Frage in den Vordergrund trat und folgemäßig der Gedanke zum Ausdruck kam, daß für die Beteiligung von Privaten an der Strafverfolgung nicht das Interesse des Verletzten oder gar ein Anspruch desselben auf Genugtuung, sondern das Gesamtinteresse entscheidend sei. Innerhalb dieses Gedankenganges gelangte man zur staatsbürgerlichen Anklage als der durchgreifenden Garantie des öffentlichen Rechtsschutzes. Als Korrektiv des staatsanwaltschaftlichen Anklagemonopols hätte dieses staatsbürgerliche Anklagerecht nur eine subsidiäre Stellung einzunehmen — ein Verhältnis, das (wie schon oben bemerkt) den Umständen entspricht, unter denen der hier maßgebende Gedanke überhaupt zur Geltung kommen kann und das, anknüpfend an den herrschenden Rechtszustand, den Forderungen der Kontinuität der Entwicklung des deutschen Rechts durchaus entspricht.

Die neueste Gesetzgebung fand sich vor das Problem gestellt und mußte auf dem Boden des zugrunde gelegten staatsanwaltschaftlichen Anklagemonopols zu den einschlägigen Fragen Stellung nehmen. Gegenüber der Frage, ob für die Strafverfolgung das Prinzip der Legalität oder jenes der sogenannten Opportunität maßgebend sein soll, glaubte die Gesetzgebung positiv Stellung nehmen zu müssen; sie entschied sich für die Kodifizierung des Legalitätsprinzips, dem zufolge die Staatsanwaltschaft, soweit nicht gesetzlich ein Anderes bestimmt ist, verpflichtet erscheint, wegen aller gerichtlich strafbaren und verfolgbaren Handlungen einzuschreiten, sofern zureichende tatsächliche Anhaltspunkte vorliegen (§ 152² StPO.). Gegenüber der hier zu begutachtenden Gesetzgebungsfrage scheint es mir nun unerläßlich, meinen Standpunkt gegenüber jenem Gegensatz leitender Maximen der Strafverfolgung vorerst zu präzisieren, bevor ich die Frage selbst zu beantworten versuche. In der Tat hängt ja diese Antwort durchaus von der prinzipiellen Stellung gegenüber jenen Maximen ab.

Ich glaube von der Erwägung der Frage ausgehen zu sollen, wie sich die Aufgabe der Staatsanwaltschaft bezüglich der Strafverfolgung gestalten würde, wenn in der Gesetzgebung das Legalitätsprinzip nicht förmlich kodifiziert ist. Es unterliegt keinem Zweifel, daß das staatliche Anklagerecht von den berufenen Organen in allen dazu geeigneten Fällen pflichtmäßig ausgeübt werden müßte; das folgt aus der Stellung der Staatsanwaltschaft als staatliche Behörde, und daran ändert auch nichts der Umstand, daß die Staatsanwaltschaft Verwaltungsbehörde ist. Die ausdrückliche Betonung jener Pflicht in einer selbständigen Gesetzesformel muß also auf anderen Gründen beruhen als jenen, die sich aus der publizistischen Stellung der Staatsanwaltschaft als Organ der Staatsgewalt von selbst ergeben. Aus dieser Stellung kann eben immer nur gefolgert werden, daß das Organ der Staatsgewalt niemals berufen sein kann, anders als pflichtmäßig betreffende staatliche Befugnisse auszuüben. Daran ändert, wie bemerkt, auch der Umstand nichts, daß die Staatsanwaltschaft und die ihr vorgesetzten Behörden Verwaltungsbehörden sind. Während jedoch die Funktion der richterlichen Organe im Bereich ihrer subsumierenden Tätigkeit immer nur Anwendung des richtigen Gesetzes auf den festgestellten Tatbestand sein kann, und diese

Funktion Erwägungen der Zweckmäßigkeit ausschließt, sind derlei Erwägungen bei den pflichtmäßigen Entschließungen der Justizverwaltung bezüglich der Strafverfolgung mindestens *nicht ausgeschlossen*. In diesem Sinne gewinnen *prozessuale Zweckmäßigkeitsgründe* zufolge der *Natur* der staatsanwaltschaftlichen Initiative praktische Bedeutung; es muß dem pflichtmäßigen Ermessen des Staatsanwalts bei Entscheidung der Frage, ob die Sache durch Klage vor das Gericht zu bringen sei, ein gewisser Spielraum eingeräumt werden, innerhalb dessen sein freies Urteil über die zu Gebote stehenden *Erkenntnismittel* und den *strafrechtlichen Charakter* der Tatsachen des konkreten Falles sich bewegen kann. Zeigt sich schon in diesem Stadium der Sache, daß rechtliche Gründe vorliegen, welche eine Verurteilung ausschließen oder liegt ein gewisses Maß von Wahrscheinlichkeit vor, daß mit den verfügbaren Beweismitteln eine Verurteilung nicht herbeigeführt werden kann, so wird die Staatsanwaltschaft die Verfolgung unterlassen, ohne daß darin eine Verletzung der Strafverfolgungspflicht gefunden werden könnte. Die in § 152² StPO. normierte Pflicht ist daher keine unbedingte: sie ist abhängig von dem Vorhandensein *zureichender tatsächlicher Anhaltspunkte*. Aber selbst dann, wenn solche Anhaltspunkte vorliegen, daß eine strafbare Handlung begangen wurde, deren Verfolgbarkeit nicht ausgeschlossen oder einem gesetzlichen Hindernis unterworfen ist, räumt das Gesetz ausnahmsweise Erwägungen der Zweckmäßigkeit einen Einfluß auf die Entschließung der Strafverfolgungsbehörde ein (im Reichsrecht §§ 4, 37, 42 StGB., § 416 StPO., im Landesrecht). Eine ähnliche Einschränkung bezw. Modifikation des Legalitätsprinzips wäre bezüglich der Stellung der Gerichte zur Sache undenkbar: sie widerspräche der richterlichen Funktion. Indem aber das Gesetz jene Ausnahmen bezüglich der Initiative der Strafverfolgung überhaupt zuläßt, läßt es erkennen, daß trotz der Kodifizierung des Legalitätsprinzips zwischen der Funktion der Staatsanwaltschaft und jener der Gerichte ein Unterschied besteht, der eben Modifikationen des Legalitätsprinzips bezüglich der Verwaltungsbehörden überhaupt zuläßt. Da nun diese Modifikationen nach ihrer praktischen Richtung durchweg darin bestehen, daß dem Ermessen der betreffenden Verwaltungsbehörde im konkreten Falle ein Spielraum offen bleibt, so läßt sich nicht in Abrede stellen, daß die Möglichkeit einer anomalen, ja mißbräuchlichen Berücksichtigung von Erwägungen der Zweckmäßigkeit nicht ausgeschlossen ist. Je mehr eine derartige Praxis in einzelnen Ländern um sich gegriffen hatte, desto mehr Anhaltspunkte waren für die irrige Auffassung gegeben, daß die Ausübung des Strafverfolgungsrechts *prinzipiell* auf Erwägungen der Opportunität beruhe.

Das Hervortreten einer solchen Auffassung kann übrigens auch seine teilweise Erklärung in Erwägungen finden, die nicht von vornherein abgewiesen werden dürften. Der Gedanke einer absoluten Pflicht, das Strafgesetz in jedem einzelnen Falle zur Anwendung zu bringen, hängt doch wesentlich mit der in letzter Reihe über die Zwecke und Interessen des Staates hinausgreifenden Anschauung zusammen, daß dem Verbrechen mit absoluter Notwendigkeit Strafe folgen müsse. Die Ablehnung dieser Anschauung bedeutet keineswegs, daß die staatlichen Organe auch aus verwerflichen Motiven die Verfolgung unterlassen dürften; allein sie eröffnet doch die Zulässigkeit der Erwägung, daß es Fälle geben kann, in denen sich die Unterlassung der Verfolgung rechtfertigen läßt, so insbesondere gegenüber politischen Verbrechen und Polizeidelikten; ja selbst gegenüber Angriffen auf Individualinteressen kann das eigentümliche Verhältnis dieser Interessen zu dem Gemeininteresse an der Verfolgung von Übeltätern die Frage der tatsächlichen Verfolgung beeinflussen. Auch läßt sich der Gedanke nicht zurückweisen, daß die primären Imperative der Rechtsordnung und die jeweilig an sie geknüpften Strafsanktionen die oft unendlich verschiedenartige Gestaltung der einzelnen Begehungsfälle selbst bei sorgfältigster Erwägung des konkreten Auftretens einer Deliktsart zur Zeit des Erlasses des Strafgesetzes nicht würdigen können; die Erwägungen des Gesetzgebers über die Strafwürdigkeit verletzender oder gefährdender Angriffe auf legitime Interessen der Individuen und der Gesamtheit haben doch immer nur den Typus einer Deliktsart im Auge und können mit Erwägungen über die Strafwürdigkeit der konkreten Begehung des betreffenden Delikts in Widerspruch treten; oder die Subsumierbarkeit des konkreten Falles unter das Gesetz kann gegenüber den von der staatlichen Justiz nicht wegzudenkenden Forderungen der Billigkeit zweifelhaft werden. Solche und ähnliche Erwägungen legen den Gedanken nahe, ob die Erfüllung der staatlichen Strafpflicht nicht eine anderweite gesetzliche Regelung finden sollte, ob insbesondere das Legalitätsprinzip durch das sogenannte Opportunitätsprinzip ersetzt werden sollte.

Allein ein solcher Versuch müßte abgesehen von den schon oben geltend gemachten Gesichtspunkten entschieden abgelehnt werden. Es ist dies auch mit vollem Recht neuestens seitens der Kommission für die Reform des (deutschen) Strafprozesses geschehen (vgl. Protokolle der Kommission 1905 II, S. 37 und passim in den Verhandlungen I u. II). Wir müssen doch vor allem beachten, daß jene Erwägungen, welche auf die Würdigung von Zweckmäßigkeitsrücksichten gerichtet sind, der neueren Gesetzgebung nicht unbekannt waren; in der Reform des Strafprozesses spielte die Gestaltung des Prinzips der Strafverfolgung in allen Gesetzgebungen aus dem naheliegenden Grunde der akkusatorischen Organisierung des reformierten Prozesses eine hervorragende Rolle; und doch hat keine Gesetzgebung es unternommen, eine Formel aufzunehmen, welche den Standpunkt der Opportunität sanktioniert. Aber die schon oben erwähnte Praxis der Ausübung des staatlichen Strafverfolgungsrechts hat doch den Gedanken der Möglichkeit eines doppelten Prinzips der Ausübung jenes Rechts nahegelegt und gefördert, so daß schließlich der Legalität, die zweifellos den Charakter eines Prinzips im logischen Sinne an sich trägt, nunmehr auch die Opportunität als Prinzip gegenübergestellt wurde. Dabei ist aber meines Erachtens vollkommen übersehen, daß von einem Prinzip der Opportunität nicht wohl gesprochen werden kann; es liegt doch im Wesen jedes Prinzips, daß der Gedankeninhalt, welcher das Prinzip bildet, allgemeine bezw. primäre Bedeutung für betreffende Verhältnisse oder Erscheinungen, deren Prinzip wir erkennen wollen, besitzen muß, da wir sonst nicht in der Lage wären, einen bestimmten Gedankeninhalt als Prinzip hinzustellen. Allein wie ist denn in Wirklichkeit die Stellung zu dem Gedankeninhalt, den man Opportunitätsprinzip nennt, beschaffen? Wir sehen, daß die Gesetzgebung sich nicht entschlossen hat, die Opportunität als leitenden Grundsatz für die Erhebung der Strafklage ausdrücklich anzuerkennen. Auch bezüglich der ersten Entwürfe der deutschen Strafprozeßordnung kann nicht behauptet werden, daß sie das sog. Opportunitätsprinzip wenn auch nur indirekt, anerkannt hätten, indem erst Entwurf III § 134 eine dem § 152² StPO. entsprechende Formel betreffs des Legalitätsprinzips aufgenommen hatte. Die Entwürfe I und II hatten die Frage über Legalität und Opportunität überhaupt nicht berührt.*) Ferner stellen die Verteidiger des Opportunitätsprinzips nicht die Forderung, daß die Verfolgung von Verbrechen überhaupt durch Erwägungen der Zweckmäßigkeit bestimmt werde, sondern sie räumen derlei Erwägungen nur eine sekundäre Bedeutung ein, insofern auch für sie die Pflicht der staatlichen Organe zur Strafverfolgung in erster Reihe steht und Erwägungen der Zweckmäßigkeit nur bezüglich eventueller Unterlassung entscheiden sollen; sie bekunden damit, daß die Anerkennung der Pflicht zur Strafverfolgung der leitende Gedanke, die

*) Anderer Meinung waren die Regierungsvertreter (v. Arnsberg und Hanauer), welche in den Kommissionsverhandlungen erklärten, daß das Legalitätsprinzip, und nicht wie im früheren Entwurfe das Opportunitätsprinzip gelten soll (Hahn, Materialien 710). Allein das Schweigen der früheren Entwürfe konnte doch nicht die Anerkennung des Opportunitätsprinzips bedeuten!

prinzipielle Auffassung der Rechtsordnung ist und bleiben soll, daß aber diese Pflicht nicht als eine absolute betrachtet werden könne, denn eine automatische Anwendung der Strafgesetze könnte mit anderweiten legitimen Interessen der Gesamtheit und der Individuen leicht in Kollision geraten. Es ist also in letzter Reihe der Gedanke maßgebend, daß die pflichtmäßige Ausübung des Strafverfolgungsrechts doch keineswegs Modifikationen dieser Pflicht ausschließt. Allein die Verwirklichung dieses Gedankens in der Gesetzgebung begegnet sofort mancherlei Schwierigkeiten, denn die allgemeine Freigebung von Erwägungen der Zweckmäßigkeit birgt die Gefahr des Mißbrauchs oder wenigstens einer von der Rechtsordnung nicht erwünschten Laxheit in der Erfüllung der Strafverfolgungspflicht oder eine die Stabilität und Gleichmäßigkeit der Gesetzesanwendung gefährdende Mannigfaltigkeit in der Beantwortung der Frage, ob verfolgt werden soll oder nicht, in sich, womit selbst wieder Gefahren für das Ansehen der Gesetze und der Rechtspflege und das Vertrauen in die Objektivität der Rechtspflege gegeben sind.

Aus dem Gesagten ergibt sich, daß in der vorliegenden Materie eine Wahl zwischen zwei Prinzipien für den Gesetzgeber eigentlich ausgeschlossen ist: daher kann auch die Kodifizierung des Legalitätsprinzips in unserer StPO. nicht als eine legislative Lösung eines Streits um die logische Berechtigung und den Vorzug des einen oder anderen dieser sog. Prinzipien aufgefaßt werden, mochten immerhin die beteiligten Faktoren der Gesetzgebung im Hinblick auf herrschende Gegensätze in Doktrin und Praxis dieser Meinung gewesen sein. So gewinnt die Kodifizierung des Legalitätsprinzips in § 152² StPO. die Bedeutung der legislativen Betonung einer schon aus der publizistischen Stellung der Staatsanwaltschaft als Organ der Staatsgewalt sich ergebenden Pflicht. Herrschende Strömungen in der Praxis der Ausübung des staatlichen Strafverfolgungsrechts in einzelnen Ländern einerseits und die mit den singulären staatsrechtlichen Verhältnissen des deutschen Reiches gegebene Möglichkeit ungleichmäßiger Handhabung des Strafverfolgungsrechts andererseits erklären es, daß die Gesetzgebung durch Betonung der Pflicht zur Strafverfolgung der Ausbildung einer Praxis vorbeugen wollte, welche sich gegenüber den Interessen einer geordneten und gleichmäßigen Strafrechtspflege in allen einzelnen Teilen des Reiches als eine bedenkliche Ausdehnung des auf dem Gebiete der Strafverfolgung unvermeidlichen Ermessens der betreffenden staatlichen Organe ausbilden könnte. Richtig dürfte daher die Meinung sein, daß ungeachtet des Wortlauts des § 152² StPO. der darin formulierte Grundsatz auch die der Staatsanwaltschaft vorgesetzte Justizverwaltungsbehörde bindet, die vermöge ihres Leitungsrechts (§ 148 GVG.) den mit der Sache befaßten Organen Weisungen geben kann, aber auch die Verantwortung für ihre Aufträge übernehmen muß. Der Rechtssatz des § 152² StPO. hat also wesentlich publizistischen Charakter; seine praktische Bedeutung äußert er in einer möglichst gleichmäßigen und konsequenten Handhabung des Strafverfolgungsrechts durch sämtliche dazu berufenen bezw. dabei beteiligten Organe des Staates.

Hiernach scheint mir, daß es bei der Weiterbildung der vorliegenden Materie nicht angeht, den Gegensatz von Legalität und Opportunität als etwas durch die Natur der Sache Gegebenes, der Kritik Entzogenes einfach zu akzeptieren und die Ursachen des Hervortretens dieses Gegensatzes in der Geschichte des reformierten Prozeßrechts zu ignorieren. Aus der Geschichte und der publizistischen Natur des heutigen Strafrechts ergeben sich eben durchweg in der Hauptsache Argumente, welche entscheidend für die Legalität in die Wagschale fallen und der Opportunität nur die Bedeutung einer Begleiterscheinung zuweisen. Der Opportunität kann sohin nur modifizierende Bedeutung zukommen. Das Gebiet, in welchem dieses Moderamen der Legalität und ihrer Konsequenzen kraft Gesetzes eingreifen könnte, sind vor allem jene Deliktsarten und Gruppen von Delikten, bei denen eine eingehende Erkenntnis des Verhältnisses der Gesamtinteressen (des öffentlichen Interesses) und konkurrierenden Individualinteressen ein Zurücktreten der ersteren unter Umständen als zulässig erscheinen lassen. Dabei ist aber selbst trotz legislativer Betonung der Strafverfolgungspflicht die Möglichkeit von Unterlassungsfehlern der Organe der Strafverfolgung nicht ausgeschlossen; es sind daher ergänzende Normen erforderlich, deren Anwendung die praktische Geltung der allgemeinen Norm über die Strafverfolgung im einzelnen Falle zu sichern geeignet ist (Vgl. §§ 169 ff. StPO). Umso mehr müßten solche ergänzende Normen (natürlich in einer den Organisationsgrundlagen des heutigen Prozesses entsprechenden, daher den Standpunkt der §§ 169 ff. StPO. ablehnenden Form) geschaffen werden, wenn die Gesetzgebung neben dem die Frage bildenden Legalitätsprinzip in einer Reihe von Fällen der Staatsanwaltschaft die Entscheidung darüber überlassen wollte, ob das öffentliche Interesse die Verfolgung fordert.

Die Kommission für die Reform des Strafprozesses entschied sich in dem Streit über Legalität und Opportunität im Anschluß an das geltende Recht lediglich für eine Einschränkung des Legalitätsprinzips (Prot. II, 137 vgl. mit I 37 ff.). Das legislative Problem besteht also in der Beantwortung der Frage, in welchen Fällen sich eine derartige Einschränkung empfiehlt und welche Korrektur in Fällen der Ablehnung der Strafverfolgung im Gesetze zur Verfügung gestellt werden muß. In den Verhandlungen begegnete man natürlich sofort der fundamentalen Frage der Abgrenzung des Begriffes des öffentlichen Interesses; man erkannte, daß eine solche Abgrenzung nicht möglich sei. Die Berufung auf § 416 StPO., bei dessen Anwendung sich erhebliche Schwierigkeiten nicht herausgestellt hätten, wird im allgemeinen dahin verwertet, daß auch bei einer weiteren Einschränkung des Legalitätsprinzips keine Unzuträglichkeiten zu befürchten seien. Wo, wie in den Fällen des § 416 StPO. das in der Person des „Verletzten" konzentrierte Individualinteresse dem öffentlichen Interesse gegenübersteht, mag ja zumeist die richtige Entscheidung nicht schwierig sein; indessen dürfte man auch bezüglich dieser Fälle Inkonvenienzen begegnen, wie dies die neueste Praxis gezeigt hat. Im übrigen wurde ein anderer Maßstab, die Geringfügigkeit einer Sache, wegen seiner Unbestimmtheit abgelehnt.

Da die Frage, inwieweit das Legalitätsprinzip einer Einschränkung bedarf, von der Kommission für die Reform des Strafprozesses erörtert worden ist, dürfte es zweckmäßig sein, das vorliegende Gutachten an die Beschlüsse der Kommission anzuknüpfen, zumal ja auch diese Beschlüsse aus allgemeinen Erwägungen über die ganze Materie hervorgegangen sind und eine künftige legislative Aktion an die Arbeiten der Kommission gleichfalls anknüpfen dürfte. Die Abgrenzung zwischen der Regel der Legalität und der Ausnahme der Opportunität erfolgte in den Beschlüssen Nr. 119 und 243 nicht nach generellen Merkmalen, sondern nach Arten strafbarer Handlungen: 1. Für Übertretungen soll das Opportunitätsprinzip ohne Korrektur für eventuelle Unterlassungsfehler der Staatsanwaltschaft gelten. 2. Bei Verbrechen und Vergehen von Personen unter 14 Jahren darf im Falle des Einverständnisses des Verletzten von der Strafverfolgung abgesehen werden, wenn diese nicht im öffentlichen Interesse liegt. 3. Die Verfolgung im Wege der Privatklage, ohne daß es einer vorgängigen Anrufung der Staatsanwaltschaft bedarf, soll nicht, wie nach bestehendem Recht, nur in den Fällen der auf Antrag zu verfolgenden Beleidigungen und Körperverletzungen (§ 414 Abs. 1 StPO.) und den in §§ 4, 7, 9, 10 des Gesetzes vom 27. Mai 1896 vorgesehenen Fällen des unlauteren Wettbewerbs, sondern außerdem zulässig sein: a) bei leichten vorsätzlichen und bei fahrlässigen Körperverletzungen auch insoweit, als die Verfolgung durch einen Strafantrag nicht bedingt ist; b) bei gefährlichen Körperverletzungen in den Fällen des § 223a StGB.; c) bei Hausfriedensbruch in den Fällen des § 123 StGB.; d) bei Bedrohung im Falle des § 241 StGB.; e) bei Sachbeschädigung im Falle des § 303 StGB.; f) bei den Übertretungen des § 370 Nr. 5 und 6 StGB. (Vgl. Prot. I, 288—294; II, 43—49).

ad 1) Die von der Kommission vorgeschlagene Nichtanwendung des Legalitätsprinzips auf eine große Gruppe von strafbaren Handlungen — die Übertretungen — kann natürlich nur durch Berufung auf wichtige Gründe gerechtfertigt werden. Die Protokolle II, 38 ff. enthalten die in der Kommission pro und contra geltend gemachten Erwägungen. Die Übertretungen umfassen bekanntlich Fälle wirklichen Kriminalunrechts (Rechtsgüterverletzungen und Gefährdungen) und Ungehorsamsdelikte schlechthin; bei letzteren tritt das Moment des Ungehorsams als Gegenstand der Repression in den Vordergrund; Bestrafung trete auch dann ein, wenn der Täter die betreffende Strafbestimmung gar nicht gekannt habe. Lasse man in derlei Fällen nur das öffentliche Interesse, soweit es im einzelnen Falle durch den Ungehorsam berührt ist, entscheiden, so würden zahlreiche Verurteilungen überflüssig. Die tatsächliche Korrektur, die in dem Verhalten der Polizeibehördem durch eine weniger genaue Anwendung des Legalitätsprinzips sich vollziehe, sei aber in verschiedenen Richtungen sehr bedenklich; anderseits müsse jedoch diese tatsächliche Übung auf eine gesetzliche Grundlage gestellt werden. Handle es sich um Eingriffe in fremde Interessen oder komme die Überweisung an die Landespolizeibehörde in Frage oder liege Wiederholung der Übertretung vor, so müsse Verfolgung zur Wahrung des öffentlichen Interesses eintreten. Sonst genüge es, wenn der Täter auf die übertretene Vorschrift warnend hingewiesen werde. Dabei wurde aber nicht verkannt, daß der Staatsanwaltschaft und der Polizei der Vorwurf parteiischen Vorgehens zuweilen nicht erspart bliebe, wenn das Delikt eine politische Seite aufweist; indessen sei die Zahl dieser Delikte nur eine geringe, überdies könne hier die Aufsichtsbeschwerde bei der Landesjustizverwaltung und die parlamentarische Kontrolle aushelfen. Eine Korrektur durch die Privatklage sei hier ausgeschlossen, weil in den meisten Fällen ein Verletzter nicht vorhanden sei. — Dem gegenüber wurde darauf hingewiesen, daß einzelne Übertretungsarten das öffentliche und Privatinteresse in hohem Grade berühren (Feldpolizeiübertretungen, Übertretungen des Vereins- und Versammlungsrechts); bei anderen haben die Nebenfolgen der Verurteilung für den Verurteilten eine tief einschneidende Wirkung. Hier gehe es nicht an, lediglich das Ermessen der Verfolgungsbehörden entscheiden zu lassen; dazu kämen Divergenzen über das Vorhandensein des öffentlichen Interesses zwischen der Staatsanwaltschaft und der Polizeibehörde. — Überaus lehrreich und erwägenswert sind die Ausführungen des Staatsanwalts Schmidt-Ernsthausen (bei Aschrott, Reform des Strafprozesses 1906, S. 192 ff.), die in dem Satze ausklingen, daß das Legalitätsprinzip auf dem Gebiete der Übertretungen nicht mehr zeitgemäß ist.

Manche der angeführten Argumente lassen sich zweifellos in dem Sinne verwerten, daß den Übertretungen gegenüber die Konsequenzen des Legalitätsprinzips nicht ausnahmslos zur Geltung kommen müßten; allerdings müßte die exzeptionelle Behandlung dieser Gruppen von Delikten mit solchen legislativen Garantien umgeben werden, welche den Schutz der Autorität der Gesetze gewährleistet und einem Zustande vorbeugt, der die Zwecke der Strafrechtsordnung und Strafrechtspflege vereitelt. Die in unserer Zeit — wie ich schon im Eingange hervorgehoben habe — betonte Berücksichtigung der praktischen Zwecke der Strafe wird gerade auf dem Gebiete der Übertretungen die Ausschaltung der Strafe in einzelnen Fällen gerechtfertigt erscheinen lassen und dadurch einem Übermaß an Bestrafungen geringfügiger Delikte, worüber ja heute gleichfalls vielfach Klage geführt wird, vorbeugen. Im Hinblick auf das oben entwickelte Verhältnis von Legalität und Opportunität wird es sich gegenüber gewissen praktischen Bedürfnissen und Erscheinungen des Rechtslebens immer nur um eine vorsichtige Einschränkung des Legalitätsprinzips handeln können. Diese Vorsicht wird in den prozessualen Surrogaten hervortreten müssen, die im Falle der Nichtverfolgung eventuell in Funktion treten können. In der Tat handelt es sich dabei vornehmlich um die gesetzliche Möglichkeit, den etwa vorhandenen Zwiespalt zwischen der tatsächlichen Rechtverfolgung eines Delikts und dem vielleicht doch vorhandenen Interesse an der Strafverfolgung zu beseitigen. Wenn die Kommission für Übertretungen die Opportunität gelten läßt, ohne eine Privat- oder Popularklage zuzulassen, so sind wichtige Interessen der Rechtsordnung praktisch gefährdet. Die Bedeutung der Übertretungsstrafen für die Gesamt- und Individualinteressen darf trotz des erheblichen materiellen Unterschieds zwischen dem Polizei- und Kriminalunrecht nicht unterschätzt werden. Die Sicherheit unserer Interessen fordert gerade im Bereich des heutigen Kulturstaats nicht bloß Schutz gegen die gröbsten Angriffe, denen die Kriminalstrafe entgegenwirken soll; wir legen besonderen Wert auf die in den komplizierten Verhältnissen des heutigen sozialen Lebens und hochentwickelten Verkehrs unentbehrliche Sicherheit gegen Gefährdungen aller Art. Wenn wir auch zugeben können, daß das Eingreifen mit Strafmitteln oft über die Bedürfnisse des praktischen Lebens hinausgreift, so wollen wir doch keinesfalls auf die sichere Funktionierung unserer entwickelten Rechtsordnung verzichten. Es wird daher unerläßlich sein, der Einschränkung des

Legalitätsprinzips prozessuale Mittel der Korrektur von Unterlassungsfehlern der Staatsanwaltschaft und der Polizeibehörden zur Seite zu stellen. Diese prozessualen Mittel können keinen einheitlichen Charakter haben, weil die Übertretungen gleichfalls keinen einheitlichen Charakter haben. Im ganzen wird man die Gruppe derjenigen Übertretungen, bei denen ein „Verletzter“ vorhanden ist, jener großen Gruppe der übrigen Übertretungen gegenüberstellen, deren Poenalisierung dem Schutze der Gesamtinteressen (in größerem oder engerem Bereich) dient. Dort wie hier werden es Privatpersonen sein, denen subsidiär die Anwendung der prozessualen Mittel anheimgegeben werden müßte. Auf dem Boden des reformierten Prozesses könnten es nur Klagemittel sein und zwar für die erste Gruppe die subsidiäre Privatanklage, für die zweite die subsidiäre Popularanklage. Die neuere Rechtsentwickelung in Deutschland ist allerdings der Einführung dieser beiden Klageformen nicht günstig; allein mir scheint, daß diese ablehnende Haltung maßgebender Faktoren von der Verfolgung der Idee der Beteiligung der Privaten auch an der Strafverfolgung nicht abhalten darf. Sollte es wirklich ausgeschlossen sein, daß gerade auf diesem Gebiete eine Beteiligung des Volkes an der Rechtspflege durchgeführt werde und zwar nur zur Ergänzung der in erster Reihe und in der Hauptsache der Staatsbehörde vorbehaltenen Strafverfolgung? Die Komplizierung der Klagmittel für die Übertretungen dürfte kaum fühlbare Übelstände hervorrufen, denn vor allem wird schon die Existenz dieser beiden Klagmittel das Walten des Zufalls und ungleichen Verhaltens der staatlichen Anklageorgane ausschließen und die Anwendung des subsidiären Klageerechts tatsächlich einschränken. Bei der Unterlassung der subsidiären Klagerhebung durch den „Verletzten“ wird man sich durchaus beruhigen können; denn der Verletzte wird die Strafverfolgung doch stets vom Standpunkt des Individualinteresses beurteilen. Die subsidiäre Popularanklage korrespondiert m. E. gerade dem bei abstrakten Gefährdungsdelikten hervortretenden Gedanken, daß der Staat durch Bedrohung solcher Delikte mit Strafe den Rechtsgenossen die Überzeugung von der Notwendigkeit der Umsicht und Sorgfalt in dem Verhalten des Einzelnen gegenüber den Individual- und sozialen Gütern einzuprägen sucht. Der Gebrauch der Popularklage wird in der Praxis vielfach eine überzeugendere Warnung für den Täter bilden, als die von der Behörde eingeleitete Verfolgung.

Die hier vorgeschlagene Art der Behandlung der Übertretungen ist meines Erachtens die notwendige Konsequenz des hier festgehaltenen Gedankens, daß die Verfolgung auch der Übertretungen Sache des pflichtmäßigen Vorgehens der Staatsanwaltschaft ist; Modifikationen dieses Standpunktes können nur unter der Voraussetzung zulässig erscheinen, daß das bei betreffenden Übertretungen im einzelnen Falle vorhandene öffentliche bezw. private Interesse auf prozessualem Wege zu praktischer Geltung kommen kann. Dieses Ziel scheint mir aber nur durch die subsidiäre Popular- bezw. die subsidiäre Privatklage erreichbar zu sein. Überdies glaube ich, daß auf diesem Wege das im neueren Recht richtiger erfaßte und bisher nur teilweise in der Gesetzgebung gewürdigte Verhältnis der Gesamtinteressen und des Interesses der Einzelnen an der Verfolgung strafbarer Handlungen zum Ausdruck kommt. Für die Wahl der prinzipalen Privatanklage dagegen dürfte der Anlaß nur dort gegeben sein, wo sich die Wirkung der strafbaren Handlung in den Interessen des Verletzten derart konzentriert, daß das öffentliche Interesse jedenfalls in den Hintergrund tritt und nur ausnahmsweise so viel Geltung in Anspruch nimmt, daß für die Staatsbehörde Anlaß zur Verfolgung von Staatswegen gegeben ist. Diesen Gedanken finde ich in den Beschlüssen der Kommission insofern anerkannt, als die Übertretungen des § 370 Z. 5 und 6 StGB. der Privatklage zugewiesen werden sollen.

Für den von mir festgehaltenen Standpunkt finde ich eine Bekräftigung in den Ausführungen von Schmidt-Ernsthausen, dessen Vorschläge sich auf eine scharfsinnige Beachtung der praktischen Bedürfnisse und eine reiche Erfahrung stützen (a. a. O. S. 194ff.). Er lehnt den Standpunkt der Kommission insofern ab, als er gleichfalls durch Zuziehung der Privaten zur Strafverfolgung eine Korrektur der Unterlassungsfehler der Staatsanwaltschaft bei Übertretungen in Vorschlag bringt und zwar durch Zulassung der Privatklage des Verletzten und einer Popularklage, die jedem Einwohner der Gemeinde des Begehungsortes zustehen soll, der nach §§ 32—34 GVG. zum Schöffendienst berufen werden kann. Die naheliegenden, der Natur gewisser Übertretungen entnommenen Motive dieser eigenartigen Subjektivierung der Popularklage mag man ja immerhin anerkennen; allein ich halte diesen Vorgang nicht für notwendig, weil sich die Anwendung der Popularklage praktisch doch immer in einem engeren Kreise von Rechtsgenossen (im Bereich des Begehungsorts) bewegen wird.

Gegen den Standpunkt der Kommission hat sich auch Thiersch (bei Aschrott a. a. O. 210) ausgesprochen, weil er die Vernachlässigung der Anklage nicht verhindern, sondern im Gegenteil begünstigen würde. Es scheint daher Thiersch wesentlich daran Anstoß zu nehmen, daß auch dem Kommissionsbeschluß bei Übertretungen die Opportunität ohne entsprechende Korrektur zur Geltung kommen soll.

ad 2) Hier könnte wohl vor allem die Frage aufgeworfen werden, ob eine Änderung des geltenden Grundsatzes der Verfolgung strafbarer Handlungen jugendlicher Personen gegenüber den Reformplänen auf dem Gebiete des materiellen Strafrechts schon jetzt ins Auge gefaßt werden darf. Feste Resultate liegen noch nicht vor. Da aber jedenfalls feststeht, daß die Stellung jugendlicher Delinquenten vor Gericht in höchstem Maße bedenklich sein kann, so wird man sich schon heute für die Ausscheidung des Legalitätsprinzips bei Personen bis zum 14. Lebensjahre aussprechen können, da ja vielfach eine Erweiterung der Periode der Strafunmündigkeit als dringend notwendig vorgeschlagen wird; so neuestens in den Verhandlungen der Intern. krim. Vereinigung (Mitteilungen XIV, S. 481); nach § 1 des Entwurfs eines Reichsgesetzes betr. die Ahndung und Verfolgung strafbarer Handlungen, welche von jugendlichen Personen begangen werden, können Kinder, das sind Personen, welche das 14. Lebensjahr noch nicht vollendet haben, nicht verfolgt werden. Wie immer sich dieser Teil des materiellen Strafrechts gestalten mag, so viel steht doch schon heute fest, daß eine schablonenhafte Anwendung der Strafgesetze auf Jugendliche (bis zum 18. Lebensjahr) nicht haltbar ist — abgesehen davon, daß auch die staatliche Einwirkung auf jugendliche Delinquenten nach Inhalt und den Organen, welche bei der Verfolgung und dem Vollzuge betreffender Maßregeln mitwirken, einen von dem geltenden Recht abweichenden Charakter gewinnen muß, so daß die ganze Materie der Behandlung der Jugendlichen aus dem Bereich der Abgrenzung von Legalität und Opportität eigentlich ausscheidet.

ad 3) Der Kreis der Delikte, die nach geltendem Recht der Verfolgung durch die **prinzipale** Privatanklage zugänglich sind, ist sehr enge gezogen. Überdies fungiert die Privatanklage des geltenden Rechts als **prinzipale** Privatanklage nicht nach ihrer allgemeinen gesetzlichen Behandlung, sondern nur **tatsächlich** in jenen Einzelfällen, in denen die Staatsanwaltschaft keinen Anlaß findet, zur Wahrung etwa konkurrierenden öffentlichen Interesses die Verfolgung zu übernehmen (§§ 416, 417 StPO.). Dieser Standpunkt des geltenden Rechts ist nach dem leitenden Gedanken, der hier zugrunde liegt, gewiß zutreffend. Eine andere Frage ist allerdings die, ob dieser Grundgedanke die Konstruktion reiner Privatanklagedelikte, die mit der prinzipalen Privatklage im eigentlichen Sinne verfolgbar wären, ausschließt. Ich möchte diese Frage verneinen, halte aber deren Verfolgung an dieser Stelle nicht für angebracht, da der Standpunkt des § 414ff. StPO. voraussichtlich keine Modifikation erfahren dürfte, was sich auch aus dem Gang der Verhandlungen der Kommission ergibt. Andererseits ist es aber gewiß richtig, daß Erörterungen de lege ferenda über Fragen des Privatklagesystems im Strafrecht doch immer nur von dem gegenseitigen Verhältnis der Gemein- und Individualinteressen ausgehen müssen, da die Entscheidung für die Privatanklage überhaupt von dem Gewicht der einen oder anderen Gruppe dieser Interessen bei einzelnen Arten von Reaten den Ausschlag geben wird. Bei der von der Kommission vorgeschlagenen Ausdehnung der Privatanklage auf die im Beschluß Nr. 243 bezeichneten Vergehen kann daher nur eine sorgfältige Abwägung jenes Verhältnisses des Gesamtinteresses an der Verfolgung und des konkurrierenden Interesses des Verletzten an der Bestrafung entscheidend sein. Die Vorschläge der Kommission fanden in der Hauptsache in den überaus eingehenden statistischen und kriminalpolitischen Untersuchungen von Schmidt-Ernsthausen (a. a. O.) ihre Bestätigung; da ich zu dem gleichen Resultate gelange und schon die Beschlüsse der Kommission für durchaus empfehlenswert halte, darf ich mich mit dem Hinweis auf die Ausführnngen von Schmidt-Ernsthausen begnügen. Dort wird der Sache nach die Frage der Ausdehnung der Privatklage auf betreffende Vergehen konsequent auf den Nachweis des prävalierenden Individualinteresses zurückgeführt. Daneben kann aber auch die Behandlung der hier in Frage stehenden Reate im älteren Recht nicht unbeachtet bleiben. Bezüglich dieses Moments tritt die Frage in den Vordergrund, ob sich der Gesamtcharakter unseres heutigen Strafrechts und der Strafrechtspflege gegenüber der Zeit, in welcher die Injurienklage in großem Umfange Geltung hatte, derart verändert hat, daß heute eine ausgedehntere Anwendung der prinzipalen Privatanklage als ausgeschlossen betrachtet werden müßte. Im ganzen wird man sagen können, daß unsere heutige Rechtspflege mit den privatrechtlichen Elementen der Injurienklage (bei Sachbeschädigung, Körperverletzungen usw.) und den damit gegebenen prozeßrechtlichen Konsequenzen kein Kompromiß eingehen könnte. Der durch § 11 EG. zur StPO. zur Herrschaft gelangte Grundsatz muß unbedingt festgehalten werden. Indessen davon ist meines Erachtens die in dem neueren Strafrecht infolge der Betonung des öffentlichrechtlichen Charakters dieses Rechtsgebiets hervorgetretene Zurückdrängung der Beteiligung der Privaten an der Strafverfolgung de lege ferenda in unseren Tagen nicht berührt. Wenn man im ganzen sagen darf, daß die neueste Gesetzgebung das bei einzelnen Reaten besonders hervortretende gegenseitige Verhältnis der Gesamt- und Individualinteressen (durch Einführung des Strafantrags usw.) rationeller behandelt, als die Periode der fast ausschließlichen Betonung des öffentlichen Interesses an der Verfolgung von Übeltaten, so würde es sich heute doch nur um die Weiterbildung des an sich richtigen aber noch nicht erschöpfend

verwerteten Gesichtspunktes der neueren Gesetzgebung handeln, wenn sie die Frage der ausgedehnteren Beteiligung der Privaten (hier des Verletzten) an der Strafverfolgung noch intensiver als bisher ins Auge faßt. Aus diesem Gesichtspunkte finde ich die Aktion der Kommission durchaus gerechtfertigt, zumal sie gleichzeitig geeignet ist, die unleugbaren Schwächen des Legalitätsprinzips in einer sachgemäßen, dem öffentlichen Interesse an der Strafverfolgung aber doch keineswegs präjudizierenden Weise zu beseitigen.

III.

Gutachten des Herrn Professor Dr. Schanze in Dresden

über die Frage:

Welche Änderungen des bestehenden Rechts empfehlen sich, um denjenigen Personen, welche in einem Vertrags- oder Anstellungsverhältnisse tätig sind, den gebührenden Anteil an Nutzen und Ehre aus ihren Erfindungen und sonstigen geistigen Schöpfungen sicher zu stellen?

Inhaltsübersicht.

---

§ 1. Einleitung.

Auf dem Programm des 28. Deutschen Juristentages[1]) stand die Frage:

Empfehlen sich besondere gesetzliche Bestimmungen zum Schutze des Erfinderrechts von Angestellten?

Der eine Gutachter, Osterrieth[2]), kam zu dem Ergebnis: „daß eine gesetzliche Regelung des Erfinderrechts der Angestellten in Deutschland nicht ausführbar ist ohne eine gleichzeitige grundlegende Reform des ganzen Patentgesetzes, wobei die Frage der Angestelltenerfindung zwar eine wichtige, aber nicht die ausschlaggebende Rolle spielt."

Der andere Gutachter, R. Alexander-Katz[3]), stellte folgende Thesen zur Annahme:

„I. Es empfiehlt sich eine gesetzliche Bestimmung dahin:

1. Das Eigentum der von Angestellten und Arbeitern gemachten Erfindungen und Gebrauchsmustern gehört diesen und nicht dem Dienstherrn, sofern letzterer nicht durch ausdrückliche Vereinbarung sich dieses Eigentum ausbedungen hat oder die Erfindung im Auftrage des Dienstherrn für denselben gemacht hat.

---

[1]) Eine Übersicht über die schriftlichen Gutachten und die mündlichen Verhandlungen gibt das Österreichische Patentblatt 1906, S. 809 ff.

[2]) Verhandlungen Bd. II, S. 194 ff.

[3]) Ebenda S. 282 ff.

2. Im Zweifel ist die Vereinbarung und der Auftrag dahin auszulegen, daß die Erfindung von dem Dienstherrn nur für die Zwecke seines Betriebes angewendet und ausgebeutet werden darf, während im übrigen der Erfinder selbst die Rechte aus der Erfindung behält.

II. Es empfiehlt sich nicht, die Vertragsfreiheit des Dienstherrn und der Angestellten über die Erfindungen der letzteren zu beschränken.

III. Es empfiehlt sich ein Zusatz zum § 20 und § 23 des Patentgesetzes, wonach der Anmelder, wenn er nicht der Erfinder ist, und die Erfindung auch nicht aus der gemeinsamen Arbeit mehrerer Personen in seinem Betriebe hervorgegangen ist[4]), verpflichtet ist, den Erfinder in seiner Anmeldung zu benennen, und das Patentamt bei der Bekanntmachung der Erfindung den Namen des Erfinders mit bekannt zu machen hat."

Der erste Berichterstatter, Edwin Katz[5]), befürwortete die Thesen I 1 und II des zweiten Gutachters, die Thesen I 2 und III wünschte er abgelehnt zu sehen.

Der zweite Berichterstatter, Mittelstaedt[6]), schlug die Resolution vor: „Gesetzliche Bestimmungen zum Schutze der Erfindungen der Angestellten empfehlen sich mit Rücksicht auf das System des geltenden Patentrechts und des Gebrauchsmusterschutzes zurzeit nicht."

Das Votum des 28. Deutschen Juristentages lautet[7]):

„1. Die Erfindung gehört dem Angestellten, welcher die Erfindung gemacht hat und nicht dem Geschäftsherrn, sofern nicht durch Vertrag das Gegenteil bestimmt ist.

2. Es empfiehlt sich nicht, die Vertragsfreiheit des Dienstherrn und des Angestellten bezüglich der Erfindungen des Angestellten zu beschränken.

3. Die Frage, ob der Erfinder einen Anspruch auf Nennung seines Namens in der Patentschrift hat und in welcher Weise und vor welcher Behörde dieser Anspruch zu verwirklichen ist, erscheint noch nicht spruchreif."

Die aus der Überschrift ersichtliche Frage, die dem nächsten Deutschen Juristentage vorgelegt werden soll und den Gegenstand meiner gutachtlichen Erörterungen bildet, erweitert das Gebiet der Diskussion in subjektiver wie objektiver Hinsicht; neben den Rechten der Angestellten sollen

---

[4]) Vgl. bei Note 25.
[5]) Verhandlungen Bd. III, S. 469 ff.
[6]) Ebenda S. 484 ff.
[7]) Ebenda S. 507, S. 573.

auch die Rechte der Nichtangestellten, neben den Rechten an Erfindungen auch die Rechte an sonstigen Geistesschöpfungen in Betracht gezogen werden.

Wie ist die neue Frage zu verstehen? Soll das Votum des 28. Deutschen Juristentages die Grundlage bilden, auf der weiter zu bauen ist? Ich glaube: nein. Alle die Punkte, welche den letzten Juristentag beschäftigt haben, sollen anderweit geprüft und zur Entscheidung gestellt werden.

Um dem erneuten Vorbringen der Einwände, daß Juristen von der Sache nichts verständen, oder daß wichtige Punkte noch nicht genügend aufgeklärt seien, nach Möglichkeit vorzubeugen, habe ich es mir angelegen sein lassen, den status rei et controversiae eingehend darzustellen. Ich will nicht nur meine Ansicht rechtfertigen, sondern auch den Leser in den Stand setzen, auf Grund des mit tunlichster Vollständigkeit beigebrachten Materials die Richtigkeit meiner Ansicht nachzuprüfen und sich ein selbstständiges Urteil zu bilden.

Aus der im letzten Jahre erschienenen Literatur verdienen hervorgehoben zu werden:

Bolze, Rechte der Angestellten und Arbeiter an den Erfindungen ihres Etablissements;

W. v. Siemens und Budde, Das Recht der Angestellten an den Erfindungen. Zwei Abhandlungen[7a]).

Ferner ist zu bemerken, daß der Bund der technisch-industriellen Beamten im Sommer 1907 betreffs der Rechte der Angestellten an ihren Erfindungen eine neue Resolution gefaßt hat[7b]).

Und schließlich ist an dieser Stelle der Reichstagsverhandlung vom 18. April 1907 zu gedenken. Bereits in der Reichstagssitzung vom 14. März 1905 war der Wunsch nach einer Reform des Patentgesetzes geäußert worden, der Abgeordnete Potthoff war hierbei für die Interessen der Angestellten eingetreten. In der Sitzung vom 17. Februar 1906 war die Frage anläßlich einer Petition des Bundes der technisch-industriellen Beamten vom Abgeordneten Lattmann, der kurz vorher selbst eine diesbezügliche Petition eingebracht hatte[8]), von neuem zur Erörterung gestellt worden; die Reichstagskommission hatte vorgeschlagen die

[7a]) Die erste Abhandlung von v. Siemens ist ein Sonderabdruck aus Gewerblicher Rechtsschutz und Urheberrecht Bd. XII (1907), S. 203 ff.

[7b]) Siehe unten bei Note 74.

[8]) Verhandlungen des Reichstags 1905/1906. 3. Anlageband Nr. 130.

Petition dem Reichskanzler als Material zu überweisen[9]). In der Sitzung vom 18. April 1907[10]) kam man anderweit auf die Angelegenheit zurück. Es wurde darauf hingewiesen, daß der Verein für den gewerblichen Rechtsschutz die Revision des Patentgesetzes systematisch in die Hand genommen habe und voraussichtlich in zwei Jahren der Reichsregierung ganz genau formulierte und reiflich erwogene Vorschläge über die Reform machen werde. Das Recht der Angestellten an ihren Erfindungen wurde von den Abgeordneten Junck, Burlage und Potthoff als einer von den Punkten bezeichnet, bei denen eine Reform des gegenwärtigen Rechtszustandes am allerdringendsten ist. Potthoff bat, daß trotz der Vorbereitungen von anderer Seite die Reichsregierung selbst in der Vorbereitung einer Reform des Patentgesetzes nicht nachlasse, damit es möglichst bald zu der Reform käme. Der Staatssekretär des Innern v. Posadowsky-Wehner erwiderte: „Das Patentgesetz sowie das Warenzeichengesetz bedarf in vielen Punkten einer Abänderung; die Vorarbeiten wegen Abänderung beider Gesetze haben bereits begonnen. Ich bin aber nicht in der Lage, heute eine Erklärung abzugeben, wann sich diese Arbeiten zu einem Gesetz verdichtet haben werden; in der nächsten Session jedenfalls nicht. Bei dieser Gesetzesrevision werden eine Reihe von Punkten, die heute von den Herren Vorrednern angeregt worden sind, unzweifelhaft auch eine endgültige Entscheidung finden müssen."

Erster Abschnitt.

Die Rechte an Erfindungen und Gebrauchsmustern.

Für die Gebrauchsmuster liegen die Verhältnisse ganz so wie für die Erfindungen. Hinsichtlich des gegenwärtigen Rechts, der von den Interessenten geäußerten Wünsche, der gemachten Reformvorschläge gilt das, was von den Erfindungen gesagt wird, auch für die Gebrauchsmuster.

Ich spreche im folgenden der Kürze halber nur von den Erfindungen. Überall aber sind die Gebrauchsmuster mit gemeint.

---

[9]) Ebenda 6. Anlageband Nr. 495.

[10]) Verhandlungen des Reichstags. XII. Legislaturperiode. I. Session Bd. 228. Stenogr. Berichte S. 899 ff.

Erstes Kapitel.

Das vermögensrechtliche Interesse.

I. Erfindungen Angestellter.

A. Allgemeine Tatbestandselemente.

§ 2. a) Angestellte. Beamte.

Erfindungen, welche Angestellte gemacht haben, stehen zur Erörterung. Was sind Angestellte?

Die beste Antwort auf diese Frage hat so viel ich sehe Rosin[11]) gegeben. Er legt dar: „Es handelt sich um den Gegensatz von Arbeiter und Unternehmer. Selbständigkeit und Unselbständigkeit (Abhängigkeit) auf dem Gebiete der wirtschaftlichen Gütererzeugung und Güterverteilung bildet danach das entscheidende Kriterium. Wer selbständig mit eigener Entschließung in den Gesamtprozeß der Volkswirtschaft zwecksetzend eingreift, ist Unternehmer; wer ohne solche eigene Entscheidung die ihm nach fremder Entschließung zugewiesenen Arbeiten unselbständig verrichtet, ist im weitesten Sinne Arbeiter. Die Unternehmer sind die aktiven, leitenden Glieder der Volkswirtschaft; sie sind die Wirtschaftssubjekte auf dem Gebiete der Wirtschaft ebenso, wie es die Rechtssubjekte auf dem des Rechts sind; die Arbeiter dagegen sind die passiven, dienenden Glieder, nur Mittel für die wirtschaftlichen Zwecke Anderer, von denen sie beschäftigt werden und von denen sie daher in ihrer wirtschaftlichen Existenz abhängig sind. Wenn aber auch die Grundidee des Gegensatzes verhältnismäßig leicht faßbar ist, so bereitet doch die Einreihung der konkreten Tatbestände unter die Begriffe häufig große Schwierigkeiten, derart, daß bei der Fülle der wirtschaftlichen Erscheinungen niemals alle Zweifel durch allgemeine Erörterungen gelöst werden können, sondern schließlich doch im Einzelfalle die Gesamtwürdigung aller Momente desselben die Entscheidung, ob wirtschaftliche Selbständigkeit oder Abhängigkeit vorliegt, ergeben muß."

Rosin[12]) geht die berücksichtigenswerten Einzelmomente durch, gedenkt hierbei auch der Form des zivilrechtlichen Vertragsverhältnisses und hebt zutreffend hervor, daß der Gegensatz von Dienst- und Werkvertrag mit dem der Lohnarbeiter und Unternehmer im wirtschaftlichen Sinne

---

[11]) Das Recht der Invaliden- und Altersversicherung S. 31 ff. Vgl. auch Isay, Kommentar zum Patentgesetz S. 89 und § 9 des Reichsgesetzes zur Bekämpfung des unlauteren Wettbewerbes.

[12]) S. 42 S. 51.

nicht identifiziert werden kann. Das Vorliegen eines Dienstvertrages schließt nicht immer die wirtschaftliche Selbständigkeit aus und andererseits ist auch der Werkvertrag geeignet, ein Abhängigkeitsverhältnis zu begründen. Das Verhältnis tatsächlicher Verfügungsmacht des Arbeitgebers über die Arbeitskraft des Arbeiters, der Besitz der Arbeitskraft des letzteren kann sich ungeachtet seiner Einheitlichkeit in verschiedene Rechtsformen kleiden. Neben dem Dienst- und dem Werkvertrage kommen noch andere zivilrechtliche Vertragsformen in Betracht, die Miete, die Pacht, auch der Gesellschaftsvertrag, in Fällen der Hausindustrie auch Kauf auf Wiederkauf.

Es handelt sich um einen wirtschaftlichen Organismus, um einen Gewerbebetrieb, um ein industrielles Unternehmen, dem der Angestellte untergeordnet ist.

Ob Inhaber eines solchen Unternehmens ein Privatmann oder der Staat ist, macht keinen Unterschied. Angestellte, Beamte eines industriellen Unternehmens, das der Staat aus fiskalischem oder gemeinnützigem Zweck betreibt, stehen den Angestellten, den Beamten privater Unternehmer, was die rechtliche Behandlung der Erfindungen anlangt, gleich.

Die Frage, ob Beamte des Staates für diesen oder für sich selbst erfinden, läßt sich nicht in einheitlichem Sinne beantworten. Wer sie schlechthin bejaht, weil der Beamte dem Staate rechtlich, disziplinell untergeordnet ist, hat ebenso Unrecht wie derjenige, der sie schlechthin verneint. Es kommt darauf an, ob der Beamte wirtschaftlich, betriebstechnisch einem industriellen Unternehmen des Staates ein- und untergeordnet ist. Fehlt es an einer solchen Unterordnung, so kann keine Rede davon sein, daß der Beamte für den Staat erfindet.

Das ist der allein ausschlaggebende Gesichtspunkt, wie Kohler[13]) überzeugend dargetan hat, alle andere Erwägungen[14]) treffen nicht den Kern der Sache. „Der im Laboratorium arbeitende akademische Lehrer, sagt er[15]), arbeitet nicht in einer Staatsindustrie, sondern er arbeitet in freier Tätigkeit zum Fortschritte der Wissenschaft, ihm werden die staatlichen Mittel gewährt, damit er einerseits die Jugend bilde, anderseits in freier seiner Geistesrichtung entsprechenden Arbeit die wissenschaftlichen Gesetze erkenne und die Mittel lehre, über die Natur Herr zu werden.

---

[13]) Handbuch des deutschen Patentrechts S. 237 ff. Ebenso Allfeld, Kommentar S. 27; Kent, Kommentar § 1 Nr. 342 ff.

[14]) Damme, Deutsche Juristenzeitung 1898, S. 399 ff. Biberfeld, Gewerbl. Rechtsschutz und Urheberrecht Bd. III, S. 186.

[15]) Gutachten über die vom K. K. Handelsministerium veröffentlichen Entwürfe eines Patentgesetzes 2c., Wien 1894, S. 437.

Wenn er bei dieser Tätigkeit mit der Entdeckung Erfindungen verknüpft, was bei der nahen Verbindung von Erkenntnis und Schöpfung nicht selten der Fall ist, so ist das alles so sehr die Tat seines freien, von niemanden abhängigen Geistes, daß ein Anrecht des Staates auf diese Erfindungen einen Eingriff in das Recht geistiger Produktion enthielte. Sollte etwa der Staat auch ein Anrecht erwerben auf die Bücher, welche ein Gelehrter auf Grund der ihm gegebenen Hilfsmittel, etwa auf Grund eines Reisestipendiums oder der für ihn speziell angeschafften literarischen Hilfsmittel schreibt?"

Die herrschende Lehre[16]) hat gesagt: die Erfindung des Staatsbeamten, jedes Staatsbeamten und die Erfindung des im Industriebetriebe eines Privatmannes Angestellten seien völlig gleich zu behandeln. Man hat sich dadurch den Weg zu einer richtigen Beurteilung des Sachverhaltes verlegt. Die Argumente, die bei nicht industriellen Beamten des Staates notwendig zur Verneinung eines Erfindungsrechtes des Staates führen, sind in unzulässiger Verallgemeinerung auch auf die Fälle angewendet worden, wo es sich um industrielle Angestellte und Beamte, sei es eines Privatmannes sei es des Staates, handelt[17]).

Die Erfindungen von Personen, die im Industriebetriebe eines anderen, gleichviel ob eines Privatmannes oder des Staates, angestellt sind, kommen in Betracht[18]). Für diese Erfindungen erweist sich, wie wir sehen werden, de lege ferenda die herrschende Ansicht, daß die Erfindung von Rechtswegen dem Angestellten, nur von Vertragswegen dem Geschäftsherrn gehöre, als unzulänglich.

§ 3. b) Der Angestellte muß Erfinder sein. Die Etablissementerfindung. Was gilt von Erfindungen des Organes einer Korporation?

Erfindungen kommen in Betracht, welche die Angestellten gemacht haben, Erfindungen, deren Urheber oder Miturheber sie sind. Bloße Gehilfschaft genügt nicht.

---

[16]) Vgl. Meili in der Zeitschrift für Sozialwissenschaft, I. Jahrgang (1898), S. 345 ff. Katz in den Verhandlungen des 28. Deutschen Juristentages, Bd. III, S. 479 f.

[17]) Vgl. Österreichisches Patentgesetz Nr. 5 Abs. 3: „Arbeiter, Angestellte, Staatsbedienstete gelten als die Urheber der von ihnen im Dienste gemachten Erfindungen, wenn nicht durch Vertrag oder Dienstesvorschriften etwas anderes bestimmt wurde." Für die Regelung der Vergütungsfrage ist dagegen nach § 5 Abs. 4 wesentlich, daß es sich um ein Gewerbsunternehmen handelt.

[18]) Jellinek, Das Recht des modernen Staates Bd. I, S. 233 f.

Schloßmann[19]) meint: „Bei dem auf Herstellung einer bestimmten Arbeit gerichteten Auftrage oder Dienstvertrage beruhe die Vertretungswirkung auf der Erwägung, „daß die Idee zu dem Geschäfte meist dem Kopfe des Vertretenen entsprungen ist, daß dieser vielleicht unter Aufwendung angestrengtester geistiger Arbeit den Plan dazu ausgesonnen und ausgearbeitet, mit Mühe die Gelegenheit zur Ausführung des Planes ausgekundschaftet, oder diese durch seine Mittel, seine Erfahrung, seine persönlichen Verbindungen usw. ermöglicht hat, während die Arbeitsleistung des Vertreters im Verhältnis zu der des Herrn nur sehr geringfügig erscheint, so gering vielleicht, wie die des auf einen Hebel drückenden Fabrikarbeiters im Verhältnis zu der Leistung des genialen Erfinders der dadurch in Bewegung gesetzten Maschine."

Daß in einem Falle, wie ihn Schloßmann annimmt, der Auftraggeber, der Dienstherr das Erfindungsrecht erwirbt, beruht einfach darauf, daß der Beauftragte, der Bedienstete bloßer Gehilfe bei der von jenem selbst entfalteten Urhebertätigkeit ist. Von einer Vertretungswirkung kann dort gar keine Rede sein, wo der, in dessen Person die Wirkung eintritt, die Ursache selbst, wenn schon unter fremder Beihilfe, gesetzt hat.

Daß ein Angestellter, der nur als Gehilfe an einer fremden Erfindung mitgewirkt hat, keine Erfindungsrechte für sich in Anspruch nehmen kann, steht außer Zweifel.[20])

Weiter. Die Rechte an sogen. Etablissementerfindungen gebühren ausschließlich dem Inhaber des Etablissements.

Was sind Etablissementerfindungen?

Gareis[21]) sagt: Etablissementerfindungen liegen vor, „wenn es unmöglich ist, das erfindende Individuum zu ermitteln." „Es ist möglich, daß in einem einer Gesellschaft oder Korporation gehörigen Etablissement eine Erfindung allmählich und durch das Zusammenwirken verschiedener Ingenieure oder anderer Beamten dieses Etablissements in der Weise gemacht wird, daß es schließlich unmöglich ist zu sagen, wer von den einzelnen physischen Personen die entscheidende ingenieuse Idee hatte; es ist möglich, daß sich die Erfindung successive aus den Traditionen einer Fabrik, aus der Betriebseigentümlichkeit eines Etablissements selbst entwickelte, und daß die einzelnen Menschen, die darin beschäftigt sind, ihrerseits durch verschiedene kleine Zusätze zur herkömmlichen Betriebsart schließlich in ihrer Gesamtheit die Erfindung zu Tage förderten, ohne daß das mein

---

[19]) Die Lehre von der Stellvertretung Bd. II, S. 35.

[20]) Kent, Kommentar § 1 Nr. 309, 313, 317.

[21]) Kommentar S. 75ff.

und dein in der Erfindungsidee noch erkennbar wäre.[22]) Wenn in solchen Fällen demnach das erfindende physische Individuum nicht zu ermitteln ist, darf die Erfindung als Erfindung des Etablissements, der Gesellschaft, Korporation usw. behandelt werden." Gareis setzt voraus, daß das Etablissement einer Gesellschaft oder Korporation gehört. Wesentlich ist dies nicht, das von ihm Gesagte[23]) gilt auch dann, wenn das Etablissement einer physischen Einzelperson gehört.

Dahn[24]) wendet ein: „Wir brauchen keinen neuen Namen für eine allbekannte Sache, es liegt einfach Miturheberschaft vor, auf welche die bekannten Grundsätze anzuwenden sind; daß bei der Miterfindung eine größere Anzahl von Miturhebern vorkommen kann, ist gleichgültig. Es sind dies nicht nur Fälle, in denen das eine physische Individuum nicht zu ermitteln ist (wie Gareis sagt), welches die Erfindung gemacht hat, sondern es besteht anerkanntermaßen eine Mehrzahl von physischen Personen, deren ineinander greifendes Arbeiten die Erfindung bewirkt hat, hier ist das Erfinderrecht gemeinsam."

K. Alexander Katz[25]) definiert im Anschluß an Dahn die Etablissementerfindung gleichfalls als Erfindung, die auf Miturheberschaft beruht.

Diese Ansicht ist irrig.

Es gibt Fälle, wo eine Erfindung aus dem Zusammenwirken der Etablissementsangehörigen heranreift, wo jeder von den Beteiligten, die zusammengewirkt haben, die Sache nur ganz unerheblich gefördert hat, so daß keiner von ihnen dem Etablissement gegenüber die Miterfinderschaft für sich persönlich in Anspruch nehmen kann. Und doch bietet das Gesamtergebnis, wenn es fertig der Außenwelt offenbart wird, für diese einen so überraschenden Fortschritt, daß die Annahme einer Erfindung nicht abgelehnt werden kann. Hier können die Miterfinder nicht blos nicht ermittelt werden, es sind solche überhaupt nicht vorhanden.[26])

---

[22]) Das staatliche Leben bietet ein Seitenstück zur Etablissementerfindung. Damme, Beiträge zur Erläuterung des deutschen Rechts Bd. 48 S. 526: „Wer wollte (immer) von einem Gesetzbuch, einem Gesetz, einer Verordnung behaupten, daß einer davon eine bestimmte Person oder einen bestimmten Personenkreis zum „Verfasser" habe. Die an der Entstehung einer solchen Emanation beteiligten Instanzen sind (häufig) überhaupt keine Verfasser im urheberrechtlichen Sinne."

[23]) Zu vgl. unten bei Note 37ff.

[24]) Privatrechtliche Studien S. 194.

[25]) Verhandlungen des 28. Deutschen Juristentags Bd. II S. 293, 323; oben bei Note 4. Gewerbl. Rechtsschutz u. Urheberrecht Bd. XII S. 118.

[26]) Die Etablissementerfindung stellt im kleinen dar, was von der Kulturentwickelung im großen gilt. Wundt, Ethik, 3. Aufl. I S. 134f.: „Der individuelle

Das Etablissement ist als Alleinerfinder anzusehen. Ein anderer Grund, weshalb die Etablissementerfindung nicht als Miterfindung angesehen werden kann, ist der, daß letztere gemeinsames geistiges Schaffen, übereinstimmenden Willen der Beteiligten voraussetzt, während es bei der Etablissementerfindung hieran fehlt.[27])

Etablissementerfindung in dem dargelegten Sinne ist eine Erfindung, als deren Berechtigter in jeder Richtung, auch was die Erfinderehre anlangt,[28]) nur der Etablissementsinhaber, nicht der Angestellte in Betracht kommt, weil dieser nicht die Urheberschaft für sich in Anspruch nehmen kann. Die Etablissementerfindung gehört dem Inhaber des Geschäftsbetriebes, in dem sie entstanden ist.[29])

Das Reichsgericht hat in einer Entscheidung vom 25. April 1904[29a]) das Wort Etablissementerfindung in einem farbloseren Sinne gebraucht, es nennt so „eine nicht dem Angestellten, sondern dem Geschäftsherrn zustehende Erfindung“, auch die vom Angestellten gemachte Erfindung. Das Reichsgericht denkt nur an die Zugehörigkeit des Erfindungsrechtes,

---

Einfluß bei der Entstehung der Sitte wird nicht anders zu deuten sein, als etwa bei der Entstehung der Sprache. Der Eine mag dies, der Andere jenes zu ihr beitragen, als Ganzes ist sie eine gemeinsame Schöpfung, die sich schon deshalb nicht n individuelle Elemente zerlegen läßt, weil die vollkommen gleichzeitige Wirksamkeit jener individuellen Faktoren es dem Einzelnen unmöglich macht, zu scheiden, was aus ihm selber kommt von dem, was er anderen verdankt.“ Simmel, Die Probleme der Geschichtsphilosophie, 2. Aufl. S. 18: „Recht und Sitte, Sprache und Denkart, Kultur und Verkehrsform erstehen nicht ohne bewußte Tätigkeiten einzelner; allein der Zusammenschluß der Beiträge, das Zustandekommen der sozialen Form, die dies individuelle Material annimmt, fällt nicht mehr in das Bewußtsein des einzelnen Arbeiters.“ Vgl. auch Seidler, Das juristische Kriterium des Staates S. 31f.

[27]) Kohler, Patentrecht S. 57, Busch Archiv des Handels- und Wechselrechts Bd. 48 S. 355 Note 7, Forschungen aus dem Patentrecht S 8, Handbuch des deutschen Patentrechts S. 246. Schindler, Über das Erfinderrecht des Arbeiters usw. nach schweizerischem Recht S. 54ff. Kent, Kommentar Bd. I § 1 Nr. 280f.

[28]) Auch Ausstellungsmedaillen gehören dem Geschäft; vgl. Seufferts Archiv Bd. XLVI Nr. 46.

[29]) Ebenso Katz, Gewerbl Rechtsschutz und Urheberrecht 1906 S. 220; Klöppel, Chemische Industrie 1906 S 406; Wertheimer, Monatsschrift für Handelsrecht und Bankwesen Bd. XVI (1907) S. 56.

[29a]) Blatt für Patent-, Muster- und Zeichenwesen 1904, S. 298. Predari, Beiträge zur Erläuterung des deutschen Rechts, Bd. 51, S. 844 sagt: Etablissementerfindungen seien „Erfindungen, welche von den Angestellten eines Etablissements in dessen Betriebe gemacht und in Benutzung genommen worden sind.“ Dies beruht wohl auf einem Versehen.

die herrschende Meinung blickt im Anschluß an Gareis auf die Zugehörigkeit der Erfindung nach ihrer tatsächlichen Entstehung.

Der Sprachgebrauch des Reichsgerichts verdient keine Billigung; es empfiehlt sich an dem von Gareis festgelegten Sinne des Wortes Etablissementerfindung festzuhalten.

Die Grenze zwischen der Erfindung einer oder mehrerer bestimmter Einzelpersonen und einer Etablissementerfindung zu ziehen, wird nicht immer leicht sein.[30])

Jacobsohn[31]) erwähnt folgende Fälle:

„Hier arbeitet ein vermögensloser, karg bezahlter Techniker von ungemein scharfer Beobachtungsgabe und sieghaft glänzendem Denken. Die täglichen Schwierigkeiten, die sich in seinem Dienst ergeben, drängen ihn zum Nachdenken; die Erfahrungen, die er in seinen Dienststellungen gesammelt, erleichtern ihm den Weg, und seinem Sinn drängt sich eine einfache Vorrichtung auf, die Hunderte von Händen erspart, Schutz vor stündlichen Gefahren bietet und so die Herstellung irgend eines Stoffes um die Hälfte verbilligt. Soll nun lediglich der Dienstherr den Gewinn von der Energie des Nachdenkens seines Angestellten haben, weil sich diesem zufällig in seinem Betriebe die Beobachtung aufdrängte?

Dort ist eine große Aktiengesellschaft, die jährlich Zehntausende für vielleicht vergebliche Versuche opfert, die ihre wissenschaftlich gebildeten Angestellten, wenn auch nicht reichlich, jedoch angemessen entschädigt. Ihre Leiter erkennen ein Problem, dessen Lösung von ungeheurem Werte nicht nur für dieses Unternehmen, sondern vielleicht für die ganze Menschheit ist. Nach jahrelangen, kostspieligen Versuchen wird schließlich ein glückliches Ergebnis erzielt, das ohne die planmäßigen Vorarbeiten sämtlicher Angestellten dieses Faches bei aller Anerkennung der Tüchtigkeit und des Verdienstes dessen, dem schließlich die Lösung glückte, nicht erreichbar gewesen wäre. Soll nun etwa derjenige, der die Arbeit sozusagen schon im Reifestadium übernommen und glücklich zu Ende geführt hat, den Patentschutz für sich allein erwerben und möglicherweise damit eine Konkurrenzfirma unterstützen können?

In einer anderen Fabrik stellen Arbeiter immer denselben Gegenstand auf dieselbe Art und Weise her. Durch die lange Übung werden sie mit der Herstellungsmaschine besonders vertraut. Sie erleichtern sich schließlich die Arbeit, indem sie eine Vorrichtung an der Maschine an-

---

[30]) Wagner und Ephraim, Das österreichische Patentgesetz und die chemische Industrie. Sonderabdruck aus der Deutschen Chemiker-Zeitung 1897, S. 19ff.

[31]) Zeitschrift für angewandte Chemie, XX. Jahrgang (1907), S. 889.

bringen, die die Herstellung vereinfacht, beeilt oder sie vor Gefahren bei der Herstellung schützt. Dabei ging es sehr einfach zu: Der eine brachte einen neuen Hebel an der Maschine an, wieder nach einiger Zeit gab ein anderer dem Hebel eine praktischere Form, schließlich beseitigte ein dritter noch eine Reibung, die den Gebrauch des Hebels vollends erleichterte. Vielleicht sind schon die beiden ersten Arbeiter längst in andere Fabriken gegangen, ohne zu ahnen, daß ihr zusammenhangloses und doch ineinander greifendes Arbeiten die Vollendung einer Erfindung von großem Werte verursachte. Wem gehört in diesem Falle der Patentschutz?"

Diese drei Fälle dürften so zu beurteilen sein, daß im ersten Falle der Angestellte, im dritten das Etablissement der Erfinder, im zweiten Falle der Angestellte und das Etablissement Miterfinder sind.

Escher[32]) sagt: „Wohin wir uns wenden, überall finden wir eine langsame, langandauernde mühsame Vorbereitung und dann einen raschen, oft plötzlichen Durchbruch. Diese langsame Vorbereitung gehört aber ebenso sehr zur Sache, wie die Beseitigung der letzten Hindernisse, womit der Durchbruch eingeleitet wird. Es ist daher außerordentlich schwer, die Verdienste der Mitarbeiter an ein und derselben Aufgabe richtig gegeneinander abzuwägen. Noch schwieriger ist es, durch die Gesetzgebung die Wohltat des Erfinderschutzes derart zu verteilen, daß Recht und Billigkeit dabei bestehen. Es würde sich hierbei ebenso sehr darum handeln, dem verdienten, bahnbrechenden Erfinder die Früchte seiner Arbeit zu sichern, als auch wieder darum, zu verhindern, daß ein gewandter Patentnehmer den Mitstreitern den Nutzen vorwegnimmt."

Ich habe hierzu bei anderer Gelegenheit[33]) bemerkt: „Die Erfindung ist immer das Ergebnis individueller Schöpfertätigkeit. Die Annahme einer Erfindung ist ausgeschlossen, wenn das Ergebnis in allmählicher Entwickelung, in langsamer Mitarbeit ungezählter und unbestimmter Personen gezeitigt wird, denn dann fehlt es an einer individuellen Schöpfung. Macht sich aber jemand die Ergebnisse dieser allmählichen Entwickelung, dieser langsamen Mitarbeit der ungezählt Vielen zu Nutze, und bewirkt er auf der von dem allgemeinen Fortschritt dargebotenen Grundlage in unerwarteter Weise den Durchbruch, so ist er der Erfinder, wenn schon jene Grundlage Fleiß und Arbeit, Geduld und Ausdauer gekostet hat, dieser Durchbruch durch Zufall und Glück begünstigt worden ist". „Auch wenn Auer von Welsbach alles, was in den Veröffentlichungen kund gegeben war, benutzt und nur den Punkt über dem i

---

[32]) Zeitschrift für Sozialwissenschaft, Bd. II, S. 174.
[33]) Beiträge zur Lehre von der Patentfähigkeit S. 43f.

hinzugefügt, dadurch aber erreicht hätte, daß ein für die Praxis brauchbares Verfahren von großem Erfolge ausgestaltet wurde, hätte er eine patentierbare neue Erfindung gemacht." So zutreffend das Reichsgericht in einer Entscheidung vom 14. Juli 1896.

Diese Darlegung scheint in Widerspruch zu stehen mit dem, was oben über die Etablissementerfindung und den Fall gesagt ist, wo Etablissement und Angestellter als Miterfinder konkurieren.

Die Dinge liegen so.[34]) Auch die Etablissementerfindung ist das Ergebnis individueller Schöpfertätigkeit, die erforderliche Begrenzung des Ursprungs wird bei ihr nur nicht durch eine Einzelpersönlichkeit, sondern durch den Gesamtorganismus eines Betriebes gegeben. Auch das Etablissement ist eine Einheit, ein Individuum. Für den Tatbestand, der als Etablissementerfindung in Frage steht, kommen nur die Elemente und Stadien der Entwickelung in Betracht, die blos innerhalb des Etablissements, nicht darüber hinaus bekannt geworden sind. Fortschritte, die allgemein bekannt geworden sind, können nicht mehr Bestandteile einer Etablissementerfindung bilden. Auer von Welsbach war Alleinerfinder, weil — abgesehen davon, daß er kein Angestellter war — seine Leistung sich auf einer Grundlage aufbaute, deren Elemente bereits durch Veröffentlichungen kundgegeben waren.

Ich halte dafür, daß durch die Unterscheidungen:

Gehilfe — Urheber — Miturheber,

Erfindungen von Einzelpersonen — Etablissementerfindungen,

ausreichend differenzierte Kategorien geboten werden, um den verschiedenen Erscheinungen des Lebens gerecht werden zu können.

Dieser Meinung wird widersprochen, nach verschiedener Richtung.

P. Alexander Katz[34a]) bestreitet die Existenz von Etablissementerfindungen. Er sagt: „Sie sind bisher meines Wissens noch niemals Gegenstand der praktischen Beurteilung durch die Gerichte gewesen. Ich muß deshalb annehmen, daß sie in der Praxis auch nicht vorkommen, regelmäßig weiß man vielmehr in der Praxis ganz genau, wer die Er-

---

[34]) Behrend, Lehrbuch des Handelsrechts Bd. I, S. 204. Gierke in der Encyklopädie der Rechtswissenschaft, 6. Aufl., Bd. I, S. 909, Genossenschaftstheorie usw. S. 456f. Schmoller, Zur Sozial- und Gewerbepolitik der Gegenwart S. 387. Ohmeyer, Allgemeine österreich. Gerichtszeitung 1906 S. 89 ff. Auch unten bei Note 177.

[34a]) Die Rechtsverhältnisse der höheren technischen Angestellten usw. S. 30, auch in den Verhandlungen des Vereins zur Beförderung des Gewerbefleißes, Sitzungsbericht vom 5. März 1906, S. 66.

findung gemacht hat. Streitigkeiten innerhalb des Betriebes sind meist auf Intriguen oder Rechtswidrigkeiten zurückzuführen. Diese sogenannten Etablissementerfindungen können deshalb praktisch auf sich beruhen, denn sie kommen praktisch tatsächlich nicht vor. Die Inhaber mancher Fabriken behaupten ihr Vorkommen, die Angestellten bestreiten es entschieden."[34b])

Umgekehrt behauptet Budde:[34c]) „Der Fall, daß der Angestellte auf dem Gebiete, auf dem er infolge seines Dienstvertrages tätig ist, eine isolierte Erfindung macht, hat so gut wie gar keine praktische Bedeutung. Mir ist — und meine Erfahrung erstreckt sich über fünfzehn Jahre eigener Tätigkeit und weitere etwa zwanzig Jahre geschichtlicher Kenntnis, und das in einer Firma (Siemens & Halske A.-G.), die vielleicht unter allen deutschen die stärkste erfinderische Tätigkeit entwickelt hat — nicht ein einziger Fall bekannt, wo eine für die Industrie bedeutungsvolle Erfindung vollständig gerüstet aus dem Kopfe ihres Urhebers hervorgetreten wäre und sich ohne weiteres in die industriellen Leistungen der Gesamtheit eingereiht hätte. Um dieses Falles willen braucht also meines Erachtens die Klinke der Gesetzgebung nicht angerührt zu werden. Die Mehrzahl der Erfindungen bedarf, um reif zu werden, einer gewissen technischen Durchführung, und in den meisten Fällen ist diese technische Durcharbeitung schwerer zu leisten als der grundlegende Erfindungsgedanke." „Mehr als 99 pCt. aller wirklich brauchbaren industriellen Erfindungen gehen nicht von isolierten Personen aus, sondern sind das, was man als Etablissementerfindungen zu bezeichnen pflegt." „Die normale Erfindung ist die Etablissementerfindung, und das Etablissement als solches liefert den wichtigsten und schwierigsten Teil derselben, nämlich die Durchführung. Infolgedessen ist es bei ihr in den meisten Fällen gar nicht möglich, einen einzelnen bestimmten Erfinder anzugeben. Wohl mag in einzelnen Fällen der eine oder andere Beamte des Etablissements sich bei ihrer Ausbildung besonders hervorgetan haben, so daß man von ihm wenigstens sagen kann, er habe ein Hauptverdienst an ihrem Zustandekommen, aber ein absoluter Einzelerfinder wird nur selten, und dann nur bei kleineren Einzelheiten angebbar sein. Infolgedessen kann man in der Regel auch keiner Einzelperson ein Urheberrecht zuschreiben."

[34b]) P. Alexander Katz fügt übrigens hinzu: „Würden sie vorkommen, so würde anzunehmen sein, daß das Erfinderrecht dem Geschäftsherrn zusteht, weil sich ein anderer Erfinder als Urheber nicht zu legitimieren vermag und die Erfindung daher dem Geschäftsherrn von niemandem streitig gemacht werden kann."

[34c]) An dem bei Note 7a angeführten Orte S. 49, 51, 55.

v. Siemens[35]) betont die Schwierigkeit der Feststellung: „Die geistige Produktion der Angestellten hängt in mannigfacher und vielgestaltiger Weise mit dem ganzen geistigen Leben der Firma, mit all ihren Ponderabilien und Imponderabilien zusammen. Es ist deshalb im allgemeinen nicht möglich, die Einzelfäden von einander zu trennen und in Schärfe auseinander zu halten, was Einzelleistung und was Gesamtleistung ist. Diese Unterscheidungsfrage liegt aber bei der großen Mehrzahl der Fälle besonders schwierig, wenn es sich um eine Erfindung oder ein Patent handelt.“

Budde faßt den Begriff der Etablissementerfindung viel zu weit. Jede Erfindung, die keine isolierte ist, soll eine Etablissementerfindung sein; überall wo die Anregung oder Durchführung dem Etablissement zu verdanken ist, soll die Erfindung von Einzelpersonen ausgeschlossen sein. Das ist viel zu radikal. Ferner läßt Budde die Möglichkeit von Zwischenstufen außer acht; wo „ein absoluter Einzelerfinder“ fehlt, braucht noch lange keine reine Etablissementerfindung vorzuliegen; es kann der Fall gegeben sein, daß an der Erfindung das Etablissement und eine oder mehrere Einzelpersonen als Miturheber beteiligt sind.

Ich meine: Einzelleistung, Gesamtleistung und Konkurrenz von beiden sind verschiedene Dinge. Einzelleistung und Konkurrenz von Einzelleistung und Gesamtleistung bilden nicht so seltene Ausnahmen, daß sich ihre rechtliche Normierung nicht verlohnte.

Wir dürfen auch zu unseren Gerichten das Zutrauen haben, daß sie die verschiedenen Fälle richtig auseinander halten und beurteilen werden. Dem richterlichen Ermessen steht ein weiter Spielraum offen, denn in den Fällen, wo Etablissement und Angestellter als Miterfinder konkurrieren, kann der Anteil am Erfindungsrechte nach der Bedeutung der beiderseitigen Leistungen für das Zustandekommen der Erfindung ein verschiedener sein.[36])

Aus dem Gesagten ergibt sich:

Der Angestellte kann sein Gehilfe — Miturheber — Alleinurheber.

Als Gehilfe stehen ihm keine Erfindungsrechte zu. Wie steht es aber mit den Rechten an den Erfindungen, die der Angestellte als Alleinerfinder oder als Miterfinder geschaffen hat, wem gehören diese Rechte, dem Angestellten selbst oder seinem Geschäftsherrn? Das ist die

---

[35]) Gewerblicher Rechtsschutz und Urheberrecht Bd. XII, S. 207; Sonderabdruck S. 22.

[36]) Kohler, Patentrecht S. 57; Handbuch S. 269, S. 494; a. d. im Note 15 a. O. S. 494.

Frage, die uns interessiert, von der wir wünschen, daß sie eine bestimmte und klare Antwort durch die Rechtsordnung finde.

Anders Budde:[36a]) „Die Antwort liegt durchaus auf der Hand. Die Direktion oder der Chef wird einen solchen Angestellten bevorzugen, befördern, und er wird selbst in die höchsten Posten seines Etablissements aufrücken. Die meisten Geschäftsleiter haben soviel Anstand, daß sie derartige Leute schon aus Gerechtigkeitsgefühl fördern und wo es nicht der Anstand tut, da sorgt der Verstand dafür; denn ein wertvoller Angestellter wird bald auch nach außen bekannt, und wenn der eigene Chef ihn nicht fördert, so tun es andere Leute."

Ich glaube nicht, daß dieser Standpunkt Beifall verdient. Wir leben im Rechtsstaate, es geht nicht an, die Angelegenheit dem Anstande und Verstande der Verpflichteten zu überlassen; die Gewähr, daß die Angestellten zu dem kommen, was ihnen gebührt, ist eine zu geringe.

Noch ein Punkt bedarf an dieser Stelle der Erörterung: wie dann, wenn der Angestellte, der eine Erfindung macht, Organ einer Korporation ist?[37])

Zweifellos können Korporationen Inhaber von Erfindungsrechten sein, die sie vom Erfinder erwerben.[38]) Aber der Punkt, um den es sich handelt, ist ein anderer, nämlich der, ob ein Erfindungsrecht originär als Recht einer Korporation entstehen, ob eine Korporation eine Erfindung machen kann. Durch die Annahme von Etablissementerfindungen ist noch nicht bejaht, daß es Korporationserfindungen gibt. Etablissementerfindungen und Korporationserfindungen sind verschiedene Dinge. Bei der Etablissementerfindung kann der Etablissementinhaber eine physische Person sein und als Organ der Korporation, welches die Erfindung macht, kann eine bestimmte einzelne physische Person in Betracht kommen. Dort fehlt es an einer Korporation, hier an einer Etablissementerfindung.

Wenn Ruppert[39]) ironisierend bemerkt: Es könne dazu kommen, daß die dankbare Nachwelt der Allgemeinen Elektrizitäts-Gesellschaft wegen einer Erfindung ein Denkmal setze, so ist ihm einzuhalten: das

---

[36a]) A. a. O. S. 58 f; vergl. auch v. Siemens S. 208 bezw. S. 25.

[37]) In England und Nordamerika lehnt man die Annahme, daß eine juristische Person eine Erfindung machen könne, ab. Gewerbl. Rechtsschutz und Urheberrecht Bd. X, S 45 f.

[38]) Regelsberger, Pandekten § 81 Note 9, Gierke, Deutsches Privatrecht Bd. I § 66 Note 10; Genossenschaftstheorie usw. S. 146. Meurer, Die juristischen Personen nach deutschem Reichsrechte S. 53.

[39]) S. meine Abhandlung Die Erfinderehre und ihr rechtl. Schutz, S. 4.

ist möglich und korrekt, wenn die Erfindung eine Etablissementerfindung ist. Ist es auch möglich und korrekt, wenn der Direktor der Allgemeinen Elektrizitäts-Gesellschaft die Erfindung gemacht hat?

Es herrscht Streit.

Die Einen sagen: Die Korporation macht die Erfindung durch das Organ, die Korporation ist die Erfinderin. So Gierke:[40]) „Ein Geisteswerk kann von einer Verbandsperson in ihrem Wirkungsbereiche durch ein hierzu berufenes Organ geschaffen werden". „Einer Verbandsperson erwächst ein ursprüngliches Erfinderrecht, wenn die Erfindung aus einer verfassungsmäßig dem Verbandsleben angehörigen Tätigkeit von Organen entsprungen ist". Ferner:[41]) „Es sei darauf hingewiesen, daß die juristische Person auch durch die hierfür geeigneten Organe in einen rechtswirksamen Zustand des eigenen Wissens oder Nichtwissens versetzt wird". Und:[42]) „Über das Wissen und Nichtwissen der Körperschaft entscheidet der Inhalt des Gemeinbewußtseins, das in den hierzu berufenen Bewußtseinsorganen zustande kommt".

Die Anderen meinen: Das Organ der Korporation macht die Erfindung, das Organ ist der Erfinder. So Kohler:[43]) „Die Behauptung, daß der Gesamtwille der juristischen Personen psychologisch als der Schöpfer des Werkes anzusehen sei, ist gewiß völlig unhaltbar". Und Hölder[44]) fragt: „Nach Gierke ist der Verband „gleich dem Individuum eine leiblich-geistige Lebenseinheit, die wollen und das Gewollte in Tat umsetzen kann". Kann er aber auch fühlen, wahrnehmen und denken, hat er Selbstbewußtsein, kann er sich freuen und betrüben, mit sich und der Welt zufrieden oder unzufrieden, glücklich und unglücklich sein, was er alles können müßte, um „gleich dem Individuum eine leiblich-geistige Lebenseinheit zu sein"?"[45])

Jene sprechen die Erfinderschaft der Korporation, diese dem Organ zu.

Die Anhänger der letzteren Ansicht betrachten entweder das Organ als den Stellvertreter der Korporaion in dem Sinne, daß das Immaterialgüterrecht an der Erfindung unmittelbar und originär für die

---

[40]) Deutsches Privatrecht Bd. I, S. 781 f., S. 869.

[41]) Die Genossenschaftstheorie S. 626.

[42]) Deutsches Privatrecht Bd. I, S. 519.

[43]) Juristisches Literaturblatt 1899, S. 34; vergl. Encyklopädie der Rechtswissenschaft, 6. Aufl., Bd. I, S. 573.

[44]) Natürliche nud juristische Personen, S. 45.

[45]) Gegen die Ansicht Gierkes haben sich auch ausgesprochen Klostermann, Wächter, Scheele, Schuster, vergl. Gierke a. a. O., S. 782 Note 62.; Schmidl, Österr. Urheberrecht, S. 27.

Korporation existent wird. So Kohler.[46]) Oder sie lehnen eine Stellvertretung ab und lassen nur kraft gesetzlicher Vorschrift[47]) oder kraft Vertrags das Erfindungsrecht auf die Korporation übergehen. Einverständnis herrscht unter ihnen darüber, daß für die Organe juristischer Personen nichts anderes gilt als für gewöhnliche Angestellte.

Meines Erachtens liegen die Dinge so.

Gierke[48]) weist darauf hin, daß wir nicht nur von den gesellschaftlichen Körpern und ihren Gliedern, sondern auch von Volksseele, Volksempfindung, Volksüberzeugung und Volkswillen, von Standesgeist, Korpsgeist und Familiengeist usw. sprechen; daß wir damit sehr lebendige psychische Mächte bezeichnen, deren Realität wir nicht am wenigsten dann empfinden, wenn wir von unserer Individualität Gebrauch machend, uns gegen sie auflehnen. Dieser Hinweis rechtfertigt aber nur die Etablissementerfindung, nicht die Korporationserfindung. Einen Gemeinschaftsgeist gibt es auch dort, wo die Gemeinschaft keine juristische Person ist, die Korporationserfindung deckt also das Problem nicht, um das es sich handelt. Und ist die Gemeinschaft eine juristische Person, so läßt sich wohl sagen, daß die Geistesregungen und Geistesbetätigungen des Organes der Gemeinschaft von Rechtswegen zugerechnet werden,[49]) nicht aber läßt sich sagen, daß der Geist des Organes notwendig im Einklange mit dem Geiste der Gemeinschaft steht, daß dieser durch jenen „zustande kommt", „daß durch das Organ sich die unsichtbare Verbandsperson als wahrnehmende und urteilende, wollende und handelnde Einheit offenbart." Die Zurechnung aber reicht nicht weiter, als die Rechtsordnung es vorschreibt.

Will man die Frage, ob Korporationen durch ihre Organe originär Erfindungsrechte erwerben können, beantworten, so muß man von der Etablissementerfindung ganz absehen und den Fall unterstellen, daß eine Einzelperson, die Organ der juristischen Person ist, für sich allein eine in die gewerbliche Sphäre der juristischen Person fallende Erfindung macht. Die Frage ist zu bejahen, wenn es Rechtsvorschriften gibt, nach denen die Erfindung eines Organes der juristischen Person zuzurechnen ist. Daran fehlt es; die Organe der juristischen Person sind nur Willensorgane. Der Entwurf des schweizerischen Zivil-Gesetzbuches ist

[46]) Urheberrecht an Schriftwerken und Verlagsrecht, S. 228. Ebenso P. Alexander Katz, Die geistige Arbeit der deutschen Architekten und Ingenieure, S. 15. Seligsohn, Kommentar, S. 93. Kent, Kommentar, Bd. I, S. 187.

[47]) Solche gibt es auf dem Gebiete des Urheberrechts im engeren Sinne, siehe unten § 25.

[48]) Das Wesen der menschlichen Verbände, S. 29 f.

[49]) Hafter, Die Delikts- und Straffähigkeit der Personenverbände, S. 96.

bemüht, die Zuständigkeiten der juristischen Person tunlichst weit zu bemessen, aber auch er bestimmt (Art. 65, Art. 66): „Die juristischen Personen sind handlungsfähig, sobald die hierzu unentbehrlichen Organe bestellt sind". „Die Organe sind berufen, dem Willen der juristischen Person Ausdruck zu geben". Mitteis[50]) will im Hinblick auf § 46 des österreichischen Gesetzes vom 26. Dezember 1895[51]) den juristischen Personen eine gewisse niedere Autortätigkeit eröffnen; das Gesetz fasse die redigierende Tätigkeit rechtlich als eine Äußerung eines dem Verbande zukommenden lebendigen Gesamtwillens auf, aber das Gesetz kenne die Autorschaft der Verbände nur als redaktionelle, nicht als schöpferische. Kohler[52]) lehnt auch diese Auffassung ab, ich meine mit Recht. Seine Auffassung, daß in Stellvertretung für die juristische Person geschaffen werde, vermag ich freilich auch nicht zu teilen.[53]) Meines Erachtens ist der Sachverhalt der: die juristische Person schafft nie ein Geisteswerk, ihr Urheberrecht ist niemals ein ursprüngliches, immer ein abgeleitetes, in manchen Fällen aber ein abgeleitetes Urheberrecht, das der Gesetzgeber inhaltlich einem ursprünglichen gleichstellt.

Ich komme in anderem Zusammenhang auf diesen Punkt zurück.[53a]) An dieser Stelle ist wesentlich der Satz: Organerfindungen sind nicht anders zu behandeln wie Angestelltenerfindungen.

§ 4. c) Erfindungen. Patentierung und Patentfähigkeit nicht erforderlich.

In subjektiver Hinsicht ist der Unterschied von Erfinder und Nichterfinder bedeutsam, in objektiver Hinsicht der Unterschied von Erfindungen und Nichterfindungen. Beide Abgrenzungen sind nicht leicht, weil es sich nicht um schroffe Gegensätze, sondern um allmähliche Übergänge handelt. Aber es ist unrichtig, wenn behauptet wird, daß die gedachten Unterschiede erst durch die Frage nach dem Recht der Angestellten an ihren Erfindungen zur Diskussion gestellt würden. Und es ist übertrieben, wenn die Schwierigkeit als eine unüberwindliche hingestellt wird, an der die Bestrebungen, den Angestellten zu ihrem guten Rechte zu helfen, notwendig scheitern müßten.

---

[50]) Zur Kenntnis des literarisch-artistischen Urheberrechts, S. 77 f.

[51]) Betrifft das Urheberrecht von Behörden, Korporationen usw. als Herausgeber eines Sammelwerkes, ähnlich wie § 13 des deutschen Gesetzes vom 11. Juni 1870.

[52]) Juristisches Literaturblatt 1899, S. 34.

[53]) Vergl. unten bei Note 136 ff.

[53a]) Siehe unten § 25.

Hören wir Budde:[53b]) „Es gibt eine große Zahl von Leuten, deren ganze Lebensaufgabe erfinderischer Natur ist, die sich aber nicht Erfinder nennen, sondern unter bescheidenerem Titel arbeiten. In der Maschinenfabrik heißen sie Konstrukteure, in den chemischen Fabriken nennen sie sich einfach Chemiker usw. Diesen Leuten werden täglich Aufgaben gestellt, die sie mittels erfinderischer Tätigkeit lösen müssen. Dem Konstrukteur einer Maschinenfabrik z. B. wird die Aufgabe gestellt, eine bestimmte Maschine zu konstruieren. Die allgemeinen Grundsätze, nach denen die Maschine arbeitet, mögen bekannt sein, er muß aber die einzelnen Glieder formen, muß sie so gestalten, daß sie hinreichende Widerstandskraft besitzen, ohne durch überflüssiges Material beschwert zu sein, muß geometrisch-kinematische Mittel heranholen, um das Ineinandergreifen der Teile zweckmäßig zu bewirken usw. usw. Alle diese Tätigkeiten sind erfinderischer Art, und es gibt bei ihnen eine vollständige Stufenleiter, die von der einfachen Formengebung über die Einführung neuer Teile bis zur Benutzung neuer Prinzipien führt. Der Konstrukteur arbeitet nur ausnahmsweise blos im Hergebrachten, in der Regel überschreitet er dasselbe durch zweckmäßige Modifikationen, und diese werden im allgemeinen Erfindungscharakter haben." „Es ist ein fundamentaler Irrtum, die erfinderische Tätigkeit als etwas Besonderes, außerhalb der täglichen Beschäftigung Liegendes, was im konkreten Falle vereinzelt und scharf hervortritt, anzusehen. Im Gegenteil, das Erfinden ist die alltägliche Beschäftigung ganzer Kategorien von Angestellten."

Die Argumente Buddes sind: die Erfindung sei etwas Normales, Gewöhnliches, und weiter: die Erfindung sei schwer abzugrenzen. Jenes Argument ist unrichtig, dieses unerheblich.

Daß die Erfindung etwas Außergewöhnliches, die Durchschnittsleistung des Fachmannes mittlerer Güte Überragendes ist oder wie man es sonst ausdrücken mag, ist durch die patentrechtliche Theorie und Praxis ausreichend dargetan. Man sollte nicht nötig haben, darüber Worte zu verlieren. Um Erfindungen in diesem Sinne handelt es sich, wenn von den Rechten der Angestellten an ihren Erfindungen geredet wird. Es ist eine Verschiebung des Sachverhaltes, wenn an die Stelle solcher Erfindungen alltägliche und allgemeinübliche Leistungen gerückt werden, bezüglich deren von vornherein feststeht, daß die Angestellten keine besonderen Ansprüche machen können.

Richtig ist, daß die Erfindung zu den Erscheinungen gehört, die unbestimmte Grenzen, allmähliche Übergänge aufweisen. Allein diese

---

[53b]) An dem bei Note 7a a. O. S. 52, S. 54; vergl. auch v. Siemens, Gewerbl. Rechtsschutz und Urheberrecht, Bd. XII, S. 205, Sonderabdruck S. 14.

Schwierigkeit begegnet auch sonst und bildet kein Hindernis der Unterscheidung. Um mit Sigwart[53a]) zu reden: „Im Gebiete der Farben geht durch unmerkliche Abstufungen rot durch violet in blau, durch orange in gelb, durch rosa in weiß, durch rotbraun in braun über; im Gebiete der Raumgrößen und der Formen findet ein ähnliches Kontinuum statt und es entsteht dadurch eine unbegrenzte Mannigfaltigkeit kaum unterscheidbarer Objekte, welche es unmöglich macht, alle gesondert zu fixieren und in ihren Unterschieden festzuhalten. Ebenso ist es mit den anschaulichen Dingen selbst; überall schieben sich zwischen das zuerst sicher Unterschiedene Mittelglieder ein, je weiter unsere Kenntnis sich ausdehnt: zwischen Schnee und Hagel, zwischen Baum und Strauch, zwischen Pferd und Esel, zwischen Europäer und Neger". Wer wird deshalb den Unterschied der Farben, den Unterschied von Baum und Strauch missen wollen? Der Einwand der allmählichen Übergänge ist damals vergeblich geltend gemacht worden, als es sich um die Einführung des Patentschutzes für Erfindungen handelte, er wird auch jetzt, wo die Rechte der Angestellten an ihren Erfindungen zur Erörterung stehen, nicht verfangen.

Das Gleiche gilt von einem anderen Bedenken, das sich Budde[54]) macht. „Es ist ein grundlegender Irrtum, die Patentierbarkeit allgemein als das Kennzeichen einer Erfindung anzusehen. Tausende von Dingen, die ihrem ganzen Charakter nach wirkliche Erfindungen sind, bleiben unpatentiert. Das Interesse, welches eine Firma an der Patentierung eines Gegenstandes oder eines Verfahrens hat, hängt weniger von dem Erfindungsgehalt desselben ab, als von seinem Typencharakter. Wenn man sich daher auf den Standpunkt stellt, daß der Erfinder für die auf seine Erfindung gegründeten Patente entschädigt werden muß, so würde man eine Ungerechtigkeit gegen alle diejenigen begehen, deren Leistungen zwar Erfindungscharakter haben, aber nicht patentiert werden."

Budde kämpft mit Gegnern, die nicht existieren. Soviel ich sehe, ist es niemandem eingefallen, die Streitfrage auf patentierte Erfindungen zu beschränken, die Erfindungen der Angestellten, die unter dem Schutze des Fabrikgeheimnisses benutzt werden, kommen nicht weniger in Betracht.

Ja es ist nicht einmal erforderlich, daß die Erfindungen patentfähig sind. Von v. Siemens[54a]) wird eingewendet: „Auch auf dem nicht rein technischen Gebiete liegt die Gelegenheit vor für produktive Gedankenarbeit, für Initiative, für Geistesblitze, besondere Eingebungen,

[53a]) Logik Bd. I § 40 a. E.

[54]) A. a. O. S. 58; vergl. auch v. Siemens, S. 205 bez. 16.

[54a]) S. 205, S. 211; bezw. S. 14 S. 36.

für Kunstgriffe, neue Wendungen, originelle Ideen und dergl. Für das Wesen solcher Geistesprodukte ist es offenbar gleichgültig, auf welchem speziellen Gebiete sie zur Äußerung gelangen, und solche Geistesprodukte stehen nicht höher im Rang, wenn sie die Beziehung einer technischen Erfindung erhalten können. — — Wie verhältnismäßig häufig kommen hervorragendere technische Leistungen vor, welchen im Sinne des Patentgesetzes der gewerblich neue Charakter fehlt, welche aber darum nicht minder hervorragende Leistungen bleiben, hervorragend in der geistigen Qualität und hervorragend in bezug auf die technische Brauchbarkeit. — In allen diesen Dingen kann sich Erfindungsgabe ersten Ranges betätigen und bemerkbar machen, obschon die Natur des Objektes die Möglichkeit einer Patentierung ausschließt. Solcher erfinderischer Tätigkeit müßte mit dem gleichen Rechte das Eigentumsrecht zugesprochen werden, wie jener, welche zu Erteilung von Patenten führt. Das ist aber aus denselben Gründen nicht möglich, aus welchen eine Patentierung nicht möglich ist. Die Firma kann aber die Verdienste und die Leistungen ihrer Angestellten nicht mit zweierlei Maß messen, und hier einen grundsätzlichen Unterschied machen zwischen patentfähiger und nicht patentfähiger erfinderischer Tätigkeit, oder für die meisten Fälle richtiger ausgedrückt: zwischen patentfähiger und nicht patentfähiger Ingenieurarbeit, wobei häufig die letztere die hervorragendere und verdienstvollere sein kann."

Das ist eine sonderbare Argumentation. Wäre sie beachtlich, so ließe sich auch schließen: Da die nicht patentfähigen Erfindungen nach geistiger Qualität und technischer Brauchbarkeit oft nicht minder hervorragend sind wie die patentfähigen Erfindungen, ihre Zurücksetzung diesen gegenüber also durch nichts gerechtfertigt erscheint, so ist der Patentschutz zu beseitigen. Ich meine: Wenn den Angestellten nicht immer und überall die wohlverdienten Früchte ihrer Bemühungen zuteil werden können, so wäre es doch verkehrt, sie ihnen auch dort zu versagen, wo es möglich ist, sie ihnen zuzuwenden.

Dazu kommt, daß gar kein Anlaß vorliegt, die Frage nach den Rechten an den Erfindungen Angestellter auf die patentfähigen Erfindungen zu beschränken. In einer Entscheidung des Patentamtes vom 29. Juni 1905[55]) heißt es: „Was in Ausführung dieses besonderen Auftrags von den Beklagten ersonnen wird, gehört der Eisenbahnverwaltung, und zwar ohne Rücksicht darauf, ob die ersonnene Konstruktion später vom Patentamt als Erfindung geschützt wird."

[55]) Blatt für Patent-, Muster- und Zeichenwesen, Bd. XI, S. 263.

Damit erledigt sich auch ein Einwand, den **Bolze**[56]) macht. Er sagt: „Es gibt eine große Menge von Verbesserungen eines gewerblichen Betriebs, welche für das Etablissement von erheblicher Bedeutung sein können und so auch vom Betriebsunternehmer und dem Angestellten oder Arbeiter, welche sie ersonnen haben, eingeschätzt sind, ohne daß es sich gerade um neue Erfindungen handelt. Ehe wir in Deutschland Patentgesetze hatten, sind solche Neuerungen in gewerblichen Betrieben eingeführt und haben dem Etablissement zum Nutzen gereicht, wenn sie auch nicht als patentierbare Erfindungen verwertet werden konnten. Der Vorteil wuchs dem Betriebsunternehmen zu, nicht aus dem Gesichtspunkt einer Lizenz, sondern aus dem Grunde, weil er durch Betriebshandlungen erzielt ist, welche sich darstellen als Handlungen des gewerblichen Etablissements. Dadurch, daß wir jetzt ein Patentgesetz haben, ist die Sache, der Charakter der zur Einführung nützlicher Neuerungen führender Handlungen und die Stellung der Angestellten zu dem Etablissement und zu dem Etablissementsinhaber keine andere geworden. — Jedenfalls sind die Schwierigkeit der Auffindung nutzbarer Erfindungen und der in die Erscheinung tretende Fortschritt, welchen die einzelne Erfindung mit sich führt, genau dieselben nach der Einführung der Patentgesetze geblieben, wie sie sich früher stellten. Vergleicht man also die Handlungen, welche zu Erfindungen führen, mit anderen Leistungen, welche die Bediensteten einem gewerblichen Etablissement darbieten, so wird sich die Differentia specifica der beiden Leistungen seit Einführung der Patentierbarkeit nicht anders stellen wie früher. Es gibt andere Leistungen des Gewerbes, welche keinen geringeren Scharfsinn, keine geringere Kunst zu kombinieren, keinen geringeren Fleiß, keine geringere Aufmerksamkeit in Anspruch nehmen und in einem glücklichen Erfolge nachweisen, als der Durchschnitt der jährlich zur Patentierung gelangenden Erfindungen."

Das Argument, das aus der Gleichwertigkeit von Errungenschaften, die keine Erfindungen oder nicht patentfähig sind, mit den patentfähigen Erfindungen entnommen ist, darf durch das, was oben gegen v. **Siemens** gesagt worden ist, als entkräftet gelten, es handelt sich um die Anrechte der Angestellten an ihren Erfindungen, nicht blos an ihren patentierten oder patentfähigen Erfindungen.

Wenn **Bolze** weiter darauf hinweist, daß vor dem Patentgesetze niemand daran gedacht habe, den Angestellten an ihren Erfindungen Rechte einzuräumen und daß das Patentgesetz es zu tun nicht nötige,

---

[56]) Rechte der Angestellten und Arbeiter an den Erfindungen ihres Etablissements S. 34 f.

so ist ihm einzuhalten: was früher als zulässig gegolten haben mag, entspricht nicht mehr unserem Gefühl. für Gerechtigkeit und Billigkeit; daß dieses feiner geworden, ist mit eine Wirkung des Patentgesetzes.

§ 5. d) Erfindungen, die während der Dauer des Dienstverhältnisses gemacht sind.

Was die zeitliche Fixierung während der Dauer des Dienstverhältnisses anlangt[57]), so kann auf die Erörterungen hingewiesen werden, die dieser Punkt in § 9 des Wettbewerbsgesetzes gefunden hat[58]).

Weiter handelt es sich um die Frage, wann ist eine Erfindung gemacht?

Kohler[59]) antwortet darauf: „Erfinder ist, wer eine technische Idee in durchführbarer Weise erfaßt und sie so in die Außenwelt gerückt hat, daß sie ein von ihm unabhängiges Dasein gewinnt. Die Erfindung muß in irgend einer Weise an die Außenwelt gerückt sein; sollte es vorkommen, daß die ganze Idee sich lediglich im Kopfe des Erfinders bewegte und er noch gar keine Versuche zur Ausführung gemacht, sondern sich alles, Lösungs- und Durchführungsidee, in seinem Innern zurecht gelegt hätte — was im musikalischen und literarischen Urheberrecht häufig, aber sehr selten bei der Erfindung vorkommen wird —, dann wäre die Erfindung noch nicht gemacht. Es wäre bloß, ebenso wie bei der versuchten Handlung, eine Vorstufe im Innern des Erfinders gegeben; allein die Erfindung wäre noch nicht zur Tat gelangt, und erst mit der Tat ist die Erfindung vollendet. Es gehört aber nicht zur Erfindung, daß sie veröffentlicht wird, sondern es genügt, daß der Erfinder sie in irgend einer Weise an die Außenwelt gerückt hat. Ebenso, wie z. B. ein Autorwerk bereits geschaffen ist, sobald es auch nur im Manuskript geschrieben oder ein Tonwerk auch nur gespielt oder gesungen wurde, ebenso ist die Erfindung vollendet, sobald sie durch irgend eine Erprobung an die Außenwelt gerückt wurde, sobald der Erfindungsgedanke durch irgendwelche zweckdienliche Anwendung verwirklicht worden ist."

---

[57]) Kent, Kommentar zum Patentgesetz Bd. I, S. 184 f.

[58]) Chr. Finger, Kommentar zum Gesetz vom 27. Mai 1896, 2. Aufl., S. 290 f.; P. Schmid, Der gesetzliche Schutz des Fabrik- und Geschäftsgeheimnisses S. 119 ff.; Finger in der vergleichenden Darstellung des deutschen und ausländischen Strafrechts. Besonderer Teil, Bd. VIII, S. 376 f.

[59]) Juristische Beleuchtung des Falles Türck-Czermak in der Berliner klinischen Wochenschrift 43. Jahrgang (1906) S. 30. Vergl. auch meine Patentrechtlichen Untersuchungen S. 40.

In Übereinstimmung hiermit Bolze[60]): „Es gibt keine Zwangsmittel, um die Funktionäre eines gewerblichen Etablissements anzuhalten, daß sie überhaupt Erfindungen machen; es gibt auch keine Zwangsmittel, um die Erfindungen, welche sie im Kopfe gemacht haben, aus dem Kopfe herauszupressen. Gewiß ist die Erfindung des Patentgesetzes eine, wenn schon auf Gedanken beruhende Handlung, sie muß eben in die Außenwelt getreten sein, um als Erfindung zu gelten, sei es in den Zeichnungen, Modellen, Beschreibungen, Erprobungen."

Und Damme[61]): Selbstverständlich muß die Erfindung des Angestellten, um tatsächlich in die Verfügungsgewalt des Unternehmers übergehen zu können, in irgend welcher Form zum Ausdruck gekommen sein. Solange der Angestellte sie für sich behält und nicht äußert, gehört sie lediglich seiner Gedankenwelt an und ist tatsächlich der Einwirkung oder der Disposition des Dienstherrn entzogen. Ein Zwangsmittel, den Angestellten zur Offenbarung zu nötigen, gibt es nicht."

Isay[62]) meint, die praktische Durchführung des Grundsatzes, daß jede Erfindung, die der Angestellte während der Dienstzeit mache, dem Arbeitgeber gehöre, erweise sich um deswillen als unmöglich, weil es niemals gelingen werde, festzustellen, wann die Erfindung eigentlich gemacht worden sei. Der Angestellte könne ja einfach seine Erfindung zunächst für sich behalten und erst nach Beendignng seines Dienstverhältnisses damit hervortreten.

Das ist zuviel gesagt. Wenn der Geschäftsherr die Erfindung seines Angestellten für sich in Anspruch nehmen will, so muß er natürlich nachweisen, daß die Erfindung während des Anstellungsverhältnisses gemacht worden ist[63]). Allein es gibt genug Fälle, wo dieser Beweis gelingt, oder es sonst feststeht. Diese Fälle bedürfen der gesetzlichen Normierung, und zwar in dem Sinne, daß für die Angestellten der Anlaß, ihre Erfindungen zu verheimlichen und für sich zu behalten, tunlichst wegfällt.

Maßgebend ist, ob die Perfektion der Erfindung, deren Werdegang oft einen langen Zeitraum umfaßt, in das Anstellungsverhältnis fällt[64]). In einer Entscheidung des Reichsgerichts vom 10. Juli 1886[65]) heißt

[60]) Rechte der Angestellten 2c. S. 40.

[61]) Das Deutsche Patentrecht S. 244. Vgl. noch Lobe, Der unlautere Wettbewerb als Rechtsverletzung Bd. I, S. 317 f.

[62]) Die Geschäftsführung S. 307.

[63]) Entscheidung des Reichsgerichts vom 14. April 1902, Juristische Wochenschrift 1902, S. 368, Nr. 28.

[64]) Meine Patentrechtlichen Untersuchungen S. 62, S. 409 f.

[65]) Patentblatt 1887 S. 56, Gareissche Sammlung Bd. VI, S. 142.

es: „Soweit geht die Entäußerung des Bediensteten in bezug auf seine Erfindungsgedanken zugunsten des Dienstherrn nicht, daß, wenn es für ein Projekt zur gewerblichen Verwendbarkeit noch weiterer schöpferischer Betätigung bedarf, die während des Dienstverhältnisses seiten des Bediensteten für den Dienstherrn noch nicht stattgefunden hat, ersterer nicht nach Lösung des Dienstverhältnisses in Fortarbeit an der bisher nur unvollkommenen betätigten Idee ein ihm gehöriges und für ihn frei verwendbares Ergebnis schaffen könnte.“ Umgekehrt kommt auch diejenige Erfindung für die Rechte des Dienstherrn in Betracht, deren Entstehung weit über den Beginn des Anstellungsverhältnisses zurückliegt, wenn nur die Vollendung in das letztere fällt[66]).

Wann ist eine Erfindung vollendet[67])?

Ich möchte zur Beantwortung dieser Frage auf die v. Engelmeyersche Dreiaktstheorie hinweisen, die in vielen Fällen einen brauchbaren Anhalt bieten wird. v. Engelmeyer hat eine Abhandlung „über das Entwerfen von Maschinen“ veröffentlicht[68]), die auf folgenden Grundgedanken beruht.

Das Entwerfen von Maschinen ist ein komplizierter Prozeß insofern, als er in mehrere psychologische Funktionen von ganz verschiedenem Charakter zerfällt. Es sind zu unterscheiden:

A. Der schöpferische Akt: Die Entstehung des allgemeinen Planes;

a) die Erzeugung der Idee des Arbeitsganges und ihres künftigen Trägers: dies ist der Akt des Erfindens, einer Kunst, die nicht gelehrt werden kann;

b) die Ausarbeitung der Idee bis zur klaren Vorstellung des Arbeitsganges und der Hauptarbeitsteile; Faktoren dieser Art sind Gedächtnis und die konstruierende Einbildungskraft.

B. Der wissenschaftliche Akt: Die kinematische Ausarbeitung der Verbindungen zwischen den Hauptarbeitsteilen, die Ausgestaltung des allgemeinen Schemas der Maschine im Leerlauf. Das Gelingen hängt von der Stärke der Einbildungskraft, vom Gedächtnis, von der kinematischen Schulung und dem Vorrat an faktischen Kenntnissen ab.

C. Der zeichnerische Akt: Ausarbeitung des Schemas in allen seinen gestaltlichen Einzelheiten unter Rücksicht auf die größte Ökonomie an Material wie an Arbeit.

---

[66]) Vgl. Seligsohn, Kommentar 3. Aufl., S. 91 f. Fuld im Österreich. Patentblatt Bd. VII, S. 642. Kent Kommentar Bd. I S. 184.

[67]) Die vollendete Erfindung ist selbstverständlich nicht immer eine vollkommene Erfindung.

[68]) Zivilingenieur Bd. 39, Heft 7.

Auf Grund dieser Dreiteilung werden dann die einzelnen Akte vom Verfasser unter Anführung von Beispielen eingehend behandelt. Eines der Beispiele sei mitgeteilt.

„Wir wissen, daß der professionelle Erfinder Edison zwei Arten Gehilfen hat; einesteils sind dies Leute von hoher Bildung, anderenteils praktische Techniker. Prüfen wir, wie eine solche gemeinschaftliche Erfindung vom Gesichtspunkte des Dreiaktes zu verstehen ist. Edison besitzt, wie bekannt, als besonderen Vorzug jene hohe unbegreifliche Gabe, kraft derer im Geiste des Menschen neue Kombinationen aufeinanderfolgen. Sobald in seinem Inneren eine solche Kombination ersteht und ihm soweit klar ist, daß er einem anderen mitteilen kann, was er zu tun gedenkt und auf welchem Wege es am Besten zu bewerkstelligen ist, macht er einen seiner Gehilfen mit seiner Idee in großen Umrissen bekannt. Der erste Akt wird also unbedingt von dem Erfinder selbst vollzogen — anders ist es ja auch nicht möglich: denn die Idee existiert einstweilen nur im Kopf des Erfinders und niemand außer ihm vermag sie zu lesen. Das Resultat dieses Lesens, d. h. die allgemeine Bestimmung der zukünftigen Erfindung, das zu lösende Problem und einige ihm schon erkennbare Teile vertraut er seinem Gehilfen an. Was den zweiten Akt anbelangt, d. h. die theoretisch wissenschaftliche, wenngleich schematische Ausarbeitung, so würde Edison sie weniger gut ausführen als ein Mann, der in der Lösung wissenschaftlicher Aufgaben geübt ist. Den Gehilfen mit hoher Bildung[68a]) fällt somit der zweite Akt zu. Nachdem letztere das Schema der Erfindung eingehend ausgearbeitet haben, übergeben sie es den Konstrukteuren zur endgültigen Ausgestaltung und Verkörperung der Erfindung."

Die Engelmeyersche Zerlegung des Prozesses beim Entwerfen von Maschinen in seine Elemente hat nicht nur ein psychologisches und pädagogisches Interesse, sie ist vor allem auch bedeutsam für die Erfassung des Erfindungsbegriffes, für die Beantwortung der Frage: wann ist eine Erfindung perfekt?

Dies hat auch v. Engelmeyer erkannt. In seiner späteren Abhandlung[69]) „Was ist eine Erfindung?" sagt er, der Dreiakt gebe den typischen Entwickelungsgang jeder Erfindung wieder. Die Erfindung sei Lösung eines technischen Problems, bestehend in einem neuen Gegenstande oder in einem neuen Arbeitsverfahren, und durch einen vollen Dreiakt hervorgebracht. Der erste Akt sei Sache der schöpferischen Phantasie, der zweite Sache des faktischen Wissens, der dritte falle in den Bereich des

[68a]) Diese „Gehilfen" sind für die juristische Betrachtung meist Miterfinder.

[69]) Zivilingenieur Bd. 41, Heft 4.

Könnens, der Geschicklichkeit, der empirischen Maßregeln, der Routine und des Gewerbes, der handwerksmäßigen Gepflogenheiten.

Am Schlusse des zweiten Aktes ist die Erfindung vollendet, perfekt[70]).

B. Der erste Fall. Dem Angestellten ist eine Erfindung nicht aufgetragen; es ist auch keine Vereinbarung über Erfindungen, die er etwa freitätig macht, getroffen.

a) Die für die rechtliche Normierung maßgebenden Gesichtspunkte.

§ 6. 1. Die Wünsche der Interessenten.

Was verlangen die Angestellten?

Sie machen in der Hauptsache drei Forderungen geltend[71]):

1. Die Angestellten sollen Eigentümer ihrer Erfindungen sein; aber der Arbeitgeber soll ein Recht darauf haben, daß ihm gewisse Erfindungen vom Angestellten gegen angemessene Entschädigung zur Ausnutzung überlassen werden.

2. Vereinbarungen, durch die den Angestellten das Eigentumsrecht an ihren Erfindungen im Voraus entzogen oder die Entschädigungspflicht des Arbeitgebers ausgeschlossen wird, sollen nichtig sein.

3. In der Patentanmeldung und im Patente ist die Person des Erfinders namhaft zu machen[72]).

Die Angestellten haben im Laufe der Jahre ihre Forderungen nicht nur schärfer formuliert, sondern auch inhaltlich erweitert[73]). Nach der

---

[70]) Meine Beiträge zur Lehre von der Patentfähigkeit S. 252.

[71]) Mertens im Archiv für Sozialwissenschaft u. Sozialpolitik Bd. 25, S. 693.

[72]) Die beiden ersten Forderungen betreffen die vermögensrechtliche Seite. Da das Vermögensrecht kein höchst persönliches, sondern ein übertragbares ist, kann man es als Erfindungsrecht bezeichnen. Die dritte Forderung hat das Individualrecht auf die Erfinderehre zum Gegenstande. Da dieses Recht mit der Person des Erfinders unlöslich verknüpft ist, kann man es Erfinderrecht nennen.

[73]) Ruppert, Technisches Eigentum, Erfindung und Patentierung, Vortrag im Chemnitzer Bezirksverein deutscher Ingenieure, abgedruckt in der Zeitschrift des Vereins deutscher Ingenieure 1904, in der Zeitschrift für Werkzeugmaschinen und Werkzeuge, Jahrgang IX (1904), S. 61 ff. im Österreichischen Patentblatt 1905, S. 107 ff.

West, Technische Angestellte und ihre Erfindungen, Berlin 1905. Sonderabdruck aus der Deutschen Warte.

Vgl. im übrigen Verhandlungen des 28. Deutschen Juristentages Bd. II, S. 201, S. 283 ff.

Vom Bunde der technisch-industriellen Beamten ist dem 28. Deutschen Juristentage 1906 eine Petition überreicht worden, in der gebeten wird folgende Anträge zu Beschlüssen zu erheben:

letzten Fassung, welche sie auf dem zweiten ordentlichen Bundestage Pfingsten 1907 in Berlin erhalten haben, lauten die Wünsche des Bundes der technisch-industriellen Beamten wie folgt[74]):

„Zum Schutze des geistigen Eigentums der technischen Privatangestellten ist das geltende Patentrecht so umzugestalten, daß den tech-

---

I. Es empfiehlt sich eine gesetzliche Bestimmung dahin:

a) Technische Angestellte und Arbeiter sind Eigentümer der von ihnen herrührenden Erfindungen.

b) Der Arbeitgeber hat ein Anrecht darauf, daß die Erfindung, die der Angestellte ihm während seiner Dienstzeit vorlegt oder im Inland zum Patent anmeldet, ihm zur gewerblichen Ausnutzung überlassen wird, wenn und soweit die Erfindung einen Gegenstand betrifft, der innerhalb des Rahmens des betreffenden Gewerbebetriebes liegt.

c) Der Arbeitgeber muß innerhalb eines Monats erklären, ob er die Erfindung ausbeuten will. Erklärt er sich für die Ausbeutung, so wird er dadurch ohne weiteres alleiniger Lizenznehmer und übernimmt damit die Verpflichtung, die Kosten für die Erwerbung und Aufrechterhaltung der Patente zu bestreiten und die Ausbeutung der Erfindung mit den ihm zur Verfügung stehenden Mitteln zu betreiben. Hinsichtlich des Auslandes steht ihm die Auswahl der einzelnen Länder zu. — In dem Umfange, in dem er auf die Ausbeutung verzichtet, ist der technische Angestellte und Arbeiter unbeschränkter Eigentümer seiner Erfindung. Die Lizenzrechte des Arbeitgebers erlöschen, sobald er seinen Verpflichtungen als Lizenznehmer nicht nachkommt.

d) Als Entschädigung für die Überlassung seiner Erfindung an den Arbeitgeber hat der Erfinder Anspruch auf einen angemessenen Anteil an dem Nutzen, den die Ausbeutung der Erfindung während der Patentdauer dem Unternehmer bringt. — Als angemessen ist, wenn nicht außergewöhnliche Verhältnisse vorliegen, mindestens der dritte Teil anzusehen. — Wenn ein Gegenstand durch mehrere Patente geschützt ist, findet eine Teilung des in Betracht kommenden Betrages nach billigem Ermessen statt.

II. Es empfiehlt sich, die Vertragsfreiheit des Arbeitgebers und der Angestellten über die Erfindungen der letzteren dahin zu beschränken, daß Abmachungen für nichtig erklärt werden, durch die den Angestellten das Eigentumsrecht an ihren Erfindungen im vorhinein entzogen oder die Entschädigungspflicht des Arbeitgebers ausgeschlossen wird.

III. Es empfiehlt sich ein Zusatz zu § 20 und § 23 des Patentgesetzes, wonach der Anmelder, wenn er nicht selbst der Erfinder ist, verpflichtet ist, den Erfinder in seiner Anmeldung zu benennen und das Patentamt bei der Bekanntmachung der Erfindung den Namen des Erfinders mit bekannt zu machen hat.

[74]) Protokoll des zweiten ordentlichen Bundestags. Schriften des Bundes der technisch-industriellen Beamten Nr. 11, S. 76 f.; Deutsche Industriebeamten-Zeitung, III. Jahrg., Nr. 12. Außerdem ist mir der Entwurf einer Eingabe an den Deutschen Reichstag zugänglich gemacht, in der die gestellten Forderungen näher begründet werden. — Über den Bund der technisch-industriellen Beamten und seine Bestrebungen zu vgl. Mertens im Archiv für Sozialwissenschaft und Sozialpolitik Bd. 25, S. 649 ff., besonders S. 681 ff., S. 712.

nischen Angestellten das Eigentumsrecht an ihren Erfindungen sichergestellt und ihnen ein gerechter Anteil an dem Nutzen aus deren praktischer Verwertung unzweideutig gewährleistet wird. Daneben ist eine Änderung des herrschenden Patentgebührensystems erforderlich.

Für die Regelung des Erfinderschutzes der technischen Privatangestellten müssen folgende Grundsätze im einzelnen maßgebend sein:

1. Technische Angestellte und Arbeiter sind Eigentümer der von ihnen herrührenden Erfindungen.

2. Ist der Anmelder nicht zugleich der Erfinder, so ist der Name des Erfinders gleichzeitig mit der Anmeldung anzugeben. In der Patenturkunde und in der Patentschrift ist der Name des Erfinders hinter dem Namen des Anmelders in Klammern zu verzeichnen.

3. Der Arbeitgeber hat ein Anrecht darauf, daß die Erfindung, die der Angestellte ihm während seiner Dienstzeit vorlegt oder im Inland zum Patent anmeldet, ihm zur gewerblichen Ausnutzung überlassen wird, wenn und so weit die Erfindung einen Gegenstand betrifft, der innerhalb des Rahmens der Dienstverrichtungen des Angestellten liegt. Der Angestellte ist verpflichtet, unter gleichzeitiger Unterbreitung der zur Beurteilung des Wertes der Erfindung erforderlichen Unterlagen, dem Arbeitgeber von der Erfindung schriftlich Mitteilung zu machen mit der Aufforderung, sich zu erklären, ob er die Verwertung der Erfindung übernehmen will.

4. Der Arbeitgeber hat sich binnen einer Frist von drei Monaten nach Empfang der Aufforderung zu erklären, ob er die Verwertung der Erfindung übernehmen will. Erklärt er dies, so erwirbt er dadurch das ausschließliche Recht, die Erfindung im Inlande gewerblich auszunutzen. Er wird dadurch verpflichtet, die Kosten für die Erwerbung und Aufrechterhaltung des Patentes zu bezahlen und die Verwertung des Patentes zu betreiben.

5. Kommt der Arbeitgeber der Verpflichtung zur Zahlung der Kosten des Erwerbes und der Aufrechterhaltung des Patents nicht nach, so erlöschen seine Rechte an der Erfindung. Er ist verpflichtet, von seiner Absicht, die Rechte an der Erfindung aufzugeben, den Erfinder drei Monate vor Fälligwerden der Patentgebühren schriftlich in Kenntnis zu setzen. Unterläßt er eine derartige Mitteilung, so haftet er dem Erfinder auf Ersatz des diesem durch Erlöschen des Patentes erwachsenen Schadens. Betreibt der Arbeitgeber die Verwertung des Patentes nicht, oder nicht in einer der Erfindung entsprechenden Weise, so kann der Erfinder nach fruchtlosem Ablauf einer dem Arbeitgeber zur ordnungsmäßigen Verwertung der Erfindung gesetzten dreimonatlichen Frist, die Ausschließung

des Arbeitgebers von der Verwertung der Erfindung im Wege der Klage verlangen.

Mit der Rechtskraft des Ausschlußurteiles fällt das Recht auf Verwertung seiner Erfindung an den Erfinder zurück. Der Arbeitgeber ist verpflichtet, den dem Erfinder durch Nicht- oder nicht ordnungsmäßige Verwertung der Erfindung entstandenen Schaden zu ersetzen.

6. Als Entschädigung für die Überlassung der Erfindung an den Arbeitgeber hat der Erfinder Anspruch auf einen angemessenen Teil an dem Nutzen, den die Verwertung der Erfindung während der Patentdauer dem Arbeitgeber bringt. Als angemessen ist mindestens der dritte Teil des Nutzens anzusehen. Ist eine Vereinbarung über die Art der Beteiligung des Erfinders nicht getroffen, oder stellt sich heraus, daß die vereinbarte Beteiligung unangemessen ist, so kann sie auf Antrag des Erfinders durch Urteil auf den angemessenen Anteil festgesetzt werden.

7. Abmachungen, die den vorstehenden Bestimmungen zuwiderlaufen, sind nichtig.

8. Auf Erfindungen, für die nur ein Gebrauchsmuster erteilt ist, sowie auf Geheimverfahren, für die ein gewerblicher Schutz nicht nachgesucht wird, finden vorstehende Bestimmungen entsprechende Anwendung."

Welchen Standpunkt vertreten die Unternehmer, die Arbeitgeber?

Es fehlt zurzeit noch an einer großen einheitlichen Kundgebung. Eine solche steht in Aussicht seiten des Vereins für den Schutz des gewerblichen Eigentums, der die Angelegenheit auf seinen Konferenzen in Köln 1901 und in Hamburg 1902 für noch nicht spruchreif erklärt hat[75]).

Immerhin sind beachtliche Äußerungen bereits vorhanden.

Die Wünsche des Vereins zur Wahrung der Interessen der chemischen Industrie Deutschlands hat Kloeppel[76]) dahin geäußert, daß die Erfindung im Prinzip dem Angestellten gehören, daß aber die unbeschränkte Möglichkeit einer abweichenden Regelung durch Vertrag offen bleiben soll. Man hat seine Genugtuung darüber geäußert[77]), daß der 28. Deutsche Juristentag bei seiner Beschlußfassung[78]) „sich innerhalb durchaus gemäßigter Grenzen bewegt" und den Wünschen der chemischen Industrie Rechnung getragen hat.

---

[75]) Zu vgl. Kongresse für gewerbl. Rechtsschutz zu Frankfurt 1900, Berichte S 20, Verhandlungsberichte S. 45; zu Köln 1901, Berichte S. 3, 10, Verhandhandlungsberichte S. 68; zu Hamburg 1902, Berichte S. 23, Verhandlungsberichte S. 54.

[76]) Chemische Industrie Bd. XXIX (1906) S. 406 ff.

[77]) Ebenda S. 536.

[78]) Vgl. oben bei Note 7.

Die Wünsche der chemischen Industrie Deutschlands befinden sich im Einklange mit den Beschlüssen des Ostern 1906 in Rom abgehaltenen internationalen Kongresses für angewandte Chemie[79]).

Das sozialpolitische Programm des Vereins Deutscher Chemiker, wie es auf der Danziger Tagung Ende Mai 1907 von Duisberg[80]) skizziert wurde, enthält den Passus: die Belohnung des Erfinders durch Beteiligung am Reingewinn lasse sich durchführen.

Auf einer Versammlung des Zentralverbandes Deutscher Industrieller, die am 16. März 1907 zur Besprechung über eine Reform des Patentgesetzes in Berlin stattfand[81]), schloß sich die Majorität den Wünschen des Vereins zur Wahrung der Interessen der chemischen Industrie Deutschlands und den mit diesen übereinstimmenden Beschlüssen des 28. deutschen Juristentages an.

Ich fasse das Gesagte dahin zusammen: die Arbeitgeber erkennen in Übereinstimmung mit dem 28. deutschen Juristentag an, daß von Rechtswegen den Angestellten das Erfindungsrecht an ihren Erfindungen zusteht, wollen aber die Freiheit der Parteien, durch Vertrag etwas Abweichendes zu bestimmen, nicht beschränkt wissen.

Weiter gehen v. Siemens und Budde[82]); sie sprechen dem Arbeitgeber ein unmittelbares Recht an den Erfindungen der Angestellten zu.

§ 7. 2. Es handelt sich um eine richtige sozialethische Wertung verschiedener Interessen und um eine brauchbare juristische Konstruktion.

Der Streit dreht sich um ein Doppeltes. Es handelt sich zunächst um die Frage: was entspricht der Zweckmäßigkeit und Gerechtigkeit?, sodann um die Frage: wie läßt sich das, was die Zweckmäßigkeit und Gerechtigkeit fordern, juristisch formulieren? Dort stehen volkswirtschaftliche und sozialethische Gesichtspunkte, hier Erwägungen der juristischen Technik zur Diskussion.

Die erste Frage lautet: was empfiehlt sich vom volkswirtschaftlichen Standpunkte als zweckmäßig, was gebietet vom sozialethischen Standpunkte die Gerechtigkeit?

Man hat in Abrede gestellt, daß Anlaß zu solcher Frage vorliege. Katz[83]) macht geltend: „Ich vermag nicht anzuerkennen, daß die Ent-

[79]) Gewerblicher Rechtsschutz und Urheberrecht Bd. XI, S. 209.
[80]) Soziale Praxis Bd. XVI (1907) S. 982.
[81]) Deutsche Industriezeitung XXVI (1907) S. 139 f.
[82]) Vergl. oben bei Note 7a.
[83]) Verhandlungen des 28. deutschen Juristentages Bd. III, S. 470.

scheidung der Frage auf dem Gebiete sozialpolitischer Gesetzgebung zu lösen ist. Die Hülfe der bürgerlichen Gesellschaft für den wirtschaftlich schwächeren Teil ist nur dann anzurufen, wenn der wirtschaftlich Schwächere für die Befriedigung eines tatsächlich vorhandenen Bedürfnisses des Rechtsanspruchs ermangelt. Der Unterschied zwischen dem wirtschaftlich Schwächeren und dem wirtschaftlich Stärkeren wird ausgeschaltet, sobald das etwa vorhandene Erfordernis auf Grund des geltenden Rechts durch einen erzwingbaren Anspruch durchgesetzt werden kann; in solchem Falle wird die Prüfung überflüssig, ob aus Gründen der Sittlichkeit die bürgerliche Gesellschaft verpflichtet ist, dem Schwachen Hilfe zu leisten; denn derjenige, dem der Rechtsanspruch zur Seite steht, bedarf der Hilfe nicht mehr".

Diese Auffassung ist zu engherzig. Auch wenn dem Angestellten ein erzwingbarer Anspruch auf das Recht an der Erfindung zusteht — was übrigens von sehr beachtlicher Seite[84]) verneint wird —, so bleibt doch die Frage offen, ob dieser Anspruch der freien Parteivereinbarung unterstellt werden soll. Was nützt dem Angestellten ein Rechtsanspruch, den er in zahlreichen Fällen unter dem Drucke seiner ökonomischen Zwangslage, um die Anstellung zu erlangen, auf einfachen Wunsch des Geschäftsherrn aufgeben muß? Wer behauptet, daß der Angestellte sich nicht zu fügen brauche, daß „es doch für die Angestellten in industriellen Unternehmungen ein einfaches Mittel gibt, um der sogenannten Ausnutzung ihrer Erfindertätigkeit seitens der Prinzipale zu begegnen: Aufnahme entsprechender Klauseln in den Anstellungsvertrag"[85]) — der beweist, daß ihm das rechte Verständnis für die wirtschaftlichen und sozialen Verhältnisse, die in Betracht kommen, abgeht.

Weiter ist die Legitimation des Juristen zur Beantwortung der sozialpolitischen Frage in Abrede gestellt worden.[86]) Erst wenn diese Frage von den Interessenten erledigt worden, sei die Sache für den Juristen spruchreif, er habe sich auf die rechte Formgebung des von den Interessenten gefundenen Rechtsinhaltes zu beschränken.

Ich vermag diesen Standpunkt nicht zu teilen. Der Jurist ist nicht blos formaler Gesetzestechniker, er ist auch Diener und Förderer der Gerechtigkeit, jurisprudentia est ars aequi et boni. Dies gilt umsomehr, wenn es sich um Versöhnung streitender Parteien mit auseinandergehenden Forderungen handelt, oder wenn die eine Partei zur Entscheidung drängt,

---

[84]) Zu vergleichen unten § 9.

[85]) Winter in der Zeitschrift Gesetz und Recht Bd. VIII, S. 55.

[86]) Kloeppel, Chemische Industrie XXIX (1906) S. 406 f.; Duisberg, ebenda S. 536.

während der anderen Partei, weil sie mit dem geltenden Rechtszustande trotz seiner Unsicherheit leidlich zufrieden ist, an einer baldigen Entscheidung nichts Erhebliches gelegen ist.[87]) Die Interessenten müssen zweifellos gehört, es darf nicht über ihre Köpfe hinweg dekretiert werden. Aber die Interessenten sind Parteien.[87a]) Das sind die Juristen nicht; sie stehen beiden Teilen mit gleichen Sympathien gegenüber und können die ihnen fehlende Sachkunde sich leicht bei den Parteien holen, die Stimme der Juristen fällt deshalb wohl ins Gewicht.[88])

---

[87]) Osterrieth auf dem Hamburger Kongreß für gewerbl. Rechtsschutz 1902, Verhandlungsberichte S. 54 f.: „Der Ausschuß ist zu dem Ergebnisse gekommen, daß die Frage, ob der Erfinder auf den materiellen Nutzen der Erfindung Anspruch habe, die ja in dem österreichischen Gesetze eine Regelung erfahren habe, nicht eigentlich dem Gebiete des gewerblichen Rechtsschutzes angehört, sondern durch die Vertragsbeziehungen zwischen Unternehmer und Angestellten bestimmt wird; daß sie wesentlich eine sozialpolitische Bedeutung habe und daß es daher nicht zweckmäßig sei, sie in den Rahmen unserer Arbeiten einzubeziehen. Sie ist deshalb von der Tagesordnung des Kongresses abgesetzt worden."

[87a]) v. Siemens sagt a. a. O., S. 203 bezw. S. 8: „Es ist mit dem Wesen der Studierstube, welche häufig abseits vom Strom des praktischen Lebens errichtet ist, verbunden, daß hier nicht gleichzeitig der Sitz der Verantwortlichkeit liegt, mit den empfohlenen Gesetzen praktisch arbeiten zu müssen, und daß hier nicht immer genügend erwogen wird, auf welche Hindernisse das Gesetz im praktischen Leben stoßen kann, und in welchem Maße den beabsichtigten Verbesserungen vielleicht größere Nachteile gegenüberstehen". Das ist wahr. Aber wahr ist wohl auch folgendes: Es ist ein Übelstand, daß die Personen, welche inmitten der zu prüfenden Verhältnisse stehen und zweifellos die beste Sachkenntnis besitzen, sehr oft, weil es sich um ihre eigenen Interessen handelt, nicht die erforderliche Unbefangenheit und Selbstverleugnung besitzen, um ein von Einseitigkeit und Voreingenommenheit freies Urteil abgeben zu können.

[88]) Der Windscheidschen Ansicht gegenüber, daß bei der Entscheidung gesetzgebungspolitischer Fragen, wenn man von der technischen Begriffsbildung und von der kodifizierenden Zusammenfassung schon geltenden Rechts absehe, die Juristen gar keine entscheidende Stimme haben, erklärt M. Rümelin in seiner Rektoratsrede: „Bernhard Windscheid und sein Einfluß auf Privatrecht und Privatrechtswissenschaft" 1907, S. 19 ff.: „Der Evolutionist wird, sobald er an solche legislative Fragen denkt, bei denen Weltanschauungen oder politische Strömungen im Kampfe mit einander liegen, wie z. B. bei der Frage, ob und in welchen Fällen man Ehescheidung zulassen, ob und inwieweit man das Prinzip der Gewerbefreiheit durchführen soll, gegen die Schlüssigkeit der Windscheidschen Sätze nichts einzuwenden vermögen. Hier wird der Jurist keine besondere Sachkenntnis für sich in Anspruch nehmen können, sondern wird nach den Anschauungen, die er sich gebildet, Partei ergreifen müssen. Die Zurückhaltung Windscheids geht jedoch viel weiter. So meint er z. B. auch die Regelung des Scheckverkehrs beruhe auf volkswirtschaftlichen Erwägungen, die nicht Sache des Juristen als solchen seien. Dagegen ist Protest einzulegen und mit Kohler (Zukunft Bd. II, S. 61) zu sagen, so lassen wir uns

Die Arbeitgeber mögen reden, mit allem Eifer die Momente, die zu ihren Gunsten zu berücksichtigen sind, hervorkehren — das ist nicht blos ihr gutes Recht, es ist ihre Pflicht. Sie können aber auf die Dauer nicht verlangen, daß sie gehört werden, wenn sie sagen: die tatsächlichen Verhältnisse liegen zu unklar und mannigfach, als daß die Schwierigkeiten durch eine gesetzgeberische Maßnahme überwunden werden könnten, deshalb soll nichts geschehen, sondern alles beim Alten bleiben.[89])

Im Jahre 1879 wurde betreffs der Rechte an den Erfindungen der Angestellten vom K. Patentamte die Ansicht kundgegeben:[90]) „Aus der Gesamtheit der Tatsachen und mit Hilfe der dem Richter zustehenden freien Beurteilung wird das Recht geschöpft. Neben dem nach den tat-

---

nicht eine Tür um die andere zuschlagen. Haben uns denn die römischen Juristen umsonst gelehrt, wie man ein solches Verkehrsrecht entwickelt? Ist nicht gerade der Jurist am besten in der Lage zu erkennen, wie eine bestimmte rechtliche Regulierung auf die Gestaltung der Verkehrsverhältnisse einwirken muß? Dazu gehört allerdings eine genaue Kenntnis der tatsächlichen Vorgänge, ein Überblick über die auf dem betreffenden Gebiete vorgekommenen und möglichen Interessenkollisionen. Daß die Erlangung solcher Kenntnisse mit zu den wesentlichsten Aufgaben des Juristen gehört, hätte nicht verkannt werden sollen. Allerdings kann man nicht von jedem Juristen Vertrautheit mit allen Lebensgebieten verlangen. Auch gibt es zweifellos bei der gesetzgeberischen wie bei der rechtsprechenden Tätigkeit Fragen, zu deren Beantwortung man immer auf Sachverständige rekurrieren muß, Fragen, die ohne eine vollständige wissenschaftliche oder technische Berufsbildung nicht gelöst werden können. Allein daß man Juristen findet, die die Erscheinungen eines bestimmten Zweiges des Handelsverkehrslebens so beherrschen, daß sie ein entscheidendes Wort mitreden können, das kann man allerdings erwarten."

[89]) Die Industrie hat diesen Standpunkt der Regelung der Akkordarbeit gegenüber eingenommen, zu vergleichen Bernhard in den Verhandlungen des 28. deutschen Juristentages Bd. III, S. 510 f.: „Was Sie nun auch in diesen Fragen beschließen mögen, die Antwort auf ihre Beschlüsse liegt draußen in der Industrie schon bereit. Ein bekannter Unternehmerverband hat kürzlich auf meine Bitte bei seinen Mitgliedern eine Umfrage gehalten über die Frage: Empfiehlt sich eine gesetzliche Regelung der Akkordarbeit? Darauf kam die Antwort: Nein, denn solche Vorschriften würden zu einer Schematisierung führen, welche der Eigenart der einzelnen Betriebe kaum gerecht werden könnte. Behalten Sie dies im Gedächtnis, denn diese Antwort wird Ihnen aus der Industrie entgegentönen. Das ist die Antwort von der „technischen Mannigfaltigkeit", die man stets den Juristen gegeben hat, wenn sie der Industrie zu nahe kamen". Es ist Oppenheimer, Verhandlungen des 28. deutschen Juristentages Bd. III, S. 496 zuzustimmen: „Daß die Frage schon seit vielen Jahren immer wieder auftaucht, und daß sie immer wieder verschoben wird und zu keiner Entscheidung kommt, zeigt doch, daß es Zeit ist, in der Sache etwas zu tun. Gerade der Juristentag soll auch beitragen, daß man hilft, bevor die Unzufriedenheit zu groß geworden ist." Vgl. auch unten bei Note 256.

[90]) Patentblatt 1879, S. 26.

sächlichen Unterlagen sich bestimmenden Recht werden der Billigkeit und den praktischen Rücksichten die ihnen gebührende Geltung einzuräumen sein, wenn die Behandlung der einzelnen Fälle nicht zu Härten und sonstigen Unbilligkeiten führen soll. Gewisse Gründe müssen die Fabrikherren (Behörden oder Private) nach Billigkeit und eigenem wohlverstandenen Interesse bestimmen, ihren Beamten, Arbeitern usw. auch in dieser Beziehung den gebührenden Lohn zuzugestehen. Zur weiteren Erfüllung der Billigkeit und Gerechtigkeit wird aber gehören, daß auch auf seiten der Beamten und Arbeiter die entsprechenden Rücksichten genommen und die zutreffenden Ansprüche der Bureauherren anerkannt werden. Es gibt Verhältnisse — und das ist kein Schade —, in denen die Gerechtigkeit wenig nach streng formellem Rechte, als nach „equity" zur vollen Geltung kommt. Dies gilt insonderheit von allen Verhältnissen, die ein gemeinsames Leben und eine gemeinsame Tätigkeit bedingen."

Dieser Standpunkt, der keine Rechtsvorschrift, sondern nur die Tatsachen und das richterliche Ermessen kennt, mag damals, wo es sich um ganz neue Verhältnisse handelte, verständig gewesen sein. Jetzt, wo Theorie und Praxis des Patentrechts sich dreißig Jahre in reichem Maße entfaltet haben, ist ein längeres Schweigen des Gesetzgebers über den in Rede stehenden Punkt und die damit verknüpfte Rechtsunsicherheit durch nichts mehr zu rechtfertigen.

Weiter. Was die juristische Konstruktion anlangt, so meint Damme,[91]) vom Rechtsstandpunkte aus betrachtet, sehe die Frage recht einfach und wohlgeordnet aus.

Die juristische Konstruktion, deren die herrschende Theorie und Praxis sich bedient, ist die Annahme einer stillschweigenden Vereinbarung, inhalts deren der Angestellte bei Übernahme seiner Stellung seine Erfindungen dem Geschäftsherrn überläßt.

Meines Erachtem wird dieser Konstruktion mehr zugemutet, als sie zu leisten vermag, sie operiert mit einer Fiktion, sie ist ein Notbehelf.

Sie entspricht nicht den an die Sicherheit und Praktikabilität zu stellenden Anforderungen. Bevor der Richter gesprochen hat, weiß man nicht was rechtens ist. Die Angestellten ziehen hierbei regelmäßig den Kürzeren, weil sie den Prozeß, der nicht nur Kosten verursacht, sondern meist auch zur Aufhebung des Dienstverhältnisses führt, zu scheuen mehr Anlaß haben als die durchschnittlich besser gestellten Arbeitgeber.

Aber auch den Postulaten der Gerechtigkeit leistet die Vertragstheorie keine Genüge. Damme[92]) stimmt zu: „Die sich gegenüberstehenden

[91]) Das deutsche Patentrecht, S. 244.
[92]) A. a O., S. 245.

Neigungen und Interessen sind es, welche das Problem des Rechts an den Erfindungen der Angestellten noch keineswegs als gelöst erscheinen lassen und es wäre eine völlige Verkennung der Bedeutung dieser eminent wichtigen sozialen Frage, wollte der Jurist sich bei der dargelegten rechtlichen Konstruktion beruhigen."

Hätten die Vertreter der Vertragstheorie den Mut zu sagen: es ist nicht blos stillschweigend vereinbart worden, daß die Erfindung dem Geschäftsherrn gehören soll, sondern auch, daß dieser dem Angestellten eine angemessene Vergütung zu gewähren hat, weil die Überlassung der Erfindung den Umständen nach nur gegen eine Vergütung zu erwarten ist, so ließe sich vielleicht Beruhigung fassen.

b) Der gegenwärtige Rechtszustand.

§ 8. 1. Die herrschende Ansicht: das Erfindungsrecht des Geschäftsherrn ist aus einer bei Eingehung des Anstellungsverhältnisses getroffenen stillschweigenden Vereinbarung abzuleiten.

Der Ausgangspunkt der herrschenden Theorie und Praxis ist von Piloty[93]) dahin formuliert worden: „Bei Erfindungen, welche in Betrieben gemacht werden, kann der Erfindungsgedanke vom Unternehmer oder von Angestellten herrühren. Ob das eine oder das andere zutrifft, läßt sich nur im einzelnen Falle beurteilen. Wer den Erfindungsgedanken hatte und ihn ausführte, der ist der Erfinder. Die Fiktion, wonach unter allen Umständen der Unternehmer bei Betriebserfindungen der Erfinder sei, würde zwar für den Unternehmer einträglich und für die Rechtsprechung bequem, für den Angestellten, den wirklichen Erfinder aber eine Art capitis deminutio sein, zu der er sich selbst entschließen mag, zu der ihn aber das Gesetz im Zeitalter des Patentschutzes nicht verurteilen kann. Die Entnahme, welche das Gesetz in keiner Weise billigt, würde für Betriebserfindungen freigegeben sein. Entnahme ist aber zwischen Unternehmer und Angestellten so gut möglich wie zwischen anderen Leuten. Ja, sie ist sogar hier von besonders schlimmer Art; denn sie schließt außer dem Moment der Entwendung auch noch dasjenige des Bruchs der Vertragstreue in sich. Ein Angestellter, welcher die Erfindung seines Unternehmers gegen dessen Willen ausbeutet und ein Unternehmer, welcher die Erfindung seines Angestellten gegen dessen Willen ausbeutet, verletzen in gleicher Weise den Vertrag und sind Ent-

[93]) Annalen des Deutschen Reichs für Gesetzgebung, Verwaltung und Statistik, 30. Jahrg., S. 435 f.

nehmer qualifizierter Art. — — Der Vorzug, welcher darin läge, den Unternehmer als fingierten Erfinder für alle Betriebserfindungen zu behandeln, würde nur in einem persönlichen Vorteile des Unternehmers, nicht aber in der Förderung der Interessen der Industrie und damit der Gesamtheit bestehen. Der Anreiz, welchen der Gesetzgeber durch den Erfindungsschutz auf die Industrie ausgeübt wissen will, würde erheblich herabgemindert, wenn dieser Schutz dem Erfinder entzogen würde. Der oberste Satz, welcher jeden Gesetzgeber bei Gestaltung des Patentrechts leiten sollte, ist der, daß die Erfindung ein Gut nicht nur von Vermögenswert ist und daß der ideale Wert der Erfindung der Gesamtheit am sichersten zuteil wird, wenn das Verdienst der Erfindung, Ehre und Gewinn, dem Erfinder im entsprechenden Maße unmittelbar zuteil wird."

Dies die Grundlage der herrschenden Ansicht: das Erfindungsrecht gebührt dem Erfinder, auch wenn er Angestellter ist. Und doch gelangt die herrschende Ansicht von dieser Grundlage aus dazu, das Erfindungsrecht in weitem Maße nicht dem Angestellten, dem wirklichen Erfinder, sondern dem Geschäftsherrn zuzusprechen. Dies geht so zu. Man sagt: der Angestellte kann seine Erfindung dem Geschäftsherrn durch Vertrag überlassen, der Vertrag kann ein stillschweigender sein, ein stillschweigender Vertrag kann „ohne weiteres" angenommen werden, bei Angestellten ist solche Annahme regelmäßig gerechtfertigt. Damit kommt man zu einem Ergebnisse, das nicht weit vom Gegenteile des Ausgangspunktes entfernt ist, von dem Satze: das Recht an der Erfindung des Angestellten gehört dem Geschäftsherrn.

Die Praxis des Reichsgerichts[94]) ist eine schwankende. R. Alexander Katz[95]) bemerkt: „Alle Schriftsteller zitieren Entscheidungen des Patentamts und des Reichsgerichts für ihre Meinungen. Aber es muß bei der Prüfung namentlich der Rechtsprechung des Reichsgerichts auffallen, wie unsicher und wie zum Teil wohl selbst widerspruchsvoll diese ist." Dies liegt nicht bloß darin, daß der Gesichtspunkt der sogenannten stillschweigenden Vereinbarung, mit dem operiert wird,

---

[94]) Zusammenstellungen der einschlagenden Entscheidungen des Reichsgerichts finden sich außer in den bekannten Kommentaren des Patentgesetzes, in den Verhandlungen des 28. Deutschen Juristentages Bd. II, S. 195 ff., S. 298 ff., in dem Aufsatze von Katz, Gewerbl. Rechtsschutz und Urheberrecht Bd. XI, S. 214 f., sowie in dem Aufsatze von Hammer, Das Recht des Angestellten an seinen Erfindungen 1907.

[95]) Verhandlungen des 28. Deutschen Juristentages Bd. II, S. 298, S. 305. Vgl. auch Katz, Gewerbl. Rechtsschutz und Urheberrecht Bd. XI, S. 214.

dem richterlichen Ermessen einen sehr weiten Spielraum bietet[96]); das Reichsgericht hat sich früher auch mehr der Ansicht Bolzes, die wir noch näher kennen lernen werden[97]), daß nämlich aus dem Anstellungsverhältnis als solchem ohne Rücksicht auf den Willen der Beteiligten das Erfindungsrecht des Geschäftsherrn folge, genähert, während es neuerdings mit größerer Entschiedenheit die Vertragstheorie vertritt. Das bedeutet praktisch: früher[98]) wurden mehr die Interessen des Geschäftsherrn, jetzt werden mehr die Interessen des Angestellten berücksichtigt.

In der zuletzt bekannt gewordenen Entscheidung des Reichsgerichts vom 17. April 1907[99]) wird ausgeführt:

„Nach dem Anstellungsvertrage war E. als Werkmeister zwar verpflichtet, in der von R. als Direktor geleiteten Fabrik der Klägerin sich jederzeit zur Verfügung des R. zu halten und seine Erfahrungen auf dem Gebiete der Dauerbrandbogenlampen nur im Interesse des R. zu verwenden. Davon aber, daß dem E. das Recht entzogen sein sollte, über Erfindungen, die er in Bewährung schöpferischer Geistestätigkeit auf dem Gebiete der Fabrikation von Dauerbrandbogenlampen während seiner Dienstzeit machte, frei zu verfügen, und daß derartige Erfindungen von selbst der Klägerin zufallen sollten, enthält der Vertrag nichts. Ohne eine derartige Bestimmung würde aber die Klägerin eine Erfindung, welche E. auf dem bezeichneten Gebiete machte, nur dann als ihr selbst gehörig für sich in Anspruch nehmen können, wenn E. entweder einen ihm von seiner Arbeitgeberin erteilten Auftrag eine Erfindung zu machen, angenommen und daraufhin die Lösung der gestellten Aufgabe gefunden hätte, oder wenn die Erfindung innerhalb des Rahmens derjenigen Tätigkeit des E. fiele, welche ihm nach seiner Stellung im Dienste der Klägerin und nach der mit ihr getroffenen Abrede über die Art seiner

---

[96]) Bei Robolski, Theorie und Praxis des deutschen Patentrechts (1890) S. 55 heißt es: „Allgemein bindende Grundsätze lassen sich nicht geben, vielmehr entscheidet, wie es in der Natur der hier in Betracht kommenden Verhältnisse liegt, der Tatbestand des Einzelfalles."

[97]) Vgl. § 9.

[98]) Fuld, Österreichisches Patentblatt VII (1905) S. 642: „Überblickt man die Entwicklung der Rechtsprechung der letzten Jahre in Deutschland, so muß konstatiert werden, daß dieselbe geneigt ist, das Vorhandensein einer Etablissementerfindung (im Sinne des Reichsgerichts, s. oben bei Note 29a) in steigendem Maße anzunehmen, m. a. W. man ist der Meinung, daß die Aufgabe, Erfindungen zu machen, nicht nur ausnahmsweise in den Pflichtenkreis der Angestellten fällt."

[99]) Blatt für Patent-, Muster- u. Zeichenwesen Bd. XIII (1907), S. 176 ff., Sächsisches Archiv Bd. II, S. 182 f, Leipziger Zeitschrift für Handels-, Konkurs- und Versicherungsrecht Bd. I (1907) Sp. 508.

Dienstleistung oblag. Keiner dieser Fälle liegt hier vor. Daß ein Auftrag, die Erfindung zu machen, dem E. erteilt worden sei, hat die Klägerin selbst nicht behauptet. Was aber die dienstliche Stellung des E. im Geschäfte der Klägerin anlangt, so ergibt sich sowohl aus dem Vertrage, der ihn als „Meister" bezeichnet, wie aus der beaufsichtigenden Tätigkeit, welche ihm gegenüber den Arbeitern der Klägerin oblag, nicht mehr, als daß er Werkmeister in der Fabrik der Klägerin gewesen ist und als solcher die technisch richtige Fabrikation der Dauerbrandbogenlampen desjenigen Systems zu überwachen hatte, welches die Klägerin nach dem Patent R. ihrem Betriebe zugrunde legte, wie sie dieses als das vollkommenste ansah und deshalb auch ihren Abnehmern empfahl. Darüber hinaus erstrecken sich die geschäftlichen Verpflichtungen des E. der Klägerin gegenüber nicht, wenngleich die Klägerin berechtigt war, sich bei der Ausbildung ihres Systems der praktischen Erfahrungen ihres Werkmeisters zu bedienen und tatsächlich bei Versuchen, welche konstruktive Neuerungen verschiedener Art betrafen, die Sachkenntnis und das erfahrene Urteil ihres Werkmeisters zu Rate zog. Machte dieser aber bei Gelegenheit der ihm als Werkmeister obliegenden Dienstesaufgabe Betrachtungen, welche es ihm ermöglichten, für eine Dauerbrandbogenlampe eine Konstruktion vorzuschlagen, welche sich als eine neue darstellte, die nicht auf dem System der Klägerin beruhte, vielmehr von ganz abweichenden Grundanschauungen ausging, aber doch zu einem eine Erfindung darstellenden technischen Erfolge führte, so lag hierin eine Errungenschaft, welche der freien Verfügung des E. unterstand und keineswegs von selbst der Geschäftsherrin zufiel, welche ihm nach den Bestimmungen des Vertrags, dem Gehalt, welches sie ihm gewährte, und der tatsächlichen Verwendung seiner Arbeitskraft in ihrem Geschäfte eine höhere Stellung als die eines Werkmeisters nicht eingeräumt hatte und deshalb auch nur dasjenige Ergebnis seiner Arbeit für sich beanspruchen konnte, welches aus der ihm angewiesenen Arbeit hervorging"[100]).

Das **Reichsgericht** vertritt also den Standpunkt: Die Erfindung gehört dem Angestellten, es müßte denn das Recht des Arbeitgebers ausdrücklich durch den Dienstvertrag oder durch einen speziellen Vertrag begründet oder, wie aus dem Dienstverhältnisse zu folgern, stillschweigend vereinbart sein. Für letztere Folgerung zieht das Reichsgericht die höhere oder niedere Stellung des Arbeiters in Betracht und beurteilt dieselbe

---

[100]) Das Reichsgericht verweist auf seine früheren Urteile vom 22. April 1898 und vom 25. April 1904. Blatt für Patent-, Muster- und Zeichenwesen 1898 S. 142 und 1904 S. 298.

nach den Vertragsbestimmungen, dem Gehalt und der tatsächlichen Verwendung seiner Arbeitskraft[101]).

Auch die Entscheidungen des Patentamtes[102]) beruhen auf der Vertragstheorie.

Die große Mehrzahl der Schriftsteller hat sie gleichfalls adoptiert. So Gierke[103]): „Kein Erfinderrecht entsteht in der Person des Geschäftsherrn aus der geistigen Erfindungstat seines Beamten, Angestellten oder Arbeiters. Doch kann durch Vertrag im voraus wirksam bedungen werden, daß das Erfinderrecht an allen oder gewissen Erfindungen einer Person sofort mit seiner Entstehung auf eine andere Person zur Ausübung[104]) übergehen soll. Und bei gewerblichen Unternehmungen ist sogar regelmäßig ein abgeleitetes Erfinderrecht des Geschäftsherrn an Erfindungen, die von ständig angestellten Technikern in ihrer dienstlichen Tätigkeit gemacht werden, ohne weiteres als vereinbart anzunehmen."

Ferner Seligsohn[105]), Allfeld[106]), Kent[107]), Damme[108]), Pilenko[109]), Kober[110]), Oertmann[111]), Dernburg[112]), Meili[113]), R. Alexander Katz[114]).

---

[101]) Vgl. auch Blatt für Patent-, Muster- und Zeichenwesen 1905, S. 261.

[102]) Z. B. Entscheidung vom 2. Dezember 1897: „Die Berechtigung des Dienstherrn, die Erfindungen seiner Angestellten für sich in Anspruch zu nehmen, kann nur in Frage kommen, wenn der Angestellte kraft Dienstvertrages verpflichtet ist, auf Erfindungen für den Dienstherrn bedacht zu sein." Blatt für Patent-, Muster- und Zeichenwesen Bd. IV, S. 140. — Entscheidung vom 17. Februar 1904. „Ein Dienstverhältnis begründet auch ohne ausdrückliche Vertragsabrede den Einspruch wegen widerrechtlicher Entnahme, wenn die Stellung des Anmelders im Dienste des Einsprechenden eine derartige ist, daß aus der ganzen Art des Dienstverhältnisses geschlossen werden muß, es solle das Ergebnis einer erfinderischen Tätigkeit des Anmelders dem Unternehmen, in dem er steht, unmittelbar zufließen." Ebenda Bd. X, S. 187.

[103]) Deutsches Privatrecht Bd. I, 869f.

[104]) Die Meisten nehmen einen Übergang des Rechts nicht blos der Ausübung, sondern der Substanz nach an.

[105]) Kommentar 3. Aufl., S. 88f.

[106]) Kommentar S. 26f.

[107]) Kommentar Bd. I, S. 174ff.

[108]) Das deutsche Patentrecht S. 241ff.

[109]) Das Recht des Erfinders S. 328ff.

[110]) Staudinger, Recht der Schuldverhältnisse, Besonderer Teil, 2. Aufl., S. 390 Ie.

[111]) Das Recht der Schuldenverhältnisse 2. Aufl., S. 594.

[112]) Die Schuldenverhältnisse 3. Aufl., Abt. II, S. 450.

[113]) In seinem Gutachten über den Entwurf des österreichischen Patentgesetzes, zu vergl. die vom k. k. Handelsministerium herausgegebene Sammlung von Gut-

Desgleichen der 28. Deutsche Juristentag. In seinen Verhandlungen[115]) ist keine gegenteilige Meinung laut geworden.

Auch das österreichische Patentgesetz steht auf dem Standpunkt der Vertragstheorie; es schreibt im § 5, Abs. 3 vor: „Arbeiter, Angestellte, Staatsbedienstete, gelten als die Urheber der von ihnen im Dienste gemachten Erfindungen, wenn nicht durch Vertrag oder Dienstvorschrift etwas anderes bestimmt ist[116]).

Hören wir noch die beiden Berichterstatter des 28. Deutschen Juristentags.

Katz[117]) sagt: „Bei richtiger Anwendung des Gesetzes verbleibt das Eigentum an der Erfindung dem Angestellten und deshalb bedarf im Interesse der Angestellten das Recht an der Erfindung einer besonderen gesetzlichen Regelung nicht." „Für das bloße Anstellungsverhältnis aber gilt der Grundsatz des Dienstvertrags, wonach dem Angestellten das Eigentum an der von ihm gemachten Erfindung zukommt. Eine gesetzliche Regelung dieses Rechts ist nicht erforderlich, weil es bereits geltendes Recht ist."

Und Mittelstaedt[118]): „Katz schlägt vor, zu erklären, der Juristentag sei der Ansicht, daß ein rechtlicher Zweifel dagegen, daß die Erfindung dem Angestellten gehört, nicht bestehe. Nun meine ich, wenn einem Juristentag eine rechtliche Frage gestellt wird, so ist die erste

---

achten 1894, S. 453f.: „Ich würde anraten, folgenden Grundsatz auszusprechen: Die Arbeiter, Angestellten, Staatsbeamten gelten als die Urheber der von ihnen gemachten Erfindungen, wenn nicht durch Vertrag etwas anderes bestimmt wurde. Es ist wie mir scheint, an der Zeit, daß auch zu Gunsten von Personen, welche ihre Rechte zuweilen nicht ganz leicht geltend machen können, dasjenige Prinzip zum Durchbruch gelangt, auf dem jeder Autorschutz sittlich und rechtlich ruht, auf der Anerkennung der Früchte der Arbeit." Vgl. auch Meilis Aufsatz in der Zeitschrift für Sozialwissenschaft Bd. I, S. 345ff.

114) In seinem Entwurfe eines neuen Patentgesetzes, Gewerbl. Rechtsschutz und Urheberrecht Bd. XII, S. 105, § 5.

115) Siehe oben bei Note 7.

116) Der im September 1900 zu Paris abgehaltene Kongreß der Erfindervereinigungen hat gleichfalls die Vertragstheorie adoptiert. Er hat beschlossen: a) Die den Bediensteten und Arbeitern zustehenden Rechte aus Erfindungen sowie Mustern und Modellen, welche sie in den Unternehmungen, denen sie angehören, zu Stande gebracht haben, ergeben sich aus dem Vertragsverhältnis, in welchem sie zu diesen Unternehmungen stehen. b) Der Urheber einer Erfindung bezw. eines Musters oder Modells soll immer als der Alleinberechtigte angesehen werden, wenn sich nicht etwa das Gegenteil aus Vereinbarungen oder den besonderen Umständen ergibt. Österreichisches Patentblatt Bd. II, S. 777.

117) Verhandlungen des 28. Deutschen Juristentages Bd. III, S. 478, 481.

118) Ebenda S. 485.

Voraussetzung, daß ein rechtlicher Zweifel vorliegt, daß eine Veranlassung für den Gesetzgeber gegeben ist, einzuschreiten, daß eine Lücke vorliegt. Diese Lücke aber scheint mir nach der heutigen Judikatur nicht vorhanden zu sein. Nach der früheren Judikatur war sie vorhanden, das ist richtig, aber nach der heutigen Judikatur ist man über unsere These nicht im unklaren. Denn es dürfte heute als allgemein anerkannt gelten, daß das Anstellungsverhältnis an und für sich, als solches auf die Frage, wer ein Recht an der Erfindung hat, keinen Einfluß hat, daß dem Erfinder seine Rechte durch das Anstellungsverhältnis an sich noch nicht entzogen werden. — Damit ist die uns gestellte rechtliche Frage wie folgt beantwortet: Wir haben keine Veranlassung, in rechtlicher Beziehung nach dem Gesetzgeber zu rufen."

Es scheint eine ausgemachte Sache zu sein, daß das Immaterialgüterrecht an der Erfindung dem Angestellten von Gesetzes wegen, dem Dienstherrn nur von Vertrags wegen zusteht.

Ich teile die Auffassung, daß nach dem geltenden Rechte das Recht an der Erfindung des Angestellten dem Geschäftsherrn nur von Vertrags wegen gebührt. Aber darin kann ich nicht beipflichten, daß diese Auffassung über allen Zweifel erhaben sei, so daß sie, falls sie sich sachlich empfehlen sollte, einer besonderen gesetzlichen Anerkennung nicht bedürfe.

Weder die Zustimmung der meisten Theoretiker, noch die Entscheidungen des Reichsgerichts[119]), noch das Votum des 28. Juristentages[120]) geben ausreichenden Anlaß zu solchem Optimismus, so lange Juristen, die auf dem Gebiet des Patentrechts als erste Autoritäten gelten, übereinstimmend anderer Ansicht sind.

§ 9. 2. Die Ansicht: das Erfindungsrecht des Geschäftsherrn folgt unmittelbar aus dem Anstellungsverhältnis als solchem unabhängig vom Willen der Beteiligten.

Den der Ansicht Pilotys[121]) entgegengesetzten Standpunkt nimmt Bolze ein: die Erfindung des Angestellten gehört nicht diesem selbst, sondern dem Geschäftsherrn.

---

[119]) „Die Judikatur kann wechseln, wir haben schon andere Entscheidungen gehabt", erklärte Seligsohn auf dem 28. Juristentage. Verhandlungen Bd. III, S. 497.

[120]) Die vierte Abteilung des Deutschen Juristentages 1906, in der über die Rechte an den Erfindungen der Angestellten verhandelt wurde, ist von einem Redner nicht ohne Grund als eine „kleine Versammlung" bezeichnet worden, mit dem Hinzufügen, es sei sehr prekär und bedenklich, daß diese kleine Versammlung über ganz außerordentlich weittragende, wichtige Bestimmungen Beschlüsse fassen solle. Verhandlungen Bd. III, S. 499

[121]) Bei Note 93.

Bolze[122]) sagt: Der Umstand allein, daß die Erfindung auf die geistige Tätigkeit des Angestellten zurückzuführen ist, reicht nicht aus, um die Erfindung ihm zuzusprechen und das von ihm genommene Patent dem Dienstherrn gegenüber aufrecht zu halten. Der einzelne Angestellte muß gegen sich gelten lassen, daß seine Erfindung dem Etablissement gehören kann, auch wenn im Dienstvertrage davon nichts zu lesen ist. Denn das weiß jeder, der in eine Fabrik in irgend welcher Stellung eintritt, daß er in eine Organisation eintritt, welcher er und seine Leistungen sich anzupassen haben. Durch die Leistungen der einzelnen soll ein Ganzes zustande kommen. Darum gehören zweckmäßige Neuerungen und Verbesserungen zu jedem industriellen Etablissement. Macht der Angestellte eine Erfindung, welche der Branche des Etablissements, in welchem er beschäftigt ist, dienlich ist, so hat er sie in dieser seiner Stellung gemacht, gleichviel, ob es die eines Arbeiters, eines Geschäftsreisenden, eines Technikers oder Betriebsleiters ist; gleichgültig, ob die Erfindung von ihm innerhalb oder außerhalb des Etablissements, mit den Mitteln desselben oder unter Aufwendung von ihm zu erstattenden Kosten, im Auftrag oder ohne solchen gemacht ist. Der Angestellte ist durch seine Stellung gebunden, der er sich wohl durch Kündigung und Austritt, aber nicht durch Verheimlichung und Proteste entziehen kann. Es ist nicht zu erörtern, ob der Angestellte nach seinem Dienstvertrage verpflichtet war, Erfindungen zu machen, sondern es ist zu fragen, ob er die Erfindung, welche er tatsächlich gemacht hat, in seiner Stellung als Angestellter dieses Etablissements gemacht hat, oder ob die Erfindung seine Stellung garnicht berührt. Hat der Angestellte die Erfindung in seiner Funktion als Angestellter gemacht, so liegt eine Etablissementerfindung vor, der Etablissementinhaber gilt als der wahre Erfinder, als der true and first inventor; er ist der Berechtigte für die Anmeldung des Patents im In- und Auslande. Der Betrieb des Etablissements ist dergestalt ein einheitlicher, daß alle in demselben beschäftigte Personen zu dem Betriebe zusammenwirken. Was zu diesem Zweck in dem Etablissement geschieht, das nimmt der Einzelne nicht als eine von dieser Funktion abgetrennte Person, sondern in der Eigenschaft als Funktionär des Etablissements vor. Das Etablissement hat durch den Funktionär gehandelt. Der Vorteil wächst dem Betriebsunternehmer zu, nicht aus

[122]) Rechte der Angestellten und Arbeiter an den Erfindungen ihres Etablissements. — Predari, Beiträge zur Erläuterung des deutschen Rechts Bd. 51, S. 844 meint: Bolze tritt den in neuer Zeit zugunsten der Angestellten zu Tage getretenen Bestrebungen entgegen und zwar mit einer Begründung, deren Widerlegung den Gegnern nicht leicht fallen wird."

dem Gesichtspunkt einer Licenz, sondern aus dem Grunde, weil er durch Betriebshandlungen erzielt ist, welche sich darstellen als Handlungen des gewerblichen Etablissements.

So Bolze für den Fall, wo nichts vereinbart ist. Er sieht davon ab, das Recht des Dienstherrn auf den stillschweigenden Inhalt des Dienstvertrages aufzubauen oder mit Hilfe der Besitzlehre zu rechtfertigen. Einfach aus der Funktion des Angestellten als Glied des Unternehmens folgert Bolze das Recht des Unternehmers an der Erfindung des Angestellten.

Bolze steht mit seiner Ansicht, daß auch ohne ausdrücklichen oder stillschweigenden Vertrag das Erfindungsrecht unmittelbar dem Arbeitsherrn zufalle, nicht allein.

Lothholz[123]) pflichtet ihm, was das geltende Recht anlangt, bei: „In juristischer Hinsicht sind die Ausführungen Bolzes meines Erachtens durchschlagend und bilden vor allem eine Widerlegung des von anderer Seite vertretenen Standpunktes, daß nach geltendem Rechte die Erfindung nicht dem Geschäftsherrn, sondern dem Angestellten gehört."

Schon Dambach[124]) spricht die Ansicht aus, daß die Erfindungen des Staatsbeamten dem Fiskus gehören, der Beamte sei zur vollen Hingabe an seinen Dienst mit seinem ganzen Wissen und Können verpflichtet.

Vor allem aber ist Kohler der gleichen Meinung.

Er hat geltend gemacht[125]): Der Angestellte „unterwirft sich bezüglich des rechtlichen Resultates der Erfindung, bezüglich des Erfinderrechts; er unterwirft sich, weil er sich in Lebensverhältnisse begibt, deren gerechte zeitweilige Abwicklung von selbst dahin führen muß; er unterwirft sich, auch wenn ihm beim Abschluß des Engagementsvertrags die näheren rechtlichen Folgen nicht bekannt sind, auch wenn er etwa von dem Bestehen eines Patentgesetzes keine Ahnung hätte; denn jeder, welcher in Lebensverhältnisse tritt, hat von selbst die Rechtsfolgen auf sich zu nehmen, welche die verkehrsübliche loyale Evolution und Ausgleichung dieser Verhältnisse mit sich bringt." „Seine Erfindungstätigkeit fällt als Teil seines stellvertretenden Wirkens dem Dominus zu; sie fällt ihm zu, so lange das Unterordnungsverhältnis besteht, — eine etwaige Gegenabsicht wäre unerhebliche Mentalreservation."

---

[123]) Juristisches Literaturblatt 1907, S. 193.

[124]) Kommentar S. 14.

[125]) Forschungen aus dem Patentrecht S. 4, 6.

Weiter[126]): „Der Einblick in die Praxis eines Unternehmens wird uns die Macht der Verhältnisse kundgeben, die den Einzelnen dem großen Ganzen unterordnen, sofern und solange er einen Teil des Ganzen bilden will. Man betrachte nur einmal die Situation des Offiziers oder Technikers in einer Staatsfabrik zur Herstellung von Sprengstoffen oder von Mitteln zu ihrer Neutralisierung. Soll der einzelne Offizier oder Techniker sein Patent für sich erwerben können? Wie können dann solche Fabriken, die dem Techniker zu solchen Zwecken gerade die Hilfsmittel bieten, bestehen? Hier ist alles darauf angetan, daß jeder für das Ganze tätig ist; und so hoch ich auf der einen Seite die Freiheit des Individuums stelle, so bedeutsam ist die Unterordnung unter das Ganze zu würdigen, demgegenüber der Einzelne allerdings das Recht haben muß, sich durch Austritt aus dem Verhältnis zu befreien, ohne aber der Anstalt das entziehen zu dürfen, was sie durch ihn bereits erworben hat."

Kohler[127]) hält an dieser Ansicht fest: „Eine Stellvertretung in der Erfindertätigkeit ist möglich, ebenso wie bei der Okkupation und bei der Spezifikation. — — Wie überall im Recht kommt es auch für die Frage, ob Eigen-, ob Stellververtretungstätigkeit, nicht auf den internen Willen an, sondern auf das Verhältnis, in dem jemand zu einem Geschäftsherrn steht. — — Ein solches Rechtsverhältnis hat nicht etwa bloß einen obligationsrechtlichen, es hat auch einen personenrechtlichen Charakter: die eine Person unterwirft sich in Bezug auf eine gewisse Tätigkeitssphäre der anderen und opfert die rechtlichen Folgen dieser Tätigkeit schon zum voraus der anderen Person als ihrem Herren, als ihrem Gebieter. Dieses Opfer gilt für die Zeit, wo die betreffende Tätigkeit stattfindet. Für diese Zeit, also bis der Techniker in erkennbarer Weise das Verhältnis bricht, gilt die Untertanschaft seines erfinderischen Denkens; eine innere Absicht, nicht mehr für den Geschäftsherrn, sondern für sich tätig zu sein, wäre eine rechtlich unerhebliche Mentalreservation." „Ein solches Stellvertretungsverhältnis tritt auch ohne Vertrag dann ein, wenn jemand in eine Produktionsanstalt als Techniker in der Art eintritt, daß er sein technisches Wissen und Können nach bestimmter Richtung hin der Produktionsstätte zur Verfügung stellen soll. Wie der

[126]) Archiv für die zivilistische Praxis Bd 82, S. 213 f.

[127]) Handbuch des deutschen Patentrechts S. 234 ff., 243. Das Lob, das Kohler dem österreichischen Patentgesetz spendet, bezieht sich nicht auf die Anerkennung der Vertragstheorie in § 5 Abs. 3, sondern nur auf die gesetzl. Regelung der Vergütungsfrage in § 5 Abs. 4. Das hat Wertheimer in der Monatsschrift für Handelsrecht und Bankwesen XVI, S. 54 wohl übersehen.

Arbeiter der Fabrik seine Spezifikationen, wie der Zeichner das Musterrecht seiner Musterzeichnungen, so gibt hier der Erfinder seine Erfindungen der Anstalt hin[127a]).

Ähnlich wie Kohler tritt Lubszynki[128]) für das Recht des Dienstherrn an den Erfindungen der Angestellten ein.

Ebenso Isay[129]), wenn schon mit anderer Begründung.

Auch Bürner[130]) stellt unter Bezugnahme auf Darlegungen von Biberfeld[131]) den Satz auf: Die Erfindungen des Angestellten gehören grundsätzlich dem Prinzipal. Biberfeld rechtfertigt diesen Standpunkt mit der Erwägung: „Der Dienstvertrag ist überwiegend auf der Grundlage von Treu und Glauben aufgebaut, er stellt zwischen den beiden beteiligten Personen nach dem Willen des Gesetzgebers ein sehr intensives Treuverhältnis her, und dieses letztere schon bringt es mit sich, daß der Angestellte auch ohne ausdrückliche Dienstvorschrift auf den Vorteil seines Prinzipals bedacht sein muß."

Noch einer Äußerung von P. Alexander Katz[132]) ist zu gedenken. Er sagt: „Die Tätigkeit des Angestellten soll dazu beitragen, das Geschäft zu heben, ihm neue Kräfte für den Konkurrenzkampf zu verschaffen. Deshalb müssen die bei der technischen Arbeit für das Werk ersonnenen Neuerungen auch zur Verfügung des Werkes stehen. Das Werk muß sie also, soweit seine Bedürfnisse reichen, auch anwenden dürfen. — — Würde der Angestellte die Erfindung der Konkurrenz zugänglich machen, so würde er damit gröblichst gegen die Geschäftsinteressen des Werkes verstoßen. Er würde einen Akt der Felonie begehen;

[127a]) Kohler meint, die einem Dritten gegenüber abgegebene Erklärung die Erfindung für sich selbst machen zu wollen, sei unerheblich; anders, wenn dem Dominus gegenüber eine solche Erklärung abgegeben würde; dann wären die Erfindungen dem Angestellten, und er wäre dem Dominus nur obligatorisch haftbar. Patentrecht S. 62, Handbuch S. 234 f. Letztere Annahme ist mit Bolze und Isay, Geschäftsführung S. 307, Kommentar zum Patentgesetz S. 61, 90, Anm. 14 abzulehnen; der Angestellte kann nicht einfach durch die Erklärung an den Geschäftsherrn, die Erfindung im eignen Namen machen zu wollen, dessen Recht ausschließen. Kohlers Ansicht ist ein nicht begründetes Zugeständnis an die Vertragstheorie.

[128]) Glasers Annalen für Gewerbe und Bauwesen Bd. 40 (1897), Nr. 470, S. 34 ff. Seine Ausführungen sind nicht ganz klar.

[129]) Kommentar S. 90. Vgl. unten bei Note 150 ff.

[130]) Rechte und Pflichten der technischen Angestellten S. 56 ff.

[131]) Gummi-Zeitung, Nummer vom 5. Juni 1903.

[132]) Die Rechtsverhältnisse der höheren technischen Angestellten mit besond. Berücksichtigung ihrer Erfindungen S. 34; auch in den Verhandlungen des Vereins zur Beförderung des Gewerbfleißes 1906, Sitzungsbericht vom 5. März 1906, S. 86 f.

er wäre untreu. Es ist also eine Forderung, die sich auf die Treue gründet, welche den anständigen geschäftlichen Verkehr beherrscht, daß der Angestellte in dem Konkurrenzkampfe nicht zu Ungunsten des Geschäfts, in dem er arbeitet und unter dessen Flagge er also kämpfen soll, eingreift und dem Konkurrenten, dem Feinde, Waffen liefert."

Das klingt so, als ob dieser Schriftsteller zu den Gegnern der Vertragstheorie zu rechnen sei, als ob er das Recht des Geschäftsherrn an der Erfindung des Angestellten auf das Anstellungsverhältnis als solches gründete. Es ist aber nicht an dem. Er stellt diese Erwägung nicht an, um zu rechtfertigen, daß die Erfindung dem Geschäftsherrn gehört — insoweit operiert er wie die herrschende Lehre mit dem Gesichtspunkt der stillschweigenden Vereinbarung —, sondern nur, um daraus abzuleiten, inwieweit die Erfindung, welches Recht an der Erfindung dem Geschäftsherrn gehört[133]). Diese Halbheit ist meines Erachtens nicht zu billigen.

Der gleichen Halbheit nach einer anderen Richtung machen sich Kohler und Isay schuldig. Sie gründen das Erfindungsrecht des Geschäftsherrn auf die objektive Sachlage, auf das Anstellungsverhältnis als solches. Allein sie unterscheiden die Erfindungen, je nachdem sie in das Tätigkeitsgebiet des Angestellten fallen oder nicht, nur die ersteren Erfindungen weisen sie dem Geschäftsherrn zu. Gestützt wird diese Abgrenzung auf den mutmaßlichen Willen der Beteiligten bei Eingehung des Anstellungsverhältnisses[134]).

Mit aller Konsequenz vertritt dagegen Bolze den Satz, daß das Erfindungsrecht des Dienstherrn aus dem Anstellungsverhältnisse als solchem folgt, ohne Rücksicht auf den Willen der Beteiligten.

§ 10. 3. Bedenken gegen die Ansicht, daß der Geschäftsherr unmittelbar und unabhängig von seinem und dem Willen des Angestellten das Eigentum an dessen Erfindungen erwerbe.

Zunächst juristische Bedenken vom Standpunkte des geltenden Rechtes aus.

Kohler[135]) sagt: Das Erfinden ist ein Rechtsgeschäft; der Angestellte erfindet als Stellvertreter des Unternehmers; es ist nicht erforder-

[133]) Siehe unten § 15.

[134]) Siehe unten § 14.

[135]) Patentrecht S. 57, Forschungen aus dem Patentrecht S. 4, Aus dem Patent- und Industrierecht Bd. III, S. 15 ff., Handbuch des deutschen Patentrechts S. 229, S. 234 ff., Autorrecht S. 6 ff., Grünhuts Zeitschrift Bd. 13, S. 287 ff.,

lich, daß er den Willen hat, für den Unternehmer zu handeln; der Unternehmer erlangt originäres Erfinderrecht.

Die herrschende Lehre[136]) lehnt ab, daß das Erfinden ein Rechtsgeschäft sei, ebenso, daß der Angestellte als Stellvertreter des Unter-

Iherings Jahrbücher Bd. 26, S. 106, Archiv für die zivilistische Praxis Bd. 82, S. 209, Enzyklopädie der Rechtswissenschaft Bd. I S. 611, Urheberrecht an Schriftwerken und Verlagsrecht S. 228, Juristisches Literaturblatt 1899 S. 33: „Wenn man eine stellvertretende Urhebertätigkeit annimmt, so ist es wie bei sonstigen stellvertretenden Tätigkeiten, daß eben die intellektuelle oder voluntäre Tätigkeit des Einen in ihren Rechtswirkungen dem Anderen zukommt." Kunstwerkrecht S. 76.

[136]) Gegen die Annahme, daß das Erfinden ein Rechtsgeschäft sei: Reuling, Zeitschrift für das gesammte Handelsrecht Bd. 23, S. 107, Schuster, Urheberrecht der Tonkunst S. 83 f., Gierke, Deutsches Privatrecht Bd. I, S. 281, 787, 872, Nr. 61, Kloeppel in Gruchots Beiträgen Bd. 34, S. 19 ff., Schindler, Über das Erfinderrecht der Arbeiter usw. nach schweizerischem Recht S. 10, Isay, Die Geschäftsführung S. 306, Kommentar zum Patentgesetz S. 60, Schloßmann, Die Lehre von der Stellvertretung B. II, S. 14, Manigk, Das Anwendungsgebiet der Vorschriften für die Rechtsgeschäfte S. 383, Note 1, Willenserklärung und Willensgeschäft S. 675, Oertmann im Archiv f. bürgerl. Recht Bd. XX, S. 108, Breit, Die Geschäftsfähigkeit S. 88, 174, Eltzbacher, Die Handlungsfähigkeit S. 237, Schey, Die Obligationsverhältnisse des österreichischen Privatrechts Bd. I, S. 517, Kuhlenbeck, Urheber- u. Verlagsrecht S. 79 f

Gegen die Annahme einer Stellvertretung: Gierke, Deutsches Privatrecht Bd. 1, S. 869, Nr. 40, Bolze, Die Rechte der Angestellten u. Arbeiter usw. S. 24, Isay, Kommentar zum Patentgesetz S. 60, 90, Osterrieth, Verhandlungen des 28. Deutschen Juristentages Bd. II, S. 197, Pilenko, Das Recht des Erfinders S. 328 ff. Vgl. auch Scheele, Das deutsche Urheberrecht S. 10, Schuster, Urheberrecht der Tonkunst S. 128. Henneberg, Die Rechtsstellung des Verlegers S. 4. Dafür: Robolski, Patentgesetz 2. Aufl. S. 22, Kent, Kommentar zum Patentgesetz Bd. I, S. 170: „Es ist eine Stellvertretung bei der Erfindertätigkeit möglich." „Diese Stellvertretung unterliegt nicht etwa den Regeln des bürgerlichen Rechts, sie ist vielmehr eigentümlicher Natur."

Gegen den originären Erwerb des Unternehmers: Gierke, Deutsches Privatrecht Bd. I, S. 787, 869, Reuling, Die Anrechte der Auftraggeber usw. S. 13, Allfeld, Kommentar S. 26, Munk, Österreichisches Patentgesetz S. 45, Adler in der Kritischen Vierteljahrschrift Bd. XLIV, S. 389, Herrmann v. Otavsky im Österr. Patentblatt Bd. V, S. 523, Schey, Die Obligationsverhältnisse des österreichischen Privatrechts Bd I. S. 517, Pilenko, Das Recht des Erfinders S 328 ff., Henneberg, Die Rechtsstellung des Verlegers S. 4, vgl. auch Kuhlenbeck, Urheberrecht und Verlagsrecht S. 80. Dafür: Seligsohn, Kommentar 3. Aufl., S. 92, unter Bezugnahme auf das Reichsgerichtsurteil im Blatt für Patent-Muster- und Zeichenwesen Bd. X, S. 294 ff., hier wird aber nur gesagt, daß die Erfindung der Klägerin gehört ohne daß es hierzu erst einer Übertragungshandlung des Beklagten bedarf, von originärem Erwerbe ist keine Rede. Bettelheim, Das Recht des Erfinders S. 55 ff., Šuman, Kommentar zum österr. Patentgesetz S. 62 f., P. Alexander-Katz, Die Rechtsverhältnisse der höheren technischen Angestellten usw. S. 26, Kent, Kommentar Bd. I, S. 170.

nehmers erfinde. Sie läßt das Erfindungsrecht zunächst in der Person des Angestellten als des Erfinders entstehen, betrachtet das Erfindungsrecht des Unternehmers als ein unmittelbares aber derivatives: der Unternehmer tritt auf Grund der im voraus getroffenen Vereinbarung alsbald nach Entstehung des Erfindungsrechtes, ohne daß es noch eines speziellen Übertragungsaktes bedarf, als Nachfolger des Angestellten in dasselbe ein[137]).

Bolze[138]) beruft sich auf die Analogie der Okkupation und der Spezifikation ganz wie Kohler, nur lehnt er den Gesichtspunkt der Stellvertretung ab.

Es sei doch ohne weiteres zu verstehen[139]), „daß, wenn ein Jagdpächter sich Freunde zu einer Hasenjagd einladet, die Freunde zu ihrem persönlichen Vergnügen auf die Hasen schießen, aber nicht zu einem persönlichen Erwerbe, daß ihre Handlung vielmehr nach dieser Richtung für Rechnung des Gastgebers erfolgt, so daß der Gastgeber durch den Gast Besitz und Eigentum erwirbt, selbst wenn ein Gast so indelikat wäre. den Hasen für sich schießen zu wollen.“

Ferner[140]): „Die Arbeiter einer Fabrik, welche in Ausübung ihrer Stellung in der Fabrik tatsächlich einen Guß oder eine andere Handlung so vornehmen, daß durch diese Verarbeitung oder Umbildung der vorliegenden Stoffe eine neue bewegliche Sache hergestellt wird, haben diese persönliche Handlung für den Betriebsunternehmer und Geschäftsherrn vorgenommen, oder der Betriebsunternehmer und Geschäftsherr durch sie, Er hat mit der Herstellung der neuen Sache deren Besitz und Eigentum erworben, auch wenn der Arbeiter tatsächlich für sich hat erwerben wollen, und damit eine Unterschlagung oder einen Diebstahl ausführt.“

Leider bieten beide Analogien keine sichere Unterlage für die Beurteilung der rechtlichen Stellung, die der Geschäftsherr hinsichtlich der Erfindungen seiner Angestellten einnimmt. Denn es ist äußerst umstritten, unter welchen Voraussetzungen der Okkupierende das Eigentumsrecht für

---

[137]) Schindler, Über das Erfinderrecht der Arbeiter usw. nach schweizerischem Rechte S. 61, 66 unterscheidet, ob vereinbart ist, daß der Angestellte für den Geschäftsherrn Erfindungen machen soll, oder ob nur vereinbart ist, daß die von ihm freitätig gemachten Erfindungen dem Geschäftsherrn zufallen sollen. Dort nimmt er unmittelbaren Rechtserwerb des Geschäftsherrn an, hier nur eine obligatorische Verpflichtung des Angestellten zur Übertragung des Erfinderrechts.

[138]) S. 24.

[139]) S. 17.

[140]) S. 19.

einen andern erwirbt[141]). Und was die Spezifikation anlangt, so steht zwar fest, daß nicht der Arbeiter, sondern der Geschäftsherr das Eigentum erwirbt; aber die herrschende Lehre lehnt doch den Gedanken der Stellvertretung ab, nach ihr spezifiziert nicht der Arbeiter für den Geschäftsherrn, sondern der Geschäftsherr spezifiziert durch den Arbeiter[142]). Die Schlußfolgerung, daß das Gleiche auch für die Erfindung gelten müsse, ist nichts weniger als zwingend. Wer behauptet, daß auch der Geschäftsherr durch den Angestellten erfinde[143]), übersieht den großen Unterschied zwischen körperlichem und geistigem Schaffen[144]).

Noch einer dritten Analogie gedenkt Bolze[145]): „Hat eine Person des Gesindes oder haben Arbeitsleute bei ihren gewöhnlichen Verrichtungen auf dem Grundstück ihres Arbeitgebers einen Schatz entdeckt, so gebührt ihnen die Hälfte. Natürlich: denn wenn niemand auch nur eine Vermutung von dem Vorhandensein des Schatzes hatte, so gehört die Entdeckung des Schatzes bei Gelegenheit der „gewöhnlichen Verrichtungen der Arbeiter“ nicht zu den Funktionen, in welchen sie Arbeiten für den Grundeigentümer verrichteten. Anders, wenn dieser, um einen Schatz zu

[141]) Lotmar bei Brinz, Pandekten 2. Aufl., Bd. IV, S. 12, Mitteis, Lehre von der Stellvertretung S. 144, Lenel, Jherings Jahrbücher Bd. 36, S. 58, Rümelin, Archiv f. die zivilistische Praxis Bd. 93, S. 178 ff., 270 ff., Tobias, ebenda Bd. 94, S. 411, Leonhard, Vertretung beim Fahrniserwerb S. 114 ff, v. Heß, Die Voraussetzungen der direkten Vertretungswirkung im Entwurfe des schweizerischen Zivilgesetzbuches S. 63 ff., 79 ff., Gierke, Deutsches Privatrecht Bd. II, S. 538, Note 14, S. 229 f., Crome, System des deutschen bürgerl. Rechts Bd. III, S. 376, Kipp bei Windscheid, Pandekten Bd. I, § 155, Anm. 7 a, Manigk, Das Anwendungsgebiet der Vorschriften für die Rechtsgeschäfte S. 24 ff., 127 ff., 198, 391, Willenserklärung u. Willensgeschäft S. 541 ff., 580, 584 ff., 591, Schey, Die Obligationsverhältnisse des österreichischen allgemeinen Privatrechts Bd. I, S. 509.

[142]) Manigk, Willenserklärung und Willensgeschäft S. 663 ff., Schey a. a. O. S. 516 f.

[143]) So z. B auch Reuling, Zeitschrift für das gesamte Handelsrecht Bd. 23, S. 107: „Die schöpferische Arbeit des Urhebers begründet das Urheberrecht ziemlich in demselben Sinne, in welchem auch auf dem Gebiete materieller Arbeit der Arbeiter das Eigentum der von ihm hergestellten Sache erwirbt Keineswegs wird das Urheberrecht immer nur in der Person desjenigen begründet, welcher der eigentliche Erzeuger des Werkes ist.“ Auch Kuhlenbeck, Urheberrecht u. Verlagsrecht S. 80 operiert mit dem Gesichtspunkt der Spezifikation, spricht aber dem Geschäftsherrn nur ein abgeleitetes Urheberrecht zu.

[144]) v. Boehmer, Gewerbl. Rechtsschutz u. Urheberrecht Bd. VIII, S. 331.

[145]) S. 19.

entdecken, die Arbeiter beauftragt hatte, Umgrabungen zu diesem Behufe vorzunehmen, und hierbei der Schatz von ihnen entdeckt wurde."

Auch hier ist, mit Mertens[146]), zu erwidern: „Ganz verkehrt ist es, den angestellten Erfinder mit jenem Arbeiter zu vergleichen, welcher im Auftrage und auf Rechnung eines Dritten nach einem Schatze gräbt. Zwischen dem gefundenen Schatze und der Erfindung besteht ein großer Unterschied. Der Arbeiter leistet in diesem Falle im Gegensatz zum Erfinder vertretbare Arbeit. Er ist das bloße Werkzeug seines Auftraggebers, und der gefundene Schatz wird unzweifelhaft dem letzteren gehören. Wenn die Benutzung der Erfahrungen des Etablissements auch nicht ohne Einfluß auf das Zustandekommen der Erfindung zu sein pflegt, so bleibt doch die Konzeption der erfinderischen Idee das ureigenste Verdienst des Erfinders." Und noch eins. Wenn der Schatz, der vom Angestellten bei seiner gewöhnlichen Tätigkeit zufällig auf dem Grundstücke des Geschäftsherrn gefunden wird, zur Hälfte dem Angestellten gehört, weshalb soll die Erfindung, die der Angestellte bei seinen gewöhnlichen Verrichtungen unbeauftragt macht, wie Bolze[146a]) will, dem Geschäftsherrn ganz zufallen?

Schließlich beruft sich Bolze[147]) auf eine Entscheidung des Reichsgerichts. Es handelt sich hier um die Frage der Vorbenutzung, § 5 des Patentgesetzes. Bolze meint: „Ist eine Erfindung im Betriebe einer Fabrik in Benutzung genommen, so ist der Betriebsunternehmer derjenige, welcher befugt ist, die Erfindung für die Bedürfnisse seines eigenen Betriebes gegenüber dem späteren Anmelder dieser Erfindung auszunutzen, ohne daß dieser, wenn er das Patent erlangt, die Weiterbenutzung verbieten darf. An dieser Rechtsfolge wird dadurch nichts geändert, daß der geistige Urheber der Erfindung nicht der Betriebsunternehmer, sondern ein Angestellter des Etablissements gewesen ist. Ganz präzis hat das Reichsgericht in einer Entscheidung vom 14. Dezember 1903[148]) diese maßgebenden Grundsätze ausgesprochen und angewendet: „Wenn besondere Umstände nicht vorliegen, sind Arbeiten in einer Fabrik, die dort von Angestellten und Arbeitern verrichtet werden, um Erzeugnisse herzustellen, mit deren Herstellung sich die Fabrik befaßt ihrem Betriebe zuzurechnen. Ob der Wille des Inhabers darauf gerichtet ist, oder ob er auch nur darum weiß, kann nicht in Betracht kommen,

---

[146]) Archiv für Sozialwissenschaft und Sozialpolitik Bd. 25, S. 689 f.

[146a]) S. 27.

[147]) Rechte der Angestellten S. 27 ff.

[148]) Entscheidungen in Zivilsachen Bd. 56, S. 127. Blatt für Patent-Muster- und Zeichenwesen Bd. X, S. 363 ff.

da der Eigentümer einer Fabrik nicht von den Einzelheiten seines Betriebes Kenntnis haben kann oder unterrichtet zu sein braucht. Diese Grundsätze haben auch in Ansehung derjenigen Arbeiten zu gelten, die vorgenommen werden, um den Gegenstand einer von einem Angestellteu gemachten Erfindung herzustellen; d. h. auch diese sind an und für sich zum Betriebe der Fabrik zu rechnen, wenn sie ihrer Art nach zu demselben gehören können, und der sogen. Erfindungsbesitz[149]) steht alsdann dem Inhaber der Fabrik und nur diesem zu." Diese Grundsätze sind auch anzuwenden, wenn es sich nicht sowohl um die Vorbenutzung als um die Erzeugung der Erfindung handelt."

Der letzte Satz muß bestritten werden. Das Fortbenutzungsrecht in § 5 des Patentgesetzes steht nicht blos dem Erfinder, sondern jedem Vorbenutzer einer eigenen oder fremden Erfindung zu. Die Fragen: von wem ist die Erfindung benutzt worden und: von wem ist die Erfindung gemacht worden, sind durchaus verschiedener Natur. Dort handelt es sich um mechanische oder chemische Be- oder Verarbeitung von Rohstoffen, die nimmt der Geschäftsherr durch den Angestellten vor. Hier handelt es sich um eine geistige Produktion, was der Angestellte hier schafft, schafft er selbst, nicht der Geschäftsherr durch ihn.

Der Ansicht Isays ist noch zu gedenken.

Isay stimmt mit Kohler und Bolze darin überein, daß das Recht des Geschäftsherrn an der Erfindung des Angestellten unabhängig vom Willen des letzteren lediglich auf die objektive Sachlage zu gründen sei. In der juristischen Konstruktion aber weicht er von Kohler und Bolze ab. Er sagt[150]): „Das Bürgerliche Gesetzbuch bestimmt im § 855 für Fälle, in denen ein Anderer den Besitz als Glied eines fremden Wirtschaftsorganismus ausübt, daß als Besitzer nicht das Wirtschaftsorgan, sondern das Wirtschaftssubjekt anzusehen ist. Die Verhältnisse des Lebens, welche zu dieser rechtlichen Behandlung des Sachbesitzers gezwungen haben, sind im Erfindungsrecht die gleichen. Auch hier erhebt sich die Frage: haben die Arbeiter, die Ingenieure einer Fabrik, die dort eine geheim gehaltene Erfindung anwenden, Besitz an ihr oder hat ihn lediglich der Fabrikherr? Die Frage ist ebenso zu beantworten wie im Sachenrecht; § 855 BGB. findet also auf den Erfindungsbesitz entsprechende Anwendung. Das ist namentlich für den Besitzerwerb von hoher praktischer Bedeutung; unter den Voraussetzungen des § 855 BGB. erwirbt

149) D. h. die Befugnis zur Weiterbenutzung, welche § 5 PG. an den Tatbestand der Vorbenutzung knüpft.

150) Kommentar S. 89 f.

an einer Erfindung, die ein Angestellter macht, nicht dieser selbst, sondern der Dienstherr den Besitz. — Gänzlich unerheblich ist der Wille des Angestellten; die Grundsätze der Stellvertretung kommen hier nicht in Betracht."

Es ist zunächst nicht unbestritten, ob im § 855 BGB. neben der objektiven Sachlage (Unterordnungsverhältnis) das Willensmoment gleichgültig ist[151]). Vor allem aber muß entgegnet werden: daß die Vorschrift im § 855 über den Sachbesitz auf den Erwerb des Eigentums an Erfindungen durch die Angestellten anwendbar sei in Fällen, wo die Angestellten die Erfindungen sich nicht von Dritten haben mitteilen lassen, sondern selbst gemacht haben, ist eine Annahme, die schwerlich allgemeinen Beifall finden wird.

R. Alexander Katz und Katz[152]) wenden mit Recht ein, daß mit der Anwendung des § 855 BGB. schon darum nichts gewonnen sei, weil dessen Fassung — „vermöge dessen er den sich auf die Sache beziehenden Weisungen des Anderen Folge zu leisten hat" — offensichtlich die Frage nur erneut aufwirft, aber nicht entscheidet; denn es bleibe eben immer fraglich, ob im gegebenen Falle der Angestellte hinsichtlich der Substanz der Erfindung, insbesondere hinsichtlich der Patentanmeldung im In- und Auslande „den Weisungen des Geschäftsherrn Folge zu leisten hat."

Ebenso Jacobsohn[153]).

Aus dem Gesagten dürfte hervorgehen, daß die Ansicht, der Geschäftsherr erwerbe unabhängig vom Willen des Angestellten das Recht an dessen Erfindungen auf schwankendem Boden ruht.

Es steht nicht zu erwarten, daß diese Ansicht der herrschenden Vertragstheorie gegenüber sich durchzusetzen vermag.

Es ist dies aber nicht einmal zu wünschen, weil dann die Angestellten betreffs ihres Wunsches nach einer angemessenen Vergütung leer ausgehen würden.

„Der Schwerpunkt der Frage, sagt Lothholz[154]), liegt vor allem in der Spannung, die zwischen dem normalen Gehaltsanspruch des Angestellten auf der einen Seite und dem außerordentlichen Vorteil des

---

151) Berücksichtigung des Willensmomentes verlangt z. B. Wendt, Besitz und Besitzwille, S. 19 ff.

152) Verhandlungen des 28. Deutschen Juristentages Bd. II S. 296. Gewerblicher Rechtsschutz und Urheberrecht Bd. XI, S. 219.

153) Zeitschrift für angewandte Chemie XX. Jahrg. (1907) S. 890.

154) Juristisches Literaturblatt 1907 S. 193.

Unternehmers aus einer guten Erfindung auf der anderen Seite besteht. Dieser sozialen Seite der Frage wird Bolze nicht gerecht", ebensowenig Kohler und Isay.

§ 11. 4. Bedenken gegen die stillschweigende Vereinbarung als Grundlage des Erfindungsrechtes des Geschäftsherrn, gegen die Vertragstheorie überhaupt.

Die Frage drängt sich auf: Weshalb vertreten Bolze, Kohler, Isay einen Standpunkt, der den Arbeitgebern soviel Recht einräumt und juristisch zu den erheblichsten Zweifeln Anlaß gibt? Verdient der andere Weg — prinzipielle Anerkennung des Erfindungsrechts der Angestellten in Verbindung mit Vertragsfreiheit — nicht den Vorzug?

Darauf ist zu antworten: auch dieser andere Weg ist nicht frei von großen Bedenken.

Trotz der großen Anzahl der ergangenen Entscheidungen, trotz der vielen wissenschaftlichen Erörterungen stehen die Interessenten dem Einzelfalle gegenüber immer wieder ratlos da und wissen nicht, was Rechtens ist. Der Grund liegt darin, daß von den Anhängern der herrschenden Vertragstheorie mit dem Gesichtspunkte der sogen. stillschweigenden Vereinbarung operiert wird, oft recht willkürlich, so daß der Wille der Parteien in Wahrheit nur eine dekorative Rolle spielt. Wie Lenel[155]) in einem ähnlichen Falle sagt: geht man der herrschenden Lehre auf den Grund, so bemerkt man, daß sie dem Willen, so sehr sie den Worten nach auf ihn das Gewicht legt, in der Sache eigentlich Bedeutung nicht beimißt. Prinzipiell entscheidend sind in Wirklichkeit die Umstände, unter denen die Erfindung gemacht wurde. Aus diesen Umständen schließt man auf den entsprechenden Willen, betrachtet und behandelt aber diesen Schluß als einen notwendigen, unausweichlichen, und ist gar nicht der Meinung, daß die Richtigkeit dieses Schlusses in jedem einzelnen Falle noch besonders nachgeprüft werden solle. Man läßt die Umstände entscheiden, die Interessenlage. Während aber Kohler, Bolze, Isay die typische, durchschnittliche Interessenlage maßgebend sein lassen und deshalb zu einem bestimmten klaren Ergebnisse gelangen, wollen die Anhänger der herrschenden Vertragstheorie, daß für jeden einzelnen Fall die Interessenfrage speziell geprüft und beantwortet werde: die höhere oder niedere Stellung des Angestellten, die Höhe seines Arbeitslohnes, der Gegenstand seiner vertragsmäßigen Obliegenheiten, die tatsächliche Verwendung einer Arbeitskraft u. dergl. sollen ausschlaggebend sein. Daraus folgt

---

[155]) Iherings Jahrbücher Bd. 36, S. 52.

ein Zustand der Unsicherheit der Rechtsverhältnisse, der dem Bedürfnisse des Verkehrs nicht entspricht.

„Man muß es als allgemeine Regel ansehen, daß die Streitfrage nur durch Ausfindigmachen des mutmaßlichen Willens der Parteien entschieden werden kann," sagt Pilenko[156]). Und Damme[157]): „Es wird das Wesen des Dienstverhältnisses, des Auftrags, der Geschäftsführung im vollsten Umfange von Grund aus zu prüfen und hieraus auf den Willen der Beteiligten bei Eingehung des Verhältnisses zu schließen sein."

Wie selten würde das Erfindungsrecht dem Geschäftsherrn zufallen, wenn man streng daran festhalten wollte, daß es den übereinstimmenden Willen der Parteien zur Voraussetzung hat. Ich pflichte Katz[158]) bei: „Wenn man erwägt, daß mangels eines ausdrücklich erklärten Vertragswillens jeder Anhalt für die Annahme fehlt, daß der Angestellte oder der Geschäftsherr beim Abschluß des Dienstvertrages, sei es bei der Bestimmung der einzelnen von dem Angestellten zugesagten Dienstleistungen, sei es bei der Bemessung des von dem Geschäftsherrn zugesagten Dienstlohns, an etwaige zukünftige Erfindungen, die der Angestellte möglicherweise machen wird, auch nur gedacht hat, dann fehlt jede Rechtfertigung dafür, nachträglich für den Fall, daß der Angestellte innerhalb des Dienstverhältnisses eine Erfindung machen sollte, den Vertragswillen dahin zu ergänzen, daß der Angestellte auch das Recht an dieser Erfindung dem Geschäftsherrn durch Abschluß des Vertrages habe zuweisen, sich seinerseits mit dem von vornherein vereinbarten Dienstlohn habe abgegolten sehen wollen, oder daß auch nur der Geschäftsherr den von ihm zugsesagten Dienstlohn als angemessenes Entgelt für diese zukünftige Erfindung habe ansehen wollen. Auf der Grundlage eines nachträglich den Parteien suggerierten Vertragswillens, den sie in Wirklichkeit bei Abschluß des Dienstvertrags nicht gewollt haben, läßt sich daher die rechtliche Lösung der Frage nicht gewinnen."

Gleicher Ansicht Piloty[159]): Eine Vermutung, daß die Verpflichtung, eine etwaigen Erfindungen einem Anderen zur Verfügung zu stellen, durch den bloßen Anstellungsvertrag eingegangen sei, ist nicht gerechtfertigt. Man könnte eine solche Vermutung allenfalls da billigen, wo ein Patentschutz nicht besteht. Wo aber ein solcher eingerichtet ist, da ist der Verzicht auf denselben für den Erfinder niemals zu vermuten."

---

[156]) Das Recht des Erfinders S. 332.

[157]) Das deutsche Patentrecht S 246.

[158]) Gewerblicher Rechtsschutz und Urheberrecht Bd. XI, S. 219.

[159]) Annalen des Deutschen Reichs für Gesetzgebung usw. Bd. 30, S. 454.

Und doch wie viele Entscheidungen beruhen auf der Grundlage des suggerierten, des vermuteten, des „ohne weiteres“ angenommenen Vertragswillens!

Das ist ein Mißbrauch. „Mißbrauch ist es, von stillschweigenden Willenserklärungen da zu sprechen, wo nicht ausdrücklich erklärt, aber auch nicht wirklich gewollt ist“, sagt Zitelmann[160]). Das gilt für Fälle, wo „eine Partei, die einen entscheidungsbedürftigen Punkt des Rechtsgeschäfts nicht bedacht hat, doch, wenn sie ihn bedacht hätte, in bezug auf ihn dies oder das gewollt haben würde. Dieser nicht wirklich vorhanden gewesene, aber zu ergänzende Wille wird häufig als stillschweigend erklärt bezeichnet, das sollte vermieden werden.“ Ein wie viel größerer Mißbrauch ist es, von stillschweigender Willenserklärung zu sprechen, wenn ein Wille im Widerspruch mit dem wahren Sachverhalt ergänzt, wenn gesagt wird, das Erfindungsrecht des Arbeitgebers beruhe auf einer stillschweigenden Vereinbarung, obwohl, wenn man genau zusieht, kein Zweifel obwalten kann, daß der Angestellte, falls er an Erfindungen gedacht hätte, diese dem Arbeitgeber zu überlassen nicht gewillt gewesen wäre. Isay[161]) hat Recht: „Die Konstruktionen, welche das Recht der Dienstherren an den Erfindungen ihrer Angestellten auf den Willen der letzteren zurückführen, arbeiten in letzter Linie mit einer Fiktion.“ Nachdem man sich aus anderen Gründen für das Erfindungsrecht des Geschäftsherrn entschieden hat, wird nachträglich die Entscheidung formell auf die Vertragstheorie gestützt.

Sollte es sich nicht empfehlen, die Unehrlichkeit, die in einer solchen Fiktion liegt, durch eine Gesetzesvorschrift überflüssig zu machen, durch eine Gesetzesvorschrift, die ohne den Umweg über den Willen der Beteiligten zu nehmen, die typische Interessenlage ausschlaggebend sein läßt[162])?

---

[160]) Das Recht des BGB. I S. 91.

[161]) Kommentar S. 90 f.

[162]) Vgl. Manigk, Das Anwendungsgebiet der Vorschriften für die Rechtsgeschäfte S. 76 ff., Willenserklärung und Willensgeschäft S. 46, 62, 176, 214, 236 f: Die Römer hatten die Tendenz, die Rechtswirkungen möglichst auf den Willen der Interessenten zurückzuführen (obligationes quasi ex contractu und quasi ex delicto). Wir haben uns frei von dieser Tendenz gemacht. Aber wir suchen doch manche Rechtsbedürfnisse, so lange die Rechtsordnung ihnen keine Rechnung trägt, dadurch zu befriedigen, daß wir die Ausstattung gewisser rechtserheblicher Tatsachen mit den gewünschten Rechtswirkungen dadurch vermitteln, daß wir die letzteren auf den stillschweigenden Willen der Interessenten zurückführeu. Das ist ein Notbehelf. Es ist ein Fortschritt, wenn gewisse Rechtswirkungen nicht mehr dem wahren Sachverhalt zuwider auf stillschweigende Willenserklärungen zurückgeführt werden müssen,

Man hat den Vorschlag gemacht: durch Gesetzesvorschrift solle das Recht des Geschäftsherrn an den Erfindungen seiner Angestellten an die Voraussetzung einer ausdrücklichen, speziellen Parteivereinbarung geknüpft werden.

Meili[163]) erklärt: „Wer das Prinzip, daß die Erfindung des Angestellten ihm gehört, im einzelnen Falle umstoßen will, muß in der Lage sein, einen Vertrag vorzulegen, aus dem sich dies ergibt. Es ließe sich höchstens daran denken, ob neben einem ausdrücklichen Vertrage noch vorbehalten werden solle der Fall, da sich eine entgegengesetzte Willensmeinung ergeben würde. Sollte dies geschehen, so müßte jedenfalls gesagt werden, daß der Beweis strikte geführt werden müßte. Es wäre also zu sagen: Die Arbeiter, Angestellten, Staatsbeamten gelten als die Urheber der von ihnen gemachten Erfindungen, wenn nicht durch Vertrag etwas anderes bestimmt wurde oder wenn sich nicht eine andere Willensmeinung evident aus den Verhältnissen ergibt."

Der erste Gutachter[164]) und der erste Berichterstatter[165]) des 28. Deutschen Juristentages haben gleichfalls befürwortet, daß nur durch ausdrücklichen Vertrag der Geschäftsherr sich das Eigentum an der Erfindung ausbedingen kann. Im Laufe der Debatte hat aber Seligsohn das Erfordernis der Ausdrücklichkeit gestrichen und das Votum des Juristentages ist ihm hierin gefolgt.

Fuld[166]) meint, daß vom Standpunkt des Gesetzgebers die in § 5 des österreichischen Gesetzes enthaltene Regelung, wonach das Erfindungsrecht des Geschäftsherrn nur auf einen ausdrücklichen Vertrag gestützt werden könne, „grundsätzlich Beifall und Billigung verdient und es dürfte wohl anzunehmen sein, daß die Fortbildung des Patentrechts sich die Bestimmung zum Vorbild nehmen wird."

Weiter haben sich für das Erfordernis eines ausdrücklichen Vertrages

---

sondern auf gesetzliche Unterlage gestellt werden, so daß der Wille der Parteien unerheblich ist, von Willensmängeln, insbesondere Dissens oder Irrtum keine Rede mehr sein kann. Lotmar bei Brinz, Pandekten 2. Aufl. Bd. IV, S. 260, Note 6.

[163]) Die vom K. K. Handelsministerium herausgegebenen Gutachten über den Entwurf eines österreichischen Patentgesetzes 1894 S. 453 f.

[164]) Verhandlungen des 28. Deutschen Juristentages Bd. II, S. 308, 322, Bd. III, S 483.

[165]) Ebenda Bd. III, S. 490, 497.

[166]) Österreichisches Patentblatt Bd. VII (1905) S. 642. Auch Kohler, Handbuch S. 237 Note verlangt für das österreichische Recht einen ausdrücklichen Vertrag. A. A. Ephraim, Österreichisches Patentblatt a. a. O. S. 913. Bettelheim, Das Recht des Erfinders S. 59.

ausgesprochen v. Böhmer[167]) und Rauter[168]). Und unter den Reformvorschlägen, die Junck in der Reichstagssitzung vom 18. April 1907[169]) gemacht hat, findet sich die Empfehlung: „Man könnte vorschreiben, daß über die Rechte des Angestellten an seinen Erfindungen im Dienstvertrage unbedingt eine Bestimmung getroffen werden muß, widrigenfalls die Vermutung dafür spricht, daß der Angestellte das Recht an der Erfindung behalten soll."

Das praktische Ergebnis ist, je nachdem man Ausdrücklichkeit verlangt oder nicht, recht verschieden, wie aus folgendem erhellt.

Der erste Berichterstatter[170]) des 28. Deutschen Juristentags erklärte: „Die Leistung des Erfindens wird stets mehr oder minder auf Zufall beruhen, wenn daher nicht aus dem Inhalte des Vertrages ersichtlich ist, daß auch derartige zukünftige zufällige Leistungen den Gegenstand des Vertrages bilden sollen, so kann mit Sicherheit gesagt werden, daß keine der Parteien bei Abschluß des Vertrages diese zufälligen Leistungen in den Kreis ihres Vertragswillens gezogen hat. Diese rechtliche Auffassung gilt für Angestellte aller Art, auch für den Direktor eines gewerblichen Unternehmens. Denn der noch so hochgestellte leitende Beamte hat für die Förderung des Unternehmens, dem er vorsteht, mit denjenigen Mitteln zu sorgen, welche ihm der Geschäftsherr hierfür zur Verfügung stellt; nicht aus eigenen Mitteln soll der angestellte Beamte das von ihm geleitete Unternehmen fördern. Auch wird das Gehalt eines leitenden Direktors, so hoch es auch bemessen sein mag, immer im Rahmen derjenigen Gehaltsgrenzen sein, welches Männern von gleicher leitender Stellung gezahlt wird, auch wenn sie keine Erfindung machen. Die Unbilligkeit, eine im Dienst gemachte Erfindung dem Geschäftsherrn zu überweisen, ist demnach die gleiche, mag es sich um einen höheren Angestellten, um ein Werkführer oder um einen einfachen Arbeiter handeln."

Anders die herrschende Lehre, die P. Alexander Katz[171]) dahin formuliert: „Es wird angenommen, daß gewöhnliche Arbeiter zum Erfinden nicht angestellt werden, so daß im Zweifel die Erfindungen der gewöhnlichen Arbeiter diesen gehören. In gleicher Weise gilt vom Werkmeister, der ja vielfach aus der Arbeiterklasse hervorgegangen ist und

---

[167]) Gewerbl. Rechtsschutz und Urheberrecht Bd. VIII, S. 340, 346.

[168]) Chemische Zeitschrift III, S. 799.

[169]) Siehe oben bei Note 10.

[170]) Verhandlungen Bd. III, S. 478 f.

[171]) Die Rechtsverhältnisse der höheren technischen Angestellten mit besonderer Berücksichtigung ihrer Erfindungen S. 33, auch in den Verhandlungen des Vereins zur Beförderung des Gewerbfleißes 1906, Sitzungsbericht vom 5. März 1906, S. 68.

dieser noch nahe steht, daß auch dessen Erfindungen sein Eigentum sind und nicht dem Geschäftsherrn zustehen. Dagegen beim Ingenieur, Chemiker wird regelmäßig angenommen, daß sie für den Geschäftsherrn erfinden, soweit die Erfindung in den Rahmen des Betriebes paßt."

Ich halte den vorgeschlagenen Ausweg der ausdrücklichen Vereinbarung nicht für empfehlenswert. Meines Erachtens ist die Vertragstheorie gänzlich zu verlassen, dem Rechte des Geschäftsherrn an der Erfindung des Angestellten ist eine unmittelbare gesetzliche Grundlage zu geben. Dafür spricht folgendes.

Die Ansicht, nach welcher das Recht an den Erfindungen der Angestellten nur durch das Mittel des Vertrages dem Dienstherrn zuteil werden kann, erweckt den Anschein, als ob die Interessen der Angestellten in erster Linie stünden.

Ich sage den Anschein. Sieht man nämlich genau zu, so muß man sagen: die Anerkennung des Prinzips, daß den Angestellten das Erfindungsrecht gebührt, wird durch die Zulassung der Vertragsfreiheit so gut wie illusorisch. Die Arbeitgeber werden es fortan in allen Anstellungsverträgen an einem Passus, der ihnen die Erfindungen der Angestellten zuweist, nicht fehlen lassen. Es ist zu beachten, daß die formelle Freiheit der Vertragschließenden durchaus nicht auch ihre materielle Freiheit bedeutet. Der Angestellte ist zum Angebot seiner Arbeitskraft gezwungen; deshalb liegt die Gefahr außerordentlich nahe, daß die zum Abschluß des Vertrages gezwungene Person, wenn auch nicht rechtlich, so doch tatsächlich sich ungünstige Vertragsbedingungen gefallen lassen muß.

Leidig, ein Vertreter der Arbeitgeber, hat auf der Versammlung des Zentralverbandes deutscher Industrieller vom 16. März 1907[172]) eingeräumt: durch Vertrag könne man nicht so leicht aus der Schwierigkeit herauskommen; bei wirtschaftlicher Depression werde ein chemischer Angestellter eventuell jeden Vertrag annehmen, um eine Stelle zu bekommen. Und Ephraim[173]) macht geltend: die Bestimmung, daß von Rechtswegen die Erfindung dem Angestellten gehöre, werde den Angestellten keinen Nutzen bringen, da durch die vorgesehenen Dienstverträge der Zweck der Bestimmung in den meisten Fällen vereitelt werden könnte.

Will man den Interessen der Arbeitgeber dienen, so soll man es offen und ehrlich tun. Dann darf man aber nicht den Umweg einschlagen, daß man den Angestellten prinzipiell etwas gewährt, was man ihnen durch Vertrag wieder nehmen läßt. Es ist richtiger, wenn

[172]) Deutsche Industriezeitung XXVI (1907), S. 139.
[173]) Zeitschrift für angewandte Chemie XVII. Jahrgang, S. 354.

man unverhohlen und rückhaltlos bekennt: das Erfindungsrecht an der vom Angestellten gemachten Erfindung steht nicht bloß vertragsmäßig, sondern unmittelbar von Rechtswegen dem Arbeitgeber zu. Der wahre Sachverhalt wird verhüllt, wenn man mit der Begründung, die Arbeiter dürften nicht bevormundet werden, die Gestaltung der Dinge der vertragsmäßigen Regelung überläßt, bei welcher die Parteien wohl gleichberechtigt, aber nicht gleichmächtig einander gegenüberstehen.

Der Weg, den Bolze, Kohler und Isay einschlagen, verdient insoweit den Vorzug. Sie sind darauf bedacht, den wahren Sachverhalt zum Ausdruck zu bringen, das Recht an den Erfindungen der Angestellten unabhängig vom Willen der Beteiligten unmittelbar auf gesetzliche Grundlage zu stellen.

Allein diese Grundlage ist, wie wir gesehen haben, was die juristische Konstruktion anlangt, keine zuverlässige. Sie entspricht überdies nicht den Anforderungen der Gerechtigkeit, weil die Angestellten eines Anspruchs auf Vergütung entbehren.

Damit berühre ich einen Puukt, der schließlich noch einen Vorwurf gegen die Vertragstheorie begründet. Sie versagt, was den Vergütungsanspruch des Angestellten anlangt, völlig. Wie man[174]) angesichts des Umstandes, daß nach der Vertragstheorie der Angestellte für seine dem Geschäftsherrn zufallenden Erfindungen leer ausgeht, sagen kann, daß die wohlbegründeten Entscheidungen des Reichsgerichts und des Patentamtes „Licht und Schatten gleichmäßig nach beiden Seiten verteilen", ist mir unverständlich.

Kent[175]) meint: „Die Frage, ob der Angestellte für seine Erfindertätigkeit eine besondere Vergütung beanspruchen kann, hängt von den Vereinbarungen der Beteiligten und insbesondere von der Auslegung des Anstellungsvertrages ab. Ergibt sich aus diesem kein Hinweis darauf, daß eine Vergütung zu leisten sei, so wird der Angestellte regelmäßig eine solche nicht beanspruchen können, da alsdann die Vergütung in dem Gehalte gewährt ist."

So wenig Skrupel die herrschende Theorie und Praxis sich macht, wenn es eine stillschweigende Vereinbarung zugunsten des Erfindungsrechtes des Geschäftsherrn anzunehmen gilt, so ablehnend zeigt sie sich gegenüber dem Vergütungsanspruch des Angestellten. Es gibt meines Wissens keine Entscheidung, in der dem Geschäftsherrn für die ihm zuerkannte Erfindung des Angestellten die Verpflichtung zur Vergütung des-

---

[174]) Winter, Gesetz und Recht Bd. VIII, S. 55.

[175]) Kommentar § 1 Nr. 324.

selben angesonnen worden wäre. Darin sehe ich eine Unbilligkeit, glaube aber nicht, daß die Vertreter der herrschenden Ansicht ihren Standpunkt aufgeben werden.

Da das geltende Recht keinen Ausweg zeigt, der juristische Sicherheit bietet und zu gerechtem Ziele führt, ist der Erlaß neuer Vorschriften unvermeidlich. Welchen Inhalt sollen diese neuen Vorschriften haben?

C. Der Reformvorschlag.

§ 12. 1. Der richtige Standpunkt für die Lösung der Interessenkollision.

Nicht bloß zwei Interessenstandpunkte gibt es, den der Arbeitnehmer und den der Arbeitgeber, sondern noch einen dritten, nämlich den der Unternehmung als eines Gliedes des volkswirtschaftlichen Produktionsprozesses[176]).

Diesen Standpunkt hat W. v. Siemens in eingehender Darlegung zur Geltung gebracht. Er führt aus[177]):

„Eine im industriellen Leben stehende und an der technischen Entwicklung mitarbeitende Firma kann ihren Beruf nicht erfolgreich ausüben, wenn sie daran gehindert wird, sich eine wirksame und arbeitsfähige Organisation zu schaffen. — — Ihre Leistung muß nicht nur wirtschaftlich erfolgreich sein, sondern soll auch befruchtend wirken auf die Entwicklung des in ihre Arbeitssphäre fallenden technischen Gebietes und hierdurch auch gleichzeitig dem allgemeinen Interesse dienen. Dieser Hauptsache gegenüber darf nicht zu einseitig und zu ausschließlich das Sonderinteresse der in einer Firma vereint tätigen Individuen betont werden. Eine Firma ist kein Konglomerat von Individuen, kein Tummelplatz für einen Kampf um die Beute zwischen Inhabern, Aktionären, Direktoren, Angestellten und Arbeitern. Sie ist vielmehr selbst Indivi-

[176]) Ernst Abbe in einer 1894 gehaltenen Rede: „Gemäß den Pflichten, welche meine Stellung mir auferlegte, mußte ich die Erscheinungen des heutigen Wirtschaftslebens im Bereiche eines einzelnen Industriezweiges betrachten vom Standpunkte des Unternehmers und des Kapitalisten. Gleichzeitig aber habe ich sie auch immer auf Grund meiner Abstammung betrachten müssen mit den Augen des Arbeitersohnes, dem über Nacht nicht Unternehmer- und Kapitalistenaugen wachsen wollen. — — Und schließlich habe ich unabhängig von jeder Beeinflussung durch äußere Rücksichten aus beiden ein Fazit mir ziehen können aus dem Gesichtspunkte des öffentlichen Interesses und des Gemeinwohles." Nach Czapski, Ernst Abbe als Arbeitgeber S. 2. — Vgl. auch R. Ehrenberg, Das Arbeitsverhältnis als Arbeitsgemeinschaft im Thünen-Archiv Bd. II, S. 176 ff.

[177]) Gewerbl. Rechtsschutz und Urheberrecht Bd. XII, S. 206, 209, 210; Sonderabdruck S. 18 f., 31, 33.

duum von besonderer und organisch gewachsener Eigenart; ihre Eigenart ist das Produkt des Geistes, aus dem sie hervorgegangen ist, und in welchem sie weitergeführt wird. — — Zu den wesentlichen Notwendigkeiten einer industriellen Firma, deren Arbeitsziel die organisierte Zusammenarbeit einer größeren Anzahl von Personen voraussetzt und welche vergleichbar ist mit der Wirkungsweise einer komplizierten Maschine, wo alle Räder und Teile planmäßig ineinandergreifen müssen, gehört es, daß alle Mitwirkenden, vom obersten Chef bis zum letzten Angestellten ihr Sonderinteresse dem Gesamtinteresse unterzuordnen haben, und daß die Pflicht dem Ganzen gegenüber vor dem Einzelrecht den Vorrang hat. Die gemeinsame Aufgabe aller ist es, ein inbezug auf Qualität und Quantum möglichst großes und wertvolles Arbeitsprodukt zu erzeugen und gleichzeitig dadurch eine Überlegenheit gegenüber konkurrierenden Bestrebungen herbeizuführen. Das ist nur erreichbar, wenn jeder seine Kraft einsetzt und sie auch rückhaltlos einsetzt, in Übereinstimmung mit den Direktoren, durch welche der Kurs der Vorwärtsbewegung festgestellt wird."

„Wenn der Angestellte das Eigentumsrecht an den Erfindungen hat oder wenigstens einen gesetzlichen Eigentumsanteil, so entsteht für die Firma geradezu eine komplizierte moralische Zwangslage. Denn fremdes Recht und fremdes Eigentum müssen respektiert werden. Eine Firma muß sich umso gewissenhafter auf diesen Standpunkt stellen, wenn es sich um die Eigentumsrechte ihrer eignen Angestellten handelt. — — Die Firma kann aber den Urhebern im allgemeinen nicht gestatten, die betreffenden Patente außerhalb der Firma zu verwerten, weil sie dadurch ihre Konkurrenzfähigkeit schwächen würde. Eine Firma würde in Summa gar nicht imstande sein, einheitlich und vernünftig zu disponieren, wenn sie ihren Angestellten gegenüber nicht mit voller Souveränitat über die Patente verfügen könnte. Frei von allen materiellen und moralischen Ansprüchen muß sie lediglich nach sachlichen Gesichtspunkten von ihrem eignen Interessenstandpunkte aus bestimmen können, welche Patente und zu welchem Zeitpunkte sie genommen werden sollen, ob Patente aufrecht zu erhalten oder fallen zu lassen sind, ob und in welchem Umfange sie angewendet werden, ob Patentverletzungen zu verfolgen sind usw. Die Firma kann sich nicht durch Rücksicht auf die Ansprüche ihrer Angestellten an den von ihnen gemachten Erfindungen einengen und behindern lassen, sie kann sich nicht das Obligo auferlegen lassen, das Patenteigentum ihrer Angestellten möglichst vorteilhaft gestalten zu müssen. Sie kann vielmehr nur das eine Ziel vor Augen haben, ihren ganzen Geschäftsbetrieb erfolgreich und wirksam zu entwickeln."

Diese Ausführungen eines so maßgebenden Vertreters der Industrie decken sich im wesentlichen mit dem, was Bolze, der hervorragende Praktiker, und Kohler, der erste Theoretiker des Patentrechts, verlangen[178]). Der Betrieb des Etablissements ist ein einheitlicher, was der einzelne vornimmt, nimmt er als Glied, als Funktionär des Etablissements vor, deshalb gehört diesem der Erfolg, sagt Bolze. Und nach Kohler unterwirft sich der Angestellte inbezug auf seine Erfindungstätigkeit dem Arbeitgeber wie ein Untertan dem Gebieter[179]). Alle drei begegnen sich in dem Gedanken, daß nicht sowohl um des Unternehmers, als vielmehr um der Unternehmung willen eine solche Unterordnung des Angestellten unvermeidlich ist, daß ohne Unterordnung der Unternehmung die straffe einheitliche Organisation fehlen würde, und daß ohne diese die Unternehmung nicht gedeihen kann. Vom Gedeihen der industriellen Unternehmungen aber hängt die Blüte der Volkswirtschaft, das Wohl der Gesamtheit ab.

Auch Osterrieth[180]) hat betont: „Die Frage (nach den Rechten an den Erfindungen der Angestellten) muß unter dem Gesichtspunkt der Allgemeininteressen gegrüft werden. Denn auch der Patentschutz dient nicht lediglich zur Belohnung und Förderung des einzelnen Erfinders, sondern der Gesamtheit der Interessen, die in Technik und Industrie an dem Erfindungswesen beteiligt sind."

Ich trage keinen Augenblick Bedenken, dieser Auffassung vorbehaltlos zuzustimmen.

Aber was folgt daraus? Meines Erachtens nicht mehr, als daß die Erfindung des Angestellten, soweit sie inhaltlich der Sphäre des Unternehmens angehört, ohne weiteres, unmittelbar von Gesetzeswegen dem Unternehmer zufallen soll.

Nicht aber folgt daraus, daß dem Angestellten eine Vergütung für die Erfindung zu versagen ist.

Der Produktionsprozeß muß ein einheitlicher, geschlossener sein. Daß Produktionsergebnis ist einer Teilung zugänglich. Der Satz, „daß

---

178) Vgl. § 9.

179) Vgl. auch Lobe, Der unlautere Wettbewerb als Rechtsverletzung Bd. I, S. 205: „Je mehr die gewerbliche Betätigung sich zu einem organisierten Unternehmen auswächst und in diesem stattfindet, desto mehr Hilfskräfte werden darin für den Inhaber des gewerblichen Unternehmens arbeiten. All' dieses gewerbl. Tätigwerden bildet aber nur einen Bestandteil des gewerbl. Betriebs des Unternehmers, unter dessen Namen dieser ausgeübt wird, es mangelt ihm die Selbständigkeit. Als Bestandteil seines Gewerbebetriebes gilt es als dessen gewerbl. Betätigung."

180) Verhandlungen des 28. Deutschen Juristentages Bd. II, S. 204 f.

nicht zu einseitig und ausschließlich das Sonderinteresse der in einer Firma vereint tätigen Individuen betont werden darf", ist nicht bloß dem Angestellten entgegenzuhalten, der das Recht an seiner Erfindung beansprucht, sondern auch dem Geschäftsinhaber, der dem Angestellten einen angemessenen Anteil an dem durch die Erfindung erzielten Gewinn vorenthält. Das Gedeihen des Unternehmens hängt auch von der Zufriedenheit und Arbeitsfreudigkeit der Angestellten ab, es wird gefährdet, wenn das Sonderinteresse des Firmeninhabers zu einseitig und ausschließlich Berücksichtigung erfährt.

Damme[181]) bemerkt zutreffend: „So sehr die Unternehmung als Wertfaktor der Volkswirtschaft des Schutzes bedarf, so sehr bedarf dieses Schutzes auch das erfinderische Genie, dessen Ausbeutung im fremden Dienste das Gefühl der Gerechtigkeit im hohen Maße unbefriedigt läßt. Der gegenwärtige Stand der Dinge führt dazu, daß Angestellte sehr oft sich heimlich ihrer Verpflichtung, ihre im Dienste gemachte Erfindung dem Dienstherrn mitzuteilen, entziehen. Auch der Unternehmer leidet unter diesem Zustande. Viele Unternehmungen sind auf fortgesetzte Verbesserungen und neue Erfindungen angewiesen, um auf der Höhe zu bleiben und sich von der Konkurrenz nicht überholen zu lassen."

Ebenso Ruppert[182]): Das Ergebnis des gegenwärtigen Rechtszustandes sei die Unlust, sich um Erfindungen zu bemühen oder die Neigung, Erfindungen geheim zu halten. „Der Direktor einer großen Aktiengesellschaft äußerte einst, es sei merkwürdig, daß seine Leute fast immer erst patentfähige Erfindungen machen, nachdem sie von ihm fortgegangen wären. Die Erklärung liegt einfach in dem Satze der Anstellungsverträge der Beamten, nach welchem alle von ihnen gemachten Erfindungen ohne weiteres der Fabrik gehören sollen."

Wenn W. v. Siemens[183]) sagt: „Es kann nicht genügend überzeugend gemacht werden, daß es ein krankhafter Zustand ist, wenn der Angestellte seine gesamte geistige Kraft in seinem Dienstverhältnis betätigt, wenn Erfindungstätigkeit als zum Wesen einer normalen Ingenieurtätigkeit gehörig angesehen wird, wenn eine Firma ihre Patente als Hilfsmittel auffaßt, um die technische Entwicklung ihres Gebietes konkurrierenden Bestrebungen gegenüber durchführen zu können und über diese Hilfsmittel deshalb frei verfügen will" — so hat er allenthalben recht bis auf den einen Punkt, daß die Erfindungstätigkeit zur normalen

---

[181]) Das deutsche Patentrecht S. 245.

[182]) Siehe Note 73.

[183]) a. a. O. S. 212 bezw. S. 40.

Ingenieurtätigkeit gehöre, daß deshalb ein Rechtsanspruch auf besondere Vergütung der Erfindung abzulehnen sei.

„Je mehr eine Erfindung, betont zutreffend Reuling[184]), als eine höhere und wirklich originale geistige Leistung anzusprechen ist, umsoweniger kann die Erfindung als zu den pflichtmäßigen dienstlichen Obliegenheiten eines Angestellten gerechnet werden. Denn je größer und originaler die der Erfindung zu Grunde liegende Konzeption ist, umsomehr tritt sie aus dem Rahmen dessen heraus, was von dem Angestellten erwartet werden konnte, und wofür man seine Dienste hat in Anspruch nehmen und durch den vertragsmäßigen Gehalt hat honorieren können und wollen. Es ist, um ein Beispiel jüngsten Datums zu nehmen, kaum denkbar, daß eine Erfindung wie die Mannesmannsche als in den Rahmen der pflichtmäßigen Dienstleistungen eines Angestellten fallend angesehen werden könnte." Das Postulat der angemessenen Vergütung vermag der ganzen Stufenleiter des erfinderischen Verdienstes und Erfolges gerecht zu werden.

Es ist wahr, jedes Arbeitsverhältnis ist seiner Natur nach ein Herrschafts- bezw. ein Abhängigkeitsverhältnis. Aber soweit die Unterordnung und Unselbständigkeit der Arbeiter auch notwendig ist, immer bleibt die Frage offen, ob das Verhältnis der von den Unternehmern beschäftigten Arbeiter so geordnet ist oder werden kann, daß dadurch nicht nur dem wirtschaftlichen Interesse des Unternehmers, sondern auch den Bedürfnissen und Wünschen des Arbeiters Rechnung getragen wird.

Es ist, meine ich, Potthoff zuzustimmen, der in der Reichstagsverhandlung vom 14. März 1905[185]) sagte:

„Der vollkommene Ausschluß der Angestellten vom materiellen Nutzen aus wichtigen Erfindungen, die sie machen, trägt dazu bei, den Erfindungseifer lahm zu legen und vor allen Dingen auch den Verwertungseifer. Wenn ich ein Beispiel nennen darf: Es ist mir dieser Tage ein Fall berichtet worden, der hier in Berlin schwebt, in dem ein Werkmeister eine Erfindung gemacht hat, die wesentliche Ersparnisse beim Verfahren der betr. Unternehmung mit sich bringt. Das Unternehmen hat im Laufe von zehn Jahren 30 000 Mk. gespart, also verdient durch die Erfindung, und der Werkmeister hat nicht einen Pfennig als besondere Vergütung dafür bekommen. Jetzt hat er vor Kurzem ein neues Verfahren entdeckt, daß mindestens ebenso wertvoll ist wie seine erste Entdeckung. Die Proben sind gemacht und zur vollen Zufriedenheit ausgefallen. Der Unternehmer

[184]) Die Anrechte der Auftraggeber usw. S. 16.

[185]) Gewerblicher Rechtsschutz u. Urheberrecht Bd. X, S. 206. Österreichisches Patentblatt 1905, S. 265 f.

verlangt, daß er sein Verfahren preisgibt und für ihn zum Patent anmeldet. Der Werkmeister weigert sich, weil er keine Lust hat, nur für das Interesse des Unternehmers in dieser Beziehung tätig zu sein. Wenn also hier keine gütliche Einigung stattfindet, so ist die Folge einmal eine Zerstörung des Verhältnisses zwischen dem Werkmeister und seinem Arbeitgeber und zum andern vielleicht eine Benachteiligung des Unternehmens und der ganzen Industrie dadurch, daß dieses neue, bessere Verfahren zur Zeit noch nicht ausgebeutet werden kann. — — Ich erkenne vollkommen an, daß die Materie große Schwierigkeiten hat, und daß die großen Unternehmungen, namentlich der chemischen und elektrotechnischen Industrie, die mit ihren stetigen Verbesserungen, Erfindungen darauf angewiesen sind, ein gewisses Recht auf die Ausbeutung der Erfindungen ihrer Angestellten haben müssen. Aber es liegt im Interesse auch der Unternehmungen und des technischen Fortschrittes unserer ganzen Industrie, wenn man, sobald man an eine Änderung der Gesetzgebung herangehen will, auch den Gesichtspunkt im Auge hat, daß den billigen Ansprüchen der Angestellten auf die Vorteile aus wichtigen Erfindungen, die sie selbst machen, einigermaßen Rechnung getragen wird."

§ 13. 2. Das Prinzip der Lösung: Die Erfindung gehört dem Geschäftsherrn, der Angestellte hat Anspruch auf angemessene Vergütung. Der Erwerb des Geschäftsherrn ist ein unmittelbarer, aber abgeleiteter.

Beide Teile stimmen darin überein, daß an gewissen Erfindungen des Angestellten den Dienstherrn ein Anrecht zustehen soll.

Die Meinungsdifferenz betrifft ein Dreifaches:

1. die Frage, an welchen Erfindungen hat der Dienstherr ein Anrecht?

2. die Frage, welches Anrecht gebührt dem Dienstherrn?

3. die Frage, hat der Dienstherr sein Anrecht zu vergüten oder nicht?

Zu 1. Die Angestellten[186]) wollen dem Dienstherrn ein Anrecht einräumen an Erfindungen, die

a) einen gewissen Gegenstand betreffen und überdies

b) vom Angestellten während der Dienstzeit entweder dem Dienstherrn vorgelegt oder im Inlande zum Patent angemeldet werden.

Der Punkt a wird in §§ 14 u. 15 erörtert.

---

[186]) Vgl. oben bei Note 71.

Zu b ist Folgendes zu bemerken. Der Geschäftsherr soll bei nicht zum Patente angemeldeten Erfindungen nur berechtigt werden, wenn sie ihm der Angestellte vorlegt, wozu er allerdings verpflichtet ist. Ich meine, es geht nicht an, das Recht des Geschäftsherrn von der Erfüllung der dem Angestellten obliegenden Vorlegungspflicht abhängig zu machen. Das Recht des Geschäftsherrn muß ein unbedingtes sein. An allen Erfindungen, die der Angestellte während der Dauer des Dienstverhältnisses macht, ist dem Geschäftsherrn ein Recht einzuräumen, soweit sie in dessen Betriebssphäre fallen.

Zu 2. Die Angestellten wollen dem Dienstherrn auf Verlangen das ausschließliche Recht, die Erfindung im Inlande gewerblich auszunutzen, also eine exklusive Lizenz einräumen, m. a. W. dem Dienstherrn soll nur ein obligatorischer Anspruch auf Erlangung einer ausschließlichen Lizenz zu stehen.

Nach dem gegenwärtigen Rechtszustande, gleichviel, ob man die herrschende Vertragstheorie vertritt oder sich der von Kohler, Bolze, Isay vertretenen Ansicht anschließt, fällt die Erfindung dagegen unmittelbar ins Eigentum des Dienstherrn. Die Arbeitgeber werden voraussichtlich daran festhalten wollen.

Einverständnis herrscht darüber, daß die Erfindung, soweit sie vom Dienstherrn abgelehnt wird, der freien Verfügung des Angestellten untersteht.

Zu 3. Die Angestellten wünschen, daß das Recht auf angemessene Vergütung gesetzlich festgelegt werde.

Die Arbeitgeber werden in der Vergütungsfrage wahrscheinlich zu Zugeständnissen bereit sein; ob sie einen Rechtsanspruch des Angestellten auf Vergütung, welcher der freien Parteivereinbarung entzogen ist, anerkennen werden, ist mir zweifelhaft.

Also zwei Dinge sind streitig: einmal die rechtliche Stellung, welche Angestellter und Dienstherr der Erfindung gegenüber einnehmen, sodann die Verpflichtung des Dienstherrn zur Vergütung.

Ich meine, der Streit ist so zu schlichten, daß der erste Punkt zugunsten der Arbeitgeber, der zweite Punkt zugunsten der Angestellten zu entscheiden ist. Also:

A) Der Arbeitgeber erlangt von Gesetzeswegen unmittelbar das Recht an gewissen Erfindungen des Angestellten. Soweit der Arbeitgeber auf die Erfindung verzichtet, gehört sie dem Angestellten.

B) Der Angestellte erlangt von Gesetzeswegen unmittelbar das im voraus unentziehbare Recht auf eine angemessene Vergütung.

Diese Lösung des Interessenkonflikts dürfte der Zweckmäßigkeit und der Gerechtigkeit Genüge tun.

Dem Interesse der Unternehmung, dem nicht unbilligen Wunsche nach Abwehr schädlicher Konkurrenz wird dadurch Rechnung getragen, daß der Arbeitgeber ein vom Willen des Arbeiters unabhängiges Vorrecht an der Erfindung erlangt.

Die vom Willen des Arbeitgebers unabhängige angemessene Vergütung andererseits befriedigt das Interesse des Arbeiters und zwar in doppelter Richtung. Einmal geht er nicht leer aus. Sodann wird durch das Maß der Vergütung der Arbeitgeber vor einer Überspannung seiner Ansprüche hinsichtlich der Erfindung gewarnt, die, ohne ihm zu nützen, den Arbeiter benachteiligt; denn je mehr Befugnisse an der Erfindung der Arbeitgeber beansprucht, um so größer fällt die von ihm zu zahlende Vergütung aus.

Die Vorschrift des österreichischen Patentgesetzes in § 5 Abs. 3, wonach die Erfindung des Angestellten von Rechtswegen diesem, nur von Vertragswegen dem Dienstherrn gehört, wird in den Motiven so gerechtfertigt: „Die naheliegende Bestimmung, daß alle von den Angestellten im Dienste gemachten Erfindungen, weil während des dem Dienstherrn gewidmeten Dienstes und mit Benützung der Einrichtungen oder Materialien des Dienstherrn gemacht wurden, ihrem Dienstherrn zufallen sollen, würde einerseits eine große Härte für den Angestellten in sich schließen, andererseits notwendig zum Nachteile der Dienstherren selbst ausschlagen, da sie den Eifer und die Erfindungstätigkeit des Angestellten zum Schaden des Dienstes lahmlegen müßte."

Dieser Erwägung läßt sich nicht beipflichten. Ausschlaggebend ist das Gedeihen des Unternehmens, dieses verlangt das Erfindungsrecht des Geschäftherrn, damit ist zugleich dem Interesse nicht bloß des Geschäftsherrn, sondern auch des Angestellten Rechnung getragen, wenn letzterem ein Anspruch auf angemessene Vergütung eingeräumt wird.

Soviel im allgemeinen über den Reformvorschlag. Das Gesagte bedarf der Ergänzung [187]).

An dieser Stelle noch zwei Worte zur juristischen Konstruktion des Erfindungsrechtes des Arbeitgebers.

Das Erfindungsrecht entsteht ursprünglich in der Person des Erfinders, des Angestellten.

Der Arbeitgeber erlangt das Erfindungsrecht von Gesetzeswegen, d. h. unabhängig vom Willen des Angestellten.

---

[187]) Siehe §§ 14—17.

Der Arbeitgeber erlangt das Erfindungsrecht unmittelbar, d. h. nicht durch Einräumung seiten des Angestellten, zu der dieser gesetzlich verpflichtet wäre, sondern ohne solche Einräumung, ohne weiteres ex lege.

Aber trotz seines unmittelbaren Erwerbes von Gesetzeswegen ist der Arbeitgeber nicht originärer, sondern derivativer Inhaber des Erfindungsrechtes.

Gegen Kohlers Annahme eines originären Erwerbes seiten des Arbeitgebers, zu der er durch seine Stellvertretungstheorie genötigt wird, hat Pilenko[188]) zwei Einwendungen erhoben, denen meines Erachtens die Beachtung nicht versagt werden kann.

Zunächst, meint er, widerspreche es dem ganzen Wesen des Instituts der Stellvertretung, „daß ein Brotherr, der eine Erfindung durch den Stellvertreter gemacht hat, sich nicht der ganzen Menge der Vorteile erfreut, die er erlangt hätte, wenn er die Erfindung ohne Hilfe eines Beauftragten gemacht hätte. Der Brotherr werde aber nicht aller Vorteile teilhaftig, weil, wie Kohler selbst einräumen müsse, „der Arbeiter für sich in Anspruch nehmen kann, sich als den wahren Erfinder auszugeben."

Weiter. Kohler[189]) sagt: „Der Fabrikherr erwirbt das Erfinderrecht, aber mit dem Rechte der Ablehnung, d. h. mit dem Rechte, den Erwerb zurückzuweisen. Sollte er dies tun, so würde die Erfindung nicht etwa gemeinfrei werden, sie würde dem erfindenden Beamten zufallen: eine jede solche Erfindung gilt als gemacht für den Geschäftsherrn, eventuell für den erfindenden Beamten selbst; denn dieser erfindet nur insofern nicht für sich, als er für seinen Herrn erfindet; fällt also die Erfindung für den Herrn weg, so erfindet er für sich, er erfindet nicht für die Allgemeinheit; er erfindet für die Allgemeinheit nur dann, wenn er auch nicht für sich erfinden kann oder will. Juristisch ist hier das Verhältnis ein resolutives Schwebeverhältnis; äußerlich fällt zunächst die Erfindung an den Herrn und er gilt Dritten gegenüber als der Verfügende, weist er aber die Erfindung zurück, so ist er nie ihr Eigner gewesen; sie war stets eine Erfindung des Technikers; nur daß dieser die unterdessen er-

[188]) Das Recht des Erfinders S. 329 f.

[189]) Handbuch des Deutschen Patentrechts S. 243 f. Zustimmend Meister, Der Erwerb von Immaterialgüterrechten durch den Fiskus. Marburger Dissertation 1905 S. 25. Kent nimmt wie Kohler Stellvertretung an, sieht in dem Verzichte des Geschäftsherrn nach Abschluß der Erfindertätigkeit aber eine Abtretung des Erfinderrechts. Bd. I, Note 310 zu § 1.

folgten Verfügungshandlungen des Herrn für und gegen sich gelten lassen muß."

Pilenko hält diese Konstruktion gleichfalls für unvereinbar mit der Idee der Stellvertretung. „Die von einem Vertretenen nicht angenommenen Rechte können als solche nie wieder zurück an den Vertreter fallen. Eine jede solche Erfindung gelte als gemacht für den Geschäftsherrn, eventuell für den erfindenden Beamten selbst, sagt Kohler. Es ist doch klar, daß eine Theorie nichts taugt, wenn sie nicht ohne Anwendung besonderer reservationes mentales durchgeführt werden kann. Weit einfacher und natürlicher lösen sich alle Widersprüche, wenn wir ohne jede Fiktion annehmen, daß die Erfindung durch den gemacht ist, der sie gemacht hat, d. h. durch den Arbeiter", daß aber das Erfindungsrecht vom Arbeiter auf den Arbeitgeber übergeht.

Daß die Annahme eines derivativen Erwerbes eine einfachere und natürlichere Lösung bietet, wird sich nicht bestreiten lassen.

Der Bund der technisch-industriellen Beamten[190]) wünscht, daß der Arbeitgeber das Erfindungsrecht erst erwirbt durch seine Erklärung, es haben zu wollen; der Erwerb des Arbeitgebers soll also ein suspensiv bedingter sein. Ich halte es für richtiger, daß das Erfindungsrecht dem Arbeitgeber bedingungslos zufällt, daß dieses Recht durch den Verzicht des Arbeitgebers resolutiv bedingt ist.

Die Erklärung des Arbeitgebers, die Erfindung behalten zu wollen, muß natürlich an eine Frist gebunden sein. Die Angestellten haben ursprünglich eine „angemessene" Frist, dann eine Frist von einem Monate, und nachdem diese als zu kurz bemängelt worden war[191]), eine solche von drei Monaten verlangt. Es bedarf wohl an dieser Stelle keines weiteren Eingehens auf diesen Detailpunkt. Der Hinweis darauf, daß das Patentgesetz eine Frist von drei Jahren für die Ausübung des Patentes gewähre[192]), kann für die Bemessung der hier in Frage befangenen Frist rechtlich nicht in Betracht kommen. Es bleibt abzuwarten, ob und welche Gegenvorschläge der Verein für den Schutz des gewerblichen Eigentums[193]) machen wird[194]).

---

[190]) Siehe oben bei Note 74.

[191]) Verhandlungen des 28. Deutschen Juristentages Bd. II, S. 285, 312.

[192]) Verhandlungen des 28. Deutschen Juristentages Bd. II, S. 312.

[193]) Siehe bei Note 75.

[194]) In einer Entscheidung des Reichsgerichts vom 3. Mai 1893 wird ein Vertrag erwähnt, in welchem dem Geschäftsherrn eine dreimonatliche Überlegungsfrist eingeräumt war. Bolzes Praxis, Bd. XVI, Nr. 112.

§ 14. 3. Müssen die Erfindungen, um dem Geschäftsherrn zuzufallen, dem besonderen Arbeitsgebiet des Angestellten angehören?

In einer Entscheidung des Reichsgerichtes vom 2. Februar 1887[195]) heißt es: „Aus der vertragsmäßigen Verpflichtung einer Person ihre Kräfte zugunsten einer anderen Person zu verwenden, folgt, daß das wirtschaftliche Produkt dieser Tätigkeit der anderen Person gebührt. — — Das gilt für körperliche wie für geistige Arbeit, für tatsächliche wie für rechtliche Tätigkeit und das Produkt dieser verschiedenen Tätigkeiten. Es gilt also auch für Erfindungen. — — Dieser aus allgemeinen Grundsätzen sich ergebende Satz ist unbestritten. Schwierig kann derselbe aber in seiner Anwendung werden, weil beim Mangel bestimmter Vereinbarungen der Umfang der vertragsmäßigen Tätigkeit sich oft schwer präzisieren läßt. Allgemeine Grundsätze sind in dieser Richtung nicht aufzustellen. Das konkrete Vertragsverhältnis ist zu untersuchen."

Dies der korrekte Standpunkt derer, welche die Vertragstheorie vertreten und eine stillschweigende Vereinbarung zulassen. Für sie ist aus den Umständen zu entnehmen, ob die Erfindung des Angestellten in den Rahmen seiner Dienstobliegenheiten fällt oder doch mit diesen in enger Beziehung steht. Die vertragsmäßige Tätigkeit des Angestellten wird in intensiver wie in extensiver Richtung geprüft[196]). Dort handelt es sich darum, ob der Angestellte eine geistige Tätigkeit zu entfalten hat, hier um das sachliche Gebiet seiner Tätigkeit, das ihm nach dem Prinzip der Arbeitsteilung zugewiesen ist. Die Erfindung eines im Konstruktionsbureau tätigen Ingenieurs, eines im Versuchslaboratorium beschäftigten Chemikers fällt dem Geschäftsherrn eher zu als die Erfindung eines gewöhnlichen Arbeiters. Die Erfindung eines Angestellten, dem der kaufmännische Vertrieb der hergestellten Erzeugnisse aufgegeben und ein speziell für die Tätigkeit im Laboratorium ein besonderer Chemiker zur Seite gestellt ist, gebührt im Zweifel dem Angestellten, nicht dem Geschäftsherrn[197]).

---

[195]) Patentblatt 1889 S. 120. Gareissche Sammlung Bd. VII, S. 131. Vgl. auch oben bei Note 101, 102.

[196]) Seligsohn, Kommentar 3. Aufl., S. 90, Kent, Kommentar § 1 Nr. 323, 325 ff., Fuld, Österreichisches Patentblatt VII (1905) S. 641.

[197]) Entscheidung des Reichsgerichts vom 5. Oktober 1903, Blatt für Patent-, Muster- und Zeichenwesen Bd. X, S. 38; Entscheidung des Oberlandesgerichts Hamm vom 26. März 1903, Rechtsprechung der Oberlandesgerichte Bd. VII, S. 382 f., Gewerblicher Rechtsschutz und Urheberrecht Bd. IX, S. 300 f.

Noch feiner differenziert Pilenko[198]). Er legt dar: „Man darf nicht als absolute Notwendigkeit ansehen, daß das Erfinden nur Ingenieurkonstrukteuren aufgetragen wird; Arbeiter, die auf einer niedrigeren Stufe der Leiter im Fabrikverbande stehen, können ebenfalls bisweilen so angesehen werden, als wären sie mit der Verpflichtung in Dienst genommen, zugunsten ihrer Herren zu erfinden: allerdings muß die Tragweite einer solchen stillschweigend übernommenen Pflicht annähernd direkt proportional der Bedeutung der eigentlichen Pflichten dieser Person im allgemeinen Fabrikbetriebe angenommen werden. Wenn wir ein solches Verhältnis schematisch darstellen, erhalten wir folgendes Bild. Wenn die Stellung solcher Individuen innerhalb eines Gewerbebetriebes sich nach dem Grundsatze der Subordination regelt. d. h. wenn dem Ingenieur A die Meister B, B^1, B^2 unterstellt sind, dem Meister B^1 die Untermeister C, C^1, C^2 und dem Untermeister C^2 die Schmiede N, N^1, N^2 — so kann eine und dieselbe Erfindung auf den Chef übergehen oder nicht, je nach ihrer technischen Bedeutung. Wenn diese Erfindung nämlich nur eine geringfügige Verbesserung ist, so kann man annehmen, daß auch der Schmied N auf Grund seiner Funktionen verpflichtet sei, sie zum besten seines Chefs zu machen. Wenn aber die Erfindung einen ganzen Teil der Produktion betrifft, so können nicht nur N, sondern auch C und B, falls sie eine solche gemacht haben, dieselbe für sich in Anspruch nehmen, wenn sie nachweisen, daß sie nicht gemietet sind, den ganzen Zweig der Produktion zu revolutionieren."

Auch das Reichsgericht läßt es übrigens nicht an subtiler Grenzziehung fehlen; in einer Entscheidung vom 26. April 1905[199]) wird die Erfindung dem Angestellten zugesprochen, weil es wohl im Bereich seiner Aufgaben lag, sich als technischer Direktor über die neuesten Erfindungen und Einrichtungen fortlaufend zu unterrichten und dieselben im Interesse des Geschäftsherrn anzuwenden, weil er aber nicht verpflichtet war, irgend welche Erfindungen für den Geschäftsherrn zu machen.

Die Frage taucht auf: sollen die Grenzen des dem Angestellten zugewiesenen Tätigkeitsgebietes auch bedeutsam sein, wenn von der Vertragstheorie Abstand genommen und das Recht des Geschäftsherrn an den Erfindungen des Angestellten unmittelbar von Rechtswegen mit dem bloßen Anstellungsverhältnis verknüpft wird?

Kohler bejaht diese Frage. Die Mißlichkeit der Abgrenzung vermindert er dadurch, daß er, nicht immer im Einklange mit dem wahren

---

[198]) Das Recht des Erfinders S. 332.

[199]) Blatt für Patent-, Muster- und Zeichenwesen Bd. XI, S. 264.

Sachverhalte, die Grenzen sehr weit zieht und bei allen technischen Angestellten höherer Art das Erfinden als Ausfluß der besonderen berufsmäßigen Tätigkeit auffaßt.

Es heißt bei ihm[200]): „Im Erfinderrechte ist es eine tagtägliche Erscheinung, und namentlich in chemischen Fabriken pflegen die Verträge dahin abgeschlossen zu werden, daß die Resultate der technischen Tätigkeit des angestellten Technikers der Fabrik zufallen; aber auch ohne besondere Vereinbarung wird sich dies bezüglich der in der Fabrik ständig angestellten Chemiker von selbst verstehen.“ In der Anmerkung fügt Kohler hinzu: „Anders, wenn der Erfinder in der Fabrik anderweitige Funktionen hatte, so daß die Erfindung nicht ein Ausfluß seiner berufsmäßigen Tätigkeit ist.“ Dann heißt es im Text weiter: „Die Chemiker sollen die in der Fabrikation sich bildenden Reaktionen überwachen; sie sollen die Erscheinungen ergründen und wissenschaftlich erläutern: sie sollen es tun, um die technischen Erscheinungen gegenüber den Berechtigungen anderer Fabriken abzugrenzen; sie sollen es tun, um die technische Vollendung der einzelnen Resultate zu prüfen; sie sollen es tun, um die Fabrikation selbst fortzubilden, um sie fortzubilden durch neue Konstruktionen, d. h. durch quantitative Steigerung der Erfindungsideen, sie sollen sie fortbilden durch neue Erfindungen, durch qualitative Neuideen, welche sich bei Beobachtung der betreffenden Prozesse, bei der Vertiefung in den betreffenden Industriezweig dem erfinderischen Geiste ergeben. Alle diese Tätigkeiten hängen innerlich zusammen, und die Befähigung dazu wird bei Anstellung des Technikers berücksichtigt; sie kommt zur Geltung bei Bestimmung des ihm gebührenden Honorars und Tantiemenanteils; und die Fabrik, für deren Wirkungskraft nicht nur die Erhaltung, sondern auch die Fortbildung eine Lebensfrage ist, zählt darauf, durch Neuideen des Technikers bereichert zu werden; sie zählt darauf, daß ein solcher nicht etwa durch eine Neuidee der Fabrik Schwierigkeiten bereitet oder den Betrieb der Fabrikation dadurch lähmt, daß er eine solche Idee der Gesellschaft vorenthält.“

Ferner[201]): „Wer in einer fremden Produktionsstätte angestellt ist, um die Produktion geistig weiter zu bilden, hat seine geistige Arbeit, soweit sie die betreffende Produktion betrifft, dieser Produktionsstätte überantwortet; damit auch die Erfindungsarbeit. Die in der Sphäre

---

200) Forschungen aus dem Patentrechte S. 5. Vgl. auch Busch, Archiv für Handels- und Wechselrecht Bd. 48, S. 356.

201) Aus dem Patent- und Industrierecht Bd. III, S. 15 ff.

der Produktion gemachten Erfindungen gehören dem Dominus." Im Anschluß hieran zitiert Kohler billigend die oben[202]) angeführte Entscheidung des Reichsgerichts vom 2. Februar 1887 sowie ein vom Reichsgericht bestätigtes Oberlandesgerichtsurteil[203]) vom 21. März 1888 und ein Erkenntnis des Appellhofs zu Brüssel vom 9. Januar 1889, in denen gleichfalls ausgesprochen wird, daß es darauf ankommt, ob der Angestellte diejenige Tätigkeit, deren Produkt die Erfindung ist, dem Geschäftsherrn vertragsmäßig zu gewähren hat.

Mit aller Deutlichkeit erhellt der Standpunkt Kohlers aus seinem Gutachten über den Entwurf des österreichischen Patentgesetzes[204]). Hier heißt es: Wenn jemand mit der Aufgabe angestellt sei, mit seinem Geiste tätig zu sein, so sei die Tätigkeit eine durch die Zwecke seines Anstellungsverhältnisses gebundene Tätigkeit, deswegen ein Anrecht des Industriellen, des Dominus, auf die Erfindungen des Angestellten völlig sachgemäß. Es empfehle sich eine Bestimmung folgenden Inhalts: „Wenn jemand im Industriebetriebe eines Anderen mit der Verpflichtung angestellt ist, für die Hegung und Fortbildung dieser Industrie geistig tätig zu sein, so gehören die in diesem Bereiche gemachten Erfindungen diesem Anderen an."

In Übereinstimmung hiermit schließlich die letzte Äußerung Kohlers[205]): „Der Techniker hat nicht nur die Produktion im bisherigen Gleise zu überwachen, er hat nicht nur die Produktion fortzubilden durch konstruktive Neuerungen, durch die Resultate technischen Geschickes, sondern auch durch große oder kleine Erfindungen, welche er innerhalb der Produktionssphäre der Fabrik macht. Sein technisches Können und Leisten soll der Produktionsstätte zukommen; seine erfinderische Gabe ist mit ein Grund für eine Berufung, für seine Stellung."

Gleicher Ansicht wie Kohler ist Isay[206]): es genüge nicht das Anstellungsverhältnis, die Erfindung müsse innerhalb des Rahmens der Tätigkeit liegen, welche dem Angestellten im Betriebe obliege, nur dann gehöre die Erfindung dem Geschäftsherrn.

Anders Bolze[207]): „Wenn eine Rhederei ein Seeschiff ausrüstet zum Fange von Walfischen, von Heringen oder anderen Seefischen, so

---

202) Bei Note 195.

203) Patentblatt 1889, S. 130 ff.

204) Zu vgl. die vom K. K. Handelsministerium herausgeg. Gutachten 1894, S. 437 f.

205) Handbuch des deutschen Patentrechts S. 236.

206) Kommentar S. 89 f.

207) a. a. O. S. 18, 29, 39.

wird jede persönliche Handlung jedes Mannes der Schiffsbesatzung, welche zu dem Zwecke und mit dem Erfolge des Fangs vorgenommen wird, in dieser Richtung der Rhederei zugerechnet, gleichgültig, ob dieser Erfolg der Absicht des Mannes entsprach oder nicht. Was der Maschinist, der nur zur Bedienung der Maschine angestellt ist, der Heizer, der Steuermann an Fischen fängt, das geht sofort in Besitz und Eigentum der Rhederei über, obschon diese von der Einzelhandlung nichts weiß und nichts erfährt." Das Gleiche hat von den Erfindungen der Angestellten zu gelten. „Das Etablissement hat durch den Funktionär gehandelt wie beim Fischfang die Rheder durch jede Person der Schiffsbesatzung." „Macht der Funktionär eine Erfindung, welche der Branche des Etablissements, in welchem er beschäftigt ist, dienlich ist, so hat er sie in dieser seiner Stellung, gleichviel ob es die eines Arbeiters, eines Geschäftsreisenden, eines Technikers oder Betriebsleiters ist, gemacht."

In seiner Eingabe an den 28. Deutschen Juristentag[208]) hatte der Bund der technisch-industriellen Beamten keinen Unterschied gemacht, je nachdem die Erfindung auf dem dem Angestellten zugewiesenen besonderen Arbeitsgebiet liegt oder nicht, an allen Erfindungen, deren Gegenstand „innerhalb des Rahmens des betreffenden Gewerbebetriebes liegt," sollte dem Geschäftsherrn ein Recht zustehen. Nunmehr heißt es aber in den auf dem Bundestag 1907 gefaßten Beschlüssen[209]), daß die Erfindung dem Arbeitgeber zur gewerblichen Ausnutzung zu überlassen ist, „wenn und soweit die Erfindung einen Gegenstand betrifft, der innerhalb des Rahmens der Dienstverrichtungen des Angestellten liegt."

Der Standpunkt, den Bolze vertritt, verdient meines Erachtens den Vorzug. Den Einwand, den Burkhardt[210]) gegen Bolze erhebt, daß für den Rechtserwerb des Dienstherrn die innere Verwandtschaft zwischen der Erfindung und der Tätigkeit des Angestellten notwendig sei, halte ich für unbegründet.

Die Berücksichtigung des Zusammenhanges der Erfindung mit der dem Angestellten zugewiesenen besonderen Arbeitssphäre[211]) ist ein Rest der im übrigen abgelehnten Vertragstheorie und zwar gerade dasjenige Stück, das wegen der notwendig mit ihm verknüpften Rechtsunsicherheit die Vertragstheorie als bedenklich erscheinen läßt. Im Hinblick auf dieses gemeinsame Stück hat das Kammergericht in einer Entscheidung vom

---

208) Vgl. Note 73.

209) Vgl. bei Note 74.

210) Zentralblatt für Rechtswissenschaft 2. Reihe, Bd. I, S. 92.

211) Osterrieth, Verhandlungen des 28. Deutschen Juristentages Bd. II, S. 195.

10. November 1905[212]) in Abrede gestellt, daß überhaupt zwischen der Vertragstheorie und der Ansicht Kohlers ein Unterschied bestehe.

Wird einmal die Vertragstheorie aufgegeben, so ist das Recht des Geschäftsherrn an der Erfindung auf das Anstellungsverhältnis als solches zu stützen, und dann ist die Prüfung, ob die Erfindung gerade speziell in den Bereich der vertragsmäßigen Tätigkeit des Angestellten fällt, gegenstandslos; mit Erwägungen wie: die Befähigung des Angestellten zu Erfindungen sei bei der Anstellung, bei der Bemessung seines Honorars berücksichtigt worden, seine erfinderische Gabe sei mit ein Grund für seine Berufung, seine Stellung, ist nichts anzufangen. Solche Erwägungen sind nichts anderes als Fiktionen. Sonst müßte in all den nicht gerade seltenen Fällen, wo der Angestellte seine Erfindung ganz wider sein und des Geschäftsherrn Erwarten gemacht hat, das Recht an der Erfindung dem Geschäftsherrn vorenthalten werden, eine Konsequenz, die, wie ich sehe, nicht gezogen wird.

Entscheidend sind ganz andere Betrachtungen. „Das einzelne Etablissement, sagt Bolze[213]), darf sich von seinen Konkurrenten nicht überflügeln lassen, und jedes Glied des Etablissements, welches eine diesem Betrieb dienliche Erfindung zu machen im Begriffe steht, darf, so lange es dem Etablissement im festen Lohne angehört, weder die Erfindung dem Konkurrenten mitteilen, noch deren Kenntnis dem Etablissement vorenthalten, auf die Gefahr, daß dann ein Dritter dem Etablissement zuvorkommt.“ Oder wie Kohler[214]) geltend macht: die Fabrik zählt darauf, daß der Angestellte nicht etwa durch eine Neuidee ihr Schwierigkeiten macht. Ferner Osterrieth[215]): „Die selbständige Verwertung der Erfindung durch den Angestellten kann gegen Treu und Glauben verstoßen. Denn die Treupflicht des Angestellten gebietet ihm, alles zu unterlassen, was den Betrieb seines Dienstherrn schädigen kann.“ Endlich P. Alexander-Katz[216]): „Die industriellen Organismen führen untereinander einen dauernden Kampf, den Kampf um die beste Existenzmöglichkeit. Die redlichen Waffen in diesem Kampfe sind auch die wirtschaftlichen Fortschritte, die in dem einzelnen Unternehmen erzielt werden, und dazu gehören auch die hier entstehenden neuen Muster, Modelle, Betriebseinrichtungen, Verfahren, Verbesserungen an Erzeugnissen und deren Vertriebsweise. Alles dies kann bei großem Betrieb ein einzelner nicht erzielen.

---

212) Gewerbl. Rechtsschutz und Urheberrecht Bd XI, S. 259.

213) a. a. O. S. 38 f.

214) In der bei Note 200 zitierten Stelle a. E.

215) Verhandlungen des 28. Deutschen Juristentages Bd. II, S. 198.

216) Zeitschrift „Die Woche“ 1907, Nr. 5, S. 196.

Hierzu bedarf der Organismus seiner Organe, die die Waffen erdenken, herstellen und zur höchsten Wirksamkeit ausgestalten. Diese Waffen würden ihren Zweck verfehlen, wenn die feindlichen Organismen sie ebenfalls erhielten. Wer als Organ in einen solchen Organismus eintritt, übernimmt die wirtschaftliche Aufgabe, zu seinem Leben, Blühen, Wachsen und Gedeihen nach besten Kräften beizutragen, soweit dies nach seiner Ausbildung, die er hat oder in dem Organismus erhält, und nach seiner Stellung in dem Organismus von ihm erwartet werden darf. Was er an Rüstzeug für den Konkurrenzkampf, während er Organ ist, produziert, muß dem Organismus für diesen Kampf ausschließlich zur Verfügung stehen."

Diese Erwägungen, meine ich, treffen unterschiedslos alle Angestellte eines Betriebes. Es geht nicht an, mit P. Alexander-Katz[217]) zu sagen: technische und kaufmännische Angestellte, höhere und niedere Angestellte müssen unterschieden werden, die höheren technischen Angestellten sind dem Dienstgeber zur Treue verpflichtet; nur die höheren technischen Angestellten erfinden deshalb für den Dienstgeber, die anderen erfinden für sich.

Will man das Erfindungsrecht des Dienstgebers auf eine Treuverpflichtung des Angestellten gründen — und ich glaube, man muß es tun, „weil in der wirtschaftlichen Unternehmung das Bedürfnis nach ständigen Hilfskräften, welche dem Unternehmen durch ein stärkeres Band als dasjenige einer gewöhnlichen locatio conductio verbunden sind, sich als unabweisbar herausstellt"[218]) — so muß die Treuverpflichtung mit dem Anstellungsverhältnis als solchem verknüpft werden, sie muß jedem Angestellten, gleichviel welche Tätigkeit ihm zugewiesen ist, angesonnen werden. Wird den höheren technischen Angestellten eine Sonderstellung eingeräumt, so läßt man nicht die aus jedem Anstellungsverhältnis fließende allgemeine Treuverpflichtung, sondern die aus dem speziellen Anstellungsvertrag abgeleitete besondere Vertragsverpflichtung entscheiden. Wer die Vertragstheorie als Grundlage des Erfindungsrechts

---

[217]) a. a. O.

[218]) Steinbach, Rechtsgeschäfte der wirtschaftlichen Organisation S. 91. Er versteht unter ihnen S. 106: „Verträge, die nicht den Kampf der einzelnen Subjekte, sondern das friedliche Zusammenwirken derselben zu einem gemeinsamen Zwecke voraussetzen und dieses Zusammenwirken zu ordnen bestimmt sind, welche die einzelnen Zellen zu Gebilden höherer Ordnung zusammenfassen und ihre Beziehungen zu einander regeln." Die Ausführungen Steinbachs sind geeignet, die Brücke zu schlagen zwischen den verschiedenen Standpunkten, die Dernburg, Das bürgerl. Recht Bd. II 2, 3. Aufl., § 306 und Crome, System des deutschen bürgerl. Rechts Bd. II, § 257 hinsichtlich der Treuverpflichtung der Bediensteten einnehmen

des Dienstherrn ablehnt, dieses vielmehr auf das Anstellungsverhältnis als solches stützt, der darf konsequenterweise keinen Unterschied zwischen den verschiedenen Arten der Angestellten machen.

Es sei auf die Begründung des Geheimnisschutzes im Gesetze zur Bekämpfung des unlauteren Wettbewerbes hingewiesen[219]): „Die Wahrung von Geheimnissen soll nur solchen Personen obliegen, welche mit der Eingehung des Dienstverhältnisses eine persönliche Treupflicht stillschweigend übernommen haben — für sonstige vertragsmäßige Beziehungen trifft dieser Gesichtspunkt nicht zu; es wird hier dem Geschäfts- oder Betriebsinhaber überlassen bleiben müssen, durch sorgfältige Auswahl derjenigen Personen, mit denen er ein Vertragsverhältnis eingeht, sich vor Indiskretionen zu schützen." Also es wird unterschieden, je nachdem mit der Eingehung des Dienstverhältnisses eine persönliche Treupflicht stillschweigend übernommen worden ist — aber es ist zu beachten, der Gesetzgeber statuiert eine solche stillschweigende Übernahme einer persönlichen Treupflicht bei allen Angestellten, Arbeitern oder Lehrlingen.

Und weiter, wie gleichfalls in der Begründung des genannten Gesetzes betont wird: Die Schweigepflicht soll über alle Geschäfts- und Betriebsgeheimnisse bestehen, gleichgültig, auf welche Art das Geschäftspersonal von ihnen Kenntnis erlangt. Daher wird die Verpflichtung der in Rede stehenden Personen zur Verschwiegenheit nicht beschränkt auf die in den Grenzen ihrer Dienstgeschäfte liegenden, d. h. die ihnen vermöge des Dienstverhältnisses anvertrauten Geheimnisse, sondern es werden infolge des persönlichen Charakters des Dienstverhältnisses und dem praktischen Bedürfnis entsprechend auch solche Geschäfts- oder Betriebsgeheimnisse vor Verrat geschützt, von denen diese Personen außerhalb des Bereiches ihrer Obliegenheiten, etwa durch zufällige Umstände Kenntnis erlangt haben, welche ihnen also sonst zugänglich geworden sind.

Ich meine, die Erwägungen, welche diesen Umfang der Geheimhaltungspflicht in persönlicher und sachlicher Hinsicht rechtfertigen, müssen auch für die Abgrenzung der dem Geschäftsherrn zufallenden Erfindungen maßgebend sein.

Gegen solche Ausdehnung der Treuverpflichtung läßt sich nichts einwenden, unter einer Voraussetzung, wie Steinbach[220]) wiederholt betont, nämlich unter der Voraussetzung, daß die Treuverpflichtung keine nur einseitige, den Angestellten lediglich belastende ist. Treue wird eben, wie das Sprichwort sagt, nur um Treue gekauft. Das bedeutet für den

---

[219]) Finger, Kommentar zum Wettbewerbsgesetz 2. Aufl., S. 284 f.
[220]) a. a. O. S. 102, 139, 155.

vorliegenden Fall vor allem: jede Erfindung, die der Geschäftsherr in Anspruch nimmt, hat er dem Angestellten angemessen zu vergüten.

In dem Entwurfe einer Eingabe für den Reichstag[221]) wird vom Bunde der technisch-industriellen Beamten gesagt: „Aus dem Eigentumsrecht an seinen Erfindungen ergäbe sich für jeden technischen Angestellten das Recht, über die praktische Verwertung frei zu verfügen. Um der Erfindung eine Heimstätte zu verschaffen, soll jedoch der Arbeitgeber, in dessen Gewerbebetrieb die Erfindung eines Angestellten fällt, berechtigt sein, die erste Lizenz darauf zu nehmen. Diese Regelung wird vorgeschlagen, weil anzunehmen ist, daß der jeweilige Arbeitgeber das größte Interesse an der praktischen Verwertung der Erfindung haben wird, und weil dem Angestellten auf diese Weise eine gute Kontrolle gesichert und die dauernde Möglichkeit eröffnet wird, den Marktwert der Erfindung durch Verbesserungen gegenüber der Konkurrenz zu erhalten und zu steigern[222])."

In diesen Erwägungen wird zutreffend hervorgehoben, daß es nicht bloß im Interesse des Arbeitgebers, sondern auch des Angestellten liegt, wenn die Erfindungen des letzteren im Betriebe des ersteren zur praktischen Verwertung kommen. Ich kann nicht finden, daß es für dieses Interesse des Angestellten einen Unterschied ausmacht, ob die Erfindung im Rahmen der ihm übertragenen Tätigkeit liegt.

Ich fasse das Gesagte dahin zusammen: Die Beschränkung des Rechtes des Arbeitgebers auf die Erfindungen, die dem besonderen Arbeitsgebiete des Angestellten angehören, empfiehlt sich nicht. Sie ist innerlich nicht gerechtfertigt, entspricht auch nicht dem Interesse des Angestellten und führt, wenn keine strenge Arbeitsteilung durchgeführt ist, zu unliebsamen Grenzstreitigkeiten.

§ 15. Welchen Einfluß hat die nähere oder entferntere Beziehung der Erfindung zum Gewerbebetriebe des Geschäftsherrn?

Wir sahen: es kommt nichts darauf an, ob die Erfindung in den Rahmen der Tätigkeit fällt, welche dem Angestellten innerhalb der Sphäre des Etablissements angewiesen ist. Wohl aber ist es von Erheblichkeit, ob die Erfindung in die Sphäre des Etablissements fällt. Nur diejenigen Erfindungen des Angestellten sollen unmittelbar dem Dienstherrn ge-

---

221) Note 74.
222) Vgl. bei Note 240.

hören, welche ihrem Inhalte nach in dem Bereich des vom Dienstherrn betriebenen Gewerbes liegen.

So der geltende Rechtszustand. Die Anhänger der Vertragstheorie[223]) einerseits und Bolze, Kohler, Isay andererseits stimmen darin überein.

Bolze[224]) spricht von Erfindungen, „welche der Branche des Etablissements, in welchem der Angestellte beschäftigt ist, dienlich ist."

Deutlicher Kohler[225]). Er will die Erfindung dem Dienstherrn zugesprochen wissen, „abgesehen von besonderen Vereinbarungen, nur, sofern die Erfindung in das Bereich der Fabrikproduktion fällt, d. h. derjenigen Produktion, welche dem bestimmungsgemäßen oder üblichen Betriebszweck der Fabrik entspricht. Daher gehören beispielsweise, wenn eine chemische Fabrik Farbstoffe erzeugt, neue Farbstoffe hierher; aber es würde auch ein Arzneistoff, ein Fiebermittel hierher gehören, sofern es nur aus einer analogen chemischen Produktion hervorgeht; wogegen elektrische Erfindungen, Erfindungen der Luftschiffahrt von der Fabrik nicht zu beanspruchen wären."

Die Abgrenzung kann natürlich im Einzelfall zweifelhaft sein.

Das Reichsgericht hat in einer Entscheidung vom 25. April 1904[226]) die Erfindung dem Angestellten zugesprochen auf Grund eines Sachverhaltes, wonach die Fabrik sich mit der Verwertung der Nebenprodukte des Sacharins insbesondere zur Herstellung von Benzaldehyd beschäftigte, während die Erfindung die Herstellung von Benzahldehyd aus ganz anderen Ausgangsstoffen betraf.

Ephraim[227]) bemängelt diese Entscheidung: „Es ist damit zu rechnen, daß viele Fabriken ihren Geschäftskreis erweitern wollen und auch hierin die Unterstützung der Angestellten erwarten. Die Teerfabriken haben im Laufe weniger Jahre neben der Fabrikation organischer Farbstoffe teilweise infolge Erfindungen ihrer Angestellten die Erzeugung der anorganischen Hilfsmaterialien, Heilmittel, Nährpräparate, photographischer Gegenstände ꝛc. aufgenommen. Aus diesen Gründen dürfte die Entscheidung vom 25. April 1904 unrichtig sein."

In einem anderen Falle hatte ein als Münz-Wardein bei der Hamburger Münze angestellter Beamter auf Feststellung hinsichtlich des

---

[223]) Vgl. z. B. Seligsohn, Kommentar 3. Aufl., S. 89 f.
[224]) A. a. O. 37.
[225]) Handbuch des Deutschen Patentrechts S. 237.
[226]) Blatt für Patent-, Muster- und Zeichenwesen Bd. X, S. 298.
[227]) Deutsches Patentrecht für Chemiker S. 287.

Umfanges seines Rechtes auf Ausnutzung von Erfindungen geklagt, die er gelegentlich seiner amtlichen Tätigkeit machen werde. Das hanseatische Oberlandesgericht sprach sich in seiner Entscheidung vom Sommer 1902[228]) dahin aus: Es entscheide, ob das Ergebnis der Erfindung in den Rahmen seiner Dienstobliegenheiten falle. Die Tätigkeit des Klägers bestehe wesentlich im Analysieren von Erzen. Würde ihm dabei die Vereinfachung einer Analyse, eine bequemere technische Vorrichtung als die bisher bei der amtlichen Arbeit benutzte, gelingen, so wäre die pekuniäre Ausbeutung dieser Erfindung zu seinem eigenen Vorteil seinen Anstellungsbedingungen zuwider. Denn es gehöre zu seinen Obliegenheiten, die Analysen so praktisch wie möglich auszuführen, mit allen ihm innewohnenden Kräften danach zu streben, für den Staat bestmögliche Analysen auf dem einfachsten Wege zu schaffen. Würde dagegen dem Kläger bei den dienstlichen analytischen Arbeiten die Auffindung eines neuen Elementes, eines chemisch verwendbaren Farbstoffes usw. gelingen, so wäre nach dem Charakter seiner Dienstanstellung ein Anspruch des Staates auf Ausnutzung dieser für seine amtliche Tätigkeit belanglosen Erfindungen unbegründet.

Das Oberlandesgericht hätte im Hinblick auf die gewählten Beispiele die Abgrenzung richtiger nicht nach der Tätigkeitssphäre der Angestellten, sondern nach der Tätigkeitssphäre des Amtes vorgenommen; die Auffindung eines neuen Elementes oder eines neuen Farbstoffes berührt den Betrieb der Münze nicht, deshalb gehört sie dem Angestellten, nicht der Münze. Die Frage, ob die Erfindung in der Arbeitssphäre des Angestellten liegt, kann — wenn überhaupt, was von uns bestritten worden ist[229]) — jedenfalls erst dann praktisch werden, wenn feststeht, daß die Erfindung in das Unternehmen des Geschäftsherrn fällt[230]).

Man hat bis vor kurzem in der Theorie und Praxis die Alternative scharf so gestellt, daß der Dienstherr entweder volles Eigentum oder überhaupt kein Recht an der Erfindung erwirbt.

Schon Rosenthal[231]) aber hat darauf hingewiesen, daß das Interesse des Geschäftsherrn nicht notwendig auf die ausschließliche Benutzung der Erfindung gerichtet sei, sondern sich unter Umständen darin erschöpfe, daß ihm ohne Ausschluß anderer die Benutzung der Erfindung ermöglicht werde.

---

[228]) Österreichisches Patentblatt IV 1902, S. 800 f.
[229]) Vgl. § 14.
[230]) Reuling, Die Anrechte zc. S. 19.
[231]) Kommentar S. 88.

Neuerdings hat man diesen Punkt eingehender zur Sprache gebracht[232]). Man fragt: weshalb soll dem Geschäftsherrn dort, wo ihm das Eigentumsrecht versagt ist, nicht wenigstens ein Recht auf die Benutzung der Erfindung in seinem Betriebe zustehen?

Osterrieth[233]) führt als ein Beispiel, wo dem Dienstherrn das Eigentum an der Erfindung nicht zufällt, den Fall an, daß in einer Spinnerei der die Dampfmaschine bedienende Arbeiter zur Ersparnis des Ölverbrauches eine wertvolle Schmiervorrichtung erfindet. Soll dem Dienstherrn versagt sein, diese Schmiervorrichtung in seinem Betriebe zu benutzen, weil sie ein über diesen Betrieb hinaus benutzbares Hilfsmittel ist?

Und umgekehrt: ist wirklich ausreichender Anlaß gegeben, daß in allen Fällen, wo nach der herrschenden Ansicht die Erfindung dem Geschäftsherrn gehört, er Herr über die Erfindung in vollem Umfange wird, daß dem Angestellten keinerlei Rechte an der Erfindung verbleiben?

Mit der Erörterung der letzteren Frage hat sich besonders eingehend P. Alexander-Katz[234]) beschäftigt. Er macht geltend:

„Das Werk muß in der Lage sein, sich dasjenige Recht zu verschaffen, durch welches die Konkurrenz von dem Mitgebrauche der Erfindung ausgeschlossen und der Angestellte an der Felonie verhindert wird; das Patent gebührt dem Werke. Aber daraus folgt auch nur, daß diejenigen Patente dem Werke gebühren, welche es im Konkurrenzkampfe braucht und daß die Patente dem Werke nur insoweit gebühren, als es ihrer im Konkurrenzkampfe bedarf. Es folgt daraus nicht, daß die Erfindung in ihrer Totalität dem Werke gebühren muß. Es folgt also nicht, daß, wenn die Erfindung eine Bedeutung hat, die weit über den Rahmen der Produktion des Werkes hinausgeht, dann das Werk Anspruch auf den Schutz des Patentes über den Rahmen seiner Produktion, über seine Branche hinaus genießen muß. Es folgt nicht, daß das Werk das Recht haben muß, an andere Firmen Lizenzen gegen Entgelt zu gewähren. Es folgt nicht, daß das Werk das Recht haben muß, Auslandspatente zu nehmen, um sie zu verkaufen. Es folgt nur, daß die Erfindung dem Werke zur Benutzung, zum eigenen Bedarf, hier aber auch mit Ausschluß jeder Konkurrenz zur Verfügung stehen muß.

---

[232]) Verhandlungen des 28. Deutschen Juristentages Bd. II, S. 197 f., 302, 311.

[233]) A. a. O. S 98.

[234]) Die Rechtsverhältnisse der höheren technischen Angestellten ꝛc. S. 35 f.; Verhandlungen des Vereins zur Beförderung des Gewerbfleißes 1906, Sitzungsbericht vom 5. März 1906, S. 69 f.

Aus diesen Sätzen, welche mit der herrschenden Meinung in Widerspruch stehen, ergibt sich weiter folgendes: Soweit das Ausschließungsrecht von dem Werke zum Ausschlusse einer Konkurrenz nach vernünftigem Ermessen nicht verwendet werden kann, steht die Erfindung dem Erfinder, dem Angestellten zur Verfügung. Er ist also berechtigt, über solche Auslandspatente zu verfügen, deren Verwertung dem Werke nicht schadet, wenn sich z. B. aus den Transport- oder Zollverhältnissen ergibt, daß ein Export in ein Patentland wirtschaftlich unmöglich ist.

Der Angestellte ist ferner berechtigt, solche Anwendungsweisen der Erfindung ausschließlich für sich in Anspruch zu nehmen, deren Inbenutzungnahme den Absatz des Werkes nicht beeinträchtigt.

Hat z. B. der Angestellte einer Regenschirmfabrik eine Neuerung an Regenschirmen erfunden, welche auch eine Anwendung an anderen Arten von Maschinen gestattet, so gebührt dem Werke die Erfindung nur soweit, als sie für Regenschirme nützlich ist. Der weitergehende Nutzen gebührt dem Angestellten[235]).

Hat der Angestellte eines Kohlenwerkes eine Erfindung betreffend das Abteufen von Schächten gemacht, so muß er sich gefallen lassen, daß das Werk seine Schächte unter Benutzung dieser Erfindung abteuft. Das Werk muß auch in der Lage sein, zu verhindern, daß Konkurrenzwerke unter Benutzung der Erfindung neue Schächte anlegen oder alte Schächte verbessern. Soweit aber eine Konkurrenz anderer Werke ausgeschlossen st, hat das Werk, bei dem der Erfinder angestellt ist, nicht das geringste Interesse daran, ob dort die Schächte mit oder ohne Benutzung der Erfindung abgeteuft werden. Insoweit ließe sich auch nicht begreifen, wie das Werk dazu käme, aus der Benutzung der Erfindung durch die anderen Werke einen Vorteil zu ziehen. Auf solche Vorteile kann nur der Urheber der Erfindung kraft seines Urheberrechts einen Anspruch haben.

Das Recht des Geschäftsherrn an den Erfindungen von Angestellten folgt aus dem Anstellungsverhältnisse und aus der wirtschaftlichen Notwendigkeit. Es reicht aber auch nur soweit, wie es sich logischerweise aus dem Anstellungsverhältnisse und der wirtschaftlichen Notwendigkeit ergibt."

---

[235]) Im Patentblatt 1879 S. 24 wird über einen Fall aus der amerikanischen Praxis berichtet: Der Angestellte einer Fabrik hatte Erfindungen gemacht, welche nicht nur für die Nähmaschinen, die in der Fabrik zur Anfertigung von Rüschen und Falten benutzt wurden, anwendbar waren, sondern Bewegungsmechanismen darstellten, die für alle Nähmaschinen von Vorteil waren.

Auch Damme[236]) gibt ähnlichen Erwägungen Raum: „Es dünkt vielen Angestellten zu weitgehend, daß der Unternehmer nicht nur die Erfindung für seinen Betrieb verwerten, sondern auch ein allgemeines Ausschlußrecht in Form eines Patentes erwerben dürfe, ein Ausschlußrecht, welchem der Erfinder selbst, wenn er aus dem Dienste austritt, unterliegt. In der Tat erscheint mit dieser Folge die rechtliche Konstruktion viel zu weitgehend. Es läßt sich nicht als eine notwendige Konsequenz aus dem Dienstvertrage anerkennen, daß der gewöhnliche Angestellte dem Dienstherrn die Grundlage für die gesamte Weltwirtschaft umspannende Patente des In- und Auslandes bietet."

Und Wertheimer[237]) macht geltend: „Empfehlenswert erscheint, eine besondere Bestimmung dahin zu treffen, daß dem Prinzipal für eine Angestelltenerfindung, auf die er einen Anspruch (quoad proprietatem) nicht machen kann, insbesondere wenn sie einen seiner Geschäftszweige berührt, ein Anspruch auf Erteilung einer Lizenz zur gewerblichen Verwertung der Erfindung in Deutschland, eventuell nur für einen von ihm zu bestimmenden Teil von Deutschland gewährt wird. Eine andere Ausnützung der Erfindung als durch eigene gewerbliche Verwertung soll ihm aber nicht zustehen."

R. Alexander-Katz[238]), der an der Vertragstheorie festhält, hat eine Gesetzesvorschrift folgenden Inhalts vorgeschlagen: „Im Zweifel ist die Vereinbarung und der Auftrag dahin auszulegen, daß die Erfindung von dem Dienstherrn nur für die Zwecke seines Betriebes angewendet und ausgebeutet werden darf, während im übrigen der Erfinder selbst die Rechte aus der Erfindung behält."

Der 28. Deutsche Juristentag hat diesen Vorschlag abgelehnt, wohl nicht als eine unnötige Beschränkung der richterlichen Auslegungsfreiheit, wie der erste Berichterstatter betonte, vielmehr in der Meinung, daß der Auslegung kein Spielraum zu gewähren sei, weil es sich empfehle dabei zu bleiben, daß die Erfindung entweder ganz dem Geschäftsherrn oder ganz dem Angestellten zufalle.

Da wir die Vertragstheorie nicht adoptieren, kann von uns die Abgrenzung der beiderseitigen Erfindungsrechte nicht auf den Willen der Parteien, sondern nur auf die objektive Sachlage gestützt werden.

---

[236]) Das deutsche Patentrecht S. 246.

[237]) Monatsschrift für Handelsrecht und Bankwesen XVI, Jahrgang (1907) S. 60.

[238]) Verhandlungen des 28. Deutschen Juristentages Bd. II, S. 322, vgl. auch Gewerbl. Rechtsschutz und Urheberrecht Bd. XII, S. 105, § 5.

Vielleicht führt die Berücksichtigung der letzteren aber zu dem gleichen Ergebnisse wie die von R. Alexander-Katz empfohlene Rechtsvermutung? Wollte man dem amerikanischen Rechte folgen, so käme man zur Bejahung dieser Frage: nach amerikanischem Rechte hat der Dienstherr eine unentgeltliche Gebrauchslizenz.

Allein Kohler[239]) wendet ein: „Wie man sieht, ist auch die amerikanische Jurisprudenz auf dem rechten Wege, aber sie bleibt, indem sie dem dominus nur eine kostenfreie Lizenz gibt, auf halbem Wege stecken." Nach unserem Recht „erwirbt der Fabrikherr, welcher dem angestellten Erfinder gegenüber Erfinderrechtsherr ist, das volle Erfinderrecht, er erwirbt nicht nur eine Lizenz, wie solches amerikanische Praxis ist. Das Gegenteil würde zu manchen Unzuträglichkeiten führen; es würde den Erfinder in ökonomischen Widerstreit mit seinem Geschäftsherrn setzen: er könnte der Fabrik Wettbewerb bereiten, er könnte Konkurrenten mit Lizenzen unterstützen."

Ich meine die Dinge liegen so.

Sachlich ist die Alternative: dem Geschäftsherrn alles oder garnichts, nicht gerechtfertigt. Es gibt Fälle, wo der Erwerb einer bloßen Gebrauchslizenz dem Sachverhalt durchaus entspricht, wo, wenn nur das volle Erfindungsrecht in Betracht gezogen wird, der eine Teil notwendig ohne inneren Grund benachteiligt wird.

Aber es fragt sich, ob diese sachlich zutreffende Erwägung legislativ brauchbar ist, ob es möglich ist, die verschiedenen Fälle ihren Tatbeständen nach mit der erforderlichen Bestimmtheit zu umgrenzen. So viel ich sehe, läßt sich so unterscheiden:

1. Das volle Recht an der Erfindung gebührt dem Geschäftsherrn, wenn die Benutzung des Erfindungsgegenstandes zu den Handlungen gehört, die den Gegenstand seines Gewerbebetriebes ausmachen.

2. Nur eine einfache Gebrauchslizenz ist dem Geschäftsherrn einzuräumen bei Erfindungen, die ohne unter die Gattung 1 zu fallen, für seinen Gewerbebetrieb von Nutzen sind.

Die Benutzung des Erfindungsgegenstandes geschieht ad 1 in Ausübung, ad 2 bei Ausübung des Gewerbebetriebes.

Feiner läßt sich nicht differenzieren.

Ein Korrektiv gegen eine Überspannung der Ansprüche des Geschäftsherrn bietet seine Verpflichtung zur angemessenen Vergütung. Je mehr Befugnisse der Geschäftsherr haben will, eine um so größere Vergütung hat er zu zahlen. Das wird ihn veranlassen, bescheiden zu sein. Anderer-

---

239) Aus dem Patent- und Industrierecht Bd. III, S. 17, Handbuch S. 243.

seits fällt ins Gewicht, daß, wie Wertheimer[240]) zutreffend hervorhebt, bei den heutigen industriellen Verhältnissen der Erfinder selbst nur in Ausnahmefällen in der Lage ist, seine Erfindungen auszubeuten; die Einführung eines jeden neuen Objektes erfordert einen außerordentlichen großen Aufwand an Kräften und kaufmännischen und technischen Fähigkeiten, den gerade die Erfinder in der Regel zu leisten nicht in der Lage sind. Den Wünschen des Angestellten ist deshalb meist auch gedient, wenn der Geschäftsherr die Ausbeutung der Erfindung in größerem Umfange übernimmt, als sein Geschäft verlangt.

§ 16. 5. Der gesetzliche Anspruch des Angestellten auf Vergütung.

Im Grunde genommen ist den Angestellten weniger an ihren Erfindungen, als an deren Vergütung gelegen.

West[241]) sagt: „Die Rechtsprechung kommt zu einer Auffassung, die eine der wichtigsten Rechtsgrundlagen des wirtschaftlichen Lebens, den Grundsatz, daß Leistung und Gegenleistung sich entsprechen sollen, vollständig unberücksichtigt läßt. Abgesehen davon, daß diese Rechtsprechung unbillig ist, ist sie auch praktisch verfehlt, denn dadurch, daß sie vom Angestellten verlangt, daß er seine Erfindung ohne Entschädigung hergeben soll, raubt sie ihm den wichtigsten Ansporn zu erfinderischer Tätigkeit." „Es erscheint durchaus unbillig, dem Dienstherrn das Eigentumsrecht an den Erfindungen seiner Angestellten zuzusprechen, jedenfalls gebührt dem Angestellten, der Urheber einer nützlichen, seinem Dienstherrn Gewinn bringenden Erfindung ist, für diese Leistung eine angemessene Entschädigung, und eine solche sollte ihm auf gesetzlichem Wege gesichert werden."

Und in dem Entwurfe einer Eingabe für den Reichstag des Bundes der technisch-industriellen Beamten[242]) heißt es: „Die Meinung, daß das Treueverhältnis, in dem sich der Angestellte seinem industriellen Unternehmen gegenüber befindet, ihn verpflichtet, alle Erfindungen in dessen Eigentum übergehen zu lassen, vermögen wir uns nicht anzuschließen. Der Angestellte hat allerdings die geschäftlichen Interessen seiner Firma nach bestem Wissen und Können wahrzunehmen. Er genügt dieser selbstverständlichen Pflicht, indem er die ihm aufgetragenen Arbeiten mit aller

---

[240]) Monatsschrift für Handelsrecht und Bankwesen Bd. XVI (1907) S. 61. Siehe auch oben bei Note 222.

[241]) Vgl. Note 73.

[242]) Vgl. Note 74.

Sorgfalt erledigt. Für diese regelmäßige Tätigkeit gebührt ihm ein angemessener Lohn, der ihm aber heutigentags nicht einmal durchgängig zu Teil wird. Gelingt es ihm darüber hinaus etwas zu schaffen, was er als sein eigenstes Geistesprodukt bezeichnen darf, so muß er auch das Recht haben, der Außenwelt gegenüber als dessen Schöpfer aufzutreten und dafür eine Entschädigung zu fordern, die über die übliche Gegenleistung in Gestalt des Durchschnittsgehaltes hinausgeht."

In beiden Äußerungen wird der eigentliche Mangel des gegenwärtigen Rechtszustandes nicht darin erblickt, daß die Angestellten ihre Erfindungen hergeben, sondern darin, daß sie ihre Erfindungen unentgeltlich hergeben müssen.

Wird die Vergütungsfrage zur Zufriedenheit der Angestellten geordnet, so ist zu erwarten, daß sie gegen die von mir vorgeschlagenen Erfindungsrechte der Arbeitgeber nichts einwenden. Jedenfalls ist ihnen dies in ihrem eignen Nutzen dringend anzuraten[243]).

Auf seiten der Arbeitgeber wird man wahrscheinlich nicht ohne weiteres gewillt sein, einem gesetzlichen Anspruch des Angestellten auf angemessene Vergütung zuzustimmen. Man hat gesagt: der Arbeitslohn enthält bereits die Vergütung für die Erfindung, ein Mehr wird der Arbeitgeber in manchen Fällen freiwillig geben, ihn rechtlich dazu zu nötigen, liegt kein Anlaß vor.

So Budde[243a]): „Der Angestellte ist für seine erfinderische Tätigkeit bereits durch die Besoldung bezahlt, er kann also nicht aus innerer Gerechtigkeit den Anspruch erheben, für seine Einzelleistung nun noch zum zweitenmal bezahlt zu werden. Das ist genau so, als ob der Bankdirektor, der von seiner Bank Gehalt und Tantiemen bezieht, nun auch noch verlangen wollte, daß man ihn für jedes einzelne Geschäft, welches er seiner Bank zuführt, besonders honoriert. Denn die Art der Tätigkeit und dasjenige in ihr, was die innere Gerechtigkeit begründen soll, ist im wesentlichen gleich. Der Unterschied liegt nur darin: vom Bankdirektor weiß jedermann, daß er bezahlt wird, um Geschäfte zu machen, deswegen findet man es natürlich, daß ihm diese Bezahlung als Äquivalent für seine Bemühungen gilt; vom technischen Angestellten dagegen weiß man im allgemeinen nicht, daß das Erfinden zu seinen täglichen Aufgaben gehört und daß er dafür bezahlt wird; deshalb glauben viele, seine erfinderische Tätigkeit sei eine Extraleistung und erwärmen sich demgemäß für sein inneres Recht auf ein Extrahonorar."

---

243) Vgl. oben bei Note 240.
243a) An dem bei Note 7a angef. Orte S. 56.

Bubbe kommt zu einem unzutreffenden Vergleich, weil er die erfinderische Tätigkeit und das erfinderische Ergebnis fälschlicherweise[243b]) als eine alltägliche Durchschnittsleistung der Angestellten betrachtet. Bankdirektoren werden überdies im allgemeinen für ihre Leistungen durch Gehalt und Tantieme, auf welch letztere ihnen ein Rechtsanspruch zusteht, so gut honoriert, daß der Vergleich mit der großen Menge der Angestellten, um deren Erfindungen es sich handelt, wie eine Ironie klingt.

v. Siemens[244]) macht geltend: „Der in eine an dem technischen Fortschritte erfolgreich mitarbeitende Firma neu eintretende Angestellte muß nicht glauben, daß er, wenn er auch noch so begabt ist, die Hauptsache selbst mitbringt, und daß er in erster Linie der Gebende ist. Er ist in viel größerem Maße der Empfangende, dem sich das ganze Aufgabengebiet der Firma öffnet, und dem sich die Quellen des praktischen Lebens erschließen. Er empfängt noch vieles andere: die Leitung, die Kameradschaft, den Gedankenaustausch, die aufgespeicherten Erfahrungen, die Gehilfen, die Aufgaben und die Gelegenheit."

Alles dies kann zugegeben werden. Daraus folgt aber noch lange nicht, daß der Arbeiter, bei dessen Anstellung an Erfindungen regelmäßig gar nicht gedacht wird, in seinem Arbeitslohne bereits eine angemessene Vergütung für die Erfindung, die er wider Erwarten macht, mitbekommt.

„Es wird angeführt, sagt West[245]), daß derjenige, der eine in seinen Beruf einschlagende Erfindung macht, die wesentliche Anregung dazu aus seiner Tätigkeit und seiner Beschäftigung in dem Gewerbebetriebe seines Dienstherrn, also durch die mehr oder weniger kostspieligen seinem Dienstherrn gehörigen Betriebsmittel und aus seiner Kenntnis des Betriebes geschöpft hat." West weist darauf hin, daß gleichwohl dem Angestellten ein besonderes Verdienst nicht abgesprochen werden könne, weil eben nur „der erfinderisch veranlagte Angestellte aus der Beobachtung der auch den anderen Angestellten zugänglichen Betriebsmittel usw. oder aus seiner Kenntnis der geschäftlichen Vorgänge und Verhältnisse die Anregung zu einer erfinderischen Idee schöpft, während dieselben Verhältnisse bei seinen nicht erfinderischen Kollegen ohne irgendwelche Wirkung in dieser Hinsicht bleiben."

Ähnlich heißt es in dem Entwurfe einer Eingabe, die der Bund der technisch-industriellen Beamten dem Reichstage überreichen will[246]):

243b) Oben bei Note 53b.

244) Gewerbl. Rechtsschutz u. Urheberrecht Bd. XII, S. 207. Sonderabdruck S. 21 f.

245) Vgl. oben Note 73.

246) Note 74.

Wäre die Behauptung richtig, daß die Anregung, die der Angestellte in dem Etablissement empfangen habe, durch die Benutzung der Materialien desselben u. dergl. die Ursache der Erfindung sei, „so müßten in den industriellen Betrieben die Angestellten, die tagtäglich unter denselben Eindrücken stehen, auch alle ohne Unterschied der Begabung und des Alters dieselben Anregungen zu Erfindungen empfangen."

Ebenso Ruppert[247]): „Die zuweilen aufgestellte Behauptung, daß das Erfindungsverdienst auch ausgedrückt sein könne durch vorzügliche Sacheinrichtungen, welche den im Dienst Stehenden befähigen, die Leistung der Erfindung zu vollbringen, ist dahin richtig zu stellen, daß gute Sacheinrichtungen wohl die Eigenschaft eines Nährbodens für Erfindungen haben können, gleich einem wohlbestellten Ackerland; aber ohne das Samenkorn der Erfindung fehlen Frucht und Ernte."

Desgleichen Piloty[248]): „Der Unternehmer bringt den Erfinder durch den Betrieb in Berührung mit den Bedürfnissen des Gewerbes und stellt ihm die Mittel des Betriebes für seine Erfindungstätigkeit zur Verfügung. In diesen beiden Dingen liegen allerdings wichtige Vorbedingungen für die Tätigkeit des Erfinders. Die Erfindung selbst ist offenbar etwas Anderes."

Wenn v. Siemens[249]) sagt: „Es können die besten und fähigsten Kräfte zur Erfolglosigkeit und Unfruchtbarkeit verurteilt werden, wenn es ihnen nicht glückt, in ein Milieu zu kommen, in welchem ihnen der nötige Spielraum und die anregende Gelegenheit zur Betätigung geboten wird," so ist einzuhalten: was nützen Milieu, Spielraum, Gelegenheit, wenn die besten und fähigsten Kräfte fehlen?

Und wenn v. Siemens[249a]) weiter bemängelt, daß jede Erfindung, gleichviel ob sie bedeutend oder unbedeutend sei, als eine außerhalb des Anstellungsverhältnisses liegende Überleistung angesehen werde, und seinerseits die umgekehrte Ansicht vertritt, daß jede, auch die bedeutende Erfindung zu den Normalleistungen des Ingenieurs gehöre, so scheint mir der richtigere Ausweg doch der zu sein: jede Erfindung wird vergütet, die Höhe der Vergütung aber bemißt sich nach der Bedeutung der Erfindung.

Man hat den Vergütungsanspruch des Angestellten bekämpft mit dem Einwande: es gehe nicht an, das Erfindungsrecht des Geschäfts-

---

247) A. d. in Note 73 a. O.

248) Annalen des Deutschen Reichs f. Gesetzgebg. usw. 30. Jahrg. S. 435.

249) A. a. O. S. 207 bez. S. 21.

249a) A. a. O. S. 205 bez. S. 14.

herrn davon abhängig zu machen, daß der Angestellte sich mit der ihm angebotenen Vergütung zufrieden erklärt habe.

v. Siemens[249b]) weist darauf hin, daß die Vergütungsfrage im voraus, bevor die Erfindung gemacht sei, sich nicht zufriedenstellend regeln lasse: „Die Firma würde in ihrer Initiative, in ihrer Politik, in ihrer ganzen Aktionsfähigkeit in bedenklicher Weise gelähmt werden, wenn ihr die Sicherheit genommen würde, über die in ihrem Hause genommenen Patente nicht in voller Selbständigkeit verfügen zu können. Andererseits kann man auch nicht mit einem Angestellten im voraus ein Abkommen machen, welches alle etwa vorkommenden Fälle durch eine gemeinsame Formel regelt. Man wird nicht wissen, was man in ein solches Abkommen hineinschreiben soll. Denn die Möglichkeit der vorkommenden Fälle ist unendlich groß, je nachdem es sich um eine grundlegende, eine mittlere oder unbedeutende Leistung handelt, um eine mehr oder weniger selbständige Leistung, je nachdem es sich darum handelt, ob die Erfindung ganz oder größtenteils in dem Angestellten allein entstanden und gewachsen ist, oder ob andere direkte oder indirekte Einflüsse die Erfindung ausgelöst oder an derselben mitgearbeitet haben. Oft liegt auch das eigentliche schöpferische Verdienst bei einer Erfindung nicht in der speziellen Lösung, sondern in der richtigen und rechtzeitigen Aufgabenstellung. Wie soll das alles auseinandergehalten und im voraus berücksichtigt werden?"

v. Siemens hat völlig Recht. Ich gehe noch einen Schritt weiter. Auch wenn die Erfindung fertig ist, wird häufig genug über die Vergütung Meinungsverschiedenheit obwalten. In zahlreichen Fällen bleibt abzuwarten, ob und mit welchem Erfolge die Erfindung in die Praxis eingeführt wird.

Aber was beweist dies alles? Doch nicht, daß der Vergütungsanspruch abzulehnen ist, sondern nur, daß das Erfindungsrecht unabhängig von der vielleicht erst später erfolgenden Regelung der Vergütungsfrage, alsbald nach Entstehung der Erfindung dem Geschäftsherrn zufallen soll.

Aber auch eine so gewichtige Autorität wie Bolze[250]) will von einem besonderen Vergütungsanspruche nichts wissen. Er sagt: „Im ganzen darf man nicht übersehen den Unterschied in der Stellung des Geschäftsherrn und der Angestellten. Das Gehalt oder der Arbeitslohn läßt sich in festen Ziffern im voraus ausdrücken, die Art und die Menge

---

[249b]) A. a. O. S. 209 bez. S. 29 f.

[250]) Die Rechte der Angestellten usw. S. 42 f.

der Dienstleistungen aber nur in sehr unbestimmter Weise, am allerwenigsten aber die Schwierigkeiten der Arbeiten, welche im einzelnen Fall zu einem guten Resultat geführt haben. Das Dienst- und Arbeitsverhältnis beruht auf gegenseitigem Vertrauen, im schlimmsten Falle ist es gegenseitig kündbar. — — In jedem industriellen Etablissement eine Nebenregierung erfindungssüchtiger Angestellter aus dem Boden wachsen zu lassen, welche dem Betriebsführer oder Betriebsunternehmer jeweilig mit dem Ansinnen entgegentreten, für eine ihrer angemeldeten Erfindungen ein besonderes Honorar zu zahlen, widrigenfalls sie ihm deren Benutzung von vornherein untersagen, würde doch wohl kaum dazu beitragen, die Leistungen der deutschen Industrie zu erhöhen."

Ich kann dem nicht beipflichten.

Das zuletzt geltend gemachte Bedenken erledigt sich, weil die Erfindung dem Geschäftsherrn unabhängig von der Regelung der Vergütungsfrage zufallen soll. Im Übrigen ist folgendes zu beachten.

Der Einwand, daß der Arbeitslohn ein genügendes Äquivalent biete, ist unzutreffend. Ist bei Abschluß des Anstellungsvertrages keine Sonderbestimmung getroffen, wie es mit Erfindungen des Angestellten gehalten werden soll, so ist auch bei Bemessung des Arbeitslohns solchen Erfindungen keine Rechnung getragen. Gehalt und Arbeitslohn werden nach Durchschnittsleistungen bemessen, Erfindungen aber liegen außerhalb der Durchschnittsleistungen.

Auch Damme[251]) fragt: „Entspricht es der modernen Auffassung, daß die Leistung einer Erfindung, welche vielleicht eine ungeahnte Tragweite hat, welche vielleicht der Technik völlig neue Bahnen eröffnet, welche vielleicht unsere wirtschaftlichen Verhältnisse von Grund aus verändert — man denke namentlich an Erfindungen auf dem Gebiete des Transports von Menschen, Gütern und Nachrichten — als eine in einem gewöhnlichen Anstellungsverhältnis bewirkte und zu bewirkende Dienstleistung angesehen werden soll?" Damme antwortet: „Derartige Leistungen sind nicht, oder doch jedenfalls nicht immer, als vertretbare Dienstleistungen zu betrachten, für die auf dem Arbeitsmarkte der A, der B und ungezählte andere Personen zu haben sind."

Gewiß ist es nicht immer leicht, die Bedeutung einer Erfindung richtig einzuschätzen und danach die angemessene Höhe der Vergütung zu bestimmen. Aber ich meine: es sind auf anderen Rechtsgebieten eine große Anzahl gleich schwierige Entscheidungen ins richterliche Ermessen

---

[251]) Das deutsche Patentrecht S. 244.

gestellt und im großen ganzen bisher in zufriedenstellender Weise getroffen worden.

Was endlich das gegenseitige Vertrauen anlangt, so läßt es sich einerseits nicht erzwingen, es kann andererseits leicht getäuscht werden. Bolze[252]) selbst verkennt gar nicht, „daß Unbilligkeiten zutage treten können und wohl auch schon bisher zutage getreten sind, wenn der Geschäftsherr gegen die auf ihn angewiesenen Angestellten und Arbeiter, deren Gedanken die nutzbringenden Erfindungen entstammt sind, nicht freiwillig Rücksichten durch eine entsprechende Honorierung oder Beförderung walten läßt. Allein hier wie auf anderen Gebieten können die Geschäftsherren nicht dem ausgleichenden Strome der Zeit widerstehen, wenn sie sich nicht selbst schädigen wollen. Wie vieles ist im Laufe der Zeit schon besser geworden!" Dem kann ich nicht zustimmen. Es ist gewiß dringend erwünscht, daß die Vergütung von den Beteiligten ohne Eingreifen des Gerichts durch wechselseitiges Entgegenkommen geregelt wird. Aber der Angestellte darf nicht dem guten Willen des Dienstherrn auf Gnade und Barmherzigkeit ausgeliefert werden, hinter der Freiwilligkeit muß der Zwang stehen. Dies verlangt unser Rechtsgefühl, es entspricht dem Geiste des modernen Arbeitsvertrages.

Ebenso Lothholz[253]): „Die Spekulation auf die Gesinnung des Unternehmers kann nicht als ein Ausweg angesehen werden, die künftige Lösung des Problems wird sich wohl kaum in der Richtung bewegen, die Bolze vertritt."

Bolze[254]) hat Recht: „Steht der Erfinder außerhalb der Industrie, so ist es Sache der Person des Erfinders, für das ihm verliehene Patent, das noch nicht mit seiner bloßen Existenz einen Gewinn darstellt, einen Nutzen zu ziehen. Ist er in gebundener Stellung, so nimmt er nur mittelbar Teil an dem Kampfe um den Gewinn, den der Betriebsunternehmer als erster zu führen hat, zu seinem Vorteil, aber auch auf seine Gefahr."

Aber diese Erwägung ist nur geeignet, übertriebene Vergütungsansprüche auf das rechte Maß herabzumindern, ein Argument zur Bekämpfung jedweden Vergütungsanspruches bietet sie nicht.

Um den Standpunkt, den Bolze einnimmt, recht zu verstehen, wird man übrigens nicht außer acht lassen dürfen, daß es ihm nicht so sehr darauf ankommt, Vorschläge für neue Gesetzesvorschriften betreffs des

---

[252]) S. 41.

[253]) Juristisches Literaturblatt 1907 S. 193.

[254]) A. a. O. S. 43 f.

Rechtes an den Erfindungen der Angestellten zu machen, sondern vielmehr, die Konsequenzen zu rechtfertigen, die sich nach seiner Ansicht aus dem zur Zeit geltenden Rechte ergeben. Er läßt das Eigentum an der Erfindung des Angestellten unmittelbar in der Person des Geschäftsherrn existent werden, eine juristische Handhabe, dem Angestellten einen besonderen Anspruch auf Vergütung zu gewähren, bietet das geltende Recht bei dieser Konstruktion nicht.

Doch auch de lege ferenda wird das gesetzliche Recht auf Vergütung abgelehnt. v. Siemens macht geltend[235]):

„Es genügt der Kritik nicht, daß der Angestellte überhaupt das sachlich richtige Äquivalent empfängt, sie wünscht vielmehr, daß die Abmessung desselben auf eine ganz bestimmte Art und Weise vor sich geht, und zwar so, daß anstelle des willkürlichen Ermessens des Arbeitgebers ein gesetzlicher Anspruch tritt. Wenn man den Wert der Leistung eines Angestellten auf einem besonderen Leistungsgebiete einfach mittels einer Wagschale feststellen könnte, und mit dem Wägegeschäft dann die ganze Angelegenheit abgetan wäre, so würde man für das Gesetz eine praktische Unterlage haben. Aber es gibt hier keine Formeln und Instrumente, und mit dem einfachen Messen und Zusammenrechnen geht es nicht. Das einzige brauchbare und bisher bekannte Meßinstrument ist hier trotz seiner Unvollkommenheiten das menschliche Gehirn, das Gehirn des Firmaleiters und seiner Leitungsgehilfen. Man darf gewiß auch bei den Leitern im allgemeinen nur auf eine durchschnittliche Begabung rechnen, aber im großen und ganzen wird doch eine ausreichende Mischung von Verantwortlichkeitsgefühl und Urteil sowie von Personen- und Sachkenntnis vorhanden sein. Auch wird es nicht an dem nötigen wohlwollenden Sinn fehlen. Aber gerade das Wohlwollen will der moderne Sozialist aus dem Wirtschaftsbetrieb möglichst ausscheiden, und an seine Stelle das Gesetz und das Recht setzen."

„Die Firma wird ihre erfinderisch erfolgreichen Angestellten individuell behandeln, ebenso wie ihre auf anderen Gebieten erfolgreichen Beamten, und wenn man den großen Spielraum überblickt, auf welchem die Entwicklungsmöglichkeiten der Angestellten sich ausdehnen und es auch praktisch getan haben, so wird man erkennen, daß es großen Leistungen an entsprechenden Äquivalenten auch bei der bisherigen Praxis nicht zu fehlen braucht und auch nicht gefehlt hat. Die Firma hat sogar das höchste Interesse daran, daß in ihrem Hause gute Karriere gemacht wird,

[235]) Gewerbl. Rechtsschutz und Urheberrecht Bd. XII, S. 212 f. Sonderabdruck S. 41.

daß sie sich die tüchtigsten Kräfte sichert. Je mehr ihre Mitarbeiter zu angesehenen Lebensstellungen sich emporzuschwingen vermögen und zu berühmten Namen gelangen, um so besser wird es mit dem Fortschritt des Hauses bestellt sein. Die gegenwärtige Praxis schließt es durchaus nicht aus, daß die Angestellten auch in direkter Weise interessiert werden an den Ergebnissen ihrer besonderen Tätigkeit, durch Tantiemen, Beteiligungen, Prämien und Abgaben. Dieses Prinzip ist gesund und weiter entwicklungsfähig, wird aber in seiner Anwendung erheblich beschränkt durch die zwischen den Angestellten bestehende Rivalität und bedarf in jedem besonderen Falle einer sorgfältigen Erwägung, um zu vermeiden, daß ein Gegensatz zwischen Sonderinteresse und Allgemeininteresse eintritt. Durch die generelle Gewährung eines blinden gesetzlichen Anspruchs an dem Eigentum der Patente wird ein solcher Gegensatz aber hervorgerufen. Ob auf der anderen Seite ein solcher Anspruch, ein solches Recht eine größere Anzahl wertvoller Erfindungen im Kreise der Industrie hervorbringen würde, als es bisher der Fall war, ist ein Problem, welches sich einer bestimmten Beantwortung entzieht."

Darauf ist zu erwidern:

Es gibt verschiedene Anschauungen über das Arbeitsverhältnis.

Die Arbeitgeber verfielen, sagt Brentano[256]), häufig in die gleiche Einseitigkeit wie die Sozialdemokraten, nur in die umgekehrte. Wie diese von der Tatsache, daß die Erzeugnisse der Unternehmung von den Arbeitern hergestellt werden, zur Folgerung gelangten, daß der ganze Produktionsertrag den Arbeitern zukomme, so gelangten die Arbeitgeber zur Ausmerzung jedes Rechtes des Arbeiters, bei der Festsetzung der Arbeitsbedingungen mitzureden. „Jede Beschränkung seines Willens," sagt der Arbeitgeber, „sei es durch Gesetz, sei es durch vertragsmäßige Abmachung mit den Arbeitern, ist eine betriebsstörende Einmischung, die das Gedeihen des Unternehmens zu gefährden vermag."

Neben solchem schroffen Herrenstandpunkt, auf den sich der Gesetzgeber natürlich niemals stellen kann, gibt es eine mildere Richtung; ihr schweben die patriarchalischen Beziehungen vor, wie sie zwischen Zunftmeister und Gesellen oder Lehrling bestanden haben[257]); auch fernerhin soll das Arbeitsverhältnis auf der väterlichen Autorität und auf dem väterlichen Wohlwollen aufgebaut werden.

---

256) Schweizerische Blätter für Wirtschafts- und Sozialpolitik, 13. Jahrgang, Bd. II, S. 522. Vergl. auch oben Note 89.

257) Heß, Einfache und höhere Arbeit, S. 49.

Die moderne, fortschrittliche Richtung gibt dagegen dem Arbeitsverhältnis in allen wichtigen Beziehungen eine rechtliche Grundlage. Das Wohlwollen soll keineswegs aus dem Wirtschaftsbetrieb überall ausgeschieden und allenthalben durch Gesetz und Recht ersetzt werden. Aber ein Mindestmaß von Forderungen und Leistungen muß von der Rechtsordnung festgelegt und garantiert werden, damit der Berechtigte nicht von der Willkür des Verpflichteten abhängig ist. Der Anspruch des Angestellten auf Vergütung seiner Erfindungen fällt meines Erachtens in den Bereich dieses Mindestmaßes.

Weiter. Es soll nicht „ein blinder gesetzlicher Anspruch" auf Vergütung gewährt werden, vielmehr soll das richterliche Ermessen über das Ob und das Wieviel entscheiden. Der Richter hat den Vorzug, daß er nicht nur „eine durchschnittliche Begabung", „eine ausreichende Mischung von Verantwortlichkeitsgefühl und Urteil", sowie „den nötigen wohlwollenden Sinn" besitzt, sondern überdies eine Unbefangenheit und Unparteilichkeit, die von dem Geschäftsherrn billiger Weise nicht verlangt werden kann.

Ob die Gewährung eines gesetzlichen Anspruchs auf Vergütung die Zahl der wertvollen Erfindungen zu steigern geeignet ist, kann dahin gestellt bleiben. Auch wenn diese Frage zu verneinen sein sollte, bleibt es dabei, daß Gerechtigkeit und Billigkeit solche Gewährung heischen.

Gleicher Ansicht Kohler[258]): „Natürlich kann die soziale Gesetzgebung vollen Beruf finden einzugreifen, sie kann nicht nur den Satz feststellen, daß der Unterwerfungsvertrag die in der menschlichen Ordnung allgemein begründeten Schranken haben müsse, sie kann auch bestimmen, daß eine solche Untertanenschaft des erfindenden Technikers nur unter Umständen eintreten darf, die ihm seine angemessene Belohnung sichern." Kohler macht kein Hehl daraus, daß er in der gesetzlichen Zubilligung einer angemessenen Belohnung eine Maßnahme „von großem Verständnis für die soziale Lage des Erfinders und großer gesetzgeberischer Weisheit" erblickt.

Seligsohn und Oppenheimer[259]) sind auf dem 28. Deutschen Juristentag gleichfalls für den gesetzlichen Vergütungsanspruch des Angestellten eingetreten. Osterrieth[260]) hat erklärt: „Eine derartige Bestimmung kann erzieherisch wirken. Und tatsächlich scheinen in Österreich die Verträge, in denen die Angestellten ihre Erfindungen dem Dienst-

---

[258]) Handbuch des deutschen Patentrechtes, S. 235.
[259]) Verhandlungen Bd. III, S. 490, 495.
[260]) Ebenda Bd. II, S. 212.

herrn ohne Einschränkung und ohne Entgelt überantworten, abzunehmen, ein Ergebnis, daß, wenn es sich im Laufe der Zeit bestätigen sollte, jedenfalls aller Beachtung wert ist."

Weiter sind für die gesetzliche Anerkennung des Vergütungsanspruchs P. Alexander Katz[261]), Dernburg[262]), Jacobsohn[263]), Wertheimer[264]), Fuld[265]), Mertens[265a]).

Es ist schließlich mit Genugtuung darauf hinzuweisen, daß auch der Verein deutscher Chemiker auf seiner Danziger Tagung 1907 die Belohnung des Erfinders für durchführbar erklärt hat[266]).

Katz hat geltend gemacht[267]): „Man wird nicht verkennen, daß eine gesetzliche Regelung, durch welche kraft des Dienstvertrages das Eigentum an der Erfindung des Angestellten dem Geschäftsherrn übereignet wird, der inneren Gerechtigkeit entbehrt, so lange man es für gerecht erachten muß, daß niemand verpflichtet sein soll, mehr zu leisten, als er bei Begründung seiner Verpflichtung leisten wollte, und niemand berechtigt, mehr zu empfangen, als diejenige Leistung, die er mit dem beim Geschäftsabschluß vereinbarten Entgelt vergüten wollte. Durch eine solche gesetzliche Regelung würde auch sofort der Angestellte, welcher eine Erfindung gemacht hat, eine ungünstigere Rechtsstellung haben, wie diejenigen Angestellten, die den gleichen Lohn wie er empfangen, die gleiche Arbeit wie er zu verrichten übernommen haben und in Wirklichkeit nichts Höheres leisten, als dasjenige, wozu sie sich beim Abschluß des Vertrages verpflichtet haben."

Darauf ist zu erwidern: In der gesetzlichen Übereignung der Erfindungsrechte des Angestellten auf den Geschäftsherrn liegt eine Ungerechtigkeit nur, wenn sie unentgeltlich erfolgt. Bekommt der Angestellte eine angemessene Vergütung, so geschieht der Gerechtigkeit gegenüber dem Geschäftsherrn wie gegenüber den Mitangestellten vollauf Genüge.

---

[261]) Die Rechtsverhältnisse der höheren technischen Angestellten usw., S. 38, auch in den Verhandlungen des Vereins zur Beförderung des Gewerbfleißes 1906, Sitzungsbericht vom 5. März 1906 S. 71; Ztschrft. Die Woche 1907 Nr. 5, S. 197; Deutsche Wirtschafts-Ztg. Bd. II, S. 783.

[262]) Deutsche Juristen-Ztg. Jahrg. XII (1907) Nr. 1, S. 6.

[263]) Zeitschrift für angewandte Chemie XX. Jahrg., S. 890.

[264]) Monatsschrift für Handelsrecht u. Bankwesen XVI. Jahrg. S. 61.

[265]) Österreichisches Patentblatt VII (1905), S. 642.

[265a]) Archiv für Sozialwissenschaft und Sozialpolitik Bd. 25, S. 695 f.

[266]) Siehe oben bei Note 80.

[267]) Verhandlungen des 28. Deutschen Juristentages Bd. III, S. 478.

§ 17. Art und Höhe der Vergütung.

Der **Bund der technisch-industriellen Beamten**[268]) verlangt:

„Als Entschädigung für die Überlassung der Erfindung an den Arbeitgeber hat der Erfinder Anspruch auf einen angemessenen Teil an dem Nutzen, den die Verwertung der Erfindung während der Patentdauer dem Arbeitgeber bringt. Als angemessen ist mindestens der dritte Teil des Nutzens anzusehen."

Dernburg[269]) schlägt vor: „Der Anspruch der Erfinder müßte auf einen verhältnismäßigen Teil des Reingewinnes gehen, welchen das Patent abwirft. Das Maß desselben hätte eventuell das Gericht nach freiem Ermessen zu bestimmen. Natürlich käme es dabei auf die Umstände des Falles an. Man könnte aber gesetzlich unterscheiden, ob die patentierte Erfindung vollständig vom Erfinder, insbesondere dem gewerblichen Arbeiter, dem Techniker, welcher in einer Fabrik angestellt ist, herstammt. Dann würde etwa ein Drittel des Reinertrages dem Patentierten frei bleiben als durchschnittliche Entschädigung für die Belästigung, welche die Vertretung des Patents mit sich führt, der Rest des Reinertrags könnte unter Unternehmer und Erfinder geteilt werden, so daß dem Erfinder ein Drittel des Reinertrages gebührte. In allen übrigen Fällen würde der Erfinder nur weniger beanspruchen können. Über das Maß müßte nach den Anstrengungen, welche die Erfindung kostete, der Bedeutung der Erfindung und der Gesamtheit der Umstände das richterliche Ermessen entscheiden."

Der Anspruch auf ein Drittel des Nutzens ist vom **zweiten Berichterstatter** des 28. Deutschen Juristentags[270]) als viel zu hoch, als völlig undiskutierbar bezeichnet worden.

Der **Bund der industriell-technischen Beamten** erwidert in dem Entwurfe seiner Eingabe an den Reichstag:

„Als angemessener Mindestanteil ist der dritte Teil des Nutzens vorgesehen. Diese Normierung ist als zu hoch bezeichnet worden und soll gar nicht vorkommen. Demgegenüber möchten wir feststellen, daß Anteile an dem Nutzen in der geforderten Höhe in der Industrie tatsächlich schon bewilligt worden sind. Daß sie zur Zeit noch die verschwindende Ausnahme bilden, beweist nichts gegen ihre grundsätzliche Berechtigung. Im Gegenteil ist daraus der Schluß berechtigt, daß der

---

[268]) Vgl. bei Note 74.

[269]) Deutsche Juristen-Zeitung 1907, S. 6.

[270]) Verhandlungen Bd. II, S. 287, 313. Vgl. auch **Kloeppel** in der Chemischen Industrie 1906, S. 406 ff.

Anteil der schöpferischen Arbeit an der Herstellung einer patentierten Ware gegenwärtig im Verhältnis zu dem des Kapitals noch viel zu gering ist, als daß dadurch die erfinderische Tätigkeit des Angestellten geweckt und angesport werden könnte. Und auf das Letztere muß es der deutschen Industrie hauptsächlich ankommen, wenn anders sie ernstlich bemüht sein will, ihre Konkurrenzfähigkeit auf dem Weltmarkt etwa in ähnlicher Weise zu heben, wie es die amerikanische durch ein ganzes System von Belohnungen ihrer Angestellten und Arbeiter mit so viel Erfolg getan hat. Die Aussicht auf einen festen Gewinnanteil würde ohne Zweifel dann auch im Deutschen Reiche auf die erfinderische Tätigkeit anregend wirken. Diese erhöhte Arbeitsfreudigkeit käme letzten Endes der Industrie und, da diese im heutigen deutschen Erwerbsleben einen so erheblichen Faktor darstellt, der ganzen deutschen Volkswirtschaft zugute."

Kuhlenbeck[271]) hält die Fassung der sozialpolitischen Beschränkung der Vertragsfreiheit in § 5 des österreichischen Patentgesetzes[271a]) für zu dehnbar, „sollte es sich nicht vielleicht empfehlen, an Stelle des angemessenen Nutzens eine bestimmte Quote des aus der Patentverwertung entstehenden jährlichen Reingewinnes dem Erfinder sicher zu stellen?"

Katz[271b]) zieht dagegen „die erheblichen Weiterungen und Umstände in Betracht, die für ein gewerbliches Unternehmen dadurch entstehen, daß der Angestellte für jede Verbesserung, die er findet, Rechnungslegung für die ganze Dauer der Patentierung der Erfindung seitens des Dienstherrn fordern dürfte."

Ich glaube nicht, daß es angeht, Art und Höhe der Vergütung gesetzlich festzulegen.

Bei kleinen Erfindungen, deren technische und wirtschaftliche Bedeutung zu übersehen ist, wird Kapitalabfindung angezeigt sein, bei großen Erfindungen mit zweifelhaftem Erfolge wird sich Gewinnbeteiligung empfehlen.

Auch für die Höhe der Vergütung läßt sich schwerlich ein allgemein gültiger Maßstab finden. Es ist zu beachten, daß der Gewinn, der aus einer Erfindung resultiert, zu einem guten Teil auf die technische und kaufmännische Unternehmertätigkeit des Arbeitgebers zurückzuführen ist. Und viele Momente, die als Argumente gegen die Vergütung überhaupt abzulehnen sind, verdienen Beachtung, wenn es übertriebene Vergütungsansprüche herabzumindern gilt. Andererseits sind die Angestellten zu ge-

---

[271]) Archiv für öffentl. Recht Bd. XVIII, S. 503.

[271a]) S. unten bei Note 326.

[271b]) Gewerbl. Rechtsschutz und Urheberrecht Bd. XI, S. 221.

nügsam, wenn sie ihre Vergütung nur nach der Patentdauer bemessen wissen wollen; nicht selten bezieht der Unternehmer auch nach Ablauf der 15jährigen Patentdauer einen erheblichen Mehrgewinn, weil er wegen der langsamen Ausbreitung der Erfindung einen Vorsprung und deshalb für längere Zeit noch ein faktisches Monopol hat; bei großen Erfindungen hat man die durchschnittliche Dauer dieses faktischen Monopols auf 30 Jahre geschätzt[272]).

Art und Höhe der Vergütung ist ein Punkt, über den jedenfalls erst endgültig beschlossen werden kann, wenn der Verein für den Schutz des gewerblichen Eigentums mit seinen Wünschen und Anträgen hervorgetreten ist.

Die Frage taucht noch auf, ob für die Vergütung nur der Gewinn in Betracht kommt, den der Arbeitgeber gezogen, oder auch der Gewinn, den zu ziehen er grundlos versäumt hat. Bejaht man diese Frage zu Gunsten der letzteren Alternative, so wird eine Verpflichtung des Arbeitgebers zur Ausbeutung der Erfindung begründet, nach Art eines Verlagsvertrags[273]). Vom Bunde der technisch-industriellen Beamten[274]) wird die Möglichkeit vorgesehen, daß der Arbeitgeber durch freiwillige Erklärung oder bei Vernachlässigung seiner Ausbeutungspflicht durch gerichtliche Aberkennung seines Erfindungsrechtes zu Gunsten des Angestellten wiederum verlustig geht.

Auch das sind Detailfragen, auf die erst näher eingegangen werden kann, wenn die Interessenverbände der Arbeitgeber zu ihnen Stellung genommen haben.

d. Die Rechte an den Erfindungen der Angestellten und die Reform des Patentgesetzes und des Gesetzes zur Bekämpfung des unlauteren Wettbewerbes.

§ 18. 1. Erfindungsrecht und Patentrecht.

Man hat geltend gemacht, daß eine gesetzliche Regelung des Rechtes an den Erfindungen der Angestellten nicht ausführbar sei, ohne eine gleichzeitige grundlegende Reform des geltenden Patentrechts. Das deutsche Patentgesetz gewähre das Patent dem ersten Anmelder, um die Interessen des Erfindungsbesitzers kümmere es sich, um die Interessen des Erfinders als solchen dagegen nicht. Werfe man einmal die Frage nach dem Rechte an den Erfindungen der Angestellten auf, so

---

272) Kulischer, Jahrbücher für Nationalökonomie und Statistik, III. F. Bd. 25, S. 289, 292 f.

273) Kohler, Handbuch des deutschen Patentrechts, S. 505, 587.

274) Vgl. oben bei Note 74 Ziffer 5.

müsse man notwendig das Erfindungsrecht im allgemeinen der Erörterung unterziehen und insbesondere untersuchen, ob der Anspruch auf Patent nicht grundsätzlich nur dem Erfinder zustehen solle.

So Osterrieth und Mittelstaedt[275]). Letzterer führt aus: Das Patentgesetz verleihe das Patentrecht dem Anmelder, nicht dem Erfinder und gebe das Einspruchsrecht nicht dem Erfinder, sondern nur demjenigen, aus dessen Beschreibung, Darstellung usw. die Erfindung widerrechtlich entnommen sei. Nach dem Patentgesetz sei nicht bedeutsam die Frage: wer ist der Erfinder, sondern aus wessen Beschreibung, Darstellung usw. ist die Erfindung entnommen? Das Erfindungsrecht sei nur insofern ein Recht, als es den Gegenstand eines Vertrags bilden und bei Verletzung einen Anspruch auf Schadensersatz gewähren könne. Auch der Anspruch auf Abtretung des Patentes für eine widerrechtlich angemeldete Erfindung könne aber nicht auf das Erfindungsrecht des Klägers, sondern nur auf die widerrechtliche Entnahme aus der Beschreibung, Darstellung und desgl. des Klägers gestützt werden. Es sei also den Angestellten nichts damit geholfen, daß ihr Erfindungsrecht Anerkennung finde, so lange aus dem Erfindungsrecht kein Anrecht auf das Patent abgeleitet werden könne. Halte man an dem Prinzip des geltenden Patentgesetzes fest, so könne von einer Kollision der Interessen der Angestellten und der Geschäftsherren nicht im Hinblick auf das Recht an der Erfindung, sondern höchstens mit Rücksicht auf das Besitzverhältnis an den Beschreibungen und Darstellungsmitteln geredet werden.

Hierauf ist Folgendes zu erwidern.

Auch im Schoße der Reichsregierung vertritt man die Ansicht: „Die Frage des Erfinderrechts der Angestellten an den im Dienstverhältnisse gemachten Erfindungen kann nur im Zusammenhange mit einer allgemeinen Revision des Patentgesetzes geprüft und geregelt werden." So die Erklärung des Regierungsvertreters in der Sitzung der Petitionskommission des Reichstags vom 17. Mai 1906[276]).

Nachdem die Vorarbeiten zur Reform des Patentgesetzes bereits in Angriff genommen sind[277]), ist die Besorgnis unbegründet, daß die Angestellten allzulange auf die Berücksichtigung ihrer Wünsche warten müssen, wenn dieselbe im Rahmen der allgemeinen Reform stattfindet. Immerhin herrscht über den behaupteten Zusammenhang mancherlei Unklarheit. Ich möchte deshalb diesen Punkt nicht ganz übergehen.

---

[275]) Verhandlungen des 28. Deutschen Juristentages Bd. II, S. 205 ff., Bd. III, S. 485 ff., 504.

[276]) Reichstag 1905/1906 Anlageband 6, S. 4808.

[277]) Vgl. oben bei Note 10.

Es wäre wunderbar, wenn die Angestellten um Anerkennung ihres Erfindungsrechtes an ihren Erfindungen petitionierten, obwohl dieses Erfindungsrecht nach jetzt geltendem Rechte der praktischen Bedeutung entbehrt. Letzteres ist nicht der Fall.

Das deutsche Patentgesetz[277a]) schenkt der Erfinderschaft als solcher patentrechtlich keine Berücksichtigung; das Patent wird dem Erfindungsbesitzer erteilt, der Einwand des mangelnden Erfindungseigentums ist unzulässig, nur die Vitiosität des Erfindungsbesitzes bildet ein Hindernis oder einen Nichtigkeitsgrund für das Patent. Wie den Motiven des Gesetzes zu entnehmen ist, hat man sich hierbei von zwei Erwägungen leiten lassen. Einmal soll die Schwierigkeit des Nachweises umgangen werden, wer der geistige Urheber der Erfindung ist; weiter soll dem Interesse Rechnung getragen werden, das die Allgemeinheit an der möglichst schnellen Anmeldung der Erfindung hat. Die Feststellung des objektiven Bestandes des Patentrechts macht Schwierigkeiten genug, deshalb soll dem Patentamt die Feststellung der subjektiven Zuständigkeit nicht noch in vollem Maße zugemutet werden. Das Patentamt soll sich, was die subjektive Zuständigkeit anlangt, mit der Feststellung des leichter zu eruierenden Besitzverhältnisses begnügen. Die Feststellung des Rechtsverhältnisses, die der Hilfsmittel des Zivilprozesses nicht entbehren kann, soll den ordentlichen Gerichten überlassen bleiben. Es mag auch mitgewirkt haben, daß die Verletzung des Erfindungsbesitzes, des Erfindungsgeheimnisses schwerwiegender erschien, als die Verletzung des Erfindungsrechts; letzteres hat sich erst allmählich zur Anerkennung durchgerungen.

Im Hinblick auf diesen Standpunkt des Patentgesetzes haben Osterrieth und Mittelstaedt mit ihren Bedenken zweifellos Recht. Allein die herrschende Theorie und Praxis teilen nicht den Standpunkt des Gesetzes, sie haben die Grenze zwischen Besitz- und Eigentumsfrage, zwischen Zuständigkeit des Patentamtes und Zuständigkeit des Zivil-

[277a]) § 3 Abs. 1: Auf die Erteilung des Patents hat derjenige Anspruch, welcher die Erfindung zuerst nach Maßgabe dieses Gesetzes angemeldet hat.

§ 3 Abs. 2: Ein Anspruch des Patentsuchers auf Erteilung des Patents findet nicht statt, wenn der wesentliche Inhalt seiner Anmeldung den Beschreibungen, Zeichnungen, Modellen, Gerätschaften oder Einrichtungen eines Anderen oder einem von diesem angewandten Verfahren ohne Einwilligung desselben entnommen und von dem Letzteren aus diesem Grunde Einspruch erhoben ist.

§ 10 Ziffer 3: Das Patent wird für richtig erklärt, wenn sich ergibt, daß der wesentliche Inhalt der Anmeldung den Beschreibungen, Zeichnungen, Modellen, Gerätschaften oder Einrichtungen eines Anderen oder einem von diesem angewendeten Verfahren ohne Einwilligung desselben entnommen war.

gerichts verwischt, sie weisen auch dem Patentamte in weitem Umfange die Entscheidung der Eigentumsfrage zu. Die Vorschriften in § 3 Abs. 2, § 10 Z. 3 des Patentgesetzes werden so gehandhabt, als ob sie nicht bloß dem durch Entnahme verletzten Erfindungsbesitzer zugute kommen sollten, sondern auch dem Erfindungseigentümer, der keine Verletzung des Erfindungsbesitzes erfahren hat, aber ohne dessen Einwilligung das Patent nachgesucht worden ist. Nach dem Patentgesetz ist unbefugte Entnahme Verletzung des Erfindungsbesitzes, nach der Interpretation, welche das Patentgesetz erfährt, auch die Verletzung des Erfindungseigentums.

In zahlreichen Patentstreitigkeiten, Einspruchs- und Nichtigkeitssachen, sind die Angestellten unterlegen auf Grund von Entscheidungen, in denen gesagt wird: die Erfindung gehört dem Dienstherrn, der Angestellte begeht eine unbefugte Entnahme, wenn er die von ihm gemachte Erfindung ohne Erlaubnis des Geschäftsherrn zum Patente anmeldet. Daraus folgt: gehört die Erfindung dem Angestellten, so macht er sich durch die Patentanmeldung keiner unbefugten Entnahme schuldig.

So heißt es in einer Entscheidung des Reichsgerichts vom 10. Juli 1886[278]): „Es liegt bereits darin eine Entlehnung, daß der Erfinder die im Dienste eines anderen zu dessen Gewerbezwecken gemachte Erfindung später für sich selber patentieren läßt."

Weiter ein Fall aus der neueren Praxis des Patentamts[279]). Die Anmeldeabteilung hatte die widerrechtliche Entnahme verneint mit der Begründung: „Daß der Anmelder die Kenntnis der von ihm selbst gemachten Erfindung mittelbar oder unmittelbar aus Beschreibungen usw. eines anderen erlangt hätte, wäre nur möglich, wenn zuvor das auf eigner Erfindung beruhende Wissen aus seinem Gedächtnis entschwunden war." Da dies nicht behauptet sei, so finde § 3 Abs. 2 des Patentgesetzes keine Anwendung, es könne ein etwaiger Anspruch aus dem Dienstverhältnis auf Gewährung der Erfindung oder Schadensersatz nur vor den ordentlichen Gerichten geltend gemacht werden. Die Beschwerdeinstanz reformierte; in ihrer Entscheidung vom 17. Februar 1904 heißt es: „Mit der Annahme der Anmeldeabteilung wäre die Streitfrage über die Erfindungen von Angestellten für das Patentamt so gut wie gegenstandslos. Auch hier hat das bei der Handhabung von Gesetzen unstatthafte Stehenbleiben bei einer bloßen Wortauslegung zu unrichtigen Schlüssen verleitet. Sieht man auf den Sinn und Zweck des § 3 Abs. 2,

278) Patentblatt 1887 S. 56, Gareissche Sammlung Bd. VI, S. 140 f.

279) Blatt für Patent-, Muster- und Zeichenwesen Bd. X, S. 188.

so handelt es sich nicht um die Wegnahme einer Erfindung aus fremdem Besitz, sondern um die widerrechtliche Aneignung der einem andern gehörigen Erfindung. Wie man sich nun eine fremde Sache aneignen kann, die man besitzt — Unterschlagung —, so kann man sich auch eine fremde Erfindung aneignen, wenn man vorher die tatsächliche Verfügungsmacht über sie hatte — widerrechtl. Anmeldung einer Erfindung, deren Kenntnis rechtmäßig erlangt war."

Die herrschende Theorie billigt diese Praxis. Kohler[280]): Sollte in solchen Fällen (wo die Erfindung dem Dominus gebührt) der Angestellte eine Erfindung für sich anmelden, so stünden dem Dominus hiergegen die Rechtsbehelfe aus § 3 Abs. 2 § 10 Z. 3 § 28 im vollsten Maße zu: denn die Anmeldung ist einer Konzeption entnommen, welche rechtlich dem Dominus angehört." Seligsohn[281]): „Wenn ein Angestellter eine Erfindung, die dem Prinzipal zusteht, für sich anmeldet, so ist die Entnahme sogar denkbar, ohne daß die Erfindung vorher irgend einen sicht- oder hörbaren Niederschlag gefunden hatte." „Die Beschreibungen usw. dürfen nicht dem Patentsucher gehört haben. Dem steht der Fall gleich, wenn der Anmelder zwar Urheber der neuen Erfindung ist, aber nicht den Anspruch auf Erteilung des Patentes hat." Damme[282]): „Unter Umständen hat nicht der tatsächliche Erfinder, sondern ein anderer kraft Dienstvertrags das Verfügungsrecht über eine angemeldete Erfindung und ist demzufolge berufen, auf Grund der Bestimmung im § 3 Abs. 2 die Verwirkung des Anspruchs auf Patenterteilung herbeizuführen." Auch Bolze[283]) bemerkt im Hinblick auf die Vorschriften des Patentgesetzes über die widerrechtliche Entnahme: „Das deutsche Gesetz hat also, wenn es auch den Satz nicht unmittelbar ausgesprochen hat, daß die neue gewerblich verwertbare Erfindung dem Erfinder gehört, doch die Wege eröffnet, um demselben den Nutzen aus seiner Erfindung zu sichern[284])."

Nach der von der Theorie und Praxis übereinstimmend vertretenen Ansicht, gegen deren Richtigkeit sich allerdings erhebliche Bedenken geltend machen lassen[285]), sind die Angestellten lebhaft interessiert, daß bei Hand-

---

280) Forschungen aus dem Patentrechte S. 7, Handbuch S. 243.

281) Kommentar 3. Aufl., S. 87.

282) Deutsches Patentrecht S. 246.

283) Rechte des Angestellten usw. S. 13.

284) Zu vgl. im übrigen Kent, Kommentar Bd. I § 3 NNr. 71, 74, 77, 86 ff., 91, 94; § 1 Nr. 305 f.

285) Bekämpft wird sie von v. Boehmer, Gewerblicher Rechtsschutz und Urheberrecht Bd. VIII., S. 332, 340 ff. Vgl. auch Rauter, Chemische Zeitschrift

habung der die unbefugte Entnahme betreffend Vorschriften des Patentgesetzes das Recht an ihren Erfindungen ihnen und nicht ihren Arbeitgebern zugesprochen wird.

Bei der bevorstehenden Reform des Patentgesetzes wird man das Erfindungsrecht nicht außer acht lassen können. Man wird sich entscheiden müssen, ob man dem Gedanken den Vorzug gibt, daß innerhalb der Patenterteilung auf das Erfindungsrecht keine Rücksicht zu nehmen ist, daß nur die Besitzanmaßung, die Geheimnisentwendung ein subjektives Patenthindernis begründet; oder ob man im Einklange mit der bisherigen Theorie und Praxis im Erteilungsverfahren der Erörterung, wem das Erfindungsrecht zusteht, Raum lassen will. Im letzteren Falle würde man nach dem Vorbilde des österreichischen Patentgesetzes dem Erfindungsberechtigten ein Vorrecht auf die Erlangung des Patentes gegenüber dem bloßen Erfindungsbesitzer einzuräumen haben[286]).

Das Richtigere dürfte sein, wenn alle das Recht an der Erfindung betreffenden Fragen aus dem Erteilungsverfahren völlig ausgeschieden werden. „Man muß vermeiden", sagt zutreffend Dernburg[287]), „das Patentamt zu überlasten und hierdurch nicht nur kostbare Kräfte aufzubrauchen, sondern auch den Geschäftsgang bezüglich der Erteilung der Patente durch Überbürdung des Amtes allzusehr zu verzögern."

Wenn das Patentamt in der oben[288]) mitgeteilten Entscheidung vom 17. Februar 1904 geltend macht: Beim Festhalten am Wortlaute des § 3 Abs. 2 des Patentgesetzes „wäre die Streitfrage über die Erfindungen von Angestellten für das Patentamt so gut wie gegenstandslos", so ist einzuhalten: würde das ein großes Unglück sein? Kent[289]) zählt sechs Rechtsbehelfe auf, die das bürgerliche Recht dem verletzten

---

Bd. III, S. 797. Widerspruchsvoll Lubszynski, Glasers Annalen für Gewerbe und Bauwesen Bd. 40 (1897) Nr. 470, S. 34; auf Sp. 1 lehnt er ab, daß die Bestimmungen über die widerrechtl. Entnahme für die Entscheidung der Frage, wem der Anspruch auf die Erfindung und daher das Recht zur Patentanmeldung zusteht, anwendbar sei, auf Sp. 2 gewährt er dem Geschäftsherrn dem Angestellten gegenüber das Einspruchsrecht und die Nichtigkeitsklage. Dunkhase, Gewerbl. Rechtsschutz und Urheberrecht Bd. XII, S. 213 ff. sucht die herrschende Ansicht zu rechtfertigen; seine Ausführungen haben mich nicht überzeugt.

[286]) Adler, Grünhuts Zeitschrift für das Privat- und das öffentl. Recht Bd. XXVII, S. 617 ff.; Herrmann v. Otavsky im österreichischen Patentblatt Bd. V, S. 485 ff.

[287]) Deutsche Juristen-Zeitung 1907, S 7.

[288]) Bei Note 279.

[289]) Kommentar Bd. I, S. 317, Nr. 93, vgl. auch Isay, Kommentar S. 92 ff.

Erfindungseigentümer zur Geltendmachung vor dem Zivilgericht zur Verfügung stellt. Langt das nicht zu?

v. Boehmer[290]) hat meines Erachtens Recht: Es ist des Guten zu viel, daß jemand dieselben Gründe in allen drei Instanzen für seine Zivilklage und noch für den Einspruch, die Beschwerde, die Nichtigkeitsklage und die Berufung geltend macht, ganz abgesehen davon, daß die Patentbehörden und die Gerichte wechselseitig nicht an ihre Entscheidungen gebunden sind und somit die unerfreuliche Möglichkeit entgegengesetzter Entscheidungen gegeben ist.[291])

Noch ein Punkt.

Osterrieth[292]) wendet ein: „Die Feststellung der bestrittenen Erfinderschaft aus dem Erteilungsverfahren auszuscheiden und etwa einem Verfahren vor den ordentlichen Gerichten zuzuweisen, dürfte deswegen nicht angängig sein, weil die Feststellung der Erfinderschaft eine Erkenntnis und Schätzung der Erfindung erfordert, und weil diese Prüfung der Erfindung im Hinblick auf ihre subjektiven Beziehungen nicht von einer anderen Behörde vorgenommen werden kann als derjenigen, die über das objektive Vorhandensein der Erfindung entscheidet."

Ich kann Osterrieth nicht Recht geben. Über die Abtretung des Patents und die sonstigen zivilrechtlichen Rechtsbehelfe wegen widerrechtlicher Entnahme der Erfindung, über die Patentverletzungen, über das Fortbenutzungsrecht des Vorbenutzers, über die Abhängigkeit entscheiden die Gerichte, obwohl es hierbei des Eingehens auf den objektiven Bestand der Erfindung bedarf. Weshalb sollen die Gerichte nicht auch feststellen, wem das Recht an der Erfindung zusteht?

Eine Frage für sich ist es, ob die Entscheidung über die Rechte an der Erfindung den ordentlichen Gerichten oder, wie Dernburg anheimstellt, den Gewerbegerichten[293]), oder einer nicht mit der Patenterteilung betrauten Abteilung des Patentamts usw. zu überweisen ist. Sie läßt sich erst beantworten, wenn zu übersehen ist, ob und welchen Erfolg die auf Einrichtung einer Sondergerichtsbarkeit in Patentsachen gerichteten Reformbestrebungen haben.[294])

---

[290]) Gewerblicher Rechtsschutz und Urheberrecht Bd. VIII, S. 344.

[291]) Das österreichische Patentgesetz kennt keine Nichtigkeitsklage wegen widerrechtlicher Entnahme.

[292]) Verhandlungen des 28. Deutschen Juristentages Bd. II, S. 210f.

[293]) a. a. O. Anderer Ansicht Paul Alexander Katz in der Zeitschrift „Die Woche" 1907, S. 197. Vgl. auch Zeitschrift für Industrierecht Bd. II, S. 16.

[294]) Die Frage der Sondergerichtsbarkeit in Patentsachen ist vom Verein für den Schutz des gewerblichen Eigentums mehrfach beraten worden. Zu vergleichen die von diesem Verein herausgegebenen „Vorschläge zur Reform des gewerblichen

§ 19. 2. Erfindungsrecht und Geheimnisschutz.[295])

Nach § 9 des Reichsgesetzes zur Bekämpfung des unlauteren Wettbewerbs macht sich strafbar und ersatzpflichtig, wer als Angestellter, Arbeiter oder Lehrling eines Geschäftsbetriebes Geschäfts- oder Betriebsgeheimnisse, die ihm vermöge des Dienstverhältnisses anvertraut oder sonst zugänglich geworden sind, während der Geltungsdauer dieses Dienstverhältnisses unbefugt an Andere zu Zwecken des Wettbewerbs oder in der Absicht, dem Inhaber des Geschäftsbetriebes Schaden zuzufügen, mitteilt.

Die Frage taucht auf, ob zu den „vermöge des Dienstverhältnisses anvertrauten oder sonst zugänglich gewordenen Geheimnissen" auch Erfindungen gehören, die der Angestellte selbst im Dienstverhältnisse gemacht hat. Diese Frage ist bestritten.

Für ihre Bejahung Schmid[296]), Finger[297]), Kent[298]), das Reichsgericht[299]).

Für die Verneinung Lobe[300]) im Anschluß an den Kommissionsbericht, Fuld[301]), M. M. Kohler[302]), Friedländer[303]), Binding[304]).

Rechtsschutzes. Denkschrift usw." 1903, S. 1ff. Unter Vorbehalt späterer eingehender Behandlung ist die Frage zuletzt auf dem Kongreß vom September 1907 zu Düsseldorf erörtert worden; der Vertreter des preußischen Justizministeriums hat sich bei dieser Gelegenheit gegen die Einrichtung eines Sondergerichtshofes und gegen die Abtrennung der Streitsachen des gewerblichen Rechtsschutzes von der Rechtsprechung der ordentlichen Gerichte erklärt. Deutsche Juristen-Zeitung 1907, S. 106f. Österreich. Patentblatt 1907, S. 770ff. Rundverfügung des preußischen Justizministers vom 11. Oktober 1907, Blatt für Patent-, Muster- und Zeichenwesen Bd. XIII S. 226f. Zu vgl. noch Chemische Industrie, April 1907; Deutsche Wirtschaftszeitung Bd. III, S. 936f.; Österreich. Patentblatt 1907, S. 296, 506; Kohler, Archiv f. d. zivilist. Praxis Bd. 71, S. 412f.; Magnus, Juristische Wochenschrift 1907, S. 665f.; Rathenau, Sachverständigenwesen in Patentprozessen, zugleich ein Beitrag zur Errichtung eines selbständigsten gemischten Patentgerichtshofs, Bolze, Deutsche Juristen-Zeitung 1907 S. 1232, Ztschr. Das Recht 1908 S. 527.

[295]) Kohler, Handbuch S. 248ff.; Kent, Kommentar Bd. I, S. 168ff.; Lobe, Der unlautere Wettbewerb als Rechtsverletzung Bd. I, S. 315—330; Isay, Kommentar S. 92, Anm. 20.

[296]) Die Gesetze zum Schutze des gewerblichen Eigentums S. 347, Der gesetzliche Schutz der Fabrik- und Geschäftsgeheimnisse S. 91ff.

[297]) Kommentar 2. Aufl., S. 289.

[298]) Kommentar zum Patentgesetz Bd. I, S. 168, Nr. 298.

[299]) Entscheidungen vom 27. April und vom 8. Juni 1899, Strafsachen Bd. 32, S. 136f. und S. 216ff.

[300]) Das Reichsgesetz zur Bekämpfung des unlauteren Wettbewerbs S. 116.

[301]) Desgl. S. 159.

[302]) Das Verbrechen des unlauteren Wettbewerbs S. 202.

[303]) Der strafrechtliche Schutz des Geschäfts- und Betriebsgeheimnisses S. 224f.

[304]) Lehrbuch des Strafrechts, Besonderer Teil 2. Aufl., Bd. I, S. 513.

In der Entscheidung des Reichsgerichts vom 27. April 1899 heißt es: „Die Kenntnis des R. um den Gegenstand seiner Entdeckungen erscheint mit seiner Dienstleistung auf das Innigste verknüpft und ist erst durch diese veranlaßt und vermittelt anzusehen. Damit erscheint dem betreffenden materiellrechtlichen Erfordernisse des Gesetzes genügt." Und in der Entscheidung vom 8. Juni 1899 legt das Reichsgericht dar: „Dem Appreturmeister D. ist die von ihm erfundene Neuerung des Verfahrens vermöge seines Dienstverhältnisses zugänglich geworden, weil er nur wegen des letzteren bei den im Betriebe der Firma angestellten Versuchen mit der Appreturmasse beteiligt gewesen ist. D. ist nur wegen seiner Stellung zu den Versuchen zugelassen und daraus folgt dann, daß die von ihm dabei erfundene Verbesserung des Verfahrens ihm nur infolge seiner vertragsmäßigen Tätigkeit für die Firma zugänglich geworden ist."

M. M. Kohler wendet ein: „Es ist richtig, daß die Resultate der Arbeit des Angestellten, der für seinen Prinzipal tätig wird, diesem gehören. Deshalb ist der Verrat des Angestellten an diesen von ihm selbst geschaffenen Geheimnissen während der Dauer seiner Treuepflicht auch ein Vertrauensbruch. Aber de lege lata ist derselbe nicht strafbar. Denn das Geheimniß ist nicht anvertraut, aber auch nicht sonst zugänglich geworden. Das Zugänglichwerden setzt dem Wortlaute nach voraus, daß das Geheimniß schon besteht; zugänglich werden kann nur eine Räumlichkeit, die als solche in rerum natura schon gegeben ist, wenn auch nur kurze Zeit, bevor sie zugänglich wird. Gerade so wie die eigentliche aber auch die metaphorische Bedeutung des Wortes. Das noch nicht vorhandene Geheimnis kann dem Täter nicht zugänglich werden. Ist es aber geschaffen, so ist die Kenntnis zuerst in seiner Person vorhanden, ihm kann sie nicht mehr eröffnet werden. Deshalb ist der Verrat der selbst geschaffenen Geheimnisse durch Angestellte nach unserem Rechte nicht strafbar, auch wenn er strafwürdig ist." Auch die zivile Rechtswidrigkeit erscheint zum mindesten zweifelhaft.

Binding sagt: „Daß das Geheimnis in den beiden vom Reichsgericht entschiedenen Fällen der Fabrik „gehörte", ist garnicht zu bestreiten. Allein das reicht zur Anwendung des § 9 nicht aus. Das Gesetz nimmt an, daß das Geheimnis als Betriebsgeheimnis bestand, ehe es vom Täter erkannt wurde."

Meines Erachtens liegen die Dinge so.

Die Erfindungen des Angestellten, die dem Geschäftsherrn eigentümlich zufallen, bedürfen des zivilen und des kriminellen Geheimnisschutzes. Die Vorschrift in § 9 des Reichsgesetzes genügt nicht, auch nicht bei der extensiven Interpretation des Reichsgerichts. Denn es sind Fälle denkbar, wo die Erfindung des Angestellten, die dem Geschäftsherrn gehört, nicht durch das Dienstverhältnis veranlaßt, vermittelt, sondern durch Anregung und Förderung, die ganz außerhalb desselben liegen, hervorgerufen worden ist. Es empfiehlt sich deshalb der Erlaß einer Vorschrift, die auch diese Fälle mit deckt.

Weiter aber ist erforderlich, daß auch dem Geschäftsherrn, wenn ihm die Erfindung nur zur Benutzung überlassen wird oder wenn er auf die Erfindung verzichtet, die Verpflichtung auferlegt wird, das Erfindungsgeheimnis zu wahren.

Noch eins. Nach § 9 cit. ist der Angestellte nur während der Dauer des Dienstverhältnisses zur Geheimhaltung verpflichtet[304a]). Es kann keinem Zweifel unterliegen, daß diese zeitliche Beschränkung für Erfindungen, die er gegen Entgelt seinem Geschäftsherrn überlassen hat, nicht Platz greifen darf. In der entgeltlichen Überlassung, die auf Vertrag beruht, kann wohl die Zusicherung erblickt werden, daß der Angestellte auch nach Ablauf der Dienstzeit die Erfindung geheim halten will. Für die Fälle, wo die entgeltliche Ueberlassung, wie vorgeschlagen, unmittelbar auf gesetzlicher Vorschrift beruht, wird zu bestimmen sein, daß den Angestellten die Geheimhaltungspflicht über die Dauer des Anstellungsverhältnisses hinaus trifft. Es versteht sich von selbst, daß die Geheimhaltungspflicht des Angestellten hinfällig wird, soweit der Geschäftsherr die Geheimhaltung selbst nicht mehr aufrecht erhält, z. B. die Erfindung zum Patent anmeldet.

§ 20. C. Der andere Fall: Es ist Vereinbarung getroffen, wie es mit Erfindungen des Angestellten rechtlich gehalten werden soll. Soll solche Vereinbarung, namentlich was die Vergütung anlangt, unbeschränkt rechtswirksam sein?

In der Reichstagssitzung vom 18. April 1907[305]) wurde vom Abgeordneten Burlage folgendes vorgebracht:

„Es gibt Fälle, wo auch nach den gegenwärtig geltenden Rechtsgrundsätzen dem Angestellten sein Anspruch auf die Erfindung nicht vorenthalten werden kann. Aber selbst diese wenigen Fälle werden durch Verträge, welche fast alle Unternehmer mit ihren Angestellten abschließen,

---

[304a]) Vgl. Entscheidung des Reichsgerichts vom 14. März 1907, Juristische Wochenschrift 1907, S. 252, Deutsche Juristen-Zeitung 1907, S. 657. — Anders bei öffentlichen Beamten; vgl. Steinbach, Rechtsgeschäfte der wirtschaftlichen Organisation S. 139.

[305]) Siehe oben bei Note 10.

so geregelt, daß dem Erfinder ein Anspruch auf irgend welchen Nutzen nicht mehr zusteht. Ich habe hier einen solchen Mustervertrag vor mir; es kann nicht schaden, wenn dessen wesentliche Bestimmungen in die Reichstagsakten aufgenommen werden:

> Erfindungen oder Verbesserungen aller Art, welche von Angestellten der Gesellschaft gemacht werden, kann diese als ihr ausschließliches Eigentum in Anspruch nehmen. Eines besonderen Nachweises dafür, daß der Angestellte die Erfindung oder Verbesserung bei Ausübung seiner dienstlichen Tätigkeit oder unter Benutzung der Mittel und Erfahrungen der Gesellschaft gemacht hat, bedarf es hierzu nicht.
>
> Die Gesellschaft ist hiernach insbesondere berechtigt, in allen Ländern auf solche Erfindungen und Verbesserungen auf ihren eigenen oder auf einen fremden Namen Patente zu nehmen. In Ländern, in denen die Gesellschaft solche Erfindungen und Verbesserungen auf ihren Namen nicht zum Patent anmelden kann, hat dies auf ihr Verlangen der betr. Angestellte auf seinen Namen zu tun und zwar auf Kosten der Gesellschaft. Das Patent selbst ist alsbald ohne Gegenleistung durch rechtsverbindlichen Akt auf die Gesellschaft zu übertragen.
>
> Es bleibt dem freien Ermessen der Gesellschaft vorbehalten, bei Erfindungen von besonderer Genialität und geschäftlichem Werte dem Angestellten, der diese Erfindung gemacht hat, durch Verbesserung seiner Stellung, durch Bewilligung einer einmaligen oder fortlaufenden Tantieme oder auf andere ihr passend erscheinende Weise für solche außerordentliche Leistungen zu honorieren.
>
> Will die Gesellschaft eine ihr vorgelegte Erfindung eines Angestellten nicht für sich in Anspruch nehmen, so wird sie in der Regel die schriftliche Erlaubnis dazu erteilen, daß der Angestellte selber ein Patent auf seine Erfindung nimmt; desgleichen wird sie ihm die Ausbeutung der Erfindung gestatten, vorausgesetzt, daß dadurch die Geschäftsinteressen der Gesellschaft nicht beeinträchtigt werden, und daß sich die geschäftliche Stellung des Betreffenden damit verträgt."

Der Abgeordnete Potthoff fügte hinzu: „Dieser Dienstvertrag enthält durchaus nichts besonderes; es ist ein Vertrag, wie er in der Industrie, namentlich in der chemischen Industrie, durchaus gang und gebe ist, und ich bin in der Lage, Dienstverträge zu nennen, die noch viel weiter gehen in den unsozialen Bestimmungen." Früher, in der

Reichstagssitzung vom 14. März 1905[306]) hatte er den Inhalt der üblichen Vertragsklausel dahin angegeben:

> „Alle Erfindungen und Entdeckungen, welche Bezug auf die Fabrikation der Firma haben oder mit dieser im Zusammenhang stehen, die der Angestellte während der ganzen Dauer des Vertrags macht, sind alleiniges Eigentum der Firma. Letztere hat das Recht, sie auf ihren Namen patentieren zu lassen, ohne daß dem Angestellten Entschädigungsansprüche zustehen."

Martius[307]) teilt folgendes Vertragsformular „einer bedeutenden chemischen Fabrik" mit:

> „Es darf kein Beamter ohne vorherige schriftliche Genehmigung auf eigenen oder fremden Namen ein Patent nehmen. Tut er dies dennoch, so ist die Gesellschaft berechtigt, das Patent als ihr Eigentum zu erklären. Die Patenterteilung kann dem Beamten allerdings für den Fall gestattet werden, daß sich das zu erteilende Patent auf andere technische Gebiete bezieht. Erfindungen von Beamten in dienstlicher Stellung und mit dienstlichen Mitteln sind Eigentum der Gesellschaft ohne weiteres."

Auch auf dem 28. Deutschen Juristentage[308]) ist unter Beibringung von Beweismaterial geltend gemacht worden: „Es schließt eine große Anzahl der Fabriken heute rein formularmäßig mit allen technischen Angestellten Verträge ab, wonach allgemein Erfindungen der Angestellten, die sie innerhalb des Betriebes machen und sogar auch die Erfindungen, die sich nicht einmal auf Gegenstände des Unternehmens beziehen, dem Unternehmer gehören."

Sind solche Verträge unbeschränkt gültig?

Nach geltendem Recht ist die Frage, soweit nicht etwa die Vorschriften über die Nichtigkeit unsittlicher Verträge Platz greifen, zu bejahen.

Der 28. Deutsche Juristentag[309]) hat beschlossen, daß es bei diesem geltenden Recht verbleiben soll. Die Arbeitgeber stehen auf gleichem Standpunkt. Anderer Ansicht sind die Interessenverbände der Angestellten.

---

306) Reichstag 1903–1905, Berichte Bd. VII, S. 5226, Österreichisches Patentblatt 1905, S. 265, Gewerblicher Rechtsschutz und Urheberrecht Bd. X, S. 206.

307) Über die rechtliche Natur der Licenzerteilung, Greifswalder Dissertation 1897, S. 50.

308) Verhandlungen des 28. Deutschen Juristentages Bd. II, S. 314 f., Bd. III, S. 495. Vgl. auch die von Mertens im Archiv für Sozialwissenschaft und Sozialpolitik Bd. 25, S. 683 f. mitgeteilten Beispiele.

309) Vgl. bei Note 7.

Es handelt sich um zwei Dinge:

1. Einmal steht in Frage: Soll das, was nach unserem Reformvorschlag (§ 12 bis § 17) von Gesetzes wegen gilt, zwingendes oder dispositives Recht sein? Ist Abänderung des gesetzlichen Rechts zulässig?

2. Weiter taucht die Frage auf: Sollen Vereinbarungen zur Ergänzung des gesetzlichen Rechts unbeschränkt zulässig sein?

Zu 1 ist zu sagen:

Die Vorschrift, daß das Erfindungsrecht dem Geschäftsherrn unmittelbar zufällt, kann vertragsmäßig abgeändert werden, nach mehrfacher Richtung. Der Geschäftsherr kann sich mit dem blos obligatorischen Anspruch begnügen[310]); es steht ihm frei, im voraus auf das ihm gebührende Erfindungsrecht ganz oder teilweise zu verzichten.[311]) Darüber ist wohl nichts weiter zu sagen.

Wichtiger ist die Frage, ob dem Angestellten der Anspruch auf angemessene Vergütung für seine dem Arbeitgeber von Gesetzes wegen zufallenden Erfindungen im voraus durch Vertrag geschmälert oder entzogen werden kann.

Zu 2 kommt in Betracht der vertragsmäßige Erwerb von Rechten an Erfindungen der Angestellten, die dem Arbeitgeber von Gesetzes wegen nicht zustehen. Man denke an Erfindungen, die das Gewerbe des Arbeitgebers nicht berühren, oder an Erfindungen, die nicht in die Zeit des Anstellungsverhältnisses fallen.

Schindler[312]) fragt: „Käme einem generellen Auftrag, der sich auf alle vom Angestellten während der Dienstzeit zu machenden Erfindungen bezöge, Rechtsgültigkeit zu?" Er verneint diese Frage und wendet ein: „Wie stünde es mit der gesetzlich gewollten Belohnung der Erfinder, wenn diese nicht nur im leicht zu überblickenden Einzelfall, sondern für eine Mehrzahl von Fällen, die sich jeder Schätzung entziehen, die ökonomischen Früchte ihrer Tätigkeit einem Anderen zu überlassen verpflichtet wären?" Aus diesem Einwande folgt: gegen die Bejahung der aufgeworfenen Frage läßt sich nichts einwenden, wenn dem Angestellten für jede Erfindung, die er macht, eine angemessene Vergütung zu teil wird.

Auch über die Erfindungen, die nicht in die Zeit des Anstellungsverhältnisses fallen, sind verschiedene Meinungen laut geworden.

---

310) Kohler, Handbuch S. 343f.; Isay, Kommentar S. 91, Anm. 17, Abs. 2; Munk, Das österreichische Patentgesetz S. 45; Kent, Kommentar § 1, Nr. 303, 308.

311) Kent a. a. O. Nr. 310.

312) Über das Erfinderrecht der Arbeiter usw. nach schweizerischem Recht, S. 27, 65.

Isay[313]) sagt: „Der Beweis wird schwer zu führen sein, ob ein Angestellter die Erfindung, mit der er nach seiner Entlassung hervortritt, nicht schon während der Anstellungszeit gemacht hat. Der Dienstherr wird daher zweckmäßig im Anstellungsvertrag eine ausdrückliche Bestimmung treffen, wonach eine Erfindung, die ein Angestellter etwa innerhalb eines Jahres nach der Entlassung zur Anmeldung bringt, als während der Dienstzeit gemacht gilt, sofern nicht der Angestellte das Gegenteil beweist."

Rauter[314]) wendet ein: „Wenn verlangt wird, daß auch ehemalige Angestellte solche Erfindungen, die innerhalb eines Jahres nach dem Austritt angemeldet werden, als Eigentum des früheren Arbeitgebers anzusehen hätten, so ist dies eine Forderung, die wohl unbedingt vom Gericht als gegen die guten Sitten verstoßend erklärt werden würde. Mit gleichem Grunde könnte der Anstellungsvertrag auch festsetzen, daß der Angestellte innerhalb eines Jahres nach seinem Austritt noch umsonst für die frühere Firma zu arbeiten habe, weil seine dann zu leistenden Dienste wesentlich auf den Erfahrungen beruhten, die er im Dienst jener Firma gemacht hätte."

Diese Meinungsdifferenz ist gleichfalls gegenstandslos, wenn dem Angestellten auch für die Erfindungen, die er nach Beendigung des Anstellungsverhältnisses macht, die angemessene Vergütung nicht vorenthalten werden darf.

Weiter bezeichnet Kaiser[315]) gewisse Verträge, durch welche ein Angestellter seine Erfindungen dem Geschäftsherrn überläßt, als nichtig aus § 138 BGB.: „Nichtig wäre ein Vertrag, der einen Angestellten über die Zeit der Anstellung hinaus binden würde."

Bolze[316]) hat darauf erwidert: „Wenn damit gesagt sein soll, daß der Angestellte von seinen Beschränkungen wegen der während der Dienstzeit gemachten Erfindungen durch den Dienstaustritt befreit sein soll, so wäre solche Ansicht gewiß unrichtig. Patente werden ja für die Dauer von fünfzehn Jahren erteilt. Daraus ist abzuleiten, daß wenn die Erfindung innerhalb der Dienstzeit gemacht ist, die dem Betriebsunternehmer durch einen Vertrag gewährte Garantie sich auf die fünfzehn Jahre zu erstrecken hat, während welcher das Patent laufen soll, gleichgültig, ob der Angestellte vor dem Ablaufe dieser fünfzehn Jahre aus dem Dienst ausgetreten ist. Ebenso bleibt der Angestellte durch den Vertrag gebunden,

---

313) Kommentar S. 95, Anm. 32.

314) Chemische Zeitschrift 3. Jahrg., S. 799.

315) Kommentar S. 108.

316) Rechte der Angestellten S. 5 f.

wenn er die Erfindung erst nach seinem Austritt aus dem Dienst kundgegeben, sofern er dieselbe vor dem Austritt gemacht hatte. Soll aber das Beispiel Kaisers sich auf Erfindungen beziehen, welche der Angestellte erst nach seinem Austritt aus dem Dienst machen würde, so kommen solche Verträge wohl kaum vor, so wenig wie Verträge, welche solche Gegenstände betreffen, auf die sich der Betrieb des Etablissements gar nicht erstreckt."

Bolze unterschätzt die praktische Bedeutung der beiden letzterwähnten Vertragsarten, wie aus den oben mitgeteilten Vertragsformularen und aus dem von Isay[317]) gegebenen guten Rate hervorgeht. Von einer Nichtigkeit könnte aber in beiden Fällen nur die Rede sein, wenn unentgeltliche Überlassung der Erfindungen vereinbart wäre. Entgeltliche Verträge des in Rede stehenden Inhalts unterliegen keinen anderen Beschränkungen, als denen, die auch zugunsten Nichtangestellter Platz greifen.[318])

Wie steht es aber mit der Entgeltlichkeit?

Für das geltende Recht nach Kent[319]) so: „Im Falle eines vom Dienstherrn dem Angestellten erteilten Auftrags zu Erfindungen steht das Erfinderrecht, sofern entgegenstehende Abreden nicht getroffen sind, dem Dienstherrn zu, und zwar ohne daß dieser eine besondere Vergütung dafür zu entrichten hätte, da der Angestellte durch den ihm gewährten Gehalt für seine Tätigkeit entlohnt ist."

Dieser Rechtszustand entspricht nicht der Billigkeit. Dem Angestellten ist der Anspruch auf angemessene Vergütung für seine dem Geschäftsherrn zufallenden Erfindungen gesetzlich sicher zu stellen, gleichviel, ob es sich um gesetzlichen oder vertragsmäßigen Erwerb von Erfindungsrechten auf Seiten des Geschäftsherrn handelt, hier wie dort soll dem Angestellten ein Anspruch auf angemessene Vergütung von Gesetzes wegen zustehen, hier wie dort soll eine im voraus getroffene gegenteilige Parteivereinbarung ungültig sein.

Mein Vorschlag deckt sich mit den Wünschen der Angestellten.

In der Eingabe des Bundes der technisch-industriellen Beamten an den 28. Deutschen Juristentag[320]) heißt es: „Die Forderung des zwingenden Rechts für die Anerkennung des Eigentumsrechts der Angestellten an ihren Erfindungen und der Entschädigungspflicht des Arbeit-

---

[317]) Siehe oben bei Note 313.

[318]) Unten § 21, § 22.

[319]) Kommentar Bd. I, S. 174, Nr. 314.

[320]) Note 73.

gebers ist für uns der Angelpunkt der ganzen Patentreform. Ohne dasselbe hätten die schönsten gesetzlichen Bestimmungen nur einen illusorischen Wert. Eine ernsthafte Sozialpolitik für Privatbeamte — der Erfinderschutz der Angestellten ist eine ihrer wesentlichsten Aufgaben! — läßt sich gar nicht treiben, wenn nicht auch in ihr der Grundsatz zum Durchbruch gelangt, daß der einzelne Angestellte gesetzlich so weit zu stärken ist, daß er sich beim Abschlusse von Dienstverträgen wenigstens als gleichwertiger Kontrahent zu fühlen vermag."

Und in dem Entwurf einer Eingabe für den deutschen Reichstag[321]) wird ausgeführt: „Die in unseren Vorschlägen enthaltenen Bestimmungen haben für die Angestellten als die wirtschaftlich Schwächeren keinen Wert, wenn sie durch den Dienstvertrag aufgehoben werden könnten. Sie dürfen daher nicht dispositives, sondern müssen zwingendes Recht sein. — Die Befürchtung, daß durch die von uns geforderte Regelung das gute Einvernehmen zwischen den industriellen Werken und ihren technischen Beamten gefährdet würde, vermögen wir nicht zu teilen. Im Gegenteil würde gerade durch die feste Normierung, die wir vorschlagen, ein sicherer Boden für Verhandlungen geschaffen, der auch dann nicht ins Wanken käme, wenn Meinungsverschiedenheiten über den tatsächlichen praktischen Wert einer Erfindung entstünden. — Das Verlangen (nach Sicherstellung einer angemessenen Vergütung) erleidet auch dann keine Erschütterung, wenn der Angestellte mit dem speziellen Auftrag engagiert war, Erfindungen zu machen und auf Verbesserungen zu sinnen.[322]) Es wäre beiden Teilen gedient, wenn die Entscheidung über die beiderseitigen Ansprüche nach unseren Vorschlägen nur von Fall zu Fall getroffen würde; der Unternehmer brauchte alsdann nicht mit Hoffnungen auf künftige Erfindungen zu rechnen, sondern könnte sich an vorliegende Tatsachen halten, und der Angestellte wüßte vorkommenden Falles, was er auf Grund der Gesetzesvorschriften verlangen darf."

In Übereinstimmung hiermit sagt West[323]): „Eine erfinderische Tätigkeit ist stets eine spontane, für die man nicht von vornherein, lange ehe sie überhaupt vorliegt, eine angemessene Entschädigung vereinbaren kann; sie kann und soll erst, wenn sie vorliegt, und im Verhältnis zu dem Nutzen, den sie bringt, vergütet werden." Ebenso Ruppert[324]): „Es entspricht durchaus dem gesunden Rechtsempfinden, daß man nicht

[321]) Note 74.

[322]) Ebenso der Deutsche Technikerverband, vgl. Kölner Kongreß für gewerblichen Rechtsschutz, Verhandlungsberichte S. 68.

[323]) Note 73.

[324]) Ebenda.

gestattet, etwas in der Gegenwart Unbekanntes von unbekanntem Wert und unbekannter Zahl für ein im voraus festgesetztes Entgelt zu verkaufen oder zu kaufen."

Der Weg, der der Gerechtigkeit genüge tut, ist nicht schwer zu finden. Macht ein Angestellter Erfindungen, ohne dazu engagiert zu sein, so ist die Vergütung erst nachträglich festzustellen. Für Erfindungen von Angestellten, die solche zu machen engagiert sind, entspricht es der Billigkeit und dem wohlverstandenen Interesse beider Teile, wenn für die Tätigkeit des Suchens ein Lohn bezahlt wird, zu dem für den Fall des Findens eine besondere Vergütung hinzutritt.[325])

Daß der Angestellte für seine Erfindungen, die dem Arbeitgeber zufallen, einen der Parteivereinbarung entrückten Anspruch auf angemessene Vergütung hat, ist auch der Standpunkt des österreichischen Patentgesetzes. Es bestimmt in § 5, Abs. 4:

> „Vertrags- oder Dienstbestimmungen, durch welche einem in einem Gewerbsunternehmen Angestellten oder Bediensteten der angemessene Nutzen aus den von ihm gemachten Erfindungen entzogen werden soll, haben keine rechtliche Wirkung."[326])

In den Motiven heißt es: „Damit die Abhängigkeit des Bediensteten von dem Dienstgeber nicht dazu benutzt werde, um in Vertrags- und Dienstvorschriften Bestimmungen aufzunehmen, welche den Arbeiter oder den Bediensteten um jeden Nutzen aus der von ihm im Dienste gemachten Erfindung brächten und sonach eine Ausbeutung seiner abhängigen Stellung ermöglichen, geboten es sozialpolitische Rücksichten, bei Gewerbeunternehmen, bei denen als auf Erwerb gerichteten Unternehmen diese Gefahr der Ausbeutung besonders nahe lag, solche ausbeutende Bestimmungen als rechtsunwirksam zu erklären."

---

[325]) Rümelin, Dienstvertrag und Werkvertrag S. 101—114; Lenel, Iherings Jahrbücher Bd. 44, S. 41, meint: Das Normale wird, da wo der Arbeiter des Erfolges seiner Arbeit nicht sicher ist, immer sein, daß er nicht die Gefahr der Nichterreichung des Erfolges auf sich nimmt, sondern sich für seine Arbeit unabhängig vom Erfolge bezahlen läßt. Das ist richtig, wenn man nur die Wahl zwischen den angeführten beiden Möglichkeiten hat. Allein es gibt eine dritte Möglichkeit, Kombination von Tätigkeitsvergütung und Erfolgsvergütung, diese wird in zahlreichen Fällen der Gerechtigkeit und den Interessen beider Teile am besten entsprechen.

[326]) D. h. der Veräußerungsvertrag bleibt gültig, nur der die Vergütung betreffende Vertragspunkt ist ungültig mit der Wirkung, daß der Angestellte eine angemessene Vergütung verlangen und event. einklagen kann. Beck v. Mannagetta, Das neue österreichische Patentrecht S. 23; Katz, Gewerblicher Rechtsschutz und Urheberrecht Bd. XI, S. 214.

Kohler[327]) sagt: Die Vorschrift in § 5, Abs. 4 des österreichischen Patentgesetzes sei eine Vorschrift „von überraschender Kühnheit und Freiheit des Blicks, von großem Verständnisse für die soziale Lage des Erfinders und großer gesetzgeberischer Weisheit."

Viele stimmen ihm bei. Seligsohn, Oppenheimer, P. Alexander Katz, Wertheimer, Mertens, wohl auch Osterrieth.[328])

Mittelstaedt[329]) hegt Zweifel, ob dem Angestellten von Gesetzes wegen ein Anspruch auf angemessene Vergütung zuzubilligen sei, spricht aber unumwunden aus: „Dispositive Bestimmungen haben gerade vom sozialpolitischen Standpunkte aus keinen Zweck. Es hat sich auf anderen Rechtsgebieten — ich erinnere an das literarische Urheberrecht — gezeigt, daß dispositive Bestimmungen nur geeignet sind, den wirtschaftlich stärkeren Teil darauf aufmerksam zu machen, welche Vorteile er sich in den Verträgen zu sichern hat. Wenn wir also von hier aus durch eine Resolution den Angestellten helfen wollen, so kann die Hilfe nur durch den Vorschlag zwingender Bestimmungen geschehen."

In der Reichstagsverhandlung vom 18. April 1907[330]) wurde lebhaft befürwortet, dem österreichischen Vorbilde zu folgen. Der Abgeordnete Junck erklärte: „Um den wirtschaftlich Schwächeren zu schützen, wird man, wenn man helfen will, nicht davor zurückschrecken dürfen, zwingendes Recht für den Dienstvertrag vorzuschreiben. Dies nur deswegen nicht zu tun, weil man in das Prinzip der Vertragsfreiheit nicht eingreifen will, würde kein richtiger Standpunkt sein. Die Vertragsfreiheit muß gar oft beschränkt werden, wenn man überhaupt sozial wirken will. Deshalb könnte man eine Bestimmung treffen, wie sie schon jetzt im österreichischen Recht § 5 enthalten ist. Überhaupt ist es nicht nutzlos, wenn auch von dieser Stelle ausgesprochen wird, daß unser soziales Empfinden es nicht mehr duldet, daß das Recht des Stärkeren gegenüber dem wirtschaftlich Schwachen unbeschränkt ausgenutzt wird und daß dieser Satz auch für das Erfinderrecht der Angestellten gilt." Abgeordneter Burlage unter Bezugnahme auf Kohlers Ausspruch[331]): „Wenn eine solche Gesetzesbestimmung (wie die des österreichischen Patentgesetzes) da ist, werden schon von selbst die Prinzipale veranlaßt, solche Abmachungen mit den Angestellten zu schließen, welche Aussicht haben, vor der richter-

[327]) Handbuch des deutschen Patentrechts S. 235f.
[328]) Oben bei Note 259ff.
[329]) Verhandlungen des 28. Deutschen Juristentags Bd. III, S. 488.
[330]) Siehe Note 10.
[331]) Siehe oben bei Note 327.

lichen Prüfung zu bestehen. Das wäre schon ein hervorragender Nutzen. Mit vollem Recht hat der Vorredner gesagt, daß, wenn es sich um soziale Probleme handele, man nicht davor zurückschrecken dürfe, in die Vertragsfreiheit einzugreifen. Ich denke, die Worte dieses anerkannt bedeutenden Rechtslehrers, Kohlers, müßten zeigen, daß wir hier ein sehr wichtiges Problem vor uns haben, und daß es Zeit wird, dieses Problem zu lösen. Es muß in der allernächsten Zeit der ernste Versuch einer Lösung von den gesetzgebenden Faktoren im Deutschen Reich gemacht werden."

Der Standpunkt des österreichischen Patentgesetzes und Kohlers hat aber keineswegs allgemeine Anerkennung gefunden.

v. Boehmer[332]) sagt: „Es wäre unzweckmäßig, im Deutschen Reiche die Angestellten der Gewerbsunternehmer in dem Maße zu bevormunden, wie es durch die Bestimmung des österreichischen Gesetzes geschieht."

R. Alexander Katz[333]) meint: „Es ist nicht zu verkennen, daß der Techniker, welcher Arbeit sucht, sich in einer gewissen Zwangslage befindet. Er ist dem Werke gegenüber der wirtschaftlich Schwache, dem oft keine Wahl bleibt, der unterschreibt, weil er die Anstellung zur Deckung seiner dringendsten Bedürfnisse notwendig braucht, auch wohl die Dienstordnung, auf die der Engagementsvertrag allerdings ausdrücklich Bezug nimmt. gar nicht vor der Vollziehung liest. Allein diese Verhältnisse liegen doch nicht anders wie überall, wenn der Kapitalist mit dem Proletarier kontrahiert. Besondere Gründe, die hier gerade den geistigen Arbeiter, den Erfinder als schutzbedürftiger erscheinen lassen, als sonst den wirtschaftlich Schwachen, vermag ich nicht einzusehen. Ich kann nicht finden, daß man mit der Verwirklichung sozialistischer Ideen durch Beschränkung der Vertragsfreiheit bei der Materie der Erfindungen den Anfang machen sollte. Ich kann in das Lob Kohlers über diese gesetzgeberische Weisheit keineswegs einstimmen. Würde es etwa Kohler für eine größere gesetzgeberische Weisheit halten, wenn schlechthin bestimmt würde: Vertrags- oder Dienstbestimmungen, durch welche einem Angestellten oder Arbeiter eine angemessene Vergütung für seine gewerbliche Leistung entzogen werden soll, haben keine rechtliche Wirkung?"

Der 28. Deutsche Juristentag[334]) hat mit 13 gegen 8 Stimmen beschlossen: „Es empfiehlt sich nicht, die Vertragsfreiheit des Dienstherrn und des Angestellten bezüglich der Erfindungen des Angestellten zu beschränken."

---

[332]) Gewerblicher Rechtsschutz und Urheberrecht Bd. VIII, S. 340.

[333]) Verhandlungen des 28. Deutschen Juristentags Bd. II, S. 316f.

[334]) Note 7.

Und **Dernburg**[335]) sagt: „Nach unserer Ansicht müßte die gesetzliche Bestimmung über den vermögensrechtlichen Anteil am Erfindernutzen eine blos dispositive sein, so daß zulässig wäre, daß die Vereinbarnng der Erfinder mit dem Patentnehmer diesen Anspruch ausschlösse oder näher bestimmte."

Ich bleibe gleichwohl dabei: **es ist dringend geboten, daß der Anspruch des Angestellten auf angemessene Vergütung der freien Parteidisposition entrückt wird.**

Ein Fortschritt im Interesse der Angestellten liegt gewiß schon dann vor, wenn ihnen ihr Anspruch auf Vergütung nicht erst durch den Dienstherrn vertragsmäßig zugebilligt zu werden braucht, sondern unmittelbar durch das Gesetz verliehen wird. Denn die Arbeitgeber sind leichter geneigt, dem Angestellten eine Vergütung nicht zuzusichern, als eine ihm von Rechts wegen bereits zustehende Vergütung wiederum zu nehmen. Allein ausreichende Garantie fehlt, daß letzteres nicht geschieht, daß in die Anstellungsverträge im voraus ein Verzicht auf die Vergütung für Erfindungen nicht aufgenommen wird.

Eine solche Garantie hat der Gesetzgeber zu schaffen. Die Argumente, die man auf dem 28. Deutschen Juristentag zugunsten der Vertragsfreiheit geltend gemacht hat, schlagen meines Erachtens nicht durch.

Man singt zunächst das Lied von der Vielgestaltigkeit des gewerblichen Lebens. „Die unzähligen Mannigfaltigkeiten", sagt **Katz**[336]), welche das gewerbliche Leben zwischen Arbeitgebern und Angestellten schafft, läßt eine durch das Gesetz gegebene grundsätzliche Regelung nicht angezeigt erscheinen; man muß es den Interessen der Parteien vollständig überlassen, Vereinbarungen darüber zu treffen." Dieses Argument ist schon oben[337]) widerlegt worden.

Weiter führt **Katz**[338]) aus: „Wie ist es, wenn Verträge, die der Angestellte mit dem Geschäftsherrn schließt, kraft der wirtschaftlichen, ungemeinen Überlegenheit des Geschäftsherrn gegenüber dem Angestellten sich bis zu einer Ausbeutung des Angestellten gestalten, wodurch also der Angestellte sich schließlich, wenn er einen solchen Vertrag schließt,

---

[335]) Deutsche Juristen-Zeitung 1907, S. 7. Es bleibt freilich recht fraglich, ob **Dernburg** nicht blos an den freien Erfinder gedacht, den Angestellten aber außer Betracht gelassen hat. Bekämpft wird **Dernburgs** Ansicht in der Zeitschrift für Industrierecht Bd. II, S. 17.

[336]) Verhandlungen des 28. Deutschen Juristentags Bd. III, S. 468.

[337]) Bei Note 89.

[338]) A. a. O. Bd. III, S. 617, 482. Vgl. auch Gewerblicher Rechtsschutz und Urheberrecht Bd. XI, S. 221.

ganz und gar in die Frohnde seines Dienstherrn gibt? Hier wurde erwogen, daß derartige Verträge von vornherein als gewagte Geschäfte anzusehen seien. Solche Verträge können auf Seiten des Dienstherrn ein gewagtes Geschäft sein, wenn bei Bemessung des Dienstlohns die erwartete erfinderische Tätigkeit in Rechnung gezogen, und wenn alsdann seitens des Angestellten tatsächlich keine erfinderische Arbeit geleistet wird; sie können auch auf Seiten des Angestellten ein gewagtes Geschäft sein, wenn der Angestellte festen Lohn für seine erfinderische Arbeit bezieht und ihm hierbei eine Erfindung gelingt, die für den Geschäftsherrn von sehr großem wirtschaftlichem Wert ist."

Hierzu folgendes.

Es müssen verschiedene Fälle unterschieden werden.[339])

1. Es kommt vor, daß Personen zur Leistung erfinderischer Arbeit engagiert werden (englisch: thinkers).

a) Die Angestellten sind Männer von Ruf, „um die reißt man sich, die können alle Bedingungen stellen", wie Oppenheimer[340]) zutreffend bemerkt.

b) Die Angestellten sind Männer ohne Ruf.[341])

---

[339]) Vgl. die Übersicht bei Schindler, Über das Erfinderrecht der Arbeiter usw. nach schweizerischem Recht S. 71.

[340]) Verhandlungen des 28. Deutschen Juristentags Bd. III, S. 496.

[341]) Piloty, Annalen des Deutschen Reichs für Gesetzgebung usw. Bd. 30, S. 454, will von den Fällen 1a und b nichts wissen. „Man kann", sagt er, „Erfindungen nicht schlechthin als Arbeiten bezeichnen, zu denen sich Einer dem Anderen durch den Arbeitsvertrag verpflichten kann. Von Konstruktionen und Konstruktionsveränderungen mag dies gelten, von Erfindungen gewiß nicht. Eine Anstellung kann in der Erwartung erfolgen, daß der Angestellte Erfindungen machen werde, zum Erfinden verpflichten kann man niemanden. Dagegen kann eine Verpflichtung in dem Sinne durch Vertrag begründet werden, daß Einer seine etwaigen Erfindungen einem Anderen zur Verfügung zu stellen hat." Piloty hat nicht Recht. Es kommt sehr wohl vor, daß jemand als Erfinder angestellt wird. Kulischer, Jahrbücher für Nationalökonomie und Statistik III, Folge Bd. 25, S. 296, legt zutreffend dar, daß für die modernen Erfindungen in erheblichem Maße das bewußte, absichtliche Schaffen charakteristisch ist: Es würden Tag für Tag neue Verbesserungen gemacht, das Tempo der Neuerungen werde in einem früheren Zeiten unbekannten und unerreichbaren Maße gesteigert. „Der Fortschritt ist heute nicht ein so sprungweiser wie in früheren Epochen, er wird vielmehr stetig und unter Beihilfe und Mitwirkung von Hunderttausenden von Fachkräften gemacht als tägliche Arbeitsaufgabe; nicht als ideale Aufopferung an einen Lieblingsgedanken, sondern als Erwerbsangelegenheit." (Herrmann, Technische Fragen und Probleme der modernen Volkswirtschaft S. 15.) Und dies geschieht in einem desto größeren Umfange, „je mehr die verschiedenen Zweige der Technik, Mechanik und Chemie in die Gruppe jener Disziplinen treten, in denen Erfindungen nicht mehr die Gabe eines

2. Die Angestellten sind zu anderen Leistungen als zu Erfindungen engagiert; aber sie machen aus freien Stücken Erfindungen, die von ihnen gar nicht erwartet wurden.

Die Fälle 1a bilden seltene Ausnahmen. Handelte es sich nur um sie, so wäre vielleicht zu sagen: die Fälle sind zu selten, als daß sich ihre gesetzliche Normierung lohnt. Die Angestellten sind überdies regelmäßig befähigt, den aleatorischen Charakter eines im voraus bestimmten Lohnes zu überschauen, sie lassen sich nicht leicht übervorteilen.[342])

Anders in den Fällen 1b und 2.

In den Fällen 2 werden Erfindungen vom Angestellten nicht verlangt. „Der Lohn wird gewöhnlich nach den bisherigen Leistungen bemessen, über die sich der Angestellte ausweisen kann, nicht nach Erfindungen, deren Gelingen so unsicher wie möglich ist."[343])

Die Behauptung, daß eine eventuelle Übervorteilung der Angestellten unvermeidlich sei, weil „derartige Verträge von vornherein als gewagte Geschäfte anzusehen seien", erweist sich in den Fällen 2 als völlig unbegründet. Der Arbeitgeber bekommt hier die Erfindung unentgeltlich, dem Gewinn steht keine Gefahr des Verlustes gegenüber.

Bei 1b handelt es sich von vornherein um erfinderische Arbeit, die Möglichkeit, daß diese zum Ziele führt, wird also von beiden Teilen ins Auge gefaßt. Allein es liegt im Interesse des Arbeitgebers, die Aussicht

---

glücklichen Zufalls, sondern das Produkt einer mehr konstruktiven Tätigkeit, der Kombination bekannter Hilfsmittel zur Erzielung eines neuen Zweckes darstellen" (Witt, Die deutsche chemische Industrie in ihren Beziehungen zum Patentwesen S. 115, 61); je mehr an Stelle des Probierens das Experiment tritt, „an Stelle des versuchsweisen Tastens das planmäßige und methodische Suchen auf Grund der Kenntnis von den Zusammenhängen der bisherigen Verfahrungsweisen." (Sombart, Der moderne Kapitalismus Bd. II, S. 46.) — Also es ist möglich, daß jemand durch Vertrag die Verpflichtung auf sich nimmt, Erfindungen für einen Anderen zu machen. Nur die direkte Erzwingbarkeit eines solchen Vertrags ist ausgeschlossen. Kohler, Handbuch S. 245, Busch Archiv für Handels- und Wechselrecht Bd. 48, S. 355, Archiv für zivilistische Praxis Bd. 80, S. 249. Auch die Vollstreckung der Verpflichtung freitätig gemachte Erfindungen einem Anderen zu überlassen, kann übrigens Schwierigkeiten begegnen. Kohler a. a. O. Entscheidung des Reichsgerichts vom 8. Juli 1897, Zivilsachen Bd. 39, S. 420. Entscheidung des Oberlandesgerichts Frankfurt a. M. vom 3. September 1902, Das Recht 1902, S. 560. Munk, Österreichisches Patentgesetz. Bolze, oben bei Note 60. Regelsberger, Iherings Jahrbücher Bd. 52 S. 432. Siber, Rechtszwang bei Schuldenverhältnissen S. 161.

[342]) Wertheimer, Monatsschrift für Handelsrecht und Bankwesen, XVI. Jahrgang, S. 60.

[343]) R. Alexander Katz, Verhandlungen des 28. Deutschen Juristentags Bd. II, S. 306.

auf Verwirklichung bei der Bemessung des Lohnes möglichst niedrig einzuschätzen, und der Angestellte als der wirtschaftlich Schwächere muß sich damit zufrieden geben.[344]) In gewissem Maße liegt das beiderseitige Risiko hier in der Natur des Verhältnisses. Es läßt sich deshalb Katz[345]) beipflichten, wenn er sagt: „Es entspricht keinesfalls dem Bedürfnis, daß ein Erfinder, der nur zu diesem Zwecke angestellt ist und während seiner Dienstzeit kleine Vervollkommnungen der im Unternehmen seines Geschäftsherrn bisher betätigten Arbeitsweisen erfindet, an jeder dieser Erfindungen beteiligt wird; man muß zunächst damit rechnen, daß der Geschäftsherr nach Abschluß eines solchen Vertrags Gefahr läuft, daß der Angestellte, dem er den vereinbarten festen Lohn zahlen muß, gar keine erfinderische Arbeit während langer Jahre leistet." Allein wie dann, wenn der Angestellte eine Erfindung macht, deren hohe Rentabilität außer allem Verhältnisse zu der Einbuße steht, die für den Geschäftsherrn eingetreten wäre, wenn der Angestellte keine Erfindung gemacht hätte?[345a]) Hier muß die Möglichkeit eines Ausgleichs offen stehen; das Gericht muß in der Lage sein zu sagen: der Lohn, den der Angestellte erhält und die Möglichkeit, daß er nichts erfunden hätte, halten der Bedeutung der Erfindung, die er wirklich gemacht hat, nicht die Wage. Es ist nicht abzusehen, weshalb hier eine Nachprüfung der Gleichwertigkeit der beiden Chancen, der Angemessenheit von Leistung und Gegenleistung ausgeschlossen sein soll. Gefällt das dem Geschäftsherrn nicht, so kann er den naheliegenden Ausweg wählen, daß er den Angestellten für das Suchen niedriger honoriert und ihm für das Finden ein dem Resultat entsprechendes Sonderhonorar gewährt.[346]) **Es liegt kein zwingender Grund vor, über die Vergütung der nach Existenz und Inhalt in ungewisser Zukunft liegenden Erfindungen im voraus eine Vereinbarung zu treffen.**[346a])

[344]) Damme, Deutsches Patentrecht S. 245.

[345]) Gewerblicher Rechtsschutz und Urheberrecht Bd. XI, S. 221.

[345a]) Zu dem Beispiele, welches Budde am Schlusse seines Aufsatzes (oben Note 7a) anführt, ist zu bemerken: Dem Angestellten kann der Ersatz der vergeblich aufgewandten Durchführungskosten nicht angesonnen werden, weil nicht er, sondern die Firma bestimmt, ob die Durchführung gewagt werden soll. Im günstigen Falle ist das Risiko, das die Firma bei den Durchführungsversuchen lief, bei Bemessung des ihr gebührenden Hauptanteils am Erfindungsgewinn zum Nachteil des Angestellten in Rechnung zu stellen.

[346]) Vgl. bei Note 325.

[346a]) Vgl. v. Siemens oben bei Note 249b. Er legt zutreffend dar, daß es unmöglich ist, für die Erfindung des Angestellten im voraus eine angemessene Vergütung festzustellen. Daraus folgt meines Erachtens mit Notwendigkeit, daß auch dem Angestellten eine Abfindung durch den Lohn oder ein Verzicht auf die Vergütung im voraus nicht angesonnen werden darf.

Der Gesetzgeber hat erhöhten Anlaß, gegen solche aleatorische Geschäfte einzuschreiten, weil sie meist so abgeschlossen werden, daß die Gewinnmöglichkeit für den Arbeitgeber, die Verlustmöglichkeit für den Angestellten größer ist.

Der Hinweis auf die Vertragsfreiheit der Angestellten ist unbeachtlich. Oppenheimer[347]) hat Recht: „Der Angestellte, der eintritt, muß unterschreiben, wenn er die Stelle haben will. Das Erfinden ist nicht beschränkt auf irgend einen Stand, auch nicht etwa auf die Studierten. Zahlreiche Techniker, die in deutschen Unternehmungen angestellt sind, machen Erfindungen. Sehr viele Erfindungen sind aus ihrer Hand hervorgegangen und sogar aus der Hand der Arbeiter und Werkmeister." Solche Angestellte werden beim Abschluß gewagter Geschäfte stets den Kürzeren ziehen, sie bedürfen deshalb des gesetzlichen Schutzes.

Dem Bunde der technisch-industriellen Beamten, der in seiner Eingabe an den 28. Juristentag behauptet, die überwiegende Mehrheit der abhängigen Chemiker, Ingenieure und Techniker stimme den von ihm geäußerten Wünschen zu, hat Kloeppel[348]) erwidert: „So weit ich unterrichtet bin, trifft diese Behauptung durchaus nicht zu, und umfaßt der Bund der technisch-industriellen Beamten gar nicht die Schicht von Beamten, mit der wir uns hier befassen, die eigentlichen wissenschaftlich gebildeten Erfinder, vielmehr besteht der Bund zum größten Teil aus sogenannten Technikern, das sind z. B. Beamte, die keine akademischen Studien gemacht haben, sondern aus einem Technikum hervorgegangen sind oder dergl., die also so zu sagen die Mittelschicht bilden zwischen dem Erfinder und dem Arbeiter."

Kloeppel irrt. Bei Normierung der Rechte an den Erfindungen der Angestellten kommen keineswegs blos die wissenschaftlich gebildeten Erfinder, es kommt auch die Mittelschicht, es kommt auch die Arbeiterschaft im engeren Sinne in Betracht. R. Alexander Katz[349]) berichtet, daß der oben[350]) mitgeteilte Vertrag selbst Arbeitern, die gegen Tagelohn beschäftigt sind, zur Unterschrift vorgelegt worden ist. Er erwähnt andere

---

[347]) Verhandlungen des 28. Deutschen Juristentags Bd. III, S. 496. Ebenso Wertheimer, Monatsschrift für Handelsrecht und Bankwesen Bd. XVI, S. 54: „Durch die Überfüllung in den technischen Berufen ist bei offenen Stellen meist ein solches Überangebot von Bewerbern vorhanden, daß man, um eine halbwegs standesgemäße Existenzmöglichkeit zu gewinnen, die von dem Prinzipal diktierten Bedingungen annimmt." Vergl. auch Mertens, Archiv für Sozialwissenschaft und Sozialpolitik Bd. 25, S. 658ff.

[348]) Verhandlungen des 28. Deutschen Juristentags Bd. III, S. 491.

[349]) Ebenda Bd. II, S. 314f.

[350]) Bei Note 308.

Vertragsformulare und Dienstvorschriften ähnlichen Inhalts, die „auch für das Hilfspersonal, welches vorübergehend oder in Aussicht auf dauernde Beschäftigung angenommen ist, bezw. für einen Techniker, der 150 Mk. Monatsgehalt bezog, Geltung beanspruchten.“

Was übrigens die wirtschaftliche Lage der Chemiker und Ingenieure anlangt, so erwähnt Wertheimer[351]), daß nach einer im Dezember 1906 in der Frankfurter Zeitung veröffentlichten Statistik etwa 60 pCt. aller deutschen Ingenieure einen jährlichen Gehalt bis zu 2000 Mk., 25 pCt. einen solchen von 2—3000 Mk. und nur 15 pCt. einen solchen von über 3000 Mk. haben.

Heß[352]) meint: „Ein Übergewicht des Arbeitgebers, das ein sozialpolitisches Eingreifen der Gesetzgebung mit zwingenden Vorschriften nötig macht, liegt nur da vor, wo ihm ein Arbeitnehmer gegenüber tritt, der einfache Arbeit leistet. Es verschwindet, wenn der Arbeitnehmer selbst über höhere Fachkenntnisse oder über Kapitalbesitz verfügt.“

Es ist mir sehr zweifelhaft, ob damit Kriterien für eine brauchbare Zweiteilung der Arbeitnehmer gewonnen ist. Kulischer[353]) sagt: „Bei den Angestellten, welche Erfindungen machen, treffen wir dieselben Verhältnisse, die so oft in der Stellung der ausführenden physischen Arbeiter dem Unternehmer gegenüber betont werden. Wenn aber die große Lohnarbeiterklasse imstande ist, diese ungünstigen Umstände auf andere Weise auszugleichen, wenn sie das Produkt ihrer Hände durch feste Einigung, durch straffe Organisation sich verschaffen kann, so fehlt dem technischen Beamtenpersonal der Unternehmungen diese Möglichkeit. Die Überfüllung der technischen Berufe hat insbesondere in der letzten Zeit eine verschärfte Konkurrenz hervorgerufen, eine gegenseitige Unterbietung, welche einen immer weitergehenden Lohndruck für diese Klasse geistiger Arbeiter herbeiführt.“ Kulischer zitiert Sombart[354]): „Es vergrößert sich die Schar der künstlerisch und wissenschaftlich Ausgebildeten von Jahr zu Jahr, vergrößert sich aber auch die Reservearmee des geistigen Proletariats, aus dem nun der kapitalistische Unternehmer zu den günstigsten Bedingungen seinen Bedarf an Produktionsseele decken kann.“

---

[351]) Monatsschrift für Handelsrecht und Bankwesen, XVI. Jahrgang, S. 60. Zu vgl. auch Mertens, Archiv für Sozialwissenschaft und Sozialpolitik Bd. 25, S. 659f.

[352]) Einfache und höhere Arbeit S. 71.

[353]) Jahrbücher für Nationalökonomie und Statistik, III. Folge Bd. 25, S. 294.

[354]) Der moderne Kapitalismus Bd. II, S. 443.

Noch auf einen anderen Gesichtspunkt, der in gleicher Weise für höhere wie für niedere Angestellte gilt, weist Kulischer[353]) zutreffend hin: „Daß die unselbständigen im Dienste des Unternehmers stehenden Kräfte, in deren Hand die Befruchtung der Fabrikation durch die Technik gelegt ist, einen bedeutenden Teil ihres Arbeitsproduktes dem Unternehmer überlassen müssen, wird sofort klar, wenn man erwägt, daß der Mangel an den für ihre Experimente und Konstruktionen nötigen kostspieligen Einrichtungen, Hilfsmitteln und Instrumenten sie dazu zwingen muß, die Bedingungen anzunehmen, welche ihnen der Fabrikant diktiert, wie ungünstig dieselben auch sein mögen. Dies eine wichtige Ursache, wenn wir begabte technische Fachkräfte um eine geringe Belohnung im voraus alle die bedeutenden Schöpfungen ihres Geistes überlassen sehen, durch welche später die Produktionsweise so bedeutende Vervollkommnung erfährt und der Betrieb in hohe Blüte gebracht wird."

Der Zwang, sich der Einrichtungen usw. eines Unternehmers zu bedienen, besteht in weitem Umfange für höhere Angestellte in gleicher Weise wie für niedere. Für beide aber darf der Vorteil, sich der vom Geschäftsherrn gestellten Apparate, Maschinen, Kraftquellen, Untersuchungsobjekte usw. bedienen zu können, nicht schlechthin zur Unentgeltlichkeit der Erfindung führen, sondern nur dann, wenn dieser Vorteil ein genügendes Äquivalent für die Erfindung bietet. Katz[353a]) meint: „Ein junger Chemiker, ein junger Ingenieur ist außerordentlich beglückt, wenn er, nachdem er auf der technischen Hochschule sich die wissenschaftlichen Kenntnisse erworben hat, nun in die Lage kommt, in irgend einem größeren Betriebe diese Kenntnisse zu verwerten, und wenn er dabei gelegentlich eine Erfindung macht, so ist es nicht unbillig, wenn er diese Erfindung dem Dienstherrn zur Verfügung stellt; er hat das Äquivalent dafür, daß ihm der Großbetrieb eine Menge von Erfahrungen zur Verfügung stellt." Katz konstruiert einen Fall, der zu seiner Theorie der Unentgeltlichkeit paßt, aber nichts weniger als typisch ist. Wie dann, wenn der Angestellte ein vielgewandter Mann von reichen Kenntnissen und langjähriger Praxis ist, der mehr Erfahrungen in den Geschäftsbetrieb mitbringt, als dieser ihm bietet, und wenn es sich nicht nur um irgend „eine Erfindung", sondern um eine Erfindung von hervorragender Tragweite und großem pekuniären Gewinn handelt? **Die Prüfung der Angemessenheit der Vergütung muß von Fall zu Fall offen stehen.**

---

353) A. a. O.

353a) Verhandlungen des 28. Deutschen Juristentags Bd. III, S. 618.

Man hat die Angestellten auf ihr Koalitionsrecht hingewiesen[356]): „Der Bund der technisch-industriellen Beamten umfaßt 20 000 Mitglieder, ebenso stark ist ein anderer Verband, der sich mit der Frage beschäftigt hat, und ebenso mächtig, wenn auch nicht so groß an Zahl, ist der Deutsche Ingenieurverein. Diese Verbände sollen nicht zusammentreten und eine Resolution fassen können, wonach es unanständig ist, in ein industrielles Unternehmen einzutreten, das solche Verträge vorschreibt?"

Der Bund der technisch-industriellen Beamten hat in seiner Eingabe an den 28. Deutschen Juristentag[357]) nicht ohne Berechtigung erwidert, daß die geistigen Arbeiter der Industrie sich gegenüber den sogen. Lohnarbeitern in einer ungünstigeren Lage befänden, da sie sich ihrer ganzen Stellung im Betriebe den Arbeitgebern gegenüber gar nicht in derselben Weise zu schützen vermöchten wie die Handarbeiter.[357a]) Der Rat, von der Koalitionsfreiheit Gebrauch zu machen, könne erst dann befolgt werden, wenn in den einzelnen Betrieben Beamtenausschüsse zugelassen würden. Damit habe es aber noch gute Weile. Der Verein deutscher Ingenieure wird übrigens zu Unrecht genannt; er kann sich an der Lösung sozialpolitischer Probleme nicht beteiligen, weil er Unternehmer und Angestellte zu seinen Mitgliedern zählt und deshalb aus Gründen der Selbsterhaltung eine neutrale Stellung einnehmen muß.

Ausschlaggebend dafür, daß der Vergütungsanspruch des Angestellten der freien Parteivereinbarung entzogen wird, scheint mir die Erwägung zu sein, daß die Vereinbarung über die Vergütung künftiger Erfindungen aleatorischer Natur ist und aleatorische Abmachungen tunlichst von jedem Anstellungsverhältnisse fern zu halten sind. Die Rechtsordnung selbst muß dafür Sorge tragen; die Interessenten auf den Umweg der Koalition hinzuweisen, geht nicht an.

Man hat geltend gemacht[358]): Es sei nicht abzusehen, warum gerade die Erfindungen und nicht alle anderen gewerblichen Leistungen der Arbeiter unter den Schutz eines besonderen Gesetzesparagraphen gegen die Ausbeutung der kapitalistischen Unternehmer durch Ungültigkeitserklärung der Vertragsabreden gestellt werden sollten. Die Vorschrift in § 138 des bürgerlichen Gesetzbuches, wonach Rechtsgeschäfte, die gegen die

---

[356]) Verhandlungen des 28. Deutschen Juristentags Bd. II, S. 318, Bd. III, S. 500.

[357]) Note 73.

[357a]) Höheren Beamten läßt ihre dienstliche Stellung und die überlieferte vornehme Zurückhaltung eine laute Vertretung ihrer wirtschaftlichen Forderungen untunlich erscheinen.

[358]) Vgl. oben bei Note 333.

guten Sitten verstoßen, insbesondere wucherische Rechtsgeschäfte nichtig seien, genüge vollauf.

Diese Begründung ist nicht stichhaltig. Sie wird der Natur der Erfindung nicht gerecht. Die Erfindungen unterscheiden sich ganz wesentlich von allen anderen gewerblichen Leistungen der Angestellten.[358a]) Diese anderen gewerblichen Leistungen sind typischer, fungibler Natur, sie lassen sich ohne besondere Schwierigkeit mit einem Durchschnittsmaßstab messen, sie haben so zu sagen einen Marktpreis. Anders die Erfindungen, sie umfassen ein außerordentlich weites Gebiet, hier eine kleine Verbesserung, dort eine Maßnahme, die dem Fortschritt ungeahnte Gebiete erschließt.

Im voraus können die Beteiligten, wenn sie generell über künftige Erfindungen paktieren, gar nicht wissen, um welchen Wert es sich handelt. Die hervorragende Erfindung wird zumeist wider Erwarten gemacht, es war nicht auf sie gerechnet, ihre Bedeutung ist bei Bemessung der Gegenleistung nicht in Betracht gezogen worden. Das liegt in der Natur der Verhältnisse. Es ist deshalb unmöglich, wider den Arbeitgeber den Vorwurf zu erheben, daß er bei Abschluß des Geschäfts wucherisch oder sonst unsittlich gehandelt habe.[359])

Gleicher Ansicht Osterrieth[360]), P. Alexander Katz[361]), Mertens.[361a])

Und doch würde es nicht selten ein Hohn auf die Gerechtigkeit sein, wenn der Arbeiter sich mit der vereinbarten Vergütung zufrieden geben müßte. Verträge, die über die Vergütung erst künftiger Er-

---

[358a]) Auch von anderen Geistesschöpfungen s. unten bei Note 476 ff.

[359]) Die Frage, ob ein Rechtsgeschäft, bei dem ein auffälliges Mißverhältnis zwischen Leistung und Gegenleistung besteht, die übrigen in § 138, Abs. 2 BGB. aufgestellten Voraussetzungen jedoch fehlen, wegen Verstoßes gegen die guten Sitten, Abs. 1 ebenda nichtig sein könne, ist in einer Entscheidung des Reichsgerichts vom 3. Oktober 1906 verneint worden mit der Begründung: „Andernfalls würde man dazu gelangen, den durch das neue Reichsrecht beseitigten Grundsätzen des früheren Rechts über Anfechtung eines Veräußerungsvertrags wegen laesio enormis auf dem Umwege des § 138, Abs. 1, BGB. wieder zur Geltung zu verhelfen." Entscheidungen in Zivilsachen Bd. 64, S. 181 f.

[360]) Verhandlungen des 28. Deutschen Juristentags Bd. II, S. 203 f.

[361]) Die Rechtsverhältnisse der höheren technischen Angestellten usw. S. 25. Verhandlungen des Vereins zur Beförderung des Gewerbefleißes 1906, III. Heft, S. 63: „Regelmäßig wird keine Rede davon sein können, daß der Vertrag gegen die guten Sitten verstößt, da keiner von beiden Teilen von vornherein wissen kann, ob und welche Erfindungen der Angestellte während seiner Anstellungszeit machen wird, und ob diese Erfindungen erhebliche wirtschaftliche Vorteile bringen werden."

[361a]) Archiv für Sozialwissenschaft und Sozialpolitik Bd. 25, S. 684.

findungen abgeschlossen werden, sind ganz abweichend von den gewöhnlichen Arbeitsverträgen Hoffnungskäufe. Für solche aleatorische Rechtsgeschäfte bietet das Arbeitsverhältnis keine geeignete Stätte.

Noch zwei Erwägungen zugunsten der schrankenlosen Vertragsfreiheit sind auf dem Deutschen Juristentage geltend, aber meines Erachtens auch zutreffend widerlegt worden.

Kloeppel[362]) äußerte: „Ich glaube, kaum irgendwo ist an sich die wirtschaftliche Überlegenheit des Fabrikanten über den Angestellten so groß, wie auf dem Gebiet der chemischen Industrie. Gerade auf diesem Gebiet aber hat sich gezeigt, daß verständige Erwägungen bei den großen Unternehmungen schon längst dazu geführt haben, die jetzt aufgestellten Forderungen nach einer Beteiligung des Angestellten an dem wirtschaftlichen Erfolg seiner Erfindung zu befriedigen. Bei der von mir vertretenen Firma z. B. wird dem Erfinder schon seit Jahren neben seinem Gehalt ausdrücklich ein vertraglicher Anspruch auf einen bestimmten Prozentsatz vom Reingewinn der von ihm gemachten Erfindungen zugesichert. Diese, in der chemischen Industrie also schon ganz freiwillig geschaffene Regelung wirkt durchaus gut. Ich meine daher, daß es einer besonderen gesetzlichen Regelung, die bei der großen Verschiedenartigkeit der technischen Verhältnisse im einzelnen äußerst schwierig sein würde, gar nicht bedarf, da meiner Überzeugung nach die Industrie schon von selbst in immer weitergehendem Maße die von mir eben geschilderte Regelung annehmen wird."

Seligsohn[362a]) hat hierauf die richtige Antwort gegeben: „Für die chemische Großindustrie, die von Männern mit weitem Blick geleitet werden, sei es vielleicht nicht notwendig, daß der Anspruch des Angestellten auf angemessene Vergütung der Parteidisposition entzogen werde. Bei vielen Betrieben sei es aber haarsträubend, mit wie geringem Entgelt der Erfinder abgespeist werde.[363]) Für diese Fälle sei eine solche Bestimmung am Platze, und mit ihr könne die chemische Industrie, die praktisch auf gleichem Standpunkt stehe, sich nur einverstanden erklären. Die Behauptung des ersten Berichterstatters[364]), daß durch eine solche Bestimmung die Industrie mit dem Makel belegt werde, daß die Mehrzahl ihrer Verträge auf Ausbeutung der Schwachen abziele, ist ganz abwegig.

---

[362]) Verhandlungen des 28. Deutschen Juristentags Bd. III, S. 494.

[362a]) A. a. O. S. 498.

[363]) Zustimmend Osterrieth a. a. O. Bd. II, S. 204.

[364]) A. a. O. Bd. III, S. 506.

Als ob nur solche Handlungen verboten würden, welche die meisten Menschen zu begehen Neigung haben.

Es ist weiter behauptet worden, daß die in Österreich geltende Vorschrift nicht sehr praktisch geworden sei. Seligsohn[365]) hat die Richtigkeit dieser Tatsache unter Bezugnahme auf die ihm von seiten österreichischer Fachmänner gewordene gegenteilige Auskunft bestritten und überdies zutreffend eingewendet: „Das Vorhandensein der Bestimmung reicht schon vollkommen aus. Strafgesetze werden auch nur gegeben, um abzuschrecken von Übertretung, und es sind nicht die schlechtesten Strafgesetze, die selten zur Anwendung kommen."

II. Erfindungen Nichtangestellter.

§ 21. 1. Erfindungen von Gesellschaftern.

Die Abhängigkeit der Personen, deren Erfindungen uns beschäftigen, kann sein eine Unterordnung, die Personen sind Angestellte, davon war die Rede. Die Abhängigkeit kann aber auch sein eine Einordnung, die Personen sind Gesellschafter, davon ist nun zu handeln.

Die Frage ist: wann gehört die Erfindung dem Gesellschafter, der sie gemacht hat, wann der Gesellschaft?

Man antwortet[366]): alle Erfindungen des Gesellschafters, die in das Gebiet der geschäftlichen Tätigkeit der Gesellschaft fallen, gehören der Gesellschaft, gleichviel welche Tätigkeit dem erfindenden Gesellschafter obliegt.

Eingehender behandelt Schindler[367]) die Frage. Er führt aus: „Dem Wesen des Gesellschaftsrechts entspricht es, daß der in die Gesellschaft eintretende Sozius seine Individualität nicht preisgibt zugunsten der Gesellschaft. Die Erfindertätigkeit ist nun aber gerade als eine der weittragendsten, fruchtbarsten, edelsten Arten der Tätigkeit aufzufassen, welcher sich das Individuum unterziehen kann; sie steht, weil Neues, Originelles zu Tage fördernd, gewissermaßen als eine Tätigkeit sui generis über dem Niveau der alltäglichen Leistungen, wenigstens wenn es sich um erhebliche Erfindungen handelt. Wir kommen deshalb zu dem Schluß, daß das Individuum, obwohl es zufolge seines Eintritts in die Gesellschaft gewisse Pflichten übernommen, seine Freiheit nach ge-

[365]) A. a. O. S. 498f.

[366]) Seligsohn, Kommentar 3. Aufl., S. 93; Allfeld, Kommentar S. 27; Stenglein, Kommentar Note 7 zu § 3 des Patentgesetzes; Kent, Kommentar S. 187 Nr. 346; Bolze, Rechte der Angestellten und Arbeiter usw. S. 41.

[367]) Über das Erfinderrecht der Arbeiter usw. nach schweizerischem Recht S. 75ff.

wissen Richtungen beschränkt hat, prinzipiell auf die von ihm gemachten Erfindungen ein ausschließliches Recht hat.[368]) Auf der anderen Seite ist auch dem Satze die gebührende Stelle anzuweisen, daß das Gesellschaftsrecht unter dem Zeichen der bona fides steht. Die Betonung der bona fides wird nicht sowohl dann zu geschehen haben, wenn es sich um das Recht an der Erfindung selbst handelt, sie ist aber von hoher Wichtigkeit bei der Frage, inwieweit der Erfinder sein Recht verfolgen, in welchem Maße er die wirtschaftliche Ausbeutung desselben in Szene setzen darf. Er darf dies, wenn und insoweit dem Gesellschaftsbetrieb daraus kein Nachteil erwächst; geht er über diese Grenze hinaus, verletzt er die bona fides, die loyale Rücksicht gegenüber seinen Consociien, so ist ihm ein energisches Halt zuzurufen" Der Satz, wonach der erfindende Sozius ein ausschließliches Recht auf seine Erfindung hat, fährt Schindler fort, „erleidet aber Modifikationen durch ausdrückliche oder stillschweigende Vereinbarung, zufolge der die Erfindung der Gesellschaft zufällt oder aber dem Gesellschafter erlaubt ist, eine der Gesellschaft Konkurrenz machende Erfindung selbständig auszubeuten."

Wir brauchen uns auf Einzelheiten nicht einzulassen. Der Grundsatz gilt: die Erfindung des Gesellschafters gehört zunächst diesem; ob, in welcher Weise und in welchem Maße die Erfindung der Gesellschaft zufällt, entscheidet der Gesellschaftsvertrag oder Spezialvereinbarung.[369]) Dabei hat es zu verbleiben, der Parteivereinbarung ist freier Spielraum zu lassen, auch hinsichtlich der Vergütung. Von Reformvorschriften kann keine Rede sein.

§ 22. 2. Erfindungen selbständiger Personen.

Auch hier ist kein Anlaß zu gesetzgeberischem Einschreiten vorhanden.

Bei Erzeugniserfindungen ist möglich, daß jemand nicht die Erfindung, sondern nur ein oder mehrere der Erfindung entsprechende körperliche Erzeugnisse eines Anderen erwerben will. Entscheidung des

---

[368]) Schindler beruft sich auf ein Rechtsgutachten Meilis in der Zeitschrift des Bernischen Juristenvereins Bd XVI, S. 380ff., in dem gesagt wird, daß es zwar eine ziemlich bequeme Regel für das Sozietätsrecht wäre, wenn Erfindungen, die sich als unmittelbares Resultat der Funktionen des Sozius im Gesellschaftsbetriebe darstellten, ipso jure in das Gesellschaftsgeschäft fallen würden, daß aber ein solcher Satz ein großes Unrecht involvieren würde demjenigen Sozius gegenüber, der die Erfindung zustande brachte.

[369]) In vielen Fällen wird es sich empfehlen, daß die Erfindung wegen der Kosten und des Risikos der Verwertung zunächst gegen ein geringes Entgelt übertragen wird mit dem Vorbehalt einer Vergütung aus dem höheren Reingewinn. Behrend, Lehrbuch des Handelsrechts Bd. I, S. 745, Note 4.

Patentamts vom 25. Mai 1882[370]): „Es ist Sache der Willensinterpretation, ob es dem Kläger nur um die Lieferung eines einzelnen für sein Klavier brauchbaren Dämpfers oder um die technische Durchbildung einer Erfindung zu tun gewesen ist."

Handelt es sich um die Veräußerung einer Erfindung, so sind zwei Fälle möglich: Der Erwerber erlangt entweder unmittelbar das Erfindungsrecht oder nur einen obligatorischen Anspruch auf künftige Einräumung des Erfindungsrechts. Das gilt für fertige, wie für künftige Erfindungen. So Seligsohn[371]), Adler[372]), Kent.[373])

Allfeld[374]) meint: „Wer im Auftrage und Interesse eines Anderen, ohne zu diesem in einem Dienstverhältnis zu stehen, eine Tätigkeit vornimmt, deren Ergebnis eine Erfindung ist, ist gleich einem Angestellten zu behandeln, d. h. das Erfinderrecht geht ohne weiteres von ihm auf den Auftraggeber über." Damit soll wohl nur gesagt sein, daß regelmäßig der Vertrag auf unmittelbaren Erwerb des Erfindungsrechtes gerichtet ist; denn auch zwischen Dienstherrn und Angestellten ist die Vereinbarung eines blos obligatorischen Rechts des Ersteren nicht ausgeschlossen.[375]) Aber es ist nicht richtig, mit dem Verhältnis von Regel und Ausnahme zu operieren. Die Auslegung des betreffenden Vertrags steht unter dem freien richterlichen Ermessen.

Andere behaupten, daß bei künftigen Erfindungen der Erwerber zunächst nur einen obligatorischen Anspruch erlangen könne, daß es nach Fertigstellung der Erfindung noch eines besonderen Rechtsaktes bedürfe, durch den das Erfindungsrecht selbst übertragen werde.

So Isay[376]): „Ein Auftrag, ein Werkvertrag allein genügt nicht, um den Auftraggeber den Besitz (der Erfindung) zu verschaffen. Wenn also z. B. ein Ziegeleibesitzer einem Maschinenfabrikanten den Auftrag gibt, für ihn eine Ziegelpresse zu konstruieren, welche ein neues technisches Problem lösen soll, und die daraufhin konstruierte Maschine eine Erfindung darstellt, so hat der Maschinenfabrikant den Besitz der Erfindung, auch wenn er den Willen hatte, für den Ziegeleibesitzer zu erfinden."

---

370) Patentblatt 1883 S. 189; Gareissche Sammlung Bd. IV, S. 37 l.; Kent, Kommentar § 1 Nr. 284, 308.

371) Kommentar 3. Aufl., S. 89.

372) Kritische Vierteljahrsschrift für Gesetzgebung und Rechtswissenschaft 3. F., Bd. VIII, S. 388.

373) Kommentar § 1 Nr. 308.

374) Kommentar S. 28.

375) Siehe oben bei Note 310.

376) Kommentar S. 90 Anm. 14, S. 91 Anm. 17.

„Liegt ein Anstellungsverhältnis nicht vor, so erwirbt nicht der Geschäftsherr (rectius der Besteller), sondern der Erfinder den Besitz der Erfindung. Hier kann nur eine obligatorische Verpflichtung des Erfinders entstehen, den Besitz auf den Geschäftsherrn zu übertragen, so z. B. wenn es sich um einen Auftrag handelt, ohne daß der Erfinder Wirtschaftsorgan des Auftraggebers ist."

Ferner Kätz[377]) unter Hinweis auf Ulpian in L. 39 D. loc. cond.: non solet locatio dominium mutare und Munk.[378])

Kohler meinte früher[379]), eine Stellvertretung im Erfinderrecht, eine Arbeit im Namen des Anderen sei nur dann anzunehmen, wenn der Arbeiter zum Besteller in einem Dienstverhältnis steht; nicht erst das Operat, schon die Arbeit müsse dem Dominus untertan sein. Ein solches Verhältnis liege aber nicht schon in der bloßen Bestellung eines künftigen opus; nicht jeder, welcher eine neue Sache für einen Anderen herstelle, arbeite im Namen des Bestellers und wolle seine Tätigkeit der Rechtssphäre der Besteller unterwerfen. Vielmehr werde sich der Verfertiger die völlige Freiheit der Entschließung vorbehalten, ob er das Resultat seiner Tätigkeit als Objekt der Bestellungserfüllung hingebe oder nicht. Wie daher beim Kaufe eines fertigzustellenden körperlichen opus das Eigentum nicht mit der Fertigstellung desselben, sondern erst mit der Ablieferung übergehe, ebenso das Geisteswerk.

Neuerdings[380]) sagt er: Ein Stellvertretungsverhältnis könne durch einen ausdrücklichen Vertrag auf kürzere Zeit eingegangen werden, dem Stellvertretungsverhältnis entspreche „meistens" ein Dienstverhältnis. Es könne sich jemand ausdrücklich anheischig machen, als Stellvertreter ein Werk für das Recht eines Anderen zu schreiben; es sei aber jemand nicht schon deswegen Stellvertreter, weil er im Auftrag eines Anderen ein Werk schaffe.

Noch folgende Äußerung Kohlers[381]) kommt in Betracht: „Ein dinglicher Vertrag kann ein bedingter dinglicher Vertrag mit Fernwirkung sein, allein die eine Grenze ist unweigerlich festzuhalten: ein dinglicher Vertrag kann nur bezüglich gegenwärtiger, nicht bezüglich zukünftig zu erwerbender Sachen abgeschlossen werden. Man kann nicht bestimmen,

---

377) Gewerblicher Rechtsschutz und Urheberrecht Bd. XI, S. 218 und Verhandlungen des 28. Deutschen Juristentags Bd. III, S. 476.

378) Das österreichische Patentgesetz S. 41.

379) Patentrecht S. 59f.

380) Handbuch des Deutschen Patentrechts S. 235, 244; Urheberrecht an Schriftwerken und Verlagsrecht S. 228f., 281.

381) Archiv für bürgerliches Recht Bd. XVIII, S. 102.

daß, was A. künftig erwerben wird, sofort in das Eigentum des B. fallen soll, das wäre eine vollständige Unterwerfung der Erwerbstätigkeit des A. zugunsten des B. und eine Unterwerfung nicht blos im Sinne einer Verpflichtung, sondern eine Unterwerfung ohne künftiges Zutun der Persönlichkeit, eine Unterwerfung von selbst kraft Rechtssatzes. Die Persönlichkeit brauchte sich nicht mehr dem Anderen erst zum Opfer zu bringen, sie wäre mit ihrer künftigen Tätigkeit schon das Opfer des Anderen, sie wäre, wie der Sklave, Erwerbsinstrument für einen Anderen; es wäre dasselbe, wie wenn die Persönlichkeit verdammt wäre, der notwendige Repräsentant des Anderen zu sein, so daß, was sie erwirbt, dem Anderen verfiele. Jedenfalls kann ein solcher Vertrag nur gelten, so weit es gestattet ist, sich als Stellvertreter der Herrschaft eines Anderen zu unterwerfen, also auf Widerruf und in Verbindung mit einem Dienstverhältnis und in den Schranken dieses. In solcher Beschränkung kann A., der mit B. auf Okkupation ausgeht, bestimmen, daß, was er ergreift, dem B. gehören soll; oder der Fabrikarbeiter, daß, was er verarbeitet (spezifiziert), dem Fabrikherrn zufallen werde."

Isay und Katz haben nicht Recht. Ihre Ansicht beruht auf der Annahme, daß der Erwerb des Erfindungsrechts einen Besitzerwerb voraussetze, auf der Argumentation, um mit Kohler[382]) zu reden: „Das Eigentum kann erst durch Besitz übergehen und Besitz zukünftigen Erwerbs kann man nicht übertragen, man kann sich nur obligatorisch zur Übertragung des Besitzes verpflichten; das Faktum des Besitzes läßt sich nicht meistern." Diese Argumentation trifft für das Sacheigentum zu, nicht aber für das sogen. geistige Eigentum. Zur Übertragung des Erfindungsrechts genügt der bloße Vertrag, § 413 BGB. So auch Adler[383]). „Es steht den Parteien zweifellos frei, zu vereinbaren, daß die Erfindung, falls sie gemacht wird, sogleich dem Besteller gehören solle. In einer solchen Vereinbarung liegt die Übertragung des künftigen Erfinderrechts, deren Vollwirksamkeit bei dem Umstand, als für Übertragung des Erfinderrechts der Konsens vollständig genügt, nicht bezweifelt werden kann. Der Besteller erwirbt in diesem Falle das Erfinderrecht zwar derivativ aber sogleich mit der Vollendung der Erfindung, ohne daß eine besondere Übertragung erforderlich wäre."

An den beiden Möglichkeiten, daß der Erwerber entweder nur einen obligatorischen Anspruch auf Erlangung des Erfindungsrechts oder unmittelbar das letztere selbst erwirbt, ist festzuhalten. Hier liegt keine

---

382) A. a. O. S. 104.
383) A. a. O.

Aufgabe für den Gesetzgeber vor, er kann die Gestaltung der Rechtsverhältnisse unbedenklich der Parteivereinbarung überlassen.

Das Gleiche gilt hinsichtlich eines anderen Punktes, nämlich der Frage, ob das volle Eigentum oder nur ein beschränktes Recht an der Erfindung dem Erwerber zufallen soll. Die von R. Alexander Katz[384]) gewünschte Rechtsvermutung ist auch hier abzulehnen.

In Betracht kommt weiter, ob und welche inhaltliche Schranken den in Rede stehenden Verträgen zu ziehen sind.

Kohler[385]) sagt von dem Vertrag, durch den jemand unmittelbar das Recht an der Erfindung eines Anderen erwirbt (wo nach seiner Ansicht ein Stellvertretungsverhältnis gegeben ist): „Ein derartiger Vertrag auf Lebenszeit oder auf eine übermäßige Zeit wäre nicht bindend; ebensowenig als ein Geschäftsverbot auf Lebenszeit; denn ein solcher Vertrag hat faktisch die gleiche Folge, wie ein Vertrag, wonach man für sich selbst keine Erfindungstätigkeit entwickeln solle. Ist daher ein solches Verhältnis auf Lebenszeit oder auf eine übermäßige Zeitdauer abgeschlossen worden, so ist es von dem Verpflichteten in entsprechender Frist kündbar; für diese Frist kann die Analogie des § 624 BGB. angerufen werden, eine fünfjährige Frist wird regelmäßig als den Umständen entsprechend erachtet werden können."

Ich meine die zeitliche Beschränkung hat auch für den blos obligatorischen Vertrag Geltung. Von einer übermäßigen Zeitdauer wird übrigens um so weniger die Rede sein können, je enger das Gebiet der vertragsmäßigen Erfindungen im Verhältnis zum Tätigkeitsbereich des Verpflichteten ist und je größer die Vergütung ist, die der Erfinder bekommt. Auch wird es einen Unterschied machen, ob jemand nur Erfindungen veräußert, die er etwa machen wird, oder ob er zugleich die Verpflichtung übernimmt, auf Erfindungen bedacht zu sein.[385a])

Auch an diesem Punkt bedarf es keines gesetzgeberischen Einschreitens.[386]) Die Vorschrift in § 138 BGB. in Verbindung mit den

---

[384]) Oben bei Note 238.

[385]) Handbuch S. 235.

[385a]) Gierke, Deutsches Privatrecht Bd. I, S. 806; Allfeld, Urheberrecht an Werken der Literatur und Tonkunst S. 91, Urheberrecht an Werken der bildenden Künste und der Photographie S. 69.

[386]) Das österreichische Gesetz vom 26. Dezember 1895 schreibt in § 16 vor: „Auch hinsichtlich eines bestimmten erst zu schaffenden Werkes kann im voraus gültig verfügt werden. Ein Vertrag aber, durch welchen jemand die Urheberrechte an seinen künftigen Werken überhaupt oder an einer ganzen Gattung derselben zu übertragen

von der Theorie und Praxis betr. der sogen. Konkurrenzklausel entwickelten Grundsätzen genügt dem Bedürfnisse vollauf.[387])

Es bleibt die Frage übrig: wie steht es mit der angemessenen Vergütung für die Erfindung? Nach geltendem Recht sind der Parteivereinbarung keine besonderen Grenzen gezogen. Ich meine: dabei hat es zu verbleiben. Den Anspruch auf angemessene Vergütung gesetzlich sicher zu stellen, liegt wohl zu gunsten der angestellten, nicht aber zu gunsten der freien, unabhängigen Erfinder ausreichender Anlaß vor.

Zweites Kapitel.

Die Erfinderehre.

§ 23. I. Der zivilrechtliche Anspruch auf Anerkennung der Erfinderehre.

Die Wünsche der Angestellten liegen in zweifacher Richtung: der materielle Nutzen und die Erfinderehre kommen in Betracht.

Beim Schutze der Erfinderehre handelt es sich um die Anerkennung der Erfinderschaft, der Urheberschaft, eine Forderung mehr idealer Natur. Aber die Erfüllung dieser Forderung hat doch auch wirtschaftliche Vorteile im Gefolge, da ein Angestellter sich erfolgreicher um eine bessere Stelle bewirbt, wenn seine Leistungsfähigkeit durch seine Erfindung bekannt geworden ist[388]).

---

verspricht, ist kraft dieses Gesetzes jederzeit kündbar. Das Kündigungsrecht, auf welches nicht verzichtet werden kann, steht beiden Teilen zu; die Kündigungsfrist beträgt ein Jahr, es wäre denn eine kürzere vereinbart."

[387]) Entscheidung des Reichsgerichts vom 2. November 1904, Jur. Wochenschrift 1905 S. 75; Gewerblicher Rechtsschutz und Urheberrecht Bd. XI, S. 52f.

[388]) Pilenko, Das Recht des Erfinders (1907) S. 9: „Die Erfindungen demütigen nur ihre Sklaven, aber um so höher erheben sie ihre Herren. Eine Erfindung ist vor allem geeignet, deren Befähigung nachzuweisen und sie aus der unpersönlichen Masse herauszuheben. Vorbei sind jene Zeiten, wo die dumpf-passive Zufriedenheit mit seinem Schicksale als sich selbst genügender Endzweck geschätzt wurde. Gegenwärtig schätzen wir an einem Menschen vor allem seine Energie und schließen auf einen Menschen von seiner aktiven Tätigkeit. Und deshalb empfinden wir es mit lebhafter, tiefer Befriedigung, daß von den Millionen niederer Arbeiter es niemand verwehrt ist, seine Befähigung durch den Nachweis von der Möglichkeit irgend einer technischen Verbesserung darzutun. Freilich, faktisch stellen sich dem Erfinder viele Hindernisse in den Weg, der es versucht, sich aus dem Elend durch eigene Kraft emporzuarbeiten; aber theoretisch ist eine selbständige Schöpfung für ihn der kürzeste Weg zum göttlichen Licht. In den Erfindungen sehen einige Schriftsteller bereits die Möglichkeit, den Kampf der Arbeit mit dem Kapital und des

Die dem 28. Deutschen Juristentag vorgelegte Frage, ob sich besondere gesetzliche Bestimmungen zum Schutze des Erfinderrechts der Angestellten empfehlen, haben den beiden Gutachtern Anlaß gegeben, den Schutz der Erfinderehre in den Bereich ihrer Erörterungen zu ziehen. Der erste Berichterstatter[389]) hat dagegen erklärt, dieser Punkt liege außerhalb des Themas, er erstrecke sich auf alle Fälle, in denen der Anmelder ein anderer sei als der Erfinder, ohne Rücksicht darauf, ob der Erfinder im Anstellungsverhältnis zum Anmelder stehe oder nicht. Es ist richtig, die den Schutz der Erfinderehre betreffenden Fragen setzen kein Anstellungsverhältnis, auch kein Vertragsverhältnis voraus; man kann sagen: soll ein Anspruch auf die Erfinderehre rechtliche Anerkennung finden, so ist er jedem Erfinder einzuräumen. Dies mein Standpunkt. So auch Osterrieth[390]). Immerhin wird die Frage der Erfinderehre namentlich dann praktisch, wenn der Erfinder sich in einem Anstellungs- oder Vertragsverhältnisse befindet, demzufolge das Immaterialgüterrecht an der Erfindung nicht ihm, sondern einem anderen zusteht. Es bleibt deshalb erwägenswert, ob vielleicht eine Lösung der Frage in diesem engeren Rahmen den Vorzug verdient.

Ich habe der „Erfinderehre und ihrem rechtlichen Schutze" bereits eine eingehende Bearbeitung[391]) gewidmet, auf die ich bezüglich aller Einzelheiten verweise. Ich bin zu folgendem Ergebnisse gekommen[392]).

I. Da über Inhalt und Tragweite der §§ 823, 824, 826 BGB. sowie über Existenz und Inhalt des Persönlichkeitsrechts[393]) Wissenschaft

---

kleinen Kapitals mit dem großen milder zu gestalten." — Vgl. auch die Äußerung Max Maria v. Webers, Aus der Welt der Arbeit, S. 490, Mitteilungen vom Verbande deutscher Patentanwälte VII S. 60 sowie die Kundgebungen an dem in Note 391 angeführten Orte § 2.

[389]) Verhandlungen Bd. III S. 48, 2.

[390]) Ebenda Bd. II S. 207.

[391]) Industrierechtliche Abhandlungen Bd. II S. 181 ff.; auch separat erschienen. Vgl. auch Kent, Kommentar Bd. I S. 45 f.

[392]) Vgl. S. 119 ff., S. 44 f., S. 57, S. 48 meiner Abhandlung.

[393]) Lobe, Der unlautere Wettbewerb als Rechtsverletzung Bd. I S. 162 bestreitet, daß es sich um ein Persönlichkeitsrecht handelt. „Mit ebensoviel Übereinstimmung wie Unrecht werden die Ehre, der Kredit, der Name als besondere Persönlichkeitsrechte hingestellt. Sie sind überhaupt keine Persönlichkeitsrechte. Ehre, Kredit und Name sind nicht Teile des Menschen selbst, sie sind lediglich Wirkungen seiner Persönlichkeit in der Umwelt, Zustände des Denkens, Fühlens und Wollens bei anderen Menschen über ihn, daher immaterielle Güter, die außerhalb des Menschen liegen. Nur die enge Beziehung, in der sie zum einzelnen Menschen stehen, hat dazu verleitet, sie als Teile des Menschen und seiner Persönlichkeit selbst anzusehen." Es bedarf keines Eingehens auf diese Kontroverse; sie ist für die sachliche Frage,

und Praxis zu einem sicheren Ergebnisse in absehbarer Zeit nicht kommen werden, empfehlen sich zur Repression von Verletzungen der Erfinderehre folgende Bestimmungen:

1. Wird das Interesse des Erfinders dadurch verletzt, daß seine Urheberschaft an einer Erfindung von einem anderen bestritten wird oder daß ein anderer sich unbefugt die Urheberschaft anmaßt, so kann der Erfinder von dem anderen Beseitigung der Beeinträchtigung verlangen. Sind weitere Beeinträchtigungen zu besorgen, so kann er auf Unterlassung klagen.

2. Im Falle der Verletzung der Erfinderehre steht dem Verletzten auch wegen des Schadens, der nicht Vermögensschaden ist, ein Anspruch auf billige Geldentschädigung in Gemäßheit von § 847 des BGBs. zu.

3. Ist auf Beseitigung stattgefundener oder auf Unterlassung künftiger Beeinträchtigung Klage erhoben, so kann in dem Urteile der obsiegenden Partei die Befugnis zugesprochen werden, den verfügenden Teil des Urteils innerhalb bestimmter Frist auf Kosten der unterliegenden Partei öffentlich bekannt zu machen.

II. Weiter sind Bestimmungen dahin zu erlassen:

1. daß der Name des vom Anmelder verschiedenen Erfinders in der Anmeldung der Erfindung zum Patent genannt und zugleich mit den üblichen patentamtlichen Publikationen (Reichsanzeiger, Patentblatt, Patenturkunde, Patentrolle, Patentschrift) bekannt gegeben wird;

2. daß wissentlich falsche Angaben des Patentanmelders betreffs der Erfinderschaft bestraft werden;

3. daß Angestellten in gewissem Umfange ein unentziehbares Recht auf Geltendmachung ihrer Erfinderehre gewährleistet wird etwa durch eine Vorschrift folgenden Inhalts: Vertrags- oder Dienstbestimmungen, durch welche einem in einem Gewerbeunternehmen Angestellten oder Bediensteten im voraus die Erfinderehre bezüglich der Erfindungen, die er künftig im Dienste machen wird, entzogen werden soll, haben keine rechtliche Wirkung.

Der 28. Deutsche Juristentag[394]) hat zu diesen Vorschlägen keine Stellung genommen, er hat die Frage, ob der Erfinder einen Anspruch auf Nennung seines Namens in der Patentschrift hat und in welcher

---

ob meine Vorschläge gerechtfertigt sind, belanglos. Auch von Lobe wird bei dem Rechtsgute der Ehre, der Geschäftsehre, des Kredits ein subjektives Recht angenommen, S. 268 ff, nur betrachtet er dasselbe nicht als Persönlichkeitsrecht. Praktisch kommt es nur auf die Existenz eines subjektiven Rechtes an, die Qualifizierung desselben hat zunächst nur wissenschaftliches Interesse.

[394]) Siehe oben bei Note 7.

Weise und vor welcher Behörde dieser Anspruch zu verwirklichen ist, für noch nicht spruchreif erklärt.

Der erste Gutachter Osterrieth[395]) wirft die Frage auf, „ob nur der Urheber der in der Anmeldung beschriebenen Erfindung einen Anspruch auf Nennung des Erfindernamens hat oder auch ein selbständiger Nebenerfinder der gleichen Erfindung; und wenn letztere Frage bejaht wird, ob nur der erste Erfinder einen solchen Anspruch hat oder ob sämtliche Erfinder verlangen können, daß ihr Name genannt wird."

Darauf ist zu erwidern: Erfindungen gleichen Inhalts können, wenn es auch verhältnismäßig selten geschieht, mehrfach gemacht werden. Solche inhaltlich übereinstimmende Erfindungen unterscheiden sich aber durch die konkreten Umstände ihrer Entstehung. Für die Erfinderehre kommt ganz wie für die widerrechtliche Entnahme immer nur eine durch ihre Entstehung konkretisierte Erfindung in Betracht. Die Priorität mehrerer Erfindungen, wer der erste von mehreren selbständigen Erfindern ist, durch Urteilsspruch festzustellen, liegt kein Anlaß vor.

Weiter wendet Osterrieth[396]) ein: „Wenn der Name des Erfinders auf der Patenturkunde vermerkt werden soll, muß die Erfindung, deren Urheberschaft angegeben wird, mit der patentierten Erfindung identisch sein. Die Anerkennung der Erfinderschaft setzt somit Feststellung der patentierten Erfindung voraus. Diese Feststellung muß aber in einheitlicher Weise erfolgen, und dazu ist nur das Patentamt zuständig; sie kann nicht aus dem Erteilungsverfahren ausgeschieden und den ordentlichen Gerichten zugewiesen werden. Unser heutiges Patenterteilungsverfahren kann nicht durch die Ermittelung der Erfinderschaft belastet werden. Aber auch abgesehen von diesem Zweckmäßigkeitsgrund verträgt sich die Feststellung der Erfinderschaft grundsätzlich nicht mit unserem Patentrecht, dem die Person des Erfinders unbekannt ist. Praktisch hat der Vorschlag Schanzes keine erhebliche Bedeutung, da Fälle der Bestreitung oder der Anmaßung der Erfinderschaft ungemein selten sind — die Anmeldung der Erfindung kann nach geltendem Rechte eben nicht als Anmaßung der Erfinderschaft angesehen werden, — wie ja auch gerade in den Beschwerden der Kreise, die einen Schutz der Angestelltenerfindung fordern, von der Anmaßung der Erfindung nirgends die Rede ist."

Hierzu folgendes:

Daß die Feststellung der Erfinderschaft, unabhängig von der Patenterteilung, durch die Gerichte erfolgen kann, habe ich schon in anderem

---

395) Verhandlungen Bd. II S. 207.

396) A. a. O. S. 211 f.

Zusammenhange[397]) dargelegt. Ob nicht an Stelle der ordentlichen Gerichte irgend welche Sondergerichte zur Entscheidung über die Erfinderehre eingerichtet werden sollen, ist eine Frage für sich[398]). Hier genügt es, wenn dargetan ist, daß die Feststellung der Erfinderschaft durch eine andere Instanz als durch die patenterteilenden Abteilungen des Patentamtes angängig ist[399]).

Die Anerkennung der Erfinderehre ist weiter durchaus verträglich mit dem Prinzipe des Patentgesetzes, daß das Patent dem ersten Anmelder gebührt. Denn dieses Prinzip betrifft ausschließlich das Immaterialgüterrecht an der Erfindung, mit dem Recht auf Anerkennung der Erfinderehre hat es gar nichts zu schaffen[400]).

Was endlich den Einwand anlangt, daß Fälle der Bestreitung oder Anmaßung der Erfinderschaft ungemein selten seien, so habe ich bereits[401]) erwidert: „Daraus, daß solche Fälle bisher nicht vor die Gerichte gekommen sind, darf nicht gefolgert werden, daß sie nicht existieren. Wer möchte einem Angestellten im Hinblick auf das jetzt geltende Recht raten, gegen seinen Geschäftsherrn auf Anerkennung der Erfinderschaft zu klagen? Das soll aber gerade anders werden. Übrigens sind die Fälle einer Namenrechtsverletzung auch nicht sonderlich häufig, gleichwohl hat man zu ihrer Abwehr die Vorschrift in § 12 des BGBs. für erforderlich erachtet." Man wird zudem der Angabe, daß die Anmaßung der Erfinderschaft ungemein selten sei, mit Zweifeln begegnen dürfen. Schon Rauter und Kulischer haben darauf hingewiesen[402]), wie verhältnismäßig oft Firmenpatente vorkommen. Nunmehr schreibt Wertheimer[403]): „Meiner sicherlich eher zu niederen als zu hohen Schätzung nach sind etwa 40 pCt. aller deutschen Patente nicht dem wahren Erfinder erteilt. Diese Schätzung findet leider eine sehr beweiskräftige Stütze in einer

[397]) Oben bei Note 292.

[398]) Siehe oben bei Note 293 f.

[399]) Pilenko, Das Recht des Erfinders S. 12 sagt: „Der auf dem ersten Patentkongreß (6. August 1873) gestellte Antrag Raetke, daß auf jedem Patent der Name des wirklichen Erfinders ersichtlich gemacht werden solle, wurde als Ausdruck einer löblichen, aber für das gegenwärtige Recht zu zarten Pietät bezeichnet." Aus dem Kongreßbericht (Der Erfinderschutz und die Reform der Patentgesetze, Dresden 1873) S. 111 ff. geht hervor, daß der Patenterteilungsbehörde die Prüfung der Erfinderschaft angesonnen wurde. Diese Anforderung wird jetzt nicht mehr gestellt.

[400]) Vgl. im übrigen § 18.

[401]) Deutsche Juristen-Zeitung 1906 S. 921 f.

[402]) Meine Abhandlung S. 26 f.

[403]) Monatsschrift für Handelsrecht und Bankwesen XVI S. 54.

kürzlich veröffentlichten statistischen Aufstellung über die Patentanmeldungen von Firmen (d. h. Gesellschaften, Teilhaber- und Doppelfirmen) und Einzelanmeldern aus dem Jahre 1903. Betrachtet man da die Patentklassen, in denen bekanntermaßen der Großbetrieb vorherrschend ist, so ergibt sich ein Resultat, das zu denken gibt. So finden sich z. B. in Klasse 12 Chemische Verfahren und Apparate 61 pCt. Firmen- und 39 pCt. Einzel-Anmeldungen; in Klasse 21 Elektrotechnik 59,02 pCt. Firmen- und 40,08 pCt. Einzel-Anmeldungen; in Klasse 22 Farben sogar 70,03 pCt. Firmen- und nur 29,07 pCt. Einzel-Anmeldungen." Soll wirklich behauptet werden, daß in allen diesen Fällen von Firmenpatenten Etablissementerfindungen vorliegen oder daß die Firmen nur das Patentrecht, nicht aber zugleich die Erfinderehre für sich in Anspruch nehmen? Welchen Anlaß hätten die Angestellten um den Schutz ihrer Erfinderehre zu petitionieren, wenn sie ihnen nicht oft von ihren Arbeitgebern vorenthalten würde!

Auch der zweite Gutachter des 28. Deutschen Juristentages R. Alexander-Katz[404]) polemisiert gegen meine Vorschläge.

Dagegen, daß eine wissentliche falsche Angabe seitens des Anmelders mit krimineller Strafe bedroht werde, macht er geltend: „Nicht jede Unwahrheit begründet Strafbarkeit. Zudem ist die Frage, wer der wahre Erfinder sei, oft überaus schwer zu entscheiden." Diese Einwendungen treffen meinen Vorschlag nicht, da ich nur die objektiv unrichtige Angabe, die bewußt geschieht, bestraft wissen will. Doch ist die kriminelle Ahndung ein Nebenpunkt; über ihre Notwendigkeit auch bei solcher Beschränkung kann man verschiedener Ansicht sein.

Die Hauptsache ist, Alexander Katz[405]) glaubt, daß ein genügender Schutz der Erfinderehre geschaffen sei, wenn dem § 20 des Patentgesetzes ein Satz eingefügt werde, wonach der Anmelder, wenn er nicht der Erfinder ist, verpflichtet ist, den Erfinder in seiner Anmeldung zu benennen; und wenn der § 23 des Patentgesetzes den Zusatz erhalte, daß das Patentamt bei der Bekanntmachung der Erfindung den Namen des Erfinders mit bekannt zu machen hat. Durch erstere Vorschrift werde ein zivilrechtlicher Anspruch des wahren Erfinders gegen den Anmelder begründet, bei dessen Verletzung der letztere nach § 823 Abs. 2 BGB. zum Schadensersatz verpflichtet sei; überdies stehe dem Erfinder die Bestimmung in § 824 BGB. zur Seite.

---

[404]) Bd. II 320 ff.

[405]) Vgl. auch seinen Entwurf eines neuen Patentgesetzes, Gewerbl. Rechtsschutz und Urheberrecht, Bd. XII S. 108 § 22 S. 109 § 25 S. 118.

Alexander Katz[406]) hat zweierlei übersehen. Einmal, daß sein Vorschlag nur Hilfe bietet, wenn es sich um eine zu patentierende Erfindung handelt. Wie dann, wenn die Erfindung bereits patentiert, wenn das Patent bereits erloschen, wenn die Erfindung nicht mehr patentfähig ist? Sodann ist ein ausreichender, die berechtigten Wünsche der Erfinder befriedigender Schutz nur vorhanden, wenn auch gegen schuldlose, nur objektiv widerrechtliche Beeinträchtigung der Erfinderehre eine Abwehrklage gegeben ist. Daß die Möglichkeit hierfür durch die Vorschriften in §§ 823 Abs. 2 § 824 eröffnet werde, ist äußerst umstritten. Da nach der meines Erachtens richtigen Ansicht eine Unterlassungsklage nur zum Schutze subjektiver Rechte gegeben und die Behauptung, daß jeder Schadensersatzpflicht ein subjektives Recht zugrunde liege[407]), nicht haltbar ist, so fehlt es in den Fällen der §§ 823 Abs. 2 und 824 an der Möglichkeit bei objektiv widerrechtlicher Beeinträchtigung einzuschreiten[408]).

Gar nichts vom rechtlichen Schutze der Erfinderehre will der erste Berichterstatter[409]) des 28. Juristentages wissen: „Die Erfinderehre ist ein völlig unklarer Begriff, der rechtlich sich jeder Verwertung entzieht. Wenn jemand Wert darauf legt, als Erfinder einer bestimmten Erfindung geehrt zu sein, so bietet ihm hierfür die Publikation in fachwissenschaftlichen Zeitschriften den breitesten Raum.“ Die Gewährung eines gesetzlichen Schutzes „durchbricht auch vollständig das System des deutschen Patentgesetzes, welches absichtlich im Gegensatze zur Patentgesetzgebung anderer Länder die in vielen Fällen schwierige Untersuchung der Frage, wer der Erfinder der zum Patent angemeldeten Erfindung ist, unerörtert lassen wollte und lediglich die unzweifelhafte Tatsache der Anmeldung zum Ausgangspunkte des Erteilungsverfahrens gemacht hat.“

Soviel Irrtümer, als Behauptungen. Wer nicht am Worte hängen bleibt, weiß, daß es sich bei der Erfinderehre um die Frage der Erfinderschaft, der Urheberschaft handelt. Was soll die Publikation in Fach-

---

406) Ebenso Wertheimer, Monatsschrift für Handelsrecht und Bankwesen, XVI. Jahrgang S. 62.

407) Eltzbacher, Die Unterlassungsklage S. 111 ff.

408) Binder, Das Problem der juristischen Persönlichkeit S. 36; Lehmann, Die Unterlassungspflicht S. 119; Lobe, Der unlautere Wettbewerb als Rechtsverletzung Bd. I S. 150 ff. S. 242; Wendt, Archiv für die zivilistische Praxis Bd. 100 S. 310; Fraenkel, Der Schutz der Ehre nach bürgerl. R. S. 103 ff.; Hedemann, Archiv für bürgerliches Recht Bd. 31 S. 357 ff.; Rumpf, Gesetz und Richter S. 63 nennt die Zulassung der Unterlassungsklage außerhalb der §§ 12, 862, 1001 BGB. ein Beispiel kühner Rechtschöpfung durch die Praxis.

409) Verhandlungen Bd. III, S. 183.

zeitschriften helfen? sie beweist doch nicht mehr, als daß jemand Erfinder zu sein **behauptet**. Es steht dann Behauptung gegen Behauptung, wer Recht hat, bleibt unentschieden[410]). Was schließlich den Bruch mit dem System des geltenden Rechts anlangt, so hat der zweite Berichterstatter[411]) zutreffend erwidert: „Ich sehe in dem Anspruch, beim Patentamt als Erfinder genannt zu werden, nicht ein Recht des Erfinders gegenüber dem Patentamt, sondern eine Klage des Angestellten gegen den Dienstherrn auf Anerkennung, daß der Angestellte der Erfinder ist, und auf Duldung, daß der Name des Erfinders, des Angestellten neben dem des Anmelders geführt wird. Dieser Streit würde sich nicht vor dem Patentamte, sondern vor dem ordentlichen Gericht im Wege der Feststellungsklage abspielen. Die Ausführung des Urteils würde nur eine Verwaltungsvorschrift beim Patentamte erfordern, insofern das Patentamt angewiesen wird, auf Grund eines solchen Urteils dem Patent den Namen des Erfinders hinzuzufügen."

Der erste Berichterstatter[412]) weist noch darauf hin, daß sehr oft einzelne Erfinder oder geschäftliche Unternehmungen ein Interesse daran haben, daß eine andere Person als der Erfinder als Anmelder der Erfindung erscheint. Dieses Bedürfnis ist anzuerkennen. Es wird ihm aber, glaube ich, durch das genüge geleistet, was ich über die **Geheimhaltung** der Erfinderschaft und über den **Verzicht** des Erfinders auf sein Widerspruchsrecht gegenüber einer bestimmten Person, die sich als Erfinder ausgeben will, ausgeführt habe[413]). Der Erfinder kann zwar die Erfinderehre nicht an einen anderen abtreten, aber er kann gestatten, daß ein anderer sich dritten gegenüber als den Erfinder bezeichne. Zu gunsten der Angestellten bedarf es indes gegenüber ihren Arbeitgebern der oben unter II 3 vorgeschlagenen Einschränkung dieser Verzichtsbefugnis.

Auch **Dernburg**[414]) hat sich mit der Frage der Erfinderehre beschäftigt. Er meint: den Angestellten „würde eine gesetzliche Bestimmung, wonach ihnen der Arbeitgeber im zutreffenden Falle verpflichtet wäre, schriftlich zu bezeugen, daß die Erfindung von ihnen ganz oder zum größeren Teile herrühre, eine entsprechende Genugtuung bereiten,

---

410) Zu vgl. **Beling**, Informativprozesse S. 22, 1.

411) Verhandlungen Bd. III, S. 489. Vgl. auch **Alexander-Katz** daselbst S. 500 f.

412) S. 484.

413) Meine Abhandlung S. 46 ff., 49 ff. **Lobe**, Der unlautere Wettbewerb als Rechtsverletzung S. 278, 282, 287, 301 f. **Schuster**, Urheberrecht der Tonkunst S. 128 f.

414) Deutsche Juristen-Zeitung 1907 S. 7.

es würde auch für ihr Fortkommen im gewerblichen Leben von Bedeutung sein. Die Ausstellung des Zeugnisses müßten sie einklagen können, wenn es ihnen grundlos verweigert würde. Die gesetzliche Bestimmung über das Zeugnis der gemachten Erfindung müßte eine zwingende sein, welche rechtsgültig durch keine Vereinbarung ausgeschlossen werden könnte."

Die von Dernburg befürwortete Zeugnispflicht läßt sich zu einem guten Teile bereits realisieren auf Grund der Vorschriften in § 630 BGB. und § 113 GewO., wonach bei Beendigung eines dauernden Dienstverhältnisses der Verpflichtete von dem anderen Teile ein schriftliches Zeugnis fordern kann, das auf Verlangen auf die Leistungen im Dienste zu erstrecken ist; zu den Leistungen können wohl auch die Erfindungen gerechnet werden[415]). Es wäre hiernach nur auszusprechen, daß, was Erfindungen anlangt, die Zeugnispflicht auch während der Dauer des Dienstverhältnisses besteht.

Trägt man Bedenken, allgemein einem subjektiven Persönlichkeitsrecht auf die Erfinderehre zur rechtlichen Anerkennung zu verhelfen, will man die Frage in Beschränkung auf Angestellte gelöst sehen, so ist der von Dernburg gezeigte Weg gangbar unter der Voraussetzung, daß daneben durch Vorschriften dafür Sorge getragen wird, daß bei etwaiger Anmeldung und Erteilung eines Patentes für den Arbeitgeber der Name des Angestellten als des Erfinders in der Anmeldung, im Patent usw. bekannt gegeben wird[416]). Nicht bloß der Angestellte muß in der Lage sein auf die Erfindung als von ihm herrührend hinzuweisen, das Patent soll auch auf den Erfinder aufmerksam machen[417]).

Bolze übergeht in seiner Abhandlung[418]) die Erfinderehre mit Stillschweigen. Er bestreitet anscheinend, daß dem Angestellten die Erfinderschaft an den von ihnen als Funktionären des Etablissements ersonnenen Erfindungen zusteht, ist vielmehr der Ansicht, daß diese Erfinderschaft ausschließlich dem Etablissement selbst gebühre. Es ist zu beachten, daß der Titel seines Buches lautet: Rechte der Angestellten und Arbeiter an den Erfindungen ihres Etablissements. Bolze

---

[415]) Isay, Kommentar S. 101 bezweifelt es. Nicht ganz klar Wertheimer, Monatsschrift für Handelsrecht und Bankwesen XVI. Jahrgang, S. 63.

[416]) Auch in Frankreich beschäftigt man sich neuerdings mit der Frage, ob es nicht angezeigt sei, die volle Adresse des Erfinders in die Patentschrift und die sonstigen amtlichen Publikationen aufzunehmen. Österreichisches Patentblatt 1906 S. 975.

[417]) So auch Kunkel in der Zeitschrift f. Rechtspflege in Bayern von 1907 S. 316.

[418]) Rechte der Angestellten usw.

nimmt an, daß die Erfindungen, welche Angestellte und Arbeiter ersinnen, nicht ihre Erfindungen, sondern Erfindungen des Etablissements sind, in jeder Hinsicht, auch was die Frage der Urheberschaft anlangt.

Bolze steht mit dieser Ansicht allein da. Die rechtliche Schutzbedürftigkeit der Erfinderehre des Angestellten wird wohl bestritten, und die, welche sie bejahen, sind uneinig über die Mittel und Wege, welche einzuschlagen sind, um ihr zur Anerkennung zu verhelfen; daß aber dem Angestellten hinsichtlich der von ihm herrührenden Erfindungen die Erfinderehre überhaupt nicht gebühre, wird sonst nicht behauptet.

Besonders Kohler[419]) ist lebhaft für das Individualrecht des Erfinders, namentlich auch des Angestellten auf die Erfinderehre eingetreten.

Neuerdings hat er eine Ansicht geltend gemacht, die diesem Individualrecht gewisse Schranken zieht. Er sagt[420]): „Wir können nur den

---

[419]) Meine Abhandlung S. 50 ff. — Man folgert zu Unrecht aus der Stellvertretungstheorie, die Kohler hinsichtlich des Immaterialgüterrechts vertritt, daß er dem Persönlichkeitsrecht des Erfinders abhold gesinnt sei. Es wird sich aber kaum bestreiten lassen, daß die Stellvertretungstheorie zu einem unerfreulichen Zwiespalt führt: das Immaterialgüterrecht entsteht in der Person des Geschäftsherrn, das Persönlichkeitsrecht in der Person des Angestellten. Pilenko (vgl. oben bei Note 188) hat m. E. recht, wenn er aus diesem Grunde die Stellvertretungstheorie bemängelt. Ich halte es für natürlicher und ungezwungener, wenn man beide Rechte immer in der Person des Urhebers entstehen, das Immaterialgüterrecht aber unter Umständen sofort und ohne weiteres auf einen anderen übergehen läßt. Kohler gibt neuerdings zu, daß die Geistesschöpfung kein Rechtsgeschäft ist. Lehrbuch des bürgerl. Rechts Bd. I S. 580, Urheberrecht und Verlagsrecht S. 228, Kunstwerkrecht S. 76 Er sagt: die Geistesschöpfung sei eine neutrale Handlung, könne als solche unter Umständen ein rechtsgeschäftliches Element in sich aufnehmen, insofern heiße sie latente Rechtshandlung; sie verlange daher keine Geschäftsfähigkeit, sie lasse aber Stellvertretung zu. Es ist mir unerfindlich, welcher Vorteil durch die Annahme einer Stellvertretung für die juristische Konstruktion gewonnen wird. Es steht zu erwarten, daß sich Kohler über diesen Punkt demnächst äußert. Denn es heißt in seinem Kunstwerkrecht S. 76 Note 6: „Man hat über meine Aufstellung von der stellvertretenden Erfindertätigkeit der Fabrikchemiker recht irrige und verkehrte Dinge gesagt; man hat behauptet, daß dies dem Persönlichkeitsrecht zu nahe trete. Ich werde gegen diese vollständige Mißverkennung der Verhältnisse anderwärts schreiben, muß mich aber schon jetzt dagegen verwahren, daß ich je die berechtigten Ansprüche der Persönlichkeit verkannt hätte, die gerade ich stets ins Licht gestellt habe." Kohlers Verwahrung, was das Persönlichkeitsrecht anlangt, ist begründet. Allein das von ihm gerügte Mißverständnis zeigt doch, daß es nicht allen leicht wird, sich eine Stellvertretung mit nur partiellem Stellvertretungseffekt vorzustellen. Das Persönlichkeitsrecht hat so mühsam um seine Anerkennung zu ringen, daß man letztere durch die meines Erachtens unnötige Stellvertretungstheorie nicht erschweren sollte.

[420]) Berliner Klinische Wochenschrift 1906 S. 30: Juristische Beleuchtung des Falles Türck-Czermak.

als Erfinder betrachten, der unserer Kulturwelt dient. Wer nur aus Neugierde Versuche macht, ohne sie der Menschheit mitteilen zu wollen, oder wer aus irgend einem Grunde, z. B. aus Menschenscheu, Menschenfurcht, Menschenhaß, die Erfindung der Welt verschließt, hat das Verdienst des Erfinders nicht; dies gilt auch dann, wenn er etwa die Erfindung schriftlich dargestellt hat, dann aber das Ganze zu dem Zwecke verbirgt, um es der Mitwelt zu entziehen. Derartiges wird allerdings selten vorkommen; häufiger ist es, daß jemand eine Erfindung deswegen zurücklegt, weil er sie für unbedeutend und erfolglos hält. Auch in diesem Falle entzieht er sie der Menschheit, sobald er sie vollständig und endgültig von sich wirft. Nicht selten wird er jedoch nur einstweilen die Sache beiseite schieben, weil er aus irgend einem Grunde die Zeit noch nicht für gegeben erachtet, mit ihr herauszurücken, namentlich, weil er die Erfindung noch verbessern, neue Erfolge erzielen, die mit ihr verbundenen Gefahren beseitigen oder Zweifel verscheuchen will. Wer das tut, handelt nicht kulturwidrig, er will die Erfindung der Mitwelt nicht vorenthalten, sondern er handelt gründlich und vorsichtig, dessen wohl bewußt, wieviel durch ein voreiliges Hervortreten mit unreifen Ideen der Menschheit geschadet werden kann. Hierbei handelt es sich überall nicht um die Frage, ob die Erfindung gemacht ist oder nicht[421]), sondern ob jemand durch sein kulturwidriges Verhalten das Verdienst des Erfinders verscherzt hat. Hier müssen darum alle ethischen Begleiterscheinungen und alle das Tun und Treiben des Forschers beeinflussenden Umstände genau erwogen werden. Im Zweifel werden wir ein solches Verwirken der Erfinderstellung nicht annehmen; wir werden es nur dann tun, wenn es unzweifelhaft feststeht, daß der Erfinder die Sache endgültig aufgegeben hat oder daß er sie aus anderen Gründen der Menschheit verschließen will."

Ich kann Kohler nicht zustimmen. Die Frage, ob jemand das Erfinderverdienst hat, zerfällt in die beiden Unterfragen: 1. Hat er die Erfindung gemacht? 2. Hat er die Kulturwelt durch die Erfindung bereichert? Es ist möglich, daß die Frage 1 zu bejahen, die Frage 2 zu verneinen ist. Wenn man zu 1 die Erfinderstellung in Abrede stellt, weil der Erfinder die Erfindung grundlos der Kulturwelt vorenthalten hat, so ist dies ebenso unrichtig, als wenn man einer Maßnahme, die allen Erfordernissen einer Erfindung gerecht wird, aber einem unsittlichen Zwecke dient, den Erfindungscharakter abspricht[422]).

---

[421]) Oben bei Note 59.

[422]) So Kohler, Handbuch S. 130, 172.

Es kann sich nur darum handeln, ob hier der vorhandenen Erfindung, dort der vorhandenen Erfinderschaft der Rechtsschutz vorzuenthalten ist. Für die unsittliche Erfindung ist diese Frage, auch mangels ausdrücklicher Vorschrift, zweifellos zu verneinen. Soll aber der Erfinder, weil er seine Erfindung grundlos der Kulturwelt vorenthalten hat, der Rechtsvorteile verlustig gehen, die sich an die Erfinderstellung knüpfen? Ohne positive Rechtsvorschrift läßt sich meines Erachtens diese Frage nicht bejahen und ich trage Bedenken, eine solche Rechtsvorschrift zu empfehlen. „Nur derjenige Erfinder kann des Patentschutzes teilhaftig werden, der die Erfindung der Nation als Lehrer darbietet; wer sie verheimlicht oder auch nur verschleiert, ist dessen unwürdig[423]).“ Das ist richtig, aber doch nur, weil es das Gesetz so bestimmt. Es geht nicht an, ohne entsprechende Gesetzesvorschrift die Verheimlichung einer Erfindung als unsittliche Handlung zu betrachten und deshalb den Schutz der Erfinderehre zu versagen.

§ 24. II. Der prozeßrechtliche Anspruch auf Feststellung der Erfinderschaft.

Pilenko[424]) sagt: „Auf dem Gebiete des Patentrechts stehen die Bestimmungen auf einem noch ziemlich rohen Standpunkt: die materiellen, die Geldinteressen des Erfinders — das ist alles, was sie schützen.“ „Wenn das persönliche (moralische) Element des Erfinderrechts bisher in den Gesetzgebungen noch keinen Schutz gefunden hat, wenn wir bisher uns noch nicht zu dem Gedanken durchgerungen haben, daß — in ferner Zukunft — Klagen auf Anerkennung der erfinderischen Urheberschaft oder Klagen auf Untersagung der Verstümmelung der Erfindung, insofern sie mit der Persönlichkeit ihres Schöpfers verbunden ist, zulässig sein müssen, so liegt dies nur an der Rückständigkeit und mangelhaften Entwicklung unserer juristischen Technik. Alles dies wird seinerzeit kommen.“

Ich habe versucht die Schwierigkeit der juristischen Technik im tunlichsten Anschluß an das geltende Recht dadurch zu überwinden, daß ich einen zivilrechtlichen Anspruch auf Anerkennung der Erfinderschaft in Vorschlag gebracht habe.

Beling[425]) geht kühner vor, er zeigt einen neuen Weg, der geeignet ist, dem vorliegenden Bedürfnis gerecht zu werden. Er befürwortet eine

---

[423]) P. Alexander-Katz in der Deutschen Literatur-Zeitung 1907 S. 2488.

[424]) Das Recht des Erfinders S. 12, 635.

[425]) Informativprozesse. Anregung zu einer Ergänzung der Prozeßgesetzgebung (1907).

Gesetzesvorschrift des Inhaltes: „Auf Feststellung einer Tatsache[426]), an deren Feststellung der Kläger persönlich interessiert ist, kann im Informativprozeß Klage erhoben werden."

Den Informativprozeß wünscht Beling als ein kontentiöses Verfahren in Tatsachenstreitigkeiten dem Zivil- und dem Strafprozesse als Prozeduren in Rechtsstreitigkeiten an die Seite gesetzt zu sehen. Er weist darauf hin, daß es verschiedene Lebensgüter gebe, die der heutige Prozeßschematismus leer ausgehen lasse, das gelte namentlich von der Ehre des Menschen im Sinne des guten Namens, aber auch die Pietätsbeziehung zu einem verstorbenen Angehörigen, die Gesundheit, der Kredit und noch manche andere ernsthafte Interessen kämen in Betracht.

Wohl sei das „persönliche Interesse" ein Kautschukbegriff, seine Verwertung sei aber doch ohne Bedenken, wenn, wie vorgeschlagen werde, schon die Klage nach dieser Richtung hin geprüft und eventuell wegen Mangels des persönlichen Interesses a limine, ohne Verhandlung, zurückgewiesen würde.

„Wäre hiermit der neu einzuführende Rechtsschutzanspruch in der Richtung des Rechtsschutzbedürfnisses umgrenzt, so würde noch eine weitere Umgrenzung notwendig werden behufs Wahrung von Interessen, die dem Aufklärungsinteresse des Klägers als dieses überwiegende entgegenstehen, m. a. W., es wären anerkannten Geheimsphären gegen die Aufdeckung im Informativprozesse sicher zu stellen. Dies in vollem Umfang, soweit es sich um Tatsachen handelt, deren Geheimhaltung im öffentlichen Interesse wurzelt (Staatssicherheit, Landesverteidigung), denn hier hätte das private Aufklärungsinteresse als das schwächere zurückzutreten. Soweit es sich um Tatsachen, deren Sekretierung im privaten Interesse rechtlich anerkannt ist (Fabrikgeheimnis usw.) handelt, müßte im Wege der Interessenwägung festgestellt werden, ob das Geheimhaltungs- oder das Klarlegungsinteresse überwiegt, wobei an die auf dem gleichen Gesichtspunkt beruhenden § 383 ff. ZPO. anzuknüpfen wäre. Die „Informativprozeßordnung" würde übrigens geradezu zur sedes materiae geeignet sein für rechtliche Bestimmung über rechtlich gewährleistete Geheimnisse und den Umfang, in dem das Geheimhaltungsinteresse gegenüber sonstigen Interessen zurückzutreten hätte. Es wäre diese ganze Materie ex professo

---

[426]) Man kann die Urheberschaft wie die Verwandtschaft als ein tatsächliches oder als ein rechtliches Verhältnis auffassen; beides ist möglich. Bernhöft, Zur Lehre von den Fiktionen S. 21. Vgl. auch meine in Note 391 genannte Abhandlung § 7.

zu regeln und damit der heutige disparate und zum Teil schwankende Rechtszustand zu beseitigen."[427])

Der Informativprozeß hat die autoritative Untersuchung und Klarstellung von Tatsachen zur Aufgabe; er soll seinen Platz weder in der freiwilligen Gerichtsbarkeit noch im Zivil- oder Strafprozeß finden, sondern eine Prozeßgattung für sich bilden. Zuständig soll eine besondere Zivilkammer des Landgerichts sein. Als Gegner käme jeder das thema probandum Bestreitende in Betracht. Hinfällig würde die Klage, sobald der contradictor seine frühere Auffassungskundgebung ernstlich, klipp und klar, in einer für die Information der Allgemeinheit geeigneten Weise widerruft. Das Verfahren hätte unter den Grundsätzen des Offizialbetriebs und der strafprozessualen Instruktionsmaxime zu stehen. Das Urteil hätte auf Feststellung der Tatsache, auf Feststellung des Gegenteils oder auf non liquet (Nichtfeststellbarkeit der Tatsache) zu lauten. Mit dem Feststellungsausspruch wäre die Publikationsbefugnis zu verbinden. Die echte Rechtskraft würde dem Urteil fehlen.[428]) Ein Abgetansein der Sache wäre blos in dem Sinne möglich, daß eine neue Klage über dasselbe Beweisthema nur bei Auftauchen neuer Beweismittel oder substantierter Beanstandung der Beweisaufnahmeprozedur zulässig ist. Der richterliche Ausspruch würde mit resolutiv bedingter Rechtskraft zu bekleiden sein, ähnlich wie der Beschluß auf Nichteröffnung des Hauptverfahrens nach §§ 202, 210 StPO.

Dies der Vorschlag **Belings**. Ich zolle ihm vollen Beifall und stehe nicht an, zu erklären, daß er dem von mir gezeigten Weg gegenüber ganz erhebliche Vorzüge aufweist. Nur ein Bedenken habe ich; ich bezweifle, daß die Informativprozeßordnung in absehbarer Zeit in Kraft tritt. Der von mir befürwortete zivilrechtliche Anspruch auf Anerkennung der Erfinderehre hat vielleicht, trotz aller Mängel, den Vorzug leichterer Realisierbarkeit.

Jedenfalls darf es nicht bei dem gegenwärtigen mangelhaften Rechtszustand verbleiben. Es ist unvermeidlich, „daß die Beziehungen zwischen Unternehmung und Arbeitnehmern in neuen Formen geordnet werden, in Formen, welche die Persönlichkeitsrechte der Angestellten sichern und den Forderungen der Gerechtigkeit entsprechen.[429])

---

[427]) Auch der Prozeß selbst müßte, soweit nötig, der Öffentlichkeit entrückt werden. Zu vgl. **Kohler**, Prozeßrechtliche Forschungen S. 83f., Handbuch des Deutschen Patentrechts S. 868. Zu eng der Vorschlag **Belings** S. 43, Nr. 10. Siehe die Bemerkung in der Deutschen Juristenzeitung 1907 S. 918.

[428]) Zu vgl. meine Abhandlung über die Erfinderehre und ihren rechtlichen Schutz S. 73.

[429]) **Schomerus** im Vorwort zu **Czapki**, Ernst Abbe als Arbeitgeber, 1907.

Zweiter Abschnitt.

Die Rechte an sonstigen Geistesschöpfungen.

Erstes Kapitel.

Das vermögensrechtliche Interesse.

I. Erfindungen Angestellter.

§ 25. Allgemeine Tatbestandselemente.

Es handelt sich um Werke, deren Urheber der Angestellte ist. Der Urheber steht im Gegensatz zum Gehilfen, zum mechanischen Hersteller.

Neben dem Werke des Alleinschöpfers steht das Werk, das auf Miturheberschaft beruht, sowie das Sammelwerk.[430]) Auch eine der Etablissementerfindung analoge kollektive Geistesschöpfung wird sich nicht ablehnen lassen.

Eine Geistesschöpfung juristischer Personen anzunehmen, liegt kein Anlaß vor, trotz der Vorschrift[431]), daß juristische Personen des öffentlichen Rechts, die als Herausgeber ein Werk erscheinen lassen, das den Namen des Urhebers nicht angibt, als Urheber des Werkes angesehen werden, wenn nicht ein anderes vereinbart ist.

Die juristische Person ist als Urheberin des Werkes anzusehen — das will nicht, wie Gierke[432]) meint, sagen: die juristische Person schafft durch ein dazu berufenes Organ; denn die Gesetzesvorschrift findet auch Anwendung, wenn das Werk nicht von einem Organ herrührt.[433])

Es bedeutet auch nicht: die juristische Person schafft durch einen Stellvertreter, so Kohler[434]); denn die juristische Person gilt als Urheberin erst vom Zeitpunkt der Veröffentlichung ab.

---

[430]) Gesetz vom 19. Juni 1901 § 4, Gesetz vom 9. Januar 1907 § 6.

[431]) Gesetz vom 19. Juni 1901 § 3, Gesetz vom 9. Januar 1907 § 5.

[432]) Deutsches Privatrecht Bd. I, S. 781.

[433]) Auch Angestellter der juristischen Person braucht der Urheber nicht zu sein.

[434]) Urheberrecht an Schriftwerken und Verlagsrecht S. 228, Note 19: „Die Fassung des § 3 ist allerdings eine äußerst unklare. Die Bedeutung kann nur sein: a) Wer es gestattet, daß die Herausgabe durch eine öffentliche juristische Person geschehen darf, der unterwirft dieser kraft nachgiebigen Rechts das Autorrecht; b) eine solche Gestattung wird vermutet, wenn der Name des Verfassers nicht genannt wird. Das letztere ist eine Vermutungsbestimmung, das erstere ist nur dann haltbar, wenn das Gestatten als Gestatten unter Zurücktretung der eigenen Persönlichkeit gemeint ist, so daß die Person nicht nur, wie beim namenlosen Werk,

Wenn weiter von Allfeld[435]) gesagt wird: das Gesetz fingiere unter den von ihm bestimmten Voraussetzungen die Urheberschaft und damit ein ursprüngliches Urheberrecht der juristischen Person, um, wie es in der Begründung des Gesetzes heißt, dieser den schwierigen Nachweis des Erwerbs dieses Rechts zu ersparen, so ist einzuhalten: zur Ersparung dieses Nachweises genügt die Annahme eines derivativen Erwerbs ex lege vollauf.

Österrieth[436]) endlich lehnt den Gesichtspunkt einer Verbandsurheberschaft oder einer Stellvertretung ab; seine eigene Ansicht geht dahin: „Es wird durch eine gesetzliche Fiktion der Tatsache der Herausgabe des Werkes durch die juristische Person deren Urheberschaft hinzugedacht. Die Fiktion tritt ein im Zeitpunkt der Herausgabe. Bis dahin unterliegt das Recht des tatsächlichen Urhebers nur etwaigen obligatorischen Beschränkungen. Die Einwilligung des tatsächlichen Urhebers zur Herausgabe seines Werkes ist ein Verzicht auf sein selbständiges Urheberrecht, der vom Zeitpunkt der Herausgabe an seine Wirkung übt. Das Urheberrecht des tatsächlichen Urhebers erlischt; im gleichen Zeitpunkt

---

für die Kenntnisnahme des Volkes, sondern auch für das Recht verschwinden soll; und dies besagt nichts anderes, als wenn es hieße: Wer im Namen eines anderen arbeitet, verschafft diesem das Autorrecht. So ist der § 3 überflüssig. Seine Vermutungsbestimmung aber ergibt sich bereits aus § 7; ist keine leibliche Person als Verfasser angegeben, so bezeichnet sich die juristische Person selbst als Verfasserin, und daß die Bezeichnung richtig ist, dafür spricht nach § 7 die Vermutung." — Zweierlei ist zu entgegnen: a) Erst durch das Gestatten der Herausgabe tritt der Urheber zurück. Wie kann aus dem Gestatten der Herausgabe gefolgert werden, daß er bereits beim Schaffen des Werks als bloßer Vertreter tätig gewesen sei. Es ist doch möglich, daß die juristische Person ein schon vollendetes, noch nicht veröffentlichtes Werk erwirbt und mit Genehmigung des Urhebers unter ihrem Namen herausgibt. b) § 3 enthält eine Tatbestands- und Rechtsnormierung, § 7 nur eine Beweisnormierung. — Auch Kuhlenbeck, Urheberrecht und Verlagsrecht S. 80, operiert mit dem Gesichtspunkt der Stellvertretung. — Der Regierungsvertreter erklärte in der Reichstagskommission: „So lange das Werk noch nicht veröffentlicht sei, stehe das Urheberrecht gemäß § 2 an sich dem Verfasser zu. Ob die durch die juristische Person bewirkte Veröffentlichung zulässig sei oder einen Eingriff in das Urheberrecht des Verfassers enthalte, bestimme sich nach dem zwischen ihnen bestehenden Rechtsverhältnis." Und weiter: „Weder § 3 noch § 32 habe notwendig zur Folge, daß der Verfasser eines von einer juristischen Person herausgegebenen Werks das Urheberrecht daran verliere. Wem in solchen Fällen das Urheberrecht zustehe, ergebe sich aus der Auslegung der zwischen Verfasser und Herausgeber etwa getroffenen Vereinbarung, bei der sich der Verfasser seine Rechte auch ausdrücklich vorbehalten könne." — Zu vgl. weiter Kohler, Kunstwerkrecht S. 73, 78, 84.

[435]) Kommentar zum Gesetz vom 19. Juni 1901 S. 66 f. Kommentar zum Gesetz vom 9. Januar 1907 S. 45 f.

[436]) Kommentar zum Gesetz vom 9. Januar 1907 S. 45, 47.

entsteht originär das Recht der juristischen Person.[437])" Es ist mir unverständlich, weshalb mit Untergang und Neuentstehung operiert wird, und nicht mit Übergang.

Ich meine, die richtige Konstruktion ist: die juristische Person gilt von der Herausgabe an als Urheberin. d. h. als Inhaberin aller Rechte, die nach dem Gesetze dem Urheber zustehen, die juristische Person erwirbt diese Urheberrechte kraft cessio legis, als Nachfolgerin des wirklichen Urhebers.[438])

Vielleicht wendet man ein, der Gesetzgeber sagt: juristische Personen werden als Urheber angesehen, er sagt nicht: das Urheberrecht geht (von selbst) auf die juristischen Personen über.

Darauf ist[439]) folgendes zu erwidern: „Eine unbeschränkte Übertragung des Urheberrechts ist möglich und verleiht dem Erwerber das ganze Urheberrecht, so weit es Immaterialgüterrecht ist. Soweit es dagegen Individualrecht ist, bleibt es auch dann beim Urheber zurück, wenn die Übertragung ohne Beschränkung erfolgt ist, es sei denn, daß der Urheber schon bei der Übertragung auch auf seine Individualrechte zu gunsten des Erwerbers verzichtet hat." Im vorliegenden Fall sollen nun aber auch die im Gesetz erwähnten Individualrechte[440]) (das Änderungsrecht, der Schutz gegen Zwangsvollstreckung) auf die juristische Person mit übergehen. „Daraufhin betrachtet", meint Birkmeyer[441]), „ist die Fiktion nicht zu beanstanden. Denn wenn man einer juristischen Person, die als Herausgeber ein Werk veröffentlicht, in bezug auf dies Werk die ganze Rechtsstellung eines Urhebers verleihen will, so kann dies allerdings nicht einfacher und anschaulicher geschehen, als indem man fingiert, sie sei Urheber des Werks."

Birkmeyer hat Recht: die Fiktion will zum Ausdruck bringen, daß die Rechtsstellung der juristischen Person inhaltlich und auch territorial[442]) ganz so umgrenzt sein soll, als ob es die Rechtsstellung eines Urhebers wäre. Es ist aber ein Doppeltes zu beachten.

---

437) Zustimmend Allfeld, Kommentar zum Gesetz vom 9. Januar 1907 S. 46.

438) Gleicher Ansicht Müller, Das Deutsche Urheber- und Verlagsrecht Bd. I, S. 28, Bd. II, S. 59; Voigtländer, Urheber- und Verlagsrecht S. 49.

439) Mit Birkmeyer, Die Reform des Urheberrechts S. 13.

440) Gesetz vom 19. Juni 1901 §§ 9, 10, Gesetz vom 9. Januar 1907 §§ 12, 14.

441) A. a. O. S. 8.

442) Gesetz vom 19. Juni 1901 § 55, Gesetz vom 9. Januar 1907 § 51; Müller, Das Deutsche Urheber- und Verlagsrecht Bd. I, S. 160, Bd. II, S. 196; Osterrieth, Kommentar zum Gesetz vom 9. Januar 1907 S. 228f.

Einmal, daß die juristische Person erst von der Herausgabe des Werks an die Rechtsstellung des Urhebers inne hat. **Reuling**[443]) sagt: „Wenn wir absehen von dem Zwischenstadium zwischen der Vollendung des Werks und seiner ersten Veröffentlichung und lediglich das Rechtsverhältnis vom Moment der Veröffentlichung an ins Auge fassen, so ist es (eine an sich berechtigte Veröffentlichung vorausgesetzt) immer derjenige, als dessen Produkt das Werk veröffentlicht worden ist, welchem das Urheberrecht zusteht." Für die Frage, ob dieses Urherrecht ein ursprüngliches oder ein abgeleitetes ist, darf aber von dem Zwischenstadium gerade nicht abgesehen werden.

Weiter. Die Fiktion ist eine beschränkte, das will sagen[444]): „In Wirklichkeit ordnet das Gesetz nicht an, daß der fingierte Tatbestand für wahr gehalten werden soll, sondern daß bestimmte Rechtsfolgen eintreten sollen. Es ist also nach den gewöhnlichen Auslegungsregeln zu prüfen, welche Rechtsfolgen das Gesetz herbeiführen wollte." Auf den vorliegenden Fall angewendet: Das Gesetz schreibt nicht vor, daß die juristische Person der Urheber sei, denn es stellt selbst der juristischen Person den wahren „Urheber", dessen Namen das Werk nicht angibt, gegenüber. Was die Rechtsfolgen anlangt, so will das Gesetz, daß das abgeleitete Urheberrecht der juristischen Person ausnahmsweise Befugnisse umfassen soll, die sonst nicht mit übertragen werden.[445])

Meines Erachtens liegt kein Anlaß vor, den in Rede stehenden Bestandteilen des Urheberrechts — Abänderungsbefugnis, Schutz gegen Zwangsvollstreckung —, weil sie nicht sowohl vermögensrechtlicher, sondern personenrechtlicher Natur seien, die Übertragbarkeit schlechthin abzusprechen, da sie doch zweifellos vererblich sind.

Unzutreffend der Einwand von **Hermann v. Otavsky**[446]), daß die Zulässigkeit eines abgeleiteten Erwerbes bereits nach allgemeinen Grundsätzen gegeben sei und daher einer Spezialnorm gar nicht bedürfe und daß die besondere Regelung der Schutzdauer beim abgeleiteten Erwerbe unverständlich wäre. Denn die Spezialnorm hat nicht die Zulassung des abgeleiteten Erwerbes zum Inhalt, sondern die Bestimmung, daß in der bloßen Genehmigung der Herausgabe im Zweifel die Abtretung des Urheberrechts liegen soll. Und was die besondere Regelung der Schutz-

---

[443]) Zeitschrift für das gesamte Handelsrecht Bd. 23, S. 107.

[444]) **Bernhöft**, Zur Lehre von den Fiktionen S. 9f.

[445]) **Schuster**, Urheberrecht der Tonkunst S. 110.

[446]) Der internationale Urheberrechtsschutz zwischen Österreich und dem Deutschen Reiche S. 76. Zustimmend **Schmidl**, Das österreichische Urheberrecht S. 249 f.

dauer anlangt[447]), so ist nicht einzusehen, weshalb solche nicht an den Tatbestand der Abtretung sollte geknüpft werden können.

Im übrigen wegen der allgemeinen Tatbestandselemente zu vergl. oben §§ 2, 3, 5.

Zu beachten insbesondere, daß es sich um die Angestellten **gewerblicher Unternehmungen** handelt.

Als Geistesschöpfungen kommen für gewerbliche Unternehmungen in Betracht

nach dem Gesetz vom 19. Juni 1901:
- Schriftwerke,
- Abbildungen wissenschaftlicher oder technischer Art, sowie plastische Darstellungen, deren Hauptzweck nicht in der künstlerischen Wirkung besteht;

nach dem Gesetz vom 9. Januar 1907:
- Werke der bildenden Künste,
- Erzeugnisse des Kunstgewerbes und Entwürfe für solche Erzeugnisse,
- Bauwerke, soweit sie künstlerische Zwecke verfolgen, und Entwürfe solcher Bauwerke,
- Werke der Photographie.

§ 26. B. Der erste Fall. Dem Angestellten ist die Geistesschöpfung nicht aufgetragen; es ist auch keine Vereinbarung getroffen, wie es mit einer Geistesschöpfung, die er freitätig macht, gehalten werden soll.

Soll es zu einer gesetzlichen Normierung dieses Falles kommen, so wird dieselbe in Übereinstimmung mit dem, was bezüglich der Erfindungen und Gebrauchsmuster ausgeführt worden ist[448]), dahin gehen: die Geistesschöpfung gehört dem Geschäftsherrn, soweit sie in den Bereich seines Betriebes fällt, dem Angestellten aber gebührt eine angemessene Vergütung.

Allein eine solche gesetzliche Normierung ist zurzeit nicht zu befürworten.

Einmal sind keinerlei Klagen über Mißstände laut geworden. Es erscheint deshalb die Annahme gerechtfertigt, daß sich die Dinge in wesentlicher Übereinstimmung mit der als angemessen bezeichneten Norm von selbst regeln.

---

[447]) Gesetz vom 19. Juni 1901 § 32, Gesetz vom 9. Januar 1907 § 25 Abs. 2.
[448]) § 12 ff.

Sodann ist bei der Mannigfaltigkeit der in Betracht kommenden Verhältnisse schwer eine Formel zu finden, welche das Betriebsinteresse des Geschäftsherrn und das ihm in Rücksicht auf dasselbe an der Geistesschöpfung des Angestellten einzuräumende Recht zutreffend begrenzt.

Es bleibt abzuwarten, ob und welche Wünsche seitens der Interessenten geäußert werden.

C. Der andere Fall: Es ist Vereinbarung getroffen, wie es mit Geistesschöpfungen des Angestellten rechtlich gehalten werden soll. Soll solche Vereinbarung, namentlich was die Vergütung anlangt, unbeschränkt rechtswirksam sein?

a) Das geltende Recht.

§ 27. 1. Geschmacksmuster.

Das Gesetz vom 11. Januar 1876, betreffend das Urheberrecht an Mustern und Modellen, bestimmt:

> § 1. Das Recht, ein gewerbliches Muster oder Modell ganz oder teilweise nachzubilden, steht dem Urheber desselben ausschließlich zu.
>
> § 2. Bei solchen Mustern und Modellen, welche von den in einer inländischen gewerblichen Anstalt beschäftigten Zeichnern, Malern, Bildhauern usw. im Auftrage oder für Rechnung des Eigentümers der gewerblichen Anstalt angefertigt werden, gilt der letztere, wenn nichts anderes bestimmt ist, als der Urheber der Muster und Modelle.

Die Motive besagen: „Diese Bestimmung ist dem russischen Gesetze vom 11. Mai 1864 entlehnt und bezweckt, einem praktischen Bedürfnisse Rechnung zu tragen. Nach dem Grundsatze des § 1 würde nämlich auch bei den in einer gewerblichen Anstalt gefertigten Mustern das Urheberrecht dem Zeichner, nicht aber dem Eigentümer der Anstalt zustehen, und der letztere müßte sich das Urheberrecht stets erst förmlich übertragen lassen. Da nun aber die Absicht der Beteiligten in solchen Fällen unzweifelhaft dahin gerichtet ist, daß der Eigentümer der Anstalt das Vervielfältigungsrecht des Musters erhalten soll, während der Zeichner für seine Arbeit von dem Eigentümer der Anstalt bezahlt wird, so erschien es zweckmäßig, dies gesetzlich auszusprechen und die Notwendigkeit einer jedesmaligen Zession zu beseitigen. Übrigens möge noch ausdrücklich bemerkt sein, daß sich der § 2 nur auf solche Muster bezieht, welche von den „in einer gewerblichen Anstalt beschäftigten" Zeichnern angefertigt werden, da nur bei einem so engen Zusammengehörigkeitsverhältnis zur Anstalt ohne weiteres angenommen werden kann, daß der Zeichner sein Urheberrecht hat aufgeben wollen. Wenn dagegen der Fabrikant ein Muster bei einem nicht in der Anstalt beschäftigten Zeichner bestellt, so muß er sich daß Urheberrecht in gewöhnlicher Weise übertragen lassen."

Aus dem Kommissionsberichte ist folgendes mitzuteilen.

„Es wurde der Antrag gestellt den § 2 zu streichen. Wie das Verhältnis zwischen dem Künstler und seinem Gehülfen, zwischen dem Photographen und den in seiner Anstalt beschäftigten Personen der Privatvereinbarung überlassen sei, so könne es auch hier ohne Schaden geschehen. Auch an dem Kunstwerk oder dem photographischen Bilde arbeiteten häufig mehrere Personen, ohne daß daraus Schwierigkeiten für das Urheberrecht entständen. Die meisten Zeichner, Modelleure usw. würden in ihrem eignen Interesse vorziehen, gegen ein festes Gehalt das Recht an ihren Zeichnungen usw. für die Dauer des Vertrags ein für allemal auf den Fabrikanten zu übertragen. So sei ja das Verhältnis auch heute. Als man in der Sachverständigenkommission bei den Verhandlungen der ersten Gruppe auf die entsprechende Bestimmung der russischen Gesetzgebung aufmerksam gemacht habe, sei von einem der Sachverständigen bemerkt, die Sache werde sich durch Spezialverträge von selbst regeln, und er halte eine Bestimmung der gedachten Art nicht für erforderlich. Auch von den übrigen Mitgliedern der Gruppe habe niemand die Aufnahme der Bestimmung gewünscht. In Frankreich, der eigentlichen Heimat des Musterschutzes, regle man das Verhältnis ebenfalls durch Privatverträge, zu denen bestimmte Formulare vorhanden seien.

Sowohl von dem Regierungskommissar als auch von der Mehrheit der Kommission wurde diese Auffassung bekämpft. Der § 2 entspreche den natürlichen Verhältnissen und unzweifelhaften Rechtsprinzipien; es handle sich dabei nur um solche Zeichner und Modelleure, welche innerhalb der Fabrik im Auftrag und für Rechnung des Eigentümers arbeiteten. Diese Arbeiten geschähen nach den Anweisungen des Fabrikanten, derselbe sei bei Modeartikeln z. B. oft mehr der eigentümliche Urheber als der ausführende Zeichner. Die Berufung auf die Künstler und Photographen passe hier nicht; in der Fabrik würden die einzelnen Teile eines Artikels oft von verschiedenen Modelleuren usw. gearbeitet, da hätte man dann eine Reihe Urheber, und es werde ohne den Paragraphen eine heillose Konfusion entstehen. Auf hervorragende künstlerische Kräfte beziehe sich der Paragraph nicht, denn diese würden nicht innerhalb der Fabrik arbeiten, sondern mit dem Fabrikanten für einzelne Verträge abschließen. Die erste Gruppe der befragten Sachverständigen habe meist aus Künstlern bestanden, denen die Verhältnisse in gewerblichen Anstalten fremd seien, dagegen habe die dritte Gruppe, die aus Fabrikanten bestand, die Aufnahme der betreffenden Bestimmung in ihrer überwiegenden Mehrheit für wünschenswert gehalten. Die französische Gesetzgebung stelle nicht in dem Maße wie die unserige den Begriff des Urhebers in den Vordergrund und könne daher nicht entscheiden. Durch Streichung des Paragraphen mache man Tausende von Privatverträgen notwendig, für welche Stempelgebühren zu zahlen seien; diese Belästigung und diese Kosten könne man sparen."

Der § 2 des Gesetzes vom 11. Januar 1876 hat eine verschiedene Auslegung erfahren.

Die einen nehmen an, daß der Eigentümer der gewerblichen Anstalt der Urheber ist.

So Gierke[449]): „Der Geschäftsherr erwirbt aus fremder Urheberschaft ein originäres Urheberrecht. Diese Bestimmung ist durchaus singulärer Natur. Ihre Erklärung muß in einer freilich sehr weit erstreckten Wirksamkeit der durch den Eintritt in ein Geschäft begründeten personenrechtlichen Gemeinschaft gesucht werden. Nach der Annahme des Gesetzes kann ein Angestellter seine Persönlichkeit dergestalt in den Dienst eines gewerblichen Unternehmens stellen und hat sie im Zweifel dergestalt in diesen Dienst gestellt, daß seine geistigen Schöpfungen auf kunstgewerblichem Gebiete als Hervorbringungen des gewerblichen Verbandes und demgemäß als Persönlichkeitsgüter des zum alleinigen Träger dieses Verbandes berufenen Geschäftsherrn erscheinen."

Ferner Bolze[450]). Er nimmt zur Begründung Bezug auf eine Äußerung Pouillets, in welcher vom Angestellten gesagt wird, daß er nur das Instrument des Geschäftsherrn sei, und weist auf die Bestimmungen der Urheberrechtsgesetze hin, nach denen juristische Personen, die als Herausgeber ein Werk veröffentlichen, unter Umständen gleichfalls als Urheber des Werkes angesehen werden[451]).

Allfeld[452]) beruft sich auf § 16 Abs. 2 des Gesetzes, wonach ausländische Urheber den Rechtsschutz nur genießen, wenn sie „im Gebiete des Deutschen Reiches ihre gewerbliche Niederlassung haben." „Entsteht trotz § 2 das Urheberrecht in der Person des Zeichners usw., so ist diese Entstehung bedingt durch die Inländereigenschaft des letzteren; denn von einer gewerblichen Niederlassung kann bei einem Angestellten einer Fabrik,

---

449) Deutsches Privatrecht Bd. I, S. 833 f.
450) Rechte der Angestellten und Arbeiter usw. S. 21 f.
451) Vgl. oben bei Note 431 ff.
452) Kommentar S. 315 f.

wenn er auch im Inlande wohnt, nicht die Rede sein. Es würde also (von internationalen Verträgen abgesehen) ein Muster, welches von einem Ausländer für eine inländische Anstalt gefertigt wäre, niemals einen Schutz genießen und in allen Fällen, in welchen der inländische Gewerbetreibende ein in seinem Fabrikbetriebe von Angestellten hergestelltes Muster zur Anmeldung brächte, stünde demjenigen, der das Muster eigenmächtig nachbilden würde, der Einwand offen, ein Urheberrecht sei an dem Muster nicht entstanden, da es von einem Ausländer geschaffen sei."

Gareis[453]) sagt: „An Stelle des wirklichen Autors wird ein fingierter geschützt."

Nach Kohler[454]) ist der Angestellte der Urheber, er handelt aber als Stellvertreter des Geschäftsherrn, dieser erwirbt ein ursprüngliches Urheberrecht.

Anderer Ansicht sind v. Calker[455]) und Stenglein[456]). Sie nehmen eine Rechtsnachfolge kraft Gesetzes an; der Angestellte ist der Urheber, aber durch Eingehung des Anstellungsvertrages wird bewirkt, daß das Urheberrecht alsbald nach seiner Entstehung auf den Anstaltseigentümer ipso jure übergeht.

Ich halte diese Auffassung für die einfachste und natürlichste, mit dem Gesetze vereinbar und stimme ihr deshalb zu.

Die Ansicht, daß der Geschäftsherr durch den Angestellten als sein Werkzeug Geisteswerke schafft, wird auf die Analogie der Spezifikation gestützt. Allein dabei wird der große Unterschied übersehen, der zwischen intellektuellem und materiellem Produzieren besteht[457]).

Der Hinweis auf die Urheberschaft juristischer Personen verfängt nicht, weil auch sie in Wahrheit nur gesetzliche Rechtsnachfolger des Urhebers sind[458]).

Der Gesichtspunkt der Stellvertretung ist gleichfalls abzulehnen[459]).

Man hat in der Reichstagskommission an den Fall einer der Etablissementerfindung entsprechenden Musterschöpfung mehrerer Angestellter gedacht, die weder Urheber noch Miturheber sind, nicht minder an den anderen Fall, wo der Fabrikant nicht bloß Besteller sondern geistiger

---

[453]) Rechtsenzyklopädie 2. Aufl., S. 79.

[454]) Patentrecht S. 59, Forschungen S. 5, Handbuch S. 236.

[455]) Die Delikte gegen das Urheberrecht S. 144.

[456]) Die strafrechtlichen Nebengesetze des Deutschen Reichs, Note 1 zu § 2 des Gesetzes vom 11. Januar 1876.

[457]) Vgl. bei Note 144.

[458]) Vgl. bei Note 438.

[459]) Vgl. Note 136, bei Note 188 und Note 419.

Urheber ist. Der Mittel- und Kernpunkt der Erwägung ist aber doch, wie Wächter[460]) sagt, „der die Regel bildende Fall" gewesen, „daß der Fabrikant als Besteller in das von dem Zeichner usw. begründete Urheberrecht durch Rechtsnachfolge eintritt. Das Gesetz kann denn auch selbst sich dieser Konsequenz nicht verschließen, indem es anheimgibt, durch Vertrag etwas anderes zu bestimmen. Hier ist das juristische Verhältnis dahin verkehrt, daß, statt dem Besteller, wenn er nicht selbst das Werk hervorgebracht, bloß ein vertragsmäßig zu erwerbendes Recht zu gewähren, dem Urheber auferlegt wird, sich sein Recht durch ausdrückliche Stipulation vorzubehalten, wenn er seinerseits ein solches beanspruchen will." In den Motiven ist auch von der Annahme die Rede, „daß der Zeichner sein Urheberrecht hat aufgeben wollen" und der Fall gegenübergestellt, daß der Fabrikant sich „das Urheberrecht in gewöhnlicher Weise übertragen lassen" muß.

Das von Allfeld aus § 16 des Gesetzes abgeleitete Bedenken schlägt nicht durch, weil ausländische Urheber ihre gewerbliche Niederlassung im Gebiete des Deutschen Reiches nicht nur dann haben, wenn sie Eigentümer, sondern auch dann, wenn sie Angestellte einer inländischen gewerblichen Niederlassung sind.

§ 28. 2. Werke der Literatur.

Im § 2 des Reichsgesetzes vom 19. Juni 1901 betreffend das Urheberrecht an Werken der Literatur und der Tonkunst heißt es: „Urheber eines Werkes ist dessen Verfasser."

Einige Mitglieder der Reichstagskommission beantragten[461]) eine Zusatzbestimmung des Inhalts:

> „Werden Schriftwerke oder Abbildungen im Sinne des § 1 von Angestellten eines gewerblichen Betriebes im Auftrage des Betriebsunternehmers angefertigt und von diesem veröffentlicht, so ist der Betriebsunternehmer als Urheber anzusehen."

Von anderen Mitgliedern wurde diese Bestimmung bekämpft. Sie durchbreche die Struktur des Gesetzes, nach der grundsätzlich der Verfasser als Urheber des Werkes anzusehen sei, die Rechte des Urhebers müßten

[460]) Urheberrecht S. 308.

[461]) Im Einklange mit den Wünschen der Verlagsbuchhändler. Zu vgl. Beiträge zum Urheberrecht, Beschlüsse des außerordentlichen Ausschusses (des Börsenvereins der deutschen Buchhändler zu Leipzig) für Revision der Gesetze über Urheberrecht nebst Begründung 1896 S. 17 f., Börsenblatt für den deutschen Buchhandel, Beilage zu Nr. 275 v. 27. XI. 1899 S. 3 ff., Voigtländer, Festgabe z. 17. internationalen literarischen und künstlerischen Kongreß, Dresden 1895 S. 161.

deshalb grundsätzlich auch dem Verfasser zustehen. Solle es in dem einen oder anderen Falle anders gehalten werden, so könne dies durch ausdrückliche Übertragung des Urheberrechts geschehen oder durch entsprechende allgemeine Vereinbarung. Auch vom ethischen Standpunkt sei es bedenklich, dem Unternehmer das vorgeschlagene Vorrecht einzuräumen. Es könne leicht dahin führen, daß größere Anstalten unbemittelte, talentvolle junge Männer in ihren Betrieben fest anstellen und dadurch das ausschließliche Urheberrecht an deren Arbeiten erwerben. Eine solche Ausbeutung der wirtschaftlich Schwächeren durch die kapitalistisch Überlegenen dürfe nicht vom Gesetz als das, was in der Regel Rechtens sein soll, aufgestellt werden.

Auch von einem Vertreter der Regierung wurde die Ablehnung des Antrags empfohlen. Die Frage, unter welchen Voraussetzungen dem Betriebsunternehmer das Urheberrecht an den Werken seiner Angestellten zustehe, sei im Gesetze offen gelassen. Für Schriftwerke würde es meistens, namentlich bei Zeitungen, der Auffassung des Verkehrs widersprechen, wenn man das Urheberrecht an den Beiträgen der Mitarbeiter uneingeschränkt dem Verleger zuschreiben wollte. Hinsichtlich der Abbildungen, die der Angestellte eines gewerblichen Betriebes in Ausführung der ihm obliegenden Verrichtungen anfertigt und die der Unternehmer veröffentlicht, werde sich auch, wenn der Dienstvertrag eine ausdrückliche Bestimmung nicht enthalten sollte, aus dem Arbeitsverhältnisse, aus der gesamten Art des Betriebs und den sonstigen Umständen regelmäßig ergeben, daß das Urheberrecht ohne weiteres auf den Unternehmer übertragen sei. Inwieweit diese Regel Ausnahmen erleide, müsse der Prüfung des einzelnen Falles vorbehalten bleiben. Daß die Rechtsprechung sich durch eine andere Auffassung leiten lassen werde, sei im Hinblick auf die Entscheidungen, die über die gleichartige Frage im Bereiche des Erfinderschutzes ergangen sind, nicht zu besorgen. Andererseits liege kein ausreichender Grund vor, dem Unternehmer gesetzlich das ursprüngliche Urheberrecht beizulegen. Insbesondere sei ein solcher Grund nicht aus der Vorschrift in § 9 zu entnehmen. Denn es könne sich ohne weiteres aus dem Dienstverhältnisse die Folgerung ergeben, daß auch die Befugnis, Änderungen an den Abbildungen vorzunehmen, auf den Unternehmer übergegangen sei.

Der Antrag wurde abgelehnt.

§ 29. 3. Werke der bildenden Künste und der Photographie.

Auf dem gleichen Standpunkte wie das Gesetz vom 19. Juni 1901 steht auch das Gesetz vom 9. Januar 1907 betreffend das Urheberrecht an Werken der bildenden Künste und der Photographie.

Es heißt in den Motiven zu § 10 des Gesetzes: „Nach den jedesmal obwaltenden Verhältnissen ist die, namentlich für das Kunstgewerbe und das photographische Gewerbe, wichtige Frage zu entscheiden, ob das Urheberrecht an einem Werke, das jemand im Dienste eines geschäftlichen Unternehmens und für dessen Zwecke hervorgebracht hat, bei dem Urheber verblieben oder auf den Betriebsunternehmer übergegangen ist. Wird im allgemeinen zwar angenommen werden können, daß das Recht auf den Unternehmer übergegangen ist, wenn der Urheber, namentlich als Angestellter, Beamter usw. seine Dienste dem Unternehmer berufsmäßig und gegen Entgelt zur Verfügung gestellt hatte, so hat doch von der Aufnahme einer gesetzlichen Präsumtion in das Gesetz abgesehen werden müssen, da eine solche Vorschrift der Verschiedenheit der Fälle nicht gerecht werden würde."

Müller[462]) nennt diese Ausführung der Motive mit Unrecht unklar. Dieser Vorwurf trifft ihn, da er sich auf das beruft, was Gierke und Kohler[463]) über die Erfindungen Angestellter sagen, und gleichwohl[464]), zu Unrecht, behauptet, daß das Urheberrecht nur durch ausdrücklichen Vertrag vom Angestellten auf den Urheber übergehen könne.

Osterrieth[465]) sagt: „Das Urheberrecht des angestellten Urhebers entsteht regelmäßig[466]) in der Person des Urhebers. Allerdings wird in der Regel auch in solchen Fällen der Übergang des Urheberrechts auf den Arbeitsherr anzunehmen sein."

Und Allfeld[467]): „Für eine andere Person als diejenige, die das Werk geschaffen hat, entsteht ein Urheberrecht nicht."

Das Urheberrecht entsteht immer in der Person des Urhebers, auch wenn er Angestellter ist; in der Person eines anderen kann immer nur ein abgeleitetes Urheberrecht vorliegen. Auch hier ist Kohlers[467a]) Stellvertretungslehre abzulehnen.

Dies gilt auch für Photographien.

Das Gesetz vom 10. Januar 1876 bestimmte in § 1: „Das Recht ein durch Photographie hergestelltes Werk ganz oder teilweise auf mechanischem Wege nachzubilden, steht dem Verfertiger der photographischen Aufnahme ausschließlich zu."

---

[462]) Kommentar S. 70.
[463]) Bei Note 103 u. 125 ff.
[464]) A. a. O. u. S. 20.
[465]) Kommentar S. 29.
[466]) Ich meine: immer; § 5 enthält keine Ausnahme, s. bei Note 430 ff.
[467]) Kommentar zum Gesetz vom 9. Januar 1907 S. 27.
[467a]) Kunstwerkrecht S. 76.

Scheele[468]) bemerkt hierzu: „Besonderer Prüfung bedarf die Frage, wer Träger des Rechts ist, wenn zur Erzeugung der Photographie mehrere Personen mitwirken, wie dies in photographischen Etablissements die Regel bildet. — In zutreffender Weise ist die zur Prüfung stehende Frage durch die Beratungen in der Kommission entschieden worden, indem dort konstatiert wurde, daß unter dem Verfertiger nicht der einzelne Gehilfe, der die eine oder die andere Aufnahme mache, zu verstehen sei, sondern der Inhaber der Anstalt, in dessen Besitz die Platten und Vorrichtungen sich befänden und nach dessen Anweisung die Arbeiten ausgeführt würden."

Und Gierke[469]) sagt: „Auch dieses Urheberrecht kommt in der Person des Schöpfers des Werkes und nur in ihr zur Entstehung. Zweifellos reicht indes die Möglichkeit, sich zur Verfertigung von photographischen Aufnahmen eines Gehilfen zu bedienen, sehr viel weiter, als die entsprechende Möglichkeit bei der Herstellung von Kunstwerken. In Anbetracht der gewerblichen Natur des photographischen Urheberrechts wird man als geltendes deutsches Recht anzusehen haben, was der Österreichische Entwurf II § 12[470]) ausdrücklich bestimmen will: „Bei gewerbsmäßig hergestellten Photographien stehen die Rechte des Urhebers dem Inhaber des Gewerbes zu."

Herrmann von Otavsky[471]) meint, daß für das deutsche Gesetz vom 10. Januar 1876 wie für das österreichische Gesetz „die richtige Auffassung wohl dahin geht, daß es sich hier nicht um einen derivativen Erwerb des Urheberrechts handelt, sondern einfach um einen Fall, wo kraft positiver Festsetzung das Urheberrecht in einer anderen Person begründet wird, als in jener des natürlichen Urhebers, dessen Personsbestimmung eben bei photographischem Gewerbebetrieb mit Rücksicht auf die in der Regel dabei obwaltende Arbeitsteilung erhebliche Schwierigkeiten bereiten kann."

Meines Erachtens ist es nicht richtig, wenn dem Ausdruck „Verfertiger" im deutschen Gesetze vom 10. Januar 1870 maßgebende Bedeutung beigelegt wird. Denn der I. Entwurf des Gesetzes vom 9. Januar 1907 enthielt im § 1 die Vorschrift: „Urheber eines Werkes ist dessen Verfertiger," ohne daß damit etwas anderes als eine auch für die

---

[468]) Kommentar S. 220.

[469]) Deutsches Privatrecht Bd. I S. 828.

[470]) Nunmehr § 12 des österreichischen Gesetzes vom 26. Dezember 1895.

[471]) Der internationale Urheberrechtsschutz zwischen Österreich und dem Deutschen Reiche S. 74 f.

Kunstwerke geltende Definition des „natürlichen" Urhebers gegeben sein sollte.

Der Gesichtspunkt der bloßen Gehilfschaft, der Etablissementschöpfung verlangt bei Photographien gewiß besondere Berücksichtigung[472]). Immerhin muß der Tatbestand der Gehilfschaft richtig aufgefaßt werden. Wenn Osterrieth[473]) sagt: „Auf dem Gebiete der Photographie, die keine dem Kunstwerke analoge geistige Tätigkeit voraussetzt, ist der Geschäftsherr immer der Urheber der von einem Gehilfen in seinem Auftrage und nach seiner Anordnung gemachten Aufnahme," so ist dies richtig, so weit der als Gehilfe Angestellte bei Erzeugung der Photographie nur Gehilfentätigkeit entwickelt; es ist nicht richtig für den Fall, der die Ausnahme bilden mag, wo der als Gehilfe Angestellte tatsächlich als Urheber tätig wird; nicht die Funktion, zu welcher der Angestellte berufen ist, entscheidet, sondern die Natur der Tätigkeit, die er im konkreten Falle entwickelt. Auch nach dem deutschen Gesetze vom 10. Januar 1870 galt, daß das Urheberrecht in der Person des Urhebers, selbst wenn er Angestellter ist, existent wird, daß das Urheberrecht des Prinzipals, wenn der Angestellte Urheber ist, nur auf den Anstellungsvertrag gestützt werden kann und ein abgeleitetes ist. Das österreichische Gesetz § 12 sieht von der vertragsmäßigen Unterlage des Urheberrechts des Prinzipals ab, gründet dasselbe vielmehr unmittelbar auf die Rechtsordnung, dürfte aber gleichfalls nur ein abgeleitetes Urheberrecht des Prinzipals statuieren.

Das deutsche Gesetz vom 9. Januar 1907 steht zweifellos auf dem von mir bereits für das Gesetz vom 10. Januar 1870 vertretenen Standpunkte.

In der Reichstagskommission wurde bei Beratung des § 26 die Frage erhoben, wer bei einer photographischen Anstalt, die einen Angestellten z. B. zur Aufnahme einer Photographie in eine Kunstgallerie schicke, der Urheber sei, und wie die Schwierigkeiten der Feststellung der Schutzfrist, vor allem des Zeitpunktes des Erscheinens zu beheben seien. Darauf wurde von einem Regierungsvertreter erwidert, daß das Urheberrecht im Zweifel demjenigen zustehe, der die Aufnahme selbst mache, was nicht ausschließe, daß durch das Anstellungsverhältnis das Urheberrecht auf den Dienstherrn übergehen könne; dieser sei dann Träger des Urheberrechts. Der Regel nach würde in dem Falle des § 25 Satz 2 die Lebensdauer des Aufnehmenden, nicht die des Inhabers der photographischen Anstalt für die Schutzfrist in Frage kommen. Hieran würde

---

[472]) Allfeld, Kommentar zum Gesetz vom 9. Januar 1907 S. 24.
[473]) Kommentar zum Gesetz vom 9. Januar 1907 S. 55.

auch durch Bezeichnung der Firma auf der Photographie nichts geändert werden; es würde auch hier das Leben des tatsächlich Aufnehmenden primär entscheidend sein.

§ 30. b) Bedarf es einer Reform?

Das Ergebnis unserer Erörterungen ist folgendes.

I. Ist der Urheber ein Angestellter und gehört die Hervorbringung des Geisteswerks zu den von ihm vertragsmäßig übernommenen Obliegenheiten, so gilt im Bereiche der Gesetze vom 19. Juni 1901 und vom 9. Januar 1907:

1. Das Urheberrecht entsteht in der Person des Urhebers.

2. Zufolge des Anstellungsvertrags geht das Urheberrecht alsbald nach seiner Entstehung auf den Geschäftsherrn über.

3. Der Geschäftsherr hat das Änderungsrecht, wenn es vereinbart ist, oder soweit der Angestellte nach Treu und Glauben seine Einwilligung nicht versagen kann.

II. Auf dem Gebiet der Gesetze vom 19. Juni 1901 und vom 9. Januar 1907 geht, wenn eine juristische Person des öffentlichen Rechts das Werk eines Angestellten ohne Nennung seines Namens mit seiner Einwilligung herausgibt, das Urheberrecht, falls nicht abweichendes vereinbart ist, mit dem Abänderungsrecht auf die juristische Person über.

III. Bei Geschmacksmustern geht das Urheberrecht einschließlich des Abänderungsrechts alsbald nach Entstehung des Urheberrechts, wenn nichts anderes verabredet ist, von Gesetzes wegen auf den Geschäftsherrn über.

Diese Rechtsvorschriften enthalten keine Verletzung berechtigter Interessen des Angestellten. Sie stimmen mit denen überein, die bei Erfindungen und Gebrauchsmustern Platz greifen. Daß bei Geschmacksmustern der Übergang des Rechts keine vertragsmäßige, sondern eine unmittelbar gesetzliche Grundlage hat, bedeutet praktisch keinen erheblichen Unterschied.

Die Frage, ob eine Reform des geltenden Rechts zur Wahrung der vermögensrechtlichen Interessen der Angestellten geboten sei, ist sonach zu verneinen.

Schäfer[474]) meint: „Wir halten jenen § 2 des Musterschutzgesetzes, der einer Zeit seine Existenz verdankt, die von Sozialpolitik noch wenig wußte und auf den Bahnen des gewerblichen Eigentums und Miteigentums noch in den Kinderschuhen einherschritt, als Prinzip aufgestellt,

---

474) Gewerblicher Rechtsschutz und Urheberrecht Bd. VI, S. 259.

moralisch für verwerflich oder der modernen Geistesrichtung des 20. Jahrhunderts unwürdig."

Ich halte diese Ansicht für unbegründet.[475])

Auch Otto Eckmann[475a]) hat sich der Zeichner angenommen: „Der Zeichnerstand, welcher unserer Industrie die künstlerischen Ideen liefert und sie heben soll, daß sie mit Ehren auf dem Weltmarkt bestehe, wird erbarmungslos und rasch in das geistige Proletariat hinabgedrängt." Aber worin sieht er den Grund dieses Mißstandes? „Das heutige Gesetz gewährt künstlerischen Arbeiten, sobald sie dem Kunstgewerbe dienen, nur beschränkten Schutz. Künstlerische Arbeiten, welche keine solche Verwendung finden, sind dagegen fast ausreichend geschützt. Das unglaubliche Motiv für diese offenbare Ungerechtigkeit muß eine Scheidung der künstlerischen Arbeit in reine Kunst und angewandte Kunst abgeben." Der von Eckmann gerügte Übelstand ist nunmehr zu einem guten Teile beseitigt; denn nach § 2 des Reichsgesetzes vom 9. Januar 1907 unterstehen die Erzeugnisse des Kunstgewerbes, soweit sie zu den Werken der bildenden Künste gehören, dem Kunstschutze.

Ein wichtiger Punkt bleibt freilich noch zu erörtern, die Frage: wie steht es mit der Vergütung der Geistesschöpfung? Hat sich der Angestellte mit dem ausbedungenen Lohn zu begnügen, oder kann er mit der Begründung, daß dieser keine angemessene Vergütung für die Geistesschöpfung biete, die hinsichtlich des Lohnes getroffene Vereinbarung anfechten?

Das geltende Recht hat sich für die erste Alternative entschieden. Soll es dabei bleiben?

Für Erfindungen und Gebrauchsmuster habe ich befürwortet[476]), daß den Angestellten ein im voraus unverzichtbarer Anspruch auf angemessene Vergütung von Gesetzes wegen eingeräumt werde. Für die übrigen Geistesschöpfungen befürworte ich es nicht. Der Grund, der dort dafür spricht, trifft hier nicht zu, Erfindungen und Gebrauchsmuster sind Dinge aleatorischen Charakters, die sonstigen

---

[475]) Wenn schon ich glaube, daß die Behauptung Dietrichs (Die Geheimhaltung der Geschmacksmuster und die Zentralisierung der Musterhinterlegung, Sonderabdruck aus Gewerblicher Rechtsschutz und Urheberrecht 1907), bei Erlaß des Gesetzes vom 10. Januar 1876 habe nicht der Schutz des Urhebers, sondern der Schutz der die Muster verwertenden Industrie im Vordergrunde gestanden, zutreffend ist.

[475a]) Gewerblicher Rechtsschutz und Urheberrecht Bd. IX, S. 230. Vgl. auch Dietrich in der Zeitschrift für Industrierecht Bd. III S. 1 ff.

[476]) §§ 16, 20.

Geistesschöpfungen sind es nicht, oder doch nicht in gleichem Maße.

Wenn jemand beauftragt wird, eine Erfindung zu machen, so ist zweifelhaft dreierlei: 1. ob er die Erfindung machen, 2. welche Bedeutung und Tragweite die Erfindungen haben, 3. ob die Erfindung Anklang finden und rentabel sein wird.

Die Festsetzung einer Vergütung im voraus wird diesen Ungewißheiten nur selten gerecht werden. Bei Anstellungsverhältnissen liegt die Gefahr vor, daß der Geschäftsherr, um sich vor Verlusten zu wahren, die Möglichkeit einer günstigen Entscheidung der drei Fragen bei Eingehung des Anstellungsverhältnisses zum Nachteil des Angestellten viel zu niedrig einschätzt. Deshalb muß dem Angestellten offenstehen, die Angemessenheit der Vergütung nachträglich zur Prüfung und Entscheidung zu bringen. Das Anstellungsverhältnis soll keinen aleatorischen Charakter haben.

Anders, wenn ein Angestellter ein sonstiges Geisteswerk zu schaffen hat, hier liegen die Dinge nicht so zweifelhaft. Der Erfolg läßt sich bei Eingehung des Dienstverhältnisses besser übersehen, es ist leichter möglich, von vornherein den Arbeitslohn zu diesem Erfolg in das annähernd richtige Verhältnis zu setzen.

Bei Erfindung und Gebrauchsmuster handelt es sich um ein Zweckgebilde, um ein Mittel zur Bedürfnisbefriedigung, sie müssen Ausführbarkeit und Brauchbarkeit aufweisen. Die Phantasie kann deshalb nicht schrankenlos walten, sie ist an die Stoffe, die Kräfte, die Gesetze der Natur gebunden. Daraus folgt: das Erfinden ist mehr Schwierigkeiten und Hindernissen ausgesetzt als das Produzieren sonstiger Geistesschöpfungen; bei diesen handelt es sich im Ergebnisse um ein freies Spiel der Phantasie oder, wie bei wissenschaftlichen Werken, bei Photographien, um eine vorwiegend reproduzierende Tätigkeit.

Hören wir Ribot.[477]) Er unterscheidet „die skizzierte, die fixierte und die objektivierte Form der konstruierenden Phantasie, je nachdem sie ein inneres Phantom bleibt, oder eine materielle, aber zufällige und willkürliche Form annimmt, oder aber den Bedingungen eines strengen inneren oder äußeren Determinismus unterworfen ist."

„Die fixierte Form umfaßt die mythischen und ästhetischen Schöpfungen, sowie die philosophischen und wissenschaftlichen Hypothesen. Während die skizzierte Phantasie ein inneres Phänomen bleibt, das nur in dem Individuum und für dieses allein existiert, wird die fixierte Phantasie

---

[477]) L'imagination créatrice, Übersetzung von Mecklenburg (1902) S. 183, 219 f.

nach außen projiziert. Die fixierte Phantasie bewegt sich in einem elastischen Rahmen. Die materiellen Elemente, die sie umschließen und verkörpern, haben eine gewisse Biegsamkeit: Sprache, Schrift, Töne, Farben, Formen, Linien. Auch bleiben ihre Schöpfungen, wenn der Geist sie auch hinnimmt, ein Werk der Willkür: sie könnten ebenso gut anders sein; sie bewahren ein unzerstörbares Gepräge von Zufälligkeit und Subjektivität.

Dieses Kennzeichen verwischt sich, ohne jedoch gänzlich zu verschwinden (das Erdachte bleibt stets persönlich), in der objektivierten Form, welche die praktischen, mechanischen, industriellen, merkantilen, militärischen, sozialen und politischen Erfindungen umfaßt, soweit sie von Erfolg begleitet waren. Diese Schöpfungen haben nicht mehr eine willkürliche, erborgte Wirklichkeit, sie behaupten ihren Platz unter den anderen physischen und sozialen Phänomenen. Sie gleichen, da sie festen Existenzbedingungen und einem eng begrenzenden Determinismus unterworfen sind, den Schöpfungen der Natur."

„Die ästhetische Phantasie, die ihr Ziel erreicht hat, ist blos fixiert, d. h. sie bleibt eine anerkannte Dichtung. Sie trägt einen frei subjektiven, persönlichen, in Wahl und Mitteln willkürlichen Charakter. Irgend ein Kunstwerk — ein Gedicht, Roman, Drama, Gemälde, eine Oper oder Statue — könnte ebenso gut anders sein. Man kann den Entwurf modifizieren, eine Episode hinzufügen oder fortlassen, einen Konflikt umändern. Der Romanschriftsteller, der im Verlauf der Arbeit seine Personen umdichtet, der Dramatiker, der dem Publikum zu Gefallen eine Katastrophe durch ein freudiges Ereignis ersetzt, liefern naive Beweise für das unbeschränkte Walten der Phantasie. Außerdem drückt sich die künstlerische Schöpfung nur durch Worte, Linien, Farben, Töne usw. aus, sie bewegt sich in einem Rahmen, der ihr große Freiheit sichert.

Die mechanische Phantasie objektiviert. Sie muß eine Gestalt, eine materielle Form annehmen, die sie den Naturprodukten gleichstellt. Sie kann weder in der Wahl noch in den Mitteln willkürlich verfahren, sie ist keine freie Schöpfung, die ihr Ziel in sich selbst trägt. Nur um diesen Preis kann sie Wirklichkeit werden. Außerdem ist sie stets und ständig auf die Hilfe des mathematischen Kalküls und des Vernunftschlusses angewiesen, und schließlich spielen manuelle Operationen eine hervorragende Rolle."

Die Unterschiede sind gewiß nur relativ. „Die Dichtkunst, die Malerei, die Skulptur und auch die Architektur sind gebunden durch einen maßgebenden Bestand außerhalb ihrer, durch gegebene wirkliche Gestalten, Gefühle, Zwecke, Ziele. Am meisten frei ist die Musik, denn sie kann oft gänzlich frei schaffen in der Erfindung einer Melodie und Akkordfolgen ohne irgend eine außer ihr liegende Determinierung."[478]) Am anderen Ende der Stufenleiter steht die Baukunst. „Man zählt sie", heißt es bei Ribot[479]), „wie schon der Name andeutet, zur Kunst, aber sie ist so vielen Bedingungen untertan, daß der Verlauf ihrer Arbeit dem der technischen und mechanischen Schöpfungen ähnelt. Daher hat man[480]) sagen können, „daß die Architektur die am wenigsten persönliche aller Künste ist. Bevor sie Kunst ist, ist sie Industrie, in dem Sinne, daß sie fast immer einen Nutzen erstrebt, der sich ihr aufzwingt und ihre Manifestationen beherrscht. Mag sie einen Tempel, einen Palast oder ein Theater zu erbauen haben, sie muß ihr Werk vor allem den vorgeschriebenen Bedingungen unterwerfen. Das ist noch nicht alles: sie muß dem Material, dem Klima, dem Boden, der Lage, dem Geschmack Rechnung tragen, alles Dinge, die viel Geschicklichkeit, Takt und Berechnung erfordern, aber nicht die eigentliche Kunst interessieren und dem Architekten keine Gelegenheit geben, seine rein ästhetischen Fähigkeiten zu zeigen." Also auch der ästhetischen Phantasie fehlt es nicht ganz an Determinationen.

Und andererseits darf man, wie Ribot[481]) hervorhebt, den Determinismus in der praktischen Phantasie nicht übertreiben. „Bisweilen kann dasselbe Ziel durch verschiedene Erfindungen, d. h. durch verschiedene Mittel, durch verschiedene geistige Konstruktionen erreicht werden, und es kommt vor, daß diese verschiedenen Schöpfungen für die Praxis gleichwertig sind."

Aber trotz allem bleibt der Gegensatz von ästhetischer und praktischer Phantasie bestehen und bedeutsam.

Ribot[482]) fügt noch hinzu: Man dürfe zwei Dinge nicht mit einander verwechseln, die Freiheit der Phantasie, die der ästhetischen Schöpfung zum Vorteil gereiche, und die Menge und Macht der Phantasie, die bei ihr und bei der praktischen Schöpfung gleich sein könne. Er meint: „Ließe sich die Bilanz ziehen von dem was der Mensch an Phantasie verausgabt hat im ästhetischen Leben einerseits und in der technischen und mechanischen Erfindung andererseits, so würde die Wage zu gunsten der letzteren sinken."

---

478) Wahle, Das Ganze der Philosophie und ihr Ende S. 404f.
479) A. a. O. S. 192f.
480) E. Veron, L'esthetique S. 315.
481) A. a. O. S. 184.
482) S. 184, 182.

Das Erfordernis größerer Intensität und zugleich die größere Gebundenheit der Phantasie auf dem Gebiet des technischen Schaffens steigert die Unsicherheit des Erfolges, verleiht der erfinderischen Tätigkeit einen aleatorischen Charakter.

Und umgekehrt: Erfindungen werden nicht selten gemacht, ohne daß eine besondere erfinderische Geistestätigkeit vorausgegangen ist. Der Zufall spielt bei dem Zustandekommen der Erfindungen eine viel größere Rolle als beim Schaffen der sonstigen Geisteswerke[483]). Es gibt Zufallserfindungen, Zufallsschöpfungen auf dem Gebiete der Literatur, der Kunst usw. gibt es nicht.

Noch ein anderes Moment fällt ins Gewicht. Die Gebundenheit des technischen Erfindens an die Stoffe und Kräfte der Natur, der praktische Zweck, dem die Erfindung dienen will, die Anforderungen, die an Ausführbarkeit und Brauchbarkeit der Maßnahme zu stellen sind, verlangen, daß der Erfinder mit den praktischen Bedürfnissen und technischen Möglichkeiten zu ihrer Befriedigung enge Fühlung nimmt. Er muß deshalb selbst hinein in die Welt der Industrie, der Produktion, mit anderen Worten, er muß, wenn er nicht Unternehmer ist, Angestellter eines gewerblichen Betriebes sein[484]).

Anders auf dem Gebiete der sonstigen Geistesschöpfungen. Hier sind zwei Gattungen von Urhebern zu unterscheiden. Die hervorragenden Geister, welche die höherwertigen Werke schaffen, stehen außerhalb der gewerblichen Betriebe, sind nicht seine Angestellten, kontrahieren frei mit dem Betriebsunternehmer. Nur die Geister niederen Ranges, die einfachere Aufgaben, sei es selbstständig, sei es auf Grund der von jenen hervorragenden Geistern gegebenen Ideen und Andeutungen zu lösen haben, sind dem Betriebe als Angestellte ein- und untergeordnet. Ihr Schaffen hat deshalb eine engere Umgrenzung, für Überraschungen, für unerwartet günstige oder ungünstige Ergebnisse ist verhältnismäßig wenig Raum.

Sombart[485]) schildert die modernen Verhältnisse auf dem Gebiete des Kunstgewerbes so: „An einer Zentrale sind außer der wirtschaftlichen Leitung eine Reihe von Zeichenbureaus errichtet. In diese liefert der Künstler eine flüchtig hingeworfene Skizze — sage eines Kandelabers oder Teppichs — ein. Die Skizze wird nun von geübten Zeichnern

[483]) Randa, Eigentum S. 56, Anm. 45. Mach, Über den Einfluß zufälliger Umstände auf die Entwickelung von Erfindungen und Entdeckungen, in seinen Populär-wissenschaftl. Vorlesungen.

[484]) Vgl. oben bei Note 355.

[485]) Die neue Rundschau, Mai 1907, S. 532 f.

ausgeführt und in dem entsprechend großen Maßstabe als Werkvorlage zugerichtet. Die Zeichner spezialisieren sich tunlichst nach den verschiedenen Künstlern. So gibt es Zeichnerspezialisten für Pankok, für Obrist usw., die genau sich in die Intentionen des Künstlers eingelebt haben, jeden Schnörkel, jede Schattierung in der Originalskizze sofort zu deuten wissen, und die außerdem während der Übertragung der Skizze in die größere Vorlage in unausgesetzter persönlicher Fühlung mit dem Künstler selbst bleiben. Dieser bestimmt denn auch genau das Material: die Farbe der Hölzer, der Fäden usw. Ist auf solche Weise die Werkvorlage vollendet, so beginnt die technische Ausführung, bei der von nun ab keinerlei künstlerische Funktion mehr zu verrichten ist. Worauf es vielmehr ankommt, ist die subtile, gleichsam sklavische Übertragung der Vorlage in das Material. Jede Zulage von eigner Individualität auf dem Wege zwischen fertiger Werkvorlage und fertigem Erzeugnis ist vom Übel."

Ähnlich liegen die Verhältnisse auf dem Gebiete der Baukunst[486]). Der Architekt, der sehr oft nur den Aufriß und die Gestaltung der Fassade im allgemeinen Umriß angibt, ist nicht Angestellter des Bauunternehmers oder Bauherrn, wohl aber ist der Zeichner Angestellter des Architekten oder des Bauunternehmers, von seiner Hand stammen die Detailzeichnungen, er hat die Andeutungen des Architekten auszuführen, er ändert sie im einzelnen, gibt aus eigenem dazu.

Auch Schriftsteller, die bedeutendere Werke schaffen, sind selten Angestellte von Verlagsanstalten oder Zeitungsunternehmungen.

Die hervorgehobenen Momente dürften die Ansicht rechtfertigen, daß die Angemessenheit der den Angestellten versprochenen Vergütung bei den sonstigen Geistesschöpfungen anders wie bei den Erfindungen und den Gebrauchsmustern nicht unter die Garantie zwingenden Rechtes zu stellen ist.

Der aleatorische Charakter der Erfindung und des Gebrauchsmusters erschwert es, gegen den Geschäftsherrn aus § 138 BGB. vorzugehen[487]). Zur Ausfüllung dieser Lücke ist es nötig, den Anspruch auf angemessene Vergütung der Parteivereinbarung zu entziehen. Bei den sonstigen Geistesschöpfungen, die eines solchen aleatorischen Charakters entbehren, bietet dagegen der § 138 dem Angestellten ein ausreichendes Mittel seine Interessen zu wahren[487a]).

---

[486]) Hellwag im Börsenblatt für den deutschen Buchhandel 1905, Nr. 277.

[487]) Siehe oben bei Note 359.

[487a]) In der Reichstagssitzung vom 23. November 1906 erklärte der Abgeordnete Fischer: „In dem Gesetze handelt es sich nicht darum, das bürgerliche Eigentum zu verteidigen, sondern darum, die Arbeit, die Arbeitskraft des Künstlers zu schützen,

Im Einklange mit dieser Ansicht steht es, daß bislang nur wegen der Vergütung für Erfindungen und Gebrauchsmuster, nicht aber wegen der Vergütung für andere Geistesschöpfungen von den Angestellten Klage geführt worden ist.

§ 31. II. Geistesschöpfungen Nichtangestellter.

Ich kann mich hier ganz kurz fassen.

Wir haben gesehen, daß die vermögensrechtlichen Interessen von Gesellschaftern sowie von selbständigen Personen, die für andere tätig werden, irgend welcher Reformvorschriften nicht bedürfen, wenn es sich um Erfindungen oder Gebrauchsmuster handelt[488]).

Ganz das Gleiche gilt auch für die sonstigen Geistesschöpfungen.

Zweites Kapitel.

§ 32. Die Urheberehre.

Die Möglichkeit, den Namen des Urhebers zugleich mit dem Werke bekannt zu geben, steht bei den Werken der Literatur, der Tonkunst, der bildenden Künste und der Photographie offen[489]).

---

und das ist der Grund, warum wir Sozialdemokraten für dieses Gesetz eintreten. Wir wollen den Schutz der Arbeit des Künstlers gegen die Bestrebungen derer, die auf dem Boden des bürgerlichen Eigentums die Künstler um ihren Ertrag, um die Frucht ihrer Arbeit womöglich bringen wollen. Wir Sozialdemokraten würden auf diesem Gebiete noch viel weiter gehen, wenn die Herren von den bürgerlichen Parteien uns hierin unterstützen würden; denn wir Sozialdemokraten wissen, daß die natürliche Folge dieses Gesetzes ist, daß künftig in dem graphischen Gewerbe, in der ganzen Kunstindustrie die Arbeits- und Anstellungsverträge so abgefaßt werden, daß alle diese Rechte, die wir den Künstlern persönlich schaffen wollen, eo ipso auf den Unternehmer usw. übergehen, und infolgedessen werden auch hier durch dieses Gesetz blos gewisse Kreise bis zu einem gewissen Grade geschützt werden. In der glücklichen Lage, wie die Zeichner und Schriftsteller des „Simplicissimus" waren, als sie ihrem Verleger einfach vorschreiben konnten, unter welchen Bedingungen sie weiter für ihn arbeiten, sind eben nur einzelne besonders anerkannte Talente oder Genies; aber eine solche Ausnahmestellung kann niemals Gesamtgut aller Industrieangestellten werden. Wir werden hier dasselbe erfahren, was wir auf anderen Gebieten heute schon sehen: in den großen Industrien, bei Siemens & Halske, bei Krupp, bei Stumm werden alle Ingenieure usw. mit der kontraktlichen Verpflichtung angestellt, daß alle ihre Erfindungen nicht ihnen persönlich, sondern dem Unternehmer zugute kommen. Genau dieselbe Erscheinung wird sich auf dem Gebiete des künstlerischen Schutzes für die in graphischen Betrieben und sonst beschäftigten Künstler ergeben." Fischer trägt dem Unterschiede zwischen Erfindungen und zeichnerischen sowie schriftstellerischen Leistungen zu wenig Rechnung. Dort versagt die Anwendung von § 138 BGB., hier nicht.

[488]) §§ 21, 22.

[489]) § 7 des Gesetzes vom 19. Juni 1901. § 9 des Gesetzes vom 9. Januar 1907.

Dülfer[400]) hat für Bauwerke vorgeschlagen, daß auf Verlangen der Name des Architekten im Grundbuche eingetragen werde.

Auch hier müssen innerhalb gewisser Grenzen Vereinbarungen über die Urheberbenennung möglich sein, sei es, daß ein anderer als der wahre Name des Urhebers, der Name einer anderen Person als des Urhebers oder überhaupt kein Name genannt werden soll. Innerhalb gewisser Grenzen[401]).

Der „Kunstwart"[402]) schreibt unter dem Titel „Künstler und Fabrikanten": „Schon während der Dresdner Kunstgewerbeausstellung[403]) grollte hier und da eine Gruppe von Interessenten der Kunstindustrie vernehmlich genug über Benachteiligung durch die Künstler. Die hatten vordem immer hübsch im Hintergrunde gestanden, wurden kaum genannt, und der Fabrikant war der Aussteller gewesen, der Besteller der Entwürfe, der Brotgeber. Diesmal wars umgekehrt: die Künstler stellten unter ihrem Namen aus und die Fabrikanten spielten nur die Rolle von Ausführenden. Genannt wurden sie zwar immer noch deutlich genug, aber doch nicht an erster Stelle, und das brachte auch wirtschaftliche Folgen mit sich. Dann hat vor kurzem ein ziemlich kleinlicher Ausstellungszwist im Württembergischen Kunstgewerbeverein dahin geführt, daß sehr namhafte Künstler Stuttgarts aus dem Verein ausgetreten sind. Von anderer Seite wird geklagt, daß die Fabrikanten ihre wirtschaftliche Macht dort, wo sie dem abhängigen einzelnen Künstler gegenüberstehen, nun erst recht dazu benutzen, die künstlerischen Mitarbeiter zu verschweigen und die „Firma" als einzige Urheberin vorzuschieben. Werden sie etwas damit erreichen?"

Diese Frage darf verneint werden. Im Oktober 1907 ist in München unter dem Namen „Deutscher Werkbund"[403a]) eine Vereinigung

---

[400]) Gewerbl. Rechtsschutz u. Urheberrecht Bd. X, S. 374.

[401]) Zu vgl. oben bei Note 412 f.

[402]) Bd. XX, Heft 14, April 1907, S. 113 f.

[403]) Zu vgl. die Äußerung von Cornelius Gurlitt in meiner Abhandlung: Die Erfinderehre und ihr rechtlicher Schutz S. 21, Note 21a. Gegen diese Äußerung haben sich 22 Vereine u. 204 Firmen Gewerbtreibender in einer Eingabe an die deutschen Regierungen gewendet.

[403a]) In der Rede, die Prof. F. Schumacher bei Gründung des Deutschen Werkbundes hielt, heißt es: „Künstler und Ausführender, oder richtiger gesagt Erfinder und Ausführender, denn das Ausführen ist natürlich ebenfalls eine Kunst, sind keine notwendigen Gegensätze, sondern notwendige Ergänzungen. Diese einfache Wahrheit ist der springende Punkt unserer Verbindung. Die Wahrheit scheint einfach und doch liegt in ihr etwas Neuartiges, das sich erst hat abklären müssen. Die Trennung zwischen Erfinder und Ausführer, die wir da heute machen, war

führender Künstler und kunstgewerblicher Betriebe gegründet worden, die sich unter anderem „die dringend notwendige Verständigung von Kunst und Gewerbe" zur Aufgabe gemacht hat. Es ist zu wünschen, daß sich dieser neue Bund auch der angestellten Künstler annimmt und die Anerkennung ihrer Urheberehre angelegen sein läßt. Der Verband deutscher Kunstgewerbevereine widmet gleichfalls der Angelegenheit sein Interesse[493b]).

Auch auf dem Gebiete der Baukunst sind Mißstände hervorgetreten.

---

früher nicht. Die Kraft allen kunstgewerblichen Schaffens lag darin und viele seiner besten Eigentümlichkeiten entwickelten sich daraus, daß sie nicht war. Trotzdem ist sie unaufhaltsam eingetreten. Obgleich man das alles deutlich erkannte, hat man nicht verhindern können, daß sie eingetreten ist. Wie das kam, dadurch daß die Maschine begann, mit der Hand zu wetteifern, dadurch daß sich eine Industrie neben dem Handwerk entwickelte, in der die Qualität und das Tempo des Produzierens weit über die Einzelkraft hinausging, brauche ich Ihnen nicht zu entwickeln. Die Zerlegung der Kräfte in ein erfindendes und ein ausführendes Organ, die Maschine, die in dem großen neuen Kunstgewerbegebiete der Industrie selbstverständlich ist, blieb nun nicht auf die Industrie beschränkt; die Betriebsformen mußten auch da, wo Menschenhand zur Ausführung eines Werkes dauernd unentbehrlich war, andere werden, weil der Wettbewerb mit dem Industrieprodukt eine ganz andere Leistungsfähigkeit des Betriebes verlangte. Und so war die Trennung zwischen Erfinder und Ausführenden für die meisten Gebiete des kunstgewerblichen Lebens ein unaufhaltsamer Zug, der in der Bewegung der Zeit begründet lag. Man suchte ihn zunächst so zu sagen zu verheimlichen, vielleicht vor sich selbst zu verheimlichen. Die großen Betriebe signierten die Ware, die sie herstellten, selber als Erfinder, der wirkliche Erfinder trat nicht zu Tage. Und der Schein, als ob der alte Zustand der Einheit vom Erfinden und Ausführen noch bestände, wurde rein äußerlich gewahrt, ebenso wie man rein äußerlich die formalen Eigentümlichkeiten früheren Handwerks wahrte, selbst wenn sie längst entschwunden waren. Darin lag das Ungesunde. Wenn von zwei Kräften, die beide gleich notwendig sind, die eine künstlich unterdrückt wird, muß sie allmählich verkümmern. Das welke Dasein des anonymen Erfinders spiegelte sich in der welken Art seiner Erzeugnisse, und niemand hatte, wenn man tiefer blickt, Vorteile davon. So hat sich aus einer unhemmbaren wirtschaftlichen und technischen Entwicklung der Zeit eine große Gefahr an der Wurzel kunstgewerblichen Lebens herausgebildet, die Gefahr der Entfremdung zwischen dem ausführenden und dem erfindenden Geiste. Diese Gefahr läßt sich nicht verschleiern, auch aus der Welt zu schaffen ist sie nie wieder, so lange es eine Industrie gibt, man muß also versuchen, sie zu überwinden, dadurch, daß man die entstandene Trennung zu überbrücken trachtet. Das ist das große Ziel unseres Bundes. Eine gründliche Gesundung des Kunstgewerbes ist nur möglich, wenn die erfindenden und die ausführenden Kräfte wieder enger zusammenwachsen." Kunstwart 2. Januarheft 1908 S. 136 f.

[493b]) Auf der Tagesordnung des Delegiertentages, der am 22. März 1908 in Hannover zusammentritt, steht das Thema: Das Recht der Angestellten an ihren Entwürfen.

Im November 1906 veröffentlichte die National-Zeitung ein Schriftstück, das ein Licht auf die Art wirft, in der Bauunternehmer mit den ihnen verpflichteten Künstlern „zusammenarbeiten". Das Vertragsformular enthält als Bedingungen, unter denen von der genannten Firma die Anfertigung von Architekturaufgaben, technischen, künstlerischen und malerischen Arbeiten übertragen wird, folgende Sätze: „Herr .... erkennt an, daß das Urheberrecht an allen von ihm für die Firma Boswau & Knauer ausgeführten Arbeiten, Zeichnungen, Modellen, Entwürfen, Teilen von Zeichnungen oder Entwürfen und dergleichen ausschließlich der Firma Boswau & Knauer zusteht, dergestalt, daß die Firma Boswau & Knauer allein als Verfertigerin der Arbeiten gilt und ausschließlich berechtigt ist, die von Herrn .... hergestellten Zeichnungen, Entwürfe und dergleichen mit ihrer Firma zu versehen, sie zu vervielfältigen und gewerblich zu verwenden. Herr ..... verzichtet ausdrücklich auf die Anbringung seines Namens oder seiner Firma auf den von ihm gefertigten Plänen, Entwürfen und dergleichen."

Ich meine die Dinge liegen für das Urheberrecht im engeren Sinne nicht anders als für das Recht an Erfindungen und an Gebrauchsmustern. Die Kategorien: Gehilfe, Urheber, Miturheber, Etablissementschöpfung bieten ausreichende Unterschiede, um der Mannigfaltigkeit der Verhältnisse Rechnung zu tragen. Auch hier muß die Klage auf Anerkennung der Urheberschaft offen stehen.

Das Urheberrecht im Sinne der Reichsgesetze bietet einer Klage auf Feststellung der Urheberschaft keine ausreichende Unterlage, weil das Urheberrecht als Immaterialgüterrecht an zeitliche und territoriale Schranken gebunden ist, und die Feststellungsklage reicht nicht aus, um den Interessen der Urheber gerecht zu werden. Auch hier bedarf es der üblichen Klimax der Rechtsmittel: Unterlassungsanspruch bei schuldloser Verletzung, Schadensersatzanspruch bei absichtlicher oder fahrlässiger Verletzung, Strafe bei absichtlicher Verletzung.

Kohler[494]) behauptet die Existenz eines Persönlichkeitsrechts auf Anerkennung der Verfasserschaft, das durch Ablassungsklage geltend gemacht werden kann und bedauert den Mangel einer strafrechtlichen Sanktion. Ich befürchte, daß die Theorie und Praxis in Kohlers Annahme eines solchen Persönlichkeitsrechtes nur ein Postulat erblickt[495]) und halte es deshalb für unentbehrlich, daß der Gesetzgeber Rechtsmittel der einen

---

[494]) Urheberrecht an Schriftwerken und Verlagsrecht S. 440, 463 f., 476. Kunstwerkrecht S. 138 ff.

[495]) Vgl. z. B. Mittelstaedt im Sächs. Archiv für Rechtspflege 1907 S. 205.

oder der anderen Art[496]) zur Verfügung stellt, durch welche sich die Urheberschaft zur rechtlichen Anerkennung bringen läßt[497]).

§ 33. Schlußwort.

Ich bin zu Ende mit meinen Darlegungen.

Das Ergebnis ist:

1. Die im Thema aufgeworfene Frage ist spruchreif.

2. Das Persönlichkeitsrecht auf Anerkennung der Urheberschaft bedarf für alle Geistesschöpfungen der gesetzgeberischen Anerkennung.

3. Um den Angestellten den gebührenden Anteil am Vermögensgewinn aus ihren Erfindungen und Gebrauchsmustern sicher zu stellen, bedarf es des Erlasses von Rechtsvorschriften, durch welche bestimmt wird:

a) daß das Recht an der Erfindung und an dem Gebrauchsmuster, das in der Person des Angestellten entsteht, alsbald ohne weiteres auf den Geschäftsherrn übergeht;

b) daß dem Angestellten, wenn der Geschäftsherr nicht auf die Erfindung verzichtet, ein Anspruch auf angemessene Vergütung zusteht, auf den er im voraus rechtswirksam nicht verzichten kann.

Zu Punkt 3 noch wenige Worte.

Es ist ein Ausgleich widerstreitender Interessen, ein billiges Maß zu finden, denn Maß ist auch hier alles. Beide Teile müssen nachgeben.

Die Angestellten dürfen nicht vergessen, daß sie nicht unabhängig für sich allein dastehen, sondern Glieder eines Unternehmens sind, von dessen Gedeihen auch das Wohl der Gesamtheit und ihr persönliches Wohl abhängt, nicht bloß der Erfolg des Geschäftsherrn. Die Angestellten müssen einsehen, daß beim Zusammenwirken von Menschen zu einem einheitlichen Ziele ein jeder Opfer zu bringen hat.

Die Arbeitgeber sollen eingedenk sein, daß die Angestellten mehr sind als bloße Rädchen im Wirtschaftsbetriebe, daß sie eigene Persönlichkeiten sind, deren Arbeitsfreudigkeit nicht entbehrt werden kann, wenn nicht bloß dem einzelnen Industriellen, sondern auch der Allgemeinheit

---

[496]) Siehe §§ 23, 24.

[497]) **Kohler** zitiert a. a. O. S. 463 zugunsten des Persönlichkeitsrechtes auf Anerkennung der Verfasserschaft nur einen italienischen Schriftsteller und eine italienische Entscheidung. — Lebhaft polemisiert gegen die ganze Persönlichkeitsrechtsidee noch neuerdings **Otto Mayer**, Zeitschrift für das gesamte Handelsrecht und Konkursrecht Bd. 61 S. 276, unter Hinweis auf das **Reichsgericht**, das in einer Entscheidung vom 29. Mai 1902, Zivilsachen Bd. 51 S. 373 von einer „bisher nicht zur Abklärung gelangten Auffassung" spricht.

eine Menge technischen Wissens und Könnens verloren gehen soll. Wenn irgendwo das Individuelle im Menschen, sein persönlicher Wert Anerkennung zu finden hat, so bei Geistesschöpfungen, die er macht, auch wenn er Angestellter ist. Es geht nicht an, ihn hier bloß als Durchgangspunkt, als Komponenten eines Milieu, als Einflußziffer neben anderen Einflüssen zu betrachten.

Daß die goldene Mittelstraße am besten durch freie Privatveträge gefunden werde, ist ein Irrtum. Der Gesetzgeber muß gewisse urüberschreitbare Richtungslinien ziehen, wenn den Anforderungen der Gerchtigkeit und Volkswohlfahrt Genüge geschehen soll. Es genügt nicht, die Beteiligten darauf hinzuweisen, sich durch freie Vereinbarung selber das entsprechende Arbeitsrecht zu schaffen, der inhaltlose Grundsatz der Vertragsfreiheit bildet noch keine Lösung der hier vorliegenden Pro)leme, es bedarf einer von der subjektiven Willkür unabhängigen objektiven Ordnung.

Die in Vorschlag gebrachten Gesetzesbestimmungen verlangen von den Arbeitgebern nicht mehr, als die billig und gerecht denkenden unter ihnen jederzeit freiwillig den Angestellten gewährt haben[498]). Die Arbeitgeber sollten sich sagen, daß diese Gesetzesbestimmungen die velfach unbegründeten Beschuldigungen, daß sie ihre ökonomische Übermach zum Nachteil der Angestellten ausbeuteten, gegenstandslos machen. Sie ollten den Gesetzvorschlägen zustimmen, weil diese nicht bloß die Arbeiter gegen Mißbräuche, sondern auch die Arbeitgeber gegen den Verdacht, sich ihrer schuldig zu machen, schützen.

---

[498]) Nach den Anstellungsverträgen, die die Kaiserliche Werft zu Wilhelmshaven mit ihren Angestellten abschließt, sind diese, falls sie im Dienst der Marine eine Erfindung machen, verpflichtet, ihrer vorgesetzten Behörde hiervon Anzége zu erstatten, die dann das Recht des ausschließlichen Erwerbes hat. Der Kaufpr is für die Erfindung wird durch ein von beiden Parteien zu ernennendes Schiedgericht festgesetzt; bei der Festsetzung ist zu berücksichtigen, ob die Erfindung nicht etwa als Etablissementerfindung zu betrachten ist. Nach Meister, Der Erwerb von Immaterialgüterrechten, Marburger Diss. 1905 S. 15 N. 4. Vgl. auch oben bei Not: 362 f.

IV.

Gutachten des Herrn Reichsgerichtsrats Ludwig Ebermayer zu Leipzig

über die Frage:

Welches Strafmittelsystem empfiehlt sich für das künftige Strafgesetzbuch?

I.

Der 26. Deutsche Juristentag in Berlin im Jahre 1902 hat den Arbeitsplan aufgestellt, nach welchem der Juristentag sich an der Reform des Deutschen Strafgesetzbuches zu beteiligen beabsichtigte. Diesem Arbeitsplan entsprechend soll den im Jahre 1908 stattfindenden Juristentag u. a. die Frage beschäftigen: „Welches Strafmittelsystem empfiehlt sich für das künftige Strafgesetzbuch.“ Diese Frage wurde bereits in den von von Liszt und van Calker dem 26. Deutschen Juristentag erstatteten Gutachten im allgemeinen erörtert, auch von dem damaligen Referenten (Kahl) kurz gestreift; ein näheres Eingehen auf die Frage und insbesondere eine Beschlußfassung über dieselbe unterblieb jedoch, da man beschloß, zunächst nur das Arbeitsprogramm festzulegen, die Behandlung der einschlägigen Einzelfragen dagegen den späteren Juristentagen zu überlassen.

Bei Prüfung der Frage nach dem empfehlenswertesten Strafmittelsystem entsteht zunächst der Zweifel, ob diese Frage sich überhaupt lösen läßt, so lange nicht feststeht, ob das neue Strafgesetzbuch sich auf den Grundsätzen der klassischen oder der modernen Strafrechtsschule aufbaut. Es kann nicht Aufgabe dieses Gutachtens sein, auf die bekannten, ins Ungemessene erörterten Gegensätze dieser beiden Schulen, die nach der Anschauung einzelner eine „unüberbrückbare Kluft“ voneinander trennt, die „zwei verschiedene Weltanschauungen“ darstellen sollen, hier näher einzugehen und zu entscheiden, ob die Lehren der einen oder der anderen den Vorzug verdienen. Aber keineswegs läßt sich leugnen, daß Strafmittel, Strafzumessung und Strafvollzug durchaus verschieden sich gestalten, je nachdem man sich ausschließend auf den Boden der einen oder der anderen Schule stellt. Soll Gegenstand der Strafe lediglich das Verbrechen, die objektive Schwere, der Erfolg der Tat; Zweck der Strafe die Vergeltung sein, so werden Strafmittel, Strafzumessung und Strafvollzug anders zu regeln sein, als wenn für Art und Maß der Strafe ausschließend die antisoziale Gesinnnng des Täters maßgebend ist, die Strafe in erster Linie die besserungsfähigen Verbrecher bessern, die Gesellschaft durch Unschädlichmachung des Unverbesserlichen sichern und schützen soll. Wäre daher anzunehmen, daß das neue Strafgesetzbuch sich auf die Lehre der einen oder der anderen Schule festlegen würde, so könnte es in der Tat als ein vergebliches Bemühen erscheinen, zu untersuchen, welches Strafmittelsystem sich für das neue Strafgesetz empfiehlt, so lange nicht feststeht, welcher Schule zu folgen dieses beabsichtigt. Ich glaube, es besteht aber guter Grund anzunehmen, daß die neue Strafgesetzgebung eine derartige Festlegung keineswegs beabsichtigt. Im Gegensatze zu Birkmeyer, der meint, der Gesetzgeber, der es versäume, sich grundsätzlich für die eine oder die andere Theorie zu entscheiden, habe sein ganzes Werk auf Sand gebaut, bin ich mit Kahl[1]) und Lucas[2]) der Anschauung, daß der Gesetzgeber nichts verkehrteres tun könnte, als sich ausschließlich auf die eine oder die andere Theorie festzulegen. Mag die Wissenschaft jedes Kompromiß ablehnen und die letzten Folgerungen aus den Prinzipien ziehen, der Blick des Gesetzgebers muß auf das Erreichbare und Nützliche gerichtet sein; er darf an den Lehren der modernen Schule ebensowenig vorübergehen, als er das Alte über den Haufen werfen darf, und dasjenige Gesetzbuch wird das beste sein, das es versteht, die Vertreter der sich sonst bekämpfenden Theorien um sich zu scharen.

Stellen wir uns auf den Boden dieser Anschauung, so wird es wohl möglich sein, die Frage nach dem für das neue Strafgesetzbuch empfehlenswertesten Strafmittelsystem schon jetzt einer Untersuchung zu unterziehen.

II.

Wie schon oben bemerkt, steht die Frage nach dem Strafmittelsystem in engstem Zusammenhange mit der Frage, was für Art und Maß der Strafe bestimmend ist und es erscheint deshalb nötig, zunächst auf diese Frage einzugehen.

---

[1]) Vortrag in der Gehestiftung am 9. Februar 1907. Jahrb. d. Gehestiftung 12—13.

[2]) Deutsche Jur.-Zeitung 1906, Nr. 28.

Bisher bestimmt sich Art und Maß der Strafe, man kann wohl sagen fast ausschließlich, nach der objektiven Schwere der Tat, nach dem in die äußere Erscheinung getretenen Erfolge, wobei vielfach auch noch der über den Willen des Täters hinausgehende Erfolg Art und Maß der Strafe mitbeeinflußt. Demgegenüber fordern die Vertreter der modernen Schule, daß für Art und Maß der Strafe ganz oder doch vorzugsweise entscheidend sein solle die antisoziale Gesinnung des Täters. Nicht die Tat, so führen sie aus, sondern der Täter muß der Gegenstand strafrechtlicher Behandlung sein, nicht Proportionalität zwischen Verbrechen und Strafe soll gesucht werden, für die es vollkommen an einem verlässigen Maßstabe mangelt, sondern Proportionalität zwischen Strafe und verbrecherischer Gesinnung. Um sie zu finden unterscheidet man zwischen Augenblicks- und Zustandsverbrechern, innerhalb der letzteren wieder zwischen Verbesserlichen und Unverbesserlichen und fordert Abschreckungsstrafe für den Augenblicksverbrecher, Besserungsstrafe für den Besserungsfähigen, Sicherungsstrafe für den unverbesserlichen Zustandsverbrecher. Ich beschränke mich darauf, die sich gegenüberstehenden Anschauungen nur in diesen allgemeinen Umrissen zu skizzieren, und halte es nicht für erforderlich, auch die Begründung, welche die Vertreter der beiden Richtungen ihren Lehren geben, hier des näheren zu schildern, handelt es sich doch um bekannte, seit Jahren vielfach erörterte Fragen.

Prüfen wir, auf welcher Seite die Wahrheit liegt, so meine ich, sie liegt auch hier, wie so häufig, in der Mitte. Auch die entschiedensten Vertreter der klassischen Schule geben zu, daß sowohl bei Aufstellung der gesetzlichen Strafdrohung als bei Strafzumessung und Strafvollzug mehr wie bisher Gewicht gelegt werden muß auf die — sagen wir einstweilen verbrecherische — Gesinnung des Täters und daß vor allem bei vorsätzlichen Verbrechen der vom Täter nicht gewollte Erfolg weder Art noch Maß der Strafe fernerhin beeinflussen darf. Insoweit herrscht also, man darf wohl sagen, Einigkeit. Soll nun aber in Zukunft für Art und Maß der Strafe die Schwere der Tat, ihr äußerer Erfolg vollkommen unberücksichtigt bleiben, soll nach beiden Richtungen lediglich „die Intensität der verbrecherischen heißt antisozialen Gesinnung des Täters“ maßgebend sein? Diese Forderung stellt v. Liszt noch in dem Gutachten für den 26. Deutschen Juristentag (S. 286). Sie geht meines Erachtens zu weit. Verfehlt ist es, Art und Maß der Strafe nur nach der Schwere der Tat, dem Erfolge, zu bestimmen und dabei die verbrecherische Gesinnung des Täters ganz oder fast ganz außer Betracht zu lassen. Besonders soweit es sich um Bestimmung der Art der Strafe handelt, wird gerade die Gesinnung, aus welcher heraus das

Verbrechen begangen wurde, von der erheblichsten Bedeutung sein müssen. Andererseits aber halte ich es für ebenso verfehlt, wollte man für Art und Maß der Strafe ausschließlich die verbrecherische Gesinnung entscheiden lassen ohne jede Rücksichtnahme auf die Schwere der Tat und ihren Erfolg. Das eine wie das andere Extrem führt unter Umständen zu den bedenklichsten Konsequenzen, ganz abgesehen davon, wieweit es überhaupt möglich ist, die verbrecherische Gesinnung als etwas im Innern des Menschen liegendes, das nach außen nur insoweit erkennbar wird, als es in der verbrecherischen Tat in die Erscheinung tritt, im einzelnen Falle mit der erforderlichen Bestimmtheit zu erkennen.

Meines Erachtens soll in Zukunft weder die Tat allein, noch der Täter allein Gegenstand strafrechtlicher Behandlung sein. Für den Gesetzgeber wird allerdings, hier trete ich Mayers Gutachten zum 28. Deutschen Juristentag Bd. I S. 171 bei, nach wie vor bei Aufstellung der Strafdrohungen die Tat als das objektiv Gegebene, Greifbare maßgebend sein müssen, wenigstens in erster Linie. Der Wert der Tat bestimmt sich, wie Mayer a. a. O. zutreffend ausführt, nach der Schutzwürdigkeit und Schutzbedürftigkeit des angegriffenen Rechtsgutes und nach der Art des Angriffes. Aber auch die Intensität der verbrecherischen Gesinnung bleibt dabei nicht außer Betracht. Für diese hat gerade der Erfolg wenigstens in den meisten Fällen symptomatische Bedeutung, in ihm verkörpert sich der Schuldgrad. Je höher das angegriffene Rechtsgut bewertet ist, je verwerflicher sich der Angriff gegen ein Rechtsgut darstellt, desto größer ist in den meisten Fällen die Intensität der verbrecherischen Gesinnung und im Sinne der klassischen Schule das Maß der Schuld, die beides umfaßt, Erfolg und Gesinnung. Indem also der Gesetzgeber zunächst die Tat in dem vorumschriebenen Sinne zum Gegenstande der Strafdrohung macht, berücksichtigt er gleichzeitig an sich schon den Grad der verbrecherischen Gesinnung des Täters. Diese noch in weiterem Maße zu berücksichtigen wird aber vorzugsweise Aufgabe der Strafzumessung und des Strafvollzuges sein. Auf diesen beiden Gebieten muß vor allem jene Individualisierung zu erreichen versucht werden, welche Voraussetzung einer vernünftigen, gerechten und sozialen Strafrechtspflege ist. Der erkennende Richter muß mehr wie bisher die verbrecherische Gesinnung des Täters berücksichtigen, nicht ausschließlich, wie v. Liszt in dem angeführten Gutachten (S. 286) verlangt, auch nicht mehr als den äußeren Erfolg, wie er S. 276 fordert, aber mehr als es bisher geschehen ist. Dabei möchte ich unter verbrecherischer Gesinnung nicht nur die antisoziale, rechtswidrige, gegen Rechts- und Gesellschaftsordnung verstoßende, sondern mindestens in gleicher Weise die vom Verbrecher durch seine antisoziale Tat bekundete ethische Gesinnung verstanden wissen. Damit aber der Richter in der Lage ist, mehr wie bisher der Gesinnung des Täters Rechnung zu tragen, muß ihn der Gesetzgeber in höherem Maße, als es zur Zeit der Fall ist, in die Lage versetzen, gegenüber demselben Verbrechen zwischen verschiedenen, unter sich scharf differenzierten Strafarten zu wählen, den Täter, der durch die Begehung des bestimmten, objektiv schweren Verbrechens seine verwerfliche verbrecherische Gesinnung bekundet hat, der entehrenden Strafe des Zuchthauses zu unterwerfen, ihn andernfalls ins Gefängnis oder in die Haft zu schicken. Und hierin liegt, abgesehen davon, inwieweit schon in der gegen die Tat gerichteten Strafdrohung das Maß der verbrecherischen Gesinnung des Täters getroffen wird, die weitere Aufgabe auf Seite des Gesetzgebers bei Lösung der Frage nach stärkerer Berücksichtigung der Gesinnung des Täters. Wenn v. Liszt in dem mehrerwähnten Gutachten (S. 291) sagt: bei der Wahl zwischen Zuchthaus und Gefängnis mag zunächst, wie im geltenden Rechte, die Schwere der Tat, ohne Berücksichtigung der Gesinnung des Täters den Ausschlag geben, so möchte ich demgegenüber dafür halten, daß gerade bei der Wahl der Art der Strafe — entehrendes Zuchthaus oder nicht entehrendes Gefängnis — die vom Täter bekundete Gesinnung vorzugsweise in Berücksichtigung zu ziehen ist, während für die Dauer, das Maß der Strafe, zunächst die Schwere der Tat entscheiden mag. Es kann sich fragen, ob der Gesetzgeber seiner Verpflichtung, der Gesinnung des Täters mehr als bisher Rechnung zu tragen, schon damit genügt, daß er dem Richter durch zahlreiche Aufstellung alternativer Strafdrohungen in ausgedehntem Maße die Freiheit gibt, in Berücksichtigung der Gesinnung, und ich möchte, trotz Liszt[3]), sagen: auch der Motive des Täters, diesen mit Zuchthaus oder mit Gefängnis zu bestrafen, oder ob er weiter gehen und im Gesetze selbst schon bestimmen soll, daß für die Frage, ob bei alternativer Strafdrohung Zuchthaus oder Gefängnis auszusprechen ist, die Gesinnung des Täters entscheiden soll, wie es § 47 Abs. 2 des Schweizer Entwurfes tut, desgleichen ob er noch darüber hinaus der Forderung Lammasch's[4]) folgend: „mit Rücksicht auf das Motiv des Täters die Deliktstatbestände in der Richtung differenzieren soll, daß solche Deliktsfälle, welche im einzelnen Falle auf einem unehrenhaften Motive beruhen, aus dem Gattungsbegriffe ausgeschieden und unter einen schwereren Strafsatz gestellt, wenn möglich mit besonderen

---

[3]) Gutachten zum 26. Deutschen Juristentag S. 281 ff.

[4]) Gerichtssaal 44, S. 189 ff. Zeitschr. f. d. g. Stfr. XV, S. 647.

Namen bezeichnet werden" m. a. W. daß er „selbständige, ihrem ethischen und sozialen Werte nach verschiedene, mit besonderen Namen bezeichnete Unterarten der Deliktsgattungen schaffen soll." Auch dies hat der Schweizer Entwurf wiederholt getan, vgl. z. B. Art. 60, 83, 83, 101.

Die Frage ist schwer zu entscheiden. Nimmt der Gesetzgeber eine solche Gliederung vor, so läuft er Gefahr, sich in unfruchtbaren Haarspaltereien zu verlieren; will er das nicht, so werden die Grenzen solcher Gliederung eng gezogen sein. Es besteht aber weiter die Gefahr, daß die gerade einem Strafgesetzbuche notwendige Einfachheit und Klarheit verloren geht. Die gleichen Bedenken treffen nicht zu, wenn der Gesetzgeber sich darauf beschränkt, für die Frage, ob Zuchthaus oder Gefängnis, die Gesinnung entscheiden zu lassen oder aus Gesinnung und Motiv hergeleitete allgemeine Strafmilderungsgründe, sei es obligatorisch, sei es fakultativ (vgl. Art. 48 des Schweizer Entwurfes), aufzustellen. Eines aber wird in allen Fällen erreicht, und um deswillen können meines Erachtens die vorerwähnten, nach Kräften zu vermeidenden Nachteile mit in den Kauf genommen werden: die allseitig geforderte Einschränkung des richterlichen Ermessens beim Ausmaß der Strafe[5]).

Beschränkt sich der Gesetzgeber darauf, alternative Strafdrohungen, Zuchthaus neben Gefängnis, aufzustellen und läßt er ohne weitere Bestimmung dem Richter die Wahl, auf die eine oder andere Strafart innerhalb des bestimmten Strafrahmens zu erkennen, so vermehrt er damit die Strafzumessungsgewalt gegenüber der nicht alternativen Strafdrohung ganz erheblich. Bestimmt er aber bei alternativer Strafdrohung, in welchen Fällen auf Zuchthaus erkannt werden muß, wie es Art. 47 Abs. 2 des Schweizer Entwurfes tut (vgl. noch § 20 RStGB.), so schränkt er damit das richterliche Ermessen wesentlich ein. Das gleiche ist der Fall, wenn er aus Gesinnung und Motiv hergeleitete allgemeine Strafmilderungsgründe aufstellt und gleichzeitig bestimmt, in welchem Maß die Strafe im Falle der Milderung gegenüber der ordentlichen Strafe festzusetzen ist (vgl. Art. 49 des Schweizer Entwurfes). Eine noch weitere Einschränkung aber erfährt das richerliche Ermessen bei der Strafzumessung, wenn dem obenerwähnten Vorschlage Lammaschs folgend noch Unterarten der einzelnen Deliktstatbestände aufgestellt und für sie besondere Strafrahmen geschaffen werden[6]). Will man also die als dringend erforderlich erkannte erhöhte Berücksichtigung der Gesinnung des Täters

---

[5]) Kahl, Verhandl. des 26. Deutschen Juristentages S. 236; Wach, Reform des Strafrechts S. 43, 44; Lammasch a. a. O. S. 192.

[6]) Vgl. auch v. Liszt: Vergleichende Darstellung des Deutschen und Ausländischen Strafrechts Bd. V S. 78.

durchführen und nicht gleichzeitig auf die ebenfalls als erforderlich erkannte Einschränkung des richterlichen Ermessens bei der Strafzumessung verzichten, so wird es wohl nötig erscheinen, mit der Aufstellung alternativer Strafdrohungen zugleich Bestimmungen ähnlich den in Art. 47—49 des Schweizer Entwurfes enthaltenen zu treffen und daneben auch, allerdings mit entsprechender Beschränkung, gewisse Unterarten der allgemeinen Deliktsbegriffe im Sinne der Vorschläge von Lammasch zu schaffen.

Ich komme demnach zu dem Ergebnis: Es ist bei Bestimmung der Strafe nach Art und Maß in Gesetz und Urteil mehr als bisher Gewicht zu legen auf die innere Gesinnung des Täters als auf den äußeren Erfolg der Tat, Tat und Täter sind gleichmäßig in Betracht zu ziehen, Gesinnung und Wille sind gleich dem Erfolge zu berücksichtigen, und zwar die Gesinnung vorzugsweise bei Wahl der Strafart, der Erfolg hauptsächlich bei Festsetzung des Strafmaßes.

Geschieht dies, so wird die Strafe auch mehr als bis jetzt dem Schutzzwecke, den die moderne Schule in den Vordergrund stellt, zu dienen geeignet sein. Berücksichtigen Gesetz, Strafrichter und Strafvollzug gleichwertig der Tat die Gesinnung des Täters, so ergibt sich von selbst, daß den Augenblicksverbrecher eine ganz andere Strafe trifft, als den Zustandsverbrecher, daß der Besserungsfähige anders behandelt wird als der Unverbesserliche, der Gemeingefährliche anders als der Ungefährliche, und es wird auf diesem Wege möglich sein, durch die Strafe neben der Vergeltung auch Abschreckung, Besserung und Sicherung erforderlichenfalls bis zur Unschädlichmachung zu erreichen. Es wird dann gestraft, wie schon die Carolina sagt: „Aus Lieb der Gerechtigkeit und um des gemeinen Nutzens willen.“

Soviel zu dieser grundlegenden Frage, ohne deren Erörterung sich ein Urteil über das empfehlenswerteste Strafmittelsystem überhaupt nicht gewinnen läßt. Andere allgemeine Gesichtspunkte, wie: scharfe Differenzierung der Freiheitsstrafen, Beibehaltung oder Abschaffung kurzzeitiger Freiheitsstrafen, Erweiterung des Anwendungsgebietes der Geldstrafe, unbestimmtes Strafmaß und bedingte Verurteilung u. a. werden besser bei Besprechung der Strafmittel im einzelnen Berücksichtigung finden können. Nur eine Frage möchte ich hier noch mit wenigen Worten berühren, die vielumstrittene Dreiteilung des bisherigen Strafgesetzbuchs. Die meisten verdammen sie in Grund und Boden, keinem aber ist es meines Erachtens bis jetzt gelungen, wenn man überhaupt eine derartige allgemeine Einteilung für nötig hält, etwas wesentlich besseres an ihre Stelle zu setzen.

v. Liszt[7]) nennt die Dreiteilung verkehrt, weil ihr praktischer Wert für den Prozeß infolge des Gerichtsverfassungsgesetzes sehr gering ist, weil ferner die Vergehen des StGB. mit den Verbrechen durchaus wiesensgleich sind, und die Übertretungen als polizeiliches Unrecht selbständig behandelt werden müssen.

Noch schärfer Wach[8]): „In der berüchtigten französisch-rechtlichen Trichotomie der strafbaren Handlungen mit ihrer Fülle willkürlicher Konsequenzen feiert der Formalismus den höchsten Triumph" und derselbe in den Blättern für Gefängniskunde 1903 S. 17: „Die Dreiteilung des StGB., mit der eminente Konsequenzen verbunden sind, ist als eine rein äußerliche und schablonenhafte zu verwerfen."

Rosenberg[9]) meint, die Dreiteilung beruhe nicht auf Begriffsmerkmalen, sondern auf Zweckmäßigkeitsgründen; eine materiell begründete Einteilung lasse sich nur durchführen, wenn das subjektive Verschulden des Täters die Grundlage der Einteilung bilde. Er schlägt demgemäß vor, einzuteilen nach: fahrlässigen, grobfahrlässigen, vorsätzlichen, böswilligen Handlungen und innerhalb jeder dieser Abteilungen zwischen geringen und erheblichen, durch die Verschiedenheit der angedrohten Strafen unterschiedenen Delikten. Ich glaube nicht, daß mit dieser Einteilung, der vor allem die nötige Einfachheit fehlt, praktisch viel anzufangen ist. Köhler[10]) will die Dreiteilung aufrechthalten, schlägt aber vor, daß bei Verbrechen nicht das angedrohte Strafmaximum entscheiden soll, sondern die verwirkte Strafe von bestimmter Höhe (mindestens 2 Jahre), für gewisse Fälle will er jedoch das Höchstmaß der erkannten Strafe aufrecht erhalten. Mit dem ersten Teile seiner Vorschläge würde allerdings, wie er zutreffend hervorhebt, vermieden, daß derjenige, der in einen Garten steigt und eine Rose stiehlt, bei einer Strafe von vielleicht drei Monaten Gefängnis zum Verbrecher gestempelt wird, während der mit fünf Jahren Gefängnis bestrafte Erpresser nur eines Vergehens sich schuldig gemacht hat. Einige ausländische Strafgesetze teilen lediglich ein in kriminelles Unrecht und polizeiliche Ordnungswidrigkeiten, so Holland: misdrivjen und overfredinge, Norwegen: forbrydelser und forseelser. Hier besteht das Bedenken, ob es eine gesetzgeberisch zu verwertende scharfe Grenzlinie zwischen kriminellem Unrecht und Ordnungswidrigkeit gibt. Der 26. Deutsche Juristentag hat geglaubt, diese Frage bejahen zu sollen

---

7) Lehrbuch des Deutschen Strafrechts, Berlin 1903 S. 120.

8) Rektoratsrede, Leipzig, 1902 S. 41.

9) Zeitschr. f. d. ges. Stfr. Bd. 22 S. 31 ff.

10) Reformfragen des Strafrechts, München 1903 S. 19/20.

und hat die Ausscheidung des Polizeistrafrechts aus dem Strafgesetzbuche vorgeschlagen. Geschieht dies, dann kann meines Erachtens um so leichter auf eine weitere Einteilung zwischen den übrig bleibenden Straftaten verzichtet werden, wie dies Seuffert[11]) vorschlägt. Geschieht es nicht, so wird es genügen, zwischen Verbrechen und Übertretungen zu unterscheiden, wie dies der Schweizer Entwurf getan hat, der übrigens davon absieht, eine allgemeine Bestimmung darüber zu treffen, was als Verbrechen und was als Übertretung anzusehen ist, und sich darauf beschränkt, den schwereren Fällen kriminellen Unrechts eine Reihe leichterer Fälle und reiner Polizeiübertretungen gegenüberzustellen. Art. 224 u. ff. und Motive zum Vorentwurfe S. 236 zu Art. 182.

III.

Das geltende Strafgesetzbuch unterscheidet zwischen Haupt- und Nebenstrafen. Erstere können allein, letztere nur neben einer Hauptstrafe verhängt werden. Unter den Nebenstrafen sind solche, welche erst nach Erledigung der Hauptstrafen zum Vollzuge gelangen (Nachstrafen). Die Strafen richten sich gegen Leben, Freiheit, Vermögen und Ehre des Verbrechers. Als Hauptstrafen kommen in Betracht: am Leben: die Todesstrafe; an der Freiheit: Zuchthaus, Gefängnis, Festungshaft, Haft; am Vermögen: Geldstrafen; an der Ehre: der Verweis. Nebenstrafen sind: an der Freiheit: die Zulassung der Stellung unter Polizeiaufsicht, Überweisung an die Landespolizeibehörde, Ausweisung aus dem Reichsgebiet; am Vermögen: der dauernde oder zeitige Verlust der Befugnis zum Gewerbebetriebe, soweit auf ihn im Urteile durch den Richter erkannt wird, die Veröffentlichung des Strafurteils (zugleich in einzelnen Fällen gegen die Ehre gerichtet), Einziehung §§ 40, 152, Verfallerklärung § 335; an der Ehre: die Aberkennung sämtlicher oder einzelner bürgerlicher Ehrenrechte, die Nebenstrafen in §§ 161 und 319 StGB. Bei einzelnen der voraufgeführten Maßregeln ist der Charakter der Strafe bestritten; ich halte es nicht für nötig, an dieser Stelle hierauf näher einzugehen.

Dies das Strafensystem des geltenden Rechts. Es fragt sich zunächst, ob es im allgemeinen beibehalten werden kann oder etwas vollkommen Neues an seine Stelle zu setzen ist. Ich bejahe die erstere Frage, wie dies auch v. Liszt und van Calker in den Gutachten für den 26. Deutschen Juristentag getan haben. Die Beibehaltung des Strafensystems im allgemeinen schließt aber selbstredend eine durchgreifende Reform

---

[11]) Ein neues Strafgesetzbuch für das Deutsche Reich S. 21/22 u. 26.

im einzelnen, Beseitigung oder gründliche Umgestaltung einzelner Strafmittel, Einführung neuer Strafmittel usw. nicht aus. In welchem Umfang und nach welcher Richtung sich eine solche Reform empfiehlt, soll der Gegenstand der folgenden Untersuchung sein.

IV.

Hauptstrafen.

A. Am Leben: Die Todesstrafe.

Ich halte es für überflüssig, die Frage der Beibehaltung oder Abschaffung hier näher zu erörtern. Der Gesetzgeber muß, wie schon erwähnt, stets das praktisch Erreichbare im Auge behalten und ein Strafgesetzentwurf, der die Abschaffung der Todesstrafe vorschlagen würde, hätte meines Erachtens nach den zur Zeit in Deutschland herrschenden Anschauungen kaum Aussicht, je Gesetz zu werden. Abgesehen von dieser politischen Erwägung sprechen übrigens auch die von den Verteidigern der Todesstrafe geltend gemachten, zur Genüge bekannten und hier nicht zu wiederholenden Gründe für deren Beibehaltung. Es wird sich also nur fragen: Ist das Anwendungsgebiet der Todesstrafe im neuen StGB. auszudehnen oder einzuschränken und soll, wie bisher, für einzelne, besonders schwere Straftaten die Todesstrafe als einzige Strafe angedroht werden. Die Todesstrafe findet sich zur Zeit in der Reichsstrafgesetzgebung abgesehen vom Militärstrafgesetzbuch in folgenden Fällen: als Strafe des vollendeten Mordes, als Strafe des Mordes und Mordversuchs am Kaiser, dem eigenen Landesherrn und dem Landesherrn des Aufenthaltsstaates, als Strafe des Mißbrauchs von Sprengstoffen unter den im § 5 Abs. 3 des Sprengstoffgesetzes näher bezeichneten Voraussetzungen, als Strafe der Veranstalter und Führer eines zum Zwecke des Sklavenraubes unternommenen Streifzuges nach Maßgabe des § 1 des Sklavenraubgesetzes. Erweiterte Anwendung findet die Todesstrafe bei Eintritt des Kriegsrechts. In den erstbezeichneten vier Fällen ist die Todesstrafe ausschließlich angedroht. Eine Androhung über diese Fälle hinaus erscheint nicht erforderlich, andererseits auch keine Einschränkung, wohl aber wird es sich empfehlen, in allen Fällen neben der Todesstrafe wahlweise Freiheitsstrafe zuzulassen. Es kann hier dahingestellt bleiben und gehört in den Rahmen des besonderen Teils des Strafgesetzbuchs, ob die vielangefochtene bisherige Unterscheidung zwischen Mord und Totschlag beibehalten oder ob etwa die gemeine vorsätzliche Tötung als Hauptbegriff gesetzt wird und hiervon die schwereren und leichteren Fälle ausgeschieden werden [12]). Im einen wie im anderen Falle ist die ausschließliche Androhung der Todesstrafe zu beseitigen. Wie Seuffert [13]) zutreffend bemerkt, können Schuld und Strafwürdigkeit auch bei den schwersten Verbrechen so verschieden sein, daß man den Richter nicht zwingen sollte, auf Todesstrafe zu erkennen. Erfolgt doch dermalen die Verurteilung zur Todesstrafe häufig in Fällen, in denen es allen Beteiligten von vornherein klar ist, daß sie nicht zum Vollzuge gelangt, vielmehr nachträglich im Gnadenwege in Freiheitsstrafe umgewandelt wird. Statt dessen erscheint es mir angezeigter, schon dem Richter die Möglichkeit zu geben, die verschiedenartig gelagerten Fälle verschiedenartig zu behandeln.

B. An der Freiheit: Die Freiheitsstrafe.

Bevor auf die Besprechung der einzelnen Freiheitsstrafen eingegangen wird, ist die Erörterung verschiedener allgemeiner Fragen erforderlich. Die Freiheitsstrafen werden nach wie vor den Mittelpunkt des Strafensystems zu bilden haben, mag man den Vergeltungs- oder den Zweckgedanken in den Vordergrund stellen oder durch die Strafe beiden gerecht zu werden versuchen. Schon mit Rücksicht auf ihre Teilbarkeit läßt die Freiheitsstrafe sich am leichtesten der Verschiedenheit der Tat und der Individualität des Täters anpassen, sie erscheint außerdem wenigstens bei sachgemäßem Vollzuge am geeignetsten, zu bessern, zu erziehen, wo überhaupt noch etwas zu bessern ist, sie dient aber auch am besten, abgesehen von der naturgemäß immer nur auf wenige Fälle beschränkt bleibenden Todesstrafe und der Deportation, über welche später noch einiges zu sagen sein wird, der Sicherung.

Fragen wir zunächst: wie viele Arten von Freiheitsstrafen soll es im neuen StGB. geben? Hier wie nicht leicht bei einer anderen Frage trifft das Wort Wachs zu: „Wir sind gewohnt das Gebiet des Strafensystems und Strafvollzugs als den Tummelplatz mannigfaltiger Reformgedanken anzusehen." Das bisherige Strafgesetzbuch kennt vier oder, wenn wir die geschärfte Haft als besondere Strafart ansehen wollen, fünf Arten von Freiheitsstrafen: Zuchthaus, Gefängnis, einfache und geschärfte Haft, Festungshaft. Über die Frage, ob diese Arten der Freiheitsstrafen beizubehalten sind oder die eine oder die andere beseitigt werden soll — eine Vermehrung wird abgesehen von dem vereinzelt aufgetauchten Vorschlage des Hausarrestes und der Aufnahme des Arbeits-

---

[12]) Vgl. die Ausführungen v. Liszts in der „Vergleichenden Darstellung des Deutschen und Ausländischen Strafrechts", Bd. V S. 61 ff.

[13]) Neues Strafgesetzbuch S. 57.

hauses und der Deportation in die Zahl der Haupt-Freiheitsstrafen meines Wissens von keiner Seite gefordert, — gehen die Anschauungen sehr auseinander.

v. Liszt[14]) will Haft und Festungshaft ausscheiden, van Calker[15]) auf die Haft verzichten, v. Bar[16]) fordert Haft für Übertretungen, soweit nicht Geldstrafe stattfindet, Gefängnis für Verurteilte, denen man die bürgerlichen Ehrenrechte beläßt oder nur beschränkt (Verlust der bekleideten Ämter usw.) aberkennt, Zuchthaus für Verurteilte, denen man die bürgerlichen Rechte in erweitertem Umfang aberkennt; die Festungshaft hält er für entbehrlich. Köhler[17]) will drei Strafarten nach ihrer Schwere unterscheiden: Zuchthaus, Gefängnis, Haft und innerhalb jeder Strafart zwei verschiedene Klassen des Strafvollzuges bilden, eine für die der Besserungsstrafe zu unterwerfenden und eine für die anderen. An Stelle der Festungshaft kann nach seiner Meinung Gefängnis und Haft treten. Seuffert[18]) setzt an Stelle von Zuchthaus, Gefängnis und Festungshaft: Gefängnis für Rohheit, Gemeinheit, Unzucht, Gewinnsucht und für besserungsfähige Verwahrloste, Haft für Leidenschaft, Unbotmäßigkeit, Auflehnung, Nachlässigkeit, Arbeitshaus für die Unverbesserlichen, wogegen von Sichart[19]) für Verbrechen als ordentliche Freiheitsstrafe Gefängnis, als außerordentliche Zuchthaus vorschlägt.

Vorstehende Aufzählung macht selbstredend keinen Anspruch auf Vollständigkeit; sie soll nur zeigen, in welchem Maße die Anschauungen gerade in dieser Frage auseinandergehen. Über einen Punkt aber besteht, glaube ich vollkommene Übereinstimmung: wir brauchen vor allem zwei nach Wesen und Vollzugsart schärfer als bisher voneinander verschiedene Arten von Freiheitsstrafen: die stets entehrende Zuchthausstrafe für das schwere, aus verwerflicher Gesinnung entsprungene Verbrechen und neben ihr die in der Regel nicht entehrende Gefängnisstrafe. Beide Strafarten sind auch im Vollzuge schärfer voneinander zu trennen. Jede muß in gesonderter Anstalt vollzogen werden, und es geht nicht an, den Unterschied, wie es bisher teilweise geschehen, im wesentlichen dahin zu machen, daß die Zuchthausstrafe im rechten, die Gefängnisstrafe im linken Flügel desselben Gebäudes vollzogen wird. Finanzielle Bedenken müssen hier

---

[14]) Gutachten zum 26. Deutschen Juristentag Bd. 1 S. 291, 302.

[15]) Gutachten zum 26. Deutschen Juristentag Bd. 2 S. 262.

[16]) Die Reform des Strafrechts S. 29 ff.

[17]) Reformfragen des Strafrechts.

[18]) Ein neues Strafgesetzbuch für das Deutsche Reich S. 61 ff., 66.

[19]) Bl. f. Gef. Bd. 37 S. 73 ff., vgl. hierzu aber auch Zeitschr. f. d. ges. StR. Bd. 21 S. 154 ff.

zurücktreten. Im Zuchthause unbedingter Arbeitszwang zu den in der Anstalt eingeführten Arbeiten, keinerlei Vergünstigung; im Gefängnis Arbeitszwang, soweit möglich nach den Fähigkeiten des Gefangenen, Erleichterungen inbezug auf Kleidung, Beköstigung usw. Die Bestimmungen in §§ 15, 16 StGB. werden nach dieser Richtung weiter auszubauen sein und an Stelle der durch Beschluß des Bundesrats vom 28. Oktober 1897 vereinbarten Grundsätze über den Strafvollzug wird ein für das ganze Reich gemeinschaftliches Strafvollzugsgesetz zu treten haben.

Erfolgt aber auch die allgemein geforderte schärfere Unterscheidung zwischen Zuchthaus- und Gefängnisstrafe, so glaube ich doch nicht, daß mit diesen beiden Strafarten allein auszukommen sein wird. Wir brauchen neben ihnen eine auf einfache Freiheitsentziehung mit Überwachung der Beschäftigung und Lebensweise gerichtete Strafe, ähnlich wie wir sie zur Zeit in der einfachen Haft und der Festungshaft besitzen und zwar nicht nur, wie bisher die Haft, für Übertretungen, mögen sie die leichtesten Formen kriminellen Unrechts oder bloße Ordnungswidrigkeiten darstellen, und nicht nur, wie die Festungshaft, für einzelne wenige, nicht aus ehrloser Gesinnung begangene Straftaten. Wenn auch in Zukunft durch erweiterte Anwendung und bessere Ausgestaltung der Geldstrafe eine Verurteilung zu Freiheitsstrafe in vielen Fällen, in denen sie bisher erfolgte, nicht mehr geschehen wird, so bleibt doch immer noch eine ganze Reihe von Fällen übrig, die eine sogenannte custodia honesta verlangen und diese Fälle werden sich mehren, wenn in höherem Maße als bisher neben dem äußeren Erfolge die Gesinnung des Täters Berücksichtigung findet. Ich denke hierbei außer an die jetzt ausschließlich oder wahlweise mit Festungshaft bedrohten Straftaten insbesondere an schwerere Fahrlässigkeitsvergehen, an manche Vergehen wider die öffentliche Ordnung u. a. Wird auch durch die schärfere Unterscheidung zwischen Zuchthaus und Gefängnis der Gefängnisstrafe in Zukunft der ihr bisher anhaftende entehrende Charakter im wesentlichen genommen, ein gewisser Makel an der Ehre bleibt auch dem zukünftigen Gefängnissträfling nicht erspart. Hier darf nicht nur mit streng juristischen Begriffen, es muß auch mit der allgemeinen Volksanschauung gerechnet werden. Die Gesellschaft im Gefängnis wird ja in Zukunft besser werden, als sie bisher war, wenn gerade bei Wahl der Strafart mehr Rücksicht genommen wird auf die Gesinnung des Täters. Der gewohnheitsmäßige Erpresser, der gewerbsmäßige Wucherer und andere derartige Ehrenmänner werden voraussichtlich dorthin wandern, wohin sie gehören, ins Zuchthaus. Aber trotzdem bleiben im Gefängnis noch eine ganze Reihe von Elementen zurück, mit denen zusammengesperrt zu werden der anständige Mensch, der das Unglück hat, mit dem Strafgesetzbuch in Konflikt zu kommen, und der trotzdem sowohl in den Augen des Richters als der normal empfindenden Gesamtheit noch ein anständiger Mensch geblieben ist, mit Recht als unbillige Härte empfindet. Eben deshalb erachte ich neben Zuchthaus und Gefängnis eine derartige Haftstrafe für erforderlich, die im wesentlichen als einfache Freiheitsentziehung sich darstellt und streng gesondert von Zuchthaus und Gefängnis in ähnlicher Weise wie die bisherige Festungshaft vollzogen wird.[20]) Sie wäre bei den einzelnen für sie in Betracht kommenden Straftaten entweder ausschließlich oder wohl in den meisten Fällen wahlweise neben Geldstrafe anzudrohen, dabei aber dem Richter, ähnlich wie es zur Zeit in § 20 StGB. geschieht, aber in erweitertem Umfange, die Möglichkeit zu geben, auch bei sogenannten schweren Verbrechen statt auf Zuchthaus oder Gefängnis auf diese Haftstrafe zu erkennen, wenn die besonderen Umstände des Falles, Art der Begehung, Persönlichkeit, Gesinnung, Beweggründe des Täters dies angezeigt erscheinen lassen. In der Höchstdauer wäre sie der Zuchthausstrafe gleichzusetzen. Die bisherige Festungshaft würde damit entbehrlich. Die hier vorgeschlagene Haft könnte gleichzeitig als Strafe für Übertretungen dienen, vorausgesetzt, daß diese nicht, wie vorgeschlagen, aus dem Strafgesetzbuch ausscheiden und soweit sie nicht, wenn sie nicht ausscheiden, in Zukunft mehr wie bisher ausschließlich mit Geldstrafe bedroht werden. Selbstredend dürfte dann Bettel, Landstreicherei und gewerbsmäßige Unzucht fortab nicht mehr als Übertretung angesehen werden, was wohl auch kaum beabsichtigt ist.

Ich glaube, diese drei Arten von Freiheitsstrafen würden genügen: stets entehrende Zuchthausstrafe für schwere aus verwerflicher Gesinnung begangene Verbrechen, desgleichen als Regelstrafe für wiederholt Rückfällige, gewohnheits- und gewerbsmäßige Verbrechen, worüber später näheres zu sagen sein wird, nie entehrende Haftstrafe für besonders leichte Straftaten, die schon ihrer Natur nach nicht aus verwerflicher Gesinnung begangen werden können, gleichzeitig aber auch für schwere Straftaten, wenn sie im einzelnen Falle nicht aus verwerflicher Gesinnung begangen sind und die besonderen Tatumstände eine mindestens der Strafart nach ausnahmsweise milde Beurteilung verlangen; dazwischen die in der Regel nicht entehrende Gefängnisstrafe für diejenigen Straftaten, für welche sich nach den oben erörterten Gesichtspunkten weder Zuchthaus- noch Haftstrafe eignet.

---

[20]) Vgl. Zeitschr. f. d. ges. Str. Bd. 24, S. 148ff.; Bl. f. Gefgsk. Bd. 38, S. 87ff.; v. Bar, Reform des Strafrechts S. 5/6.

Sollen neue Arten von Freiheitsstrafen als Hauptstrafen eingeführt werden? Ich glaube nicht. Vereinzelt wurde Hausarrest vorgeschlagen, auch Wirtshausverbot und ähnliche, teilweise Beschränkungen der persönlichen Freiheit enthaltende Maßnahmen. Meines Erachtens scheitern sie schon an der Unmöglichkeit einer ausreichenden Überwachung des Vollzuges mindestens in den größeren Städten.

Von einzelnen wurde als weitere Hauptstrafe im System der Freiheitsstrafe das Arbeitshaus vorgeschlagen, so von Seuffert[21]) für mehrfach Rückfällige und Unverbesserliche, von Gennat[22]) für Arbeitsfähige aber Arbeitsunwillige, die aus Müßiggang, Trunksucht oder Liederlichkeit gehandelt haben. Ich möchte diesen Vorschlägen nicht zustimmen. Für wiederholt Rückfällige ist m. E. das Zuchthaus da; ob es Unverbesserliche gibt oder richtiger, ob die „Unverbesserlichkeit" im einzelnen Falle hinreichend sicher festgestellt werden kann, erscheint mir zweifelhaft — darüber später noch einiges; für Müßiggänger, Trunkenbolde, Liederliche — wohl in erster Linie Bettler, Landstreicher, Zuhälter, Dirnen — empfiehlt sich ja ohne Zweifel eine vorzugsweise auf Gewöhnung an Zucht, Sitte und vor allem Arbeit gerichtete Strafe; ich meine, dieser Zweck läßt sich aber auch erreichen durch eine korrektionelle Nachhaft, und ich möchte deshalb das Arbeitshaus als Nebenstrafe wie bisher beibehalten wissen, es aber nicht als weitere Hauptstrafart neu aufnehmen.

Ein Strafmittel bliebe noch übrig, das als Hauptfreiheitsstrafe in Frage kommen könnte, die Deportation. Der Deutsche Juristentag hat schon bei seiner 24. Tagung die Frage, ob sich die Einführung der Deportation empfiehlt, geprüft und verneint; zu dem gleichen Ergebnis kommt Korn[23]), der sich wohl am eingehendsten mit der Frage beschäftigt hat. Bei dieser Sachlage bin ich mir völlig klar darüber, daß eine Befürwortung der Deportation wenig Aussicht auf Erfolg hat. Wenn ich eine solche dennoch versuche, so geschieht es, weil ich zwar nicht wie Kohler[24]) in ihr „das Straf- und Heilmittel der Zukunft sehe", aber sie mit Kahl[25]) für ein vorzügliches Strafmittel halte, das, wenn die seiner Einführung entgegenstehenden praktischen und technischen Schwierigkeiten beseitigt werden können, besser als die meisten anderen Strafmittel geeignet ist, allen Aufgaben der Strafe: Vergeltung, Abschreckung, Besserung,

---

[21]) Das Neue Strafgesetzbuch S. 61ff.

[22]) Bl. f. Gefgsk. Bd. 37, S. 44f.

[23]) Korn: Ist die Deportation unter den heutigen Verhältnissen als Strafmittel praktisch verwertbar?

[24]) Einführung in die Rechtswissenschaft, Leipzig 1902, S. 151.

[25]) Vortrag in der Gehestiftung v. 9. II 07. Jahrb. der Gehestiftung 12—13.

Sicherung zu dienen. Korn (S. 155) nennt die Deportation ein absterbendes Rechtsinstitut. Nach der Entwicklung, die sie bei den Völkern, welche sie bisher hatten, genommen hat, mag das zutreffen. Sollte der Grund nicht aber mehr auf technischen Fehlern als darauf beruhen, daß die Deportation sich überhaupt nicht als Strafmittel eigne? Er spricht ihr auch abschreckende, bessernde, sichernde Wirkung ab (S. 162ff.), muß aber (S. 205) zugeben, daß sie den Gefangenen auf eigenen Erwerb nach der Entlassung vorbereitet und ihm leichter Gelegenheit bietet, wieder ein achtbarer Bürger zu werden, als der Strafvollzug im Inland. Das kann doch nur heißen: die Deportation ist geeignet, den Sträfling zu einem brauchbaren Menschen umzuwandeln, was Korn selbst (S. 226) als den idealen Zweck der Freiheitsstrafe bezeichnet. Welches unserer bisherigen Strafmittel ist hierzu geeignet, etwa Zuchthaus oder Gefängnis? Die Ziffern der Rückfallstatistik geben, meine ich, eine deutliche Antwort. Ist hiermit die Fähigkeit der Deportation, mehr als andere Strafen der Besserung — Besserung hier nicht sowohl im Sinne der stets höchst zweifelhaften moralischen Besserung, sondern im Sinne der Gewöhnung des Verbrechers an Zucht, Ordnung und Arbeit und Anpassung an die bestehenden sozialen Verhältnisse gemeint — zu dienen, von einem ihrer überzeugtesten Gegner zugegeben, so halte ich dafür, daß auch die übrigen Strafzwecke durch die Deportation mindestens ebenso gut als durch die bisherigen Strafmittel erreicht werden können. Ich sehe nicht ein, weshalb die Deportation schon mit Rücksicht auf die mit ihr verbundene Losreißung von der Heimat und allen dem Verbrecher bisher gewohnten Verhältnissen, zumal wenn sie mit strenger Disziplin und intensiver Arbeit am Verschickungsort verbunden wird, vom Verbrecher nicht in gleichem Maße als Übel empfunden werden, ihm und der Gesamtheit gegenüber nicht in gleicher Weise abschreckend wirken sollte, wie eine im Inland zu vollstreckende Zuchthausstrafe. Gerade aber als Sicherungsstrafe könnte die Deportation ganz vorzügliche Dienste leisten. Die Vertreter der modernen Schule verlangen Unschädlichmachung des unverbesserlichen, gemeingefährlichen Gewohnheitsverbrechers. Diese kann dermalen nur durch dauernde Einsperrung im Zuchthause oder einer mit anderem Namen ausgestatteten, im übrigen wesentlich gleichen Anstalt erreicht werden. Ich glaube nicht, daß irgend ein Gesetzgeber sich entschließen wird, diese letzte Konsequenz jener im kriminalpolitischen und sozialen Interesse vielleicht gerechtfertigten Forderung zu ziehen. Anders, wenn die Deportation in Frage kommt. Es besteht ein wesentlicher Unterschied, ob ich den sogen. Unverbesserlichen lebenslänglich ins Zuchthaus sperre, oder ob ich ihn zu dauernder Ansiedlung im Verschickungsgebiet verurteile; ersteres würde unser Volksempfinden nie begreifen, mit letzterem sich leicht einverstanden erklären. Außerdem aber würde, wie ja auch Korn zugibt, gerade die Deportation am ehesten geeignet sein, dem für unverbesserlich Erachteten — ob Unverbesserlichkeit überhaupt sicher festzustellen ist, unterliegt, wie schon erwähnt, erheblichen Zweifeln — die Möglichkeit zu geben, wieder ein brauchbares Glied der menschlichen Gesellschaft zu werden, und es brauchte deshalb in vielen Fällen gar nicht zu jenem äußersten Mittel dauernder Verschickung gegriffen zu werden. Schließlich wird eingewendet: der Grundsatz „Gleiches Verbrechen gleiche Strafe" sei nirgends weniger durchzuführen als bei der Deportation, schon deshalb, weil sie gegen Frauen in der Regel überhaupt nicht und auch bei Männern nur gegen jugendliche, gesunde und arbeitsfähige Verbrecher erkannt werden könne (Korn S. 179). Ich halte diesen Einwand für hinfällig. Der Satz: „Gleiches Verbrechen, gleiche Strafe" wird in Zukunft, wenn nicht mehr nur das Verbrechen, sondern daneben auch der Verbrecher den Gegenstand strafrechtlicher Behandlung bildet, ohnehin wesentlich an Bedeutung verlieren. Abgesehen davon aber: wirken denn die heute für die gleichen Verbrechen erkannten gleichen Strafen gleichmäßig gegenüber den verschiedenen Verurteilten?

Durchgreifende prinzipielle Bedenken dürften sonach gegen die Deportation nicht bestehen, im Gegenteil erscheint sie mir als ein durchaus geeignetes vorzügliches Strafmittel.

Ob sie nach dem Stande unserer Kolonien für Deutschland praktisch durchzuführen ist, und wie die Durchführung technisch zu gestalten wäre, entzieht sich meiner Beurteilung. Korn bestreitet die Möglichkeit der Durchführung für Deutschland; ob seine Gründe nach der Entwickelung, die unsere Kolonien in den letzten 10 Jahren erfahren haben, auch soweit sie seinerzeit zutreffen mochten, noch heute zutreffen, kann zweifelhaft sein. Daß die Deportation unter Umständen nicht nur kriminalpolitisch, sondern auch nach der Seite der Kolonial- und Sozialpolitik gute Dienste leisten könnte, hat schon Bruch[26]) hervorgehoben.

Nach den Strafarten kommt zunächst die Strafdauer in Frage. Hier sind es vor allem zwei Fragen, die den heftigsten Kampf der Meinungen hervorgerufen haben: Unbestimmte Verurteilung und kurzzeitige Freiheitsstrafen. Bleiben wir zunächst bei der ersten. Ihre Verteidiger, die in konsequenter Fortführung des Gedankens der Zweckstrafe sich ausschließend im Lager der modernen Schule befinden, sagen:

---

[26]) Bl. f. Gefgskunde Bd. 38, S. 241 ff.; Mitteil. der Internat. krim. Ver. Bd. 6, S. 363 ff.; derselbe: Fort mit den Zuchthäusern (Breslau 1894).

Auf den Menschen, nicht auf die Tat kommt es an, den Menschen lernen wir aber erst während des Strafvollzuges kennen, deshalb kann die endgültige Strafzumessung erst während des Strafvollzuges eintreten. Strafvollzugsämter sind zur endgültigen Festsetzung der Strafdauer zu berufen, bestehend aus dem Leiter der Anstalt, dem Staatsanwalte, dem Untersuchungsrichter und zwei von der Regierung zu ernennenden Vertrauensmännern. Der Richter setzt die Strafe nur zwischen dem ihm angemessen erscheinenden oder gesetzlich bestimmten Mindest- und Höchstmaße fest, das Mindestmaß der Strafe ist unter allen Umständen zu vollziehen, wie lange darüber hinaus der Verurteilte in Haft zu behalten ist, bestimmt das Strafvollzugsamt[27]). Andere gehen noch weiter und wollen auf die richterliche Strafzumessung überhaupt verzichten, so daß der Richter nur über Schuld oder Nichtschuld befindet und über die Strafart, das Strafmaß aber lediglich durch das Vollzugsamt bestimmt wird.

Ich bekenne mich als ausgesprochenen Gegner der unbestimmten Verurteilung. Hier wird die Strafe zur reinen Gesinnungsstrafe, und zwar wird maßgebend für ihre Dauer nicht so sehr die vom Täter bei und durch Ausführung der Tat bekundete Gesinnung, als vielmehr die Gesinnung, die er während des Strafvollzuges an den Tag legt. Mag die richterliche Strafzumessung häufig Mängel zeigen, wer bürgt für die richtige Entscheidung des Strafvollzugsamtes? Ist es nicht eine allgemeine Erfahrung, daß gerade die raffiniertesten Verbrecher sich im Zuchthause am besten führen? Wird nicht durch solche Führung unwillkürlich der Vollzugsbeamte, der doch wie der Richter auch nur Mensch ist, sich in seinem Urteile beeinflussen lassen? Er aber wird immer die Seele des sogen. Vollzugsamtes sein. Der Staatsanwalt, der Untersuchungsrichter haben den Verbrecher aus dem Auge verloren, sie haben vielleicht inzwischen gewechselt, hatten also vorher überhaupt nicht mit ihm zu tun, die Vertrauensmänner lernen ihn ohnehin nur durch die Brille des Anstaltsbeamten kennen. Man denke sich, das Strafvollzugsamt entläßt von zwei der gleichen Straftat wegen zu gleicher Strafe z. B. 2 bis 5 Jahren Zuchthaus Verurteilten den einen nach zwei Jahren, den anderen behält es zunächst noch ein Jahr, dann ein zweites, schließlich ein drittes, weil er bis dahin noch immer keine hinreichenden Beweise von Besserung oder Ungefährlichkeit, keine Zunahme sozialer Gesinnung gezeigt hat. Hier verflacht die Strafe zur reinen Sicherungsmaßregel, wie Kahl[28]) zutreffend bemerkt. Wird aber der nicht entlassene Verurteilte

---

[27]) v. Liszt, Kriminalpolitische Aufgaben, Ztsch. f. d. ges. Stfr. Bd. 9, S. 452ff.
[28]) Jahrb. der Gehestiftung 1906, Vortrag vom 9. Febr. 1907.

die weitere Strafe auch noch als gerecht empfinden, wird er sich nicht der Willkür preisgegeben glauben? Ich gehe nicht soweit wie Wach[29]), der meint, das ganze System ist Willkür und Ungerechtigkeit, aber ich glaube, vergleicht man die Mängel richterlicher Strafzumessung mit den Mängeln, die bei der Bestimmung des Strafmaßes durch das Strafvollzugsamt drohen, so sind die ersteren immer noch die geringeren. Man treffe im Gesetze die erforderlichen Bestimmungen, die den Richter darauf hinweisen, bei Festsetzung der Strafe nach Art und Maß neben der Tat die Persönlichkeit des Täters mehr als bisher zu berücksichtigen, man gebe ihm gleichzeitig durch Aufstellung alternativer Strafrahmen die Möglichkeit, der Individualität des Verbrechens in erhöhtem Maße gerecht zu werden, ich glaube er ist dann ebensogut wie das Strafvollzugsamt in der Lage, die „angemessene" Strafe zu finden, soweit dies in den Grenzen menschlichen Könnens und Erkennens überhaupt möglich ist. Eines aber wird, und darauf lege ich das Hauptgewicht, in diesem Falle unter allen Umständen vermieden, daß die Dauer der Strafzeit bemessen wird nicht sowohl nach der Bedeutung der Tat und der vom Täter durch die Tat bekundeten Gesinnung als durch das Verhalten des Täters in der Strafanstalt. Dieses mag wie bisher berücksichtigt werden im Wege der Begnadigung und der vorläufigen Entlassung, aber nicht weiter. Möchte ich sonach die Aufnahme der unbestimmten Verurteilung in unser neues Strafgesetzbuch im allgemeinen entschieden ablehnen, so gibt es doch vielleicht ein Gebiet, auf welchem ihre Anwendung beschränkt in Frage kommen könnte, nämlich gegenüber vielfach Rückfälligen, Gewohnheits- und gewerbsmäßigen Verbrechern, aber auch hier nicht in der Form der eigentlichen unbestimmten Verurteilung, sondern als Sicherungsnachhaft von unbestimmter Dauer. Hierüber wird später bei Besprechung dieser Kategorien von Verbrechern das Nähere zu erörtern sein.

Es dürfte sich empfehlen, im Zusammenhange mit der Frage der unbestimmten Verurteilung gleich die Frage der richterlichen Strafzumessung zu behandeln. Ich habe diese Frage schon oben S. 264 berührt und kann mich zur Vermeidung von Wiederholungen hier auf weniges beschränken. Mit Recht wird eine Einschränkung der richterlichen Strafzumessungsgewalt gefordert und sie wird um so notwendiger, je weiter durch vermehrte Aufstellung alternativer Strafdrohungen die Möglichkeit ausgedehnt wird, im einzelnen Falle auf verschiedene, nicht nur der Art, sondern auch dem Maße nach sich unterscheidende Strafen zu erkennen. Ich habe bereits oben darauf hingewiesen, daß eine solche

---

[29]) Reform des Strafrechts S. 56.

Einschränkung teilweise erreicht werden kann durch schärfere Spezialisierung der Tatbestände, Schaffung von Deliktsunterarten mit bestimmten einzelnen Strafrahmen, außerdem aber durch allgemeine Bestimmungen darüber, in welchen Fällen bei alternativer Strafdrohung auf entehrende, in welchen auf nicht entehrende Strafe erkannt werden soll (vgl. Schweizer Entwurf Art. 47 Abs. 2) und weiter durch exemplifizierende, wie Wach[30]) vorschlägt, oder erschöpfende, wie Lammasch[31]) will, Aufzählung zahlreicher allgemeiner und besonderer Erschwerungs- und Milderungsgründe, die eine Erhöhung oder Verminderung desjenigen Strafmaßes, auf welches sonst zu erkennen gewesen wäre, um eine bestimmte Größe oder bis zu einer gewissen Grenze nach sich ziehen sollen (vgl. Schweizer Entwurf Art. 48, 49 und § 29 des Italienischen Gesetzbuchs von 1889). Ob außerdem noch besondere Vorschriften über die Strafzumessung (Strafmehrungs- und Strafminderungsgründe innerhalb des ordentlichen Strafrahmens) in das Gesetz aufgenommen werden sollen, kann hier unerörtert bleiben, da, soviel mir bekannt, diese Frage im besonderen von Hoegel und Finger zu erstattenden Gutachten behandelt werden soll. Ich möchte jedoch nicht unterlassen, an dieser Stelle auf die Bestimmungen in Art. 90—95 des alten bayerischen Strafgesetzbuchs vom Jahre 1813 hinzuweisen. Wenn dort Art. 90 gesagt ist: „der Richter ist befugt und verpflichtet, dem Verbrecher nach den eigentümlichen, die Strafbarkeit mehrenden oder mindernden Umständen des besonderen Falles das Maß der Strafe in anpassendem Grade zuzumessen und soll zu diesem Zweck teils auf die Beschaffenheit der zu bestrafenden Handlung an und für sich, teils auf die Größe der Gesetzwidrigkeit des Willens Rücksicht nehmen, und wenn dann in den folgenden Artikeln die einzelnen Umstände angegeben sind, bei deren Vorliegen die Strafe einmal rücksichtlich der Beschaffenheit der Handlung (Art. 91), sodann rücksichtlich der Gesetzwidrigkeit des Willens (Art. 92—95) steigt oder fällt, so ist hier dem Gedanken, daß nicht nur die Tat, sondern ebenso der Täter Gegenstand strafrechtlicher Behandlung sein muß, in ganz moderner Weise Rechnung getragen. Es ist nicht zu verkennen, daß trotz alledem dem Richter noch ein weiter Spielraum für die Strafzumessung bleibt und daß die in Zukunft zu fordernde feinere Nüancierung des Strafmaßes erhöhte Anforderungen an seine Tüchtigkeit und Urteilskraft stellt. Ich zweifle jedoch nicht, daß er bei gutem Willen diesen Anforderungen wird genügen können zumal dann, wenn man sich entschließt, die zur Zeit noch vielfach

---

30) Reform des Strafrechts S. 43, 44.

31) Gerichtssaal Bd. 44 S. 198.

verbreitete Anschauung, als sei die Strafjustiz gewissermaßen eine Justiz zweiter Güte, aufzugeben und infolgedessen davon absieht, die Strafkammern zum Versuchsfelde für junge Assessoren und zur Ruhestätte für bequem gewordene ältere Herrn zu machen. Der Strafrichter der Gegenwart und noch mehr derjenige der Zukunft braucht mindestens dasselbe Maß juristischer und allgemeiner geistiger Befähigung wie der Zivilrichter, und sofern wirklich, wie vielfach behauptet wird, das Vertrauen des Volkes in die Rechtsprechung teilweise verloren gegangen und wieder zu gewinnen wäre, so dürfte hierzu kein Mittel geeigneter erscheinen, als möglichste Hebung der Strafrechtspflege, wozu in erster Linie Besetzung der Strafgerichte nur mit den besten Richterkräften gehört. Schließlich steht unserem Volke das Hemd doch immer noch näher als der Rock, Leben, Ehre und Freiheit, über die der Strafrichter entscheidet, höher als der Geldbeutel.

Bevor ich auf die Frage des Mindest- und Höchstmaßes der einzelnen Arten von Freiheitsstrafen eingehe, möchte ich die Frage der kurzzeitigen Freiheitsstrafen erörtern.

Was heißt „kurzzeitige" Freiheitsstrafe? Die einen verstehen darunter Strafen bis zu einem Monat, die anderen Strafen bis zu 6 Wochen, wieder andere bis zu 3 Monaten. Wesentliche Bedeutung kommt dieser Unterscheidung nicht zu, die eine wie die andere Annahme läßt sich gleichmäßig rechtfertigen. Sagen wir: kurzzeitig sind alle Freiheitsstrafen unter 6 Wochen. Tunlichste (teilweise auch vollkommene) Beseitigung oder doch möglichste Einschränkung dieser kurzzeitigen Freiheitsstrafen wird vielfach gefordert. Man sagt: sie werden nicht als ernstes Übel empfunden, sie schrecken nicht ab, sie bessern nicht, dem Verdorbenen sind sie gleichgültig, den Guten, dem sie einen Makel aufdrücken, verderben sie[32]). Diese Vorwürfe entbehren nicht der Begründung. Trotzdem kann eine völlige Abschaffung der kurzzeitigen Freiheitsstrafen nicht befürwortet werden, denn sie sind in zahlreichen Fällen einfach unentbehrlich. Man wird alles versuchen müssen, sie möglichst einzuschränken und durch andere Strafmittel soweit tunlich zu ersetzen, aber auch wenn dies gelingt, bleibt immer noch eine Menge von Fällen übrig, in denen auf anderes als kurze Freiheitsstrafe nicht erkannt werden kann. Man wird vielfach in Zukunft da, wo jetzt auf kurze Freiheitsstrafe erkannt wird, auf Geldstrafe erkennen können, zumal wenn diese, wovon später, entsprechend

---

[32]) Vgl. hierzu: Aschrott, Ersatz kurzzeitiger Freiheitsstrafen; Wach, Reform der Freiheitsstrafe S. 17; Bl. f. Gef. Bd. 27 S. 380 ff.; v. Liszt, Zeitschr. f. d. ges. Stfr. Bd. 9 S. 737 ff.

umgestaltet wird. Vielfach aber wird von der Verhängung von Geldstrafen schon mit Rücksicht auf die notorische Vermögenslosigkeit des Täters abgesehen werden müssen und in zahlreichen Fällen, in denen anfänglich auf Geldstrafe erkannt wurde, ist diese nachträglich wegen Uneinbringlichkeit in Freiheitsstrafe — soweit nicht mit Zwangsarbeit zu helfen ist — umzuwandeln. Eine völlige Beseitigung der kurzzeitigen Freiheitsstrafen ist also meines Erachtens nicht möglich; denn es geht doch auch nicht an, nur des Prinzips halber, in Fällen, in welchen eine Strafe von einigen Tagen oder ein paar Wochen angemessen erscheint, auf 6 Wochen Gefängnis oder Haft zu erkennen. Können wir sonach die kurzzeitigen Freiheitsstrafen nicht völlig entbehren, so haben wir doch allen Anlaß, ihren Vollzug derart zu gestalten, daß die ihnen offensichtlich anhaftenden Mängel möglichst beseitigt werden. Bessern sollen und können sie nicht. Der Augenblicksverbrecher, um mich dieses Ausdrucks zu bedienen, braucht nicht gebessert zu werden, den besserungsbedürftigen Gewohnheitsverbrecher, so weit gegen ihn kurze Freiheitsstrafen überhaupt zur Anwendung kommen, können sie schon wegen Kürze der Zeit nicht bessern, auch dann nicht, wenn mindestens auf 6 Wochen erkannt wird. Es kann sich also nur darum handeln, sie so zu gestalten, daß sie als entsprechendes Übel empfunden werden, soweit möglich abschrecken und vor allem nicht verderben. Ersteres wird am besten erreicht durch Zulassung ausgiebiger Strafschärfungen beim Vollzuge[33]). Wo bei langen Strafen schon die Dauer an sich schärfend wirkt, muß bei kurzen durch besondere Schärfung des Vollzugs geholfen werden. Als solche Schärfungsmittel kommen in Betracht: Verbot aller Besuche, Korrespondenz und Lektüre, kürzere Bewegung im Freien, keine Zusatznahrungsmittel, Beschränkung der Nahrung auf das nötigste, Dunkelarrest, hartes Lager, scharfer Arbeitszwang ohne Anteil am Arbeitsverdienste. Die Schärfungsmittel der Verdunkelung der Zelle und des harten Lagers sind in die Hand des Richters zu geben, der insbesondere gegenüber Roheitsdelikten von ihnen Gebrauch machen wird, die übrigen Schärfungen können regelmäßig mit dem Vollzuge kurzzeitiger Freiheitsstrafen verbunden werden. Doch gilt dies alles nur für den Vollzug kurzzeitiger Gefängnisstrafen. Bei Haftstrafen, wenn sie beschränkt bleiben auf die oben S. 36 erwähnten Fälle, erscheinen solche Schärfungen nicht nötig, hier wird schon die Tatsache der Freiheitsentziehung allein hinreichend als Übel empfunden, und soweit erforderlich, abschreckend wirken. Die kurzzeitigen Gefängnisstrafen sollen aber vor allem nicht verderben.

---

[33]) Vgl. Verhandl. des 23. Deutsch. Jur.-Tags Bd. 3 S. 352, 882.

Dies ist am leichtesten dadurch zu erreichen, daß sie, soweit irgend möglich, in Einzelhaft vollzogen werden, oder daß wenigstens, soweit dies nicht möglich, eine strenge Sonderung der Gefangenen nach Straftat, Alter, Vorleben usw. stattfindet. Wird der Vollzug kurzzeitiger Gefängnisstrafen nach diesen Richtungen umgestaltet, so werden die wesentlichsten Bedenken, die gegen diese Strafen bisher geltend gemacht wurden und die weniger im Strafmittel selbst als im bisherigen Vollzuge gelegen sind, schwinden.

Kann also eine völlige Beseitigung kurzzeitiger Freiheitsstrafen nicht in Frage kommen, so ist doch, wie schon oben bemerkt, auf ihre tunlichste Einschränkung hinzuwirken. Dies führt zu der Frage, welche Ersatzmittel uns für die kurzzeitigen Freiheitsstrafen zu Gebote stehen. Als solche werden genannt: Hausarrest, Aufenthaltsbeschränkungen (Wirtshausverbot), Zwangsarbeit, Verweis, Friedensbürgschaft, Prügelstrafe, Geldstrafe, bedingte Verurteilung.

Über Hausarrest habe ich mich schon oben geäußert. Er scheitert m. E. schon an der Unmöglichkeit hinreichender Überwachung des Vollzugs. Das gleiche gilt für die Aufenthaltsbeschränkungen, soweit sie im Wirtshausverbot und ähnlichen Maßregeln bestehen. Allgemeine Aufenthaltsbeschränkungen aber würden bei leichten Straftaten als zu harte Schädigung empfunden. Prügelstrafe kann als Strafmittel m. E. heutzutage ernstlich nicht mehr in Frage kommen. Zwangsarbeit, Heranziehung des Verurteilten zu öffentlichen Arbeiten, wie sie das Preuß. Forstdiebstahlsgesetz kennt, würde an sich und vorausgesetzt, daß der Vollzug nicht besonderen Schwierigkeiten begegnet, ein geeignetes Ersatzmittel kurzzeitiger Freiheitsstrafen bilden können. Der Arbeitszwang, das bessernde und züchtigende Moment der Strafe, ließe sich, wie v. Liszt (Ztschr. f. d. g. Stfr. Bd. 9 S. 764) zutreffend hervorhebt, bei dieser Zwangsarbeit ohne Einsperrung erreichen unter Vermeidung des squalor carceris, den der Gefangene nicht mehr los wird. Das Anwendungsgebiet würde allerdings ein beschränktes bleiben. Für gebildete Verurteilte fehlt geeignete Arbeit. Auch der Vollzug wird auf Schwierigkeiten stoßen. Staatswerkstätten könnten nur in großen Städten errichtet werden. Gemeinsame Beschäftigung mit freien Arbeitern wird leicht deren Widerstand hervorrufen. Wird aber die Zwangsarbeit während der Arbeitszeit im Gefängnisse geleistet, so wird der Unterschied zwischen dem Gefangenen und dem ohne Einsperrung arbeitenden Zwangsarbeiter schon ziemlich verwischt. Gerade diese Schwierigkeiten im Vollzuge werden die Zwangsarbeit ohne Einsperrung immer nur in beschränktem Maße als Ersatzmittel für kurzzeitige Freiheitsstrafen in Betracht kommen lassen.

Lucas[34]) glaubt, daß Zwangsarbeit ohne Einsperrung überhaupt nicht durchzuführen sei.

Daß auch mit einer Ausdehnung des Verweises nicht viel zu gewinnen wäre, wird später bei Besprechung dieses Strafmittels zu erörtern sein.

Manche halten die Friedensbürgschaft für ein geeignetes Ersatzmittel kurzzeitiger Freiheitsstrafen.

Die Friedensbürgschaft, die in England ihre geschichtliche Entwicklung und jetzige Gestaltung erfahren hat,[35]) sollte durch die Novelle (§ 39a des Entwurfes) im Strafgesetzbuche von 1876 nach Deutschland verpflanzt werden, nicht als Hauptstrafe, sondern als Nebenstrafe in der Höhe von 30—3000 Mk. In dieser Form, in der sie vorzugsweise auch in England zur Anwendung kommt, dient sie nicht als Ersatz der Freiheitsstrafe, sondern wird neben dieser oder der Geldstrafe erkannt. Der Verurteilte verpflichtet sich durch Kautionsleistung oder Bürgschaft während einer gewissen Zeit ein legales Verhalten zu beobachten und im Hinblick darauf wird die Freiheitsstrafe niedriger bemessen oder an ihrer Stelle auf Geldstrafe erkannt. Der von der Regierung im Jahre 1875/76 gemachte Vorschlag, die Friedensbürgschaft als Nebenstrafe einzuführen, wurde abgelehnt.

Als Ersatzmittel für kurzzeitige Freiheitsstrafen könnte sie in der Art Verwendung finden, daß der Ausspruch oder Vollzug einer an sich zu verhängenden Freiheitsstrafe nach Leistung der Kaution oder Bürgschaft wegfällt, wenn der Täter sich innerhalb bestimmter Zeit legal führt, oder auch in der Weise, daß sie neben andern Ersatzmitteln kurzzeitiger Freiheitsstrafen, etwa Verweis, angewendet wird, um diesen mehr Nachdruck zu geben. Es könnte auch daran gedacht werden, sie in milden Fällen als selbständige Strafe auszusprechen. Die Friedensbürgschaft enthält ohne Zweifel einen erzieherischen Gedanken, besondere praktische Bedeutung kommt ihr aber, glaube ich, in unseren deutschen Verhältnissen nicht zu. Sie versagt im wichtigsten und häufigsten Falle, dem der Vermögenslosigkeit. Auf den Vermögenden bleibt sie ohne Eindruck, der Vermögenslose — und diese sind in der weit überwiegenden Mehrzahl — kann weder Kaution leisten, noch findet er einen Bürgen, für ihn bleibt also doch wieder nur die Freiheitsstrafe übrig und damit trägt die Friedensbürgschaft das Odium eines Privilegs der wohlhabenden Klassen an sich, was allein schon ihre Einführung nicht rätlich erscheinen läßt.

[34]) Anleitung z. strafr. Praxis 2. Teil S. 45 ff.

[35]) Aschrott Strafensystem und Gefängniswesen S. 98 ff.; Reform des Gefängnis- und Strafenwesens S. 46; Ersatz kurzzeitiger Freiheitsstrafen S. 16 ff.

Es bleiben von den vorgeschlagenen Ersatzmitteln kurzzeitiger Freiheitsstrafen noch übrig die **bedingte Verurteilung** (**bedingte Begnadigung**) und die **Geldstrafe**.

Es gibt wohl kaum eine strafrechtliche Einrichtung, über welche die Meinungen dermaßen auseinandergehen, als über die bedingte Verurteilung. Die einen sehen in ihr das Allheilmittel der Zukunft, andere verwerfen sie grundsätzlich oder sprechen ihr doch jeden erheblicheren Wert ab. Ich kann nicht daran denken, auf all das, was für und wider die bedingte Verurteilung gesprochen und geschrieben wurde, hier näher einzugehen, muß mich vielmehr darauf beschränken, nur in ganz allgemeinen Umrissen die Grundgedanken der sich gegenüberstehenden Anschauungen zu skizzieren. Das Wesen der bedingten Verurteilung besteht bekanntlich darin, daß dem Richter die Befugnis zusteht, eine erstmalige Strafe im Vollzug auszusetzen, in der Weise, daß sie wegfällt, wenn der Verurteilte während einer gewissen Zeit sich gut geführt hat, oder aber, daß sie, wenn der Verurteilte innerhalb bestimmter Frist neuerlich dem Strafgesetze verfällt, zugleich mit der Strafe für die neue Straftat zur Vollziehung kommt. Es handelt sich also nicht sowohl um bedingte Verurteilung als Verurteilung mit bedingter Vollstreckung. Der wesentlichste Vorzug dieser Verurteilung mit bedingter Strafvollstreckung liegt nach der Anschauung ihrer Verteidiger darin, daß „dem Erstverurteilten eine Frist gewährt wird, ehe die Gesellschaft ihn preisgibt, noch einmal sein Schicksal in seine eigene Hand zu legen, damit er sich zu bewähren, sich zu retten in der Lage sei",[36]) daß durch eine derartige Aussetzung der Vollstreckung ein großer Teil der als schädlich erkannten kurzzeitigen Freiheitsstrafen wegfällt und daß nichts in gleichem Maße wie diese Aussetzung der Vollstreckung geeignet sei, erzieherisch auf den Verurteilten zu wirken und ihn vor Rückfall zu bewahren.[37])

Demgegenüber weisen die Gegner darauf hin, daß die Verurteilung mit bedingter Strafvollstreckung eine Diskreditierung der Strafgesetze bewirke, der Strafe den Charakter des Übels nehme, dem Volksbewußtsein widerspreche, die Gefahr unbeabsichtigter Bevorzugung der besseren Stände heraufbeschwöre, den irrigen Glauben großziehe, als liege das Infamierende nicht im Verbrechen, sondern in der Strafe, die Scheu vor erstmaliger Begehung eines Verbrechens mindere, dem Genugtuungsbedürfnisse des Verletzten widerspreche, in das Begnadigungsrecht ein-

---

[36]) **Liszt**, Zeitschr. f. d. g. Strafr., Bd. 9, S. 755.

[37]) Vgl. die Zusammenstellung der neuen Literatur in den Abhandlungen des kriminal. Seminars Berlin N. F. Bd. 4, S. 206 ff., außerdem **Kaufhold** bei Goltd. Bd. 51 S. 21 ff.

greife, daß ferner, soweit es sich um die praktische Durchführung handelt, eine Überwachung des Verurteilten unter Umständen sehr schwierig, nicht selten für ihn hinderlicher in seinem Fortkommen sei als der Vollzug einer Freiheitsstrafe.[38]) Diese Einwände erscheinen mindestens zum Teile wohl beachtlich. Insbesondere wird, ganz abgesehen von der Frage der Diskreditierung des Strafgesetzes und davon, ob die Strafe den Charakter des Übels verliere, abgesehen auch von dem sogen. Volksempfinden, das von den Feinden wie von den Freunden der bedingten Verurteilung ins Feld geführt wird, nicht zu leugnen sein, daß bei ausgedehnter Anwendung der bedingten Verurteilung — und nur eine solche kann als nennenswertes Ersatzmittel kurzzeitiger Freiheitsstrafen in Betracht kommen — die Gefahr nahe liegt, daß die Scheu vor erstmaliger Verurteilung schwindet und daß dann das Gegenteil von dem erreicht wird, was man erreichen will, statt Abnahme Zunahme der Kriminalität. Ich kann mich auch nicht von dem Gedanken losmachen, daß der Bewahrung vor dem Gefängnisse, vor dem „Sitzen" nicht diejenige hohe Bedeutung zukommt, welche die begeisterten Verteidiger der bedingten Verurteilung diesem Umstande zuschreiben. In den unteren Volksklassen ist der Makel, der durch den Strafvollzug dem Verurteilten angeblich unauslöschlich aufgedrückt wird, keineswegs ein so erheblicher, als man in gewissen, der Praxis ferner stehenden Kreisen oft annimmt. In den höheren Gesellschaftsschichten aber wird doch ganz unzweifelhaft das Entehrende im Verbrechen selbst, in der durch die Verurteilung öffentlich festgestellten und gemißbilligten Begehung der Straftat und nicht im Vollzuge der Strafe gefunden. Ich glaube nicht, daß der Handlungsgehülfe, der einen Wechsel fälscht, von seinen Berufsgenossen weniger schief angesehen wird, wenn er nur wegen Urkundenfälschung verurteilt ist, die Strafe aber nicht verbüßt hat, als wenn er wirklich „gesessen hat". Sollte es aber der Fall sein, so liegt hierin eine bedenkliche Verschiebung des normalen ethischen Empfindens. Zuzugeben wird ferner sein, daß eine einigermaßen gerechte und gleichmäßige Anwendung der bedingten Verurteilung oder richtiger des nachfolgenden Straferlasses nur dann gewährleistet werden kann, wenn während der Bewährungsfrist eine möglichst genaue Beobachtung des Verurteilten stattfindet, die aber andererseits die Gefahr, ihn in seinem Fortkommen zu hindern, in sich trägt. Keinesfalls darf — und dies

[38]) Binding Grundriß 1902 S. 269. Ginsberg Gerichtssaal Bd. 63, 241 ff. Wach Reform der Freiheitsstrafen S. 21 ff. Gennat Bl. f. Gefgsk. Bd. 27 S. 456; Bd. 37 S. 19 ff. Vgl. auch die Gutachten der Oberlandesg.-Präs. in Preußen Ztschr. f. g. Strafr. Bd. 10 S. 670. Finger Allg. Österr. Gerichtszeitung 1890 No. 21 ff.

wird zur Zeit wohl auch von keiner Seite mehr gefordert — der Wegfall der Strafe davon abhängig gemacht werden, daß der Verurteilte während der Bewährungszeit sich keine neue kriminelle Verurteilung zuzieht (belgisch-französisches System). Hier wird geradezu eine Prämie darauf gesetzt, sich nicht erwischen zu lassen. Ob eine so eingehende Regelung der Überwachung unter deutschen Verhältnissen möglich ist, wie Amerika sie durchgeführt hat, erscheint mir zweifelhaft. Haften sonach der bedingten Verurteilung eine Reihe keineswegs unbedenklicher Mängel an, so ist doch andererseits ihr ohne Zweifel erziehlicher Wert durchaus nicht zu unterschätzen und sie erscheint wohl geeignet, als Ersatzmittel kurzzeitiger Freiheitsstrafen in Betracht gezogen zu werden. Streit herrscht darüber, ob bedingte Verurteilung oder bedingte Begnadigung vorzuziehen sei. Mit Kahl[39]) bin ich der Anschauung, daß diese Frage nicht von grundlegender Bedeutung ist. Bei bedingter Begnadigung wird infolge der Zentralisierung leichter eine gleichmäßigere Behandlung zu erzielen sein. Daß die bedingte Begnadigung gegenüber der bedingten Verurteilung so wesentliche Mängel habe, wie Kaufhold[40]) behauptet, vermag ich nicht anzuerkennen.

Bedenklich an dem z. Zt. geltenden, seit dem 1. Januar 1903 auf Grund Vereinbarung der Regierungen der deutschen Bundesstaaten geregelten Verfahren,[41]) erscheint mir allerdings der Umstand, daß die Entscheidung darüber, ob Aussetzung der Strafvollstreckung stattfinden soll, in die Hand der Justizverwaltungsbehörde gelegt ist. Richtiger schiene es mir, diese Frage durch den Richter, der nach dem Vorleben, dem Charakter und den Beweggründen des Verurteilten, sowie nach den Umständen der Tat zu prüfen hat, ob zu erwarten ist, daß der Verurteilte durch den bedingten Straferlaß von weiteren Verbrechen abgehalten wird, entscheiden und die Umstände, die den Aufschub der Vollstreckung rechtfertigen, im Urteile feststellen zu lassen.[42]) Für wünschenswert erachte ich auch eine schärfere Ueberwachung, als sie z. Z. besteht und zwar umsomehr, wenn über den Erlaß der Strafe nicht nur, wie Kaufhold will, die Tatsache der Nichtbegehung einer neuen Straftat, sondern, wie dermalen mit vollem Recht verlangt wird, die allgemeine gute Führung des Verurteilten entscheiden soll. Daß eine solche schärfere Ueberwachung dem Fortkommen des Verurteilten hinderlich sein kann, wurde schon oben erwähnt; ohne sie läßt sich aber eine gleichmäßige und gerechte Durch-

[39]) Verhandl. des 26. Deutsch. Jur. T. Bd. III S. 229.
[40]) Goltd. Bd. 51 S. 111 ff.
[41]) Klee in der Zeitschr. f. d. ges. Strafr. Bd. 24 S. 71.
[42]) Vgl. Verhandl. des 21. Deutsch. Jur.-Tags Bd. I S. 206, 227.

führung nicht ermöglichen und sie muß deshalb als das kleinere Übel mit in Kauf genommen werden. Erwägenswert wäre vielleicht auch der Gedanke, ob nicht verlangt werden soll, daß der Verurteilte den durch die Rechtsverletzung verursachten Schaden, soweit seine Mittel dazu ausreichten, ersetzt haben muß.

Ob die schließliche Entscheidung über Erlaß der Strafe in die Hände des Gerichts oder der Justizverwaltung gelegt wird, macht m. E. keinen durchgreifenden Unterschied, mindestens dann nicht, wenn, wie oben angedeutet, die Frage, ob Aussetzung der Vollstreckung zu gewähren ist, lediglich vom Gericht entschieden und wenn, wie es in Württemberg der Fall ist, das Gericht auch über die Frage der endgültigen Begnadigung gehört wird.

Ich habe die Frage der bedingten Verurteilung oder Begnadigung hier im Zusammenhange mit der Frage nach dem Ersatze kurzzeitiger Freiheitsstrafen behandelt, weil sie unter den denkbaren Ersatzmitteln wohl eines der aussichtsvollsten ist. Es soll damit aber keineswegs der Irrtum aufkommen, als käme die bedingte Verurteilung nur unter dem Gesichtspunkte als solches Ersatzmittel in Betracht. Ich halte vielmehr dafür, daß sie sehr wohl auch bei längeren Freiheitsstrafen — wie bisher schon in den erwähnten Grundsätzen über die bedingte Begnadigung — und nicht nur „vorzugsweise gegen Jugendliche" unter 18 Jahren sondern auch gegen Erwachsene, unter Umständen sogar trotz vorhergegangener Bestrafung, zur Anwendung kommen kann.

Ein weiterer und wohl der ausgiebigste Ersatz kurzzeitiger Freiheitsstrafen liegt in vermehrter Anwendung der nach Bemessung und Vollzug umzugestaltenden Geldstrafe, wovon später bei Erörterung dieses Strafmittels näheres zu sagen sein wird.

Ich möchte hiernach zur Frage der kurzzeitigen Freiheitsstrafen zusammenfassend bemerken:

Eine völlige Beseitigung kurzzeitiger Freiheitsstrafen ist nicht angängig; soweit sie bestehen bleiben, ist ihr Vollzug durch Strafschärfung, Einzelhaft, Sonderung der Gefangenen pp. derart zu gestalten, daß die mit dem bisherigen Vollzuge verbundenen Schädigungen nach Kräften vermieden werden. Auf tunlichste Einschränkung kurzzeitiger Freiheitsstrafen ist hinzuwirken. Hausarrest, Zwangsarbeit, Aufenthaltsbeschränkungen, Verweis und Friedensbürgschaft können als geeignete Ersatzmittel kurzzeitiger Freiheitsstrafen nicht erachtet werden, wohl aber wird durch angemessene Verwendung der bedingten Begnadigung der Vollzug kurzzeitiger Freiheitsstrafen und durch erweiterte Anwendung der Geldstrafe die Verurteilung zu kurzzeitigen Freiheitsstrafen eingeschränkt werden können.

Die Zeitdauer der Freiheitsstrafen.

Gegen die Beibehaltung der lebenslänglichen Zuchthausstrafe sind m. E. durchgreifende Bedenken nicht geltend zu machen. Solange ein Strafgesetzbuch an dem Vergeltungsgedanken festhält, sei es auch unter entsprechender Berücksichtigung der übrigen Strafzwecke, kann vom lebenslänglichen Zuchthause nicht abgesehen werden. Der Besserungszweck kommt hier selbstredend nicht mehr in Frage; dies ist in Fällen, in welchen auf lebenslängliches Zuchhaus zu erkennen ist, auch nicht erforderlich. Es kann sich hier immer nur um die schwersten und verwerflichsten Verbrechen handeln, denen gegenüber der Ernst des Prinzips der vergeltenden Gerechtigkeit voll und ganz zum Ausdrucke zu bringen, und gegebenenfalls gleichzeitig die Gesellschaft durch dauernde Unschädlichmachung des Verbrechers vor diesem zu schützen ist.

Ob der Höchstbetrag der zeitlichen Zuchthausstrafe auf 15 oder 20 Jahre festgesetzt wird, erscheint mir ziemlich gleichgültig; im allgemeinen wird ein Höchstbetrag von 15 Jahren dem Bedürfnisse genügen; ob er etwa gegenüber wiederholt Rückfälligen, gewerbs- und gewohnheitsmäßigen Verbrechern höher gegriffen werden soll, wird bei späterer gesonderter Behandlung dieser Kategorien zu erörtern sein.

Zweifelhafter erscheint die Frage des Mindestmaßes der Zuchthausstrafe. Ich möchte es hier bei einem Jahre belassen wissen. Es wurde wiederholt die Forderung aufgestellt, das Mindestmaß der schwereren Strafe da beginnen zu lassen, wo das Höchstmaß der leichteren Strafe endet,[43]) um hiermit den Unterschied der beiden Strafarten auch hinsichtlich der Strafdauer möglichst hervortreten zu lassen. Ich glaube nicht, daß dieser Vorschlag sich zur praktischen Durchführung empfiehlt; das Höchstmaß der leichteren Strafe wird dann ein zu geringes, das Mindestmaß der schweren Strafe ein zu hohes. Setzen wir als Mindestmaß der Zuchthausstrafe zwei Jahre und als Höchstmaß der Gefängnisstrafe gleichfalls zwei Jahre, so besteht die Gefahr, daß der Richter im einzelnen Falle bei einem zuchthauswürdigen Verbrechen, vorausgesetzt, daß alternative Strafdrohung vorhanden ist, zur Gefängnisstrafe lediglich deshalb greift, weil ihm eine Strafe von zwei Jahren zu schwer erscheint. Unter das Mindestmaß von einem Jahre, etwa auf 6 Monate, herabzugehen, ist kein Bedürfnis. Ein Verbrechen, das an sich Zuchthaus verdient, wird mit einem Jahre nicht zu schwer gebüßt. Ich habe oben (S. 271 ff.) vorgeschlagen: Einführung einer Haftstrafe ähnlich der Festungs-

---

[43]) Liszt Zeitschr. f. d. g. Strafr. Bd. 10, S. 57 ff. Aschrott daselbst Bd. 8, S. 26 ff.

haft nicht nur für Übertretungen und andere leichte, nicht aus ehrloser Gesinnung begangene Straftaten sondern auch für schwere Delikte, wenn die besonderen Umstände des Falles, Art der Begehung, Persönlichkeit, Gesinnung, Beweggründe des Täters, die Anwendung einer solchen als custodia honesta gedachten Strafart angezeigt erscheinen lassen. In konseqnenter Durchführung dieses Gedankens müßte das Höchstmaß dieser Haftstrafe gleich sein dem Höchstmaße des Zuchthauses und es müßte gleichzeitig für die schwersten Fälle auch auf lebenslängliche Haft erkannt werden können, wie dies beides bisher schon hinsichtlich der Festungshaft der Fall ist.

Als Mindestmaß dieser Haftstrafe wäre ein Tag festzusetzen, da sie gleichzeitig als Strafe für die leichtesten Fälle (Übertretungen pp.) gedacht ist. Die Bedenken gegen die kurzzeitigen Freiheitsstrafen entfallen hier. Abgesehen davon, daß weitaus in den meisten derartigen Fällen auf eine geringe, bei vernünftigem Vollzuge stets beitreibbare Geldstrafe erkannt werden wird, sonach Haftstrafen von einem oder wenigen Tagen überhaupt nur höchst selten erkannt werden, sollen solche kurzzeitige Haftstrafen weder abschrecken, noch bessern, noch können sie schädigen und die in ihnen liegende Mißbilligung der leichten Verfehlung gegen das Gesetz kommt auch bei kurzer Freiheitsentziehung hinreichend zum Ausdruck.

Was die Gefängnisstrafe anlangt, die nach obigen Ausführungen in den Fällen eintreten soll, für welche sich weder Zuchthaus noch Haftstrafe eignet und welche wohl hauptsächlich in den Fällen der minderschweren Eigentumsverbrechen, Körperverletzungen pp. zur Anwendung kommen wird, so begegnet hier die Festsetzung eines sachentsprechenden Mindest- und Höchstmaßes manigfachen Schwierigkeiten. Das Mindestmaß darf nicht zu tief gegriffen werden, um die Nachteile kurzzeitiger Gefängnisstrafen zu vermeiden; es darf andrerseits nicht zu hoch angesetzt werden, denn gerade in den hier in Betracht kommenden Fällen wird der Ersatz durch Geldstrafe mit Rücksicht auf die notorische Vermögenslosigkeit des Täters von vornherein vielfach ausgeschlossen sein; der Richter muß also, um auch den leichteren Fällen gerecht werden zu können, in der Lage sein, auf kurze Strafe zu erkennen. Ich möchte deshalb als Mindestmaß eine Woche vorschlagen und hier hauptsächlich wird es Sache des Vollzugs sein, durch Strafschärfungen, Einzelhaft, Sonderung der Gefangenen, dafür zu sorgen, daß auch die kurzzeitige Freiheitsstrafe als Übel empfunden wird, abschreckt und nicht schädigt. Das bisherige Höchstmaß von 5 Jahren beizubehalten, besteht kaum ein Bedürfnis. Fälle, in denen bis zu einem solchen Höchstmaße zu gehen wäre, das bekanntlich auch bisher nur in den allerseltensten Fällen erkannt wurde, werden mit Zuchthaus oder Haft abgegolten werden können. Mehrfach wird ein Höchstmaß von 2 Jahren vorgeschlagen. Dieses hat auch der Schweizer Entwurf angenommen, dabei aber in Fällen, in welchen im Gesetz Zuchthaus gedroht ist und Milderungsgründe vorliegen, Ausdehnung der Gefängnisstrafe auf fünf Jahre zugelassen, Art. 49 § 1. Statt dessen hätte man m. E. von Anfang an bei 5 Jahren bleiben können. Ob ein Höchstmaß von 2 Jahren sich nicht in einzelnen Fällen als zu niedrig herausstellt, erscheint mir zweifelhaft, doch meine ich, daß ein Höchstmaß von drei Jahren allen Anforderungen genügen wird. Höher zu gehen, empfiehlt sich schon deshalb nicht, weil dann die Möglichkeit des Vollzugs in Einzelhaft entfällt.

Zu brechen wird sein mit der bisherigen Übung, die Strafen in ein gewisses Wertverhältnis zueinander zu setzen. Solche Strafenarithmetik hat immer etwas willkürliches, wird aber ganz undurchführbar, wenn die einzelnen Strafarten nach Wesen und Vollzug scharf voneinander unterschieden werden. Zwischen der stets entehrenden Zuchthaus- und der nie entehrenden Haftstrafe gibt es kein Wertverhältnis und auch die Gefängnisstrafe unterscheidet sich von Zuchthaus und Haft noch so wesentlich, daß auch hier ein richtiges Wertverhältnis nicht gefunden werden könnte. Besondere Schwierigkeiten beim Zusammentreffen mehrerer Freiheitsstrafen werden sich kaum ergeben. Ist auf mehrere gleichartige Strafen zu erkennen, so kann wie bisher Gesamtstrafe ausgesprochen werden; trifft Zuchthaus mit Gefängnis oder Haft zusammen, so sind, wie es dermalen schon bei der Haft geschieht, die einzelnen Strafen gesondert zu erkennen und zu vollziehen und es kann dem zurzeit in § 74 StGB. zum Ausdrucke kommenden Rabatsystem, wenn es aufrecht erhalten werden will, dadurch Rechnung getragen werden, daß der Richter die einzelnen Strafen niedriger bemißt. Zwischen Freiheits- und Geldstrafe wird, um die Umwandlung zu ermöglichen — es müßte denn sein, daß eine solche überhaupt fiele, wovon später — selbstredend ein Wertverhältnis aufrecht erhalten werden müssen.

Mindestens ebenso wichtig als die Frage nach Art und Maß der Strafe erscheint die Frage des Strafvollzugs. Daß auf diesem Gebiete viele Wünsche zu erfüllen bleiben, daß wir insbesondere ein einheitliches Strafvollzugsgesetz für das Reich brauchen, für das die Grundsätze der Bundesregierungen vom Jahre 1897 vielleicht eine brauchbare Unterlage sein können, wird wohl von keiner Seite bestritten. Es liegt nicht in der Aufgabe dieses Gutachtens, auf die Frage der Gestaltung des Strafvollzugs im einzelnen und näher einzugehen, als dies an verschiedenen Stellen, so bei den Fragen schärferer Differenzierung, des Vollzugs kurzzeitiger Freiheitsstrafen usw. nötig war und geschehen ist, dies um so weniger, als nach dem auf dem 26. Juristentag aufgestellten Arbeitsprogramm die Frage des Strafvollzugs späterer gesonderter Behandlung vorbehalten bleiben soll.

Die gesamten bisherigen Erörterungen beziehen sich nur auf die Strafmittel, wie sie gegen erwachsene, voll verantwortliche Täter zur Anwendung zu kommen haben, über Jugendliche und geistig Minderwertige soll soweit nötig später gesprochen werden, ebenso über die wiederholt Rückfälligen, die gewohnheits- und gewerbsmäßigen Verbrecher.

Unter dieser Einschränkung gehen sonach die Vorschläge über Gestaltung der Freiheitsstrafen im einzelnen dahin:

1. Zuchthausstrafe lebenslänglich oder zeitlich in der Dauer von 1—15 Jahren, stets entehrend, anzuwenden gegen schwerste und schwere aus verwerflicher Gesinnung begangene Verbrechen.

2. Haftstrafe lebenslänglich oder zeitlich in der Dauer von einem Tage bis zu 15 Jahren, nie entehrend, anzuwenden gegen die leichtesten Straffälle (eventuell auch Übertretungen), gleichzeitig aber auch gegenüber schweren Verbrechen, wenn die besonderen Umstände des Falles (Beweggrund, Art der Verübung, Persönlichkeit des Täters usw.) eine wenigstens der Strafart nach ausnahmsweise milde Beurteilung angemessen erscheinen lassen.

3. Gefängnisstrafe von einer Woche bis zu drei Jahren, in der Regel nicht entehrend, anzuwenden in denjenigen Fällen, in welchen nach den vorerörterten Grundsätzen weder Zuchthaus noch Haftstrafe sich eignet.

C. **Am Vermögen:** Die Geldstrafe.

Wulffen[44]) hält die Geldstrafe bei eingehender Ausgestaltung und Anpassung an die Vermögensverhältnisse des einzelnen für die Hauptstrafe der Zukunft. So weit gehe ich nicht. Es wird nicht übersehen werden dürfen, daß, wie Mittelstädt[45]) zutreffend hervorhebt, die praktische Bedeutung der Geldstrafe ganz und gar bedingt ist durch das Zahlungsvermögen der zu Bestrafenden und daß die Anklagebank im wesentlichen nicht von den oberen Zehntausend bevölkert wird, desgleichen, daß eine übermäßige Ausdehnung der Geldstrafe mehr oder weniger immerhin eine Bevorzugung der Bemittelten enthält[46]), während gegen-

---

[44]) Archiv f. Kriminalanthrop. 16. Heft 1 u. 2 S. 110.

[45]) Gutachten für den 21. Deutschen Juristentag Bd. 1 S. 50.

[46]) Lucas, Anleitung zur strafr. Praxis, 2. Teil S. 45 ff.

über dem Unbemittelten, der nicht bezahlen kann, schließlich doch wieder zur Einsperrung gegriffen werden muß.

Immerhin aber erscheint, und dahin geht ja auch mit wenig Ausnahmen der allgemeine Wunsch, eine ausgiebigere Anwendung der Geldstrafe als bisher ebenso möglich wie geboten. Das Bedenken Birkmeyers[47]), daß der Geldstrafe die Eigenschaft fehle, ein zur Vergeltung geeignetes empfindliches Übel zu sein, teile ich nicht. Dieses Bedenken schwindet in dem Augenblicke, in welchem die Geldstrafe nicht mehr in bestimmt fixierten Beträgen angedroht, sondern den Vermögensverhältnissen des zu Bestrafenden entsprechend angepaßt wird.

Die Geldstrafe, richtig ausgestaltet, eignet sich zunächst ganz vorzüglich als ausschließliche Strafe für Übertretungen und die leichtesten Vergehen, außerdem aber muß weit mehr wie zur Zeit dem Richter die Möglichkeit gegeben werden, auch bei schwereren Straffällen statt auf Freiheitsstrafe wahlweise auf Geldstrafe zu erkennen, soweit die Tat nicht aus ehrloser, verwerflicher Gesinnung begangen ist. Gerade gegenüber den leichten Straffällen wird die Geldstrafe als das beste Ersatzmittel kurzzeitiger Freiheitsstrafen verwendet werden können. Ihre häufungsweise Androhung neben Freiheitsstrafen bei schweren aus Gewinnsucht begangenen Verbrechen halte ich für durchaus angängig und empfehlenswert.

Unerläßliche Voraussetzung für erweiterte Anwendung der Geldstrafe ist aber ihre gründliche Umgestaltung. Nicht mit Unrecht sagt Bovensiepen[48]): „So wie die Geldstrafe heute gehandhabt wird, bedeutet sie bei aller Wahrung der formellen Gleichheit vor dem Gesetz — man könnte vielleicht zusetzen: gerade wegen dieser formellen Gleichheit — materiell eine schreiende, die arbeitenden Schichten der Bevölkerung erbitternde Rechtsungleichheit zwischen arm und reich.“ Was vor allem not tut, ist Anpassung an die Vermögens-, Erwerbs- und Einkommensverhältnisse des zu Bestrafenden[49]). Darüber, wie diese Anpassung am besten erreicht werden kann, gehen die Anschauungen auseinander. Einzelne schlagen vor, daß die Geldstrafe zunächst gegen alle Rechtsbrecher gleichmäßig und ausschließlich nach der Schwere der Straftat innerhalb der einzelnen Strafrahmen bemessen, dem Richter aber die Befugnis gegeben wird, das so gefundene Strafmaß nach den Vermögensverhält-

[47]) Strafrecht. Enzyklopädie f. d. Rechtswissenschaft S. 1138.

[48]) Reform des deutschen Strafrechts. Die Freistatt vom 9. Januar 1904.

[49]) Schmölder, Die Geldstrafe S. 16/17, Spira, Die Zuchthaus- und Gefängnisstrafe S. 138.

nissen des Täters nach freiem Ermessen zu erhöhen[50]). Zutreffender erscheint es mir — und dahin geht auch die überwiegende Anschauung — von in Summen ausgedrückten Höchstbeträgen der Geldstrafe überhaupt abzusehen und die Geldstrafe in jedem Falle proportional den Verhältnissen aufzulegen. Man könnte hierbei, wie Medem[51]) vorschlägt, ein Tageseinkommen oder nach den Vorschlägen Holtzendorffs[52]) den Monatsbetrag der Einkommensteuer als Einheitsstrafe nehmen und als Maximum ein Vielfaches des Steuerbetrages festsetzen, man könnte vielleicht auch sich darauf beschränken, zu sagen: die Geldstrafe kann bis zu so und so viel Prozenten des Vermögens oder, wo es an einem solchen fehlt, des Einkommens betragen — so Bovensiepen a. a. O. oder wie Mittelstädt a. a. O. will, bestimmen, daß die Geldstrafe zwischen $^1/_{12}$ und dem vollen Jahreseinkommen zu bemessen ist. Welcher dieser einzelnen Wege sich am besten empfiehlt, mag dahingestellt bleiben; jedenfalls ist aber zu fordern: möglichste Anpassung der Geldstrafe an die Verhältnisse des zu Bestrafenden und hier wird den besten Maßstab immer die unter Inanspruchnahme der Steuerbehörde festzustellende Steuerkraft des Rechtsbrechers bieten. Zu vermeiden wird sein, daß dabei die Steuerverhältnisse des einzelnen in öffentlicher Sitzung kundgegeben werden. Dies ist unschwer dadurch zu erreichen, daß das Urteil sich darauf beschränkt, zu sagen: Der Angeklagte wird gebüßt mit sagen wir z. B. 10 Monatsraten seiner Einkommensteuer, die ziffermäßige Festsetzung aber dem nicht öffentlichen Verfahren vorbehalten bleibt.

Die Ausdehnung der Geldstrafe und ihre Anpassung an die Vermögensverhältnisse des zu Bestrafenden fordert aber weiter einen sachentsprechenden Vollzug insbesondere in der Weise, daß die Uneinbringlichkeit möglichst vermieden wird. Dies wird vor allem dadurch zu erreichen sein, daß dem schlecht situierten Verurteilten möglichste Erleichterung durch die Zulassung und genaue Regelung von Teilzahlungen gewährt wird. Es geht nicht an, wie es zur Zeit § 495 StPO. vorschreibt, die Geldstrafen nach den Bestimmungen der Zivilprozeßordnung zu vollstrecken. Der Gerichtsvollzieher oder der Gerichtsbote versucht Pfändung, findet in der Regel nichts, häufig schon deshalb, weil es ihm bei der Geldstrafe gar nicht der Mühe wert ist, genau zu suchen, die Uneinbringlichkeit wird festgestellt und Freiheitsstrafe tritt an die Stelle. Bei solcher Gestaltung des Vollzugs wird die Geldstrafe zur Farce und ihre

[50]) Vgl die eingehenden Verhandlunden des 22. Deutschen Juristentages über die Geldstrafe Bd. 2 S. 63 ff., 95 ff., Bd. 4 S. 433 ff.

[51]) Reform des Strafrechts, München 1900.

[52]) Siehe bei Aschrott, Ersatz kurzzeitiger Freiheitsstrafen S. 8 ff.

ausgedehntere Anwendung würde gerade das herbeiführen, was vermieden werden soll, eine Vermehrung kurzzeitiger Freiheitsstrafen. Werden dagegen dem Verurteilten — so lange er nicht bösen Willen zeigt, der böswillige mag sitzen — möglichste Erleichterungen in der Zahlung (insbesondere Teilzahlungen, gegebenenfalls auch Stundung) gewährt, so wird ein großer Teil der bisher für uneinbringlich erklärten Geldstrafen beigetrieben werden können. Wo aber freiwillige Zahlung nicht zu erreichen ist, da soll energische Zwangsvollstreckung einsetzen und es würde meines Erachtens keinen Bedenken unterliegen, hier, wo es sich um Beitreibung einer Strafe, Zufügung eines Übels handelt, die Grenzen des pfandfreien Vermögens und Einkommens enger zu ziehen als in der Zivilprozeßordnung. Wenn eingewendet wird, dies bedeute eine unbillige Härte gegen die Familie des Betroffenen, so ist demgegenüber zu bemerken, daß der Vollzug der Freiheitsstrafe gegen den Ernährer der Familie und die damit für die Dauer der Strafe verbundene Verdienstlosigkeit die Familie mindestens ebenso hart trifft als eine rigorose Vollstreckung der Geldstrafe, ganz abgesehen von den weiteren, mit dem Vollzuge der Freiheitsstrafe für den Verurteilten stets verbundenen persönlichen Nachteilen.

Wird also der Vollzug der Geldstrafe sachentsprechend gestaltet und wird von der Verhängung von Geldstrafen gegen notorisch Unvermögende von vornherein abgesehen, so werden sich die Fälle der Uneinbringlichkeit wesentlich mindern, verschwinden werden sie aber auch dann nicht, und es bleibt deshalb immer die schwierige Frage bestehen, was geschehen soll, wenn die Geldstrafe nicht beigetrieben werden kann. Mittelstädt a. a. O. geht am radikalsten vor, indem er vorschlägt, in solchen Fällen die Geldstrafe einfach fallen zu lassen. Dem möchte ich nicht zustimmen. Man setzt damit geradezu eine Prämie auf den Versuch, sich mit allen erlaubten und unerlaubten Mitteln der Bezahlung und Vollstreckung der Geldstrafe zu entziehen. Von anderer Seite wird vorgeschlagen, es im Falle der Uneinbringlichkeit bei der bisherigen Umwandlung in Freiheitsstrafe zu belassen; eine dritte stark vertretene Meinung geht dahin, an Stelle der uneinbringlichen Geldstrafe Zwangsarbeit ohne Einsperrung treten zu lassen. Felisch[53]) hat diese Frage in dem von ihm für den 23. Deutschen Juristentag erstatteten Gutachten so eingehend behandelt, daß neues in dieser Richtung kaum mehr zu sagen bleibt. Er schlägt vor (S. 365): Zulassung freiwilligen Abverdienens durch Arbeit für

---

[53]) Verhandlungen des 23. Deutschen Juristentags Bd. I S. 277 ff., Bd. III S. 385 ff., 425.

Rechnung des Staates, der Gemeinde usw. unter Ausschluß jeden Zwanges gemeinschaftlich mit freien Arbeitern am Orte des Wohnsitzes oder Aufenthaltes des Verurteilten nach den Grundsätzen des Stücklohnes. Wenn er dabei besonderen Wert auf die Freiwilligkeit der Arbeit legt, so meint er damit offensichtlich doch das gleiche, was andere als Zwangsarbeit ohne Einsperrung bezeichnen; dies ergibt sich schon daraus, daß er diesem „freiwilligen" Abverdienen das Abverdienen unter Einsperrung in einer Anstalt gegenüberstellt. Ich habe die Frage der Zwangsarbeit ohne Einsperrung schon oben (S. 61) gelegentlich der Frage nach Ersatzmitteln kurzzeitiger Freiheitsstrafen berührt, verkenne keineswegs „die eminente soziale und ethische Bedeutung, welche der Verwertung der persönlichen Arbeitskraft des Verurteilten außer Zuchthaus und Gefängnis zukommt" [54]), hege aber nach wie vor erhebliche Bedenken, ob eine solche Zwangsarbeit ohne Einsperrung, ein freiwilliges Abverdienen praktisch in umfangreicherem Maße durchzuführen sein würde. Gelingt dies, so wäre diesem Ersatz uneinbringlicher Geldstrafen ohne Zweifel der Vorzug zu geben vor der Umwandlung in Freiheitsstrafe, gelingt es nicht, so bleibt wohl nichts übrig, als bei der Umwandlung zu bleiben.

Ergänzend möchte ich bemerken, daß, wenn oben von der Notwendigkeit möglichster Anpassung der Geldstrafe an die Verhältnisse des Verurteilten unter Aufgabe ziffermäßig bestimmter Strafgrenzen gesprochen wurde, dies nicht zutrifft für Übertretungen, die sich als bloße Ordnungswidrigkeiten darstellen. Bei diesen kann es bei dem bisherigen System bleiben.

In diesem Zusammenhange wäre vielleicht noch die Frage zu erörtern, ob die Bestimmung des § 30 StGB. (Vollstreckung der Geldstrafe in den Nachlaß) aufrecht erhalten werden soll. Kohler [55]) auch Schmölder a. a. O. S. 11 sprechen sich dagegen aus, Bar [56]) meint, die Bestimmung sei trotz aller Angriffe beizubehalten. Er rechtfertigt dies hauptsächlich aus den praktischen Erwägungen, daß der Verurteilte die Zahlung andernfalls möglichst lange hinauszuschieben, der Fiskus anderseits regelmäßig erbarmungslos schleunigst beizutreiben suchen würde, daß überdies in manchen Fällen auch die Erben sich direkt aus der Straftat bereichern, so bei Steuerhinterziehungen. Diese praktischen Erwägungen sind nicht zu unterschätzen und rechtlich läßt sich meines

---

[54]) Kahl, Verhandl. des 14. Evang. Soz. Kongresses S. 106, 107.
[55]) Goltdammer, Arch. f. Stfr. Bd. 49 S. 180.
[56]) Die Reform des Strafrechts, Berlin 1903 S. 9 ff.

Erachtens die Bestimmung aus den im reichsgerichtlichen Urteile vom 5. Juli 1900[57]) erörterten Gesichtspunkten wohl halten.

D. An der Ehre: Der Verweis.

Das Strafgesetzbuch kennt den Verweis nur als Strafe gegen Jugendliche in besonders leichten Fällen. Es fragt sich, ob seine Ausdehnung auf Erwachsene empfehlenswert ist. v. Liszt[58]) verneint dies, desgl. Birkmeyer,[59]) dieser, weil dem Verweise der Charakter als Übel fehle; von anderer Seite wird es vielfach bejaht. Am weitesten geht Auer,[60]) der meint, im Verweise stecke nichts geringeres als die Zukunftsstrafe, die Strafe eines hochentwickelten Kulturvolkes, das keine Gefängnisse mehr kenne, eines Volkes, in dem der öffentlich verkündete Tadel erziehlicher wirken werde als die brutalen heutigen Strafmittel. Auch van Calker[61]) empfiehlt seine Ausdehnung. Er hält den in würdiger Form ausgesprochenen Verweis für ein Strafmittel, das die Mißbilligung eines rechtswidrigen Verhaltens durch die Gemeinschaft anschaulicher zum Ausdruck bringe und auch von dem Schuldigen in vielen Fällen mehr als Strafe empfunden werde, als dies bei Verhängung einer geringfügigen Geldstrafe der Fall sei; der Verweis soll auch gegen Erwachsene bei leichteren Fällen wahlweise oder neben Geldstrafe Verwendung finden, außerdem aber in allen Fällen, in welchen die Aussetzung des Vollzuges der Freiheitsstrafe angeordnet wird. Gleich van Calker befürworten Kahl, Engelberg, Gennat, v. Bar[62]) die Ausdehnung des Verweises in leichteren Fällen auf Erwachsene; Gennat hält ihn für anwendbar außer bei allen Übertretungen (abgesehen von §§ 360 Nr. 3, 10, 13, 361, 366 Nr. 6, 367 Nr. 7) bei einer Reihe leichterer Vergehen, so Hausfriedensbruch, Arrestbruch, Beleidigung, Körperverletzung, Bedrohung, Sachbeschädigung u. a.

Es ist nicht zu leugnen, daß der Verweis, in würdiger und nachdrücklicher Form erteilt, auch gegenüber Erwachsenen sich als ein durch-

---

57) RGSt. 33, 333.

58) Verhandl. d. 26. D. Juristent. Bd. I S. 291 und Zeitschr. f. d. ges. Stfr. Bd. 9 S. 777.

59) Gedanken zur bevorstehenden Reform der deutschen Strafgesetzgebung. München 1901, S. 75.

60) Soziales Strafrecht S. 27.

61) Verhandl. des 26. D. Juristent. Bd. II, S. 254.

62) Kohl: Verhandl. des 14. Evang. Soz. Kongr. S. 107 und Jahrb. der Gehestiftung 12—13; Engelberg Blätter für Gefängniskunde Bd. 27 S. 380; Gennat daselbst S. 415 ff.; v. Bar: Die Reform des Strafrechts S. 30.

aus brauchbares Strafmittel erweist. Aber es wird mit seiner Verwendung vorsichtig umgegangen werden müssen. Der Richter wird nicht übersehen dürfen, daß die in der Erteilung des Verweises in öffentlicher Sitzung liegende öffentliche Mißbilligung im Punkte der Ehre empfindliche Personen übermäßig schwer treffen kann, während sie abgestumpften Naturen gegenüber ohne jede Wirkung bleibt. Eben deshalb empfiehlt es sich nicht, in irgendwelchen Fällen den Verweis als alleinige Strafe zuzulassen, dagegen wird er wohl in einer Reihe leichterer Fälle meist statt oder als verschärfend neben der Geldstrafe Verwendung auch gegen Erwachsene finden können; selbst wahlweise mit leichteren Freiheitsstrafen könnte er angedroht und so als eines der Ersatzmittel kurzzeitiger Freiheitsstrafen benutzt werden. Sache des erkennenden Richters wird es dann sein, im einzelnen Falle genau zu prüfen, ob gerade diesem Angeklagten gegenüber von dem eigenartigen Strafmittel des Verweises Gebrauch zu machen ist. In allen Fällen, in welchen die Aussetzung des Vollzugs der Freiheitsstrafe angeordnet wird, auf Verweis zu erkennen, wie van Calker a. a. O. vorschlägt, halte ich weder für erforderlich noch empfehlenswert.

Selbstverständlich muß darauf geachtet werden, daß die Form, in der der Verweis erteilt wird, eine würdige und eindrucksvolle ist, und dies wäre wohl am besten zu erreichen durch Erteilung des Verweises in öffentlicher Sitzung. Am wirkungsvollsten würde die Verweiserteilung, wie v. Bar a. a. O. zutreffend annimmt, sich gestalten, wenn sie unmittelbar an die Verkündung des Urteils angeschlossen werden könnte; da dies jedoch nur im Falle sofort eintretender Rechtskraft des Urteils möglich wäre, würde hiermit das Anwendungsgebiet über Gebühr eingeschränkt.

Daß gegenüber Jugendlichen vom Verweise, wo irgend tunlich, Gebrauch gemacht werden soll, bedarf wohl keiner Begründung; hier handelt es sich vor allem darum, den Jugendlichen solange als möglich vor dem Gefängnisse zu bewahren.

Hiermit ist das Gebiet der Hauptstrafen erledigt. Von einzelnen Seiten wurde vorgeschlagen, außer dem Verweise noch weitere Ehrenstrafen als Hauptstrafen aufzunehmen. So empfindet Kempner[63]) das gänzliche Fehlen einer Ehrenstrafe als Hauptstrafe als eine klaffende Lücke, und auch von Sichart[64]) befürwortet in gewissen Fällen die Verhängung

---

[63]) Jurist. Wochenschrift Bd. 31, S. 86.

[64]) Zeitschr. f. d. g. Strafr. Bd. 21, S. 176. Vgl. auch v. Liszt Strafrecht 14/15. Aufl. S. 74.

von Rechtsminderungen als Hauptstrafe. Meines Erachtens besteht ein Bedürfnis nach dieser Richtung nicht, die vorhandenen Hauptstrafen reichen aus und ich möchte mich diesen Vorschlägen gegenüber schon deshalb ablehnend verhalten, weil möglichste Einfachheit im Strafensystem wünschenswert ist und deshalb ohne zwingende Notwendigkeit die Zahl der einzelnen Strafarten nicht vermehrt werden soll.

V.

Nebenstrafen.

A: An der Freiheit. 1. Zulassung der Stellung unter Polizeiaufsicht. 2. Überweisung an die Landespolizeibehörde. 3. Ausweisung aus dem Reichsgebiete.

1. Zulassung der Stellung unter Polizeiaufsicht.

Nach der Meinung v. Sicharts[65]) erscheint unter der Voraussetzung, daß die Revision des StGB. wichtige Grundsätze über Rückfallbestrafung und richtige Behandlung sogenannter inkorrigibler Verbrecher aufstellt, die Aufhebung der Polizeiaufsicht nicht nur ganz unbedenklich, sondern geradezu als eine unabweisbare Forderung kriminalpolitischer Klugheit. Ich möchte dem nicht zustimmen. Wenn auch die Behandlung der wiederholt Rückfälligen und der Gewohnheitsverbrecher — mit der sogenannten Inkorrigibilität ist, glaube ich, wenig anzufangen — voraussichtlich eine andere werden wird als bisher und insbesondere dem Gedanken des Schutzes und der Sicherung der Gesellschaft gegen gemeingefährliche Verbrecher in höherem Maße wird Rechnung getragen werden, so wird doch eine Überwachung der aus der Strafanstalt Entlassenen während einiger Zeit nach der Entlassung nicht zu entbehren sein und es kann sich nur darum handeln, welche Form dieser Überwachung zu geben ist. Daß unsere dermalige Polizeiaufsicht nicht die idealste Form solcher Überwachung darstellt, darüber besteht wohl allgemein kein Zweifel. Sie ist geeignet und dient nicht selten dazu, den Entlassenen, der arbeitswillig ist und sich ein anständiges Fortkommen schaffen will, in diesem Bestreben geradezu zu hindern und so den Rückfall, statt ihn hintanzuhalten, zu fördern. Vor allem erscheint nötig, daß die Aufsicht, soweit sie überhaupt in die Hände der Polizei zu legen ist, eine möglichst unauffällige, Dritten außer dem Entlassenen nicht zur Kenntnis kommende ist, sie muß, wie Kahl[66]) zutreffend bemerkt, als eine sekrete und diskrete Verwaltungs-

[65]) Zeitschr. f. d. ges. Strafr., Bd. 21. S. 179.

[66]) Verhandl. des 17. Evang. Soz. Kongresses S. 107 .Vgl auch Seuffert, Ein neues Strafgesetzbuch S. 68.

maßregel gehandhabt werden, andernfalls schmälert sie dem Entlassenen die Gelegenheit, Arbeit zu finden und schafft in der Erwerbslosigkeit eine der wirksamsten Bedingungen des Rückfalls. Der Vorschlag Koehlers,[67]) die Aufsicht anderen Personen als Polizeibeamten — etwa Vorständen von Vereinen für entlassene Sträflinge, Arbeitsämtern pp. — zu übertragen, denen periodisch Nachweis über die Beschäftigung zu liefern wäre, erscheint mir durchaus erwägenswert. Neben der Aufsicht über den Entlassenen muß aber hergehen die Sorge für den Entlassenen, die den Hauptschutz gegen Rückfall bildet. Weitere Entwicklung der Vereine für entlassene Sträflinge, für Arbeiterkolonien, der Fürsorgevereine ist nötig und vom Staate zu fördern. Ist diese Fürsorge auch zunächst Aufgabe der Gesellschaft und hat das StGB. als solches nichts mit ihr zu tun, so kann doch die Frage in diesem Zusammenhange nicht umgangen werden.

Also: Beibehaltung, aber möglichst vorsichtige, den Entlassenen in seinem Fortkommen nicht schädigende Handhabung der Polizeiaufsicht und daneben erweiterte Fürsorge für den entlassenen Sträfling.

2. Überweisung an die Landespolizeibehörde.

Das StGB. kennt sie zur Zeit bei der Verurteilung wegen der in § 361 StGB Nr. 3 bis 8 bedrohten Übertretungen und neben der Verurteilung gegen Zuhälter nach § 181a. Die Behörde des Verurteilungsortes erhält dadurch die Befugnis, den Verurteilten bis zu zwei Jahren entweder in einem Arbeitshaus unterzubringen oder zu gemeinnützigen Arbeiten zu verwenden.

Die Frage dieser sogen. korrektionellen Nachhaft hängt so eng mit der Frage der Behandlung Rückfälliger und Gewohnheitsverbrecher zusammen, daß es sich empfiehlt, sie bei der Besprechung dieser Kategorien zu erörtern.

3. Ausweisung aus dem Reichsgebiete. Sie ist bisher zulässig gegen Ausländer als Nebenstrafe bei gewerbsmäßigem Glücksspiel (§ 284 StGB.), an Stelle der Polizeiaufsicht und an Stelle oder neben der Unterbringung in einem Arbeitshause. Mindestens in diesem Umfange ist sie beizubehalten und es kann sich fragen, ob sich nicht ihre Ausdehnung auch auf andere Fälle empfiehlt.

B. Am Vermögen. Hier kommen in Betracht lediglich: 1. Die Veröffentlichung des Urteils auf Kosten des Verurteilten. 2. Die Ein-

---

[67]) Reformfragen des Strafrechts S. 248.

ziehung oder Unbrauchbarmachung bestimmter Gegenstände. 3. Die Verfallerklärung des als Vorteil Empfangenen oder dessen Wertes.

Der S. 267 erwähnte dauernde oder zeitige Verlust der Befugnis zum Gewerbebetriebe findet sich nur in einzelnen Spezialgesetzen (Branntweinsteuerges. § 30; Zuckersteuerges. § 56; GewO. § 143) und scheidet hier aus der Betrachtung aus.

1. Die Veröffentlichung des Urteils auf Kosten des Verurteilten. Der pönale Charakter dieser Maßregel ist bestritten. Mit RGSt. 6, 180 nehme ich ihn an. Das StGB. kennt die Veröffentlichung in den Fällen der §§ 165, 200. Sie ist beizubehalten, eine Ausdehnung auf andere Fälle nicht nötig.

2. Einziehung und Unbrauchbarmachung. Auch die rechtliche Natur dieser Maßregeln ist bestritten und zweifelhaft. Während v. Liszt[68]) sie stets als Verwaltungsmaßregeln ansieht, geht die gemeine Meinung dahin, daß sie Strafe sind, wenn die Gegenstände nur unter der Voraussetzung eingezogen werden können, daß sie dem Verurteilten gehören. Die Frage kann dahingestellt bleiben. Auch soweit nur Verwaltungsmaßregeln in Frage kommen, sind die Bestimmungen im Strafgesetzbuche zu treffen. Eine Änderung der bestehenden Vorschriften in wesentlichen Punkten ist nicht geboten. Empfehlenswert wäre es vielleicht, in § 40 StGB. zum Ausdrucke zu bringen, daß mindestens bei gewerbsmäßigen Vergehen dem Täter gehörige Gegenstände auch dann eingezogen werden können, wenn sie zum Weiterbetriebe der gewerbsmäßigen Straftat bestimmt sind, was nach der Auslegung, die die reichsgerichtliche Rechtsprechung dem § 40 StGB. gegeben hat, zur Zeit schwer möglich ist. (Vgl. RGSt. 27, 243; Goltd. 52, 256). Es erscheint nun aber doch kein wünschenswerter Zustand, wenn gelegentlich der Haussuchung bei einem gewerbsmäßigen Wilderer eine Menge von Jagdutensilien gefunden werden, die offensichtlich zum Betriebe des Wilderns bestimmt sind, aber nicht eingezogen werden können, „weil die künftige Tat mindestens bis zum Versuche gediehen sein muß."

In § 41 Abs. 2 StGB. empfiehlt sich ein Zusatz dahin, daß die „im Besitze" des Verfassers, Druckers, Buchhändlers usw. befindlichen Exemplare nur dann unbrauchbar zu machen sind, wenn es sich um „zum geschäftlichen Weitervertriebe" bestimmte Exemplare handelt, daß dagegen Exemplare, die sich lediglich im Privatbesitze der genannten Personen befinden, von der Maßregel nicht betroffen werden.

---

[68]) Strafgesetzb. 14./15. Aufl. S. 250.

In diesem Sinne haben erst jüngst der vereinigte zweite und dritte Strafsenat des Reichsgerichts diese Bestimmung ausgelegt.

3. Verfallerklärung des als Vorteil Empfangenen oder dessen Wertes. Die Bestimmung in § 335 StGB. ist beizubehalten.

C. An der Ehre.

Gegen die Einführung der Ehrenstrafen als Hauptstrafen habe ich mich schon oben erklärt; ihrer Beibehaltung als Nebenstrafen steht m. E. nichts im Wege. Wenn Auer[69]) meint: „Sollte die Reform die Aberkennung der bürgerlichen Ehrenrechte, die wirtschaftlich vernichtend auf den Verurteilten wirkt, beibehalten, so muß deutlich und gemeinverständlich zum Ausdrucke kommen, daß es sich nicht um ein Absprechen der Menschenehre handelt, sondern um Ausschaltung einzelner Rechte," so ist demgegenüber zu bemerken, daß es sich auch nach der jetzigen Gesetzgebung bei den Nebenstrafen an der Ehre keineswegs um eine Vernichtung oder Schmälerung des Rechtsgutes der Ehre, sondern um die gänzliche oder teilweise, vom Strafrichter ausgesprochene Aberkennung gewisser, im Gesetze genau bezeichneter „bürgerlicher Ehrenrechte" handelt[70]) und daß dies auch in der dermaligen Fassung des StGB. schon hinreichend deutlich zum Ausdrucke kommt. Aschaffenburg[71]) hält es für gebotener, statt der für den Abschreckungszweck wie als Besserungsmittel in gleicher Weise unwirksamen Aberkennung der bürgerlichen Ehrenrechte dem Verurteilten lediglich das Recht zu nehmen, Vormund auch innerhalb der eigenen Familie zu sein. Diese beschränkte Ehrenstrafe reicht nicht aus. Gerade die zu fordernde scharfe Differenzierung der Strafarten, die Hervorhebung insbesondere des stets entehrenden Charakters der Zuchthausstrafe, macht es notwendig, die Ehrenstrafen im bisherigen Umfange beizubehalten. Auszusprechen ist die Aberkennung der bürgerlichen Ehrenrechte in Zukunft neben der Zuchthausstrafe immer, neben Gefängnis kann sie je nach Lage des Falles ausgesprochen werden, neben Haft darf nie auf Verlust der Ehrenrechte erkannt werden.

Die Bestimmungen über Aberkennung einzelner Ehrenrechte (Unfähigkeit zur Bekleidung öffentlicher Ämter, Verlust der bekleideten öffentlichen Ämter und der aus öffentlichen Wahlen hervorgegangenen Rechte, Verlust der Fähigkeit zur Bekleidung öffentlicher Ämter auf die Dauer von einem bis zu fünf Jahren, Unfähigkeit zur Beschäftigung im Eisenbahn- oder

---

[69]) Soziales Strafrecht S. 28.

[70]) v. Liszt Strafrecht 14./15. Aufl. S. 268.

[71]) Das Verbrechen und seine Bekämpfung, Heidelberg 1902. S. 214.

Telegraphendienste) werden auch in Zukunft nicht zu entbehren sein. Diese Aberkennung kann nicht nur neben Gefängnis, sondern unter Umständen auch neben Haft — ich denke hier z. B. an einen leichteren Fall fahrlässiger Transportgefährdung, der es wünschenswert erscheinen läßt, den Täter aus dem Eisenbahndienste zu entfernen — ausgesprochen werden.

Daß die Bestimmung in § 161 StGB. beizubehalten ist, bedarf wohl keiner weiteren Erörterung.

In diesem Zusammenhange noch einige Worte über die Buße. Sie ist nach der herrschenden Meinung nicht Strafe, sondern Privatgenugtuung. Das Strafgesetzbuch kennt sie nur in den Fällen der §§ 188 und 231. Es kann sich fragen, ob es nicht empfehlenswert wäre, dem Richter die Möglichkeit zu geben, auch in Fällen, in welchen wegen aus Eigennutz begangenen Verbrechens auf Freiheitsstrafe zu erkennen ist, neben dieser eine Buße auszusprechen, mindestens dann, wenn dem Verletzten ein sei es vermögensrechtlicher, sei es immaterieller Schaden (§ 847 BGB.) zugegangen ist (vgl. Art. 37 des Schweizer Entwurfes). Die Vollstreckung wäre unter entsprechender Abänderung des § 495 StPO. ähnlich wie bei der Geldstrafe zu regeln, insbesondere Teilzahlung zu gestatten. Ein Abverdienen bei Zahlungsunfähigkeit oder Einsperrung bei Zahlungs- und Arbeitsunfähigkeit (Schweizer Entwurf Art. 36 § 2—5) erscheint mir mit Rücksicht darauf, daß die Buße nicht Strafe, sondern Privatgenugtuung ist, nicht zulässig.

Ich habe schon oben bemerkt, daß alles, was bisher über die einzelnen Strafmittel gesagt wurde, sich nur auf die Fälle bezieht, in welchen es sich um erwachsene, voll verantwortliche Rechtsbrecher handelt, die nicht zu den wiederholt Rückfälligen und nicht zu den gewerbs- und gewohnheitsmäßigen Verbrechern gehören; auch Bettler, Landstreicher, Dirnen usw. blieben bisher außer Betracht. Aufgabe der nachfolgenden Erörterungen wird es sein, zu untersuchen, inwieweit die ordentlichen Strafmittel eine Abänderung, Einschränkung oder Ausdehnung zu erfahren haben, sofern es sich um Jugendliche, geistig Minderwertige, mehrfach Rückfällige, um gewerbs- oder gewohnheitsmäßige Verbrecher handelt und in welchem Umfange hier insbesondere Sicherungsstrafen (Sicherungsmaßregeln) in Betracht kommen können.

VI.

Rückfall, gewohnheits- und gewerbsmäßiges Verbrechertum.

Die Frage der strafrechtlichen Behandlung von Rückfall, gewerbsmäßigem und gewohnheitsmäßigem Verbrechertum hat den 28. Deutschen

Juristentag beschäftigt und es wurden auf Grund der erschöpfenden Gutachten von Mayer und Aschaffenburg und des trefflichen Berichtes von Kahl diese Verbrecherkategorien begrifflich umgrenzt und die Grundsätze für ihre strafrechtliche Behandlung festgelegt, offen blieb lediglich die Frage nach Art und Maß der Strafe und die Frage des Strafvollzugs.

Ich trete den Thesen Kahls in der Fassung, die sie in der 2. Sitzung der dritten Abteilung erhielten[12]), bei und lege sie den nachfolgenden Ausführungen zu Grunde, habe daher nicht nötig, mich über die Begriffe von Rückfall, gewerbs- und gewohnheitsmäßigem Verbrechertum und über die Art und die Voraussetzungen der strafrechtlichen Behandlung weiter auszulassen. Nur einiges möchte ich in dieser Richtung bemerken, bevor ich mich zu der Frage nach Art und Mittel der Strafe wende.

Nach den Thesen Kahls soll zwischen gleichartigem und ungleichartigem Rückfall nicht unterschieden werden. Ich halte dies nicht für unbedenklich. Wenn auch selbstredend Rückfall nicht, wie bisher, nur dann angenommen werden darf, wenn das gleiche Verbrechen nach erfolgter Bestrafung wiederholt begangen wird, so könnte es sich doch fragen, ob es sich nicht empfohlen hätte, den Rückfall auf die Begehung gleichartiger Straftaten zu beschränken. Kahl verneint dies, weil Handlungen, welche nach ihren äußeren, nach ihren juristischen Tatbestandsmerkmalen ganz verschiedenartig sind, doch durch die Kontinuität des Zwecks und inneren Zusammenhangs wie eine verbrecherische Kette erscheinen können. Dies ist unbedingt richtig, und solche Fälle rechne ich unter den so weit als möglich auszudehnenden Begriff der gleichartigen, aus gleichen Motiven entsprungenen, gleiche Zwecke verfolgenden Straftaten. Dagegen scheint es mir zu weit zu gehen, Rückfall auch dann anzunehmen, wenn die Kontinuität des Zwecks und der innere Zusammenhang vollständig fehlen. Stiehlt jemand zum erstenmal und begeht er zwei Jahre später eine mit dem Diebstahl in keiner Weise zusammenhängende Körperverletzung: soll er als rückfällig angesehen werden? Die Frage hat allerdings keine umfassende praktische Bedeutung mehr, denn da der Rückfall des Gelegenheitsverbrechers in ein Gelegenheitsverbrechen in Zukunft nur als ein erhöhender Strafzumessungsgrund innerhalb des ordentlichen Strafrahmens angesehen werden soll, hat es der Richter völlig in der Hand, zwischen gleichartigem und ungleichartigem Rückfall zu unterscheiden und ersteren strenger zu bestrafen als letzteren. Immerhin aber bleiben Fälle übrig, in denen diese Ausdehnung des Rückfallbegriffs

---

[12]) Verhandl. des 28. D. Jur.-T. Bd. 3 S. 367 ff.

von Bedeutung wird, nämlich dann, wenn der Gewohnheitsverbrecher nach erstandener Strafe eine Straftat begeht, welche mit seinem Gewohnheitsverbrechertum in keinerlei Zusammenhang steht. In diesem Falle ist nach These I 2 Rückfall gegeben und als allgemeiner Strafschärfungsgrund zu betrachten. Mit Recht bemerkt aber Mayer[73]), daß nicht abzusehen ist, weshalb der gewerbsmäßige Dieb, der später eine Beleidigung begeht, wegen dieser Beleidigung als Rückfälliger erachtet und allgemeiner Strafschärfung unterstellt werden soll.

Noch bedenklicher würde diese Ausdehnung des Rückfallbegriffes, wenn die Worte: „rückfälliger Gewohnheitsverbrecher" in These I 3 in dem erwähnten weiteren Sinne aufgefaßt werden müßten. Dies scheint jedoch nicht der Fall. Nach dem Gange der Beratung und Abstimmung (Bd. III S. 429) scheint hier gemeint zu sein: Rückfall des Gewohnheitsverbrechers in die gewohnheitsmäßige Begehung strafbarer Handlungen, wie ja auch Kahl bei der Berichterstattung im Plenum erklärt hat (Bd. III S. 609), daß die außerordentlichen Maßregeln der These I 3 Platz greifen sollen: gegen gemeingefährliche und „in das Gewohnheitsverbrechen" rückfällige Gewohnheitsverbrecher.

Ein Unterschied in der Behandlung von Gewohnheitsverbrechern besteht noch zwischen den Anschauungen Mayers und Kahls, der meines Erachtens in den damaligen Verhandlungen nicht entsprechend hervorgehoben wurde. Mayer scheidet beim gewerbsmäßigen Verbrecher nicht zwischen gleichartigen und verschiedenartigen Straftaten (Bd. I S. 173), wohl aber läßt er eine solche und zwar scharfe Scheidung eintreten beim Gewohnheitsverbrecher (S. 174 ff.). Er bringt die von ihm sogenannte totale chronische Kriminalität in direkten Gegensatz zu der partiellen, unterscheidet also zwischen der gewohnheitsmäßigen Begehung von Verbrechen und Vergehen, durch die verschiedenartige Rechtsgüter angegriffen werden und dem gewohnheitsmäßigen Angriff auf ein und dasselbe Rechtsgut und will, wie sich aus seiner These 3 a b ergibt, nur die gewohnheitsmäßige Begehung verschiedenartiger Verbrechen oder Vergehen gleich der gewerbsmäßigen Begehung einer oder verschiedenartiger Straftaten als allgemeinen Strafschärfungsgrund berücksichtigt wissen, während er die gewohnheitsmäßige, nicht dem Gewerbe dienende Begehung eines einzelnen Delikts nach These 3 c je nach der Natur des Delikts strenger bedrohen oder der allgemeinen Strafdrohung überlassen will (S. 200; vgl. auch S. 176 ff.).

---

[73]) Bd. 3 S. 421.

Kahl dagegen macht diesen grundsätzlichen Unterschied innerhalb des Gewohnheitsverbrechens nicht. Er unterwirft auch die „einseitig oder einspännig Gemeingefährlichen" (Bd. III S. 379) der allgemeinen Strafschärfung. Da er aber (These I 2) mildernde Umstände zuläßt, macht sich praktisch der Unterschied zwischen seiner und der Auffassung Mayers nicht wesentlich fühlbar.

Die Frage nach Art und Maß der gegen Rückfällige (im beschränkten Sinne der Kahlschen These I 2, also nicht rückfällige Gelegenheitsverbrecher), gewohnheits- und gewerbsmäßige Verbrecher anzuwendenden Strafen hat der 28. Juristentag offen gelassen; sie soll im Rahmen dieses Gutachtens behandelt werden.

Die Gutachten von Mayer und Aschaffenburg haben sich auch mit dieser Frage beschäftigt. Was znnächst die Strafart anlangt, so verwirft Mayer Schutzmaßregeln und Deportation und erachtet als empfehlenswerte Strafe verbessertes Zuchthaus bei relativ bestimmten Strafurteilen (Bd. I S. 183), Aschaffenburg sagt (Bd. II S. 32): die Strafart muß sich der Individualität anpassen. Mit Mayer bin ich der Anschauung, daß für die hier besprochenen Kategorien von Verbrechern Zuchthaus als Regelstrafe in Anwendung zu kommen hat, es sei denn, daß es möglich wäre, die von Mayer verworfene Deportation zu verwenden. Ich habe die Frage der Deportation schon oben behandelt und glaube, daß alle die Vorzüge, die ihr eigen sind und auch von ihren Gegnern wenigstens teilweise zugegeben werden, gerade gegenüber dem gemeingefährlichen Gewohnheitsverbrecher ganz besonders in Gewicht fallen [74]). Mayer gibt zu, daß, wenn man die Deportation mit den langzeitigen Zuchthausstrafen, wie sie heute vollstreckt werden, vergleiche, allerdings viel für sie spreche, meint aber, jeder ihr nachgerühmte Vorzug könne auch im inländischen Strafvollzuge, wenn er nur entsprechend gestaltet würde, mit ungleich größerer Sicherheit auf Erfolg und wahrscheinlich auch mit erheblich geringeren Kosten und Schwierigkeiten erreicht werden. Ob wir dieses Idealzuchthaus je erhalten? Und wenn wir es erhalten, ob es gerade gegenüber dem gemeingefährlichen Gewohnheitsverbrecher in der Lage sein wird, das Gleiche zu leisten, wie eine Strafart, die ihn aus seiner ganzen bisherigen Umgebung herausreißt, ihn in völlig neue Verhältnisse bringt und, wie selbst Korn zugibt, besser als eine andere Strafart geeignet ist, aus dem Verbrecher ein brauchbares Mitglied der menschlichen Gesellschaft zu machen? Man

---

[74]) Vgl. Kohler, Einführung in die Rechtswissenschaft S. 150/151; v. Liszt, Lehrbuch S. 178 und die im Mayerschen Gutachten S. 180 angegebene Literatur.

kann den gemeingefährlichen Gewohnheitsverbrecher, abgesehen von den allerschwersten Fällen, nicht lebenslänglich einsperren, weder ins Zuchthaus noch in Sicherungsnachhaft. Einmal kommt die Zeit, wo er wieder auf die Menschheit losgelassen werden muß. Gibt da nicht dem Verschickten die freiwillige oder zwangsweise Ansiedelung im fremden Lande leichter die Möglichkeit, sich eine neue Existenz zu gründen, als dies dem langjährigen Zuchthäusler im Inlande möglich ist? Ich komme deshalb trotz aller Einwände nicht von der Überzeugung los, daß die Deportation, wenn es möglich ist, die ihrer Durchführung entgegenstehenden praktischen und technischen Schwierigkeiten zu beseitigen, gerade gegenüber dem gemeingefährlichen Gewohnheitsverbrecher ein durchaus beachtenswertes, ja ich möchte sagen, das weitaus beste Strafmittel ist.

Entfällt die Deportation, so bleibt, hier trete ich Mayer vollkommen bei, als Regelstrafe nur Zuchthaus und daneben vielleicht in einzelnen leichteren Ausnahmefällen Gefängnis. Daß dieses Zuchthaus „verbessert", der Strafvollzug anders eingerichtet werden muß, als bisher, bedarf wohl keiner Erörterung. Bestimmte Vorschläge nach dieser Richtung zu machen, liegt nicht in der Aufgabe dieses Gutachtens, ist vielmehr nach dem Arbeitsplane späterer Begutachtung vorbehalten, ich möchte aber nicht unterlassen, schon hier auf die ganz trefflichen Vorschläge hinzuweisen, die Mayer (S. 197) in der Richtung des Strafvollzugs macht.

Die Frage nach der Strafdauer hängt meines Erachtens in erster Linie davon ab, ob man sich mit Mayer für relativ bestimmte Strafurteile oder mit Kahl[75]) und van Calker[76]) für Sicherungsnachhaft entscheidet. Der 28. Deutsche Juristentag hat das letztere getan; ich schließe mich dem aus voller Überzeugung an und halte es nicht für nötig, diesen Standpunkt hier noch weiter zu begründen.

Wird gegen den gemeingefährlichen und (in das Gewohnheitsverbrechen) rückfälligen Gewohnheitsverbrecher neben der Strafe auf Sicherungsnachhaft von unbestimmter Dauer erkannt, so wird es nicht nötig sein, den Strafrahmen gegen ihn so hoch zu spannen, wie es Mayer in seinem Gesetzesvorschlag § 6 (S. 169) tut (Minimum: der Höchstbetrag der im besonderen Teile für die einfache Begehung der Handlung angedrohten Strafe; Maximum: der dreifache Betrag des Höchstbetrages, eventuell lebenslängliches Zuchthaus). Dagegen halte ich den von Mayer hinsichtlich der Höhe der Strafdrohung im allgemeinen gemachten Vor-

[75]) Gutachten für den 26. Deutsch. Jur.-T. Bd. 2 S. 262.
[76]) Verhandl. des 28. Deutsch. Jur.-T. Bd. 3 S. 368.

schlag: „daß die aufzustellende Strafdrohung ihrer Mindest- und Höchstgrenze nach aus einem Vielfachen der für die einfache Begehung angedrohten Strafen bestehen muß," für vollkommen zutreffend und trete ihm ohne weiteres bei lediglich mit der Modifikation, daß der gleichen Strafdrohung auch die „einseitigen" Gewohnheitsverbrecher im oben erörterten Sinne unterstehen und daß sie auch für Rückfällige (so weit es sich nicht um den Rückfall von Gelegenheitsverbrechern in Gelegenheitsverbrechen handelt) gilt. Über die ziffermäßige Höhe dieses Vielfachen der einfachen Strafe können die Anschauungen selbstredend sehr auseinandergehen und es hat wenig Wert in dieser Richtung bestimmte Vorschläge zu machen. Man könnte in Anlehnnng an die Vorschläge von Mayer (S. 169) und Kahl (S. 367) vielleicht sagen: Liegt der allgemeine Strafschärfungsgrund des Rückfalls oder der gewohnheits- oder gewerbsmäßigen Begehung eines Verbrechens oder Vergehens (im Sinne der Kahlschen These I 2) vor, so muß die Strafe mindestens die Hälfte des für die einfache Begehung angedrohten Höchstbetrages erreichen und kann bis auf das Doppelte desselben, aber nicht über fünfzehn Jahre Zuchthaus erhöht werden. Ein Zurückgehen im Mindestmaß auf die Hälfte (statt der von Mayer vorgeschlagenen zwei Drittel) erscheint schon deshalb wünschenswert, weil nach der vom Juristentage gebilligten These Kahls ja auch der Rückfall des Gewohnheitsverbrechers in eine ungleichartige Straftat dieser allgemeinen Strafschärfung unterworfen sein soll. Aus dem gleichen Grunde und um den Verhältnissen des praktischen Lebens nach jeder Seite Rechnung zu tragen, wird es sich auch empfehlen, dem Richter die Möglichkeit zu geben, in besonders leichten Fällen die Strafe innerhalb des ordentlichen Strafrahmens zu wählen.

An die vorerwähnte Bestimmung könnte etwa die folgende sich anreihen: bei Rückfall des gewohnheits- oder gewerbsmäßigen Verbrechers in ein gewohnheits- oder gewerbsmäßiges Delikt kann die Strafe bis zum dreifachen Betrage des für die einfache Begehung angedrohten Höchstbetrages erhöht werden, jedoch auch hier nicht über fünfzehn Jahre Zuchthaus. Hier könnte fraglich sein, ob man nicht bis zu 20 Jahren Zuchthaus gehen könnte, doch halte ich dies nicht für erforderlich. Daß in allen diesen Fällen, abgesehen von besonders leichten, statt auf Gefängnis- auf Zuchthausstrafe zu erkennen ist, wurde schon oben hervorgehoben.

An die so bemessene Strafe würde sich dann, soweit es sich um gemeingefährliche und in das Gewohnheitsverbrechen zurückgefallene Gewohnheitsverbrecher handelt, die in Kahls These I 3 erwähnte Sicherungsnachhaft auf unbestimmte Dauer anschließen, deren Vollzug in erster Linie auf „Entwöhnung von der verbrecherischen Gewohnheit, Gewöhnung an eine die Rechtsgüter achtende Lebensführung" (Mayer S. 197) anzustreben hätte.

Daß die allgemeine Regelung der strafrechtlichen Behandlung Rückfälliger, gewohnheits- und gewerbsmäßiger Verbrecher sich nicht bezieht auf geistig minderwerte Gewohnheitsverbrecher, gewerbsmäßige Prostitution und gewerbsmäßiges Bettler- und Landstreichertum, und daß ferner durch die allgemeine Regelung die Beibehaltung derjenigen Bestimmungen im besonderen Teile nicht ausgeschlossen sein soll, nach welchen die Gewerbsmäßigkeit der Begehung entweder begrifflich oder natürlich ein die Strafbarkeit begründendes Merkmal (z. B. § 284 StGB.) darstellt oder nach welchen durch die besondere Natur eines Delikts (z. B. § 294 StGB.) die Unterstellung unter die allgemeine Strafschärfung nicht angezeigt erscheint, ist schon in den Kahlschen Thesen III und IV und den Verhandlungen des 28. Deutschen Juristentages hinreichend zum Ausdrucke gebracht worden und sei hier nur nebenbei erwähnt.

Die Frage der Behandlung geistig minderwerter Gewohnheitsverbrecher hängt zusammen mit der Behandlung geistig Minderwerter überhaupt, die auf dem 27. Deutschen Juristentag eingehende Erörterung gefunden hat.

Gewerbsmäßige Prostituierte, gewerbsmäßige Bettler und Landstreicher stellen besondere Verbrechertypen dar und fordern gesonderte Behandlung. Mäßige, mit allen Mitteln zulässiger Strafschärfung vollzogene Gefängnisstrafen mit nachfolgender Unterbringung im Arbeitshaus auf unbestimmte Dauer werden hier geeignete Strafmittel darstellen.

VII.
Jugendliche und geistig Minderwerte.

Die strafrechtliche Behandlung der Jugendlichen und geistig Minderwerten bildete den Gegenstand trefflicher Gutachten und eingehender Beratung beim 27. Deutschen Juristentage. Es wurde damals auch die Frage der Strafmittel ausreichender Würdigung unterzogen, und ich glaube, mich auf den Hinweis auf jene Gutachten und Verhandlungen beschränken zu können.

Ich bin zu Ende. Das gestellte Thema umfaßt eine solche Fülle der wichtigsten und bestrittensten Fragen, über deren jede einzelne man ein Buch schreiben könnte und Bücher geschrieben worden sind, daß es unmöglich erschien, im Rahmen dieses Gutachtens alle diese Fragen erschöpfend zu behandeln. Es blieb mir in vielen Fällen nur übrig, diese Fragen im allgemeinen in den Kreis der Erwägungen zu ziehen und zu versuchen, durch ihre Erörterung brauchbare Gesichtspunkte für das empfehlenswerteste Strafmittelsystem des künftigen deutschen Strafgesetzbuches zu gewinnen. Ich habe nicht das Gefühl, daß dieser vielleicht mit unzulänglichen oder untauglichen Mitteln unternommene, aber auch durch die Größe der Aufgabe erschwerte Versuch besonders glücklich gelungen ist, möchte aber doch nicht unterlassen, das Ergebnis der vorstehenden Erörterungen in folgenden Thesen niederzulegen.

Thesen.

1. Bei Bestimmung der Strafe nach Art und Maß ist mehr wie bisher die Gesinnung des Täters zu berücksichtigen, Tat und Täter sind gleichmäßig in Betracht zu ziehen, die Gesinnung vorzugsweise bei Wahl der Strafart, die Schwere der Tat hauptsächlich bei Festsetzung des Strafmaßes.
2. Um dies zu erreichen empfiehlt sich im Gesetze die vermehrte Aufstellung alternativer Strafdrohungen, wobei jedoch gleichzeitig geeignete Maßregeln behufs Einschränkung des richterlichen Ermessens bei der Strafzumessung zu treffen sind.
3. Die bisherige Dreiteilung der Straftaten kann fallen. Erachtet man eine Einteilung für nötig, so genügt eine solche im Verbrechen und Übertretungen.
4. Das Strafensystem des geltenden Rechts ist im allgemeinen beizubehalten.
5. Neben der Todesstrafe ist in allen Fällen wahlweise Freiheitsstrafe zuzulassen.
6. Drei nach Wesen und Vollzug scharf voneinander zu unterscheidende Freiheitsstrafen sind erforderlich: stets entehrende Zuchthausstrafe für schwere, aus verwerflicher Gesinnung begangene Verbrechen und als Regelstrafe für Rückfall (soweit es sich nicht um Rückfall des Gelegenheitsverbrechers in ein Gelegenheitsverbrechen handelt), für gewohnheits- und gewerbsmäßige Verbrechen; nie entehrende Haftstrafe für besonders leichte Straftaten, die schon ihrer Natur nach nicht aus verwerflicher Gesinnung begangen werden können, gleichzeitig aber auch für schwere Straftaten, wenn sie im einzelnen Falle nicht aus verwerflicher Gesinnung begangen sind und die besonderen Tatumstände eine der Art nach ausnahmsweise milde Strafe verlangen; dazwischen die in der Regel nicht entehrende Gefängnisstrafe für diejenigen Straftaten, für welche

nach obigen Gesichtspunkten weder Zuchthaus- noch Haftstrafe sich eignet.

7. Als neues Strafmittel im Gebiete der Freiheitsstrafen käme lediglich die Deportation in Betracht, vorausgesetzt, daß es gelingt, die ihrer Durchführung entgegenstehenden praktischen Bedenken zu beseitigen. Die Einführung anderer neuer Freiheitsstrafen als Hauptstrafen (Hausarrest, Wirtshausverbot und sonstige Aufenthaltsbeschränkungen, Arbeitshaus) empfiehlt sich nicht.

8. Die unbestimmte Verurteilung auch in der Form relativ bestimmter Urteile ist abzulehnen.

9. Die richterliche Strafzumessungsgewalt ist zu beschränken durch allgemeine Bestimmungen darüber, in welchen Fällen bei alternativer Strafdrohung auf entehrende oder nicht entehrende Strafe zu erkennen ist, durch möglichst erschöpfende Aufzählung allgemeiner und besonderer Erschwerungs- und Milderungsgründe, die eine Erhöhung oder Verminderung desjenigen Strafmaßes, auf welches andernfalls zu erkennen gewesen wäre, um eine bestimmte Größe oder bis zu einer gewissen Grenze nach sich ziehen sollen und, soweit möglich, durch Schaffung spezialisierter Tatbestände mit bestimmten einzelnen Strafrahmen.

10. Eine völlige Beseitigung der kurzzeitigen Freiheitsstrafen ist nicht durchzuführen. Die ihnen anhaftenden Mängel sind durch geeignete Gestaltung des Vollzugs (Einzelhaft, Strafschärfungen usw.) nach Möglichkeit zu vermeiden. Auf tunlichste Einschränkung der kurzzeitigen Freiheitsstrafen ist Bedacht zu nehmen. Hausarrest, Zwangsarbeit, Aufenthaltsbeschränkungen, Verweis und Friedensbürgschaft können als geeignete Ersatzmittel kurzzeitiger Freiheitsstrafen nicht erachtet werden, wohl aber wird durch angemessene Verwendung der bedingten Begnadigung der Vollzug kurzzeitiger Freiheitsstrafen und durch erweiterte Verwendung der Geldstrafe die Verurteilung zu kurzzeitigen Freiheitsstrafen erheblich eingeschränkt werden können.

11. Gegen die Beibehaltung lebenslänglicher Zuchthausstrafe bestehen keine Bedenken. Das Höchstmaß zeitlicher Zuchthausstrafe beträgt 15 Jahre, ihr Mindestmaß 1 Jahr.

12. Auf Haft kann lebenslänglich erkannt werden. Das Höchstmaß der zeitlichen Haftstrafe beträgt 15 Jahre, das Mindestmaß einen Tag.

13. Das Höchstmaß der Gefängnisstrafe beträgt 3 Jahre, ihr Mindestmaß eine Woche.

14. Die einzelnen Strafen sind, abgesehen von der Umwandlung der Geldstrafe in Freiheitsstrafe, nicht in ein bestimmtes Wertverhältnis zueinander zu setzen.

15. Die Geldstrafe soll in weiterem Umfang als bisher zur Anwendung kommen, sie soll insbesondere fakultative Haupt- und Nebenstrafe bei allen Delikten sein, die erfahrungsgemäß meist aus Gewinnsucht begangen werden, Hauptstrafe jedoch nur dann, wenn die Handlung nicht aus unehrenhafter Gesinnung hervorgegangen ist. Die Geldstrafe soll den Vermögens-, Erwerbs- und Einkommensverhältnissen des Verurteilten angepaßt werden. Die Höchstbeträge sind, abgesehen von reinen Polizeiübertretungen, nicht in bestimmten Summen auszudrücken. Beim Vollzuge sind dem Verurteilten die weitestgehenden Erleichterungen durch Gestattung von Ratenzahlungen usw. zu gewähren; soweit jedoch Vollzug durch Zwangsvollstreckung zu erfolgen hat, ist diese energisch durchzuführen und weiter auszudehnen als bisher. Nicht beitreibbare Geldstrafen sind in Freiheitsstrafen umzuwandeln, sofern es nicht gelingt, Abverdienen durch Zwangsarbeit in umfangreichem Maße praktisch durchzuführen. Die Bestimmung in § 30 StGB. ist beizubehalten.

16. Der Verweis kann in leichteren Straffällen wahlweise neben Geld- oder Freiheitsstrafe oder verschärfend neben der Geldstrafe auch gegenüber Erwachsenen Verwendung finden. Der Vollzug ist möglichst würdig und eindrucksvoll zu gestalten.

17. Die Aufnahme weiterer Ehrenstrafen in das StGB. als Hauptstrafen empfiehlt sich nicht.

18. Die Stellung unter Polizeiaufsicht ist nicht zu entbehren. Die Aufsicht ist aber in durchaus schonender und diskreter Weise zu handhaben und es ist zu erwägen, ob sie nicht statt oder neben den Polizeiorganen Vorständen von Vereinen für entlassene Sträflinge, Arbeitsämtern usw. zu übertragen ist.

19. Die Überweisung an die Landespolizeibehörde soll in der bisherigen Form und Wirkung gegenüber Dirnen, Bettlern und Landstreichern aufrecht erhalten bleiben. Zuhälter (§ 181 StGB.) werden in der Regel als gewerbs- und gewohnheitsmäßige Verbrecher zu erachten und den für diese vorzuschlagenden Maßregeln zu unterwerfen sein.

20. Die Ausweisung aus dem Reichsgebiete ist mindestens im bisherigen Umfange beizubehalten.

21. Eine Abänderung der Bestimmungen über Veröffentlichung des Urteils auf Kosten des Verurteilten ist nicht veranlaßt.

22. Auch die Bestimmungen über Einziehung und Unbrauchbarmachung können, vielleicht abgesehen von einigen unbedeutenden Modifikationen, beibehalten werden.

23. Das gleiche gilt für die Verfallerklärung des als Vorteil Empfangenen oder dessen Wertes.

24. Die Aberkennung der bürgerlichen Ehrenrechte tritt neben Zuchthaus immer, neben Haft nie, neben Gefängnis je nach Lage des Falles ein. Einzelne Ehrenrechte z. B. § 319 StGB. können auch neben Haftstrafe aberkannt werden.

25. Auf Buße soll außer in den bisherigen Fällen erkannt werden können neben Verurteilung zu Freiheitsstrafe wegen aus Eigennutz begangener Straftaten. Der Vollzug ist ähnlich wie bei der Geldstrafe zu regeln. Arbeitszwang oder Umwandlung in Freiheitsstrafe tritt nicht ein.

26. a) Als Regelstrafe gegen rückfällige (soweit es sich nicht um den Rückfall von Gelegenheitsverbrechern in ein Gelegenheitsverbrechen handelt) gewerbs- und gewohnheitsmäßige Verbrecher kommt Zuchthaus in Betracht, eventuell Deportation.

b) Liegt der allgemeine Strafschärfungsgrund des Rückfalls oder der gewohnheits- oder gewerbsmäßigen Begehung eines Verbrechens oder Vergehens vor, so muß die Strafe mindestens die Hälfte des für die einfache Begehung angedrohten Höchstbetrages erreichen und kann bis auf das Doppelte desselben, aber nicht über fünfzehn Jahre Zuchthaus, erhöht werden. In besonders leichten Fällen kann der Richter die Strafe innerhalb des ordentlichen Strafrahmens wählen.

c) Bei Rückfall des gewohnheits- oder gewerbsmäßigen Verbrechers in ein gewohnheits- oder gewerbsmäßiges Delikt kann die Strafe bis zum dreifachen Betrage des für die einfache Begehung angedrohten Höchstbetrages erhöht werden, jedoch auch hier nicht über 15 Jahre Zuchthaus.

d) Gegen gemeingefährliche und in das gewerbs- oder gewohnheitsmäßige Verbrechen rückfällige Gewerbs- und Gewohnheitsverbrecher ist neben der Strafe auf Sicheruugsnachhaft von unbestimmter Dauer zu erkennen. Über die jederzeit widerrufliche Entlassung entscheiden gemischte, aus Organen der Anstaltsleitung, Beamten der Staatsanwaltschaft und Ehrenbeamten gebildete Kommissionen. (Deckt sich im wesentlichen mit der Kahlschen These I 3, Verhandl. des 28. Deutschen Juristent. Bd. 3 S. 368.)

27. Gegen gewerbsmäßige Prostituierte, gewerbsmäßige Bettler und Landstreicher empfiehlt sich mäßige mit allen Mitteln zulässiger Strafschärfung vollzogene Gefängnisstrafe mit nachheriger Unterbringung im Arbeitshaus auf unbestimmte Dauer.

28. Bezüglich der Strafmittel gegen Jugendliche und geistig Minwerte einschließlich der Besserungs- und Sicherungsmaßregeln wird auf die Verhandlungen und Beschlüsse des 27. Deutschen Juristentages verwiesen.

Verhandlungen

des

Neunundzwanzigsten Deutschen Juristentages.

Herausgegeben

von

dem Schriftführer-Amt der ständigen Deputation.

Zweiter Band.
(Gutachten.)

Berlin 1908.
Kommissions-Verlag von J. Guttentag, Verlagsbuchhandlung,
G. m. b. H.

Inhaltsverzeichnis.

Gutachten.

(Zweiter Band.)

V.

Gutachten des Senatspräsidenten des Preußischen Oberverwaltungsgerichts Dr. Max Schultzenstein zu Berlin

über die Frage:

Liegt ein Bedürfnis eines deutschen Reichs-Verwaltungsgerichts vor?

I.

Im jetzigen Deutschen Reiche ist die Verwaltungsgerichtsbarkeit den alten Arten der Gerichtsbarkeit, d. i. der Zivil-, der Straf- und der freiwilligen Gerichtsbarkeit, erst vor nicht langer Zeit hinzugetreten. Sie besteht trotzdem gegenwärtig schon in erheblichem örtlichen und sachlichen Umfange, so daß sie, wenn auch nicht die gleiche, doch eine nicht gar zu viel geringere Wichtigkeit als jede der anderen Arten hat. Noch immer aber wird sie für sehr verschiedene Angelegenheiten, von sehr verschiedenen Behörden und in sehr verschiedenen Formen gehandhabt. In allen drei Beziehungen herrscht eine Mannigfaltigkeit, wie man sie für unmöglich hielte, wenn sie nicht tatsächlich vorhanden wäre. Ein nur einigermaßen vollständiges Bild des überaus bunten Rechtszustandes zu geben, würde einen sehr großen Raum beanspruchen und hier zu weit führen, ist auch zur Beantwortung der gestellten Frage nicht unbedingt notwendig. Dazu reicht der nachfolgende kurze Überblick aus.

In dem Reichslande hat sich das contentieux administratif des französischen Rechtes erhalten unter teils gleich nach der Vereinigung von Elsaß-Lothringen mit Deutschland, teils später vorgenommenen Änderungen. Verwaltungsgerichte sind die Bezirksräte und der Kaiserliche Rat, deren Zuständigkeit jedoch gegenüber der der französischen conseils de préfecture und des conseil d'Etat vermindert worden ist, und denen die Garantien der richterlichen Selbständigkeit und Unabhängigkeit fehlen. In den Änderungen wird mit Recht keine Verbesserung, sondern eine Verschlechterung des früheren Rechtes erblickt.

Außerdem gibt es im Deutschen Reiche noch drei Arten von Verwaltungsgerichtsbarkeit: eine rein reichsrechtliche, eine rein landesrechtliche und eine reichs- und landesrechtlich gemischte, und es sind nicht nur diese drei Arten unter sich verschieden und es hat ferner die landesrechtliche Verwaltungsgerichtsbarkeit für jeden der Bundesstaaten, der eine solche besitzt, ihre besondere Ausgestaltung erhalten, sondern auch die rein reichsrechtliche zerfällt noch wieder in mehrere Unterarten mit sehr erheblichen Abweichungen voneinander, und selbst die rein landesrechtliche ist teilweise nicht einmal innerhalb desselben Bundesstaats einheitlich.

Eine rein reichsrechtliche Verwaltungsgerichtsbarkeit wird geübt von der Reichs-Rayonkommission, dem verstärkten Reichs-Eisenbahnamte, der für die Erklärung der Nichtigkeit und die Zurücknahme von Patenten zuständigen Nichtigkeitsabteilung des Patentamts, dem Reichs-Versicherungsamt und den Schiedsgerichten für Arbeiterversicherung in streitigen Unfall- und Invalidenversicherungssachen, dem Oberseeamt und den Seeämtern, dem verstärkten Aufsichtsamte für Privatversicherung, dem Bundesrat in den Verwaltungsstreitsachen für die Konsulargerichtsbezirke und die Schutzgebiete sowie von den Prisengerichten, sofern letzteren die Eigenschaft als Verwaltungsgerichte beizulegen ist, und zwar auch von den Seeämtern und den Schiedsgerichten für Arbeiterversicherung als eine rein reichsrechtliche, weil sie für jene und diese ebenfalls reichsrechtlich geordnet ist. Hierbei besteht nicht nur vollständige Besonderheit der Verwaltungsstreitsachen und der zu deren Entscheidung berufenen Verwaltungsgerichte, sondern es sind auch die Gliederung und die Verfassung eines jeden dieser Verwaltungsgerichte durchaus eigenartig, und nicht minder ist das Verfahren wegen seiner Ordnung je durch selbständige Vorschriften rechtlich wie tatsächlich trotz mancher Übereinstimmung sehr verschieden. Man vergleiche insoweit nur etwa die Einrichtung und Stellung der Reichs-Rayonkommission, des verstärkten Reichs-Eisenbahnamts und des Bundesrats unter sich und mit der des Reichs-Versicherungsamts oder die der Nichtigkeitsabteilung des Patentamts mit derjenigen der, weil sie ebenfalls nicht letzte Instanz sind, vergleichbaren Schiedsgerichte für Arbeiterversicherung und das Verfahren vor jener Abteilung, welchem nicht vor einem weiteren Verwaltungsgerichte, sondern vor einem ordentlichen Gerichte, dem Reichsgericht, ein in einzelnen Beziehungen besonders geordnetes, im übrigen sich nach dem den sonstigen „Geschäftsgang beim Reichsgerichte normierenden Regulative" (Verordnung vom 6. Dezember 1899, RGBl. 389, § 15) richtendes Berufungsverfahren folgt, mit dem vor diesen Schiedsgerichten, an das sich vor einem höheren

Verwaltungsgerichte von wesentlich gleicher Art, dem Reichs-Versicherungsamt, ein Rekurs- oder Revisions-, nicht ein Berufungsverfahren anschließt, oder das Rekurs- oder Revisionsverfahren vor dem Reichs-Versicherungsamte mit dem Verfahren vor dem verstärkten Aufsichtsamte für Privatversicherung.

Eine rein landesrechtliche Verwaltungsgerichtsbarkeit gibt es, von bloßen Ansätzen abgesehen, mit dem Jahre 1863 in Baden beginnend, jetzt in Preußen, Bayern, Sachsen und Württemberg, Baden, Hessen, Oldenburg, Braunschweig, Sachsen-Meiningen, Sachsen-Coburg und Gotha, Anhalt und Lippe und wird zurzeit noch für Sachsen-Weimar in Gemeinschaft mit anderen thüringischen Staaten sowie für Hamburg und Lübeck geplant. Außer daß sich einzelne Bundesstaaten, so namentlich Braunschweig und Oldenburg, ziemlich eng an das von Preußen in dem Gesetz über die allgemeine Landesverwaltung vom 30. Juli 1883 (GS. 195) gegebene Muster angeschlossen haben, ist bei dieser landesrechtlichen Verwaltungsgerichtsbarkeit alles rechtlich und tatsächlich sehr verschieden, und nur wenig Gemeinsames läßt sich finden. Dies gilt hinsichtlich der zu Verwaltungsstreitsachen erklärten Angelegenheiten wie nicht minder hinsichtlich der Organisation der Verwaltungsgerichte und der Formen des Verwaltungsstreitverfahrens. Auch hierfür wieder nur einige Beispiele.

Bei der Abgrenzung der Verwaltungsstreitsachen gegenüber einerseits den reinen Verwaltungssachen und den sog. Verwaltungsbeschlußsachen, andererseits den Justizsachen im Sinne der Angelegenheiten, die zur Zuständigkeit der ordentlichen Gerichte und der besonderen, d. i. der durch besondere Vorschriften an die Stelle der ordentlichen Gerichte für einen Teil der sonst den letzteren zukommenden Tätigkeit gesetzten Gerichte gehören, ist allerdings teilweise eine Gleichheit dadurch begründet worden, daß den an sich zur freien Bestimmung hierüber berufenen Landesrechten durch das Reichsrecht einzelne Schranken gezogen sind. Strafsachen, zu denen insoweit die Strafsachen auf dem Gebiete der Beamtendisziplin nicht rechnen, dürfen dem durch die Strafprozeßordnung geordneten Verfahren vor den ordentlichen und den zugelassenen besonderen Gerichten weiter, als dies in den §§ 453 ff. StPO. für polizeiliche Strafverfügungen wegen Übertretungen und für Strafbescheide der Finanzbehörden vorgesehen ist, nicht entzogen, also der Verwaltungsgerichtsbarkeit nicht überwiesen werden. Die für bürgerliche Rechtsstreitigkeiten grundsätzlich zulässige Überweisung (§ 13 GVG.) ist, wenn der Fiskus, eine Gemeinde oder eine andere öffentliche Korporation als Partei beteiligt ist, ausgeschlossen, falls sie nur wegen einer solchen Beteiligung geschieht (§ 4 EGZPO.). Umgekehrt ist bei einer Reihe von Streitigkeiten für diejenigen Bundesstaaten, welche die Verwaltungsgerichtsbarkeit haben, die Zuständigkeit der Verwaltungsgerichte ausdrücklich vorgeschrieben, z. B. für die Entscheidungen über die Entziehung der Eigenschaft als rechtsfähiger Verein und über die Anfechtung des Einspruchs der Verwaltungsbehörde gegen die Eintragung eines Vereins (§§ 44 und 62 BGB.) und für vielfache Streitigkeiten des sozialen Versicherungsrechts. Indessen diese Gleichheit ist doch nicht übermäßig weitreichend. Im übrigen ist der Kreis der Verwaltungsstreitsachen zwar nirgends bloß mittels einer erschöpfenden allgemeinen Formel, System der Generalklausel, sondern vom Standpunkte der sog. Enumerationsmethode aus durch eine namentliche Aufzählung abgegrenzt worden. Allein die Aufzählungen weichen schon stark voneinander ab. Außerdem sind noch meist daneben eine oder mehrere allgemeine Formeln von sehr verschiedener Tragweite gesetzt. So haben z. B. Bayern, Hessen und Sachsen-Meiningen ausschließlich eine Aufzählung, dagegen Preußen, Baden, Braunschweig, Oldenburg und Anhalt außerdem allgemeine Formeln für einzelne, teilweise recht große Gebiete, wie für die der polizeilichen Verfügungen, der öffentlichen Abgaben, gewisser Staatssteuern, der Kirchensteuern, der Wasser- und Steuerangelegenheiten u. dergl.

Während regelmäßig die Verwaltungsgerichte kollegialisch eingerichtet sind, entscheidet in den bayerischen Bezirksämtern ein Einzelbeamter. Auch das Maß und die Garantien der Unabhängigkeit sind sehr abweichend für die Verwaltungsrichter bestimmt, wenigstens für die der unteren Instanzen, während für die der höchsten Instanz einigermaßen Gleichmäßigkeit besteht. Bald gibt es nur eine Instanz, bald mehrere, und bei den mehreren Instanzen ist die höhere oder höchste meist Berufungs-, mitunter (Preußen und Anhalt) jedoch auch bloß eine Revisionsinstanz, also auf die rechtliche Nachprüfung beschränkt. Laien wirken bei der Verwaltungsgerichtsbarkeit teils gar nicht — so Bayern, Sachsen und Württemberg —, teils nicht in der höchsten Instanz — so Preußen, außer dem Oberschiedsgericht in Knappschaftsangelegenheiten, Baden und Hessen —, teils in der vorhandenen einzigen und damit zugleich letzten Instanz — so Sachsen-Coburg und Gotha —, teils bei einer Mehrheit von Instanzen auch in der höchsten Instanz — so Oldenburg — mit. In Bayern besteht zwar nicht bei den anderen Verwaltungsgerichten, aber bei dem Verwaltungsgerichtshof eine Staatsanwaltschaft, die das öffentliche Interesse an einer richtigen Anwendung des Gesetzes im einzelnen Falle und an einer gleichmäßigen, von Schwankungen und Widersprüchen freien Rechtsprechung vertreten soll. Anderswo hat man eine solche Staatsanwaltschaft durch sonstige Einrichtungen (besonderer Kommissar zur Wahrnehmung des öffentlichen Interesses, Befugnis gewisser Beamten zur Einlegung von Rechtsmitteln usw.) entbehrlich zu machen geglaubt.

Das Verfahren ist in Preußen in mehr oder weniger strenger Durchführung als ein Verfahren zwischen einander gegenüberstehenden Parteien (Beteiligten) gestaltet, so daß auch staatliche Behörden und Beamte Parteien sein können und ihre Anordnungen als „Beklagte" verteidigen müssen. In Württemberg und, unter noch mehr grundsätzlich durchgeführter Teilung des Verwaltungsstreitverfahrens in zwei verschiedene Arten: das Verfahren in Parteistreitigkeiten und das verhältnismäßig wichtigere und häufigere auf Anfechtungsklage, auch in Sachsen ist dagegen keine Parteistreitigkeit vorhanden, sobald mittels einer „Rechtsbeschwerde" oder einer „Anfechtungsklage" das Verwaltungsgericht gegen das Vorgehen einer Staatsbehörde angerufen wird. Während die Öffentlichkeit einigermaßen übereinstimmend, nämlich den Bestimmungen des Gerichtsverfassungsgesetzes gleich, behandelt ist, sind der Umfang der Mündlichkeit und die Zulässigkeit eines Entscheidens nach Lage der Akten recht abweichend bemessen. In nicht minder verschiedener Weise wird das Verfahren bald mehr von der Untersuchungs-, bald mehr von der Verhandlungsmaxime beherrscht. So dürfen in Preußen und anderen Bundesstaaten die Entscheidungen regelmäßig nur die von den Parteien erhobenen Ansprüche betreffen, so daß der Verwaltungsrichter an die Anträge der Parteien gebunden und eine reformatio in pejus unzulässig ist. In Bayern, Sachsen und Oldenburg kann dagegen einer Partei mehr und etwas anderes, als sie verlangt hat, zugesprochen werden und ist die reformatio in pejus erlaubt, teilweise geboten. In Sachsen ist die materielle Rechtskraft in der weiten Ausdehnung vorgeschrieben, daß ein rechtskräftiges verwaltungsgerichtliches Urteil für den Streitgegenstand nicht bloß die Parteien, sondern sowohl die Verwaltungsgerichte als auch die Verwaltungsbehörden bindet, und zwar diese mit der Wirkung, daß sie gegen den Willen der Parteien nichts verfügen können, was davon abweicht. Im übrigen fehlt jede ausdrückliche Bestimmung über die materielle Rechtskraft, so daß sie sogar vereinzelt ganz in Abrede gestellt wird, oder sie ist jedenfalls nur in engeren Grenzen anerkannt oder anzunehmen. In Württemberg finden, soweit nicht Bestimmungen des Gesetzes über die Verwaltungsrechtspflege vom 16. Dezember 1876 (Regierungsblatt 485) entgegenstehen, auf das Verfahren vor den Verwaltungsgerichten die Vorschriften der jeweils bestehenden bürgerlichen Prozeßordnung, auch soweit sie in jenem Gesetze nicht ausdrücklich für anwendbar erklärt sind, entsprechende Anwendung. Es ist also jetzt die Zivilprozeßordnung für das Deutsche Reich in ihrer gegenwärtigen Fassung aushilfsweise anzuwenden. Sonst ist man nicht soweit gegangen. Vielmehr sind, abgesehen von der allgemeinen Verwandtschaft zwischen dem Verwaltungsstreitverfahren einerseits und dem Verfahren für Zivilprozesse sowie sonstigen Verfahren andererseits, die häufig dazu führt, wie auf andere Prozeßordnungen so auch auf die deutsche Zivilprozeßordnung als Hilfsmittel zur richtigen Auslegung und Anwendung der Verwaltungsgerichtsgesetze und zur Ausfüllung von Lücken in ihnen zurückzugreifen, nur gewisse einzelne Zivilprozeßvorschriften für anwendbar erklärt, ist die sinngemäße Anwendung weiterer angeordnet, und sind noch andere Prozeßvorschriften in der Art nachgebildet, daß sie mehr oder weniger wörtlich wiederholt worden sind und damit die Eigenschaft landesrechtlicher, von einem Wechsel der Reichsgesetzgebung unabhängiger Vorschriften erhalten haben. Das württembergische Verwaltungsstreitverfahren ist dadurch von den übrigen und diese sind wieder unter sich in wesentlichen Dingen recht verschieden.

Dafür, daß selbst die rein landesrechtliche Verwaltungsgerichtsbarkeit mitunter nicht einmal innerhalb desselben Bundesstaats einheitlich ist, sei nur auf Württemberg und Preußen hingewiesen. Dort bestehen neben den ordentlichen Verwaltungsgerichten erster Instanz, den Kreisregierungen, gegen deren Entscheidungen die Berufung an den Verwaltungsgerichtshof zulässig ist, noch das Oberbergamt, die Ablösungskommission und die Lehenskommission — früher auch die Zentralstelle für Landeskultursachen; die an deren Stelle getretene Zentralstelle für Landwirtschaft ist eine reine Verwaltungsbehörde — als besondere Verwaltungsgerichte. Hier zerfällt die landesrechtliche Verwaltungsgerichtsbarkeit in die allgemeine nach dem Landesverwaltungsgesetze vom 30. Juli 1883 und dem Gesetze vom 14. Juli 1905 (GS. 307) vor den Kreis- (Amts-, Stadt-) Ausschüssen, den Bezirksausschüssen, den Bergausschüssen und dem Oberverwaltungsgericht und in die besondere vor den Generalkommissionen und dem Oberlandeskulturgericht und vor den Schiedsgerichten zur Entscheidung von Knappschaftsangelegenheiten und dem Oberschiedsgericht in Knappschaftsangelegenheiten als Verwaltungsgerichten mit eigenem Verfahren für gewisse einzelne Verwaltungsstreitsachen, sowie in die vor den Behörden zur Entscheidung von Kompetenzkonflikten und von Konflikten, falls auch diese Behörden als Verwaltungsgerichte anzusehen sind, und es hat ferner noch diejenige in Staats-Einkommen-, Ergänzungs-, Gewerbe-, Warenhaus- und Kirchensteuer-Streitsachen weitgehende Eigentümlichkeiten.

Eine gemischte Verwaltungsgerichtsbarkeit ist endlich die in Streitsachen unter Armenverbänden verschiedener Bundesstaaten und, wenn dies durch die Landesgesetzgebung zugelassen worden ist, auch unter Armenverbänden desselben Bundesstaats, indem sie sich teils als eine landesrechtlich geordnete vor den Landesverwaltungsgerichten, teils kraft reichsgesetzlicher Vorschrift mit reichsrechtlicher Regelung vor dem Bundesamte für das Heimatwesen als einem höchsten reichsgesetzlichen Verwaltungsgerichtshof abspielt.

II.

Hiernach gibt es bereits nicht bloß ein „deutsches Reichs-Verwaltungsgericht", sondern mehrere „deutsche Reichs-Verwaltungsgerichte", und zwar unter diesen auch solche, welche die letzte Instanz sind, sei es über einer unteren Instanz, sei es als einzige Instanz. Die gestellte Frage: „Liegt ein Bedürfnis eines deutschen Reichs-Verwaltungsgerichts vor?" muß also dahin verstanden werden, ob ein höchster Verwaltungsgerichtshof für das Deutsche Reich geschaffen werden soll, in welchen die zurzeit schon vorhandenen, eine rein reichsrechtliche Verwaltungsgerichtsbarkeit in letzter Instanz ausübenden Verwaltungsgerichte mehr oder weniger aufzugehen hätten, und auf welchen ferner ein Teil der gegenwärtigen Obliegenheiten der bestehenden landesrechtlichen höchsten Verwaltungsgerichte sowie wohl noch wenigstens ein gewisser Teil der Obliegenheiten vorhandener sonstiger Gerichte zu übertragen wären.

Daß der Rechtszustand, wie ihn der gegebene Überblick trotz seiner Kürze zur Genüge zeigt, ein höchst unbefriedigender und so unbefriedigend ist, wie glücklicherweise für ein gleich wichtiges Gebiet — wird doch vom positiven Verwaltungsrechte fast jeder unmittelbar berührt, man denke nur an die Steuer- und Abgabenpflicht und an die polizeilichen Pflichten aller Grundeigentümer, während viele nie in einen Zivilprozeß, geschweige denn in einen Strafprozeß verwickelt werden und ihnen daher das positive bürgerliche Recht und das Strafrecht gleichgültig bleiben, — kaum ein anderer im Deutschen Reiche, liegt auf der Hand. Zu seiner Besserung sind schon mehrfach Vorschläge gemacht worden. Hierbei ist wiederholt auch die Schaffung eines höchsten Verwaltungsgerichtshofs für das Deutsche Reich in Anregung gebracht.

Am eingehendsten hat dies bisher Friedrichs in der Abhandlung: „Die Besonderheiten des preußischen Verwaltungsstreitverfahrens im Verhältnisse zu den Verfahren, welche über andere Rechtsstreitigkeiten stattfinden, und ihre Berechtigung" im VerwArch. 6 (1898) 358 ff. getan. Danach (376, 418, 544—552, 555, 556 a. a. O.) ist zur Wahrung der Einheit in der Auslegung der sich immer mehr ausdehnenden Verwaltungsgesetzgebung des Reichs ein Reichs-Verwaltungsgericht von umfassender Zuständigkeit zu schaffen, und zwar nicht durch bloße Hinzufügung von einer Anzahl besonderer Verwaltungssenate zum Reichsgerichte, sondern als ein besonderer Gerichtshof mit dem Sitze vielleicht in Nürnberg oder Magdeburg, der aus einem Präsidenten sowie den erforderlichen Senatspräsidenten und Beisitzern besteht. Die Beisitzer sollen zum Teil Berufsrichter, zum Teil Laien, deren Eigenschaften sich nach der Art der streitigen Sachen verschieden bestimmen, sein, die Laien vom Reichskanzler aus einer vom Bundesrat aufzustellenden Liste auf sechs Jahre gewählt werden, die Senate in der Besetzung von neun Mitgliedern mit Einschluß des Vorsitzenden entscheiden. Außerdem muß, da nach der Meinung von Friedrichs bei jedem Verwaltungsgericht ein Kronanwalt zu bestellen ist, ein unmittelbar unter dem Reichskanzler stehender Kronanwalt angestellt werden, dessen Verhältnis zu den Kronanwälten bei den Landesverwaltungsgerichten sich, auch ohne daß ein dienstliches Überordnungsverhältnis stattfindet, in derselben Weise zu gestalten hätte wie das zwischen dem Ober-Reichsanwalt und den Staatsanwälten bei den ordentlichen Landesgerichten. Die Zuständigkeit soll dahin geregelt werden, daß das Reichs-Verwaltungsgericht an die Stelle des Bundesamts für das Heimatwesen, des Reichsgerichts in Patentsachen, des Reichs-Versicherungsamts für die Entscheidung der Rechtsmittel gegen die Urteile der Schiedsgerichte, der Reichs-Rayonkommission, des verstärkten Reichs-Eisenbahnamts und des Oberseeamts trete und ferner berufen sei zur Entscheidung über die Rechtsmittel der Revision gegen die in der ersten oder in der Berufungsinstanz ergangenen Entscheidungen der Verwaltungsgerichte oder Verwaltungsbehörden der Einzelstaaten, durch die ein Reichsgesetz verletzt ist, und über das Rechtsmittel der Berufung gegen die in erster Instanz ergangenen Entscheidungen des Reichs-Versicherungsamts, zur Entscheidung der im Art. 76 Abs. 2 RV. vorgesehenen Streitigkeiten, sofern ihm von dem Bundesrat ein für allemal oder im einzelnen Falle die Entscheidung übertragen werde, zur Entscheidung von Kompetenzkonflikten zwischen Verwaltungsgerichten und Verwaltungsbehörden, wenn die streitenden Behörden keine gemeinsame Oberinstanz haben, und zu gewissen Entscheidungen auf Grund des Auswanderungsgesetzes. Das Verfahren vor dem Reichs-Verwaltungsgerichte soll sich dem im preußischen Landesverwaltungsgesetze vom 30. Juli 1883 geregelten anschließen, namentlich im allgemeinen nicht eingehender, als dort geschehen, geordnet werden, um dem Gerichte keine Fesseln anzulegen. Eine beschränkte Anzahl von näher bezeichneten Vorschriften sei aus dem Gerichtsverfassungsgesetz und der Zivilprozeßordnung vollständig zu übernehmen. Von den vorgeschlagenen Einzelheiten des Verfahrens mag nur hervorgehoben werden, daß das Rechtsmittel beim Reichs-Verwaltungsgerichte binnen zwei Wochen nach der Zustellung der angefochtenen Entscheidung anzumelden und innerhalb eines weiteren Monats zu rechtfertigen ist und beide Schriftsätze von einem Rechtsanwalt unterschrieben sein müssen, auch wohl sonst Anwaltszwang besteht (vgl. 418, 544—546), und infolgedessen das Armenrecht und die Beiordnung eines Rechtsanwalts gelten, daß auf die mündliche Verhandlung verzichtet werden kann, daß der Vortrag in der Verhandlung durch einen Berichterstatter geschieht und nach ihm die Parteien und der Vertreter des öffentlichen Interesses zu hören sind, daß, wenn die Vorinstanz eine Reichsbehörde ist, das Reichs-Verwaltungsgericht in spruchreifen Sachen in der Sache selbst entscheidet, wenn die Vorinstanz eine Landesbehörde ist, in allen Fällen zurückverwiesen werden kann, und, wenn die Anwendung und Auslegung eines Landesgesetzes in Frage steht, zurückverwiesen werden muß, daß die Entscheidung der Landesinstanz über das Bestehen und den Inhalt von Landesgesetzen für das Reichs-Verwaltungsgericht bindend ist, und daß die Vollstreckung eines in der Sache selbst ergehenden Urteils nach den Vorschriften erfolgt, nach denen die aufgehobene Vorentscheidung vollstreckt werden würde, wenn sie rechtskräftig geworden wäre.

Hinsichtlich älterer Anregungen mag es genügen, auf diejenige von v. Kirchenheim, welche Friedrichs a. a. O. 546 bei Anm. 1, vgl. auch 376 Anm. 15, angezogen hat, und etwa noch auf den Aufsatz von Hilse: „Ein Reichs-Kompetenzgerichtshof" in Gruchots Beitr. 37 (1893) 312 ff. zu verweisen.

Von den späteren seien die folgenden erwähnt. Bereits im VerwArch. 9 (1901) 148 und 316 hatte ich der Möglichkeit eines Reichs-Verwaltungsgerichtshofs gedacht. Darauf habe ich unlängst in dem Aufsatze: „Die Verwaltungsgerichtsbarkeit im Deutschen Reiche. Eine Umschau und Vorschau" in der DJZ. 12, Nr. 3 vom 1. Februar 1907, 145 ff. die große Besserungsfähigkeit und Besserungsbedürftigkeit der Verwaltungsgerichtsbarkeit, welche gegenwärtig im Deutschen Reiche geübt wird, dargelegt. Hieran anschließend habe ich zwar hervorgehoben, daß es vor allem geboten sei, auch für die Verwaltungsgerichtsbarkeit dem Deutschen Reiche vollständig zu geben, was des Reiches sei, d. h. überall, wo eine reichsrechtliche Ordnung erfolgt und damit sachlich dieselbe reichsrechtliche Unterlage für das Verwaltungsstreitverfahren vorhanden sei, wie bei dem sozialen Versicherungsrechte, dem Gewerberechte, dem Heimatwesen, dem Rechte der Erwerbs- und Wirtschaftsgenossenschaften, der privaten Versicherungsunternehmungen, der rechtsfähigen und eingetragenen Vereine usw. der Fall, unter Beseitigung der jetzigen Verwaltungsgerichtsbarkeit der Bundesstaaten mindestens in letzter Instanz einen

Reichs-Verwaltungsgerichtshof, und zwar, soweit irgend tunlich, also außer für einzelne in sich geschlossene und fest abgegrenzte Streitsachen, einen einzigen entscheiden zu lassen. Dann aber ist trotzdem wegen der zu großen Schwierigkeit, die gegenwärtig einer durchgreifenden Reform des gesamten Verwaltungsstreitverfahrens entgegenstehe, von mir empfohlen worden, sich zunächst auf eine Reform der älteren landesrechtlichen Verwaltungsstreitverfahren, vor allem des preußischen, zu beschränken. Dabei habe ich den besonderen Beruf Preußens zu dieser letzteren Reform, die, wenngleich natürlich nicht ganz leicht, jedoch auch nicht gar zu schwer sei, betont und schließlich bemerkt, daß hiermit außer dem Gewinne für Preußen selbst und die Bundesstaaten, denen es ein Vorbild gebe, noch ein weiteres erreicht werde, nämlich daß die künftige Neugestaltung des reichsrechtlichen Verwaltungsstreitverfahrens dadurch vorbereitet und wesentlich erleichtert werde, was an sich und vor allem wegen der so sehr großen Schwierigkeit dieser Reform von dem erheblichsten Werte sei.

Zu ungefähr derselben Zeit hat Anschütz in der Kultur der Gegenwart Teil II Abteilung VIII: Systematische Rechtswissenschaft, 1906, nachdem er (363) als die bereits bestehenden Reichs-Verwaltungsgerichte das Bundesamt für das Heimatwesen, das Reichs-Versicherungsamt, das Reichs-Patentamt, das Kaiserliche Aufsichtsamt für Privatversicherung und das verstärkte Reichs-Eisenbahnamt aufgezählt hat, ausgesprochen: „Die Vereinigung dieser Sondergerichte zu einem zentralen Reichs-Verwaltungsgerichtshof ist eine kaum noch aufgeworfene Frage.“ Das stimmt indessen, auch ganz abgesehen von den Friedrichsschen Vorschlägen und von meinen Ausführungen, welche letzteren Anschütz noch nicht kennen konnte, wie ich bei ihnen seine Äußerung nicht kannte, nicht oder doch nicht mehr ganz. Denn es waren schon früher und sind noch fortdauernd wiederholt nicht nur ein Reichs-Kaufmannsgericht, ein Reichs-Gewerbegericht und ein Reichs-Arbeitsgericht, die wenigstens teilweise wohl auch Verwaltungsgerichtsbarkeit zu üben haben würden, gefordert, sondern namentlich für die beiden wichtigen Gebiete des sozialen Versicherungsrechts und der Patentprozesse eine einheitliche oberste Reichsinstanz bzw. selbständige Patentgerichte mit einem höchsten Patentgerichtshof, also insoweit gleichfalls höchste Reichs-Verwaltungsgerichtshöfe, als notwendig bezeichnet worden, vgl. über das erste etwa bloß die DJZ. **12** (1907) 649—651 und 819—820, über eine einheitliche oberste Instanz in Krankenversicherungssachen v. Frankenberg in der Arbeiter-Versorgung **19** (1902) 27 und über die Bestrebungen für Patentsachen z. B. nur die DJZ. a. a. O. 1065, 1233, 1235, die JW. **36** (1907) 665 ff., 690, sowie Rathenau, Das Sachverständigenwesen in Patentprozessen, zugleich ein Beitrag zur Frage der Errichtung eines selbständigen, gemischten Patentgerichtshofs (1908), hauptsächlich 44 ff.

III.

Darüber, welche Einrichtung einem Reichs-Verwaltungsgerichtshofe von der Art, um die es sich handelt, zu geben, welche Zuständigkeit ihm zuzuteilen und in welcher Weise das Verfahren vor ihm zu ordnen wäre, kann man zweifellos und wird man jedenfalls, wenn dereinst hierüber bestimmte Entschließungen zu fassen sein werden, sehr abweichender Meinung sein. Insbesondere wird von den Friedrichsschen Vorschlägen mancher auf entschiedenen Widerspruch stoßen oder doch sonst beanstandet, als unzulänglich u. dgl. angesehen werden. Es möchte überhaupt ein einziger bei der Menge der in Betracht kommenden Einzelheiten kaum imstande sein, allgemeinere Zustimmung zu erlangen, weil er allein die dazu notwendige volle theoretische und praktische Kenntnis des ganzen zu berücksichtigenden materiellen und formellen Rechtes nicht haben kann. Wie dem indessen auch sein mag, vorläufig kommt es hierauf noch nicht an. Die zunächst zu beantwortende Frage ist vielmehr lediglich die: welche Aufgabe ist dem Gerichtshof unter allen Umständen zu stellen dergestalt, daß er ihr genügen muß, wenn er daseinsberechtigt sein soll. Ein solches bloßes Mindestmaß von Anforderungen an ihn ist anders als jene Ausgestaltung im einzelnen leicht und sicher festzusetzen. Sodann fragt es sich: was hat diese Aufgabe in ihrem Mindestmaße für Voraussetzungen, um überhaupt vernünftiger Weise an ihre Erfüllung denken zu können? Hieran sind als weitere Fragen die, ob die Voraussetzungen bereits vorhanden sind oder doch in absehbarer Zeit vorhanden sein können, für die bisherige rein reichsrechtliche, für die rein landesrechtliche und für die reichs- und landesrechtlich gemischte sowie die reichsländische Verwaltungsgerichtsbarkeit mit den aus der Beantwortung dieser Fragen zu ziehenden Folgerungen anzuschließen.

IV.

Die gesamte Verwaltungsgerichtsbarkeit in Deutschland hat sich nicht mittels einer Ausdehnung derjenigen Rechtsprechung, welche innerhalb der Justiz den ordentlichen und den besonderen Gerichten zusteht, gebildet, sondern in bewußtem Gegensatze hierzu bloß als eine teilweise Neu- und Umgestaltung der Verwaltung selbst, d. i. des Teiles der Staatsgewalt, der nach Ausscheidung der gesetzgebenden Gewalt und der Justiz übrig bleibt. An dieser geschichtlichen Entwicklung muß festgehalten werden. Auch der Reichs-Verwaltungsgerichtshof ist daher in die Verwaltung, nicht in die Justiz einzugliedern; er kann und soll zwar ein höchstes Verwaltungsgericht, aber eben auch nur ein höchstes Verwaltungsgericht werden.

Als solches hat er allgemein alles das zur Aufgabe, was einem jeden höchsten Gerichtshofe, gleichviel, von welcher Art er ist, obliegt: die Einheit oder doch möglichste Übereinstimmung der Anwendung des Rechtes zu wahren und gleichzeitig die Wissenschaft zu fördern, zur Fortbildung des Rechtes sowohl durch richtige Auslegung und Ermittlung der in den Gesetzen enthaltenen Gedanken als auch mittels der Gesetzgebung dadurch, daß in seinen Entscheidungen Unklarheiten, Lücken, Veraltungen oder sonstige Mängel im bestehenden Rechtszustand aufgedeckt werden, beizutragen, teilweise auch vermöge des sog. prätorischen Berufs der letzten Instanz, corrigere et supplere jus, derartigen Mängeln abzuhelfen, mittelbar durch sein Vorbild und Muster, mitunter wohl auch durch sein bloßes Vorhandensein und die Möglichkeit einer Nachprüfung durch ihn auf ein sorgfältiges und gründliches Arbeiten der unteren Behörden einzuwirken, endlich nicht wie bei der vorstehenden Tätigkeit der Allgemeinheit zu dienen, sondern zum Besten der einzelnen Beteiligten die an ihn gelangten Streitsachen — in stets unterstellter und tatsächlich auch meist zutreffender Weise — richtiger zu entscheiden, als es von anderer Seite geschehen würde und gegebenenfalls von der vorhandenen Vorinstanz geschehen ist. Auf welche von diesen Obliegenheiten mehr, auf welche weniger Gewicht beim Reichs-Verwaltungsgerichtshofe zu legen sein möchte, als ihr etwa beim Reichsgerichte zukommt, kann dahingestellt bleiben. Ganz fehlen darf keine. Ihnen tritt für den Reichs-Verwaltungsgerichtshof gegenüber dem Reichgerichte mit Rücksicht darauf, daß das bürgerliche Recht und das Strafrecht in maßgebender Weise nur von den Gerichten angewendet werden, das Verwaltungsrecht dagegen in solcher Weise auch soweit, als es den Gegenstand einer Entscheidung im Verwaltungsstreitverfahren bilden kann, noch von den Verwaltungsbehörden anzuwenden ist, die weitere Aufgabe hinzu, welche gegenwärtig die innerhalb des Deutschen Reichs vorhandenen höchsten Verwaltungsgerichte bereits haben: durch eine grundlegende und bahnbrechende, sorgfältige und gleichbleibende Rechtsprechung das feste Rückgrat für den betreffenden Teil des Verwaltungsrechts und dessen Handhabung durch die sämtlichen hierbei mitbeteiligten Verwaltungsbehörden herzustellen.

Im einzelnen muß der Reichs-Verwaltungsgerichtshof selbstverständlich als örtliches Zuständigkeitsgebiet das gesamte Gebiet des Deutschen Reichs erhalten. Daß man dieses sein Gebiet, soweit er an die Stelle jetziger landesrechtlicher Verwaltungsgerichte zu treten hätte, zunächst auf denjenigen Teil des Deutschen Reichs, in welchem bereits eine landesrechtliche Verwaltungsgerichtsbarkeit besteht, zu beschränken und die Erstreckung seiner Zuständigkeit auf das übrige Reichsgebiet der Zukunft zu überlassen hat, sodaß sie erst allmählich von selbst mit der Ausdehnung der landesrechtlichen Verwaltungsgerichtsbarkeit auf die noch fehlenden Bundesstaaten eintreten würde, ist von keinem irgendwie ins Gewicht fallenden erheblichen Einflusse.

Nicht minder selbstverständlich ist, daß für die sachliche Zuständigkeit zwar einerseits keinerlei reine Verwaltungsgeschäfte oder sog. Verwaltungsbeschlußsachen, vielmehr ausschließlich nur Verwaltungsstreitsachen in Frage kommen können, andererseits aber sie grundsätzlich für das ganze gegenwärtige und künftige Reichs-Verwaltungsrecht, soweit darin ein Verwaltungsstreitverfahren stattfinden kann oder doch stattfindet, gegeben sein muß.

Allenfalls lassen sich einige eigenartige Teile aussondern, wie etwa diejenigen, für welche jetzt die Reichs-Rayonkommission und das verstärkte Reichs-Eisenbahnamt zuständig sind, sodaß diese Reichs-Verwaltungsgerichte neben dem Reichs-Verwaltungsgerichtshofe fortbeständen. Indessen das bliebe wieder ohne wesentliche Bedeutung. Für die große Masse des Reichs-Verwaltungsrechts muß unter allen Umständen der Reichs-Verwaltungsgerichtshof zuständig werden. Es ist völlig undenkbar, ihm z. B. das soziale Versicherungsrecht, das Heimatwesen oder das Gewerberecht nicht zuzuweisen und damit alle die vielen und schweren, oft besprochenen und hier deshalb als bekannt anzunehmenden Schäden und Unzuträglichkeiten fortbestehen zu lassen, welche infolge davon eintreten, daß zurzeit auf diesen Gebieten zahlreiche Gerichte in letzter Instanz zu entscheiden haben und hierbei nicht bloß untergeordnete und seltene, sondern die wichtigsten und sogar grundlegende Streit- und Zweifelsfragen abweichend, häufig geradezu entgegengesetzt, beantworten.

Außerdem würde notwendig, weil nur folgerichtig, noch manches von nicht geringem äußeren Umfang und inneren Inhalte dem Reichs-Verwaltungsgerichtshofe zuzuweisen sein, was zur reichsrechtlichen Verwaltungsgerichtsbarkeit gehört oder doch in sie hineingehört, jedoch ihr augenblicklich lediglich deshalb, weil es bisher an einem Reichs-Verwaltungsgerichtshofe gefehlt hat, sei es garnicht sei es nicht in letzter Instanz zugewiesen worden ist. In ersterer Beziehung seien nur die Besoldungs- und Pensionsansprüche sowie die Disziplinarsachen für die Reichsbeamten, die Ersatzansprüche an Reichsbeamte wegen Verletzung von Amtspflichten (§ 839 BGB.) und die Streitigkeiten über Reichsstempel und Reichssteuern genannt. In letzterer Beziehung kommen — von den Verwaltungsstrafsachen ganz zu schweigen, deren Übertragung auf die Verwaltungsgerichte in neuerer Zeit sehr lebhaft befürwortet worden ist, (vgl. hierzu die letzten Ausführungen von Hofacker im VerwArch. 15 404 ff.), und von denen bei Ausführung dieses Vorschlags vielleicht ein Teil der auf dem Gebiete des Reichsstrafrechts liegenden bis zum Reichs-Verwaltungsgerichtshofe gelangen dürfte, — besonders die Patentsachen, für welche, soweit in ihnen gegenwärtig das Reichsgericht zu entscheiden hat, die Abtrennung vom Reichsgerichte schon oft verlangt worden ist, in Betracht. Schließlich ist auch nicht unberücksichtigt zu lassen, daß das Reichs-Verwaltungsrecht in beständigem Wachsen begriffen ist und vorläufig auch noch im Wachsen bleiben wird, sodaß die sachliche Zuständigkeit des Reichs-Verwaltungsgerichtshofs sich nie verringern, im Gegenteil, so sehr man auch sie anfangs einschränken mag, sich beständig und vielleicht sehr bald bedeutend ausdehnen wird.

Daß das Maß der Geschäfte, welches sich nach dem vorstehend umschriebenen weiten Umfange der örtlichen und sachlichen Zuständigkeit ergibt, ein überaus großes ist, liegt auf der Hand. Man könnte allerdings daran denken, es dadurch zu verringern, daß ein Mindestwert des Streitgegenstandes bestimmt würde, ohne den der Reichs-Verwaltungsgerichtshof sich nicht mit einer Streitsache zu befassen hätte, wobei der Streitgegenstand, soweit der Reichs-Verwaltungsgerichtshof nicht erste, sondern höhere Instanz sein sollte, gleichbedeutend mit dem Streitgegenstande dieser höheren Instanz, dem sog. Beschwerdegegenstande, wäre.

Allein hiergegen spricht bereits vieles von dem, was für die bürgerlichen Rechtsstreitigkeiten über vermögensrechtliche Ansprüche zuerst dagegen, eine Revisionssumme von 1500 ℳ vorzuschreiben, um das Reichsgericht vor einer Überlastung mit Geschäften zu schützen, ausgeführt, demnächst gegen die im Jahre 1898 beabsichtigte Erhöhung dieser Summe auf 3000 ℳ von neuem in erweitertem Umfange mit dem Ergebnisse, daß nach lebhafter literarischer und parlamentarischer Erörterung und obwohl der Vorschlag von der Kommission des Reichstags angenommen worden war, doch zuletzt der Reichstag selbst die Erhöhung ablehnte, geltend gemacht, sodann im Jahre 1904, als die verbündeten Regierungen ähnliches vorschlugen, wiederum, indessen dieses Mal so, daß nach eingehender Erörterung aller sonstigen möglichen Aushilfsmittel die Revisionssumme auf 2500 ℳ erhöht wurde, eingewendet und was in jüngster Zeit gegen die Absicht, eine Berufungssumme von 50 ℳ festzusetzen, vorläufig mit Erfolg vorgebracht worden ist.

Vor allem aber ist zu beachten, daß, mag es auch bei den bürgerlichen Rechtsstreitigkeiten angängig sein, den Begriff des Vermögensrechtlichen praktisch brauchbar festzustellen, danach die Streitigkeiten über nichtvermögensrechtliche und die über vermögensrechtliche Ansprüche sicher zu scheiden und für die letzteren, ohne hierbei rein willkürlich zu werden und ohne zu großen sachlichen Schaden die Revisions- oder Berufungssumme ihrem Betrage nach zu bestimmen, dies für die verwaltungsgerichtlichen Streitigkeiten, weil bei ihnen weder das Vermögensrechtliche überhaupt noch dessen Wertbetrag die gleiche Rolle spielt, ganz unausführbar ist. Dieses Hindernis bleibt bestehen, selbst wenn bei ihnen das Vermögensrechtliche dahin eingeschränkt würde, daß der Antrag lediglich auf eine feste Geldsumme oder eine ihrem Geldwerte nach sofort zu bestimmende Leistung gerichtet sein müsse, also alle Anträge mit unbestimmtem Streitwerte, wo erst das Ermessen des Gerichts den Streitwert festzusetzen oder Ermittlungen deswegen stattzufinden hätten, ausgeschlossen wären. Die Summe, unter welcher der Reichs-Verwaltungsgerichtshof nicht angerufen werden dürfte, auch nur annähernd auf 2500 ℳ festzusetzen, ist ferner unbedingt ausgeschlossen; dadurch würde die Anrufung für vermögensrechtliche Ansprüche so selten möglich werden, daß die Errichtung eines solchen Gerichtshofs keinen Gewinn mehr darstellte. Wird umgekehrt die Summe sehr niedrig bemessen, so ist die Wirkung einer Verminderung des Maßes der Geschäfte in Verbindung damit, daß die Zahl derjenigen Verwaltungsstreitsachen, die nicht oder nicht rein vermögensrechtliche Ansprüche zum Gegenstande haben, und die ähnlich wie im § 547 ZPO. unter allen Umständen ausgenommen werden müßten, keine unbedeutende bleibt, zu gering, als daß sich die Bestimmung einer Mindestsumme noch lohnte. Wo zwischen jener und dieser Grenze eine sachgemäße, einigermaßen richtige Summe zu finden wäre, dafür fehlt jedoch bei dem Mangel allen statistischen Materials jeder Anhalt. Es könnte hierbei nur ganz willkürlich verfahren werden. Wie es aber auch geschehen möchte, immer würden dadurch ganze weite Gebiete des Verwaltungsrechts der Beurteilung durch den Reichs-Verwaltungsgerichtshof vollständig entzogen werden. Denn es ist eine Eigentümlichkeit des Verwaltungsrechts, daß vielfach in ihm Streitigkeiten, obwohl sie eine große Bedeutung für die Verwaltung haben und die Beantwortung grundsätzlicher und über den einzelnen Fall hinaus wichtiger Fragen erheischen, ausschließlich als vermögensrechtliche mit sehr geringem Werte des Streitgegenstandes vorkommen können. Man denke nur etwa an die Erteilung und die Zurücknahme von Wandergewerbescheinen nnd Legitimationskarten, indem diese bloß für ein Kalenderjahr gelten, und an die Streitsachen des sozialen Versicherungsrechts, bei denen es sich oft nur um geringe Summen handelt. Noch besser: man sehe einmal die veröffentlichten Entscheidungen des preußischen Oberverwaltungsgerichts und am besten auch die nicht veröffentlichten, weil bei jenen vielfach der Wert des Streitgegenstandes nicht ersichtlich und als für weitere Kreise gleichgültig nicht mitgeteilt ist, daraufhin durch, mit welchen unbedeutenden Streitwerten — man darf sagen überwiegend — dieser Gerichtshof nicht minder wie für das rein preußische Verwaltungsrecht, z. B. das die Räumung von Gräben und die Besserung von Wegen betreffende, so auch für das Reichs-Verwaltungsrecht zu tun hat, und welche grundlegenden Entscheidungen er dabei fällen mußte und gefällt hat und sonst garnicht hätte fällen können. Und man prüfe dann, ob der anerkannt umfassende und segensreiche Einfluß, den er auf die Theorie und die Praxis des Verwaltungsrechts und dessen gesamte Entwicklung von Anfang an ausgeübt hat (vgl. hierüber die vielen und übereinstimmenden Äußerungen in der Festnummer zu seinem fünfundzwanzigjährigen Bestehen, PrVerwBl. 22, 1901, 73 ff. sowie meine bereits oben angezogenen Bemerkungen aus demselben Anlaß im VerwArch. 9 147 ff., ferner etwa noch Gerlach im PrVerwBl. 23, 1902, 785 ff.) und beständig im gleichen Maße ausübt, nicht zu einem sehr wesentlichen Teile unmöglich gewesen wäre, wenn man für seine Tätigkeit auch nur einen ganz niedrigen Mindestwert des Streit- oder Beschwerdegegenstandes zur Voraussetzung gemacht hätte. Es ist ein unvermeidlicher Übelstand der Verwaltungsgerichtsbarkeit, daß die Verwaltungsgerichte nur ganz ausnahmsweise mit einem vollen abgeschlossenen Teile des Verwaltungsrechts und nicht bloß mit einzelnen Stücken aus einem solchen Teile zu tun haben, weil alles übrige aus ihm sich nicht für das Verwaltungsstreitverfahren eignet und dem Verwaltungsbeschlußverfahren oder dem gewöhnlichen Verwaltungsverfahren verbleiben muß. Dieser Mangel würde für den Reichs-Verwaltungsgerichtshof in der bedenklichsten Weise vergrößert werden, wenn seine Zuständigkeit durch Festsetzung eines Mindestwerts des Streit- oder Beschwerdegegenstandes noch mehr auf Einzelheiten beschränkt wäre.

Auch darauf ist noch hinzuweisen, daß bei jedem Mindestwerte die Beteiligten schlechter als bisher in den sämtlichen Verwaltungsstreitverfahren, dem gewöhnlichen Verwaltungsverfahren und dem Verwaltungsbeschlußverfahren gestellt sein würden, indem darin nirgends die Anrufung der höchsten Instanz von einer Summe abhängig gemacht ist, daß die Revisionssumme im Zivilprozesse deshalb an Bedenken verliert, weil zwei sachliche Instanzen vorhergegangen sind, welche Voraussetzung sich beim Reichs-Verwaltungsgerichtshofe kaum als Regel wird erfüllen lassen, und daß der Anschein „einer antisozialen Maßregel, der Klassenjustiz und des Plutokratismus", den die Abhängigkeit der Rechtsbehelfe von einem Mindestwerte so leicht erweckt, ganz besonders für das Verwaltungsrecht und im Verwaltungsstreitverfahren vermieden werden muß.

Weil häufiger, als es für das bürgerliche Recht bei den Rechtsstreitigkeiten auf dessen Gebiete der Fall sein mag, grundsätzliche und wichtige Fragen des Verwaltungsrechts trotz eines unbedeutenden Wertes des Streitgegenstandes zu entscheiden sind und vielfach nur bei unbedeutenden Werten zur Entscheidung des Reichs-Verwaltungsgerichtshofs gelangen können, läßt sich auch nicht sagen, daß die geringwertigen Sachen nicht Bedeutung genug für die einzelnen Beteiligten und die Allgemeinheit hätten, um ein Befassen des Reichs-Verwaltungsgerichtshofs mit ihnen zu rechtfertigen, und daß ohne Bestimmung eines Mindestwerts oft der Zweck und die Mittel in keinem richtigen Verhältnisse stehen würden.

Eine rein mechanisch wirkende Festsetzung eines Mindestwerts für alle Streitsachen ist hiernach unbedingt nicht zulässig. Denkbar bliebe höchstens nur, eine Auswahl von Sachen vorzunehmen und dafür einen Mindestwert zu bestimmen. Indessen eine solche Auswahl ist äußerst schwierig und kann niemals eine sehr erhebliche Verminderung der Geschäftslast des Reichs-Verwaltungsgerichtshofs herbeiführen.

Schließlich mag noch bemerkt werden, daß man öfter wohl daran gedacht hat, dem übermäßig stark belasteten preußischen Oberverwaltungsgericht eine Geschäftserleichterung durch Einführung einer geringsten Klage- und Rechtsmittelsumme zu verschaffen, jedoch davon immer wieder Abstand genommen worden ist. Nicht einmal da ist es geschehen, wo es wohl am leichtesten ausführbar gewesen wäre: bei der nur für ein Jahr zu zahlenden Staats-Einkommensteuer; man hat hier auf einem anderen Wege zu helfen gesucht, nämlich dadurch, daß das Rechtsmittelverfahren verschieden gestaltet worden ist, je nachdem es sich um zu einem Einkommen über oder zu einem solchen unter 3000 *M* veranlagte Steuerpflichtige handelt (§§ 43 ff. des Einkommensteuergesetzes in der Fassung vom 19. Juni 1906, GS. 260).

Wie auch die sachliche Zuständigkeit des Reichs-Verwaltungsgerichtshofs im einzelnen bestimmt werde, stets wird in seiner Tätigkeit das Tatsächliche von dem Rechtlichen weit überwogen werden. Es kann daher für ihn eine Mitwirkung von Laien oder auch nur von technischen Beisitzern nicht, wenigstens nicht als Regel, in Frage kommen. Einziger allgemeiner Grund für sie vermöchte allein der zu sein, daß dadurch das Vertrauen zu seiner Rechtsprechung erhöht werden würde. So sehr auf ein solches Vertrauen Gewicht zu legen ist — es wird hiervon gleich noch mehr die Rede sein —, so hat es eine Beteiligung von Laien oder Technikern nicht zur notwendigen Voraussetzung, was das Beispiel etwa des preußischen Oberverwaltungsgerichts zeigt. Nur die Eigenart gewisser einzelner Streitsachen, wie vielleicht der Patentsachen, wenn sie dem Reichs-Verwaltungsgerichtshofe statt des Reichsgerichts überwiesen würden, könnte eine Ausnahme von jener Regel begründen. Die Ausnahme dürfte aber nie weiter gehen, als ihr besonderer sachlicher Grund reicht.

Anlangend die Stellung des Reichs-Verwaltungsgerichtshofs und das Verfahren vor ihm, so sind bei deren Gestaltung wie für ein jedes Verwaltungsgericht und ein jedes Verwaltungsstreitverfahren zwei verschiedene Ausgangspunkte möglich: entweder wird mehr die Verwaltung oder mehr das Gericht betont. Für das erstere spricht, daß es sich dabei, wie schon bemerkt worden, nicht um eine Ausdehnung der Justiz auf Streitigkeiten im Bereiche des öffentlichen Rechtes, sondern darum handelt, innerhalb der Verwaltung einen ähnlichen rechtlichen, teilweise auch bloß sachlichen (Interessen-) Schutz den Beteiligten zukommen zu lassen, wie der ist, der in dem Verfahren vor den ordentlichen und den besonderen Gerichten seit langen Zeiten vorhanden ist. Die Verwaltungsgerichtsbarkeit ist daher ein Teil der Verwaltung. Mit der eigentlichen Gerichtsbarkeit ist sie nur verwandt, gehört aber nicht zu ihr. Hieraus folgt, daß allerdings das Verwaltungsmäßige, nicht das Gerichtsmäßige die Hauptsache sein muß. Indessen daneben hat doch auch das der Gerichtsbarkeit Ähnliche einen nicht geringen Raum einzunehmen. Alle Verwaltungsgerichte, besonders aber ein solches, wie der Reichs-Verwaltungsgerichtshof werden soll, können nicht bloß Verwaltungsbehörden, sondern müssen zugleich Verwaltungsgerichte sein.

Die letztere Eigenschaft ihnen nehmen oder bei ihnen auch nur zu sehr hinter der als Verwaltungsbehörden zurücktreten zu lassen, bedeutet, den Ast, auf welchem die ganze Verwaltungsgerichtsbarkeit ruht, absägen, zeigt, daß derjenige, der dies für möglich hielte, die Grundlage und die Zwecke der Verwaltungsgerichtsbarkeit noch nicht erkannt hat. Das der Gerichtsbarkeit Ähnliche muß daher in dem Umfange vorhanden sein, daß die die Verwaltungsgerichtsbarkeit übenden Behörden nicht bloß dem Namen nach, sondern auch in ihrem innern Wesen Gerichte sind. Ohnedem brauchte man die Verwaltungsgerichtsbarkeit überhaupt nicht. Recht- und schutzlos ist auch innerhalb der gewöhnlichen Verwaltung niemand.

Selbst in dem früheren Polizeistaate durften die Verwaltungsbehörden nicht willkürlich verfahren und taten es auch nicht, und noch weniger sind im modernen Rechts- und Verfassungsstaate die Rechte der einzelnen und deren Rechtsgüter schutzlos ohne Verwaltungsgerichtsbarkeit. Diese soll nur ein höheres und sichereres Maß von Schutz ermöglichen. Das aber läßt sich allein dadurch erreichen, daß ein Teil dessen, was für die Stellung der ordentlichen und der besonderen Gerichte und für das Verfahren vor ihnen Rechtens und anerkanntermaßen unentbehrlich ist, sollen sie nicht als wirkliche Gerichte beseitigt werden, und zwar kein ganz kleiner und bedeutungsloser Teil, in mehr oder weniger übereinstimmender Weise zuhilfe genommen und damit das die Hauptsache bildende Verwaltungsmäßige durchsetzt wird.

Unter dem, was hiernach unbedingt erforderlich ist, steht an erster Stelle die richterliche Unabhängigkeit und Selbständigkeit. Es ist außer allem Zweifel, daß sie den Mitgliedern des Reichs-Verwaltungsgerichtshofs in derselben Weise gewährt werden muß, wie die Richter der ordentlichen und der besonderen Gerichte, namentlich die Mitglieder des Reichsgerichts, sie haben, und wie sie als etwas Notwendiges auch den Mitgliedern des preußischen Oberverwaltungsgerichts, des bayerischen Verwaltungsgerichtshofs, des königl. sächsischen Oberverwaltungsgerichts, des württembergischen Verwaltungsgerichtshofs usw. zusteht.

Dasselbe ist hinsichtlich der freien Tatsachen- und Beweiswürdigung der Fall. Auch daß der Grundsatz des Gehörs aller Beteiligten herrschen, also, wenn einander gegenüberstehende Parteien vorhanden sind, das Verfahren ein sog. kontradiktorisches sein muß, ist selbstverständlich.

Nicht minder unentbehrlich sind noch grundsätzlich die Öffentlichkeit und die Mündlichkeit des Verfahrens.

Soweit bisher die Verwaltungsgerichtsbarkeit eingeführt ist, hat sie sich überall schnell großes Vertrauen erworben. Mitunter hat sogar für sie eine förmliche Begeisterung geherrscht und ist sie überschätzt worden in der Art, daß in ihr die Hilfe und das Heilmittel für alles Mögliche gesehen wurde und man sie selbst in Angelegenheiten, für welche sie ihrer ganzen Natur nach gar nicht am Platze ist, nicht bloß für geeignet hielt, sondern teilweise sogar wirklich zu unzweckmäßiger Anwendung brachte (VerwArch. 9 148). Das ist gewiß mit eine Folge davon, daß die Verwaltungsgerichte vielfach richtiger entschieden haben, als es vorher die Verwaltungsbehörden getan hatten. Aber so sehr und so häufig unrichtiger waren die Entscheidungen der letzteren doch auch nicht ausgefallen, und so groß und bemerkbar, namentlich für das Verständnis der weiteren Kreise, welche die Träger des Vertrauens sind, bemerkbar ist der Unterschied zwischen diesen Entscheidungen und denen der Verwaltungsgerichte im Ergebnisse gewiß nicht, daß dadurch allein das viel größere allgemeine Vertrauen erklärt würde. Dies hat vielmehr ganz überwiegend zwei andere Ursachen. Die eine ist die, daß sich die Tätigkeit der Verwaltungsgerichte nicht mehr gleich der der Verwaltungsbehörden im Verborgenen, sondern in dem hellen Lichte der Öffentlichkeit vollzieht und infolgedessen sich jeder, dem daran liegt, überzeugen kann, wie alles nach Gesetz und Recht geschieht. Es verhält sich hiermit ähnlich wie mit der jetzigen Militär-Strafgerichtsbarkeit im Verhältnisse zu der früheren. Die Angriffe, die gegen die letztere seinerzeit so vielfach gerichtet wurden, und das Mißtrauen, das in der Masse des Volkes ihr gegenüber bestand, sind sofort wesentlich geringer geworden, seitdem und weil sie nunmehr in der Regel öffentlich geübt wird. Heimlichkeit ist ja so leicht geeignet, den Gedanken, es sei wirklich etwas zu verheimlichen, und Mißtrauen zu begründen. Durch nichts wird ein solches Mißtrauen besser ausgeschlossen, als dadurch, daß man in der Öffentlichkeit zeigt, es sei nichts zu verheimlichen, und jedem Gelegenheit gibt, selbst zu sehen und zu prüfen. Ganz besonders besteht gerade im deutschen Volke ein Mißtrauen gegen Entscheidungen, die hinter verschlossenen Türen ergehen, infolge der geschichtlichen Entwicklung der Rechtspflege in Deutschland wohl nicht ohne rechtfertigenden Anlaß, jedenfalls tatsächlich und in einer Stärke, daß der Tatsache schon um ihres bloßen Vorhandenseins willen Rechnung getragen werden muß. Eine Hauptsache aber ist und bleibt für den größeren Wert der Verwaltungsgerichtsbarkeit und der Tätigkeit der Verwaltungsgerichte gegenüber dem der gewöhnlichen Verwaltung und der Tätigkeit der eigentlichen Verwaltungsbehörden, daß der größere Wert für den Bereich der Verwaltungsstreitsachen nicht bloß an sich vorhanden ist, sondern daß er auch allgemein erkannt und anerkannt wird. Das gilt vor allem für ein Verwaltungsgericht wie den Reichs-Verwaltungsgerichtshof. Dieser bedarf, um daseinsberechtigt zu sein und gedeihlich wirken zu können, in erhöhtem Maße des festen Vertrauens der breiten Bevölkerung, und ein solches Vertrauen wird er sich nie erringen, wenn das Verfahren vor ihm nicht öffentlich ist.

Ähnlich ist es mit der zweiten Ursache für das große Vertrauen zur Verwaltungsgerichtsbarkeit mit der Mündlichkeit. Allerdings hat diese im Verwaltungsstreitverfahren nicht die gleiche Bedeutung wie im Zivilprozeß und noch weniger wie im Strafprozesse. Man kann sie namentlich unbedenklich auch beim Reichs-Verwaltungsgerichtshofe dadurch mehr einschränken, daß die sog. Vorbescheide und ein Verzicht der Beteiligten auf mündliche Verhandlung zugelassen werden. Sie ganz auszuschließen und das Verfahren zu einem lediglich schriftlichen ohne jede mündliche Verhandlung oder auch nur zu einem regelmäßig schriftlichen und bloß ausnahmsweise mündlichen zu machen, geht aber wieder nicht an und hieße, dem Reichs-Verwaltungsgerichtshof eine der Hauptwurzeln für eine erfolgreiche Wirksamkeit abschneiden. Wie oft fördern einige mündliche Worte die Sache schneller und besser als zahlreiche lange Schriftsätze, zumal bei Rede und Gegenrede. Außerdem wünschen viele Beteiligte aus Gründen der verschiedensten Art, statt auf den Umweg der Schriftlichkeit, noch dazu meist nur unter Beihilfe anderer, gewiesen zu sein, selbst gehört zu werden und, weil für sie nicht das möglich gewesen, was ihnen doch vor den ordentlichen und den besonderen Gerichten, soweit nicht der Anwaltszwang reicht und in beschränkter Weise sogar noch neben diesem (§ 137 Abs. 4 ZPO.) gestattet ist, hört ihr Vertrauen zur Richtigkeit der Entscheidungen der Verwaltungsgerichte auf. Endlich wäre die unentbehrliche Öffentlichkeit nicht genügend herzustellen, wenn keine mündliche Verhandlung stattfände.

Zu der Meinung, daß die Mündlichkeit und die Öffentlichkeit im Verwaltungsstreitverfahren nicht oder doch wenigstens außer in den unteren Instanzen nicht notwendig seien, hat wohl am meisten beigetragen, daß vielfach das Verwaltungsstreitverfahren in Staatssteuersachen nicht öffentlich und in der Regel auch nicht mündlich ist, siehe z. B. das preußische Einkommensteuergesetz in der Fassung vom 19. Juni 1906 (GS. 260) § 51. Indessen wenngleich letzteres durch die Eigenart dieser Verwaltungsstreitsachen voll gerechtfertigt sein und darunter die Richtigkeit der ergangenen Entscheidungen und das Vertrauen zu ihr nicht gelitten haben mögen, so beweist es doch nichts für eine Verallgemeinerung auf alle Verwaltungsstreitsachen, auch auf die, denen jene Eigenart abgeht. Überdies möchte es mit dem Vertrauen wohl anders bestellt sein, wenn die Staatssteuersachen durch einen besonderen Gerichtshof, bei dem dann also die Öffentlichkeit nie und die Mündlichkeit nur ganz ausnahmsweise bestanden hätten, nicht neben vielen anderen Streitsachen von demselben Gerichtshof entschieden würden, der wegen der Öffentlichkeit und der Mündlichkeit in den sonstigen Streitsachen das allgemeinste Vertrauen genießt, und für den das so anderweit erworbene Vertrauen seine Tätigkeit in jenen Steuersachen mitdeckt.

Ohne Öffentlichkeit und Mündlichkeit läßt sich natürlich bedeutend schneller und erheblich mehr entscheiden. Zur Erledigung der großen Menge der Staatssteuersachen insbesondere wäre im anderen Falle das Mehrfache der verbrauchten Zeit und Arbeit erforderlich gewesen. Daß dies aber nicht dazu führen kann, die Öffentlichkeit und die Mündlichkeit allgemein auszuschließen, jedenfalls nicht für den Reichs-Verwaltungsgerichtshof, bedarf keiner weiteren Ausführung.

Im übrigen braucht zwar, wie das gesamte Verwaltungsstreitverfahren formloser als das Verfahren im Zivilprozeß oder im Strafprozesse sein kann und sogar sein muß, auch dasjenige vor dem Reichs-Verwaltungsgerichtshofe weniger Formen als das vor dem Reichsgerichte. Jedoch ein immerhin nicht geringes Maß von Formen bleibt unter allen Umständen notwendig; sonst hätte man es nicht mehr mit einem besonderen prozessualen Verfahren, sondern mit einem gewöhnlichen Verwaltungs- oder einem Verwaltungsbeschlußverfahren zu tun, in welchen Verfahren es teilweise ja auch nicht wenig Formen gibt. In jedem prozessualen Verfahren sind Formen erforderlich; nicht, um das Verfahren zu erschweren oder zu verzögern, sondern um den Beteiligten die Wahrnehmung ihrer Rechte und Vorteile (Interessen) zu ermöglichen und zu sichern, und zwar dies, obwohl dadurch das Verfahren erschwert und verzögert wird. Das muß eben mit in den Kauf genommen werden. Auch ein prozessuales Verfahren, welches bestimmt ist, auf dem Gebiete des Verwaltungsrechts rechtlichen und sachlichen Schutz zu gewähren, kann daher solcher Formen nicht nur nicht entbehren, bedarf ihrer vielmehr in erheblichem Umfange bei allen Verwaltungsgerichten und in ebenso großem, vielleicht sogar in noch größerem Umfange bei einem Verwaltungsgerichte von der Stellung des Reichs-Verwaltungsgerichtshofs.

Hierbei kann man dem letzteren so wenig wie einem anderen Verwaltungsgerichte die Erleichterung seiner Arbeit zuteil werden lassen, welche anderweit eine durchgeführte Verhandlungsmaxime, der Anwaltzwang, der sog. Parteibetrieb und das Versäumnisverfahren bieten.

Da, außer in verhältnismäßig geringen Ausnahmen, öffentliches, seinem Wesen nach der Verfügung der Beteiligten entzogenes Recht zu ermitteln und festzustellen ist, muß das Verwaltungsstreitverfahren von der Untersuchungsmaxime beherrscht werden, und, wenn man diese auch durch Einfügung einzelner Grundsätze der Verhandlungsmaxime abschwächen kann: eine Verringerung der bedeutenden Mehrarbeit, welche die Untersuchungsmaxime für den Richter zur Folge hat, ist dadurch in irgendwie beträchtlicher Weise nicht zu erzielen.

Mag das Verfahren vollständig als ein Streit zwischen Parteien gestaltet werden, oder mag es zum Teil und mag es selbst ganz eine andere Gestaltung erhalten, stets wird, außer höchstens in einigen wenigen Fällen, vom Anwaltzwange, d. i. von einem Zwange gegen die Parteien oder Beteiligten, sich durch einen Rechtsanwalt vertreten zu lassen, beim Reichs-Verwaltungsgerichtshof abgesehen werden müssen. Es ist bekannt, daß selbst für den Zivilprozeß seine gegenwärtige Ausdehnung bereits früher bekämpft worden ist und seit längerer Zeit wieder lebhaft bekämpft wird, und es dürfte mit Sicherheit anzunehmen sein, daß er bei einer Reform des zivilprozessualen Verfahrens vor den Kollegialgerichten nicht unwesentlich eingeschränkt werden wird. Zum Verwaltungsstreitverfahren mit seiner Untersuchungsmaxime und mit seinem Zwecke, in viel stärkerem Maße, als für den Zivilprozeß geboten ist, nicht formelles, sondern materielles Recht möglichst billig für die Beteiligten zu schaffen, und zwar auch zu dem vor dem Reichs-Verwaltungsgerichtshofe, paßt die durch den Anwaltzwang herbeigeführte grundsätzliche Ausschließung der Parteien (Beteiligten) von der persönlichen Mitwirkung am Verfahren nicht. Weder jenes Verfahren überhaupt noch dieses im besonderen darf so geordnet werden, daß eine sachgemäße Erreichung ihrer Ziele für die Allgemeinheit und für die Beteiligten nur zu erwarten ist, wenn die Prozeßführung der Beteiligten durch Rechtskundige erfolgt. Damit aber fällt die Vorbedingung, die im Zivilprozesse den Anwaltzwang allein rechtfertigt.

Daß ein Parteibetrieb nicht möglich ist, versteht sich ohne weiteres. Gewiß kann ein Verwaltungsstreitverfahren oder auch nur eine einzelne Instanz in ihm nicht in Gang kommen und nicht fortgesetzt werden ohne oder gar gegen den Willen desjenigen, zu dessen Gunsten das Verfahren oder die Instanz eröffnet ist. Daraus ist aber noch nicht herzuleiten, daß, wenn und so lange das Verfahren oder die Instanz im Gange ist, ihr Betrieb wie im Zivilprozesse Sache der Beteiligten sein könnte, nicht die des Gerichts und seines Vorsitzenden sein müßte, für die Ladungen, Zustellungen usw. so wenig wie für die Beweisaufnahme. Der Amtsbetrieb entspricht dem Wesen eines jeden Verwaltungsstreitverfahrens, besonders schon deshalb, weil darin die Untersuchungsmaxime maßgebend ist und Rechtsanwälte, denen der Parteibetrieb anvertraut werden könnte, nicht notwendig — wegen des Mangels des Anwaltszwanges — tätig sind und auch beim Reichs-Verwaltungsgerichtshofe tatsächlich nicht übermäßig häufig tätig sein werden.

Die Unzulässigkeit eines Versäumnisverfahrens endlich ist ebenfalls eine notwendige Folge davon, daß das Verfahren von der Untersuchungsmaxime beherrscht wird. Nur wo die Verhandlungsmaxime gilt, läßt sich dem Nichterklären und dem Nichterscheinen in dem zur Verhandlung bestimmten Termine die Bedeutung teils eines Verzichts teils eines Zugeständnisses beilegen.

Auf der anderen Seite wird man nicht umhin können, den Entscheidungen des Reichs-Verwaltungsgerichtshofs dieselbe Wirkung beizulegen wie denen anderer Gerichte und insonderheit der übrigen Verwaltungsgerichte, also namentlich für sie nicht nur die sog. formelle, sondern auch die sog. materielle Rechtskraft in grundsätzlich gleicher Weise gelten zu lassen, wie sie begrifflich in der Beschränkung auf eadem res und unter eaedem personae, ausnahmsweise jedoch auch hierüber hinaus und mitunter selbst inter omnes angenommen wird. Ohne diese materielle Rechtskraft hätten die verwaltungsgerichtlichen Entscheidungen nicht die Eigenschaft von den Streit erledigenden Urteilen, vielmehr, soweit nicht eine Wiederholung des Rechtsstreits die Vollstreckung des ergangenen Urteils oder eine Klagefrist entgegensteht, im wesentlichen bloß die von Gutachten und Ratschlägen an die Beteiligten, welche nicht gezwungen sind, die Urteile zu beachten und sie nur beachten werden, wenn es ihnen gefällt (VerwArch. **11** 387). Sie ist deshalb, wenn schon in teilweise abweichender Stärke doch überall für die gesamte Verwaltungsgerichtsbarkeit anerkannt (vgl. meine soeben angezogene Abhandlung im VerwArch. **11** 365 ff., ferner etwa noch Otto Mayer im ArchÖffR. **21** 1 ff. und hierzu meine Anzeige im VerwArch. **15** 141 ff., sowie neuestens Kunze, Das Verwaltungsstreitverfahren 113 ff.).

Wenn Zorn früher die materielle Rechtskraft in der modernen Verwaltungsgerichtsbarkeit als einen unmöglichen Gedanken bezeichnet und hieran auch nach dem Beschlusse des XXVI. Deutschen Juristentags vom Jahre 1902: „Die Rechtskraft der verwaltungsgerichtlichen Urteile und der ihnen gleichstehenden Entscheidungen ist grundsätzlich anzuerkennen, und zwar auch in der Weise, daß die Urteile (Entscheidungen) den Staat binden“ festgehalten hat (VerwArch. **11** 374 und 380), kürzlich sogar so weit gegangen ist, auszusprechen: „Eine unbefriedigendere, ja man muß wohl sagen kläglichere wissenschaftliche Verhandlung als diejenige des Deutschen Juristentags von 1904 — soll offenbar heißen: 1902 — über die Rechtskraft auf dem Gebiete der Verwaltungsgerichtsbarkeit hat wohl der Juristentag noch nie erlebt“ (Jellinek, Laband, Piloty, Jahrbuch des öffentlichen Rechtes der Gegenwart 1, 1907, 78), so steht er hiermit in Theorie und Praxis ganz vereinzelt da.

Nicht einmal für einen Teil der Verwaltungsstreitsachen läßt sich wegen der Besonderheit ihres Gegenstandes oder eines Beteiligten, etwa des Staates, die materielle Rechtskraft verneinen. Das ist schon deshalb ausgeschlossen, weil dieser Teil nicht mit Sicherheit auszuscheiden ist und ferner nicht eine und dieselbe Art von Verwaltungsgerichtsbarkeit in eine solche mit materieller Rechtskraft und eine solche ohne materielle Rechtskraft zerfallen kann. Vor allem aber würde sonst ein wesentlicher Unterschied zwischen den verwaltungsgerichtlichen Entscheidungen und den gewöhnlichen Verwaltungshandlungen, die nur unanfechtbar und vollstreckbar zu werden, niemals aber materielle Rechtskraft zu erlangen vermögen, beseitigt und jenen viel von ihrem Werte genommen, sie in ihrer Bedeutung sogar den Entscheidungen im sog. Beschlußverfahren, für die man die materielle Rechtskraft jedenfalls teilweise anzuerkennen haben wird, nachgesetzt werden, und hierfür fehlt es an ausreichenden Gründen. Bestehen für gewisse Angelegenheiten durchgreifende Bedenken gegen die materielle Rechtskraft, so gehören sie in die Verwaltungsgerichtsbarkeit überhaupt nicht hinein. Dagegen dürfen sie nicht zu Verwaltungsstreitsachen erhoben und dann ihretwegen der ganzen Verwaltungsgerichtsbarkeit das kennzeichnende Merkmal jeder Gerichtsbarkeit: die materielle Rechtskraft der erlassenen Entscheidungen, versagt oder sie zu Verwaltungsstreitsachen zweiter — untergeordneter — Klasse, weil ohne materielle Rechtskraft, gemacht werden.

Auch der Reichs-Verwaltungsgerichtshof muß daher in tatsächlicher wie in rechtlicher Beziehung so sorgfältig und gründlich arbeiten, daß seinen Entscheidungen anstandslos die Wirkung der materiellen Rechtskraft, die entschiedene Streitsache endgültig zu erledigen, namentlich zu verhindern, daß darüber nochmals entschieden werde, beigelegt werden kann.

Aus allem Vorstehenden dürfte sich mit Gewißheit zunächst ergeben, daß der Reichs-Verwaltungsgerichtshof nicht in der Weise, wie mehrere der jetzt bestehenden Reichs-Verwaltungsgerichte und ein Teil der höchsten Verwaltungsgerichtshöfe in den deutschen Bundesstaaten, einzige Instanz und daß er nicht einmal so, wie z. B. das preußische Oberverwaltungsgericht, in nicht unerheblichem Maße wenigstens zugleich letzte und erste Instanz sein kann. Er muß ausschließlich nur höhere, letzte Instanz sein.

Es ist jüngst für das preußische Verwaltungsstreitverfahren und die darin zu entscheidenden Streitigkeiten, um Zeit, Arbeit und Kosten, die gegenwärtig ohne Not aufgewendet werden müßten, zu sparen, empfohlen worden, daß zuerst nicht Verwaltungsgerichte, sondern Selbstverwaltungskörper als Beschlußbehörden entscheiden und demnächst nach endgültiger Entscheidung in diesem durch Übernahme einiger Einzelbestimmungen aus dem Streitverfahren sicherer, als es in dem jetzigen Beschlußverfahren der Fall sei, gestellten Verfahren auf Beschwerde die Rechtsfrage ausgeschaltet und in einem besonderen, auf diese Rechtsfrage beschränkten Verfahren vor dem Oberverwaltungsgerichte weiter erörtert werde, durch dessen Entscheidung dann die richtige und gleichmäßige Anwendung der

Gesetze (die objektive Rechtsordnung) gewahrt würde, womit zugleich den aus ihr entspringenden (subjektiven) Einzelrechten noch ein besonderer Schutz zuteil würde (Graf Hue de Grais im VerwArch. **15** 372). Nähere Angaben über die Art der Ausführung des Vorschlags sind nicht gemacht worden, und es ist schwer, sich diese Ausführung zu denken. Die empfohlene Regelung soll im wesentlichen schon jetzt bezüglich der Entscheidungen von Beschwerden über polizeiliche Verfügungen und die Veranlagung zu den Staats- und zu den Kirchensteuern bestehen. Das kann jedoch nicht zugegeben werden. Vielmehr hat man es in den genannten und noch in einigen anderen Fällen (VerwBl. **29** 81 und ZZP. **37** 247, 248) nur mit einer Beschränkung des einzigen zulässigen Verfahrens, des Verwaltungsstreitverfahrens, von vornherein und in seiner Gesamtheit auf die Prüfung, ob eine Rechtsverletzung stattgefunden hat oder die notwendigen tatsächlichen Voraussetzungen vorhanden sind, — somit übrigens keineswegs allein auf die Rechtsfrage — zu tun, nicht mit zwei Verfahren, von denen das erste ein die Tat- und Rechtsfrage gleichmäßig umfassendes, dem Verwaltungsstreitverfahren ähnliches Verfahren und das nachfolgende zweite, der weiteren Erörterung der Rechtsfrage dienende ein eigentliches Verwaltungsstreitverfahren ist. Ein derartig gehäuftes Doppelverfahren wird trotz aller Einschränkung des zweiten Verfahrens eher zu einer Vermehrung der Zeit, Arbeit und Kosten, die im ganzen zur Erledigung der Sache aufzuwenden sind, als zu deren Verminderung führen. Oft wird, wenn in dem letzteren Verfahren eine Rechtsfrage von vorgreifender Bedeutung anders beantwortet wird, die Durchführung des ersteren gänzlich zwecklos gewesen oder dieses, weil sich nunmehr eine andere Tatfrage wie die bisher erörterte als maßgebend erweist, vollständig zu wiederholen sein. Vielfach wird sich auch eine Trennung der Rechtsfrage von der Tatfrage mit der erforderlichen Glattheit gar nicht oder nicht ohne Schaden für die Sache vornehmen lassen. Sollte sie sich dennoch regelmäßig vornehmen lassen, so müßte eine so von dem Tatsächlichen der zu entscheidenden Streitigkeit noch mehr wie bei der Revision losgelöste Rechtsprechung schnell verknöchern und unpraktisch werden. Selbst dem Vorgange bei den polizeilichen Verfügungen usw. kann sicher für diejenigen nach Zahl und Wichtigkeit den anderen nicht nachstehenden Verwaltungsstreitsachen nicht gefolgt werden, welche durch keine vorhergegangene obrigkeitliche Anordnung veranlaßt sind. Immer aber würde der Vorschlag dem Reichs-Verwaltungsgerichtshofe gegenüber schon daran scheitern, daß dieser dann allein oder mindestens zugleich erste Instanz sein müßte und solches bei der weiten Ausdehnung seiner örtlichen und sachlichen Zuständigkeit und der großen Mitgliederzahl, die er, auch wenn die Zahl der zur Entscheidung berufenen Mitglieder seiner Senate so niedrig wie möglich bemessen wird, zu erhalten hätte, nicht sein kann. Nicht ausschließlich letzte, sondern allein oder zugleich erste Instanz zu sein, vermehrt gerade wegen des Mangels der Erledigung von Sachen und der Vorarbeit in einer Vorinstanz die Arbeitslast ungemein, und der Reichs-Verwaltungsgerichtshof ist zu schade, um seine Mitglieder selbst nur häufiger als Richter erster Instanz tätig werden zu lassen. Wo jetzt Verwaltungsgerichte einzige oder gleichzeitig erste Instanz sind, liegen teils eigenartige Verhältnisse vor, und soweit dies nicht der Fall ist, man also deshalb daran denken könnte, den Reichs-Verwaltungsgerichtshof ähnlich zu stellen, muß doch grundsätzlich hiervon abgesehen werden, bei gewerbepolizeilichen Verfügungen etwa so, daß nicht auf das durchgeführte Beschwerdeverfahren noch ein eininstanzliches Verwaltungsstreitverfahren gepfropft, sondern von vornherein nur die Wahl zwischen dem Beschwerdeverfahren und einem mehrinstanzlichen Verwaltungsstreitverfahren mit dem Reichs-Verwaltungsgerichtshof als der letzten Instanz gelassen wird.

Muß aber der Reichs-Verwaltungsgerichtshof, außer vielleicht in ganz vereinzelten Ausnahmefällen, lediglich die Stellung einer letzten höheren Instanz erhalten, so fragt es sich, ob ihm die eines Berufungsgerichts oder die eines Revisionsgerichts, so daß die tatsächliche Würdigung des Sachverhalts seiner Nachprüfung nicht unterliegt, zu geben ist. An sich paßt die Revision mit ihrem unvermeidlichen Formalismus und weil auch hier die Trennung der Rechts- und der Tatfrage zu Schwierigkeiten und Unzuträglichkeiten führen kann, sicher nicht zum Verwaltungsstreitverfahren, und sie ist deshalb dafür nach Möglichkeit zu vermeiden. Allein an dieser Möglichkeit möchte es beim Reichs-Verwaltungsgerichtshofe fehlen; denn durch die Berufung würde ihm erheblich mehr und zu viel Arbeit bereitet werden, und es ist unbedingt Sorge zu tragen, daß er nicht in der Masse der Geschäfte ertrinke. Man muß sich also wohl oder übel entschließen, ihn ausschließlich oder doch vorwiegend zum Revisionsgerichte zu machen. Das ist vielleicht auch der leitende Gedanke für den vorhin besprochenen Vorschlag gewesen, jedenfalls sein allein annehmbarer Inhalt. Indessen wird danach zu streben sein, den Formalismus der Revision so sehr als irgend angängig zu mildern. So kann von einer Bindung an die geltendgemachten Revisionsgründe, wie sie jetzt der § 559 ZPO. vorschreibt, keine Rede sein, und es wird ferner im Falle der Aufhebung der angefochtenen Entscheidung nicht wie im § 565 ZPO. die Zurückverweisung, sondern nach den wohlbewährten Vorbildern im § 98 des preußischen Landesverwaltungsgesetzes vom

30. Juli 1883, im § 1861 des preußischen Gesetzes, betreffend die Abänderung des siebenten Titels im Allgemeinen Berggesetze vom 24. Juni 1865, vom 19. Juni 1906 (GS. 199), im § 117 Abs. 3 InvVG. usw., die sofortige anderweitige Entscheidung die Regel zu bilden haben.

V.

Ein solches Gericht höchster Instanz, von dem außer Zweifel ist, daß es ein selbständig für sich allein bestehendes sein muß, und neben dem nicht noch, wie in Österreich neben dem Verwaltungsgerichtshofe das Reichsgericht, ein zweiter Gerichtshof derselben Ordnung ebenfalls mit Verwaltungsstreitsachen befaßt werden kann, bedarf notwendig eines Unterbaues, und dieser Unterbau muß, wenn auch nicht ein unbedingt gleicher, so doch mindestens ein in der Hauptsache gleichmäßiger sein. Bloße Gleichheit des anzuwendenden materiellen Rechtes genügt nicht. Die Gleichmäßigkeit des Unterbaues hat sich ebenso auf die Organisation der Vorinstanz oder der Vorinstanzen wie auf das Verfahren bei ihr oder ihnen zu erstrecken. Ohne diese Gleichmäßigkeit, an der es zurzeit gänzlich fehlt, würde eine gedeihliche Wirksamkeit des Reichs-Verwaltungsgerichtshofs nicht minder ausgeschlossen sein, als es die des Reichsgerichts ohne die durch die sog. Reichs-Justizgesetze begründete Übereinstimmung ist. Wie die letztere gleichzeitig geschaffen werden mußte, um das Reichsgericht ins Leben rufen zu können, so bedarf es auch der vorherigen oder gleichzeitigen Schaffung eines gleichmäßigen Unterbaues für den Reichs-Verwaltungsgerichtshof, ehe sich an ihn denken läßt. Die Frage ist daher die, ob es gegenwärtig möglich ist oder doch wenigstens in nächster Zeit möglich sein wird, diese Vorbedingung für ihn herzustellen und alles, was sich daraus als notwendige Folgen ergibt, auszuführen, und zwar zunächst für die bisherige reichsrechtliche Verwaltungsgerichtsbarkeit.

Leider muß, so sehr man auch das Gegenteil wünschen mag, die Antwort verneinend ausfallen.

Einige Beispiele möchten das am besten dartun. Daß die Streitsachen aus dem sozialen Versicherungsrechte dem Reichs-Verwaltungsgerichtshofe zu übertragen sein würden, dieser also insoweit an die Stelle des Reichs-Versicherungsamts zu treten hätte, ist schon bemerkt worden und kann nicht zweifelhaft sein. Hier scheint das, was in Betracht kommt, sehr einfach und günstig zu liegen und die Übertragung leicht zu sein, weil als Unterbau die Schiedsgerichte für Arbeiterversicherung in Unfall- und Invalidenversicherungssachen mit bereits reichsrechtlich geordnetem Verfahren vorhanden sind. Indessen es scheint doch nur so. In Wirklichkeit verhält es sich wesentlich anders. Denn einmal könnten nicht bloß die streitigen Unfall- und Invalidenversicherungssachen allein, sondern es müßten gleichzeitig auch die eng damit zusammenhängenden streitigen Krankenversicherungssachen, d. h. alle Streitsachen auf dem Gebiete des sozialen Arbeiterversicherungsrechts, dem Reichs-Verwaltungsgerichtshof übertragen, somit zugleich in die landesrechtliche Verwaltungsgerichtsbarkeit eingegriffen werden. Ohnedem wäre von einer erheblichen Besserung des jetzt auf diesem Gebiete wegen der Mannigfaltigkeit der zu gleichzeitiger Tätigkeit berufenen, jedoch oft in den wichtigsten Dingen entgegengesetzt entscheidenden Verwaltungs- und Beschlußbehörden, ordentlichen Zivil- und Strafgerichte, Reichs- und Landesverwaltungsgerichte höchst unbefriedigenden Rechtszustandes keine Rede. Ferner läßt sich für das Reichs-Versicherungsamt dessen rechtsprechende Tätigkeit von seiner verwaltenden nicht ohne weiteres ablösen, weil beide in zu enger Verbindung miteinander stehen und sich gegenseitig zu ergänzen haben. Für die streitigen Krankenversicherungssachen aber fehlt es an dem gleichmäßigen Unterbau in der landesrechtlichen Verwaltungsgerichtsbarkeit ganz. Um ihn herzustellen und um dem Reichs-Versicherungsamte die rechtsprechende Tätigkeit ohne schwere Schädigung seiner verwaltenden Tätigkeit abnehmen zu können, bedarf es eingreifender Maßnahmen. Die umfassenden Änderungen, die dort und hier vorzunehmen sind, lassen sich nur im Rahmen der schon oft angeregten allgemeinen Besserung des gesamten sozialen Versicherungsrechts unter dessen gleichzeitiger Vereinfachung und Vereinheitlichung und unter Einfügung der Witwen- und Waisenversorgung bewirken. Sonst würden sie bloßes Stück- und Flickwerk bleiben und die allgemeine Reform nicht bloß nicht fördern, sondern sie noch schwerer machen, als sie schon ist. Diese Reform aber ist so schwierig, die Ansichten über ihre Ziele und ihre Art gehen bekanntlich noch immer so weit auseinander, und alles das Viele, was darüber schon bisher gesagt und geschrieben worden ist und beständig noch gesagt und geschrieben wird, zeigt bloß das eine sehr klar und deutlich, daß vorläufig ihr Zustandekommen nicht zu erwarten ist. Damit ist für die Streitsachen des sozialen Versicherungsrechts der Reichs-Verwaltungsgerichtshof vorläufig unausführbar.

Ähnlich verhält es sich mit den streitigen Patentsachen. Auch hier läßt sich nicht einfach an die Stelle des Reichsgerichts der Reichs-Verwaltungsgerichtshof setzen, sondern das ist nur möglich im Zusammenhange mit einer Umformung des Patentwesens überhaupt oder wenigstens der Gerichtsbarkeit in Patentsachen. Daß diese Umformung, über die die Meinungen kaum weniger zahlreich geäußert worden sind und geäußert werden und nicht weniger auseinander gehen als bei der des sozialen Versicherungsrechts, noch in weiter Ferne liegt, ist ebenfalls sicher.

Um von den Streitsachen, auf welche die Zuständigkeit des Reichs-Verwaltungsgerichtshofs, wenn auch nicht unbedingt erstreckt werden müßte, aber doch erstreckt werden könnte, noch eine Art kurz zu erwähnen, sei der Verwaltungsstrafsachen gedacht. Die Hindernisse, die für jetzt ihrer Verweisung in die Verwaltungsgerichtsbarkeit entgegenstehen, habe ich im VerwArch. **11** 149 ff. dargelegt. Diese Hindernisse sind zugleich solche dagegen, den Reichs-Verwaltungsgerichtshof mit einem Teile der Verwaltungsstrafsachen zu befassen. Der Weg, den Hofacker daselbst **15** 426—429 einschlagen will, um sie für eine Zuweisung an die landesrechtlichen Verwaltungsgerichtshöfe zu überwinden, ist jedenfalls für den Teil von Verwaltungsstrafsachen nicht gangbar, dessen Zuweisung an den Reichs-Verwaltungsgerichtshof um der Einheitlichkeit der Rechtsprechung für diesen Teil willen in Frage kommen würde.

Gerade da, wo bei der rein reichsrechtlichen Verwaltungsgerichtsbarkeit das Bedürfnis nicht, wie etwa gegenüber der Reichs-Rayonkommission und dem verstärkten Reichs-Eisenbahnamte wegen der Eigenart der Streitsachen, oder aus anderen Gründen, wie gegenüber dem Bundesrat in den Verwaltungsstreitsachen für die Konsulargerichtsbezirke und die Schutzgebiete, fehlt oder doch nur gering ist, vielmehr am stärksten hervortritt, sind die Schwierigkeiten, den Reichs-Verwaltungsgerichtshof zu verwirklichen, besonders groß und in absehbarer Zeit nicht zu heben. Man wird sich deshalb, zugleich unter Berücksichtigung der vielen und wichtigen anderen, teilweise weit dringlicheren Aufgaben, die für das Reich und seine Gesetzgebung vorhanden sind, für jetzt dahin bescheiden müssen, dem Bedürfnisse nach einem Reichs-Verwaltungsgerichtshofe, so sehr es an sich anzuerkennen ist, bei der rein reichsrechtlichen Verwaltungsgerichtsbarkeit bloß in der Weise Rechnung zu tragen, daß bei allen Änderungen, die diese Verwaltungsgerichtsbarkeit berühren, die spätere Errichtung eines solchen Gerichtshofs als möglichst bald erstrebenswert im Auge zu behalten und jede einzelne Änderung inzwischen so zu gestalten, daß demnächst ohne größere Schwierigkeiten der Reichs-Verwaltungsgerichtshof Dasein erlangen kann. Das ist nicht sonderlich viel, aber immerhin doch schon etwas.

Daß man sich für die rein landesrechtliche Verwaltungsgerichtsbarkeit ohne weiteres mit demselben Ziele insoweit begnügen muß, als eine solche gegenwärtig noch nicht vorhanden ist, bildet an sich noch keinen Grund, dieselbe Genügsamkeit im übrigen, d. h. auch da zu üben, wo eine landesrechtliche Verwaltungsgerichtsbarkeit besteht und als materielles Recht

Reichsrecht anzuwenden hat. Ebenso ist es ohne Bedeutung, daß zuvor eine Ausdehnung der Zuständigkeit des Reichs durch eine Änderung der Verfassungs-Urkunde für das Deutsche Reich erforderlich sein dürfte, weil nicht eine anderweitige Ordnung des gerichtlichen Verfahrens im Sinne des Art. 4 Nr. 13 daselbst, sondern ein Eingriff in das Gebiet der den einzelnen Bundesstaaten zukommenden Verwaltung vorzunehmen ist. Dagegen ist klar, daß die Hindernisse, die schon bei der rein reichsrechtlichen Verwaltungsgerichtsbarkeit für deren Übertragung auf einen einzigen Reichs-Verwaltungsgerichtshof in vorläufig nicht zu überwindender Weise vorhanden sind, sich noch stärker dem entgegenstellen, mit der rein landesrechtlichen Verwaltungsgerichtsbarkeit, der dabei die reichsländische gleichzusetzen ist (vgl. über die letztere Rosenberg in HirthsAnn. **39** 811 ff. und dazu VerwArch. **15** 302), den Reichs-Verwaltungsgerichtshof zu befassen, soweit bei ihnen Reichsrecht anzuwenden ist. An einem auch nur einigermaßen gleichen Unterbau fehlt es hier nicht bloß ebenso, sondern offensichtlich sogar noch mehr. Von einer befriedigenden Rechtsprechung durch den Reichs-Verwaltungsgerichtshof kann gar keine Rede sein, solange sie auf der Grundlage einer solchen von zahlreichen Verwaltungsgerichten erfolgen müßte, die unter sich in ihrer Verfassung und in dem Verfahren vor ihnen in den wesentlichsten Dingen durchaus abweichen. Und in dieser Verschiedenheit der Vorinstanzen bald Wandlung zu schaffen, ist wiederum ausgeschlossen.

Also auch hier muß jenes obige Sichbescheiden stattfinden.

Daß dasselbe schließlich dann noch bei der reichs- und landesrechtlich gemischten Verwaltungsgerichtsbarkeit geboten ist, versteht sich nunmehr wohl von selbst.

Allerdings hat das Bundesamt für das Heimatwesen, obwohl ihm das, was als unentbehrlich für den Reichs-Verwaltungsgerichtshof bezeichnet worden ist, ein gleichmäßiger Unterbau, abgeht, anerkanntermaßen (vgl. z. B. Münsterberg im VerwArch. **4** 69) eine gedeihliche Wirksamkeit zu entfalten vermocht. Indessen daraus folgt nicht, daß das Gleiche dem Reichs-Verwaltungsgerichtshofe gelingen müßte. Ohne aber dessen sicher zu sein, dürfte man ihn doch nicht ins Leben rufen. Und selbst wenn man sich mit der bloßen Wahrscheinlichkeit oder gar nur mit einer Möglichkeit begnügen wollte, daß es ihm gleichfalls gelingen würde, bliebe das Beispiel des Bundesamts noch ohne ausschlaggebende Bedeutung. Die Verhältnisse sind eben, abgesehen von der sich zwar nicht ganz, aber doch im wesentlichen deckenden örtlichen Zuständigkeit, zu sehr anders: dort ein sehr kleiner Gerichtshof, aus einem Vorsitzenden und vier Mitgliedern, von denen drei sogar es nur im Nebenamte sind, bestehender Gerichtshof mit Zuständigkeit lediglich für eine einzige, eng begrenzte Rechtsmaterie, hier ein solcher mit von vornherein sehr großer Mitgliederzahl und mit einer sachlichen Zuständigkeit für ebensoviele wie mannigfache, oft jeder näheren Beziehung zueinander entbehrende Angelegenheiten. Was jenem möglich geworden ist, wird es diesem noch nicht. Das Bundesamt für das Heimatwesen kann nicht zur Nachfolge anregen, muß im Gegenteil eher davon abhalten, sobald man sich seine vollständige Verschiedenheit gegenwärtig hält.

Noch ein zweiter Vorgang ist vorhanden, der, weil er sich außerhalb der Verwaltungsgerichtsbarkeit zugetragen hat, Bedeutung, wenn ihm solche beizulegen sein sollte, nicht nur für die reichs- und landesrechtlich gemischte, sondern auch für die rein reichsrechtliche und die rein landesrechtliche Verwaltungsgerichtsbarkeit hätte, der des Bundes-, späteren Reichs-Oberhandelsgerichts. Daß sich dieses, obwohl es an die Stelle zahlreicher, landesrechtlicher oberster Gerichtshöfe trat, auch nicht einmal ein einheitliches Verfahren vor ihm selbst bestand (Gesetz vom 12. Juni 1869, BGBl. 201, §§ 12, 16 ff.), vielmehr bloß das von ihm anzuwendende materielle Recht gleichmäßig geordnet war, ebenfalls voll bewährt hat, ist außer allem Zweifel. Bei ihm läßt sich freilich nicht geltend machen, daß es nur eine eng begrenzte Zuständigkeit gehabt habe. Denn die Handels- und Wechselsachen, auf die es zuerst beschränkt gewesen ist, waren allein bereits ein umfangreiches Gebiet, und sehr bald wurden ihm zahlreiche weitere Rechtsstreitigkeiten zugewiesen. Dennoch ist die Verschiedenheit auch hier, wenn schon von anderer Art, doch sehr groß. Seine Errichtung erfolgte vorwiegend aus politischen Gründen, um dem Norddeutschen Bunde baldigst etwas Rechtseinheit zu verschaffen und ihn dadurch mehr zusammenzukitten, und sie war ein bloßer Notbehelf, mit dem man nicht wohl warten konnte oder doch glaubte, nicht länger warten zu sollen, bis sich etwas Besseres erreichen lasse. Derartiges hat man beim jetzigen Deutschen Reiche glücklicherweise nicht mehr nötig. Es ist daher richtiger, mit dem Reichs-Verwaltungsgerichtshofe zu warten, bis man in ihm nicht bloß etwas Gutes, sondern gleich das Bessere zu schaffen imstande ist. Denn nicht immer ist das Bessere der Feind des Guten, oft ist auch das Gute der Feind des Besseren. Vor allem jedoch durfte, wenn auch 1869 noch nicht vorauszusehen war, daß bereits 1879 der Ersatz durch ein auf einheitlichem Unterbau ruhendes Reichsgericht eintreten werde, doch von Anfang an mit der Gewißheit gerechnet werden, daß es sich immer nur um einen insofern verhältnismäßig kurzen Zwischenzustand handeln werde, als der zunächst noch fehlende Unterbau bald nachgeholt werden würde. Diese Gewißheit ist aber unter den gegenwärtigen allgemeinen Zeit- und Sachumständen, trotzdem es sich um eine der ordentlichen Gerichtsbarkeit nicht ganz gleiche, aber doch auch nicht so sehr viel weniger wichtige besondere Art von Gerichtsbarkeit, die Verwaltungsgerichtsbarkeit, handelt, keineswegs vorhanden. Man darf sogar sagen, sie ist nicht begründet, und deshalb muß man sich gedulden, bis der Unterbau sofort mitherzustellen oder doch vorauszusehen ist, daß er sich schnell wird nachholen lassen.

Darin, jenes Ziel fest im Auge zu behalten und mit Entschiedenheit zu verfolgen, damit es möglichst bald erreicht werde, muß, soweit dies nicht vom Reiche selbst, sondern von den einzelnen Bundesstaaten abhängt, vor allem Preußen den übrigen Bundesstaaten mit gutem Beispiele vorangehen. Das zu tun, ist es am meisten berufen, auch am leichtesten und besten in der Lage. Wenn es so verfährt, wird es außer sich selbst zugleich dem ganzen deutschen Vaterland einen großen Dienst erweisen. Die Gelegenheit hierzu bietet sich voraussichtlich schnell. Im Januar und im März 1908 sind im Abgeordnetenhaus und im Herrenhaus Anträge, betreffend die Vereinfachung und Modernisierung der Organisation, des Verfahrens und des Rechnungswesens in der Staatsverwaltung, bezw. betreffend die Reform der allgemeinen Landesverwaltung, gestellt und im April 1908 angenommen worden (Verhandlungen des Hauses der Abgeordneten 20. Legisl. IV. Session 1907/08 S. 4931—4983 und Verhandlungen des Herrenhauses 1907/08 S. 253—257). Nach den über deren Ziele gemachten Ausführungen gehören zu den Dingen, welche den Gegenstand der geplanten Prüfung bilden sollen, auch die Organisation und das Verfahren in der preußischen Verwaltungsgerichtsbarkeit. Was insoweit bei der Prüfung ermittelt und was hiervon sodann verwirklicht werden wird, bleibt abzuwarten, wenn auch damit einige Jahre vergehen werden. So sehr drängt die Errichtung des Reichs-Verwaltungsgerichtshofs nicht. Unter Berücksichtigung und Verwertung dessen, was inzwischen für Preußen als zweckmäßig festgestellt worden und geschehen ist, wird demnächst der Frage: „Liegt ein Bedürfnis eines deutschen Reichs-Verwaltungsgerichts vor?" von neuem und nunmehr mit der erforderlichen Sicherheit eines praktischen Erfolges näher zu treten sein.

Für jetzt dagegen kann sie, so ungern es geschieht und gewiß mit schwerem Herzen, andererseits jedoch mit dem Bewußtsein, es mit Dingen zu tun zu haben, bei denen durchaus geboten ist, jede falsche Schönseherei und Gefühlsschwärmerei zu vermeiden und ausschließlich mit nüchterner Sachlichkeit vorzugehen, nur dahin beantwortet werden:

„Ja in der Weise, daß ein Bedürfnis für einen Reichs-Verwaltungsgerichtshof vorhanden ist, der, soweit Reichs-Verwaltungsrecht gilt, auf diesem Gebiete die Verwaltungsstreitsachen in letzter Instanz entscheidet,“ dagegen „Nein in der Weise, daß sich dieses Bedürfnis vorläufig noch nicht befriedigen läßt, vielmehr bloß zurzeit seine künftige Befriedigung als das anzustrebende Ziel zu betrachten ist.“

VI.

Gutachten des Herrn Geheimen Justizrat Professor Dr. August Finger, Halle a. S.

zur Frage „die richterliche Strafzumessung".

Die richterliche Strafzumessung.

Die ständige Deputation des Deutschen Juristentages hat mich mit der Aufforderung geehrt, ein Gutachten über „die richterliche Strafzumessung" zu erstatten. Die erste Voraussetzung der richtigen Beantwortung einer Frage ist: richtiges Verständnis für den Sinn und die Tragweite der Frage. Es sei daher zunächst ein kurzes Wort gestattet über:

I. Sinn und Tragweite der gestellten Frage.

Unter richterlicher Strafzumessung versteht man, wie schon die Worte andeuten, die Strafzumessung durch den Richter, welche regelmäßig im Urteil für den einzelnen Fall erfolgt. Da die richterliche Tätigkeit in der Rechtsanwendung besteht, so kann es von vornherein nicht zweifelhaft sein, daß, wenn der Richter im Urteil die Strafe bemißt, er sie nur nach Vorschrift des Gesetzes zu bemessen hat. Wird die Frage über die richterliche Strafzumessung aufgeworfen, so kann damit Zweifaches gemeint sein:

1. Wie sind die in einem Gesetz mit Bezug auf die Strafzumessung enthaltenen Vorschriften auszulegen und in welcher Weise hat demgemäß die Strafzumessung im einzelnen Fall zu erfolgen. Wird die Frage in diesem Sinne verstanden, dann muß von der lex lata ausgegangen und auf Grund sorgfältiger Auslegung des Gesetzes die Antwort gefunden werden. Die Antwort soll Klarheit verbreiten über einzelne zweifelhafte Punkte, z. B. ob der Richter bei Bemessung der in einer relativen Strafdrohung festgesetzten Strafe den Ausgangspunkt von der mildesten Strafe

oder der mittleren Strafgröße zu nehmen hat; ob die in einer Strafdrohung hinsichtlich eines bestimmten Verbrechenstatbestandes hervorgehobenen qualifizierenden oder privilegierenden Momente analog bei anderen Tatbeständen angewendet werden müssen usw.

2. Die Frage kann aber auch de lege ferenda aufgeworfen werden; sie bedeutet dann: wie hat sich der Gesetzgeber zu stellen zu der dem Richter obliegenden Aufgabe, die Strafe im einzelnen Fall zu bemessen, die Strafe in hypothesi festzusetzen, — wie soll im Gesetz die richterliche Strafzumessung geregelt werden. Aus der Aufgabe, welche sich der Deutsche Juristentag gestellt hat, darf der Schluß gezogen werden, daß die Frage hier im Sinne eines Problems der Gesetzgebung zu verstehen ist. So wird sie daher hier verstanden und zu beantworten versucht.

Die Einkleidung des Problems in die Frage: „Wie soll im Gesetz die richterliche Strafzumessung geregelt werden" bejaht, daß das Gesetz zur Strafzumessung überhaupt Stellung zu nehmen, in dieser Hinsicht gewisse Grundsätze festzulegen hat.

Denkbar wäre allerdings auch, daß das Gesetz in der erwähnten Beziehung vollständig schweigen, keinerlei Anweisungen über die Strafzumessung enthalten würde. Wer sich auf diesen Boden stellt, für den verliert die Strafzumessung den Charakter eines gesetzgeberichen Problems. Die Frage, ob sich eine so weit gehende Passivität der Gesetzgebung empfiehlt, kann zweifellos Gegenstand gesonderter Erwägung werden. Wenn diese Überlegung hier zunächst nicht angestellt wird, so kann die Rechtfertigung für solches Vorgehen darin gefunden werden, daß die Gründe, welche gegen eine solche Zurückhaltung der Gesetzgebung zu sprechen scheinen, zum großen Teil mit jenen zusammenfallen, die später ins Treffen geführt werden sollen gegen Gesetze, in denen nur ganz allgemein gehaltene Vorschriften über Strafzumessung gegeben werden.

Der Gutachter kann sich hier auf ein argumentum a minori ad majus berufen und sagen: ist es schon zu widerraten, daß sich ein Gesetz mit Bezug auf die Strafzumessung nur auf wenige allgemein gehaltene Vorschriften beschränke, zeigt sich, daß eine derartige nur beiläufige Regelung Gefahren und Mißstände in sich schließt, dann ist völliges Schweigen der Gesetzgebung noch gefährlicher.

Da, wie erwähnt, die logischerweise voranzustellende Frage über das „ob" der Regelung der richterlichen Strafzumessung im Gesetz durch die späteren Erörterungen über eine bestimmte Ausgestaltung des „wie" mitbeantwortet wird, so kann hier sogleich zur Besprechung der Frage des „wie" übergegangen werden.

II. Die verschiedenen Möglichkeiten gesetzlicher Regelung der richterlichen Strafzumessung.

Allgemeines.

Handelt es sich um eine Frage der Gesetzgebung, also um die Frage, welche Vorschriften das Gesetz enthalten soll für die dem Richter obliegende Aufgabe, im Urteil die Strafe zu bestimmen, dann müssen zunächst a priori die möglichen Arten dieser Regelung festgestellt werden — es gilt sohin, die Vor- und Nachteile, welche sich an diese verschiedenen Arten der Regelung knüpfen können, sorgfältig abzuwägen.

Irre ich nicht, so sind zunächst in der Gesetzgebung zwei grundsätzliche Arten der Regelung der Strafzumessung möglich.

A. Die Strafgröße ist im Gesetz vorgesehen, in Vorschriften des Gesetzes von vornherein nach Inhalt und Dauer bestimmt.

Schreibt das Gesetz bestimmte Strafgrößen für die einzelnen strafbaren Handlungen vor, dann ist die Strafe des einzelnen Falles eine im Urteil nach Vorschrift des Gesetzes bezeichnete Strafgröße.

Das Strafäquivalent für das Verbrechen kann im Gesetz absolut oder nur relativ bestimmt werden.

1. Die absolut bestimmten Strafgesetze setzen die Rechtsfolge der Strafe nach Art und Maß derart fest, daß in jedem Fall, wenn der gesetzliche Tatbestand verwirklicht wurde, nur diese eine Straffolge zur Anwendung kommen kann. Die absolute Strafdrohung gilt bald — wie Binding im Grundriß (7. Aufl. S. 66) mit Recht hervorhebt — der Verbrechensart, bald (wie z. B. im § 55 des Bankgesetzes, im § 6 Abs. 1 des Gesetzes, betr. die Inhaberpapiere mit Prämien), und zwar in den Fällen, in denen die Geldstrafe mit einem Vielfachen oder einem Teil eines bestimmten Grundwertes angedroht wird, dem Verbrechensfall. Das die letzteren Fälle von den ersteren Unterscheidende liegt nur darin, daß der Richter, um zur Strafe des konkreten Falles zu gelangen, erst eine arithmetische Operation vorzunehmen hat. Eine Strafzumessung des Richters, eine richterliche Tätigkeit, schließen aber beide Arten von Fällen aus.

2. Die relativ bestimmten Strafgesetze fixieren die Strafe des Einzelfalles durch Angabe eines Mindest- und eines Höchstmaßes. Der Richter hat danach bei Bemessung der Strafe einen Spielraum, und zwar entweder hinsichtlich der Dauer der Strafe (z. B. § 212 StG.), oder hinsichtlich der Art der Strafe (§§ 81, 88 StG.), oder sowohl hinsichtlich der Dauer wie hinsichtlich der Art der Strafe (z. B. §§ 85, 86, 95, 185 usw. StG.). Für

die Bemessung der Strafe in hypothesi innerhalb dieses Strafrahmens sind nicht rechnerische, sondern dem Gebiet des Rechts angehörende Grundsätze maßgebend. Diese Grundsätze, auf die später noch näher zurückzukommen ist, können dem richterlichen Ermessen bei Feststellung der Strafe ein verschiedenes Maß von Freiheit gewähren.

Auch die relativ bestimmten Strafgesetze enthalten zwingendes, nicht dispositives Recht; sie geben dem Richter zwar formell, nicht aber materiell, mehr Freiheit als die Strafgesetze mit absoluter Strafdrohung. Das Gesetz geht von der Anschauung aus, daß der Richter unter dem durch die relativ bestimmte Strafsatzung gegebenen Strafgrößen im einzelnen Fall diejenige finden kann und finden soll, welche nach Anschauung des Gesetzes dem konkreten Straffall entspricht.

Für freies richterliches Ermessen ist, wenigstens theoretisch, kein Raum. Könnten die unter der Herrschaft desselben Gesetzes an verschiedenen Orten wohnenden und wirkenden Richter die ihrer Kognition unterbreiteten Straffälle sozusagen auf die Goldwage legen und ließen sich alle bei Auslegung des Gesetzes von den gleichen Anschauungen leiten, dann würden alle gleichen Straftaten zu allen Zeiten mit den gleichen Strafen getroffen werden. Jeder Übeltat entspricht, auch wenn die Strafe im Gesetz relativ bestimmt ist, doch nur **eine** gesetzlich gewollte Strafgröße; die Verschiedenheit in der Strafbemessung ist nur das ungewollte Ergebnis praktischer Schwierigkeiten bei Handhabung eines theoretischen Grundsatzes.

B. Das Gesetz bezeichnet das Strafmaß nicht, sondern verfügt, daß dieses im einzelnen Falle bestimmt werde durch Erreichung eines Zweckes.

Das Gesetz kann darauf verzichten, die Strafgröße den durch gewisse generelle Merkmale bezeichneten Straftaten anzupassen und die Strafe des einzelnen Falles näher abgrenzen durch Bezeichnung des Zwecks, der durch die Bestrafung erreicht werden soll.

Ein entferntes Analogon zu diesen beiden Arten, die Strafgröße im Gesetz zu bestimmen, wäre auf dem Gebiet des Privatrechts der Unterschied zwischen einer locatio conductio operarum und einer locatio conductio operis. Wie bei vertraglichen Vereinbarungen bald die Leistung einer genau abgegrenzten Summe von Arbeit, bald die Leistung der zur Erreichung eines Zwecks erforderlichen Arbeit verlangt werden kann, so kann auch das Strafgesetz bald das Maß der Strafleistung des Übeltäters von vornherein genau fixieren, bald jenes Maß verlangen, welches im einzelnen Fall erforderlich ist zur Erreichung eines allgemein bezeichneten Zwecks.

Diese nur durch die Erreichung eines Zieles näher abgegrenzten, im übrigen aber unbestimmten Strafdrohungen gestalten sich in der praktischen

Handhabung insofern verschieden, als die Frage, ob der Strafzweck im einzelnen Fall bereits erreicht ist, von verschiedenen Instanzen beantwortet werden kann. Durch diese Differenz der Ausgestaltung im einzelnen wird indessen das Prinzip nicht getroffen.

Steht zunächst fest, daß nur diese beiden **grundsätzlichen Arten** der Regelung der Strafzumessung in der Gesetzgebung konstruierbar sind, dann gilt es, zwischen diesen beiden Arten zu wählen. Die Wahl muß geschehen auf Grund möglichst erschöpfender Darstellung der Vor- und Nachteile, welche sich nach der bereits vorliegenden Erfahrung, oder voraussichtlich an jede der beiden Arten der Regelung knüpfen und auf Grund einer Gegenüberstellung und Abwägung dieser Vor- und Nachteile.

Für jene, welche noch eine weitere prinzipielle Art der Regelung der Strafzumessung in der Gesetzgebung für möglich halten, ist dieses Gutachten, welches nur die zwei erwähnten Formen in den Kreis der Erwägung einbezieht, unvollständig. Hier wäre ein Punkt gegeben, an dem möglicherweise die Anschauungen schon auseinandergehen könnten. Wer nur zwei Prinzipien zur Regelung der hier erörterten Frage für denkbar hält, hat die Notwendigkeit der Regelung im Sinne des einen derselben im Wege des Eliminationsverfahrns nachgewiesen, wenn er die Unbrauchbarkeit des zweiten Prinzips dargetan hat.

Die Art der gesetzlichen Regelung der Strafzumessung vom Standpunkt des Strafzwecks gewürdigt.

Wird die Frage aufgeworfen, **ob es sich empfiehlt, in das künftige Gesetz Vorschriften über Strafzumessung aufzunehmen**, so wird eine mögliche Art der Einrichtung der Strafe zum Gegenstand der Prüfung gemacht. Es sollen Erwägungen angestellt werden über die Beschaffenheit, über die konkrete Ausgestaltung eines Mittels. Ein Mittel erhält seine Eigenschaft als Mittel erst durch die Bestimmung, welche ihm ein Mensch zur Ausführung seiner Zwecke gibt. Die Beschaffenheit eines Mittels ist daher nicht unabhängig von dem Zweck, der erreicht werden soll, und so greift der Versuch einer Lösung des aufgestellten Problems in das Innerste des Strafrechts.

Es kann nicht die Aufgabe eines Gutachtens über das Problem der Strafzumessung sein, Stellung zu nehmen zu den einzelnen Strafrechtstheorien — derartig prinzipielle, oft besprochene und doch nicht gelöste Fragen in den Kreis der Erörterung einzubeziehen; es muß genügen, beiläufig festzustellen, ob die grundsätzlichen Anschauungen über den Zweck der Strafe für die Regelung der Strafzumessung derart von ausschlaggebender Bedeutung sind, daß aus der Anerkennung einer bestimmten Strafrechtstheorie ohne weiteres die Stellungnahme des Gesetzes zur Strafzumessung sich ergibt.

Die Zwecke, die denkbarerweise und erfahrungsgemäß durch das Mittel der Strafe angestrebt werden, kann man mit Rücksicht auf das ihnen Gemeinsame in Gruppen zusammenfassen. Diese Gruppen können dann mit Bedacht auf die sie unterscheidenden Merkmale in einen Gegensatz zueinander gebracht werden. Als derartige in einer Antithese befindliche Gruppen, in welche alle wichtigsten heute noch herrschenden Strafrechtstheorien leicht eingereiht werden können, wären zu nennen die Vergeltungsstrafe und die Schutzstrafe. Diesen beiden, durch den mit der Verhängung der Strafe angestrebten Zweck gekennzeichneten Gruppen soll eine kurze aphoristische Betrachtung zuteil werden, wobei unberücksichtigt bleiben muß, ob die bezüglichen Strafrechtstheorien als richtig erkannt werden können und ob es zwischen diesen gegensätzlichen Theorien nicht Vermittlungstheorien gibt.

1. Die Frage gesetzlicher Regelung der Strafzumessung vom Standpunkt der Vergeltungstheorien.

Allgemeines (Exkurs über das Wesen der Vergeltung).

Die Strafe ist eine in den Dienst des Vergeltungsbedürfnisses gestellte Maßregel; durch Verhängung der Strafe soll dem sogenannten Vergeltungsbedürfnis entsprochen werden — wie muß sie beschaffen sein, um diesem Zweck zu entsprechen?

Kurze Betrachtung über die Entstehung dieses Bedürfnisses und den Inhalt desselben wird vorauszuschicken sein.

Die Vergeltungstheorien legen das Schwergewicht darauf, daß die Strafe aus der Racheübung entstanden ist, ja nur verfeinerte ethisierte Racheübung ist.

Von Natur sind die Menschen mit dem Trieb der Selbsterhaltung ausgestattet; man kann mit diesem Namen eine Summe einfacherer Triebe bezeichnen, die sich als attraktive Triebe an lebensfördernde, lustbetonte, — als repulsive an lebensmindernde, unlustbetonte Eindrücke knüpfen. Zufolge seiner Organisation reagiert der Mensch gegen die Erregung von Unlust oder Schmerz mit einer Abwehrhandlung, die sich gegen die Quelle der Unlust kehrt. Dieser repulsive Trieb ist, genetisch betrachtet, zunächst ein Empfindungstrieb. Erst allmählich, wenn sich die Bilder der die Unlust erregenden Objekte so sehr mit der Empfindung, welche durch die Berührung mit den Objekten ausgelöst wird, assoziiert haben, daß schon die bloße Wahrnehmung des Gegenstandes unlustbetont ist, wird der Trieb zu einem

Wahrnehmungstrieb. In weiterer Folge ist schon die bloße Vorstellung solcher Objekte unlustbetont. Der Trieb ist Vorstellungstrieb geworden.

Parallel mit der Entwicklung des Abwehrtriebes aus einem Empfindungstrieb zu einem Wahrnehmungs- und Vorstellungstrieb geht auch vor sich die sogenannte Ausbreitung des Triebes; diese Entwicklung beruht auf denselben Momenten wie jene.

Ursprünglich verbindet sich dem Menschen ein Gefühl der Unlust und mit demselben ein Trieb zur Abwehr nur mit Angriffen, die gegen ihn selbst gerichtet sind; allmählich entsteht dieses Gefühl der Unlust und mit ihm die Tendenz zur Abwehr nicht erst, wenn ein Angriff empfunden, sondern schon, wenn ein solcher Vorgang wahrgenommen oder vorgestellt wird. Es werden allmählich auch Unlustgefühle assoziiert mit der Wahrnehmung von Angriffen, die andere erleiden. Unbilden des Nebenmenschen werden mitgefühlt und gerächt.

Phylogenetische und ontogenetische Momente wirken zusammen dahin, die Assoziationen zwischen der Vorstellung schädigender Angriffe und einem Gefühl der Unlust zu besonders innigen zu gestalten. Im gleichen Sinne wirkt die Erziehung des einzelnen in Schule und Haus; nach derselben Richtung betätigen sich gegenüber der Allgemeinheit die Moral und das Recht. Der Staat trachtet durch seine Gesetzgebung, speziell durch seine Strafgesetzgebung, das Ziel zu erreichen, daß die Vorstellung der in den Normen bezeichneten Handlungen in den Bewohnern des Staates mit negativer Gefühlsbetonung, mit einem Gefühl der Unlust auftrete. Die staatliche Mißbilligung des in den Normen bezeichneten Verhaltens, die demselben in Aussicht gestellte Strafe, läßt die Vorstellung solchen Handelns in den meisten Individuen mit dem Gefühl der Unlust akzentuiert ins Bewußtsein treten. Je lebhafter diese Assoziationen zwischen gewissen Vorstellungen und dem Gefühl der Unlust in den einzelnen Individuen sind, je breiter die Kreise sind, in denen die gleichen Assoziationen herrschen, desto lebhafter und gesteigerter wird die Tendenz das in größerem Kreise vorhandene Gefühl der Unlust durch eine gegen die Quelle dieses Gefühls unternommene Abwehrhandlung zu äußern. Dieses Spannungsgefühl drängt nach einer Entladung, nach einer Befreiung. Die Lösung von diesem Druck tritt in den von solchen Assoziationen Beherrschten ein durch die Wahrnehmung der Vorstellung, daß dem Unlusterreger ein Leid zugefügt worden ist. Die Unlust, welche in breiten Kreisen bei der Wahrnehmung entsteht, daß ein gegen jemanden unternommener Angriff nicht zurückgeschlagen wurde, daß der Angreifer unbehelligt geblieben ist, ergibt sich daraus, daß ein Trieb, welcher (wie schon erwähnt) zunächst als Empfindungs-, dann aber auch als Wahrnehmungs-, endlich schon als Vorstellungs-Trieb existiert, vergeblich auf Befriedigung harrt. Die Tatsache, daß ein angeborener, in letzter Linie im Dienst der Selbst- und Arterhaltung stehender (wenn auch indirekt gewordener) Trieb nicht befriedigt wird, erzeugt Unlust; ähnlich wie die Nichtbefriedigung des Nahrungs- und Fortpflanzungstriebes mit Unlustgefühlen verbunden ist.

Auf den skizzenhaft angedeuteten Momenten beruht das Vergeltungsbedürfnis, das Bedürfnis, daß Gutes mit Gutem, Böses mit Bösem vergolten werde. Der Staat kann seine Maßregel der Strafe in den Dienst dieses Vergeltungsbedürfnisses stellen. „Die Betätigung des Vergeltungsprinzips schließt seinem Wesen nach notwendig Einwirkungen auf das Seelenleben der Bürger in sich, die dem Aufkeimen des Verbrechertriebes ungünstig, dem Rechtsinn der Bürger förderlich sind und die deshalb im weiteren Sinne ebenso wie der psychische Zwang der Strafdrohung eine Abhaltung des Volksganzen vom Verbrechen, eine Generalprävention, vermitteln."

Das Vergeltungsbedürfnis bewährt sich als Gegentendenz gegen verbrecherische Neigungen — es ist als solches ein sozial nützliches Gefühl und der Staat, der dieses Bedürfnis vertieft, für dessen Befriedigung in geregelter Weise sorgt, fördert hiermit das gemeine Wohl.

Ergibt aprioristische Betrachtung, daß die Strafe ein Mittel sein kann, welches in den Dienst gestellt wird des in der Gesellschaft vorhandenen Vergeltungsbedürfnisses, so erhebt sich für unsere Betrachtung die Frage, ob sich aus der grundsätzlichen Anerkennung des erwähnten Strafzweckes, ob sich beim Aufbau des Strafgesetzes auf diesem Prinzipe mit logischer Notwendigkeit Konsequenzen ergeben für die Regelung der Strafzumessung in diesem Gesetze. Die Frage kann auch so formuliert werden: nötigt die Anerkennung des Vergeltungsbedürfnisses im Strafgesetz den Gesetzgeber zu absolut bezw. relativ bestimmten Strafdrohungen, oder sind auch vom Boden dieses Prinzipes unbestimmte Strafdrohungen zulässig.

Die Beantwortung der Frage sei der Begründung vorweg genommen. **Daraus, daß das Strafgesetz auf das Vergeltungsbedürfnis gestützt wird, ergibt sich für den Gesetzgeber noch nicht die Nötigung, die Strafe für die einzelne Übeltat im Gesetze absolut oder auch nur relativ zu bestimmen; das Gesetz braucht nicht mehr als die allgemeine Vorschrift zu enthalten, daß die Strenge der Strafe der Schwere der Übeltat entspreche, daß die Strafe im einzelnen Fall das durch die Übeltat ausgelöste Vergeltungsbedürfnis befriedige. Die Forderung, daß die Strafzumessung im Gesetze durch absolute oder relative Strafdrohungen näher bestimmt sei, ist keine Konsequenz des Prinzipes, sie muß auch auf jenseits des Prinzipes befindliche Momente gestützt werden.**

a) **Die Forderung einer gesetzlichen Regelung der Strafzumessung ist keine Folge der Anerkennung des Vergeltungsgedankens.**

I. Aus der oben skizzierten genetischen Analyse des Vergeltungsbedürfnisses ergibt sich, daß die Intensität des Reaktionsgefühles mit der Intensität des Angriffes zunimmt.

Der Prozeß der ethischen Läuterung, den jenes Bedürfnis im Laufe der Entwicklung der Menschheit in dem Sinne durchmacht, daß für die Intensität des Gefühls zunächst der Eindruck der Tat und allmählich die die Schuld bildenden subjektiven Momente bestimmend sind, sei hier nur mit diesen Worten angedeutet. Die für die Strafbemessung ausschlaggebenden Grundlagen werden durch jenen Läuterungsprozeß beeinflußt. Die Intensität des Vergeltungsbedürfnisses nimmt zwar nach wie vor mit der Schwere der Übeltat zu, nur sind für die Beurteilung jener Schwere nicht mehr wie früher die das Geschehen kennzeichnenden objektiven Momente, der Eindruck der Tat, das allein bestimmende. Die äußeren, den objektiven Tatbestand kennzeichnenden Momente haben hierdurch ihre Bedeutung keineswegs verloren, ja es bleibt für die Bewertung des Grades der Schuld und hiermit für die Intensität des Vergeltungsbedürfnisses das Rechtsgut, gegen welches sich die Übeltat kehrt, von entscheidender Bedeutung.[1])

II. Der Gesetzgeber, welcher die Vergeltungstheorie in seinem Strafgesetze anerkennen und die Strafe im Sinne derselben bemessen will, muß einen psychischen Prozeß durchmachen, der analog ist demjenigen, der sich in den durch eine strafbare Handlung unmittelbar Betroffenen, oder in Jenen, welche Zeugen des Vorfalles sind, abspielt. Aus dem Vergeltungsbedürfnis der Einzelnen bildet sich eine Art Resultierende. Der Gesetzgeber darf, wenn er die Strafen für die einzelnen Übeltaten im Gesetze feststellen soll, dieses Empfinden der Allgemeinheit nicht ignorieren.

Der Gesetzgeber kann natürlich keine Vorschriften für einzelne Fälle, sondern nur für Kategorien, für zu einer Einheit zusammengefaßte Gruppen erlassen. Eine völlige Individualisierung ist im Gesetze ausgeschlossen. Jede Bildung von Verbrechensbegriffen, die im Gesetze als rechtserzeugende Tatsachen erscheinen, schließt in sich Abstraktionen. Begriffsbildung ist Abstraktion, ist Zusammenfassung des Gemeinsamen bei gleichzeitiger Ignorierung der vorhandenen Verschiedenheiten. Bei Bildung der einzelnen verbrecherischen Tatbestände als Voraussetzungen der Entstehung staatlichen Strafrechts muß der Gesetzgeber von einer Reihe von Momenten abstrahieren,

---

[1]) Vgl. Calker, ethische Worte im Strafrecht S. 18 u. desselben Gutachten f. d. 26. dtschn. Juristentag, 2. Bd. S. 244.

welche die konkrete Tat kennzeichnen, absehen von zahlreichen objektiven und subjektiven Momenten der Tat.

Wird das Vergeltungsbedürfnis durch alle die Tat charakterisierenden Momente bestimmt, so ergibt sich, daß ein Gesetz, welches für eine ganze Gruppe individuell verschiedener Straftaten nur eine Strafe zuließe, also den Richter nötigen würde, in allen Fällen diese eine Rechtsfolge im Urteil festzusetzen, dem Vergeltungsbedürfnisse nicht Rechnung tragen würde.

A priori ergibt sich somit, daß für beide grundsätzliche Arten der Regelung der Strafzumessung in einem Gesetze, welches auf dem Vergeltungsgedanken aufgebaut ist, Raum ist.

Es widerspricht dem Wesen des Vergeltungsgedankens weder, wenn im Gesetze gegen die einzelnen Verbrechen bestimmte Strafgrößen ausgeworfen werden — noch, wenn das Gesetz unbestimmte Strafdrohungen enthält und es dem Richter überläßt, die Strafe für den einzelnen Fall nach Maßgabe des im Gesetze zum Ausdruck gebrachten Prinzipes zu finden, daß das Vergeltungsbedürfnis in geradem Verhältnis zur Schwere der Übeltat stehen soll.

Bei Regelung der Strafzumessung im Sinne des ersten der beiden Prinzipien scheinen nur absolut bestimmte Strafdrohungen ausgeschlossen zu sein. Dieselben nötigen aus den oben ausgeführten Gründen den Richter zur Ignorierung der Besonderheiten des einzelnen Falles. Die Strafe der einzelnen Verbrechen würde in den meisten Fällen in ihrer Intensität über das Reaktionsbedürfnis hinausgehen oder hinter demselben zurückbleiben. Erstere Strafen würden von der Allgemeinheit als Grausamkeit, Willkür empfunden; sie würden, statt das moralische und sozial nützliche Vergeltungsbedürfnis zu erhalten und zu stärken, dieses erschüttern, Roheit und Schadenfreude zeitigen, in der Allgemeinheit Vorstellungs- und Gefühlsassoziationen anbahnen, die den Keim zu verbrecherischem Tun enthielten.

Minder gefährlich, doch auch unzweckmäßig wäre das Beschreiten des zweiten Weges. Bliebe das vom Gesetze für alle Fälle festgesetzte Strafmaß in zahlreichen Fällen hinter dem vom Vergeltungsbedürfnis verlangten zurück, dann würde durch die Gesetzesanwendung das Bedürfnis nicht beruhigt; die Assoziationen, auf denen es beruht, würden allmählich gelockert; eine Reihe von Übeltaten würden als quantité negligeable angesehen, die Tendenz, sie zu meiden, würde in der Allgemeinheit abnehmen. Es würden sich an diese ungenügende Reaktion gegenüber Übeltaten analoge Wirkungen knüpfen, wie an ein Erziehungssystem, welches eine Reihe von Fehlern des Zöglings ungerügt ließe, durch Ingnorierung derselben in ihm allmählich die Meinung großzöge: tolerari posse.

Sollte aber das Vergeltungsbedürfnis in seiner ursprünglichen Intensität die Zeit ungenügender Reaktion überdauern, dann ergäbe sich aus der

Differenz zwischen der durch Gesetz gebotenen Einschätzung gewisser Momente und ihrer tatsächlichen Bedeutung eine Unzufriedenheit mit dem Gesetze, die, wenn sie auch nicht zur Selbsthilfe führen müßte, doch sicher das Vertrauen in die Gesetze des Staates erschüttern und hiermit wieder Assoziationen in breiten Kreisen lockern würde, deren Existenz Voraussetzung ist sozialen Verhaltens.

III. Das Ergebnis der bisherigen Erwägung läßt sich folgendermaßen zusammenfassen:

In einem auf der Vergeltungstheorie aufgebauten Strafgesetze kann die Regelung der Strafzumessung für den einzelnen Verbrechensfall in zweifacher Art erfolgen:

1. Das Gesetz bestimmt die Strafe des einzelnen Falles in relativer Weise durch Angabe eines Höchst- und Mindestmaßes; es verlangt vom Richter, daß er die innerhalb dieses Maßes gelegene, der konkreten Verbrechensbegehung entsprechende Strafgröße finde. Bei Vornahme dieser Operation hat der Richter alle im Strafgesetze enthaltenen Bestimmungen, aus denen die Anschauung des Gesetzgebers über die Bedeutung der das Vergeltungsbedürfnis steigernden und mindernden Momente erkennbar ist, genau zu berücksichtigen; er hat jenes Strafübel zu finden, welches nach der Wille gewordenen Anschauung des Gesetzes der konkreten Tat entspricht.

Bei Bemessung der Strafe wird der Richter nicht nur eine logische Operation zu verrichten haben, sondern den psychischen Prozeß nachempfinden müssen, welchen der Gesetzgeber bei Wertung des Reaktionsbedürfnisses, bei Gegenüberstellung des Übels der Verbrechen und der Strafen durchmachte.

2. Das Gesetz stellt nur das Prinzip auf, daß die Strafe dem durch die Schwere des Verbrechens bestimmten Vergeltungsbedürfnisse entsprechen müsse und überläßt es völlig dem Richter, in gewissenhafter Prüfung die Strafe des Einzelfalles zu finden.

Da eine derartige Regelung der Strafzumessung es ermöglicht, der individuellen Gestaltung des einzelnen Verbrechens in weitestem Umfange Rechnung zu tragen, so scheint sie die Härten zu beseitigen, die mit einer Generalisierung im Gesetze notwendig verbunden sind und aus diesem Grunde vor dem früher erwähnten Modus den Vorzug verdienen. Hierzu käme noch, daß man zugunsten des zweiten Modus vielleicht noch anführen könnte, daß die erstgedachte Art dem Richter eine Aufgabe zumute, die dem Versuche der Lösung einer Gleichung mit lauter Unbekannten an die Seite zu stellen wäre.

Sind nur diese beiden Arten der näheren Regelung der Strafzumessung in einem auf dem Vergeltungsgedanken beruhenden Strafgesetze denkbar, dann gilt es wieder, die Vor- und Nachteile beider Methoden zu prüfen und danach die Entscheidung für eine derselben treffen.

b) **Aus welchen Gründen empfiehlt es sich, in ein auf dem Vergeltungsgedanken beruhenden Strafgesetz Vorschriften aufzunehmen, durch welche der Richter bei Bemessung der Strafe im einzelnen Falle gebunden wird; ist etwa völlige Freiheit des Richters zulässig und vorzuziehen?**

I. Auszugehen ist von dem axiomatischen und daher keines weiteren Beweises bedürftigen Satze, daß eine Gesetzgebung umso vollkommener ist, je mehr sie die Erreichung des Zieles, daß Gleiches gleich und Ungleiches ungleich behandelt werde, anstrebt und sichert.

Hängt es mit dem Wesen der gesetzgeberischen Regelung zusammen, daß die Lebensverhältnisse nach gewissen, ihnen gemeinsamen Merkmalen, bei Ignorierung des sie Trennenden in Gruppen zusammengefaßt werden, dann muß dafür gesorgt werden, daß sich die Gruppenbildung nicht auf zu Disperates beziehe, daß bei Berücksichtigung des Einenden das Trennende nicht zu sehr in den Hintergrund trete. Eine Technik der Gesetzgebung, welche durch die allgemeinen Vorschriften nicht zur Ignorierung von Besonderheiten führen würde, ist noch nicht gefunden.

Der Strafgesetzgeber kann die einzelnen Verbrechensarten nicht mit Rücksicht auf besondere Merkmale in zahllose kleine Unterarten teilen, und würde er dies selbst versuchen, so würde eine noch so große Anzahl gesetzgeberischer Kategorien die kaleidoskopartig wechselnden Fälle des Lebens zu erschöpfen nicht vermögen. Kann der Gesetzgeber mit seinen generellen Anordnungen das dem einzelnen Fall Gemäße nie völlig genau finden, so drängt sich leicht der Vorschlag auf, die Generalisierung aufzugeben und der Anwendung des Rechtssatzes auf den einzelnen Fall, dem Richterspruch, zu überlassen, was dem Gesetzgeber nicht ganz gelingen kann.

Die Forderung wird in neuerer Zeit vielfach erhoben. Sie ist zum Teile das Ergebnis der Unfähigkeit der großen parlamentarischen Körper zu gesetzgeberischer Arbeit. Einzelne oder parlamentarische Gruppen setzen vielfach ihre ganze Kraft daran, durchzusetzen, daß gewisse, ihnen lieb gewordene Ideen in einer einem Gesetze eingefügten Bestimmung Ausdruck finden, ohne Rücksicht, wie sich dieses Einzelne zum Ganzen fügt und nicht selten mit dem ausdrücklichen Zugeständnis, daß es Sache der Gerichte sei, sich in dem Wirrwarr einander vielfach innerlich widersprechender Bestimmungen zurecht zu finden. Zur Unfähigkeit zu großen kodifikatorischen Leistungen gesellt sich vielfach die Scheu vor Verantwortung. Dem Richter wird die Aufgabe, welche der Gesetzgeber zu lösen impotent ist, auf die Schultern gewälzt, um dann, wenn die an das neue Gesetz geknüpften Erwartungen ausbleiben, auf die Rechtsprechung als den Sündenbock hinweisen zu können.

Allein mag auch die heutige Tendenz der Gesetzgebung gar manche Aufgabe, die sie zu verrichten hätte, auf den Richter zu überwälzen, eine ungesunde sein, eine Arbeitsteilung ist zwischen diesen beiden Faktoren behufs Herstellung geordneter Lebensverhältnisse nötig und so könnte die Frage aufgeworfen werden, ob der Gerechtigkeit nicht in höherem Maße gedient würde, wenn die Straffestsetzung Sache gewissenhafter richterlicher Prüfung im einzelnen Falle wäre.

II. Die Beantwortung dieser Frage hängt mit einer anderen, viel allgemeineren, aufs engste zusammen. Die Gründe, welche dafür sprechen, daß der Strafrichter bei Bemessung der Strafe durch gewisse, allgemein gehaltene Vorschriften des Gesetzes gebunden werde, spielen nicht nur auf dem Gebiete des Strafgesetzes eine Rolle, sie treten uns in gleicher Bedeutung auf dem Gebiete des Privatrechtes, des Prozeßrechtes usw. gegenüber.

Zwischen dem berechtigten Wunsche, dem Richter in dem Gesetz keine zu engen Grenzen zu ziehen, um ihm die Berücksichtigung der Individualität des Falles zu ermöglichen und der Notwendigkeit, im Gesetz eine allgemeine, typische Regelung zu treffen, muß auf allen diesen Gebieten eine mittlere Linie gefunden werden.

Es dürfte allerdings nicht bezweifelt werden, daß das, was der urteilende Richter der Rechtsordung leistet, nicht bloß ein Urteil im gewöhnlichen logischen Sinne des Wortes, sondern ein Stück der Betätigung rechtsschöpferischer Kraft ist. Hierbei ist aber der Richter vom Gesetz abhängig, das Gesetz, nicht er, trifft die Wahl der Rechtsfolge. Aber selbst die vollkommenste Gesetzgebung vermag nicht alle möglichen Einzelerscheinungen, die des Lebens Mannigfaltigkeit zutage fördert im voraus zu überblicken und darauf die regelnden Vorschriften zu erlassen. Der Macht des Gesetzgebers sind hier natürliche Schranken gezogen. Innerhalb der Grenze des Möglichen kann aber der richterlichen Freiheit bald ein möglichst enger, bald ein weiterer Raum zugestanden werden.

Die oben aufgeworfene Frage, ob es sich empfiehlt, daß der Gesetzgeber dem Richter für die Bemessung der Strafe tunlichst ins einzelne gehende, die Freiheit einengende Vorschriften erlasse, ist somit keine Frage des Strafrechts, sondern eine Frage der Gesetzgebungspolitik.

Zwei Wege scheinen, wenn diese Frage der Gesetzgebungspolitik zu beantworten ist, gangbar. Es können die Erscheinungen drr Geschichte zu Rate gezogen werden, oder es kann der heutige Zustand geprüft, die Vor-

und Nachteile, welche sich vom Standpunkt desselben erfahrungsgemäß oder denkbarer Weise ergeben gegen einander, abgewogen werden.

Die große Lehrmeisterin Geschichte zeigt uns ein sehr verschiedenes Maß der Abhängigkeit der Gerichte vom Gesetz bei Ausübung der Kriminaljurisdiktion schon im römischen Recht, dann in der Doktrin der italienischen Juristen, weiter im deutschen Recht, und es wäre nicht schwer, aus geschichtlichen Quellen den Nachweis zu erbringen, zu wie lebhaft empfundenen Übelständen und massenhaften Mißbräuchen die zügellose Willkür und Ungebundenheit der Gerichte vor Erlaß des CCC. und dann wieder im 16. und 17. Jahrhundert geführt haben.

Trotzdem scheint es nicht zweckmäßig, auf die Geschichte und ihre Erfahrungen hinzuweisen, sondern empfehlend den zweiten oben als möglich bezeichneten Weg zu betreten, weil gegenüber der geschichtlichen Feststellung, daß die Ungebundenheit der Gerichte zu vielfachen Mißbräuchen geführt habe, immer der schwer zu widerlegende Einwand möglich wäre, daß die zugegebenermaßen bestandenen Schäden die Folgen eines großen Komplexes von Umständen waren und nicht auf den einen erwähnten Faktor allein zurückgeführt werden können.

III. Unleugbar ist, daß die typische Regelung der Lebensverhältnisse in dem Gesetz und durch dasselbe ein Hindernis bildet, bei Anwendung des Rechts die individuelle Gestaltung der einzelne Fälle ganz zu berücksichtigen. Die generelle Regelung ist eine Fessel, und es scheint zunächst eine dem Ideal näherliegende Normierung der Lebensverhältnisse möglich, wenn diese Fessel abgestreift, bei Wahl des Zweckmäßigen individualisiert und konkretiviert, nicht generalisiert wird. Dieser Tendenz, die sich vielfach in heutigen Gesetzen bemerkbar macht, in weitgehendem Maße zu entsprechen, verbieten nicht unwichtige Bedenken, deren Skizzierung versucht werden soll.

1. In erster Linie bedeutet eine relativ weitgehende Ungebundenheit des Richters bei der Rechtsanwendung im Strafrecht eine Gefahr für die individuelle Freiheit.

Die Montesquieusche Lehre von der Notwendigkeit der Teilung der Gewalten ist nicht die Folge einer syllogistischen Deduktion, sondern die Frucht der Erfahrung. Sie ist das Ergebnis einer Erkenntnis, an der in langer Zeit die große Masse der Menschen mitgearbeitet hat. In der Unbegrenztheit der staatlichen Strafgewalt sehen bis zum heutigen Tage Theoretiker aller wissenschaftlichen Richtungen eine Gefahr für das Individuum.[2]) Das Strafgesetz setzt sich nicht nur die Aufgabe, die Willkür

[2]) Vgl. z. B. v. Liszts Ausspruch: „Das Strafrecht ist die magna charta des Verbrechens und soll es bleiben."

Seuffert, Was will, was soll, was wirkt das staatliche Strafrecht S. 8: „In

des einzelnen einzuschränken, sondern auch die Aufgabe, die Freiheit zu gewährleisten. Neben den Satz nullum crimen sine lege tritt der Satz nulla poena sine lege als Schranke gegen richterliche Willkür. „Das große Gut der besseren Rechtssicherheit der einzelnen gegen irrige, zuweilen

---

der Unbegrenztheit der staatlichen Strafgewalt läge eine Gefahr für die Individuen." — Ders., Ein neues Strafgesetzbuch für Deutschland S. 12: „Dem Kranken, dem Leidenden steht der Arzt nie als Gegner gegenüber, er steht als Helfer bei ihm. Die Rücksicht auf das Gemeinwohl nötigt den Arzt zu einzelnen Maßregeln, die dem Patienten fatal sind, — Verbringung in ein Choleraspital, in eine Beobachtungsstation —; die Grundtendenz der ärzlichen Tätigkeit ist Fürsorge für den Patienten. Als Teil des vom Verbrecher bedrohten Publikums steht aber der Staatsanwalt, der Richter, der Vollstreckungsbeamte gegen den Verbrecher. Die Stellung kann sich unbewußt verschärfen, wenn das vorgeworfene Verbrechen eine Beziehung hat zu den Tageskämpfen um die politische oder kirchliche Macht, zu den Kämpfen um die Verteilung der wirtschaftlichen Güter. Ohne sich dessen bewußt zu sein, können Ankläger und Richter gegen den Angeklagten voreingenommen sein, so daß ihre Amtstätigkeit leidet, wenn das ruhig abwägende Gesetz nicht ein Ziel setzt. Umgekehrt, wenn auch seltener, besteht die Möglichkeit, daß die in dem Verbrechen zur Erscheinung gelangten Bestrebungen des Angeklagten die Sympathie von Ankläger und Richter haben. Um die Unzuträglichkeiten und Schädlichkeiten zu vermeiden, ist eine Festlegung der strafbaren Tatbestände in den Gesetzen (ohne Gesetz keine Strafe), sowie die Bestimmung einer oberen Strafgrenze selbst auf die Gefahr hin nötig, daß dadurch die im einzelnen Fall angezeigte Strafbehandlung unerreichbar wird."

v. Bar, Gesetz und Schuld S. 9: „Das Strafgesetz setzt sich nicht nur zur Aufgabe, die Willkür des einzelnen einzuschränken, sondern auch die Aufgabe, die Freiheit zu gewährleisten usw."

Auch die Stimmen jener, können hierher gezählt werden, welche unbestimmte Strafurteile mit Rücksicht auf die hiermit für die persönliche Freiheit verbundene Gefahr bekämpfen. So u. a.:

Foinitzky auf der 4. Allg. Versammlung der IKV. (Paris 1893): „Das System des bestimmten Urteils ist ein unentbehrlicher Schutz für die individuelle Freiheit, und diese müssen wir als eine der wertvollsten Errungenschaften moderner Zivilisation hochhalten." (Mitt. der IKV. IV [1894]) S. 328.

Sehr entschieden äußert sich für die bestimmten Strafurteile der Rat am Kassationsgerichtshofe in Paris, Petit, auf der 4. Allg. Vers. der IKV. (Mitt. 4. [1894] S. 331) und Senator Bérenger, der (ebd S. 334) „die Bestimmtheit der Strafen als eine der großen Errungenschaften der Revolution bezeichnet, die wir nicht durch gefährliche Reformen in Frage stellen sollen." — Gegen die unbestimmten Strafurteile auch Prins in seinem Gutachten zur 3. Frage für die 5. Hauptv. der IKV. in Antwerpen, Mitt. d. IKV. V (1896) S. 76. In seinem in der Versammlung erstatteten Referat (Mitt. d. IKV. V (1896) S. 214 weist Prins auf die Gefahren hin, welche in diesem System liegen. „Die Gefahren liegen auf dem Gebiete des öffentlichen Rechts. Es ist von jeher als einer der wichtigsten Errungenschaften der Neuzeit, als eine für die individuelle Freiheit unerläßliche Kautel erschienen, daß die Richter gehalten sind, bestimmte und fest begrenzte Strafen zu verhängen.

parteiische Rechtsprechung ist mit dem Verzicht auf die Bestrafung einer selbst erheblichen Anzahl schlechter Taten nicht zu teuer bezahlt."

Es kann ohne weiteres zugegeben werden, daß bei größerer Bewegungsfreiheit der Gerichte die Urteile, welche in den einzelnen Fällen ergehen, der Individualität derselben in höherem Maße gerecht werden können, aber die Gefahren solcher Freiheit dürfen nicht übersehen werden. Bleibt dem Ermessen derer, welche das Recht anwenden, ein weiter Spielraum, dann ist die Möglichkeit gegeben, daß innerhalb desselben infolge stark differierender individueller Auffassungen vielfach Wesensgleiches ganz ungleich gesehen wird. Die Möglichkeit der individuellen Behandlung der einzelnen Fälle führt dann leicht nicht zum erwünschten Ziele, weil das gleiche verschieden gewertet wird. Speziell dort, wo verschiedene nationale, politische, konfessionelle, soziale Gegensätze in einem Staatsgebilde vorkommen, die Wogen der Leidenschaft des Parteikampfes ab und zu höher gehen und auch die Stellen, wo Recht gesprochen wird, zu erreichen drohen, wird eine gerechte Rechtspflege in höherem Maße garantiert durch ein Gesetz, welches der individuellen Auffassung Schranken zieht.

Freiheit und Gleichheit werden in ungleich höherem Maße garantiert, wenn ein leidenschaftsloses Gesetz die Rechtsfolgen an gewisse typisch bezeichnete Voraussetzungen knüpft, als wenn die Würdigung der einzelnen Tatbestände selbst dem gewissenhaftesten Ermessen der in ihrer Individualität so sehr verschiedenen Richter anvertraut wird. Der einzelne mag da und dort durch die in gesetzlichen Schranken gebannte Rechtsordnung einen Nachteil erleiden, die Vorteile, die der Allgemeinheit zufallen, überwiegen aber zweifellos[3]).

Verzichten wir auf diese Garantie, so öffnen wir der Willkür der Verwaltungsbehörden Tür und Tor, mit einem Wort, wir überliefern die Bürger der Diskretion der Gefängnisbeamten."

Zu den Gegnern unbestimmter Verurteilung zählt wohl auch Felisch, Mitt. d. IKV. V (1896) S. 219.

Vgl. z. B. auch die zutreffenden Bemerkungen in Heusler, Grundlagen des Beweisrechts S. 235.

[3]) In „Der Kampf um die Rechtswissenschaft" nimmt Klein gegen die bedenkliche Freirechtsbewegung Stellung, die noch unendlich bedenklicher als auf dem Gebiet des Zivilrechts auf dem des Strafrechts lasten würde. Originelle Urteile sind nirgends so gefährlich, als wenn es sich einerseits um Freiheit und Ehre des Angeklagten, anderseits um den Schutz der Gesellschaft und ihrer Glieder in den wichtigsten Rechtsgütern handelt. Es geht unmöglich an, diese Interessen und Güter wehrlos den subjektiven Eingebungen und Rechtsgefühlen aller dieser vielen Personen zu überantworten, die an der Rechtssprechung in Strafsachen beteiligt sind. Der römische Prätor, die wenigen höchsten englischen Richter, das mag zur Not angehen; aber für den mit tausenden Personen besetzten Rechtssprechungsapparat des modernen kontinentalen Staates ist es unmöglich.

Vgl. auch Seuffert, Ein neues Strafgesetzbuch für Deutschland S. 12.

IV. Was von dem Satze nullum crimen sine lege gilt, kann insofern noch mit mehr Berechtigung an dem Satze nulla poena sine lege gesagt werden, weil vom Standpunkte eines auf dem Vergeltungsgedanken basierenden Strafgesetzes die Tatsache, daß eine Übeltat gestraft werde, wichtiger ist als jene, daß gerade eine Strafe bestimmten Maßes verhängt werde. Der Vergeltungsgedanke verlangt allerdings, daß die Schwere der Strafe jener des Verbrechens entspreche, man kann aber nicht sagen, daß das Verlangen nach einer Proportionalität zwischen beiden Größen schon durch relativ geringe Zunahme der Intensität der Verbrechen bestimmt werde.

Eine Generalisierung und mit ihr eine Vernachlässigung individueller Momente ist bei Regelung der Rechtsfolge in einem Strafgesetze, welches dem Vergeltungsgedanken entspricht, möglich, weil die Höhe der Strafe sich nach Maß der Intensität des Vergeltungsbedürfnisses bestimmt und dieses nicht schon durch jedes, die Schwere des Verbrechens beeinflussendes Moment zunimmt.

Auch die Allgemeinheit hat wie der einzelne eine Reizschwelle. Wird ein objektiver Reiz in irgend einer ihn kennzeichnenden Hinsicht, in seiner Dauer, seiner Ausbreitung oder Intensität, gesteigert, so entspricht dem erhöhten Reiz nicht ohne weiteres eine gesteigerte Empfindung. Die Zunahme der Intensität des Reizes muß eine bestimmte Größe erreichen, wenn sie als Empfindungsdifferenz noch eben merklich sein soll.

Wenn aber die Intensität der Empfindung sich nicht mit der einfachen Intensität des Reizes, sondern sozusagen nur sprunghaft, ruckweise steigert, dann ist es erklärlich, weshalb das Reaktionsbedürfnis, welches in seinem Bestande und seiner Intensität von der Intensität der Empfindung abhängt, nicht bei jeder Steigerung des objektiven Reizes ohne weiteres zunimmt. In noch höherem Maße gilt dies aber von dem Reaktionsbedürfnis, insoweit es nicht durch eine Empfindung, sondern durch Vorstellungen hervorgerufen wird. Der Reaktionstrieb ist, solange er ein Empfindungstrieb ist, von der Intensität des Reizes in größerem Maße abhängig, als wenn er sich als Wahrnehmungs- oder Vorstellungstrieb einstellt. Der an Vorstellungen geknüpfte Reaktionstrieb ist, weil mit der Vorstellung das Unlustgefühl, das sich an gewisse Angriffe knüpft, nur in abgeschwächter Weise mitklingt, hinsichtlich seiner Intensität von den früher angegebenen Momenten sehr stark abhängig. Nimmt schon die Intensität eines Empfindungstriebes nicht proportional der Intensität des objektiven Reizes zu, sondern wird er erst durch relativ bedeutende Steigerung des Reizes ruckweise auch erhöht, so ist erklärlich, daß diese Differenzen zwischen der Steigerung des objektiven Reizes und der Intensität des Reaktionstriebes um vieles größer werden muß, wenn der Reaktionstrieb nur durch unlustbetonte Vorstellungen ausgelöst wird.

Auf diese psychologischen Momente ist die allgemein bekannte, durch tägliche Beobachtungen neu bestätigte Tatsache zurückzuführen, daß einzelne Vorgänge, die isoliert aufgetreten, ein lebhaftes Reaktionsbedürfnis hervorgerufen hätten, bedeutungslos sind, wenn sie Teile werden eines größeren Komplexes von Erscheinungen. Eine Sachbeschädigung, die als solche strafwürdig erschienen wäre, verliert nahezu jede Bedeutung, wenn sie als Teil eines schweren Diebstahls, noch mehr als Tatbestandselement eines Totschlages oder Mordes in Betracht kommt. Ein Staatsanwalt, der in einer Anklage wegen Notzucht noch dem Umstand, daß der Verletzten die Kleider zerrissen worden sind, mehr als symptomatische Bedeutung beilegen würde, bei einem Morde die Tatsache, daß durch den Schuß auch eine Spiegelscheibe zertrümmert wurde, besonders betonen wollte, könnte leicht bei den Zuhörern ein Lächeln hervorrufen. Diese Momente verschwinden nahezu neben den anderen Tatbestandselementen. Der Gesetzgeber trägt diesem Umstand Rechnung in der Konstruktion der einzelnen verbrecherischen Tatbestände, weiter durch Anerkennung des Absorptionsprinzips bei Bestrafung konkurrierender Verbrechen usw.

Daraus folgt, daß eine verallgemeinernde Regelung der Rechtsfolgen für einzelne Gruppen verbrecherischer Tatbestände gegen das Vergeltungsprinzip nicht verstößt.

Auf analogen psychischen Momenten, wie die eben hervorgehobene Tatsache, beruht aber ein zweites, für die Strafbemessung bedeutsames Moment (das später noch ausführlicher berücksichtigt und verwertet werden soll). Die Steigerung der Intensität des Strafübels durch kleine Größen ist nur so lange als Intensitätssteigerung bemerkbar, als die Intensität des Strafübels noch absolut klein ist. Erreicht das Übel der Strafe eine bestimmte, größere Intensität, dann bewirkt eine relativ kleine Intensitätszunahme keine Steigerung, die noch merkbar wäre. Je bedeutender die absolute Intensität eines Strafübels wird, um desto größer muß die relative Zunahme der Intensität desselben werden, wenn diese Zunahme als solche noch soll bemerkt werden können.

Dieser Satz ist das Ergebnis der Anwendung der gleichen Grundsätze auf das Übel der Strafe und dessen Steigerung, die früher auf das Übel des Verbrechens und die Zunahme der Intensität dieses Übels zur Anwendung kamen.

Ergebnis.

I. Steht fest, daß für die Zumessung der Strafe im Sinne des durch das Verbrechen ausgelösten Reaktionsbedürfnisses die individuellen Momente, welche das einzelne verbrecherische Tun kennzeichnen, keine so große Bedeutung haben, daß jedes berücksichtigt werden müßte, dann wird klar, daß der Gesetzgeber die Voraussetzungen für die Entstehung des staatlichen Strafrechts und für das Maß desselben durch Prägung typischer Verbrechenstatbestände feststellen kann. Es empfiehlt sich dann, daß der Gesetzgeber die Strafe wider die einzelnen Verbrechen in relativ bestimmten Straffatzungen feststelle.

Die Relativität der Strafdrohung ist in erster Linie dazu bestimmt, es möglich zu machen, daß der Richter bei Bemessung der Strafe im einzelnen Falle dieselbe auch den individuellen Momenten der Tat anpasse, sie dient aber auch dem Zweck einer entsprechenden Berücksichtigung des im Laufe der Zeit schwankenden Vergeltungsbedürfnisses, das sich aber auch an verschiedenen Orten zu derselben Zeit in verschiedenem Maße geltend macht.

II. Das Vergeltungsbedürfnis ist das Ergebnis einer Verletzung, eines Angriffs, den M e n s c h e n erleiden. In der bisherigen Betrachtung wurde das Vergeltungsbedürfnis nur zu dem einen Moment, zur Verletzung, in Beziehung gebracht, während der andere Faktor als ein konstanter in Rechnung gezogen worden ist.

Allein auch der zweite Faktor ist nicht überall gleichmäßig und nicht unveränderlich; er ist verschieden an verschiedenen Orten und unterliegt Schwankungen im Laufe der Zeit.

Die generelle Vorschrift des Gesetzes abstrahiert nicht bloß von den individuellen Momenten der Tat, sondern auch von der relativen Verschiedenheit der Individuen, für die das Gesetz gilt. Die Gesetzgebung vermag auch nicht gleichen Schritt zu halten mit dem Wechsel, dem die Individuen mit Bezug auf ihre Empfindlichkeit gegen wider sie unternommene Angriffe unterworfen sind.

Gesetze, welche ihre Herrschaft über größere Gebiete und hiermit über Individuen von unter Umständen sehr verschiedener Empfindlichkeit gegen die gleichen Handlungen erstrecken, müssen diesen Differenzen Rechnung tragen. Dies geschieht ganz zweckmäßig durch das Schaffen eines Blanketts, welches sachgemäß durch den Spruch der einzelnen Gerichte ausgefüllt wird. In größeren Ländern selbst mit national geeinter Bevölkerung sind unter den Einwohnern hinsichtlich der das Reaktionsbedürfnis bestimmenden Eigenschaften relativ große Verschiedenheiten zu konstatieren.

In Industriebezirken mit regem Handel entwickeln sich leicht gewisse Auswüchse, Schäden, beim Abschluß der einzelnen Geschäfte. Die Bevölkerung lernt allmählich, vorsichtiger zu sein, sich gegen geplante Übervorteilungen zu schützen und es werden kleine Betrügereien leichter getragen, ruhiger entgegengenommen als am flachen Lande, wo der Abschluß größerer Geschäfte nicht etwas alltägliches, sondern eine noch markante Episode im Leben des Einzelnen ist.

Anderseits wird wieder dort, wo reger Verkehr die Menschen dichter aneinander gerückt und deren Verhalten im Laufe der Zeit verfeinert und abgeschliffen hat, eine Freiheits- und Körperverletzung, eine Ehrenkränkung und Verletzung der Geschlechtssittlichkeit intensiver empfunden als Angriffe gegen das Vermögen.

Häuft sich in einzelnen Gegenden die Begehung von Handlungen, die als verletzende empfunden werden, dann kann die Empfindlichkeit der dort wohnenden Menschen und hiermit das Reaktionsbedürfnis gegen solche Taten sich steigern.

Wie beim einzelnen, so wird auch bei einer größeren Gruppe, die ja aus einzelnen besteht und deren Gruppeneigentümlichkeiten durch die Eigenschaften der einzelnen bestimmt werden, durch Wiederholung von Reizen eine vielleicht nur ganz vorübergehende Herabsetzung der Reizschwelle und mit ihr eine erhöhte Empfindlichkeit herbeigeführt. So kann an einzelnen Orten, in kleineren oder größeren Territorien, für kurze oder längere Zeit ein gesteigertes Reaktionsbedürfnis gegen verschiedene strafbare Handlungen bestehen.

III. Diesem nach Zeit und Raum wechselnden Bedürfnis kann der einzelne Richterspruch durch Festsetzung der Strafe innerhalb des im Gesetz relativ festgestellten Strafrahmens Rechnung tragen. Die Aufgabe, die hiermit den Gerichten auferlegt wird, kann nicht deshalb als eine unlösbare bezeichnet werden, weil ganz genaue Vorschriften für deren Lösung im einzelnen Fall sich nicht geben lassen, welche die Lösung im einzelnen Fall analog wie bei mathematischen Operationen finden ließen.

Es gibt eine Reihe praktischer Betätigungen, die erlernt werden können, wiewohl sich die Art und Weise ihrer entsprechenden Vornahme nicht in Anwendungsregeln kleiden läßt. Die Ästhetik kann keine Detailvorschriften geben, durch die der Maßstab für die Beurteilung eines Kunstwerks geliefert würde; aus der wiederholten und eingehenden Betrachtung des Schönen muß sich die Fähigkeit ausbilden, das Schöne als solches zu erkennen, es von dem Unschönen zu unterscheiden, die Einzelheiten, welche dem Schönen abträglich sind, herauszufinden. Ähnlich ist es mit der Fähigkeit, Moralisches von Unmoralischem, durch die Sitte Gebotenes von dem, was der Sitte zuwider ist, zu unterscheiden. Auch der Arzt erhält die Merkmale, aus denen er den Gesamteindruck eines Leidenden, eines Kranken sich bildet, nicht in genauer Beschreibung in den Lehrbüchern geliefert, — sein im einzelnen Fall richtiges Urteil ist das Ergebnis einer Reihe von Impressionen aus Einzelerfahrungen. Für richtiges Handeln liefert nicht nur verstandesmäßige Erkenntnis, sondern oft das Fühlen die sicherste Grundlage.

IV. Die Gesetzgebung kann und soll durch Bildung der einzelnen verbrecherischen Tatbestände, durch Festsetzung der Strafen für dieselben, durch Hervorhebung der Qualifizierungs- und Privilegierungsmomente die Tatsachen, welche für die Strafbemessung bestimmend sind, namhaft machen.

Das sorgfältige Abwägen der Bedeutung dieser Momente im einzelnen Fall kann nicht Sache des Gesetzes, sondern nur Sache der richterlichen Kunst sein. Die Aufgabe, welche der Richter hiermit zu erfüllen hat, ist allerdings eine schwere, aber keine unlösbare. Wer sie für unlösbar hält, der beachtet nicht, daß der Richter bei Ausmessung der Strafe innerhalb eines Strafrahmens keine anderen Gesichtspunkte zur Anwendung bringt als die, welche den Gesetzgeber bei Aufstellung des Strafrahmens, bei Abgrenzung der einzelnen verbrecherischen Tatbestände gegeneinander, bei Einreihung dieser Tatbestände in die dem Gesetz bekannten Kategorien strafbarer Handlungen geleitet haben.

Der Richter findet im Gesetz eine Reihe von Vorschriften, welche die Strafzumessung regeln. Für die Feststellung der Strafe im einzelnen Fall innerhalb der Grenzen, welche die Vorschriften des Gesetzes der Bewegungsfreiheit des Richters gelassen haben, wird das Empfinden derer, in deren Mitte der Richter seinen hohen Beruf ausübt, bestimmend sein. Durch die Öffentlichkeit des gerichtlichen Verfahrens dringt die Kunde der Richtersprüche in die Allgemeinheit. Durch die Resonanz, welche die Urteile dort finden, wird an denselben eine Kritik geübt, die nicht unbeachtet bleiben darf.

V. Für die Strafzumessung auf Grund eines Gesetzes, welches dem Vergeltungsgedanken Ausdruck gibt, wird immer grundlegend sein müssen die Tat nach allen ihren objektiven und subjektiven Momenten. Für das Strafmaß bestimmend ist ein der Vergangenheit angehörender, durch eine Reihe objektiver und subjektiver Momente gekennzeichneter Vorgang, ein historisches Vorkommnis, nicht ein künftig zu realisierender Zweck.

Dieser prinzipielle Satz mag nur noch kurz gegen den möglichen Einwand geschützt werden, als wäre mit demselben der Zweckgedanke aus dem Strafrecht eliminiert. Dies wäre ein Mißverständnis. Die nach Maßgabe der Bedeutung der Tat bemessene und vollzogene Strafe blickt nicht etwa bloß in die Vergangenheit, auch ihr schweben von der Zukunft erwartete Veränderungen, für die sie ein kausales Moment sein will, als Zweck vor. Diese Zwecke sind, wie schon früher dargelegt worden ist,

1. die Stärkung und Vertiefung in der Gemeinschaft vorhandener oder anzubahnender Assoziationsformen, deren Vorhandensein einen Wall bildet gegenüber verbrecherischen Tendenzen;

2. die Anbahnung und Stärkung von Assoziationsformen in der Person des Übeltäters. Hiermit verfolgt die Vergeltungsstrafe ein Ziel, welches sich die Besserungsstrafe oder, wie sie sich auch gern nennt, die Zweckstrafe als in erster Linie zu verfolgendes setzt.

Auch die Besserungsstrafe will den Zweck der Generalprävention nicht völlig beiseite lassen, ihr Gegensatz zur Vergeltungsstrafe beruht nicht darauf, daß sie die von dieser besonders betonte Generalprävention als belanglos erklärte, sondern darauf, daß für die Besserungsstrafe das Strafmaß sich bestimmt durch den Zweck der Besserung, für die Vergeltungsstrafe durch die psychischen Momente, die mit dem Namen Vergeltung gekennzeichnet werden.

Die Besserungsstrafe spricht der zum Zweck der Besserung verhängten Maßregel nicht die ihr eigentümliche generell-prävenierende Wirkung ab, sie billigt diese Wirkung. Aber der Zweck der Generalprävention ist ihr ein untergeordneter. Sie will die Allgemeinheit schützen durch Besserung oder, wenn es nicht anders möglich ist, durch Unschädlichmachung des Übeltäters; die Strafdauer bestimmt sich ihr aber nach diesem Zweck, und für den Zweck der Generalprävention läßt sie nur soweit Raum, als die zum Schutz der Gesellschaft verhängten Maßregeln auch jenem Zweck dienen. Im Sinne der Schutzstrafe öffnet sich die Türe des Gefängnisses dem Sträfling, wenn er gebessert ist, auch dann, wenn durch die Dauer und Art der Strafe das Vergeltungsbedürfnis noch nicht befriedigt sein sollte.

Umgekehrt wird eine Person, von der wegen ihrer psychischen Beschaffenheit neue Straftaten zu gewärtigen sind, im Gefängnis und dem hiermit verbundenen traitement moral auch belassen, wenn der Vergeltungszweck dies nicht verlangen sollte.

Tatsächlich ist es nicht ausgeschlossen, daß die Besserungsstrafe diesen beiden Zwecken gerecht wird, so lange die im Interesse der Besserung verhängte Maßregel Übelqualität behält und hierdurch geeignet bleibt, auch in den Dienst der Generalprävention gestellt zu werden. Der Vorzug der Schutzstrafe scheint aber den Anhängern derselben mit darin gelegen zu sein, daß der Besserungszweck nicht nur der sachgemäße ist, sondern sich auch nur auf dieser Grundlage allein die Strafdauer bestimmen lasse, während das Strafmaß der Vergeltungsstrafe in der „Luft schwebe", auf imponderablen, unfaßbaren Momenten beruhe.

In der Folge soll gezeigt werden, daß der Besserungsgedanke gänzlich ungeeignet ist, eine brauchbare Grundlage für die Strafzumessung abzugeben. Ist dies aber so, dann fällt hiermit nicht nur hinweg das Moment, welches die Schutzstrafe nach Meinung ihrer Vertreter vor der Vergeltungsstrafe auszeichnen sollte, sondern es wird zugleich deutlich, daß das Besserungsprinzip sich zur Grundlage des Strafrechts überhaupt nicht eignet, weil es dem Gedanken der **Besserung** des Sträflings **nicht Rechnung tragen kann**, in den Dienst der **Generalprävention** aber sich **nicht stellen will**.

V. Unleugbar haften der Strafzumessung auf Grund der Bestimmungen eines Gesetzes, welches sich vom Vergeltungsgedanken leiten läßt, gewisse Schwächen an, und die Zahl derer, welche von der Unzulänglichkeit des heutigen Zustandes und von der Unlösbarkeit dieser Frage im Wege des Gesetzes überzeugt sind, ist eine überaus große.[4]) Es scheint sogar, daß die

---

[4]) Vgl. z. B. **Mittelstädt**, Für und wider die Freiheitsstrafen, Zeitschr. f. Strafrechtsw. (1882) II, S. 409 bes. 444fg.; **Willert**, Abschaffung des Strafmaßes und die dagegen erhobenen Einwendungen, ebenda II, S. 484; **Medem**, Das Deutsche Reichsstrafrecht für die Aufgaben der Strafzumessungslehre, der Kriminalistik und der Revision des Strafgesetzbuches systematisch geordnet (1885), auch Gerichtssaal 26. (1874) S. 590; **Prins**, Criminalité et repression (1886); v. **Liszt**, Kriminalpolitische Aufgaben, Zeitschr. f. Strafrechtsw. X (1890), S. 51 bes. 56fg.; **Bennecke**, Bemerkungen zur Kriminalstatistik des Großherzogtums Hessen. Zeitschr. f. Strafrechtsw. X (1890) S. 321fg.; **Wach**, Reform der Freiheitsstrafen; **Lilienthal**, Der Stoßsche Enwurf eines Schweizerischen Strafgesetzbuches, Zeitschr. f. Strafrechtsw. XV (1895) S. 148; **Weinrich**, Strafrecht und Kriminalpolitik, Zeitschr. f. Strafrechtsw. XVII (1897), S. 851 u. v. A. — Vgl. auch Statistik des Deutschen Reichs n. F. 8. Bd., Erl. S. 40; 18 Bd., Erl. S. 55; 37. Bd., Erl. I, 37 u. 45. Bd. Erl. I, 36. In diesen Bemerkungen wird betont, daß bezüglich der Anwendung der einzelnen Strafarten und Strafstufen in den einzelnen Oberlandesgerichtsbezirken Verschiedenheiten obwalten, welche nicht lediglich durch die örtliche Verschiedenheit objektiv erkennbarer Umstände (Vorliegen schwererer Fälle in einer bestimmten Art von Delikten, Notwendigkeit einer schärferen Repression gegenüber hervorgetretenen verbrecherischen Neigungen u. dgl.) sich erklären lassen, welche vielmehr auf eine verschiedene Handhabung des Gesetzes bei Ausmessung der Strafe seitens der Gerichte zurückgeführt werden müssen.

In einer lesenswerten Schrift: „Die Frage der Gleichmäßigkeit der Strafzumessung im Deutschen Reich (1907) macht Dr. **Otto Woerner** den interessanten Versuch, nachdem er statistisch die Ungleichmäßigkeit der Strafzumessung bei den Gerichten des Deutschen Reichs festgestellt hat, den Gründen dieser Erscheinung nachzugehen. An einer Reihe von Beispielen sucht der Verfasser darzutun, daß die Ungleichmäßigkeit in der Strafzumessung das Ergebnis fest eingewurzelten Gerichtsgebrauchs ist, der sich in den einzelnen Gebieten des Deutschen Reichs unter der Herrschaft der Partikulargesetzgebung ausgebildet hat. Die Ungleichmäßigkeit in der Strafzumessung würde uns danach gewissermaßen das Fortwirken partikularer Rechtsanschauungen auf einem Gebiete darstellen, auf dem durch die Weitherzigkeit des geltenden Rechts dieses Fortwirken nicht ausgeschlossen würde. Ein strikter Nachweis läßt sich für diese Behauptung wegen der Verschiedenheit der Tatbestände des alten und neuen Rechts nicht erbringen; folgendem Räsonnement des Verfassers kann aber eine gewisse Bedeutung nicht abgesprochen werden: „Man stelle sich die Übung der Gerichte bei einem Wechsel in der Strafgesetzgebung vor. Bisher war das Delikt mit Gefängnisstrafe von 1 Tag bis zu 5 Jahren bestraft; nach dem

Anschauung von der Unlösbarkeit dieses Problems vom Standpunkte des Vergeltungsgedankens manchen Anhänger desselben dazu bestimmt hat, das Vergeltungsstrafrecht für einen Irrtum zu erklären und in der Lehre vom Schutz- und Besserungszweck der Strafe das allein Richtige zu finden.

Es soll daher nun geprüft werden, ob die Lösung dieses Problems vom Standpunkte der Schutzstrafe leichter möglich ist.

2. Die Frage gesetzlicher Regelung der Strafzumessung, geprüft vom Standpunkte der Schutzstrafe.

I. Die Spezialpräventionstheorien gehen übereinstimmend von der Anschauung aus, daß die Idee der Gerechtigkeit nicht geeignet ist, das Strafmaß zu bestimmen und daß keine metaphysische Grundlegung der Strafe imstande ist, das Prinzip des Strafmaßes abzugeben. Die gerechte Strafe, die richtige Strafe, ist die notwendige Strafe. Der wesentlichste Irrtum des Vergeltungsstrafrechts soll darin bestehen, daß es ohne genügende Rücksichtnahme auf die Individualität des Verbrechers die Strafe nur auf Grund der Merkmale der von ihm begangenen Tat bestimme. Die Folge hiervon ist, daß einzelne Übeltäter Strafe noch dulden zu einer Zeit, zu der ihre persönliche Beschaffenheit eine derartige Maßregel nicht verlangt — andere dagegen wieder „auf die Menschheit in einem Zeitpunkte losgelassen werden", in welchem noch gewiß ist, daß sie infolge ihrer subjektiven Beschaffenheit neuerlich delinquieren werden. Das Vergeltungsstrafrecht wende sich eben gegen eine Tat, während gestraft werden müsse der Täter.

Da sich die Individualität der Persönlichkeit, welche verbrochen hat, im Verbrechen nicht genügend deutlich spiegle, da der Richter die Persönlichkeit des Übeltäters in der wider ihn durchgeführten Verhandlung genügend kennen zu lernen nicht in der Lage sei, da das Vergeltungsbedürfnis, dem die Strafe ihrer Schwere nach entsprechen soll, eine unmeßbare, unwägbare Größe sei, so bestimme sich die Strafe im Urteil nach ganz zufälligen, jenseits des Strafgesetzes und seines Zweckes liegenden Momenten. Die ganze Strafzumessung schwebt in der Luft, sie ist die erste große Grundlüge des herrschenden Systems.

II. Neben diesen Einwänden, welche den Vergeltungsgedanken für schlechthin ungeeignet erklären, die Grundlage für die Zumessung der Strafe

---

neuen Gesetz ist auf Gefängnis zwischen 1 Monat und 5 Jahren zu erkennen. Nun werden die Schwergrade a des Deliktes x, die bisher mit Gefängnis zwischen 1 Tag und 1 Monat bestraft wurden, größtenteils mit 1 Monat Gefängnis bestraft werden und auch der größte Teil der Schwergrade b, welche bisher mit Gefängnis zwischen 1 und 2 Monaten belegt wurden, wird künftig mit dieser Strafe geahndet werden, da sich die bisherige Gewohnheit sehr schwer ausrotten läßt, soweit nicht das Gesetz eine solche Strafgröße überhaupt für unzulässig erklärt."

abzugeben, fehlt es auch nicht an solchen, die (vornehmlich im Anschlusse an Seuffert) die Existenz eines Vergeltungsbedürfnisses in der Allgemeinheit in Abrede stellen oder wenigstens dasselbe vom ethischen Standpunkte mißbilligen. Hieraus ergibt sich die Folgerung, daß im Strafrecht, als einer ethischen Potenz, für den Vergeltungsgedanken, kein Raum ist. Als gerecht darf nicht die einem Vergeltungsbedürfnisse entsprechende Strafe bezeichnet werden — gerecht ist die notwendige Strafe, die Strafe, welche geeignet ist, ihren Zweck, den der Besserung oder Unschädlichmachung, herbeizuführen. Da die Unschädlichmachung durch eine dauernde Maßregel herbeigeführt wird, so kommt für die Strafzumessung nur der Zweck der Besserung in Betracht und die These kann dann dahin formuliert werden: Die Strafe ist so zu bemessen, daß der Zweck der Besserung erreicht wird. Der Gesetzgeber könnte, um dieser Forderung zu entsprechen, einen der beiden Wege einschlagen, die oben a priori als mögliche erkannt worden sind.

1. Er könnte, vom Besserungsgedanken geleitet, in den einzelnen Bestimmungen, gleich wie der Gesetzgeber, welcher dem Vergeltungsgedanken huldigt, wider die einzelnen Straftaten durch ein Mindest- und Höchstmaß abgegrenzte Strafübel androhen. Die Feststellung dieser Grenzen hätte auf Grund der Erfahrung zu geschehen. Im Gesetze käme dann die Überzeugung zum Ausdruck, daß zur Besserung des Verbrechers wenigstens das Mindestmaß und höchstens das angedrohte Maximum der Strafe erforderlich sei. Das in concreto erforderliche Maß hätte innerhalb dieser Grenzen der Richter zu finden und im Urteile festzusetzen.

Der Vorschlag einer derartigen Regelung der Strafzumessung wäre aber allen Einwürfen ausgesetzt, welche vom Standpunkte der Anschauungen der Spezialpräventionstheorie gegen die Strafzumessung im Sinne des Vergeltungsstrafrechts oben vorgebracht worden sind; ja diese Einwendungen würden hier mit noch viel größerer Berechtigung vorgebracht werden. Auch hier müßte eingewendet werden, daß der Richter den Verbrecher nicht kennt und während der Dauer der Verhandlung nur ungenügend kennen lernt, daß die Strafe auf verschiedene Individuen verschieden wirke usw. usw. Diese Einwendungen hätten aber dann ungleich mehr Gewicht, wenn eine Maßregel in Frage steht, durch welche das einzelne Individuum, der Verbrecher, beeinflußt werden soll, eine Maßregel, welche bestimmt ist, auf ihn zu wirken — nicht, wie im Sinne der General-Prävention, auf die Allgemeinheit.

Dies ist auch den Anhängern der Besserungsstrafe keineswegs entgangen.

2. Parallel mit den Einwänden gegen das herrschende System gehen daher Vorschläge, durch die zum Ausdruck kommt, daß offenbar auch ein Gesetz, welches sich vom Gedanken der Spezialprävention leiten läßt, die

Aufgabe der Strafzumessung zu lösen nicht in der Lage ist: der Vorschlag, das Strafmaß im Gesetze ganz abzuschaffen, der Vorschlag, im Strafurteile keine bestimmte, sondern nur eine durch ein Höchst- und Mindestmaß limitierte Strafe auszusprechen. Es ist dies nichts anderes als das Zugeständnis, daß auch das bessere Strafrecht künftiger Tage für unfähig gehalten wird, das Problem der Strafzumessung zu lösen. Die Grundlüge der Strafzumessung schwindet natürlich, wenn jede Strafzumessung fällt. Die vorgeschlagene Reform ist eine radikale. Leider erinnert sie ein wenig an den Ratschlag des Pädagogen, der auf die Frage, wie einem Jungen der ihm eigentümliche Hang zur Lüge abgewöhnt werden könnte, den Rat gab, ihm das Sprechen zu verbieten.

Wenn das Gesetz keine oder nur sehr weite und damit vage Strafrahmen enthält, wenn der Richter im Urteil keine Strafen mehr bemißt, dann werden freilich die heutigen Klagen gegen zu strenge bezw. zu milde Strafen des Gesetzes sich mindern, die Klagen über drakonische oder allzu nachsichtige Richter verstummen. Eine schwere verantwortungsvolle Aufgabe wird hiermit von den Schultern der Richter abgewälzt. Es ist nun nur noch zu prüfen, ob die Klagen, welche gegen die eine Stelle dann nicht mehr erhoben werden, nicht in verstärktem Maße gegen eine andere laut werden dürften.

Die Antwort hängt ab von der Art, wie die konkrete Durchführung dieses Grundsatzes der „Abschaffung der richterlichen Strafzumessung" gedacht ist.

III. So mannigfach auch die Vorschläge, welche zum Behufe der Verbesserung der heutigen Strafzumessung erstattet werden, im einzelnen sind, als ihnen Gemeinsames kann die Forderung bezeichnet werden, daß für das Maß der Strafe, weil sich die Idee der proportionalen Gerechtigkeit hierzu als ungeeignet erwiesen habe, bestimmend sein soll, der Grundgedanke: das im einzelnen Falle richtige Strafmaß, die gerechte Strafe, ist diejenige, durch welche der Zweck der Strafe erreicht wird. Ob durch eine gedachte Maßregel, etwa eine Einsperrung von bestimmter Dauer, dieser Zweck erreicht wird, dies läßt sich von vornherein nicht genau bestimmen. Als einfache Konsequenz scheint sich also der Vorschlag zu ergeben, daß während der Dauer der Strafverbüßung (natürlich kann da nur an die zeitlich ausgedehnte Freiheitsstrafe — nicht an Geldstrafen gedacht werden) durch Erhebungen, Prüfungen festgestellt werde, ob der Strafzweck schon erreicht ist.

Die Strafe soll im einzelnen Falle eine Dauer haben, durch welche die Erreichung des in jenem Falle angestellten Zweckes gesichert wird. Dieser Zweck wird wieder bald als Unschädlichmachung, als Abschreckung und Besserung bezeichnet.

IV. Soll sich das Maß der Strafe nach dem im einzelnen Fall angestrebten Zweck bestimmen, dann ist aber wieder notwendig, daß hinsichtlich dieses Zweckes als eines angestrebten und erreichten Klarheit herrscht. Wird insbesondere der Zweck noch näher bestimmt als Unschädlichmachung der Unverbesserlichen, Besserung der Besserungsfähigen event. Abschreckung der Gelegenheitsverbrecher, dann ist erste Voraussetzung einer konkret richtigen Anwendung der im allgemeinen als sachdienlich erkannten Maßregeln die Möglichkeit einer scharfen Sonderung dieser Gruppen voneinander. Ist diese Scheidung nicht scharf durchführbar, dann wird das Prinzip, die Strafe zu bemessen, mit Rücksicht auf den mit ihr verfolgten Zweck, unbrauchbar.

Lassen sich keine Merkmale angeben, durch welche sich die Gruppe der Unverbesserlichen von jener der Besserungsfähigen und Besserungsbedürftigen, sowie von jener der Gelegenheitsverbrecher unterscheiden, dann fehlt die erste Voraussetzung für eine gleichmäßige und sachgemäße Strafzumessung. Die Vorschrift, bei Bestand gewisser Voraussetzungen eine Maßregel anzuwenden bis mit ihr ein bestimmter Zweck erreicht ist, ist gänzlich unbrauchbar, wenn nicht deutlich gemacht werden kann, ob diese Voraussetzungen gegeben sind und woran man erkennen kann, ob der angestrebte Zweck erreicht ist.

Tatsächlich sind die Zweifel, ob es möglich ist, „Unverbesserliche" von „Besserungsfähigen" zu unterscheiden, ebenso lebhafte als berechtigte[5]).

---

[5]) Für die Strafrechtspflege ist nicht nur von Bedeutung die Frage, ob es Unverbesserliche gibt, sondern auch jene, woran man sie erkennt. Gewiß ist die Kategorie der Unverbesserlichen denkbar — man kann aber zugeben, daß es Unverbesserliche gibt und dennoch aus dieser richtigen theoretischen Erkenntnis keine praktischen Konsequenzen ziehen wegen der Schwierigkeit der Feststellung der Unverbesserlichkeit. Es ist dies einer jener Fälle, wo das Leben einen Bruch mit logischen Konsequenzen verlangen kann. Die Gefahr, daß durch die wider Unverbesserliche als notwendig erkannten Maßregeln auch Nicht-Unverbesserliche getroffen werden könnten, kann davon abhalten, die Maßregel überhaupt für zulässig zu erklären. (Richtig meines Erachtens M. E. Mayer, Strafrechtliche Behandlung von Rückfall, Gutachten für den 28. Deutschen Juristentag I, S. 160, v. Bar, die Reform des Strafrechts (1903) S. 18, u. a.) Analoga hierfür finden sich doch wohl auch auf dem Gebiete der praktischen Medizin. Manche auf Grund theoretischer Erwägungen als heilbringend erkannten Behandlungsmethoden werden nicht angewandt, weil sie nicht völlig indifferent sind und weil die krankhaften Zustände, denen sie abhelfen können, nicht durch sichere Symptome deutlich erkennbar sind.

Die Schwierigkeit, die Unverbesserlichkeit festzustellen einerseits, anderseits die Größe der Gefahr, die darin liegt, daß die gegen Unverbesserliche bestimmten Maßregeln auch in anderen Fällen zur Anwendung kommen könnten, hat offenbar v. Liszt bestimmt, wiederholt vorzuschlagen, ob sich in der Gesetzgebung das Merkmal der „Unverbesserlichkeit" nicht durch jenes der Rückfälligkeit ersetzen ließe. Vgl.

Die Bemessung der Strafe mit Bedacht auf den mit ihr erstrebten Zweck schwebt aber völlig in der Luft, wenn es zunächst gar nicht gelingen

---

Strafrechtliche Aufsätze und Vorträge I, S. 167, 208, 285. Vgl. auch M. E. Mayer in seinem Gutachten für den 28. Deutschen Juristentag I, S. 159. —

Der Anschauung Mayers, als ob Unverbesserlichkeit keine ätiologische, sondern eine symptomatische Kennzeichnung eines Schuldgrades enthalten würde, kann ich nicht zustimmen. Wer in der Unverbesserlichkeit den Grund für die Verhängung eines größeren Strafübels erblickt, macht nicht notwendig aus einer negativen Wirkung der Strafe eine Voraussetzung der Schuld. Mit dem Namen „Unverbesserlichkeit" soll nur ein besonders hoher Intensitätsgrad der Schuld bezeichnet werden. Will man diese Intensität näher kennzeichnen, so bedarf es eines Maßes, durch das sie zum Ausdruck gebracht werden soll. Man spricht von „unverbesserlichen Verbrechern", wie man z B. von unverbesserlichen Trinkern und unverbesserlichen Lügnern, Raufbolden usw. spricht. Man will damit eine besonders festgewurzelte unsittliche oder verbrecherische Neigung bezeichnen. Die Unverbesserlichkeit ergibt sich nicht aus der Wirkungslosigkeit der Strafe, sondern die Wirkungslosigkeit der Strafe ist die Folge der eigenartigen psychischen Beschaffenheit. Theoretisch betrachtet ist die „Unverbesserlichkeit" ein ätiologisches Moment — möglich ist allerdings, was hier nicht untersucht werden soll, daß dieses Moment symptomatisch nur an der Wirkungslosigkeit der Strafe erkannt werden kann. Ist dies der Fall, dann wird das ätiologische Moment für die praktische Betätigung im Leben zu einem symptomatischen.

Die Frage der Unverbesserlichkeit stand auf der Tagesordnung der zweiten Jahresversammlung der internationalen kriminalistischen Vereinigung. Lilienthal hatte ein Gutachten vorgelegt, in dem er als unverbesserlich bezeichnete die „wiederholt Rückfälligen, bei denen das Verbrechen erscheint als Ausfluß einer gewerbsmäßig verbrecherischen Lebensführung" (Mitteilungen Bd. II, S. 72). Die Debatte, in der Foinitzky, Woulfert, Uppström gegen Lilienthal, Fuhr, Stooß, v. Liszt eine absolute Unverbesserlichkeit für ausgeschlossen hielten, schloß mit einer Abstimmung, bei der mit 26 gegen 21 Stimmen ausgesprochen wurde, „daß es Übeltäter gibt, bei denen wegen ihres psychischen und moralischen Zustandes die gewöhnliche Reaktion der ordentlichen Strafe nicht ausreicht". (Mitt. d. JKV. II, S. 116.)

Die Frage der Unverbesserlichkeit beschäftigte dann die JKV. auf der 3. Jahresversammlung in Christiania. Hier bestimmte Uppström den Begriff der Unverbesserlichkeit zunächst in sehr verschwommener Weise (Mitt. d. JKV. III, S. 289) und verzichtete endlich auf nähere Präzisierung, indem er sich einverstanden erklärte, daß die Entscheidung über diese Frage nicht im richterlichen Urteil, sondern später von gemischten, aus Richtern und Gefängnisbeamten zusammengesetzten Kommissionen gegeben werden muß (Mitt. III, S. 294).

Die Abstimmung brachte zum Ausdruck, daß die Frage für eine Entscheidung nicht reif ist.

Das Preisausschreiben der Holtzendorff-Stiftung über diese Frage blieb erfolglos (Mitt. VII, S. 114). Die Bemühungen der JKV., zur Klärung dieser Begriffe beizutragen, waren ohne Ergebnis.

Dasselbe gilt von den Verhandlungen des 3. Internationalen Anthropologenkongresses (Brüssel 1893). Vgl. die in Anm. 7 bezeichneten Stellen der Akten dieses Kongresses.

will, die Zustände unter denen verschiedene Maßregeln zur Anwendung kommen sollen, auseinander zu halten. Logisch mag der Rat, Unverbesserliche dauernd zu internieren, Besserungsfähige mit zeitlicher Freiheitsstrafe zu belegen, ganz einwandfrei sein, — praktisch erweist er sich in dem Augenblick wertlos, in welchem zugestanden werden muß, daß sich beide Gruppen nicht voneinander unterscheiden lassen. Einen Arzt, der genau darlegt, daß die Krankheit A durch das Heilmittel x, die Krankheit B durch das Heilmittel y behoben werden kann, der aber nicht festzustellen vermag, ob im einzelnen Fall die Krankheit A oder jene B vorliegt, wird wohl jedermann ebenso höflich als entschieden ablehen.

Eine andere Frage taucht aber auf. Sollte das Wissen des eben erwähnten Arztes nicht doch dann verwertbar sein, wenn es gelingt, einen anderen zu finden, der die dem ersten mangelnde Fähigkeit der Diagnose hat. Wenn ein Gesetzgeber die Kriterien, durch die sich Verhältnisse, welche rechtlich verschieden geregelt werden sollen voneinander angeblich unterscheiden, nicht anzugeben vermag, dann pflegt er oft den Knoten in der Form zu durchhauen, daß er dem Richter die Aufgabe überläßt. Die vielen Vorschläge, welche zwecks Verbesserung der Strafzumessung, zwecks Beseitigung dieser Grundlage des herrschenden Systems erstattet werden, wählen einen ähnlichen Ausweg. Sie schlagen vor eine Abschaffung der Strafzumessung im Urteil, sie plädieren für unbestimmte Strafurteile[6]). Die

[6]) Der Gedanke unbestimmter Strafurteile ist nicht neu, auf ihm beruhen die Preuß. Verord. vom 26. Februar 1799; Justizminist.-Reskr. vom 18. April 1810; 23. Januar 1819; 20. Juni 1831; 24. Juni 1832; 17. Juni 1839. Für diese Idee sind bereits Obermaier (1835) (ZStW. 9, 4C6), Holtzendorff, Kürzungsfähigkeit der Freiheitsstrafen (1861), dann Röder Strafvollzug im Geiste des Rechts (1863), S. 109, 110, eingetreten. In England und Nordamerika wurde die Einführung indeterminirter Sentenzen eifrig empfohlen.

Mittelstädt hat in seiner im Jahre 1870 erschienenen Schrift „gegen die Freiheitsstrafen" die Internierung gewerbsmäßiger Verbrecher auf unbestimmte Zeit befürwortet.

Garofalo hatte in der Abhandlung di un criterio positivo della penalità 1880 die Abschaffung des Strafmaßes im Urteile für Gewohnheitsverbrecher (vor Kraepelin) in Vorschlag gebracht, dagegen ist er als Gegner dieser von Kraepelin allgemein vorgeschlagenen Maßregel in der Abhandlung ciò che dovrebbe essere un giudizio penale im Archivio di Psichiatria antropologia criminale e scienze penali, III. Bd., aufgetreten. — Ferri tritt in der Abhandlung Sui limiti fra diritto penale ed anthropologia criminale im Archivio di Psichiatria (1880) dafür ein, daß auf unbestimmte Zeit Gewohnheitsverbrecher eingeschlossen werden, welche durch Mißbrauch geistiger Getränke, Vernachlässigung usw. eine chronische Neigung zum Übeltun erworben haben.

Auch Tamassia, gli ultimi studii sulla criminalità (im 7. Jahrg. der Revista sperimentale di frenatria e di medicina legale), verlangt die Ab-

nähere Ausführung dieses Grundgedankens gestaltet sich dann in den einzelnen konkreten Vorschlägen verschieden. Alles, was reiche Phantasie zu

---

schaffung des Strafmaßes und die Anhaltung der Delinquenten in der Strafe so lange, als es der konkrete Fall verlangt.

In Deutschland wurde die Diskussion über diese Frage durch Kraepelins im Jahre 1880 erschienene Broschüre über die Abschaffung des Strafmaßes lebhafter angeregt.

Als Anhänger dieser Maßregel wären u. a. zu nennen:

Schwarze, Die Freiheitsstrafe 1880, S. 47.

Sontag, Beiträge zur Lehre von der Strafe, Zeitschr. f. Strafrechtsw. I (1881), S. 506 „bei Rechtssubjekten, die nicht mehr abgeschreckt oder gebessert werden können".

Willert, Abschaffung des Strafmaßes und die dagegen erhobenen Einwendungen, Zeitschr. f. Strafrechtsw. II, S. 485.

v. Liszt, derselbe billigt nach dem Jahre 1883 [früher hieß es: „weder die Abschaffung des Strafmaßes noch die Beseitigung der richterlichen Strafzumessung ist das Ziel meiner Vorschläge" — Zweckgedanke im Strafrecht, Zeitschr. f. Strafrechtsw. III (1883), S. 42], „die wenigstens teilweise Beseitigung der richterlichen Strafzumessung", in den „Kriminalpolitischen Aufgaben", Zeitschr. f. Strafrechtsw. IX (1889), S. 492 — er hält in den „Kriminalpolitischen Aufgaben", Zeitschr. f. Strafrechtsw. X (1890), S. 53 daran fest, daß allgemein „an die Stelle der richterlichen Strafzumessung die Verurteilung zu einer nur durch Höchst- und Mindestmaß der Dauer bestimmten Freiheitsstrafe zu treten hätte. Die Höchst- und Mindestmaße wären im Gesetz für die einzelnen strafbaren Handlungen zu bestimmen". „Die Strafvollzugsämter hätten darüber zu entscheiden, ob der Verurteilte nach Verbüßung des Mindestmaßes zu entlassen oder länger, wenn nötig, bis zur Erschöpfung des Strafrahmens, in der Strafanstalt anzuhalten sei." Vgl. auch dessen Gutachten zur 4. Hauptversammlung der JKV. (1893) in den Mitteilungen IV, S. 141.

Medem, Strafzumessung und Strafvollzug, Zeitschr. f. Strafrechtsw. VII (1887), S. 162, für die Fälle der von ihm proponierten Erziehungshaft.

Appelius, Reformbestrebungen auf dem Gebiete des Strafrechts, Zeitschr. f. Strafrechtsw. XII (1892), S. 20 u. 26, für Fälle, in denen die Persönlichkeit des Täters einer Anstaltszucht bedarf.

Fuhr, Strafrechtspflege und Sozialpolitik S. 301, empfiehlt die unbestimmten Strafurteile für besserungsfähige Gewohnheitsverbrecher.

Lammasch, Kriminalpolitische Studie, Gerichtssaal 44 Bd. (1891), S. 185, „für jenen Fall, in welchem der Strafvollzug den Zweck der Erziehung zur Arbeitsamkeit verfolgt".

In seinem Gutachten für die 4. Hauptversammlung der JKV. (Mitt. IV (1894), S. 287 empfiehlt van Hamel die unbestimmten Strafurteile nur gegenüber unverbesserlichen Verbrechen, d. i. „denen gegenüber im Hinblick auf ihren moralischen und psychischen Zustand die regelmäßige Reaktion der gewöhnlichen Strafe ungenügend ist".

Gegen Unverbesserliche hält auch Unterstaatssekretär v. Mayer die unbestimmte Verurteilung als geeignete Maßregel. Mitt. d. JKV. IV (1894), S. 331. Rivière empfiehlt sie gegen Bettler und Vaganten, Mitt. d. JKV. V (1896),

erfinden vermag, ist in dieser Hinsicht schon vorgeschlagen und ab und zu in vordringlich marktschreierischer Weise als der rettende Gedanke, von dessen konsequenter Durchführung allein die Gesundung unserer Strafrechtspflege abhängt, gepriesen worden.

Kommt es vor, daß impotente Gesetzgeber eine für sie unlösbare Aufgabe auf die Schultern der Richter überwälzen, warum soll dann eine Aufgabe, die anscheinend von den Organen der Rechtspflege befriedigend nicht gelöst werden kann, nicht wieder überwälzt werden auf staatliche Organe, die in dem Prozeß der Rechtsverwirklichung in einer Phase tätig werden, welche zeitlich der richterlichen Betätigung nachfolgt. Kann der Richter die Aufgabe nicht lösen, dann mag die Lösung von den Organen des Straf-

---

S. 223; Thiry in seinem Gutachten zum Brüsseler Anthropologen-Kongreß gegen Unverbesserliche (Akten des 3. int. Anthropologen-Kongresses S. 14fg.).

Der Gedanke unbestimmter Strafurteile kehrt auch wieder im Art. II, Punkt 8 der ersten Satzungen der JKV., „Bei langzeitigen Freiheitsstrafen ist die Bemessung der Strafdauer nicht nur von den Ergebnissen des Strafverfahrens, sondern auch von denjenigen des Strafvollzuges abhängig zu machen."

Die Frage stand auf der Tagesordnung der 4. Allgemeinen Versammlung der JKV. (Paris 1893). Eine Abstimmung fand über dieselbe nicht statt, doch konnte der Ref. van Hamel mit Recht feststellen, „daß die Strömung in der Versammlung der unbestimmten Verurteilung nicht günstig ist". (Mitt. d. JKV. IV [1891], S. 335.)

Nur eine Modifikation des vorerwähnten Gedankens, eine Einkleidung desselben in eine andere Form ist es, wenn verlangt wird, daß eine Verlängerung der im Urteile ausgesprochenen Strafe möglich sein soll, wenn der Zweck der Strafe nicht erreicht ist.

Eine derartige Einrichtung hat Wirth, „Bemerkungen zu Art. 23 bis 26 des Deutschen Strafgesetzbuchs" in den Blättern für Gefängniskunde 5. Bd. (1871) „als logisches Korrelat zum Institut der vorläufigen Entlassung" vorgeschlagen.

Dieser Vorschlag schwebt wohl auch Sichart vor, der in der Abhandlung „die Reform der Freiheitsstrafe nach Deutschem Recht" in d. Zeitschr. f. Strafrechtsw. XI (1891), S. 494 empfiehlt „im Anschlusse an die §§ 23—26 StG. die Bestimmung zu treffen, daß bei Freiheitsstrafen von bestimmter Dauer eine Verlängerung bis zu einem Vierteil eintreten könne, wenn der Gefangene sich tadelhaft geführt hat und die Überzeugung begründet ist, daß er seine gesetzwidrige Gesinnung nicht geändert hat, so daß ihm in bezug auf sein künftiges Verhalten kein Vertrauen geschenkt werden kann."

Ähnlich ist der Vorschlag, den van Hamel im Bulletin de la commission pénitentiaire internationale, April 1884, erstattet hat, indem er für besserungsfähige Gewohnheitsverbrecher die Verurteilung zu einer bestimmten Strafe verlangt hat, der eine Nachhaft folgt, die durch wiederholte Entscheidungen verlängert werden kann.

Einen Überblick über die damalige Literatur gibt Gautier, Pour et contre les peines indetérminées in der Revue pénal suisse VI. Bd.

vollzugs versucht werden. Nur schade, daß die Last dadurch, daß man sie stets auf andere Schultern überwälzt, nicht leichter wird. Soll die Last gleichwohl von den Nachmännern leichter getragen werden, dann müssen die Verhältnisse für die Lösung dieser Aufgabe bei ihnen günstiger liegen wie bei den Vormännern.

V. Tatsächlich wird diese Behauptung in der Form aufgestellt, daß man die Strafvollzugsorgane zu zweckentsprechender Festsetzung der Strafe für geeigneter erklärt als die Richter.

Vorweg muß festgestellt werden, daß diese bessere Eignung nicht in einer Verschiedenheit der Ausbildung gesucht und gefunden werden darf. Eine derartige Annahme würde bloß dafür sprechen, daß die Art der Ausbildung der Richter reformbedürftig ist. Soll die Aufgabe der Strafzumessung anstelle des Richters dem Vollzugsbeamten übertragen werden, so kann als durchschlagender Grund hierfür nur der gefunden werden, daß diese Aufgabe mit den Funktionen des Vollzugs der Strafe enger verknüpft ist, als mit jenen des Richters und daher vom Vollzugsorgan entsprechender gelöst werden kann.

In der Tat wird dies behauptet. Die Strafe soll im Sinne der Spezialpräventions-Theorie auf den Übeltäter so einwirken, daß er nach verbüßter Strafe nicht neuerlich delinquiere. Der Verbrecher soll sozial gebessert werden. Welches Quantum von Strafe zur Erreichung dieses Zieles der sozialen Besserung notwendig sei, lasse sich von vornherein nicht bestimmen. Die Erreichung dieses Zwecks hänge ab von der individuellen Beschaffenheit des Täters, von der individuellen Gestaltung des Strafvollzugs und von dem von vornherein nicht feststellbaren Einfluß des Strafvollzugs auf den Sträfling.

Hieraus folge, daß die gerechte, d. h. dem Zweck entsprechende Strafe nicht von dem Richter, sondern nur von den Organen des Strafvollzugs bestimmt werden kann.

Der Richter lernt im heutigen Prozeß, in dem er sich mit dem Verbrecher nur ganz oberflächlich befassen kann, dessen Persönlichkeit nicht kennen. Der Prozeß dient der Feststellung einer Tat und verbreitet wenig Licht über die Persönlichkeit des Täters. Es ist relativ noch am günstigsten, wenn es gelingt, über die persönliche Beschaffenheit des Täters im Augenblick der Tat einiges Licht zu verbreiten. Über die intellektuellen, moralischen Eigenschaften des Angeklagten erfährt man im Prozeß wenig. Ganz anders verhält es sich in diesen Punkten mit dem Wissen der Strafvollzugsorgane. Diese können das in Strafe befindliche Individuum genau kennen lernen und auch die Wirkungen des Strafvollzugs an ihm beobachten.

Eines kann zugegeben werden, nämlich, daß für die Organe des Strafvollzugs die Bedingungen, unter denen die Persönlichkeit des Verbrechers erkannt werden kann, insofern günstiger liegen wie für den Richter, weil jenen die Möglichkeit eines längeren und intensiveren Verkehrs mit den Verurteilten als dem Richter mit den Angeklagten gegeben ist. Bei der praktischen Durchführung des Strafvollzugs mindert sich aber diese an sich vorhandene Möglichkeit so sehr, daß sie als ein Moment, durch welches die Überlegenheit der Organe des Strafvollzugs vor den Richtern für die Strafzumessung garantiert würde, kaum noch in Betracht kommt.

Allerlei Momente, deren nähere Darlegung an dieser Stelle unterbleiben muß, bringen es mit sich, daß ein geordneter Strafvollzug heute nur in größeren Anstalten möglich ist. Infolge der erheblichen Zahl der im Strafvollzug Befindlichen können sich die Beamten des Strafvollzugs mit dem einzelnen nur wenig befassen. Es fehlt zunächst schon diese erste Voraussetzung, welche für ein genaues Studium der Individualitäten erforderlich ist. Bei Beobachtung einer erheblicheren Zahl von Individuen wird die strenge Sonderung der Einzeleindrücke erschwert, es wird fast unmöglich, dieselben zusammenzufassen und sie richtig in Gedächtnisbildern auf die einzelnen Personen, auf die sie sich tatsächlich beziehen, zu projizieren. Das Leben im Gefängnis bietet aber auch unendlich wenig Momente, in denen die Besonderheit des Verhaltens der Individuen geeignet wäre, über ihre Persönlichkeit helleres Licht zu verbreiten. Die Vorfälle des täglichen Lebens in der Freiheit verlangen vom Individuum eine Stellungnahme zu den wechselnden Verhältnissen, sie verlangen Aktivität. Die Art dieser Stellungnahme ist sehr oft geeignet, über die Persönlichkeit aufzuklären. Es ist, wie wenn in dunkler Nacht ein Blitz durch die Wolken fährt und in raschem grellen Licht die Einzelheiten einer Landschaft für einige Sekunden sehen läßt. Im Gefängnis leben die Insassen, von der Verrichtung der ihnen zugewiesenen Arbeit abgesehen, passiv dahin. Eine Nötigung oder auch nur Veranlassung, ihre Gedanken und Gefühle kund zu tun, besteht hier nicht, wo nahezu alle Reibungen, zu denen der tägliche Verkehr in der Freiheit Anlaß gibt, ausgeschaltet sind. Während im Leben die stete Veränderung der Verhältnisse eine Stellungnahme der Personen hervorruft und über ihre innere Beschaffenheit immer neues Licht verbreitet, wird über die Art des Sträflings, zu denken und zu fühlen, meist nur so viel kund, als er hiervon kundzutun für gut findet[7]).

---

[7]) Lammasch betont in seinen kriminalpolitischen Studien, Gerichtssaal 44. Bd. (1891), S. 184 mit Recht, daß „das Resultat der Beobachtung dessen, der sich beobachtet weiß und dem bekannt ist, daß von dem Eindruck, welchen er erregt, viel oder alles für ihn abhängt, kaum anders als trügerisch sein kann". Er beruft sich auf Zugschwerdt, Vollzug der Freiheitsstrafe (1867), der über das Gefängnisleben sich folgendermaßen äußert: „Die Art und Weise, wie sich ein

Der von Natur Schweigsame gibt ebenso wie der berechnend Rückhältige auf Fragen, die an ihn gestellt werden, kurze oder nichtssagende Antworten. Ein anderer ist vielleicht mitteilsamer, er macht aus seinem Herzen keine Mördergrube und gewährt zu seinem Nachteil dem Strafvollzugsbeamten einen Einblick in die trübe Art seines Fühlens. Der Schlaue, der Kluge, sowie der Heuchler, welcher fromme Miene annimmt, sobald er den ersten Griff am Schloß der Gefängniszelle hört, und der nicht genug Worte finden kann für seine Selbstanklagen, seine Reue — sie erscheinen leicht im besten Licht. Ist es doch um so unendlich vieles leichter, gut und wahr zu sein in Worten als in

---

Sträfling in der Strafanstalt beträgt, hängt allerdings zuweilen auch von seinem Charakter ab, allein wesentlich, glaube ich, wird derselbe von seiner Klugheit bestimmt und hängt mit seiner moralischen Gesinnung nicht im entferntesten zusammen. Jeder Übertretung der Hausordnung folgt eine Strafe, und gerade jene Sträflinge, welche sozusagen in den Strafanstalten ihre zweite Heimat finden, sind durch viele frühere Erfahrungen aufgeklärt und gewitzigt und, soweit meine Erfahrungen reichen, sind sie, ich möchte sagen, gewöhnlich die ordentlichsten und ruhigsten Sträflinge — aber nur aus Klugheit, und ihre moralische Gesinnung hat damit nicht das mindeste zu schaffen. Andere hingegen, welche Neulinge sind in solchen Anstalten und sich erst an die ihnen aufgedrungene Ordnung gewöhnen müssen, fehlen sehr oft aus Leichtsinn, Unüberlegtheit, Verführung usw., ohne daß man sagen kann, daß sie deshalb in moralischer Beziehung einen Rückschritt gemacht hätten."

In gleicher Weise betont Zucker, einige kriminalistische Zeit- und Streitfragen der Gegenwart, Gerichtssaal (1891) 44, S. 12, „daß Beweise einer wirklichen verläßlichen Besserung überhaupt in einer Strafanstalt nicht gegeben zu werden vermögen".

Auch Poittevin führt in der 4. Allgemeinen Versammlung der JKV. (Paris 1893) aus: „... Das Leben des Sträflings im Gefängnis ist durchaus ungeeignet, einen Maßstab zu geben zur Beurteilung der Frage seiner Entlassung. Im allgemeinen sind gerade die verstocktesten und verhärtetsten Verbrecher diejenigen, die sich dem Reglement am gehorsamsten unterwerfen."

Ebenso äußert sich Gautier in seinem Gutachten: „Gegen welche Art von Sträflingen könnten unbestimmte Urteile zur Anwendung kommen." Mitt. d. JKV. V (1896), S. 70.

Prins betont in seinem Referat auf der 5. Hauptversammlung der JKV. (Antwerpen 1895; Mitt. V, S. 215), daß die Neueinrichtung nur den Heuchlern zugute käme. „Denn welches soll die Norm sein, nach der man beurteilt, wer zu entlassen sei und wer nicht? Man könnte als entscheidenden Faktor den Arbeitsfleiß gelten lassen, da das äußere Verhalten eine zur Schau getragene Maske sein kann. Indessen besteht zwischen Arbeit im Gefängnis und Arbeit in der Freiheit ein himmelweiter Unterschied. Der im Gefängnis unter dem Drange der zwingenden Notwendigkeit und der plagenden Langeweile entwickelte Arbeitsfleiß bietet nicht die geringste Bürgschaft, daß der entfaltete Eifer auch in der Freiheit vorhalte." Ebenso entschieden sprach sich Prins aus ähnlichen Gründen gegen die unbestimmten Strafurteile auf dem 3. Anthropologen-Kongreß in Brüssel (1893) aus (Akten des 3. Anth.-Kongresses S. 396 fg.).

Taten. Zu Bewährung in Taten ist aber in der Strafanstalt keine Gelegenheit, kein Raum. So kommt es, daß die in ihren Einzelheiten festgestellte Übeltat, namentlich, wenn auch die subjektiven Momente entsprechend erhoben werden, oft geeignet ist, ungleich mehr Licht über den Charakter eines Menschen zu verbreiten, als die lange Beobachtung in der Strafanstalt.

Der Strafvollzugsbeamte hat unter Umständen mehr Zeit zum Studium des Verurteilten wie der Richter für jenes des Angeklagten, allein dieser Vorteil wird mehr als kompensiert dadurch, daß die Verhältnisse für diese Beobachtung in den Strafanstalten so ungünstig wie möglich geartet sind. Durch einen Vergleich ausgedrückt, entspricht der Richter, der den Charakter eines Angeklagten in einer Verhandlung studiert, einem Naturforscher, welcher kurze Zeit sein Mikroskop auf einen in entsprechender Beleuchtung befindlichen Gegenstand richtet, während der Strafvollzugsbeamte in der Lage ist, das Mikroskop durch längere Zeit benutzen zu können, doch fehlt dem Objekt das erforderliche Licht[8]).

VI. Zu den erwähnten Schwierigkeiten gesellt sich noch eine weitere nicht geringere. Der Zweck, welcher durch die Besserungsstrafe erreicht

[8]) „Das Ziel des Zuchtsystems", sagt Wach, Reform der Freiheitsstrafe (1890), S. 53, „kann nur äußere geordnete Führung, das geschuldete Mittelmaß des Wohlverhaltens und der Arbeit sein. Das aber kommt einem völligen Verzicht auf jede Garantie gegen den Rückfall gleich. Mit Leichtigkeit wird jenes Ziel erreicht werden und besonders dann, wenn die Sträflinge wissen, daß davon das alsbaldige Ende ihrer Strafzeit abhängt. Es ist eine jedem erfahrenen Anstaltsbeamten bekannte Tatsache, daß gerade die Gewohnheitsverbrecher sich am besten führen. Unter den Rückfälligen, den Stammgästen der Gefängnisse, sind die stillsten, fleißigsten, fügsamsten Seelen. Die Aspiranten dieser Klasse haben also vor allem begründete Aussicht, von der „unbestimmten Verurteilung" Nutzen zu ziehen. Der unbestimmt, beispielsweise zu 2 bis 5 Jahren Verurteilte, kann vor Ablauf des Strafminimums nicht entlassen werden. In diesem Minimum aber wird der Sträfling seine eigentliche Strafe sehen; jedenfalls wird er hoffen, nach dessen Ablauf frei zu werden, und jede Verlängerung der Strafe der Anstaltsbehörde in die Schuhe zu schieben. Je länger, je mehr wird er sich innerlich gegen sie aufbäumen. Er wird sich der Willkür preisgegeben fühlen. Daß er für schlechte Führung nicht nur die Disziplinarstrafe, sondern auch noch die verlängerte Kriminalstrafe erdulden soll, wird ihm eine schreiende Ungerechtigkeit erscheinen. — Der unvermeidliche Subjektivismus der entscheidenden Strafvollzugsbehörde wird dazu das seinige tun. Wenn auch die sie bildenden externen Herren, der Herr Staatsanwalt, Untersuchungsrichter, Professor oder wer es sonst sei, pflichtmäßig ab und zu die Anstalt besuchen — was hat das zu bedeuten? Sie werden ausschließlich durch die Brille der Anstaltsbeamten sehen. Ich will annehmen, daß diese in Zukunft mit einer Sorgfalt vorgebildet und gewählt werden, welche uns ein vorzügliches Anstaltspersonal liefert; immer wird es dabei bleiben, daß die Persönlichkeit mit ihren subjektiven Maximen, ihrer größeren Neigung zur Strenge oder zur Milde, ihrer größeren oder geringeren Menschen

werden soll, läßt sich nicht genauer feststellen. Wird den Anhängern der Vergeltungsstrafe der Einwand gemacht, daß die Strafzumessung von diesem Standpunkt aus in der Luft schwebe, weil sich die Intensität des Vergeltungsbedürfnisses nicht feststellen, somit das erforderliche Maß der Strafe nicht bestimmen lasse, so kann dieser Einwand den Anhängern der Besserungsstrafe mit viel mehr Berechtigung entgegengehalten werden. Was heißt denn Besserung? Wann kann man einen Menschen als gebessert bezeichnen?

Wer sich gegenwärtig hält, von wie vielen Momenten die einzelne Tat eines Menschen bestimmt wird, muß zugeben, daß Änderungen der subjektiven Beschaffenheit der Individuen, von welchen die Tendenz zu bestimmtem Verhalten abhängt, in zahllosen Abstufungen vorkommen können.

Soll man Besserung annehmen, wenn sich die ersten Spuren von Reue zeigen oder wenn eine bestimmte Sinnesänderung betätigt ist — soll nicht verlangt werden eine gewisse Garantie dafür, daß die Sinnesänderung eine gewisse Dauer verspricht, daß gute Vorsätze nicht der ersten neuen Versuchung doch erliegen.[9])

Ein Anderes dürfte auch nicht übersehen werden. Die Besserungsstrafe enthält einen Widerspruch in sich, denn Besserung ist nicht Strafe und sobald man die Maßregel auf dieses Moment abstellt, verflüchtigt sich der Gehalt der Strafe.

---

kenntnis, einen entscheidenden und sehr schwankenden Faktor bildet. Ich berufe mich auf von Jagemanns Zeugnis, wenn ich das einen Übelstand nenne. Er sagt: „Ja, wer den Subjektivismus aus Erfahrung kennt, welcher bei getreuester Pflichterfüllung dennoch in allen behördlichen Instanzen an der Vorbereitung, Beurteilung und Vorbescheidung von Gesuchen um Gnade oder vorläufige Entlassung als Angelegenheiten des Ermessens ebenso untrennbar ist wie von der richterlichen Maßbestimmung, wird sich gern auch in weiterem Umfange auf den festen Boden der gesetzlichen Selbststrafkürzung stellen."

[9]) Richtig Zucker, Einige kriminalistische Zeit- und Streitfragen, Gerichtssaal 44. Bd. (1891), S. 12: „Wird er außerhalb des Gefängnisses bis an die äußerste Grenze hungern, wenn es ihm an ehrlicher Arbeit fehlt und die Gelegenheit sich ihm darbietet, durch eine kühne Tat seiner Nahrungssorgen für eine bestimmte Zeit ledig zu werden; wird er in der Freiheit der Versuchung widerstehen, dem Trunke anheimzufallen, und wird er den Zorn, die Wildheit, die er in der Gefangenschaft meistern mußte, auch dort bannen, wo er sich keines Zwanges bewußt ist und wo ihm, im Gegensatz zum geregelten Leben in der Strafanstalt, so vielfacher Anlaß zur Erregung und zum Ausbruch der Leidenschaft geboten werden kann? Keinerlei Verlängerung der Strafhaft bis zur „vollständigen Schuldverbüßung" wird die von den Anhängern der unbestimmten Strafdauer beabsichtigten Zwecke und Ziele vollkommen zu verwirklichen imstande sein und darum kann das Begehren, daß die Dauer der Strafzeit erst während des Strafvollzugs, ohne jede Rücksicht auf eine gesetzliche Bestimmung, nach dem freien Ermessen der Gefängnisbehörde bestimmt und festgesetzt werde, keine Berücksichtigung finden."

Generelle Vorschriften für den Inhalt der Maßregel ließen sich gar nicht geben, denn das, was für den einen als Mittel zur Besserung in Betracht kommen kann, könnte den Charakter des anderen schädigen. Dürfte sich ein „Sträfling", dem eine bestimmte, ihm nicht konvenierende Arbeit zugewiesen wird, nicht über eine schlechte Methode der Besserung mit Recht beklagen? dürfte er nicht einwenden, daß die ihm fehlende Arbeitslust und Arbeitsfreude durch eine andere Art der Beschäftigung leicht hätte geweckt werden können. Dürfte er nicht (mit Sternau, Abschaffung des Strafmaßes, Zeitschr. f. Strafrechtsw. 13 (1893) S. 59) sagen, weil der Anstaltsdirektor pfuscht, muß ich büßen?[10])

Der bessernde, veredelnde Einfluß, den Kunst und Wissenschaft auf den Menschen ausüben, ist bekannt. Sollen diese Mittel in den „Strafanstalten" unbenutzt bleiben? Einem gutmütigen, aber leichtsinnigen Mann, der in seinen ökonomischen Verhältnissen nicht Ordnung zu halten versteht, der leichtsinnige Schulden macht und wiederholt kleine Betrügereien begeht — wäre durch eine kluge, sparsame, umsichtige Hausfrau am besten zu helfen. Was soll der Mann im Gefängnis? müßte hier nicht am besten von staats-

---

[10]) „Und die Konsequenzen weiter gezogen, wenn der neu ernannte Direktor einer Strafanstalt seine Gefangenen nach anderer Methode behandelt als sein Vorgänger, dessen Behandlungsweise er allen Erfolg abspricht, so dürfen die 500 Sträflinge es als ein Glück im Unglück preisen, daß ihr bisheriger Aufenthalt im Gefängnis zwar fruchtlos gewesen ist und daher nicht angerechnet wird, daß sie dafür aber nach unfehlbarer Methode gründlich kuriert werden. Und wenn nun durch irgendein Ungefähr das Wirken des neuen Herrn Direktors in der Anstalt ein so kurzes ist, daß er die Kur seiner Sträflinge nicht durchzuführen vermochte, so haben die Sträflinge vielleicht das seltene unverdiente Glück, einer dritten Methode der Kur nochmals vom Anfang bis zum Ende unterzogen zu werden. Die 500 Sträflinge aber lassen alle Hoffnungen hinter sich und werden gut Freund mit den Kerkermauern, bis dann der neue Direktor zugleich konstatiert, daß ihre bisherige Behandlung eine gänzlich verfehlte war, die die Krankheit noch verschlimmert habe. Einige Jahre Strafzeit hinter sich, mehrere Jahre vor sich behufs Ausrottung der Auswüchse der verfehlten Kur, dann noch eine Anzahl Jahre, um die Kur des neuen Direktors voll wirken zu lassen, und sind die langen, langen Jahre vorüber — ein Zuchthäusler, der für die Freiheit verdorben ist." Sternau, Die Abschaffung des Strafmaßes in Zeitschr. f. Strafrechtsw. XV (1895), S. 59.

Auch Petit, Rat am Kassationshofe in Paris, weist auf der 4. Allgemeinen Versammlung der JKV. (Mitt. IV [1894], S. 332) auf die Härte hin, die darin liegt, daß man den Verbrecher Konsequenzen tragen läßt, denen man ihn selbst aussetzt. „Wenn man ihn in die korrumpierende Gemeinschaft mit anderen Verbrechern hineinstößt, wie sie die gemeinsame Haft mit sich bringt, so kann man seinen völligen Untergang mit fast mathematischer Gewißheit vorhersagen, während er unter anderen Verhältnissen vielleicht gebessert würde."

Sontag leugnet, daß die Strafe überhaupt bessern kann.

wegen dafür gesorgt werden, daß jener Mann eine Lebensgefährtin erhielte, die Ordnung in seinem Hause hielte?

Wie soll das Gefängnis stark sinnliche, leidenschaftlich veranlagte Menschen männlichen oder weiblichen Geschlechts, denen die Verhältnisse die Möglichkeit des Abschlusses einer Ehe versagen und die sich daher gegen die Geschlechtssittlichkeit vergehen, bessern? Auf welcher Grundlage soll der Direktor, die Strafvollzugskommission die Diagnose der eingetretenen Besserung vornehmen?

Könnte nicht jeder „Sträfling", unter Berufung auf von Liszt, der den Versuch, Menschen, welche das 20. Lebensjahr zurückgelegt haben, bessern zu wollen, gelegentlich für eine Utopie erklärt — seine Anhaltung im Gefängnis für eine unnütze Quälerei erklären?

Wie soll nun aber gar in einer Strafanstalt das Vorhandensein dieser an sich symptomatisch schwer feststellbaren Momente geprüft werden. Woran soll der Strafanstaltsvorsteher, der Lehrer, der Geistliche erkennen, ob sich der Dieb, der Notzüchtler, der Landesverräter usw. so weit gebessert haben, daß die Wiederholung strafbarer Handlungen von ihnen nicht zu befürchten ist. Was soll für diese Männer, die immer als „ausgezeichnete Menschenkenner" gedacht werden, als Symptom für diese Besserung dienen? Versicherungen und Beteuerungen sind wertlos. Mögen sie noch so ernst und ehrlich gemeint sein, so sind sie doch nur ein Urteil der Person über sich selbst, über die eigene Beschaffenheit und Disposition in einem bestimmten Zeitpunkte. Darüber, wie sich eine solche Person in geänderten Verhältnissen, selbst nur bei einer von der bisherigen abweichenden Ernährung verhalten dürfte, verbreiten diese Urteile gar kein Licht. Nicht nach Worten, nur nach Taten kann man Menschen beurteilen.

Das Bewußtsein eines Menschen spiegelt ihm seine Beschaffenheit für einen bestimmten Zeitpunkt, es gibt ihm aber keinerlei Auskunft darüber, wie er sich zu anderen Zeiten und unter anderen Verhältnissen verhalten wird.

Die Leiter der mit einem Durchschnittsbelag von 100—500 Köpfen bestehenden Strafanstalt sollen aber aus dem mehr oder weniger gleichmäßigen Hinvegetieren der Insassen der Anstalt die psychische Beschaffenheit derselben, die sich in deren Bewußtsein nicht einmal kundgibt, mit einer Sicherheit anschließen, welche die Grundlage bilden soll für das Urteil über die Länge der Strafdauer.[11])

---

[11]) Unter Besserung kann nicht bloß das äußere Merkmal einer guten, straffreien Aufführung am Straforte verstanden werden, „denn die Erfahrung lehrt uns, daß gerade die Gewohnheitsverbrecher sich am Straforte vollkommen hausordnungsmäßig zu halten wissen". „Der Bestrafte muß die Ungesetzlichkeit und

VII. In gleicher Weise wie die Leiter der Strafanstalt wären aber auch die Aufsichtsräte und Strafvollzugsämter, die für die Aufgabe der Feststellung der Strafe gleichfalls in Vorschlag gebracht werden, hierzu ungeeignet. Nach welchen Gesichtspunkten sollen dieselben entscheiden? Die Grundlage für die Entscheidung könnten doch nur die Berichte der Leiter der Strafanstalt und flüchtige Begegnungen mit den Sträflingen bei Besuchen in der Anstalt bilden; die Voraussetzungen für eine entsprechende Bemessung der Strafe wären hier in noch geringerem Maße als bei den Leitern der Strafanstalt vorhanden.[12])

Sträflichkeit, wie die Verwerflichkeit der Handlung, wegen welcher er verurteilt worden ist, vollkommen erkannt, die Tat aufrichtig bereut und seinem Willen, namentlich auch in bezug auf böse Gewohnheiten, Leidenschaften usw. eine solche Richtung gegeben haben, daß nicht nur keine Wiederholung der bestraften Handlung, sondern auch keine Gesetzesverletzung überhaupt mehr von ihm zu befürchten ist; mit einem Worte: er muß ein anderer geworden sein. Zu erkennen, daß diese Änderung im Denken, Fühlen und Wollen eines Gefangenen eingetreten sei — zu beurteilen, ob sie Bestand haben werde, ist freilich nicht leicht; einer Gefängnisverwaltung, welche die Strafen in gemeinschaftlicher Haft vollzieht, ist es fast unmöglich . . ." Wirth, Blätter für Gefängniskunde V (1871), S. 207.

Ähnlich Prins auf der 4. Allgemeinen Versammlung der JKV. (Mitt. IV [1894], S. 333): „Wie soll man in Gefängnissen, wo das Leben ganz künstlich, nicht natürlich ist, die Besserung resp. Unverbesserlichkeit feststellen."

[12]) Gegen diese Strafvollzugskommissionen bes. Wach, Reform der Freiheitsstrafe (1890), S. 53; Sternau, Abschaffung des Strafmaßes in Zeitschr. f. Strafrechtsw. XV (1891), S. 71: „Es wird eingewendet werden, die Mitglieder brauchen Qualifikationslisten und Aufschlüsse des Direktors nicht zu glauben, sie können und ihrer Pflicht gemäß sollen sie die Sträflinge persönlich kennen lernen usw. Nun belehrt uns der berufseifrige Krohne auf S. 348 seines gediegenen Werkes über Gefängniskunde, daß der Anstaltsbeamte Zeit zu einem einmaligen 10 Minuten lang währenden Besuch im Monat habe. Wenn bei der großen Zahl der Sträflinge der Berufsbeamte nur diese wenigen Minuten für einen Sträfling übrig hat, wieviel Zeit wird dann dem mit anderen Amts- oder Berufsgeschäften belasteten Kommissionsmitglied zur Verfügung stehen, um jeden einzelnen Sträfling kennen zu lernen? Die sanguinischen Hoffnungen, welche von Liszt (Zeitschr. f. Strafrechtsw. IX [1884], S. 494 und X [1890], S. 54) auf das Strafvollzugsamt setzt, vermag ich demnach nicht zu teilen." — Derselben Anschauung R. Schmidt, Aufgaben der Strafrechtspflege (1895), S. 128, und Binding, Grundriß (7. Aufl.), S. 237.

Hierher gehört auch, was Foinitzky auf der 4. Allgemeinen Versammlung der JKV. in Paris (1893), (Mitt. der JKV. IV, S. 329) gegen den Vorschlag einer nachträglichen Abänderung der durch gerichtliches Urteil festgesetzten Strafe vorgebracht hat: „Eine heikle Frage ist die nach der Behörde, welche das erste Urteil umändern soll. Die Verwaltung ist sicherlich kompetent, wenn es sich um Wahrung und Schutz der Interessen der Gesellschaft handelt: Es läge keine Gefahr vor, wenn man ihr die Vollmacht gäbe, das gefällte Urteil abzumildern . . . Sie ist aber keineswegs das geeignete Organ, um die Einzelrechte dem Gesamtinteresse zu

VIII. Der oben erwähnte Vorschlag ignoriert endlich die große Bedeutung, welche für das Recht als einer die Handlungen der Individuen beeinflußenden ethischen Macht der Umstand spielt, daß die Anwendung des Rechts im einzelnen Falle innerhalb gewisser Grenzen einer Nachprüfung, einer Kontrolle unterworfen ist. Wenn in Zukunft in den Urteilen lediglich erkannt würde, daß der Verurteilte bis zu erfolgter Besserung in Strafe anzuhalten sei, so fehlt der Allgemeinheit jede Möglichkeit einer Kontrolle dieser einschneidenden, von einer staatlichen Behörde ergangenen Verfügung. Man darf sich darüber nicht täuschen, daß die Allgemeinheit sich nicht dazu herbeilassen wird, sei es Gerichten, sei es Organen des Strafvollzuges, eine so weitgehende Macht einzuräumen, deren Gebrauch gar nicht entsprechend überwacht werden kann, gegen deren Mißbrauch daher eine Berufung an das Urteil der Allgemeinheit ausgeschlossen wäre.

Heute muß die Strafe nach ihrer Schwere und Dauer zu gewissen objektiven Merkmalen in Beziehung stehen — künftig sollen für deren Zumessung rein subjektive Momente bestimmend sein, die noch dazu symptomatisch sehr schwer feststellbar sind. Gegen Willkür, geflissentlichen Mißbrauch dieser ungeheuren, unkontrollierbaren Macht der staatlichen Organe gäbe es gar keinen oder einen höchst problematischen Schutz: an die Stelle der durch Normen geregelten Strafanwendung würde ein auf vieldeutige, verschwommene, unsichere, symptomatische Momente basiertes subjektives Ermessen treten. Gar bald würde neu die Erkenntnis aufdämmern, daß die Gefahren eines Gesetzes, welches nicht allen individuellen Momenten gerecht wird und gerecht werden kann, unendlich geringere sind als die Preisgabe jemands an Irrtümer, Schwächen, Willkür, Bosheit von Menschen, an das Ermessen einzelner, das nicht nachgeprüft werden kann.[13])

---

opfern . . . Nehmen wir nun an, die Gerichte griffen hier ein: bisher befinden sie nur über Rechte und Pflichten der Angeklagten, über ihre Schuld oder Unschuld, kürz über tatsächliche Verhältnisse; hierzu bedürfen sie bereits einer Anzahl von Beweisen, von äußeren Symptomen, um den Angeklagten verstehen zu können; und dennoch laufen Irrtümer mit unter. van Hamel will nun ihre Vollmacht nicht nur auf äußere und konkrete Tatsachen, sondern auf Entschlüsse erstreckt sehen, auf rein innerliche Vorgänge; er will ihnen die Entscheidung anvertrauen nicht über Geschehenes, sondern über Zukünftiges, nicht über die Schuldfrage, sondern über die Besserungsmöglichkeit, über die Gefahr, die der Gesellschaft seitens des Individuums droht. Daß unsere gegenwärtigen richterlichen Behörden solchen Aufgaben nicht gewachsen sind, ist zweifellos."

[13]) „Es wäre das idealste, wenn die Strafpflege in jedem einzelnen Falle über die Strafbedürftigkeit des Täters entscheiden und bejahenden Falles, wie die ärztliche Kunst, dasjenige Mittel anwenden könnte, das ihr als das heilsamste schiene. Es fehlt in der Geschichte nicht an Beispielen solcher Strafpflege. Nur wäre sie

III. Die Grundlage für die gesetzliche Regelung der Strafzumessung kann nur der Vergeltungsgedanke bilden. Nähere Ausführung der Grundsätze für die gesetzliche Regelung.

I. Der Zweck der Besserung des Übeltäters kann die Grundlage für staatliches Strafrecht nicht abgeben. Maßregeln, die sich nur von diesem Zwecke leiten lassen, führen in ihrer letzten Konsequenz zur Abschaffung des staatlichen Strafrechts und Ersatz desselben durch eine Reihe von Verwaltungsmaßregeln, denen man den Namen Strafe geben kann, die aber trotzdem mit der Strafe des heutigen Rechts, welche eine Rechtsfolge für ein im Gesetz näher bezeichnetes Verhalten ist, nichts mehr gemein haben. Die von den Radikalen erhobene Forderung einer völligen Abschaffung des Strafmaßes ist ebenso wie die von den Zaghafteren und politisch Bedächtigeren aufgestellte Forderung einer Abschaffung der richterlichen Strafzumessung, nur eine der Konsequenzen eines Gedankens, dessen Verwirklichung der Abschaffung des heutigen Strafrechts gleichkommt.

Das Strafrecht als ein Teil der Rechtsordnung steht und fällt mit dem Vergeltungsgedanken. Wer dessen Existenz oder Berechtigung bestreitet, muß zu dem Ergebnisse kommen, die Möglichkeit einer Regelung des Verhältnisses zwischen gewissen Taten und Folgen im Wege von Rechtsnormen in Abrede zu stellen. Alle Paragraphen des heutigen Strafgesetzes müssen durch den einen ersetzt werden: Die Behörden des Staates sind ermächtigt, gegen Personen, deren Verhalten ein „antisoziales“ ist, die Maßregeln zu ergreifen, welche erforderlich sind, um die Gesellschaft zu schützen und die Antisozialen sozial zu bessern.

Die Strafzumessung innerhalb des Rahmens gesetzlicher Vorschriften ist ein Charakteristikum der rechtlich geregelten Reaktion des Staates gegen gewisse Handlungen, sie ist ein unentbehrliches Kennzeichen der Strafe als einer Rechtsfolge.[14])

---

dann keine Rechtspflege mehr. Die Gefahren, die aus einer solchen Freiheit der Strafpflege erwüchsen, wären größer als die aus den Verbrechen kommenden.“ Seuffert, Ein neues Strafgesetzbuch für Deutschland (1902), S. 11.

[14]) „Festlegung der Tatbestände und Strafgrenzen nötigt die Rechtspflege und als deren Führerin die Rechtslehre in Schrift und Wort zu logischer Arbeit, deren rücksichtslose Ergebnisse uns Juristen, zum Teil ohne unser Verschulden, bei dem Publikum in Mißkredit gebracht haben. Indem wir aber das Werk der Rechtslogik verrichten, geben wir der Strafbehandlung den Charakter der Rechtsbehandlung und sichern sie dadurch vor der Gefahr der Willkür und vor dem Verdachte der Willkür, das eine so bedenklich für die Rechtspflege wie das andere. An dem Rechtscharakter der Strafe muß man festhalten.“ Seuffert, Ein neues Strafgesetzbuch für Deutschland S. 12.

Stellt man sich auf diesen Standpunkt, dann erhellt, daß das Gesetz die Grundsätze über die Strafzumessung nicht entraten kann; nicht das „ob“ solche Grundsätze bestehen müssen, steht noch in Frage, sondern das „wie“ derselben.

Diese Frage soll nun noch zuletzt betrachtet werden.

II. Die heutigen Strafgesetze geben mannigfache Anweisungen über die Zumessung der Strafe im einzelnen Falle: Die wichtigste Grundlage für die Strafzumessung bildet die Zusammenfassung aller strafbarer Handlungen nach gewissen gemeinsamen Merkmalen in Gruppen, die gesetzliche Prägung der einzelnen deliktischen Tatbestände, denen eine im Gesetze bezeichnete Strafe gedroht wird. Anweisungen für die Strafzumessung enthalten weiter alle Vorschriften, die unter dem Genus der dem Gesetze bekannten Straftaten noch durch besondere Umstände qualifizierte und privilegierte Unterarten hervorheben. Weiter enthalten manche Gesetze in ihren allgemeinen Teilen, sei es für alle Arten oder besondere Gruppen von Straftaten vorgesehene Erschwerungs- bezw. Milderungsgründe; endlich dehnen manche Gesetze den Strafrahmen nach oben oder unten aus für Fälle des Vorhandenseins von im Gesetze nicht besonders benannter erschwerender oder mildernder Umstände.

III. Da zur Unterscheidung der einzelnen verbrecherischen Tatbestände im allgemeinen das durch die Handlung getroffene Rechtsgut dient, so scheint zunächst für die Strafzumessung grundlegend die Tat nach ihren objektiven Momenten. Dies ist aber insofern nur mit einer Einschränkung richtig, als die Tat grundsätzlich nur soweit verantwortlich macht, als sie wissend und wollend bewirkt worden ist. Bei allen vorsätzlichen Delikten ist daher ein subjektives Moment der rechtsfeindliche Wille, der Wille, ein bestimmtes Rechtsgut zu treffen, Grundlage für die Strafzumessung. Auch bei fahrlässigen Delikten fehlt das subjektive Moment nicht. Die Intensität des Täterwillens wird aber in Zukunft (wie unten näher ausgeführt wird) mehr Berücksichtigung finden müssen als im heutigen deutschen StG.[15])

[15]) So u. a. schon Merkel, Gutachten zum 9. deutschen Juristentag, 1. Bd. S. 53: „bei der Bestrafung einer Handlung sind nur solche Umstände und nur solche Eigenschaften und Folgen in Betracht zu ziehen, bezüglich welcher entweder rechtswidriger Vorsatz oder Fahrlässigkeit bei den Handelnden vorliegt“, ferner Mittelstädt, Für und wider die Freiheitsstrafen, Zeitschr. f. Strafrechtsw. II (1881), S. 446; Richard Schmidt, Die Aufgaben der Strafrechtspflege (1895), S. 137 fg.

Das Postulat mehrerer Berücksichtigung der persönlichen Eigenschaften bei Festsetzung des Strafensystems wird allgemein aufgestellt. Vgl. z. B. Seuffert, Verhandlungen des Deutschen Juristentags (1890), I, S. 253; Appelius, Reformbestrebungen auf dem Gebiete des Strafrechts, Zeitschr. f. Strafrechtsw. XII (1892),

Die Abstufung der Strafe nach Maßgabe der Bedeutung des in der verbrecherischen Tat sich äußernden verbrecherischen Willens wird als ein richtiges Prinzip in der Gesetzgebung beizubehalten sein. Hierbei müssen zunächst die einzelnen Rechtsgüter gegeneinander gewertet und danach eine Skala der Rechtsgüter aufgestellt werden. Bei Festsetzung der Strafrahmen für die einzelnen Verbrechensgruppen wird zu erwägen sein, ob sich nicht Fälle von Verletzungen des höherwertigen Rechtsgutes denken lassen, welche eine mildere Strafe verdienen als die denkbar schwersten Verletzungen des in der Reihenfolge der Rechtsgüter unmittelbar folgenden minderwertigen Rechtsgutes. Im Falle der Bejahung dieser Frage wird der Gesetzgeber zu übergreifenden Strafrahmen kommen. Das Minimum der Strafe, welche der Verletzung des höher gewerteten Rechtsgutes gedroht ist, wird niedriger sein müssen als das Höchstmaß der Strafe, welche wider die Verletzung des geringer gewerteten Rechtsgutes angesetzt ist.

Ebenso empfehlen sich übergreifende Strafrahmen, wenn das Gesetz neben dem Genus der einzelnen Straftaten noch privilegierte oder qualifizierte Unterarten anerkennt.

Die Strafe des qualifizierten Verbrechensfalles dürfte aber dann nicht unter das mittlere Strafmaß der wider den einfachen Fall angedrohten Strafe herabgehen, anderseits dürfte das Maximum der wider die privilegierten Fälle angedrohten Strafe nicht über das mittlere Strafmaß der Strafe der einfachen Fälle hinaufragen.[16])

IV. Durch Aufstellung der verschiedenen Verbrechensarten, durch Anerkennung qualifizierter und privilegierter Unterarten gibt der Gesetzgeber ein Urteil ab über die Momente, welche bei der Strafzumessung als die Strafe erhöhende und mindernde ins Gewicht fallen. Diese Werturteile hat der Richter bei Festsetzung der Strafe innerhalb des relativ bestimmten Strafmaßes zu berücksichtigen. So wird z. B. die Provokation bezw. die infolge einer Provokation vorhandene gerechte Erregung bei Begehung einer strafbaren Handlung gegen die Provokanten als ein die Strafe minderndes Moment nicht nur in Betracht kommen, wenn es sich um eine Tötung

---

S. 6; R. Schmidt a. a. O.; Birkmeyer, Reform der Deutschen Strafgesetzgebung, Goltd. Archiv 48 (1901), S. 77; v. Liszt, Auf welchen Grundsätzen ist die Revision des Strafgesetzbuchs in Aussicht zu nehmen (Gutachten für den 26. Deutschen Juristentag [1902], I, S. 288), auch ges. Aufsätze u. Vorträge II, S. 383; Kahl, Referat am 26. Deutschen Juristentag, Verhandl. III, S. 235 u. v. a.

Gegen die Forderung v. Liszts, daß „für Art und Maß der Strafe die antisoziale Gesinnung des Täters maßgebend sei", vgl. v. Bar, Reform des Strafrechts, S. 15.

[16]) Vgl. auch Lammasch, Kriminalpolitische Studien, Gerichtssaal 44 (1891), S. 197.

(§ 213 StG.) handelt, sondern es wird diesem Momente die gleiche Bedeutung zuzuerkennen sein bei Verübung einer Körperverletzung, einer Beleidigung.[17])

Rein mechanisch darf bei solcher analoger Anwendung von Vorschriften des Strafgesetzes allerdings nicht vorgegangen werden. Es wäre ein Fehler, würde man z. B. die Provokation als ein ganz allgemein strafminderndes Moment ansehen und beispielsweise auch die mildere Bestrafung einer Freiheitsberaubung nach § 239 StG. oder gar eines Diebstahls durch solchen Hinweis rechtfertigen wollen. Der analogen Anwendung eines qualifizierenden oder privilegierenden Momentes wird immer eine Prüfung vorauszugehen haben, ob die Umstände in dem Falle, in welchem analoge Anwendung einer Vorschrift platzgreifen soll, jenen der Vorschrift durchaus entsprechen. Eine nähere Analyse der Momente, welche bei einer Tötung, Körperverletzung, Beleidigung infolge von Provokation vorliegen, ergibt, daß dieselben nicht nur individuell, sondern generisch anders geartet sind wie in dem Falle, in welchem z. B. gegen den Provokanten ein Diebstahl verübt wird. Bei Verletzung eines Provokanten kann eine ähnliche psychische Disposition wie bei Abwehr eines Angreifers, bei Ausübung einer Notwehr, vorliegen; der Diebstahl an einem Provokanten kann dem Wunsche, sich zu rächen oder einer ähnlichen psychischen Tendenz entspringen, die von der früher erwähnten sich wesentlich unterscheidet.

V. Das eben Hervorgehobene leitet über zur Erwägung, ob es sich empfiehlt, in dem allgemeinen Teile des Strafgesetzes eine Bestimmung über erschwerende und mildernde Umstände aufzunehmen.[18]) Die Aufnahme

---

[17]) So auch Hälschner, Deutsches Strafrecht I, S. 639; Kahl, Referat zum 26. Deutschen Juristentag, Verhandl. III, S. 236.

[18]) In der älteren Gesetzgebung findet man derartige „Bestimmungen von der Zumessung der Strafen und von Milderungs- und Schärfungsgründen" u. a.

im bayrischen Strafgesetzbuch vom 6. Mai 1813, Art. 90–95;

im Strafgesetzbuch für Oldenburg, Art. 97—101;

in dem auf dem bayrischen Strafgesetzbuch beruhenden Strafgesetzbuch für das Königreich Württemberg vom 1. März 1839, Art. 107—111;

im Kriminalgesetzbuch für das Herzogtum Braunschweig vom 10. Juli 1840, §§ 63—66;

im Kriminalgesetzbuch für das Königreich Hannover vom 8 August 1840, Art. 91—102;

im Strafgesetzbuch für das Großherzogtum Hessen vom 17. September 1841, Art. 118 122, und in dem auf demselben beruhenden Strafgesetzbuch für das Herzogtum Nassau vom 14. April 1849, Art. 117–121;

im Strafgesetzbuch für das Großherzogtum Baden vom 6. März 1845, §§ 150—157;

im Thüringschen Strafgesetzbuch (1850), Art. 42, 44, 46, 48, 49;

im österreichischen Strafgesetzbuch vom 27. Mai 1852, §§ 43—47.

solcher Bestimmungen in den allgemeinen Teil enthielte, weil sie eben im allgemeinen Teil aufgenommen ist, die Anweisung, an den Richter die be-

---

Mehr oder minder allgemeine und als solche selbstverständliche, praktisch wertlose Verfügungen, die Strafe im einzelnen Falle nach der Schwere der Tat zu bemessen, enthalten: das Königl. Sächsische Kriminalgesetzbuch vom 30. März 1838 und das auf demselben beruhende Kriminalgesetzbuch für Sachsen-Altenburg vom 3. März 1841, Art. 42, 43.

Die preußischen Entwürfe bis 1843 hatten bestimmte Strafzumessungsgründe, und zwar solche, deren Wirkung sich nur bei Bemessung der Strafe innerhalb des Strafrahmens geltend machte, und solche, deren Vorhandensein ein Sinken der Strafe unter das normale Minimum, oder eine Steigerung über das normale Maximum zur Folge hatte. Am zahlreichsten waren sie im Entwurfe vom Jahre 1843 (§§ 106—110). Die Revision des Jahres 1845 ließ dieses System wegen der gegen dasselbe vorgebrachten Einwendungen fallen.

„Vermeide man," so heißt es, „dergleichen Bestimmungen im Strafgesetzbuch gänzlich, so gebe man dem Richter die Macht, vieles Tatsächliche selbständig zu eruieren. Dies sei aber nach dem Vorgange der Code pénal ganz zulässig. Man wolle abstrakte Regeln aufstellen, da es doch Sache des Richters sei, von jedem einzelnen Falle eine konkrete Anschauung zu gewinnen. Der Richter habe gleichsam einen moralisch juristischen Fall zu würdigen und befinde sich dabei in einem ähnlichen Verhältnisse, wie der Arzt, dem man nicht durch Aufzählung aller möglichen Symptome an Krankheiten die richtige Methode für die Behandlung des einzelnen Falles vorschreiben könne. Vollends unausführbar sei das System den Geschworenengerichten gegenüber. Gebe das Gesetz solche faktische Momente der Zumessung dem Richter an, so seien auch die Fragen darüber den Geschworenen vorzulegen; und doch ließen sich die meisten derselben gar nicht in bestimmte Fragen einkleiden, die mit Ja oder Nein beantwortet werden könnten."

Von den österreichischen Entwürfen hat der älteste, der Entwurf Hye aus dem Jahre 1867, an dem System der benannten erschwerenden und mildernden Umstände festgehalten. Die Motive äußern sich hierzu folgendermaßen:

„Bei der unendlich reichen Mannigfaltigkeit des Lebens ist es eine kaum zu lösende Aufgabe, alle jene Umstände im Gesetze erschöpfend auszuführen, welche geeignet sind, die Bemessung einer höheren oder geringeren Strafe innerhalb der hierfür vom Gesetze gesteckten Grenzen zu begründen: manche neuere Gesetzgebungen haben sich daher veranlaßt gefunden, entweder jede Aufzählung allgemeiner Zumessungsgründe aufzugeben oder sich doch darauf beschränkt, den Richter in kurzen Worten anzuweisen, daß auch bei der Strafbemessung sowohl die objektive Seite der Tat als die subjektive Willensrichtung des Schuldigen gehörig zu würdigen sei. Dennoch schien es wesentlich, die Erschwerungs- und Milderungsumstände im Gesetze selbst, und zwar in ausführlicher und gemeinfaßlicher Weise, zu präzisieren; einerseits darum, weil die spruchrichterliche Praxis der österreichischen und anderer einer solchen gesetzlichen Enumeration entbehrender Länder zeigt, daß die Richter nach Maßgabe ihrer subjektiven Auffassung das Mannigfaltigste unter die Erschwerungs- und Milderungsumstände einreihen, und weil insbesondere die französische Jurisprudenz seit dem Gesetz vom Jahre 1832 selbst das Barokeste unter die circonstances attenuantes einzuschachteln pflegt; anderseits aus dem Grunde, weil man bei der zu gewärtigenden Einführung von Schwurgerichten wohl zu einer logisch konsequenteren

treffenden Momente bei allen deliktischen Tatbeständen des besonderen Teiles bei der Strafzumessung als erschwerende und mildernde in Rechnung zu

und in sich richtigeren Schwurgerichtsgesetzgebung gelangen dürfte, als es die bisherige von den deutschen Strafprozeßordnungen leider nur der französischen Legislation nachgebildete ist, welche durch ihre innerlich unwahre Haarspalterei des richterlichen Urteils in Entscheidung über die Tat- und über die Rechtsfrage, und insbesondere durch ihr unheilbringendes Fragen-System den gesunden Kern der britischen Jury völlig zerstört hat. Wird aber einst eine verständigere Einrichtung sich in den deutschen Schwurgerichts-Gesetzen Platz machen, so werden die Geschworenen allerdings auch über das Dasein einzelner Erschwerungs- und Milderungsumstände zu entscheiden haben."

Der erste Glasersche Entwurf (1874) ist im Anschlusse an das Deutsche RStG. vom System der benannten Strafzumessungsgründe abgewichen; es wird dies folgendermaßen begründet:

„Hinsichtlich der Bestimmungen über Strafzumessung und in Betreff der Strafsätze weicht der Entwurf sowohl von dem geltenden Gesetze, als von den früheren Entwürfen wesentlich ab.

Das Strafgesetz vom Jahre 1852 stellt eine Reihe von Strafzumessungsgründen auf, welche in Erschwerungs- und Milderungsgründe zerfallen. An der Hand derselben hat der Richter innerhalb des Strafsatzes die Strafe auszumessen, und nach Maß, als die einen oder anderen überwiegend sind, von ihnen zur Verschärfung oder Verringerung der Strafe Anwendung zu machen. Ähnliche Bestimmungen enthielt die frühere Regierungsvorlage und der Ausschußentwurf. Der vorliegende Entwurf hat dagegen für die Zumessung der Strafe innerhalb des gegebenen Strafsatzes Regeln nicht aufgestellt. Die gesetzliche Feststellung der Strafzumessungsgründe könnte nur dann von Nutzen sein, wenn es gelingen würde, diese Gründe taxativ aufzuzählen, und weiter zu bestimmen, welcher Wert jedem einzelnen der Gründe beizulegen ist. Weder ist das Erstere bis nun gelungen, noch konnte für das Letztere ein Wertmesser gefunden werden; die einzelnen Strafzumessungsgründe haben eine verschiedene Bedeutung, und es kommt bei Anwendung derselben nicht auf das Abzählen, sondern auf die Würdigung ihres Gewichts an, für welches aber ein adäquater Ausdruck nicht zu finden ist. Die Folge davon ist, daß das richterliche Ermessen sich dennoch innerhalb des ihm gegebenen Rahmens frei bewegt und daß die Aufstellung der Strafzumessungsgründe nur als Anweisung dient, in welcher Weise vorzugehen ist. Das Gesetz hat aber nicht den Beruf des Lehrbuches zu übernehmen und kann bei dem Richter die gehörige Würdigung der für die Strafzumessung maßgebenden objektiven und subjektiven Momente füglich voraussetzen."

Der schweizerische Vorentwurf eines Strafgesetzbuches von Stooß hat den beachtenswerten Weg eingeschlagen, den Richter zu ermächtigen, bei Bestand von im Entwurfe hervorgehobenen Momenten die Strafe innerhalb bestimmter Grenzen zu mildern (Art. 35-37 des Vorentwurfes von Stooß; Art. 38-40, Entwurf nach den Beschlüssen der Expertenkommission).

Daneben ist in den Art. 37 bezw. 40 noch die unbeschränkte Milderung der Art und des Maßes der Strafe nach freiem Ermessen des Richters vorgesehen. Diese unbeschränkte Milderung ist zulässig im Falle verminderter Zurechnungsfähigkeit (Art. 8 des Stooßschen Vorentw.; Art. 11 des Entw. d. Expertenkommission); bei versuchter Anstiftung zu einem mit Zuchthaus bedrohten Verbrechen und bei Versuch mit untauglichem Mittel oder an untauglichem Objekt (Art. 14 bezw. Art. 17 — enthält nur letzteren Fall —); bei Überschreitung der Notwehr (Art. 15 bezw. Art. 19); im Falle des Notstandes (Art. 16 bezw. Art. 20); Begehung eines Verbrechens auf Befehl oder Weisung einer Person, der der Täter untergeben ist (Art 17 des Stooßschen Entw. in den Entw. der Expertenkommission nicht aufgenommen); Widerruf falscher Zeugenaussage oder falschen Gutachtens (Art. 172 bezw. 196); Begehung einer Übertretung aus Unkenntnis einer Vorschrift (Art. 185 des Stooßschen Entw. in den Entw. der Expertenkommission nicht aufgenommen).

Der Vorentwurf vom Jahre 1903 kennt auch neben der Strafmilderung aus bestimmten, im Gesetz angegebenen Gründen noch die Strafmilderung nach freiem Ermessen des Richters (Art. 50).

Ermächtigt das Gesetz den Richter ausdrücklich zu dieser Milderung, „so ist der Richter an die Strafart und das Strafmaß, die für das Verbrechen angedroht sind, nicht gebunden." Diese Ermächtigung ist, soviel ich sehe, dem Richter nur erteilt für die Fälle „verminderter Zurechnungsfähigkeit des Täters" (Art. 16), des untauglichen Versuchs und des Rücktrittes vom Versuche (Art. 21), der Überschreitung der Notwehr (Art. 24). des Notstandes (Art. 25), Widerruf falscher Aussage, falschen Gutachtens (Art. 207).

Diese Vorschläge der schweizerischen Entwürfe werden von Hoegel, Straffälligkeit und Strafzumessung, S. 99, mißbilligt; Hoegel findet, daß sich der praktischen Durchführung dieser Vorschläge große Schwierigkeiten entgegenstellen werden, „auch bleibt die Gefahr, daß in ihrem Werte gleiche, aber nicht ausdrücklich vorgesehene Milderungsumstände vorkommen können und ihre Nichtberücksichtigung im Gesetze zu Unbilligkeiten, Ungleichheiten und Härten in der Anwendung führen kann" Nach den Erfahrungen an dem österr. Strafrecht kann nur gefordert werden, daß das außerordentliche Milderungsrecht verschwinde und die Strafsätze durch entsprechende Weite den Umständen aller Fälle Rechnung tragen, „soweit dies die Rücksicht auf die Tat zuläßt," in das Ausnahmen nur für das jugendliche Alter, welches besondere Behandlung erheischt und für die Fälle des Versuches und der Schadensgutmachung gemacht würden. Zustimmung haben die Vorschriften des Stooßschen Entwurfes gefunden bei v. Lilienthal, Zeitschr. f. Strafrechtsw. 15, S. 148.

Eine sehr eingehende Behandlung widmet den Milderungsgründen das Italienische Strafgesetz vom 30. Juni 1889 in den Artikeln 47 fg.

„Diese nicht bloß beispielsweise, sondern in erschöpfender Aufzählung angeführten, allgemeinen und besonderen Erschwerungs- und Milderungsumstände, die eine Erhöhung oder Verminderung desjenigen Strafmaßes, auf welches sonst zu erkennen gewesen wäre, um eine bestimmte Größe oder bis zu einer bestimmten Grenze nach sich ziehen sollen", finden die volle Zustimmung von Lammasch, Kriminalpolitische Studien, G.S. 44. Bd., S. 147, bes. 198. Lammasch a. a. O., S. 202, meint, daß das System des italienischen StG. „in höherem Maße Garantien einer sowohl gerechten als wirksamen Strafjustiz zu gewähren scheint als das System des deutschen StG."

Holtzendorff im Gerichtssaal 40. Bd. (1888), S. 328, nennt die erwähnten Strafbestimmungen des Italienischen StG. (damals noch Entwurfes) „sehr bemerkenswert".

Zustimmend äußert sich u. a. auch R. Schmidt, Aufgaben der Strafrechtspflege zu Art. 431 des StG., welcher die Berücksichtigung des Werts des Deliktsobjektes bei allen Vermögensdelikten (Diebstahl, Raub, Erpressung, Betrug, Hehlerei usw.) anordnet.

Gerade entgegengesetzt äußert sich Hoegel (Straffälligkeit und Strafzumessung, S. 95) — er fürchtet, daß dem Richter nach der ihm vom italienischen StG. zugemuteten mathematischen Vorarbeit der ganze Überblick darüber verloren geht, was ihm von der Persönlichkeit des Angeklagten und dessen Tat zu würdigen übrig bleibt. Diese mathematische Umsetzung von Strafwürdigkeitsgründen in gemeine Brüche kann nie allgemein stimmen und das Verhältnis der Schwere des Strafmittels und seiner Folgen zur Empfindlichkeit des zu Strafenden, die Mannigfaltigkeit der Beziehung der Strafzumessungsgründe zu einander, zur Tat und zum Täter verblaßt. In den gekünstelten Aufstellungen des italienischen StG. liegt eine geschraubte Einschränkung der richterlichen Strafzumessung, ohne dem Richter eine Richtschnur für sein weiteres Verhalten in Ansehung der Ausmessung im ermittelten Strafrahmen zu geben. „Mir ist unbegreiflich, wie sich Lammasch dafür erwärmen kann."

Im gewissem Gegensatz zum italienischen Strafgesetze gewährt das niederländische vom 3. März 1881 dem Richter bei Bemessung der Strafe eine so große Freiheit der Bewegung, daß Lammasch (a. a. O. S. 202) sich mit Recht äußert, daß das Wesen dieses Gesetzes „in der Abdankung des Gesetzgebers zugunsten des Richters liegt." „Der letzte Grund einer solchen Scheu vor der Abschätzung der typischen Größe der einzelnen Verbrechensarten und des unfruchtbaren Bestrebens, den individuellen kriminalistischen Wert, wenn ich so sagen darf, des einzelnen Verbrechensfalles zu ergründen, liegt, wie wir bereits gesehen haben, in den selbstquälerischen Zweifeln an der Berechtigung des Strafrechtes überhaupt. Dieser verderblichen Strömung der Zeit nicht nachzugeben, sondern ihr, so weit dies möglich ist — selbstverständlicherweise ohne den Bogen bis zum Springen zu spannen — entgegenzuwirken, ist Aufgabe des Gesetzgebers. Warum sollte der moderne Staat, dem es doch sonst an Zuversicht in seine Weisheit und in seine Kraft wahrlich nicht fehlt und der sich unter dem Titel der Verwaltung die schwersten Eingriffe in die Rechte seiner loyalsten Untertanen erlaubt, gerade auf dem Gebiete der Strafrechtspflege, also dort, wo die Eingriffe in die Freiheit solcher Individuen erfolgen, welche unsittlich oder doch ordnungswidrig gehandelt haben, von einer sonst ihm völlig fremden Zaghaftigkeit sich beherrschen lassen?"

Das niederländische System, welches bezüglich des Strafmaßes den Richter nur durch ein Höchstmaß beschränkt, aber besondere Mindestmaße für die einzelnen Delikte nicht kennt — findet den Beifall van Hamels (Strafgesetzgebung der Gegenwart I, 196), welcher der Meinung Ausdruck gibt, daß gerade dieses System dem Strafgesetzbuch den Stempel nationaler Eigenart aufdrückt. „Es beruht in einem weitgehenden Vertrauen in die Unparteilichkeit des Richterstandes, das durch die bisherige Praxis, welche nicht einmal Klagen, geschweige denn Mißbräuche zutage gefördert hat, in vollem Umfange gerechtfertigt ist."

Das norwegische Strafgesetzbuch vom 22. Mai 1902 kennt keine allgemeinen Strafzumessungsgründe und die Motive äußern sich wie folgt: „Der Entwurf sieht, entsprechend den meisten neueren Gesetzen, davon ab, allgemeine Strafausmessungsgründe aufzuzählen, d. h. solche Umstände, die für die Strafausmessung innerhalb des gewöhnlichen Strafrahmens von Einfluß sind. Es läßt sich bei einer derartigen Aufzählung schwer vermeiden, nur Selbstverständliches oder zu wenig oder zu viel zu sagen."

Die Ansichten der Theoretiker über die **Zweckmäßigkeit exemplifizierender Aufzählung von erschwerenden und mildernden Umständen im Gesetze** gehen auseinander.

Als **Gegner** einer derartigen Aufzählung sind neben denjenigen, welche einer Abschaffung des Strafmaßes überhaupt das Wort reden, zu nennen:

Hälschner, Deutsches Strafrecht I, S. 640 u. Anm. 2 u. S. 646.

Binding, Strafgesetzgebung, Strafjustiz, Zeitschr. f. Strafrechtsw. I, (1881) S. 13.

Merkel in Holtzendorffs Handbuch IV, S. 209, bes. S. 214 Anm. 7.

H. **Meyer-Allfeld**, Strafrecht, 6 A., S. 328.

Lammasch, G. S. 44. Bd., S. 198, weil eine solche Aufzählung niemals eine erschöpfende sein kann und daher die Gefahr nahe liegt, daß sie irreführend wirkt, weil sie das Gericht leicht verleitet, auf die vom Gesetze aufgezählten Umstände unter Vernachlässigung nicht aufgezählter ein ungebührliches Gewicht zu legen und die im Gesetze genannten Umstände bloß ihrer Menge nach, nicht vielmehr nach dem ihnen im individuellen Falle zukommenden Gewicht in Anrechnung zu bringen.

Clausius, Gerichtssaal, 57. Bd. (1900), S. 428.

Finger, Lehrbuch des deutschen Strafrechts I, S. 513.

Hans **Groß** in ges. kleinen Aufsätzen, S. 53 und in einer beiläufigen Bemerkung.

Lohsing, in Groß-Archiv 24. Bd, S. 6.

v. **Bar**, Reform des Strafrechts, S. 12.

Für eine beispielsweise Aufzählung gesetzlicher Strafzumessungsgründe im Gesetz haben sich in neuerer Zeit ausgesprochen:

Röder, Über die strafrechtliche Zurechnung und Zumessung, Gerichtssaal, 26. Bd. (1874) S. 87.

Häberlin, Gerichtssaal 1875, S. 610; **Wahlberg**, Das Maß und die Wertberechnung im Strafrecht (Deutsche Revue 1879), Ges. kleine Schriften III, S. 108.

Medem, Das Problem der Strafzumessung, im Gerichtssaal, 40. Bd. (1888), S. 176 fg. unter Aufstellung eines Strafzumessungsschemas.

Wach, Reform der Freiheitsstrafe, S. 43, und im Anschlusse an ihn **Sichart**, Die Reform der Freiheitsstrafe nach deutschem Recht, Z. 11, S. 496; **Birkmeyer** in dem in der jurist. Gesellschaft München am 22. Februar 1901 gehaltenen Vortrage (Goltdammers Archiv 48, S. 76); **Kahl** im Referate zum 26. Deutschen Juristentag, (Verhandlungen 3. Bd., S. 236) und Deutsche Juristenzeitung 1908, Nr. 16/17, S. 898.

Zu betonen ist, um Mißverständnisse zu vermeiden, daß die Gegner einer Aufzählung von Strafzumessungsgründen im Gesetze deswegen noch nicht im Lager derjenigen stehen, denen eine möglichst weitgehende Freiheit des Richters dem Gesetze gegenüber erwünscht erscheint. Vielmehr ist die Zahl jener, welche gegenüber dem heutigen deutschen Strafgesetze eine Einengung des richterlichen Ermessens bei der Strafzumessung (allerdings auf anderem Wege als dem oben erwähnten) verlangen, eine stattliche.

Eine Einengung des nach deutschem RStG. zu weitgehenden richterlichen Ermessens bei Zumessung der Strafen verlangen u. a.:

Medem, Über Strafzumessung und Strafmaß, Gerichtssaal 26. Bd. (1874), S. 590 fg.

Merkel in Holtzendorffs Handbuch II, S. 563 u. 573. — Merkel ist, wie schon erwähnt, gegen den Versuch einer abschließenden Aufzählung von Strafausmessungsgründen, ebenso verwirft er aber die auch dem deutschen StG. bekannten unbenannten mildernden Umstände und verlangt eine Spezifizierung dieser Milderungsgründe im Gesetz. Der Grundsatz, nach dem diese Unterscheidung gemacht werden soll, ist folgender: Das ordentliche Strafmaß wäre lediglich auf die Abstufungen der Merkmale des besonderen Tatbestandes und deren qualifizierende Verbindung zu beziehen. Diese in den besonderen Tatbestand aufgenommenen Momente haben nur eine repräsentative Bedeutung, sind nicht diejenigen, um deren Ausgleichung es sich bei der Bestrafung handelt. Das außerordentliche Strafmaß wäre nur auf Umstände zu beziehen, durch welche die Bedeutung und Tragweite der Elemente des besonderen Tatbestandes im einzelnen Falle modifiziert wird. Die gewöhnlichen Strafmaße erschienen danach nur dort unangemessen, wo die allgemeinen Bedingungen der Strafbarkeit nur in unvollkommener, unter dem Durchschnittsmaße bleibenden Weise vorliegen, oder die Elemente eines Rechtfertigungs- oder Entschuldigungsgrundes nur in unvollständiger Weise vorliegen.

Zu diesen Momenten zählt Merkel:

1. Mangelhafte Ausbildung der rechtlichen und moralischen Unterscheidungsfähigkeit.
2. Einschränkung dieser Fähigkeit.
3. Abstufungen hinsichtlich der formellen Zurechnung.
4. Einfluß der Motive.
5. Überschreitung der Notwehr.
6. Hintanhaltung bezw. Unterdrückung oder Ausgleichung der mit der strafbaren Handlung verbundenen Störungen.

Ähnlicher Anschauung wie Merkel ist Lammasch in Kriminalpolitischen Studien, Gerichtssaal, 44. Bd., S. 198. In der Zeitschr. f. Strafrechtsw. 16. Bd., S. 646 führt Lammasch diesen Gedanken näher dahin aus: „es ist wünschenswert, daß grundsätzlich gewissen, bei allen Delikten oder wenigstens bei ganzen Gruppen von Delikten vorkommenden Erschwerungs- und Milderungsumständen nach dem Muster des italienischen Strafgesetzbuches und des Schweizer Entwurfes ein den sonst in Frage kommenden Strafsatz modifizierender Einfluß beigelegt werde, mit anderen Worten: daß allgemeine oder doch gewissen Verbrechensarten gemeinsame Strafabstufungsgründe mit gesetzlich abgewogenem Einfluß auf das Strafmaß aufgestellt würden. Soweit dies durch Bestimmungen des allgemeinen Teiles nicht geschehen kann, hätte der besondere Teil durch Aufstellung von Strafbestimmungen dafür zu sorgen, daß die Strafzumessung nicht ausschließlich nach den Momenten des individuellen Falles erfolge, sondern daß auch dessen abstrakter, dessen typischer Charakter insoweit in Betracht gezogen werde, als notwendig ist, um eine die Gerechtigkeit verletzende allzumilde oder allzuharte, bloß in der Singularität des konkreten Falles begründete Strafe auszuschließen."

Diese Differenzierung wird nach Lammasch namentlich mit Rücksicht auf das Motiv des Täters „in der Richtung erfolgen können, daß solche Deliktfälle, welche

ziehen, sofern nicht im besonderen Teile abweichende Vorschriften enthalten sind. Hieraus ergibt sich schon, daß der allgemeine Teil eines Strafgesetzes erschwerende oder mildernde Umstände nur dann und soweit hervorheben

---

in concreto auf einem unehrenhaften Motive beruhen, aus dem Gattungsbegriffe ausgeschieden und unter einen schwerern Strafsatz gestellt, wenn möglich mit einem besonderen Namen bezeichnet werden."

Mittelstädt, der früher als bedingungsweiser Anhänger der Abschaffung des Strafmaßes genannt wurde, verlangt „für und wider die Freiheitsstrafen" in Zeitschr. f. Strafrechtsw. II (1882), S. 445, „daß die Strafzumessung um der Gerechtigkeit willen aus dem bisherigen Bereich haltloser relativer Unbestimmtheit zu bestimmteren, festeren, engeren Strafnormen zurückgeführt werde", „daß auf dem Boden der Freiheitsstrafen nicht daran gedacht werden kann, absolut bestimmte Strafmaße zur Regel zu erheben, daran ist freilich kein Zweifel. Aber zwischen absoluter Bestimmtheit und der heute herrschenden inhaltsleeren Weite der Strafgrenzen liegt ein Raum, den die Gesetzgebung sehr wohl auszufüllen befähigt ist."

Auch Richard Schmidt, Die Aufgaben der Strafrechtspflege, S. 309, tritt dafür ein, daß „die schärfenden und mildernden Umstände generell, entweder für alle Delikte oder wenigstens für gewisse ähnliche Deliktsgruppen bezeichnet, (z. B. Verwandteneigenschaft des Verletzten als Schärfungsgrund für Tötung, Körperverletzung, Beleidigung — Höhe des Deliktsobjekts — tödlicher Ausgang bei Brandstiftung, Raub, Notzucht, Aussetzung usw.) „und allgemein ein Berechnungsgrundsatz aufgestellt würde, nach welchem bei allen diesen Delikten ein schärferer oder milderer Strafrahmen oder Strafsatz zu finden ist".

Birkmeyer, „Strafgesetzgebung der Gegenwart in rechtsvergleichender Darstellung", Zeitschr. f. Strafrechtsw. 16 (1896), S. 314: „Das richterliche Ermessen bei der Strafzumessung muß eingeengt werden durch eine genauere gesetzliche Fixierung des Strafmaßes für die einzelnen Verbrechen."

Gegner weitgehender richterlicher Freiheit ist auch Löffler, der bei Behandlung der Körperverletzung (Vergleichende Darstellung deutschen und ausländischen Rechts V, S. 218) betont: „Das moderne Recht hat aus guten Gründen den weiten Begriff der römischen injuria nicht rezipiert; dieser Begriff setzt wegen seiner außerordentlichen Dehnbarkeit und Schmiegsamkeit einen Richterstand voraus, der in größter Selbständigkeit jene künstlerische Gestaltungskraft entwickelt, welche den römischen Juristen zu eigen war. Wir haben solche Juristen, solche Richter nicht mehr, wir würden sie auch heute, in Strafsachen wenigstens, nicht vertragen; wir wollen da weniger künstlerische Freiheit, dafür mehr handwerksmäßige Zuverlässigkeit."

Selbst Seuffert kann als Gegner der unbestimmten Strafurteile wenigstens insofern genannt werden, als er in seiner Monographie, „Ein neues Strafgesetzbuch für Deutschland" (1902), S. 13, erklärt: „Die Beseitigung der Obergrenzen der Strafen würde ich für bedenklich halten."

Der internationale Gefängniskongreß in Rom (1885) hat für die Strafzumessung im Sinne des geltenden Rechts und gegen unbestimmte Strafurteile insofern Stellung genommen, als verlangt wurde, daß das Gesetz für jedes Verbrechen das Maximum der Strafe festsetzen soll, welches nie vom Richter überschritten werden darf. Unter das vom Gesetze vorgesehene Minimum soll der Richter

darf, als es möglich ist, Umstände zu finden, die bei allen, dem Gesetze bekannten strafbaren Handlungen gleichmäßig die gleiche Bedeutung erschwerender oder mildernder Momente haben.[19]) Kann einer Tatsache, welche bei einer bestimmten Gruppe von Delikten oder bei mehreren Gruppen als strafmilderndes Moment angesehen werden muß, bei anderen Delikten die gleiche Bedeutung nicht zuerkannt werden, oder bewirkt sie sogar bei anderen Gruppen, daß die Taten infolge dieses sie begleitenden Umstandes strafwürdiger erscheinen — oder umgekehrt, dann soll diese Tatsache nicht als erschwerende oder mildernde im allgemeinen Teile des Strafgesetzes hervorgehoben werden.

Für den Vorschlag, in das Gesetz derartige Bestimmungen über einzelne erschwerende oder mildernde Umstände aufzunehmen, könnte ins Treffen geführt werden, daß auf solchem Wege angebahnt wird eine gleichförmigere Rechtssprechung, die daneben den individuellen Verhältnissen mehr Rechnung trüge.

Je größer die Fortschritte der Psychologie sind, desto leichter wird es dem Strafrecht möglich werden, bei Würdigung der subjektiven Seite des Verbrechens, bei Wertung der Schuld einen feineren Maßstab anzulegen. Gesetzgeber und Richter werden es nicht bei der Feststellung genügen lassen, ob eine Rechtsgutsverletzung vorsätzlich oder fahrläfsig begangen worden ist, sie werden den feineren Verästelungen, den Vorstellungs- und Gefühlselementen, als deren Resultierende der vorsätzliche Wille, die vorsätzliche oder fahrlässige Tat erscheint, nachgehen, eine möglichst genaue psychische Analyse vornehmen.

Für diese Analyse und ethische Wertung ist zweifellos das vom Täter Begangene nicht etwa nur Anlaß, sondern grundlegend. Für die Bestrafung wird die subjektive Beschaffenheit des Täters, wie sie sich in der von ihm verübten Tat kundgibt, die Grundlage zu bilden haben.

Allein die Tat ist nicht voraussetzungslos in die Welt getreten; an die Analyse und strafrechtliche Würdigung der Tat wird sich eine genetische Betrachtung derselben schließen können. Die bei solcher Betrachtung zutage

---

allerdings herabgehen dürfen, wenn er glaubt, daß das Verbrechen von mildernden, vom Gesetz nicht vorhergesehenen Umständen begleitet ist.

Für eine noch weitergehende als die schon heute bestehende Freiheit des Richters bei der Strafzumessung treten neben Anhängern der Abschaffung des Strafmaßes insbesondere noch ein die medizinischen Kreise. Vergl. meinen Bericht über die gerichtsärztlichen Wünsche mit Rücksicht auf die bevorstehende Neubearbeitung der Strafgesetzgebung für das Deutsche Reich im Gerichtssaal, 65. Bd. (1905) S. 407.

[19]) Richtig Stooß in den Verhandlungen der Experten-Kommission über den Vorentwurf zu einem schweiz. Strafgesetzbuch I. Bd., S. 247.

tretenden Momente verbreiten ein Licht über den ethischen Wert oder Unwert der Persönlichkeit, von der die Tat ausgegangen ist, welche bei der Strafbemessung Berücksichtigung verdienen.

Es zeigen sich zwischen den einzelnen Tätern, deren Handlungen gegen die gleichen Rechtsgüter gerichtet sind, große Unterschiede, die insgesamt auf Verschiedenheiten im Vorstellungs- und Gefühlsleben dieser Individuen zurückzuführen sind.

Der verbrecherische Wille, dessen Ergebnis die zum Gegenstande strafrechtlicher Beurteilung gemachte Tat ist, kann z. B. Ausfluß einer vorübergehenden Vorstellungs- und Gefühlsassoziation sein, das Resultat von Assoziationen, die sich in solcher Qualität und Intensität im Täter vielleicht nie mehr wiederholen werden — er kann aber auch die Folge einer Denkungs- und Gefühlsweise sein, der infolge von Wiederholung, Anlage usw. eine gewisse Beharrlichkeit eigentümlich ist.

Die einzelnen Elemente, welche bei einer solchen Analyse der Entstehung des verbrecherischen Willens, deren Resultierende er ist, gefunden werden, unterliegen jedes für sich der Wertung und geben ein Gesamtbild von der psychischen Beschaffenheit des Täters, von seinem ethischen und sozialen Wert.

Auch diese Elemente, die nicht mehr ein Teil der Tat sind, die aber für die Genese der Tat große Bedeutung haben und für die Beurteilung der Gesamtpersönlichkeit des Verbrechers von Wichtigkeit sind, dürfen bei der Strafzumessung nicht außer acht gelassen werden. Hiermit wird keineswegs eine neue, der bisherigen Praxis unbekannte Forderung aufgestellt. Heute und früher war und ist das Gericht bestrebt, für die Beurteilung der psychischen Beschaffenheit des Täters wichtige anamnestische Daten festzustellen. Sein Vorleben, sein früheres Verhalten in Schule und Haus, sein Bildungsgang, seine Gewohnheiten, hervorstehende Eigenschaften werden zum Gegenstande gerichtlicher Erhebungen gemacht. Alles, was diese zutage fördern, was Licht ausbreitet über die psychischen Eigenschaften des Täters, ist für die Strafzumessung von Bedeutung. Auf diesem Wege gewinnt die ethische Wertschätzung der Tat sowie der Momente, denen sie entspringt, auf dem Gebiete der Strafzumessung für das Strafrecht Bedeutung. Gewiß gibt es heute keinen Richter, der einen aus Not begangenen Diebstahl nicht milder bestrafen würde, als wenn er infolge von Geiz, Genußsucht, Trägheit usw. verübt worden ist.

Allerdings ist nicht zu leugnen, daß die ethische Wertung der Persönlichkeit heute eine Rolle meist in dem spielt, was man den Eindruck der Tat zu nennen gewohnt ist. — Die Tat, welche der Richter als das Ergebnis einer Augenblicksverirrung kennen lernt, macht auf ihn einen anderen Eindruck wie eine Tat, welche als Ausfluß einer dauernd depravierten

Persönlichkeit erkannt wird. Hier spielen die früher gewürdigten Momente, durch die das gesellschaftliche Reaktionsbedürfnis beeinflußt wird, eine wichtige Rolle.

Das Reaktionsbedürfnis ist intensiver gegenüber einer aus Undankbarkeit, Übermut, Zorn, Eitelkeit, Sinnlichkeit, Brutalität usw. entsprungenen Tat, als gegenüber einer Tat, die, wiewohl sie strafbar ist, doch nicht in gleichem Maße Zeugnis gibt, daß dem Täter moralische, sozial-nützliche Eigenschaften fehlen.

VI. Es taucht aber die für die Strafgesetzgebung bedeutsame Frage auf, ob sich nicht ein Modus finden ließe, diese Momente in eine gesetzliche Formel zu fassen und hierdurch ihrer Berücksichtigung in der Rechtsprechung eine größere Sicherheit und Gleichmäßigkeit zu garantieren, ob es nicht möglich wäre, diese Momente, die als Strafzumessungsgründe auch heute schon eine Rolle spielen, aus dem Gebiet der sentiments zu erheben in das Gebiet der urteilsmäßiger Analyse und Prüfung zugänglichen Gründe, — sie in eine Art Verzeichnis zu bringen und ihren Einfluß auf die Strafzumessung, sei es generell, sei es wenigstens für Gruppen von Fällen, festzustellen.

Einem solchen Versuch stellen sich allerdings viele Hindernisse entgegen:

1. die Schwierigkeit, alle Momente zu finden, denen eine Bedeutung für die Strafzumessung zuerkannt werden muß und von vornherein abzuwägen, ob ihr Einfluß bei allen Straftaten ein gleichmäßiger sein kann;

2. gelänge es, die erwähnte Schwierigkeit zu überwinden, so bliebe eine zweite, noch viel größere, übrig, nämlich die, daß die mühsam geformten Bestimmungen sich im einzelnen Fall meist als unanwendbar darstellen würden, weil die Tat fast nie sozusagen eine Reinkultur darstellt, sondern meist das Ergebnis vieler zum Teil einander widersprechender Elemente ist, die vom moralischen Standpunkt geradezu Antagonisten sein können.

Jede Tat ist das Ergebnis einer Stellungnahme des Täters zu Menschen und Gegenständen, das Ergebnis der Eigenart, Vorstellungen im Bewußtsein zu verbinden und mit Gefühlen zu assoziieren. Bei jeder Aufstellung gesetzlicher Vorschriften muß schematisiert, generalisiert, von individuellen Gestaltungen abstrahiert werden. Beim Zustandekommen der einzelnen Übeltat spielen gleichzeitig Momente eine Rolle, denen der Gesetzgeber infolge seiner generalisierenden, abstrahierenden Betrachtungsweise entgegengesetzte Bedeutung beilegt. Die in den gesetzlichen Vorschriften strenge voneinander gesonderten, mit gegensätzlicher Rechtswirkung ausgestatteten Momente finden wir bei der genetischen Betrachtung der Übeltat oft friedlich nebeneinander. Es kann der Fall vorkommen, daß A. aus unendlicher Freundschaft für B. den X. ermordet — wie soll hier das altruistische Moment der Freundschaft, wie jenes der Feindseligkeit gegen einen Nebenmenschen, die ein Gesetz als milderndes und erschwerendes Moment sind, bei der Strafbemessung berücksichtigt werden? Welches Gewicht soll dem vom Gesetze etwa als strafschärfend hervorgehobenen Eigennutz beigelegt werden, wenn der mit fremdem Gelde rechtswidrig spekulierende Bankdirektor mit dem erhofften Gewinne eine große milde Stiftung zu gründen gedachte? Ist dann das Motiv noch Eigennutz? Wie wenn der veruntreuende Bankdirektor die Stiftung nicht aus Menschenliebe, vielmehr um sich einen berühmten Namen zu machen, beabsichtigte — also aus Eitelkeit? Ist Eitelkeit gleich Eigennutz oder läßt sich Menschenliebe mit Eitelkeit verbinden? Wie ist es, wenn jemand stiehlt, um der schwer kranken Mutter bessere Speisen zu verschaffen? Und weiter, wenn herausgebracht würde, daß die Liebe des Diebes zur Mutter doch nicht so völlig ideal war; wenn die Mutter eine Pension bezog, mit welcher sie den Sohn unterstützte und wenn dieser befürchtete, durch den Tod der Mutter die bisherigen Unterstützungen zu verlieren? (v. Bar, Reform des Strafrechts, S. 19). In Danzig ereignete sich kürzlich der Fall, daß ein bei ihrem Onkel in Arbeit untergebrachtes Mädchen infolge von Heimweh, Sehnsucht und Liebe zu Eltern und Geschwistern ein Anwesen in Brand steckte, um dadurch wieder nach Hause zu kommen. — Die gesetzliche Vorschrift kann über die Schwierigkeit, daß eine Tat diametral entgegen stehenden Motiven ihre Entstehung dankt, in keiner Weise hinaus helfen, der Richter ist gegenüber solchem Gesetz, das einzelne Motive als erschwerende oder mildernde nennt, nicht besser daran, als wenn das Gesetz schwiege.

Taten, die in solcher Schärfe ein Individuum, ausgestattet mit einander so kontrastierenden Eigenschaften zeigen, werden, so könnte man allerdings einwenden, nicht oft vorkommen; denkbare, konstruierbare Schwierigkeiten im einzelnen sollen nicht gegen ein Prinzip ausgespielt werden. Der Einwand wäre unzutreffend: gerade die Selbstbeobachtung und die feinere Beobachtung anderer zeigt, daß gar viele Taten das Ergebnis von zum großen Teil kontrastierenden Eigenschaften sind. Die Zahl der Arbeiten, welche die Ergebnisse genauer Erforschung des Seelenlebens verbrecherischer Individuen darstellen, ist allerdings nicht groß, aber auffallend ist immerhin, daß das Vorerwähnte eine relativ häufig registrierte Beobachtung bildet. Bei Mördern, Totschlägern sind Züge rührender Anhänglichkeit und Liebe an einen kleinen Kreis von Angehörigen, Freunden nicht selten, die meisten Diebe bekunden bei Teilung der Beute mit Genossen, Verwertung des Erlöses gestohlener Waren große Gewissenhaftigkeit und Ehrlichkeit. Der Anarchist, welcher die geringfügigste Beschränkung der von ihm geforderten zügellosen Freiheit durch die staatliche Ordnung als eine Fessel empfindet, die mit allen Mitteln gesprengt werden müsse, unterwirft sich ohne Murren den rücksichtslosen Zwangsmaßregeln seiner Genossen und zeigt sich als vollkommener Typus der herrischen Unbeugsamkeit einerseits und des Kadavergehorsams anderseits.

VII. Zwei Momente erklären diesen anscheinenden inneren Widerspruch:

1. Altruistisches Empfinden ist, wie schon oben dargestellt worden ist, das Ergebnis eines lange währenden Entwicklungsprozesses. Der Kreis von Menschen, denen gegenüber Altruismus eine Rolle spielt, ist zunächst enge und die Ausbreitung des Kreises geht langsam, nicht stetig, nicht ohne Schwierigkeiten vor sich.

Hält man sich den großen Komplex von psychischen Tatsachen gegenwärtig, welche mit den Namen Altruismus und Egoismus zusammengefaßt werden, dann wird sofort klar, daß viele Menschen, die für bestimmte kleine Gruppen geradezu ethisch hoch stehende Mustermenschen sind, gegenüber anderen Gruppen nur die schlimmsten Eigenschaften aufweisen. Der Weg vom homo homini lupus zum homo homini Deus ist nicht etwa nur das Resultat eines zeitlich lang gedehnten Prozesses, vielmehr hat auf gewissen Stadien der Entwicklung derselbe Mensch zugleich die Eigenschaften beider Phasen der Entwicklung. Zur Lebensweise im Sinne des Evangeliums: liebe deinen Nächsten wie dich selbst, haben wir alle uns noch nicht entwickelt, ja zunächst ist uns eine Art Weltbürgertums, das die Neigung hat, alle Menschen mit gleicher Liebe ans Herz zu drücken, nicht nur fremd, sondern noch unsympathisch. Wir verlangen, daß der Landsmann uns näher sei als der bezeichnenderweise sogenannte „Fremde".

Wenn das eben Ausgeführte richtig ist, wenn es zutrifft, daß der Unterschied zwischen einem Verbrecher und einem Nichtverbrecher häufig nicht ein qualitativer, sondern sozusagen ein quantitativer ist, dann kennzeichnet den Verbrecher nicht notwendig der Mangel sittlicher Eigenschaften. Gibt es Verbrecher, die innerhalb bestimmter Kreise gerade jene Qualitäten betätigen, die ihrer Handlungsweise gegenüber Angehörigen anderer Kreise fehlen, dann erhellt, daß der Gesetzgeber das Vorhandensein oder Fehlen gewisser Eigenschaften nicht als Voraussetzung für strengere oder mildere Bestrafung bezeichnen kann.

Hier hilft auch nicht der Ausweg, auf den man zunächst verfallen könnte, daß es sich dem Strafrecht um eine bestimmte Betätigung gegenüber von Menschen eben des Kreises handelt, für welchen das Strafrecht gilt. Die Verbrecherwelt stelle gewissermaßen eine außerhalb dieses Kreises befindliche Gruppe dar — es komme aber nicht auf das Verhalten in dieser Gruppe, sondern auf jenes im größeren Kreise an. Die Scheidung läßt sich aber bei den einzelnen verbrecherischen Handlungen nicht immer in diesem Sinne vornehmen — nicht immer läßt sich die verbrecherische Betätigung auf die eine Form zurückführen: Altruismus gegenüber Verbrechern, Egoismus gegenüber den anderen. Die beiden Kreise scheiden sich vielfach nach ganz anderen Merkmalen. Die Solidarität und das auf ihr beruhende ethische Verhalten kann auf den verschiedensten Momenten beruhen, ebenso wie der Gegensatz zwischen gewissen Gruppen, der sich bis zu feindseligem, bis zu verbrecherischem Verhalten verschärft.

2. Der oben erwähnte anscheinende Widerspruch erklärt sich auch daraus, daß der Übergang von moralischen zu unmoralischen Eigenschaften ein allmählicher, kein scharfer, ist. Das Extrem einer Tugend kann als Laster erscheinen.

VIII. Während einer Aufzählung der Umstände und Eigenschaften, die als strafmildernde oder erschwerende in Betracht kommen können, sich große Schwierigkeiten entgegenstellen, ist das Bestreben, den Einfluß solcher Umstände auf das Maß der Strafbarkeit auch nur beiläufig zahlenmäßig feststellen zu wollen, einfach unlösbar. Schon ein einzelnes Moment stellt eine in dieser Hinsicht unmeßbare, unwägbare Größe dar — in noch höherem Maße gilt dies von ganzen Komplexen inhaltlich verschiedener Momente.

Tatsächlich sind die Gesetze und Gesetzentwürfe, welche den angedeuteten Weg betreten haben, über gewisse allgemeine, man möchte beinahe sagen, selbstverständliche Sätze, nicht hinausgekommen. So haben wir z. B. in der Bestimmung des italienischen Strafgesetzes Art. 51: „Wer die Handlung in der Aufregung des Zornes, des übermächtigen Schmerzes, durch unverschuldete Beleidigung dazu bestimmt, beging . . . . . .“, in der Bestimmung des „Vorentwurfs zu einem schweizerischen Strafgesetzbuch“ Art. 48: „Die Strafe kann gemildert werden, wenn der Schuldige das Verbrechen aus achtungswerten Beweggründen, in schwerer Bedrängnis . . . . begangen hat; wenn er durch schwere Reizung oder Kränkung, zu der er nicht Anlaß gegeben hat, augenblicklich zu der Tat hingerissen worden ist; . . . . .“ — nur den Beweis zu erblicken, daß sich eine befriedigende Formulierung für einen richtigen Gedanken nicht leicht finden lasse. Die zitierten Bestimmungen wollen gewiß nur zum Ausdruck bringen, daß bei der Entstehung verbrecherischen Willens Momente mitbeteiligt sein, eine Rolle gespielt haben könnten, die, an sich betrachtet, auf den Isolierschemel gestellt, keine moralisch verwerflichen, ja vielleicht sozial nützliche Eigenschaften des Täters dokumentieren.

Wenn auch derartige Bestimmungen dem Richter die schwere und verantwortungsvolle Aufgabe der Strafzumessung nicht erleichtern, — so sind sie doch insofern nicht ohne Bedeutung, weil sie den Richter nötigen, zu untersuchen, ob bei Begehung der Tat jene Umstände vorhanden waren und ihn hierdurch zwingen, ein möglichst genaues Bild von Tat und

Täter zu gewinnen, sich nicht mit der bloßen Feststellung zu begnügen, in welcher psychischen Verfassung sich der Täter zurzeit der Tat befunden hat, sondern tunlichst alle den Täter charakterisierenden Eigenschaften zu erheben und sie bei Bemessung der Strafe auch dann zu berücksichtigen, wenn sie bei Begehung der Übeltat direkt keine Rolle gespielt haben.

Nun wird gegen eine Hervorhebung solcher einzelner erschwerender bzw. mildernder Umstände in einem Gesetz eingewandt, daß sie immer nur exemplifizierend sein kann; es können nicht alle Umstände von vornherein übersehen und aufgezählt werden; es bestehe die Gefahr, der Richter, welcher keinen im Gesetz hervorgehobenen Umstand findet, deshalb die Tat zu strenge oder zu milde beurteilt; der Richter werde durch eine solche Aufzählung im Gesetz zu einer Schematisierung veranlaßt, während derselbe Umstand bei verschiedenen Delikten sehr verschieden wirken kann.

IX. Werden diese Gründe gewürdigt, das Für und Wider erwogen, so scheint folgender Ausweg empfehlend:

1. Das Gesetz soll eine Reihe von Gründen hervorheben, die strafmildernde Bedeutung unter allen Umständen haben, hierher gehören

a) Eigenschaften, die auf die Ausbildung der rechtlichen und moralischen Unterscheidungsfähigkeit von Einfluß sind, wie: Jugend, Verstandesschwäche, Taubstummheit, mangelndes Unterscheidungsvermögen;
b) Momente, welche die Klarheit des Bewußtseins beeinflussen, wie: Affekt, krankhafte Störungen, Trunkenheit;
c) ein Verhalten nach verübter Straftat, welches symptomatisch von nicht zu unterschätzender Bedeutung ist: ungeheuchelte Reue, Wiedergutmachung des Schadens oder ehrliches Bestreben, es zu tun.

2. In gleicher Weise wären gewisse Momente, denen allgemein eine straferhöhende Bedeutung nicht abgesprochen werden kann, im Gesetze zu nennen

a) reifliche Überlegung der Tat, sorgfältige Vorbereitung der Ausführung und Beseitigung aller Spuren, welche zu einer Entdeckung führen könnten;
b) auffallender Zynismus und sittliche Verrohung bei Ausführung der Tat;
c) rohes und schamloses Verhalten nach der Tat[20]), prahlerische Äußerung der Freude am Gelingen, stumpfe Gleichgültigkeit gegen das anderen zugefügte Leid oder Befriedigung über dasselbe.

---

[20]) Ähnlich Hoegel, Die gesetzliche Regelung der Strafzumessung, Gerichtssaal, 71. Bd., S. 378.

3. Das Gesetz soll den Richter in einer allgemein gehaltenen Bestimmung anweisen, bei der Strafbemessung alle Umstände zu berücksichtigen, welche für die rechtliche und sittliche Würdigung der Tat von Bedeutung sind:

a) alle Momente, die ein Bild geben von der psychischen Beschaffenheit des Täters im Zeitpunkt der Tat;

b) alles, was zur Kennzeichnung der Gesamtpersönlichkeit des Täters gehört, z. B. die Motive, welche auf die Tat von Einfluß waren, Leidenschaften, hervorstechende Fehler, gute Eigenschaften usw.

Der Richter müßte, um Selbstkontrolle zu üben, daß er jene Vorschriften genau eingehalten hat:

1. In den Urteilsgründen die einzelnen Momente, die ihm bei der Strafzumessung von Bedeutung schienen, möglichst konkret unter Berufung auf die Tatsachen, aus denen sie erschlossen wurden, angeben;

2. würde sich empfehlen, eine Art Verwaltungsmaßregel: die Anweisung zur genauen Ausfüllung von Strafregistern über den Verurteilten durch den Verhandlungsleiter.

Die Daten zu sachgemäßer Ausfertigung dieser Personallisten, Straflisten, Strafregister (oder was sonst für einen Namen man ihnen geben mag) müßten vor Schöpfung des Urteils bereits gesammelt sein, sie müßten im Zuge der Voruntersuchung, spätestens in der Hauptverhandlung, festgestellt werden. Die wichtigste Grundlage der Ausfüllung würde eine eingehende Einvernehmung des Angeklagten bilden; für alles, was sich auf diesem Wege nicht einwandfrei feststellen ließe, ständen die der Prozeßordnung bekannten Mittel der Tatsachenfeststellung zu Gebote. Die Personalliste müßte, um dem Gericht die zur Urteilsfällung dienlichen Kenntnisse über den Täter zu vermitteln, in jeder Verhandlung vorgelesen werden.

Die Personalliste müßte nicht so umständlich sein, wie die in Italien seit dem 1. Januar 1904 üblichen, über welche ich im 65. Bande des Gerichtssaals S. 413 ff. berichtet habe, immerhin könnte aber jene Personalliste, besonders der Teil, der sich auf die psychischen Eigentümlichkeiten und den Lebenslauf des Angeklagten bezieht, zum Vorbild dienen. Der Hauptvorzug einer solchen ins einzelne gehenden Personalliste scheint mir eben in dem Moment zu liegen, daß ordnungsmäßige Ausfüllung der Liste eine Reihe von Einzelheiten über die Person des Übeltäters, seinen Charakter, Lebensschicksale erkennen läßt, die für die Urteilsfällung speziell die Strafzumessung von großer Wichtigkeit sind.

X. Eine weitere Frage ist, ob es sich empfiehlt, in das Gesetz eine Bestimmung aufzunehmen, in welcher nach dem Muster des französischen Rechtes der Richter beim Vorhandensein „mildernder Umstände" ermächtigt wird, die Strafe nach bestimmten Grundsätzen gelinder auszumessen. Vom vorerwähnten Falle unterscheidet sich der hier gedachte dadurch, daß in den Bestimmungen der früher genannten Fälle die Umstände, denen strafmildernde oder strafschärfende Bedeutung beigelegt wird, im Gesetze benannt werden, während es hier dem Ermessen des Richters überlassen bleibt, welchen Momenten er die Bedeutung strafmildernder beilegen soll.

Die Anerkennung unbenannter Milderungsumstände in einer ganz allgemein gefaßten Bestimmung des Strafgesetzes, hat zur Folge, daß der Richter bei Begründung der Strafzumessung im Urteil die Tatsachen, welche nach seiner Überzeugung die von ihm ausgesprochene Strafe rechtfertigen, nicht besonders hervorzuheben genötigt ist — es genügt, wenn er im Urteil sagt, daß „mildernde Umstände" vorhanden waren.

Für eine solche allgemein lautende Bestimmung könnte ins Treffen geführt werden, daß der Gesetzgeber, auch wenn er mit reicher Phantasie ausgestattet ist, nicht alle Umstände vorhersehen kann, welche bei einzelnen Straftaten vorkommen können. Möglicherweise kann eine Straftat von einer Reihe solcher unvorhergesehener Momente, welche die Tat in milderem Lichte erscheinen lassen, begleitet sein. Es könnte auch darauf hingewiesen werden, daß bei der Strafzumessung Gefühlsmomente eine Rolle spielen, welche eine Einschachtelung in logische Kategorien nicht vertragen.

Gleichwohl scheint es nicht empfehlenswert, daß die Gesetzgebung dem Beispiel des französischen Rechtes folge. Für die Gesetzgebung Frankreichs war ja die Anerkennung der unbenannten Milderungsumstände nur ein Notbehelf; das Gesetz schien gegenüber Anschauungen, die zur Herrschaft gekommen waren, als zu strenge, allein an Stelle einer ins Einzelne gehenden Revision trat die allgemeine Ermächtigung, die Strafe bei Bestand im Gesetze nicht genannter Milderungsumstände zu ermäßigen.

Hiermit wurde eine Aufgabe, zu welcher der Gesetzgeber berufen war, dem Richter überlassen. Eine Nachahmung dieses Beispieles empfiehlt sich nicht. Eine gewissenhafte Anwendung der generellen Vorschrift des Gesetzes, bei Bestand mildernder Umstände die Strafe zu ermäßigen, auf den einzelnen Fall setzt doch voraus, daß dem Richter die individuellen Momente, denen er strafmildernde Bedeutung beilegen will, vorschweben. Jede Strafzumessung soll das Ergebnis eines genauen Vergleiches der bis in die kleinsten Einzelheiten im Prozesse individualisierten Tat mit der im Gesetze allgemein beschriebenen sein. Es ist nicht gut, wenn das Gesetz dem Richter die Möglichkeit gibt, sich mit einer summarischen Feststellung der Tat zu begnügen, bei Schöpfung das Urteil mehr dunkle Empfindungen als klare Erkenntnis zugrunde zu legen. Alles, was den Richter nötigt, den Einzelheiten der Tat, welche ihre objektive und subjektive Beschaffenheit kennzeichnen, sorgfältig nachzuspüren, fördert die gerechte Rechtsprechung. Ein Urteil, welches aufgrund einer ins Einzelne gehenden Erkenntnis der Tat zustande gekommen ist, unterscheidet sich von einem Urteil, welches möglicherweise gesundem Instinkt, richtiger Empfindung entspringt in analoger Weise, die ein in Worte gekleideter Denkprozeß von einem, der begriffliches, noch nicht in Worte gefaßtes Empfinden zur Grundlage hat. Die Einkleidung begrifflichen Denkens in Worte gibt vielfach erst die Probe für dessen Klarheit und Richtigkeit.

Allgemeine Bestimmungen wie jene des französischen Rechtes über mildernde Umstände führen zu oberflächlicher Rechtssprechung und sind hiermit die Quelle ungleichmäßiger Rechtsanwendung.

Das Moment, daß über die Rechtssprechung bei Bestand einer solchen Bestimmung im Gesetze vielleicht wenig Klage geführt wird, darf über das Gefährliche derselben nicht täuschen. Das klaglose Funktionieren der Organe der Rechtssprechung ist kein Beweis für eine gerechte, dem Gesetze gemäße Rechtssprechung. Je allgemeiner und unbestimmter eine Gesetzesbestimmung lautet, desto weniger leicht ist es, ihre Anwendung auf den einzelnen Fall zu kontrollieren. Das Schweigen der Kritik, das in der Schwierigkeit zu kritisieren seinen Grund hat, darf nicht voreilig als Symptom angesehen werden, daß es nichts zu beanstanden gibt.

Die unbenannten mildernden Umstände des deutschen RStG. haben sich nach allgemeiner Anschauung nicht bewährt, es herrscht eine seltene Einmütigkeit in der Ablehnung derselben. Die Ungleichmäßigkeit der Strafzumessung bei verschiedenen Gerichten, die allzu milde Bemessung der Strafen wird auf dieses Institut der „mildernden Umstände" zurückgeführt.

Die Anerkennung derselben im Gesetz hat mit zur Folge die Weite unserer Strafrahmen, die Direktionslosigkeit der Praxis bei Feststellung der Strafe innerhalb dieser weiten Rahmen.

Eine kommende Reform des StG. wird diese unbenannten Milderungsumstände — gegen deren Aufnahme ins Gesetz sich die Kritik vielfach schon vor Erlaß des deutschen RStG. ausgesprochen hat[21]) — zu beseitigen haben.

Dieser Vorschlag dürfte auf eine ziemlich allgemeine Zustimmung zu

[21]) Gegen Annahme der mildernden Umstände hatten sich u. a. ausgesprochen: Tippelskirch in Goltdammers Archiv 12, S. 309; Schaper, ebd. 17, S. 164; Dalke, ebd. 17, S. 396; die Kritik des Entw. eines StG. f. d. norddeutschen Bund: Meyer, Häberlin, Bollert, Hälschner, Wächter; John, Entw. e. StGB. f. d. norddeutschen Bund (1868); Zimmermann im Gerichtssaal 1871, S. 353; Merkel in den Verhandlungen des 9. deutschen Juristentages, S. 47.

rechnen haben.[23]) Mit der Beseitigung dieser unbekannten Milderungsumstände aus dem Gesetz würde zunächst auch schon eine gewisse Einengung des richterlichen Ermessens bei Festsetzung der Strafe herbeigeführt, doch bleibt noch zu untersuchen, ob diese bescheidene Reform schon genügt, ob nicht weitere Maßregeln in Vorschlag zu bringen sind, durch welche eine größere Sicherheit und Gleichmäßigkeit bei Anwendung der Rechtssätze über die Strafzumessung garantiert werden könnte.

XI. Innerhalb der in den Bestimmungen des besonderen Teiles des Strafgesetzes festgesetzten Strafrahmen hat der Richter im einzelnen Falle die Strafe zu bemessen; er hat zu dem Zwecke die die Tat kennzeichnenden objektiven und subjektiven Umstände tunlichst genau festzustellen und an der Hand der Vorschriften des Gesetzes jene Momente als straferhöhende oder strafmindernde zu werten.

Der Richter wird hierbei davon auszugehen haben, daß die mittlere Strafe als Strafe für das Durchschnittsdelikt vom Gesetzgeber gewollt ist, den Ausgangspunkt wird also nicht etwa das Strafminimum zu bilden haben. Dort, wo der Gesetzgeber den in einer Regelbestimmung festgesetzten Strafrahmen für den Fall des Vorhandenseins mildernder Umstände nach unten zu erweitert, bringt er zum Ausdruck, daß die Strafe der durch mildernde Umstände nicht ausgezeichneten Fälle nahe der unteren Grenze der Regelbestimmung zu bemessen ist; würde die Regelbestimmung auch für

---

[23]) Es genügt der Hinweis, daß die mildernden Umstände des deutschen RStG. übereinstimmend auch von solchen abgelehnt werden, deren Ansichten auf diesen Gebieten sonst weit auseinander gehen.

Peterson, Die Unzulänglichkeit der Strafmittel und Strafdrohungen im RStG., Goltdammers Archiv 30, S. 451.

Merkel, Gutachten f. d. 9. deutschen Juristentag, 1. Bd. (1870) S. 47.

Mittelstädt in Zeitschr. f. Strafrechtsw. 2, S. 447.

Ω. Σ. in Zeitschr. f. Strafrechtsw. 6, S. 532.

v. Liszt in Zeitschr. f. Strafrechtsw. 9, S. 738 und „der italienische Strafgesetzentwurf" S. 34.

Bennecke in Zeitschr. f. Strafrechtsw. 10, S. 326.

van Hamel in Strafgesetzgebung d. Gegenwart I, S. 196.

Lammasch im Gerichtssaal, 44. Bd., S. 193—202.

Wach, Reform der Freiheitsstrafe, S. 43.

Auch in Österreich hat sich das sog. außerordentliche Milderungsrecht nicht bewährt, zuletzt Hoegel, Die gesetzliche Regelung der Strafzumessung, Gerichtssaal, 71. Bd. S. 378. A. M. allerdings v. Bar, der in seinem Vortrage, „Reform des Strafrechts", (1903) S. 12 empfiehlt, mildernde Umstände bei allen Delikten, bei welchen nicht ohnehin der Richter ein sehr geringes Strafminimum anwenden kann, zuzulassen.

die unter mildernden Umständen begangenen Taten bestimmt sein, dann wäre die Ausnahmsvorschrift überflüssig.

Ist neben der Regelvorschrift eine Strafdrohung im Gesetze, welche die Strafe für den Fall des Vorhandenseins erschwerender Umstände nach oben ausdehnt, dann wird hieraus erkennbar, daß die Regelvorschrift auf die unter erschwerenden Umständen begangenen Fälle nicht gemünzt ist. Die Strafe für die Durchschnittsfälle wird dann näher der oberen Grenze des Strafrahmens der Regelvorschrift zu bemessen sein.

XII. Für die Bemessung der Strafe innerhalb eines bestimmten Strafrahmens sollten nicht so viele Strafgrößen zur Verfügung stehen, als dies heute der Fall ist. Eine Vereinfachung in dieser Hinsicht würde dem oben (S. 53) hervorgehobenen psychologischen Grundsatz Rechnung tragen und zugleich die heute vielfach vermißte Gleichförmigkeit in der Strafanwendung zu verschiedenen Zeiten und an verschiedenen Orten anbahnen.

Nicht jede minimale Steigerung der Intensität eines Angriffes beziehungsweise des durch den Angriff hervorgehobenen Reizes erhöht auch schon die Intensität des Reaktionsbedürfnisses. Je intensiver an sich ein Angriff ist, desto größer muß die Steigerung der Intensität werden, wenn sie als Steigerung noch soll empfunden werden können. Mit anderen Worten: bei relativ geringen Angriffen genügt eine unbedeutende Steigerung des Angriffes, um die Steigerung als solche bemerkbar zu machen, je intensiver die Angriffe werden, desto größer muß die Differenz der Intensität sein, wenn dieselbe als eine Erhöhung soll empfunden werden.

Die Richtigkeit dieser in letzter Linie auf physiologischen Momenten beruhenden Tatsache bestätigt uns die Beobachtung des Lebens. Bei kleinen Diebstählen macht sich der Unterschied, ob etwa 2, 3, 5, 10 Mark gestohlen worden sind, bemerkbar; der Unterschied schwindet, wenn einmal die gestohlene Summe einige hundert oder gar tausend Mark erreicht. Ähnlich ist es bei anderen Verletzungen, die eine Steigerung zulassen. Man denke nur an Verletzungen des Leibes, der Freiheit, der Ehre. Aber auch von Angriffen auf die Sittlichkeit, Verletzungen militärischer Geheimnisse usw. gilt nichts anderes. Gewiß macht es zunächst einen Unterschied, ob ein zotenhaftes, unsittliches Gedicht, welches vorgetragen wurde, kürzer oder länger ist, ob jemand zwei oder drei unzüchtige Bilder oder Gegenstände verbreitet hat — der Unterschied verliert an Bedeutung, je größer die Zahl der vorgetragenen Gedichte, der verbreiteten Bilder oder sonstigen Gegenstände wird. Gegenüber der Tatsache, daß jemand einen Verrat militärischer Geheimnisse durch Auslieferung der genauen Beschreibung eines ganz neuen Geschützes begangen hat, fällt das Moment, daß auch die Beschreibung einer Verbesserung der Rücklaufbremse geliefert wurde, unbedeutend ins

Gewicht; wer einen besetzten Platz in feindliche Gewalt bringt, dem wird der Umstand, daß sich dort eine Kasse mit 10 000 Mark befunden hat, nicht als erschwerend in Anrechnung gebracht werden.

Allein nicht nur den objektiven, sondern auch subjektiven Momenten kommt analoge Bedeutung zu. Das einzelne, an sich für die Beurteilung einer Tat bedeutsame Motiv verliert an Gewicht, wenn es in Gesellschaft einer Reihe von Motiven auftritt, denen ethisch gleiche Bedeutung zukommt.

Schon oben ist ausgeführt worden, daß die erwähnten Momente auch für die Frage der Steigerung der Intensität des Strafübels von Bedeutung sind. Bei absolut geringer Intensität des Strafübels ist eine auch relativ kleine Steigerung derselben bemerkbar; erreicht aber die absolute Größe der Intensität ein höheres Maß, dann macht sich eine relativ geringe Zunahme desselben gar nicht mehr bemerkbar; diese Zunahme muß einen relativ hohen Intensitätsgrad erreichen, um als Steigerung der Gesamtintensität nach oben fühlbar zu sein.

Diesem Umstande müßte der Gesetzgeber dadurch Rechnung tragen, daß die Strafe bei niedrigen Strafgrößen um kleine, bei höheren Strafgrößen nur um beträchtlichere Quanta zunehmen dürfte. Die Strafeinheiten, nach denen die Dauer einer Freiheitsstrafe zu bemessen wäre, müßten daher bei kürzeren Strafen kleiner, bei längeren Strafen größer festgesetzt werden (These 5).

Thesen:

1. Grundlage für die Strafzumessung soll auch in Zukunft die Intensität des verbrecherischen Willens sein, die Ausdruck gefunden hat in der Begehung der verbrecherischen Tat. Die Strafe ist in erster Linie nach der Bedeutung der durch das Verbrechen verletzten Rechtsgüter und der Art dieser Verletzung entsprechend abzustufen.

Den subjektiven Momenten, insbesondere auch jenen, welche für die genetische Würdigung des begangenen Verbrechens von Bedeutung sind, ist größere Beachtung bei der Strafzumessung zuzuerkennen.

2. Es empfiehlt sich, daß der Gesetzgeber, um eine eingehende allseitige Würdigung der für die Schuld bedeutsamen Momente in der Rechtssprechung zu erzielen, im allgemeinen Teil des Gesetzes die Momente, welche eine die Schuld mindernde oder erhöhende Bedeutung haben, (vgl. oben S. 94) als solche anführe. Daneben wäre eine allgemeine Bestimmung des Inhaltes aufzunehmen, daß der Richter vor der Urteilsfällung nicht nur alles festzustellen hat, was für die Aufklärung der Tat von

Bedeutung ist, sondern auch die Umstände, welche über die Gesamtpersönlichkeit des Täters Licht verbreiten, die Beurteilung derselben beeinflussen können. Die sachgemäße Handhabung dieser Bestimmung wäre durch genaue Einhaltung der für die Begründung des Urteils (auch hinsichtlich der Strafzumessung, § 266 al. 3 StPO.) geltenden Bestimmungen und durch die Vorschrift zu garantieren, daß vor Schöpfung des Urteiles eine Strafliste entsprechend auszufüllen und in der Hauptverhandlung vorzulesen ist (s. oben S. 95).

3. Bloß exemplifikatorische Hervorhebung einzelner erschwerender oder mildernder Umstände im Gesetze empfiehlt sich nicht. Die unbenannten mildernden Umstände im Sinne des französischen Rechtes haben sich nicht bewährt und sind in künftige Gesetzgebung nicht aufzunehmen.

4. Die Strafrahmen wären im allgemeinen als übergreifende zu regeln. Wo Grundlage für die Strafhöhe die Bedeutung des durch das Verbrechen verletzten Rechtsgutes ist, darf die Strafe der Verletzung des höher bewerteten Rechtsgutes unter das Maximum der wider die Verletzung des nächst niederen Rechtsgutes gesetzten Strafe dann sinken, wenn Verletzungen des mehrwertigen Rechtsgutes denkbar sind, die infolge der Art ihrer Verübung auf geringerer Stufe der Strafbarkeit stehen als die Verletzung des minderwertigen Rechtsgutes.

Wenn das Gesetz neben dem einfachen Verbrechen noch qualifizierte und privilegierte Fälle anerkennt, soll die Strafe des qualifizierten Falles nicht unter die mittlere Schwere des einfachen Verbrechensfalles hinabsinken und die Strafe des privilegierten Falles jene Höhe nicht übersteigen.

5. Die Strafe der Haft steigt nach Tagen. Bei allen anderen Strafarten steigt im Strafrahmen bis zu einem Monate die Strafe nach Tagen, dann nach Wochen; wenn das Strafminimum ein halbes Jahr übersteigt, nach Monaten. Im Strafrahmen von zwei bis fünf Jahren beträgt die Einheit, um welche die Strafe steigen kann, Vierteljahre; im Strafrahmen von fünf bis zu zehn Jahren halbe Jahre, und im Strafrahmen über zehn Jahre nur noch ganze Jahre.

VII.

Gutachten des Herrn Amtsgerichtsrat Jastrow zu Berlin.

Bedarf das amtsgerichtliche Verfahren einer Reform und nach welchen Richtungen?[1])

Inhalts-Übersicht:

I.

Allgemeines.

Der amtsgerichtliche Zivilprozeß ist von vornherein unter ungünstigen Auspizien zur Welt gekommen. Eine Kommission gelehrter und einsichtiger Juristen, der wir unsere Zivilprozeßordnung verdanken, hat den Fehler gemacht, ihn unter falschem Gesichtswinkel anzusehen. Sie hat den

[1]) Meine Gedanken über die Reform des amtsgerichtlichen Zivilprozesses habe ich in einem Vortrag in der Berliner Juristischen Gesellschaft vom 9. März 1907 — im Auszug veröffentlicht in der JW. 07 S. 229 — und demnächst aus Anlaß des Vorentwurfs der Zivilprozeßnovelle in einer Reihe von Artikeln in der „Vossischen Zeitung" (1907 Nr. 479, 483, 489, 509, 517) dargelegt. Es war nicht zu umgehen, daß sich Wiederholungen der dort ausgeführten Gedanken in dem vorliegenden Gutachten finden.

landgerichtlichen Prozeß als Rückgrat der Prozeßordnung aufgebaut und den Prozeß der Amtsgerichte in einen Anhang verwiesen. Im schließlichen Gesetzestext, wie er jetzt besteht, sind 494 Paragraphen dem landgerichtlichen Verfahren gewidmet, (denn auch der allgemeine Teil ist sachlich auf das Verfahren der Landgerichte zugeschnitten), 16 Paragraphen setzen in einem Anhang fest, welche Abweichungen von diesen Vorschriften bei den Amtsgerichten stattfinden. Diese Methode ist aber falsch: denn das Verfahren vor den Amtsgerichten und den Landgerichten sind in ihren Grundlagen verschieden: dort ein Einzelrichter, hier ein Kollegium; hier Anwaltszwang, dort ungelehrte Parteien. Vor den Amtsgerichten werden jährlich weit über 2 Millionen Prozesse, vor den Landgerichten nur etwas über 300 000 verhandelt. Soll hier das eine Verfahren die Regeln liefern und das andere mit Ausnahmen abgefunden werden, so müßte es umgekehrt sein: das Verfahren für die zwei Millionen von Prozessen hätte die 494 Paragraphen und das für die 300 000 Prozesse die 16 Ausnahmevorschriften zu erhalten. Daß es anders gemacht ist, hängt mit der aristokratischen Auffassung zusammen, die trotz des Eindringens sozialer Gedanken immer noch große Kreise unserer Gesetzgebung (vielfach unbewußt) durchdringt; die „kleinen" Leute und die „kleinen" Sachen sind quantité négligeable, mit denen nicht so viel Aufhebens zu machen ist.[1])

Für den Kundigen wurde es schon in den ersten (ich möchte sagen:) Tagen des Daseins unserer Zivilprozeßordnung klar, daß der amtsgerichtliche Prozeß, der doch ein Volksprozeß sein soll, dem Volke unverständlich bleiben muß, daß das Zustellungs- und Ladungswesen für rechtsunkundige Parteien eine Ungereimtheit ist, daß die Mündlichkeit der Verhandlung in dem Maße von Überspannung, in welchem das neue Gesetz sie haben will, eine Unwahrheit bleiben und den Richter auf den gefährlichen Weg führen wird, das Gesetz zu mißachten oder eine Farce aus ihm zu machen, daß endlich auch eine Reihe anderer Einrichtungen im Gesetze gar nicht vom Standpunkt des Laienprozesses aus durchdacht war. Volkstümlich konnte dieser Prozeß niemals werden und ist es nicht geworden. Soll ein volkstümlicher Prozeß entstehen, so ist als oberste Forderung die aufzustellen:

> Das Verfahren vor den Amtsgerichten ist in einem besonderen, in sich vollständigen Gesetz, nicht als Anhang zum landgerichtlichen Verfahren zu regeln.

---

[1]). Einen Beweis haben wir kürzlich wieder bei der Reform der preußischen Einkommensteuergesetzgebung erlebt, in der — kaum kritisierbaren — Art, mit welcher man das Oberverwaltungsgericht zwar als letzte Instanz eingesetzt, aber den Zugang zu ihm für den nebensächlichen Teil des Volkes, der nicht über 3000 Mk. Einkommen hat (es sind nur $^{5}/_{6}$ der ganzen Bevölkerung) verschlossen hat.

Nur in dieser Art kann das amtsgerichtliche Verfahren zu seinem Recht kommen, welches verlangt, sowohl die ganze Struktur des Prozesses, als auch jede Einzelheit unter den Gesichtspunkt zu stellen, daß es sich um ein Verfahren vor dem Einzelrichter und um prozessierende Laien handelt. Dies kann durch Aufpropfung auf ein anderes Prozeßverfahren mit Kollegium und Anwaltszwang nicht geschehen. Der Vorentwurf[3]) der Prozeßnovelle hat ein neues Beispiel dafür erbracht, wie ungesund eine solche Art von Gesetzgebung ist. Das Beispiel ist nicht gerade von übermäßiger Bedeutung, aber es ist lehrreich für die Gesetzgebungsmethode. Die ZPO. bestimmt zurzeit für das landgerichtliche Verfahren im § 261 Abs. 2:

> „Der Termin (nämlich auf die Klageschrift) soll nur so weit hinausgerückt werden, als es zur Wahrung der Einlassungsfrist geboten erscheint".

Für das amtsgerichtliche Verfahren gilt die Vorschrift nicht. Das drückt das Gesetz im § 508 dahin aus:

> „Die Vorschriften des § 261 Abs. 2, des § 297 und der §§ 348 bis 354 finden auf das Verfahren vor den Amtsgerichten keine Anwendung."

Die Novelle beabsichtigt nun, den Grundsatz, daß der Termin auf die Klage nur so weit hinausgerückt werden soll, als zur Fristwahrung erforderlich ist, behufs schleuniger Erzielung von Versämnisurteilen auch in den amtsgerichtlichen Prozeß einzuführen. Die Methode dazu ist die, daß dem § 508 (507) fortan folgende Fassung gegeben werden soll:

> „Die Vorschriften des § 297 und der §§ usw."

so daß der § 261 nicht mehr zitiert wird. Hierdurch wird erreicht, daß § 261 fortan auch im Verfahren vor den Amtsgerichten anwendbar wird. Das Ergebnis kommt aber in folgender Beziehung verkehrt aus: Bei den Landgerichten erfolgt die erste Terminsbestimmung nie anders als auf die Klage: das amtsgerichtliche Verfahren aber ist hierin zwiespältig, je nachdem ein Zahlungsbefehl vorausgegangen ist oder nicht. Ist ersteres geschehen, dann wird keine Klage erhoben, sondern es erfolgt eine Ladung in einem bereits anhängigen Verfahren, für welche übrigens die Einlassungsfrist nicht gilt. Das Ergebnis würde also beim Amtsgericht das sein: Ist die Klage der erste gerichtliche Schritt des Klägers, dann hat er

---

[3]) In den folgenden Zeilen ist verstanden: unter „Vorentwurf" der Entwurf eines Gesetzes betr. Änderungen des GVG. usw. veröffentlicht in Nr. 238 des Reichsanzeigers von 1907 (erste Beilage); unter „Zivilprozeßnovelle" („Prozeßnovelle", „Bundesratsentwurf") der entsprechende, im Reichstag eingebrachte Entwurf (Session 1907/08 Drucksachen Nr. 735).

Anspruch auf einen schleunigen Termin, damit ein Schuldner, der nichts einzuwenden hat, ihn nicht unnötig hinziehe. Hat der Kläger aber einen Zahlungsbefehl erwirkt und hat ihn der Schuldner durch Erhebung des Widerspruchs schon eine Weile hingezogen, dann ist es nicht mehr erforderlich, dem Kläger einen schleunigen Termin zu gewähren.

Der Mangel läßt sich natürlich durch eine entsprechende Änderung leicht beheben. Aber dazu muß man ihn doch erst erkennen. Der Fehler, dem er seine Entstehung verdankt, ist der Guß des Amtsgerichtsprozesses in geflickte Formen des landgerichtlichen Verfahrens.[4])

Mit dem Verlangen, daß der Amtsgerichtsprozeß eine in sich geschlossene, selbständige Regelung erhält, soll übrigens in keiner Weise die Forderung aufgestellt werden, daß die Reform des Amtsgerichtsprozesses vor der des landgerichtlichen Prozesses erfolgen soll. Es muß vielmehr die Gleichzeitigkeit der Regelung beider gefordert werden. Denn selbstverständlich wird eine sehr große Zahl von Punkten (voraussichtlich sogar immer noch die größere) für beide Prozeduren gleichmäßig zu regeln sein: die Regelung zu verschiedenen Zeiten würde Unstimmigkeiten hervorrufen, die des inneren Grundes entbehren.

Geht man von vorstehenden Ausführungen aus, so muß man erkennen, daß die vorgelegte Novelle einen verkehrten Weg geht, doppelt verkehrt noch dadurch, daß sie einzelne Punkte (z. B. über die Zeugenbeeidung) für den amtsgerichtlichen Prozeß regelt, ohne daß gerade hier der mindeste sachliche Unterschied zwischen dem Landgerichtsprozeß und dem Amtsgerichtsprozeß berechtigt wäre.

Ich komme deshalb zu dem Ergebnis:

Die vorgelegte Zivilprozeßnovelle ist keine geeignete Grundlage für eine Zivilprozeßreform.

Was die Einzelheiten für eine Reform des amtsgerichtlichen Verfahrens betrifft, so sind der einschlägigen Punkte so viele, daß es unmöglich ist, das Gutachten auf alle zu erstrecken. Es kann sich im folgenden nur um eine Auswahl handeln, die naturgemäß mehr oder minder subjektiv ausfallen muß.

II.

Zustellungen und Ladungen.

1. Das System, wonach die Parteiakte im Prozeß durch Zustellung von Partei zu Partei errichtet werden, ist zu beseitigen.

---

[4]) Obwohl ich auf den — ganz offensichtlichen — Fehler hingewiesen habe („Voss. Ztg." Nr. 509, 5. Beilage) ist er im Bundesrats-Entwurf (§ 507) unverändert stehen geblieben.

2. Die Erhebung der Klage und die Einlegung von Rechtsmitteln (einschließlich des Einspruchs[5])) sollen durch Erklärung der Partei an das Gericht erfolgen. Die Mitteilung an den Gegner und die Ladung der Parteien erfolgt durch das Gericht.

Das Zustellungs- und Ladungswesen ist, so wie es heute besteht, selbst im Anwaltsprozeß mit schweren Gefahren für die Parteien verbunden; für den Laienprozeß ist die bestehende Ordnung gänzlich ungeeignet. Zunächst ist dem Laien schon die Vorstellung, daß er den Gegner laden soll, unverständlich, und auch ein fast dreißigjähriges Bestehen der Prozeßordnung hat sie ihm nicht zum Verständnis gebracht; noch immer gehen häufig Schriften ein, denen die Ladung fehlt und die der Partei zurückgegeben werden müssen. Im besten Falle verursacht dies Schreiberei und Zeitverlust. In schlimmeren Fällen, z. B. beim Einspruch, kann ein voller Rechtsverlust die Folge davon sein. Noch schwerer drückt die auf der Partei lastende Verantwortung dafür, daß die zahlreichen Formalitäten, von denen die Wirksamkeit der Zustellung abhängig ist, gewahrt werden, eine Verantwortung, welche die Partei tatsächlich gar nicht zu übernehmen vermag, die ihr aber oft die schwersten Rechtsverluste einträgt. Es ist deshalb die völlige Beseitigung des Prinzips zu fordern, daß die Zustellungen im Auftrage der Partei zu erfolgen haben und daß die Errichtung der Parteiakte, wie Klageerhebung, Einspruch usw. durch Zustellung an den Gegner erfolgt. Vielmehr sind alle diese Akte durch Einreichung bei Gericht zu errichten und an die einfachsten, für jedermann verständlichen Formen zu knüpfen. Ich stelle dieses Verlangen an die Spitze meiner einzelnen Vorschläge, weil nur unter der Voraussetzung seiner Erfüllung eine Reihe von weiteren Vorschlägen (s. insbes. Nr. III u. IX) ausführbar ist.

In dieser Beziehung schlägt die Novelle (§§ 496—498) im allgemeinen den richtigen Weg ein. In zwei Punkten muß indessen weiter gegangen werden. Die Beibehaltung der Parteizustellung für Urteile erscheint nicht gerechtfertigt. Ganz auf der Hand dürfte dies für bedingte Urteile liegen. Mit diesen wissen sich rechtsunkundige Parteien zurzeit gar keinen Rat. Aber auch für andere Urteile empfiehlt es sich, den Schwebezustand, in welchen der Prozeß durch die Unterlassung der Zustellung versetzt wird und in welchem er infolge Rechtsunkenntnis der Parteien häufig dauernd verbleibt, durch den Amtsbetrieb zu beseitigen. Das Bedenken der Motive, daß beim Parteibetrieb nur Zustellung an eine Partei, beim Amtsbetrieb

---

[5]) Der Einspruch muß überhaupt unter die Rechtsmittel versetzt und mit ihnen abgehandelt werden. Seine Trennung von diesen aus dem Grunde, weil er nicht an ein höheres Gericht geht, ist rein doktrinär.

Zustellung an beide Teile erforderlich ist, ist richtig, aber nicht ausschlaggebend, zumal Schreibwerk hierbei nicht erspart wird. Denn auch beim Parteibetrieb muß die betreibende Partei für sich eine Ausfertigung oder Abschrift behufs Verbindung mit der Zustellungsurkunde haben. Und anderseits kann der Parteibetrieb unter Umständen zu vermehrtem Schreibwerk führen, wenn nämlich jede von beiden Parteien zur Zustellung schreitet. Will man zudem, wie die Novelle (§ 496 a. E.) tut, sich mit der bloßen Zustellung der Urteilsformel begnügen[6]), so verringern sich die Bedenken noch mehr.

Des ferneren ist die Ausdehnung des Prinzips auch auf die Einlegung der Berufung zu fordern. Die Berufung soll durch einfache Erklärung beim Amtsgericht oder Landgericht ohne Anwaltszwang eingelegt werden können, worauf das Amtsgericht dem Landgericht die Akten vorlegt. Sachlich ist hierbei gar kein Bedenken; vor 1879 war dies in Preußen ohne jeden Schaden Rechtens. Die Einrichtung ist schon aus dem Grunde erwünscht, weil es Fälle gibt, in denen es zweifelhaft ist, ob die Berufung oder der Einspruch das zulässige Rechtsmittel ist, und weil es zu größtem Unrecht führen kann, der Partei die Verantwortung für die richtige Lösung dieses Zweifels aufzubürden[7]). Die Anfechtung der Urteile, bei der die Parteien an Fristen gebunden sind, muß vielmehr zweifelsfrei geregelt werden. Von der Partei ist dabei nichts weiter zu fordern als der Ausdruck der Unzufriedenheit mit dem Urteil und des Willens, es abgeändert zu sehen. Es ist dann immer dasjenige Rechtsmittel als eingelegt anzusehen, welches das richtige ist. Absolut erforderlich würde die Regelung in diesem Sinne werden, wenn man sich dazu entschließen wollte, für kleine Objekte an Stelle der Berufung

[6]) Die Regelung des Verfahrens in dieser Art ist allerdings nicht ohne Bedenken. Mindestens sollte das, was die Begründung (zu § 496) aus dem Gesetze (§ 317 Abs. 2) herauslesen will, daß nämlich eine Ausfertigung der Urteilsformel erst erteilt werden darf, wenn die Urteilsgründe abgefaßt und unterschrieben sind, in das Gesetz selbst geschrieben werden; denn für den Beginn der Berufungsfrist muß die vorgängige Abfassung der Urteilsgründe durchaus als Erfordernis aufgestellt werden. Anderseits aber wäre es sehr erwünscht, die Zwangsvollstreckung in eiligen Fällen vor der Abfassung der Gründe bewirken zu können. Richtig wäre danach eine Regelung dahin, daß die Formel auch ausgefertigt werden kann, wenn die Gründe noch nicht abgefaßt sind, und daß die Zustellung einer Formel dieser Art für den Beginn der Zwangsvollstreckung genügt, während zur Eröffnung der Berufungsfrist die — gleichzeitige oder nachträgliche — Zustellung einer Mitteilung des Gerichtsschreibers, daß Tatbestand und Gründe zur Einsicht auf der Gerichtsschreiberei liegen, erforderlich ist. Freilich wird dies manchmal eine doppelte Zustellung erforderlich machen. Indessen die Rücksicht auf Beschleunigung der Zwangsvollstreckung sollte überwiegen.

[7]) Vgl. RG. 26. Mai 1897 Entsch. 39, 411 und die dort zitierte Rechtsprechung.

die sofortige Beschwerde einzuführen (vgl. unten Nr. IX) oder die amtsgerichtliche Zuständigkeit in dem unten zu III folgenden Sinne zu erweitern.

Die Terminologie der ZPO., welche den Einspruch nicht zu den Rechtsmitteln zählt, ist dabei zu beseitigen; sie hat nichts als die graue Theorie für sich.[8])

Durch die Zustellung der Urteile im Amtsbetrieb und durch die Vereinfachung der Berufungseinlegung kann ferner der Vorteil erreicht werden, daß verspätete Einsprüche und Berufungen durch Verfügung (mit Vorbehalt der Beschwerde) zurückgewiesen werden können. Es ist vollkommen unerfindlich, weshalb für solche Entscheidungen der komplizierte und kostspielige Apparat einer mündlichen Verhandlung ins Werk gesetzt wird.

Unabhängig vom Zustellungs- und Ladungswesen ist die Frage des Parteibetriebs im Sinne der Herrschaft der Parteien über den Fortgang des Prozesses hierüber s. unten Nr. VI.

III.

Sachliche Zuständigkeit.

1. Eine Erhöhung der amtsgerichtlichen Zuständigkeitssumme ist abzulehnen; dagegen empfiehlt sich eine Erweiterung der Zuständigkeit der Amtsgerichte nach folgenden Richtungen:

2. Der Wechselprozeß soll zur unbeschränkten Zuständigkeit der Amtsgerichte gehören; das Nachverfahren folgt den allgemeinen Zuständigkeitsregeln.

3. Alle Klagen sind ohne Rücksicht auf die Höhe des Streitgegenstandes beim Amtsgericht einzureichen.

Dieses hat den ersten Termin abzuhalten und ist zuständig für Erlaß des Anerkenntnis- und des Versäumnisurteils sowie für die Vornahme eines Vergleichs und im Falle der Vereinbarung für die volle Entscheidung des Rechtsstreits.

4. Wird die Sache beim Amtsgericht nicht erledigt, so gibt dieses sie an das Landgericht ab.

5. Zur Begünstigung der Vereinbarung ist zu bestimmen:
   a) daß die Gerichtsgebühren vor dem Amtsgericht geringer sind als vor dem Landgericht;
   b) daß die Berufung bei einem die amtsgerichtliche Zuständigkeitssummme übersteigenden Objekt an das Oberlandesgericht geht.

---

[8]) Vgl. oben Anm. 5.

Das Verlangen nach einer Erweiterung der amtsgerichtlichen Zuständigkeit ist insofern nicht unberechtigt, als in der Tat gewisse richterliche Tätigkeiten zurzeit ohne Not einen kollegialen Apparat ins Werk setzen. Aber diese Erweiterung, wie die Novelle will, in einer mechanischen Heraufsetzung der Wertsgrenze — und gar bis 800 Mk. — zu suchen, erscheint verfehlt. Denn die Teilung der Prozesse in große und kleine, je nach der Höhe des Objekts, ist ein schlechter Notbehelf, von plutokratischer Gedankenweise eingegeben. Man mag im Bewußtsein der Unvollkommenheit menschlicher Einrichtungen die bestehende Scheidung unangetastet lassen; aber die Wertsgrenze immer höher zu setzen und damit die Scheidung immer mehr im Sinne der Denkweise der vermögenden Leute auszubauen, sollte nicht in Frage kommen. Die Gründe, welche die Motive der Prozeßnovelle für die vorgeschlagene Neuerung anführen, machen zum Teil einen befremdlichen Eindruck. Obenan die Berufung auf den gesunkenen Geldwert, die diskutabel wäre, wenn man eine Erhöhung von 300 auf 400 Mk. plante, die aber bei einer Erhöhung auf 800 Mk. notwendig die Frage an die Regierungen hervorruft, ob sie denn seit 1879 die Gehälter ihrer Beamten im Verhältnis von 300 : 800 erhöht haben. Noch befremdlicher wirkt die Ausführung der Motive, es sei „die Besorgnis, daß der deutsche Amtsrichter sich den größeren Aufgaben nicht in vollem Umfange gewachsen zeigen werde", unbegründet, man dürfe in ihn das Vertrauen setzen, daß er auch Streitigkeiten größeren Geldwerts sachgemäß werde entscheiden können. Diese Ausführung trifft den Nagel mit scharfer Genauigkeit n e b e n den Kopf. Denn die Frage, die zur Entscheidung steht, geht nicht dahin: „Amtsrichter oder Landrichter?" sondern „Einzelrichter oder Kollegium?" Wenn nun ferner hinzugefügt wird[9]):

> „Die Justizverwaltungen werden ü b e r a l l (!) eine hinreichende Zahl von Persönlichkeiten zu finden wissen, die zur Verhandlung und Entscheidung von Prozessen mit einem größeren Streitwert in der Stellung als Einzelrichter befähigt sind, und es darf erwartet werden, daß diese Auswahl nach Erhöhung der Zuständigkeitsgrenze mit besonderer Umsicht getroffen werden wird,"

so kann ich nur sagen, daß ich trotz angestrengten Nachdenkens den Sinn dieser Ausführung nicht zu erfassen vermocht habe. In Preußen allein gibt es 463 Amtsgerichte, die nur e i n e n Richter haben, und 330 mit zwei Richtern und demgemäß mit geographischer Geschäftsverteilung; woher soll denn bei diesen der Mann kommen, den die Justizverwaltungen meinen „überall" besonders herausfinden zu können, damit er Prozesse über 300 Mk. entscheide? Und kann anderseits bei großen Gerichten im Ernste davon die Rede sein,

---

[9]) Allgemeine Begründung, Drucksachen Nr. 735 S. 18.

die Prozesse unter und diejenigen über 300 Mk. an verschiedene Richter zu verteilen, zumal nach der Zensur der Motive, daß die Entscheidung der ersteren geringere Fähigkeiten voraussetze?

Am peinlichsten aber berührt die Ausführung[10]), daß eine Verminderung der Zahl der höheren Richter erforderlich sei, weil bei der stetigen Vermehrung dieser Stellen die Besetzung der Direktoren- und Oberlandesgerichtsratsstellen „erhebliche Schwierigkeiten hervorruft, wenn man die Anforderungen an die dafür zu berufenden Richter nicht in einer der Rechtspflege nachteiligen Weise herabsetzen will." Ob man sich wohl klar gemacht hat, was man hiermit ausspricht? Es ist wahr, die Stellen der Direktoren und Oberlandesgerichtsräte sind (in Preußen) in den letzten Jahren prozentual etwas stärker vermehrt worden als die der Land- und Amtsrichter. In Preußen gab es[11]) im Jahre 1892: 3528 Amts- und Landrichter, denen 245 OLG.-Räte und 199 Direktoren, zusammen 444 Stellen beider Klassen, gegenüberstanden; es kam also auf nicht ganz acht Amts- und Landrichter eine OLG.-Rats- oder Direktorenstelle. Im Jahre 1906 gab es 4547 Amts- und Landrichterstellen mit 361 OLG.-Rats- und 329 Direktorenstellen (zusammen 690), so daß schon auf 6½ Amts- und Landrichter eine Oberlandesgerichtsrats- oder Direktorenstelle entfällt. Aber noch lange ist hierbei das Verhältnis, wie es vor 1879 bestand, nicht erreicht. Im Jahre 1878 gab es nämlich innerhalb Preußens (mit Ausschluß der zu einem Vergleich nicht geeigneten Bezirke von Celle, Cöln und Frankfurt a. M.) 2874 Stadt-, Kreis- und Amtsrichter, denen 327 Appellationsgerichtsräte und 256 Stadt- und Kreisgerichts-Direktoren (zusammen 583) gegenüberstanden; es kam also bereits auf 4,9 Stadt-, Kreis- und Amtsrichter eine Appellationsgerichtsrats- oder Direktorstelle. Nun hat man vor 1879 nie etwas davon gehört, daß die preußische Justizverwaltung bei der Besetzung ihrer Appellationsgerichte auf minderwertige Kräfte hätte zurückgreifen müssen. Wenn sie jetzt, wo sie weniger höhere Stellen zu besetzen hat, in die Befürchtung gerät, dies tun zu müssen, dann ist die Folgerung unabweislich, daß sich das gesamte Richtermaterial in seiner Qualität erheblich verschlechtert haben muß. Und wenn dies der Fall ist, dann könnte dieser Mißstand durch eine Verminderung der Zahl der höheren Richter nur notdürftig verkleistert, aber nicht im geringsten gehoben werden. Seine Untersuchung und die Abhilfe dafür aber wäre viel wichtiger, als eine Prozeßnovelle mit Verschiebung der Zuständigkeit. Die preußische Justizverwaltung darf deshalb aufgefordert werden, Farbe zu bekennen:

---

[10]) In der allgemeinen Begründung des Vorentwurfs (Reichsanzeiger a. a. O.) auf der dritten Seite der ersten Beilage.

[11]) Nach dem „Jahrbuch der preußischen Gerichtsverfassung".

Hat sie ihrem Richterstand das Zeugnis der Dekadenz ausstellen wollen? Dann sollte sie das gerade heraus sagen und auf Mittel wirklicher Abhilfe hierfür sinnen. Hat sie dies nicht gewollt, mit welchem Recht hat sie dann behaupten können, daß die jetzigen Richter das Material für die höheren Stellen nicht mehr ausreichend liefern? In Wahrheit ist dies völlig unrichtig. Man scheint auch die Unhaltbarkeit des Arguments eingesehen zu haben. Denn es findet sich erfreulicherweise in der Begründung des Bundesratsentwurfs nicht wieder. Aber man sollte doch in der Herstellung der Motive zu Regierungsvorschlägen von vornherein mit einem etwas kritischeren Lesepublikum rechnen.

Der Grund für die beabsichtigte Entlastung der höheren Gerichte liegt wohl in erster Reihe bei der preußischen Regierung, und zwar hauptsächlich in der Sorge wegen des großen Anschwellens des Kammergerichts, das gegenwärtig 21 Senatspräsidenten und 109 Räte zählt und noch stetig wächst. Der Mißstand ist unzweifelhaft vorhanden, und zwar noch stärker, als die vorstehenden Zahlen anzeigen, denn die Besetzung des Kammergerichts ist durchaus unzureichend. Aber nach den Zuständen eines einzelnen Gerichts, und sei es auch des Kammergerichts, kann man die Gerichtsverfassung des Reiches nicht zuschneiden; die Landesgesetzgebung muß sehen, mit den ihr verbliebenen Mitteln Ordnung zu schaffen. Die übrigen Oberlandesgerichte kommen nicht in Frage: von den preußischen ist keines auch nur annähernd so groß, wie das Kammergericht immer noch bleiben würde, selbst wenn die Kompetenzverschiebung auf 800 Mk. durchginge.

Besser als eine Kompetenzerhöhung nach dem mechanischen Werte wäre wohl eine Erweiterung der amtsgerichtlichen Zuständigkeit nach Materien. Versuche dieser Art sind auch gemacht worden.[12]) Sie leiden aber hauptsächlich an zwei Mängeln: einmal wird die Zuständigkeit wegen Flüssigkeit der Grenzen und namentlich wegen Häufung mehrerer Klagegründe zu Schwierigkeiten führen und sodann würden hierdurch noch mehr Rechtsmaterien als schon jetzt, der einheitlichen Rechtsprechung des Reichsgerichts entzogen. Als eine Materie, bei der diese Bedenken nicht durchgreifen, kann ich nur den Wechselprozeß ansehen, wenn das im Widerspruchsfalle folgende Nachverfahren der ordentlichen Zuständigkeit untersteht. Ich würde deshalb den Wechselprozeß zur unbeschränkten Zuständigkeit der Amtsgerichte verweisen. Im übrigen ist nicht zu verkennen, daß es zahlreiche Prozesse gibt, die ihrem inneren Gehalt nach den Apparat eines Kollegiums nicht brauchen, sondern beim Einzelrichter genügend gut aufgehoben sind und wiederum andere Prozesse, bei denen die jeweilige Person

[12]) Vgl. insbesondere Friedrichs im „Recht" 1901 S. 454 und 1907 S. 1299.

des Amtsrichters vermöge seiner individuellen Vertrauensstellung den Parteien zur Entscheidung auch schwierigerer Prozesse geeignet erscheint. Die ZPO. enthält in dem Institut der Vereinbarung des Gerichtsstandes bereits einen Ansatz dazu, diesen Gesichtspunkt nutzbar zu machen. Indessen es fehlt an dem nötigen Ausbau. Parteien, die in einem Streit sind, haben nur ausnahmsweise die geeignete Gelegenheit, sich über die Zuständigkeit zu vereinbaren. Diese Gelegenheit muß ihnen geschaffen werden. Und hierzu ist die Möglichkeit gegeben in der Verweisung des ersten Stadiums aller Klagen an den Amtsrichter. Bei Versäumnis und Anerkenntnis ist dieser zweifellos durchweg zur Entscheidung geeignet. Wird die Sache kontradiktorisch, so wird sowohl der sachliche Inhalt des Prozesses als die Person des Richters dazu mitwirken, den Parteien eine sachgemäße Auswahl der zur Prorogation geeigneten Prozesse zu ermöglichen. Unterstützt würde diese Tendenz noch, wenn man die Gerichtsgebühr für das einzelrichterliche Verfahren geringer ansetzte als die Gebühr des Kollegialgerichts — was nur der Gerechtigkeit entspräche — und wenn man ferner die Vereinbarung ohne Einfluß auf den Instanzenzug ließe, damit keine Partei durch die Vereinbarung der für sie vielleicht wertvollen Instanz des Oberlandesgerichtes verlustig geht.

Danach würde ich die oben hervorgehobenen Sätze empfehlen. Der letzte von ihnen, wonach die Berufung in Sachen von höherem Streitwert als 300 Mk. an das Oberlandesgericht gehen soll, hat zur unbedingten Voraussetzung, daß die Berufung beim judex a quo eingelegt wird (s. oben bei Nr. II S. 106); denn zu Streitfragen darüber, ob die Berufung am richtigen Ort eingelegt ist, darf es nicht kommen. Im übrigen wäre es sehr erwünscht, den Satz zu 5b auch auf die jetzigen Sachen des § 23 Nr. 2 GVG. zu erstrecken, weil man hierdurch die einschlägigen Materien der Rechtsprechung des Reichsgerichts erschlösse; sie kommen, wenn auch nicht gerade häufig, auch in Objektsklagen vor, welche die Revisionssumme erreichen.

Gegen die Grundzüge meines Vorschlages sind zwei Bedenken geltend gemacht worden: einmal die Verzögerung, die im Falle kontradiktorischer Verhandlung durch die Verweisung vor das Landgericht dem Kläger erwächst, und sodann die Mehrkosten, die entstehen, wenn der Kläger genötigt ist, vor dem Landgericht einen anderen Rechtsanwalt zu nehmen. Allein die Verzögerung braucht bei sachgemäßer Handhabung nur minimal zu sein und kommt gegenüber den Vorzügen der Neuerung gar nicht in Frage. Wenn das Bedenken aber wirklich gewichtig erscheinen sollte, so könnte bestimmt werden, daß, wenn der Kläger glaubhaft macht, daß die Sache kontradiktorisch wird, auf seinen Antrag der Vorsitzende des Landgerichts durch unanfechtbare Verfügung die direkte Einreichung der Klage beim Landgericht gestatten kann; mir würde eine solche Bestimmung indessen nicht erforderlich scheinen. Was aber die doppelten Anwaltsgebühren betrifft, so würde ihnen am besten gesteuert durch eine Reform der Rechtsanwaltsordnung dahin, daß jeder Rechtsanwalt eines Amtsgerichts zugleich zur Praxis beim vorgesetzten Landgericht zugelassen wird — ein Vorschlag, der freilich von neuem zum Bewußtsein bringt, wie wenig sachgemäß eine stückweise Reform ist. Die großen Justizgesetze greifen zu sehr einander, ihre Revision muß gemeinsam erfolgen.

IV.

Örtliche Zuständigkeit.

1. Der Gerichtsstand der Gesellschaft und des Erfüllungsortes (ZPO. §§ 22, 29) ist zu beseitigen.

2. Die Vereinbarung eines örtlich unzuständigen Gerichts ist nur zuzulassen für einen konkreten Rechtsstreit und muß auch im Versäumnisverfahren urkundlich nachgewiesen werden.

3. Ausnahmen sind zuzulassen für Klagen, die sonst im Ausland erhoben werden müßten.

Die besonderen Gerichtsstände der ZPO. haben vielfach zu einer Erschwerung der Verteidigung des Beklagten geführt, die geradezu in Rechtsbedrückung ausartet. Obenan steht hierbei der Gerichtsstand des Erfüllungsortes. Viele Kaufleute von recht zweifelhaftem Rufe lassen Artikel von ebenso zweifelhafter Güte (Wäsche, Uhren, Schmucksachen u. a.) oder von zweifelhaftem Vorteil für die Empfänger (Konversationslexika und sonstige teure Bücher, Warenautomaten u. a.) im ganzen Reiche auf gedruckte Bestellscheine vertreiben, in denen sie ihren eigenen Wohnsitz als Erfüllungsort verabreden, nicht in der Absicht den Erfüllungsakt anders zu gestalten, als er sich sonst nach dem Gesetz gestalten würde, sondern lediglich zum Zwecke der Begründung eines Gerichtsstandes an ihrem Wohnsitz; die Empfänger unterschreiben dergleichen Scheine erfahrungsgemäß, ohne sich den Inhalt klar zu machen. Hierdurch werden zahlreiche Personen aus den entferntesten Teilen des Reiches genötigt, häufig um ganz kleiner Beträge willen in den Landeszentren Recht zu nehmen; die Gestaltung des Verfahrens erlaubt es nicht, auf ihre schriftlichen Klagebeantwortungen, die häufig sehr schlüssige Einwendungen enthalten, Rücksicht zu nehmen; sie müssen dahin beschieden werden, daß sie für ihre Vertretung im Termin Sorge zu tragen haben. Nur ein kleiner Teil folgt dem Rate und bestellt einen Rechtsanwalt, und dieser Teil erleidet eine schwere Rechtsbedrückung; der größte Teil fügt sich — aus Armut oder aus Fatalismus — in die ihm unverständliche Rechtslage, und wenn er dann trotz seiner ganz ordentlichen Verteidigung ein Versäumnisurteil zugestellt erhält, so hat man einen

Mann mehr geschaffen, der da sagt: „die armen Leute kriegen eben kein Recht.“ Gegenüber solchen Mißständen, die zugleich das Ansehen der Justiz schwer gefährden, verschlägt es nichts, daß unter tausend Sachen mit dem Gerichtsstand des Erfüllungsortes sich auch einige befinden werden, in denen dieser Gerichtsstand sachliche Berechtigung hat. Geschaffen ist die Zulassung dieses Gerichtsstandes vom Gesetzgeber aus der Erwägung heraus, „daß ein Rechtsgeschäft dort, wo es zu erfüllen ist, am richtigsten beurteilt werden könne“ [13]). Die praktische Gestaltung hat aber das direkte Gegenteil erwirkt. Wenn ein Mann aus Königswinter wegen bestellter Wäsche in Berlin verklagt wird, so sind die typischen Einwendungen die: er habe nicht so viel bestellt als geschrieben sei oder es seien andere Zahlungsbedingungen verabredet, oder die Hemden seien nicht nach Maß gefertigt, oder sie seien in der ersten Wäsche zerrissen u. dergl. Für alles dieses muß der Beweis regelmäßig in Königswinter erhoben werden und nicht in Berlin, also gerade da, wo das Geschäft nicht abzuurteilen ist. So erzeugen diese Prozesse durch die Verweisung der Beweisaufnahme an ein entferntes ersuchtes Gericht zugleich eine Verschlechterung der Rechtsprechung.

Es ist deshalb die Beseitigung des Gerichtsstandes des Erfüllungsortes zu fordern, die aber nur dann einen Wert hat, wenn ihr eine entsprechende Änderung in den Vorschriften über Vereinbarung des Gerichtsstandes (§§ 38ff. ZPO.) zur Seite geht. Ohne diese wäre sie wertlos. Denn es würde alsdann an die Stelle der Vereinbarung des Erfüllungsortes die Vereinbarung des Gerichtsstandes treten, eine Form, die viele der erwähnten Geschäfte schon heute wählen: die unkundigen Parteien unterschreiben das eine wie das andere.

Eine Reform vorstehenden Inhalts würde auch eine wohltätige materielle Wirkung zeitigen. Zahlreiche der einschlägigen Handlungshäuser können nämlich nur durch die Vereinbarung des Erfüllungsortes oder des Gerichtsstandes ihre Existenz fristen; sie würden die Spesen nicht erschwingen können, wenn sie jeden säumigen Schuldner durch einen Rechtsanwalt an seinem Wohnorte verklagen müßten. Und das Verschwinden eines Teiles dieser zweifelhaften Geschäfte mit ihren aufdringlichen Reisenden würde, — vorausgesetzt, daß es nicht auf einer ungerechten Maßnahme, sondern nur auf der Entziehung eines gänzlich unberechtigten Gläubigerprivilegiums beruht — als ein Segen zu begrüßen sein.

Eine analoge Stellung wie der Gerichtsstand des Erfüllungsortes nimmt der Gerichtsstand der Gesellschaft (§ 22 ZPO.) ein. Auch hier lassen viele

---

[13]) Direktor des Reichsjustizamts von Amsberg in der Sitzung der Reichstagskommission vom 27. April 1875; Hahn, Materialien zur CPO. 1 S. 533.

Kassen und Gegenseitigkeitsgesellschaften im ganzen Reiche durch Agenten mit nicht selten unreellen Geschäftsmethoden Mitglieder werben, die in ganz die gleichen Schwierigkeiten kommen, wenn sie nachher am Gesellschaftssitze verklagt werden. Daß es viele honorige Gesellschaften gibt, die von diesem Gerichtsstand gleichfalls Gebrauch machen, ist richtig. Indessen kann ein Recht auf eine Ausnahme von dem Satze: actor sequitur forum rei auch für diese nicht anerkannt werden. Die Beseitignng der Ausnahme muß um so mehr gefordert werden, als sonst bei Aufhebung des § 29 ZPO. gewisse Geschäfte, wie namentlich Inkasso-Institute u. dergl., zweifellos auf den Gedanken kommen werden, wegen des — für sie überaus wertvollen Gerichtsstandes — dem Beitrittsgeschäft ihres Kunden die Form eines Gesellschaftsvertrages zu geben, bei welchem der Kunde natürlich nichts zu sagen, aber sich dem Gerichtsstand der Gesellschaft zu unterwerfen hätte.

Zuzulassen ist dagegen eine Vereinbarung des Gerichtsstandes für den einzelnen Prozeß vor seinem Anhängigwerden oder während seines Schwebens. Bei einer Vereinbarung dieser Art walten die hervorgehobenen Bedenken nicht ob, und sie ist sachlich schon deshalb unentbehrlich, weil sonst die Prüfung der Zuständigkeit von Amts wegen auch bei Einlassung des Beklagten erfolgen müßte und dies zu völlig unberechtigten Weiterungen führen würde. Unerläßlich ist es aber, daß alsdann im Versäumnisverfahren die erfolgte Vereinbarung urkundlich nachgewiesen wird. Würde diese Kautel nicht getroffen, so würde die ganze Maßnahme in den meisten Fällen wirkungslos bleiben: der Kläger brauchte nur in der Klage — wider die Wahrheit — zu behaupten, daß die Zuständigkeit des Gerichts direkt für die vorliegende Klage vereinbart worden sei; vgl. auch österreichische ZPO. § 104 Abs. 1 Satz 2.

Eine Ausnahme für Klagen, die sonst im Ausland erhoben werden (These Nr. 3), erscheint allerdings erforderlich. Für den Hauptfall, die ausländischen Versicherungsgesellschaften, ist zwar durch Spezialgesetz Vorkehrung getroffen (Reichsgesetz v. 12. Mai 1901 §§ 86, 89). Aber auch sonst erheischt die Schwierigkeit der Rechtsverfolgung im Auslande, daß die Möglichkeit geschaffen wird, Ausländer im Wege der Vereinbarung hiesigen Gerichtsständen zu unterwerfen.

V.

Mündliche Verhandlung.

1. Die Verhandlung der Parteien vor dem erkennenden Gericht soll auch in Zukunft mündlich sein sein. Jede Partei ist zum Vortrag in freier Rede berechtigt. Insoweit der Vortrag nicht in freier Rede erfolgt, hat der Richter das Streitverhältnis mit den Parteien mündlich zu erörtern.

2. **Bei der mündlichen Verhandlung ist eine Bezugnahme auf Schriften gestattet, insoweit die Parteien einverstanden sind und das Gericht das Verfahren für angemessen hält.**

Wenn irgendein Teil des Verfahrens besonderer selbständiger Konstruktion für den amtsgerichtlichen Prozeß bedarf, so ist es die Gestaltung der mündlichen Verhandlung. Von Laien einen freien Vortrag als obligatorisch zu fordern (§ 137 Abs. 2 ZPO.) ist verkehrt und da, wo ein Richter das ganze Gericht repräsentiert, jede Bezugnahme auf Schriftsätze zu verbieten (Abs. 2 daselbst), zeugt von einem Doktrinarismus, der nur begreiflich wird durch die Erkenntnis, daß man es gar nicht der Mühe für wert erachtet hat, zu durchdenken, wie die zitierten Vorschriften in der Verhandlung des Einzelrichters wirken werden. Tatsächlich haben sie den Erfolg gehabt, das Gesetz herabzudrücken: peinliche Richter handhaben die Mündlichkeit notdürftig auf die Gefahr hin, unter Umständen nahe an die Lächerlichkeit zu kommen, minder peinliche setzen sie einfach außer Kraft. So wird das Gesetz mißachtet, ohne daß dies im Urteil erkennbar würde. Denn in den Tatbeständen sieht alles ganz ordentlich aus. Diese Mißachtung des Gesetzes führt aber zur Verminderung der Gewissenhaftigkeit des Richters überhaupt, welchem strenge Unterordnung unter das Gesetz und vor allem gewissenhafteste Beurkundung oberste Pflicht sein sollte. Man kann die Justizverwaltungen nicht freisprechen von dem Vorwurfe, daß sie durch das Formularwesen zu ungewissenhaften Beurkundungen geradezu Hilfe geleistet haben. Weil das Reichsgericht einmal den — sehr zweifelhaften — Satz ausgesprochen hat, daß die Vorlegung von Urkunden in der mündlichen Verhandlung nicht anders als durch den mündlichen Vortrag ihres ganzen in Betracht kommenden Inhalts geschehen kann[14]), haben die Justizverwaltungen Formulare für amtsgerichtliche Versäumnisurteile im Wechselprozeß hergestellt, in denen gesagt ist, der Kläger habe „die erwähnten, in der Klage in bezug genommenen Urkunden vorgelegt und ihren Inhalt vorgetragen". Wann wird aber wohl je der ganze Inhalt der Protesturkunden (und gar der Rikanbiorechnungen) vorgetragen und haben sich die Verfasser des Formulars dies denken können? Wie war es möglich, zu einer so wahrheitswidrigen Beurkudung durch ein Formular noch herauszufordern? Wer gewissenhaft sein will, muß das Formular jedesmal korrigieren. Denn die Bezeugung im Tatbestand, es sei der Inhalt einer Urkunde vorgetragen worden, während dies in Wahrheit nicht geschehen ist, stellt eine falsche Beurkundung dar.

Vom Gesetz ist zu fordern, die mündliche Verhandlung so zu gestalten, daß sie nach den gegebenen Vorschriften auch wirklich gehandhabt

---

[14]) RG. 21. März 1881 (4, 379).

werden kann, und von ihr dasjenige fern zu halten, was nutzlosen Schematismus darstellt. Hierzu ist der Vorschlag in § 502 der Novelle, wonach das Gericht „das Sach- und Streitverhältnis mit den Parteien zu erörtern“ hat, für sich allein unzureichend, ja sogar verwirrend, da man durchaus nicht weiß, in welchen Beziehungen diese Vorschrift zu den Bestimmungen stehen soll, daß der Vortrag der Parteien in freier Rede zu halten ist, daß eine Bezugnahme auf Schriftsätze unzulässig ist und daß die Parteien sogar das Ergebnis auswärtiger Beweisaufnahmen vorzutragen haben (§§ 137, 285). Sind diese Bestimmungen durch den vorgeschlagenen § 502 außer Kraft gesetzt oder sollen sie daneben gelten? Ist letzteres gemeint, dann enthält die Neuerung nichts, was nicht schon in dem jetzigen § 503 enthalten wäre. Ist aber das erstere gemeint, dann sollte es deutlich gesagt werden.

Die mündliche Verhandlung soll beim Einzelrichter dazu dienen, dasjenige zu klären, was besser mündlich als schriftlich aufgeklärt wird oder was tatsächlich durch die Schriften noch nicht geklärt oder überhaupt noch nicht vorgebracht ist. Herr darüber, ob die Schriften bereits genügen, muß sowohl das Gericht als jede Partei sein. Deshalb muß jeder Partei zustehen, dem Gericht Vortrag über das ganze Sachverhältnis zu halten und ebenso muß das Gericht dies verlangen können, auch wenn die Parteien es nicht mögen. Aber es gibt Sachen, bei denen der mündliche Vortrag ganz nutzlos ist, teils wegen der Einfachheit der Sache, teils gerade umgekehrt wegen ihrer Verwickelung oder ihrer Auflösung in eine Menge unübersichtlicher Einzelheiten, und noch mehr Sachen gibt es, bei denen dies auf einzelne Teile des Prozeßstoffes zutrifft. Wenn das Vorhandensein dieser Sachlage von allen Beteiligten und zugleich vom Gericht, das die Akten kennt, übereinstimmend anerkannt wird, dann ist die mündliche Verhandlung vor dem Einzelrichter eine Farce, die unterbleiben soll. Gewiß besteht hierbei die Gefahr, daß die Bequemlichkeit, die in der Bezugnahme auf Schriftsätze liegt, das Prinzip der mündlichen Verhandlung zurückdrängen könnte. Aber besteht diese Gefahr trotz des gegenteiligen Gesetzes jetzt etwa nicht? Kann irgend ein Kenner der Praxis dies behaupten?

Die von mir vorgeschlagene Neuerung würde auch in gewissen Grenzen dem Vertagungsunwesen (s. unten Nr. VI) entgegenwirken. Aus meiner Praxis wenigstens kann ich es bezeugen, daß vielfach ganz nutzlose Vertagungen auf folgender Grundlage zustande kommen. In einer nicht einfachen, aber durch Schriftsätze völlig klar vorbereiteten Sache erscheint für den behinderten Anwalt der einen Partei ein Substitut. Die Anwälte möchten die Sache durch Stellung ihrer Anträge und Bezugnahme auf die Schriftsätze erledigen. Obwohl sachlich hiergegen nicht das geringste einzuwenden wäre, kann ich ihnen nicht willfahren; denn ich verlange für jede Sache — mindestens bei ihrer ersten Verhandlung — den vollen Vortrag. Hierzu erklärt sich der Substitut außerstande und erbittet sich deshalb einen neuen Termin, sachlich gänzlich überflüssigerweise. Aus der Häufigkeit dieser Fälle ersehe ich allerdings, daß die Anwälte an einzelnen Stellen mit ihrem Verlangen, die Sache durch Bezugnahme auf Schriftsätze zu erledigen, mehr Glück zu haben scheinen. Aber sollte nicht das Gesetz besser so gestaltet werden, daß es auch bei seiner genauen Beobachtung möglich ist, sachlich ungerechtfertigte Vertagungen zu vermeiden?

VI.

Parteibetrieb. Vertagungswesen. Beschleunigung des Verfahrens.

1. Die Grundsätze der §§ 227, 251 ZPO. über die Aufhebung von Terminen und das Ruhenlassen des Verfahrens durch Parteivereinbarung sind beizubehalten.

2. Dem Nachteil der durch das Ausbleiben der Parteien entstehenden Terminsvereitelungen ist entgegenzuwirken durch eine geringe Ordnungsgebühr (etwa 1—2 Mk., für die niedrigste Wertstufe 50 Pfg.), welche die ausbleibenden oder nicht verhandelnden Parteien trifft, ausgenommen, wenn sie ihr Ausbleiben oder ihre Vereinbarung, nicht zu verhandeln, Tags zuvor angezeigt haben oder wenn ein sachlicher Grund für ihre plötzliche Entschließung vorliegt.

3. Für die Beschleunigung des Verfahrens können im übrigen gesetzliche Maßnahmen nur in beschränktem Maße wirken. Als hauptsächliches Mittel hierfür ist zu fordern eine sehr erhebliche Vermehrung des Richterpersonals.

Die §§ 227, 251 ZPO. beruhen auf dem gesunden und richtigen Gedanken, daß die Parteien am besten zu ermessen vermögen, ob eine Verhandlung ihres Prozesses in dem betreffenden Stadium erwünscht ist oder nicht. Unbequemlichkeiten, die dem Gericht hieraus erwachsen, müssen an sich ertragen werden, vorausgesetzt nur, daß sie auf vernünftiger, die Sachlage würdigender Entschließung der Parteien beruhen. Dazu kann die Verhinderung des Anwalts einer Partei unter Umständen sehr wohl gehören. Daß eine solche vernünftige Entschließung vorliegt, wird man immer annehmen dürfen, wenn der Entschluß dem Gericht vorher angezeigt wird. Vorkehrung zu treffen ist nur gegen das wilde und regellose Vertagungswesen, welches leider vielfach Platz gegriffen hat und das zu einer schweren Kalamität nicht nur für die Gerichte und für den Fortgang des Prozesses, sondern sogar für den Inhalt der Rechtspflege selbst geworden ist. Denn die Verstimmung der Richter über die ihnen wiederholt verursachten nutzlosen Mühen wirkt nachteilig auf die Sache selbst ein: die Richter werden es überdrüssig, sich auf die Sachen wiederholt vorzubereiten und die Vorbereitung wird deshalb schlechter; das sind menschliche Schwächen, über die niemand erhaben ist.

Aber um dieser Fehler willen darf das richtige Prinzip nicht über Bord geworfen werden, zumal es im Amtsgerichtsprozeß durchaus nicht zutrifft, daß die Terminsvereitelungen ausschließlich durch Rechtsanwälte herbeigeführt werden. Überwiegend ist dies allerdings der Fall. Indessen geschieht es doch auch häufig, daß verabredetermaßen die Parteien selbst ausbleiben. Nicht selten nimmt ein Prozeß folgenden Verlauf: Der Kläger erscheint im ersten Termin nicht; nach einigen Wochen erwirkt er einen neuen Termin mit demselben Erfolg; nach einiger Zeit wiederum. Manchmal wiederholt sich dies längere Zeit. Schließlich ladet der Kläger, um nur noch den Beklagten zu den Kosten verurteilen zu lassen, oder er nimmt auch die Klage zurück. Die wiederholten Termine haben hier dazu gedient, um hinter den Kulissen des Gerichts ein Stundungsverfahren sich abspielen zu lassen, das vor dem Gericht selbst sich nicht sachgemäß entwickeln konnte, weil der Beklagte bestimmte Raten nicht versprechen konnte und der Kläger ihm auch nicht traute; die wiederholt erwirkten Termine waren eine Anspornung zur Zahlung für den Beklagten, wenn er lässig wurde. Das Ergebnis war hier, daß das Bestehen des Parteibetriebs die beste und zugleich billigste Abwicklung der Sache ermöglicht hat. Warum soll dies verhindert werden?

Deshalb ist auch die Lösung des Problems, wie sie die österreichische ZPO. (§ 168) bewirkt hat, nämlich die Aufrechterhaltung des Prinzips der Parteidisposition aber die Bestrafung der Parteien, die davon Gebrauch machen, mit einer dreimonatigen Vertagung ihres Prozesses absolut zu verwerfen. Denn sie verhindert gerade den sachgemäßen Gebrauch des Prinzips, der für die Regel natürlich dahin geht, kürzere Vertagungen zu erzielen. Es ist einer der obersten Grundsätze der Rechtsordnung, daß im Recht zum Größeren das Recht zum Geringeren enthalten ist; die Verletzung dieses Grundsatzes ist unmoralisch und klingt wie eine Verhöhnung des gewährten Rechts. Und wenn man sich auf die glänzenden Erfolge beruft, welche die österreichische ZPO. in bezug auf die Beschleunigung der Prozesse erreicht hat, so kann ich nur sagen: Auch der Erfolg des Richterspruchs der Porcia, welche dem Shylok erlaubt hat, ein Pfund Fleisch auszuschneiden, aber bei Strafe, wenn es weniger würde, war glänzend. Der Spruch selbst ist darum doch unmoralisch.

Auch der Vorschlag der Novelle (Art. III Ziffer 6), welche für Termine, die über die Fünf- oder Siebenzahl hinausgehen, eine volle Gebühr für jeden Termin erheben will, muß abgelehnt werden. Allerdings ist der Vorschlag gegenüber dem Vorentwurf dadurch sehr wesentlich gemildert, daß das Gericht bestimmen kann, daß Termine, die nicht durch Verschulden der Parteien veranlaßt sind, nicht mitgerechnet werden. Nur versteht man hierbei nicht recht, warum das Gericht dies bloß bestimmen „kann“. Welche Gründe sollen obwalten, in der einen Sache nicht verschuldete Termine den Parteien zur Last zu legen und in der anderen nicht? Soll ein Prinzip in der Sache zum Ausdruck kommen, so kann es selbstverständlich doch nur dahin gehen, daß Termine, die nicht durch Schuld der Parteien veranlaßt sind, diese nicht mit Gebühren belasten dürfen. Alsdann aber muß die Nichtberechnung dieser Termine obligatorisch sein, und es liegt auch kein Grund vor, die gerichtlichen Entscheidungen darüber, ob dieser Fall vorliegt, der Anfechtung zu entziehen (wie die Novelle es will). Ändert man die Novelle nach dieser Richtung und setzt man ferner die — viel zu hohe — Gebühr entsprechend herab, dann fällt allerdings ein erheblicher Teil der gegen den Vorentwurf erhobenen Bedenken fort. Aber die Vorschrift wird dann durch die Streitigkeiten über ein vorliegendes Verschulden zu unangenehmen Reibereien zwischen Gerichten und Anwälten führen, die den Zwecken der Rechtspflege sehr abträglich sind und die man vermeiden soll.

Die Bedenken werden m. E. im wesentlichen vermieden durch den oben zu Nr. 2 gemachten Vorschlag. Dieser bescheidet sich zunächst, alle die Fälle auszuschließen, in welchen die Parteien ihre Vereinbarung, nicht zu verhandeln, dem Gericht einen Tag vorher angezeigt haben. Durch eine solche Anzeige ist dargetan, daß sie sich die Frage überlegt haben. Dies soll genügen, um jede Gebühr auszuschließen. Die Anwälte sollen für die Richtigkeit ihrer Entschließung dem Gericht keine Verantwortung schuldig sein. Getroffen werden sollen nur die Fälle, in welchen erst am Terminstage selbst der Entschluß erfolgt, nicht zu verhandeln. Unter diesen Sachen werden ab und zu auch einige sein, in welchen der Entschluß auf inneren sachlichen Gründen beruht. Aber solcher Fälle sind nur wenige und diese mögen dann dargelegt werden. Das Gros dieser Fälle liegt so, daß die Anwälte sich nicht zusammenfinden können oder daß ihnen das Warten zu lange dauert oder daß einer von ihnen wegen anderer Abhaltung oder gar aus Bequemlichkeit überhaupt zu Hause geblieben ist. Diese Fälle zu vermeiden soll eine kleine Ordnungsgebühr dienen, die den Rechtsanwalt daran erinnert, daß seinem dominium litis auch eine Rücksicht auf das Gericht und auf den Gang des Prozesses gegenübersteht. Zu erwägen wäre, ob die Ordnungsgebühr etwa dem Rechtsanwalt für seine Person aufzuerlegen wäre.

Eine Strafe sollte dies nicht sein. Vielmehr wäre der zugrunde liegende Gedanke der, daß ein Rechtsanwalt, der so viel Geschäfte hat, daß er gehindert ist, alle Termine ordnungsgemäß wahrzunehmen, die Gebühr als eine Art von Unkosten empfinden soll, ganz ebenso wie etwa Droschkenfahrten von einem Gericht zum andern, die er auch nicht der Partei zur Last schreiben darf. Doch möchte ich die Frage offen lassen.

Es steht zu hoffen, daß eine Einrichtung vorstehender Art den größten Mißständen Abhilfe schaffen wird. Und dieses zu erreichen, muß man sich bescheiden.

Was sonst zur Beschleunigung des Prozesses geschehen kann, ist an gesetzgeberischen Akten recht beschränkt. Die Novelle will hauptsächlich vorschreiben: eine kurze Ansetzung der ersten Termine (§ 507)[15], in gewissem Umfange eine vorherige Herbeischaffung der Beweise (§ 508) und die tunlichst sofortige Erhebung der beschlossenen Beweise. Das ist ganz schön gedacht und im allgemeinen (wenn auch vielleicht nicht gerade in allen Einzelheiten)[16] wohl auch zu billigen. Aber der Erfolg dieser Maßregeln wird sehr bescheiden sein, solange die jetzige knappe Gerichtsbesetzung bestehen bleibt. Wie soll denn ein Amtsrichter, der auf Wochen hinaus vollbesetzte Sitzungen hat, alle neu eingehenden Sachen auf etwa 6—8 Tage ansetzen? Das kann doch nur so geschehen, daß er die sogen. Retursachen, die er jetzt vielleicht auf 3 Wochen ansetzt, auf 5—6 Wochen hinaussetzt, um freien Raum für die eingehenden neuen Klagen zu haben, d. h., das, was auf der einen Seite beschleunigt wird, wird auf der anderen verlangsamt. Und noch gar: wie soll es möglich sein, in voll besetzte Sitzungen noch eine Anzahl von Zeugen zu laden oder mitgebrachte Zeugen in solchen Sitzungen zu vernehmen? Das erschüttert ja die ganze Disposition der Sitzung, nötigt andere Parteien und Zeugen zu ganz ungebührlichem Warten (ohnehin schon Gegenstand häufiger Klagen) und belastet den Richter mit einem Arbeitspensum, das mit einer gedeihlichen Behandlung der Sachen nicht verträglich ist. Neuerungen dieser Art setzen eine völlige Änderung der Anschauungen voraus, welche heute über die Bemessung von Richterpensen herrschen. Heute gehen die Justizverwaltungen von der

---

[15]) Vgl. hierzu und über die erforderliche Ausdehnung dieser Vorschrift auch den Fall eines voraufgegangenen Mahnverfahrens oben bei Nr. I. (S. 104.)

[16]) Namentlich ist die sofortige Abnahme beschlossener Parteieide durchaus bedenklich; die schwurpflichtige Partei soll im Gegenteil für die Regel eine Bedenkzeit dafür erhalten, ob sie schwören will; vgl. den richtigen Grundsatz in der Preuß. V. vom 1. Juni 1833, § 31.

Auch die sofortige Vernehmung gestellter Zeugen ist jedenfalls nur dann ratsam, wenn dadurch der Zeugenbeweis zu dem betreffenden Punkt erschöpft wird. Hat nur der eine Teil Zeugen mitgebracht und der Gegner tritt gleichfalls Zeugenbeweis an, dann ist das Verfahren für die Regel nicht empfehlenswert.

Anschauung aus, für jede Richterkraft, die sie schaffen, müsse von vornherein ein voll garantiertes Arbeitspensum vorhanden sein, insbesondere auch voll besetzte Sitzungen. Gerichte, die öfter nur halb besetzte Sitzungen haben, haben kein volles Pensum und müssen reformiert werden. Wohin wir mit der Beobachtung der Gesetze bei solchen Grundsätzen kommen, zeigt uns die Gestaltung der Beweisaufnahme vor den Kollegialgerichten. Obwohl das Gesetz befiehlt, daß die Aufnahme des Zeugenbeweises, von wenigen Fällen abgesehen, vor dem Kollegium zu erfolgen hat (ZPO. §§ 355, 375), sind die Kollegien, die danach handeln, sehr zu suchen: sie können es nicht, weil ihr Pensum schon ohne diese Arbeit voll bemessen ist. Ganz ebenso wird es den für den Amtsgerichtsprozeß vorgeschlagenen Neuerungen ergehen, wenn es nicht gelingt, die Amtsgerichte so zu besetzen, daß sie ihre Sitzungen von vornherein immer nur auf etwa die Hälfte eines Pensums einzurichten brauchen und den Rest freihalten können für Unvorhergesehenes, das hinzu kommt, und daß es kein Unglück ist, wenn in einer oder der anderen Sitzung nur wenig oder selbst nichts hinzukommt, das heißt also, wenn wir eine sehr bedeutende Vermehrung der Zahl unserer Amtsrichter vornehmen. An Personal hierzu fehlt es nicht, anscheinend aber wohl an dem erforderlichen Geld. Gelingt es, dies zu beschaffen, so wird auch eine schleunige Justiz zu erzielen sein und die von der Novelle vorgeschlagenen Beschleunigungsmittel werden — ihre Prüfung im einzelnen vorbehalten — vortreffliche Dienste hierzu leisten. Gelingt dies nicht, so wird es auch nicht glücken, eine schleunige Justiz zu beschaffen. — Mit der Entlastung der Gerichtssitzungen würde übrigens auch ein Teil der vielbeklagten Vertagungen beseitigt werden, nämlich dadurch, daß die Gerichte für größere Pünktlichkeit in der Verhandlung der Sachen werden sorgen können und daß sie die Möglichkeit zu größerem Entgegenkommen gegen solche Rechtsanwälte haben werden, die nicht zur bestimmten Stunde erscheinen können.

VII.

Zeugenbeweis.

1. Der Kreis der unbeeidet zu vernehmenden Personen ist erheblich zu erweitern. Insbesondere sind dahin zu zählen alle am Ausgang des Rechtsstreits rechtlich oder tatsächlich interessierten Personen, wenn ihr Interesse auch kein unmittelbares, sondern nur ein entfernteres ist, sowie alle Personen, welche als Rechtsvorgänger oder Vertreter einer Partei über ihre Handlungen aussagen sollen, falls sie von der Partei benannt sind, deren Vorgänger oder Vertreter sie waren.

2. Es ist auf eine Vorschrift Bedacht zu nehmen, daß auf das Zeugnis einer der erwähnten interessierten Personen nur ausnahmsweise eine Feststellung gegründet wird.

3. Der Zedent einer eingeklagten Forderung soll von dem Zessionar als Zeuge überhaupt nicht angerufen werden können.

Die freie Beweiswürdigung der ZPO. hat die Hoffnungen nicht erfüllt, die man auf sie gesetzt hat. Es muß leider ausgesprochen werden, daß in der Praxis die Beweiswürdigung überwiegend schematisch ausgerät. Regel ist es, daß eine Partei, welche für ihre Behauptung einen Zeugen hat, auch den Prozeß gewinnt. Die Praxis neigt dazu, tunlichst jeden Zeugen zu beeiden und dann zu erwägen: „wenn er auch interessiert ist, so wird er doch nicht gleich falsch geschworen haben." Erwägungen wie die, daß in den Köpfen interessierter Personen (nicht selten auch freilich in denen sog. klassischer Zeugen) die wahrgenommenen Dinge ein subjektiv gefärbtes Aussehen gewinnen, finden sich nur ausnahmsweise, wenn nämlich die positive Sachlage einen Anhalt dazu bietet, während doch diese Erwägung eine allgemein gültige Wahrheit enthält, die auch ohne positiven Anhalt in den Umständen des konkreten Falles berücksichtigt werden sollte. Die Mißstände werden noch wesentlich verschärft durch eine ungesunde Auslegung der ZPO., die auf eine große Vermehrung der Eide hinausläuft. So in erster Reihe durch die Annahme, daß auch nahe Angehörige als Zeugen notwendig beeidet werden müssen, wenn sie als Vertreter der sie anrufenden verwandten Partei gehandelt haben[17]. Die Auslegung des Gesetzes mag richtig sein oder nicht; sachlich stellt der hierdurch geschaffene Zustand eine der größten Verkehrtheiten dar, die in Ansehung der Beweiswürdigung begangen werden können. Wenn nämlich nach dem Gesetz ein naher Angehöriger unbeeidet bleiben soll, so ist der Grundgedanke dieser Vorschrift nicht darin zu sehen, daß der Gesetzgeber gleich vermutet, der Zeuge werde falsch schwören. Der Gedanke geht vielmehr (richtig aufgefaßt) dahin, daß von dem Zeugen eine zu subjektive Wahrnehmung, ein Sehen durch die Brille der Voreingenommenheit befürchtet wird und es wird beabsichtigt, dem Richter Vorsicht in der Bewertung des Zeugnisses zu empfehlen, indem dem Zeugen durch Nichtbeeidung der Stempel der Minderwertigkeit aufgedrückt wird. Alle diese Momente liegen regelmäßig auch dann vor, wenn jemand als Vertreter einer Partei gehandelt

[17]) Notwendig war diese Auslegung nicht. Der § 393 Nr. 3 CPO. gestattete auch die einfache Auslegung, daß alle im § 383 Nr. 1—3 bezeichneten Personen stets unbeeidet vernommen werden sollen. In diesem Sinne hatten auch früher in zwei Fällen das KG. und das OLG. Hamburg die Vorschrift angewendet (Gruchots Beitr. 34, 977 und 37, 1261). Aber die entgegengesetzte Auslegung ist jetzt so allgemein geworden daß sie legis vicem hat.

hat und wenn alsdann über dasjenige, was er verabredet hat, ein Streit entsteht. Auch hier ist der Vertreter aufs höchste befangen und geneigt, die Tatsachen so zu sehen, wie sie in seine Auffassung von dem Rechtsverhältnis — welche regelmäßig die seinem Auftraggeber günstige sein wird — am besten hineinpassen. Ein solcher Zeuge sollte, auch wenn er gar nicht verwandt ist, unbeeidet bleiben. Die Stellung aber, die der verwandte Zeuge in dieser Beziehung nach dem Gesetz einnimmt, ist kaum verständlich. Es steht nämlich so: Ist für die Befangenheit eines Zeugen nur der eine Umstand vorhanden, daß er mit der Partei verwandt ist, dann soll der Zeuge unbeeidet bleiben. Ist der Zeuge aber aus doppeltem Grunde befangen, nämlich einmal, weil er verwandt ist und außerdem, weil er das Geschäft, um dessen Aufrechterhaltung es sich handelt, selbst abgeschlossen hat, dann muß er beeidet werden. Ein Zustand, bei dem die Vernunft beide Augen zudrücken muß, um ihn zu begreifen!

Die Einschränkung, welche das Reichsgericht dem Begriff der „unmittelbaren Beteiligung am Ausgang des Rechtsstreits" (§ 393 Ziff. 4) gegeben hat mit der direkten Absicht, eine möglichst weitgehende Beeidung der Zedenten zu erzielen[18]), kann gleichfalls nicht als eine gesunde, die realen Bedürfnisse des Rechtsverkehrs berücksichtigende Gesetzesanwendung angesehen werden.

Die Zustände, welche teils durch das Gesetz, teils durch dessen Anwendung gezeitigt werden, grenzen häufig ans Bizarre. Ein Kaufmann, der ein Geschäft durch seinen Kommis abschließen läßt, hat, wenn über das Zustandekommen oder den Inhalt des Geschäfts gestritten wird, in der Person des Kommis einen Zeugen. Der regelmäßige Hergang ist dann: Vernehmung — Beeidung — Urteil nach den Anträgen des Klägers. Ein Kaufmann dagegen, der das Geschäft selbst abgeschlossen hat, muß zur Eideszuschiebung greifen; die Regel ist: Annahme und Leistung des Eides, Abweisung der Klage. Ein Dienstmädchen, das wegen Ungehörigkeit gegen die Frau entlassen wird, klagt gegen den Hausherrn; Verlauf: Zeugnis der eigenen Frau, welche moralisch betrachtet, die eigentliche Prozeßpartei ist, Beeidigung der Zeugin, Abweisung der Klage auf Grund des „glaubhaften" Zeugnisses. Hat das Mädchen aber bei einer Witwe gedient, mit der sie sich gezankt hat, dann ist alles umgekehrt, das Mädchen „gewinnt" den Prozeß, weil — erforderlichen Falles — sie schwört.

Betreffs des Zedenten als Zeugen ist der bestehende Zustand nahezu gemeingefährlich. Die Erscheinung, daß Leute ihre Prozesse, die sie ganz sicher verloren hätten, dadurch gewinnen, daß sie die Forderungen zedieren

---

[18]) Vgl. die Rechtsprechung bei Struckmann-Koch, ZPO. § 393, Anm. 5.

und den Zedenten als Zeugen angeben, gehört leider schon fast zu den Alltäglichkeiten. Der „glaubwürdige Eindruck" des Zeugen spielt dabei in den Urteilsgründen eine Hauptrolle. Und doch ist er regelmäßig nichts als eine Negative. Man erkennt als Richter die ganze Wertlosigkeit solcher — zum Teil künstlich gemachter — „Eindrücke" häufig leider erst dann an der Hand der Erfahrung, wenn man schon ein halbes Richterleben oder mehr hinter sich hat.

Die neueren Untersuchungen auf dem Gebiete der kriminellen Psychologie haben den sehr problematischen Wert des Zeugnisses als Beweismittels überhaupt dargetan. Gewiß wäre es die beste Vorkehrung zur Wahrheitsermittlung auch im Zivilprozeß, wenn es gelänge, jede Zeugenaussage in ihrem Wert nach wissenschaftlich-psychologischen Grundsätzen zu prüfen. Zurzeit besteht indessen keine Aussicht, ein solches Ziel zu erreichen. Zunächst ist die Wissenschaft noch nicht so weit, ein System von Regeln dieser Art aufzustellen; was sie bisher geleistet hat, liegt mehr in einer — allerdings nur zu gut gelungenen — Kritik des Bestehenden. Sodann fehlt es an Richtern, die psychologisch in dem erforderlichen Maße vorgebildet sind. Endlich muß bezweifelt werden, ob es je gelingen wird, für eine einzelne Zivilprozeßsache ein solches Maß an Zeit und Arbeitskraft verfügbar zu machen, wie die Aufnahme und Nachprüfung jeder Zeugenaussage nach wissenschaftlich-psychologischen Grundsätzen erfordern würde. Gegenwärtig müssen wir uns — was gesetzgeberische Maßnahmen anlangt — damit begnügen, durch gesetzliche Vorschriften das Eideswesen einzuschränken und den Richter zu nötigen, nur in ganz besondern, von ihm zu motivierenden Fällen, auf die Aussage interessierter Personen eine Feststellung zu gründen. Der Eingriff in das Prinzip der freien Beweiswürdigung ist nicht sehr erheblich, und wäre er es, so würde dies an der Notwendigkeit der Reform auch nichts ändern.

Der Fall des Zedenten bedarf besonderer Regelung; denn hier handelt es sich um einen Unfug, der mit dem Recht getrieben wird. Wer sich eine Forderung abtreten läßt, mag wissen, daß er sich des Zeugnisses seines Zedenten nicht wird bedienen können. Will der Gegner sich auf dieses Zeugnis berufen, so muß dies natürlich gestattet sein.

Die in diesem Abschnitt entwickelten Grundsätze enthalten übrigens nichts dem Amtsgerichtsprozeß eigentümliches. Sie haben gleiche Geltung für den Prozeß der Landgerichte.

VIII.

Eidesbeweis.

1. Die Eideszuschiebung ist als Beweismittel zu beseitigen.

2. An ihre Stelle tritt die Benennung der Gegenpartei als Zeuge.

3. In dem Umfange, in welchem nach geltendem Recht die Gegenpartei zur Zurückschiebung des Eides befugt ist, soll sie befugt sein, ihr Zeugnis zu verweigern. Macht sie hiervon Gebrauch, so kann der Beweisführer sich selbst als Zeugen benennen.

4. An die Stelle des richterlichen Eides tritt der Beschluß des Gerichts, eine Partei oder auch beide Teile als Zeugen zu vernehmen. Das Gericht entscheidet nach der Vernehmung nach freiem Ermessen darüber, ob eine Aussage zu beeiden ist. Es kann die Beeidung auf einen Teil der Aussage beschränken. Eine Anordnung, daß beide Teile ihre Aussagen beeiden sollen, ist nur insoweit zulässig, als nicht Widersprüche in den Aussagen vorhanden sind.

5. Eine unberechtigte Verweigerung des Zeugnisses oder seiner Beeidigung hat dieselben Folgen, wie jetzt die Eidesverweigerung. Das abgegebene Zeugnis dagegen unterliegt den allgemeinen Regeln der freien Beweiswürdigung:

Zu den schwersten Mängeln unseres Verfahrens zählt die Gestaltung des Parteieides. An sich für die Wahrheitsermittlung in vielen Fällen unentbehrlich, hat er doch im positiven Recht eine Ausgestaltung erfahren, die nahezu unerträgliche Schäden mit sich führt. Das Wesen dieser Schäden besteht in der festen Formulierung des zu beschwörenden Satzes, von dem das Gesetz zwar vorschreibt, daß er sich auf Tatsachen zu beschränken hat, ohne jedoch diese Vorschrift zu praktischer Geltung bringen zu können: denn Tatsachen und Urteile lassen sich nicht scharf voneinander trennen. Im besten Fall beschwört der Schwurpflichtige dasjenige, was er für Tatsache hält, und selbst dies ist ein Urteil. So kommt es, daß der Parteieid die crux aller gewissenhaften Parteien, die Freude dagegen aller Parteien mit weitem Gewissen ist. Der Schaden kann nur beseitigt werden mittels Ersetzung des geformelten Eides durch eine eidliche Vernehmung der Parteien als Zeugen. Denn tatsächlich ist der Parteieid nichts anderes als ein Parteizeugnis. Hierbei ist indessen das Vorbild der österreichischen ZPO. (§§ 371 ff.), welche der Partei gestattet, ihr eignes Zeugnis anzubieten, nicht zur Nachahmung zu empfehlen. Es durchbricht die Regeln von der Beweislast, die historisch wie sachlich gerechtfertigt sind und begünstigt die Möglichkeit, unbeweisbare Ansprüche durch eignen Eid durchzusetzen. Die Grundsätze von der Beweislast und das Prinzip, das diejenige Partei näher zum Eide ist, welche nicht die Beweislast hat, ist vielmehr aufrecht zu erhalten. Anzustreben ist nur, daß der Eid in den Formen einer den Sachverhalt berichtenden Zeugenaussage erhoben wird. Dem sollen die im

Eingang aufgestellten — zugleich auf den richterlichen Eid erstreckten — Vorschläge dienen. In ihren Einzelheiten bedürfen die Vorschläge eines weiteren Ausbaues. Ich habe einen eingehenden Gesetzentwurf nach dieser Richtung bereits vor vielen Jahren in der DJZ. 1896 Nr. 10 188 ff. veröffentlicht, auf den zu verweisen ich mir erlaube.

Auch die hier vorgeschlagene Reform würde gleicherweise für den landgerichtlichen, wie für den amtsgerichtlichen Prozeß zu gelten haben.

IX.

Berufungssumme.

1. Die Einführung einer Berufungssumme ist abzulehnen.

2. Für den Fall, daß das jetzige Berufungsverfahren für kleine Objekte als zu kostspielig befunden wird, ist für diese statt der Berufung die sofortige Beschwerde einzuführen, jedoch mit obligatorischer mündlicher Verhandlung, falls in der Beschwerdeinstanz eine neue Beweisaufnahme stattfindet.

Der Vorentwurf (§ 511 a) hatte beabsichtigt eine Berufungssumme von 50 Mk. (genauer von mehr als 50 Mk.) einzuführen und für geringere Objekte jedes Rechtsmittel zu verwerfen. Diese Neuerung würde mir nicht nur als eine Kränkung der Armut, sondern zugleich als eine schwere Schädigung der Rechtspflege selbst erscheinen, deren Ansehen durch unkorrigierbare Fehlsprüche leiden würde und deren Inhalt sich durch das Fehlen einer höheren Instanz zweifellos verschlechtern würde. Ich glaube indessen ein näheres Eingehen hierauf erübrigen zu können. Denn nachdem der Bundesrat die betreffende Vorschrift gestrichen hat, ist kaum anzunehmen, daß im Reichstag auf die unpopuläre Bestimmung noch zurückgegriffen werden wird.

Es läßt sich im übrigen nicht leugnen, daß in diesem unberechtigtesten aller Vorschläge ein gewisser, wenn auch kleiner, richtiger Kern steckt. Daß nämlich für sehr kleine Objekte (50 Mk. ist schon zu hoch) die Berufungsinstanz einen zu schwerfälligen Apparat darstellt, ist zuzugeben. Wenn man um 3 oder 4 Mk. einen Rechtsanwalt annehmen soll, so steht das außer Verhältnis zur Sache. Es möchte sich deshalb empfehlen, für kleine Objekte an Stelle der Berufung die sofortige Beschwerde einzuführen, die schon jetzt für die Anfechtung des Kostenpunktes gilt (§ 99 Abs. 3 ZPO.). Dieses Rechtsmittel bietet den großen Vorteil, daß in allen den Fällen, in welchen es sich als sofort spruchreif erweist (sei es im Sinne der Zurückweisung, sei es im Sinne der Abänderung) für die Regel kein Anwalt und keine mündliche Verhandlung erforderlich ist (§§ 569 Abs. 2, 573 Abs. 2 ZPO.) und die Sache somit auf die einfachste und billigste Art erledigt wird. Nur wenn das Gericht eine mündliche Verhandlung anordnet, wird Anwaltszwang erforderlich. Aber auch hier sind die Kosten immer noch bedeutend geringer, als bei der Berufung. Eine mündliche Verhandlung erscheint allerdings dann geboten, wenn neuer Beweis erhoben wird, da sonst die Parteien nicht zu genügendem rechtlichen Gehör gelangen; im übrigen könnte die Entscheidung, ob mündliche Verhandlung erforderlich ist, wie sonst dem Gericht überlassen bleiben[19].

Voraussetzung der vorstehenden Regel ist allerdings die Akzeptierung des diesseitigen Vorschlags, daß auch die Berufung ohne Anwaltzwang lediglich beim Gericht erster Instanz eingelegt wird und daß es auf die Benennung des Rechtsmittels dabei nicht ankommt (s. oben Nr. II S. 106). Geschieht dies nicht, und sollte man Streitigkeiten darüber hervorrufen, ob das richtige Rechtsmittel eingelegt ist oder nicht, dann wäre das Heilmittel schlimmer als das Übel. Aus gleichem Grunde sollte auch eine dritte Instanz für die Beschwerde (§ 568 Abs. 2 ZPO.), die auch sachlich keine Berechtigung hat, nicht gewährt werden. Sonst könnte es vorkommen, daß das Landgericht auf die Beschwerde sachlich entscheidet, das Oberlandesgericht aber auf weitere Beschwerde die Entscheidung aufhebt, weil nicht die Beschwerde, sondern die Berufung das zulässige Rechtsmittel sei und daß demnächst das Landgericht vielleicht doch noch die Berufung als unzulässig verwirft, wogegen es dann kein Rechtsmittel gibt. Derartiges Hin- und Herschieben muß schon an sich vermieden werden. Die Regelung muß einfach auf folgender Grundlage erfolgen: Auf die Einlegung des Rechtsmittels (es mag benannt sein, wie es wolle) werden die Akten dem Landgericht vorgelegt. Dieses behandelt das Rechtsmittel als Beschwerde, wenn es die Beschwerde, als Berufung, wenn es die Berufung für das zulässige Rechtsmittel ansieht. Seine Entscheidung ist in beiden Fällen endgültig.

X.

Urkunden- und Wechselprozeß.

1. Der Urkundenprozeß ist auf den bloßen Wechselprozeß zu beschränken. Für diesen sollen folgende Grundsätze gelten.

2. Die einzige Besonderheit für die Klageschrift soll in der Erklärung bestehen, daß im Wechselprozeß geklagt wird. Die Beifügung der Urkunden ist nicht erforderlich. Das Versäumnisurteil soll allgemeinen Regeln folgen. Erst wenn eine Tat-

[19]) Die beim Kostenpunkt getroffene Vorschrift, daß vor der Entscheidung der Gegner zu hören ist (§ 99 a. E.), sollte auf den Fall einer Abänderung der erstinstanzlichen Entscheidung beschränkt werden. Für den Fall der Zurückweisung des Rechtsmittels hat sie keinen Sinn.

sache bestritten wird, sollen die jetzt bestehenden Beweisregeln des Urkundenprozesses zur Anwendung kommen.

3. Wird ein Wechselanspruch im Mahnverfahren geltend gemacht, so kann der Kläger in den Zahlungsbefehl die Erklärung aufnehmen lassen, daß die Verfolgung im Wechselprozeß geschieht.

Die Zahl derjenigen Urkundenprozesse, die nicht Wechselprozesse sind, ist so geringfügig und noch dazu im Niedergang[20], daß es nicht gerechtfertigt erscheint, ihretwegen eine besondere Prozeßart aufrecht zu erhalten. Im Wechselprozeß hinwiederum werden die Vorschriften über die obligatorische Beifügung der Beweisurkunden bei der Klage (§ 593 Abs. 2) und über die richterliche Prüfungspflicht im Versäumnisverfahren (§ 597 Abs. 2) überaus drückend empfunden. Die erstere Vorschrift führt wegen kleiner Versehen häufig zu Rechtsverlusten, mindestens zu Verzögerungen; die letztere belastet den Richter mit einer ins kleinlichste gehenden Prüfungspflicht, welche — wenn sie an der Hand der Originalurkunden im Termin vorgenommen werden soll — häufig ganz untunlich ist. Sie führt ferner bei exakt arbeitenden Richtern zu einer Unzahl ex officio vorgenommener Bemängelungen, die der Beklagte gar nicht geltend machen will. Beide Vorschriften sind sachlich völlig nutzlos. Die zugrundeliegende Idee, daß die Klage durch Urkunden bewiesen sein müsse, wenn überhaupt ein Urteil im Urkundenprozeß ergehen solle, ist für das Versäumnisverfahren ein reiner Doktrinarismus, der in den Bedürfnissen der Praxis nicht die geringste Berechtigung hat. Wenn im Urkundenprozeß kontradiktorisch verhaudelt wird, so bedürfen auch jetzt diejenigen Klagebehauptungen, welche nicht bestritten werden, keines Beweises[21]; weshalb sollte nicht das gleiche auch für das Versäumnisverfahren gelten können?

Die These oben zu Nr. 3 soll dem Mißstand steuern, daß der Kläger, wie es jetzt Rechtens ist, sich des Wechselprozesses begeben muß, wenn er zum Mahnverfahren greift. Die Anordnung ist an sich geboten. Völlig unentbehrlich wird sie, wenn das Mahnverfahren obligatorisch gemacht werden sollte (s. den folgenden Abschnitt).

---

[20]) Im ganzen Reiche betrug die Zahl dieser Prozesse bei den Amtsgerichten von 1900—1905: 2974, 3323, 3200, 3379, 2783, 2641. Im Kammergerichtsbezirk hat es im Jahre 1905 bei allen Amtsgerichten zusammen 133 solcher Prozesse gegeben: Statistisches Jahrbuch f. d. Deutsche Reich, 1907, S. 246; Deutsche Justizstatistik 1907, S. 90 und 102.

[21]) Vgl. RG. v. 10. 7. 84 (12, 133) u. v. 2. 1. 93 (40, 408).

XI.
Mahnverfahren.

1. Das Mahnverfahren ist — für die dazu qualifizierten Ansprüche — obligatorisch zu machen.

Macht der Kläger glaubhaft, daß ein Widerspruch zu erwarten ist oder daß ihm sonst durch die Beschreitung des Mahnverfahrens ein Nachteil droht, so kann das Gericht durch unanfechtbare Verfügung die sofortige Klageerhebung gestatten.

2. Die örtliche Zuständigkeit für das Mahnverfahren soll keine ausschließliche sein, sondern lediglich allgemeinen Grundsätzen folgen.

3. Wird Widerspruch erhoben, so soll das Gericht von Amtswegen beide Teile zur mündlichen Verhandlung laden. Der Termin ist nur soweit hinauszusetzen, als zur Wahrung der Ladungsfrist erforderlich ist.

Von dem Mahnverfahren wird, wie wohl allgemein anerkannt ist, ein viel zu geringer Gebrauch gemacht und — was noch schlimmer ist — einem großen Anwachsen der Prozesse steht in den letzten Jahren ein Sinken der Mahnsachen gegenüber[22]). Die Folge hiervon ist eine große Belastung der Parteien mit vermeidlichen Mehrkosten und der Gerichte mit formularmäßigen Versäumnisurteilen. Der Grund für diese Erscheinung mag, wie behauptet wird, zum Teil in dem Bestreben der Rechtsanwälte liegen, die höheren Gebühren des Prozesses, statt der geringeren Mahngebühren zu erhalten. Völlig erklärt wird aber die Erscheinung hierdurch nicht. Denn auch da, wo der Kläger nicht durch einen Rechtsanwalt vertreten wird, wird viel zu häufig vom Mahnverfahren Abstand genommen, augenscheinlich deshalb, weil man durch Widerspruch des Beklagten eine Verzögerung des Verfahrens befürchtet. Und dies nicht mit Unrecht; denn die Zahl derjenigen Mahnsachen, in denen der Schuldner Widerspruch erhebt und hinterher doch das Versäumnisurteil gegen sich ergehen läßt, ist sehr groß. Hieraus ergibt sich, daß der von einzelnen Seiten gemachte Vorschlag, zum Mahnverfahren indirekt dadurch zu zwingen, daß man den Kläger mit den Mehrkosten belastet, wenn er ohne voraufgegangenen Zahlungsbefehl zur Klage schreitet und der Beklagte daraufhin das Versäumnisurteil ergehen läßt, ungangbar ist. Er beruht auf der Unterstellung, daß, wenn der Schuldner im Prozeß das Versäumnisurteil ergehen läßt, er auch auf den Zahlungsbefehl keinen Widerspruch erhoben haben würde. Diese Unterstellung kann

---

[22]) Vgl. Statistisches Jahrb. a. a. O.

nur auf Unkenntnis der Praxis beruhen, die, wie erwähnt, das Gegenteil lehrt; unter den von den Amtsgerichten erlassenen Versäumnisurteilen mögen diejenigen, denen ein Mahnverfahren voraufgegangen ist, nicht viel weniger an Zahl sein, als die andern.

Helfen läßt sich nur durch Einrichtung des obligatorischen Mahnverfahrens, wobei dafür Vorkehrung zu treffen ist, daß Verzögerungen, soweit es geht, überhaupt vermieden und sonst auf ein tunlichst geringes Maß beschränkt werden. Von selbst versteht sich, daß, wenn das Mahnverfahren obligatorisch ist, die ausschließliche Zuständigkeit des allgemeinen oder dinglichen Gerichtsstandes (§ 689 ZPO.) nicht beibehalten werden kann. Daß im Fall des Widerspruchs das Gericht nur dann sofort einen Termin ansetzen soll, wenn eine Partei dies beantragt (so die Novelle § 696 Abs. 2) ist nicht zweckmäßig. Allerdings soll gestattet sein, daß der Kläger den Antrag schon im Mahngesuch stellt. Indessen der amtsgerichtliche Prozeß soll nicht auf derartige Rechtskenntnisse zugeschnitten sein, wie eine solche Bestimmung sie voraussetzt. Die Anzahl der Zahlungsbefehle, die jemand mit der Absicht erwirkt, sie im Fall des Widerspruchs nicht weiter zu verfolgen, ist nicht so groß, daß sie eine besondere Berücksichtigung erheischte. Allenfalls könnte das Umgekehrte bestimmt werden: daß nämlich ein Termin nicht angesetzt wird, wenn der Kläger in dem Gesuch es sich verbeten hat und der Beklagte es auch nicht beantragt. Über die Verbindung des Mahnverfahrens mit dem Wechselprozeß s. oben Nr. XI a. E.

XII.
Vorläufige Vollstreckbarkeit der Urteile.

1. Bei der vorläufigen Vollstreckbarkeit der Urteile sollen zwei Gruppen von Urteilen unterschieden werden: solche, bei denen die innere Natur des Gegenstandes eine vorläufige Vollstreckbarkeit rechtfertigt, und solche, bei denen nur äußerliche Zweckmäßigkeitsgründe eine Begünstigung des Klägers rätlich machen.

2. Zu der ersten Gruppe sollen hauptsächlich gehören: Alimentensachen, Exmissions- und Immissionssachen, Lohnklagen (§§ 708 Nr. 6; 709 Nr. 1/2). Bei diesen ist die vorläufige Vollstreckbarkeit von Amts wegen auszusprechen; eine Abwendung der Vollstreckung durch Sicherheitsleistung ist nur unter besonderen Umständen zu gestatten und eine Schadensersatzpflicht für den Fall späterer Aufhebung des Urteils ist — abgesehen von schuldhaftem Verfahren — auszuschließen.

3. Zu der zweiten Gruppe sollen vornehmlich gehören: die

Urteile im Urkunden- und Wechselprozeß (§ 708 Nr. 4) und die Urteile, bei welchen bloß die Geringfügigkeit des Gegenstandes maßgebend ist (§ 709 Nr. 4)[23]. Hier ist die vorläufige Vollstreckbarkeit nur auf Antrag und nur in der Form auszusprechen, daß der Kläger ermächtigt wird, auf seine Gefahr das Urteil vor der Rechtskraft in Vollstreckung zu setzen. Für diese Gruppe ist die Befugnis zur Sicherheitsleistung und die eventuelle Schadenspflicht im bisherigen Umfang (§§ 713 Abs. 2; 717 Abs. 2) beizubehalten. Der Satz, daß die Sicherheitsleistung des Gläubigers der des Schuldners vorgeht (§ 713 a. E.) ist indessen zu beseitigen.

Die bestehenden Bestimmungen über die vorläufige Vollstreckbarkeit der Urteile (§§ 708 ff.) haben in mehrfacher Beziehung zu Klagen Veranlassung gegeben, hauptsächlich betreffs der Schadensersatzpflicht und betreffs der Sicherheitsleistung. Die Mängel wurzeln wesentlich in mangelnder Systematisierung der ZPO., welche ganz verschiedenartige Fälle zusammenwirft. Ob ein Urteil deshalb vorläufig in Vollzug gesetzt werden darf, weil ein Mensch hungert, wenn dies nicht geschieht, oder aber deshalb, weil es nur 200 Mk. sind, und man bei geringen Objekten die Beschleunigung des Verfahrens begünstigen möchte — das sind grundsätzlich ganz verschiedene Fälle. Während im letzteren Fall das Hinterlegungsrecht des Schuldners nahezu selbstverständlich erscheint, gehört es im erstern Fall zu den größten Widersinnigkeiten, die je eine gesetzliche Normierung gefunden haben. Was nutzt denn in diesem Falle die vorläufige Vollstreckung dem Hungernden? Von hinterlegtem Gelde kann er doch nicht leben! Und ebenso ist die Schadensersatzpflicht verschieden zu regeln. Dem Hungernden ist nicht zuzumuten, auf den Unterhalt zu warten, wenn der Richter seinen Anspruch bereits für begründet erklärt hat, ebenso dem Arbeiter nicht auf seinen Lohn, von dem er gleichfalls leben soll. Dringende Exmissions- und Immissionssachen stehen ähnlich. Den Kläger hier mit Schadensersatzpflicht zu belasten, wenn er nicht schlechtgläubig ist, entspricht der Gerechtigkeit nicht. Dagegen ist nicht ersichtlich, weshalb sonst einem Gläubiger nicht zugemutet werden soll, auch bei geringeren Objekten mit der Vollstreckung zu warten, bis das Urteil rechtskräftig ist, es sei denn, er wäre seiner Sache so sicher, daß er es auf seine Gefahr riskiert. Der Umstand, daß ihm die vorläufige Vollstreckung auf seine Gefahr gewährt wird, ist schon eine große Begünstigung, weiter braucht man nicht zu gehen. Und noch viel weniger ist es nötig, daß der Gläubiger

---

[23]) Eine Rubrizierung aller einzelnen Fälle der ZPO. ist hier nicht beabsichtigt.

die Sicherheitsleistung des Schuldners durch Sicherheitsleistung seinerseits übertrumpfen kann. Diese Bestimmung gefährdet den Schuldner, der den ihm durch die Vollstreckung entstandenen Schaden nicht immer nachzuweisen vermag.

XIII.

Interventionsprozesse in der Zwangsvollstreckung.

1. Für Widerspruchsprozesse Dritter in der Zwangsvollstreckung (§ 771 ZPO.) ist zu bestimmen, daß die Klage beim Vollstreckungsorgan (Gerichtsvollzieher, Vollstreckungsgericht) einzureichen und von diesem dem Gläubiger mit Fristbestimmung zur Erklärung mitzuteilen ist. Erst nach fruchtlosem Fristablauf ist die Klage an das Prozeßgericht abzugeben.

2. Der Beklagte, welcher innerhalb der Frist nicht die Zwangsvollstreckung aufhebt, soll sich durch sofortiges Anerkenntnis (§ 93 ZPO.) von der Kostenpflicht nicht befreien können. Dagegen soll der Beklagte, welcher fristgemäß das Pfandstück freigibt, von jeder prozessualen Kostenpflicht frei sein.

Im altpreußischen Prozeß hat — ohne positive gesetzliche Grundlage — ein Verfahren vorstehender Art bestanden. Diesem Umstande war es zu verdanken, daß dort eine Gattung von Prozessen unbekannt war, die seit dem Bestehen der ZPO. den Scharfsinn von Anwälten und Richtern ebenso wie die Kassen der rechtsuchenden Parteien in Anspruch nimmt; es sind dies die Interventionsprozesse, bei denen auf die Zustellung der Klage das Pfandstück freigegeben wird und die Parteien nur noch wegen der Kostenpflicht streiten. Die Meinungen gehen hier weit auseinander. Der eine Richter nimmt an, daß eine durch das Verhalten des Gläubigers gegebene Veranlassung zur Klage schon allein in der Pfändung der fremden Sache liegt, so daß sofort ohne weiteres geklagt werden kann. Ein anderer verlangt wenigstens eine Aufforderung zur Freigabe an den Gläubiger. Ein dritter hält für nötig, daß in der Aufforderung der Anspruch des Intervenienten substanziiert dargelegt wird; ein vierter endlich, daß der Anspruch auch in seinen tatsächlichen Unterlagen glaubhaft gemacht wird. Unter den Vertretern der beiden letzteren Meinungen herrscht wiederum Verschiedenheit darüber, wie sich der pfändende Gläubiger gegenüber unvollständigen Aufforderungen verhalten muß. Nach der einen Meinung kann er sie unbeachtet lassen, nach der andern muß er mitteilen, was er an ihnen zu bemängeln hat. In Abteilung 1 und 2 wird so, in Abteilung 3 u. 4 anders entschieden. Diese ganz nutzlosen Prozesse diskreditieren die Justiz. Die Parteien haben Anspruch auf eine gesetzliche Regelung, welche sie vor den Kosten derartiger Prozesse schützt.

VIII.

Gutachten des Herrn W. Mittermaier, ord. Professor an der Universität Gießen

über die Frage:

Ist die Voruntersuchung im Sinne der gegenwärtigen Strafprozeßordnung beizubehalten und wie würde sie, falls diese Frage bejaht wird, zu gestalten sein?

---

§ 1.

Einleitung.

I. Das Interesse an dieser Doppelfrage ist heute ein lebhaftes. Wenn wir beachten, daß man seit über 60 Jahren die Frage bespricht, dann wird niemand erwarten, daß nun gerade wir sie endgültig und zu aller Zufriedenheit lösen werden. Auch dürfen wir nicht vergessen, daß bei ihr nicht allein der Gesetzgeber mitzureden hat, sondern ebensogut, wenn nicht in erster Linie, der Praktiker. Unser Gesetz ist im Grundsatz nicht durchweg schlecht und fordert nicht überall zur Kritik heraus; es hat, wie ich zeigen werde, gegen seine Vorgänger manche beachtenswerte Fortschritte gemacht. Aber die Praxis will deren Geist nicht recht in sich aufnehmen. Liegt das daran, daß das Gesetz grundverkehrt ist? Ich glaube nicht! Würden unsere Untersuchungsrichter einmal sich entschließen, zurückzutreten vor der Hauptverhandlung und ebenso dem Beschuldigten und seinem Verteidiger mehr Selbständigkeit lassen, dann könnte die Hauptverhandlung vollkommen gut sich entwickeln. Hier aber hemmen verschiedene Einflüsse: einmal sind unsere Erkenntnisgerichte in der Regel so überlastet, daß sie gar nicht ohne die Krücken eines sorgfältigen Vorverfahrens rasch genug laufen können. Wer kennt nicht aus der Praxis den vorwurfsvollen Blick des Richters auf den Staatsanwalt, wenn ein neuer Punkt auftaucht und Weiterungen veranlaßt! Welcher gewissenhafte Untersuchungsrichter empfände heute nicht ein peinliches Gefühl, wenn die

Sache in der Hauptverhandlung eine plötzliche, unerwartete Wendung nimmt, ein bisher unbekanntes Beweismittel auftaucht! Die Verhältnisse haben den Erkenntnisrichter daran gewöhnt, an der Hand genauer Vorakten die Hauptverhandlung durchzumachen, — ohne daß er damit etwa jene Akten als Urteilsgrundlage ansehen wollte. Der jüngste Praktikant lernt das gar nicht anders. Und wenn ihm je auf der Hochschule die Sache anders vorgetragen wurde (zur Darstellung der geschichtlichen Entwicklung fehlt es da regelmäßig an der Zeit!), so ist diese Lehre bald vergessen. Drum kann eine Gesetzesänderung nur dann Erfolg haben, wenn zugleich der Hauptverhandlung die Möglichkeit freierer Entfaltung gewährt wird, und wenn die Praxis sich auch mit dem Geist des Gesetzes und der geschichtlichen Entwicklung erfüllt und Vertrauen in den Gedanken des Gesetzes hegt. Ich werde zeigen, daß die Entwicklung unserer Gesetzgebung bisher mit aller Entschiedenheit in einer Richtung vorwärts ging: das beweist, daß sie sich nicht so leicht aufhalten läßt.

Ein anderes Moment hemmt die rechte Entwicklung: die Scheu, dem Beschuldigten und seinem Verteidiger freie Bahn zu ihrer Vorbereitung zu lassen. Wir leben immer noch zu sehr in der Auffassung des Polizeistaates, daß der Bürger nicht recht für sich selbst sorgen könne, daß am besten der Beamte für ihn eintrete. Dieser Gedanke wird von Jahr zu Jahr verkehrter; er bewirkt aber, daß die Beamten sich fast gezwungen fühlen, für den Beschuldigten in den Vorerhebungen einzustehen, und daß die Beschuldigten selbst wohl oft genug höchst erstaunt wären, wenn man ihnen sagte, daß sie selbstverantwortlich für sich sorgen müßten. Auch darf man ja hier gar nicht verkennen, daß es eine Masse von Beschuldigten gibt, die tatsächlich gar nicht für sich eintreten *können*: Jugendliche, geistig Schwache der verschiedensten Art. Es ist gar nicht zu leugnen, daß der Beamte für sie sorgen muß. Nur fragt es sich, ob es durch eine Ausdehnung der einseitigen Erhebungen des Staatsanwalts oder des Untersuchungsrichters geschehen muß. Ich will aber hier einer fürsorgenden Staatstätigkeit nicht widersprechen. — Doch muß ich mich als entschiedener Freund eines größeren Zutrauens in die Ehrlichkeit und Tüchtigkeit unseres Verteidigerstandes bekennen! Solange unsere Gesetzgebung von der Furcht ausgeht, der Verteidiger möchte überall nicht recht ehrlich handeln, er müsse daher überwacht werden, solange kann man auch der Praxis keinen Vorwurf machen, wenn sie dem Verteidiger mißtraut. Wenn man aber heute tatsächlich über die Praxis vieler Verteidiger ungünstig glaubt urteilen zu müssen: beachtet man dabei, wieviel an einer solchen Erscheinung unser Gesetz schuld ist, das den Verteidiger nicht immer würdig genug stellt?

So müssen wir auffallende Diskrepanzen beobachten: die Hauptverhandlung soll volle, selbständige Urteilsgrundlage sein, und sie kann es praktisch vielfach gar nicht. Der Beschuldigte soll in seiner selbständigen Rechtsstellung anerkannt sein, und man hindert ihn an der freien Bewegung.

Ich bin nicht sicher, ob nicht noch ein weiterer Einfluß heute hinzukommt: das Streben, die Person des Beschuldigten genauer zu würdigen. Das kann man tatsächlich nicht genügend in einer kurzen, wenig vorbereiteten Hauptverhandlung; das fordert sorgsame langdauernde Untersuchungen. Aber ich halte diese Feststellungen gar nicht für eine Aufgabe des Prozesses! Den ganzen Charakter bis ins innerste brauchen wir gar nicht aufzudecken, und das können wir auch nicht; es handelt sich nur um allgemeine Charakterrichtungen. Diese lassen sich aber verhältnismäßig einfach feststellen; die feinere Individualisierung muß immer dem Strafvollzug überlassen bleiben. Daher kann dieses neue Streben, so berechtigt es ist, keinen Einfluß auf die besondere Gestaltung unseres Vorverfahrens ausüben[1]).

Endlich muß noch eins beachtet werden, das schon im vorhergehenden berührt wurde: der rege Zusammenhang der verschiedenen Teile des Prozesses untereinander und die Abhängigkeit der Ausgestaltung des Verfahrens von der Organisation der verschiedenen Behörden und andern Prozeßbeteiligten. Soll das Vorverfahren vereinfacht werden, dann muß das Hauptverfahren stärker ausgebildet werden: Die Dauer der Untersuchung in der Verhandlung muß länger sein, die Parteien müssen entschiedener in die Verhandlung eingreifen[2]). Die Frage der Schöffen und Geschworenen beeinflußt das Vorverfahren: Unser Gesetz (RStrPO. 176[1], ÖstrStrPO. 91) nimmt an, daß keine Verhandlung vor Geschworenen ohne Voruntersuchung möglich sei; man wird diesen Satz prüfen müssen und darf wohl fragen, ob nicht etwa ein stärkeres Heranziehen der Jury zur Verhandlung ein besseres Ergebnis als die Voruntersuchung haben sollte. Ebenso wird je nach der Art der Verweisung der Sache zum Hauptverfahren die Vorbereitung verschieden gestaltet sein[3]). Und daß die Frage der Berufung für das Vorverfahren von größter Bedeutung ist, ist oft genug hervorgehoben

---

[1]) Krohne trat vom Standpunkt des Strafvollzugs dafür ein, daß dem Beschuldigten schon im Vorverfahren in jeder Weise zum Bewußtsein komme, daß ihm sein Recht geschehe. IKV. Mittlg. 12, 356. Das ist ein ganz anderer Gedanke, als der von mir hier angeregte.

[2]) Stooß, ArchKrimAnthr. 14, 126 f. — S. Mittlg. IKV. 11, 831.

[3]) S. schon Sundelin, DStR. Zeitung 1861, 51.

worden[4]). Eine eingehende Voruntersuchung neben der Berufung bedeutet eine unerträgliche Schwerfälligkeit. Ohne Berufung müssen wir aber dafür sorgen, daß die Vorbereitung des Beschuldigten genügt; freilich taucht sofort die Frage auf, ob unsere heutige Art der Voruntersuchung trotz ihrer Schwerfälligkeit den Beschuldigten genügend vorbereitet! Auch die Frage der Stellung der Staatsanwaltschaft und der Polizei spielt herein: mißtraut man jener, wie man es lange sehr entschieden tat und vielfach heute noch tut, dann wird man die Untersuchung durch den Richter begünstigen; traut man ihr, wie man es tun sollte, oder gar wenn man sie richterlich unabhängig stellt, wie das in den 60er Jahren des 19. Jahrhunderts so vielfach gefordert wurde, dann dürfte die Voruntersuchung verschwinden. Auch eine starke und gutgeschulte Polizei wird manche richterliche Untersuchung überflüssig machen.

Wir werden ebenso die Frage der Voruntersuchung gar nicht ohne die der Vorerhebungen im allgemeinen behandeln können: verbessert man nur jene, dann bleiben die Erhebungen des Staatsanwalts vielleicht noch besserungsbedürftig; schränkt man jene ein, muß man wohl diese kräftiger gestalten.

II. Ein Verfahren, das nicht auf einheitlicher Grundlage ruht, kann nicht gut sein. Wir brauchen und sollen nicht über die Begriffe „Anklagegrundsatz", „Inquisitionsprinzip", „Anklageform" u. dgl. streiten. Das sind Schlagworte[5]). Aber wir müssen wissen, welche Grundsätze im Prozeß gelten sollen! Wer bei jeder Einzelfrage nur ihren nächsten praktischen Zweck ins Auge faßt, der wird kein in sich einheitliches Verfahren erhalten. Man mag über die Grundsätze streiten, und der Stärkere mag siegen. Eine Majorisierung, die ein einheitliches Prozeßsystem schafft, ist besser, als ein Kompromiß, bei dem die Prozeßbeteiligten nicht wissen, was für sie gilt. So haben wir heute noch darunter zu leiden, daß die Grundgedanken über die Reform vor 60 Jahren höchst unklare waren[6]). Und wie viele Theoretiker und

---

[4]) Schon Stemann, GA 18, 370; Hänel bei Hahn III, 507, 1866; Miquel ebenda 514; Lasker, ebenda 534 f. In der Kommission mehrfach, ebenda 740 ff. Galli, DJZ. 8, 488; JKV. Mittlg. 11, 831. — S. unten S. 167, 5.

[5]) Insoweit stimme ich Kulemann zu: Mittlg. JKV. 10. 549; 11, 826; 12, 311, ähnlich Kahl, GA. 53, 1. Aber wohin Kulemanns Ideen führen, s. in JKV. Mittlg. 12, 333, 368.

[6]) Man beachte nur beispielsweise den Streit zwischen Zachariae, „Die Gebrechen und die Reform des deutschen Strafverfahrens" 1846 und Köstlin, „Der Wendepunkt des deutschen Strafverfahrens" 1849. Die verschiedensten deduzieren aus ganz verschiedenen Grundsätzen doch ein und dasselbe Ergebnis. S. auch Köstlin § 138 „Prinziplosigkeit der Doktrin".

Gesetzgeber jener Zeit dachten, sie könnten ohne Rücksicht auf die Grundanlage des Prozesses Stücke des einen Systems mit denen des andern verbinden, so haben auch heute viele die Bedeutung der Systemfragen für die Wahrheitserkenntnis vergessen: sie würden anderer Meinung werden, wenn sie die scharfen Kritiken kennen lernten, die damals von allen Seiten aus der Praxis über unklar zusammengeschweißte Prozeßordnungen ertönten! Deswegen halte ich es für nötig, hier kurz anzugeben, aus welchen Grundsätzen des Strafprozesses heraus ich das Vorverfahren eingerichtet sehen möchte; so trivial diese Sätze auch klingen mögen, ihre Bedeutung wird bald klar werden.

1. Dem Strafprozeß liegt nur die Frage zu Grunde, ob eine bestimmte Tat von einer bestimmten Person begangen wurde. Jede Verhaftung kann nur auf Grund des Verdachtes einer bestimmten Tat angeordnet werden. Die Verfolgung einer Tat kann und muß sich zwar nach verschiedenen persönlichen Richtungen erstrecken; aber umgekehrt ist die Verfolgung einer Person wegen unbestimmter Taten absolut ausgeschlossen. Das ist ein wohl allgemein anerkannter Fundamentalsatz unseres modernen Prozeßrechts, der kaum viel älter als ein halbes Jahrhundert ist. Der Zweck des Strafprozesses ist Feststellung eines bestimmten Strafrechts, nicht Erforschung der allgemeinen Gesinnung einer Person.

2. Die bestimmte Straffrage soll nicht der Richter, sondern ein anderer stellen. Es muß strengste Trennung von Verfolgung und Rechtsprechung gelten. Das ist nicht ein „Schlagwort"; ohne diesen Grundsatz können wir keinen wahrhaft objektiven, unparteiischen Richter haben; ohne ihn haben wir aber auch keine wahrhaft entschiedene Verfolgung, da dieser bei einem Übergreifen des Richters in die Verfolgung die volle, zu jeder Entschiedenheit unbedingt nötige Selbstverantwortung fehlt. Die Garantien für die gesetzmäßige Ausübung der Verfolgung dürfen nicht im einzelnen Prozeß gesucht werden. Gerade die Unsicherheit unserer Gesetzgebung in diesem Grundsatz ist heute am lebhaftesten kritisiert. Die freie Bewegung des Richters innerhalb der Schranken der Klage braucht damit keineswegs gehindert zu sein.

3. Unparteilichkeit und Unvoreingenommenheit des Richters sind aufs strengste zu wahren: Studium umfangreicher Vorakten bedeutet mit unweigerlicher Notwendigkeit eine Befangenheit. Es ist befremdend, daß unsere Gesetzgebung, die diesen Satz anerkennt (RStrPO. 23, ÖStrPO. 68), ihn durch die Gestaltung ihrer Hauptverhandlung einfach wieder umstößt.

4. Es ist wohl richtig, daß der Richter auch für die Verteidigung sorgen soll. Aber wir wissen, daß gerade dieser Satz am allerschärfsten zur Bekämpfung des alten Strafprozesses führte. Daher müssen wir im ganzen Prozeß vollste Freiheit der Selbstverteidigung des Beschuldigten anerkennen.

5. Die einfache Klageerhebung hilft der Wahrheitserforschung des Richters recht wenig: Verfolger und Beschuldigter müssen vollste Mitwirkungsmöglichkeit bei allen Prozeßhandlungen haben, nicht um irgend eines Prinzips willen, sondern weil erfahrungsgemäß dadurch allein die Verhältnisse objektiv richtig erkannt werden. Der Satz der sogenannten „Waffengleichheit" bedeutet nicht viel; die Mitwirkungsmöglichkeit muß den Verhältnissen der Beteiligten entsprechen und darf nur nicht durch ein unbegründetes und unbegründbares Mißtrauen verkümmert werden.

6. Daß das Urteil auf einer unmittelbaren Parteiverhandlung und unmittelbaren Beweiserhebung beruhen soll, gilt heute als selbstverständlich[7]). Dann müssen wir verlangen, daß die Urteilsgrundlage sobald als möglich und so frisch als möglich beschafft werde.

7. Damit verträgt sich sehr wohl, daß auch der Beschuldigte nicht durch das Vorbringen der Anklage und ihrer Beweise in der Verhandlung überrascht werden soll. Auch diesen Grundsatz erkennt zwar jedermann an, aber die praktische Gestaltung unseres Vorverfahrens bringt ihn nur kümmerlich zur Durchführung.

8. Daß die Freiheitsbeschränkung gegenüber dem Beschuldigten nur bei echter Notwendigkeit eintreten soll, dürfte niemand anfechten.

9. Ich verwerfe die Berufung.

§ 2.
Geschichtliche Entwicklung.

III. Unsere heutige Voruntersuchung ist nur zu verstehen, wenn man ihre Entwicklung beachtet. Wer das nicht tut, der begreift nicht die Bedeutung und den Wert der einzelnen Punkte und macht vielleicht Vorschläge, deren Haltlosigkeit die Erfahrung längst nachgewiesen hat. Unsere Prozeßordnungen sind heute so knapp gefaßt, daß sie oft in einen kurzen Satz zusammendrängen, was früher viele Paragraphen umfaßte; sie lassen alle Instruktionen beiseite. Für viele Sätze können wir geradezu ihren Stammbaum aufstellen; bei vielen müssen wir zum rechten Verständnis erst in Klammer setzen, was früher an ihrer Stelle galt. Viele Auslassungen erhalten ihre Bedeutung erst durch Kenntnis der

---

[7]) S. schon Motive zum Entwurf, Hahn III, 159.

früheren Bestimmungen. Eine kurze geschichtliche Erinnerung möge die Richtung angeben, in der sich unsere Voruntersuchung entwickelte.

1.[8]) Dem gemeinen sogenannten Untersuchungsprozeß und den ihn kodifizierenden Landesgesetzen war der Mangel einer bestimmten Anklage eigentümlich. Der Untersuchungsrichter erhält alle Anzeigen und forscht ihnen nach. Die General-(Vor)untersuchung soll den objektiven Tatbestand feststellen und den Verdacht gegen eine bestimmte Person so weit begründen, daß die Spezial- oder Hauptuntersuchung, auf der das Urteil beruhen soll, eingeleitet werden kann[9]). Aber wie die Theorie den Unterschied der zwei Abschnitte niemals unbestritten feststellte, so kümmerte sich der Richter wenig um ihn, und manche Gesetze hatten ihn beseitigt, wie Österreich 1803, Preußen 1805[10]).

Alle Schriftsteller heben die schrankenlose Gewalt des Untersuchungsrichters hervor, die Formlosigkeit seines Verfahrens. Da ihn nichts hinderte, seine Nachforschungen persönlich und sachlich nach Belieben auszudehnen, so wird von jahrelangem Schwanken in größeren Untersuchungen berichtet[11]). Wenn auch Zwang, Suggestion und kaptiöse Fragen ausgeschlossen und sonst allerlei Garantien der Stellung des Beschuldigten gegeben waren, so bestanden doch noch die Ungehorsamsstrafen; der Beschuldigte sollte gar nicht sofort den genauen Inhalt der Beschuldigung erfahren; ein Verteidiger war ihm in der Voruntersuchung versagt[12]). Der Richter drängte mit allen Mitteln auf ein Geständnis, obwohl das gar nicht mehr nötig war[13]).

2. Die Verhältnisse waren derart, daß neue Forderungen kommen

---

[8]) Eine ganz gute Zusammenstellung bietet Polzin, Die gerichtliche Voruntersuchung, in ArchKrimAnthr. 13, 45 ff., § 5, 6.

[9]) Henke, Handbuch des Kriminalrechtes 4, 820; Abegg, Lehrbuch des Kriminalprozesses § 151 ff.

[10]) Zachariae, Gebrechen 126 ff., Köstlin, Wendepunkt 61 f., 69 f., Geib, Reform des deutschen Rechtslebens 1848, 94, Glaser in Holtzendorffs Handbuch des StrProz. I, 6 ff.

[11]) C. J. A. Mittermaier, Archiv des KrR. 3, 541 ff., Zachariae, a. a. O. 91 f., 130 f., Köstlin, ebenda 60 (Staatsabsolutismus, Negation des Rechts der freien Persönlichkeit) 71, 85 f.; Hepp, GS. 1851, II, 536.

[12]) Geib, Reform des Rechtslebens, 62, beklagt bitter die unwürdige Stellung des Advokaten im Strafprozeß.

[13]) Preußen, Kriminalordnung 1805, 273, 292 ff., Bayern, StrGB. 1813, II a 156 ff., Zachariae, ebenda 99 f., 107 f., 141, 145 (für Österreich!); Köstlin, 63, 76 f., 80, 94 f., 101. Puchta, N. A. KrR. 4, 436 f., Mittermaier, N. A. 1849, 320.

mußten[14]). Freilich gingen sie oft höchst radikal vor, verwarfen das Vorhandene nur, weil es nicht dem modernen „Prinzip" entsprach; insbesondere gilt das für das 5. Jahrzehnt des 19. Jahrhunderts, während vorher noch vorsichtiger kritisiert wurde. Trotz vieler Gegensätze heben sich doch verschiedene Forderungen bestimmt heraus:

a) Einmal wird eine mündliche, öffentliche Verhandlung mit unmittelbarer Beweiserhebung als Urteilsgrundlage gefordert. Das muß zu einer völligen Umänderung des Prozeßsystems führen; die Vorbereitung erhält eine scharfe Abgrenzung vom Hauptverfahren[15]); zur Verhandlung müssen Parteien zugezogen werden.

b) Daneben erfährt die Stellung des Untersuchungsrichters die schärfste Anfechtung! Es gilt nach der Erfahrung als unmöglich, daß er drei Funktionen in sich vereinigt. Daher soll der Ankläger schon in der Voruntersuchung einen bestimmten Antrag stellen, den allein der Richter zu prüfen hat. Das soll den weiteren Vorteil haben, daß der Richter nicht alle Anzeigen prüfen muß, sondern daß der Staatsanwalt bei dieser Vorprüfung eine Reihe von unbedeutenden Anzeigen beiseite legen kann. Von dieser Entlastung verspricht man sich viel Erfolg. Auch die größere Beweglichkeit des Staatsanwalts und seine leichtere Verbindung mit der Polizei wurde für ihn angeführt.

Wie freilich die Stellung dieses Anklägers beschaffen sein soll, wie er zum Richter sich verhalte, darüber herrschte keine Klarheit[16]). Man lernte ihn in Frankreich kennen, dem Land, dessen Einrichtungen am besten für Deutschland paßten, in dem man aber auch sofort die zu überwindenden Mängel des neuen Verfahrens beobachtete. Zu diesen gehörte besonders, daß der französische Staatsanwalt eine zu richterähnliche Macht hat[17]). Die englischen Einrichtungen im ganzen hat stets die überwiegende Mehrheit als zu eigenartig und nicht übertragbar bezeichnet.

---

[14]) v. Groß in seiner Strafrechtspflege III, 1860, 414. Auch zum folgenden bietet Polzin, a. a. O. § 7 ff. eine Zusammenstellung, die ganz gut zu verwerten ist.

[15]) S. Zachariae, a. a. O. 224 ff. Brauer, GS. 1849 II, 323 f. Geib, Reform, 94.

[16]) Planck, Systematische Darstellung, 32, 37. Köstlin, a. a. O., 29 f., 76 f. Leue „Über die Idee des öffentlichen Ministeriums im schriftlichen Untersuchungsprozeß", Z. f. Strafverfahren II, 1842, 94 ff. Savigny, Prinzipienfragen 1846, S. 45. C. J. Mittermaier, Mündlichkeit 330 f. Sundelin, Staatsanwaltschaft, 14, 92 f. Interessant auch Hepp, GS. 1851, II, 507 „Der Staatsanwalt im Inquisitionsprozeß".

[17]) Brauer, GS. 1849, II, 325. Geib, Reform, 98 f.

c) Ob die Voruntersuchung des neuen Systems viel von der bisherigen abweichen werde, darüber war man im Zweifel; nur das war ganz allgemein feststehend, daß sie rein vorbereitenden Charakter haben müsse. Auch war das sicher, daß der Beschuldigte in ihr von vornherein eine selbständige Stellung einnehmen dürfe, daß ihm die Beschuldigung sofort kundzutun sei, daß er nicht der Willkür des Richters preisgegeben werden könne[18]). Inwieweit er hier schon freies Verteidigungsrecht haben dürfe, das war unsicher.

IV. Die Gesetzgebung ging natürlich noch viel zögernder voran, als die Literatur. Sie durfte an der Güte des Neuvorgeschlagenen zweifeln, da doch selbst entschiedene Anhänger des Neuen mit ihren Kritiken gegenüber Frankreich nicht zurückhielten[19]). Vielfach mangelte es an der nötigen Organisation und den Mitteln, sie herzustellen, so in Baden[20]). Besonders aber ist zu beachten, daß die Gesetzgebung meistens weder imstande noch gewillt war, etwas durchaus Neues zu schaffen. Sie wollte einfach an das Vorhandene anknüpfen, dieses ausbauen, verbessern, soweit es nötig und möglich schien. Selten standen so klare Prinzipien da, wie sie Savigny 1846 vortrug: diese haben auch ihre Früchte getragen und das preußische Verfahren von vornherein viel entschiedener fortgebildet, als die meisten andern Gesetzgebungen. Dieses Tastende, vorsichtig das Alte nach einigen neuen Grundsätzen stückweise Fortführende und damit seltsame Unklarheiten Schaffende in der Gesetzgebung vor 60 Jahren tritt uns heute deutlich entgegen, wenn wir jene uns vergegenwärtigen. Als letztes Hemmnis einer zielbewußten Fortbildung ist die Überstürzung anzusehen, mit der man nach 1848 den Forderungen der Reichsverfassung nachzukommen trachtete. Erst langsam und allmählich wurden die hierbei gemachten Fehler wieder beseitigt.

1. Die Reform des Hauptverfahrens ging am leichtesten und besten vor sich; äußerlich war da wenig zu kritisieren; die Grundsätze für die Stellung der Beteiligten und die Beweiserhebung waren klar und einfach.

2. Ganz anders beim Vorverfahren. Hier schienen die neuen Grundsätze nicht so wichtig oder geradezu verkehrt; man verlangte Gründ-

---

[18]) S. die Lehren Jagemanns GS. 1849, I, 127 ff.

[19]) S. z. B. außer Feuerbach, C. J. Mittermaiers Bedenken im Archiv XI, 1829, 436; Gesetzgebung 370; Zachariae, Strafprozeß II, 62; noch entschiedener Geib, Reform, 90 f.

[20]) Bekk, Mündliche Vorträge, 1851.

lichkeit und konnte sich von einer Parteienöffentlichkeit keine Vorstellung machen. Daher kann es nicht wundernehmen, wenn eine Reihe von Gesetzgebungen das Vorverfahren einfach so ließen, wie es bisher war und nur das Hauptverfahren reformierten[21]).

a) Typisch hierfür ist Württemberg 1843: Das alte Verfahren mit heimlicher, schriftlicher Voruntersuchung und Hauptuntersuchung bleibt. Dann aber tritt ein Schlußverfahren ein (a 88, 251 ff.); für dies setzt der Untersuchungsrichter eine Darstellung des Falles auf (256); ein Verteidiger und Staatsanwalt erscheinen, der zweite widerruflich aus den Richtern ernannt (264). Beweise werden in der Schlußverhandlung in der Regel nicht erhoben (278). Will aber das Gericht freisprechen, so bedarf es dazu gar keiner Verhandlung[22]).

Auch nach dem Schwurgerichtsgesetz von 1849 tritt der Staatsanwalt erst nach der Voruntersuchung ein (a 9, 10). Ebenso ist es seit 1851 in Baden, dessen fortschrittlichere Prozeßordnung von 1845[23]) nicht in Kraft trat. Hier soll die Voruntersuchung nur in Schwurgerichtsfällen lediglich vorbereiten, sonst aber möglichst vollständig sein (§ 29). In der Schlußverhandlung sollen nur Zeugen vernommen werden, die schon vorher gehört waren. Denselben Typus zeigt das Großherzogtum Hessen im Schwurgerichtsgesetz 1848 und sogar noch in der Prozeßordnung von 1865, während Baden 1864 doch erheblich vorgeschritten ist. In Hessen ist noch 1865 dem Beschuldigten der Gegenstand der Beschuldigung nur „im allgemeinen" zu bezeichnen, a 192! Nach dem Entwurf von 1860 waren ihm auch die Akten der Voruntersuchung verschlossen (246). Die Motive 1860 sagen S 24: „Der Beschuldigte solle keinen störenden Einfluß auf die Untersuchung üben können; der Tatbestand soll hier schon möglichst gründlich und genau erforscht werden."[24])

Ebenso kehrt Österreich 1853 zu diesem Typus zurück (§ 2, 70, 71). Es scheidet sogar die „Untersuchung" (= Vorverfahren) in General- und Spezialuntersuchung[25]).

---

[21]) Eine Gruppierung gibt Sundelin, Staatsanwaltschaft, 102, eine kurze Darstellung der Reform auch Keller, Staatsanwaltschaft 250 f.

[22]) Von den vielen Kritiken vgl. nur Zachariae, Gebrechen 225, Hepp, GS. 1851, II, 273. Geib, Reform 98, redet von „Travestie".

[23]) Darüber ungenau Polzin, a. a. O. 63.

[24]) Scharfe Kritiken bei v. Groß, Strafrechtspflege IV, 1861, 25 f., und Sundelin, StrR. Zeitung 1861, 353.

[25]) v. Hye, Grundsätze, 160 ff.

Einen Schritt weiter ging Bayern 1848, das zwar die alte Voruntersuchung ohne vorherigen Antrag des Staatsanwalts bestehen ließ, aber dieser Beamte durfte doch schon mitwirken (a 24).

b) Die andern Gesetzgebungen — z. B. Preußen, Sachsen, Braunschweig, Kurhessen, Thüringen — bestimmten das „Anklageprinzip" auch für die Voruntersuchung, indem sie den Staatsanwalt einen Antrag auf ihre Einleitung stellen ließen. Damit schien das Wesentliche geschehen. Im übrigen sollte das alte Verfahren ruhig bestehen bleiben; das Vorverfahren sollte in sich „inquisitorisch" sein[26]), und man stritt darüber, ob das nicht schon in dem Vorbilde Frankreich ebenso sei. Daher sagen sogar einige Gesetze ganz ausdrücklich, der Untersuchungsrichter solle nach Vorschrift der bisherigen Gesetze verfahren[27])! Man war ziemlich allgemein der Ansicht, daß es genüge, wenn der Untersuchungsrichter durch die Beschränkung auf den Antrag des Anklägers objektiv gestellt und der Verfolgung überhoben werde.

§ 3.
Fortsetzung.

V. Im einzelnen können wir etwa folgendes hervorheben:

a) Der Staatsanwalt ist der „öffentliche Ankläger", er verfolgt. Was uns als selbstverständlich gilt, daß er keine Richterrechte besitzt, seine Erhebungen keinen Beweiswert vor Gericht haben, wird (gegenüber Frankreich!) meist sehr entschieden betont[28]). Ja er wird sogar darauf hingewiesen, daß er seine Vorerhebungen nicht selbst vornehme, offenbar, da man seine Einseitigkeit fürchtete. Auch hier wirkt das französische Vorbild noch halb nach. Am deutlichsten tritt das in Österreich hervor, wo sich diese Vorschrift heute noch findet, so daß dort der Staatsanwalt heute noch weniger selbsttätig als in Deutschland ist[29]).

In auffallendem Gegensatz zu dieser Einschränkung steht seine volle Herrschaft über die Anzeigen und die Möglichkeit, ohne Voruntersuchung

---

[26]) Zachariae, Gebrechen, 73 f., 224 f.; selbst Geib, Reform 104; dagegen Köstlin 105.

[27]) Preußen, Braunschweig, Kurhessen, Bayern, s. Planck, Darstellung S. 223, Anm. 2. Dieterici, G. A. 4, 190.

[28]) S. z. B. Preußen 1849, § 7. Dagegen Bernburg, § 7: „Untersuchungshandlungen, Verhaftungen . . . kann der Staatsanwalt gleich der Polizeibehörde vornehmen". Planck, 209 f.

[29]) 1850, § 94 ff., 1853, § 30 b, 1873, § 88. S. Mayer, Handbuch I, 463 bis 472. — Thüringen 1850, 81: Der Staatsanwalt muß alle seine Verhandlungen unverweilt dem Untersuchungsrichter vorlegen! — Vertrab, GS. 1853, I, 109.

anzuklagen. Man konnte sich seine Stellung und ihre Bedeutung noch nicht recht vorstellen.[30])

b) Eine seiner Hauptaufgaben war, den „Antrag auf Voruntersuchung" zu stellen. Aber man war sich über die Natur dieses Antrags völlig unklar! Er sollte eine Beschränkung der Tätigkeit des Untersuchungsrichters bedeuten. Aber z. B. in Braunschweig dehnte der Untersuchungsrichter die Erhebungen von Amts wegen auf alle Beteiligten aus (§ 34). Hannover kennt eine öffentliche Klage gegen Unbekannt (41). Auch in Preußen galt dies nach der Praxis[31]). In der Regel charakterisieren die Gesetze diesen Antrag auch gar nicht näher; es war ja genug, daß der Untersuchungsrichter nicht willkürlich vorgehen konnte. Aber auch das war höchst unbestimmt gelassen[32]). Ja man war im Zweifel, ob nicht doch der Untersuchungsrichter auch noch von Amts wegen einschreiten könne[33]); und in Preußen machten die Richter von der Befugnis des selbständigen Einschreitens bei Gefahr im Verzug (1849 § 5) sehr ausgedehnten Gebrauch[34]).

Bedenken wir, daß nach der Mehrzahl der Gesetze der Staatsanwalt über seinen einmal gestellten Antrag nicht mehr verfügen konnte (wie noch heute in RStPO. 154), dann wird es deutlich, daß dieser Antrag nicht gut als „Klage", sondern nur als Anstoß zur Untersuchung gelten kann, der ebensogut in der Form der Auflage durch ein Obergericht an den Untersuchungsrichter hätte erfolgen können.

c) Schon nach vielen Gesetzen ist die Voruntersuchung regelmäßig notwendig[35]); man traut dem Staatsanwalt doch zu wenig. Die Praxis übertrieb das noch[36]); und erst langsam besserten sich Gesetzgebung und Praxis[37]).

d) Der Untersuchungsrichter steht dem Antrag des Staatsanwaltes ziemlich frei gegenüber; das ist der leitende Gedanke für die

---

30) Dalcke, G. A. 7, 734 ff.

31) Obertribunal in G. A. 7, 63 ff.

32) Planck, 218, 221 f.

33) J. Waser, GS. 1850, II, 32 und Sprung, GS. 1851, I, 161 f. S. auch Baden 1845 § 55.

34) Dalcke, G. A. 7, 739.

35) Hannover 76, 83, Österreich 1850, Preuß. Entwurf 1851, 236, Württemberg, Bayern, Baden 1864, 66, Hessen. S. Zachariae, Strafprozeß II, 65. Über die Gründe hierfür Tippelskirch, G. A. 2. 328, Anm. 2.

36) Dieterici, G A. 4, 191.

37) Sundelin in seiner wertvollen Zusammenstellung „Die Einigung des deutschen Strafprozeßrechts auf der Grundlage der neuesten Partikulargesetze" DStrR. Zeitung 1861, 554.

Ausbildung seiner Stellung. Es war wohl zweifelhaft, aber offenbar allgemein gehandhabt, daß er den Antrag wegen ungenügender tatsächlicher Begründung a limine abweisen konnte[38]). Das Gegenteil galt in Hannover 77 und in Preußen[39]). Überall heißt es ausdrücklich, daß er in seiner Tätigkeit völlig frei sei und Anträge des Staatsanwalts nicht anzunehmen brauche; die Tätigkeit des Staatsanwalts in der Untersuchung war eine sehr eng umgrenzte[40]). Umgekehrt steht der Untersuchungsrichter in enger Verbindung zum Gericht, dem er nach den meisten Gesetzen regelmäßig Bericht erstattet (in Österreich 1850 noch alle 2 Wochen, 1873 § 94 nur monatlich, Hannover 111, Baden 1845 § 60, Kurhessen 156, Braunschweig 36, Thüringen 77), das stets auch in Einzelheiten in die Untersuchung eingreifen kann. Man wollte dadurch die richterlichen Garantien erhöhen[41]). Aber man bewies, wie sehr noch das Gericht die Hauptrolle zu spielen hatte, der Staatsanwalt beiseite blieb.

e) Ganz dasselbe gilt für den Beschuldigten. Seine Stellung sollte ja besonders verbessert werden. Aber das Mißtrauen gegen ihn war zu festgewurzelt: So wird ihm die Beschuldigung noch nach altem Muster nicht überall sofort vollständig eröffnet[42]); die Zuziehung eines Verteidigers während der Voruntersuchung ist teilweise ausdrücklich verboten[43]), seine Teilnahme bei den Beweiserhebungen ist nur ganz ungenügend geregelt, so daß er dem Staatsanwalt überall nachsteht[44]). Diese Beschränkung fand auch fast allgemeinen Tadel[45]).

f) Höchst interessant sind die Bestimmungen über den Zweck der Voruntersuchung; hier zeigt sich am deutlichsten das zähe Anhaften am Alten. Im Grundsatz galt als sicher, daß die Voruntersuchung nur vor-

---

[38]) Planck 219; C. J. Mittermaier, Archiv 1849, 214 und Gesetzgebung 357, 3. Österreich 1873 § 92. S. Mayer, Kommentar Nr. 7c. Irrig Polzin, a. a. O. 74.

[39]) G. A. II, 410. JMBl. 1856, 253.

[40]) Planck 219 ff.; Schwarze, GS. XI, 15; Keller, 3. DJT. II, 339.

[41]) Zachariae, Gebrechen, 240.

[42]) Braunschweig 43, Bayern 37, Sachsen 1855, 168, Hessen 1865, 192, s. Mittermaier, Archiv 1849, 322.

[43]) Preußen 1849, § 16; Sachsen 1855, A. 38. Ausdrücklich zugelassen ist die Verteidigung nur in Braunschweig 7, 8 und in Nassau, 70, 74. S. den interessanten hessischen Fall bei Bopp, GS. 1850, I, 455.

[44]) Z. B. Sachsen 117; besser in Bayern 38.

[45]) Sundelin, StR. Zeitung 1861, 569. Triest, G. A. 9, 662; 10, 83 (genaue Zusammenstellung); Schwarze, GS. 11, 9; Rubo, GS. 18, 355. Motive zum E. e. DStrPrO. 1873 zu § 120 S. 95 f.

bereiten solle; aber was ist vorzubereiten? Wie weit soll man dabei gehen? Wie darüber heute noch Gesetz und Praxis im unklaren sind, so war das noch viel mehr früher der Fall, da man sich noch nicht eine Verhandlung nach dem neuen Grundsatz vorstellen konnte. Planck stellt das Verhältnis sehr einfach dar und spricht von „Vorbereitung der Anklage"[46]). Diesen Ausdruck findet man auch zumeist verwendet, aber er ist an sich schon zweifelhaft, da man erst zusehen muß, was denn diese „Anklage" sein soll, und neben ihm stehen noch andere Sätze, die den Zweck wesentlich erweitern. Daher muß schon Planck zugeben, daß der Zweck „mehr oder minder aufrichtig herausgestellt" werde; andere Schriftsteller sprechen sich aber viel deutlicher aus. — Vor allem wird fast überall verlangt, daß die Voruntersuchung den (objektiven) Tatbestand „feststelle". Das heißt doch nicht, daß der Beweis nur vorbereitet werden solle. Daneben wird die Vorbereitung der Überführung einer bestimmten Person und des Beweises ihrer Schuld verlangt. Und endlich heißt es fast überall, die Hauptverhandlung (Baiern 31 sagt sogar „eine erschöpfende Verhandlung") sei vorzubereiten. Wenn man dann noch liest, daß der Untersuchungsrichter alles vornehmen solle, „was ihm zur Ermittlung der Wahrheit dienlich erscheint" (typisch Hannover 78), daß er die Untersuchung schließen solle, wenn er alle Beweismittel „erschöpft" habe, dann wird es wohl klar, daß die ersten Gesetzgebungen an eine möglichst genaue Voruntersuchung dachten[47]). Liest man dazu, was die Schriftsteller über den Zweck der Voruntersuchung sagten, so wird man nicht viel mehr aufgeklärt. Köstlin will der „Untersuchung" die objektive Seite des Falles, dem „Beweisverfahren" die subjektive Seite vorbehalten[48]). Ähnlich, aber recht unbestimmt, drückt sich noch 1861 Sundelin aus[49]). Brauer[50]) verlangt gar noch Trennung in General- und Spezialinquisition und „Erschließung der vorhandenen Beweise". Jagemann[51]) drückt vielleicht den in der Praxis lebenden Gedanken am richtigsten aus: Der Untersuchungsrichter soll den Beweis sammeln, aber nicht verarbeiten. Was soll es heißen, wenn Die-

---

[46]) Systematische Darstellung, 215—217.

[47]) Beispiele: Preußen 1849, § 44, Österreich 1850, § 87, 220 sehr weitgehend, ebenso Bayern 31, Baden 1845, 71, Thüringen 1850, 3, aufgehoben 1854 § 2, Hannover 78, Kurhessen 157. Klarer sprechen nur von Vorbereitung: Braunschweig 35, Nassau 67, Württemberg, Schwurgerichtsgesetz 1849, 6. — Zachariae, Strafprozeß II, 64 nebst Anm. 9; Dieterici, G. A. 4, 191.

[48]) Wendepunkt 28, 31, ähnlich Zachariae, Gebrechen, 76; besser aber 225.

[49]) DStrR. Zeitung 1861, 52—55; Staatsanwaltschaft 101.

[50]) GS. 1849, I, 88.

[51]) GS. 1849, I, 126.

terici[52]) verlangt: „Aufgabe der Voruntersuchung ist, den Tatbestand festzustellen, die Beweise für die Täterschaft zu sammeln und, soweit es ohne Beeinträchtigung der Hauptverhandlung geschehen kann, zu fixieren“? Was nutzt dagegen der Zusatz „aber alles solle nur vorbereiten“, „erschöpfende Umständlichkeit sei zu vermeiden“ (Brauer)? Ist es ein Wunder, wenn sofort die Klagen beginnen, daß die Praxis noch genau so weitschweifig verfahre, wie bisher?[53])

g) Endlich ist der Abschluß des Vorverfahrens zu beachten. Wenn der Staatsanwalt nicht Voruntersuchung beantragt hatte, kann er natürlich frei verfügen, ob er Anklage erheben will oder nicht. Dagegen nach einer Voruntersuchung ist er fast völlig ausgeschaltet. Er richtet wohl einen Antrag an das Gericht; aber dieses stellt ein oder verfügt die Anklage, jetzt ist der Anklagestand begründet und in Schwurgerichtsfällen muß nachträglich der Staatsanwalt die Anklageschrift anfertigen (Hannover 124: Das Gericht „gibt die Anklage dem Staatsanwalt auf!“) Nur in Braunschweig 45 und Hamburg kann der Staatsanwalt frei über die Sache verfügen. In Kurhessen heißt es zwar in § 10: der Staatsanwalt könne jederzeit, „auch in der mündlichen Gerichtsverhandlung“ noch die Anklage zurücknehmen. Aber nach § 172ff. geht die Sache genau denselben Weg wie anderswo: Das Gericht verweist die Sache zur Verhandlung. Nur in Preußen und Thüringen heißt schon der Antrag des Staatsanwalts wie heute nach der RStPO. „Anklage“.

Auch diese Einrichtung zeigt wohl deutlich, daß der Gesetzgeber keineswegs gewillt war, das alte Verfahren aufzugeben, sondern daß er dessen Grundgedanken möglichst beibehalten wollte. Danach wird es uns auch klar, warum die Voruntersuchung nicht einfach als Vorbereitung der Anklage bezeichnet wird; denn eine „Anklage“ besteht ja gar nicht! Es ist nur wie früher eine Überleitung des einen Verfahrenteils zum andern und selbstverständlich auch dieser zweite vorzubereiten. Damit aber ist genau wie früher der scharfe Unterschied der zwei Abschnitte gar zu leicht verwischt.

---

52) G. A. 4, 194.

53) Beispiele: Mittermaier, Gesetzgebung 334, 337. Bertrab, GS. 1853, I, 103 „schreckenerregende Ausführlichkeit der Akten“. Motive für Sachsen 1855 bei Schwarze, Kommentar 1856 zu A. 4. Sundelin, DStR. Zeitung 1861, 554ff. v. Mittnacht, Hahn III, 501, Baer und Schwarze, ebenda, 1862 f. Dagegen z. B. Glaser, III. DJT. 2, 317, der sich allerdings sehr vorsichtig ausdrückt.

§ 4.
Die Theorie bis zu den geltenden Prozeßgesetzen.

VI. Betrachtet man danach, was die Theorie über das Vorverfahren sagte[54]), so sieht man, daß sie zwar sofort erkannte, wie stark sich dieses an das alte System anlehnte, daß sie diese Rückständigkeit auch fortgesetzt rügte, daß sie aber immer nur Einzelverbesserungen vorzuschlagen wußte, nicht eine grundsätzliche systematische Änderung, wenn man nicht den schon im ersten Anfang der neuen Ära auftauchenden Vorschlag auf völlige Beseitigung dieses Abschnittes als solchen grundsätzlichen Verbesserungsvorschlag ansieht. Es war keine leichte Aufgabe, das aus theoretischen Anschauungen und praktischen Bedürfnissen ziemlich systemlos zusammengearbeitete neue Recht jetzt möglichst in ein geordnetes System zu bringen. Die systematischen Darstellungen erklärten sofort: Der Strafprozeß beruht nach wie vor auf dem Untersuchungsgrundsatz, er hat nur ein akkusatorisches Beiwerk, eine Anklageform erhalten. Man nannte den Staatsanwalt Gerichtsgehülfen, selten genug Partei.[55])

Recht behaglich fühlte sich niemand bei der Einrichtung; man erkannte überall die Hast der Neuschaffung, die nur langsam verbessert wurde, und ihre Halbheiten. Ist doch der lebhafte Kampf um die richterliche Unabhängigkeit der Staatsanwaltschaft, der in den 60er Jahren geführt wurde, ein deutliches Zeichen der Erregung und des unklaren Vorwärtsstrebens.

Ein gutes Bild der Erörterungen gewähren die Verhandlungen des Deutschen Juristentags, insbesondere des dritten Juristentags zu Wien 1862, als über den Antrag des Ober-Landesgerichts-Rats Dr. Keller-Wien, betreffend das Verfahren in der Voruntersuchung, gesprochen wurde. Keller beantragte Abschaffung der Voruntersuchung. Dem Richter sollten nur bestimmte Handlungen vorbehalten bleiben, bei denen dann die Parteien mitwirken könnten. Er stand ja schon damals nicht allein mit diesen Anschauungen[56]), aber rechten Anklang wollten sie

---

[54]) Hierzu vgl. bes. Kronecker, ZStrRW. 7, 401—406, und Ortloff, Vorverfahren, 17—32.

[55]) Dieterici, G. A. 2, 501, v. Tippelskirch, ebenda 23 f., 313. Planck, § 60, S. 157. Schwarze, GS. 11, 3 f., 7 f. Groß, Schwurgerichtszeitung 1857, 115. Dalcke, G. A. 7, 734 ff.; 8, 146; 14, 15. Keller, Staatsanwaltschaft, 250 f.

[56]) S. Rosenberg, 29. DJT. I, 3, 4. Doch ist zu bemerken, daß Dalcke und Sundelin keineswegs die vollständige Abschaffung vorschlugen, s. G. A. 14, 23 f. Sundelin, Staatsanwaltschaft, 102 ff., bes. 104.

nicht finden. Schon die drei Gutachter lehnten sie ab; ebenso der Referent und die 3. Abteilung selbst. Im wesentlichen heben die Gutachter hervor, daß die Verteidigung zu kurz kommen müsse, wenn der Untersuchungsrichter fortfalle, und daß die Einheitlichkeit des Verfahrens notleide.[57]) Der Referent, Glaser, stellte sich auf den gleichen Standpunkt und betonte, daß eine richterliche Gewalt ja doch nie bei den Vorerhebungen ganz zu entbehren sei; der Untersuchungsrichter sei der wahre Verteidiger des Beschuldigten.[58]) Es ist begreiflich, daß von dieser Seite nur sehr vorsichtig von Mängeln des bestehenden Zustands gesprochen wurde, während Keller selbst[59]) sie lebhaft hervorhob: Die Unmöglichkeit für den Richter drei Funktionen zu vereinen, die große Weitläufigkeit, das Streben nach Vollständigkeit, das Zurücktreten des Staatsanwalts. Ich möchte aber besonders hervorheben, daß die Behauptung des Antragstellers, der Beschuldigte sei auch dem Untersuchungsrichter gegenüber sehr schlecht in seiner Verteidigung gestellt, völlig unwidersprochen blieb und erst recht nicht widerlegt wurde.

Wenn nun auch die Versammlung selbst die Vorschläge des Referenten auf Beibehaltung der Voruntersuchung (aber nicht als für alle Fälle notwendige) annahm, so sind doch die weiteren Punkte des Beschlusses von höchstem Interesse. Es soll nämlich danach einmal der Staatsanwalt nur nach eigenen Vorerhebungen die öffentliche Klage erheben, damit die Voruntersuchung nicht mit der Beschaffung der ersten Grundlage behelligt, damit sie also stark abgekürzt werde. Es soll ferner das Hinarbeiten auf ein Geständnis aufgegeben werden (— also scheint diese Taktik damals noch üblich gewesen zu sein! —). Endlich es sollen die Parteien überall mitwirken können und es soll sogen. Parteienöffentlichkeit für die Voruntersuchung gelten.[60])

§ 5.
Die heute geltenden Prozeßordnungen.

VII. Es ist danach nicht zu verwundern, wenn unsere zwei großen Strafprozeß-Gesetzgebungen des achten Jahrzehnts des 19. Jahrhunderts die Voruntersuchung grundsätzlich nicht änderten, aber

---

[57]) Justizrat Dorn, Professor Geßler, Staatsanwalt Heinze, Verhandlungen I, 3—27.

[58]) Ebenda II, 309 ff.

[59]) Verhandlungen I, Antrag 9, D. Gerichtszeitung 1861, 229. Verhandlungen II, 293 ff., 337 ff.

[60]) Verhandlungen II, 349—352, im Plenum vorgetragen, II, 71. Hierzu auch Zucker, IKV. Mittlg. 11, 343 f.

doch sehr erhebliche Fortschritte gegen früher aufweisen. In den Grundzügen gleichen sie sich; aber einzelne Verschiedenheiten sind doch wohl zu beachten: Die Anweisung der Ö.StPO. 88 an den Staatsanwalt, seine Vorerhebungen durch den Bezirksrichter oder Untersuchungsrichter machen zu lassen, ist der RStPO. fremd. Ebenso kennt RStPO. nicht die Berichte an das Gericht und die Möglichkeit des Eingreifens durch das Gericht in die Voruntersuchung wie Ö.StPO. 94, auch nicht, daß der Staatsanwalt den Verhandlungen der Ratskammer beiwohnt, Ö. 94, 95. Auch ist der Unterschied zwischen den zwei Arten der Anklageerhebung bekannt. Ö. 109, 207 ff, — R. 196 ff.[61])

In beiden beachten wir erhebliche Fortschritte gegen früher:[62])

1. Die Voruntersuchung ist auf einzelne Fälle beschränkt, nicht in zu vielen Fällen notwendig. Ö. 91, R. 176.

2. Der Antrag des Staatsanwalts muß bestimmt Tat und Täter nennen und begrenzt damit klar die Untersuchung: R. 177, 188, Ö. 92.

3. Dem Beschuldigten ist die Beschuldigung deutlich zu eröffnen: R. 136, 190. Ö. 199 (allerdings nur „im allgemeinen"!)

4. Der Zweck der Voruntersuchung ist deutlich bezeichnet und auf die Vorbereitung der Eröffnung des Hauptverfahrens beschränkt nach R. 188. Dagegen ist Ö. 91 II, 96, 111 hierin weniger klar; es beschränkt den Zweck nicht so scharf, indem es noch dazu von einer „vorläufigen Prüfung" der Anschuldigung und Vorbereitung der Beweisaufnahme für die Hauptverhandlung spricht.

5. Dem Charakter der Vorbereituug entspricht, daß die Zeugen regelmäßig erst in der Hauptverhandlung vereidigt werden sollen: R. 65, Ö. 169.[63])

6. Die Verteidigung ist frei; dem Verteidiger kann Akteneinsicht gewährt werden: R. 137, 147, Ö. 39, 45.[64])

7. Bei bestimmten Beweiserhebungen dürfen die Parteien anwesend sein; Ö. schränkt dies an sich bescheidene Privileg noch mehr ein als R. R. 191; Ö. 97 II (45?), 162.[64a])

---

[61]) S. hierzu 7 DJT. 1, 54 ff., 2, 122—155.

[62]) S. dazu Gneist, Vier Fragen, 60 ff. mit Kritik.

[63]) Schon vom 6. D. Juristentag vorgeschlagen (Antrag Bardasch, Referent Abegg) Verhandlungen 2, 153—192. Die Frage wurde sehr lebhaft besprochen.

[64]) Enthalten im Antrag Lewald, Nr. 3a, beim I. DJT. S. 71, im Antrag der ständigen Deputation Nr. 9, II. DJT. 241 ff., angenommen nach wertvollen Erörterungen, II. DJT. 2, 420—427, 657—681.

[64a]) Vgl. die interessanten Ausführungen bei John, Kommentar zu § 191, Band II, 502 ff.

8. Endlich ist nach R. 199, Ö. 209 dem Angeschuldigten Gelegenheit zur Verteidigung vor der Eröffnung des Hauptverfahrens geboten.

Im übrigen aber haben wir ganz das alte System: In Österreich ist freilich dem Staatsanwalt etwas entschiedener als in Deutschland zur Pflicht gemacht, sich um die Voruntersuchung zu kümmern — 31, 34, 97 — gegenüber der mageren Bestimmung in R. 194. Aber ein volles Zusammenwirken der zwei Staatsorgane kennen beide Gesetze nicht. Allerdings hat Österreich es verstanden, durch seinen § 88 etwas mehr für die Einheitlichkeit der Vorerhebungen zu sorgen, die ja in Deutschland im Gesetz ganz vergessen ist. Der Untersuchungsrichter handelt völlig frei nach eigenem Plane — Ö. 96, R. 182 (sehr kurz) —, er fertigt seine Protokolle nicht öffentlich an, Ö. 101, R. 186, und diese können dann der Hauptverhandlung zugrunde gelegt und in dieser zur Kontrolle der Aussagen mehrfach benutzt werden, Ö. 252, R. 252, 253. Der Verkehr des Verhafteten mit seinem Verteidiger ist beschränkt, R. 148, Ö. 45, und über die Dauer der Untersuchungshaft ist nichts bestimmt (außer der sehr weitherzigen Bestimmung über die Kollusionshaft in Ö. 190 II). Eine entschiedene Herausarbeitung der Rechte des Beschuldigten fehlt völlig.

Somit können wir unsere heutige Voruntersuchung zwar fortgeschritten, aber doch immer noch eine Entwicklungsstufe der Voruntersuchung des alten Prozesses nennen. Wir erkennen ihre Forschritte; aber wir verstehen auch, warum sie noch nicht anders aussehen kann.

Vergegenwärtigen wir uns, daß heute noch die Praxis konservativer als das Gesetz ist,[65]) dann zeigt uns das, daß wir eine Änderung — sofern wir sie wollen! — nur durch entschiedene Vorschriften des Gesetzes oder aber noch besser durch eine unmittelbare Einwirkung auf die Gesetzesanwendung erzielen können. Gerade das zweite heben eine Reihe von Schriftstellern immer wieder hervor; die Erfahrungen in den verschiedenen Staaten und in Österreich zeigen, welchen Einfluß die Anweisungen der Regierung haben können; sie rufen oft genug eine starke Änderung des Verfahrens und große Verschiedenheiten zwischen den deutschen Bundesstaaten hervor. Auch sind uns jetzt die zwei Wege der etwaigen Entwicklung schon vorgezeichnet: entweder Einzelreformen unter Beibehalten des jetzigen Systems, oder völlige Systemänderung. Eine Entscheidung kann nur getroffen werden, wenn wir wissen, wohinaus wir wollen.

---

[65]) S. z. B. Oppler, Recht 1902, 457. Kulemann, JKV. Mittlg. 10, 561.

§ 6.
Bisherige Reformen und Reformvorschläge.

VIII. Vorher ist noch zu prüfen, inwieweit unsere Gesetzgebung selbst etwa schon Änderungen vorgeschlagen hat, inwieweit sonst Reformvorschläge gemacht wurden.

a) Zuerst die Gesetzgebung. In Österreich blieb sie still; aber hier haben Justizministerialerlasse fortgearbeitet. Schon unterm 25. November 1873 erging ein solcher an die Oberstaatsanwälte,[66]) der die Vereinfachung der Geschäfte und die Beschleunigung anempfiehlt; die Staatsanwälte sollen besonders bei den Voruntersuchungen entbehrliche Erhebungen abwenden, freilich auch nicht mit unvollständigem Material zur Hauptverhandlung kommen.

Dieser Erlaß ist aber offenbar nicht genügend beachtet worden. Die wertvollen Ausführungen Wasers in der „Allgemeinen österreichischen Gerichtszeitung" und andere Darlegungen lassen erkennen, daß die Vorerhebungen und Voruntersuchungen noch sehr umständlich blieben, die Praxis das Schwergewicht in das Vorverfahren verlegte.[67])

Dem arbeiteten die J.M.-Verordnung vom 12. Dezember 1900 betr. den Gang des Vorverfahrens und die Anwendung der Haftvorschriften, ergänzt durch J.M.-Erlaß vom 12. April 1904, die vom 21. März 1900 betr. das Strafverfahren in Fällen von Krida . . ., der Erlaß vom 7. Dezember 1902 und einige andere mit Erfolg entgegen.[68]) Sie weisen darauf hin, daß die Erhebungen rasch und einfach zu machen seien, durch die Gerichte nur, wenn die Polizei oder Gendarmerie nicht genüge; daß nicht alle Zeugen vor der Verhandlung umständlich vernommen sein müßten, daß man nicht davor zurückschrecken solle, in der Hauptverhandlung ein neues Bild zu erhalten, daß einfache Fälle einfach abgemacht, die Akten nicht unnötig hin- und hergesendet werden sollten, wenn eine Abschrift zur Versendung genüge. — Das hat einen beachtenswerten Erfolg gezeitigt. Wie Högel in den Juristischen Blättern[69]) mitteilt, sind seitdem die Vorverfahren sehr viel rascher er-

---

[66]) Taschenausgabe von Manz, 11. Auflage 1904 zu Art. I EG.

[67]) J. v. W. AÖGerZtg. „Zur Anwendung der Strafprozeßordnung". XXVI, 1875, 101, 181; XXVII, 1876, 61, 197; XXIX, 1878, 113. Amschl, Zur Praxis der Vorerhebungen, ebenda XLVI, 1895, 17. Derselbe, Beiträge zur Anwendung des Strafverfahrens, 1899, III, IV, S. 14 ff., VII, 48. Makarewicz, Zur Pathologie der Vorerhebungen im StrPr. AÖGZ. 52, 1901, Nr. 40.

[68]) Manzsche Ausgabe bei § 89 und Nachtrag. S. dazu Zucker, JKV. Mittlg. 11, 364 f.

[69]) 35. Jahrg. 1906 Nr. 7 S. 73.

ledigt worden; es wurden weniger Personen verhaftet und die Haftdauer ging zurück.

In Deutschland hat die Gesetzgebung mehrfach Änderungen versucht, wenn auch immer nur in Einzelheiten. Seit dem Gesetzentwurf von 1885[70]) schlug die Regierung ständig vor, die Zeugenvereidigung auf die erste richterliche Vernehmung zu verlegen, da die Praxis gezeigt habe, daß sonst oft im Vorverfahren unwahre Aussagen gemacht würden und auf diese eine unrichtige Anklage aufgebaut werde. Die Reichstagskommission nahm diesen Vorschlag zwar an, das Plenum wies ihn aber auf Antrag Munckel 1896 zurück, da die Garantien der Hauptverhandlung im Vorverfahren fehlen.[71]) Die Anträge Rintelen und Lenzmann seit 1897 wollten die Voruntersuchung bei allen Verbrechen (außer reinen Rückfallsverbrechen) auch in Strafkammersachen notwendig machen. Dem schlossen sich die Kommissionen an.

Bei der Frage der gesetzlichen Fortbildung darf die MilStrGO. von 1898 nicht übergangen werden. Sie kennt nur ein ungetrenntes Ermittlungsverfahren, das der Gerichtsherr einem Gerichtsoffizier oder Kriegsgerichtsrat aufträgt (§ 156). Dieses soll sich auf eine bestimmte Tat und eine bestimmte Person beschränken, wie aus § 169 hervorgeht, der die Ausdehnung ausdrücklich dem Gerichtsherrn (= RStPO. 189 II) vorbehält (s. Prüfungsergebnis Nr. 395 in RMGEntsch., Generalregister zu Band 6—10). Der Zweck dieses Ermittlungsverfahrens ist in § 168 ganz wie in RStPO. 188 angegeben; interessant aber ist die Bemerkung in der Begründung zu § 161 des Entwurfs (S. 117), daß „das Ermittlungsverfahren auf die möglichst vollständige Sammlung des Beweismaterials bedacht sein soll, um die Hauptverhandlung in ausreichender Weise vorzubereiten". — Wir haben hier eine richterliche Untersuchung (§ 160), bei der der Gerichtsherr einmal die Stellung unseres Staatsanwaltes einnimmt, der der Untersuchung fern bleibt, aber ihre Akten einsehen kann (§ 167), der selbst noch polizeiliche Erhebungen vornehmen kann (RMGE. 2, 153), der aber auch Verfügungen treffen darf (§ 167)! Dem Beschuldigten ist die Beschuldigung sofort zu eröffnen (§ 173);

---

[70]) Stenogr. Berichte der Verhdlg. des Rtgs. VI LP. 1. Sess. 1884/85 Drucks. Nr. 399.

[71]) IX. LP. 3. Sess. 1894/95 Anl. Bd. I Nr. 15, IX. LP. 4. Sess. 1895 bis 1897 Anl. Bd. I Nr. 73 und Band 5 S. 3385 ff. — Antrag Rintelen, IX. LP. 5. Sess. Anl. Bd. I Nr. 33, 1897, wiederholt X, 1 Sess., Anl. Bd. I Nr. 17 1898 und X, 2. Sess. 1900, Anl. Bd. I Nr. 30. — Antrag Lenzmann, IX. LP. 5. Sess. Anl. Bd. I Nr. 67, X. LP. 2. Sess. 1900, Anl. Bd. I Nr. 35. Kommissionsberichte X. LP. 1, Anl. Bd. 2 Nr. 203, X. LP. 2, Anl. Bd. 2, Nr. 220.

einen Verteidiger darf er erst nach dem Abschluß des Ermittlungsverfahrens, d. h. nach seinem als notwendig vorgeschriebenen Schlußverhör (§ 173 V) haben! (§ 337). Als solcher kann sogar der Untersuchungsführer auftreten (Prüfungsergebnisse Z. 790). Bei einem Augenschein und bei nicht zu wiederholender Zeugen- oder Sachverständigenvernehmung darf der Beschuldigte regelmäßig (mit Ausnahmen!) anwesend sein — und hier auch sein Verteidiger (§ 165, die letzte Bestimmung anormal, vom Reichstag eingefügt). Der Gerichtsherr aber bleibt auch diesen Terminen fern. — Zeugen werden regelmäßig erst in der Hauptverhandlung vereidigt (§ 195, auch schon nach dem Entwurf!). — Die Anklage oder Einstellung wird vom Gerichtsherrn verfügt.

Interessant ist hieran für uns das merkwürdige Gemisch staatsanwaltlicher und richterlicher Tätigkeit. Wer aber genau zusieht, der findet hier einfach den Typus wieder, der uns schon in den alten Prozeßordnungen von Württemberg, Baden, Hessen, Bayern (oben S. 143) bekannt wurde: die gerühmte Einheitlichkeit des Verfahrens ist genau dieselbe, wie die des alten Untersuchungsprozesses.

b) In der übrigen Reformbewegung ist so wenig wie in der Gesetzgebung eine bestimmte Richtung zu erkennen, wenn auch in einzelnen Punkten Übereinstimmung herrscht. — Die Reform setzte sofort beim Entwurfe unserer Prozeßordnung ein, aber erfolglos. Es war damals die Frage der Öffentlichkeit der Voruntersuchung, die vor anderen interessierte und von Gneist[72]) und dem 11. Deutschen Juristentag zu Hannover 1873[73]) sowie von Heinze[74]) erörtert wurde. — Danach waren es nur einzelne hervorragende Arbeiten, die sich mit dem Vorverfahren beschäftigten: von Kronecker[75]), von Kries[76]) und Ortloff[77]). Der Juristentag behandelte nur zweimal Einzelfragen: auf dem 16ten zu Kassel 1882 über die Befugnisse des Amtsrichters im vorbereitenden Untersuchungsverfahren[78]) und auf dem 17ten zu Würzburg 1884 über den Zeitpunkt der Zeugenvereidigung[79]). Die beiden Verhandlungen sind beachtenswert: die erste deswegen, weil ihr Gut-

---

[72]) Vier Fragen zur DStrPO. 1874, 58, 80.
[73]) Verhandlungen II, 209—228, 330—359.
[74]) Strafprozessuale Erörterungen, Beilage zu GS. 27, S. 38 ff.
[75]) G. A. 29, 317—374. Z. StrRW. 7, 394—454; 10, 487—533.
[76]) Z. StrRW. 9, 1—105.
[77]) Ebenda 2, 497. G. A. 30, 1 sowie Das Vorverfahren im DStrProz. 1893.
[78]) Verhandlungen I, 145, Gutachten Kronecker, II, 281—296.
[79]) I, 230 Gutachten Philler, 275 Wiesand, II, 201—235.

achter Mißstände des staatsanwaltlichen Vorverfahrens hervorhob, die auch heute noch gern behauptet werden, und die zu einer stärkeren Verwendung der Voruntersuchung führen müßten. Dem gegenüber hoben beide Referenten Köstlin und Stenglein hervor, daß diese Mißstände doch wohl übertrieben, lokaler Natur und nicht in der Sache gelegen seien (II, 292, 294), so daß der Juristentag die ganze Frage als noch nicht spruchreif zurücklegte. — Bei der zweiten Frage zeigte sich, daß ein großer Teil der Praktiker mit den Einrichtungen des Vorverfahrens nicht zufrieden war; daß ferner bei jeder Einzelfrage auf die Grundlagen des Verfahrens zurückgegangen wird (I, 239, 283, II, 213, 221 f.), während andere wieder jede prinzipielle Erörterung als vom Übel erklären (II, 227, 231). Der Juristentag entschied sich, wie schon der 6. Deutsche Juristentag es nach langer Verhandlung getan hatte (II, 153—192)[80]), für die Beibehaltung der in § 65 RStPO. vorgesehenen Regelung.

Aber obwohl diese Angriffe schon eine gewisse Mißstimmung erkennen ließen, kam es doch noch nicht zu einer lebhafteren Bewegung. Diese wurde erst durch die Internationale kriminalistische Vereinigung 1899 auf ihrer 8. Tagung zu Budapest und 1902 auf der 9. Tagung zu St. Petersburg eingeleitet, vermutlich angeregt durch die französische Gesetzgebung von 1897. Jetzt folgten die gründlichen Beratungen der Deutschen Landesgruppe von 1902 bis 1906 und die Beratung in Österreich 1906. Den Erörterungen im internationalen Kreise möchte ich weniger praktische Bedeutung beimessen; die Unterschiede der gesetzlichen Verhältnisse werden dabei zu wenig beachtet[81]). Interessant ist nur die Beobachtung, daß in allen Ländern des Kontinents ähnliche Grundströmungen wie bei uns herrschen. — In der Deutschen Landesgruppe standen sich vier Richtungen gegenüber: Beibehalten des jetzigen Systems und Einzelreformen (Weingart, Stuttgarter Beschlüsse, Mittlg. 12, 379); Zurückdrängen der Staatsanwaltschaft, Hervorheben des Untersuchungsrichters, aber Heranziehen des Beschuldigten, genaueste Vorbereitung des Hauptverfahrens (Kulemann, s. Mittlg. 11, 491, 716; 12, 309); kontradiktorisches Parteiverfahren (Kronecker); Abschaffung der Voruntersuchung, Ausbildung des staatsanwaltlichen Ermittlungsverfahrens (Frankfurter Beschlüsse, Mittlg. 11, 812; 12, 287[82]).

---

[80]) Oben S. 151, Anm. 63.

[81]) S. meine Bemerkung JKV. Mittlg. 11, 285.

[82]) In der letzten Richtung bewegt sich auch Zucker mit seinen verschiedenen wertvollen Erörterungen: GS. 47, 436; Über einige Reformen des Vorverfahrens, 1902; JKV. Mittlg. 11, 312; Ein Wort zur Aufhebung der gerichtlichen Voruntersuchung, 1904.

Wenn die Beratungen zuletzt in Stuttgart in der ersten Richtung endeten, so ist das ein Zeichen dafür, daß es heute noch unmöglich ist, die Entwicklung in einer scharf bestimmten, von unsern heute geltenden Grundsätzen entschieden abweichenden Richtung voranzuführen, daß aber sehr bedeutsame Einzelforderungen ganz entschieden allseitig vertreten werden[83]. — Viel weniger tritt das in der vom RJA. berufenen Reformkommission hervor, die das System Kronecker verwarf, in ihren Vorschlägen wesentlich nur den Beschuldigten besser zu stellen suchte, aber so vorsichtig dabei vorging, daß gar keine wahre Verbesserung herauskam. — In Österreich ist man offenbar mit dem heutigen System mehr zufrieden, hat aber das lebhafte Bedürfnis nach Parteimitwirkung, die dort noch stärker zurücktritt[84].

c) Suchen wir uns die Bestrebungen der Reformvorschläge klar zu machen, dann finden wir sehr erhebliche Gegensätze: die einen, die heute in der Minderzahl sind, wollen einfach einen Ausbau bestimmter Grundsätze, die andern nur praktische Einzelneuerungen; aber auch sie können sich selten davon losmachen, daß sie von einem bestimmten Grundgedanken ausgehen, selbst wenn sie das nicht anerkennen wollen. Eine dritte Ansicht will den alten Inquisitionsprozeß wiederherstellen. Ich darf diese vereinzelt auftauchende Idee wohl übergehen.[85] Radikalen Vorschlägen stehen Einzelreformen gegenüber. Jene gehen wie diese in zwei Richtungen: Entweder soll das richterliche Vorverfahren gestärkt werden, oder es soll möglichst vereinfacht werden. Dabei tritt nur selten der Gedanke hervor, daß die Hauptverhandlung ihre überragende Bedeutung verlieren solle; die allermeisten wollen an den Grundsätzen, die unser Gesetz hierfür aufstellte, nicht rütteln. — Die Gründe für die Vorschläge sind einerseits stets dieselben[86]: Unser Vorverfahren ist durch die nacheinander eintretende Beteiligung dreier Faktoren — Polizei, Staatsanwaltschaft, Richter — zerrissen, zu umständlich, weitschweifig; es bietet den am meisten interessierten Beteiligten, der Staatsanwaltschaft und noch mehr dem Beschuldigten, doch nicht genügend Garantien der

---

[83]) S. noch Aschrott, Generalreferat in seiner Reform, S. 90; v. Liszt, Die Reform des Strafverfahrens 1906; Feisenberger, ZStRW. 24, 715, alle wie die Frankfurter Beschlüsse; Kahl G. A. 53, 1 mit Hinneigung zum System Kronecker.

[84]) Mitteilungen 8 S. 109, 138, 223; 10 S. 81, 261, 284, 350, 392, 533, 11 S. 166, 277, 311, 415, 470; 659—860; 12, 287—379; 14, 437—458.

[85]) Sie vertritt Bornhak, ZStRW. 19, 64, 76.

[86]) Genauer sprechen sich hierzu aus: Kronecker, ZStrRW. 7, 412 ff. Nr. IV bis VI. v. Kries ebenda 9, 75—86. Zucker, GS. 47, 448 ff.

Richtigkeit; selbst die Hauptverhandlung bereitet es nicht genügend vor. Daneben geht ein Grund her, der nur von einem Teil anerkannt wird: die Voruntersuchung beherrscht zu sehr die Hauptverhandlung ohne die genügenden Bürgschaften, die in einer unmittelbaren mündlichen Parteiverhandlung und Beweiserhebung bestehen. Auf diesen verschiedenen Gründen können natürlich die allerverschiedensten Kombinationen von Reformvorschlägen aufgebaut werden.

Einzelne Hauptvorschläge lassen sich wohl bestimmt hervorheben: Beschleunigung des Verfahrens, Abschaffung der ganzen Voruntersuchung, stärkere Konzentration des Verfahrens beim Untersuchungsrichter; — Einführung der Öffentlichkeit, mindestens Parteienöffentlichkeit; — abgeschwächt stärkere Mitwirkung der Parteien; — Beseitigung, mindestens Beschränkung der Protokolle; — größere Garantien für den Beschuldigten, insbesondere stärkerer Schutz bei Verhaftungen. Alles andere sind die verschiedensten Einzelvorschläge, die sich kaum weiter mit Nutzen gruppieren lassen.

§ 7.

Reformen. Der Zweck des Vorverfahrens.

IX. Die Vorwürfe, die allgemein unserm Vorverfahren gemacht werden,[87]) habe ich soeben gekennzeichnet. Sie berühren überwiegend auch das Vorverfahren außerhalb der Voruntersuchung; ja einige Schriftsteller wollen gerade in der Voruntersuchung noch Vorzüge gegenüber dem staatsanwaltlichen Verfahren sehen: größere Einheitlichkeit, daher Beschleunigung, größeren Schutz des Angeschuldigten. Ob diese Fehler wirklich vorhanden sind, wieweit sie abstellbar, wieweit untrennbar mit jedem Strafverfahren verbunden sind, das braucht ein Gutachter hier nicht darzulegen, denn er spricht ja zu den bestunterrichteten sachverständigen Zeugen der Verhältnisse. Er muß aber selbst seine Stellung festlegen und dabei die Frage der etwaigen Übelstände an dem Zweck prüfen, den er dem Vorverfahren geben will. Ich halte es für den größten Fehler der Kritik des Vorverfahrens, wenn sie einfach dessen Zweck als gegeben hinnimmt; wer die Geschichte der Einrichtung verfolgt, merkt, daß sich gerade in diesem Punkt die Schwierigkeiten vereinigen, ja daß eigentlich alle Mängel der Einrichtung daraus fließen, daß der Gesetzgeber sich nie völlig klar vorhielt, was denn das Vorverfahren leisten solle. Hier konnte ihn früher entschuldigen, daß er an das Vorhandene

---

[87]) Selbstverständlich gibt es auch Anhänger des heutigen Systems, die kaum irgend eine Verbesserung für nötig halten, außer Groß z. B. Delbrück GS. 64; 436, Maßmann, DJZ. 9, 236, Weingart, JKV. 11, 504; 12, 304.

anknüpfen mußte und Bedeutung wie Kraft des Hauptverfahrens noch nicht übersehen konnte. Heute müssen wir anders vorgehen.[88])

X. 1. Wenn das Urteil grundsätzlich auf unmittelbarer Beweiserhebung mit unmittelbarer mündlicher öffentlicher Parteiverhandlung beruhen soll — Ausnahmen vorbehalten! — dann bedarf diese Verhandlung stets einer Vorbereitung.[89]) Das Ideal wäre die kürzeste einfachste Einleitung, wie sie etwa im § 211 RStPO. besteht, eine Art Verfahren vor dem Standgerichte nach Ö. 437 ff. Aber sie ist nicht überall möglich, ja vielfach auch praktisch bedenklich, da der Richter nicht bloß den objektiven Tatbestand erkennen, sondern ins Innere der Tat eindringen soll: und gerade zur Feststellung der psychologischen Seite der Tat bedarf das Urteil einer sorgsamen, oft langdauernde Untersuchung erheischenden Erforschung; man denke nur an eine irrenärztliche Expertise. Ist aber daneben auch die objektive Seite der Tat zweifelhaft, dann kann man gar nicht sofort zur Hauptverhandlung schreiten.

Nach unsern Verhältnissen muß eine Hauptverhandlung eine bestimmte Konzentration haben: sonst litten wir an einer unerträglichen Zeitverschwendung, die gerade auch dem Beschuldigten schweren Schaden bringen könnte; und die Unmittelbarkeit und Klarheit der Erkenntnis litte Not. Aber ich halte es für falsch, wenn man auf diese Konzentration zu großes Gewicht legt, und glaube, daß man sich grundlos scheut, auch einmal eine Hauptverhandlung zu trennen. Hier liegt für mich wie für viele andere der erste Fehler! Man wird wohl bei Geschworenen nicht gut anders vorgehen können und eine sorgsam vorbereitete, in sich geschlossene Verhandlung bieten müssen. Im übrigen sind die Einrichtungen bei uns auch so entwickelt, die Verhältnisse in den bei weitem meisten Fällen so einfach und klar, die Beweismittel so leicht zu beschaffen, daß wir immer mit der Regel eines einzigen Termins rechnen dürfen und nur ausnahmsweise zu dem Hülfsmittel einer Vertagung der Hauptverhandlung auf länger hinaus greifen müssen. Aber ich kann nicht zugeben, daß die Erkenntnis notleidet, wenn einmal selbst zwei Wochen zwischen den Verhandlungsteilen liegen sollten! Allmählich bricht sich eine solche Erkenntnis auch Bahn. Der Beschluß Nr. 167 der Reformkommission, daß die Unterbrechungsfrist einer Hauptverhandlung

---

[88]) In der Herausarbeitung des Zwecks sind gerade die Arbeiten von Kronecker und v. Kries interessant und lehrreich.

[89]) Als Gegner dieser gemeinen Meinung kenne ich nur John, gegen dessen bekanntlich gern etwas scharf zugespitzte und paradoxe Anschauungen, Kommentar II, 200 ff. bes. v. Kries ZStRW. 9, 29 ff. und Zucker, IKV. Mittlg. 11, 313 ff. aufgetreten sind.

sechs Tage statt drei Tage (N. 228) dauern dürfe, ist ein sehr zu begrüßender Fortschritt.[90]) Spindler schlägt sogar eine Unterbrechung von 14 Tagen vor.[91])

Von diesem Fortschritt werden mittelbar auch die Vorerhebungen großen Gewinn ziehen. Man wird nicht mehr ängstlich berechnen müssen, ob man wirklich auch alle Beweismittel zur Stelle hat, sondern es beim einen und andern darauf ankommen lassen, ob es benötigt wird.[92])

Ebenso wichtig ist, daß man sich nicht vor einer neuen Wendung der Verhandlung scheue, darin nicht eine „Bombe" sehe, nicht von einer schlechten Inszenierung rede.[93]) Ein Erkenntnis ist doch nicht deswegen schlecht oder irrig, weil es nicht der Erwartung entsprach.

Eine Vorbereitung, die eine derartig glatte Verhandlung erzielen will, geht weit über das notwendige hinaus. Warum soll denn die glatte Verhandlung besser sein? Etwa, weil andernfalls ein neuer Punkt nicht sofort mit Polizeiberichten auf seine Verläßlichkeit geprüft werden kann? In der Regel wird der psychologisch nur einigermaßen geschulte Richter sofort herausfinden, ob die neue Tatsache, das neue Beweismittel einen Mangel habe; in der Regel sind Gendarmerie und Polizei, die die Verhältnisse kennen, nahe bei der Hand, oder ein Gegenzeuge, eine Partei weist auf das Bedenken hin; man darf für die Regelfälle die Bedeutung einer neuen Wendung auch nicht übertreiben; im Notfall bleibt die Unterbrechung der Verhandlung denkbar. Scheu vor einer ungewohnten Neuerung und Mißtrauen in die Befähigung der Richter begründen allein das Anklammern an den Wunsch der glatten Verhandlung. Und das glaubt doch niemand mehr, daß eine Voruntersuchung jemals derartige Zwischenfälle vermeiden werde. Ebenso schadet auch ein Zeuge,

---

[90]) Protokolle I, 257 (einstimmig) II, 111 (15:1 Stimme); der Beschluß stimmt in der Fassung nicht ganz zu den Protokollen, nach denen die Unterbrechung 7 Tage dauern dürfte. — S. auch v. Kries, ZStRW. 9, 44. In Österreich ist eine unserem § 228 entsprechende Vorschrift unbekannt. Die Praxis vermeidet (nach einer Mitteilung des Herrn Prof. Löffler-Wien), wenn möglich, eine längere Unterbrechung. Bei einer solchen ist Verlesung früherer Protokolle nicht verboten. Das aber müßte freilich vermieden werden, höchstens ein Referat dürfte man unter Parteikontrolle dulden.

[91]) Aschrott, Reform, 450.

[92]) Auch der Beschluß Nr. 184 der Reformkommission — Voruntersuchung zur Ergänzung der Hauptverhandlung — ist hier zu nennen und zu begrüßen, obwohl der Gedanke, diese Ergänzung durch einen beauftragten Richter vornehmen zu lassen, besser wäre. S. Protokolle I, 262, II, 114.

[93]) Das betont mit Recht die oben zitierte Ö. VerO. vom 12. Dezember 1900.

der unnötig geladen ist, niemals der Verhandlung, und für ihn wird dieser Zeitverlust durch die Nichtladung zu einer Voruntersuchung völlig ausgeglichen.

Auch das ist unnötig, daß die Vorbereitung einen ins einzelne ausgearbeiteten Plan für die Hauptverhandlung bieten müsse.[94]) Jedes Vorverfahren, selbst das kürzeste, wird für die Regelfälle den Plan ohne weiteres vorzeichnen; und es ist doch nur in ganz komplizierten Fällen nötig, einen besonders ausgerechneten Plan zu haben. Ja, wo ein solcher zur Verurteilung nötig ist, da ist es um die Güte der Sache schon schlimm bestellt; zuletzt reißen solch fein gesponnene Netze gar zu leicht! Wir dürfen aber nicht glauben, daß die Fälle, in denen mühsam zustandegekommene Protokolle des Untersuchungsrichters erst Klarheit in ein Chaos bringen, maßgebend für die typischen Fälle wären: für jene Ausnahmen brauchen wir im Gesetz nicht die regelmäßige Ordnung. Und wie vielfach hat ein einfacher Kriminalpolizist schon das Chaos gelichtet, bevor der Untersuchungsrichter daran geht.[95])

Auch hier ist es nur der konservative Geist, der so vielfach die Praxis beherrscht, der eine einfache Neuerung ohne weiteres ablehnt und nicht Vertrauen in die eigene Kraft hat.

Es wird endlich auch gesagt, wenn die Zeugen nicht vorher schon Bescheid wüßten, dann könnten sie ohne weiteres nicht alles sagen, was sie mitzuteilen hätten. Nun ist dies richtig; die Erinnerung wird angeregt, ist nicht immer sofort vollständig. Aber hierfür sorgt regelmäßig genügend eine kurze polizeiliche Vernehmung, wie das die Praxis doch wahrhaftig in tausenden von Fällen dartut.[96]) Und wo ein Mangel bleibt, da helfen die Verhandlung und die Gegenrede der Partei nach. Bietet aber ein Zeuge wirklich einmal nicht alles, was er uns leisten könnte, dann halte ich diesen Mangel für viel weniger bedenklich, als den, den eine weitergehende Vorbereitung auf diesem Gebiete in sich trägt.

---

[94]) Darauf legt Groß, ArchKrimAnthr. 12, 199, besonders Gewicht. S. auch Stooß, ebenda 14, 126. Weingart bei Aschrott, Reform, 382; Ortloff, Vorverfahren 75. Dagegen sehr gut v. Lilienthal, Reform, 411 f. In der Reformkommission wurde behauptet, ein Verfahren mit möglichst kurzer Vorbereitung habe sich in Sachsen nicht bewährt: Erklärung im Einzelnen und Begründung fehlen, daher ist der Satz ohne Bedeutung. Prot. I, 158. — Genau so wie hier Kronecker, ZStRW. 7, 427.

[95]) Dagegen Groß, ArchKrimAnthr. 14, 130 ff.

[96]) Groß, ArchKrimAnthr. 12, 196 f. schildert die Sache so, als ob es ganz undenkbar sei, einen Zeugen in der Verhandlung ohne genaue vorherige Abhörung zu befragen. Das ist eine Übertreibung. — In der Reformkommission wurde hiervon nicht gesprochen.

Es ist zum Überdruß wiederholt, daß unsere Voruntersuchungen der Hauptverhandlung die Frische, die Objektivität nehmen.[97])

Während neuere psychologische Forschungen uns mehr und mehr darauf hinweisen, daß die Zeugenaussage durch Zeitablauf und Wiederholung stets an Wert verliert, daß eine Art Suggestion eintrete, verfahren wir in unserm Strafprozeß gerade umgekehrt; man hält nur die Zeugenaussage für gut zur Hauptverhandlung, die wohl präpariert ist.[98]) Die meisten Zeugen sind heute durch wiederholte eingehende Vernehmungen genau über die Richtung orientiert, in der sich ihr Gedächtnis und ihre Aussage zu bewegen haben. Die wahre Objektivität ist aber damit vollständig verloren gegangen. Wie oft kann man doch bei Berufungsverhandlungen beobachten, daß die Zeugen jetzt ihre Aussagen anders betonen als in der Erstinstanz: sie sind durch das Urteil darüber aufgeklärt, welche Bedeutung ihrer Erklärung innewohnt, worauf es ankommt, und ganz unwillkürlich richten sie sich danach. Die Erleichterung, die eine Hauptverhandlung von einer genauen Vorbereitung hat, wird also durch die höchst zweifelhafte Färbung der Beweismittel wieder völlig aufgewogen.

Es ist ohne weiteres zuzugeben, daß die Hauptverhandlung nicht die passende Gelegenheit ist, um schwierige Einzelaufklärungen ganz frisch aus ungewandten Zeugen herauszuholen. Dazu gehört eine Besprechung der Angelegenheit, die ein Einzelner in aller Ruhe mit dem Zeugen vornimmt.[99]) Wo es auf solche Dinge ankommt, wird kein Verständiger der Vorbereitung entraten wollen; aber niemand darf sich verhehlen, daß bei derartigen Unterredungen die Gefahr der Suggestion außerordentlich nahe liegt, sodaß von einer solchen Einrichtung nur in Notfällen Gebrauch zu machen ist. Dasselbe gilt von der Abgabe von Gutachten: in den meisten Fällen erfordern diese wohl länger dauernde Untersuchungen, die nur außerhalb, d. h. vor der Hauptverhandlung gemacht werden können und die oft genug wieder andere Feststellungen zur Voraussetzung haben. Auch hierzu muß das Vorverfahren dienen.

Danach tritt uns einmal als Zweck des Vorverfahrens überall die Feststellung der vorhandenen Beweismittel und

---

[97]) S. oben Rosenberg I, 13 f. Selbst Groß, ArchKrimAnthr. 12, 195 gibt das zu, ebenso auch Delbrück, GS. 64, 443, „es kommt vor". Sehr ruhig und sachlich spricht sich Kronecker ZStrRW. 7, 426 ff. hiezu aus; dazu v. Kries, ZStrRW. 9, 42.

[98]) Sehr zu beachten Kroneckers Darstellung der Praxis, ZStrRW. 7, 428.

[99]) Groß, ArchKrimAnthr. 12, 196; dagegen aber Zucker 1904, V und Mittlg. JKV. 11, 851.

die allgemeine Kenntnis ihres Inhalts entgegen, nur bei Gutachten sowie bei besonders schwierigen Aufklärungen dient auch die Vorbereitung der Beweismittelbenützung selbst.

2. Es ist klar, daß eine Reihe von Beweisaufnahmen, die dem Urteil dienen, sofort und vor der Verhandlung gemacht werden müssen: unaufschiebliche Augenscheinseinnahmen und Vernehmungen, die nicht wiederholt werden können: zweiter Zweck des Vorverfahrens.[100])

3. Es wäre Kräftevergeudung, eine Hauptverhandlung ohne genügenden Verdacht durchzuführen. Was das heißt, hat noch nie jemand inhaltlich sicher festgestellt! Es ist Gefühlssache, wann der Verdacht „hinreicht", damit man an eine urteilsmäßige Prüfung gehen müsse, und man könnte hierüber lange philosophieren.[101]) Es ist Zweck des Vorverfahrens, einen vorhandenen ernsthaften Verdacht daraufhin zu prüfen, ob er hinreicht, daß man ihn urteilsmäßig prüft, — nicht aber, ihn soweit zu stärken, daß er nun ein „hinreichender" werde.[102]) Zu dieser Vorbereitung gehört aber recht wenig! Denn wenn ein ernsthafter Verdacht überhaupt besteht, dann ist in der Regel eine richterliche Prüfung auch durchaus notwendig, dann haben der Verdächtige wie die Allgemeinheit ein Recht auf einen Richterspruch.[103]) Das kann aber ein Gesetz nicht wohl sagen, das kann höchstens eine gerichtsherrliche Verfügung den Staatsanwaltschaften vorschreiben.

Seit dem Beginn der Reform wird freilich davon geredet, daß der Anklagestand für einen Menschen eine große Beschwer bedeute und möglichst zu vermeiden sei; dazu diene die Voruntersuchung. Das wirkt immer noch nach, obwohl doch die Erfahrung der Jahrzehnte bewiesen haben dürfte, daß das Vorverfahren viel größere Unannehmlichkeiten mit sich bringen kann, als eine Hauptverhandlung. Man wird also entweder wirklich dem Vorverfahren wieder den Gedanken einer Bewahrung

---

[100]) Auf den unten noch genauer zu betonenden Unterschied dieses zweiten Zwecks von dem ersten hat schon Stooß, ArchKrimAnthr. 14, 122 f., sehr gut hingewiesen; s. auch Rosenberg I, 36 f.

[101]) Delbrück, GS. 64, 452 meint, das sei nie geschehen! Diese Anschauung ist irrig. Vgl. nur Fuchs, Handbuch d. StrPrR. 1, 462, Kulemann, IKV. 11, 495.

[102]) Es ist ein müßiger Wortstreit, ob man von „hinreichendem" oder „dringendem" Verdacht redet. S. auch Göbel bei Aschrott, Reform, 372 gegen Protokolle I, 194.

[103]) S. auch Stenglein, GS. 62, 274. AM. die Reformkom. I, 194, wonach nur bei Wahrscheinlichkeit der Verurteilung das Hauptverfahren stattfinden soll; ebenso Delbrück, a. a. O. 453.

vor dem gerichtlichen Verfahren vollauf geben, oder man wird diesen Gedanken als verkehrt ganz fallen lassen müssen.

Nun wird man weiter sagen: bei dieser Art der Vorbereitung hätten wir viele auf ziemlich unbestimmten Verdacht gegründete Hauptverhandlungen. Und man kann sagen: gerade um den gewünschten Richterspruch zu geben, haben wir die einfachere Vorprüfung in der Voruntersuchung und in dem das Vorverfahren abschließenden richterlichen Erkenntnis: gerade durch die heutige Einrichtung kommen der Beschuldigte wie die Allgemeinheit zu ihrem Recht, ohne daß die Hauptverhandlungen überladen werden, und ohne daß der immerhin peinliche Anklagestand begründet zu werden brauche. Dies würde also eine gründliche richterliche Voruntersuchung und ein genaues Beschlußverfahren rechtfertigen.[104])

Die Erfahrung lehrt aber, daß der auf das Vorverfahren folgende richterliche Beschluß zu einer wertlosen Formalität wurde, und zwar schon sehr bald nach dem Inkrafttreten unserer RStPO., während er früher ganz besonders hervorgehoben und formal ausgebildet war. Wenn man ihn daher beseitigen und zu dem österreichischen System übergehen würde, dann möchten einige erwarten, daß der Staatsanwalt um so leichter zu einem hinreichenden Verdacht käme, während andere befürchten könnten, daß er umgekehrt zu selten eine Verhandlung veranlassen möchte. Beides aber dürfte irrig sein: erfahrungsgemäß sind unsere Staatsanwälte nicht geneigt, allzuhäufig ihre Vorerhebungen mit einer Anklage abzuschließen[105]) und sich einer unnötigen Freisprechung auszusetzen. Gegen die Gefahr aber einer zu seltenen Herbeiführung richterlicher Prüfung kann man andere Bürgschaften geben: Beschwerde des Verletzten, Privatklage, ja Beschwerde des Beschuldigten selbst. Aber auch hier spricht die Erfahrung in Österreich keineswegs zu ungunsten der staatsanwaltlichen Tätigkeit.[106]) — Unsere Reformkommission hat aber die richterliche Vorprüfung noch beibehalten, wenn auch wesentlich verändert, indem sie einmal, entsprechend einem vielfach gemachten Vorschlag und dem französischen Vorbild in CJCr. 128, den besser unterrichteten Untersuchungsrichter dazu heranzog (für eine Einstellung), anderseits die

[104]) Dieser Gedanke ist bei der Kommissionsberatung unseres Entwurfs oft vertreten (Marquardsen, Gneist u. a.) s. Hahn, III, 1 S. 741 f. Gneist, Vier Fragen 75. Siehe auch die Ausführung bei Kronecker, ZStrRW. 7, 410.

[105]) S. die Zahlen in Anm. 138 auf Seite 175.

[106]) S. Högel, Jur. Blätter 1906, 35. Jahrg. 73.

Gerichtsprüfung, ähnlich wie in Österreich, wesentlich — nicht ausschließlich! — vom Verhalten des Beschuldigten abhängig machte[107]).

Jedenfalls wird aber auch danach die praktische Entwicklung gesetzlich bestätigt, daß es in erster Linie auf die Anschauung der das Vorverfahren leitenden Personen über das Hinreichen des Verdachtes ankommt, und die Gerichtsprüfung erst eine Art Oberinstanz zu bilden braucht. Anders ausgedrückt: das Vorverfahren braucht keine besondere Rücksicht auf eine solche gerichtliche Vorprüfung zu nehmen[108]). Nicht uninteressant ist freilich die Bemerkung, daß viele Anhänger der Voruntersuchung durch einen „unparteiischen" Richter diesem das Vertrauen einer objektiven Verdachtsprüfung nicht schenken![109])

Ganz ebenso lehrt die Erfahrung, daß die Voruntersuchung dem Beschuldigten nicht größere Sicherheit gewährt, als die staatsanwaltlichen Erhebungen. Freilich ist dies nicht unbestritten; es scheint, daß in Preußen das sogen. Skrutinialverfahren am wenigsten beliebt ist, während die anderen Staaten gegen dasselbe kaum etwas einzuwenden haben[110]). Tatsache aber bleibt, daß die Verteidiger durchgehends der Voruntersuchung ganz dieselben Vorwürfe machen, wie dem Verfahren des Staatsanwaltes, wie wir noch genauer erörtern müssen. Wir können in unserer jetzigen Voruntersuchung keine genügende Bürgschaft für eine unbefangene objektive Prüfung des auf einem Menschen ruhenden Verdachtes sehen. Daher ist von diesem Standpunkt aus die volle Parteiöffentlichkeit der Voruntersuchung das notwendig anzustrebende.

Das ist aber wieder für die reine Vorbereitung der Hauptverhandlung unnötig, ja verkehrt, da es der Hauptverhandlung zu sehr vorgreift, deren Bedeutung schädigt. Nur wenn kein Hauptverfahren stattfindet, oder wenn man dies vermeiden und doch eine richterliche summarische Prüfung des vorhandenen Verdachts zur Reinigung des Beschuldigten haben will, kann eine Voruntersuchung mit voller Parteienöffentlichkeit gerechtfertigt sein[111]). Ein derartiger Zweck liegt aber jedenfalls unserem

---

107) Beschlüsse 137—148, dazu v. Lilienthal bei Aschrott 414—424.

108) A. M. beispielsweise der Antragsteller I zum Vorverfahren, Reformkommission Protokolle I, 151. Dieser Antragsteller ist Kammergerichtsrat Kronecker, s. G. A. 53, 3.

109) S. Reformkom. Prot. I, 185.

110) Z. B. Herz bei Hahn III, 742, Klotz gegen Schwarze, ebenda 1227. — Kronecker, Mittlg. IKV. 11, 509. Köhne, Der deutsche Strafprozeß 1895, 58 f.!! S. aber auch die berechtigte Bemerkung Weingarts bei Aschrott, Reform 381.

111) Dieser Gedanke liegt im wesentlichen dem Vorschlag Kahls G. A. 53, 13 f. zugrunde.

heutigen Strafverfahren fern, und seine Einfügung möchte trotz ihrer Berechtigung heute zu radikal erscheinen, auch vielleicht auf anderem Wege (strafrechtliche Feststellungsklage) besser zu erreichen sein

Ich schließe daraus: der Zweck des Vorverfahrens, den Verdacht auf seine hinreichende Stärke zu prüfen, verlangt noch nicht die richterliche Voruntersuchung.

4. Ich gehe hierbei davon aus, daß das Hauptverfahren die volle richterliche Prüfung des Verdachtes darstellt. Nur wer das will, wer die vollen Konsequenzen der Unmittelbarkeit für diese Hauptverhandlung als die allein gute Ergebnisse sichernde Grundlage derselben will, nur der kann, ja muß das Vorverfahren zur echten Vorbereitung gestalten! Wer aber in der Hauptverhandlung nur eine zusammenfassende Nachprüfung der Ergebnisse des Vorverfahrens sieht, der muß umgekehrt vorgehen, — dann aber auch sein System vollständig durchführen und dem Vorverfahren die vollen Garantien einverleiben, die wir heute für ein richterliches Erkenntnis verlangen[112]).

Ich kann mir eine solche Einrichtung denken, — aber ich will sie so wenig wie die überwiegende Mehrzahl der Juristen[113]). Dann aber muß ich auch die Konsequenzen meiner Auffassung ziehen und dafür sorgen, daß das Hauptverfahren die volle Garantie der möglichsten Unmittelbarkeit und der vollsten Parteimitwirkung bei der Beweiserhebung biete. Wenn unsere jetzigen Finanzverhältnisse die stete Beschränkung der Hauptverhandlung auf das allergeringste Maß nötig machen, so ist das kein gesunder Zustand, und wir dürfen unsern Prozeß nicht grundsätzlich darauf zuschneiden: die nötige Rücksicht auf diese Umstände wird durch die stets mögliche Elastizität der Praxis gestattet. Aber vor allem müssen wir nach Gesundung streben[114]). Eine halbe Rücksichtnahme auf das Streben nach Vereinfachung der Hauptverhandlung, wie

---

[112]) Das etwa ist der Gedanke der Kulemannschen Sätze.

[113]) Die Motive der ÖStPO. wie der RStPO., die Kommissionsberatungen der zweiten sprechen das klar aus. Ich finde mit Ausnahme der unten S. 167 Anm. 116 aufgeführten Schriftsteller niemanden, der an den heute geltenden Grundlagen unserer Hauptverhandlung irgendwie rütteln wollte! Auch die Reformkommission hält theoretisch streng an dem Grundsatz fest. S. Protokolle I, 61 f., Beschluß Nr. 67. Daß sie praktisch ihm aber in allen Einzelheiten entgegengearbeitet, hat v. Lilienthal bei Aschrott, Reform 388—414, scharf und treffend hervorgehoben.

[114]) In derselben Richtung drückt sich v. Lilienthal aus: Aschrott, Reform 419 Anm.

sie sich so oft findet[115]), billige ich nicht. Ich glaube, die von mir dem Vorverfahren zugewiesene Aufgabe im Hinblick auf die Hauptverhandlung genügt hierfür völlig[116]). Durchaus zu verwerfen ist aber die alte Formel, das Vorverfahren solle die Hauptverhandlung vorbereiten. Was das heißen soll, wie weit man gehen soll, das bleibt so unbestimmt, daß jeder nach Belieben sich die Sache zurechtlegen kann. Wenn aber gar die Reformkommission diesen Satz — Beschluß 130 — debattelos (Prot. I, 180) annahm und noch dazu auf die Schwierigkeit der Strafzumessungsfrage verwies (II, 91), so hat v. Lilienthal recht, wenn er diesen Beschluß als völlig gegen den Geist unserer Hauptverhandlung verstoßend erklärt[117]).

Früher wurde oft der Satz vorgetragen, das Vorverfahren solle den Beweis sammeln, im Hauptverfahren solle er verwertet, zusammengesetzt werden[118]). Das ist ein Gedanke, der manches für sich hat und gewiß oft genug der Praxis heute noch vorschwebt. Aber jedermann wird erkennen, daß diese Zweiteilung das Hauptverfahren selbst betrifft, daß man da nicht mehr von Vorbereitung reden kann, daß man dann also die vollen Garantien auch für die Beweissammlung verlangen muß (Parteienöffentlichkeit!). Und wer wird sagen wollen, daß sich die zwei Aufgaben klar und rein trennen lassen? Ist die Trennung nicht geradezu Zeit- und Kraftverschwendung? Für einfache Fälle ist sie viel zu umständlich; für einige wenige verwickelte Fälle mag sie sich eignen. Nie aber kann sie dann als Typus gelten. Wir dürfen getrost sagen: wo eine verständige Praxis diese Verhältnisse als gegeben ansieht, kann sie ihnen jedenfalls auch gerecht werden, wenn das Vorverfahren mit den von uns hier angenommenen Zwecken ausgebildet wird.

5. Vielfach findet sich der Gedanke, daß eine eingehende Vorberei-

---

[115]) Z. B. Heinze, III. DJT. 1, 24; verschiedene Anträge in der Kommission zum Entw. RStPO. bei Hahn III, 735 ff., s. Hanauer, daselbst 745. Bericht der Kommission S. 46 bei Hahn III, 1545 oben.

[116]) Der entgegengesetzte Standpunkt ist von den verschiedensten Seiten vertreten. S. oben S. 154 über die Begründung zum EMStrGO. § 161. — Mugdan, Recht 1904, 11. Groß, ArchKrimAnthr. 12, 191 und 14, 129 (dazu Stooß, ebenda 14, 118, Zucker, Voruntersuchung 1904, bes. Nr. VI, VII, meinen Aufsatz IKV. Mittlg. 11, 821). — Bornhak, ZStRW. 19, 77. — S. auch die Idee Schneickerts, ArchKrimAnthr. 16, 275 und dagegen energisch Beling, ZStrRW. 25, 599. — Kulemann, IKV. Mittlg. 10, 546; 11, 491.

[117]) Aschrott, Reform 389.

[118]) S. oben S. 34.

tung, und zwar eine richterliche, die **Berufung** ersetzen müsse[119]). Ich halte das für mindestens ungenau ausgedrückt. Einmal darf uns die Einführung der Berufung nicht davon abhalten, die Erstinstanz so gut als irgend möglich einzurichten[120]), denn die Berufung soll nur unvermeidbare Mängel der Unterinstanz verbessern, nicht diese Instanz ersetzen. Umgekehrt kann eine Voruntersuchung nicht die etwa erforderliche Nachprüfung des Urteils ersetzen. Deswegen soll höchstens das Fehlen der Berufung die noch entschiedenere Ausbildung der Garantien der Erst- (jetzt einzigen) Instanz befördern. Dazu gehört aber nicht eine zweifache Prüfung, wie man sich das meist vorstellt, sondern nur die Gewährung der **Gelegenheit zur möglichst genauen Vorbereitung der Parteien, besonders des Beschuldigten.** Dies ist auch der maßgebende Gedanke, wenn man die Voruntersuchung als Ersatz der Berufung fordert, wie die eben angeführten Stellen beweisen[121]).

6. Dieser Zweck ist der letzte, aber gewiß nicht der unwichtigste, den das Vorverfahren hat. In der Hauptverhandlung können die Beweise immer nur bestimmt und in verhältnismäßiger Kürze vorgeführt werden; die Kritik muß hier möglichst bereit sein, damit sofort auf die Fehler im Beweis hingedeutet werden kann. Das kann der Richter nicht, aber die Parteien sollen es tun. Es ist töricht, dem Beschuldigten die Möglichkeit genauester Vorbereitung nicht zu gewähren, denn dann werden er und sein Verteidiger zu gewagter, oft übertriebener Kritik fast gezwungen, da sie ja die Verhältnisse nicht überschauen können. Aber noch mehr: in der Vorbereitung werden regelmäßig die Beweise schon beeinflußt; da hiermit der Hauptverhandlung vorgegriffen wird, muß den Parteien schon bei der Beweisvorbereitung die Mitwirkung offenstehen. Wie unendlich oft ist darauf seit Jahrzehnten hingewiesen, wie wenig ist die Gesetzgebung dieser Forderung nachgekommen! Wie soll sich der Untersuchungsrichter in die Seele des Beschuldigten versetzen können!

Es ist nicht nötig, daß sich die Erkenntnisrichter auf die Verhandlung vorbereiten: sie sollen ja **nur aus** dieser sich belehren[122]); die Vorbereitung

---

[119]) Schon beim Entwurf unserer RStPO. S. oben S. 136. Mittlg. JKV. 11, 831. Protokolle der Reformkommission I, 141 ff. nur nebenbei. Besonders entschieden **Kulemann**, JKV. Mittlg. 10, 557; 11, 498, der gerade deswegen die Öffentlichkeit fordert.

[120]) Schon **Marquardsen** bei Hahn, III, 742.

[121]) S. auch **Gneist**, Vier Fragen 71.

[122]) Die bemerkenswerten Einwendungen, die **Kulemann**, JKV. 12, 313 hiergegen macht, erledigen sich, wenn man beachtet, daß die Anklage die nötigen Punkte hervorheben und daß die Hauptverhandlung selbst ausführlicher werden soll.

des Verhandlungsleiters bedarf keiner besonderen Mühe im Vorverfahren. Aber der Staatsanwalt muß genau wissen, für was er eintreten soll, der Beschuldigte, gegen was er sich zu verteidigen hat. Deshalb müssen beide über den Inhalt der vorzuführenden Beweise unterrichtet sein. Die heutigen Staatsanwälte begnügen sich oft mit einem recht geringen Maß von Vorbereitung, ohne daß dies der Hauptverhandlung viel Abbruch täte[123]). Es dürfte nichts schaden, wenn die Praxis genauer Vorbereitung überall geübt würde; aber sie fordert in der weit überwiegenden Zahl der Fälle nicht mehr, als die Vorbereitung der Hauptverhandlung auch bietet; soweit der Staatsanwalt weiter gehen will, ist das eben nur zu seiner Orientierung nötig und braucht es nicht eine Form anzunehmen, die der Hauptverhandlung vorgreift; es kann z. B. durch eine Handaktennotiz, rein mündliche Aufklärung, Augenschein ohne Formalität und Protokoll geschehen, Zwang ist regelmäßig unnötig. Wir bedürfen zur Regelung dieser Frage keiner besonderen gesetzlichen Vorschriften oder Reformen.

Ganz anders der Beschuldigte! Es darf als absolut feststehend gelten, daß er — sei er schuldig oder nicht — genau wissen muß, wessen er angeklagt ist, und welche Beweise gegen ihn vorgebracht werden, nicht nur ganz allgemein, daß er irgend einen Diebstahl begangen habe und daß die und jene Zeugen geladen seien. Leider hat die für den Beschuldigten sonst so gern eintretende Reformkommission diesem Erfordernis durch Ablehnung der Spezialisierung der Beweismittel in der Anklageschrift die Beachtung versagt.[124]) Schon 1895 hat Binding dem damaligen Entwurf eine schwere Beeinträchtigung des Angeschuldigten vorgeworfen.[125]) Dieser muß die Möglichkeit haben, die Einzelheiten der Beweise zu kritisieren und bedarf dazu der Vorbereitung. Aber für unnötig halte ich es, daß er schon in der Vorbereitung den Verdacht völlig entkräfte. Gelingt ihm dies, so ist es ein erwünschter Erfolg, aber es ist nicht die Aufgabe der Vorbereitung, die eben auch nie die Sicherheit

---

[123]) Es ist geradezu erstaunlich, daß offen ausgesprochen wird, der in der Hauptverhandlung auftretende Staatsanwalt solle grundsätzlich ein anderer als der im Vorverfahren arbeitende sein! Feisenberger, ZStRW. 24, 718. S. Wulffen, ArchKrimAnthr. 15, 112; Maßmann, DJZ. 9, 237. Aus solchen Auffassungen stammen dann die mir einfach unverständlichen krassen Zustände, die Staatsanwalt Elvers, DJZ. 10, 530 f. für die Hauptverhandlungen in Preußen darstellt.

[124]) Zu Beschluß 141, Protokolle II, 99—101; dazu v. Lilienthal bei Aschrott 417.

[125]) Binding, Der Entwurf, 1895, S. 16.

völliger Wahrheit bieten kann.[126]) Es genügt, wenn er so rechtzeitig mit den Einzelheiten der Anklage und dem wesentlichen Inhalt der vorgeschlagenen Beweise bekannt wird, daß er seine Gegenbeweise vorbereiten kann. Da aber der Staat auch in der Verfolgung schon Objektivität mit Recht anstrebt, so muß ihm daran liegen, daß auch er diese Verteidigung vorbereite, wenn und soweit es der Beschuldigte nicht von sich aus vermag. Es muß daher dem Beschuldigten die Möglichkeit geboten sein, auf die staatliche Vorbereitung einzuwirken.[127]) Dies schon deswegen, weil das Vorverfahren vielfach die Beweiserhebung vorwegnimmt oder auf sie einwirkt. Unser Gesetz erkennt die Mitwirkung nur bei der Vorwegnahme der vollen Beweiserhebung an, und auch sie nur in bescheidenem Maße (§ 191, siehe aber § 223 f. RStPO.; ÖStPO. 97, 162). Dieser Gedanke ist aber zu erweitern: so weit die Beweisvorbereitung auf die Beweisaufnahmen inhaltlich einzuwirken geeignet ist, muß der Beschuldigte die Gelegenheit der Mitwirkung innerhalb des Rahmens des Vorbereitungszwecks haben. Hierauf muß er ein Recht haben, denn insoweit greift das Vorverfahren schon in die Hauptverhandlung über. Anders aber, soweit es sich um bloße Bereitstellung von Beweismitteln handelt. Hier muß dem Beschuldigten nur die Möglichkeit der Anregung geboten sein: ein Recht auf Herbeischaffung aller von ihm gewollter Beweismittel zur Hauptverhandlung wird ihm niemand einräumen wollen, und damit fällt auch das Recht zur Vorprüfung, ob gewisse Beweismittel erheblich genug sind, ohne weiteres weg.

Wie das auszuführen ist, ob man es überhaupt verwirklichen kann, wird im einzelnen später geprüft werden.

Eine ganz selbständige Frage ist der Zwischenstreit über Verhaftung und andere Zwangsmaßregeln; bei diesen muß u. U. eine volle Beweiserhebung zu ihrer Beseitigung stattfinden. (Darüber unten S. 193.)

7. Ich stelle nochmals den Zweck des Vorverfahrens fest:

a) Prüfung, ob ein gegebener Verdacht zur Hauptverhandlung hinreicht;

b) Feststellung der zur Verhandlung nötigen Beweismittel und ihres allgemeinen Inhalts;

c) Vorbereitung der Beweisaufnahme im einzelnen, soweit der Beweis nicht momentan bereit ist (Gutachten, schwierige Zeugenaussage);

---

[126]) S. Zucker, 1904, 46.

[127]) Infolge seiner rein dogmatischen Betrachtungen übersieht v. Kries, ZStRW. 9, 48 f., diesen Punkt völlig.

d) Sicherung der Beweise, deren Verlust droht;
e) Vorbereitung der Parteien auf die Beweiswürdigung.[128])

§ 8.
Gestaltung des Vorverfahrens.
Die Personenfrage.
(Der Staatsanwalt.)

XI. Nun erst können wir die Gestaltung des Vorverfahrens ansehen. Hier ist eine Doppelfrage zu lösen: wer soll vorbereiten, — wie soll das geschehen?

A. Die Personenfrage. 1. Drei, richtiger vier Personen stehen in Frage: der Staatsanwalt, der Richter, der Beschuldigte und mit ihm der Verteidiger. Dabei sind immer zwei Punkte im Auge zu behalten: wie werden die Vorerhebungen praktisch am besten, gewandtesten gepflogen? — Daneben: wie werden die Garantien des Rechts am besten eingerichtet. — Wenn der Vorschlag gemacht wird, eine eigene „Sicherheitsbehörde", eine Art Kriminalpolizei einheitlich mit dem Vorverfahren zu betrauen[129]), so ist das zwar recht interessant; es zeigt auch mit vollem Recht, welche Bedeutung die Polizei im Verfahren hat, es lenkt uns auf England hin, hat auch in der Schweiz viele Analogien.[130]) Aber es bedarf nur einiger historischer und politischer Erwägung, um sofort zu erkennen, daß die Staatsanwaltschaft die beste „Sicherheitsbehörde" ist, freilich nur, wenn ihr die Polizei untersteht. Vom Standpunkt der Staatsanwaltschaft aus bedarf es keines Richters, um die Vorerhebungen zu pflegen. Sie ist so gut wie jeder andere befähigt, eine Untersuchung zu veranstalten, vorausgesetzt, daß ihre Beamten gut geschult und daß ihr die nötigen Hülfsmittel gewährt werden.[131]) Ja, die Selbstverantwortung treibt den Ankläger noch mehr zur Genauigkeit und Vorsicht als einen Richter.[132]) Deswegen kann er auch gerade so gut wie der Richter für den Gegner eintreten. Allerdings gibt es Staatsanwälte, die diese Selbstverantwortung scheuen und es für richtig halten, eine Voruntersuchung zu beantragen, um jeden Anlaß zu vermeiden, daß

---

[128]) Auch v. Kries, ZStRW. 9, 45 und 56 trennt die Zwecke des Vorverfahrens, aber seine Auffassungen halte ich für viel zu doktrinär, viel zu eng und zu unbestimmt.

[129]) Elvers, DJZ. 9, 626.

[130]) S. meine Ausführungen JKV. Mittlg. 11, 289.

[131]) Siehe auch v. Lilienthal bei Aschrott, Reform 400 f.

[132]) Umgekehrt denkt Groß: der Richter habe das höhere Interesse an „seiner" (?) Untersuchung, ArchKrimAnthr. 12, 206.

man ihnen Einseitigkeit vorhalten könne. Ich halte eine solche Auffassung für unnötig und verkehrt. Sie müßte zu einer sehr weiten Ausdehnung der Fälle notwendiger Voruntersuchung führen. Es braucht keineswegs Herrschsucht zu sein, was die Staatsanwälte dazu veranlaßt, selbständig die Vorerhebungen zu leiten. — Dem Beschuldigten mag theoretisch ein Richter erwünscht sein[133]); praktisch ist ihm die Person des Untersuchenden ganz gleichgültig, so lange er diesem gegenüber keine Parteirechte hat; ja er hat zwei Gegner, wenn ein Richter neben den Staatsanwalt tritt. Und doch besteht wenigstens die Möglichkeit, ihn vor einem Richter mit entschiedeneren Parteirechten auszustatten. Es fragt sich nur, ob er persönlich zur Wahrung seiner Rechte imstande ist. Da diese Frage für alle irgendwie schwereren Fälle und jede Haftsache zu verneinen ist, aber doch für den Beschuldigten in erster Linie Selbstvertretung seiner Interessen gefordert werden muß, taucht immer wieder der Gedanke der Offizialverteidigung auf. Da aber dieser verkehrt ist, so muß hier die theoretische Forderung vor der realen Möglichkeit zurückweichen: Die Sorge für ihn muß einer Behörde übertragen werden, soweit nicht die Ermittlungen für die Anklage schon von selbst auch der Verteidigung dienen. — Auch dem Verteidiger ist es grundsätzlich gleichgültig, wem er gegenübersteht; ihm muß es aber in erster Linie darauf ankommen, daß er selbst nicht in seiner Vorbereitung gehemmt werde. — Dem erkennenden Gericht kann es ganz gleichgültig sein, wer ihm eine für seine Verhandlungszwecke genügende Vorbereitung liefert.

Die Allgemeinheit hat gewiß lange Zeit mit Recht dem öffentlichen Ankläger wegen seiner politischen Abhängigkeit mißtraut. Gerade dieser Umstand hat sicher zur Beibehaltung des USR. viel beigetragen.[134]) Aber er muß heute wegfallen! Preußen muß endlich einmal durch die Praxis hier den anderen Staaten nachfolgen, in denen ein Mißtrauen nicht besteht. Wo sonst die Behauptung des Mißtrauens auftritt, ist sie unbewiesen.[135])

Von der Seite der obengenannten Zwecke des Vorverfahrens aus

---

[133]) Nach Gneist, Vier Fragen, soll darauf die traditionelle Vorstellung von der Notwendigkeit der gerichtlichen Voruntersuchung beruhen, S. 77. S. auch Glaser in den Motiven zur ÖStPO. S. 20. Auch heute kehrt dieser Gedanke ständig wieder. Mit Recht bemerkt Zucker, GS. 47, 442 f., daß dann die Vorllf. in allen Fällen obligatorisch sein müßte.

[134]) Fuchs, Handbuch d. StPrR. 1, 461.

[135]) Z. B. Groß, Feigl für Österreich, IKV. 14, 439, 444. Siehe auch Weingart, IKV. 12, 305, und gegen ihn Heinemann, ebenda 348.

brauchen wir notwendig einen Richter nur zur Beweissicherung, und wo ein Zwang eintreten soll. Bei der Beweissicherung aber ist wohl zu beachten, daß der Richter gar nichts „vorbereitet", sondern einen Teil der Hauptverhandlung vorwegnimmt; er vertritt den Erkenntnisrichter. Bei der Vorbereitung einer einzelnen schwierigen Beweisaufnahme (Gutachten, umfangreiches Zeugnis) ist ein Richter erwünscht, um hierbei dem Beschuldigten die Wahrung seiner Parteirechte zu ermöglichen: an sich macht die Art der Tätigkeit sein Eintreten nicht notwendig, da es sich nicht um Beweisprüfung handelt. Auch zur Vorbereitung des Beschuldigten ist der Richter nicht notwendig: das Eintreten dieses kann nur zu einer gesetzlichen Ausbildung des Vorverfahrens führen, die dem Beschuldigten besser dient als das bisherige staatsanwaltliche Verfahren. Hierzu aber beachte man eines: der untersuchende Richter nützt dem Beschuldigten nur, wenn dieser auch die Befähigung hat, für sich einzutreten oder wenn er einen Verteidiger hat; in diesen Fällen bedarf er aber wieder nur selten der Hilfe des Richters.

Bei der Personenfrage ist eine sehr wichtige grundlegende Bemerkung zu machen:

Im alten Untersuchungsprozeß herrschte einheitlich der Richter im Vorverfahren; höchstens hatte die Polizei neben ihm eine gewisse Selbständigkeit. Um ihn zu entlasten und um Garantien zu schaffen, führte man den Staatsanwalt ein. Aber damit war die Einheitlichkeit verloren gegangen und die Garantien doch nicht gewonnen, die gerade durch die Neuorganisation zu erreichen wären. Dabei dachte man anfangs gar nicht an den Beschuldigten; seitdem man seine Mitwirkung auch verlangt, komplizieren sich die Verhältnisse noch mehr. Wo wir die Einheitlichkeit des Verfahrens haben können, bei den rein staatsanwaltschaftlichen Ermittlungen, da fehlt es an allen Garantien. So ist nur die Verwicklung der Verhältnisse und die Zwiespältigkeit der Systeme heute noch zu dem alten System hinzugekommen. Daraus entspringt die Forderung eines einheitlichen Vorverfahrens von selbst, übertrieben die Forderung der Umkehr zum alten Inquisitionsprozeß, wie sie etwa die MStrGO. wieder als scheinbaren Fortschritt aufweist: aber das nützt nichts, wenn nicht auch Garantien eingeführt werden. Wollen wir aber kein personell einheitliches Verfahren, dann müssen wir wenigstens die objektive Einheitlichkeit, die Harmonie in der Organisation wahren, und die Schwächen einer mehrgliedrigen Organisation überwinden, umgekehrt gerade die in dem Zusammenarbeiten mehrerer liegenden Vorteile hervorkehren, und sodann die nötigen Garantien schaffen. Heute haben wir ein möglichst zusammenhangloses Hintereinanderarbeiten von Polizei

— Staatsanwalt — Untersuchungsrichter — Verteidiger (— und Eröffnungskammer), kein organisches Zusammenwirken. Und das müssen wir erstreben.

2. Danach brauchen wir grundsätzlich keine Voruntersuchung. Allerdings ist dieser Gedanke, der eine so natürliche Folge unserer Prozeßentwicklung und ihr so sehr angemessen ist, der immer wieder verfochten wird[136]), von unserer Gesetzgebung scheinbar völlig übersehen. Wie sie sich aus dem Prozeßsystem mit der richterlichen Voruntersuchung herausgestaltete, konnte sie gar nicht anders, als nur widerwillig ein selbständiges staatsanwaltliches Vorverfahren anerkennen; sie hat dieses dazu recht stiefmütterlich behandelt, so daß seine Kritiker heute immer wieder auf seine Schwächen hinweisen können, die ihm nur aus geschichtlichen Zufälligkeiten anhaften[137]). Und dennoch mußte schon der Entwurf der RStPO. dies System bedeutend weiter anerkennen, als es bis dahin galt, und hat es sich zur hauptsächlichen Form des Vorverfahrens entwickelt, verdrängt es stetig mehr die richterliche Voruntersuchung[138]).

---

[136]) S. Rosenberg, I, 3 f. mit Zitaten, aus denen für früher besonders v. Stemann, G. A. 8, 42 hervorzuheben ist. Auch Wahlberg vertrat diesen Gedanken, Kritik des d. Entwurfs, 62 f. S. auch Gneist, Vier Fragen, 65 f. S. aber oben S. 149 Anm. 56. Zusammenstellung der Ansichten auch bei Zucker, JKV. 11, 332.

[137]) Galli, DJZ. 8, 488 verlangt „keine wesentliche Änderung!" Dagegen schon v. Stemann, GS. 25, 201.

[138]) Deutsche Justizstatistik, Jahrgang XIII, 1907. Die Angaben sind leider derart, daß sie nur ein ganz ungenaues Bild geben. Eine Änderung tut dringend not! Man kann wichtige Tatsachen nicht erkennen! — Gezählt werden nur Vorerhebungen bei den Landgerichten. Von 1000 Anzeigen hat die StA. a limine abgewiesen 1905 179. In den übrigen Vorverfahrensfällen kamen auf je 1000 Beendigungen 1905 378 Eröffnungsbeschlüsse der Strafkammern (Höchstzahl 606 im OLGrBezirk Oldenburg, Mindestzahl 311 Frankfurt) — aber wieviele Anklagen? wieviele Anklagen nach Abgabe an den Amtsanwalt? — Wertvoll ist, daß 1905 auf 1000 Einstellungen durch die StA. nach PO. 168 II nur 29 Einstellungsbeschlüsse der Strafkammern kommen (Stuttgart 113, da hier sehr viele Voruntersuchungen, Braunschweig 1!), d. h. von allen Erledigungen fallen auf Einstellungen durch die StA. 42,4 % (1881/5 38,4 % !) — durch das Gericht 1,3 % (1881/5 2,4 % !), auf 100 Beschlüsse über Eröffnung des HV. fallen 1905 3,1 % Nichteröffnungsbeschlüsse (1881/85 5,5 %). — Unter 1000 beendeten Vorverfahren befanden sich 1905 81 Voruntersuchungen (1881/85 68!) (Stuttgart 91 — Höchstzahl; Braunschweig 12, Mindestzahl); unter 1000 Sachen, in denen vor Schwurgericht oder Strafkammer das HV. eröffnet wurde, kamen 1905 272 VorUs. (1881/85 405)! (Höchstzahl 907 Stuttgart! Mindestzahl 95 Braunschweig!). — Die große und wachsende Selbständigkeit der Staatsanwaltschaft geht daraus klar hervor. S. Zucker, Reform 1902, S. 127. — Meine Zahlen JKV. Mittlg. 11, 288. — RefKom. Prot. 1, 155, dazu

Dem staatsanwaltlichen Vorverfahren stehen drei Vorteile zur Seite[139]): einmal die größere Energie und Leichtigkeit der Bewegung. Der Staatsanwalt steht in engerer Verbindung mit der Polizei; er empfängt die ersten Anzeigen, kann sofort alle Dispositionen treffen, wird durch nichts anderes als das Ziel der Anklage geleitet, und bereitet nur seinen eignen Entschluß vor, während der Richter ganz unwillkürlich durch seine Natur und da er nie für sich selbst arbeitet, vorsichtig und viel zu gründlich wird. Sodann wird hier allein die Einheitlichkeit der Erhebungen gewahrt[140]). Es ist der große Fehler der richterlichen Untersuchung, die Dreispurigkeit, allseitig zugegeben; man kann sie durch die Zulassung einer Untersuchung gegen Unbekannt nur wenig vermindern. Bei der jetzigen Art der Voruntersuchung ist auch eine rechte Abgrenzung der drei beteiligten Behörden nie zu erreichen. Solange die Polizei ihre Selbständigkeit besitzt und ein Staatsanwalt wirklich tüchtig ist, werden sie niemals die ganze Verfolgung einfach aus der Hand geben. Es wird auch nie möglich sein, eine Organisation dahin zu treffen, daß die Polizei zugleich entschieden dem Staatsanwalt und dem Untersuchungsrichter in die Hand gegeben wird; jenem aber wird sie doch immer untergeordnet sein müssen[141]). Endlich wird hierbei die Anklagebehörde am einfachsten wirklich uud genügend informiert.

Dem stehen Nachteile gegenüber[142]). Der Staatsanwalt kann nicht ohne Richter auskommen; er muß daher stets diesen besonders

---

v. Lilienthal, Aschrott 400. — Höchst interessant und lehrreich ist die Beobachtung der Änderungen in den einzelnen Bezirken, die ein Vergleich mit dem Jahrgang I der Justizstatistik ermöglicht.

Man vergleiche damit die Zahlen in Österreich und Frankreich. In Österreich gelangten 1903 von 196 499 an die Staatsanwaltschaft neu angefallenen Sachen nur 89 057 an die Gerichtshöfe; ohne Vorerhebungen wurden 14,5 % erledigt, nach Vorerhebungen 76,0 %; weitere 18 593 = 9,5 % kamen zur Voruntersuchung. — S. Högel, Jurist. Blätter, 35. Jahrg. 1906, 73. — In Frankreich wurden 1905 von 546 257 zur Kenntnis der StA. gelangten Sachen 321 015 eingestellt; nur 45 292 kamen an den Untersuchungsrichter. Seit 20 Jahren kamen etwa 8 % zur Voruntersuchung; davon wurden 33 % eingestellt (ordonnances de non lieu, a 128 CJ Cr.): das Gesetz von 1897 hat die Zahl der Voruntersuchungen nicht beeinflußt. — Compte général de l'administration de la Justice criminelle pendant l'année 1905. Paris 1907, p. XIII, XVII, XLV.

139) Schon Sundelin, Staatsanwaltschaft, 1860 S. 103 f. nennt klar und gut die Vorteile.

140) S. Rosenberg, oben I, 15 f.

141) Über die Schwächen des heutigen Systems gut Ortloff, ZStRW. 2, 518 ff.

142) Dazu Rosenberg, IKV, Mittlg. 11, 796.

angehen, unter Umständen Akten versenden und stets wieder den Richter neu unterrichten. Werden derartige Fälle häufig sein, dann ist ein Zeitverlust unvermeidlich, während der Untersuchungsrichter einheitlich und rascher vorgehen kann. Dies wird aber übertrieben[143]). Es ist eine verkehrte, leider offenbar vielfach geübte, aber ebenso oft auch schon gerügte Praxis, den Amtsrichter anzugehen, wo der Staatsanwalt selbst handeln kann; es erscheint auch erwünscht, daß besser statt des Amtsrichters ein besonderer Untersuchungsrichter am Sitz des Staatsanwalts die richterliche Tätigkeit in den Vorerhebungen ausübe. Auch damit verschwinden eine Menge von Scheineinwänden gegen dies System, die sich wesentlich auf seine jetzige Ausgestaltung stützen[144]). Eine verständige Praxis wird regelmäßig mit ganz wenig Requisitionen auskommen[145]). Diese Praxis wird der Staatsanwalt sich doch für all die Fälle angewöhnen müssen, in denen er ohne Voruntersuchung auskommen muß. Eine große Zahl von Requisitionen, bei denen die Akten versendet werden müßten, fällt durch die Einrichtung der Parteienöffentlichkeit der Beweisvorwegnahme künftig fort, damit ein Haupteinwand gegen diese Ersuchen.

Ferner hat dies Verfahren **keine Grenze in Zeit und Tat.** Das ist richtig; aber die Voruntersuchung ist bis jetzt auch nicht zeitlich beschränkt[146]). Solange der Verfolgte aber durch die Erhebungen sich nicht belästigt fühlt, schadet diese Unbeschränktheit gar nichts; im andern Fall muß ihm allerdings ein Recht auf Gehör und richterliche Prüfung gewährt werden. Damit nennen wir die eigentliche wahre crux dieses Skrutinialverfahrens: wie kann der Beschuldigte dabei seine Rechte wahren? worüber sofort näheres (unter Nr. 4).

Ich kenne keinen stichhaltigen Einwand gegen das rein staatsanwaltliche Vorverfahren. Und bleiben muß es ja doch! Der stets widerholte Einwand, die Staatsanwaltschaften hätten keine Zeit zu langwierigen Untersuchungen, ist mir unverständlich[147]). Warum haben sie diese Zeit denn in **Hessen** und **Braunschweig**? Ebenso verkehrt ist der Ein-

---

[143]) Besonders von **Kronecker**, 16. DJT. 1, 150. **Groß**, ArchKrimAnthr. 12, 202 ff., Antragsteller II, Protokolle der RefKom. I, 153. **Weingart** bei Aschrott, Reform 386. Dagegen **Köstlin** und **Stenglein**, 16. DJT. II, 292, 294. Meine Bemerkungen, JKV. Mittlg. 11, 839, 4.

[144]) S. z. B. **Galli**, DJZ. 8, 489 III. **Elvers**, DJZ. 9, 626. — Mein Gedanke schon bei **Rosenfeld** JKV. Mittlg. 10, 542.

[145]) S. **Hugo Meyer**, Mitwirkung der Parteien 17.

[146]) **Rosenfeld**, JKV. Mittlg. 10, 537.

[147]) **Weingart** bei Aschrott, Reform 385. — JKV. Mittlg. 11, 834.

wand, ohne Untersuchungsrichter mangle es stets am nötigen Vergleich zwischen Belastungs- und Entlastungsbeweis: Warum kann denn der Staatsanwalt diesen Vergleich nicht ziehen? Und zieht ihn denn heute der Untersuchungsrichter zur Genüge? Der Gedanke, die richterliche Untersuchung zu erweitern, der ganz folgerichtig von allen denen vorgetragen wird, die die Mängel des Skrutinialverfahrens betonen[148]), führt zu solchen Unmöglichkeiten, daß ihn die große Mehrzahl stets verwirft. Auch muß wohl beachtet werden, daß eigentlich alle Anhänger eines sogenannten parteiöffentlichen Vorverfahrens im wesentlichen dem Staatsanwalt die Beweisermittlung überlassen[149]), so daß ihr oftmals lebhafter Widerstand gegen die Vorschläge einer rein staatsanwaltlichen Ermittlung nicht recht zu verstehen ist.

§ 9.

Die Personenfrage, Fortsetzung, Richter und Beschuldigter.

3. Und doch hört man sagen, die Voruntersuchung solle bleiben, sie sei unentbehrlich[150]). Wenn man damit rechnet, wenn man die immer bedenkliche Zwiespältigkeit im System des Vorverfahrens beibehalten will, dann muß man aber jedenfalls die zweifellosen Mängel dieses Systems so gut als möglich beseitigen. Die Anhänger der Voruntersuchung heben zu deren Gunsten von jeher wesentlich die Unparteilichkeit des Richters, die bessere Sorge für den Beschuldigten, die von der Reformkommission einstimmig heute als ungenügend bezeichnet wurde[151]), die strengere Konzentrierung hervor[152]): dann sind auch diese Vorzüge besonders auszubilden, — heute treten sie bekanntlich weder im Gesetz, noch in der Praxis hervor. Umgekehrt treffen sich die Anhänger der Voruntersuchung mit uns darin, daß die Parteien in ihr besser informiert werden und entschiedener mitwirken sollen, d. h. während man früher gerade in der Selbsttätigkeit des Untersuchungsrichters die notwendige Garantie gegenüber dem Staatsanwalt und für den Beschuldigten erblickte, erkennt man dies System heute als grundfalsch — und will es

[148]) Übrigens auch von Heinemann, Aschrott 345, und v. Pannwitz, Verhandlungen des 16. D. Anwaltstags 1903, 50.

[149]) S. z. B. v. Puttkammer und Gneist bei Hahn III, 746, 757. Antrag I (Kronecker) in der RefKom. Prot. I, 141 f. Insbes. auch Glaser ist hierher zu zählen. S. unten S. 188 Anm. 190. — S. auch Rosenberg unter der Überschrift „Anklageform" S. 40 f.

[150]) RefKom. Prot. I, 161, II, 67 f. Rosenberg, oben I S. 3.

[151]) Protokolle I, 157.

[152]) S. auch meine Ausführungen JKV. Mittlg. 11, 835 ff.

doch nicht aufgeben! Damit wird die Linie der Fortbildung klar gezeichnet.

Insbesondere muß mit aller Entschiedenheit daran festgehalten werden, daß der Untersuchungsrichter auch wirklich Richter bleibe[153]). Es ist daran nicht das geringste wegzudeuteln, daß der Untersuchungsrichter heute noch, wie sein Vorfahr vor 100 Jahren, drei Aufgaben erfüllen soll. Wer das nicht wahr haben will oder sagt, das könne der Richter auch ganz gut, der vergißt immer, daß er auf derselben Seite oder eine Seite vorher gerade dem Staatsanwalt den Vorwurf machte, er könne als Verfolger nicht objektiv sein, als ob der Mensch als Richter sich psychologisch umkrempelte[154]). Wenn man die seit 60 Jahren immer wiederkehrenden Lobpreisungen des Untersuchungsrichters liest, denkt man an den Ausruf Sundelins: „Der bisher so maßlos geschmähte Untersuchungsrichter wird nun plötzlich als ein Cherub der Freiheit betrachtet"[155]).

Die Argumente sind seit 60 Jahren nicht um das geringste geändert worden[156])!

Eine viel tiefere, aber auch zu wenig ausgeführte Auffassung des Gegensatzes zwischen Richter und Staatsanwalt, wie sie auch der Reform von Anfang an zugrunde lag, findet sich bei v. Kries, ZStRW. 7, 4—8 und 73 ff: der Richter wird unparteiisch durch die Beschränkung seiner Untersuchung hinsichtlich des Objektes. Aber gerade die Beschränkung fällt tatsächlich bei der Voruntersuchung weg! (v. Kries, 81 ff., Kulemann, JKV. 10, 597, dagegen Harburger ebenda 12, 341.)

Aber das erkennen die Anhänger der Voruntersuchung sehr wohl: sobald der Richter nur Richter ist, hört die Konzentration bei ihm auf. Deswegen rechne ich die Vertreter einer sog. parteiöffentlichen, mündlichen Voruntersuchung überhaupt nicht mehr als echte Anhänger der Voruntersuchung.

Mit vollem Recht erkennt man, daß das Vorverfahren auch Garantien für die Rechtstellung des Einzelnen verlange, und daß diese hier noch am wenigsten ausgebildet sind. Man erkennt nun, daß die oft wiederholte Forderung, hier die gleiche Art der Garantien wie im Hauptverfahren einzuführen, verkehrt ist[157]). Diese undeutliche Empfin-

---

[153]) So auch sehr entschieden Kahl, G. A. 53, 9. Der Gedanke kehrt sehr oft wieder.

[154]) Typisch Weingart bei Aschrott, Reform, 384 und 385. S. auch Maßmann, DJZ. 9, 236.

[155]) StrRZeitung I, 297. — Staatsanw. 100. Als Lobpreiser z. B. Glaser, 3. DJT. 2, 318.

[156]) Z. B. Keller, Staatsanwaltschaft 260 f.

[157]) Fuchs in v. Holtzendorffs Handbuch des StPR. I, 466, Rosenberg, 42.

dung führte stets und führt heute noch zur Aufstellung des Untersuchungsrichters, und man vergißt ganz, daß eben trotz des Richteramtes die Garantien im alten Prozeß vor der Reform verschwunden waren. Deswegen muß man den Gedanken, der in den Garantien des Hauptverfahrens steckt: selbsttätige Mitwirkung der Parteien in unmittelbarer Verhandlung, so auf das Vorverfahren anwenden, wie er eben diesem angepaßt ist: nur dann hat die Beibehaltung des Richters einen Sinn.

Hier mag eine kurze Betrachtung aus der Kriminalstatistik ihren Platz haben. Man wird natürlich am Erfolg den Wert des Vorverfahrens berechnen. Ich halte zwar nicht eine mit Freisprechung endende Hauptverhandlung für eine fehlerhafte, aber die Zahlen der Freisprüche geben doch einen gewissen Anhalt für die Art, die Umsicht, Genauigkeit, Berechnung des Vorverfahrens. Nun ist aus der Kriminalstatistik für das Deutsche Reich (Jahrgang 1901, I, 14, 1904, I, 13, Band 146 und 169) zu ersehen, daß an sich im Reich die Freisprechungen langsam sich mehren. Württemberg, wo die Voruntersuchungen so beliebt sind, hat eine stark steigende Zahl von Freisprüchen und steht damit heute an der Spitze der Staaten (20,6 pCt.); dann folgt Preußen (20,5 pCt.); unter den Oberlandesgerichtsbezirken steht Stuttgart erst an 7. Stelle. Braunschweig, wo die Voruntersuchungen so selten geworden sind, steht mit allerdings steigenden Freisprechungszahlen erst an 21. Stelle unter den Oberlandesgerichtsbezirken. Hessen mit seiner lobenswerten Einrichtung des Skrutinialverfahrens steht mit steigenden Zahlen an 14. Stelle unter den Bezirken, an dritter unter den Staaten (18,8 pCt.). Dagegen Sachsen und Baden haben dauernd die niedrigsten Freisprechungszahlen (12,8 bzw. 10,3 pCt.), die in Baden sogar fallen. In beiden Ländern lobt man die Staatsanwaltschaft und die Art ihres Verfahrens! Argumente für die Voruntersuchung sind diese Zahlen nicht! — Die Verhältnisse in Württemberg könnten sogar zu der etwas eigenartigen Schlußfolgerung verleiten, daß eine Voruntersuchung häufig geradezu den Verdacht erst zu einem dringenden macht, während er bei der allgemeinen Prüfung in der Hauptverhandlung nicht stichhalten kann.[157a])

[157a]) Aus den Ministerien Württembergs und Braunschweigs wurden mir sehr dankenswerte Aufschlüsse über die dortigen Verhältnisse zuteil. Danach wird in Württemberg angenommen, daß die Häufigkeit der Voruntersuchungen noch eine gewisse Nachwirkung der Bestimmung in Art. 240 der StPO. vom 17. April 1868 ist, wonach damals bei allen vor die höheren Gerichte gehörigen Strafsachen die gerichtliche Voruntersuchung obligatorisch und auch in Strafsachen, die den Oberamtsrichtern zufielen, wenigstens zulässig war. Besonders werden aber die Erlasse des Justizministeriums vom 18. Februar 1893 und vom 30. Dezember 1899 eingewirkt haben. Verurteilungen, die im Wiederaufnahmeverfahren wieder beseitigt

Behält man die Voruntersuchung, dann ist unser heutiger Untersuchungsrichter auch beizubehalten; ihn vom Gericht stärker loszulösen,

wurden, führten dazu, „eine ausgiebige Benutzung derjenigen Mittel der StPO. dringend zu empfehlen, welche eine ausreichende Vorbereitung des Hauptverfahrens sichern und in letzterem dem Angeklagten genügenden Schutz gewähren." Insbesondere sollte die Voruntersuchung auch beantragt werden, wenn sie zur Vorbereitung der Verteidigung erforderlich erscheint. Auch wird eine nicht zu seltene Bestellung eines Verteidigers nach § 141 PO. empfohlen. 1899 wird nochmals „auf eine ausgiebige Benutzung der gerichtlichen Voruntersuchung als Mittel zur Schaffung einer sicheren Grundlage für die Entscheidung über die Eröffnung des Hauptverfahrens und zu ausreichender Vorbereitung der Hauptverhandlung" hingewiesen.

In Braunschweig ist die Gestaltung der VorUs. nicht durch Anordnungen der Landesjustizverwaltung beeinflußt; die jetzige Praxis hat sich spontan entwickelt. „Das Sinken der Zahlen der Voruntersuchungen seit 1881 erklärt sich vermutlich damit, daß nach der bis zum 30. September 1879 geltenden Braunschweigischen StPO. fast jede Sache in die VorUs. gegeben wurde, so daß bis zu dem gedachten Zeitpunkt im Herzogtum 6 Untersuchungsrichter tätig waren, vom 1. Oktober 1879 ab dagegen nur zwei. Die frühere Praxis hat offenbar noch während der ersten Jahre der Gültigkeit der RStPO. nachgewirkt.

„Die relativ geringe Zahl der VorUs. im Herzogtum erklärt sich zum Teil daraus, daß dieses über eine durch systematische Schulung für die strafrechtliche Praxis ausgezeichnet herausgebildete Gendarmerie verfügt, die auch in schwierigeren Sachen sehr Tüchtiges leistet. Sie wird infolgedessen zu den Ermittlungen in ausgedehntem Maße herangezogen. Durch ihre Tätigkeit und die der im Ermittlungsverfahren gleichfalls ziemlich häufig herangezogenen Amtsrichter gelingt es regelmäßig, im Vorverfahren auch bedeutendere Sachen so zu klären, daß eine Entscheidung darüber, ob Einstellung des Verfahrens oder Anklageerhebung zu erfolgen hat, möglich ist. In wichtigeren Sachen stellen die staatsanwaltschaftlichen Beamten selbst Ermittlungen an, namentlich wenn Kenntnis der in Betracht kommenden Örtlichkeit, die Aufdeckung und Würdigung sichtbarer Spuren oder der persönliche Eindruck des Angeschuldigten oder von Zeugen für die Beurteilung der Sache von Bedeutung ist."

Entgegen der Praxis in einigen anderen Bundesstaaten „wird es hier (in Braunschweig) für dem § 168 StPO. — wonach der Antrag auf VorUs. die eine Art der öffentlichen Klage ist — besser entsprechend erachtet, wenn letztere erst dann zu erfolgen hat, wenn die angestellten Ermittlungen genügenden Anlaß dazu gegeben haben. Demgemäß werden hier die Ermittlungen von seiten der Staatsanwaltschaft so weit fortgesetzt, daß eine ausreichende Grundlage für die Entscheidung, ob Anklage zu erheben ist, gewonnen ist.

„Dabei ist seitens der Staatsanwaltschaft hier immer Wert auf eine gründliche Vorbereitung der Anklage gelegt, mit mehr summarischen Ermittlungen hat man sich nur dann begnügt, wenn es sich um kleinere Sachen und um eine Beschuldigung handelte, die dem moralischen Ansehen des Beschuldigten im wesentlichen keinen Abbruch tun konnte."

Aus der beigefügten Tabelle mit willkürlich herausgegriffenen Jahren „ergibt sich, daß die Freisprechungen vor dem Schwurgericht, also in Sachen, in denen eine VorUs. stattgefunden hat, ständig gestiegen sind, während der Prozentsatz der Freider Strafkammer zu koordinieren[158]), ist unnötig. Allerdings ist es nötig, seinen Rechtskreis bestimmter zu umschreiben, besonders seine Richterbefugnis schärfer hervorzuheben, als heute (R. 124 II!). Verkehrt aber wäre die Einsetzung eines schwerfälligen Untersuchungsgerichts[159]).

Ich widerspreche aber der Ausdehnung der Fälle der **notwendigen Voruntersuchung**! Ihre Einführung für alle **Haftsachen**, abgesehen von Geständnis oder nur mit Geldstrafe bedrohten Delikten oder Übertretungen, ist undurchführbar und zwecklos[160]). Die Garantien bei Verhaftung müssen ganz selbständig gegeben werden und insbesondere ein schleuniges Zwischenverfahren bilden. Auch die Ausdehnung auf alle Strafkammersachen oder selbst nur alle Verbrechen[161]) widerspricht jeder Erfahrung. Selbst dem Gedanken **Rosenbergs**, die Notwendigkeit von der Natur des Delikts oder der Person des Verfolgten abhängig zu machen[162]), halte ich für nicht praktisch, da schließlich alle Delikte und

sprechungen vor dem Landgericht fast ständig gefallen ist. Jedenfalls dürfte die Tabelle zeigen, daß der Umstand, ob eine VorUs. stattgefunden hat oder nicht, auf die Zahl der Freisprechungen einflußlos gewesen ist."

Jahr	Schwurgericht			Strafkammer		
	angeklagt waren insgesamt Personen	davon sind freigesprochen: Personen	davon sind freigesprochen: in Prozenten	angeklagt waren insgesamt Personen	davon sind freigesprochen: Personen	davon sind freigesprochen: in Prozenten
1881	56	5	8,9	509	89	17,4
1886	64	9	14,0	541	70	12,9
1893	72	13	18,0	892	121	13,5
1900	55	13	23,6	852	146	17,1
1905	51	12	23,5	849	162	19,0
1906	40	10	25,0	820	130	15,8
1907	43	11	25,5	857	104	12,1

158) Ortloff, ZStRW. 2, 524.

159) Gefordert von Mugdan, Recht 1904, 11. Früher z. B. **Württemberg** 1848 a. 47. Siehe Ortloff, ZStRW. 2, 528.

160) Gefordert von **Gneist** u. a., Hahn III, 740, 748; bejaht von der Reichstagskommission I. Lesung, Hahn III, 751; **Kronecker**, 16. DJT. I, 168 (dagegen **Köstlin**, ebenda II, 291); RefKom. Beschluß 127, Prot. II, 82 ff., aber gerade hier erkannte man die Undurchführbarkeit, ebenso wie in der Reichstagskommission, Hahn III, 1186, 1545. Bedenken bei v. Lilienthal, Aschrott, Reform, 398 f. — Dagegen auch **Heinze**, Beilage zu GS. 25, 35 ff. — Andere Anhänger bei **Rosenberg**, I, 44.

161) Z. B. **Heinze**, a. a. O. **Gneist**, **Marquardsen**, **Becker**, v. **Puttkammer**, **Gaupp**, **Grimm** bei Hahn III, 740 ff. — **Galli**, DJZ. 8, 489, **Heinemann** und v. **Pannwitz** s. oben Anm. 148.

162) Oben Band I, 45, ebenso **Kahl**, G. A. 53, 17.

alle Beschuldigten besondere Schwierigkeiten bieten können. Im Gegenteil: es gibt überall Fälle, in denen die Voruntersuchung praktisch erwünscht sein kann, nirgendwo ist sie absolut notwendig, auch nicht in Reichsgerichtssachen, erst recht nicht in einfachen Schwurgerichtsfällen, in denen sie heute schon oft genug eine reine Formalität ist[163]).

Sie ist notwendig nur, wenn sie der Staatsanwalt oder wenn sie der Beschuldigte[164]) beantragt. Das zweite muß eine Garantie für die Verteidigung sein. Es ist ganz unmöglich, den Beschuldigten anderswie gegenüber einer einseitigen Auffassung der Verfolgung sicher zu stellen, so daß diese Erwägung dazu führen muß, etwa zu befürchtende unnütze Anträge mit in den Kauf zu nehmen; diese würden wohl die Arbeitslast nicht stark vermehren, wenn andere Fälle dafür wegbleiben; sie führen höchstens zu einer etwas gründlicheren Vorprüfung, die ja nach der Ansicht vieler nicht schaden soll; in der Regel würden sie wohl sehr kurz erledigt werden.

Umgekehrt: die Erweiterung unserer Schöffengerichtszuständigkeit läßt die Unzulässigkeit für diese Fälle als bedenklich erscheinen; sie wäre daher anders abzugrenzen, etwa nach der Art der früheren Schöffengerichtskompetenz.

Endlich wird man eine Voruntersuchung gegen Unbekannt wohl zulassen können[165]). Ich halte das für ungefährlich, zur einheitlichen Beweisführung vielleicht sogar für praktisch, im übrigen nach meiner Ausgestaltung des Verfahrens für ziemlich bedeutungslos, besonders wenn neben oder für den Amtsrichter im Skrutinialverfahren der Untersuchungsrichter tritt.

4. Der Beschuldigte: Er muß einen Platz bei den Vorerhebungen erhalten, obwohl die große Mehrzahl der Beschuldigten ihn vermutlich leer läßt, obwohl viele meinen, es sei ganz unnötig, daß er mitwirke[166]), obwohl es sicher ist, daß wir hier die größten Schwierigkeiten vor-

---

163) Miquel bei Hahn III, 743, v. Tippelskirch, G. A. II, 328, Rosenfeld, JKV. Mittlg. 10, 538, Kulemann, JKV. Mittlg. 10, 587, 11, 717, Rosenberg I, 16. S. auch die kritische Betrachtung von Fuchs, Holtzendorffs Hdb. d. StPR. 1, 460 f.

164) Schon in der Reichstagskommission, Struckmann, Schwarze u. a. bes. Klotz, s. Hahn III, 736 ff. Dagegen v. Amsberg, ebenda 742. Reformkommission, Beschluß 128 (15 zu 4 Stimmen) und 145, dagegen Rosenberg, I, 16 mit weiteren Zitaten.

165) Preußen früher, s. G. A. 7, 63 mit interessanten Ausführungen. RefKom. Beschluß 118. Rosenberg, I, 46 mit Zitaten.

166) Dieser Gedanke tritt bei v. Lilienthal, Aschrott, Reform, 411 ff. nicht unbedenklich hervor.

finden[167]). Zu beachten und schon oben S. 169 ist betont, daß die Aufgabe des Beschuldigten im Vorverfahren viel weniger weit geht, als die des Staatsanwalts. Aber es fallen ihm doch eine Reihe wichtiger positiver Entlastungsbeweise zu. Wenn er persönlich nicht imstande ist, mitzuwirken, dann hat keine Garantie, die auf seine persönliche Mitwirkung rechnet, irgendwelchen Sinn. Dann muß man eben, wie bisher, in die beteiligten Behörden Vertrauen setzen. Kann er aber persönlich mitwirken, dann muß man die Einrichtung treffen, die eine Beteiligung am wirksamsten gestaltet. — Wir erkennen hier am besten, daß jedes System seine Fehler hat. — Grundsatz muß sein, daß die Rechte des Beschuldigten und seines Verteidigers scharf umgrenzt und sicher gestellt sind, wie das aufs deutlichste Heinemann und v. Lilienthal gegenüber dem System der Reformkommission verlangten; in der Kommission ist alles vom Ermessen des Richters abhängig gemacht worden und damit jede Bestimmung zugunsten des Beschuldigten eine Scheinkonzession[168]).

Im einzelnen haben wir hier eine Reihe von Problemen: a) Die Verteidigung muß in mehr Fällen notwendig werden. Die Reformkommission hat schon anerkannt, daß dann auch für die Voruntersuchung ein Verteidiger zu bestellen sei (Beschlüsse 110, 111); dem ist zuzustimmen[169]); denn nur dann kann der Verteidiger seine Aufgabe auch würdig erfüllen. Aber auch im staatsanwaltlichen Vorverfahren ist für jede Vorwegnahme der Hauptverhandlung (Beweissicherung und eidliche Zeugenvernehmung) der Verteidiger genau wie für die Hauptverhandlung selbst notwendig, denn es handelt sich doch um eine unmittelbare Urteilsgrundlage. Das wird bisher meist ganz übersehen.

In der Freiheit des Verkehrs des verhafteten Beschuldigten mit seinem Verteidiger stimme ich vollkommen der Anschauung Rosenbergs

---

[167]) Schon in der lebhaften Debatte der Reichstagskommission, II. Lesung, Hahn III, 1289 ff., ist das zu bemerken.

[168]) Man vgl. z. B. die Sätze von Galli, DJZ. 8, 490; danach sind die Parteien überall nur „geduldet".

[169]) Es galt schon früher in Nassau, a. 70. Siehe Rosenberg 50 f. mit Zitaten, dazu v. Tippelskirch, G. A. II, 330. Zu den von Groß, ArchKrimAnthr. 12, 209 und schon früher in der Reichstagskommission behaupteten Schwierigkeiten s. JKV. Mittlg. 11, 840. Selbst ein so konservativer Mann wie Delbrück stimmt der Forderung zu, GS. 64, 454.

bei[170]). Es muß aber auch bestimmt sein, daß diese Freiheit nicht durch Geschäftsordnungen wieder aufgehoben werde[171]).

b) Zwei weitere Fragen tauchen danach auf: in welchem Umfang und in welcher Art soll der Beschuldigte Kenntnis von den Erhebungen erhalten und bei diesen mitwirken können? Schon der 3. Juristentag hat auch für die Verteidigung „eine fortwährende Einwirkung auf ihren (der Voruntersuchung) Gang" verlangt (2, 352). Wie wenig ist davon verwirklicht! Die Kenntnisnahme wird man in weiterem Umfange zugestehen können und müssen, als die Mitwirkung. Hier ist nun zu trennen:

α. Bei allen Vorwegnahmen der Hauptverhandlung müssen der Beschuldigte und sein Verteidiger genau ebenso anwesend sein und mitwirken dürfen, wie bei der Hauptverhandlung selbst. Irgendwelches Ermessen, irgendwelche Bedingung (Verlangen des Beschuldigten) oder Einschränkung, außer bei Gefahr im Verzug, haben hier gar keine Berechtigung. Es ist nicht der mindeste Zweifel, daß hier die Reformkommission mit ihren Beschlüssen 134, 135, 124 weit hinter dem Notwendigen zurückbleibt[172]). Die Beteiligten sind unbedingt von den Terminen zu benachrichtigen, auch der verhaftete Beschuldigte; nur bei Terminen außerhalb der Ortschaft der Verhaftung kann man den Verhafteten weglassen, nie seinen Verteidiger[173]). — Um Mißverständnisse zu vermeiden, muß ich betonen, daß eine Wiederholung dieser Termine nicht stattzufinden braucht, wenn sie vor Kenntnis von der Person des Beschuldigten oder solange er flüchtig war, stattfanden.

β. Gegenüber den staatsanwaltlichen Erhebungen kann von einem Recht auf allgemeine Kenntnisnahme oder Mitwirkung grundsätzlich keine Rede sein[174]). Beides ist undurchführbar. Wann sollte es auch beginnen? Ist der Beschuldigte auf freiem Fuße, dann wird er auch regelmäßig rechtzeitig genug von der Verfolgung erfahren und sich vorbereiten können, was ihm freilich nicht als eine Kollusion gedeutet werden

---

[170]) Oben Band I, 55 f. Dazu etwa noch Dalcke, G. A. 14, 25. Stemann, GS. 25, 195. (Braunschweig!) Gneist, Vier Fragen 85, „so selbstverständlich, daß darüber kein Wort zu verlieren ist".

[171]) S. bes. die drastische Darstellung bei v. Pannwitz, 16. Anwaltstag, 53.

[172]) v. Lilienthal, Reform 402 f. Zu eng auch Galli, DJZ. 8, 940. Kritisch Rosenberg, oben I, 33.

[173]) So schon Dalcke, G. A. 14, 25 ff. („Die alten Praktiker pflegt eine Art Entsetzen zu ergreifen.") Stemann, GS. 25, 194—198. Hugo Meyer, Mitwirkung der Parteien, 22. Natürlich gehören alle Anhänger der allgemeinen Parteienöffentlichkeit hierher.

[174]) So auch Heinemann bei Aschrott 353.

darf. Ist er verhaftet, dann treten bei der hier notwendig werdenden Verhandlung die Kenntnis und Mitwirkung schon von selbst ein.

Sehr schwierig ist die Frage, inwieweit der Beschuldigte ein Recht haben soll, beim Staatsanwalt — oder der Polizei — Beweiserhebungen zu beantragen. Die Reformkommission hat im Beschluß 122 dies Recht — wie gewöhnlich stark verklausuliert — gegeben, aber schon bei ihr tauchten Bedenken auf, die besonders v. Lilienthal hervorhebt[175]). Immerhin mag man das Recht in der bei v. Lilienthal gezeichneten Art gewähren: es wird Anlaß zu manchem Streit und mancher Beschwerde geben; dem Beschuldigten selbst wird es wenig nützen; die Verteidiger werden es wenig anwenden; Staatsanwalt und Polizei werden kaum zu großem Eifer dadurch angeregt werden.

Zweckmäßiger erscheint der von der Reformkommission — Nr. 125 — vorgeschlagene Defensionaltermin vor Anklageerhebung[176]). Aber auch hiergegen bestehen erhebliche Bedenken: er würde sehr wahrscheinlich zu einer Formalität werden. In der Regel wird eine spezialisierte Anklage genügen und rechtzeitig genug kommen. Für schwierigere Fälle wird der unten zu erwähnende Vortermin oder ein anderer Termin, den der Beschuldigte nach der Anklageerhebung beantragt, bessere Dienste leisten[177]).

Dagegen müssen die spezialisierte Angabe der Beweismittel in der Anklage[178]) und ein Schutz gegen unberechtigte Hinauszögerung des Vorverfahrens entschieden verlangt werden. Eine in die Öffentlichkeit dringende, aber endlose oder im Sande verlaufende Vorerhebung kann einem Beschuldigten schweren Schaden bringen. Daher muß jede Einstellung dem Beschuldigten mit Gründen bekanntgegeben werden, und dies nicht nur, wenn er vernommen war — Reformkommission 126 —; war er nicht vernommen, freilich nur auf seinen Antrag[179]). Gegen Hinauszögerung ohne Einstellung ist das Recht auf Voruntersuchung das sicherste Hilfsmittel (s. oben S. 176, 181).

γ. Dem Untersuchungsrichter gegenüber werden dem Beschuldigten in weiterem Umfang als gegenüber dem Staatsanwalt Kenntnis und Mitwirkung zuzubilligen sein; denn wenn der Untersuchungsrichter tätig wird, dann soll das ja gerade wesentlich zugunsten des Beschuldigten

---

[175]) A. a. O. 394 f. Siehe auch JKV. Mittlg. 11, 838. Auch v. Pannwitz, a. a. O. 54, will dies Recht gewähren, ebenso Rosenfeld, JKV. Mittlg. 10, 545.

[176]) Schon in Oldenburg nach v. Amsberg, Hahn III, 742.

[177]) S. Protokolle II, 81, Göbel und v. Lilienthal bei Aschrott 373, 397.

[178]) S. oben zu Anm. 124.

[179]) Ähnlich schon Dalcke, G. A. 14, 17 und 27.

geschehen, und dann ist die Einwirkung des Vorverfahrens auf die Hauptverhandlung jedenfalls eine erhebliche. Die Voruntersuchung an sich ist geheim; es ist verkehrt, für ein Verfahren, das ganz anderen Zwecken dient als die Hauptverhandlung, die gleichen Formen und gleiche Art der Garantien einrichten zu wollen. Jedoch muß dem Beschuldigten die Verteidigungsmöglichkeit voll gewährt werden. Daher ist ihm die Eröffnung der Voruntersuchung sofort kundzugeben, schriftlich oder mündlich; der Beschluß 131 der Reformkommission, der sofortige Vernehmung verlangt, geht zu weit; der Beschuldigte mag selbst tätig werden, wenn er sich äußern will. Auch der Beschluß, daß dem Beschuldigten zweimal monatlich von dem Beweisstande Kenntnis zu geben sei — Prot. I, 180 —, ging zu weit; aber ganz auffallend ist die Begründung, aus der ihn die Reformkommission — II, 95 — fallen ließ: es bestehe ja Parteienöffentlichkeit; von der ist sehr wenig zu merken! Die Bestimmung ist zwecklos, denn nur ein Verteidiger weiß mit der Kenntnis etwas anzufangen, und der wird in der Regel schon selbständig sich unterrichten können. Dagegen schlage ich vor, daß der Beschuldigte das Recht habe, alle zwei Monate Auskunft über den Stand der Beweiserhebungen zu verlangen. Es gibt Untersuchungen, die sich sehr lange hinziehen; oft genug bleibt der Beschuldigte ohne jede Nachricht; das darf freilich nicht zu lange andauern, er muß wissen, warum die Sache nicht voran geht.

In der Voruntersuchung mag weiter das Schlußverhör durchaus angebracht sein[180]), obwohl auch hier der Vortermin nach der Anklage und eine spezialisierte Anklageschrift praktischer, ja auch neben dem Schlußverhör unentbehrlich sein werden.

Für überaus wichtig aber halte ich die Festlegung zweier Rechte: einmal des Rechtes auf Beweisanträge, wovon unser Gesetz und die Reformkommission ganz schweigen. Gewiß kann der Beschuldigte heute schon solche Anträge stellen; sie sind sogar durch die Beschwerdemöglichkeit gewährleistet[181]); aber gegenüber der ausdrücklichen Bestimmung des Antragsrechts der Staatsanwaltschaft in § 194 ist die gleiche Festlegung für den Beschuldigten mindestens praktisch.[182]) Sodann ist ein Recht

---

[180]) Reformkommission, Beschluß 136. Dafür Rosenberg 35. S. auch Triest, G. A. 10, 83; Dalcke, ebenda 14, 29. Struckmann bei Hahn III, 763. Ortloff, ZStRW. 2, 526, 7. — Zweifelnd Göbel und v. Lilienthal a. a. O. — MStrGO. 173, V hat es schon.

[181]) Löwe-Hellweg zu § 182, Note 2.

[182]) S. schon Stemann, GS. 25, 220 (Nassau a. 69). Antrag Herz-Eysoldt-Klotz bei Hahn III, 776 angenommen. Auerbach, ZStRW. 24, 179.

zu bestimmen, den Schluß der Voruntersuchung zu beantragen und damit eine Prüfung ihrer Ergebnisse, eine Abschneidung unnötiger Längen zu erreichen.[183]) Die Garantie dieses Rechts liegt in der Beschwerde. Seine unnötige Geltendmachung ist natürlich möglich, aber ganz gefahrlos: Untersuchungsrichter wie Beschwerdegericht werden damit schnell genug fertig werden. Dagegen gibt es Fälle, in denen ein ängstlicher, übereifriger oder langsamer Richter nicht zum Schluß gelangt, obwohl dies längst möglich wäre; hier den Beschuldigten — übrigens auch den Staatsanwalt! — ganz dem Ermessen des Richters zu überantworten, halte ich für durchaus verkehrt. So wird der Gedanke des Eingreifens des Gerichts in die Untersuchung wohl am besten verwirklicht.

Auch bei der Voruntersuchung ist über die Einstellung eine motivierte Erklärung zu geben.

Es bleibt die Frage der sog. **Parteienöffentlichkeit**, die hier hereinspielt, aber besser in weiterem Rahmen gesondert besprochen wird. (S. unter B. Nr. 6 S. 190.)

§ 10.
Einzelheiten der Fortbildung.

B. Zum Schluß sind einige **Einzelheiten** des Vorverfahrens zu erörtern.

1. Es muß der **Zweck** einheitlich für beide Arten[184]) und so genau vorgeschrieben sein, daß die vielen gerade aus der Unschärfe dieses Gedankens entspringenden Übel möglichst vermieden werden. Dabei ist eine Zerlegung unvermeidlich, wie ich sie oben S. 170 vornahm.[185])

2. Der **Staatsanwalt** muß im Gesetz auf möglichst ausgedehnte **Selbsttätigkeit** hingewiesen werden. Die Notwendigkeit hierfür ist so oft und eindringlich besprochen, daß nichts zu wiederholen ist.[186]) Die

---

[183]) Es wäre endlich Zeit, daß unsere R.-Justizstatistik gleich wie Österreich, Frankreich, Italien, **Zahlen über die Dauer der Vorverfahren** gäbe. Warum kann man denn das bei uns nicht?! Schon **Gneist** wies darauf hin.

[184]) Daß er einheitlich für beide Arten ist, hat auch v. **Kries**, a. a. O. 75 ff. ausgeführt.

[185]) Zu unbestimmt ist auch die Dreiteilung des Antragstellers I (**Kronecker**) in Protokolle der RK. I, 148.

[186]) Dritter D. Juristentag, II, 352; **Kronecker**, 16. DJT. 1, 165. **Langer**, DJZ. 10, 1136. **Kahl**, G. A. 53, 10 f. Beschluß 121 der RKom. Bedenken daselbst Prot. II, 74 und **Göbel** bei **Aschrott** 371 f. Ebenso z. B. **Harburger**, JKV. 12, 337. Gegen Übertreibungen auch die sehr **beachtenswerten Bemerkungen Schwörers**, DJZ. 11, 687 ff. (dazu ergänzend **Gageur** ebenda 10, 397) Es ist lehrreich, wie kurz die Ausführungen bei v. **Marck** und **Kloß**, Staatsanwaltschaft in Preußen § 49, 50 zu diesem Punkt sind!

Erfahrungen in Sachsen[187]), Hessen und Braunschweig bestätigen vollauf die Möglichkeit und Nützlichkeit dieser Einrichtung. — Die Amtsanwälte müssen juristisch geschulte Personen sein. — Die Polizei muß der Staatsanwaltschaft enger angegliedert werden.[188]) Der Staatsanwaltschaft muß ein Vorführungsrecht zustehen[189]).

3. Einen Zeitpunkt für den Antrag auf Voruntersuchung vorzuschreiben, halte ich für unnötig. Zur Erzielung der Einheitlichkeit wird der Antrag möglichst bald zu stellen sein; aber es können auch Fälle des Gegenteils vorkommen. Glaser wollte ihn umgekehrt möglichst spät erst gestellt wissen.[190]) Dann wird der Voruntersuchung nur der Zweck einer Nachprüfung der Ergebnisse der Vorerhebungen gegeben.

4. Dem Gericht braucht keine größere Einwirkung als die der Beschwerdeentscheidung gegeben zu werden; die Vorschrift der Monatsberichte in Ö. 94 halte ich für unnötig; sie kann manchmal praktisch sein, wichtiger aber ist die Hervorhebung des Beschwerderechts[191]).

5. Sehr strittig ist, inwieweit die Vorerhebungen schriftlich festzulegen sind. Es ist selbstverständlich, daß bei der Beweissicherung genaue Protokolle aufzunehmen sind. Für alles übrige stehe ich auf seiten derer, die die Protokolle, richtiger ihre Verwertung für die Hauptverhandlung, als das Hauptübel ansehen[192]), Sie sind stets ungenau, und je ausführlicher, um so ungenauer; je breiter aber, um so mehr beeinflussen sie die wiederholte Vernehmung und verschlechtern damit die Unmittelbarkeit der Hauptverhandlung. Der Zweck der Beweisermittlungen des Staatsanwaltes ist Selbstinformierung und Orientierung über die Beweismittel für die Hauptverhandlung. Für das zweite genügen kurze Aufzeichnungen über die wesentlichen Ergebnisse der Ermittlungen. Sie allein bilden die offiziellen, dem Gericht zu überreichenden Akten. In dieser Art schaden auch polizeiliche Protokolle

---

[187]) Dazu Zucker, JKV. Mittlg. 11, 370.

[188]) RKom. Beschluß 37 geht nicht weit genug! — Rosenberg, JKV. Mittlg. 11, 797. Schon Sundelin, Staatsanwaltschaft 95 f. Dalcke, G. A. 8, 149. 5. DJT. (Antrag Hauschteck, Gutachten Freyborf I, 165) II, 210—222.

[189]) RKom. Beschluß 121. Dazu Göbel, a. a. O. 372. JKV. Mittlg. 11, 834.

[190]) 3. DJT. II, 323 ff. Die Tätigkeit des Staatsanwaltes sollte energischer, die Voruntersuchung kürzer werden. Auch im Sinne Kahls müßte eine möglichste Ausdehnung der staatsanwaltlichen Tätigkeit liegen.

[191]) A. M. v. Stemann, G. A. 18, 371 und GS. 25, 205 „Aufsicht nötig".

[192]) Rosenberg, S. 6, 14 f. Schon v. Tippelskirch, G. A. II, 331 stand zu dieser Anschauung. Ebenso vertritt sie Kronecker ZStRW. 7, 423 f. A. M. Delbrück, GS. 64, 440; Kahl, G. A. 53 S. 10, 14.

nicht[103]). Persönliche Aufzeichnungen mag der Staatsanwalt in beliebiger Länge machen. Daneben kann es auf genauere Erhebungen ankommen: da diese der Hauptverhandlung stets vorgreifen, so sind sie unter allen Umständen Richtersache und unter Parteimitwirkung vorzunehmen. Über sie können eingehende Protokolle aufgenommen werden. Ihre scharfe Umgrenzung erscheint nicht möglich; es kann am Ende jede Beweiserforschung diese Genauigkeit verlangen[104]). — Ebenso ist es beim Untersuchungsrichter: er liefert regelmäßig nur die kurzen Protokolle über die wesentlichen Ergebnisse; bei jeder eingehenden Protokollierung haben beide Parteien das Recht der Mitwirkung.

Ich glaube, daß man anders nicht wird verfahren können: gewisse Aufzeichnungen sind unentbehrlich, für den Beschuldigten und seinen Verteidiger sowohl wie für den Verhandlungsleiter[105]); ebenso werden stets einzelne Zeugen genauer vernommen werden, und hier ist genauere Festlegung sogar erwünscht, um nicht etwa später unkontrollierbare Zeugenaussagen über die Vernehmung zu bewirken. Sollte der allerdings flüssige Unterschied der zwei Arten nicht von den Behörden beachtet werden, dann bieten das Recht des Beschuldigten, eine Beweiserhebung zu beantragen und der Vortermin die Mittel zur Korrektur. Es handelt sich hier um eine Vorschrift, die mehr von der Praxis verständnisvoll zu handhaben ist, als daß sie vom Gesetz streng festgelegt werden könnte, und als daß ihre Verletzung einen absoluten Mangel bedeuten müßte. Und alle Fehler zu vermeiden, ist unmöglich.

Mit diesem System haben wir allerdings zwei Arten von Akten: Handakten und Gerichtsakten; aber die zweite Art ist erheblich umfangreicher, als sie bei Rosenberg, Stooß u. a. aussieht, nach denen offenbar die meisten Ermittlungen zu den geheimen Handakten kommen[106]). Insbesondere darf der Untersuchungsrichter nicht bloß Gehilfe des Staatsanwaltes sein; seine Erhebungen dienen grundsätzlich beiden Seiten. Seine Protokolle können auch für Beschwerdeentscheidungen gar nicht entbehrt werden[107]). v. Lilienthal verwirft zwar scheinbar die Protokolle völlig, aber er kommt ganz auf meinen Vorschlag

---

[103]) Aber man lese nur Glaser, 3. DJT. 2, 323: „Polizei-Protokolle . . . sind nie und nimmer in der Hauptverhandlung als Beweismittel zu verlesen, nie und nimmer sollen sie auf diesem Umwege in der Beweisaufnahme eine Rolle spielen."

[104]) Ähnlich Rosenberg 37.

[105]) Das hat schon Geib, Reform 117, hervorgehoben, der gewiß kein konservativer Mann war.

[106]) Rosenberg, a. a. O. S. 37 f., 57.

[107]) v. Pannwitz, a. a. O. 51.

hinaus, indem er die Ergebnisse der Ermittlungen in die Anklageschrift aufnimmt[198]).

6. Aufs engste hängen hiermit die zwei nächsten Punkte zusammen: einmal die Parteienöffentlichkeit. Es ist ja wohl verständlich, daß man schon früh beim Suchen nach Garantien für das Vorverfahren auf diese Einrichtung kam, die im Hauptverfahren gerade als die wertvollste Neuerung galt. Aber schon sofort hat man sie als verkehrt bekämpft[199]). Als allgemeine Einrichtung ist sie entschieden zu befehden: sie übertreibt den Gedanken der Parteiinformierung; sie nimmt der Hauptverhandlung ihre Unmittelbarkeit vollends, und sie kann doch umgangen werden[200]).

Es muß aber doch festgestellt werden, daß die Anschauungen über das französische Gesetz von 1897 keineswegs alle absprechend sind, wie das etwa nach Rosenbergs Darstellung scheinen möchte. Freilich, die Meinungen sind immer noch geteilt, aber als Ergebnis darf doch gelten, daß heute die Anwälte ihren Klienten in allen wirklich wichtigen Fällen auch assistieren; ich glaube, mehr braucht man nicht zu verlangen![201])

Die Erhebungen finden grundsätzlich geheim statt. Parteiöffentlichkeit und -mitwirkung aber sind notwendig bei allen den Beweisaufnahmen, die die Hauptverhandlung vorwegnehmen. Das sind die Beweissicherungen, alle eidlichen Vernehmungen und alle eingehend zu protokollierenden Erhebungen. Hier aber besteht dann ein unbedingtes Recht der Parteien, wie es oben S. 184 umschrieben wurde. Ebenso tritt bei Verhaftungen eine Parteiverhandlung ein, wie unten genauer zu schildern ist. Und beim Verhör des Beschuldigten muß auf Antrag die Teilnahme des Staatsanwalts und Verteidigers möglich sein.

---

[198]) Aschrott, Reform 411.

[199]) Sundelin, Staatsanwaltschaft 107.

[200]) Eingehend Rosenberg 24 ff. Zu seinen Zitaten mag noch hinzugefügt werden: Anhänger waren auch Glaser, 3. DJT. 2, 327; Zachariae, Handbuch II, 69; Köhne, „Der deutsche Strafprozeß", 63. In der Schweiz besteht die Parteienöffentlichkeit auch in Zürich und Aargau, s. JKV. Mittlg. 11, 296, 308 f. — Für Belgien s. den Vorschlag in Revue Pénitentiaire 23, 862; 29, 1343, danach wird das französische Beispiel nicht angenommen. — Auch ist zu beachten, daß die von Rosenberg selbständig genannten Anhänger der vollen Öffentlichkeit hierher zu rechnen sind!

[201]) Nach Frémicourt, Resultats de la loi sur la réforme de l'Instruction criminelle, 1904, soll das Gesetz wenig Erfolg haben; Revue Pénitentiaire 28, 1234. Dagegen aber s. ebenda 29, 676 (Saillard, Le rôle de l'avocat en matière criminelle, 1905) und 1344; 30, 77, Paul Jolly.

In diesem Umfange wird die seit Jahrzehnten geforderte Parteienöffentlichkeit wohl möglich und gar nicht zu umgehen sein. Gewiß ist etwas „Schlagwort" bei der Forderung; gewiß wird die Kollusion vorkommen, wie das v. Lilienthal und Heinemann besonders hervorheben. Und dennoch ist diese Einrichtung immer noch die beste Lösung eines schwierigen Problems[202]). Dagegen möchte ich nicht mit Rosenberg (S. 34) noch weiter gehen und dem Beschuldigten die Teilnahme an allen von ihm beantragten Erhebungen gewähren; hier genügt das Recht auf schriftliche Eröffnung des Ergebnisses.

Daneben erscheinen mir die scheinbar so weitgehenden und doch so wenig bietenden Beschlüsse der Reformkommission Nr. 124, 134, 135 mindestens unnötig. Bei dem geringen Umfange, den ich der Parteienöffentlichkeit hier gebe, wird die Voruntersuchung auch nicht allzuviele Termine nötig haben, so daß eine Verzögerung durch die Einrichtung ganz gewiß nicht zu befürchten ist.

7. Akteneinsicht. Einverständnis besteht, daß alle Protokolle über die dem Verteidiger offenstehenden Termine diesem auch offenstehen (RStPO. 147, III, RKom. 114, 115). Aber hiervon muß er auch Abschriften haben können.

Im übrigen stehen Handakten allerdings dem Gegner nie offen; aber diese sind in der Regel nicht so umfangreich, als sie bei Rosenberg und Heinemann[203]) erscheinen. Alle andern Akten des Staatsanwalts wie des Richters dienen auch dem Beschuldigten zur Vorbereitung, daher müssen sie dem Verteidiger wie nach RStPO. 147 nach dem Schluß der Voruntersuchung offen stehen, — aber nicht in der unwürdigen Verklausulierung des Beschlusses 113 der Reformkommission![204]) Vorher würde ich die Einsicht ebenfalls grundsätzlich gestatten und ihre Versagung davon abhängig machen, daß Tatsachen vorliegen, aus denen auf einen Mißbrauch geschlossen werden kann; diese sind dem Antragsteller bekanntzugeben; das Beschwerderecht steht ihm natürlich zu.

Dem Beschuldigten persönlich scheint niemand die Akteneinsicht zugestehen zu wollen, obwohl das schon zu überlegen wäre[205]).

8. Volle Öffentlichkeit der Voruntersuchung halte ich für zwecklos, ja sicher vielfach schädlich[206]). Man muß es ruhig kritisch erwägen,

---

[202]) S. auch die Frankfurter Beschlüsse, JKV. Mittlg. 11, 815 Nr. 13.

[203]) Aschrott, 346.

[204]) Rosenberg 56.

[205]) JKV. Mittlg. 11, 842.

[206]) Rosenberg 18f. C. J. Mittermaier, Mündlichkeit, 343 ist bedenklich, tritt aber in „Gesetzgebung" 323f. für Öffentlichkeit ein. Tippelskirch, G. A. II, 332 und Dalcke ebenda 14, 27 halten die Frage für unerheblich.

daß der Gedanke, den Gneist so glänzend vor dem 11. Juristentag und ebenso in seinen „Vier Fragen“ entwickelte, den heute vor allem Kulemann vertritt, eine Übertreibung der Forderung ist, daß der Untersuchungsrichter nicht willkürlich vorgehen soll. Der Gedanke, daß der Beschuldigte oft einer Rehabilitierung vor der Öffentlichkeit bedarf, wird auf andere Weise viel sicherer verwirklicht: durch eine amtliche, mit klaren Gründen versehene Erklärung, auf die der Beschuldigte unter allen Umständen bei jeder Einstellung ein Recht haben muß.

9. Eine Änderung des § 65 RStrPO. über die eidliche Zeugenvernehmung halte ich nur so weit für richtig, als sie in der Reformkommission vorgeschlagen ist. Besonders wichtig wird sie allerdings bei Haftfragen sein[207]). Die Frage ist so vielfach erörtert, daß darüber abgestimmt werden kann[208]).

10. Von jeher viel besprochen ist die Frage nach dem Verhör des Beschuldigten[209]), die natürlich auch über die hier vorliegende Sonderfrage hinausgeht. Ich nehme den Standpunkt ein, daß auch der Staatsanwalt den Beschuldigten soll vernehmen dürfen, daß überhaupt das Verhör als solches nicht abzuschaffen ist, daß es aber psychologisch besser ausgebildet werden muß und insbesondere das Hinarbeiten auf ein Geständnis vermeiden soll. Das ist die ziemlich allgemein schon seit dem 3. Juristentag sich geltend machende Tendenz[210]). Wenig besprochen und auch sehr genau zu überlegen ist die Frage, ob man genauere Vorschriften über die Gestaltung der Vernehmung in das Gesetz aufnehmen sollte: mir will das mehr als eine allerdings sehr wichtige Aufgabe der Verwaltung erscheinen! Man darf dabei nicht vergessen, daß schon vor der Reform die Prozeßordnungen hierüber eingehende Regeln aufstellten, ohne daß sie damit an den Verhältnissen viel gebessert hätten. Immer tritt dabei der Gedanke auf, daß dem Beschuldigten sein Schweigerecht zu eröffnen sei[211]); es scheint das eine liberale, fast selbstverständliche Forderung; aber die Einrichtung möchte in gar manchen Fällen unpraktisch sein, da der Hinweis den Beschuldigten stutzig machen kann[212]). Dagegen

[207]) Eine ganz gute Formulierung bei Peterson, G.A. 29, 294.

[208]) RefKom. Beschluß 67; dazu Prot. I, 61 f. S. oben S. 154 ff. Für die Vereidigung auch John, Kommentar zu § 65, I, S. 615 f. Kritisch Glaser, Handb. I, 571.

[209]) Schon Sundelin, G.A. 6, 624 ff.

[210]) Rosenberg, 12 f., 49. Eine Übersicht auch bei Kronecker, ZStRW. 7, 417. Eingehend Kulemann, JKV. 10, 572 f.

[211]) Rosenberg ebenda, v. Lilienthal, Aschrott, Reform 405 ff. Rosenfeld, JKV. 10, 514.

[212]) So auch die Frankfurter Kommission der JKV. Mittlg. 11, 814, 835.

muß mit aller Entschiedenheit gefordert werden, daß die Prozeßordnung ausdrücklich vorschreibt, die Beschuldigung ist in ihrem vollen Umfang dem zu Verhörenden vorzuhalten[213].

Unpraktisch ist die oft wiederholte Forderung, daß das Verhör möglichst nur einmal vorzunehmen sei, ebenso die Bestimmung, daß es möglichst sofort erfolgen solle[214]: solche Beschränkungen schaden oft mehr, als sie nützen. — Größtes Kopfzerbrechen bereitet von jeher die Frage nach der Anwesenheit des Staatsanwalts und Verteidigers. Jedenfalls muß gelten: entweder beide oder keiner. So erwünscht die Anwesenheit erscheint, sie ist als Regel offenbar nicht durchzuführen, so daß Einseitigkeiten entstehen; sie vom Ermessen des Richters abhängig zu machen, ist mehr wie unpraktisch; richtiger ist, daß das Recht des Beschuldigten, sich mit einem Verteidiger vorher zu besprechen, und das Recht des Beschuldigten sowie des Staatsanwalts und des Verteidigers, die Benachrichtigung dieser beiden zu verlangen, festgestellt werde[215]. Praktisch wird wohl die Anwesenheit der beiden bei Erklärungen des Beschuldigten durch die Parteienöffentlichkeit bei Beweissicherungen stets erreicht werden.

11. Ebenso geht die Frage der Untersuchungshaft über unser Gebiet weit hinaus. Sie ist so wichtig und so umfangreich, daß sie dringend gesonderter Behandlung bedarf. Ich bespreche sie daher hier nur in Kürze wegen der systematischen Vollständigkeit[216]. Von jeher eingehend behandelt, trat sie bei den Beratungen der JKV. zuletzt immer mehr in den Vordergrund; es schienen an keinem Punkt die Reformen dringender. Für das Vorverfahren möchte ich nur feststellen, daß die Bürgschaften für einen Verhafteten keineswegs in der Gewährung der zeitlich unbeschränkten Voruntersuchung liegen können. Man muß zweierlei auseinanderhalten: die Frage der Berechtigung einer Verhaftung und die Frage des Beistands für einen einmal rechtmäßig Verhafteten. Die zweite wird durch die in der Regel notwendige Bestellung oder sofortige Gewährung eines Verteidigers zu beantworten sein. In der ersten werden wir zu einem „Arrestprozeß" (v. Kries), einem

[213]) Z. B. Rosenfeld, JKV. Mittlg. 10, 544, Lehrbuch 195 gegen die bedenklichen Darlegungen bei Löwe-Hellweg zu StPO. 136. Gerade umgekehrt wie hier Kulemann, JKV. 10, 578!

[214]) RefKom. Beschluß 131.

[215]) RefKom. Beschluß 132: Ermessen des Richters; dagegen v. Lilienthal 404.

[216]) Eingehender Rosenberg, oben I, S. 52 f. und besonders ZStRW. 26, 339—404.

schleunigen Zwischenverfahren kontradiktorischer Natur für alle nur irgend wichtigen Fälle kommen müssen. Vor allem aber wird hier die Praxis ihr Gewissen schärfen müssen! Ich erfahre, daß die längst geforderte, früher auch schon vorhandene Statistik[217]) über die Untersuchungshaft nun doch (endlich!) im Gange sei, und daß auch sie höchst interessante Unterschiede in der Praxis der Bundesstaaten aufdecke, — als ob die Leute da fluchtverdächtiger oder kollusionssüchtiger wären wie dort! Ich erfahre auch, daß z. B. in Hessen die Untersuchungshaft nur noch selten und nach genauer Prüfung angeordnet werde. Hier scheint mir der richtige Weg zur Besserung! Das Gesetz wird die Gründe der Verhaftung viel strenger fassen, die Kollusionshaft entschieden einschränken, die Kautionsmöglichkeit erweitern müssen. Es wird die Behandlung der Gefangenen anders zu regeln sein; die bei der Verhaftung nötigen Maßnahmen, besonders die Beschwerden, werden mit aller Entschiedenheit zu beschleunigen sein; ich erfahre aus Österreich, daß Haftbeschwerden dort oftmals binnen 24 Stunden erledigt werden. In Deutschland bewundert man es, wenn das binnen einer Woche geschieht.[218]) Es wird eine entschiedene Bestimmung über die Haftdauer und endlich eine solche über die Verantwortlichkeit der Beamten vonnöten sein. Daß die Entschädigungsfrage anders als heute zu lösen ist, wird wohl bald von der Mehrheit zugegeben werden.

12. Endlich ist der Abschluß des Vorverfahrens auch für unsere Betrachtung von Wichtigkeit und daher hier kurz zu skizzieren. Es ist das eine überaus schwere gesetzgeberische Frage, die von jeher viel erörtert wurde. Ich habe das Schlußverhör schon genannt (S. 186) und schon vorgeschlagen, dem Beschuldigten ein Recht zu geben, die staatsanwaltlichen Erhebungen durch den Antrag auf Voruntersuchung zu beenden, bei der Voruntersuchung ihren Schluß zu beantragen (S. 187). Auch bemerkte ich schon, daß der Beschuldigte bei jeder Einstellung das Recht auf eine mit Gründen versehene amtliche Erklärung haben muß (S. 185, 187). Die Einstellung steht ja bei den Vorerhebungen dem Staatsanwalt ohne Zweifel frei; nach einer Voruntersuchung wird sie passend von Staatsanwalt und Richter gemeinsam ausgesprochen, nur im Dissensfalle wird vom Gericht darüber entschieden; es scheint mir allerdings das Richtige, dem Untersuchungsrichter ein Mitbestimmungsrecht zu geben, wenn er nun einmal sich so entschieden an den Erhebungen be=

---

[217]) Gneist, Vier Fragen, 64, für Baden.

[218]) S. Frankfurter Zeitung 25. Mai 1908, Morgenblatt Nr. 145.

teiligte[219]). Gewiß ist auch er dann „Richter in eigener Sache", aber er ist es nicht mehr als der allein über die Einstellung entscheidende Staatsanwalt; will man einmal die richterliche Vorprüfung, dann muß diese sich auch zu einer Entscheidung verdichten. Allerdings kommt man dann um die unangenehme Folge der Voruntersuchung nicht herum, daß das Gericht eine Anklage beschließen kann: es sollte sie aber dann auch real erzwingen können. — Die Anklage steht in allen andern Fällen immer dem Staatsanwalt zu. Sie muß substanziiert und spezialisiert sein und auch die Beweismittel spezialisieren[220]). Ein Eröffnungsbeschluß des Gerichts ist in jeder Form verkehrt: entweder ist er auf den Akten aufgebaut und dann ohne großen Wert, oder in einer Verhandlung mit den Parteien nach unmittelbarer Beweiserhebung erlassen und dann eine Vorwegnahme der Hauptverhandlung[221]). Da ich stets die Ansicht festhalte, daß eine Hauptverhandlung kein so erhebliches Übel ist als ein unaufgeklärter Verdacht, so halte ich auch einen Einspruch des Beschuldigten gegen die Anklage für überflüssig.

Dagegen besteht ein anderes Bedürfnis: Parteien wie Gericht bedürfen oftmals der genaueren Kenntnis der Anklage- oder Verteidigungsbehauptungen. Nicht über den Inhalt der Beweise müssen die Beteiligten sich gegenseitig aufklären, wohl aber über die Beweissätze. Das ist der wichtigste Inhalt des Gedankens, der eine Parteiöffentlichkeit der Voruntersuchung fordert und damit zu einer Übertreibung kommt. Dieser berechtigten Forderung aber wird ein Vortermin genügen, auf dessen Anberaumung sowohl jede Partei (der Verteidiger auch aus eigenem Recht) wie der Gerichtsvorsitzende einen Anspruch haben müssen. Das wichtigste ist, daß von Beweisen in ihm höchstens Urkunden benutzt werden dürfen. Er dient der Klärung der formellen wie materiellen Rechtslage und der Klarstellung über die Beweisthemata mit ihren Beweismitteln. Daher kann er das Schlußverhör und den Einspruch gegen die Anklage ersetzen, der Vorbereitung der Verteidigung und des Verhandlungsplanes dienen und unter Umständen die Zurückziehung der Anklage herbeiführen. Die Gefahr, daß die Parteien hier mit ihren Behauptungen zurückhalten, besteht nicht, denn das würde ohne Zweifel für die Gerichtsüberzeugung präjudizierend wirken und daher für die

---

219) RefKom. Beschluß 138, v. Lilienthal, Aschrott, Reform, 415 f. — Oben S. 161 f.

220) S. auch v. Lilienthal, Aschrott, Reform, 415 f. — Frankfurter Kommission, JKV. Mittlg. 11 S. 815, 847. Höchst lehrreich John zu § 198; II, 562ff.

221) Dieser längst vertretenen Anschauung folgt auch Stenglein, GS. 62, 272.

Partei sehr gewagt sein; man könnte ihr auch durch gesetzliche Bestimmung (Kostenfolge bei unberechtigtem Nachbringen z. B.) vorbeugen.

Ein solcher Vortermin, wie ihn Rosenberg-Straßburg vorschlug und die Frankfurter Kommission annahm, würde das Vorverfahren wesentlich erleichtern[222]).

Schluß.

Ich fasse die wichtigsten Grundgedanken in folgenden

Leitsätzen

zusammen:

1. Zur Fortbildung des Vorverfahrens ist in erster Reihe die Beseitigung der Voruntersuchung zu erstreben.

2. Im Falle der Beibehaltung wie der Beseitigung der Voruntersuchung ist das Vorverfahren dahin zu ändern:

a) Es ist Gewähr dafür zu bieten, daß die Unmittelbarkeit, Unbefangenheit und Frische der Hauptverhandlung nicht beeinträchtigt wird.

b) Die Einheitlichkeit des Vorverfahrens ist durch ein organisches Zusammenwirken der an ihm beteiligten Personen zu erreichen.

c) Die Parteien sollen durch das Vorverfahren besser als bisher unterrichtet werden und daher sollen beide entschiedener mitwirken.

d) Die Richterstellung des beteiligten Richters muß streng gewahrt werden; der Untersuchungsrichter darf nicht Gehilfe des Staatsanwalts in der Verfolgung sein.

e) Die Rechte des Beschuldigten müssen scharf umgrenzt und sichergestellt werden.

f) Die Formen der Hauptverhandlung sind nicht für das Vorverfahren geeignet.

3. Der Staatsanwalt

a) ist entschieden auf Selbsttätigkeit und Selbstverantwortung hinzuweisen;

b) bedarf einer wohlgeschulten, ihm streng unterstellten Polizei;

c) muß die Anklage substanziieren und die Beweismittel dabei spezialisiert angeben.

4. a) Dem Beschuldigten ist die Selbstvorbereitung zu gewährleisten.

---

[222]) JKV. Mittlg. 11 S. 807, 810, 816, 848. — v. Lilienthal, ebenda 12, 299. — Kritisch Kulemann, ebenda 12, 318.

b) Die Verteidigung ist in weiterem Umfang als bisher notwendig; der Verkehr des Verteidigers mit dem verhafteten Beschuldigten muß völlig frei sein.

c) Die Untersuchungshaft ist entschieden zu reformieren.

5. Parteienöffentlichkeit muß für alle Vorwegnahmen der Hauptverhandlung (darunter alle eidlichen Vernehmungen und eingehenden Beweiserhebungen) gelten.

6. Alle dem Gericht zu übergebenden Protokolle außer denen der vorweggenommenen Hauptverhandlungsteile sind summarisch abzufassen.

7. Jedes gesetzliche System muß durch eine sich ihm anpassende Praxis lebendig gemacht werden.

Nachtrag.

Es mag gestattet sein, mit einigen Worten die Grundzüge der italienischen Prozeßreform hier vorzuführen. Schon seit Jahren beschäftigt diese die Regierung des Königreichs. Ein Entwurf unter dem Minister Bonacci 1892—93 beginnt das Werk. 1900—1905 erschienen 7 Bände vorbereitende Arbeiten einer ministeriellen Kommission. 1905 legte der Minister Finocchiaro-Aprile der Kammer einen Entwurf vor, der von einem umfangreichen Bericht begleitet ist. Die Erfahrungen der Praxis wie die Wissenschaft (auch reichlich die deutsche!) und die ausländischen Gesetzgebungen sind eingehend berücksichtigt und verwertet.[223])

Das bisherige System einer heimlichen Voruntersuchung nennt der Minister veraltet (Relazione p. 239). Das Streben der Neuzeit geht dahin, die Heimlichkeit und das starre, inquisitorische Prinzip zu ändern (241—247, Noten). So soll auch die neue Prozeßordnung dies alte Prinzip verbessern und mildern, damit das Recht der Verteidigung besser garantiert werde, die Voruntersuchung kräftiger werde und der Prüfung der Hauptverhandlung besser standhalte (23). Bis jetzt sind die Prozentsätze der Freisprechungen erschreckend hoch: 36,5 - 39,89 pCt. aller vor Gericht gebrachten (imputati) (280). Die Praxis empfindet auch die Schäden dieses der Neuzeit nicht mehr entsprechenden Systems seit langem (247). In lebhafter Sprache wird die unabweisbare Notwendigkeit der

---

[223]) Über den Entwurf und die ganze Reform siehe: v. Bar, Goltd. Arch. 48, 88 u. 207, Rosenfeld, JKV. Mittlg. 14, 143; Zürcher, Schweiz. ZStR. 19, 29; Rougier, Revue Pénit. 30, 1906, p. 862, 1016; 31, 1907 p. 516. Italien selbst hat natürlich schon eine reiche Literatur aufzuweisen.

Mitwirkung der Parteien beim Vorverfahren geschildert (248 ss.) gegenüber den Verkehrtheiten des geltenden Systems. Die Forderungen der Wissenschaft werden geprüft (256—264 in den Noten), und als Ergebnis der Satz aufgestellt: Das Vorverfahren kann nicht rein inquisitorisch und nicht voll öffentlich sein; es muß ein richterliches bleiben, aber beschränkt kontradiktorisch werden (270). Vortrefflich wird die Bedeutung der Verteidigung im Vorverfahren hervorgehoben: nur ihre Zurückdrängung im heutigen System führt zu den großen Fehlern, die sich in der Art der Verteidigung in unseren heutigen Hauptverhandlungen zeigen! (278.) Aber da die Verteidigung eine freie sein muß, keine amtliche sein darf (275!), muß der Untersuchungsrichter selbsttätig sein (275). Es wäre verkehrt, der Polizei und Staatsanwaltschaft die Erhebungen zu übertragen; diesen Verwaltungsorganen bringt das Volk nicht das nötige Vertrauen entgegen (272), und eine Menge richterlich-objektiver Feststellungen sind sofort zu treffen (273).

Gewiß stecken hierin sehr viel gute Gedanken; vieles veranlaßt uns, unsere Vorschläge genau zu prüfen. Aber wenn wir uns das Ergebnis im Entwurf selbst genauer besehen, dann finden wir doch den Fortschritt sehr gering. Ja, der Minister schrak selbst vor seiner Kühnheit zurück: „Nella scelta degli atti ai quali i difensori hanno diritto di assistere, ho proceduto con multa prudenza convinto che una riforma così importante per non favorire l'impunità dei colpevoli, non debba essere soverchiamente estesa; perocchè il passaggio ad una legislazione troppo larga sarebbe così rapido, che difficilmente si potrebbe mantenere l'equilibrio fra l'interesse della repressione e quello della difesa“ (294). Kein Wunder, daß die Anklageprüfung durch den Richter als obligatorisch beibehalten wurde (347 ss). — So ist der Entwurf nur eine in einzelnen Punkten verbesserte Auflage unseres heutigen deutschen Systems. Die Angriffe gegen dieses werden nicht beachtet. Nach dem Entwurf bleibt die Voruntersuchung dreispurig, das hochgepriesene organische Zusammenarbeiten der Behörden (Relazione 271) ist nicht zu merken, die Verteidigung hat nur wenig Rechte, der Untersuchungsrichter bleibt die Hauptperson, eine energische Kürzung, eine Befreiung der Hauptverhandlung sind gar nicht beabsichtigt!

Das System des Entwurfs ist danach folgendes:[224])

1. Die Staatsanwaltschaft erhebt die öffentliche Klage; nur bei Übertretungen, die zur Kompetenz des Prätors (Amtsrichter) gehören,

[224]) Genaue Schilderung bei Rosenfeld. Kritisch v. Bar, 46—53. Interessant auch Bougier, R. P. 30, 1016—1024; er nennt die Reform „modeste“.

braucht sie nicht mitzuwirken (a 182). Die Vorerhebungen der Staatsanwaltschaft sind nicht begünstigt; den Beschuldigten darf sie nicht vernehmen (183, 175). Es ist nach dem Bericht des Ministers nicht anders zu erwarten gewesen. Nicht einmal selbständig einstellen darf sie ihre Erhebungen (184 II). Die Staatsanwaltschaft hat die Leitung und Disziplinargewalt der gerichtlichen Polizei, die aus bestimmten Beamten und Agenten der Sicherheitspolizei besteht (166 ss.). Die Polizei spürt die Verbrechen auf, sammelt alle Spuren und berichtet sofort dem Staatsanwalt (165); sie kann Durchsuchungen und Beschlagnahmen vornehmen; von Zeugenvernehmungen ist nichts gesagt; absichtlich hat man es vermieden, ihr eine „Beweiserhebung" zu übertragen (Rel. 213).

2. Die formelle Voruntersuchung (istruzione formale) ist regelmäßig notwendig bei allen Assisensachen (mit mehrfachen Ausnahmen); in den Tribunalsachen (der mittleren Ordnung) kann sie angeordnet werden; aber auch der Prätor darf sie bei seiner Kompetenz anwenden (186). Der Untersuchungsrichter muß alles tun, „um die Wahrheit aufzudecken"; so bezeichnet a 191 recht unbestimmt die Aufgabe der Voruntersuchung. Dabei kann der Richter die Zeugen mündlich oder schriftlich abhören; seine Protokolle aber sind sehr genau abzufassen (193). Der Staatsanwalt kann alle Akten einsehen und allen Verhandlungen beiwohnen (194)! Dem Beschuldigten ist bei der ersten Vernehmung ein Verteidiger zu bestellen, wenn er nicht selbst einen wählt (195); also ist die Verteidigung stets obligatorisch „bei Strafe der Nichtigkeit" 77 (Rel. 293). Der Verteidiger kann nun Anträge stellen, die der Untersuchungsrichter verbescheiden muß (196, 199), aber ein Beschwerderecht gegen die Ablehnung ist nicht bewilligt (a 386).[225] Von den Akten kann der Verteidiger nur die einsehen, die von Verhandlungen aufgenommen wurden, denen er beiwohnen darf, und die Protokolle über körperliche Besichtigung (196); und zwar darf er das schon zwei Tage nach Anfertigung der Protokolle. Der Richter kann auch andere Akten dem Verteidiger überlassen. Zugelassen ist der Verteidiger bei den Augenscheineinnahmen und Besichtigungen, Beschlagnahmen, Durchsuchungen, Gutachten und Personenerkennungen, — also nicht bei Zeugenvernehmungen und dem Verhör des Angeschuldigten (a 197, Rel. 295)! Auf Antrag des Staatsanwalts oder Verteidigers darf auch der Beschuldigte hier zugezogen werden. Die Parteien sind von diesen Akten 24 Stunden vorher zu benachrichtigen, außer bei Unmöglichkeit (200, 201). Außerdem kann der Untersuchungsrichter vor einer Verhaftung den Anzeiger und den Angezeigten kontra-

---

[225]) Irrig Rosenfeld, 160. Vergl. Rel. 293, 463 ss.

diktorisch vernehmen (192). — Über das Verhör bestimmt a 269, daß dem Beschuldigten klar und scharf die ihm zur Last gelegte Tat und die Belastungsmomente mitzuteilen sind; wenn die Untersuchung dadurch nicht beeinträchtigt wird, können ihm auch die Quellen der Belastung angegeben werden. Es ist ihm zu eröffnen, daß er nicht zu antworten braucht. Wann aber dies Verhör (außer bei Verhaftung) stattzufinden hat, sagt kein Artikel, so daß das schöne Verteidigungsrecht möglicherweise erst sehr spät zur Geltung kommt.

3. Nach der Voruntersuchung muß unter allen Umständen eine richterliche Entscheidung ergehen: die Einstellung kann der Untersuchungsrichter aussprechen (297); die Verweisung geht von der Ratskammer (in der der Untersuchungsrichter sitzt!) oder der Anklagekammer aus. Vorher aber ist dem Beschuldigten ein Auszug aus der Voruntersuchung mitzuteilen, wonach alle Akten dem Verteidiger zehn Tage lang offenstehen (a 294 ss.).

4. Wenn der Staatsanwalt (oder Prätor) nicht die Voruntersuchung beantragen will, dann lädt er den Beschuldigten direkt nach seinen Erhebungen vor das Gericht; hiergegen kann der Beschuldigte nur aus zwei Rechtsgründen rekurrieren (311, 313).

5. Danach kann es niemand mehr wundernehmen, wenn die Hauptverhandlung keineswegs selbständig ausgebildet ist, sondern im wesentlichen als Überprüfung der Voruntersuchung gedacht ist:[226]) man beachte, daß hier neue Beweise nur dann benutzt werden dürfen, wenn sie sich aus der Verhandlung ergeben (a 451)! —

Ich finde, daß uns die italienische Reform systematisch nichts zu bieten vermag!

---

[226]) Rosenfeld 170 ff.

IX.

Gutachten des Ersten Vorsitzenden des Gewerbe- und Kaufmannsgerichts zu Berlin Magistratsrat v. Schulz

über die Frage:

Empfiehlt sich die gesetzliche Regelung der Tarifverträge, welche zwischen gewerblichen Arbeitgebern und Arbeitern geschlossen werden?

I. Einleitung.

II. Der Tarifvertrag.

1. Inhalt des Vertrages.
2. Vertragsparteien.
3. Form und Zustandekommen des Vertrages.
4. Rechtswirkung des Vertrages.

III. Wie denken Arbeiter und Arbeitgeber über den Tarifvertrag und über die gesetzliche Regelung desselben?

1. Arbeiter.
2. Arbeitgeber.

Anlagen.

I. Vertrag des deutschen Holzarbeiterverbandes mit dem Arbeitgeberschutzverband für das deutsche Holzgewerbe Berlin.

II. 1. Arbeitsbedingungen für das Maurer- und Zimmerergewerbe, gültig vom 1. April 1905 bis 31. März 1907 für alle Bauten von Berlin und Vororten.

2. Arbeitsbedingungen für Bauarbeiter, gültig vom 1. April 1905 bis zum 31. März 1907 für alle Bauten von Berlin und Umgegend

III. Vertrag für die Verkäuferinnen des Konsumvereins Sendling-München.

IV. 1. Antrag von Beisitzern an den Ausschuß des Gewerbegerichts Berlin, betreffend gesetzliche Regelung der Tarifverträge.

2. Entwurf eines Antrages des Gewerbegerichts Berlin an die gesetzgebenden Körperschaften betreffend Tarifverträge.

V. Antrag von Beisitzern an den Ausschuß des Gewerbegerichts Berlin, betreffend den Ausbau der Koalitionsfreiheit.

Literaturverzeichnis.

Altmann, Handbuch des deutschen Vereinsrechts 1905. Verlag von H. W. Müller.

Anträge der vom Parteitag der schweizerischen sozialdemokratischen Partei gewählten Kommission zum bundesrätlichen Gesetzentwurf vom 3. März 1905.

Arbeitertarifverträge. Verhandlungen der Ortsgruppe Berlin der Gesellschaft für soziale Reform. Jena, Verlag von Gustav Fischer 1908.

Bahr, Gewerbegericht, Kaufmannsgericht, Einigungsamt. Leipzig 1905.

Baensch, Die Neuerungen in der Tarifgemeinschaft der deutschen Buchdrucker in den volkswirtschaftlichen Abhandlungen der badischen Hochschulen IX. Bd. 7. Heft.

Bail, Das Rechtsverhältnis der Arbeitgeber und Arbeitnehmer im Handwerk, Industrie und Handelsgewerbe. Berlin 1904.

Baum. Handbuch für Gewerbegerichte. Berlin. Druck und Verlag von Georg Reimer 1904.

— Die rechtliche Natur des kollektiven Arbeitsvertrages. Beiträge zur Erläuterung des deutschen Rechts, Bd. 49 S. 261—275.

— Die guten Sitten im Klassenkampf im „Gewerbegericht" VIII. Jahrgang Sp. 17 ff.

Beiträge zur Arbeiterstatistik Nr. 3—5 „Der Tarifvertrag im Deutschen Reich, bearbeitet im Kaiserl. statist. Amt, Abteilung für Arbeiterstatistik, Berlin 1906.

Freiherr v. Berlepsch, Das Koalitionsrecht der Arbeiter. Vortrag, gehalten in der Ortsgruppe Breslau der „Gesellschaft für soziale Reform" (Nr. 28, 29 und 30, Jahrgang XIII der Sozialen Praxis.

Biermer, gleitende Lohnskalen im Handwörterbuch der Staatswissenschaften. Herausgegeben von Conrad usw. V. Band, zweite gänzlich umgearbeitete Auflage, Jena 1900.

van der Borght, Grundzüge der Sozialpolitik, Leipzig 1904.

Braun, Die Tarifverträge und die deutschen Gewerkschaften 1908.

Brentano, Die neuesten Gegner der Tarifverträge in „Die Hilfe", XII. Jahrgang S. 355 ff.

— Die linksliberalen Anträge zum Koalitionsrecht im Berliner Tageblatt vom 14. April 1908.

v. Broecker, Schadensersatzansprüche aus dem Lohnkampf. Hamburg. Verlag und Druck von Schroeder & Jeve 1906.

Brogsitter, Der Tarifvertrag unter besonderer Berücksichtigung der Entwicklung in England, sowie der deutschen Buchdrucker-Tarifgemeinschaft 1906.

Buchdrucker-Tarif, Deutscher — nebst Kommentar, Berlin 1908. Selbstverlag des Tarifamts der deutschen Buchdrucker.

Bueck, Die Organisation der Arbeitgeber, Berlin 1904. J. Guttentag Verlagsbuchhandlung.

Deutsche Arbeitgeberzeitung.

Deutsche Industriezeitung.

Deutsche Juristenzeitung.

Flesch, Zur Kritik des Arbeitsvertrages 1901.

Frey, Strike und Strafrecht, Heidelberg 1906.

Friedenthal, Das Reichsvereinsgesetz vom 19. April 1908, Berlin 1908. Franz Vahlen.

Gesetzentwurf des schweizerischen Arbeiterbundes.

Gewerbegericht, seit dem XI. Jahrgang „Das Gewerbe- und Kaufmannsgericht.

Gisi, Einigungsamt und Schiedsgericht zur Lösung von Kollektivkonflikten zwischen Arbeitgebern und Arbeitnehmern, Basel, Kommissionsverlag von Helbing & Lichtenhahn 1907.

Göbel, Zur Handhabung des Koalitionsrechts in Deutschland im Archiv für Sozialwissenschaft und Sozialpolitik XXIII. Band S. 51—80.

Goldschmidt, Das Koalitionsrecht der Arbeiter, Annalen des Deutschen Reichs 1901.

Günther, Der Tarifvertrag in München, seine geschichtliche Entwicklung, seine rechtliche Struktur, seine statistisch-wirtschaftlichen Grundlagen. München 1908. J. Lindauersche Buchhandlung (Schöpping).

Handwerkerzeitung 1908.

Herkner, Die Arbeiterfrage. Vierte Auflage. Berlin 1905. J. Guttentag Verlagsbuchhandlung.

Hüglin, Der Tarifvertrag zwischen Arbeitgeber und Arbeitnehmer. Stuttgart und Berlin 1906. J. G. Cotta'sche Buchhandlung Nachfolger.

Jastrow, Sozialpolitik und Verwaltungswissenschaft, Band I. Berlin. Druck und Verlag von Georg Reimer 1902.

— Tarifvertrag und Koalitionspflicht im deutschen Buchdruckergewerbe (Gewerbe- und Kaufmannsgericht, 12. Jahrgang Sp. 25 ff.).

Ja Der französische Gesetzentwurf über den Arbeitsvertrag im „Gewerbe- und Kaufmannsgericht", XI. Jahrgang Sp. 340 ff.

Imle, Fanny, Gewerbliche Friedensdokumente. Jena. Verlag von Gustav Fischer 1905.

— Die Tarifverträge zwischen Arbeitgebern und Arbeitnehmern in Deutschland. Jena. Verlag von Gustav Fischer 1907.

Keßler, Die deutschen Arbeitgeberverbände. Leipzig. Verlag von Dunker & Humblot 1907.

Köhne, Die Arbeitsordnungen im deutschen Gewerberecht. Berlin 1901. Franz Siemenroth.

Köppe, Der kollektive Arbeitsvertrag als Gegenstand der Gesetzgebung in den Jahrbüchern für Nationalökonomie und Statistik Bd. 85 S. 289 ff.

— Der neueste soziale Fortschritt in der Buchdruckertarifgemeinschaft in den Jahrbüchern für Nationalökonomie und Statistik Bd. 87 S. 744.

— Der Arbeitstarifvertrag als Gesetzgebungsproblem. Verlag von Gustav Fischer in Jena 1908. (Das Werk konnte von mir nicht eingehender berücksichtigt werden, da es kurz vor Beendigung des Drucks meines Gutachtens erschien).

Kollenscher, Rechtsfähigkeit der Berufsvereine. Leipzig, Felix Dietrich 1907.

Kuh, „Über Tarifgemeinschaft" in der Arbeitgeberzeitung vom 16. Oktober 1904.

Kulemann, Die Gewerkschaftsbewegung. Jena, Verlag von Gustav Fischer 1900.

v. Landmann, Kommentar zur Gewerbeordnung 2 Bände.

— Zum Koalitionsrecht in der Deutschen Juristenzeitung XIII. Jahrgang Sp. 265 ff.

Leist, Der deutsche Entwurf eines Gesetzes betr. gewerbliche Berufsvereine in den Blättern für vergleichende Rechtswissenschaft, II. Jahrgang Nr. 11.

Leo, Die wirtschaftliche Organisation der geistigen Arbeiter, Vortrag, gehalten in der Gesellschaft für soziale Medizin, Hygiene und Medizinalstatistik. Abgedruckt in der „Medizinischen Reform" 1907 Nr. 49 und Nr. 50.

— Der Tarifvertrag als internationales Rechts-Problem in den Blättern für vergl. Rechtswissenschaft und Volkswirtschaftslehre, II. Jahrgang 1907 Sp. 433 ff.

Leo, Der Tarifvertrag als internationales Volkswirtschaftsproblem in den Blättern für vergleichende Rechtswissenschaft und Volkswirtschaftslehre. III. Jahrgang Mai 1907 Sp. 33 ff.

— Die Weiterbildung des Tarifvertrags im Deutschen Reich. Beiträge zur Arbeiterstatistik Nr. 8.

Liefmann, Die Allianzen, gemeinsame monopolistische Vereinigungen der Unternehmer und Arbeiter in England, Jena 1900.

v. Lindheim, Die Friedensaufgaben der Tarifverträge zwischen Arbeitgeber und Arbeitnehmer. Zweite Auflage. Wien 1907. Manzsche, k. u. k. Hof-, Verlags- und Universitäts-Buchhandlung.

Lotmar, Die Tarifverträge zwischen Arbeitgebern und Arbeitnehmern im Archiv für soziale Gesetzgebung und Statistik. Band XV. S. 1—122.

— Der Arbeitsvertrag. Erster Band 1902. Zweiter Band 1908. Leipzig, Verlag von Dunker & Humblot. Der zweite Band, welcher kurz vor Beendigung des Drucks des nachfolgenden Gutachtens erschien, konnte nicht ausreichend benutzt werden.

Löwenfeld, Koalitionsrecht und Strafrecht im Archiv für soziale Gesetzgebung und Statistik, XIV. Band S. 471 ff.

Macrosty, Der Rechtszustand der Gewerbevereine in Großbritannien in Benn's Archiv 1903.

Meschelsohn, Der Lohntarifverttag in der Sozialen Praxis XVI. Jahrg., Sp. 673 ff. 697 ff.

Methoden des gewerblichen Einigungswesens. Verhandlungen der 3. Generalversammlung der Gesellschaft für soziale Reform. Jena, Verlag von Gustav Fischer 1907.

Rothnagel, Exekutive durch soziale Interessengruppen. Wien 1899. Alfred Hölder,

Oertmann, Zur Lehre vom Tarifvertrag in der Zeitschrift für Sozialwissenschaft. X. Jahrgang S. 1 ff. Leipzig, A. Deichert'sche Verlagsbuchhandlung Nachf. (Georg Böhme).

Poetzsch, Ist es möglich, den gewerblichen Kollektivvertrag (Tarifvertrag) als privatrechtliches Institut zu erklären? Leipzig 1907, Roßbergsche Verlagsbuchhandlung.

Prenner, Zur volkswirtschaftlichen und rechtlichen Bedeutung der Tarifverträge in J. A. Seufferts Blättern für Rechtsanwendung, 72. Jahrgang 1907, Nr. 5 und Nr. 6.

— Die Verpflichtungen der Organisationen gegenüber Streikbrechern im Gewerbe- und Kaufmannsgericht, XII. Jahrgang Sp. 52—54.

Reichert, Beiträge zum Recht des Tarifvertrages. Inaugural - Dissertation. Liegnitz, Oscar Heinzes Buchdruckerei (Inh. Max Heinze) 1907.

Reichsarbeitsblatt.

Rocke, Über Tarifgemeinschaften. Vortrag, gehalten in der Hauptversammlung des Vereins deutscher Salinen am 17. September 1906 in Dresden. Verlag von Wilhelm Diebener, Leipzig.

Rosner, Der Kollektivvertrag. Wien 1903.

Rundstein, Die Tarifverträge und die moderne Rechtswissenschaft. Leipzig, Verlag von C. L. Hirschfeld 1906.

— Tarifrechtliche Streitfragen. Tübingen 1907.

Schalhorn, Von den Verpflichtungen aus Tarifverträgen und den Anlässen zu Tarifbrüchen in der Sozialen Praxis XV. Jahrgang Sp. 584 ff.

— Rechtliche Bedeutung allgemein üblicher oder vor dem Einigungsamt vereinbarter Arbeitsbedingungen für den einzelnen Arbeitsvertrag in „das Gewerbegericht Berlin“ S. 22 ff.

Schall, Das Privatrecht der Arbeitstarifverträge. Jena, Verlag von Gustav Fischer 1907.

Schellwien, Die Tarifverträge der Innungen im Gewerbe- und Kaufmannsgericht, XII. Jahrgang Sp. 116 ff.

Schmelzer, Tarifgemeinschaften, ihre wirtschaftliche, sozialpolitische und juristische Bedeutung mit besonderer Berücksichtigung des Arbeitgeberstandpunktes. Leipzig 1906.

Schmoller, Über Organe für Einigung und Schiedssprüche in Arbeiterstreitigkeiten. Sitzungsberichte der Königlich Preußischen Akademie der Wissenschaften. 1903. Sonderabdruck Verlag der Königlichen Akademie der Wissenschaften. In Kommission bei Georg Reimer.

Schriften der Gesellschaft für soziale Reform Heft 11 und 12 des II. Bandes: Methoden des gewerblichen Einigungswesens.

von Schulz, Zur Koalitionsfreiheit im Archiv für soziale Gesetzgebung und Statistik XVIII. Band S. 457—482.

— Koalitionsrecht. Leipzig, Felix Dietrich 1904.

— Über Schiedsverträge der Arbeitgeber und Arbeitnehmer nach dem deutschen Gewerbegerichtsgesetz und der Reichszivilprozeßordnung im Archiv für soziale Gesetzgebung und Statistik XV. Jahrgang S. 598 ff.

— Das Reichsgericht wider die Tarifverträge im Archiv für Sozialwissenschaft und Sozialpolitik XX. Band S. 362—372.

— Der Entwurf eines Gesetzes, betr. gewerbliche Berufsvereine im Archiv für Sozialwissenschaft und Sozialpolitik XXIV. Band S. 64—93.

— Das Reichsgesetz, betreffend Kaufmannsgerichte. Jena, Verlag von Gustav Fischer 1905.

— Gewerbegerichtsgesetz. Berlin, Verlag von O. Häring 1902.

von Schulz und Schalhorn, Das Gewerbegericht Berlin. Aufsätze, Rechtsprechung, Einigungsamtsverhandlungen, Gutachten und Anträge. Berlin 1903. Franz Siemenroth.

— Techow, Korn, Liebrecht, Neumann. Das Jahrbuch des Kaufmannsgericht Berlin. Aufsätze, Entscheidungen, Anträge. Erster Band. Berlin Verlag von Alfred Unger 1908.

Schwarz, Nutzen oder schaden Tarifgemeinschaften dem Gewerbe?

Sigel, Der gewerbliche Arbeitsvertrag nach dem Bürgerlichen Gesetzbuch. Stuttgart 1903.

Sigg, Ein Gesetz über Arbeitstarife und Kollektivstreitigkeiten, Archiv für soziale Gesetzgebung und Statistik. Berlin 1903. Bd. 18 S. 344 ff.

Sinzheimer, Vorbericht zu dem Referat über die Tarifverträge in Das Gewerbegericht X. Jahrgang Sp. 375 ff.

— Der korporative Arbeitsnormenvertrag. Erster Teil. Leipzig, Verlag von Dunker & Humblot 1907. (Noch kurz vor Beendigung des Drucks des Gutachtens habe ich vom II. Teil des Arbeitsnormenvertrags durch die Güte des Verfassers Material zur Einsicht und Benutzung empfangen.)

Soziale Praxis, Zentralblatt für Sozialpolitik.

Sulzer, Die kollektive Vertragsschließung zwischen Arbeitern und Arbeitgebern. Bern. 1900. C. Sturzenegger.

Sulzer-Lotmarscher Entwurf, abgedruckt Soziale Praxis, XI. Jahrg. Sp. 345 ff. und bei Sinzheimer, korporativer Arbeitsnormenvertrag S. 115 ff.

Sydow, Staats- oder Selbsthilfe beim Tarifvertrag (Soziale Praxis XVII. Jahrg. Sp. 433 ff. Sp. 457 ff.

Toennies, Vereins- und Versammlungsrecht wider die Koalitionsfreiheit. Schriften der Gesellschaft für soziale Reform Heft 5. Jena, Verlag von Gustav Fischer 1902.

Verhandlungen des 27. deutschen Juristentages IV. Bd. Zweite Abteilung.

Weigert, Arbeitsnachweis, Einigungsamt und Tarifgemeinschaft im Berliner Braugewerbe, ihre Entwicklungsgeschichte und Wirksamkeit. Leipzig, Verlag von Dunker & Humblot 1907.

Wilhelmi und Bewer, Kommentar zum Gewerbegerichtsgesetz. 2. Auflage 1903.

Wimpfheimer, Zur Lehre vom Tarifvertrag, Leipziger Zeitschrift für Handels-, Konkurs- und Versicherungsrecht I. Jahrgang S. 567 ff.

Wölbling, Zur Frage der Parteivertretung vor den Gewerbe- und Kaufmannsgerichten im Archiv für Sozialwissenschaft und Sozialpolitik XXI. Band S. 659—685.

— Gutachten über die Frage: Empfehlen sich gesetzliche Bestimmungen über den gewerblichen Arbeitervertrag auf Geding (Akkordvertrag)? Verhandlungen des XXVIII. deutschen Juristentages Band I S. 201 ff.

— Der Akkordvertrag und der Tarifvertrag, Eine Darstellung zweier Vertragsarten aus dem modernen Wirtschaftsleben. Georg Reimer, Berlin 1908.

Zentralblatt für das deutsche Baugewerbe 1908.

Zimmermann, W., Recht der Tarifverträge, in der Sozialen Praxis 15. Jahrgang Sp. 1266 ff.

— Streikverhütung in den Preußischen Jahrbüchern. Mai 1905 S. 256 ff.

— Der Bund vaterländischer Arbeitervereine und die gelbe Gewerkschaftsidee. (Soziale Praxis XVI. Jahrg. Sp. 949 ff.)

— Der Arbeitstarifvertrag und die Wissenschaft. (Soziale Praxis XVII. Jahrg. Sp. 730 ff., 761 ff., 818 ff., 845 ff.).

— Gewerbliches Einigungswesen in England und Schottland. Bericht der Studienkommission der Gesellschaft für Soziale Reform. Heft 22 der Schriften der Gesellschaft usw.

Zimmermann, A., Die deutschen kaufmännischen Vereine im „Daheim" vom 22. Februar 1908 S. 15 und 16.

I. Einleitung.

Der deutsche Juristentag hat bei der Annahme der von Professor Bernhardt aufgestellten Thesen über die Notwendigkeit der gesetzlichen Regelung des gewerblichen Akkordvertrages September 1906 als wünschenswert ausgesprochen, Klarheit zu schaffen über die rechtliche Wirkung der Tarifgemeinschaften. Wenn ich infolge dieses Beschlusses aufgefordert bin, zur Frage, ob es sich empfiehlt, den Tarifvertrag gesetzlich zu regeln, mich zu äußern, so handelt es sich um ein Gutachten, welches sich lediglich zu beziehen hat auf Tarifverträge, welche von den der Gewerbeordnung[1]) unterstehenden Arbeitgebern und Arbeitern geschlossen werden.

---

[1]) Es wären also ausgeschlossen z. B. die Gärtner und Eisenbahnarbeiter, auf welche angeblich die Vorschriften der Gewerbeordnung nicht anwendbar sind. Die Heimarbeiter befänden sich in derselben Lage (s. das Nähere auch über Tarifverträge der Gärtner Anmerkung 27).

Es gibt ferner „eine Tarifgemeinschaft über Regelung der Anstellungsbedingungen der Beamten in Orts-Krankenkassen". „Der Zentralverband von Orts-Krankenkassen im Deutschen Reiche einerseits sowie der Verband der Verwaltungsbeamten der Krankenkassen und Berufsgenossenschaften zc. Deutschlands und der Zentralverein der Bureau-Angestellten Deutschlands andererseits" errichteten diese Gemeinschaft zufolge gleichlautender Beschlüsse. Bekanntmachung des Zentralamtes der Tarifgemeinschaft der Orts-Krankenkassen vom 19. Februar 1907 über seine Konstituierung in der „Arbeiterversorgung" von 1907 S. 146 und 147. Siehe Kleeis, Die Bedeutung der Tarifgemeinschaft in den Orts-Krankenkassenverwaltungen für die Kassen selbst in der „Arbeiterversorgung" von 1907 S. 51 ff. Dazu Arbeiterversorgung von 1904 S. 26 und 494; von 1905 S. 434; von 1906 S. 567.

Weiter schloß der „Verband der Ärzte Deutschlands zur Wahrung ihrer wirtschaftlichen Interessen" (Leipzig), mit verschiedenen Gesellschaften und sonstigen Korporationen Tarifverträge ab, so mit dem Norddeutschen Lloyd (Nr. 3 der Medizinischen Reform von 1907 S. 37). Solche Abkommen sind auch getroffen mit „Hapag" und „Hamburg" und „Süd-Amerika-Linie". Sommer 1907 schwebten Verhandlungen mit „Wörmann" und „Deutsch-Ostafrikalinie".

Ich verweise alsdann auf den Tarifvertrag des Leipziger Verbandes und der Kranken- und Begräbniskasse des Verbandes Deutscher Handlungsgehilfen. Ärztliches Vereinsblatt vom 18. Februar 1908 S. 125 ff.

Vgl. endlich Dr. Victor Leo, Die wirtschaftliche Organisation der geistigen Arbeiter in der Medizinischen Reform von 1907 S. 601 ff. Leo erörtert, daß es sich bei den Ärzten nicht um eine alleinstehende Erscheinung handelt, sondern daß in einer Reihe von andern Berufen sich ähnliche Entwicklungen wirtschaftlicher Organisation finden, nicht selten mit denselben Endzielen.

Bei dieser Sachlage wäre zu prüfen, ob es nicht angebracht ist, Vorschriften über den Tarifvertrag ganz allgemein im Bürgerlichen Gesetzbuch aufzustellen.

An dieser Stelle mögen noch erwähnt werden „Preiskonventionstarife" —

Die übergroße Mehrzahl der Tarifverträge enthält hauptsächlich Normen, welche den Inhalt künftiger Arbeitsverträge bestimmen sollen. Nach der u. a. von Wölbling (der Akkordvertrag und der Tarifvertrag Guttentag 1908) vertretenen Ansicht sollen die Normen der Tarifverträge in erster Linie den Frieden zwischen Arbeitgebern und Arbeitern aufrecht erhalten. Die Regelung künftiger Arbeitsverträge kann nach Wölbling fehlen, doch gibt der Schriftsteller zu, daß sie meist in den Tarifverträgen erfolgt. Die Absicht der beim Abschluß der Tarifverträge beteiligten Arbeitgeber und Arbeiter geht dahin, daß jeder von ihnen eingegangene Arbeitsvertrag sich innerhalb der Grenzen der Vorschriften des Tarifvertrages zu halten habe.

Es wird nun behauptet, daß derartige kollektive Abreden die durch § 105 der Gewerbeordnung festgesetzte Freiheit des Arbeitsvertrages beschränken bzw. aufheben.

Die Ausübung dieser Freiheit ist jedoch stets nur in recht bescheidenen Grenzen möglich und zulässig gewesen, besonders, soweit Arbeiter in Frage kommen.[2])

So erkennt die Begründung der Novelle zur Gewerbeordnung von 1891 an, daß „der einzelne Arbeiter, welcher Beschäftigung sucht, in der Regel keine Wahl hat, ob er sich den in der Arbeitsordnung festgestellten Bedingungen unterwerfen will oder nicht, daß ihm also beim Vertragsschlusse jede Einwirkung auf die einzelnen Bedingungen des Arbeitsvertrages entzogen ist".[3]) Dies gilt im großen und ganzen noch

---

tarifvertragsähnliche Gebilde —, welche zwischen Unternehmerverbänden zustande kommen und dann bei einem Tarifvertrage eines oder mehrerer der Verbände mit den Arbeitern ihrer Mitglieder eine gewisse Rolle spielen können. So schloß die „Dekaturvereinigung Berlin" mit den Berliner Konfektionären einen Preiskonventionstarif. Hiernach ist in dem Tarifvertrage der „Dekaturvereinigung Berlin" mit dem Verbande Deutscher Textilarbeiter unter VII folgendes bestimmt: „Es wird bemerkt, daß als tariftreue Arbeitgeber nur diejenigen angesehen werden, welche den vorstehenden Vertrag und den vereinbarten Preiskonventionstarif der Kundschaft gegenüber halten." Reichsarbeitsblatt V. Jahrgang S. 576 und VI. Jahrgang S. 293.

[2]) Siehe Löwenfeld, Koalitionsrecht und Strafrecht im Archiv für soziale Gesetzgebung und Statistik Bd. XIV, S. 499 und 500. Es sei auch an die Einengung der Vertragsfreiheit durch die Arbeiterschutzgesetzgebung erinnert. Ferner Köppe, Der Arbeitstarifvertrag S. 28 ff. u. 153, und Leo in den Blättern für vergleichende Rechtswissenschaft usw., III. Jahrgang Sp. 34.

[3]) Motive zu § 134d des Entwurfs der Novelle von 1891 S. 44 und Poetsch S. 5.

Siehe ferner Wölbling, Gutachten über den Akkordvertrag. Verhandlungen des 28. Deutschen Juristentages. Erster Band (Gutachten) S. 204: „Insbesondere

für die heutigen Verhältnisse. Aus den zahllosen Beispielen, welche allein der Praxis des Berliner Gewerbegerichts entnommen werden können, seien nur zwei herausgegriffen: Kläger, ein Weber, kam beim Abschluß des Arbeitsvertrages mit dem Unternehmer überein, daß des letzteren Werkführer alle ihre aus dem gewerblichen Arbeitsverhältnis entspringenden Differenzen „unter Ausschluß der Zuständigkeit des Gewerbegerichts" schlichten solle. Beklagter behauptete, bei der Vereinbarung des Schiedsvertrages von der Erwägung geleitet zu sein, eine Entscheidung des Gewerbegerichts zu vermeiden. Er habe vor, künftig mit seinen sämtlichen Arbeitern solche Schiedsverträge einzugehen, um nicht immer „nach dem Gewerbegericht laufen" zu müssen. Der Werkführer als Zeuge des Beklagten bekundete, daß er Kläger darauf aufmerksam gemacht habe: wenn er mit dem Inhalte des ihm vorgelegten Schriftstückes nicht einverstanden sei und nicht unterzeichne, würde er vom Beklagten nicht beschäftigt werden. Kläger gab zu, anstandslos die fragliche Urkunde unterschrieben zu haben.[4]) Der zweite Fall: Die Zwischenmeisterin A. (eine unstreitig fleißige Person und mehrjährige Lieferantin der Firma B.) übernimmt für die Saison einen Massenartikel (Blusen) von der Firma B. zu einem Stücklohn von 1,15 Mk. Um die nacheinander ihr zugewiesenen Einrichtungen prompt zu erledigen, engagiert sie drei Hilfskräfte, darunter die Arbeiterin C. Diese begibt sich, nachdem sie in Erfahrung gebracht hat, bei welcher Firma die A. Arbeit erhält, zu der Firma B. und bietet ihr an, sie (die C.) wolle die Blusen in selber Qualität für 95 Pf. das Stück herstellen. Darauf geht die Firma ein, entzieht der A. die weiteren Aufträge; die C. legt bei der A. ohne Einhalt der Kündigung die Arbeit nieder. Die A. verliert jeglichen Verdienst für diese Saison, kann ihre anderen beiden Arbeiterinnen nicht bezahlen und wird infolgedessen von diesen auf eine 14tägige Lohnentschädigung verklagt. Bei dem Prozeß kommt der ganze Hintergrund, wie oben entwickelt, zur Feststellung. Selbst der Preis von 1,15 Mk. war nach dem einstimmigen Urteil der vier branchekundigen Beisitzer ein äußerst niedriger Lohn. — Die C. tat nun ihrerseits eine Arbeitsstube mit vier Hilfskräften auf, die erst später mangels Lohnzahlung an die

---

wird beim Vertragsschluß auf die Erklärung des Einverständnisses von seiten des Arbeiters das allergeringste Gewicht gelegt. Im allgemeinen wird präsumiert, daß sich der Arbeiter allen Gepflogenheiten der Fabrik durch den Arbeitsvertrag ohne weiteres unterwerfe, ohne daß ihm diese bekannt zu sein brauchen." Derselbe ähnlich in seinem Buche „Der Akkordvertrag und der Tarifvertrag".

[4]) Vgl. Löwenfeld, Koalitionsrecht und Strafrecht im Archiv für soziale Gesetzgebung und Statistik Bd. XIV, S. 526.

letzteren aufflog. Die Arbeiterinnen der C. klagten auch beim Gewerbegericht, erhielten aber wegen der Unpfändbarkeit ihrer Arbeitsgeberin nichts.[5])

Derartige Tatbestände sind beim Vorhandensein von Tarifverträgen und von starken Arbeiterorganisationen ausgeschlossen.

Wenn die in ihrer Isoliertheit ohnmächtigen Arbeiter, sobald sie es nur konnten, sich koalierten und Vereine bildeten, um die Herrschaft der Arbeitgeber zu brechen, so ist dies nur natürlich. Nunmehr begannen die Arbeiter und ihre Vereine den Spieß umzudrehen und den Arbeitgebern Bedingungen zu stellen und die Erfüllung ihrer Forderungen eventuell durch Streiks zu erzwingen. Nicht viel besser wie dem vereinzelten Arbeiter geht es heutzutage, zumal den vereinzelten Arbeitgebern. Sie sind nicht mehr „Herren im eigenen Hause".[6]) Selbst ihnen ist die Freiheit des Arbeitsvertrages entschwunden. Die „freie Übereinkunft" des § 105 der Gewerbeordnung steht für die Gewerbetreibenden (Arbeitgeber wie Arbeiter) meist nur auf dem Papier. Man kann Rocke[7]) im allgemeinen zustimmen, wenn er bemerkt: „Die sogenannten reichen Unternehmer, die kapitalkräftigen Leute, die, wenn sie wollen, die Betriebe schließen und von ihren Zinsen leben können, sind im Deutschen Reiche in verhältnismäßig außerordentlich geringer Anzahl vorhanden. Mag sein, daß diese wirklich starke wirtschaftliche Existenzen sind, aber die Gesamtheit der Unternehmer, wozu doch auch alle die einzelnen Handwerker und kleinen Gewerbetreibenden gehören, ist schwächer als die Gesamtheit der Arbeitnehmer. Jedenfalls verschafft die Organisation der

[5]) Siehe dazu über den Berliner Konfektionsstreik (1895) „Das Gewerbegericht Berlin" S. 331 und 332; Soziale Praxis vom 27. Februar 1896 Sp. 626 und vom 16. April 1896 Sp. 813 ff.; Das Gewerbegericht, I. Jahrgang, Sp. 19; Jastrow, Sozialpolitik und Verwaltungswissenschaft Band I, S. 494 und 495.

[6]) Vgl. dazu Wölbling, Der Arbeitsvertrag und der Tarifvertrag S. 271: „ . . kraftvolle Verbände von Berufsgenossen verurteilen den Einzelnen, zur Ohnmacht auch den Stärksten; Kartelle, Trusts, Gewerkschaften regeln das Wirtschaftsleben nach despotischen Grundsätzen." Siehe über den Begriff „Herr im eigenen Hause", Lotmar die Tarifverträge S. 38 und 39; Keßler S. 165, 172, 190, 196, Zimmermann in den Schriften der Gesellschaft für Soziale Reform Heft 11 und 12 des II. Bandes S. 21 und 28. So führt Lotmar aus: „Bei konsequenter Anwendung nach jeder Seite könnten sich die Unternehmer nicht durch Verträge mit ihresgleichen vorschreiben lassen, an welche Händler und zu welchen Preisen sie ihre Waren absetzen, oder welche Arbeiter sie einstellen oder aussperren sollen." Herkner, Die Arbeiterfrage S. 224.

[7]) Über Tarifgemeinschaften. Vortrag gehalten in der Hauptversammlung des Vereins Deutscher Salinen am 17. September 1906 in Dresden. S. 7.

Arbeitnehmer diesen das Übergewicht über die Arbeitgeber." Dies haben denn auch die letzteren eingesehen und sich ebenfalls zusammengetan. Ihre Verbände sind Achtung gebietende und zum Teil machtvolle. Dem Zustande, daß sich solche starken Organisationen gegenüberstehen, der Erkenntnis, daß die ewigen Lohnkämpfe die Gewerbe zugrunde richten und endlich dem Bedürfnis nach Ruhe und Frieden auf der einen Seite, auf der andern Seite nach festen Löhnen, ist es zuzuschreiben, wenn beide Teile, Arbeitgeber und Arbeiter, die Tarifverträge als „Friedensdokumente"[8]) schätzen lernen. So kommt es alsdann, daß manche Arbeitgebervereine nach Ablauf der für ihre Gewerbe geschaffenen Tarifverträge langwierige Lohnkämpfe mit den Arbeiterorganisationen nicht scheuen, lediglich zu dem ausgesprochenen Zwecke, um zu neuen Tarifverträgen zu gelangen. Aus der neueren Zeit nenne ich die Kämpfe im Berliner Weißgerbergewerbe,[9]) im Berliner Maurer- und Zimmerergewerbe[10]) und in der deutschen Holzindustrie.[11]) Nur bei den Maurern und Zimmerern ist es infolge ablehnenden Verhaltens der Arbeiter nicht zum Vertrage gekommen.[12]) Dagegen sind für die Weißgerberei und die Gewerbetreibenden der Holzindustrie vor dem Gewerbegericht die Tarifverträge erneuert worden. Für uns sind von besonderem Interesse die Ereignisse im Holzgewerbe. Zu der in demselben ausgefochtenen Fehde und zu der Erledigung der einzelnen Differenzen nimmt im Oktoberheft 1907 der „Zeitschrift für Forst- und Jagdwesen" Oberförster v. d. Borne[13]) Stellung. Er äußert sich zutreffend unter anderem:

„Viel wichtiger, als die Entscheidung über Einzelfragen ist die

---

[8]) Keßler und mit ihm Braun bezeichnen die Tarifverträge als Waffenstillstandsurkunden.

[9]) Reichsarbeitsblatt III. Jahrgang S. 1088 und 1089.

[10]) Reichsarbeitsblatt V. Jahrgang S. 784 ff. Vgl. dazu die Ausführungen des Verbandes der Berliner Baugeschäfte im letzten Abschnitt dieser Arbeit.

[11]) Reichsarbeitsblatt V. Jahrgang S. 661 ff. und das Gewerbe- und Kaufmannsgericht 12. Jahrgang Sp. 222 ff. Ferner Soziale Praxis XVII. Jahrgang Sp. 196 ff. Ich habe den neuen Tarifvertrag für die Berliner Holzindustrie und die „Arbeitsbedingungen" für das Berliner Baugewerbe, von welchen letzter Zeit besonders viel die Rede gewesen ist, dem vorstehenden Gutachten als Anlage I und II beigefügt.

[12]) Infolge der Verhandlungen März und April 1908 in Berlin sind wieder zwischen dem Verband der Baugeschäfte Berlins und den sämtlichen Zentralverbänden der Bauarbeiter Tarifverträge zustande gekommen. Vgl. Reichsarbeitsblatt VI. Jahrgang S. 400, Zentralblatt für das deutsche Baugewerbe 1908, Nr. 15 S. 175; Nr. 16 S. 186; Nr. 18 S. 206; Nr. 19 S. 217 u. 224; Nr. 20 S. 234; Nr. 21 S. 246.

[13]) Die Lohnkämpfe im deutschen Holzgewerbe.

Durchfechtung des Prinzips, durch Abschluß von Verträgen zwischen den Zentralvorständen der beiderseitigen Verbände — also unter Ausschaltung der lokalen Verwaltungen — für eine Reihe von Jahren und für ein großes Wirtschaftsgebiet gesicherte Zustände zu schaffen und die Entwicklung eines blühenden Gewerbes unabhängig zu machen von einseitiger Willkür. Aus diesem Grunde vor allen Dingen verdienen diese Vorgänge das allgemeine Interesse, welches in den einleitenden Worten zu diesem Aufsatz für sie in Anspruch genommen wurde."

Über diesen Gegenstand schreibt ferner die „Fachzeitung[14]) der Tischlermeister und Holzindustriellen Deutschlands" vom 19. Mai 1907:

„Auf Grund der so gewonnenen Abmachung werden die Zentralvorstände die Arbeit unternehmen, eine allgemeine Regelung der Frage der Arbeitszeit für ganz Deutschland unter Berücksichtigung der jeweiligen lokalen Verhältnisse in die Wege zu leiten. Es soll also das praktische Gestalt gewinnen, was im Laufe der Verhandlungen gerade von seiten der Arbeitgeber immer wieder als Ziel aller Verhandlungen hingestellt wurde: nämlich ein Zustand, wie er bei den Buchdruckern besteht, ein einheitlicher Vertrag für das ganze Gewerbe, der die fortwährenden und so unendlich ruinösen Kleinkämpfe ausschaltet. Gelingt es, die Arbeitszeit so zu regeln, daß mit Berlin und seinen 51 Stunden an der Spitze eine generelle Abmachung Platz greift, dann wird die leidige Konkurrenz der einzelnen Gegenden und Städte unter sich zum Heile des ganzen Gewerbes ausgeschaltet. Dann ist aber auch eine Grundlage erreicht, auf der man weiter bauen kann, um auch die Verhältnisse auf anderen Gebieten, die Lohnfrage, diejenige des Arbeitsnachweises usw. allgemein zu regeln, um so zu stabilen und gesunden Verhältnissen zu kommen." [15])

Die soeben genannte Fachzeitung hat die Buchdrucker erwähnt. Dieselben und ihre Prinzipale, deren Kollektivabkommen für die Verträge anderer Gewerbe vorbildlich ist, leben infolge ihrer Einigung seit langen Jahren[16]) in geordneten Verhältnissen und in Zufriedenheit miteinander.

---

[14]) Die „Fachzeitung" berechnet übrigens die ungeheuren pekuniären Opfer die der Kampf den streitenden Parteien kostete, für die Arbeitgeber auf rund $2^1/_2$ Millionen Mk. und für die Arbeitnehmer auf rund $6^1/_4$ Millionen Mk. Die Arbeitnehmer gaben mir auf meine Anfrage ihre Ausgabe auf $3^1/_4$ Millionen Mk an.

[15]) Über die bisherige Entwicklung siehe Soziale Praxis XVII. Jahrgang Sp. 776.

[16]) Bürenstein, in den Schriften der Gesellschaft für soziale Reform, Heft 11 und 12 des II. Bands S. 85 ff. und in den Verhandlungen der Ortsgruppe Berlin der Gesellschaft für soziale Reform am 28. Oktober 1907 (Arbeitstarifverträge) S. 20 ff.; Kulemann, Die Gewerkschaftsbewegung S. 624 ff. Siehe dazu Köppe, Der neueste soziale Fortschritt in der Buchdrucker-Tarifgemeinschaft

Wenn auch nicht verkannt werden soll, daß die Buchdruckindustrie eine besondere Stellung einnimmt, ist es dennoch lohnend, eine Eingabe, welche von dem Tarifamt der deutschen Buchdrucker Januar 1904 an den Reichstag zugunsten der gesetzlichen Regelung der Tarifverträge gerichtet worden ist, hier wiederzugeben. Dieselbe hat folgenden Wortlaut:

„Zu einer Zeit, in der schwere wirtschaftliche Kämpfe zwischen Arbeitgebern und Arbeitnehmern innerhalb unseres Vaterlandes ausgefochten werden, deren Ende nicht abzusehen ist und deren Folgen nicht nur für die direkt Beteiligten, sondern ganz sicher auch für die nationale Wohlfahrt von nachteiligstem Einfluß sein müssen, drängt es uns, den Vertretern des deutschen Volkes im Reichstage davon Kenntnis zu geben, welche Wege im Deutschen Buchdruckgewerbe beschritten worden sind, um Rechte und Pflichten aus dem Arbeitsvertrage zu beschließen und festzustellen und gegenseitig auch zu erfüllen.

Das Mitbestimmungsrecht über die Festsetzung der Lohn- und Arbeitsbedingungen ist im Deutschen Buchdruckgewerbe für Prinzipale und Gehilfen das gleiche; beide Parteien haben hierüber innerhalb des dafür bestimmten Parlaments das Recht einer freien Diskussion und ein völlig gleiches Stimmrecht. Der beschlossene Tarif hat den Charakter eines freiwillig geschaffenen, aber darum nicht minder hochgehaltenen Gesetzes, dem sich Prinzipale und Gehilfen, die den Tarif für sich als verbindlich anerkannt haben, gern und bestimmt unterordnen. Streitfälle über die Auslegung dieses tariflichen Gesetzes unterliegen der Rechtsprechung von Schiedsgerichten, die zu gleichen Teilen aus Prinzipalen und Gehilfen zusammengesetzt sind. Als Berufungsinstanz für diese Schiedsgerichte

---

in den Jahrbüchern für Nationalökonomie und Statistik XXXII. Bd. Dritte Folge (LXXXVII) S. 744 ff.; derselbe, Der Arbeitstarifvertrag S. 159 ff.; Jastrow, Tarifvertrag und Koalitionspflicht im deutschen Buchdruckgewerbe (Gewerbe- und Kaufmannsgericht 12. Jahrgang, Sp. 25 ff.); Baensch, Die Neuerungen in der Tarifgemeinschaft der deutschen Buchdrucker in den volkswirtschaftlichen Abhandlungen der badischen Hochschulen. Herausgegeben von C. Joh. Fuchs, E. Gothein, G. v. Schulze-Gävernitz, IX. Bd., 7. Heft; ferner Aufsatz „der Sondervertrag der Organisationen im Buchdruckgewerbe — abgeändert“ in der Sozialen Praxis XVII. Jahrgang Sp. 332 ff.; Lujo Brentano. Die neuesten Gegner der Tarifverträge S. 355 ff.; Brogsitter, Der Tarifvertrag unter besonderer Berücksichtigung der Entwicklung in England, sowie der deutschen Buchdrucker-Tarifgemeinschaft; Hüglin S. 58 ff.; endlich Deutscher Buchdruckertarif nebst Kommentar. Im Auftrage des Tarifausschusses herausgegeben vom Tarifamt der deutschen Buchdrucker Berlin 1908. Selbstverlag des Tarifamts der deutschen Buchdrucker.

fungiert das Tarifamt der Deutschen Buchdrucker, das in derselben paritätischen Weise zusammengesetzt ist, wie alle Organe der Tarifgemeinschaft. Paritätische Arbeitsnachweise vermitteln nur zu den Bedingungen des Buchdruckertarifs. Die Stelle eines Arbeitsamts versieht das Tarifamt der Deutschen Buchdrucker. Von hier aus wird die von Prinzipals- und Gehilfenseite geübte Agitation für weitere Ausbreitung des Lohngesetzes geleitet, wird die gesamte tarifliche Organisation in ihrer Zusammenarbeit überwacht und gefördert; von hier aus werden bei entstehenden Differenzen, soweit die Schlichtung derselben den Schiedsgerichten nicht obliegt, sofortige Vermittlungen mit den Parteien angebahnt, und zwar erfahrungsgemäß fast stets mit dem gewünschten Erfolge.

Unter solchen Verhältnissen ist dem Deutschen Buchdruckgewerbe seit Inslebentreten der Tarifgemeinschaft (1896) ein gewerblicher Frieden beschieden; der im Jahre 1901 revidierte und mit 5jähriger Gültigkeit versehene Tarif garantiert diesen Frieden bis zum Jahre 1906, zu welchem Zeitpunkte es aber ganz sicher gelingen wird[17]), dem Friedenszustande eine weitere Dauer zu geben.

Das Buchdruckgewerbe ist in früherer Zeit, wie die ‚Geschichte der Tarifgemeinschaft der Deutschen Buchdrucker' im Eingang des mitfolgenden ‚Kommentars zum Buchdruckertarif' berichtet, vielfach der Schauplatz schwerer beruflicher Kämpfe gewesen, bis die Erkenntnis auf beiden Seiten dazu geführt hat, daß der Ausgang aller Kämpfe doch immer wieder das Nachgeben beider Parteien, das Vereinbaren über aufgestellte Forderungen und bewilligte Zugeständnisse ist und sein muß, wenn nicht das Gewerbe in seiner Entwicklung und seinem Bestande dauernd Schaden erleiden soll. Billige Forderungen und gerechte Zugeständnisse lassen sich aber besser ohne Kampf erreichen! Das ist die Erfahrung, die das Buchdruckgewerbe innerhalb der letzten 30 Jahre gewerblichen Schaffens und Ringens gesammelt hat. Im Interesse der deutschen Arbeit, der Wohlfahrt des deutschen Vaterlandes aber dürfte es liegen, wenn in allen Gewerben an die Stelle des rohen wirtschaftlichen Kampfes das Recht auf die Mitbestimmung am Lohnvertrage treten würde, und wenn sich beide Teile, Arbeitgeber wie Arbeitnehmer, bei Wahrung ihrer gegenseitigen Rechte besser verstehen lernten; dazu ist unseres Erachtens aber am besten Gelegenheit gegeben durch die Zusammenarbeit beider Teile innerhalb einer gemeinsamen tariflichen Organisation, wie solche im Buchdruckgewerbe vorhanden ist, und wie nach deren Muster auch andere Gewerbe ähnliche Einrichtungen getroffen

---

[17]) Siehe Anmerkung 16 a. E.

haben. Nicht zum letzten fühlt der wirtschaftlich schwächere Teil in unserem Gewerbe den Segen einer solchen Tarifgemeinschaft, und es ist begreiflich, daß die zur Tarifgemeinschaft gehörenden Prinzipale und Gehilfen — und das ist fast die Gesamtheit des Gewerbes — den aufrichtigen Wunsch hegen, daß ein wenig mehr Einsicht und der feste Wille, das gegenseitige Recht aus dem Arbeitsvertrage in vernunftgemäße Bahnen zu leiten, in allen deutschen Gewerben sich Bahn brechen und schwere wirtschaftliche Niederlagen der deutschen Arbeit ersparen möchten!

Hierzu behilflich zu sein, richten wir an die Herren Vertreter des deutschen Volkes aller Parteien die dringende Bitte. Wir wünschen, daß es in möglichst kurzer Zeit der deutsche Reichstag als seine Aufgabe betrachten möge, für das werktätige Volk ein Gesetz zu beschließen, dessen Ziel der gänzliche Fortfall bitterer Kämpfe zwischen zwei zusammengehörenden beruflichen Gruppen sein möge. Sollten hierzu die bereits im Buchdruckgewerbe bestehenden, den gewerblichen Frieden sichernden Einrichtungen nur den leisesten Anstoß gegeben haben, würden wir dies im Interesse der Angehörigen der übrigen Gewerbe freudigst empfinden. Ein Schritt näher diesem Ziele würde in allen Kreisen mit Genugtuung begrüßt und den Vertretern des deutschen Volkes sehr zur Ehre angerechnet werden."

Es ist klar, Arbeitgeber und Arbeiter gewinnen dadurch, daß sie ihre Verbände berechtigen, Tarifverträge abzuschließen und deren Innehaltung zu überwachen. Unter günstigen[18]) Umständen treten ihre Koalitionen als freie, auch wirtschaftlich freie Kontrahenten auf.

Für die Zukunft scheint es jedoch mit der Freiheit des Arbeitsvertrags überhaupt böser wie je bestellt zu sein. „Neue Herrschaften sind im Entstehen begriffen, in denen die Grundlagen der wirtschaftlichen Freiheit beseitigt sind. Statt der Gleichheit vor dem Recht gilt der Wille der Beherrscher der Riesenbetriebe." [19]) Wie kommt nun der Gesetzgeber mit seiner „Freiheit" beim Abschluß des Arbeitsvertrags aus dem durch die gegenwärtigen Zustände ihm bereiteten Dilemma heraus?

Sinzheimer behandelt am Anfang seines Buches über den korporativen Arbeitsnormenvertrag den gewerblichen Arbeitsvertrag. Er weist nach, daß der einzelne Arbeiter sich in einem einseitigen Abhängigkeitsverhältnis vom Arbeitgeber befindet. Alsdann faßt er zusammen:

[18]) Diese waren allerdings bei den Streiks der Maurer und der Elektrizitätsarbeiter in Berlin nicht vorhanden. Siehe noch das Gewerbegericht 11. Jahrgang Sp. 128.

[19]) Brentano in der Sozialen Praxis XIV. Jahrgang S. 345.

„Wir haben diese Betrachtung vorgenommen, um der Einsicht in das Wesen des Gestaltungsprinzips des gewerblichen Arbeitsvertrages das dem Arbeitsnormenvertrag[20]) eigentümliche Gestaltungsprinzip entnehmen zu können. Es besteht darin, an die Stelle des absoluten Gestaltungsprinzips des gewerblichen Arbeitsvertrags, das in den bisherigen Ausführungen zu schildern versucht ist, ein auch im Inhalt vertragsmäßiges Gestaltungsprinzip an die Stelle der absoluten Rechte die vertragsmäßig hergestellte Norm zu setzen, um so nicht nur die Freiheit[21]) im Abschluß des Arbeitsvertrages zu erhalten, sondern diese Freiheit auch im Inhalt des Arbeitsvertrags zu begründen. Aus dem Herrschaftsverband soll sich ein Verband, der auf Freiheit im konstitutionellen Sinne ruht, entwickeln.“[22])

In ähnlichem Sinne erörtert die Frage Schall.[23]) Er führt aus: „Der individuelle Arbeitsvertrag ist im modernen Großbetrieb eine technische Unmöglichkeit und stellt in der Welt der kapitalistischen Unternehmungen die ideale Rechtsform für die ausschließliche Herrschaft der Arbeitgeber über die Arbeitsbedingungen dar. Aus solche, den Prinzipien der heutigen bürgerlichen Gesellschaft widersprechenden Verfassung des Arbeitsverhältnisses führt zu ‚richtigem Recht‘ nur der Weg seiner kollektiven Gestaltung, d. h. daß mindestens auf Arbeiterseite die Arbeiter einer oder mehrerer Unternehmungen vereint sich an der Regelung der Arbeitsbedingungen beteiligen. Die Rechtsform, in der heute diese kollektive Regelung erfolgt, ist der Tarifvertrag.“ Ferner sagt Schmelzer[24]): „Tarifgemeinschaften sind zwar kein Allheilmittel zur Lösung der sozialen Frage, denn auch unter ihrer Herrschaft sind die Arbeiterverhältnisse keine rosigen geworden, sie sind aber bei den gegenwärtigen sozialen Zuständen und Strömungen für viele hart bedrängte Gewerbe von großem Vorteil. Unter diesen Voraussetzungen bilden Tarifgemeinschaften dann nicht nur ein ehrendes Zeugnis für das wirt-

---

[20]) Sinzheimer setzt an Stelle der Bezeichnung „Tarifvertrag“, die Bezeichnung „Arbeitsnormenvertrag“. Darüber später.

[21]) Siehe dazu Köppe, Der kollektive Arbeitsvertrag als Gegenstand der Gesetzgebung S. 300.

[22]) Siehe auch Gewerbe- und Kaufmannsgericht, XIII. Jahrgang, Sp. 118.

[23]) Das Privatrecht der Arbeitstarifverträge S. 197 und 198 (Verlag von Gustav Fischer, Jena 1907).

[24]) Tarifgemeinschaften, ihre wirtschaftliche, sozialpolitische und juristische Bedeutung mit besonderer Berücksichtigung des Arbeitgeberstandpunktes. Leipzig 1906. Dazu Köppe, Der kollektive Arbeitsvertrag als Gegenstand der Gesetzgebung S. 310.

schaftliche Verhältnis, die soziale Friedensliebe und ein klares Rechtsbewußtsein beider Kontrahenten, sondern sie setzen gleichzeitig der bisherigen unnötigen Vergeudung an volkswirtschaftlicher und sozialer Kraft durch Verlust von Unsummen von Kapital und Arbeit bei Streiks ein Ziel und tragen so zur nationalen Wohlfahrt bei."

Alle diejenigen, welche besonders die letzteren Ausführungen als richtige anerkennen, müssen es als Aufgabe des Staates betrachten, daß er dem Tarifvertrag die ihm angemessene rechtliche Ausgestaltung gewähre.

Ob zu dieser Gesetzesarbeit bereits die Zeit da ist, darüber wird man zweifelhaft sein können.

Während wir im Handwerk und in der Industrie augenblicklich etwa 6 bis 8000 Tarifverträge[25]) nach den mir erteilten Auskünften zu verzeichnen haben, weiß das Handelsgewerbe noch sehr wenig von solchen Verträgen.[26]) Indes dürfte ein größeres Eindringen der Tarifverträge in das Handelsgewerbe nicht ausbleiben. Ich verweise schon jetzt auf die am Schluß dieses Gutachtens (Abschnitt III) abgedruckten Angaben einzelner maßgebender Führer von Handlungsgehilfenvereinen, vornehmlich auf die Erörterungen des deutsch-nationalen

---

[25]) Die bisherigen Angaben (3000—4000 Tarifverträge) in der Literatur beruhen auf Feststellungen früherer Jahre. Reichert, Beiträge zum Recht des Tarifvertrages (Dissertation), Liegnitz. Oskar Heinze's Buchdruckerei 1907 S. 2; Wölbling, Der Akkordvertrag und der Tarifvertrag S 279; v. Lindheim, Die Friedensaufgaben der Tarifverträge, Wien 1907 S. 34; Braun, S. 99 erklärt: „Wir glauben mit unserer Schätzung nicht fehl zu gehen, wenn wir für Ende 1907 die Zahl der durch Tarife gebundenen Arbeiter mit rund einer Million, eher mit mehr als mit weniger, annehmen." Übrigens wird, wie ich höre, das Statistische Amt des Deutschen Reichs Ende nächsten Jahres in der Lage sein, über die Anzahl der Tarifverträge in Deutschland zu berichten.

[26]) Mir sind bekannt: 1. „Tarif betreffend die Gehalts- und Arbeitsverhältnisse der kaufmännischen Angestellten, vereinbart zwischen der Großeinkaufsgesellschaft Deutsche Konsumvereine G. m. b. H. in Hamburg und dem Zentralverband der Handlungsgehilfen und Gehilfinnen Deutschlands, Sitz Hamburg." 2. „Vertrag für die Verkäuferinnen des Konsum-Verein Sendling-München E. G. m. b. H." (ebenfalls mit dem genannten Handelsgehilfenverband geschlossen). 3. „Lohn- und Arbeitstarif für Verkäuferinnen zwischen dem Konsumverein und der Produktivgenossenschaft „Eintracht", Crimmitschau und dem Zentralverband der Handlungsgehilfen und -Gehilfinnen Deutschlands, Sitz Hamburg." Der Vertrag zu 2 ist dem Gutachten als Anlage III beigefügt. Es sei bemerkt, daß der Zentralverband der Handlungsgehilfen noch mit einer ganzen Reihe von Vereinen in Unterhandlung steht über den Abschluß gleichartiger, je nach den örtlichen Verhältnissen gestalteter Verträge.

Die „Gehilfen und Lehrlinge" der Konsumvereine sind als Handlungsgehilfen anzusehen. Jahrbuch des Kaufmannsgericht Berlin S. 152.

Handlungsgehilfenverbandes. Die Handlungsgehilfen gehören zu den gewerblichen Arbeitern.[27]) Wenn man Stückwerk vermeiden will, wird man zur Entscheidung, ob und welche gesetzliche Vorschriften über gewerbliche Tarifverträge zu erlassen sind, abzuwarten haben, wie sich die Verhältnisse im Handelsgewerbe herausbilden.[28])

Die Deutsche Arbeitgeberzeitung schrieb Januar 1907 ironisch: „Wer an juristischen Streitfragen und an scharfsinnigen, spitzfindigen Unterscheidungen Gefallen findet, für den muß der Tarifvertrag geradezu ein Paradies sein; denn es läßt sich kaum irgendein Rechtsverhältnis denken, das noch so im Unklaren liegt, dessen Wesen und Begriff, dessen ganze Existenzberechtigung so lebhaft umstritten wird und das in allen seinen Einzelheiten ausnahmslos den Gegenstand heftig verfochtener und ebenso leidenschaftlich angegriffener Meinungsverschiedenheiten bildet." So arg ist es natürlich nicht, wie die Zeitung angibt. Ihren Ausführungen darf man jedoch insoweit zustimmen, als, wie wir im Verlaufe des Gutachtens noch sehen werden, trotz einer großen Anzahl abgeschlossener Tarifverträge und trotz reicher Literatur wichtige Fragen aus dem Gebiete des Tarifvertragsrechts noch nicht ausreichend geklärt[29]) sind. Auch aus diesem Grunde wird es nicht ratsam erscheinen, augenblicklich dies so wünschenswerte[30]) Gesetz über den Tarifvertrag zu

[27]) Siehe den Aufsatz „Handelsgewerbe und Gewerbeordnung" im Jahrbuch des Kaufmannsgericht Berlin. S. 149 ff.

Auch die sogen. Heimarbeiter zählen zu den gewerblichen Arbeitern im Sinne der Gewerbeordnung. v. Schulz und Schalhorn S. 78 ff., Wölbling, Akkord- und Tarifvertrag S. 227—235. Vgl. dazu Lohntarife in der Heimarbeit. Soziale Praxis XV. Jahrgang Sp. 1357 und Gertrud Dyhrenfurth. Tarifämter für die Hausindustrie.

Über die Rechtsstellung 1. der Gärtner und 2. Eisenbahnarbeiter vgl. zu 1, v. Schulz und Schalhorn S. 387 und Literatur bei v. Schulz, Das Reichsgesetz betr. Kaufmannsgericht S. 31; zu 2: v. Schulz und Schalhorn S. 38 ff., 45 ff. und 282 ff.; ferner Erlaß des Handelsministers vom 18. Februar 1905 (Min.-Bl. der Handels- und Gewerbeverwaltung vom 27. Februar 1905, S. 44 und 45). Dazu Soziale Praxis XIV. Jahrgang Sp. 595. Endlich Soziale Praxis XV. Jahrgang Sp. 965 und Das Gewerbegericht X. Jahrgang Sp. 138 und 223.

Über Tarifverträge der Gärtner siehe Beiträge zur Arbeiterstatistik Nr. 5 über Tarifvertrag im Deutschen Reich. III. Bearbeitet im Kaiserl. Statistischen Amt. S. 261 ff.

[28]) Siehe auch Anmerkung 1.

[29]) Vgl. Zimmermann bei v. Lindheim S. 33 und in der Sozialen Praxis XV. Jahrgang Sp. 1266 ff.

[30]) Vorschläge zu einem Gesetze sollen in dem der vorstehenden Einleitung folgenden ersten Abschnitte des Gutachtens (II der Tarifvertrag) mitgeteilt werden. Es sei hervorgehoben, daß eine gesetzliche Ordnung des Tarifvertragswesens die

schaffen. Eine der von mir vertretenen Richtung sich zuneigende Ansicht bekannte in einer vom Gewerkschaftsverein München einberufenen Delegiertensitzung der Gewerberichter Dr. Geßler. Er sprach dort über die rechtliche Grundlage des Tarifvertrages und erklärte am Schluß seines Vortrages:

„Wird der Tarifvertrag gesetzlich geregelt, dann wäre zunächst alles vom Übel, was über den einen Paragraphen hinausgeht, der heißen müßte: Einzelverträge, die in Widerspruch mit dem Tarifvertrag stehen, sind nichtig. Alles andere sollte man ruhig der weiteren Entwicklung überlassen. Wir kommen viel rascher zu gesünderen Verhältnissen, wenn man auf dem bisher beschrittenen Wege weitergeht; man übertrage die Ausgestaltung des Tarifvertrages den Händen, in denen sie jetzt liegt, den Schlichtungskommissionen, Schiedsgerichten und Gewerbegerichten, die von sachkundiger Seite aus beiden Lagern beraten sind und ganz von selbst zu richtigem Ergebnis kommen, besonders, wenn beide Teile sich auf den Standpunkt stellen: Treu und Glauben für die Auslegung und rücksichtslose Strenge gegen Tarifbrüchige. Kleine Zwischenfälle werden

---

Neigung, kollektive Vereinbarungen zu treffen, sicherlich vermehren wird. Schall a. a. O. S. 200 bemerkt: „Die Unvollkommenheit der Tarifvertragsbestimmungen könnte freilich auch ohne Hilfe des Gesetzgebers dadurch vermieden werden, daß die Arbeiter und Arbeitgeberverbände (in deren Hand liegt ja das Schicksal des Tarifvertragswesens) Formulare für die typische Gestaltung der Tarifvertragsorganisation ausarbeiten ließen und in Anwendung brächten."

Schon häufig ist mir von den Parteien nahe gelegt worden, Formulare der von Schall angeregten Art zu entwerfen. Aus dieser Sachlage ist das Verlangen von Arbeitgebern und Arbeitern ersichtlich, nach festen und bestimmten Normen, an die die Vertragschließenden sich zu halten haben. (Vgl. übrigens das Formular für das Baugewerbe. Reichsarbeitsblatt VI. Jahrgang Sp. 401; die „Vorlage für Arbeitstarifverträge", Soziale Praxis 17. Jahrgang Sp. 679 ff. Für das deutsche Malergewerbe ist jüngst ebenfalls ein Formular für Tarifverträge geschaffen worden, und zwar in Anlehnung an das Formular für das Baugewerbe. Siehe Anmerkung 84.

Undeutlichkeiten in den Tarifverträgen werden selbst beim Gebrauch von Formularen sich nicht völlig vermeiden lassen. Gewöhnlich kommt es darauf an, nach langen aufreibenden Verhandlungen den zustande gebrachten Vertrag schleunigst niederzuschreiben. Es enthalten aus diesen Gründen auch die vor dem Einigungsamt getroffenen Abmachungen nicht gar so selten undeutliche Bestimmungen. (Siehe Näheres bei Schalhorn in der Sozialen Praxis vom 23. April 1903, Sp. 811 und 812 und vom 1. März 1906, Sp. 584 ff.). Jedenfalls wird es nicht möglich sein, daß die gegenüberstehenden gewerblichen Gruppen ohne Geschäftsführer und gute Berater auf die Dauer detaillierte gesetzliche Vorschriften, besonders für Durchführung der Verträge, entbehren können. Vgl. dazu Beilage zu Nr. 1 des „Gewerbe- und Kaufmannsgerichts" vom 1. Oktober 1905, Sp. 91.

sich nie vermeiden lassen, aber sie werden immer mehr verschwinden, je mehr sich der Tarifvertrag im Volke einlebt. Wenn wir einen umfangreichen Tarifvertrags-Gesetzentwurf vorgelegt bekämen, so könnte er leicht zu einer Fesselung der ganzen Entwicklung führen."[31])

Mindestens harren schon jetzt des Gesetzgebers dringende Vorarbeiten. Sollen die Tarifverträge ihre Zwecke erfüllen und ihre volle gedeihliche Wirkung haben,[32]) so sind zunächst die Koalitionsparagraphen der Gewerbeordnung einer Revision zu unterziehen, wenn nicht gar zu beseitigen. Es muß ferner, wie so oft gefordert, den Organisationen der Arbeitgeber und Arbeiter Rechtsfähigkeit verliehen werden. Ob das junge Reichsvereinsgesetz den Tarifverträgen förderlich sein wird, ist abzuwarten.

Die folgenden Betrachtungen sind in zwei Abschnitte zerlegt. Im ersten Abschnitte soll eine gedrängte Übersicht des Materials gegeben werden, welches für die Ausarbeitung eines eigenen Tarifvertragsgesetzes

---

[31]) Bericht der „Münchener Post", Nr. 220 vom 27. September 1907, S. 3 und 4; Adolf Braun S. 81 und Beilage zu „Der Gastwirtsgehilfe" Nr. 10 vom 5. März 1908. Vgl. dazu Reichert S. 42. Dagegen die Beiträge für Arbeiterstatistik Bd. I S. 142.

[32]) Der Gesetzgeber hat durch die Bestimmungen über Einigungsämter im Gewerbegerichtsgesetz und im Kaufmannsgerichtsgesetz das Tarifvertragsrecht bereits gefördert. Es heißt in den Motiven zum Gewerbegerichtsgesetz, daß das Einigungsamt „eine friedliche Erledigung des zwischen Arbeitgebern und Arbeitern über die billigen Bedingungen des Arbeitsvertrages entstehenden Meinungsverschiedenheiten zu erleichtern und die für beide Teile mit schweren Opfern verbundenen Arbeitseinstellungen tunlichst zu vermeiden oder wo sie entstanden sind, möglichst rasch zu beseitigen" berufen sei. Baum, Arbeitskammern und Gewerbegerichte (Vossische Zeitung vom 12. März 1908, fünfte Beilage) hält übrigens § 6 des schon erwähnten Entwurfes eines Gesetzes betr. Arbeitskammern, welcher eine einigungsamtliche Tätigkeit der Arbeitskammern vorsieht, für bedenklich. Er führt aus: „Sie (die Arbeitskammern) sollen freilich nur in Tätigkeit treten, wenn es an einem zuständigen Gewerbegerichte fehlt oder die beteiligten Arbeitnehmer in den Bezirken mehrerer Gewerbegerichte beschäftigt sind oder wenn die Einigungsverhandlungen bei den zuständigen Gewerbegerichten erfolglos sind. Die zweite Alternative ermöglicht den Arbeitskammern besonders in den Großstädten fast bei jeder Lohnbewegung, mit dem bewährten Einigungsamt des Gewerbegerichts in Konkurrenz zu treten. In Berlin dürfte kaum eine Lohnbewegung vorkommen, welche sich nicht auf einen Vorort erstreckt und demgemäß auch Arbeiter umfaßt, die im Bezirke der Gewerbegerichte Charlottenburg, Schöneberg, Weißensee, Rixdorf usw. beschäftigt sind. Seit Jahren ist es in Groß-Berlin üblich gewesen, in solchen Fällen allein das Einigungsamt des Berliner Gewerbegerichts anzurufen, das auch bisher immer eingegriffen hat, ohne daß jemals Zuständigkeitsbedenken laut geworden sind. Es besteht nicht das geringste Bedürfnis dafür, den gewerbegerichtlichen Einigungsämtern eine Konkurrenz an die Seite zu stellen."

etwa zu Gebote stände.[33]) Dabei werde ich das Koalitionsrecht, den Entwurf eines Gesetzes betr. Rechtsfähigkeit der Berufsvereine und das Reichsvereinsgesetz, soweit dies zur Erledigung des mir aufgetragenen Gutachtens notwendig erscheint, erörtern. Hierbei wird auch der Entwurf eines Gesetzes betr. Arbeitskammern gestreift werden. Der letzte Abschnitt meiner Arbeit enthält, — zum Teil auf der Grundlage einer von mir vorgenommenen Umfrage — Äußerungen aus Arbeitgeber- und Arbeiterverbänden, wie dort über die Tarifverträge, insbesondere über die gesetzliche Regelung dieser Verträge, gedacht wird.

II. Der Tarifvertrag.

1. Inhalt des Vertrages.

„Der Inhalt der Tarifverträge bietet, wenn man auch nur die Exemplare überblickt, welche durch die ephemere und die bleibende Literatur zur allgemeinen Kenntnis gelangen, die größte Mannigfaltigkeit, was bei der Vielfältigkeit der Anlässe zu kollektiver Vertragsschließung und bei der Verschiedenheit der in Frage kommenden Berufe wohl begreiflich ist." [34]) Der Vertrag für das Berliner Holzgewerbe (Anlage I) und die Arbeitsbedingungen für das Berliner Maurer- und Zimmerergewerbe (Anlage II) enthalten Bestimmungen, welche mehr oder minder in allen[35]) Tarifverträgen wiederkehren. (Bestimmungen über Arbeitszeit, Lohn, Lohnzahlung, Auflösung des Arbeitsverhältnisses, Baubuden, Aborte,[36]) über Schlichtungskommissionen,[37]) über den Geltungsbezirk und die Dauer der Verträge.)[38])

---

[33]) In vielen Fällen werde ich mich darauf beschränken müssen, nur die vorhandene Literatur anzugeben.

[34]) Lotmar, der Arbeitsvertrag I. Band S. 759. Dazu jetzt Beiträge zur Arbeiterstatistik Nr. 3 Der Tarifvertrag im deutschen Reich. Bearbeitet im Kaiserl. statistischen Amt. Abteilung für Arbeiterstatistik. Berlin 1906 und Imle, Gewerbliche Friedensdokumente Jena 1906 und „Die Tarifverträge zwischen Arbeitgebern und Arbeitnehmern in Deutschland", Jena 1907.

[35]) Vgl. auch den Inhalt des Vertrages aus dem Handelsgewerbe (Anlage III).

[36]) Siehe v. Schulz, Hygienische Vorschriften in Berliner Tarifverträgen (Medizinische Reform, Wochenschrift für soziale Medizin, Hygiene und Medizinalstatistik Nr. 17 vom 26. April 1906).

[37]) Siehe über dieselben Schall S. 195 ff.; v. Schulz, Die Berliner Schlichtungskommissionen in den Verbandsbeilagen zu Nr. 11 des „Gewerbegericht" vom 1. August 1905 X. Jahrgang Sp. 337 ff. Dazu das fünfjährige Sachregister des Reichsarbeitsblatts unter Mitteilungen der deutschen Gewerbegerichte (Stichwort: Schlichtungskommissionen); Wölbling, Der Akkordvertrag und der

„Der Vertrag, von dem wir sprechen — so lesen wir in Sinzheimers „korporativem Arbeitsnormenvertrag“ [39]) —, hat es nicht nur mit dem Lohn für Arbeit zu tun und hat es nicht notwendig [40]) mit ihm zu tun. Er hat es nicht nur mit dem Lohn zu tun, weil wesentlich für ihn auch alle die anderen Bestimmungen sind, die, außer dem Lohn, sich auf das Arbeitsverhältnis überhaupt beziehen.“ [41])

Tarifvertrag. Fünftes Kapitel: Organisation der Tarifgemeinschaften. S. 427 bis 431, auch S. 425.

Vgl. hier die in den Anlagen I—III beigefügten Tarifverträge unter „Schlichtungskommission“; „Achtzehner-Kommission“; „Schiedsgericht“.

[38]) Vgl. noch Kratochwill, die Berliner Tarifverträge im „Gewerbegericht“ X. Jahrgang, Sp. 331 ff.; Wölbling, Akkordvertrag und Tarifvertrag S. 315, unterscheidet bei den Bestimmungen des Tarifvertrags fünf Gruppen:

„1. Die Verpflichtung zur Unterlassung gewisser, auf Änderung des Tarifvertrags gerichteten Machtmittel wie Streik, Sperre, Aussperrung, Boykott, Verrufserklärung, schwarze Listen u. a.

2. Bestimmungen, welche das Verhältnis zwischen Arbeitgebern und Arbeitern im allgemeinen regeln sollen. Hierher gehört die Festsetzung der Zahl der zu beschäftigenden Arbeiter, das Lehrlingswesen, allgemeine Arbeiterschutzbestimmungen, das Verbot gewisser Vertragsformen, z. B. der Akkord- und Heimarbeit, der Beschäftigung von weiblichen Personen, irgendwelche maschinellen Einrichtungen. Die Ordnung der Tarifgemeinschaft gehört auch hierher.

3. Bestimmungen, welche zum Inhalte der einzelnen Arbeitsverträge werden sollen. Zum Inhalte des Arbeitsvertrags können auch bisweilen die Bestimmungen zu 2. werden.

4. Transitorische, auch dienstvertragliche Bestimmungen. Diese bestehen in der Aufhebung des etwa vorangegangenen Kampfes, bestehender schwarzer Listen. In Zusammenhang hiermit können diejenigen Bestimmungen erwähnt werden, welche unmittelbar die Begründung oder Fortsetzung von Dienstverhältnissen zur Folge haben.

5. Den Tarifvertrag selbst betreffende Bestimmungen. Dahin gehört Anfang und Ende der Vertragsdauer, Kündigung.“

[39]) S. 100.

[40]) Schall S. 19.

[41]) Den von Sinzheimer angegebenen Beispielen sei aus der Praxis des Gewerbegerichts Berlin, ein ferneres Beispiel hinzugefügt: Der von den Arbeitern und Arbeitgebern der Wollhutbranche vor dem Einigungsamt am 10. Februar 1896 abgeschlossene Vertrag enthält nichts über Löhne. Er lautet:

„1. Sämtliche ausgesperrten und ausständigen Arbeiter mit Ausnahme der Frau Sch. sind ohne jede Maßreglung einzustellen und zwar anf ihre alten Plätze;

2. Frau Sch. ist auf ihren Wunsch baldmöglichst durch den Fabrikantenverband in einem anderen als dem der Firma J. B. & Co. gehörigen Betriebe der Berliner Wollfilzhutfabrikanten einzustellen, und zwar gleichfalls ohne jede Maßregelung;

3. Arbeitgeber und Arbeiter setzen am Mittwoch, den 12. Februar, das Arbeitsverhältnis unter den alten Bedingungen fort;

Wölbling[42]) äußert sich dahin, daß jedenfalls die Verpflichtung zur Leistung von Arbeit[43]) nicht den Hauptinhalt des Tarifvertrages bildet. Er fährt dann fort: „Als Hauptinhalt kann man auch nicht nur die Regelung der Lohnhöhe betrachten, insbesondere auch nicht die Aufstellung eines Tarifs. Freilich besteht, wenigstens quantitativ, bei den bisher abgeschlossenen Tarifverträgen der Inhalt hauptsächlich in Lohnfragen. Daneben enthalten die Tarifverträge aber zahlreiche andere Bestimmungen, die meist als allgemeiner Teil des Tarifvertrags bezeichnet werden, z. B. über die Arbeitsvermittlung, über die Form des Abschlusses von Tarifverträgen, über die Frage, ob gegen Zeitlohn oder im Akkordvertrage gearbeitet werden, und in welchem Umfange dies geschehen soll, über den Abschluß der Akkorde, über die Arbeitszeit, die Beschaffenheit der Arbeitsräume, über die Stellung von Maschinen, Werkzeugen und Hilfskräften, über die Arbeitszeit, die Kündigungsfrist, über die Stellung der Arbeiter zueinander, der Kolonnen, der Helfer, der Meister, über Entlassungsgründe, Arbeitsordnungen, über Lehrlingsangelegenheiten, Besuch von Fortbildungs- und Handwerkerschulen, über die Sicherung des Betriebs, über Arbeiterwohlfahrtseinrichtungen. Die Tarifverträge regeln ferner Streiks, Sperren, Boykotts. Sie schaffen Schlichtungs-

---

4. Arbeitgeber und Arbeiter erklären übereinstimmend, daß sie bei Streitfällen, die zu Ausständen führen können, wenn eine direkte Verständigung zwischen den beteiligten Arbeitgebern und Arbeitern nicht zu erzielen ist, die Schlichtung durch eine Kommission anstreben zu wollen, die aus solchen Arbeitern gewählt ist die in Berliner Wollfilzhutfabriken beschäftigt sind. Diese Kommission soll mit einer seitens des Vereins der Berliner Wollfilzhutfabrikanten gewählten Kommission die Verhandlungen führen und aus 12 Arbeitern bestehen." Siehe über den Tatbestand, welcher diesem Vertrage zugrunde lag v. Schulz und Schalhorn, S. 329 und 330, und Jastrow, Sozialpolitik usw. S. 94.

[42]) Der Akkordvertrag und der Tarifvertrag 277; ferner Köppe, Der kollektive Arbeitsvertrag als Gegenstand der Gesetzgebung S. 296 ff. Siehe über den vorkommenden zulässigen Inhalt von Tarifverträgen und dessen Einteilung in drei Gruppen Lotmar der Arbeitsvertrag S. 760—764: 1. die transitorischen Bestimmungen — siehe den Vertrag für das Holzgewerbe (Anlage I) unter „c Übergangsbestimmungen"; — 2. die den Tarifvertrag selbst betreffenden Bestimmungen — siehe den Vertrag für das Holzgewerbe (Anlage I) unter „b Schlichtungskommission"; dazu den § 9 des Vertrages für das Maurergewerbe (Anlage II A) und unter „c Allgemeines" Ziffer 5 (Schlichtungskommission) des Vertrages für die Bauarbeiter (Anlage II B); — 3. die auf das Arbeitsverhältnis sich beziehenden Bestimmungen — siehe den Vertrag für das Holzgewerbe (Anlage I) nnter „a Bestimmungen über das Arbeitsverhältnis" und „d Schlußbestimmungen"; dazu die bezüglichen Abreden in den Verträgen für das Maurer- und Zimmerergewerbe (Anlage II A und B).

[43]) Siehe Anmerkung 45.

kommissionen und Tarifämter sowie Schiedsgerichte. Sie regeln das Verfahren bei Anrufung des Einigungsamtes und vieles andere mehr. So kann ein Tarifvertrag die Regelung eines ganzen Gewerbes für einen größeren oder kleineren Bezirk enthalten."

Die Tarifverträge haben danach zum Inhalt „die Verpflichtung der Parteien, unter Vermeidung von Streiks und Aussperrungen entweder selbst gewisse Arbeitsverträge nur unter den im Tarifvertrage vorgesehenen Bedingungen abzuschließen und Abweichungen zu unterlassen oder für Abschluß tarifgemäßer Einzelarbeitsverträge zu sorgen".[44]) Diese Verträge sind nicht Arbeitsverträge (kollektive Arbeitsverträge)[45]) oder Vorverträge zu solchen. Sie sind nicht Vorverträge auf die Einführung einer Vereinsorganisation in den einzelnen Betrieben.[46]) Ebensowenig können die Tarifverträge als Gesellschaftsverträge[47]) oder gar als Koalitionen[48]) bezeichnet werden. Ferner scheint mir gegen die Konstruktion der Tarifverträge als Verträge zugunsten Dritter der Einwand Schalls[49]) zu sprechen, daß bei dem Abschluß der Tarifverträge „die gleichzeitige Verpflichtung der einzelnen gewöhnlich mindestens ebenso im Willen der Parteien" liegt.

Endlich sind die Tarifverträge nicht anzusehen als Vergleiche,[50]) auch nicht als Arbeitsordnungen.[51]) Oertmann[52]) sagt von dem Tarif-

---

[44]) Schalhorn in der Sozialen Praxis XV. Jahrgang Sp. 584 ff.; Lotmar in Brauns Archiv Bd. XV S 29 ff.; Köppe, der kollektive Arbeitsvertrag als Gegenstand der Gesetzgebung S. 294; derselbe, Der Arbeitstarifvertrag S. 348 ff.

[45]) Lotmar a. a. O. S. 93 und der Arbeitsvertrag Bd. I S. 757; Bd. II S. 490 Anmerk. 2; Hüglin S. 8; Oertmann S. 1. Ausnahmsweise können in Tarifverträgen Arbeitsverträge aufgenommen sein. Siehe beispielsweise den Fall Anmerkung 41.

Tarifverträge sind auch nicht Gruppenakkorde; Hüglin S. 26; Rundstein, die Tarifverträge usw. S. 16 und Wölbling, Akkordvertrag und Tarifvertrag S. 310, 324.

[46]) Wimpfheimer S. 576. Dazu Sinzheimer, Arbeitsnormenvertrag, S. 109.

[47]) Reichert S. 15.

[48]) Lotmar in Brauns Archiv Bd. XV S. 48 und der Arbeitsvertrag S. 771; Reichert S. 17; v. Schulz im Archiv für Sozialwissenschaft Bd. 20 S. 362 ff.

[49]) Wölbling, Der Akkordvertrag und der Tarifvertrag S. 314 u. 374. Dazu Schall S. 142; ferner Rundstein, Tarifrechtliche Streitfragen S. 56 ff.

[50]) Lotmar a. a. O. S. 96 und der Arbeitsvertrag S. 770. Wölbling a. a. O. S. 311.

[51]) Lotmar, Der Arbeitsvertrag S. 769 und Reichert S. 17.

[52]) S. 5. Über die rechtliche Natur des Tarifvertrages siehe außer Lotmar noch Flesch, Zur Kritik des Arbeitsvertrages, und Baum in den Beiträgen zur Erläuterung des deutschen Rechts, 49. Jahrgang S. 261 ff.; Wölbling, Der Akkord-

vertrag: „Er ist vielmehr nur ein Vertrag eigener Art, ein negotium sui generis, gehört im Sinne der gemeinrechtlichen Terminologie zu den sogen. Innominatkontrakten (Rundstein) — eine Bezeichnung, die freilich für die Gegenwart im Grunde nur ‚Schall und Rauch' bedeutet." Den Arbeitern und Arbeitgebern muß allerdings etwas faßbares gegeben werden.

Die **gesetzliche** Einführung der Bezeichnung „Tarifvertrag", welche eine zu enge[53]) ist, erscheint im ersten Augenblick bedenklich.

Der von **Sinzheimer** gemachte Vorschlag, den „Tarifvertrag" künftig „Arbeitsnormenvertrag" zu nennen, ist zwar erwägungswert. Nachdem sich aber einmal die Bezeichnung „Tarifvertrag" eingebürgert und das Statistische Amt des Deutschen Reichs diese adoptiert hat, werden die Gewerbetreibenden kaum den neuen Ausdruck sich zu eigen machen. Auch die Wissenschaft kann hier nicht helfen. Nur dem entscheidenden Worte des Gesetzgebers würde man sich fügen und von dem Herkommen abweichen.

Soweit von der gesetzlichen Regelung des Inhalts der Tarifverträge die Rede ist, wird zunächst auf den Antrag an den Ausschuß des Gewerbegerichts Berlin (Anlage IV) hingewiesen. In diesem Antrage sind die Wünsche Berliner Arbeitgeber- und Arbeiterbeisitzer des Gerichts niedergelegt, welche dieselben bezüglich detaillierter Gesetzesvorschriften über den Inhalt der Tarifverträge hegen. Ähnliche Forderungen wurden in der Literatur erhoben. Ich kann hier nur auf einzelne Schrift-

---

vertrag und der Tarifvertrag, drittes Kapitel S. 307 ff.: „Der Tarifvertrag ist ein rechtswirksamer." Siehe insbesondere dort drittes Kapitel die eingehenden Erörterungen über den Begriff des Tarifvertrages. **Zimmermann**, Soziale Praxis XVII. Jahrg. Sp. 822 ff. mahnt übrigens unter guter Begründung bei den Tarifverträgen nicht den öffentlich rechtlichen Gesichtspunkt über den privatrechtlichen zu vernachlässigen. Siehe übrigens noch **Sinzheimer**, Korporativer Arbeitsnormenvertrag II. Teil S. 28 ff.

[53]) **Wölbling** im Archiv für Sozialwissenschaft und Sozialpolitik Bd. 21 S. 677. Dazu **Sinzheimer** a. a. O. S. 100, Anm. 8: „Es müßten diese Verträge aus der Lehre vom Tarifvertrag ausscheiden, wenn die Bezeichnung „Tarifvertrag" wirklich dem Begriff entsprechen sollte, den der Sinn dieser Bezeichnung in sich schließt. Eine solche Beschränkung liegt aber nicht im Sinne einer möglichst mit der Wirklichkeit übereinstimmenden Systematik. Dagegen ist die Bezeichnung „Arbeitsnormenvertrag" vollkommen mit dem wesentlichen Inhalt des Vertrages in Übereinstimmung und auch weit genug, um alle konkreten Spielarten dieses Vertrags in der Wirklichkeit begrifflich in richtiger Weise zu kennzeichnen." Siehe dagegen **Zimmermann** in der Sozialen Praxis XVII. Jahrgang Sp. 821.

steller Bezug nehmen. Zuvörderst Lotmar[54]): „Was sodann den Inhalt des Tarifvertrags anlangt, so kann derselbe — wie der Arbeitsordnung (Gew.-O. § 134b) — aus obligatorischen und aus fakultativen Bestimmungen bestehen. Zu den obligatorischen gehören die über den Lohn in den verschiedenen Hinsichten, nach denen er in den bisherigen Tarifverträgen bestimmt wurde (S. 14—18) und jedenfalls sein Betrag. Ferner müßte der Tarifvertrag enthalten eine Bestimmung über seine Gültigkeitsdauer, seine Kündigung und Erneuerung, ebenso die Bezeichnung einer Person, Kommission, Behörde usw., der die Auslegung des Tarifvertrags und die Beurteilung von Beschwerden über seine Verletzung zukommen soll."

Koeppe[55]) verlangt vom Gesetzgeber folgende Vorschriften:

„Jeder Tarifvertrag muß Bestimmungen enthalten:

a) über die Dauer seiner Gültigkeit, die vorbehaltlich stillschweigender Erneuerung durch Unterlassung einer zu befristenden Kündigung, höchstens 5 Jahre betragen darf,[56]) sowie über die Kündigungsfrist bei Verträgen auf unbestimmte Dauer;

b) über seinen örtlichen und gewerblichen Geltungsbereich;

c) über die Einrichtung einer paritätischen Schlichtungskommission, welche in den einzelnen Streitfällen zwischen Arbeitgebern und Arbeitern der Vertragsparteien über Anwendung und Auslegung des Tarifs vor der gewerbegerichtlichen Verfolgung derselben angegangen werden muß. Gestaltung und Funktionen dieses Organs dürfen im Rahmen bestimmter gesetzlicher Anforderungen von den Kontrahenten frei bestimmt werden. Zur Entscheidung mit rechtsverbindlicher Kraft sind sie nur befugt, soweit sie den bezüglichen Anforderungen des § 6 Absatz 2 des Gewerbegerichtsgesetzes entsprechen."

Schall[57]) alsdann hält es für notwendig: „Es ist zu bestimmen, daß der Tarifvertrag den räumlichen und zeitlichen Geltungsbereich des Tarifvertrages festlegen muß, daß die Bestimmung einer längeren Ver-

---

[54]) Der Arbeitsvertrag S. 119. Vgl. dazu den Entwurf Sulzer-Lotmar II a. E. u. VII (abgedruckt Soziale Praxis XI. Jahrgang S. 349 ff. und bei Sinzheimer korporativer Arbeitsvertrag S. 115 ff.

[55]) in den Jahrbüchern für Nationalökonomie und Statistik, III. Folge, 30. Bd. S. 307. Vgl. hierzu besonders das soeben erschienene Werk Köppes, „Der Arbeitstarifvertrag als Gesetzgebungsproblem."

[56]) Die vor dem Berliner Einigungsamt geschlossenen Tarifverträge haben eine Gültigkeitsdauer von 1 bis 3 Jahren.

[57]) S. 204.

tragsdauer als 5 Jahre[58]) nicht zulässig ist, daß mangels Kündigung (eine Kündigungsfrist ist vorzuschreiben) die Geltung des ablaufenden Tarifvertrages je um 1 Jahr verlängert wird, daß aus „wichtigem Grund“[59]) jederzeitige Kündigung statthaft ist (wenn diese Bestimmung als zu allgemein gefährlich erscheint, müßte versucht werden, einzelne wichtige Gründe zu formulieren;[60]) die Errichtung von Tariforganen ist wohl dem Ermessen der Parteien überlassen.“[61])

Ich schließe mit Wölbling.[62]) Dieser Schriftsteller sagt:

---

[58]) Siehe unter VII des Sulzer-Lotmar'schen Entwurfs.

[59]) Einen solchen wichtigen Grund würde die Konjunktur bilden. Von Herabsetzung der Löhne bei schlechter Konjunktur wollen die Arbeiter gewöhnlich nichts wissen. (Siehe jedoch bezüglich des Goldschlägergewerbes Rocke S. 29 und 30.)

Infolgedessen hoben seinerzeit die Arbeitgeber der Berliner Holzindustrie ihren ersten Tarifvertrag auf. v. Schulz und Schalhorn S. 354 Nr. 5 und S. 357 ff. Ähnliches wie in der Berliner Holzindustrie ereignete sich vor mehreren Jahren in Neusüdwales. Dort lehnte sich ein starker Bergarbeiterverband gegen das Zwangsschiedsgericht (s. über dasselbe Beiträge zur Arbeiterstatistik Nr. 3 des Tarifvertrages im Deutschen Reich I S. 96 ff.) auf. Der Verband hatte den Gerichtshof um eine anderweitige Festsetzung des Heuerlohnes gebeten. Nach eingehender Prüfung der Geschäftsbücher der Unternehmer hatte das Gericht die Herabsetzung der Löhne angeordnet. Anstatt sich diesem Entscheide, wie das Gesetz befiehlt, zu fügen, sind die Bergleute in den Ausstand getreten. Darauf ist Geldstrafe und Gefängnis gesetzt. Aber der Gewerkverein hat keine Mittel und der Staat nicht Gefängnisse genug, um alle Bergleute einzusperren. v. Schulz, Koalitionsrecht S. 12. Vgl. dazu Braun S. 41; ferner hier unter 3, „Form und Zustandekommen des Vertrages“ Anmerkung 144.

Die Notwendigkeit der Abänderbarkeit der Tarifverträge bei Konjunkturwechsel wird im allgemeinen vielfach betont. Man hält die Aufnahme einer entsprechenden Bestimmung bei der gesetzlichen Regelung der Tarifverträge für geboten. Schall S. 10 ff., 79, 98 und 99. Vgl. dazu Schalhorn in der Sozialen Praxis XV. Jahrgang Sp. 587 Anm. 4; Rundstein, Die Tarifverträge und die moderne Rechtswissenschaft S. 144 und 194 und Tarifrechtliche Streitfragen S. 7 und 10; v. Lindheim S. 33 und Jastrow im XI. Jahrgang des Gewerbe- und Kaufmannsgerichts Sp. 94. (Verbandstag.) Hüglin S. 54 bringt die Bestimmung eines Tarifvertrages für die Neuregelung des Lohnes während der Vertragsdauer.

Hinsichtlich des Berliner Braugewerbes s. Weigert S. 224. Vgl. auch noch den Artikel: „Konjunkturschwankungen und Berufsorganisation“ in der Deutschen Industriebeamten-Zeitung vom 13. März 1908.

Über „gleitende Lohnskalen“ (sliding scals) in England und Amerika siehe Biermer, im Handwörterbuch der Staatswissenschaften Bd. V; Herkner Die Arbeiterfrage, S. 496, und Kulemann S. 20.

[60]) Siehe bei Schall Kapitel IV, IIc.

[61]) Über Schlichtungskommissionen siehe weiter unten unter 3 „Form nnd Zustandekommen des Vertrages“ Anmerkung 149.

[62]) Akkordvertrag und Tarifvertrag S. 465.

„Bei einer solchen (nämlich gesetzlichen) Regelung ist es empfehlenswert, zunächst Begriff und Inhalt des Tarifvertrags festzustellen..... Man wird diesen Vertrag mit Rechtswirkungen ausstatten müssen, deren Ursprung in wichtigen Beziehungen nicht auf den Willen der einzelnen Beteiligten wird zurückgeführt werden können. Solche Wirkungen können aber nur denjenigen Tarifverträgen beigelegt werden, die den gesetzlichen Anforderungen entsprechen.

Die übrigen Tarifverträge wird man aber weder verbieten noch unbeachtet lassen können.

Der Unterschied zwischen den beiden Arten von Tarifverträgen wird, abgesehen davon, daß die eine einen zwingenden Inhalt hat, die andere nicht, zunächst in der relativen Zahl der beteiligten Personen liegen. Der Tarifvertrag mit weitergehender Wirksamkeit wird nur vorliegen, wenn nach einer Erklärung des zuständigen Einigungsamtes die Mehrzahl der Arbeiter des Geltungsbereichs des Tarifvertrags am Vertragsschluß beteiligt ist. Der notwendige Inhalt muß hier umfassen: die Frage, ob in Zeitlohn oder in Akkordlohn gearbeitet werden soll, die Höhe der Löhne oder die Art ihrer Festsetzung durch ein Tarifamt, die Arbeitszeiten, die Pflichten und Rechte eines am Vertragsschluß beteiligten Vereins hinsichtlich der Durchführung des Tarifvertrags, die Art der Zusammensetzung und Aufgabe des Tarifamtes. Nötig wird es vielleicht auch werden, gewisse Bestimmungen, deren vertragliche Festlegung den Gewerbebetrieb beengt und solche, deren Durchführung im Rechtswege nicht möglich ist, vom Tarifvertrage auszuschließen."

Zur Dauer des Tarifvertrages bemerkt Wölbling,[63]) daß auf längere Zeit als zehn Jahre Tarifverträge nur abgeschlossen werden dürfen, wenn ein Tarifamt vorhanden und dieses mit der Fortbildung der Tarifverträge betraut ist. Wölbling ist also nach seinen Ausführungen für gesetzliche Festsetzung von Vorschriften über Tariforgane. Ich muß ihm darin — im Gegensatz zu Schall — beistimmen. Dazu sei angegeben, daß der Ende August d. J. stattfindende Verbandstag der deutschen Gewerbe- und Kaufmannsgerichte sich voraussichtlich mit der Frage beschäftigen wird, ob und in welcher Weise die üblich gewordenen Schlichtungskommissionen, Tarifämter usw., den gesetzlichen Vorschriften über Einigungsämter einzufügen sind.

Mir liegen übrigens vor:

1. Gesetzentwurf des schweizerischen Arbeiterbundes; Bundesgesetz, betreffend den Arbeiterschutz in industriellen Betrieben.

---

[63]) Ebenda S. 467 und 469.

2. Anträge der vom Parteitag der schweizerischen sozialdemokratischen Partei gewählten Kommission zum bundesrätlichen Gesetzentwurf vom 3. März 1905 (Zürich, Buchdruckerei des Schweiz. Grütlivereins 1908) — zur Revision des schweizerischen Obligationenrechts.

In beiden Entwürfen finden sich folgende gleichlautende Vorschriften über den Inhalt des Tarifvertrags:

„Der Tarifvertrag ist ungültig, insofern sein Inhalt von zwingenden Gesetzen oder von den guten Sitten abweicht.

Der Tarifvertrag muß Bestimmungen über die Größe des Lohnes enthalten. Er muß den Anfang und das Ende, sowie den örtlichen Bereich seiner Geltung angeben. Er muß ein Tarifamt einsetzen, das sich mit der Auslegung, mit der Überwachung des Vollzuges, mit der Ausbreitung der Verbindlichkeit und mit der Vorbereitung einer Änderung oder Erneuerung des Tarifvertrags zu befassen hat.

Das Tarifamt hat, wenn es zu keinem Beschlusse gelangt, die Vermittlung des Einigungsamts und in dessen Ermanglung die einer Kantonsregierung nachzusuchen, die den Abschluß des Tarifvertrags bekannt gemacht hat.“[64])

Wir sehen, daß die Anordnungen der schweizerischen Entwürfe sich im großen und ganzen decken mit dem, was bei uns die Parteien der Tarifverträge freiwillig bereits für sich festzusetzen pflegen.

Einen wichtigen Punkt des Tarifvertragsrechts habe ich zur Schlußerörterung bis jetzt zurückgestellt. Er betrifft den umstrittenen sog. Verbandszwang und ist deshalb von besonderer Wichtigkeit, als in absehbarer Zeit bei etwaigen Tarifvertragsabschlüssen häufig nur die immer

[64]) Siehe dazu im Text unter 3 „Form und Zustandekommen des Vertrages“, die hierauf bezüglichen Vorschriften der soeben mitgeteilten Entwürfe; ferner Köppe, Der kollektive Arbeitsvertrag als Gegenstand der Gesetzgebung S. 307. Aus den Vorschlägen des italienischen oberen Arbeitsrats zur gesetzlichen Regelung des Tarifvertrags sei hier folgende Bestimmung angegeben: „II. Hinsichtlich des Inhalts der Tarifverträge soll das Gesetz sich darauf beschränken, Normen für die Dauer des Vertrags vorzuschreiben, indem es gleichzeitig festsetzt, daß eine Kündigungsfrist bis zum Außerkrafttreten des Tarifs im Tarif enthalten sein muß, ganz unabhängig davon, ob in dem Tarif ein Ablauftermin angegeben ist oder nicht. Beim Fehlen entgegenstehender Bestimmungen seitens beider Parteien wird die Unterlassung der Kündigung 2 Monate vor Ablauf des Tarifvertrags als Verlängerung des Vertrages um ein Jahr aufgefaßt. In Fällen, in denen ein Ablaufstermin überhaupt nicht festgesetzt ist, soll die Kündigungsfrist mindestens 2 Monate betragen.“ Reichsarbeitsblatt VI. Jahrg. S. 261; das Gewerbe- und Kaufmannsgericht XIII. Jahrg. Sp. 191. Über den Stand der Gesetzgebung in den verschiedenen Ländern für 1906 siehe den ersten Band des Tarifwerks des Statistischen Amts des Deutschen Reichs.

stärker werdenden Verbände sich gegenüberstehen und unorganisierte Außenseiter in geringer Anzahl vorhanden sein werden. Hat der Gesetzgeber in solchen Fällen den Verbandzwang zu begünstigen und gutzuheißen? Sehr instruktiv zur Beantwortung dieser Frage sind die beiden viel bekämpften Tarifverträge der Berliner Glaser und der Deutschen Buchdrucker aus dem Jahre 1906.

Die Glaser haben in der Geschäftsordnung ihres paritätischen Facharbeitsnachweises, welche einen integrierenden Bestandteil des Tarifvertrages bildet, die Bestimmung, daß in erster Linie die Arbeitgeber und Arbeiter der Vertragsorganisationen zu berücksichtigen seien.

Der Tarifvertrag des Glasergewerbes ist auf Arbeitgeberseite geschlossen worden sowohl durch den Verband der Glasereien in Berlin und den Vororten als auch durch die Glaserinnungen zu Berlin und Charlottenburg. Die der Berliner Innung zunächst vorgesetzte Behörde beanstandete[65]) nun den oben angegebenen, den Arbeitsnachweis betreffenden Passus des Tarifvertrages und untersagte der Innung, den Arbeitsnachweis im Sinne des Vertrages miteinrichten zu helfen, da die Gleichberechtigung der unorganisierten Arbeiter nicht gewahrt sei.

Damals zählte das Glasergewerbe etwa 900 Gesellen, von denen der verhältnismäßig verschwindende Bruchteil von etwa 50 Gesellen, nicht organisiert war. Es besteht nur — abgesehen von der nicht zahlreichen Vereinigung der Bleiglaser — eine Arbeiterorganisation in Berlin, nämlich der Zentralverband der Glaser und verwandten Berufsgenossen Deutschlands.

Der Glaservertrag will ein Vorrecht der zentralorganisierten Arbeiter und der Arbeitgeber. Dagegen verpflichtet der Separatvertrag, betreffend die Tarifgemeinschaft der Deutschen Buchdrucker vom Juni 1906 — der Buchdruckertarif ist von den zuständigen Organen im September 1906 erweitert — die Mitglieder des „Deutschen Buchdruckervereins" und des „Verbandes der Deutschen Buchdrucker", Arbeitsverträge ausschließlich

---

[65]) Siehe dazu den Lohntarif für Ofensetzer im Töpfergewerbe Oranienburgs und Umgebung 1901. Dort heißt es: „Bei denjenigen Meistern des Innungsbezirks, die der Innung nicht angehören oder aus der Innung scheiden, auch wenn die Betreffenden den Tarif bezahlen, sollen die Gehilfen nicht arbeiten."

Übrigens hat das Berliner Einigungsamt — zumal da außer der Berliner Glaser-Innung in Frage kommen die Charlottenburger Innung und der Verband der Glasereien — entschieden, daß das Bestehen des Tarifvertrages durch die Verfügung der der Berliner Glaser-Innung vorgesetzten Behörde nicht berührt werde.

Der streitige Passus ist aus dem Statut des Arbeitsnachweises und aus dem Tarifvertrage allerdings nachträglich durch Beschluß der Parteien entfernt worden.

zwischen solchen Prinzipalen und Gehilfen einzugehen, die den genannten beiden Berufsvereinen[66]) angehören.

Diese Abrede[67]) hat man beanstandet, weil durch sie unorganisierte

---

[66]) Siehe Koeppe, Der neueste soziale Fortschritt in der Buchdrucker-Tarifgemeinschaft in den Jahrbüchern für Nationalökonomie und Statistik, III. Folge, 32 Bd. (1906) S. 755: „Es sei hier erwähnt, daß zurzeit von rund 54000 deutschen Buchdruckergehilfen 49497 an 1659 Orten in tariftreuen Druckereien arbeiten. Davon gehörten dem zu den „freien Gewerkschaften" gehörenden und daher der „Generalkommission der Gewerkschaften Deutschlands" unterstehenden Verbande der deutschen Buchdrucker im Jahre 1905 an 43251, also fast 7/8, in 22 Zweigvereinen mit einem Vermögensbestande von 5 Mill. Mk., einer Jahreseinnahme von 2,4 Mill. und Jahresausgabe von 1,8 Mill. Mk. Dazu sind aber infolge des im Juni 1906 erfolgten Beitritts der elsaß-lothringischen Buchdrucker-Prinzipale und -Gehilfen zur Tarifgemeinschaft noch zu rechnen die bisher selbständig organisierten elsaß-lothringischen Gehilfen, deren freie Gewerkschaft nach Mitteilungen des „Korrespondenzblatts der Generalkommission" im Jahre 1905 907 Mitglieder in 4 Zweigvereinen und einen Vermögensbestand von rund 134000 Mk. aufwies." Eine besondere Organisation bildet der „Guttenbergbund" der im Jahre 1905 etwa 2700 Mitglieder zählte. Siehe über ihn Koeppe a. a. O. S. 756 ff. Der Bund kommt allein in Betracht bei der Abrede der Buchdrucker im Tarifvertrage, daß noch andere Organisationen demselben beitreten können. Ferner S. 758: „Was die Arbeitgeberseite betrifft, so bestehen z. B. 5583 tariftreue Firmen. Die Mitgliederzahl des Vereins deutscher Buchdrucker ist, besonders seit den letzten Jahren, stark im Steigen begriffen. Er umfaßt z. B. etwa 3/4 aller Unternehmungen.

Leo (Blätter für vergleichende Rechtswissenschaft III. Jahrgang Sp. 44) weist auf Gefahren hin, welche der ausschließliche Verbandsverkehr in sich birgt. (Zunftmäßiger Abschluß beider Teile, Hinauftreiben der Löhne auf Kosten der Preise, gemeinschaftlicher Zusammenschluß auf Kosten der Gesamtheit.)

[67]) Der bemängelte § 4 des Vertrages ist, wie bereits Anm. 16 bemerkt, geändert. Siehe Zeitschrift für Deutschlands Buchdrucker, Steindrucker und verwandte Gewerbe, herausgegeben vom Deutschen Buchdruckerverein, Nr. 52 vom 19. Dezember 1907. Der Paragraph lautet nunmehr:

„a) Der Deutsche Buchdrucker-Verein verpflichtet sich, nur solche Prinzipale als Mitglieder aufzunehmen, die der Tarifgemeinschaft der deutschen Buchdrucker angehören. Die Mitglieder des Deutschen Buchdrucker-Vereins sind verpflichtet, nur tariftreue Gehilfen zu beschäftigen.

b) Der Verband der Deutschen Buchdrucker verpflichtet sich, nur tariftreue Gehilfen als Mitglieder aufzunehmen. Die Mitglieder des Verbandes der Deutschen Buchdrucker sind verpflichtet, nur in tariftreuen Buchdruckereien zu arbeiten.

c) Gehilfen, welche von den tariflichen Schiedsinstanzen als gemaßregelt erklärt worden sind, müssen bei Einstellung in erster Linie berücksichtigt werden.

Der § 6 des Vertrages wird gestrichen."

Der § 6 regelte das Stellenbesetzungsrecht der beiden Vereine in der Tarif-

Gehilfen und andere Arbeiterverbände von einem wesentlichen Teil des Arbeitsmarktes zunächst ganz abgesperrt werden. Der vereinbarte Separatvertrag läßt jedoch „für die Zukunft offen, daß auch andere organisierte, für die Tarifgemeinschaft wichtig erscheinende Vereinigungen in die Vertragsgemeinschaft aufgenommen werden können, sofern sie den Tendenzen des gedachten Vertrages entsprechen."

Ob Vorschriften, wie in den beiden Verträgen, welche den bezeichneten Arbeitgeberverbänden und den beiden freien Gewerkschaften eine Herrschaft auf dem Arbeitsmarkte innerhalb bestimmter Grenzen sichern sollten, politischen Bedenken unterliegen, ist hier nicht zu untersuchen. Ich beabsichtige allein, für den Gesetzgeber festzustellen, daß Abmachungen, welche, wie die angegriffenen, den Verbandsverkehr protegieren, nicht etwas Neues sind, auch nicht gegen die guten Sitten verstoßen. Dabei wird sich ergeben, daß der Verbandszwang an sich Arbeitgebern und Arbeitern und ihren Organisationen zum Vorteile gereicht. Wenn in einzelnen Tarifverträgen paritätische Arbeitsnachweise[68]) vorgesehen werden, so ver-

---

gemeinschaft — ganz wie im neuen Tarifvertrage — er bestimmte aber auch, daß allen Tariforganen überhaupt nur Mitglieder der beiden Vereine angehören dürfen. Reichsarbeitsblatt IV. Jahrgang S. 939 ff. und ferner „Deutscher Buchdrucker-Tarif nebst Kommentar". Berlin 1908.

Siehe übrigens in der Nr. 52 der obengenannten Zeitschrift den Artikel „Abänderung des Organisations-Vertrages".

Brentano kommt in seinem bereits erwähnten Aufsatz S. 357 bezüglich des Garantievertrages zu dem Schluß: „Damit findet sich durch die §§ 4 und 5 des Garantievertrages, der zwischen den organisierten Prinzipalen und Gehilfen im Buchdruckgewerbe abgeschlossen ist, wenn auch in anderer Form, tatsächlich gerade das verwirklicht, wofür ich in der Mannheimer Generalversammlung des Vereins für Sozialpolitik eingetreten bin: Der Abschluß des kollektiven Arbeitsvertrages durch die Vertreter beider Parteien unter Fortbestand der verschiedenen bestehenden Berufsvereine, bei kollektiver Haftung für die Beobachtung des Vertrages seitens der Arbeitgeber und Arbeiter."

[68]) Keßler S. 340: „Der paritätische Arbeitsnachweis ist seiner Natur nach . . von dem Tarifvertrage durchaus unabhängig. Man kann ihn, wie z. B. der Verband der deutschen Schuh- und Schäftefabrikanten, als das „Ideal auf dem Gebiete der Arbeitsvermittlung" ansehen und gleichzeitig den Tarifvertrag bekämpfen. Man kann auch anderseits Hunderte von Tarifverträgen abschließen und gleichzeitig eifrig für den Ausbau der unparitätischen Arbeitgebernachweise tätig sein, wie z. B. der Arbeitgeberverbände für das Baugewerbe, die, soviel der Verfasser weiß, an keinem einzigen paritätischen Arbeitsnachweise beteiligt sind. Der Verein Braunschweiger Metallindustrieller richtete, wie Kulemann, (Die Gewerkschaftsbewegung S. 553) mitteilt, im März 1890 in Braunschweig einen Arbeitsnachweis ein, der von einem Unparteiischen verwaltet und von einer paritätischen Kommission (2 Industrielle, 2 Former und 1 neutraler Obmann) beaufsichtigt

pflichten sich regelmäßig die Parteien, die Kosten, welche durch die Verwaltung solcher Nachweise entstehen, je zur Hälfte zu tragen. Bei dieser Sachlage ist es durchaus verständlich, daß die Berufsvereine der Arbeitgeber und Arbeiter eine Berücksichtigung ihrer Mitglieder in erster Linie wünschen. So wurde z. B. während einer Sitzung der Schlichtungskommission der Berliner Holzindustrie — kurz vor der letzten bekannten Aussperrung — lange darüber debattiert, ob es in einem Falle zulässig war, ohne besondere Bekanntmachung an die Arbeitgeber durch den paritätischen Arbeitsnachweis 20 Tischlergesellen nach auswärts zu vermitteln. Die Vertreter des Holzindustriellenverbandes verlangten, daß bei angeblich vorhandenem Arbeitermangel erst für sie und dann für dritte vermittelt werde.

Es gibt aber noch andere Gründe, aus welchen die Parteien eines Tarifvertrages Vorzugsrechte bei dem Abschluß von Arbeitsverträgen für sich beanspruchen bzw. sich gegenseitig einräumen. In einer Anzahl von Tarifverträgen ist, um einen überall gleichmäßigen Lohn zu erreichen und um ferner die tariftreuen Arbeitgeber vor der vielfach schlecht zahlenden Konkurrenz zu schützen, zum Ausdruck gebracht, daß der Arbeiter nur bei tariftreuen Arbeitgebern tätig sein und diese nur tariftreue Arbeiter beschäftigen dürfen.[69]) Nach der Richtung hin ist der § 4 des Separatvertrages der Buchdrucker[70]) abgeändert. Abkommen derart haben wir weiter in Berlin bei den Rohrlegern,[71]) den Segel- und Zeltmachern,[72]) den Täschnern,[73]) ferner in der Galanterie- und Gürtelbranche[74]) und endlich in der Etuisbranche.[75]) Ähnliche Vereinbarungen, wie sie von Berliner Gewerben und von den Deutschen Buchdruckern

---

wurde; ein Tarifvertrag hat in der Braunschweigischen Metallindustrie weder damals noch späterhin bestanden. Auch im Gastwirtsgewerbe, das noch keine Tarifverträge kennt, bestehen paritätische Arbeitsnachweise, in Halle, Erfurt und Hamburg." Der Schriftsteller bemerkt, daß die meisten paritätischen Arbeitsnachweise infolge tarifvertraglicher Abmachungen eingerichtet worden und dies enge Verhältnis beider Institutionen wohl auch in der nächsten Zukunft erhalten bleiben werde. Siehe dazu Wölbling, Einigungsamt und Arbeitsnachweis in der Sozialen Praxis XIII. Jahrgang Sp. 371 ff.

[69]) Schall S. 121: „ausschließlicher Tarifgemeinschaftsverkehr", im Gegensatz zum „ausschließlichen Verbandsverkehr"; Hüglin S. 36.

[70]) Siehe Anm. 67.

[71]) Reichsarbeitsblatt III. Jahrgang S. 894 Sp. 2.

[72]) Reichsarbeitsblatt I. Jahrgang S. 61. Siehe auch IV. Jahrgang S. 468.

[73]) Reichsarbeitsblatt I. Jahrgang S. 492 Sp. 2.

[74]) Reichsarbeitsblatt III. Jahrgang S. 437 Sp. 2.

[75]) Reichsarbeitsblatt III. Jahrgang S. 1090 Sp. 2.

getroffen worden sind, enthalten schon die Tarifverträge von 1872 bzw. 1888 zwischen dem Scherenfabrikantenverein und dem Scherenschleiferverein und zwischen dem Tafelmesserfabrikantenverein und dem Tafelmesserschleiferverein in Solingen.[76])

Der „ausschließliche Tarifgemeinschaftsverkehr", namentlich der „ausschließliche Verbandsverkehr" kommen den infolge ihrer Vereinsmitgliedschaft zur Tariftreue verbundenen Arbeitgebern und Arbeitern und damit ihren Verbänden zugute. In der Praxis liegt es namentlich so, daß die dem Tarifvertrag fremden Unternehmer oft erst durch Streik für die Tarifgemeinschaft gewonnen werden müssen. Regelmäßig wird dabei — wie auch beabsichtigt — ein zweites herauskommen, daß die Organisationen des Tarifvertrages an Mitgliedern zunehmen.[77]) Ein einseitiger Zwang zu Gunsten einer bestimmten Organisation darf aber mittelst der Tarifverträge nicht ausgeübt werden; — zumal nicht so selten drei oder gar vier Arbeitervereine in einem Gewerbe vorhanden sind und — be-

---

[76]) Kulemann, Die Gewerkschaftsbewegung S. 669 und 670.

[77]) So teilt Keßler S. 336 aus den „weiteren Beschlüssen und Resolutionen zum Tarif der Chemigraphen usw. (s. auch Beiträge zur Arbeiterstatistik Nr. 5 Der Tarifvertrag im Deutschen Reich III S. 241 ff.) folgenden Beschluß mit:

„Die organisierten Chemigraphen im Verein der Lithographen, Steindrucker und verwandter Berufsgenossen Deutschlands erklären, daß sie nur in Anstalten Beschäftigung nehmen, die dem Bunde der chemigraphischen Anstalten Deutschlands angehören, und anderseits werden die Bundesprinzipale nur solche Gehilfen beschäftigen, welche Mitglieder der obengenannten Organisation sind.

Festgestellt wird, daß bei der Tarifberatung die Prinzipalsorganisation 54, die Gehilfenorganisation 801 Mitglieder zählt." „Der Erfolg dieser Abmachung, sagt der Schriftsteller, war verblüffend; am Ende des zweiten Tarifjahres 1905 gab es 1657 tariftreue Gehilfen, von denen 1595 organisiert waren, dazu 115 tariftreue Prinzipale, von denen wohl auch nur ein verschwindender Bruchteil dem Bunde der chemigraphischen Anstalten noch fernstand (Leipziger Neueste Nachrichten vom 17. April 1906). Beide Organisationen hatten ihren Mitgliederbestand also binnen zweier Jahre verdoppelt!"

Siehe den den Beschluß der Chemigraphen bekämpfenden Artikel von Tischendörfer: Koalitionsfreiheit und Organisationszwang in der Sozialen Praxis XIV. Jahrgang Sp. 735—738, und die Gegenausführungen von Schliebs ebendort Sp. 920—924. Dazu F. Imle „Tarifgemeinschaften und Organisationsterrorismus" in der Sozialen Praxis XIV. Jahrgang Sp. 483—486; ferner dieselbe: „Die Tarifverträge zwischen Arbeitgebern und Arbeitnehmern in Deutschland S. 35.

Über die Vorgänge in den Schlägerberufen siehe F. Imle, Die Tarifverträge zwischen Arbeitgebern und Arbeitnehmern in Deutschland S. 64 ff. Dazu Soziale Praxis vom 31. Dezember 1903 Sp. 361, und Rocke S. 30.

sonders zu beachten — die große Mehrheit der deutschen Arbeiter überhaupt noch nicht organisiert ist.[78])

Wenn es sich um einen Tarifvertrag für ein Gewerbe handelt, so sollte man sämtliche Arbeitgeber- und Arbeitervereine, soweit sie nur einigermaßen zueinander passen, an dem Vertrage teilnehmen lassen, aber auch nicht die unorganisierten Arbeitgeber und Arbeiter — insofern sie tariftreu sind — ausschließen. Die unorganisierten Berufsangehörigen werden meist alsdann über kurz oder lang sich doch einem ihnen genehmen Verband anschließen. Soweit Arbeitgeber in Betracht kommen, ist eine dahingehende Beobachtung mehrmals gemacht. Jedenfalls haben Außenseiter häufig schon tariftreuen Vereinen Unbequemlichkeiten bereitet und die Erfüllung des Tarifvertrages erschwert.[79])

Um Tarifbrüche möglichst zu vermeiden, müßten die sämtlichen Verbände sich Kautionen stellen und zu solchen Sicherheitsleistungen auch die tariftreuen unorganisierten Arbeitgeber heranziehen.[80])

Trotz alledem wird man dabei bleiben müssen, daß nur von den zur Organisation gehörigen Arbeitern dem Unternehmer eine Garantie auf Frieden geboten wird. Züglin[81]) erklärt daher nicht mit Unrecht: „Die Festsetzung des ausschließlichen Verbandsverkehrs durch den Tarifvertrag erscheint als der zielbewußte Versuch, die Verwirklichung der Idee des Tarifvertrages in möglichst vollkommener Weise herbeizuführen.“ Der „ausschließliche Tarifgemeinschaftsverkehr“ bildet lediglich eine Vorstufe zu dem „ausschließlichen Verbandsverkehr“. Rundstein verweist zur Rechtfertigung des in einzelnen Tarifverträgen vorgesehenen Verbandsverkehrs auf die Konkurrenzklausel und auf den so häufig bei den Kartellvereinbarungen vorkommenden ausschließlichen Verbandsverkehr. Dieser, so führt der Schriftsteller aus, beruht darauf, „daß die Kontrahenten die Möglichkeit der Vertragsschließung mit dritten, dem bestimmten Verbandskreise nicht angehörenden Personen überhaupt ausschließen“.[82]) Die von der tariflichen Regelung bezweckte Beschränkung der Vertragsfreiheit geht keinesfalls so weit: sie richtet sich nicht auf das Verbot der Vertragsschließung, sondern läßt die Vertragsfreiheit an sich

---

[78]) Siehe Zimmermann in der Sozialen Praxis XVII. Jahrgang Sp. 819.

[79]) Verhandlungen der Ortsgruppe Berlin der Gesellschaft für soziale Reform am 28. Oktober 1907 (Arbeitstarifverträge): Zimmermann S. 14 und 61; Bürenstein S. 38 a. E.; Hartmann S. 43 und 58; Müller S. 55; Tischendörfer S. 56 a. E.

[80]) Soziale Praxis XII. Jahrgang Sp. 1050 und 1107; Oertmann S. 18.

[81]) S. 49.

[82]) Die Tarifverträge und die moderne Rechtswissenschaft S. 145.

unberührt und betrifft ausschließlich die Richtung, in welcher sich sonst die Willenserklärungen beim Abschluß des Individualvertrages bewegen könnten.

Aus den von mir bekanntgegebenen Tatsachen erhellt, daß bereits heute die Neigung besteht zu einem möglichst ausschließlichen Verbandsverkehr. Wenn die Berufsvereine weiter wachsen und sich ferner noch zu Kartellen[83]) zusammenfügen werden, kann auf die etwaigen wenigen Außenseiter gewiß nicht, auch nicht von der Gesetzgebung, Rücksicht genommen werden. Bei dieser Sachlage ist zu erwarten, daß der Gesetzgeber denjenigen, welche den ausschließlichen Verbandsverkehr verboten wissen wollen, eine Absage erteilt.

Sollte es nicht für angemessen erachtet werden, eingehende gesetzliche Vorschriften über den ausschließlichen Verbandsverkehr usw. aufzustellen, so wird es dennoch durchaus erforderlich sein, genaue Bestimmungen zu treffen für die Fälle, in denen die vorgesetzten Behörden gegen diesen Verkehr notgedrungen einschreiten sollen. Bei günstiger Konjunktur würde wahrscheinlich der Tarifvertrag der Glaser damals in die Brüche gegangen sein.

Unerläßlich dürfte bei Zulassung des ausschließlichen Verbandsverkehrs es sein, gesetzlich anzuordnen, aus welchen Gründen und in welcher Weise der Eintritt in den Verband verwehrt und der Ausschluß aus demselben erlaubt sein soll.

2. Vertrags-Parteien.

Nach der gewerbegerichtlichen Praxis erscheint es durchaus wünschenswert und ist es Regel, daß die Tarifverträge auf beiden Seiten von Organisationen, möglichst von Zentralverbänden, abgeschlossen werden.[84]) Dem Gesetzgeber würde seine Aufgabe wesentlich erleichtert, wenn überhaupt sämtliche Arbeitgeber und Arbeitnehmer organisiert wären.[85])

---

[83]) Siehe beispielsweise Reichsarbeitsblatt VI. Jahrgang S. 293 ff.: Die Satzungen des Kartells der Arbeitgeberverbände in den Baugewerben Groß-Berlins.

[84]) Günther S. 41; Hüglin S. 65, 67 ff., 70 a. E., 71. Siehe über die neuen Vertragsabschlüsse für das Baugewerbe und Malergewerbe Deutschlands, Reichsarbeitsblatt VI. Jahrgang, die Nummern für Mai und Juni. Dazu das Zentralblatt für das deutsche Baugewerbe 1908 S. 205 ff., 217 ff. und 221 ff. Vgl. ferner Berliner Malerzeitung Nr. 20 und 21; die Süddeutsche Malerzeitung Nr. 18; sowie Soziale Praxis XVII. Jahrgang Sp. 852 und 853.

„Die Parteien des Arbeitsvertrags und die Parteien des Tarifvertrags sind nicht identisch"; Lotmar, Der Arbeitsvertrag Bd. I S. 782, Bd. II S. 349. Siehe aber Anmerk. 143 Abs. 2.

[85]) Hüglin S. 91 und 92: „Die ideale Wirkung des Tarifvertrages wäre nur zu erreichen, wenn der vollständige Einschluß in die Organisation garantiert wäre.

Hüglin[86]) kommt unter Ablehnung der Lotmarschen Auffassung, daß der Vertrag von der Arbeiterschaft eines Berufes und nicht notwendigerweise von einem begrenzten Verein abgeschlossen werde, zu dem Ergebnis: „Die rechtliche Anerkennung einer der Idee des Tarifvertrages entsprechenden Vereinbarung ist nur bei dem Abschluß des Vertrages durch einen geschlossenen Arbeiterverein möglich". Rundstein[87]) dagegen erklärt, daß für die Vertragsschließung eine dauernde Organisation unbedingt nicht nötig sei. Die Vertragsschließung durch nicht organisierte Mehrheit biete keine erheblichen Schwierigkeiten dar. Der von Hüglin[88]) hervorgehobenen Eventualität gegenüber, daß die an den Tarifvertrag nicht gebundenen Außenseiter, mit denen der Arbeitgeber zu kontrahieren sich genötigt sieht, den Rechtsbestand des Tarifvertrages illusorisch machen können, wirft Rundstein[89]) die Frage auf: „Wer kann es verhindern, daß der vertragsschließende Verband sich auflöst, um — trotz des bestehenden, die kollektive Arbeitsniederlegung verbietenden Tarifvertrags — in Lohnbewegung einzutreten und somit, ohne gegen den Tarifvertrag direkt zu verstoßen, auf „künstlichem" Wege den vertragswidrigen und der Sicherung der Lohnverhältnisse widersprechenden Zweck erreichen.

Dieser vollständige Einschluß könnte aber ebenfalls nur durch ein Machtwort der Gesetzgebung geschehen." Dazu v. Schulz, Zur Koalitionsfreiheit S. 480. Zwangsorganisationen sind bereits vorhanden. Man zwingt die Handwerker, in Innungen einzutreten, Sachsen vereinigt zwangsweise die Ärzte. Innungen und Ärzteverbände schließen Tarifverträge. Warum sollte man da nicht auch den Versuch machen mit den gewerblichen Arbeitgebern und Arbeitern, soweit sie noch nicht organisiert sind: Es ist bekannt, daß die Arbeiter es für unmoralisch halten, wenn ein Mitarbeiter nicht ihrer Gewerkschaft beitritt und an ihren gemeinsamen Kämpfen und Sorgen teilnimmt. Sie glauben moralisch zu handeln, wenn sie sich weigern, mit einem solchen Arbeiter zusammen zu arbeiten. Andere Stände denken ähnlich. Siehe z. B. über den Geraer Ärztestreik. Medizinische Reform vom 31. Januar 1903 S. 40 und vom 23. Januar 1904 S. 33.

Es sei erwähnt, daß Brentano und Schwiedland eine Zwangsorganisation der Heimarbeiter empfehlen. Vgl. noch Hüglin S. 39 a. E, 48, 181 und 221, und Brentano in den Schriften des Vereins für Sozialpolitik Bd. 116 S. 135 ff.

[86]) S. 91.

[87]) „Die Tarifverträge und die moderne Rechtswissenschaft" S. 75, 78, 81 und 90 und „Tarifrechtliche Streitfragen" S. 33. Nach der Auffassung von Oertmann soll der Tarifvertrag sich sogar in eine Summe von Einzelverträgen auflösen. Hierbei wird nicht berücksichtigt, daß der Tarifvertrag ein einheitlicher Vertrag ist. Siehe Rundstein, Tarifrechtliche Streitfragen S. 35, und Wölbling, Akkord- und Tarifvertrag S. 343—345.

[88]) S. 81.

[89]) Die Tarifverträge 2c. S. 81 Anmerk. 5.

Die Auflösung eines Arbeitervereins, welcher einem Tarifvertrag unterworfen war, ist erwähnt in der Beilage zu Nr. 1 des Gewerbe- und Kaufmannsgerichts vom 1. Oktober 1905, Sp. 91. Die Sache begann damit, daß zunächst nur eine Anzahl Mitglieder des Vereins aus diesem austrat und sich nunmehr von dem Tarifvertrage befreit glaubte.[90])

Die Rechtsverhältnisse beim Vorliegen eines Tarifvertrages sind, zumal bei Verbänden als Vertragsparteien, von ihnen nicht so leicht zu überschauen. Ich halte mich zunächst nur an die Arbeitgeber. Bei der Beurteilung ihrer Rechte und Pflichten aus dem Tarifvertrage können verschiedene Gesetze zur Anwendung gelangen. Man denke an das Berliner Rohrlegergewerbe[91]) mit seinen zwei Innungen und zwei ferneren Arbeitgeberverbänden. Für die Innungen ist hauptsächlich die Gewerbeordnung ausschlaggebend, während die beiden anderen Arbeitgeberverbände in erster Linie nach dem BGB. zu beurteilen sind. Je nach der Organisation der Parteien kann deshalb die Verantwortung derselben für die Erfüllung der Tarifverträge eine ungleiche sein. Greifen wir die Innungen heraus[92]) so haften dieselben als solche für Einhaltung ihres

---

[90]) Reichsarbeitsblatt I. Jahrgang S. 496. Diesen Vertrag, welcher von 3 Firmen und den Vertretern der von ihnen beschäftigten Arbeiter beschlossen und beraten worden, waren die Arbeiter (123 Mann) jeder noch besonders einzeln mit den Arbeitgebern, bei denen sie gerade tätig waren, unterschriftlich eingegangen. Beim Wechsel der Arbeitsstellen durch die Arbeiter wurden dieselben von dem neuen Arbeitgeber und Vertragskontrahenten angehalten, den Vertrag nochmals zu unterzeichnen. Auf diese Weise erhielten die besagten Firmen von einem nicht unerheblichen Teil der verpflichteten Arbeiter allmählich noch die unterschriftliche Anerkennung des Tarifvertrages. Sinzheimer, Arbeitsnormenvertrag II. Teil S. 33. Günther S. 44. Siehe noch zur Auflösung eines ursprünglich an der Vertragsschließung beteiligten Verbandes Rundstein, Die Tarifverträge und die moderne Rechtswissenschaft S. 193 Anmerk. 26, und zur gesetzlichen Regelung dieser Frage die Vorschläge von Sulzer und Lotmar Artikel VIII in der Sozialen Praxis XI. Jahrgang Sp. 350. Dazu Rundstein, Tarifrechtliche Streitfragen S. 14 und 37, und v. Schulz, Tägliche Kündigung und Kündigungsausschluß im Gewerbe- und Kaufmannsgericht XII. Jahrgang Sp. 56 Anm. 8.

[91]) v. Schulz und Schalhorn S. 359. Es sei allerdings bemerkt, daß der Verband Deutscher Zentralheizungs-Industrieller, die Innung der Gas-, Wasser- und Heizungsfachmänner zu Berlin und die Vereinigung der Gas- und Wasserinstallateure sich inzwischen zu dem Arbeitgeberverband im Rohrlegergewerbe von Berlin und Umgegend zusammengeschlossen haben. Der augenblicklich gültige Tarifvertrag ist geschlossen von diesem Arbeitgeberverbande und der Innung der Gas-, Wasserleitungs- und Heizungsanlagen-Fachmänner zu Charlottenburg einerseits und dem Deutschen Metallarbeiterverband anderseits. Reichsarbeitsblatt III. Jahrgang S. 893. Vgl. dazu Reichsarbeitsblatt V. Jahrgang S. 473.

[92]) Schall S. 28. Die hin und wieder aufgestellte Behauptung, daß Innungen nur mit ihren Gesellenausschüssen verhandeln dürfen, ist völlig haltlos. Schall

Tarifabkommens allein — unter Ausschluß ihrer Mitglieder — nur mit dem Innungsvermögen.[93]) Die Innungsmeister können, falls sie sich nicht einzeln verpflichten, mit ihrem Vermögen nicht von den Arbeitern in Anspruch genommen werden. Da es auch nicht begüterte Innungen gibt und die Strafmittel der Innungen gegen tarifuntreue Meister unzulänglich[94]) sind und daher nicht immer durchgreifend wirken werden, bliebe den Arbeitern der Streik und die Sperre, beides Mittel, deren Anwendung gerade die Tarifverträge unnötig machen sollen.

Es sei ferner Bezug genommen auf den Tarifvertrag für das Berliner Badegewerbe[95]), an dem auf Arbeitgeberseite zwei Verbände und als dritter Kontrahent eine Aktiengesellschaft (Admiralsgartenbadgesellschaft[96]) beteiligt sind. Endlich erinnern wir an die Konsumvereine und deren Tarifverträge mit ihren Arbeitern und Angestellten. (Siehe Anlage III.)

Nach alledem kann es sich ereignen, daß bei Tarifverträgen verschiedene Gesetze zu berücksichtigen sind nicht bloß für die sich gegenüberstehenden Parteien, sondern sogar für die Gruppen einer Partei. Diejenigen, welche die von mir erwähnten Tarifverträge geschaffen haben, sollen außer der Gewerbeordnung und dem bürgerlichen Gesetzbuch noch das Handelsgesetzbuch und das Genossenschaftsgesetz kennen. Ich will hervorheben, daß für die Parteien schon allein aus dem bürgerlichen Gesetzbuch die Bestimmungen über Verträge, über juristische Personen, über eingetragene Vereine und über Gesellschaften maßgebend sind. Man kann kaum verlangen, daß die Arbeiter sich solche umfangreiche Gesetzeskenntnisse aneignen. Deshalb würde der Gesetzgeber großen Nutzen stiften, wenn er wenigstens die notwendigsten Bestimmungen, welche für

---

S. 181, und Soziale Praxis Jahrgang XIV Sp. 601 ff. Über Tarifverträge der Innungen mit ihren Gesellenausschüssen siehe Schall S. 180 ff.

[93]) § 86 der Gewerbeordnung.

[94]) Siehe Schellwien, Gewerbe- und Kaufmannsgericht XII. Jahrgang Sp. 116. Es dürfte allerdings zulässig sein, daß Innungen als Vertreter ihrer Mitglieder beim Abschluß von Tarifverträgen auftreten.

[95]) Reichsarbeitsblatt II. Jahrgang S. 426. Dazu Reichsarbeitsblatt VI. Jahrgang S. 501 ff.

[96]) Siehe auch noch Vertrag der Rahmenvergolder Berlins und Umgegend im Reichsarbeitsblatt VI. Jahrgang S. 186. Hier traten als Kontrahenten auf: 1. die Vergolderinnung und 4 Arbeitgeber; 2. der Deutsche Holzarbeiterverband und 5 Arbeiter. Die 4 Arbeitgeber und 5 Arbeiter haben den Vertrag unter der Firma „Verhandlungskommission" unterzeichnet. Der Vertrag wurde übrigens dem Gewerbegericht von einem durch sämtliche Parteien bevollmächtigten Arbeiter überreicht.

Tarifverträge zu gelten haben, gewissermaßen als Anleitung festlegte.[97]) Es müßten dies auch dankbar anerkennen diejenigen Arbeitgeber und ihre Verbände, welche nicht in der Lage sind, Syndici anzustellen.

Außer den soeben behandelten Fällen, daß ein Arbeitgeberverband oder mehrere derartige Verbände als Tarifvertragskontrahenten auftreten, gibt es noch drei Formen[98]), unter denen Arbeitgeber Vertragspartei sein können. Wir finden so: 1. einen Arbeitgeber[99]), 2. mehrere Arbeitgeber, die namentlich oder nur allgemein bezeichnet werden[100]), 3. einzelne Arbeitgeber zusammen mit einem Arbeitgeberverband oder mit mehreren Verbänden. Die unter Nr. 3 angegebene Form bietet Anlaß, den Gesetzgeber für sein zukünftiges Werk auf einen Fall aus der Praxis des Berliner Einigungsamts aufmerksam zu machen. Wir wollen den obengenannten Tarifvertrag für das Badegewerbe einer näheren Betrachtung unterziehen. Dieser Vertrag wurde zwischen dem Verein

---

[97]) Einzelne Vorschläge für den Gesetzgeber, soweit es sich um den Tarifvertrag als solchen handelt, sind niedergelegt in dem Antrage an den Ausschuß des Gewerbegerichts Berlin (Anlage IV). Vgl. außerdem Wölbling, Akkordvertrag und Tarifvertrag, letztes Kapitel S. 457 ff.

[98]) Sinzheimer, Der korporative Arbeitsnormenvertrag S. 61.

[99]) Hierher sind zu rechnen juristische Personen, wie Aktiengesellschaften und Organisationen mit juristischer Persönlichkeit (Verein der Berliner Baugeschäfte (Anlage II). Siehe auch den Tarifvertrag, welchen die Firma D. & Qu. (Maschinenfabrik) mit dem Deutschen Metallarbeiterverband schloß (Reichsarbeitsblatt III. Jahrgang S. 985), ferner die Münchner Verträge (Reichsarbeitsblatt II. Jahrgang S. 637, III. Jahrgang S. 438, 439, 440—442, IV. Jahrgang S. 365 und 366). Die Ansicht Schmelzers S. 9, nach welcher beim Zustandekommen eines Tarifvertrages auf beiden Kontrahentenseiten nur vertragschließende Gesamtheiten fungieren können, wird besonders von Rundstein, Die Tarifverträge und die moderne Rechtswissenschaft S. 34 ff. gründlichst widerlegt.

[100]) Sie sind regelmäßig nicht organisiert und treten nur behufs Vertragsschlusses zusammen. Beispiele für diese Fälle: Mehrere Arbeitgeber des Berliner Fliesenlegergewerbes und die Vereinigung der Fliesenleger Deutschlands deponierten am 9. September 1905 einen Tarifvertrag (Reichsarbeitsblatt III. Jahrgang S. 1085). Erst als diesem nachträglich noch mehrere Firmen sich angeschlossen hatten, wurde von den Unternehmern ein Verband gegründet. Unter Nummer 2 des Textes gehört auch der Tarifvertrag, welchen eine größere Anzahl von namentlich bestimmten Arbeitgebern der Berliner Gelbmetallindustrie mit zwei Arbeiterberufsvereinen eingegangen war (Reichsarbeitsblatt I. Jahrgang S. 583. Dazu II. Jahrgang S. 835).

Man teilt ab: 1. Firmentarife, 2. Orts- (Lokal-) Tarife und 3. Tarifverträge größerer Bezirke (besonders Nationaltarife). Siehe das Nähere bei Schall S. 22 ff. Zu den dortigen Ausführungen vgl. Lotmar, Brauns Archiv Bd. XV S. 30 und 31 und die Mitteilungen des Gewerbegerichts Berlin über die beiden Berliner Bäckerstreiks im Reichsarbeitsblatt (fünfjähriges Sachregister).

der Badeanstaltsbesitzer von Berlin und den Vororten, sowie der „Freien Vereinigung der Badeanstaltsbesitzer von Berlin und Vororten" und dem „Verband der Bademeister und Bademeisterinnen von Berlin und Vororten", sowie der Sektion XIII des „Verbandes der in Gemeinde- und Staatsbetrieben beschäftigten Arbeiter und Unterangestellten" im Sommer 1905 vereinbart. Später trat die Admiralsgartenbadgesellschaft bei. Die beiden Vereinigungen der Arbeiter kündigten den Vertrag.

Der Verein der Badeanstaltsbesitzer erkannte diese Kündigung jedoch nicht in vollem Umfange an, weil sie von der Sektion XIII einen Tag zu spät erfolgt war. Des weiteren nahm die Admiralsgartenbadgesellschaft die Kündigung des Vertrages nicht an, weil ihr von keiner Gruppe eine solche zugestellt worden. Sie verlangte eine besondere Kündigung, weil sie weder dem „Verein" noch der „Freien Vereinigung der Arbeitgeber" angehört.

Da in der Schlichtungskommission es den Parteien nicht gelang, die Differenzen zu beseitigen, mußte auf Anrufung das Einigungsamt entscheiden.

Es ist zweckmäßig, an dieser Stelle auf das zu verweisen, was Sinzheimer bei der Erörterung der Sachlage, falls durch den Tarifvertrag sowohl die kontrahierenden Verbände als auch deren einzelne Mitglieder[101]) verpflichtet werden, sagt. Der Schriftsteller weist nach, daß bei derartigen Verpflichtungen sich eine große Schwerfälligkeit offenbart, wenn es zur Auflösung des Vertrages kommen sollte: „Der Verband kündigt mit Ablauf der Kündigungsfrist, um in neue Tarifverhandlungen einzutreten. Die Einzelnen oder ein Teil derselben kündigen nicht. Es würde also möglich sein, daß der Arbeitsnormenvertrag zum Teil aufgehoben, zum Teil aber weiter laufen würde, eine Komplizierung der Rechtsverhältnisse, die dem Postulat der Klarheit und Einfachheit nicht entspricht." Sowohl in dem von mir gezeigten, wie in dem von Sinzheimer angedeuteten Falle könnte ein Hauptzweck des Tarifvertrages, die Arbeits- und Lohnbedingungen während der Vertragsperiode, so gut es geht, einheitlich zu gestalten, vereitelt oder doch gefährdet werden.[102]) Der Gesetzgeber besitzt ein Mittel vorzubeugen. Er hat nur

---

[101]) a. a. O. S. 89 (sogen. Kumulationstheorie). Siehe im Text weiter unten.

[102]) Sinzheimer hebt S. 89 noch hervor, daß nach heutigem Koalitionsrecht (§ 152 Abs. 2 Gewerbeordnung) der Einzelne stets durch Austritt sich der sozialrechtlichen Einwirkung entziehen kann. Wölbling a. a. O. S. 467 schlägt vor, daß die Kündigung an das Gewerbegericht zu erfolgen hat. Dieses soll die Legitimation des Kündigenden prüfen, auf Mängel der Kündigung hinweisen und der andern Partei die Kündigung mitteilen.

zu verfügen, daß stets die Parteien den Obmännern ihrer Schlichtungskommission die Kündigungsbefugnis zu übertragen haben.

Zum Schluß will ich bezüglich der Arbeitgeber bemerken, daß nur, wenn ein Arbeitgeber oder mehrere Arbeitgeber zusammen (Nr. 1 und 2 oben) mit Arbeitern Tarifverträge vereinbarten, Besonderheiten auf Arbeitgeberseite, welche ein Einschreiten des Gesetzgebers wünschen lassen, bisher nicht bekannt geworden sind.[103])

Wir gelangen jetzt zu den Arbeitern. Dem Tarifvertrage ist es eigentümlich, daß auf Arbeiterseite stets eine Mehrheit[104]) vorhanden ist. In der Regel[105]) treten die Arbeiterberufsvereine als Interessenten des Tarifvertrages auf.

---

[103]) Dasselbe gilt für die selteneren Fälle, in welchen Arbeiter als Einzelpersonen an der Kontrahierung beteiligt sind. Siehe auch Rundstein, Die Tarifverträge und die moderne Rechtswissenschaft S. 78–96, und „Tarifrechtliche Streitfragen" S. 24 und 25.

[104]) Lotmar, Der Arbeitsvertrag S. 767, Sinzheimer S. 63, und Rundstein, Die Tarifverträge und die moderne Rechtswissenschaft S. 31.

[105]) Es kommen aber noch folgende Formen der Arbeiterbeteiligung vor (Schall S. 22 und 23): Die Arbeiter schließen den Tarifvertrag ab: 1. als einzelne (siehe Fliesenlegervertrag Anm. 90). 2. Die Vereinigung der Arbeiter, wie sie sich auf Grund gemeinsamer Beratungen usw. gebildet hat, ist Kontrahentin (Vertrag der organisierten Militärsattler Reichsarbeitsblatt III. Jahrgang S. 66 ff., und Beilage zu Nr. 1 des „Gewerbe- und Kaufmannsgerichts" vom 1. Oktober 1905 Sp. 87). 3. a) Arbeiterausschüsse, Fabrikausschüsse und b) Gesellenausschüsse vertreten die Arbeiter beim Vertragsschluß. Zu a) kommen Firmentarife in Frage; zu b) siehe Vertrag der Steinsetzer im Reichsarbeitsblatt II. Jahrgang S. 424 und die soeben genannte Beilage Sp. 87. Es war damals den Altgesellen der in Betracht kommenden Innungen vom Gewerbegerichtsvorsitzenden der Rat gegeben worden, die Gesellenausschüsse durch die Gesellenversammlungen mit Vollmachten versehen zu lassen. Schall S. 181. Die späteren Tarifverträge sind ohne Gesellenausschüsse lediglich unter Mitwirkung des Steinsetzerberufsvereins zustande gekommen.

Es sei erwähnt, daß die Berliner Fliesenleger beim Vertragsabschluß sich noch nicht organisiert hatten. Sie traten erst später zu einer Vereinigung zusammen. Daß nicht organisierte Arbeiter Partei eines Tarifvertrages wurden, ist meines Wissens in Berlin schon einmal 1896 vorgekommen, als für die Konfektionsbranche ein provisorischer Vertrag festgesetzt wurde. Die Vertretung dieser Arbeiter war von den Leitern der Schneidergewerkschaft übernommen, nachdem ihnen in verschiedenen Versammlungen von den unorganisierten Arbeitern (meistens Heimarbeitern) Vollmachten erteilt worden waren.

Hin und wieder haben übrigens bei Lohnbewegungen Vereine der Zwischenmeister (also eigentlich Arbeitgeber) sich mit den Gewerkschaften alliiert, um dann gemeinsam einen Tarif mit den Großunternehmern zu verabreden. So 1900 in der Berliner Linoleumbranche. Siehe Soziale Praxis vom 12. April 1900 Sp. 726 und vom 26. April 1900 Sp. 779 und v. Schulz, Zur Koalitionsfreiheit S. 457.

Bezüglich des allgemeinen Rechtscharakters der Arbeiter- und Arbeitgebervereinigungen, schreibt Schall:[106]) „Diese Vereinigungen haben durchaus nicht immer den Charakter rechtlicher Vereinigungen, und wo sie ihn haben, ist er nicht in allen Fällen der gleiche". „Es ist vielmehr zu unterscheiden zwischen den gelegentlichen Vereinigungen, die nur in selteneren Fällen eine rechtliche Organisation als Verein oder Gesellschaft zeigen, und den dauernden, von denen die Berufsvereine nicht rechtsfähige Vereine[107]) und zum Teil auf Arbeitgeberseite auch rechtsfähige Vereine sind, andere aber auch Gesellschaftscharakter tragen." Mit Rücksicht auf die mannigfaltigen Formen, in welchen die Tarifvertragskontrahenten bei den Verhandlungen über einen Vertrag und beim Vertragsabschluß sich zeigen, namentlich für größere Arbeiterberufsvereine und für lose Vereinigungen der Arbeiter, wird der Gesetzgeber zur Sicherung des Rechtsbestandes der Tarifverträge dadurch Sorge zu tragen haben, daß er eingehende Bestimmungen über die Vollmachten der Vertreter der Parteien aufstellt. Die Einigungsämter haben besonders anfangs ihrer Tätigkeit nur bescheidene Anforderungen an die Vollmachten der Parteien erhoben. Wölbling[108]) führt mit Recht aus: „Wenn man jetzt sieht, wie lebhaft Arbeitgeber und Arbeiter über die Rechtswirkung der Tarifverträge diskutieren, so darf man die Vollmachten bei der einigungsamtlichen Verhandlung nicht außer acht lassen.

Einzelne Innungen haben behauptet, daß ihre Gesellenausschüsse allein zur Vertretung der von den Innungsmeistern beschäftigten Arbeiter gesetzlich berufen seien. Erstere wollen deswegen nicht mit den Arbeiterverbänden verhandeln und paktieren.

Bezüglich der Tarifverträge kommt nun für die Innungen zunächst § 81a Ziffer 2 der Gewerbeordnung in Betracht. Er lautet:

„Aufgabe der Innungen ist:

1. . . . .

---

[106]) S. 41.

[107]) Ein rechtsfähiger Berufsverein ist der Deutsch-nationale Handlungsgehilfenverein.

[108]) Zur Frage der Parteivertretung vor den Gewerbe- und Kaufmannsgerichten im Archiv für Sozialwissenschaft und Sozialpolitik III (Archiv für soziale Gesetzgebung und Statistik Bd. XXI S. 677 a. E. Es sei bemerkt, daß nach dem vom französischen Ministerium in der Deputiertenkammer vorgelegten Gesetzentwurf (siehe dazu Beiträge zur Arbeiterstatistik Nr. 3 der Tarifvertrag im Deutschen Reich I S 126 ff.) über den Arbeitsvertrag ein Tarifvertrag nicht nur von Berufsvereinen, sondern auch von „Gruppen" von Arbeitern abgeschlossen werden kann. Vgl. dazu Rundstein, Tarifrechtliche Streitfragen S. 30 ff.

2. die Förderung eines gedeihlichen Verhältnisses zwischen Meister und Gesellen (Gehilfen) sowie die Fürsorge für das Herbergswesen und den Arbeitsnachweis."

Bei dem Paragraphen hat man die Verhütung von Streiks im Auge gehabt. Die von dem Reichskanzler veröffentlichten Musterstatuten einer freien Innung bzw. einer Zwangsinnung enthalten dazu in dem § 47 bzw. § 45 nachstehende Bestimmung:

„Entstehen zwischen den Mitgliedern der Innung und der Gesellenschaft Streitigkeiten über die Regelung des gegenseitigen Verhältnisses, namentlich über Arbeitsbedingungen, Arbeitszeit und Lohnsätze, so soll nach gemeinsamer Beratung des Innungsvorstandes und des Gesellenausschusses eine Einigung darüber versucht werden."

Es soll also der Innungsvorstand bei drohenden Ausständen mit dem Gesellenausschusse in Verbindung treten. Was aber dann, wenn die ungelernten Arbeiter der Meister, welche in dem Gesellenausschuß nicht vertreten werden, zu streiken beabsichtigen? Wie steht es ferner, wenn Innungsvorstand und Gesellenausschuß nicht einig werden? Hier bleibt der Weg offen, an das Einigungsamt des Gewerbegerichts bzw. an das Innungseinigungsamt, wo ein solches vorhanden und zuständig ist[109]) zu gehen. Zu beachten ist dabei § 74 GGG.:

„Das Gewerbegericht als Einigungsamt ist nicht zuständig, wenn bei der Streitigkeit ausschließlich Innungsmitglieder und deren Arbeiter beteiligt sind und für die Innung zur Erfüllung der im § 81a Nr. 2 der GO. bezeichneten Aufgabe ein besonderes Einigungsamt besteht, dessen Zusammensetzung und Tätigkeit durch das Statut entsprechend den Bestimmungen der §§ 63 bis 73 dieses Gesetzes geregelt sind. Rufen beide Teile das Gewerbegericht als Einigungsamt an, so ist dieses auch bei solchen Streitigkeiten zuständig."

Für das Gewerbegericht sowohl wie für das Innungseinigungsamt gelten somit hinsichtlich der Zusammensetzung und Tätigkeit die gleichen Vorschriften. Der § 63 Abs. 1 des Gewerbegerichtsgesetzes bemerkt nun:

„Der Anrufung ist Folge zu geben, wenn sie von beiden Teilen erfolgt und die beteiligten Arbeiter und Arbeitgeber — letztere, sofern ihre Zahl mehr als drei beträgt — Vertreter bestellen, welche mit der Verhandlung vor dem Einigungsamte beauftragt werden."

---

[109]) Über das Innungseinigungsamt siehe unten unter 3, „Form und Zustandekommen des Vertrages."

Der Gesetzgeber überläßt es demnach Arbeitgebern und Arbeitern, völlig frei ihre Vertreter zu wählen. Die Vertreter sollen nur nach dem sonstigen Inhalt des Paragraphen Beteiligte sein. Würden daher, wie es vorkommen könnte, die Gesellen einer Innung unter sich organisiert sein, so haben sie es zweifellos in der Hand, die Beamten ihres Berufsvereins als Beteiligte und Vertreter vor das Einigungsamt zu senden. Das Gesetz erlaubt also dem Innungsvorstand, auch neben dem Gesellenausschusse mit andern Vertretern der Gesellen sich ins Einvernehmen zu setzen. Wenn der Innungsvorstand mit den ausständigen ungelernten Arbeitern der Innungsmitglieder eine Versöhnung vor dem Einigungsamt herbeiführen will, so bleibt ihm, falls die Arbeiter darauf halten, schließlich nichts weiter übrig, als mit dem Vorsitzenden der Arbeiterorganisation sich einzulassen! Da die Führer der Arbeiter stets bei Streiks als Beteiligte anzusehen sind, so finden wir darin sogar nichts unrechtes, wenn so häufig vor und während des Lohnkampfes die Gesellenausschüsse ihre Meister an die Arbeiterorganisation verweisen.

Überdies sagen bereits die Motive bezüglich der Legitimation der Vertreter vor dem Einigungsamt: „Wo für die Arbeitgeber und Arbeiter organisierte Vereinigungen bestehen, werden die Organe derselben oder die nach den Statuten gewählten besonderen Vertreter sich leicht als solche legitimieren können.“[110]) Nach alledem ist die Innung als Arbeitgeberverband bei Interessenstreitigkeiten mit den Arbeitern keineswegs nur an den Gesellenausschuß gebunden, sie darf durch ihren Vorstand mit der Gewerkschaft der Arbeiter ungehindert auf dem Gewerbegericht verkehren. Wenn jedoch der Innung das Verhandeln mit den Arbeitern unter Umgehung des Gesellenausschusses durch das Gewerbegerichtsgesetz freigegeben worden ist, so kann natürlicherweise dem Verhandeln auch der Vertragsschluß folgen.

Die Innungen sind deswegen nicht in der Lage, ihre Weigerung, mit den Arbeiterberufsvereinen in Verbindung zu treten, auf die Gesetze zu stützen.

Zu der vorstehenden Frage führt Schall[111]) aus: „Wer Innungsmitglied sein kann, bestimmt § 87 der Gewerbeordnung, die Gesellen sind nicht „Mitglieder“ der Innungen. Nur die Innungsmitglieder können durch Beschlüsse der Innung ihr verpflichtet werden (vgl. § 88 der Gewerbeordnung), die Gesellen also nicht. Die Gesellen sind freilich auch in den Innungsverband einbezogen, aber nur in der in § 95 der Ge-

---

110) Siehe Wölbling, Akkord- und Tarifvertrag, S. 459.

111) S. 181, Anm. 22.

werbeordnung bezeichneten Weise. § 95 der Gewerbeordnung Abs. 1 lautet: „Die bei den Innungsmitgliedern beschäftigten Gesellen (Gehilfen) nehmen an der Erfüllung der Aufgaben der Innung und an ihrer Verwaltung teil, soweit dies durch Gesetz oder Statut bestimmt ist. Sie wählen zu diesem Zweck den Gesellenausschuß." Durch Statut kann nun vorgeschrieben werden, daß der Gesellenausschuß an der Tariffestsetzung durch die Innung beteiligt sein soll. Aber auch dann verpflichtet der so zustande gekommene Innungsbeschluß nur die „Mitglieder", nicht auch die Gesellen. Und wird der Tarif als Vertrag zwischen Innung und Gesellenausschuß festgesetzt, so hat er um deswillen für die Gesellen keine verpflichtende Kraft, weil der Gesellenausschuß auf Grund des § 95 der Gewerbeordnung gar keine gesetzliche Vertretungsmacht zur Verpflichtung der Gesellen hat. Nur wenn die Gesellen ihrem Gesellenausschuß besondere Vollmachten erteilen oder die Vereinbarung mit ihm genehmigen, kann die Vereinbarung verpflichtende Wirkung für sie bekommen. Aber dann handelt es sich um einen gewöhnlichen Tarifvertrag (Tarifvertrag mit einzelnen oder unbegrenzter Tarifvertrag); statt des Gesellenausschusses hätten sie ebensogut andere Personen bevollmächtigen können."

Durch die Einwendungen der Innungen in Rede sind häufiger schon Tarifvertragsverhandlungen verzögert worden.[112]) Diese Tatsachen werden bei einem Gesetzentwurf über den Tarifvertrag in Rücksicht zu ziehen sein.

Leider besteht hier und da Neigung der Parteien, Tarifverträge nicht zu halten. Schon einen Tag nach Beendigung des großen Berliner Konfektionsstreiks erschienen auf dem Gewerbegericht Arbeiterinnen, um sich darüber zu beschweren, daß ihnen die verabredeten Löhne nicht gezahlt würden.[113]) Ähnlich ging es den Berliner Gärtnern mit ihren Arbeitgebern.[114]) Ebenso kümmerten sich die Fliesenleger zu Berlin nach dem letzten Fliesenlegerstreik nicht mehr um den am 19. Januar 1902

---

[112]) Siehe z. B. Soziale Praxis XIV. Jahrgang Sp. 28. Dadurch, daß die Steinsetzerinnungen nur mit den Gesellenausschüssen verhandeln wollten und diese, nachdem bereits der Vorsitzende des Arbeiterberufsvereins das Einigungsamt angerufen hatte, nochmals dasselbe anrufen mußten, entstand Zeitverlust. Gerade bei Streiks usw. spielt aber Zeitgewinn eine große Rolle. Beweisstücke hierfür liefern die mit Erfolg erst jüngst zu Ende geführten Verhandlungen über die Differenzen im deutschen Malergewerbe. (Anbahnung eines Generalabkommens usw.).

Vgl. noch über die Begrenzung der Innungszugehörigkeit und der Zuständigkeit der Innungsschiedsgerichte Soziale Praxis XIV. Jahrgang Sp. 713 ff., Wilhelmi und Bewer S. 430 und v. Schulz, Kommentar zum Gewerbegerichtsgesetz S. 203.

[113]) Siehe Brauns Archiv Bd. XIV S. 178.

[114]) v. Schulz und Schalhorn S. 372 Anm. 12.

geschlossenen und damals noch gültigen Tarifvertrag.[115]) Weiter verweise ich auf die Lohnbewegung der Berliner Bäckergesellen, zu welcher Wölbling[116]) folgendes bemerkt: „Die bedauerliche, Treue und Glauben verletzende Erscheinung, daß im Berliner Bäckerstreik im vergangenen Jahre eine größere Anzahl Meister, angeblich gar mit Zustimmung des Innungsvorstandes, einfach von einem — wenn auch nicht vor dem Einigungsamt abgeschlossenen — Tarifvertrage ohne Rechtsgrund zurückgetreten sind, darf wohl auch auf die zu wenig strenge Auffassung der Bedeutung einigungsamtlicher Verträge zurückgeführt werden."[117])

Der Bäckerstreik bringt mich auf die auch durch den Gesetzgeber zu prüfende Frage, ob es zuzulassen ist, daß Organisationen ihre Mitglieder zu verhindern suchen, Tarifverträge zu schließen bzw. zu halten. Unter vorliegenden Umständen kommen zwar immer nur Tarifverträge in Betracht, welche mindestens auf der einen Seite nur für einen beschränkten Personenkreis Geltung haben. Dennoch wird man bei einem Gesetz über Tarifverträge mit der Möglichkeit, daß Mitglieder von Organisationen gegen den Willen ihrer Vereine Tarifverträge schließen bzw. zu schließen beabsichtigen, rechnen müssen. Ich habe nachstehenden Fall im Auge:

Etwa um dieselbe Zeit, als in Cöpenick ein Tarifvertrag zustande kam, wurde vor dem Einigungsamt Berlin gleichfalls ein Vertrag zwischen einer Anzahl Bäckermeister — unter ihnen Innungsmeister — und dem Zentralverbande der Bäcker Deutschland vereinbart. Die Innungen wollten von dem Abkommen nichts wissen und drohten den Tarifvertragsmeistern, daß man nicht nur ihnen die Lieferanten von Mehl usw. entziehen, sondern sie sogar — soweit sie Innungsmeister — aus der Innung entfernen werde.[118]) Darf ferner eine Organisation von Arbeitgebern oder Arbeitern ihren Mitgliedern verwehren, vor dem Einigungsamt mit Führern der gegenüberstehenden Organisation in Verbindung zu treten?

---

[115]) Soziale Praxis XIII. Jahrgang Sp. 51 und Reichsarbeitsblatt I. Jahrgang S. 494—496.

[116]) Zur Frage der Parteivertretung vor den Gewerbe- und Kaufmannsgerichten S. 678 Anm. 34. Es handelt sich um die Köpenicker Innung. Bezüglich der bekannten Essener Tarifbrüche siehe Hüglin S. 235 ff. und Soziale Praxis XIV. Jahrgang Sp. 1078 ff.

[117]) Rocke S. 27 behauptet: „In der Literatur sei allseitig anerkannt, daß das Recht der Tarifverträge öfter von den Arbeitern als von der Gegenpartei gebrochen werde." Selbst angenommen, daß diese Tatsache voll bewiesen wäre, so würde dies nicht so unnatürlich sein, da bekanntlich die Arbeiter den Arbeitgebern gegenüber sich in der Mehrzahl befinden.

[118]) Bei der letzten Bäckerbewegung hat man einen mißlungenen Versuch mit Hefeentziehung gemacht. Siehe Reichsarbeitsblatt VI. Jahrgang S. 259.

Vor einigen Jahren hatten wir eine Verhandlung vor dem Einigungsamt zwischen dem Direktor einer Aktiengesellschaft (Fabrik für Bronzewaren) und den bei der Firma beschäftigten Arbeitern.[119]) Unter den Vertretern der Arbeiter befand sich der erste Bevollmächtigte der Filiale Berlin als Vertreter der Metallarbeiter Deutschlands. Arbeitgeberin gehörte einem Vereine von Arbeitgebern an, welcher seinen Mitgliedern bei Konventionalstrafe verbietet, mit Führern der Arbeitergewerkschaft in Arbeiterfragen sich auszusprechen. Nach reichsgesetzlicher Einrichtung der Einigungsämter verstößt ein solches Verbot gegen die Gesetze. Es würde vielleicht zweckdienlich sein, dies noch besonders in einem Tarifvertragsgesetze hervorzuheben.

Wie schon angedeutet, sind Tarifverträge, wie die der Bäcker und der Bronzewarenfabrik (Aktiengesellschaft) nicht von weittragender Bedeutung. Dasselbe muß behauptet werden von Verträgen, welche, obgleich solche für die überwiegende Mehrzahl von Arbeitgebern und Arbeitern eines Gewerbes bereits bestehen, für Minoritäten ins Leben gerufen werden. Ich berufe mich zum Beispiel auf das Urteil der Kammer III des Gewerbegerichts Berlin vom 12. November 1907 (abgedruckt in Nr. 9 des Gewerbe- und Kaufmannsgerichts XIII. Jahrgang). Der beklagte Arbeitgeber ist Mitglied eines Arbeitgebervereins, welcher mit einer größeren Organisation von Arbeitern einen Vertrag geschlossen hat. Die Kläger sind mit einer Ausnahme Angehörige einer kleineren Organisation, welche einen eigenen Tarifvertrag bei einzelnen Arbeitgebern der Branche zur Geltung gebracht hat, trotzdem aber ihren Mitgliedern gestatten mußte, bei den ihrem Tarif fremden Unternehmern zu den Sätzen des anderen Tarifs tätig zu sein. Unter solchen Verhältnissen lassen sich dann Mißhelligkeiten schwer vermeiden, wie sie nach dem besagten Urteile zutage getreten sind. Dies haben denn auch die Arbeiter eingesehen und haben sich für den neuen einzigen Tarifvertrag des Gewerbes zusammengetan.[120]) Ein Ausweg wäre für alle Fälle gefunden, wenn gesetzlich vorgeschrieben würde, daß sämtlichen Arbeitsverträgen in

---

[119]) Soziale Praxis XI. Jahrgang Sp. 899 ff. Es mag erwähnt werden, daß in einem andern, späteren Fall Mitglieder des Arbeitgeberverbandes vor dem Gewerbegericht Posten standen, um Kollegen von einer Verhandlung mit Arbeitern abzuhalten.

[120]) Der Vertrag ist geschlossen zwischen der Vereinigung der Fliesenleger und Hilfsarbeiter Deutschlands, dem Zentralverband der Maurer Deutschlands, dem Zentralverband christlicher Bauhandwerker und Bauhilfsarbeiter Deutschlands und dem Zentralverband der baugewerblichen Hilfsarbeiter Deutschlands einerseits und der Vereinigung der Arbeitgeber im Fliesenlegergewerbe von Berlin und Umgegend anderseits.

einer Branche — wenn nicht ausdrücklich anderes verabredet worden — der Tarifvertrag der Mehrheit zugrunde zu legen ist.[121]).

Da daran festzuhalten ist, daß ein Tarifvertrag einheitlich für ein möglichst großes Gebiet Gültigkeit haben soll, müßte endlich noch durch Gesetz vorgebeugt werden, daß Gruppen von Mitgliedern, welche sich von einer auf einen Tarifvertrag verpflichteten Gewerkschaft loslösen, einen eigenen Tarifvertrag mit abweichenden Bestimmungen für sich ins Leben rufen.

3. Form und Zustandekommen des Vertrages.

Bei Prozeßverhandlungen vor dem Gewerbegericht suchen Parteien nicht so selten eine Vertragsverpflichtung von sich mit der Begründung abzuwälzen, daß ja Schriftliches nicht vorliege. Die Meinung, daß alles, was nicht schriftlich abgemacht ist, keine Geltung hat, trifft man auch bei mündlich vereinbarten Tarifverträgen[122]) an. Während der Lohnbewegung der Berliner Bäckergesellen im Jahre 1904 meldete ein den Bäckermeistern befreundetes Blatt: „In Cöpenick ist es der Beredtsamkeit des Gesellenführers gelungen, die Meister in einer Innungsversammlung zu überrumpeln und von ihnen die Zusage zu erhalten, daß sie den Tarif bewilligen, aber sich nicht durch Unterschrift dazu verpflichten wollen. Gestern vormittag aber schon kam den Meistern die Einsicht, daß sie übereilt gehandelt hatten, und als in einer Versammlung Obermeister B. aus Berlin ihnen in anschaulicher Weise vor Augen führte, wie sehr sie sich durch Anerkennung des Tarifs in die Knechtschaft der Sozialdemokratie begeben würden, beschlossen die Meister einmütig, die Bewilligung des Tarifs zurückzuziehen und sich zu verpflichten, bei einer Konventionalstrafe von 300 Mk. keinesfalls ihre Unterschrift zu dem Tarif zu geben."[123])

Ein ähnliches Verfahren wie die Bäckermeister schlugen 1905 die Arbeiter des Berliner Stuckateurgewerbes ein.

---

[121]) Siehe dazu den Sulzer-Lotmar'schen Entwurf in der Sozialen Praxis XI. Jahrgang Sp. 350 unter VI, ferner den französischen Entwurf in den Beiträgen zur Arbeiterstatistik Nr. 3 der Tarifverträge im Deutschen Reich I S. 127 Artikel 18.

[122]) Für die Tarifverträge gelten dieselben Vorschriften, wie für Verträge überhaupt. Bail, Das Rechtsverhältnis der Arbeitgeber und Arbeitnehmer S. 72. Siehe dazu Lotmar, Der Arbeitsvertrag S. 796.

[123]) Nach Beginn des Bäckerstreiks beklagten sich die Meister in einem Flugblatt trotzdem darüber, daß viele Bäckergesellen unter Kontraktbruch die Arbeit niedergelegt hätten. Zur Entschuldigung der Köpenicker Meister für ihre Verfehlungen gegen die Abrede mit den Gesellen mußte die „überrumpelnde Beredsamkeit der Gesellenführer" herhalten.

Von der Schlichtungskommission des Gewerbes war am 3. Mai 1905 rechtsverbindlich ein bis zum 15. Mai 1907 gültiger Tarifvertrag abgeschlossen worden. Die Arbeiter erkannten den Vertrag dennoch nicht an. Sie behaupteten, daß der vom Gewerbegericht zusammengestellte Tarifvertrag, weil er nicht unterschrieben, ungültig sei.[124])

Reichert[125]) bemerkt zur Frage der Schriftlichkeit der Tarifverträge, daß die schriftliche und unterschriftliche Form des Tarifvertrages ein nach dem Willen der Parteien notwendiges Erfordernis für seine Gültigkeit sei. Nicht immer trifft dies zu. Es sind auf dem Berliner Gewerbegericht Tarifverträge niedergelegt und unterschrieben worden, welche nach Bekundung der Parteien trotz Fehlens der Unterschriften von ihnen als schon längere Zeit gültig betrachtet wurden. Fanny Imle[126]) teilt weiterhin einzelne Beispiele rein mündlicher Vertragschließung mit. Regelmäßig wird jedoch „der Beurkundung des Tarifvertrages die Sorgfalt gewidmet, die rechtlich bindenden Verträgen gewidmet zu werden pflegt, indem namentlich für schriftliche Fixierung, Erteilung der Unterschrift und desgl. gesorgt wird." „Hierbei handelt es sich, wie Lotmar[127]) ausführt, keineswegs nur um ein historisches Interesse, um Unterstützung des Gedächtnisses, sondern um nachhaltige Verpfändung des Wortes, auf dessen Einlösung der Empfänger unter Hinweis auf die Urkunde und Handschrift soll dringen können. Dem gleichen Zweck dient mitunter die Aushängung des in Plakatform gebrachten Tarifvertrages in den Werkstätten der Arbeitgeber, die ihn geschlossen haben oder ihm beigetreten sind, welche Aushängung bisweilen durch den Tarifvertrag selbst verabredet wird." Ferner bemerkt Rundstein[128]): „Die schriftliche Fixierung geschieht nicht nur deshalb, weil die Bedingungen manchmal ins Detaillierte

---

[124]) Soziale Praxis vom 1. Juli 1905 Sp. 929—932.

[125]) S. 12.

[126]) Gewerbliche Friedensdokumente S. 319, 335, 343 und 393. Über die regelmäßig schriftliche Form der Tarifverträge siehe Imle, Die Tarifverträge zwischen Arbeitgebern und Arbeitnehmern in Deutschland S. 85 ff. Siehe auch Wölbling, Akkordvertrag und Tarifvertrag Teil II, Tarifvertrag S. 348: „Eine Formvorschrift für den Abschluß von Tarifverträgen ist nicht gegeben, doch werden sie meist entweder schriftlich oder vor dem Einigungsamt abgeschlossen. Der Abschluß vor dem Einigungsamt erfolgt durch mündliche Erklärung der Parteivertreter (§ 70 GGG). Der Inhalt der Vereinbarung ist durch eine von allen Mitgliedern des Einigungsamtes und von den Vertretern beider Teile unterschriebene Bekanntmachung zu veröffentlichen. Weder die Unterschrift noch die Bekanntmachung sind also für die Gültigkeit des Vertrages erheblich."

[127]) In Brauns Archiv Bd. XV S. 91.

[128]) Die Tarifverträge und die moderne Rechtswissenschaft S. 56.

gehen oder weil z. B. die Festsetzung der Lohnsätze (hauptsächlich bei den Akkordtarifen) die Berücksichtigung zahlreicher Modalitäten erfordert, sondern hauptsächlich, um als Beweis der eingegangenen Verpflichtung zu dienen. Darauf deutet auch die regelmäßig geforderte Unterschrift der Beteiligten oder ihrer Vertreter hin." Ich möchte hinzusetzen: Dies erhellt überdies aus dem Umstand, daß die Parteien fast regelmäßig bei persönlicher Überreichung von Tarifverträgen an den Gewerbegerichtsvorsitzenden das Ersuchen stellen, er und der Gerichtsschreiber sollten den Vertrag ebenfalls unterzeichnen. Außerdem berufe ich mich noch auf Braun[129]): „Noch weiter geht man mit der Protokollierung der Tarifverträge vor den Vorsitzenden der Gewerbegerichte, und zwar nicht bloß in dem Falle, wo der Tarifvertrag durch das Einigungsamt festgestellt wird. Damit hat man ein Organ der Rechtsprechung und der staatlichen Hoheit zum Zeugen, zur Urkundperson des abgeschlossenen Vertrages gemacht, damit hat die staatliche Gewalt den Tarifvertrag anerkannt; man hat ein Organ der Staatsgewalt in Beziehung gesetzt mit der Überzeugung von der Rechtsverbindlichkeit des Tarifvertrages."

Trotz des heute üblichen schriftlichen Abschlusses der Tarifverträge entstehen ziemlich häufig Streitigkeiten über die Auslegung der Vorschriften derselben.[130]) Es muß nach den von mir anfangs mitgeteilten Beispielen Rundstein durchaus zugestimmt werden, daß in den Fällen, wo die zustandegekommene Tarifverabredung schriftlich nicht fixiert wird, dieser Umstand sehr oft als Vorwand gebraucht werden würde, um die Verbindlichkeit der festgesetzten Bedingungen außer acht zu lassen. Bei dieser Sachlage entspricht es auch den Wünschen der Parteien, wenn der Gesetzgeber obligatorische schriftliche Fixierung der Vertragsbedingungen fordern würde. Die Streitigkeiten bezüglich des Inhalts und der Auslegung des Tarifvertrages würden endlich auf Grund der mündlichen Mitteilungen der Parteien kaum sich schlichten lassen. Die Folgen wären Streiks und Aussperrungen.

Lotmar[131]) macht folgende Vorschläge: „Was die Form anlangt, so sollte, was bisher schon meistens freilich geschehen ist, durch das Gesetz vorgeschrieben werden; nämlich daß der Tarifvertrag schriftlich geschlossen werde. Ebenso müßte jeder Beitritt (die nachträgliche Genehmigung) schriftlich erklärt werden. Die Urkunde des Tarifvertrages

---

[129]) S. 70.

[130]) Schalhorn in der Sozialen Praxis vom 1. März 1906 S. 587 ff.

[131]) In Braun's Archiv Bd. XV S. 119. Auch Wölbling, Akkord- und Tarifvertrag S. 466, verlangt Schriftlichkeit, ebenso Köppe, Der Arbeitstarifvertrag S. 345.

wäre wie die Arbeitsordnung (nach Gew.-O. § 134c, Abs. 2) vom Arbeitgeber „an geeigneter, allen beteiligten Arbeitern zugänglicher Stelle auszuhängen, und es müßte „der Aushang stets im lesbaren Zustande erhalten werden."[132]) Auf diese Urkunde wäre jeder angestellte Arbeiter zu verweisen und es dürfte kein Arbeitsvertrag mit ihm abgeschlossen werden, er habe denn den ihm bekannten Tarifvertrag als für ihn geltend erklärt. Es würde sich aber sehr empfehlen, im Formerfordernis noch einen Schritt weiter zu gehen. Kein Tarifvertrag sollte gültig sein, wenn er nicht vor dem Einigungsamt verlautbart oder durch dessen Vermittlung abgeschlossen worden ist.[133]) Auch der nur verlautbarte müßte der Prüfung des Einigungsamts in Hinsicht auf Klarheit und Gesetzmäßigkeit unterliegen und die Beseitigung solcher Mängel wäre den Parteien aufzugeben."[134]) Der vor dem Einigungsamt verlautbarte und geschlossene Tarifvertrag ist nach Gewerbegerichtsgesetz § 66[135]) zu behandeln.

---

[132]) Schall S. 203; Hüglin S. 69; Rundstein, Die Tarifverträge und die moderne Rechtswissenschaft S. 57.

[133]) Vgl. dazu die Vorschläge Köppes in den Jahrbüchern für Nationalökonomie und Statistik III. Folge 30. Band S. 303 und 306 unter Ziffer 4). Schall hält es nicht für erforderlich, den Abschluß des Tarifvertrages vor dem Einigungsamt zu verlangen.

[134]) Es besteht schon jetzt beim Gewerbegericht Berlin die Praxis, daß der Vorsitzende gleich nach Überreichung des Tarifvertrages in Gegenwart der Parteien den Inhalt des Vertrages zur Verlesung bringt. Dabei kommen dann Undeutlichkeiten und eventuell Gesetzwidrigkeiten zur Sprache und Abänderung. Oft stellt sich noch heraus, daß die Parteien sich über die Bedeutung einzelner Bestimmungen nicht klar gewesen sind. Es folgt Streichung und Ergänzung. Manchmal werden endlich die Parteivertreter erst von dem Gewerbegerichtsvorsitzenden darauf aufmerksam gemacht, daß ihr Vertrag Lücken enthält, welche entweder sofort ausgefüllt werden oder erst der Kenntnis ihrer Verbände unterbreitet werden müssen. Die Bevollmächtigten werden in dem letzten Falle zu einem neuen Termin geladen.

[135]) Der Paragraph lautet:

„Der Vorsitzende ist befugt, zur Einleitung der Verhandlung und in deren Verlauf an den Streitigkeiten beteiligte Personen vorzuladen und zu vernehmen. Er kann hierbei, wenn das Einigungsamt gemäß § 63 oder § 64 angerufen worden ist, für den Fall des Nichterscheinens eine Geldstrafe bis zu einhundert Mark androhen. Gegen die Festsetzung der Strafe findet Beschwerde nach den Bestimmungen der Zivilprozeßordnung statt.

Eine Vertretung beteiligter Personen durch deren allgemeine Stellvertreter (§ 45 der Gewerbeordnung), Prokuristen oder Betriebsleiter ist zulässig."

Vgl. v. Schulz, Gewerbegerichtsgesetz S. 165 ff. und das Reichsgesetz, betreffend Kaufmannsgerichte vom 6. Juli 1904 S. 197 ff.

Die bereits erwähnten schweizerischen Anträge der Kommission, zu deren Mitgliedern unter anderen Professor Lotmar gehörte, und der Entwurf der schweizerischen Arbeiterverbände zur Revision des Fabrikgesetzes enthalten folgende Bestimmung über die Form des Tarifvertrages:

> „Der Tarifvertrag muß schriftlich abgeschlossen werden. Er muß das Datum des Abschlusses und die Unterschriften der Abschließenden tragen, und, wenn er vor einem Einigungsamte oder einer andern Mittelsperson abgeschlossen wurde, auch die Unterschrift des Vermittlers.
>
> Den Kantonsregierungen, Arbeiterschutz-Inspektoraten und Gewerbegerichten, die seinem örtlichen Geltungsbereich angehören, ist alsbald je ein Exemplar des Tarifvertrages zuzustellen. Es wird von den Empfängern aufbewahrt und registriert. Seine Einsicht steht jedermann kostenlos frei.“ [136])

In der Regel werden die Tarifverträge von den Arbeitgebern und Arbeitern ohne Vermittlung dritter Personen in unmittelbaren Verhandlungen vereinbart. [137]) In manchen Fällen sind von den sich gegenüberstehenden Parteien angesehene Männer (Staatsbeamte, Kommunalbeamte usw.) [138]) veranlaßt worden, die Leitung der Verhandlungen und die Vermittlung zu übernehmen. Alsdann besitzen wir eine staatliche Instanz, vor der den Parteien Gelegenheit geboten ist, ihre Interessenstreitigkeiten

---

[136]) Siehe noch den Entwurf von Lotmar und Sulzer in der Sozialen Praxis XI. Jahrgang Sp. 349 unter II und Sp. 350 unter III, und bei Sinzheimer, Der Arbeitsnormenvertrag S 115.

Der französische Entwurf verlangt ebenfalls schriftliche Form. Vgl. dazu Leo, Der Tarifvertrag als internationales Rechtsproblem in den Blättern für vergleichende Rechtswissenschaft und Volkswirtschaftslehre II. Jahrgang Nr. 11 1907 Sp. 443, und ferner Beiträge zur Arbeiterstatistik Nr. 3, Der Tarifvertrag im Deutschen Reich I. Band. S. 126.

[137]) Über den Abschluß der Tarifverträge siehe außer Lotmar Wölbling, Der Akkordvertrag und der Tarifvertrag S. 449 ff. u. 466 ff.

[138]) So vermittelte der Oberbürgermeister von Berlin in dem Berliner Straßenbahnerstreik (siehe v. Schulz und Schalhorn, S. 40). Ferner ist erst neuerdings der Staatsminister v. Berlepsch von den Arbeitgeber- und Arbeiterverbänden der deutschen Holzindustrie gebeten worden, die März 1908 in Dresden stattfindenden Einigungsverhandlungen zur Schaffung von Tarifverträgen ihrer Branche zu leiten und eventuell das Schiedsrichteramt zu übernehmen. Ebenso wurden für die bekannten Verhandlungen des deutschen Baugewerbes und des deutschen Malergewerbes drei unparteiische Vorsitzende und Schiedsrichter von den beteiligten Verbänden gewählt. Vgl. im übrigen Lotmar, Die Tarifverträge zwischen Arbeitgebern und Arbeitnehmern S. 42 ff.

zur Erledigung zu bringen — die Einigungsämter der Gewerbe- und Kaufmannsgerichte.[139])

In den weitaus meisten Fällen, in denen es vor dem gewerbegerichtlichen Einigungsamt zur Verhandlung kam, hat es sich um die Vereinbarung von Tarifverträgen gehandelt.[140]) Auf die Verfassung und das Verfahren der deutschen Einigungsämter kann hier nicht näher eingegangen werden. Es ist aber hervorzuheben, daß dem Gesetzgeber die Frage vorgelegt werden muß, ob nicht die Einigungsämter als obligatorische Schiedsgerichte einzurichten seien. Obligatorische Schiedsgerichte empfiehlt Kulemann[141]) für diejenigen Betriebe, in denen wegen des an ihrer Aufrechterhaltung beteiligten öffentlichen Interesses das Streikrecht ausgeschlossen werden soll.[142]) Im übrigen haben verschiedentlich die Parteien vor Anrufung des Einigungsamts verabredet, daß dessen Schiedsspruch rechtlich bindende Wirkung haben solle.[143])

---

[139]) Literatur: Jastrow, Sozialpolitik und Verwaltungswissenschaft S. 492 bis 531; Bahr, Gewerbegericht, Kaufmannsgericht, Einigungsamt, Schall S. 183—185. Siehe außerdem Wilhelmi und Bewer S. 361 ff.: v. Schulz, Gewerbegerichtsgesetz S. 160 ff., und das Kaufmannsgerichtsgesetz S. 195 ff.; ferner Reichsarbeitsblatt III. Jahrgang S. 212 ff.: „Einigungsämter und Gewerbeschiedsgerichte" und die Verhandlungen der Generalversammlung der Gesellschaft für soziale Reform.

[140]) Siehe das fünfjährige Sachregister des Reichsarbeitsblatts (Beilage zur Aprilnummer 1908) zu den Mitteilungen der deutschen Gewerbegerichte unter „Tarifvertrag"; ferner die einzelnen Jahrgänge des Verbandsorgans der deutschen Gewerbe- und Kaufmannsgerichte (früher „das Gewerbegericht", seit 1. Oktober 1905 das Gewerbe- und Kaufmannsgericht).

[141]) In den Schriften der Gesellschaft für soziale Reform Heft 11 und 12 des II. Bandes S. 105 und 107. Vgl. auch dessen Aufsatz: Zur Technik der Tarifverträge in der Sozialen Praxis XVII. Jahrgang Sp. 273 ff.

[142]) Siehe v. Schulz, Zur Koalitionsfreiheit S. 479 Anm. 1; Zimmermann, in den Schriften der Gesellschaft für soziale Reform Heft 11 und 12 des II. Bandes S. 36.

[143]) Ist im Tarifvertrag ein Schiedsspruch im Sinne der ZPO. beabsichtigt, so muß der Schiedsvertrag sich auf ein bestimmtes Rechtsverhältnis beziehen. Rechtsstreitigkeiten zwischen Arbeitgeber und ihren Arbeitern pflegen sich nicht aus den zwischen ihnen abgeschlossenen Dienstverträgen zu regeln. Die Parteien des speziellen Dienstvertrages müßten also übereingekommen sein, die aus diesem Dienstvertrag sich ergebende Streitigkeit durch ein Schiedsgericht entscheiden zu lassen. Der Umstand, daß der Tarifvertrag bei dieser Entscheidung zu berücksichtigen ist, gestattet nicht die Folgerung, daß der Tarifvertrag das streitige Rechtsverhältnis ist, streitig ist vielmehr in solchem Falle der erwähnte Dienstvertrag.

Bekanntlich stimmen die Parteien des Tarifvertrages mit den Parteien der einzelnen Arbeitsverträge oft oder meist nicht überein. (Siehe dazu Anmerk. 84 a. E.). Es ist daher auch wichtig, festzustellen, wer eine Entscheidung haben will: eine Tarif-

Allgemein muß aber mit Schmoller[144]) behauptet werden, daß für die Einigungsämter stets das wichtigste sein muß, „nicht daß ein Schiedsspruch, und sei er der weiseste, den Parteien oktroyiert wird, sondern daß dieselben sich verständigen."

Deswegen hat Köppe[145]) durchaus recht, wenn er ausführt: „Kommt dagegen keine Einigung zustande, so ist, entsprechend der wichtigen Auffassung vom Wesen des kollektiven Arbeitsvertrages, der Weg eines ge-

---

vertrags-Partei oder eine Arbeitsvertragspartei. (Wölbling, Der Akkordvertrag und der Tarifvertrag Drittes Kapitel S. 327).

Wenn einzelne Parteien das Einigungsamt zur Entscheidung über bestehende, nicht über künftige Streitigkeiten anrufen, so fällt die Beschränkung auf ein bestimmtes Rechtsverhältnis fort. Schiedsverträge über künftige Streitigkeiten sind nach § 6 Abs. 2 des Kaufmannsgerichtsgesetzes nichtig. v. Schulz, Das Reichsgesetz, betr. Kaufmannsgerichte S. 38 ff.

Die Arbeiter wollen von Schiedsverträgen nicht viel wissen. Siehe das Gewerbegericht III. Jahrgang Sp. 19, 25 und 47 und dazu Brauns Archiv XV. Bd. S. 598 ff. Vgl. auch Schall S. 187 ff. und Schalhorn in der Sozialen Praxis vom 1. März 1906 Sp. 590.

Entscheidungen der Gewerbegerichte über Schiedsverträge: Reichsarbeitsblatt II. Jahrgang S. 332: Nichtigkeit der Klausel eines Tarifvertrages, welche allgemein für die Streitigkeiten in dem betreffenden Gewerbe ein Schiedsgericht vorsieht (s. dazu Anlage II, Tarifvertrag für die Bauarbeiter unter Schlichtungskommission); Gewerbegericht VIII. Jahrgang Sp. 55 (Baum Handbuch für Gewerbegerichte S. 72): Es kann nicht vereinbart werden, daß an Stelle des Gewerbegerichts, die 18. Kommission des Verbandes der Berliner Baugeschäfte entscheiden soll (GG. Charlottenburg); Gewerbegericht X. Jahrgang Sp. 24 und 25, 112 und 123: über das frühere Tarifschiedsgericht der Buchdrucker. Dasselbe kann nicht wirksamen Schiedsspruch fällen. Das Gericht bemängelte, daß ein Arbeitgeber als Vorsitzender des Schiedsgerichts fungierte (GG. Leipzig).

Nach dem neuen Buchdruckervertrage ist Vorsitzender des Schiedsgerichts ein Rechtsanwalt.

[144]) Über Organe für Einigung und Schiedssprüche in Arbeitsstreitigkeiten S 6. Dazu v. Schulz, Zur Koalitionsfreiheit S. 480 Anm. Auch durch ein Zwangsschiedsgericht werden sich schließlich die Arbeiter von einem Streik nicht abhalten lassen. Siehe oben unter 1. „Inhalt des Tarifvertrages", Anmerkung 59 über den Streik des Bergarbeiterverbandes in Neusüdwales.

Siehe über die Gesetzgebung in Neusüdwales: Beiträge zur Arbeiterstatistik Nr. 3 der Tarifvertrag im Deutschen Reich I. S. 96 ff. und Gisi, Einigungsamt und Schiedsgericht zur Lösung von Kollektivkonflikten zwischen Arbeitgebern und Arbeitnehmern S. 97 ff.

Wie es selbst den einsichtigsten Arbeiterführern manchmal unmöglich ist, streiklustige Verbände von Ausständen abzuhalten, davon legt das beweiskräftigste Zeugnis ab die Lohnbewegung der Berliner Bauarbeiter von 1907.

[145]) Der kollektive Arbeitsvertrag als Gegenstand der Gesetzgebung S. 309; ferner Wölbling, Akkord- und Tarifvertrag S. 457—476.

setzlich erzwungenen, schiedsgerichtlichen Mehrheitsbeschlusses, wie ihn das bisher einzige Gesetz zur Regelung kollektiver Vertragsschließung, nämlich des Kanton Genf vom 10. Februar 1900[146]) vorsieht, entschieden zu verwerfen, und kann auch die Furcht, daß in diesem Falle der Kampf — also der Ausstand oder die Aussperrungen — unvermeidlich sei, nicht den Ausschlag geben. Ja, eine gänzliche Ausschließung solcher Kämpfe ist sogar weder möglich noch überhaupt wünschenswert. Nicht möglich, weil die Natur des Menschen erst umgewandelt werden müßte, um ihn zur Verträglichkeit wirksam zwingen zu können; nicht wünschenswert, weil in den wirtschaftlichen, so wenig wie in den großen politischen Verhältnissen ein Friede um jeden Preis dem Kriege vorzuziehen ist. Denn auch große und schwere Opfer und Folgen eines erfolgreichen Krieges wiegen oft immer noch leichter in der Wagschale als die Lasten und Schäden einer demütigen Unterwerfung unter ungerechtes Joch.[147]) Ähnlich Schall:[148]) „Eine staatliche Organisation des Tarifvertragswesens wird aber zurzeit überwiegend in Deutschland abgelehnt. Und mit Recht, solange die Möglichkeit besteht, daß die Parteien sich aus eigener Kraft und eigenem Entschluß zur kollektiven Regelung der Arbeitsbedingungen zusammenfinden. Wenn sich freilich erweisen sollte, daß die Arbeitgeber auf ihr Vorrecht der einseitigen Festsetzung der Arbeitsbedingungen nicht verzichten wollen (und diese Gefahr liegt bei den heute in der deutschen Großindustrie herrschenden Anschauungen nicht fern), so ist es die Aufgabe des Staats, durch staatliche Organisation dem Tarifgedanken zum Siege zu verhelfen. Denn es ist eine Forderung der Gerechtigkeit oder, mit Stammler, des richtigen Rechts, daß im Arbeitsverhältnis nicht der eine Teil der Willkür des andern ausgeliefert sei."

Zur Sicherung des gewerblichen Friedens ist meist von den Gewerbetreibenden, welche zu Tarifverträgen besonders vor den Einigungsämtern gekommen sind, bestimmt worden, daß vor Ablauf oder nach Kündigung dieser Verträge die von ihnen eingesetzte Schlichtungs-

---

[146]) Einzelheiten, geändert durch Gesetz vom 20. März 1904, ohne daß der Ausbau der getroffenen Einrichtungen wesentlich anders gestaltet worden wäre. Beiträge zur Arbeiterstatistik Nr. 3 der Tarifvertrag im Deutschen Reich I. S. 129 ff. Vgl. dazu Schall S. 204 und 205.

[147]) Ein anderes ist es freilich, ob an Stelle des augenblicklich bestehenden Besprechungszwanges vor dem Einigungsamt nicht Verhandlungszwang durch Gesetz einzuführen wäre. Streiks und Aussperrungen sind nicht bloß Angelegenheiten der betreffenden Gewerbe, sondern berühren fast durchweg die Lebensverhältnisse aller Staatsbürger. v. Schulz, Zur Revision des Deutschen Gewerbegerichtsgesetzes in Brauns Archiv Bd. XIV S. 174 ff., insbesondere S. 177.

[148]) S. 205 und 206.

kommission[149]) für die Schaffung neuer Tarifverträge Sorge zu tragen habe.[150]) Die Abkommen gehen überdies noch dahin, daß wenn der Schlichtungskommission es nicht gelingt, einen Vertrag zustande zu bringen, das Einigungsamt die Vermittlung in die Hand zu nehmen und in letzter Linie durch Schiedsspruch den Tarifvertrag ins Leben zu rufen hat.

Der Gesetzgeber sollte sich dafür entscheiden, die erprobte Einrichtung der Schlichtungskommission anzuordnen, zumal sie durch ihre sonstigen Funktionen[151]) eine Unsumme von Streitigkeiten, welche die Einigungsämter sonst beschäftigen würden, beseitigen und dadurch die Gewerbegerichte bedeutend entlasten.

---

[149]) Über Schlichtungskommissionen siehe die eingehenden Erörterungen Schalls S. 190 ff; Beiträge zur Arbeiterstatistik Nr. 4. Der Tarifvertrag im Deutschen Reich II. S. 255—257, 264 ff.; Hüglin S. 175; v. Schulz, Die Berliner Schlichtungskommissionen in der Verbandsbeilage zu Nr. 11 des „Gewerbegericht" X. Jahrgang Sp. 337 ff.; endlich über Schlichtungskommissionen die Berliner Jahrbücher für Handel und Industrie von 1906 und 1907. Berichte der Ältesten der Kaufmannschaft von Berlin. Vgl. auch das fünfjährige Sachregister des Reichsarbeitsblatts unter „Schlichtungskommissionen." Günther S. 76 ff.

Über die Beanstandung der Wahlen von Mitgliedern der Schlichtungskommission im Berliner Bauklempnergewerbe siehe Reichsarbeitsblatt V. Jahrgang S. 72 und 675.

Was übrigens die in Berlin bestehenden Schlichtungskommissionen betrifft, so sollen sie schlichten, d. h. in Güte einigen, nicht entscheiden. Mitunter sind ihnen aber auch Entscheidungen, sei es gemäß § 72 des Gewerbegerichtsgesetzes, sei es gemäß § 1025 ff. ZPO., übertragen, wobei sie sich aber meist nur mit Fragen allgemeiner Natur befassen. Über die rechtliche Tragweite ihrer Entscheidungen ist dasselbe wie vorher Anm. 143 zu sagen.

[150]) Siehe die in der Anlage abgedruckten Tarifverträge unter Schlichtungskommission.

[151]) Köppe, Der kollektive Arbeitsvertrag als Gegenstand der Gesetzgebung S. 304: „Diese sogenannten paritätischen Schlichtungskommissionen haben mitunter, wie bei den Buchdruckern, sogar einen schiedsgerichtlichen Charakter, d. h. ihre Entscheidungen sollen kraft Tarifvertrages als rechtsverbindlich zwischen den Parteien des Einzelstreitfalles gelten. Eine solche Instanz für friedliche Schlichtung wird schon wegen ihrer bisherigen Einbürgerung und wegen des besonderen Sachverständnisses dieser Kommissionen vom Gesetze beizubehalten sein, obwohl auch im gewerbegerichtlichen Verfahren ein Sühneversuch obligatorisch ist. Im übrigen wird aber der segensreichen Tätigkeit der Gewerbegerichte als Rechtsprechungsorgane nicht das Wasser abgegraben werden dürfen und es daher genügen, die Einrichtung einer — bestimmten Anforderungen entsprechenden — paritätischen Schlichtungsinstanz gesetzlich vorzuschreiben, im übrigen aber es bei dem § 6 des Gewerbegerichtsgesetzes bewenden zu lassen, welches bereits die Voraussetzungen bestimmt, unter denen Schiedsverträge, durch welche die gewerbegerichtliche Zuständigkeit ausgeschlossen werden soll, rechtswirksam sind."

Mit Wölbling[152]) möchte ich aber nicht empfehlen, durch Gesetz die vermittelnde Tätigkeit der Schlichtungskommission als zwingend vorzuschreiben. „Die Durchführung des Rechts, bemerkt der Schriftsteller, beruht nun einmal auf einem Kampfe. Das Recht gibt Kampfmittel besonders zur Verteidigung, deren Anwendung rasch und energisch erfolgen muß. Gerade durch eine derartige rasche Anwendung oder doch durch die drohende Möglichkeit einer solchen Energie werden viele Streitigkeiten vermieden. Nimmt man diesen Verteidigungsmitteln die Schärfe, so wird die Neigung zu Konflikten zunehmen. Wenn aber die Parteien kampfunlustig oder kampfesmüde sind, oder wenn das beiderseitige Verhältnis ein besonders gutes ist, dann werden sie selbst das Verlangen nach einer Vermittlung haben. Dann wird eine Schlichtungskommission gutes wirken können. Man mag daher die Einrichtung einer Schlichtungskommission mit vorgeschriebener Zusammensetzung zum obligatorischen Inhalt der Tarifverträge machen, aber ohne den Zwang, dieselbe vor einem Streik oder einer Sperre anzurufen. Man mag es den Parteien überlassen, ob sie eine solche Bestimmung in ihren Vertrag aufnehmen wollen. Frieden mit Gewalt stiften zu wollen, ist immer eine eigene Sache. Dagegen hat die Schlichtungskommission das Recht, vermittelnd einzugreifen, wenn sie sich davon Erfolg verspricht, und zwar dies am besten schon vor Beginn eines Kampfes." [153])

---

[152]) Der Akkordvertrag und der Tarifvertrag S. 470.

[153]) Die Schlichtungskommissionen, Tarifausschüsse usw. dienen zur „Auslegung, Ausbreitung, Durchführung und Verbesserung des Tarifvertrages" (Lotmar, Arbeitsvertrag S. 761 und die dort verzeichnete Literatur). Ähnliche Einrichtungen zu demselben Zwecke sind die im Tarifvertrage festgesetzten Schiedsgerichte und Arbeitsnachweise. Alle diese Einrichtungen bilden Organe der sogen. Tarifgemeinschaft (Interessengemeinschaft). „Es bleibt bestehen, was Hüglin S. 36 schreibt, daß trotz aller Interessengemeinschaft Arbeitgeber und Arbeitnehmer eine Partei nie gewesen sind und nicht sein werden und ein unüberbrückbarer Gegensatz bleibt, den der vollkommenste Tarifvertrag nicht aufheben könne. Aber er hat nicht recht, wenn er daraus folgert, daß der Tarifvertrag keine „Vereinigung" begründen könne, es soll ja nur so weit Rechtsgemeinschaft begründet werden, als Interessengemeinschaft besteht." Zwangsmittel dieser Interessengemeinschaft sind Streik, Aussperrung, Boykott usw., besonders gegen Außenseiter. Siehe Schall 170 ff.; Wölbling, Akkordvertrag und Tarifvertrag S. 407—418; Imle, Die Tarifverträge zwischen Arbeitgebern und Arbeitnehmern in Deutschland S. 95; Köppe, Jahrbücher für Nationalökonomie III. Folge Bd. 30 S. 290 und 292. Beiträge zur Arbeiterstatistik Nr. 4 Der Tarifvertrag im Deutschen Reich II S. 253 ff. Über die Tarifgemeinschaft der Buchdrucker siehe außer Schall S. 172 a. E. und ff. und

Als vom Staat bestellte Förderer der Tarifverträge kommen neben den Einigungsämtern des Gewerbegerichts und den dort gebildeten Schlichtungskommissionen für Innungsmeister und deren Gesellen, eventl. noch Innungseinigungsämter in Frage. Soviel mir bekannt, besteht zurzeit nur in Berlin ein solches Amt. Dasselbe ist aber bisher noch nicht in Funktion getreten. Der letzte Bericht der Handwerkskammer enthält nichts über die Tätigkeit des Berliner Innungseinigungsamts. Dieses Innungseinigungsamt kann leicht zu Kompetenzkonflikten führen. So ist beispielsweise in dem Tarifvertrage der Schlosser[154]) ein Einschreiten des Innungseinigungsamtes bei Streitigkeiten der Meister und Gesellen nicht nur der Berliner Schlosserinnung, sondern sogar des Verbandes Berliner Schlossereien und verwandter Gewerbe vorgesehen.

Über die Zuständigkeit des Innungs-Einigungsamtes bestimmt § 74 GGG. folgendes:

„Das Gewerbegericht als Einigungsamt ist nicht zuständig, wenn bei der Streitigkeit **ausschließlich** Innungsmitglieder und deren Arbeiter beteiligt sind, und für die Innung zur Erfüllung der im § 81a Nr. 2 der Gewerbeordnung bezeichneten Aufgabe ein besonderes Einigungsamt besteht, dessen Zusammensetzung und Tätigkeit durch das Statut entsprechend den Bestimmungen der §§ 63 bis 73 dieses Gesetzes geregelt sind. **Rufen beide Teile das Gewerbegericht als Einigungsamt an, so ist dieses auch bei solchen Streitigkeiten zuständig.**"

Der Paragraph bezweckt „die Ziehung einer Zuständigkeitsgrenze, um einerseits dem **Gewerbegerichte** den Charakter des **regelmäßigen** Einigungsamtes zu wahren, seinem Ausbau zu dienen und **seine Zuständigkeit** namentlich dann **außer Zweifel zu lassen**, wenn **Nichtinnungsmitglieder an dem Streite beteiligt sind**, sowie um anderseits den Innungen das zu lassen, was ihnen nach der Ge-

---

Brogsitter S. 78ff., auch hier die Literatur Anm. 16 der Einleitung, vor allem aber den Deutschen Buchdrucker-Tarif nebst **Kommentar**, Berlin 1908.

Es sei bemerkt, daß seinerzeit auch die Schlichtungskommission der Berliner Drahtindustrie zu dem Tarifvertrage des Gewerbes einen Kommentar herausgegeben hat. Reichsarbeitsblatt II. Jahrgang S. 153 Sp. 2.

Schall S. 204 meint, daß der Gesetzgeber die Errichtung von Tariforganen wohl dem Ermessen der Parteien überlassen soll. Ich stehe, wie ich oben im Text ausgeführt habe, bezüglich der Schlichtungskommissionen auf einem andern Standpunkt.

Siehe über „Allianzen" das Werk von Liefmann; ferner **Hüglin** S. 42 ff. und Anm. **Rundstein**, Die Tarifverträge und die moderne Rechtswissenschaft S. 26 und dort Anm. 38; ferner v. **Schulz**, Zur Koalitionsfreiheit S. 458 Anm.

[154]) Reichsarbeitsblatt I. Jahrgang S. 1036 und 1037.

werbeordnung zukommt." [155]) Von einem Regierungsvertreter wurde in der XII. Kommission ausdrücklich betont, daß nach § 74 die Innungen als befugt anzusehen seien, „durch statutarische Bestimmungen für den Kreis ihrer Mitglieder besondere einigungsamtliche Institutionen zu schaffen." [156]) Die Vorschriften der Paragraphen sind zwingender Natur und deswegen nicht beliebig durch Vertrag zu ändern oder gar zu beseitigen. Hiernach ist die Zuständigkeit des Gewerbegerichts zu bejahen, falls bei einer Lohnbewegung auch nur ein Arbeitgeber der streikenden oder ausgesperrten Gesellen sich außerhalb der Innung befindet; es bleibt daher in diesem Falle selbst jedes Innungsmitglied zur Anrufung des Gewerbegerichts befugt. Es ergibt sich ferner, daß nach Anrufung des Gewerbegerichts seitens der Gesellen und bei Ablehnung durch die Innungsmeister ein Einschreiten des Gerichts unzulässig und die Zuständigkeit des Innungs-Einigungsamtes begründet sein würde. Endlich würde nach dem klaren Wortlaute des letzten Satzes des § 74, sobald ein Innungsmeister zusammen mit seinen Gesellen die Vermittlung des Gewerbegerichts nachsuchte, dieses zuständig sein ungeachtet des Bestehens eines Innungs-Einigungsamtes.

Im übrigen wird, wie schon in der Kommission von einem Mitgliede hervorgehoben wurde, der § 74 fernerhin praktisch von geringer Bedeutung sein, da es nur wenige Streitigkeiten geben wird, welche sich auf den Personenkreis der Innungen beschränken und nicht auch auf außerhalb der Innungen stehende Arbeitgeber oder deren Arbeiter bezögen. Hierbei mag darauf hingewiesen werden, daß die den Innungen angehörenden Gewerbetreibenden durch die Novelle zum Gewerbegerichtsgesetze in die Lage gebracht worden sind, zum Einigungsamte ihre „Vertrauensmänner" frei zu wählen. Sie können demnach, wenn es ihnen Bedürfnis ist, Beisitzer des Gewerbegerichts stets umgehen, während sie anderseits nicht die Macht haben, es zu verhindern, daß die Arbeiter zum Innungs-Einigungsamt als Vertrauensmänner Gewerbegerichtsbeisitzer bestimmen. Allem Anschein nach würden bei Verhandlungen über Streiks usw. vor einem Innungs-Einigungsamt häufig sogar von den Gesellen die Posten ihrer Vertrauensmänner mit Gewerbegerichtsbeisitzern besetzt werden. Das Innungs-Einigungsamt befreit deswegen die Meister nicht von einer, wenn auch losen Fühlung mit dem Gewerbegericht.

---

[155]) Wilhelmi und Bewer, Kommentar zum Gewerbegerichtsgesetz S. 383. Dazu Haas, Kommentar zum Gewerbegerichtsgesetz II. Auflage S. 161.

[156]) v. Schulz, Kommentar zum Gewerbegerichtsgesetz S. 177.

Nach alledem hätte der Gesetzgeber zu prüfen, ob dort, wo Gewerbegerichte vorhanden sind, Innungs-Einigungsämter einem Bedürfnis entsprechen, und ob es nicht wirklich angebracht wäre, die Innungs-Einigungsämter zu beseitigen.[157]) Verschiedene Innungen beteiligten sich sowieso schon an Verhandlungen, welche vor den Einigungsämtern der Gewerbegerichte zu Tarifverträgen führten bzw. führen sollten.

Freilich wird der Gesetzgeber zu solchen Erwägungen keinen Anlaß haben, wenn der im Reichsanzeiger veröffentlichte Entwurf eines Gesetzes über Arbeitskammern Gesetz würde.

§ 6 des besagten Entwurfs lautet:

> „Die Arbeitskammern können bei Streitigkeiten zwischen Arbeitgebern und Arbeitnehmern der in ihnen vertretenen Gewerbezweige über die Bedingungen der Fortsetzung oder Wiederaufnahme des Arbeitsverhältnisses als Einigungsamt angerufen werden, wenn es an einem hierfür zuständigen Gewerbegericht fehlt oder die beteiligten Arbeitnehmer in den Bezirken mehrerer Gewerbegerichte beschäftigt sind oder wenn die Einigungsverhandlungen bei dem zuständigen Gewerbegericht erfolglos verlaufen sind.
>
> Auf das Verfahren finden die Bestimmungen der §§ 63 bis 73 des Gewerbegerichtsgesetzes vom 30. Juni 1901 (Reichsgesetzblatt S. 353) entsprechende Anwendung.
>
> Zuständig ist diejenige Arbeitskammer, in deren Bezirk die beteiligten Arbeitnehmer beschäftigt sind; sofern die beteiligten Arbeitnehmer in den Bezirken mehrerer Arbeitskammern beschäftigt sind, ist diejenige Arbeitskammer zuständig, welche zuerst als Einigungsamt angerufen worden ist.“[158])

Es ist klar, daß durch diesen Paragraphen die Gewerbegerichte der größeren Städte als Einigungsämter sämtlich so gut wie ausgeschaltet

---

[157]) v. Schulz, Zur Frage der Auflösung der Innungsschiedsgerichte im Gewerbe- und Kaufmannsgericht XI. Jahrgang Sp. 168 ff.

[158]) Die Handwerkerzeitung vom 21. Februar 1908 S. 109 schreibt zum § 6: „Hierin liegt nach laut gewordenen Auffassungen die Tendenz, allmählich das ganze Einigungs- und Schiedsverfahren von den Gewerbegerichten, denen dann nur die richterliche Tätigkeit verbleiben würde, abzusondern und den Arbeitskammern zuzuweisen.“ Siehe dazu den Artikel „Konsolidation der Gewerbegerichte“ in der deutschen Arbeitgeberzeitung vom 16. Februar 1908. Vgl. auch Baums Ausführungen hier Einleitung Anm. 32.

Es sei darauf hingewiesen, daß der Entwurf des Gesetzes, betr. Arbeitskammern, wie die Innungen überhaupt, so die Innungseinigungsämter nicht berührt.

werden. Denn bei den meisten dort stattfindenden Verhandlungen sind Arbeiter beteiligt, „welche in den Bezirken mehrerer Gewerbegerichte beschäftigt sind." Wenn man dann noch die in Aussicht genommene Besetzung der Arbeitskammern in Betracht zieht, kann man getrost voraussagen, daß manche von Lohnbewegungen betroffene, Arbeitgeber die Anrufung des Gewerbegerichts ablehnen werden, um vor das Forum der Arbeitskammern zu gelangen. Denn infolge der Ablehnung sind die Einigungsverhandlungen „bei dem zuständigen Gewerbegericht erfolglos verlaufen", so daß nunmehr die Arbeitskammer einzugreifen hat. Allerdings stände immer noch dahin, ob die Arbeiter sofort bereit wären, dem Rufe der Kammer Folge zu leisten. Wahrscheinlich würde § 6 eines Arbeitskammergesetzes es zuwege bringen, daß der Abschluß von Tarifverträgen sich häufig genug verzögern würde.

Rechtswirkung des Vertrages.

Besonders in den letzten Jahren habe ich bei den Verhandlungen der Parteien vor dem Berliner Einigungsamt stets den Eindruck erhalten, daß Arbeitgeber und Arbeiter den Willen hatten, durch Tarifverträge rechtswirksame Abkommen zu treffen. Von nur moralischer Bindung, welche nach manchen bei Tarifverträgen beabsichtigt wird, war niemals die Rede. Bei dem leider häufig vorhandenen beiderseitigen Mißtrauen würde den Parteien eine solche Bindung auch bei weitem nicht ausreichend erscheinen, um dem Zustandekommen eines Tarifvertrages zeitraubende, manchmal monatelange Verhandlungen zu opfern.

Wenn in den zwei oben von mir mitgeteilten Fällen die Bäckermeister und die Stuckateurgehilfen ihren Vereinbarungen lediglich moralischen Wert beimaßen, so brauchten sie sich wirklich nicht zu bemühen, ihre Weigerung, die Abreden zu erfüllen, auf den Mangel der Schriftlichkeit zu stützen. Aus ihren Einwendungen ist aber zu entnehmen, daß sie gerade die Absicht gehabt hatten, mit den Gegenparteien Verträge, welche sie rechtlich verpflichteten, zu schließen.

Es lassen ferner die Berliner Arbeitgeberverbände des Baugewerbes und des Fliesenlegergewerbes jeden einzelnen Maurer[159]), Fliesenleger usw. und deren Arbeitgeber den Tarifvertrag bei dem Beginn eines jeden Arbeitsverhältnisses durch Unterschrift anerkennen. Gleiches geschieht bei den Formenstechern. Der Tarif wird, wie Hüglin (S. 80) berichtet, zwar von den Vertretern der beiderseitigen Organisationen fest-

[159]) Siehe hier Anlage II: Die Arbeitsbedingungen für Maurer a. E.

gesetzt; „berechtigt und verpflichtet aus dem Vertrage“ wird aber nur derjenige „Formenstechereibesitzer, Formenstechergehilfe und Hilfsarbeiter, welcher den vorliegenden Vertrag durch Unterschrift für sich bindend anerkennt.“ Wozu diese Umstände, wenn durch die Tarifverträge nur eine moralische Verpflichtung ins Leben gerufen werden soll?

Die deutschen Buchdrucker endlich erklären sogar in ihrem Tarif nebst Kommentar gleich am Anfang noch vor dem Inhaltsverzeichnis: „Die Ausführungen des Kommentars haben für die Mitglieder der Tarifgemeinschaft dieselbe rechtsverbindliche Kraft, wie die Bestimmungen des Tarifs“[160]).

Schall[161]) führt aus: „Die Parteien dachten wohl im Anfang der Tarifbewegung nur an die soziale Bindung; erst die allmähliche Erkenntnis der Möglichkeit und des Vorteils rechtlicher Bindung erzeugte den Rechtswillen, und so bildeten sich auch erst im Laufe der Entwicklung die Momente aus, die ein deutliches Zeichen des Rechtswillens beim Tarifvertrag sind. Es sind das einmal gewisse Vorgänge beim Zustandekommen des Tarifvertrages: die Betonung und genaue Prüfung der Legitimation der Vertreter, die schriftliche Abfassung, die Hinterlegung beim Gewerbegericht oder Protokollierung vor dem Gewerbegerichtsvorsitzenden, der Aushang in den Arbeitsräumen, ferner inhaltlich das Streben nach präziser Formulierung der gegenseitigen Rechte und Pflichten, die genaue Bestimmung der Geltungsdauer und öfters die ausdrückliche Hervorhebung der Bindung durch den Tarifvertrag und der Garantie für seine Einhaltung.“ Auf Grund derselben Tatsachen

---

[160]) Es scheint mir damit nicht in Widerspruch zu stehen, wenn S. 2 des deutschen Buchdruckertarifs bemerkt wird: „Der Tarif ist der von Prinzipalen und Gehilfen anerkannte Ausdruck dafür, was für die beiderseitigen Beziehungen und Leistungen im Deutschen Reiche allgemein als gerecht und billig festzuhalten ist.“ Darüber, daß die Buchdruckertarifgemeinschaft nicht ein Vertrag ist, siehe Baum, Die rechtliche Natur des kollektiven Arbeitsvertrages S. 271. Vgl. übrigens noch die Schrift von Schwarz: „Nützen oder schaden Tarifgemeinschaften dem Gewerbe?“ Dort heißt es an einer Stelle, daß die Tarifverträge nach Maßgabe beiderseitigen Übereinkommens die Bestimmungen, welche für die Zukunft zwischen den beiden Parteien gelten sollen, enthalten. Damit, bemerkt der Schriftsteller, ist eine Norm geschaffen, die jede Einzelfestsetzung der Arbeitsbedingungen überflüssig macht und dabei eine große Vereinfachung und Übersichtlichkeit bietet.

[161]) S. 69 ff.; Lotmar, im Archiv für soziale Gesetzgebung u. Statistik S. 90 ff., Der Arbeitsvertrag S. 774, 775; Rundstein, Die Tarifverträge und die moderne Rechtswissenschaft S. 47—64. Siehe auch die von Schall angegebenen Beispiele: Beiträge zur Arbeiterstatistik Nr. 4 usw. S. 261 u. 262; Beiträge usw. Nr. 5 S. 81: Tarifvertrag Nr. 41 § 10.

kommt Braun[162]) welcher den freien Gewerkschaften nahesteht, zu dem gleichen Ergebnis wie Schall: „Die Tarifverträge werden eingegangen, um die gegenseitigen Verhältnisse in die Bahnen der geordneten rechtlichen Regelung zu lenken. Es ist somit unrichtig, daß bei den Parteien keine andere Absicht besteht, als sich bloß moralisch zu binden." Dem widerspricht auch, wie ich hinzufügen will, daß die Parteien häufig den Gewerbegerichtsvorsitzenden zu ersuchen pflegen, Abschriften ihrer Tarifverträge den zuständigen Prozeßkammern des Gewerbegerichts zur Kenntnisnahme zu unterbreiten. Das Gewerbegerichtsgesetz liefert sogar, wie Lotmar[163]) hervorhebt, Beweise für das Dasein der Rechtswirksamkeit des Tarifvertrags. Es wäre doch mehr wie seltsam, erklärt der Schriftsteller, daß dieses Gesetz das einigungsamtliche Verfahren, z. B. die Legitimation der Vertreter, die Publikation der „Vereinbarung", die „Unterwerfung" unter den Schiedsspruch, so eingehend ordnen würde (§§ 62—74), wenn es die Meinung hätte, daß eine solche Vereinbarung oder Unterwerfung bloß etwas Faktisches, etwa nur moralische Folgen Erzeugendes sei. „Wenn die Motive zum jetzigen § 70 GGG. aussprechen, es könne „durch äußere Mittel nicht erzwungen werden", daß die Vereinbarung als für die Arbeitsverträge maßgebend von den Beteiligten anerkannt werde, so ist zwar diese Äußerung unzutreffend, sie besagt aber auch nicht, daß der Motivverfasser dem Tarifvertrag keine Rechtswirkung beigemessen habe."

Es ist im Laufe der Zeit mitunter freilich vorgekommen, daß einzelne Arbeitgeber und Arbeiter mir ihre Zweifel geäußert haben, ob der Tarifvertrag eine rechtliche Verpflichtung hervorbringe. Diese Gewerbetreibenden standen unter dem Einfluß der Judikatur der Gewerbegerichte und anderer Gerichte über den Tarifvertrag nnd über die Koalitionsvorschriften der Gewerbeordnung. Besonders hat die bekannte Reichsgerichtsentscheidung mit ihrer unrichtigen Auffassung von dem Koalitionscharakter der Tarifverträge, auf welche später noch eingegangen werden wird, das Vertrauen der Parteien in die rechtlichen Eigenschaften des Tarifvertrages geschmälert.

Wölbling schätzt überhaupt die bisherige Rechtsprechung bezüglich der Tarifverträge nicht sonderlich hoch ein. Er bekundet:

„Die Frage nach der Rechtswirksamkeit der Tarifverträge ist deshalb äußerst schwierig zu beantworten, weil es beinahe an jeglicher juristischer

---

[162]) S. 70 und 71.

[163]) Lotmar, Der Arbeitsvertrag 774. Siehe auch Wölbling, Archiv für Sozialwissenschaft und Sozialpolitik, Bd. XXI S. 675 ff.

Praxis, an Ergebnissen der Rechtsprechung fehlt, an denen man die aufgestellten Theorien prüfen kann. Wir haben bisher wohl nicht ein einziges Erkenntnis, welches sich allgemein über die Rechtswirksamkeit verbreitete. Die wenigen Erkenntnisse, die überhaupt vorliegen, verwerfen entweder jede Rechtswirksamkeit[164]), oder sie setzen sie grundsätzlich als selbstverständlich voraus und bejahen oder verneinen die im speziellen Falle in Anspruch genommene Rechtsfolge mit dürftiger oder mitunter ohne jede Begründung, bei der oft das einzige positive Ergebnis das ist, daß sie sich nicht halten läßt. So liegen z. B. auch die von Baum besprochenen Fälle eines Gewerbegerichts[165]). Am besten ist noch die Begründung derjenigen Erkenntnisse, die eine direkte Rechtswirkung nur zwischen den vertragschließenden Vereinen und im übrigen nur die Möglichkeit einer sich ans dem Tarifvertrage bildenden Übung, Usance[166]), annehmen."

Mit der Ortsüblichkeit ist aber den Wünschen der Vertragsparteien keineswegs genügend gedient.[167]) Sie erstreben durch die Tarifverträge klare Sicherheit der Arbeitsverhältnisse möglichst im ganzen Gewerbe. Allmählich ist nunmehr für das Tarifvertragswesen eine Wendung zum Bessern eingetreten insofern jetzt wohl regelmäßig in der Literatur und durch

---

[164]) Siehe z. B. Das Gewerbegericht VII. Jahrgang Sp. 243 und Baums Handbuch S. 162.

[165]) Das Gewerbegericht, X. Jahrgang Sp. 326 ff.

[166]) v. Schulz u. Schalhorn S. 178, 227: „Allgemeine Tarifverträge binden auch die am Abschluß nicht Beteiligten, sobald die darin festgesetzten Arbeitsbedingungen ortsüblich geworden und anderweitige Abreden beim Eingehen des einzelnen Arbeitsverhältnisses nicht getroffen sind." Köppe, Der Arbeitstarifvertrag S. 71 ff.; Lotmar, Arbeitsvertrag S. 780 ff. Siehe auch Das Gewerbegericht X. Jahrgang Sp. 363; XI. Jahrgang Sp. 173. Ferner Das Gewerbegericht X. Jahrgang Sp. 25: Der deutsche Buchdruckertarif stellt sich rechtlich dar als eine Zusammenfassung des im deutschen Buchdruckergewerbe Üblichen. Über den Tarifvertrag als Erkennungsmittel des ortsüblichen Lohnes vgl. Reichsarbeitsblatt II. Jahrgang S. 64 und Das Gewerbegericht VIII. Jahrgang Sp. 57; XI. Jahrgang Sp. 218. Der tarifvertragliche Kündigungsausschluß als ortsüblicher: Reichsarbeitsblatt I. Jahrgang S. 223; Das Gewerbegericht VI. Jahrgang Sp. 196; VII. Jahrgang Sp. 109 (Baums Handbuch S. 159); VIII. Jahrgang Sp. 6; XI. Jahrgang Sp. 309; XII. Jahrgang Sp. 240. Vgl. endlich Das Gewerbegericht IX. Jahrgang Sp. 192, 193 und XII. Jahrgang Sp. 156 über Bestimmungen des Tarifvertrages, welche nicht ortsüblich geworden sind. Schall 166 ff., Wölbling S. 313 ff., 360, Oertmann S. 28. Vgl. noch Sinzheimer, Arbeitsnormenvertrag, II. Teil, erstes Kapitel I. der Geltungsbereich der Arbeitsnormen § 5.

[167]) Dies erkennt auch Wölbling an, indem er den Nachweis versucht, daß der Tarifvertrag ein privatrechtlicher Vertrag sei (S. 360 ff.).

die gewerbegerichtliche Rechtsprechung der Tarifvertrag als ein vollgültiger privatrechtlicher Vertrag in Betracht gezogen wird[168]).

Anders verhält es sich jedoch mit dem „unbegrenzten Kollektivvertrag". Dieses von Baum so genannte Abkommen bildet regelmäßig den Abschluß einer Lohnbewegung, welche bestimmte Industriezweige eines Bezirks ganz oder zum Teil ergriffen hat. „Ist eine Lohnbewegung umfangreich, so können die beteiligten Arbeiter nicht mehr als Einzelpersonen mit den Arbeitgebern verhandeln. Sie können dies nur in der Form der Organisation oder durch gewählte Vertreter. Aber auch auf Arbeitgeberseite treten vielfach, besonders, wenn die Lohnbewegung sehr weit verzweigt ist oder wenn es sich um viele kleine Handwerksbetriebe (Baubranche, Schneiderei) handelt, an Stelle der einzelnen Arbeitgeber Vertreter einer Organisation oder besonders gewählte Vertreter auf. Die Organisation selbst aber ist . . . meist nur eine sehr lose. Sie geht meistens aus Wahlen in öffentlichen Versammlungen

---

168) Außer Lotmar und Rundstein sind zu vergleichen Schalhorn in der Sozialen Praxis XV. Jahrgang Sp. 585, Sinzheimer in seinem Vorbericht zu dem Referat über die Tarifverträge S. 90 und in seinem korporativen Arbeitsnormenvertrag S. 96 ff., Oertmann S. 5, Prenner, Zur volkswirtschaftlichen und rechtlichen Bedeutung der Tarifverträge in J. A. Seufferts Blättern für Rechtsanwendung Bd. 72 (1907) S. 181. Wölbling, Akkordvertrag und Tarifvertrag S. 357—417. Bezüglich der Rechtsprechung siehe beispielsweise die Entscheidung im Reichsarbeitsblatt 4, Jahrgang S. 1056. Die Anerkennung der Rechtsgültigkeit eines Tarifvertrages durch den Richter kann übrigens den tariftreuen Arbeitern in einzelnen Fällen, welche von dem Gewerberichter Dr. Geßler in seinem von mir oben schon erwähnten Vortrage mitgeteilt wurden, zum Schaden gereichen. Der Vortragende erzählte: „Es kam z. B. bei handwerksmäßigen Betrieben vor, daß ein nicht organisierter Gehilfe eintrat, einen niedrigeren Lohn vereinbarte und etwa ein halbes Jahr arbeitete. Ein tariftreuer Arbeiter blieb dagegen arbeitslos. Wandelte nun den um niedrigen Lohn arbeitenden Gehilfen die Lust an, München wieder zu verlassen, so löste er sein Arbeitsverhältnis, klagte gegen den Meister beim Gewerbegericht die Lohndifferenz ein, erhielt sie auch zugesprochen und verließ München mit anständigem Reisegeld versehen. Durch derartige Vorkommnisse wurde natürlich das Gegenteil von dem erreicht, was man mit dem Tarifvertrag wollte, und als sich solche Fälle häuften, beharrte zwar das Gewerbegericht darauf, daß ein tarifwidriger Vertrag an sich nichtig bleibt. Hatte aber der Gehilfe Kenntnis von dem Umstand, daß er unter dem Tarif entlohnt werde und nahm er am Zahlungstage trotzdem die geringere Summe an, so nahm das Gewerbegericht an, daß er auf die Differenz verzichtet habe. Diese Praxis hat sich durchgesetzt und war bisher von gutem Erfolg begleitet. Sie schützt den tariftreuen Unternehmer und den tariftreuen Arbeiter gegen Tarifbruch, den ersteren gegen Schmutzkonkurrenz, den letzteren gegen Arbeitslosigkeit. Braun S. 80 und Zentralblatt für das deutsche Baugewerbe vom 21. Februar 1908, S. 86.

hervor und hat vielfach nicht einmal statutarisch . . . eine Bindung der Mitglieder an ihre Beschlüsse vorgesehen. Baum spricht dem „Kollektivvertrage", der zwischen Vertretern zustande kommt, die auf solche Weise gewählt sind, Rechtswirksamkeit ab[169]). Oertmann[170]) ist mit dieser Lehre nicht ganz einverstanden. Er führt aus: „Es bleibt die Möglichkeit, daß die Vereinbarung entweder zwischen den tatsächlichen Kontrahenten wirkt, oder daß diese auf der einen oder andern Seite als bevollmächtigte Vertreter zwar nicht der ganzen Interessentengruppe, für die sie auftreten, aber doch eines bestimmten Interessentenverbandes anzusehen sind. Dann würde die Wirkungslosigkeit des Tarifvertrages für die gesamte Arbeiterschaft[171]) noch keineswegs die Wirkungslosigkeit auch für diesen vertretenen Verband oder die sonstigen als Kontrahenten anzusehenden Beteiligten bedeuten." Man wird Oertmann Recht geben müssen, wenn man an den großen Berliner Konfektionsstreik denkt. Hier waren auf beiden Seiten Verbände und Unorganisierte. Besonders auf Arbeitnehmerseite befanden sich eine große Menge unorganisierter Heimarbeiter und Heimarbeiterinnen, welche in mehreren Versammlungen die Führer des Schneidergesellen-Berufsvereins zu ihren Bevollmächtigten bestimmt hatten.

Unter diesen Umständen dürfte es Aufgabe des Gesetzgebers sein, dafür Sorge zu tragen, daß der Tarifvertrag den übrigen Verträgen des Zivilrechts eingereiht wird und daß dabei auch die Masse der unorganisierten Arbeiter die ihnen gebührende Berücksichtigung findet. Der Gesetzgeber hat um so mehr Anlaß als Helfer sich zu zeigen, weil bei dieser Gelegenheit der über die Abdingbarkeit des Tarifvertrages in der Rechtsprechung entbrannte Streit beseitigt werden kann. Während z. B. die Anmerkung 168 erwähnten Entscheidungen des Gewerbegerichts München die zwingende Wirkung des Tarifvertrages annehmen, läßt das Gewerbegericht Berlin in mehreren Entscheidungen die Rechtsgültigkeit der vom Tarifvertrage abweichenden Vereinbarungen im einzelnen Arbeitsvertrage bestehen. Hauptvertreter der Unabdingbarkeit selbst bei der augenblicklichen Lage der Gesetzgebung sind Lotmar[172]), Rundstein[173]), Sinz-

---

[169]) Beiträge zur Erläuterung des deutschen Rechts 49. Jahrgang S. 268 ff.

[170]) S. 6.

[171]) Zu dem unbegrenzten Tarifvertrag siehe noch Schall S. 75, welcher darauf hinweist, daß seine Bestimmungen oft im einzelnen Arbeitsvertrag als das stillschweigend Gewollte oder das Ortsübliche zur Geltung kommen werden.

[172]) Der Arbeitsvertrag S. 780 ff. und im Archiv S. 106 ff.

[173]) Der Tarifvertrag und die moderne Rechtswissenschaft S. 147—150, und Tarifrechtliche Streitfragen S. 54 ff. u. S. 69.

heimer[174]). Auf der gegnerischen Seite befinden sich unter anderen Sigel[175]), Baum[176]), Schalhorn[177]), Brogsitter[178]), Schall[179]), Wölbling[180]). Die Parteien der Tarifverträge sind aus begreiflichen Gründen für Unabdingbarkeit. So schreibt § 32 des Berliner Rohrlegertarifs vor: „Sonderverträge gegen den Sinn oder Inhalt des Tarifs sind ungültig.“ Ähnlich besagt § 13 des Lohn- und Arbeitstarifs für das Maler- und Anstreichergewerbe der Stadt Berlin usw.: „Vereinbarungen zwischen Arbeigebern und Arbeitnehmern, die den in diesem Tarif niedergelegten Bestimmungen widersprechen, sind ungültig[181]).“ Es wird auch vielfach der Tarifvertrag in die Arbeitsordnung aufgenommen, damit er auf Grund des § 134 c der Gewerbeordnung als rechtsverbindlich und unabdingbar gelten soll[182]). In den Beiträgen zur Arbeiterstatistik[183]) wird zum Streit über die Unabdingbarkeit ausgeführt: „De lege lata ist bei dem Gegenüberstehen verschiedener Rechtsanschauungen eine Klarheit bisher nicht vorhanden, zumal auch die Gerichtspraxis nicht einheitlich ist.“ Es sei bemerkt, daß in den genannten Beiträgen die Frage nach der

---

174) Nach eingehender Untersuchung in dem II. Teil seines korporativen Arbeitsnormenvertrages ist nunmehr Sinzheimer zu dem Ergebnis gekommen, „daß der Arbeitsvertrag, dessen Inhalt von der Arbeitsnorm abweicht, in der Regel gültig ist und in keinem Fall nur mit dem Inhalt der Arbeitsnorm zustande kommt.“ Arbeitsnormenvertrag II. Teil Schlußsatz des „Ersten Kapitel“. Vgl. dazu Arbeitsnormenvertrag I. Teil S. 75.

175) S. 20 ff.

176) Gewerbegericht 10. Jahrgang Sp. 326.

177) Soziale Praxis 15. Jahrgang Sp 584 ff.

178) S. 19.

179) S. 150 ff.

180) S. 338—407. Wölbling will zwar die automatische Wirkung der Tarifverträge, aber nicht im Sinne der Unabdingbarkeit. Siehe zur Lehre von der Unabdingbarkeit noch v. Landmann, Kommentar zur Gewerbeordnung Bd. 2 S. 28, 29. Der Schriftsteller meint, daß, wenn den Tarifverträgen die Kraft zwingenden Rechts verliehen wäre, die Arbeiter in eine sklavische Abhängigkeit von den Gewerkschaften geraten würden. Dies wäre aber mit den Grundsätzen des BGB. nicht vereinbar (§ 624 BGB).

181) Rundstein, Die Tarifverträge und die moderne Rechtswissenschaft S. 153, Reichsarbeitsblatt 1905, S. 894 und 1906, S. 362. Siehe für München Günther S. 58.

182) Aber auch die Aufnahme des Tarifvertrages in die Arbeitsordnung würde nutzlos sein, wenn es richtig ist, daß die in der Arbeitsordnung enthaltenen Bestimmungen durch Individualvertrag abgeändert werden können. Rundstein, Tarifrechtliche Streitfragen S. 65 Anm. 2, und Köhne, Die Arbeitsordnungen im deutschen Gewerberecht S. 262 ff. Siehe noch hier Anm. 194.

183) Nr. 3, Bd. 1, S. 66.

Rechtswirkung und nach der Derogierbarkeit des Tarifvertrages eingehend erörtert wurde, weil sie „für das ganze Problem und seine rechtliche Regelung von grundlegender Bedeutung ist."

Es ist sicher nicht unrichtig, wenn Schall[184]) bezüglich der Unabdingbarkeit einwendet: „was nutzt es, wenn der Arbeitsvertrag zwar tarifgemäßen Inhalt hat, aber die eine oder beide Parteien des Arbeitsvertrages trotzdem nicht danach arbeiten oder arbeiten lassen wollen? Und das ist doch das Wesentliche, daß der Tarifvertrag nicht bloß im Arbeitsvertrag, sondern im tatsächlichen Arbeitsverhältnis gelte." Wenn man es aber erlebt hat, daß bei sinkender Konjunktur die Arbeiter sich in Haufen den Arbeitgebern, ohne daß von den berufenen Organen die Löhne herabgesetzt waren, zu niedrigeren als den tarifmäßigen Löhnen anboten und Arbeit fanden[185]), wird man sich dennoch für eine gesetzliche Festlegung der Unabdingbarkeit erwärmen können. Es ist doch ein anderes, ob hin und wieder mal ein einzelner sonstiger Vertrag von den Parteien geändert wird, als wenn es sich um Änderung eines Tarifvertrages handelt, an dem regelmäßig sich viele Tausende halten sollen.

Das Verbot der Abdingbarkeit würde dazu beitragen, den Tarifparteien „die Achtung vor dem selbstgeschaffenen Gesetz[186]) zu schärfen, während umgekehrt das Ansehen der Tarifverträge — wenn die Gewerbetreibenden von ihrem eignen „Gesetze" beliebig sich wieder abwenden können — unbedingt sinken muß." Hierher passen die Worte Oertmanns[187]): „Der Tarifvertrag ist ebensowenig wie die ihm nahestehende Arbeitsordnung in seiner vollen Bedeutung mit den Mitteln unseres auf rein individualistischen Gedanken beruhenden Vertragssystems zu erfassen; ihn nur danach zu beurteilen, ist ohne eine erhebliche Menge, sei es von Gewaltsamkeit, sei es von Entsagung, nicht möglich." Das Ausland hat schon für die Unabdingbarkeit der Tarifverträge vorbereiteten Boden. Zunächst verweise ich auf die Vorschläge des italienischen Oberen Arbeitsrats (Reichsarbeitsblatt VI. Jahrgang S. 261). Dort heißt es unter III:

---

[184]) S. 155.

[185]) So kam seinerzeit in der paritätischen Lohnkommission der Tapezierer zur Sprache, daß die Arbeiter es nicht verhindern könnten — bei dem Rückgange der Geschäfte —, daß ihre Kollegen sich zu erheblich niedrigeren Löhnen, als im Tarif vereinbart war, den Meistern zur Verfügung stellten. Hiernach wird man es den Arbeitgebern schließlich nicht verdenken können, wenn sie damals geringere Löhne anboten. Soziale Praxis 11. Jahrgang Sp. 292, Anmerkung der Redaktion.

[186]) Deutscher Buchdruckertarif Berlin 1908, Vorwort zur 3. Auflage IX.

[187]) S. 1.

„Die Hauptwirkung der Tarifverträge muß beruhen in dem Übergang mit automatischer Rechtswirkung (di pieno diritto) der Tarifvertragsbestimmungen in die Arbeitsverträge, die daraufhin geschlossen werden, in dem Sinne, daß es keiner Nichtigkeitsklage bedarf gegen Arbeitsverträge, welche die Untergrenze der im Tarif vorgesehenen und zugesicherten Arbeitsbedingungen verletzen."

So erblicken wir weiterhin in dem schweizerischen Entwurf Sulzer-Lotmar[188]) unter V die Bestimmung:

„Der kollektive Arbeitsvertrag wird für die daraus Verpflichteten ohne weiteres zu einem Bestandteil aller von ihnen abgeschlossenen individuellen Dienstverträge, sowie auch aller Arbeits- resp. Fabrikordnungen. Nur die durch privatrechtliche Vereinbarungen nicht aufhebbaren gesetzlichen Bestimmungen über das Dienstverhältnis können auch durch den kollektiven Arbeitsvertrag nicht aufgehoben werden. Die Klage auf Innehaltung der Bestimmungen des kollektiven Arbeitsvertrages oder auf Schadenersatz steht nicht bloß den daraus berechtigten Gegenkontrahenten, deren Verbänden und Einzelpersonen, zu, sondern auch den auf seiten des vertragsbrüchigen Gewerbeinhabers oder Arbeiters selbst stehenden, mit ihm verpflichteten Verbänden und Einzelpersonen."

Ferner finden wir übereinstimmend in den Anträgen der vom Parteitag der schweizerischen sozialdemokratischen Partei gewählten Kommission zum bundesratlichen Gesetzentwurf vom 3. März 1905 und in dem Gesetzentwurf des schweizerischen Arbeiterbundes (§ 27 bzw. Art. 32) folgende Vorschrift: „Die den Dienstvertrag angehenden Bestimmungen eines Tarifvertrages gehören mit dem Abschluß des Dienstvertrages zu dessen Inhalt und über ihre Anwendung entscheidet der Richter. Von einem Tarifvertrag abweichende Bestimmungeu eines Dienstvertrages sind ungültig, wenn der Dienstvertrag von einem Arbeitgeber (Art. 32: Unternehmer) eingegangen wird, für welchen der Tarifvertrag verbindlich ist" [189]).

Die absolute automatische Rechtswirkung (Lotmar) des Tarifvertrages ist ferner anerkannt durch den französischen Gesetzentwurf aus

---

188) Soziale Praxis 11. Jahrgang Sp. 349 ff.; Sinzheimer, Der korporative Arbeitsnormenvertrag S. 115 ff.

189) Siehe über das Genfer Gesetz, betreffend die Art der Feststellung der üblichen Tarife zwischen Arbeitern und Unternehmern und die Regelung von Kollektivstreitigkeiten, die zwischen ihnen entstehen können (abgedruckt Reichsarbeitsblatt 2. Jahrgang S. 624 ff. bei Flesch, Kritik des Arbeitsvertrages S. 31 ff. und bei Hüglin S. 95 ff.;) die Ausführungen Schalls S. 204, 205, und Gisis S. 171 ff. Über die Gesetzgebung der australischen Staaten vgl. Beiträge zur Arbeiterstatistik Nr. 3, Bd. 1 S. 88 ff. Hügelin S. 93 ff., Braun S. 89 ff. und Gisi S. 53 ff.

dem Jahre 1906[190]). Nach Art. 16 dieses Entwurfes gehen die Bestimmungen des Tarifvertrages „allen aus dem individuellen Arbeitsvertrag erwachsenden gegensätzlichen Verpflichtungen vor", wenn der letztere Vertrag zwischen Parteien abgeschlossen ist, welche unter den Geltungsbereich des Tarifvertrages fallen[191]).

Nach dem von Schalhorn ausgearbeiteten Entwurf eines Antrages des Gewerbegerichts Berlin an die gesetzgebenden Körperschaften[192]) sollen ebenfalls Tarifvereinbarungen für ihre Teilnehmer derart bindend sein, daß von ihnen abweichende Bestimmungen weder durch den einzelnen Arbeitsvertrag noch durch Arbeitsordnungen getroffen werden dürfen. Möge ein jeder, so lautet die Begründung des Entwurfs, beizeiten es sich überlegen, ob es für ihn zweckmäßig ist, sich an einem Tarifvertrage zu beteiligen; nach seinem Beitritt aber sei er gezwungen, das allgemein Vereinbarte auch im Einzelarbeitsvertrage — sofern auch sein Gegenkontrahent zur Tarifgemeinschaft gehört[193]) — gelten zu lassen. „Auch nicht im Wege des einseitigen Erlasses von Arbeitsordnungen (§§ 134a ff. der Gewerbeordnung[194]) darf er dem Kollektivabkommen

---

[190]) Abgedruckt in den Beiträgen zur Arbeiterstatistik Bd. 3, S. 126 ff.

[191]) Siehe dazu Jay, Der französische Gesetzentwurf über den Arbeitsvertrag im „Gewerbe- und Kaufmannsgericht" 11. Jahrgang Sp. 340 ff., ferner Soziale Praxis 15. Jahrgang Sp. 1086—1088.

Über die Tarifgesetzgebung in den Niederlanden, welche nicht so weit geht, wie der französische Entwurf, siehe Sinzheimer, Der korporative Arbeitsnormenvertrag S. 111 (Anlagen); Beiträge zur Arbeiterstatistik Nr. 3 Bd. 1 S. 134; Leo, Der Tarifvertrag als internationales Rechtsproblem in den Blättern für vergleichende Rechtswissenschaft und Volkswirtschaftslehre 2. Jahrgang (1907), S. 436; Braun S. 86.

[192]) Siehe hier Anlage IV Nr. 2.

[193]) Schalhorn wünscht also nicht zwangsweise Ausdehnung des Tarifvertrages auf Außenseiter.

[194]) Aus § 134c Abs. 2 der Gewerbeordnung folgt die gesetzliche Priorität der Arbeitsordnung vor dem Tarifvertrag. Schall S. 91, 123 u. 162; Lotmar im Archiv S. 118: Rundstein, Die Tarifverträge usw. S. 154, 155, 198; derselbe, Tarifrechtliche Streitfragen S. 65; Oertmann S. 16, 25. Wölbling, Akkordvertrag und Tarifvertrag S. 349, 382 ff., 397 f., 471 Rechtsprechung: Reichsarbeitsblatt 1905, S. 991 und das Gewerbe- und Kaufmannsgericht 11. Jahrgang Sp. 284—286. Die in den Tarifverträgen hin und wieder vorkommenden Bestimmungen, welche die Möglichkeit des Tarifbruchs durch die Arbeitsordnung beseitigen sollen, sind demnach ungenügend. Da somit zur Zeit nur eine Forderung auf tarifmäßiger Gestaltung besteht, rechtfertigt sich eine Gesetzesänderung dahin, daß eine Arbeitsordnung, soweit sie einem für den Betrieb gültigen Tarifvertrag zuwiderläuft, nicht rechtswirksam sein darf. Vgl. auch oben Anm. 182. Siehe übrigens noch die Ausführungen Sinzheimers über die Arbeitsordnung (der korporative Arbeitsnormenvertrag Teil I S. 18 ff., Teil II S. 84 ff.); v. Landmann,

Abbruch tun; das allgemeine Interesse muß auch hier dem Einzelwillen vorgehen."

Eine Beeinträchtigung der Rechtswirksamkeit der Tarifverträge kann jedoch von den Vertragsparteien erzeugt werden nicht allein auf der Grundlage gesetzlicher Vorschriften, welche den einzelnen Arbeitsvertrag und die Arbeitsordnung betreffen, sondern auch durch die Ausnutzung des Inhalts der Koalitionsparagraphen[195]) der Gewerbeordnung.

Infolge des den Treubruch billigenden § 152 Absatz 2 der Gewerbeordnung vermögen die Berufsvereine gegen ihre Mitglieder deren Koalitionspflichten, zu denen auch die Pflichten aus dem Tarifvertrage gehören, mit den staatlichen Zwangsmitteln (Klage usw.) nicht durchzusetzen. Es steht den Vereinen höchstens das Mittel zu Gebote, widerspenstige Mitglieder auszuschließen[196]). Aber auch § 153 der Gewerbeordnung hindert, wie sich noch ergeben wird, die Wirksamkeit der Tarifverträge.

Lange bevor die Tarifvertragsbewegung in Fluß gekommen war, erstrebte man schon die völlige Beseitigung der Ausnahmebestimmungen für die Koalitionen[197]).

Jetzt sind diejenigen, welche den sozialen Fortschritt wünschen, sich durchweg darin einig, daß zur Förderung und zur rechtlichen Aus-

---

Kommentar zur Gewerbeordnung Bd. 2 S. 351; Köhne S. 260, 261, und Prenner in den Blättern für Rechtsanwendung 72. Jahrgang S. 225.

[195]) Sie bestimmen:

„§ 152. Alle Verbote und Strafbestimmungen gegen Gewerbetreibende, gewerbliche Gehilfen, Gesellen oder Fabrikarbeiter wegen Verabredungen und Vereinigungen zum Behufe der Erlangung günstiger Lohn- und Arbeitsbedingungen, insbesondere mittels Einstellung der Arbeit oder Entlassung der Arbeiter, werden aufgehoben.

Jedem Teilnehmer steht der Rücktritt von solchen Vereinigungen und Verabredungen frei, und es findet aus letzterem weder Klage noch Einrede statt."

„§ 153. Wer andere durch Anwendung körperlichen Zwangs, durch Drohungen, durch Ehrverletzung oder durch Verrufserklärung bestimmt oder zu bestimmen versucht, an solchen Verabredungen (§ 152) teilzunehmen, oder ihnen Folge zu leisten, oder andere durch gleiche Mittel hindert oder zu hindern versucht, von solchen Verabredungen zurückzutreten, wird mit Gefängnis bis zu drei Monaten bestraft, sofern nach dem allgemeinen Strafgesetz nicht eine härtere Strafe eintritt."

[196]) Rundstein, Tarifrechtliche Streitfragen S. 3, 43 (Beispiel) und S. 75 ff., über die Beschränkung der Verbände bezüglich des Ausschlusses von tarifwidrigen Mitgliedern durch § 14 Abs. 3 des Entwurfes des Gesetzes, betr. Rechtsfähigkeit der Berufsvereine.

[197]) Siehe auch den Antrag an den Ausschuß des Gewerbegerichts Berlin (Anlage V).

gestaltung der Tarifverträge der Gesetzgeber mindestens die §§ 152 Abs. 2 und 153 der Gewerbeordnung fallen lassen müßte[198]).

Zur Verbreitung, Durchführung und Geltung der Tarifverträge hält man ferner, wie schon in der Einleitung angedeutet ist, erforderlich die Gewährung der Rechtsfähigkeit an die Berufsvereine[199]) und die Schaffung eines Reichsvereinsgesetzes. Es ist ja nun glücklich ein Vereinsgesetz unter Dach und Fach gebracht. Für die Berufsvereine enthält es sogar manche beachtenswerte Erleichterung, obwohl er das Koalitionsrecht beiseite läßt.[200]) Hoffentlich ist das junge Gesetz ein auch für die Tarifverträge nützliches. Man wird schon zufrieden gestimmt bei der Erinnerung an den Entwurf eines Gesetzes, betreffend die Rechtsfähigkeit der Berufsvereine, welcher im Reichstage und auch sonst so wenig Anklang gefunden hat[201]). Ebenso scheiterten bisher die wiederholten Versuche einer Revision der Koalitionsbestimmungen der Gewerbeordnung[202]). Man ließ sich

---

198) Lotmar im Archiv S. 117 ff.; Köppe, Der kollektive Arbeitsvertrag als Gegenstand der Gesetzgebung S. 301 ff., derselbe, Der Arbeitstarifvertrag usw. S. 330 ff; Oertmann S. 12—14; Hüglin S. 247, 251; Rundstein, Tarifrechtliche Streitfragen S. 73 ff.; Weigert S. 157, 220; Schall S. 201 und Wölbling S. 466 ff, ferner Schriften der Gesellschaft für soziale Reform Heft 11, 12: Verhandlungen der 3. Generalversammlung der Gesellschaft für soziale Reform in Berlin; Schiffer S. 55 ff; Bürenstein S. 98.

199) Es mag hier bemerkt werden, daß die Arbeiterorganisationen aller Richtungen in Deutschland am Schlusse des Jahres 1906 eine Mitgliederzahl von rund 2¼ Millionen hatten. Damit sind die deutschen Gewerkschaften ihrer Zahl nach an die Spitze der Gewerkschaften aller Länder getreten und haben das ihnen bisher in dieser Hinsicht überlegene England, das älteste Gewerkschaftsland, überflügelt. Die Jahreseinnahmen der deutschen Arbeiterorganisationen betrugen im Jahre 1906 zusammen 46 651 878 Mk., die Jahresausgaben 41 285 423 Mk., der Vermögensbestand am Schlusse des Jahres 31 544 660 Mk. (Feststellung durch den Geschäftsbericht der Hauptstelle deutscher Arbeitgeberverbände). Siehe Deutsche Industriezeitung vom 4. Januar 1908 Nr. 1 S. 8 und dazu Kollenscher, Rechtsfähigkeit der Berufsvereine S. 5 ff.

200) Siehe Friedenthal S. 7, 14, 93.

201) Siehe Leist, der deutsche Entwurf eines Gesetzes betr. gewerbliche Berufsvereine in den „Blättern für vergleichende Rechtswissenschaft 2. Jahrgang Nr. 11 S. 454, insbesondere S. 460 und v. Schulz, Der Entwurf eines Gesetzes, betr. gewerbliche Berufsvereine S. 64 ff.

202) Vgl. z. B. Reichstag, Aktenstück Nr. 347 (Gesetzentwurf zum Schutze des gewerblichen Arbeitsverhältnisses) S. 2239, Begründung; ferner die Verhandlungen des Reichstages vom Januar, Februar und Juni 1896 über die von Abgeordneten eingebrachten Gesetzentwürfe, das Recht der Versammlung und Vereinigung und das Recht der Koalition betreffend. Literatur: Das Koalitionsrecht der Arbeiter, Vortrag, gehalten vom Staatsminister Freiherrn v. Berlepsch in der Ortsgruppe Breslau der Gesellschaft für Soziale Reform in Breslau, Soziale Praxis 13. Jahrgang

hierdurch im Reichstage nicht zurückschrecken und schilderte immer von neuem die Unhaltbarkeit der heutigen Verhältnisse. Auch während der ersten Lesung des Entwurfes eines Gesetzes, betreffend die gewerblichen Berufsvereine[203]) wurde im Reichstage von mehreren Rednern eine Neuregelung des Koalitionsrechts der Vertreter und Unternehmer gefordert.

So erklärte der Abgeordnete Heine: „Ich sagte vorhin, die Sache wäre verkehrt angefangen worden; erst müßte man den Grund legen und dann das Dach bauen. Das Dach ist die Regelung der bürgerlichen Rechtsverhältnisse der Vereine, das Fundament ihre staatsrechtliche Stellung; vor allem müßten die Vereinsgesetze geändert und müßte das Koalitionsrecht neu geregelt werden. Alle Berufsvereine, wenigstens die der Arbeiter, haben es mit nichts anderem zu tun als mit dem Koalitionsrecht, und dieses Koalitionsrecht soll hier, wo das Vereinsrecht neu basiert werden soll, herausbleiben? Es ist nicht möglich, das eine ohne das andere zu behandeln." Ferner äußerte sich nach dieser Richtung hin mit Bezug auf den vorjährigen Reichstagsbeschluß über das Koalitionsrecht[204]) der Abgeordnete Dr. Pachnicke: „Dieser Reichstagsantrag war gemeint im Sinne einer wirklichen Erweiterung des Koalitionsrechts als eine Beseitigung der Willkür, als Einräumung desjenigen Rechtsbodens, auf dem sich die Vereine ungestört entwickeln sollen. Wir sehen in der Verbindungsfreiheit das Korrelat zur Vertragsfreiheit. Aus der formellen Gleichheit sollte die faktische, aus dem Recht die Macht werden." Es wurde dann noch von dem Redner hinzugefügt, „wenn wir auch in Sachen des Arbeiterschutzes und der Arbeiterversicherung weiter vorwärts gekommen sind als andere Staaten — im Punkte des Koalitionsrechts sind wir zurückgeblieben. Hier wenigstens etwas nachzuhelfen war der Zweck jenes Antrages, und das wäre auch sein Erfolg gewesen". Schon 1893 sagte im Reichstage der Abgeordnete Dr. Hitze zu unserer Frage folgendes: „Ich bin eben der Ansicht, daß nicht darin der Weg der Reform liegt, daß der Arbeitgeber oder der Staat mit Repressivmaßregeln gegen die Arbeiter vorgeht, sondern darin, daß wir

---

Nr. 28, 29, 30; v. Schulz, Zur Koalitionsfreiheit im Archiv für soziale Gesetzgebung und Statistik 18. Jahrgang S. 457 ff.; Göbel, Zur Handhabung des Koalitionsrechts in Deutschland, Archiv für Sozialwissenschaft und Sozialpolitik 23. Bd. S. 51 ff. Siehe ferner die Angaben in v. Landmann, Kommentar zur Gewerbeordnung 2. Bd. 5. Aufl. S. 542 und v. Schulz, Gewerbegerichtsgesetz S. 262 ff.

[203]) v. Schulz im Archiv für Sozialwissenschaft und Sozialpolitik Bd. 6 (Archiv für soziale Gesetzgebung und Statistik 24. Bd. S. 64 ff.).

[204]) Der Entwurf eines Gesetzes, betr. gewerbliche Berufsvereine, ging im November 1906 dem Deutschen Reichstage zu.

das Koalitionsrecht gesetzlich ausbauen. Wenn wir gesetzlich anerkannte, im Rahmen gesetzlicher Formen geschaffene Arbeiterorganisationen haben, dann können wir diesen, namentlich den Vorständen, die entsprechende Verantwortung vorschreiben. Nur auf solchem Wege werden wir dahin kommen, auch dem Massenvertragsbruch entgegenzutreten. Wir können ganz gut, wenn die Arbeiter im Rahmen gesetzlicher Organisation z. B. Fonds ansammeln, um im Falle des Streiks sich zu unterstützen, zur Bedingung und Pflicht machen . . . nur unter Innehaltung des Vertrages und erst dann in den Streik einzutreten, wenn alle Mittel eines schiedsrichterlichen Ausgleichs erschöpft sind."

Auf das Koalitionsrecht[205]) näher einzugehen, muß ich unterlassen. Mehrere Einzelheiten sollen aber hervorgehoben werden. Ich will nachweisen, daß die Koalitionsvorschriften der Gewerbeordnung völlig versagen, wenn es sich darum handelt, diejenigen, welche Tarifverträge zu vernichten sich bemühen. zur Verantwortung zu ziehen, während tariftreue Gewerbetreibende bei ihren Bemühungen auf Erhaltung der Tarifverträge gar so leicht der Bestrafung nach § 153 anheimfallen. Dazu ist es erforderlich, nochmals zurückzugreifen auf die bereits oben angeführte Lohnbewegung der Berliner Bäckergesellen: Die dem Tarifvertrage widerstrebenden Innungsmeister drohten ihren tariffreundlichen Kollegen, daß man nicht nur ihnen die Lieferungen von Mehl entziehen, sondern sie sogar aus der Innung entfernen wolle. Der § 153 der Gewerbeordnung konnte hiergegen nicht zur Anwendung gelangen, denn dieser Paragraph erklärt körperlichen Zwang, Drohung usw. nur für strafbar, wenn sie zu dem erlaubten Zweck der Unterstützung einer Koalition dienen; die genannten Handlungen sind dagegen straflos, wenn sie nur auf den Zweck der Auflösung des hier bestehenden Koalitionsverbandes von einigen Hundert Bäckermeistern gerichtet sind. Der Teil der Bäckermeister ferner, welcher die Forderungen der Gesellen ablehnte, ist nicht auf „Erlangung günstiger Lohn- und Arbeitsbedingungen" bedacht, stellte daher eine Koalition im Sinne des § 152 der Gewerbeordnung nicht dar. Entgegengesetztenfalls hätte allerdings die Drohung der Materialsperre und des Ausschlusses aus der Innung nach § 153

[205]) Lotmar, in Brauns Archiv 15. Bd. S. 58 ff. und S. 63, kennzeichnet den heutigen Stand der deutschen Koalitionsgesetzgebung folgendermaßen: „Die gesetzliche Koalitionsfreiheit ist nur Unverbotenheit und Straflosigkeit: die Koalition ist frei, nämlich vogelfrei, und ein Koalitionsrecht ist noch zu schaffen." Schalhorn in der Sozialen Praxis 12. Jahrgang Sp. 1105 ff. Siehe jedoch Göbel S. 78 ff.

der Gewerbeordnung bestraft werden können, nämlich wenn sie nicht bloß der Zerstörung der mißliebigen Arbeitgeberkoalition und damit auch der Arbeiterkoalition, sondern auch zur Aufrechterhaltung der eignen Arbeitgeberkoalition und zur Herüberziehung der sich bisher sträubenden Meister dienen sollte[206]. Löwenfeld[207]) erklärt deswegen mit Recht, daß körperlicher Zwang, Drohung, Ehrverletzung und Verrufserklärung nach § 153 straflos seien, wenn diese Mittel dem Zweck der Zerstörung eines bestehenden, der Verhinderung eines zu gründenden Koalitionsverbandes dienen. „Nur dann werden diese Handlungen bestraft, wenn sie dienen sollen zur Begründung eines Koalitionsverbandes oder zur Aufrechterhaltung und Rettung eines solchen. § 153 enthält also ein Ausnahmerecht in doppelter Richtung: nicht nur bestraft diese Gesetzesbestimmung Handlungen gegen Angehörige eines bestimmten Berufs, welche bei andern Untertanen des Gesetzes straflos bleiben; es straft auch diese Handlungen nur dann, wenn sie einer vom Staate nicht nur als erlaubt, sondern auch als notwendig anerkannten Aufgabe dienen, während sie straffrei bleiben, wenn sie die Vereitelung dieses Zweckes herbeiführen wollen. Verweist also § 152 die Koalition lediglich auf den moralischen Zusammenhalt ihrer Teilnehmer, so privilegiert anderseits § 153 die Gewalttaten, welche sich gegen eine Koalition richten, durch Befreiung von derjenigen Strafe, welche über die zum Schutze der Koalition verübte Gewalt verhängt wird[208])." Wie ungleichmäßig

[206]) Über Materialiensperre s. Keßler, Die deutschen Arbeitgeberverbände S. 263 ff.

[207]) In Brauns Archiv Bd. 14 S. 491, 492. Siehe auch Keßler S. 151 a. E.

[208]) Es ist übrigens nicht richtig, daß, wie gewöhnlich behauptet wird, nur Arbeiter auf Grund des § 153 der Gewerbeordnung bestraft werden. Wenn auch vereinzelt, sind Bestrafungen von Arbeitgebern infolge der Vorschrift des besagten Paragraphen zu verzeichnen. Siehe z. B. Entscheidungen bei v. Landmann Bd. 2 S. 555. Zu dem oben im Text behandelten Bäckerstreik möchte ich den Bericht der Handwerkerzeitung vom 20. März 1908, S. 179 über einen neuen Fall, welcher bisher erst zur Anklage geführt hat, wiedergeben. Aus dem Berichte erhellt, wie in manchen Arbeitgeberkreisen darüber gedacht wird, wenn ihre Kollegen von dem § 153 betroffen werden. Der Fall zeigt auch, daß den Interessenten es nicht immer leicht wird, die Bestrafung ihrer Widersacher herbeizuführen. Die Handwerkerzeitung schreibt:

„Nachklänge zum Bäckerstreik. Bei dem im vorigen Jahre ausgebrochenen Bäckerstreik hatten viele Bäckermeister die Forderungen der Gesellen bewilligt, was die Vorstände der Berliner Bäckerinnungen damit erwiderten, daß sie allen Bäckermeistern, die die Gesellenforderungen bewilligt hatten, keine Hefe mehr lieferten und den Hefehändlern androhten, daß ihnen bei Übertretung dieses Verbots keine Hefe mehr zum Vertrieb verabfolgt würde. Die Innungsvorstände

die den §§ 152 und 153 unterstehenden Koalitionen im Gegensatz zu andern Vereinigungen bisher behandelt werden, bezeugt ein von der Arbeitgeberzeitung[209]) mitgeteiltes Urteil des Landgerichts zu Leipzig, welches in der Berufungsinstanz gefällt ist. Die Zeitung schrieb folgendes:

„Der Arbeitgeberschutzverband des Dachdeckergewerbes in der Kreishauptmannschaft Leipzig hatte vor dem dortigen Amtsgericht im Wechselprozeß eins seiner Mitglieder aus einem solchen zwecks Erfüllung der statutarischen Verpflichtungen hinterlegten Wechsel in Anspruch genommen mit der Begründung, der Beklagte habe insofern gegen das Statut verstoßen, als er die vom Verbande für Dachdeckerarbeiten festgesetzten Preise unterboten habe. Tatsächlich hatten nach dem Statut die Mitglieder die Pflicht, bei Bauarbeiten gewisse Preise einzuhalten.

---

veröffentlichten dies durch ein Flugblatt, in dem sie ausdrücklich betonten, daß sie nur ungern zu diesem Vorgehen geschritten seien, aber die niederträchtige und verleumderische Kampfesweise des Verbandes und das feige Verhalten vieler Kollegen ließe ihnen keinen andern Ausweg. Das Flugblatt wurde sowohl der Bäckerzeitung „Concordia", sowie der Bäckerzeitschrift „Germania" beigelegt. In einem vom Obermeister Sch. in seiner Zeitung veröffentlichten Artikel waren weiter diejenigen Meister, die die Gesellenforderungen bewilligt hatten, als Verräter, Ehrenwortbrecher, charakterlose Wichte usw. bezeichnet und ihnen die Entziehung des Kredits als Kaufmann und Entziehung der Hefe angedroht. Auch M., der Obermeister der Bäckerinnung „Germania", legte diesen Artikel seiner Zeitung bei. Der Bäckerverband und einer der beleidigten Bäckermeister beantragten gegen die beiden Obermeister wegen Vergehens gegen § 153 der Gewerbeordnung und Beleidigung die Erhebung der öffentlichen Anklage. Die Staatsanwaltschaft beim Kgl. Landgericht I lehnte jedoch die Erhebung der Anklage ab, weil sie insbesondere die Tatbestandsmerkmale der Drohung vermißte. Auf Beschwerde der Antragsteller wies der Oberstaatsanwalt beim Kammergericht die Staatsanwaltschaft an, von neuem in Ermittlungen einzutreten, aber ohne Erfolg, denn der Staatsanwalt meinte, daß die Beschuldigten in Notwehr gehandelt und sich lediglich gegen die seitens des Bäckerverbandes und des „Vorwärts" planmäßig und eifrig betriebene Boykottierung derjenigen Bäckermeister, die die Gesellenforderungen nicht bewilligt hatten, verteidigt hatten. Nachdem auch der Oberstaatsanwalt dieser Auffassung beigetreten, wandten sich die Antragsteller an das Kammergericht. Dieses hat jetzt die Erhebung der Anklage wegen Vergehens gegen § 153 der Gewerbeordnung und Beleidigung gegen die beiden Obermeister angeordnet. Die Anklage ist nunmehr bei der Strafkammer des Landgerichts I Berlin erhoben worden. — Wenn zwei dasselbe tun, so ist es nicht dasselbe!!!"

Eines Kommentars zu dem letzten Satze bedarf es nicht. Man vergegenwärtige sich jedoch: Erst kürzlich ist mitgeteilt worden, daß der Bäckergesellenverband wegen Boykottierung eines Meisters von den Gerichten zu einem nicht unerheblichen Schadensersatze verurteilt worden ist.

[209]) vom 12. Januar 1908.

Denn nach § 2 desselben war der Zweck des Verbandes nicht nur „die Herbeiführung gedeihlicher Verhältnisse zwischen Arbeitgebern und Arbeitnehmern, Forderungen der Arbeitnehmer auf Verbesserung der Lohn- und Arbeitsbedingungen zu prüfen und im Falle ihrer Berechtigung bei den Mitgliedern zur Anerkennung zu bringen, unberechtigte Forderungen aber zurückzuweisen", sondern auch: „Preise für Bauarbeiten festzusetzen und deren Einhaltung seitens der Mitglieder zu sichern." Der Beklagte leugnete nun gar nicht, gegen die Verpflichtung, die vom Verbande festgesetzten Preise einzuhalten, verstoßen zu haben, sondern beschränkte sich (neben zwei formellen Einwänden, die hier nicht in Betracht kommen) darauf, auf § 152 Abs. 2 der Gewerbeordnung hinzuweisen und die dort ausgesprochene Klaglosigkeit der Lohnkampfskoalitionen für sich in Anspruch zu nehmen. Mit dieser Verteidigung hatte er beim Amtsgericht, welches die Klage aus diesem Grunde abwies, Erfolg. Dagegen wurde er auf die Berufung des Verbandes vom Landgericht zur Zahlung der Wechselsumme nebst Kosten verurteilt. Das Landgericht bestätigte unsere anfangs ausgesprochene Ansicht, daß die Verpflichtungen, zu deren Einhaltung solche Wechsel hinterlegt zu werden pflegen, nicht sämtlich über einen Kamm geschoren werden dürfen. Der klagende Verband stelle sich zwar seinem Hauptzweck nach als Arbeitgeberverband im ursprünglichen, sozialpolitischen Sinne des Wortes dar, verfolge nebenbei aber auch Tendenzen, wie sie *Kartellen und Syndikaten* eigentümlich seien. Soweit daher Wechsel zur Sicherung der Erfüllung von Mitgliedspflichten hinterlegt würden, soweit müßten auch diese beiden Seiten der Verbandstätigkeit geschieden werden. Es sei zweifellos, daß einer Klage, die sich darauf stütze, der Beklagte habe reine Arbeitgeberpflichten (z. B. Aussperrung seiner Arbeiter, falls der Verband dies beschließt) verletzt, die Vorschrift des § 152 Abs. 2 der Gewerbeordnung entgegenstehe, es sei aber ebenso zweifellos, daß die Verpflichtungen des Verbandsmitgliedes klagbar seien, soweit sie darauf abzielten, daß bestimmte Preise eingehalten würden. Denn in dieser Hinsicht stelle sich der klagende Verband nicht als Arbeitgeberverband, sondern als *Kartell* der im Arbeitgeberverband koalierten Unternehmer dar; *und an der Rechtsverbindlichkeit von Kartellverträgen zu zweifeln, sei bisher noch niemandem eingefallen.*"

Was bei Kartellen recht, sollte bei Koalitionen billig sein. Die Anerkennung der Gleichberechtigung der Arbeiter steht noch im weiten Felde. Es war daher nur natürlich, wenn der 27. Deutsche Juristentag bei Gelegenheit seiner Verhandlungen über die Kartellorganisationen der Berufsvereine gedachte und mit großer Mehrheit beschloß, daß als Ausgleich des den Unternehmern gewährten Rechts, sich zur Erreichung höheren Gewinns zu Verbänden zusammen zu schließen, auch den Arbeitern die volle Koalitionsfreiheit eingeräumt und gegen Angriffe der Kartelle durch rechtliche Garantien sichergestellt werden müsse[210]).

Seit diesem Beschlusse des Deutschen Juristentages sind mehrere Jahre verflossen. Man scheint aber dem ersehnten Ziele sich nicht zu nähern. Inzwischen sind durch den Antrag Ablaß[211]), über welchen

---

[210]) Verhandlungen des 27. Deutschen Juristentages 4. Bd. 2. Abt. S. 493, 500 a. E., 506 a. a. E, 548, 671.

[211]) Nr. 132, Reichstag, 12. Legislaturperiode, I. Session 1907. Der Antrag lautet: „Der Reichstag wolle beschließen, die verbündeten Regierungen zu ersuchen, dem Reichstag einen Gesetzentwurf vorzulegen, welcher die dem Koalitionsrecht noch engegenstehenden Beschränkungen beseitigt und insbesondere

I. den § 152 der Gewerbeordnung dahin ändert,
   a) daß derselbe nicht nur auf Erlangung besserer, sondern auf Erhaltung bestehender Arbeits- und Lohnverhältnisse Anwendung findet,
   b) daß sich die entsprechenden Verabredungen und Vereinigungen nicht nur auf die individuellen Interessen der sich Verabredenden oder Vereinigenden, sondern auch auf die Interessen der Arbeiter und Arbeiterinnen im allgemeinen, sowie auf Veränderungen der Gesetzgebung richten dürfen;

II. den § 153 der Gewerbeordnung dahin erweitert, daß zugleich mit dem Mißbrauch des Koalitionsrechtes auch die rechtswidrige Verhinderung am gesetzmäßigen Gebrauch unter Strafe gestellt wird."

Siehe zu dem Ausdruck des Antrages unter II „rechtswidrige" die Ausführungen des Abgeordneten Dr. Müller (Meiningen) in der Reichstagssitzung vom 16. April 1907 (S. 11 (A)): das Wort „rechtswidrige" ist auszulegen gleich „mißbräuchliche" Verhinderung der Koalitionsfreiheit. Siehe noch Soziale Praxis 13. Jahrgang Sp. 105 ff.: „Der erste deutsche Arbeiterkongreß." Resolution I dieses Kongresses hat folgenden Inhalt:

„Die berufliche Organisation der Lohnarbeiter ist das einzig wirksame und deshalb unerläßlich notwendige Mittel, um eine gerechte Regelung der Lohn- und Arbeitsverhältnisse auf Grund des freien Arbeitsvertrages zu erzielen; eine gedeihliche Entwicklung des nationalen Wirtschafts- und Gesellschaftslebens zu sichern und dauernd geordnete Verhältnisse zwischen Arbeiter und Arbeitgeber auf dem Boden der anerkannten Gleichberechtigung beiderseitiger Organisationen anzubahnen und in Tarifgemeinschaften festzuhalten. Von dieser Überzeugung durchdrungen, fordert die Versammlung alle unorganisierten deutschen Arbeiter auf zum Beitritt zu jenen gewerkschaftlichen Organisationen, die nicht auf dem Boden des Klassenkampfes stehen.

Sie fordert ferner von der Gesetzgebung

I. Sicherung und Erweiterung des Koalitionsrechtes, und zwar:
   a) der § 152 der Reichsgewerbeordnung soll nicht nur auf Erlangung besserer, sondern auch auf die Erhaltung bestehender Lohn- und Arbeitsverhältnisse Anwendung finden;

der Reichstag April 1907 Beschlüsse faßte, von neuem Abänderungsvorschläge zu §§ 152, 153 GO. gemacht worden. Bemerkenswert ist ferner die Erklärung des Staatssekretärs des Reichsjustizamts auf die Beschwerde des Abgeordneten Heine in der Reichstagssitzung vom 20. April 1907. Der Vertreter der Reichsregierung führte unter anderm aus: „Da erkenne ich nun an, daß die Rechtsprechung des Reichsgerichts auf dem Gebiete der Erpressung und des Koalitionsrechts in der letzten Zeit zu manchen Ergebnissen geführt hat, die in ihren Konsequenzen berechtigte Zweifel erwecken können. Ich gebe auch zu, daß die Bestimmungen unseres Strafgesetzbuches über die Erpressung und daß die Bestimmungen der Gewerbeordnung über die Koalitionen nicht so klar und abgegrenzt sind, wie es in diesen Materien, in die so viele von Leidenschaft durchtränkte Verhältnisse hineinspielen, mir geboten erscheint." „Was die Bestimmungen des Koalitionsrechts betrifft und namentlich die Auslegung, die das Reichsgericht dem § 153 der Gewerbeordnung gegeben hat, so glaube ich, daß die Entscheidungen, die hier gefällt worden sind, noch ernster Nachprüfung unterzogen zu werden

---

b) der § 153 der Reichsgewerbeordnung soll dahin erweitert werden, daß nicht allein der Mißbrauch des Koalitionsrechtes unter Strafe gestellt wird, sondern auch die Verhinderung am legitimen Gebrauch;

c) im besonderen aber für die Arbeiter und Angestellten des Staates und der Gemeinden das unumschränkte Organisationsrecht, damit diese loyal ihre öffentlichen Interessen wahrnehmen und Selbsthilfe pflegen können. Sie sollen unbehindert sein in der Ausübung des Petitions- und Beschwerde-, wie auch des Versammlungsrechts. Der freie und friedliche Ausdruck seiner Wünsche den Verwaltungen gegenüber durch die Organisation und durch selbstgewählte Vertrauensmänner soll dem Personal gestattet sein.

II. Schaffung eines einheitlichen und freiheitlichen Vereins- und Versammlungsrechts für das ganze Reich an Stelle der einzelnen staatlichen Vereinsgesetze, worin alle das Koalitionsrecht und die Tätigkeit der Berufsvereine einengenden Bestimmungen der Vereinsgesetze beseitigt sind.

Im besonderen soll allen Vereinen, die auf Grund des § 152 der Gewerbeordnung gebildet sind (Arbeiterberufsvereine, Gewerkschaften), sowie allen sonstigen zur Wahrung der Berufsinteressen gegründeten Vereinen gestattet werden, ihre Tätigkeit auf die allgemeine Verbesserung der sozialen und wirtschaftlichen Verhältnisse des Gewerbes, namentlich auch durch Änderung der Gesetzgebung, auszudehnen, ohne dadurch den Bestimmungen der einzelstaatlichen Vereinsgesetze unterworfen zu sein. Auch den Frauen ist die Teilnahme und Mitwirkung an sozialpolitischen Vereinigungen und Versammlungen zu ermöglichen.

III. Verleihung der Rechtsfähigkeit an die Berufsvereine zur Sicherstellung ihrer Vermögensrechte ohne Einschränkung ihrer Bewegungsfreiheit."

verdienen. Die Reichsjustizverwaltung hat Veranlassung genommen, über die Zweifel, die nach ihrer Meinung in dieser Materie trotz der Entscheidungen des Reichsgerichts liegen, die Reichsanwaltschaft zu informieren und sie anzuweisen, alle Gesichtspunkte, die nach unserer Ansicht noch nicht vollständig geklärt sind, sobald sich bei einem Falle dem Reichsgericht die Gelegenheit darbietet, noch einmal zur Sprache zu bringen und das Gericht auf diese Weise zu veranlassen, alle diese Punkte noch einmal zu erörtern."

Hier ist besonders zu beachten die von dem obengenannten Abgeordneten angegriffene Entscheidung des Reichsgerichts vom 10. April 1903 (Entsch. Strafs. 36. Bd., S. 236). Es handelt sich da um folgendes: Eine Siebenerkommission aus Arbeitgebern und Arbeitern des Maurer- und Zimmerergewerbes zu Magdeburg hatte für die Zeit vom Juni 1902 bis Ende März 1903 durch Tarifvertrag gewisse Stundenlöhne festgesetzt. Ingenieur K., welcher dem Tarifvertrag nicht beigetreten war, zahlte niedrigere als die tarifmäßigen Löhne. Der Maurer S., Vertrauensmann des Zentralverbandes der Maurer, war beauftragt, darüber zu wachen, daß der tarifmäßige Lohn von allen Arbeitgebern bezahlt werde. S. drohte wiederholt dem K. mit Arbeitssperre, verhängte solche auch mehrfach über den K.schen Neubau und suchte hierdurch K. zu bestimmen, sich dem Lohntarife der Siebenerkommission zu unterwerfen. S. wurde wegen Vergehens gegen die §§ 152 und 153 der Gewerbeordnung verurteilt. Die gegen dieses Urteil eingelegte Revision wurde von dritten Strafsenat des Reichsgerichts verworfen, unter anderm mit der Begründung:

„Die Annahme (nämlich des Vorderrichters), daß die von der Siebenerkommission geleitete Vereinigung und die von ihr getroffenen Verabredungen unter §§ 152 und 153 der Gewerbeordnung fallen, ist nicht zu beanstanden"[212]).

---

[212]) Ähnlich die Strafkammer des Landgerichts I zu Berlin in einer Strafsache gegen ein Arbeitermitglied der Schlichtungskommission der Berliner Bauklempner. Reichsarbeitsblatt 1. Jahrgang S. 850.

Dagegen erging Ende August 1905 eine Entscheidung des Strafsenats des Oberlandesgerichts Kiel in einer Strafsache gegen mehrere dortige Barbiergehilfen, welche des Vergehens gegen § 153 der Gewerbeordnung beschuldigt waren. Nach einer Zeitungsnotiz hat der Senat in seinem Urteil erklärt, daß der Tarifvertrag, welcher vom Gehilfenverband mit einigen Barbierherren geschlossen worden, keine Verabredung im Sinne der §§ 152 und 153 der Gewerbeordnung sei. Der Tarif sei vielmehr das Ziel, dem die Gehilfen zustrebten. Dieses Ziel könne also nicht ein Mittel sein, um günstige Lohn- und Arbeitsbedingungen zu erlangen. Siehe im übrigen v. Schulz, Das Reichsgericht wider den Tarifvertrag im Archiv für Sozialwissenschaft und Sozialpolitik 20. Bd. S. 362 ff.

Trotz der Anregungen der Reichsregierung und obwohl die Ansicht des Reichsgerichts über den Charakter der Tarifverträge als eine zweifellos verfehlte nachgewiesen ist, hat das Reichsgericht unter dem 18. Juni 1907[213]) wiederum — allerdings in beschränkterer Weise — den Schutz des § 153 dem Gegner im Lohnkampfe zugebilligt und entschieden, daß auch Tarifverträge unter §§ 152 und 153 der Gewerbeordnung subsumiert werden können[214]). v. Landmann kommt in seinem Aufsatze[215]) zu dem Ergebnis: Aus der Entstehungsgeschichte der §§ 152, 153 geht hervor, daß mit dem Worte „andern"[216]) im § 153 nur die Berufsgenossen (Standesgenossen) der Koalierten gemeint waren, und daß man bei dem Ausdruck „Verabredungen und Vereinigungen" im § 152 nicht an die Tarifgemeinschaften gedacht hat". Der Schriftsteller hofft, daß, nachdem durch das Urteil vom 18. Juni 1907 einer vernünftigeren Anwendung des § 153 die Bahn geöffnet worden, der Mißbrauch, der mit dem Worte „andern" getrieben worden ist, allmählich aufhöre. Er will abwarten, welchen Einfluß das genannte Reichsgerichtsurteil auf die Praxis ausüben wird. Ich meine, es ginge schneller und wäre vorteilhafter für das Tarifvertragswesen, wenn die gesetzgebenden Körperschaften unverzüglich nachhelfen wollten[217]).

---

[213]) Bd. 40 der Entscheidungen des Reichsgerichts in Strafsachen S. 226 Nr. 66 und Deutsche Juristenzeitung vom 1. April 1908 Sp. 401.

[214]) v. Landmann, Zum Koalitionsrecht in der Deutschen Juristenzeitung 13. Jahrgang, Sp. 265 ff. In dem Urteil (S. 267) heißt es: „Der § 153 in Verbindung mit § 152 ergebe als Voraussetzung für die Gesetzesanwendung, daß durch die Einwirkung oder versuchte Einwirkung auf andere mit Bezug auf eine Vereinigung oder Verabredung zum Behufe der Erlangung günstiger Lohn- und Arbeitsbedingungen ihre Teilnahme oder ihr Folgeleisten erreicht werden kann und nach der Absicht der Täter erreicht werden soll. Die Frage, ob dieses Erfordernis gegeben ist, könne immer nur nach den Umständen des einzelnen Falles beurteilt werden. Ihre Bejahung erscheine ausgeschlossen, wenn es sich einzig und allein darum handelt, den andern, insbesondere den Gegner im Lohnkampfe, zu bewegen, an ihn gestellte Forderungen zu bewilligen. Nur unter besonderen Voraussetzungen falle auch die Einwirkung auf den Gegner unter § 153 und, es sei anzunehmen, daß dem Urteil des Reichsgerichts vom 30. April 1903 (siehe oben Text) solche besondern Umstände zugrunde gelegt seien."

Daß § 153 auch schon gegen Arbeitgeber Anwendung gefunden hat, ist bereits oben Anm. 208 erwähnt. Siehe noch Soziale Praxis 13. Jahrgang Sp. 1226, 1227 und Altmann S. 146, Anm. 4.

[215]) Sp. 275. Vgl. auch Wölbling S. 311, 363 ff., 440 ff.

[216]) Frey S. 22 ff.

[217]) „Die Fragen, welche hier hineinspielen, können nicht vom strikten formalen Rechtsstandpunkte aus gelöst werden. Diese gewaltigen sozialen Willensdurchsetzungen, welche wir erleben, müssen als Erscheinungen sui generis aufgefaßt werden. Zu deren

Die Frage Brentanos am Schlusse seines Aufsatzes[218]): „Wo bleiben die in Aussicht gestellten Gesetzentwürfe zur Reform der §§ 152 und 153 der Gewerbeordnung ...?" ist zeitgemäß. Ebenso am Platze finde ich die Frage, ob der Gesetzgeber wenigstens die Vorschläge, welche in der erwähnten Resolution I des ersten deutschen Arbeiterkongresses und in dem Antrage Ablaß niedergelegt sind, für annehmbar erachtet. Eine befriedigende Antwort ersehnen gleichmäßig alle gewerblichen Arbeiter mit Einschluß der Handlungsgehilfen[219]). Leider dürfte auf absehbare Zeit eine völlige Niederlegung der Koalitionsschranken nicht zu erwarten sein. Beweisstücke dafür bieten die Entwürfe zu einem Gesetz, betreffend gewerbliche Berufsvereine, und zu einem Gesetz über Arbeitskammern, ferner das Reichsvereinsgesetz.

In der Begründung[220]) zu dem erstbezeichneten Entwurf heißt es: „Findet hier aber für eine Gruppe derjenigen Vereine, die durch § 152 a. a. O. betroffen werden, eine besondere reichsgesetzliche Regelung statt, so werden die Vorschriften des § 152 insoweit beseitigt, als sie mit dem Entwurf in Widerspruch stehen." Rundstein[221]) sagt dazu: „Dieser Widerspruch ist aber nur in einem einzigen Falle vorhanden, nämlich, wenn es sich um Leistung von ordentlichen Beiträgen handelt." Denn laut § 12 des Entwurfs gäbe es einen Anspruch des Vereins gegen seine Mitglieder nur in Ansehung der von diesen zu leistenden ordentlichen Beiträge. „Da die Vorschrift des § 12 zwingender Natur ist, kann sie durch Satzung nicht abgeändert werden. Der Berufsverein, der sich dem Arbeitgeber gegenüber verpflichten kann und aus dem eventuellen Tarifbruch seiner Mitglieder bzw. aus den tarifwidrigen Vereinshandlungen selbständig haften wird, kann gegen seine eignen Mitglieder, falls dieselben tarifwidrig handeln, keine Klage anstrengen. Wie kann also die tarifliche Garantie des Verbandes wirksam gestaltet werden, wenn er im Verhältnis zu seinen Mitgliedern schutzlos gegenübersteht, da denselben die „Wohltat" des § 152 Abs. 2 GO. immerhin vor-

---

Beurteilung reichen die bisherigen gesetzlichen Bestimmungen nicht aus." Nothnagel, Exekution durch soziale Interessengruppen S. 201.

[218]) „Die neuesten Gegner der Tarifverträge" in „Die Hilfe" 13. Jahrgang S. 357. Siehe auch Köppe, Der Arbeitstarifvertrag S. 336 ff.

[219]) Siehe über die eigentümliche Auslegung des Koalitionsrechts der Handlungsgehilfen in Sachsen Soziale Praxis vom 22. Januar 1903, Sp. 449, 450. Dazu Soziale Praxis vom 19. Februar 1903, Sp. 572, und ferner das Jahrbuch des Kaufmannsgerichts Berlin Sp. 371 ff.

[220]) S. 30.

[221]) Tarifrechtliche Streitfragen S. 73. Siehe auch Schall S. 61 und v. Schulz, Der Entwurf eines Gesetzes betr. gewerbliche Berufsvereine S. 73.

behalten bleibt?" Weiterhin sind die Mitglieder des Berufsvereins gemäß § 14 des Entwurfs zu einem Gesetz, betr. gesetzliche Berufsvereine — wie nach § 152 Abs. 2 — jederzeit zum Austritt aus dem Verein befugt, doch können die Satzungen bestimmen, „daß die von den Mitgliedern zu leistenden ordentlichen Beiträge noch für die Zeit bis zum Schlusse des Kalendermonats, in welchem der Austritt erfolgt, zu entrichten sind." Mindestens müßte in diesem Paragraphen noch vorgesehen werden, daß das einzelne Mitglied des Vereins für Verbindlichkeiten, welche der Verein für ihn eingegangen ist, etwa während einer Kündigungsfrist von längerer Dauer, haftbar bleibt. Es können z. B. Konventionalstrafen in Frage kommen, welche von Organisation zu Organisation festgesetzt werden[222]).

---

[222]) Rundstein, Tarifrechtliche Streitfragen S. 75; v. Schulz, Der Entwurf eines Gesetzes betr. gewerbliche Berufsvereine S. 74. Sydow, Staatshilfe oder Selbsthilfe beim Tarifvertrag in der Sozialen Praxis 17. Jahrgang Sp. 458 ff. Wölblings Stellung (S. 355 ff. — vgl. auch S. 438 ff. und hinsichtlich der Gesetzgebung S. 461) ist folgende. Er erörtert:

„Eine besondere Behandlung bedürfen mit Rücksicht auf §§ 152, 153 GO. die Koalitionen zwecks Erlangung günstiger Lohn- und Arbeitsbedingungen, insbesondere mittels Einstellung der Arbeit oder Entlassung der Arbeiter.

Nach § 152 GO. steht jedem Teilnehmer der Rücktritt von solchen Vereinbarungen und Verabredungen frei, und es findet aus „letzteren" keine Klage noch Einrede statt.

Die wichtigste Frage mit Rücksicht auf diese Bestimmung ist die, ob jede Vereinigung oder Verabredung in ihrem ganzen Umfange des Klage- und Einrederechts beraubt ist, bei denen die Erlangung günstiger Lohn- und Arbeitsbedingungen auch nur einen Teil des Zweckes bildet, oder ob nur derjenige Teil des Vertrags der Rechtswirksamkeit in dem angegebenen Umfange entbehrt, der auf den gedachten Zweck hinzielt.

Zunächst ist zu betonen, daß das Fehlen des Klage- und Einrederechts eine Ausnahme, die einschränkend zu interpretieren ist, nicht die völlige Rechtsunwirksamkeit bedeutet. Es bleibt immer eine Naturalobligation übrig, deren Erfüllung möglich ist, so daß die Zurückforderung des Geleisteten unmöglich ist. Auch für die Frage, ob eine widerrechtliche oder sittenwidrige Handlung vorliegt, ist das Bestehen einer derartigen Koalition von Erheblichkeit. Überhaupt äußert aber § 152 GO. zivilrechtliche Wirkungen nur insoweit, als er die innerhalb der Koalition in Betracht kommenden Verhältnisse der Koalierten zueinander aus Gründen der Aufrechterhaltung der politischen Freiheit des einzelnen vertraglicher Festsetzung — das heißt, soweit eine durch Klage oder Einrede geltend zu machende unmögliche Festsetzung in Frage kommt — grundsätzlich entzieht. (v. Bröcker S. 43; Lotmar, Arbeitsvertrag S. 766.)

Soweit neben den Verabredungen, welche die Erlangung günstiger Arbeitsbedingungen bezwecken, Abreden vorhanden sind, an deren Erfüllung die Parteien an sich ein Interesse haben, sind die Abreden unbeschränkt gültig."

Von einem für Tarifverträge brauchbaren Koalitionsrecht, welches durch den Entwurf eines Gesetzes, betr. Rechtsfähigkeit der Berufsvereine, zu erreichen wäre, kann nicht die Rede sein. Das Reichsvereinsgesetz wünscht überhaupt nicht die Frage des Koalitionsrechts zu berühren[223]). Hieraus erklärt sich auch, wie Herr von Bethmann-Hollweg im Reichstage[224]) hervorhob, die Vorschrift des § 16 wegen Aufrechterhaltung landesgesetzlicher Bestimmungen über das Koalitionsrecht ländlicher Arbeiter und Dienstboten. Mehrere Abgeordnete[225]) meinten zwar, daß man die Gelegenheit nicht unbenutzt lassen sollte, um wenigstens die ärgsten Mißstände auf dem Gebiete des Koalitionsrechtes zu beseitigen. Einzelne Redner[226]) behaupteten sogar, daß das sogenannte Sprachenverbot (§ 7 des Entwurfes, § 12 des Gesetzes) sich gegen die Koalitionen der ausländischen Arbeiter richte.

Also muß man auch hier die Hoffnung schwinden lassen, daß die Berufsvereine aus den altmodischen Fesseln einer vergangenen Zeit nun endlich befreit werden. Es soll nach dem Entwurf eines Gesetzes über Arbeitskammern nicht anders werden. Der Entwurf ignoriert vollständig die Berufsvereine. Dennoch werden die Kammern berufen sein, allmählich den Gewerbegerichten die Einigungsämter abzunehmen. Ein zufriedenstellendes und schnelles Verhandeln vor den Einigungsämtern der Kammern — wie es Streiks und Aussperrungen erheischen — dürfte ohne sofortige Hinzuziehung der Organisationen in den weitaus meisten Fällen nach meinen Erfahrungen aussichtslos sein. Mindestens die Arbeiter und deren Vereine werden an die Einigungsämter entweder gar nicht oder doch nur mit Mißtrauen herangehen. Es ist dies kaum anders denkbar in Anbetracht der durch den Entwurf vorgesehenen Besetzung der Kammern und bei der Nichtanerkennung der Berufsvereine.

Siehe noch Hüglin S. 251, ferner S. 221, 222, wo der Schriftsteller darauf aufmerksam macht, daß § 153 der Gewerbeordnung dem Arbeitgeber verwehrt, sich so zu verhalten, wie er es der Idee des Tarifvertrages entsprechend tun müßte (Beschäftigung z. B. nur organisierter Arbeiter. Dazu Rundstein, Die Tarifverträge und die moderne Rechtswissenschaft S. 43, 51. Anm. und S. 80; Weigert S. 158.

[223]) Entwurf eines Vereinsgesetzes Nr. 482 Reichstag, 12. Legislaturperiode, I. Session 1907, S. 20.

[224]) Reichstag, 69. Sitzung, Montag den 9. Dezember 1907. (Erste Beratung der Entwurfes eines Vereinsgesetzes, S. 2092 (C)).

[225]) Trimborn S. 2099 ff.; Hieber S. 2107; Heine S. 2120. Reichstag, 70. Sitzung, Dienstag den 10. Dezember 1907: Dr. Müller S. 2135; Dr. Pachnicke S. 2147. Reichstag, 71. Sitzung, Mittwoch den 11. Dezember 1907, Legien S. 2177.

[226]) Die Abgeordneten Heine S. 2119 und Legien S. 2179, 2180.

Die Kammern des Entwurfs werden sich also der Entwicklung des Tarifvertrags meistens hemmend und hindernd in den Weg stellen[227]).

Nach den von mir genannten Gesetzesvorlagen, nach dem Vereinsgesetz und nach den jüngsten Zusagen der Regierung im Reichstag haben wir damit zu rechnen, daß die §§ 152 und 153 der Gewerbeordnung, vielleicht mit einigen Zusätzen versehen, aber sonst unverändert, bestehen bleiben werden[228]).

---

[227]) Bis jetzt wird übrigens anscheinend überall der Gesetzentwurf von den Gewerbetreibenden verworfen. Siehe z. B. Deutsche Industriebeamten-Zeitung, Organ des Bundes der technisch-industriellen Beamten, vom 28. Februar 1908; ferner „Der Gastwirtsgehilfe", Organ zur Wahrung und Förderung der Interessen aller Angestellten im Gastwirtsgewerbe vom 20. Februar 1908; endlich die Fachzeitung der Tischlermeister und Holzindustriellen Deutschlands, Centralblatt des Arbeitgeber-Schutzverbandes für das deutsche Holzgewerbe, vom 1. März 1908. Neuerdings haben verschiedene große Industriellenverbände ebenfalls ablehnende Beschlüsse gefaßt. Siehe über die allseitigen Ablehnungen die Berichte der Sozialen Praxis aus neuerer Zeit.

[228]) Trotzdem drängt alles auf allgemeine Regelung der Koalitionsbefugnisse. Nicht bloß die gewerblichen Arbeiter und Arbeitgeber haben das Verlangen, sich frei koalieren zu dürfen. Einige Beispiele aus andern Berufen: Die Fleischbeschauer der Stadt Berlin begründeten am 26. Februar 1901 einen Verein der Angestellten der amtlichen mikroskopischen Trichinenschau auf dem städtischen Schlachthofe zu Berlin. In einer Eingabe erklärten diese Angestellten: „Die soziale Unsicherheit ihrer Stellung und ihre, bei gesteigerten dienstlichen Anforderungen immer empfindlicher werdende wirtschaftliche Notlage bewog auch im Februar 1901 die auf schwankenden Stücklohn angewiesenen Fleischbeschauer zu Berlin, sich zu vereinigen." Es sei ferner genannt der „Verein der Kapitäne und Offiziere der Handelsmarine". Den Mitgliedern des Vereins erklärte im Dezember 1906 der „Verein Hamburger Reeder", sie nicht mehr in seinen Diensten behalten zu wollen, da ihr Verein „gefährliche Tendenzen" habe und die Zugehörigkeit zu ihm „mit der Disziplin und den Anforderungen des Betriebes unvereinbar sei". Die meisten Offiziere unterzeichneten einen Revers, der sie zum Austritt aus dem Verein verpflichtete. Wer nicht unterschrieb, wurde entlassen. Siehe Keßler S. 150. Böse Erfahrungen machten kürzlich 500 katholische Priester der Diözese Augsburg mit ihrer Gewerkschaft. Der Bischof von Augsburg hat diesen Verein zur Wahrung priesterlicher Standesinteressen auf Grund der neuesten Enzyklika verboten. Die Soziale Praxis 17. Jahrgang Sp. 287 berichtet: „Der Verein hatte dem Landtage bereits eine Forderung auf ausgiebige Gehaltsaufbesserung der Geistlichen eingereicht. Schon vor 6 Jahren ist der damals in der Diözese Augsburg gegründete Seelsorgeverein aus allgemeinen kirchlich-disziplinären Gründen verboten worden."

Im übrigen möchte ich wiederum auf den Vortrag von Leo: „Die wirtschaftliche Organisation der geistigen Arbeiter" hinweisen. Medizinische Reform vom 5. Dezember 1907, S. 587 ff. und vom 12. Dezember 1907, S. 600 ff.

Vgl. hierzu bezüglich der Bekämpfung des Koalitionsrechtes der technischen Privatbeamten durch die Arbeitgeber: Soziale Praxis 16. Jahrgang Sp. 19.

Auf diese Umstände nimmt der von Schalhorn ausgearbeitete Entwurf eines Antrages an die gesetzgebenden Körperschaften Rücksicht. In dem Entwurf wird vorgeschlagen, den Titel VII, Abschnitt 1 der Gewerbeordnung dahin zu ergänzen, daß auf Tarifgemeinschaften zwischen gewerblichen Unternehmern und Arbeitern die §§ 152 und 153 der Gewerbeordnung keine Anwendung finden. Dieser Vorschlag tastet das Bestehen der beiden Koalitionsparagraphen nicht an und würde trotzdem als Gesetz den Berufsvereinen für die Begründung und Festigung der Tarifverträge die wünschenswerte Bewegungsmöglichkeit gewähren[229]).

Schalhorn schließt seinen Entwurf: „Die Frage nach der zivilrechtlichen Gültigkeit des Tarifabkommens (hinsichtlich der Legitimation, Vertrags- und Vertretungsfähigkeit der Abschließenden; unter dem Gesichtspunkt der Anfechtung wegen Irrtums, Betruges, unsittlichen Inhalts, der örtlichen Geltungsgrenzen usw.) dürfte durch die gesetzliche Festlegung der von uns erbetenen Bestimmungen nicht berührt werden, wird vielmehr, wie bei jedem andern Vertrage des Privatrechts, im einzelnen Streitfall durch den Prozeßrichter zu entscheiden sein[230]).“

Mit Rücksicht auf das erwähnte Privatrecht sind hier aber noch drei Fragen zu berühren, welchen der Gesetzgeber seine Aufmerksamkeit schenken sollte. Sie lauten: Wer ist Träger der Rechte und Pflichten aus dem Tarifvertrage? Wie steht es mit der Verpflichtung dritter durch den Tarifvertrag? Und endlich, inwieweit sollen besonders die vertragschließenden Berufsvereine der Arbeitgeber und Arbeiter aus Verletzungen des Tarifvertrages für sich und ihre Mitglieder haften?

Zur ersten Frage können wir, da, soweit Einzelpersonen in Betracht kommen, Schwierigkeiten nicht vorhanden sind[231]), uns lediglich mit den Berufsvereinen beschäftigen. Sie sind entweder Selbstkontrahenten und also allein Parteien des Tarifvertrages oder sie vertreten nur ihre

---

[229]) Siehe den Entwurf und seine Begründung hier Anlage IV 2., dazu den Antrag von Beisitzern an dem Ausschuß des Gewerbegerichts Berlin (Anlage IV 1.). Vgl. dagegen den Antrag von Berliner Gewerbegerichtsbeisitzern (Anlage V) und endlich bezüglich der §§ 152, 153 GO. noch Wölbling, Akkord- und Tarifvertrag S. 459, 460.

[230]) Siehe auch Schall S. 198, 199. Nach Hüglin beruht es lediglich auf dem guten Willen der Parteien, ob der Tarifvertrag eingehalten wird oder nicht. S. 91, 227, 236, 243 ff., 276. Vgl. dazu Sinzheimer, Arbeitsnormenvertrag Teil II: Zweites Kapitel. Die obligatorische Funktion.

[231]) Rundstein, Die Tarifverträge und die moderne Rechtswissenschaft S. 78—96; Tarifrechtliche Streitfragen S. 24 ff.; Schall S. 82 ff.

Mitglieder, oder drittens, sie verpflichten sich und ihre Mitglieder[232]). Sinzheimer: Verbandstheorie, Vertretungstheorie, kombinierte Theorie. Dieser Schriftsteller kommt nach einer eingehenden Untersuchung zu dem Ergebnis, daß der Ausgangspunkt und die Grundlage für eine gesetzliche Regelung des Tarifvertrages die Verbandstheorie bilden muß[233]). Unter anderm führt er mit Recht aus[234]): „Sowohl die Vertretungstheorie wie die kombinierte Theorie geben die Vertragsbeziehungen — die kombinierte Theorie wenigstens nach der Rundsteinschen Auffassung in ihrem wesentlichen Teil — in die Hand des einzelnen und schalten damit die Organisation der Arbeiter aus der Verbindung aus. Dies aber entspricht nicht den mit dem Arbeitsnormenvertrag verfolgten Interessen, weil das Streben der an dem Vertragsschluß Beteiligten auf die Dauerhaftigkeit der im Vertrag festgelegten Bedingungen und auf Befriedung des Arbeitsverhältnisses gerichtet ist, dies aber illusorisch gemacht wird, wenn die Festhaltung dieser Arbeitsbedingungen in die Disposition der einzelnen gegeben und damit gerade der das Arbeitsverhältnis stetig beeinflussende Faktor, nämlich die Arbeiterorganisation, außerhalb des Rechtsverhältnisses gestellt ist. Es widerspricht diese Ausschaltung der Organisation durch Begründung von lediglich inhaltlich gleichen Individualbeziehungen dem Interesse des Unternehmers und der Arbeiter. Der Unternehmer wird in dem Arbeitsnormenvertrag eine Garantie für die Aufrechterhaltung der vereinbarten Bedingungen suchen. Er kann diese Garantie nur finden, wenn auch die Arbeiterorganisation als der eigentlich treibende Teil in der Arbeiterbewegung in das Rechtsverhältnis einbezogen wird[235]). Die Arbeiter ihrerseits können auf die Festhaltung der aufgestellten Bedingungen nur rechnen, wenn ihre Organisation den Abschluß des Vertrages nicht nur vermittelt, sondern auch als ihr steter Hüter ihre Ausführung bewacht und die Bedingungen als eigne Rechte wahrt"[236]).

---

[232]) Siehe das Nähere bei Sinzheimer, Arbeitsnormenvertrag, S. 63 ff.; Rundstein, Tarifrechtliche Streitfragen S. 40 ff.; Schall S. 113 ff. Vgl. noch hier oben Text unter II, 2 „Vertragsparteien".

[233]) „Von den drei Theorien, die der Bestimmung der Parteistellung auf der Arbeitnehmerseite gewidmet sind . . . . weist Sinzheimer in ausführlicher Darstellung die . . . Verbandstheorie als die allein annehmbare nach. Seine Kritik der Gegner (einerseits Lotmar und Rundstein, anderseits Schall) ist um so schlagender, als sie keineswegs auf aprioristischen Gedanken beruht, sondern aus der Interessenlage heraus die Gegner widerlegt." Oertmann im Juristischen Literaturblatt vom 15. März 1908, S. 63.

[234]) Arbeitsnormenvertrag S. 73, 74.

[235]) Vgl. Hüglin S. 63 ff., insbesondere S. 67.

[236]) Vgl. Hüglin S. 140.

Die dargestellten Verhältnisse passen ebenso auf die Parteistellung der Arbeitgeber. Hierzu ein interessantes Beispiel jüngster Zeit: Aus demselben erhellt, daß das Schicksal von Tarifverträgen nicht von dem Willen einzelner abhängig gemacht werden darf.

In dem Beispiel figurieren eine Anzahl von Arbeitgebervereinen an Stelle einzelner Individuen als Mitglieder eines vertragschließenden Arbeitgeberverbandes.

Es handelte sich um den deutschen Arbeitgeberbund für das Baugewerbe und um ein von ihm ausgearbeitetes Tarifvertragsmuster[237]). Über letzteres konnten Arbeitgeber und Arbeiter sich nicht einig werden. Schließlich kam nach langwierigen Verhandlungen und zum Teil heftigen Auseinandersetzungen am 25. und 26. März auf dem Berliner Gewerbegericht ein Abkommen über das Muster zwischen dem Arbeitgeberbunde und den beteiligten Zentralvorständen der Arbeiter zu Stande[238]). Es ist hierdurch ein Riesenkampf von verhängnisvollen Wirkungen vermieden worden. Das Muster wird nun in den einzelnen Bezirken und an den einzelnen Orten — es sind etwa 160 Verträge zu schließen — als Grundlage der Verhandlungen dienen.

Die Soziale Praxis begrüßt die stattgefundene Einigung als einen Sieg des Verhandlungs- und Einigungsprinzips, wie er größer kaum gedacht werden könne, und fügt unter anderm hinzu: „Das Ziel wäre niemals erreicht worden, wenn nicht auf beiden Seiten starke, leistungsfähige, wohldisziplinierte und verständig geleitete Organisationen vorhanden gewesen wären. Den Führern dieser Zentralverbände gebührt für ihre versöhnliche Haltung in erster Linie der öffentliche Dank.“ Ganz anders urteilt ein dem Arbeitgeberbunde angehöriger Arbeitgeberverband. Er protestiert gegen die Berliner Abmachungen und will die übrigen Mitglieder des Bundes gegen das beschlossene Muster mobil machen[239]). Man stelle sich die Folgen vor, wenn der Arbeitgeberbund nur Vertreter seiner Mitglieder gewesen wäre und es dem widerstrebenden Ver-

[237]) Siehe Reichsarbeitsblatt VI. Jahrgang S. 401. Das Reichsarbeitsblatt wird über die weiteren Vorgänge berichten. Dasselbe gilt für die neuesten Ereignisse im deutschen Malergewerbe.

[238]) Zentralblatt für das deutsche Baugewerbe vom 3. April 1908, S. 157.

[239]) Vorwärts, 2. Beilage vom 3. April 1908 unter „Gewerkschaftliches.“ Siehe dazu den Artikel „Rückzug“ der Arbeitgeberzeitung für das Baugewerbe vom 29. März 1908, in welchem ausgesprochen wird, daß der Vorstand nicht das Recht gehabt, über den Beschluß der Generalversammlung des Bundes hinaus nachzugeben. Es war beschlossen, die Arbeiter bei Nichtannahme des von den Arbeitgebern festgestellten Normaltarifvertrages überall auszusperren.

bande gelingen würde, Mitglieder des Bundes (Arbeitgeberorganisationen) für die Aussperrung zu gewinnen. Es darf nicht sein, daß einzelne Stimmen ein so bedeutsames Werk, wie das für das deutsche Baugewerbe geschaffene, vielleicht zu Falle bringen können.

Ferner ist zu berücksichtigen, was Braun[240]) erklärt: „Vermutlich werden wir in den nächsten Jahren, falls nicht eine schwere Krise alle Berechnungen umstößt, entweder Riesenkämpfe der Gewerkschaften haben; die alle bisherigen in den Schatten stellen dürften, oder wir werden zu Generaltarifen für ganz Deutschland in der eigentlichen Holzindustrie, im Baugewerbe usw. kommen[241])." Man kann dem wohl zustimmen. Unter allen Umständen ist aber zu verlangen, daß Generaltarife von der Verbandstheorie beherrscht werden müssen[242]). Überdies sei bemerkt, daß bereits zwei ausländische Gesetze die reine Verbandstheorie vertreten. Es sind dies das niederländische Gesetz vom 13. Juli 1907 sowie das Gesetz des australischen Staatenbundes von 15. Dezember 1904.

In dem niederländischen Gesetz heißt es (Art. 1637n Abs. 2)[243]).

> „Unter kollektivem Arbeitsvertrag wird eine Regelung verstanden, die getroffen ist zwischen einem oder mehreren Arbeitgebern oder einer oder mehreren Rechtspersönlichkeit besitzenden Vereinigungen von Arbeitgebern einerseits mit einer oder mehreren Rechtspersönlichkeit besitzenden Vereinigungen von Arbeitern andererseits bezüglich der Arbeitsbedingungen, die bei Eingehung von Arbeitsverträgen zu beachten sind."

Aus dem australischen Gesetz seien folgende Vorschriften[244]) wiedergegeben:

---

240) S. 99.

241) In der Holzindustrie ist man schon auf dem Wege zu einem Generaltarife. Siehe hier den Schiedsspruch des Gewerbegerichts Berlin, Reichsarbeitsblatt 5. Jahrgang S. 661 ff., ferner Soziale Praxis 17. Jahrgang Sp. 196 ff., 776. Schon ist auch eine Bewegung im Gange, für das Malergewerbe Deutschlands einen Generaltarif zu schaffen. Ich möchte an dieser Stelle auf die Satzungen des Kartells der Arbeitgeberverbände in den Baugewerben Groß-Berlins (abgedruckt Reichsarbeitsblatt 6. Jahrgang S. 293 ff.) verweisen. Zu den Zwecken und Aufgaben des Kartells gehört auch die Regelung der Tarifverträge (§ 2 der Satzungen). Mitglieder des Kartells sind 15 Arbeitgeberverbände.

242) Tatsächlich ist dies auch bei der Buchdruckertarifgemeinschaft der Fall. Siehe den deutschen Buchdruckertarif nebst Kommentar S. 262 ff. Zur kombinierten Theorie siehe Zimmermann in der Sozialen Praxis 17. Jahrgang Sp. 845 ff. und Sinzheimer Arbeitsnormenvertrag S. 68 und 69.

243) Sinzheimer Arbeitsnormenvertrag S. 111, Anlagen; Beiträge zur Arbeiterstatistik Nr. 3, Der Tarifvertrag im Deutschen Reich I. S. 134.

244) Beiträge zur Arbeiterstatistik Nr. 3, I. S. 161.

„73. Eine Organisation kann zur Verhütung von gewerblichen Streitigkeiten durch Vermittlung und Schiedssprechung mit einer andern Organisation oder Person eine gewerbliche Vereinbarung abschließen."

77. Jede gewerbliche Vereinbarung ist, solange sie in Kraft steht, verbindlich für a) alle beteiligten Parteien, und b) jederzeit, solange die Vereinbarung in Kraft steht, für alle Mitglieder einer Organisation, die als Partei daran beteiligt ist."

Hinsichtlich der sonstigen, in Betracht kommenden ausländischen Gesetzgebung bitte ich Sinzheimer, Arbeitsnormenvertrag, S. 94 ff., nachzulesen.[245]) Wir gelangen nunmehr zur zweiten oben gestellten Frage, wie es mit der Verpflichtung dritter durch den Tarifvertrag steht.

In dem schon mehrfach erwähnten Entwurf Sulzer-Lotmar ist unter IV 4[246]) folgender Gesetzesvorschlag gemacht: „Durch den kollektiven Arbeitsvertrag werden verpflichtet: 4. wenn die vertragschließenden Gewerbeinhaber Verbände bilden, deren Eigenschaft als organisierte Verbände durch Eintragung ins Handelsregister oder durch öffentlich-rechtliche Ordnung und Anerkennung feststeht, auch Gewerbeinhaber, die diesen Verbänden nicht angehören, aber deren Arbeitsstätten innerhalb des vertraglich festgestellten örtlichen Geltungsbereichs liegen, sobald sie Arbeiter beschäftigen oder einstellen, deren Arbeitsbedingungen oder sonstige Interessen durch den kollektiven Vertrag geregelt werden, sofern sie nicht binnen 14 Tagen nach der Publikation oder nach der späteren Einstellung von Arbeitern die Ablehnung des kollektiven Vertrags den Vertretern beider Vertragsparteien schriftlich mitteilen.

Ferner lautet VI des Entwurfs:

„Wenn ein aus dem kollektiven Arbeitsvertrag nicht verpflichteter Gewerbeinhaber oder Arbeiter innerhalb des festgesetzten örtlichen Geltungsbereichs einen Dienstvertrag über ein Arbeitsverhältnis abschließt, das nach der Absicht des kollektiven Arbeitsvertrages unter diesen fallen soll, so spricht eine Vermutung dafür, daß die Kontrahenten dieses stillschweigend[247]) vereinbart haben. Diese Vermutung wird durch den strikten Beweis einer abweichenden Vereinbarung entkräftet."

---

[245]) Siehe auch noch die Vorschläge des italienischen Oberen Arbeitsrats (Gewerbe- und Kaufmannsgericht 13. Jahrgang Sp. 191 ff.; Reichsarbeitsblatt 6. Jahrgang S. 261 ff.

[246]) Soziale Praxis 11. Jahrgang Sp. 350. Dazu Köppe, Der Arbeitstarifvertrag usw. S. 360 ff.

[247]) Sulzer S. 25.

Unter Bezugnahme auf den Sulzer-Lotmarschen Entwurf erörtert van der Borgt[248]) die Frage, ob die außerhalb der vertragschließenden Verbände Stehenden durch den Tarifvertrag zur Annahme seiner Grundsätze genötigt werden können. Er äußert sich dahin: „An sich muß ein derartiger Zwang als unberechtigt angesehen werden. Wenn dem Arbeitgeber in bezug auf den Inhalt seiner Einzelarbeitsverträge Vorschriften gemacht werden sollen, so muß das durch Gesetz geschehen. Eine Koalition von Arbeitern oder Arbeitgebern, mit der er nichts zu tun hat, kann nicht das Recht haben, ihm verbindliche Normen aufzuerlegen[249]). Es ist zuzugeben, daß dadurch der Erfolg des Gruppenvertrages geschmälert werden kann. Aber zu einem Zwang auch in der von Sulzer und Lotmar vorgeschlagenen Form kann daraus keine Berechtigung hergeleitet werden."

Ebenso erklärt auch Sinzheimer[250]): „Noch größere Bedenken stehen aber dem Versuch Lotmars[251]) gegenüber, den persönlichen Geltungsbereich des Arbeitsnormenvertrags insbesondere auch für Nichtorganisierte (oder Neuorganisierte) durch die Vermutung zu erstrecken, daß, wenn ein Nichtorganisierter (oder Neuorganisierter) zu tarifmäßigen Bedingungen Arbeit annehme, er sich auch stillschweigend dem Arbeitsnormenvertrage unterworfen habe[252])." Und dennoch kann der Tarifvertrag, wie oben[253]) gezeigt worden ist, die Arbeitsverhältnisse beeinflussen, wenn auf Grund desselben sich ein Gebrauch entwickelt hat.

---

248) Grundzüge der Sozialpolitik S. 155.

249) Hüglin S. 83 ff.

250) Arbeitsnormenvertrag S. 79, 80.

251) Brauns Archiv S. 84 ff. Vgl. Wölbling Akkordvertrag und Tarifvertrag S. 473 de lege ferenda: „Was den persönlichen Geltungsbereich des Tarifvertrags anbetrifft, so sind zunächst gebunden die vertragsschließenden Organisationen. Ferner bei dem zwingenden Vertrag sämtliche den Organisationen nachträglich beitretenden Personen ohne weiteres mit dem Beitritt. Die Organisation ist aber verpflichtet, dem beitretenden bei seinem Eintritt den Inhalt des Tarifvertrags mitzuteilen. Sie haftet für den aus der unterlassenen Mitteilung entstandenen Schaden. Der Austritt aus der Organisation befreit im Zweifel nicht von dem Tarifvertrag. Es sind berechtigt und verpflichtet ferner die in der Organisation vertretenen und die nachträglich dem Tarifvertrag — aber nicht der Organisation beigetretenen. Dazu gehören auch alle die bei einem tarifverpflichteten Arbeitgeber eingetretenen Arbeiter, denen der Arbeitgeber beim Eintritt den Tarifvertrag mitgeteilt hat. Diese Unterwerfung tritt aber nur ein, wenn der Arbeiter keinen Widerspruch erhoben hat. Zur Mitteilung ist der tarifverpflichtete Arbeitgeber gebunden."

252) Siehe auch Schall S. 91, 92; Rundstein, Die Tarifverträge und die moderne Rechtswissenschaft S. 173 ff., 177; Oertmann S. 8 ff.; Sigel S. 21—23 und Beiträge zur Arbeiterstatistik Nr. 3, 1, S. 68.

253) Siehe Anmerkung 166.

An dieser Stelle möchte ich mich wiederum auf das Urteil der Kammer III des Gewerbegerichts (Gewerbe- und Kaufmannsgericht 13 Jahrgang Nr. 9 vom 1. Juni 1908) berufen. Nach dem Tatbestand desselben ist ein Arbeitgeber des Fliesenlegergewerbes, welcher infolge eines für ihn geltenden Tarifvertrages vor Angriffen der Arbeiter sicher zu sein glaubte, von bei ihm nach den Lohnbestimmungen dieses Vertrages tätigen Außenseitern bestreikt worden. Es waren Außenseiter, deren Organisation bei einzelnen Arbeitgebern des betreffenden Gewerbes ihren Tarifvertrag durchgesetzt hatte. Angesichts dieser Umstände muß überlegt werden, ob es zuzulassen ist, daß in einem Gewerbe mehrere Tarifverträge überhaupt Gültigkeit besitzen. Was nützt dem Arbeitgeber der durch seinen Tarifvertrag entstandene Ortsgebrauch[254])? Was hat er davon, wenn in einem Urteil festgestellt wird, daß die von ihm beschäftigten Arbeiter gegen Treu und Glauben[255]) gehandelt haben. Der Schaden, welcher ihm trotz Tarifvertrags durch den Streik der Außenseiter verursacht wird, ist kaum wieder gut zu machen.[256])

Wenn die Tendenz des Tarifvertrages dahin geht — und sie geht dahin — innerhalb seines festgesetzten Geltungsbereichs zu ausnahmsloser Geltung zu kommen, so kann neben dem Tarifvertrag der Majorität der Arbeitgeber und Arbeiter ein zweiter — von ersterem abweichender

---

254) Siehe auch Oertmann zum § 612, Abs. 2 BGB. (Taxen) S. 23, 26.

255) § 157 BGB. Siehe die Entscheidungen des Gewerbegerichts Berlin, Reichsarbeitsblatt 2. Jahrgang S. 65; 4. Jahrgang S. 1056 und Entscheidung des Gewerbegerichts Schöneberg in Das Gewerbegericht 9. Jahrgang Sp. 192 ff.; Oertmann S. 26, 27. Dazu Baum Die guten Sitten im Klassenkampf, Das Gewerbegericht 8. Jahrgang Sp. 17 ff. Dagegen Entscheidung des Gewerbegerichts Stuttgart im Gewerbegericht 8. Jahrgang Sp. 39 und in Baums Handbuch S. 158.

256) Sinzheimer prüft in dem II. Teil seines Arbeitsnormenvertrags S. 17 die Lage der in keinem Berufsverein Organisierten bei „pluralem Arbeitsnormenvertrag". — Pluralität liegt nach dem Schriftsteller (I. Teil S. 92 seines Buches) vor, wenn mehrere Verbände mit einem Arbeitgeber, aber ein jeder Verband für sich, einen Arbeitsnormenvertrag abgeschlossen hat. — Sinzheimer kommt zu folgendem Ergebnis für die Nichtorganisierten: „Man wird annehmen müssen, daß deren Arbeitsbedingungen beiden Arbeitsnormen unterworfen sind. Praktisch bedeutet dies, daß, wenn die Arbeitsbedingungen des einen Verbandes günstiger sind wie diejenigen des anderen, die günstigere Arbeitsnorm, und, soweit die Arbeitsnorm des einen Verbandes in ihrer Regelung ein weiteres Gebiet umfaßt wie die des anderen Verbandes, die weitergehende Arbeitsnorm anzuwenden ist. Der Fall, daß die Arbeitsnormen sich widersprechen und darum die Anwendung der Arbeitsnorm des einen Verbandes zugleich die Verletzung der Arbeitsnorm des anderen Verbandes wäre, ist wohl praktisch ausgeschlossen, weil sich der Arbeitgeber auf solche Arbeitsnormenverträge nicht einlassen wird."

— Tarifvertrag der Minorität[257]) nur unliebsame Wirkungen äußern. Hiernach ist es zu verstehen, daß man bei Gesetzesvorschlägen für den Tarifvertrag stets auch auf Bestimmungen stößt, welche die Minorität der Majorität unterordnen. So finden wir in dem Text der jüngsten Vorschläge des italienischen Oberen Arbeitsrats zur gesetzlichen Regelung des Tarifvertrages[258]) unter XV. nachstehende Bestimmung:

> „Wenn Tarifverträge von drei Vierteln der Industriellen oder Arbeiter einer Industrie oder der Örtlichkeit, auf welche der Tarif sich erstreckt, angenommen sind, so soll der Tarif, der von dem Verein geschlossen worden ist, auch auf diejenigen ausgedehnt werden, die ihm nicht angehören und diese Ausdehnung soll vom Gewerbegericht genehmigt werden.
>
> Die Ausdehnung soll von Fall zu Fall stattfinden in der Industrie und zusammenfassend in der Landwirtschaft[259]).“

Rundstein[260]) hält eine derartige Zwangsregelung, die dem privatrechtlichen Vertrag den Charakter der öffentlich-rechtlichen Norm verleiht, mit Recht für durchaus erwünscht. „Denn es wird dadurch die von der kollektiven Vertragsschließung bezweckte Regelung des Wettbewerbs und Herstellung des gewerblichen Friedens erreicht werden können; die schädlichen Einwirkungen seitens der Minoritäten, die die Stetigkeit der Arbeitsverhältnisse illusorisch machen und die Schmutzkonkurrenz begünstigen, könnten wirksam bekämpft werden.“

Endlich ist noch die oben aufgestellte dritte Frage zu besprechen, ob und inwieweit die vertragschließenden Berufsvereine der Arbeitgeber und Arbeiter aus Verletzungen der Tarifverträge für sich und ihre Mitglieder haften sollen[261]).

Bei der ersten Lesung des Entwurfs eines Gesetzes betreffend gewerbliche Berufsvereine ist im Reichstage bereits die Schadensersatz-

---

[257]) Neuerdings bestehen für das Fliesenlegergewerbe kollektive Vereinbarungen an welchen sämtliche Arbeiterorganisationen einheitlich beteiligt sind. Reichsarbeitsblatt 6. Jahrgang Nr. 6 unter Mitteilungen des Gewerbegerichts Berlin.

[258]) Siehe Reichsarbeitsblatt 6. Jahrgang S. 263.

[259]) Siehe Beiträge zur Arbeiterstatistik Nr. 3, I. S. 68, besonders Anm. 2. Dort ist auch erwähnt der Vorschlag der niederländischen Parlamentskommission, wonach, wenn der Tarifvertrag von einer Organisation eingegangen worden ist, der $^3/_4$ bzw. $^5/_6$ aller Arbeitnehmer angehörten, der Tarifvertrag auch für die übrigen Arbeiter ohne Rücksicht auf ihre Zugehörigkeit zur Organisation gelten soll.

[260]) Die Tarifverträge und die moderne Rechtswissenschaft S. 186ff.

[261]) Siehe v. Broecker, Schadensersatzansprüche aus dem Lohnkampf. Bezüglich Vertragsstrafen vgl. hier Anmerk. 268 und Rosner S. 13, bezüglich Schadensersatzpflicht hier Anmerk. 272.

pflicht der genannten Vereine erörtert worden. Es dürfte nach den bestimmten Erklärungen der Reichsregierung und einzelner Parteiführer anzunehmen sein, daß bei der etwaigen gesetzlichen Regelung der Tarifverträge eine bestimmte Schadensersatzpflicht der Berufsvereine festgelegt werden wird. Es handelt sich dann natürlich nur um eine Haftung aus Verfehlungen gegen die Tarifverträge[262]).

Bemerkenswert sind aus den bezeichneten Reichstagsverhandlungen die Ausführungen der Abgeordneten Heine und Bassermann. Ersterer erklärte[263]):

„Man denke sich einmal die großen Verbände mit Hunderttausenden von Mitgliedern, die über ihre Vorsteher, ihre Vertreter und die von ihnen Angestellten und Beauftragten keinen solchen Einfluß, keine Disziplinargewalt haben. Diese haften zu lassen wie Einzelpersonen für jede Handlung ihrer Vertreter, für jeden Schaden, den zu hindern sie gar nicht in der Lage sind, das wäre das, wovon der Römer sagt: Summum jus summa injuria"[264]). Abgeordneter Bassermann[265]) äußerte sich dahin: „Wir müssen eine Privilegierung irgend einer Organisation ebenso ablehnen, was die Frage der Schadloshaltung anlangt, wie wir

---

[262]) Übrigens weist Brentano (Die Hilfe 13. Jahrgang Sp. 356) darauf hin, daß, wenn diese vertragliche Haftpflicht in Betracht kommt, „die berüchtigte Entscheidung englischer Gerichte im Taff-vale-Prozeß, gegen welche die gesamte Gewerksvereinswelt protestiert hat und deren Wiederholung durch den Trade disputs Act von 1906 unmöglich gemacht ist", nicht herangezogen werden darf. „Eine Verdrehung des Sachverhalts, bemerkt der Schriftsteller, die darum, weil auch die rechtsstehenden Gegner der Arbeiterorganisationen sich ihrer schuldig machen, an Berechtigung nicht gewinnt. Die Taff-vale-Entscheidung hat mit der Haftung der Arbeiterorganisationen aus einem Kollektivvertrag nichts zu tun. Sie macht die Gewerkvereine haftbar für Schäden, welche einer ihrer Beamten, gleichviel, ob in ihrem Auftrag oder gegen denselben, einem Arbeitgeber durch Einmischung in den individuellen Arbeitsvertrag von Nichtmitgliedern oder durch eine unerlaubte Handlung zufügt; auf den Bruch eines abgeschlossenen Kollektivvertrages hat sie sich gar nicht bezogen. Dagegen kennt die neuseeländische Gesetzgebung vom 20. Oktober 1900, Art 94, Abs. 6 die Haftung der Gewerkvereine aus dem Kollektivvertrag, desgleichen Art. 37 des Gesetzes von Neusüdwales vom 10. Dezember 1901.

Zum Taff-vale-Prozeß siehe noch v. Schulz, Der Entwurf eines Gesetzes, betr. gewerbliche Berufsvereine usw. S. 76 ff.

[263]) Stenographischer Bericht S. 3924 ff.

[264]) Schall S. 201.

[265]) Stenographischer Bericht S. 3887, ebenso Dr. Pachnicke S. 3908, und Graf Posadowsky S. 3891 ff. Vgl. Wölbling, Akkordvertrag und Tarifvertrag S. 463.

es ablehnen[266]), nach der andern Richtung einen Ausnahmezustand zu schaffen und beispielsweise zu sagen: jeder Streik, jede Aussperrung, verpflichtet an und für sich zu Schadensersatz. Das tun sie nicht nach dem Willen des Gesetzes, sondern nur dann, wenn unrechtmäßige, widerrechtliche Handlungen der Vereinsorgane vorliegen."

Braun, welcher, wie angegeben, den freien Gewerkschaften nahesteht und deren Anschauungen vertritt, will freilich von einer vermögensrechtlichen Haftung der Gewerkschaften überhaupt nichts wissen. Er schreibt[267]): „Man hat sich schon darauf bezogen, daß in manchen Tarifverträgen die Bestimmung enthalten ist, daß die vertragsschließenden Parteien die Einhaltung des Tarifvertrags garantieren[268]). Diese Garantie kann nicht in einer vermögensrechtlichen Haftbarkeit für den durch den Tarifbruch[269]) etwa entstandenen Schaden bestehen, die vollständig dem Geiste der Organisation und den Verpflichtungen der Organisation für ihre Mitglieder widersprechen würde, sie bedeutet im Gegenteil, daß die vertragsschließenden Parteien sich erboten haben, auf die Einhaltung des

[266]) Der Richter erster Instanz in dem Prozeß der Tafftalbahn sagte, als die englische Gewerkschaft sich gegen die Schadensersatzpflicht verwahrte, da sie keine Korporation sei: „Wenn die Behauptung des Vereins, dem die Beklagte angehört, begründet wäre, dann hätte die Gesetzgebung die Gründung zahlreicher Organisationen zugelassen, welche das Recht haben, ein großes Vermögen zu besitzen und durch Agenten zu handeln, ohne daß sie im geringsten für das Unrecht verantwortlich wären, daß sie andern Personen durch den Gebrauch ihres Vermögens und die Beschäftigung ihrer Agenten zufügen können. Der richtige Standpunkt für die Interpretation solcher Gesetze, wenn nicht ausdrücklich das Gegenteil gesagt ist, ist der Gesetzgebung die Absicht beizulegen, daß die von ihr geschaffenen Organisationen denselben Pflichten und daß ihr gesamtes Vermögen derselben Haftung unterliegen soll, welche das allgemeine Recht einer Einzelperson bei gleicher Handlung auferlegen würde. Sehr klar und ausdrücklich müßten die Gesetzesworte sein, die mich zu der Annahme veranlassen könnten, daß die Gesetzgebung tatsächlich die Existenz solcher Organisationen legalisiert habe, die nicht zur Verantwortung gezogen werden können, und doch eine so große Macht, Unrecht zu tun, besitzen." Macrosty, Der Rechtszustand der Gewerkvereine in Großbritannien, Brauns Archiv 1903 S. 337 und 338; Hüglin S. 265.

[267]) S. 73.

[268]) Siehe über Vertragsstrafen Schall S. 130; Oertmann S. 18; Prenner im Gewerbe- und Kaufmannsgericht 12. Jahrgang Sp. 52—54 und in Seufferts Blättern für Rechtsanwendung 72. Jahrgang S. 226; Rundstein, Die Tarifverträge und die moderne Rechtswissenschaft S. 195 ff.; v. Schulz in der Sozialen Praxis 12. Jahrgang Sp. 1050 Anm. 5; Schalhorn, ebendort 15. Jahrgang S. 585. Siehe bezüglich des Garantievertrages der Buchdrucker Brentano in Die Hilfe 13. Jahrgang Sp. 56; ferner hier Anmerkung S. 67.

[269]) Über Tarifbrüche siehe v. Schulz, Das Reichsgericht wider die Tarifverträge S. 367 und Hüglin S. 150, 227.

Tarifs durch die einzelnen Mitglieder mit der Macht der Organisation hinzuwirken und ihre moralischen und finanziellen Mittel nicht zur Förderung von Handlungen zur Verfügung stellen, welche dem Tarifzwecke und der Tarifgeltung widersprechen könnten, also vor allem keine Arbeitseinstellungen zu gestatten und zu unterstützen, die innerhalb der Tarifdauer und für diese eine Änderung[270]) der Abmachungen bezwecken." „Das klingt sehr schön", entgegnet darauf mit Recht Zimmermann[271]), „aber umgeht doch eben die praktische Frage: Was dann, wenn die vertragsschließende Partei oder ihre Mitglieder dennoch den Tarif verletzen und in Streik treten? Soll dann erst in einem umständlichen Gerichtsverfahren eine Einhaltungsverfügung und eine Strafandrohung für jeden Fall der Zuwiderhandlung erwirkt werden, nachdem der Zweck der empfindlichen Schädigung der Gegenpartei vielleicht bereits durch den voraufgegangenen kurzen Arbeitskampf erreicht ist? Die Forderung der Rechtsverbindlichkeit der Arbeitstarifverträge bleibt so lange müßiger Zweck, als die Parteien nicht bereit sind, neben den Rechten aus dem Vertrage auch einklagbare Pflichten und greifbare Verantwortlichkeiten zu übernehmen." [272])

Sicher aber zu weit geht Köppe[273]), wenn er allgemein vorschlägt: „Die beiderseitigen Berufsverbände haften mit ihrem Vermögen für Vertragsverletzungen, die von einem der kontrahierenden Verbände selbst oder von einzelnen Mitgliedern derselben begangen werden und vermögensrechtliche Nachteile für den andern Verband oder für Mitglieder desselben zur Folge haben."

„Mit der meisten Berechtigung scheint, wie Schall[274]) es anregt, eine Beschränkung des Kreises der Personen, für die gehaftet wird, verlangt werden zu können, denn wenn eine sich über ganz Deutschland erstreckende Gewerkschaft für jede zum Schadensersatz verpflichtende Handlung des Vorstandes einer Verwaltungsstelle an einem Ort mit ihrem gesamten Verbandsvermögen haften soll, so kann das möglicherweise in einer die gedeihliche Entwicklung hemmenden Weise die Verbände belasten, und es

---

[270]) Siehe jedoch über Sympathiestreiks usw. Rundstein, Tarifrechtliche Streitfragen S. 17.

[271]) Soziale Praxis XVII. Jahrgang Sp. 733.

[272]) Durch verschiedene Urteile ist die Schadensersatzpflicht der Gewerkschaften sowie der Arbeitgeberverbände bereits anerkannt worden. Soz. Praxis 13. Jahrgang Sp. 755, 1075; 14. Jahrgang Sp. 382; 15. Jahrgang Sp. 283, 573, 603, 985; 16. Jahrgang Sp. 515, 650.

[273]) Der kollektive Arbeitsvertrag als Gegenstand der Gesetzgebung S. 307; derselbe, Der Arbeitstarifvertrag S. 379 ff.

[274]) S. 201. Zustimmend Wölbling, Akkord- und Tarifvertrag S. 464.

erscheint auch fraglich, ob eine solche ausgedehnte Haftung im Interesse der Allgemeinheit erforderlich ist."

Von sachkundiger Seite fordert man bei der künftigen gesetzlichen Regelung der Tarifverträge eine Art beschränkter, oder nach Kopfbeträgen abgestufter Haftung im Wege tarifgemeinschaftlicher Vereinbarung zwischen den Parteien unter Ausschluß jedes weitergehenden Schadensersatzanspruches[275]). Dementsprechend wird in einer „Vorlage für Arbeitstarifverträge"[276]), welche von einem Unterausschuß der Gesellschaft für soziale Reform ausgearbeitet worden ist, folgende Bestimmung vorgesehen: „Die von den Unterzeichnern des Vertrages vertretenen Verbände (und ihre Mitglieder) haften für die Innehaltung des Vertrages und die Befolgung der Entscheidungen der Tarifschiedsstellen[277]) und des Tarifamtes durch den Verband (wie durch dessen einzelne Mitglieder) mit ihrem Gesellschaftsvermögen bis zum Betrage von . . . ." für das einzelne Mitglied. Die Festsetzung der Schadensersatzsummen innerhalb dieser Grenze ist Sache der Tarifschiedsstellen oder des Tarifamtes. Jede Geltendmachung weiterer Schadensersatzansprüche vor dem ordentlichen Gerichte ist ausgeschlossen, solange der Arbeitstarifvertrag gilt.

Die Verbände verpflichten sich ferner, zuwiderhandelnde Mitglieder aus dem Verband auszuschließen, sie in keiner Weise zu unterstützen und vor Ablauf einer bestimmten Frist nicht wieder aufzunehmen."

In Anmerkung 262 a. E. ist schon kurz auf die australische Gesetzgebung, welche eine Haftung der Gewerkvereine vorsieht, verwiesen. Da die bezeichneten Artikel 37 und 94 einen ziemlichen Umfang haben, muß ich mich begnügen, darauf hinzuweisen, daß die beiden Gesetzesstellen von Gisi S. 69, 88 und 97ff. besprochen worden sind.[278]) Der Wortlaut des Artikels 94 des „Industrial Conciliation and Arbitration Act 1900" findet sich im Bulletin of the Bureau of Labor Nr. 49 Jahrgang 1903. Die Nummer 4/5 des Bulletin des Internationalen Arbeitsamts Bd. I enthält S. 178 den Artikel 37 der „Industrial Arbitration Act 1901" in wörtlicher Übersetzung. Im Sinne einer Begrenzung der Haftung im Tarifvertrag auch Leo, in Beiträge Nr. 8 Kap. 4.

Es bleibt nun übrig, aus den Vorschlägen des italienischen Oberen

---

[275]) Zimmermann, Streikverhütung in den Preußischen Jahrbüchern, Mai 1905, S. 289.

[276]) Soziale Praxis 17. Jahrgang Sp. 682. Eine beschränkte Haftung der Koalitionen schlägt auch Wölbling, Akkord- und Tarifvertrag, S. 364, 463, vor.

[277]) Hier ist der Buchdruckertarif und der viel bekämpfte Separatvertrag im Buchdruckgewerbe von Einfluß gewesen.

[278]) Abgedruckt im Reichsarbeitsblatt 6. Jahrgang S. 262, 263.

Arbeitsrats zur gesetzlichen Regelung des Tarifvertrags diejenigen Paragraphen hier mitzuteilen, welche von der Haftung der Verbände usw handeln. Es sind die §§ XIIa—XIV. Sie haben folgenden Inhalt[279]):

„XIIa 1. Der eingetragene Berufsverein soll verantwortlich sein für den kollektiven Vertragsbruch der Tarifverträge, den seine Mitglieder begehen. Auf seiten der Arbeiter wird kollektiver Vertragsbruch als vorliegend zu gelten haben, wenn er gleichzeitig entweder seitens eines Zehntels der Verbandsmitglieder oder von so viel Mitgliedern, daß sie ein Zehntel der Arbeiter in einem Betriebe bilden, begangen wird, oder wenn, ohne daß numerisch solche Ziffern vorliegen, die Verletzung eine derartige ist, daß dadurch die Erreichung der Ziele des unter dem Tarif abgeschlossenen Arbeitsvertrags merklich beeinträchtigt oder unmöglich gemacht wird. Seitens der Arbeitgeber wird ein kollektiver Vertragsbruch dann vorliegen, wenn er von einem oder mehreren von ihnen gegenüber einem Zehntel der beschäftigten Arbeiter begangen ist.

Die eingetragenen Berufsvereine können diejenigen einzelnen Arbeiter ersetzen, welche, gegen ihre Pflicht, eine bemerkenswerte Abschwächung der vom Vertrag erstrebten Ziele herbeiführen.

Die Ersetzung soll stattfinden unter freier Wahl des Arbeitgebers unter den angebotenen Arbeitern, abgesehen von der Notwendigkeit, bei einer dritten Ablehnung den Grund anzugeben, und unter Beobachtung einer Probezeit vor der endgültigen Aufnahme des als Ersatz gestellten Arbeiters.

XIII. Die Verantwortung des Berufsvereins, von welcher der § XII handelt, soll begrenzt werden auf die Zahlung einer Strafe, welche einem Zehntel des entgangenen Lohns entspricht, falls eine Einstellung der Arbeit eingetreten ist, und in anderen Fällen auf ein Zehntel des Lohns eines Betriebstages von der Zahl der Vertragsbrecher oder unter Berücksichtigung der Zahl der Fälle von Vertragsbruch und ihrer Dauer. Der Berufsverein hat hinsichtlich der von ihm bezahlten Strafe Regreßrecht gegen seine vertragsbrüchigen Mitglieder, es sei denn, daß er die kollektive Vertragsverletzung selbst angeordnet hat.

Die Schadensklage ist von dem eingetragenen Berufsverein gegen den Verein zu richten, dem die Vertragsbrecher angehören und, soweit das nicht zutrifft, gegen diese selbst.

XIV. Derjenige Teil, welcher den Tarifvertrag erfüllt, soll berechtigt sein, die Auflösung und den sich daraus ergebenden Ersatz des

---

[279]) Hüglin S. 247. Siehe auch Rundstein, Tarifrechtliche Streitfragen S. 25, 26 und Weigert S. 157.

Schadens zu verlangen, gegen denjenigen Teil, der den Tarif nicht erfüllt. In dieser Hinsicht wird als Nichterfüllung zu betrachten sein kollektiver Vertragsbruch, der von zwei Dritteln der Unternehmer begangen wird, welche den Tarif angenommen haben, und welche zwei Drittel der Arbeiter beschäftigen, oder — wenn es sich um einen Firmentarif handelt — der von einem Arbeitgeber gegenüber zwei Dritteln der von ihm beschäftigten Arbeiter begangen wird."

Nach alledem wünscht also auch nicht das Ausland eine Sonderstellung der Organisation hinsichtlich des Ersatzes des verursachten Schadens. Wenn man jedoch von den Berufsvereinen die Erfüllung von Pflichten verlangt, welche alle Einzelpersonen und alle sonstigen Vereine erfüllen müssen, so soll man auch die Gleichberechtigung dieser Vereine herstellen. Dazu gehört, daß man denselben die Rechtsfähigkeit verleiht, wie sie den andern Gesellschaften gewährt wird. Vor allem ist, mindestens soweit es sich um Tarifverträge handelt, der § 152 Abs. 2 der Gewerbeordnung unschädlich zu machen. „Solange die Rechtsordnung durch den § 152 den Gewerkschaften verweigert, sich gegen ihre Mitglieder rückzuversichern, so lange kann sie auch den Organisationen für das Verhalten der Mitglieder keine Verantwortlichkeit auferlegen[280])."

III. Wie denken Arbeiter und Arbeitgeber über den Tarifvertrag und über die gesetzliche Regelung desselben?

1. Die Arbeiter (gewerblichen Arbeiter und Handlungsgehilfen). Die Organisationen der gewerblichen Arbeiter sind im Gegensatz zu

[280]) Der Zentralverband der Buchdruckergehilfen, welcher 1866 gegründet wurde, sah bereits seine Hauptaufgabe in der Schaffung eines nationalen Tarifvertrages (Imle, Die Tarifverträge zwischen Arbeitgebern und Arbeitnehmern in Deutschland S. 6). Auch die Hirsch-Dunkerschen Gewerkvereine nahmen 1868 die Forderung des Abschlusses von Tarifverträgen in ihr Programm auf. (Goldschmidt in den Schriften der Gesellschaft für soziale Reform Heft 11 u. 12 des 2. Bandes S. 103; Imle a. a. O. S. 6.) Ebenso erstreben die christlichen Gewerkschaften, die katholischen Fachverbände und die evangelischen Arbeitervereine die Vereinbarung von Tarifverträgen. (Beiträge zur Arbeiterstatistik Nr. 3 Der Tarifvertrag im Deutschen Reich I, S. 2.) Wie man mir berichtet hat, sollen sogar einzelne lokalorganisierte freie Gewerkschaften ihren radikalen Standpunkt verlassen haben und jetzt dem Abschlusse von Tarifverträgen zuneigen Siehe über die geschichtliche Entwicklung der Tarifverträge die soeben genannten Beiträge; Imle a. a. O.; Braun S. 11 ff. Ferner die Schriften: „Tarifverträge", (Heft 9 der Arbeiterbibliothek M.-Gladbach)), und „Theorie und Praxis des Korporationsvertrages", Köln 1907, Verlag des Verbandes christlicher Schneider und dazu Zimmermann, Der Arbeitstarifvertrag und die Wissenschaft in der Sozialen Praxis 17. Jahrgang Sp. 732.

früher[281]) augenblicklich wohl ausnahmslos Anhänger des Tarifvertragswesens. Soweit es sich um die gesetzliche Regelung der Tarifverträge handelt, verweise ich zunächst auf die Ausführungen einzelner Arbeiterführer während der Verhandlungen der Dritten Generalversammlung der Gesellschaft für soziale Reform[282]) und der Verhandlungen der Ortsgruppe Berlin dieser Gesellschaft[283]). Die Redner verlangten vornehmlich zugunsten der Tarifverträge Schaffung einer wirklichen Koalitionsfreiheit[284]). An den Tarifverträgen sollen ferner, so wurde gefordert, sämtliche Gruppen der Arbeiter beteiligt werden. Der einseitige Organisationszwang wurde also verworfen[285]). Endlich verlangte man Anerkennung der Organisationen durch die Großindustriellen[286]). Bei den Verhand-

---

[281]) Schriften der Gesellschaft für soziale Reform Heft 11 u. 12 des 2. Bandes: Methoden des gewerblichen Einigungswesens.

[282]) Am 28. Oktober 1907: Arbeitstarifverträge. Jena, Verlag von Gustav Fischer 1908.

[283]) Arbeitstarifverträge S. 57; Methoden des gewerblichen Einigungswesens. S. 55, 60.

[284]) Arbeitsverträge S. 43, 58. Ein Redner führte auch aus (S. 56), daß das Recht, sich nicht zu organisieren, aufgegeben werden müsse. (Siehe dazu Brauns Archiv 18. Bd. S. 478 ff.) Es wurde im übrigen (S. 46) betont, daß durch die sogenannten „gelben" Gewerkschaften der Abschluß der Tarifverträge erschwert werde. Vgl. über „gelbe" Gewerkschaften Brachvogel in der deutschen Industriebeamtenzeitung 1908, S. 68—71; Reichsarbeitsblatt 6. Jahrgang S. 1, und Keßler S. 277 ff. Der Name der „Gelben" (Gewerkschaften der Streikgegner und Streikbrecher) ist 1900 in Frankreich aufgekommen. „Bei einem Ausstande warfen nämlich die Streikenden dem Bureau der Arbeitswilligen die Fenster ein, worauf die entstandenen Löcher vorläufig mit gelbem Papier verklebt wurden. Das soll der Anlaß zur Entstehung des neuen Namens gewesen sein."

Neuere Literatur über Arbeiterorganisationen:

Gleichauf, Geschichte des Verbandes der deutschen Gewerkvereine (Hirsch-Duncker). Berlin-Schöneberg im Verlage der „Hilfe"; Heilbronn, Die „freien" Gewerkschaften seit 1890, Jena, Gustav Fischer; Reichmann, Die christlichen Gewerkschaften, Stuttgart, Belsar; Stegerwald, Die christlichen Gewerkschaften im Jahre 1906 (Soziale Kultur 1907 Heft Juli/August); Müller, Katholische Arbeitervereine, 3. Aufl., M.-Gladbach, Volksverein; W. Zimmermann, Arbeiter- und Angestellten-Verbände (v. Halle, Weltwirtschaft (1907) S. 262—279); A. Zimmermann, Die Deutschen kaufmännischen Vereine. Ihr Wesen und ihre Entwicklung im „Daheim" vom 22. Februar 1908 S. 15 u. 16; Weber, Recht und Unrecht bei Arbeitsausständen, Bern 1906, Kämpfli & Co.; Lanske, Das Endziel der Gewerkschaftsbewegung (Soziale Revue 1906, 4).

[285]) Methode des gewerblichen Einigungswesens S. 60.

[286]) S. 7, 82. Bei einer Umfrage, die ich gehalten, ist mir übrigens von dem Führer eines katholischen Arbeitervereins die Ansicht geäußert, daß „vorläufig die Tarifverhältnisse noch zu jung und zu neu sind, um schon mit bestimmter

lungen der Gesellschaft für soziale Reform und deren Ortsgruppe Berlin haben Mitglieder der freien Gewerkschaften nicht gesprochen. Der Antrag an den Ausschuß des Gewerbegerichts Berlin (Anlage IV), welcher auch von Arbeiterbeisitzern[287]) unterzeichnet ist, ergibt aber, daß die freien Gewerkschaften einer gesetzlichen Regelung der Tarifverträge nicht im Wege stehen. Wenn vom Ausschuß ein Antrag an die gesetzgebenden Körperschaften noch nicht verabschiedet ist, so liegt dies daran, daß ein gewisses Mißtrauen besteht, ob nicht etwa die Gesetzgebung zuungunsten der Arbeiter ausfallen könnte. Dazu sind einzelne Bemerkungen Brauns[288]) anzugeben: „Es kann keinem Zweifel unterliegen, daß wir in nicht zu ferner Zeit auf eine gesetzliche Regelung der Tarifverträge gefaßt sein müssen ... Hier drohen den Arbeitern und ihren Organisationen ganz erhebliche Gefahren, auf die nicht ernstlich genug aufmerksam gemacht werden kann." Alsdann: „Wir werden beim Versuch der gesetzlichen Regelung die parlamentarischen Vertreter der Arbeiterklasse hauptsächlich betätigt sehen mit der Abwehr derjenigen Bestrebungen, welche ein Gesetz betiteln „Schutz der Tarifverträge", aber ihm einen Inhalt geben wollen, der den gewerkschaftlichen Organisationen zum schwersten Hemmschuh werden könnte."

Da schon im Handelsgewerbe einzelne Tarifverträge vereinbart sind[289]) und überdies die Handlungsgehilfen zu den gewerblichen Arbeitern zählen[290]) habe ich über die Tarifvertragsverhältnisse im Handelsgewerbe einzelne maßgebende Mitglieder des Ausschusses des Kaufmannsgerichts Berlin um Auskunft gebeten. Von einer Seite der Handlungsgehilfen wurde mir mitgeteilt, daß die Organisationen der Handlungsgehilfen, welche sich zurzeit noch heftig bekämpfen, nicht soweit seien, um auf erstrebenswerte Tarifverträge zu bringen. Außerdem gäbe es heute nicht Arbeitgeberverbände, mit denen kontrahiert werden könne. Die Handelskammern und sonstigen freien Vereine der Kaufleute seien nicht geeignet, die gesamte Kaufmannschaft zu vertreten.

Sicherheit Grundlagen zu schaffen für eine gesetzliche Regelung." Ein Antrag in dieser Richtung sei ja im Reichstag gestellt worden, aber er habe nur den Zweck, die Frage aufzurollen und durch Besprechungen zu klären. Der Sekretär einer christlichen Gewerkschaft schrieb mir ferner, daß, bevor man an ein Gesetz über Tarifverträge denken könne, ein „vernünftiges" Reichsvereinsgesetz, ein Gesetz über die Rechtsfähigkeit der Berufsvereine und ein Arbeitskammergesetz da sein müßten.

[287]) Die Arbeiterbeisitzer des Berliner Gewerbegerichts gehören den freien Gewerkschaften an.

[288]) S. 7.

[289]) Siehe z. B. Anlage III.

[290]) Jahrbuch des Kaufmannsgerichts Berlin S. 149 ff.

Ein eingehender Bericht ist mir vom Deutschnationalen Handlungsgehilfenverband zugegangen. Ich halte es für ratsam, denselben unverkürzt zum Abdruck zu bringen. Der Bericht hat nachstehenden Inhalt:

„Ausreichende Voraussetzungen für kollektive Arbeitsverträge sind im Handelsgewerbe bis heute noch nicht gegeben. Überall da, wo wirkliche kaufmännische Arbeitsverhältnisse vorliegen, handelt es sich um die große Zahl kleiner und mittlerer Betriebe mit wenigen Angestellten, deren Zusammenschluß in keiner Hinsicht solche Formen angenommen hat, daß diese Händlervereinigungen in der Lage wären, die Einhaltung der Arbeitsverträge von ihren Mitgliedern zu erzwingen. Das Konkurrenzgefühl ist in der Regel viel zu stark entwickelt, um Verständnis für Einigungsformen aufkommen zu lassen, um deretwegen manches persönliche Recht aufgegeben werden muß. Ebenso sind auf der andern Seite die Organisationen der Handelsangestellten durchaus noch nicht stark genug, um eine unbedingte Gewähr für die Vertragstreue der Handelsangestellten übernehmen zu können. Heute ist im besten Falle die Hälfte der Handlungsgehilfen organisiert und nur bei dem kleineren Teile ist die gewerkschaftliche Schulung so weit gediehen, daß sie unter allen Umständen und in allen Lebenslagen ihre Berufsvereinigung stützen und sie immer wieder als Grundlage zur Besserung ihrer sozialen Lage benutzen. Gewiß wird es zusehends besser mit der Erkenntnis der Notwendigkeit wirtschaftlichen Zusammenschlusses; aber für kollektive Arbeitsverträge reicht die Macht auf beiden Seiten jedenfalls zurzeit noch nicht aus.

Für Tarifverträge insbesondere gilt das eben Gesagte erst recht und eine nähere Betrachtnng der Lohn- und Arbeitsverhältnisse im Handelsgewerbe und ihrer vertraglichen Regelung lehrt bald, daß die Vorbedingung für Tarifverträge und ihre Durchführung gänzlich fehlen.

Die Gleichartigkeit der Leistungen möglichst großer Gruppen von Handelsangestellten, die zunächst erforderlich ist, wenn der Tarif gerecht sein will, fehlt dem Handelsgewerbe durchaus. Die Leistungen der kaufmännischen Angestellten sind in der Regel viel zu persönlich, als daß sie sich klassifizieren lassen. Nun bestehen ja bis heute leider keine brauchbaren exakten Untersuchungen über die Gehalts- und Lohnverhältnisse im Handelsgewerbe; wir sind darum auf eine empirische Erkenntnis der Dinge angewiesen. In keinem Beruf werden für die gleiche Art von Arbeiten so verschiedene Gehälter gewährt, wie sie im Handelsgewerbe bezahlt werden. Selbst die ziemlich eingehende Unterscheidung der verschiedenen Arten von Handelsangestellten, die die Berufs- und Betriebszählung von 1907 durchführen will, wird kaum eine Übersicht der Verschiedenwertigkeit der einzelnen Gruppen geben. Ein paar Beispiele mögen das dartun: Man vergleiche die Stellung eines Expedienten in einem inländischen Versandgeschäft mit der des Expedienten eines Exporthauses, dessen Verbindungen über Meere und Erdteile reichen. Der eine wird mit der Kenntnis der einheimischen Post- und Eisenbahnwege auskommen, der andere muß die Verkehrsmittel der Erde überschauen. Die günstigste Verfrachtungsgelegenheit, die gewinnbringende Benutzung von Wasserstraßen, die Kenntnis der Arbeiterverhältnisse an Lösch- und Ladeplätzen, die Ausnutzung der Frachtraten und viele Dinge, die wie diese ein weites Gesichtsfeld und kaufmännische Initiative erfordern, muß er beherrschen. — Bei den Buchhaltern ist gleichfalls ein großer Unterschied in dem Wert der Leistungen wahrzunehmen. Man vergleiche den Kontenführer eines mittleren oder kleinen Warengeschäftes mit dem Buchhalter, der die Bilanz eines Aktienunternehmens zieht oder die Buchhaltung eines Betriebes auf dessen besondere Bedürfnisse ausbaut und fortentwickelt. — Verkäufer endlich, die sich den Anforderungen der Kundschaft in ihrem Verhältnis zu dieser anpassen und dabei alle Verkaufsmöglichkeiten ausnutzen, sind für jeden Geschäftsinhaber so wertvoll, daß daraus naturgemäß eine höhere Bezahlung entsteht. Hiermit mag nur angedeutet sein, wie verschieden die Gehaltsverhältnisse innerhalb der einzelnen Gruppen gleichartiger Handlungsgehilfen sein müssen. Die persönliche Tüchtigkeit wird in der Regel das Entscheidende für die Höhe des Gehalts sein, wenn wir auch zugeben wollen, daß Willkür in der Festsetzung der Gehaltshöhe vorkommt. In den meisten Geschäftszweigen sind für die jüngeren Angestellten zunächst gleichartige, verhältnismäßig niedrige Gehälter üblich, die sich aber selbst im Rahmen eines Betriebes recht bald verschieben. Wir haben schon oben gesagt, wie die Verschiedenwertigkeit gleichartiger Leistungen möglich ist. Selbst in Kleinbetrieben, die einzeln für die Volkswirtschaft belanglos sind, sind die kaufmännischen Leistungen der Handlungsgehilfen durch intellektuelle Veranlagung so wenig gleichwertig, daß kein allgemein gültiger Maßstab gefunden werden kann, an dem sie zu messen sind. Für wirkliche kaufmännische Arbeitsverhältnisse kann die Wertschätzung der geleisteten Arbeit von Personen, die außerhalb dieses Arbeitsverhältnisss stehen, nur in beschränkten Grenzen vorgenommen werden. Es wird sich nur darum handeln können, das Mindestmaß einer Entschädigung für bestimmte kaufmännische Leistungen festzusetzen. Dagegen darf nicht eingewandt werden, daß unter Umständen unbrauchbare Handlungsgehilfen durchgeschleppt werden müssen. Der Handel muß dann eben diese Last tragen, für die er ja auch verantwortlich ist, weil seine Vertreter den unbrauchbaren Handlungsgehilfen in diese Berufstätigkeit eingeführt haben. Es wird aber nicht möglich sein, bei der tariflichen Festsetzung des Lohnes tiefer in die besondere Natur des einzelnen Arbeitsverhältnisses einzudringen. Ein Tarifvertrag im Handelsgewerbe würde sich im wesentlichen wohl mit den Gehaltsverhältnissen zu beschäftigen haben, das heißt also ob ein Verkäufer oder ein Buchhalter an diesem Ort mindestens so viel und an jenem Ort mindestens so viel in dem bestimmten Geschäftszweig verdienen muß. Außer der Verschiedenwertigkeit der Leistungen spielt bei der Entlohnung der kaufmännischen Angestellten häufig die wirtschaftliche Lage des betreffenden Betriebes eine nicht unerhebliche Rolle. Wir denken dabei nicht nur an die einer Gewinnbeteiligung ähnlichen Tantièmen; in vielen Betrieben ist es üblich, die Höhe der Gehaltszulagen von dem Ergebnis des Jahresabschlusses mitbestimmen zu lassen. Das darf natürlich nicht auf eine Abwälzung der geschäftlichen Verlustgefahr auf die Schultern der Angestellten hinauslaufen; unter die Möglichkeit standeswürdigen Unterhalts darf das Gehalt selbstverständlich nicht sinken. Man darf aber zugeben, daß namentlich bei solchen Angestellten, die durch die Qualität ihrer kaufmännischen Leistungen und damit der Höhe ihrer Bezahlung einen besseren Posten einnehmen, eine gewisse Abhängigkeit von den geschäftlichen Erfolgen des Betriebes, in dem sie tätig sind, gerechtfertigt ist.

Die persönliche Art der Leistungen und die geschäftlichen Erfolge des Unternehmens gestalten daher die Tarifverträge im Handelsgewerbe zu einer Aufgabe, die, wenn überhaupt möglich, nach ganz anderen Gesichtspunkten gelöst werden muß, als es für die gewerblichen Arbeiter geschehen ist. Selbst der sorgfältig differenzierte Tarifvertrag der Buchdrucker kann kein Vorbild sein, da es sich bei diesem immer um meßbare Arbeitsleistungen handelt, während die wirklich kaufmännischen Dienstleistungen im letzten Grunde immer erst nach ihrem Erfolge gewertet werden können. Wir haben in diesem Zusammenhang von wirklich kaufmännischen Arbeitsverhältnissen gesprochen und wollen davon jene wirtschaftlichen Neubildungen (Warenhäuser, Konsumvereine[291]) unterscheiden, die in der Organisation ihrer Betriebe eine Entpersönlichung der Arbeitsleistung der weitaus größten Zahl ihrer Angestellten durchgeführt haben, indem sie alle intellektuellen Leistungen in eine Zentrale verlegten. Für das große Heer der Angestellten dieser Betriebe bleibt nur das Äußerliche, das Mechanische der kaufmännischen Dienstleistung und da der Geist fehlt, werden die Verrichtungen ziemlich gleichwertig.

[291]) Es ist in der Einleitung darauf hingewiesen, daß Konsumvereine bereits mit ihren Angestellten Tarifverträge geschlossen haben.

Besondere Befähigung, eigene Initiative, Tatkraft und Entschlußfähigkeit wird da nicht mehr verlangt. Es handelt sich um große, einheitliche Gruppen von meistens weiblichen Angestellten, die den Abschluß von Tarifverträgen möglich machen würden. Hier handelt es sich aber garnicht mehr um wirklich kaufmännische Arbeitsverhältnisse, da sich die Dinge in diesen Betrieben schon mehr den Verhältnissen der gewerblichen Arbeiter genähert haben.

Eine dritte Gruppe von Angestellten, auf die nicht ganz zutrifft, was wir eingangs von dem besonderen Wesen der kaufmännischen Arbeitsleistung sagten, mögen jene Handlungsgehilfen sein, die in den Großbetrieben der Industrie und in den Großbanken angestellt sind. Ihr Wesen wird durch die Namen „Industriebeamte"[202]) und „Bankbeamte" am treffendsten gezeichnet. Sie kommen in jenen großen Betrieben vor, die eine so weitgehende Arbeitsteilung durchgeführt haben, daß die Einrichtung von Gehaltsklassen möglich ist, innerhalb derer ein Aufrücken nach dem Dienstalter erfolgt. Diese Gehaltsklassen sind den Besoldungsplänen für Staatsbeamte nachgebildet und sind entstanden aus einer Abschätzung des durchschnittlichen Wertes der Arbeit, die auf bestimmten Posten zu leisten ist. Die Arbeitsteilung hat hier allerdings nicht ein Sparen an Intelligenz in dem Maße beabsichtigt, wie es in den Warenhäusern geschieht; sie hat aber dennoch den Handlungsgehilfen etwas charakteristisches ihrer Tätigkeit genommen und sie mehr zu Abteilungsbeamten umgebildet. Die Abschätzung des Arbeitswertes nach diesen Gesichtspunkten ist in mancher Beziehung leichter möglich. Das Gehaltsklassensystem schließt aber dennoch viele Härten ein und führt allzuoft zu einem Schematismus. Diesen Gehaltsschemata fehlt auch die Ergänzung, die der Staat in seinem Titel und Ordenwesen zum Ausgleich von Härten besitzt. Diese Gehaltsordnungen, die an mancherlei Orten bestehen, können nun nicht als Tarifverträge gelten, da sie in der Regel ganz einseitig entstanden sind oder zum Mindesten nur von dem einen Teile des Arbeitsvertrages ausgeführt werden können. Wir glauben jedoch, daß in der Fortentwicklung dieser Einrichtung der Weg zu einer Art Tarifvertrag im Handelsgewerbe liegen wird."

Augenblicklich scheint somit ein geeigneter Boden für Tarifverträge im Handelsgewerbe nicht[203]) vorhanden zu sein.

---

[202]) Siehe dazu Jahrbuch für die soziale Bewegung der Industriebeamten und die einzelnen Jahrgänge der Deutschen Industriebeamten-Zeitung.

[203]) Streiks von Handlungsgehilfen z. B. sind bisher, so gut wie gar nicht vorgekommen. Ich kenne für Deutschland nur die Arbeitsniederlegung des männlichen und weiblichen Personals der Firma John Craven Burgleigh in Berlin

Anders soll es jetzt schon, wie man mir sagt, mit den „Privatbeamten" stehen. Rocke[294]) spöttelt darüber, daß die Kathedersozialisten usw., welche in den Tarifverträgen den Stein der Weisen gefunden zu haben glauben, ihrem neuesten Schoßkinde, dem Privatbeamtenstande die Segnungen des kollektiven Arbeitsvertrags predigen. Es bedarf nicht dieser Predigten. Die Privatbeamten[295]) werden, wie mir scheint, sobald für sie die Zeit der Tarifverträge — vielleicht früher als man denkt — gekommen sein wird, diese fordern und aller Voraussicht nach auch erringen.

2. Arbeitgeber.

Im Anschluß an die von mir soeben mitgeteilten Erklärungen der Handlungsgehilfen will ich beginnen mit der Wiedergabe eines wesentlichen Teil des Berichts, welcher mir von einem maßgebenden Beisitzer des Kaufmannsgerichts für die Kaufleute erstattet wurde. Auf Grund des durch eine Umfrage zusammen gekommenen Materials schreibt mir der Beisitzer:

„In kaufmännischen Betrieben kommt es nicht sowohl auf eine bestimmte mechanische Leistung in einer gewissen Zeit an, wie bei Handwerkern, Maurern, Setzern usw., als vielmehr auf die besonders geschickte und gewissenhafte Erledigung der übertragenen Arbeiten. Zudem sind die Verhältnisse der einzelnen Geschäfte nicht nur inbezug auf den Ort, die Branche und den Personalumfang, sondern auch bei sonst gleichartigen Geschäften inbezug auf die Eigenart des Kundenkreises so durchaus verschieden, daß hierfür eine allgemeine Regelung sich von selbst verbietet.

Eine scharfe Begrenzung der Arbeitszeit ist deshalb nicht durchführbar, weil in den meisten Geschäften, besonders des Großhandels, nicht eine regelmäßige tägliche Arbeit vorhanden ist, sondern je nach der Saison oder dem Bedarf einmal mehr, dann wieder wenig zu leisten ist. Die Angestellten haben infolgedessen in der eiligen Zeit intensiver und länger zu arbeiten als in der stillen Zeit.

September 1902 und eine Lohnbewegung von Handlungsgehilfen in Sachsen. (Soziale Praxis 11. Jahrg. Sp. 572). Siehe aus jüngster Zeit über die „passive Resistenz" von Buchhandlungsgehilfen in Leipzig das „Handlungsgehilfen-Blatt", Organ des Zentralverbandes der Handlungsgehilfen und -gehilfinnen Deutschlands vom 1. Januar 1908. Vgl. im übrigen Jahrbuch des Kaufmannsgerichts Berlin S. 23.

[294]) S. 9.

[295]) Über den Eingriff in das Koalitionsrecht der technischen Beamten seitens der Oberschlesischen Berg- und Hüttenmännischen Vereine siehe Soziale Praxis 16. Jahrgang Sp. 19.

Die gesetzliche Regelung dieser verschiedenartigen Verhältnisse würde die Freiheit, deren der Handel zu seiner gedeihlichen Entwicklung bedarf, zerstören und statt zum Segen zum großen Nachteil für den Handelsstand werden."

Also auch von selbständigen Kaufleuten wird zur Zeit eine Absage an die Tarifverträge erteilt.

Die Stellungnahme der übrigen gewerblichen Arbeitgeber (Industrie und Handwerk) zu diesen Verträgen ist keine einheitliche.

Zunächst habe ich da auf Keßler, „die deutschen Arbeitgeberverbände" zu verweisen. Der Schriftsteller hat das dritte Kapitel seines Werkes[296]) den „paritätischen Vereinbarungen mit der Arbeiterschaft" gewidmet. Er kommt dort auf die wichtigsten Gegner der Tarifverträge und ihre Argumente, aber auch auf die Tarifvertragsfreunde zu sprechen. Aus dem Buche nenne ich als Gegner der Tarifverträge: den Zentralverband deutscher Industrieller, die wirtschaftlichen Vereine an der Saar (Dr. Tille[297]), den bayerischen Industriellenverband, bergbauliche Vereine,[298]) den Verein deutscher Maschinenbauanstalten, den Arbeitgeberverband für den Bezirk der nordwestlichen Gruppe des Vereins deutscher Eisen- und Stahlindustriellen, den Gesamtverband deutscher Metallindustriellen, den Verband deutscher Schuh- und Schäftefabrikanten.[299])

Da der Zentralverband deutscher Industrieller die Führerschaft der Gegner der Tarifverträge bis heute hat, soll sein Beschluß vom Mai 1905, in welchem er wider die Tarifverträge Stellung nimmt, hier abgedruckt werden:

---

[296]) S. 308 ff.; dazu Rocke S. 10 ff.

[297]) Interessant ist hier eine Mitteilung Rockes S. 9: „Von extrem links bis zur extrem rechten Seite schwärmt sie (die öffentliche Meinung) heute für Tarifverträge und erblickt in ihnen ein Allheilmittel. Da ist es auch nicht zu verwundern, daß die lokale Organisation einer Partei, die sich liberal nennt, den Schildbürgerstreich begeht, einen Mann auszuscheiden, bloß weil er den Mut hat, diese Tarifverträge mit einer nicht zu leugnenden Einseitigkeit, aber charaktervollen Energie grundsätzlich zu bekämpfen (Dr. Tille-Saarbrücken)."

[298]) Siehe dazu die Verhandlungen der dritten Generalversammlung der Gesellschaft für soziale Reform am 3. uud 4. Dezember 1906 in Berlin (Schriften der Gesellschaft für soziale Reform Heft 11 und 12 des 2. Bandes S. 71 ff., 105 ff., 109 ff., 122 ff.

[299]) Neuere Literatur über Arbeitgeberverbände: Deinhardt, Die Taktik der modernen Unternehmerorganisationen und die Gewerkschaften in den Sozialistischen Monatsheften 1907, S. 6; Lehmann, Die Organisation der Unternehmerschaft in „Weltwirtschaft" (1907), S. 259—262 und Lindsay, Die Kampfverbände der deutschen Arbeitgeber in „Freies Wort" 1907, S. 1.

„Der Zentralverband deutscher Industrieller betrachtet den Abschluß von Tarifverträgen zwischen den Arbeitgeberorganisationen und den Organisationen der Arbeiter als der deutschen Industrie und ihrer gedeihlichen Fortentwicklung überaus gefährlich. Die Tarifverträge nehmen ebensowohl dem einzelnen Arbeitgeber die für die sachgemäße Fortführung jedes Unternehmens notwendige Freiheit der Entschließung über die Verwendung seiner Arbeiter, als sie auch die einzelnen Arbeiter unvermeidbar unter die Herrschaft der Arbeiterorganisation bringen. Die Tarifverträge sind nach der Überzeugung des Zentralverbands, wie auch durch die Erfahrungen in England und Amerika voll bestätigt wird, schwere Hindernisse der technischen und organisatorischen Fortschritte der deutschen Industrie.[300]) Aus diesem Grunde bedauert der Zentralverband insbesondere auch die Entschließung der Königlich bayerischen Staatsregierung vom 2. März d. J., die den Abschluß von Tarifverträgen als eine der vornehmsten Aufgaben der Gewerbeaufsichtsbeamten bezeichnet.“[301])

In der deutschen Arbeitgeber-Zeitung vom 16. Oktober 1904 wurde ferner ein Leitartikel von Dr. Felix Kuh „Über Tarifgemeinschaften“ veröffentlicht. Derselbe ist bearbeitet nach einem Vortrage des Schriftstellers, gehalten Herbst 1904 auf der fünften Arbeitsnachweiskonferenz der Arbeitgebernachweise zu Wernigerode. Kuh kam zu einem ablehnenden Ergebnis. Am Ende seiner Betrachtungen wiederholte er:

„Für die Tarifgemeinschaften sprechen im wesentlichen zwei Momente: Die Verringerung einer preisunterbietenden Konkurrenz und die Sicherung des Friedens auf eine gewisse Zeit. Beide Punkte aber sind unsicher und lassen sich bei gutem Willen und festem Zusammenhalt der Arbeitgeber auch auf anderen Wegen erreichen. Gegen die Tarifgemeinschaften sprechen folgende Punkte:

1. Durch den Tarif wird der Arbeitgeber, nicht aber der Arbeiter zwingend gebunden.

2. Die Aufsammelung großer Gewerkschaftskassen erhöht die Streikgefahr nach Ablauf des Tarifes; auf eine kurze Zeit scheinbaren Friedens folgt fast sicher ein um so härterer Kampf.

3. Die Dispositionsfreiheit des Unternehmers wird in erheblicher

---

[300]) Siehe dazu die Ausführungen Keßlers S. 310. Vgl. auch Leo, Blätter für vergleichende Rechtswissenschaft usw. III. Jahrgang Sp. 41ff.

[301]) Siehe v. Landmann, Kommentar zur Gewerbeordnung 2. Bd. S. 29; ferner Soziale Praxis 13. Jahrgang Sp. 968; v. Schulz, Das Reichsgericht wider die Tarifverträge im Archiv für Sozialwissenschaft und Sozialpolitik 20. Bd. 2. Heft S. 368. Über die Stellung der deutschen Großindustrie zum Tarifvertrag s. Köppe, Der Arbeitstarifvertrag S. 232ff.

Weise beschränkt, die Existenzfähigkeit mancher Industriezweige in Frage gestellt.

4. Die Durchführbarkeit eines Tarifvertrages ist für viele Erwerbszweige fraglich. Je mehr sich unsere Industrie zum Kunstgewerbe oder zum technisch-hochspezialisierten Gewerbe entwickelt, — und die Konkurrenz auf dem Weltmarkte schreibt diese Entwicklung vor, — desto geringer wird die Möglichkeit, Tarifverträge durchzuführen.

5. Die Tarifgemeinschaften werden von den sozialdemokratischen Gewerkschaften als ein Mittel zur Ausdehnung ihres Einflusses gebraucht und müssen daher eine gefährliche Waffe gegen das Unternehmertum werden.

6. Die Tarifverträge sind durch Einführung des Mindestlohnes und durch Verringerung der Akkordarbeit geeignet, die Leistungen der Arbeiterschaft wesentlich herabzudrücken."

Lehrreich für uns ist, daß der Berichterstatter unter anderem in seinem Vortrage Nachstehendes gegen die Tarifverträge anführte:

„In der Fachzeitung der Tischlermeister Deutschlands ist einmal sehr hübsch ausgeführt worden, wie wohl in der Buchdruckerei ein einheitlicher Tarif durchgeführt werden könne, nicht aber in der Holzindustrie, die fast täglich mit anderen Artikeln zu rechnen hat."

Wie sehr sich doch die Ansichten mit der Zeit ändern können. Der Arbeitgeberschutzverband für das deutsche Holzgewerbe zählt nunmehr bereits seit Jahren zu den Anhängern der Tarifverträge. Der Vorsitzende dieses Verbands bemerkte 1906 in der dritten Generalversammlung der Gesellschaft für soziale Reform: „Tarifverträge müssen abgeschlossen werden, denn sie sind das Fundament jedes wirtschaftlich gesunden Lebens. Der Gedanke ist in unseren Kreisen sogar soweit vorgeschritten, daß wir als Berliner Arbeitgeber beschlossen haben: Ohne Tarif keine Arbeit mehr."[302]) Ähnliches ist mir auch von den Leitern des Vereins der Glacé- und Weißlederindustriellen von Deutschland erklärt worden. Die Berliner Fabrikanten der Branche sperrten vor einigen Jahren aus, um einen Tarifvertrag zu erhalten.[303]) Bekannt sind ferner die ehemaligen Einwendungen der Berliner Wäschefabrikanten gegen den Abschluß von Tarifverträgen. Jetzt besitzt diese Industrie allein in Berlin mehr wie 40 Tarifverträge.[304]) Einzelne Tarifverträge sind geradezu Bücher.

---

[302]) Schriften der Gesellschaft für soziale Reform Heft 11 u. 12 des 2. Bandes, S. 166.

[303]) Reichsarbeitsblatt III. Jahrgang S. 1088.

[304]) Reichsarbeitsblatt IV. Jahrgang S. 571 und V. Jahrgang S. 71.

Den von mir genannten Gewerben schließen sich als Freunde der Tarifverträge an der deutsche Buchdruckerverein, dann von den polygraphischen Vereinen z. B. der Bund der chemigraphischen Anstalten Deutschlands, der Bund der Lichtdruckanstalten Deutschlands, der Verband der deutschen Formenstechereibesitzer usw. Alsdann seien noch hervorgehoben der deutsche Arbeitgeberbund für das Baugewerbe, die Brauereivereine[305]), der deutsche Arbeitgeberverband für das Schneidergewerbe, der Verband der Malermeister Deutschlands u. a. m.[306])

Der deutsche Arbeitgeberbund für das Baugewerbe war anfangs seines Bestehens jedenfalls für Tarifverträge nicht eingenommen. Wenn das allmählich anders geworden, so hat dazu wohl nicht am wenigsten der Verband der Baugeschäfte Berlins, welcher schon eine Reihe von Jahren tarifvertragsfreundlich ist, beigetragen.[307]) Auf meine Bitte ist mir von diesem Verbande ein Gutachten über die Tarifverträge und ihre gesetzliche Regelung zugegangen.

Ich lasse dasselbe jetzt wörtlich folgen:

„Im Hinblick auf die große soziale und wirtschaftliche Bedeutung der Tarifverträge und mit Rücksicht darauf, daß ihre Verbreitung und Anwendung von Jahr zu Jahr in einem nicht erwarteten Maßstabe zunimmt, glaubt der Verband der Baugeschäfte von Berlin und den Vororten eine gesetzliche Regelung der Tarifgemeinschaften befürworten zu sollen. Unter gesetzlicher Regelung wollen wir jedoch nicht Vorschriften verstanden wissen, welche die einzelnen Bestimmungen des Tarifvertrages und damit auch der Arbeitsverträge zwischen dem einzelnen Arbeitgeber und den einzelnen Arbeitnehmern gesetzlichem Zwang unterstellen. Wir sind der Meinung, daß eine gesetzliche Zwangswirkung der Tarife auf die Arbeitsbedingungen mit der Tendenz der Gewerbeordnung und unserer Gewerbeverhältnisse unvereinbar ist und dem System der Tarifverträge selbst die Weiterentwicklung abschneiden würde.

Als Träger der Rechte und Pflichten eines Tarifvertrages würden u. E. die abschließenden Organisationen und zugleich alle ihnen angehörenden Mitglieder in Frage kommen müssen. Als Vorbedingung für die rechtliche Regelung der Tarifverträge muß demnach gefordert werden, daß die Organisationen als solche mit rechtsverbindlicher Kraft Verträge abschließen können, d. h. daß sie die Rechte einer juristischen Person er-

---

305) Vgl. das mehrfach zitierte Buch von Weigert.

306) Vgl. Keßler S. 319 ff. und das fünfjährige Sachregister des Reichsarbeitsblatt unter Mitteilungen der Gewerbe- und Kaufmannsgerichte.

307) Siehe auch Keßler S. 319 ff, Beiträge zur Arbeiterstatistik Nr. 4 S. 264 ff. und Imle, Gewerbliche Friedensdokumente.

halten. Die Verleihung der Korporationsrechte darf nicht mit einem staatlichen Aufsichtsrecht verbunden sein, wie sie der Entwurf eines Gesetzes über die Rechtsfähigkeit der Berufsvereine einführen wollte, da sich beide Organisationen bedanken werden, dann die Rechtsfähigkeit zu erwerben. Es dürfte an sich genügen, wenn den Vereinen die Eintragungsfähigkeit in das Vereinsregister erleichtert und das Verbot des wirtschaftlichen Geschäftsbetriebes (§ 21 BGB.) beseitigt würde. Wird aber den Organisationen die Rechtsfähigkeit gegeben, dann müssen sie auch, wie alle physischen nnd juristischen Personen, für die Verträge, welche sie abschließen, haften und bei Nichtinnehaltung derselben für den dadurch entstehenden Schaden ersatzpflichtig werden. Hier etwa eine Ausnahme von der allgemeinen Rechtsordnung konstruieren zu wollen, halten wir für völlig unmöglich. Dies braucht nicht so gedacht zu sein, daß die großen zentralen Organisationen der Arbeitnehmer für irgend einen Verstoß gegen den Tarifvertrag, den beispielsweise ein kleiner Zweigverein begeht, oder den einzelne Arbeitnehmer sich zu Schulden kommen lassen, sofort haftbar gemacht werden können. Aber der Zentralvorstand soll gehalten sein mit allen Mitteln diese Verstöße gegen den Tarifvertrag aus der Welt zu schaffen. Tut er dies nicht und beharren einzelne Arbeitnehmer oder ein Zweigverein bei ihrem tarifwidrigen Verhalten, so entsteht ein Tarifbruch, eine Verletzung des Vertrages, für welche die Gesamtheit der Organisation schadenersatzpflichtig wird. Dasselbe trifft naturgemäß auch auf die Arbeitgeber-Organisation zu.

Eine weitere Vorbedingung für die gesetzliche Regelung der Tarifgemeinschaften ist die Aufhebung des § 152 Abs. 2 der Gewerbeordnung. Will man die Mitwirkung der Gesetzgebung zur weiteren Durchführung der Tarifgemeinschaften, so muß man zu allererst die Organisationen, welche sie abschließen und die mit ihrem Vermögen für ihre Innehaltung einstehen sollen, auf einer vernünftigen gesetzlichen Grundlage aufbauen. Nach der Entscheidung des Reichsgerichts werden alle Berufsvereine von Arbeitgebern, die sich nur irgendwie mit der Arbeiterfrage beschäftigen, als Schutz- und Kampfvereine im Sinne des Abs. 2 § 152 angesehen. Es steht diesen Verbänden kein Klagerecht zu; damit ist ihnen der legale Boden für ihre Fortentwicklung entzogen. Man lasse jedem Freiheit, ob er in eine Organisation eintreten will oder nicht; hat er sich aber angeschlossen, so muß er sich auch für eine bestimmte, in den Satzungen festgelegte Zeit einer gewissen rechtlich realisierbaren Ordnung fügen. Es bedarf keiner Erwähnung, daß die Arbeitgeber-Organisationen unter dem heutigen Zustand weit mehr zu leiden haben, als die Arbeitnehmer-Verbände, denen eine Reihe von äußern Mitteln zur Verfügung steht, um das durchzusetzen, was die Mehrheit wünscht oder die Satzungen vorschreiben. Der Arbeitgeber muß dagegen von der Anwendung derartiger Mittel abstehen, er kann nur den gesetzlichen Weg zur Realisierung seines Rechtes, die Klage, wählen. Wir sehen in der Beseitigung der vorgenannten gesetzlichen Bestimmung der Gewerbeordnung absolut keinen Zwang zur Koalition, halten aber eine gewisse Gebundenheit an Beschlüsse und Statuten für eine unumgängliche Notwendigkeit, wenn die vorhandenen Organisationen auf dem Wege der Tarifverträge etwas Ersprießliches für den sozialen Frieden leisten sollen."

Von Wichtigkeit ist es, dem vorstehenden Gutachten Äußerungen des deutschen Arbeitgeberbundes für das Baugewerbe aus den letzten Tagen hinzuzufügen. In der mehrfach erwähnten Schrift zur Klarstellung über die gegenwärtigen Vorgänge im deutschen Baugewerbe, besonders im Hinblick auf die von den Arbeitgebern beabsichtigte Einführung eines Tarifvertragsmusters, bezeugt der Bund folgendes:

„Ein wichtiges Moment auf dem Wege zum sozialen Frieden, soweit ein solcher praktisch überhaupt gedacht werdea kann, liegt unzweifelhaft in der Ersetzung der individuellen Arbeitsverträge durch korporative Tarifgemeinschaften. Das ist erst vor kurzem von maßgebender Regierungsstelle anerkannt worden, wie ja auch die Tatsache, daß die notwendige gesetzliche Regelung des Tarifvertragsgebiets in sichere Aussicht genommen ist, für die hohe wirtschaftliche und soziale Bedeutung und Anerkennung der Tarifgemeinschaften spricht.

Die Förderung des korporativen Arbeitsvertrages war und ist eine der wichtigsten Aufgaben des Deutschen Arbeitgeberbundes für das Baugewerbe. Seit dessen Bestehen hat die Idee der korporativen Vereinbarung der Lohn- und Arbeitsbedingungen eine derartig umfangreiche praktische Ausdehnung gefunden, daß heute das Baugewerbe mit an der Spitze derjenigen Industrien, Gewerbe und Handwerke steht, bei denen in ihren Arbeitsgebieten jene tariflichen Festsetzungen die Regel bilden."

Zum Schluß kehre ich nochmals zum Buchdruckgewerbe zurück.

An der Spitze der Tarifgemeinschaft der deutschen Buchdrucker steht bereits 15 Jahre als Arbeitgeber der Kommerzienrat Büxenstein. Nach eigener Angabe ist derselbe seit über 30 Jahren in Tarifsachen tätig. Dieser erfahrene Praktiker im Tarifvertragswesen war, als die Gesellschaft für soziale Reform und deren Ortsgruppe Berlin über die Tarifverträge Verhandlungen hatte, einer der Berichterstatter. Aus den Büxensteinschen Vorträgen[308]) sei einzelnes hervorgehoben. Der Redner erkärte, daß der Zweck von Tarifverträgen sein müsse, Ruhe im Gewerbe zu schaffen. Bemerkenswert ist ferner, „daß die Kosten der Tarifeinführung und -Durchführung, also der Einrichtung und Unterhaltung sämtlicher Organe der Buchdruckertarifgemeinschaft, zu gleichen Teilen getragen werden von den Arbeitgebern und den Arbeitnehmern." Die Parität ist somit strengstens gewahrt — ganz anders, wie dies bezüglich der Unterhaltungskosten der Arbeitskammern der bekannte Gesetzentwurf vorsieht. Man hat dort unbeachtet gelassen, daß die Arbeiter auch nach dieser Richtung hin stets auf Parität halten. Büxenstein erblickt das Heil des Tarifgedankens nur in nationalen[309]) Tarifen. Er führte aus:

„Nur der nationale Tarif wird einen dauernden Erfolg aufweisen können, weil in ihm ein verständnisvoller Ausgleich zwischen den Wünschen und Ansichten der Arbeiterschaft der Großstadt gegenüber der Arbeiterschaft der Provinz vorhanden ist. Nach meiner langjährigen Erfahrung werden Sie nie auf einen dauernden Frieden rechnen können, wenn Sie nicht diese ausgleichende Gerechtigkeit zu schaffen suchen. Wir sehen es in der obersten Tarifinstanz der Buchdrucker, dem Tarifausschuß, in dem das ganze Deutsche Reich vertreten ist, und zwar aus jeder Provinz oder jedem größeren Bezirk durch je einen Arbeitgeber und einen Arbeitnehmer, wie dort die Ansichten und verschiedenen Wünsche sich ausgleichen. Dem Vertreter der Großstadt, besonders Berlin, kann — verzeihen Sie den Vergleich — der Ballon nicht hoch genug gehen; da findet er jedoch auch seinen Kollegen aus Süddeutschland, Schlesien oder sonstwo, der ihm sagt, „berücksichtige auch unsere Verhältnisse! Es kommt nicht nur darauf an, daß du etwas hast, du, der vielleicht schon genug hat, sondern hilf auch uns, die wir schlechter daran sind, etwas zu erringen!" — Auf der andern Seite will ich auch noch einen Vorteil für die Arbeitnehmer hervorheben. Der Prinzipal, der Arbeitgeber in der Provinz, speziell der kleinen Stadt, wird niemals so bereit und willig sein, seinen Arbeitern in der Frage des Lohnes oder der Arbeitszeit derart entgegenzukommen wie der in der Großstadt; durch derartige Tarifverträge aber haben sich die Arbeitnehmer und die Arbeitgeber gewisse Vorteile zu verdanken, die sich gegenseitig ausgleichen."

---

[308]) Schriften der Gesellschaft für soziale Reform 11. u. 12. Heft des 2. Bandes, S. 85 ff. und Arbeitstarifverträge 1908, Gustav Fischer, Jena, S. 20 ff.

[309]) Siehe dazu die Gegenausführungen des Generalsekretärs des Gewerkvereins der deutschen Maschinenbau- und Metallarbeiter Hartmann in den „Arbeitstarifverträgen" S. 44.

Mit Rücksicht auf die inzwischen wieder aufgehobene Bestimmung des Separatvertrags, nach welcher der Organisationszwang eingeführt werden sollte[310]), meinte Redner: „Man müßte ein schlechter Unternehmer sein, und man würde sich an den Interessen der Unternehmer vergehen, wenn man nicht lieber anstatt mit einer Gewerkschaft mit deren mehreren verhandeln könnte, die sich auch in ihren Ansichten korrigieren, genau so, wie ich es vorhin bezüglich der Groß- und Provinzialstädte sagte.“ Der Vortragende wünscht große und starke Organisationen: „Wir Arbeitgeber stehen heute in der überwiegendsten Majorität auf dem Standpunkt, daß wir mit starken und kräftigen Organisationen der Arbeiter bessere, dauerndere und friedlichere Verhältnisse herbeiführen können, als mit einer nicht organisierten Arbeiterschaft.“ Solche Organisationen auf Arbeiterseite, erklärte Büxenstein, seien allein imstande, diejenige Disziplin zur Organisation in die Reihen der Arbeitgeber zu tragen, welche diesen heute noch fehle. Überdies sei der Gedanke der Haftung für die eingegangenen Pflichten der Mitglieder nur bei Organisationen möglich. Am Ende seiner Ausführungen vor der Generalversammlung der Gesellschaft für soziale Reform forderte der Redner dazu auf, den Tarifgemeinschaften einen richtigen Boden zu schaffen, „den sie heute nicht haben“. Auch er erhob dieselben Klagen, wie so viele schon vor ihm: „Solange der § 152 der Gewerbeordnung besteht, sind wir vogelfrei, und wir meinen, diese Vogelfreiheit entspricht nicht der jahrelangen Arbeit ernster Männer, welche glauben, hier sozialpolitisch und gewerblich für das Vaterland tätig zu sein.“

Aus dem von mir beigebrachten Material ist zu entnehmen: Das geltende Recht bietet zwar den Tarifverträgen Rechtswirksamkeit, ist aber unübersichtlich, vielfach bestritten und dazu mit schwerwiegenden Mängeln behaftet. Eine Gesetzgebung über den Tarifvertrag innerhalb der in meinem Gutachten angedeuteten Grenzen ist deswegen erstrebenswert, um so mehr, als das Tarifvertragsrecht fast täglich von den Gewerbetreibenden und den gewerblichen Arbeitern, denen das bisherige Recht und außerdem die Kunst der Interpretation mehr oder minder fremd ist, angewendet werden soll.

Schon jetzt aber für eine privatrechtliche Regelung des Tarifvertrages gesetzgeberisch einzutreten, dürfte nicht zweckmäßig sein.

---

[310]) Arbeitstarifverträge S. 38. Siehe oben unter Anmerk. 67.

Der Tarifvertrag hat ziemlich feste Wurzeln im Handwerk und in der Industrie.[311]) Man trifft ihn dagegen erst vereinzelt im Handelsgewerbe und bei anderen Ständen. Hiernach ist die weitere Entwicklung abzuwarten, um später nicht bloß für das Gewerbe, sondern für alle, die Tarifverträge zu schließen in die Lage kommen, Rechtsvorschriften aufzustellen.

Trotzdem hat der Tarifvertrag an den Gesetzgeber einen Anspruch auf augenblickliche Hilfe. Das Reichsvereinsgesetz und die beiden Gesetzentwürfe betr. Rechtsfähigkeit der Berufsvereine und betr. Arbeitskammern versprechen nicht einen nennenswerten Nutzen für den Tarifvertrag. Sie lassen ferner auch die beiden Koalitionsparagraphen der Gewerbeordnung nicht verschwinden. Da der Herrschaftsbereich des abgeschlossenen Tarifvertrages unantastbar bleiben muß, und insonderheit nur starke, wenn möglich, mit Rechtsfähigkeit begabte Organisationen die volle Durchführung des Tarifvertrags gewährleisten, so sind unter allen Umständen die in dem Entwurf (Anlage IV 2) gemachten Vorschläge zur Gesetzgebung reif und zum Gesetze zu erheben.

Anlagen.

I.

Vertrag des Deutschen Holzarbeiterverbandes
(Berlin, Charlottenburg, Rixdorf, Weißensee)
mit dem Arbeitgeber-Schutzverband für das deutsche Holzgewerbe, Berlin.
Mai 1907.

Der Arbeitgeberschutzverband für das deutsche Holzgewerbe, vertreten durch seinen Vorstand und die demselben als Mitglieder angehörenden Arbeitgeberverbände, vertreten durch ihre Vorstände, nämlich

a) die Freie Vereinigung der Holzindustriellen zu Berlin, einschließlich der Unterabteilung Holztreppen- und Treppengeländer-Fabrikanten,
b) der Zentralverband der Bautischler Berlins und Umgegend,
c) der Verein selbständiger Fabrikanten von Ladeneinrichtungen und Kontormöbeln,

---

[311]) Die Großindustrie ist in Deutschland verhältnismäßig noch wenig von der Tarifbewegung erobert worden. Im Gegensatz zu Deutschland hat in England die kollektive Vertragsschließung ihren Schwerpunkt in der Großindustrie. Leo, in den Blättern für vergleichende Rechtswissenschaft usw. Sp. 35 ff. Dazu Zimmermann, Gewerbliches Einigungswesen usw.

d) der Verein der Tischlermeister „Reform“,
e) der Arbeitgeberschutzverband der deutschen Tischlermeister und Holzindustriellen, Bezirk Weißensee, für Berlin und Umgegend, und
der deutsche Holzarbeiterverband, vertreten durch den Zentralvorstand in Stuttgart und die Ortsverwaltungen in Berlin, Rixdorf, Weißensee und Charlottenburg,

chließen heute auf Grund des Schiedsspruches vom 11. Mai 1907[1]) folgenden Vertrag miteinander ab:

a) Bestimmungen über das Arbeitsverhältnis.

1. Arbeitszeit.

Die Arbeitszeit beträgt bis zum 12. Februar 1909 wöchentlich 52 Stunden, vom 14. Februar 1909 ab 51 Stunden. Die Festsetzung des Beginnens und Schlusses der Arbeitszeit, sowie die Verteilung der Arbeitspausen unterliegt der freien Vereinbarung.

2. Löhne und Akkordpreise.

In allen Betrieben der vertragschließenden Arbeitgeber bleiben unbeschadet freier Vereinbarungen zwischen dem Arbeitgeber und seinen Arbeitern diejenigen Akkord- und Zeitlöhne und sonstigen Arbeitsbedingungen einschließlich der Arbeitszeit in Geltung, welche in diesen Betrieben am 1. Januar 1907 maßgebend waren, zuzüglich der durch den Schiedsspruch des Einigungsamtes vom 11. Mai 1907 zugebilligten Lohnerhöhung von 5 Prozent.

Für die Bautischler und Einsetzer gelten die auf dem Gewerbegericht Berlin abgefaßten protokollarisch festgelegten Bestimmungen.

Für die Arbeitnehmer der Treppengeländerbranche bleibt der am 1. Februar 1906 geltende Vertrag bestehen, mit der Maßgabe, daß eine Erhöhung des Stundenlohnes um 5 Prozent nur bei den Drechslern und Polierern Platz greift, jedoch bei den Akkordarbeitern nur die niedrig bezahlten Positionen bis zu 5 Prozent erhöht werden. Die bisher gezahlten Mindestlöhne gelten hier als Anfangslöhne.

Wenn vor Abschluß dieses Vertrages in einem Betriebe günstigere Lohn- und Arbeitsbedingungen für die Arbeiter bestanden haben als in den einzelnen Verträgen festgelegt worden sind, so behalten die günstigeren Bedingungen Geltung.

3. Abschlagszahlung.

Die Abschlagszahlung für Akkordarbeiter beträgt bis zum 12. Februar 1908 mindestens 25,50 M. pro Woche, vom 14. Februar 1908 ab 27 M. für diejenigen, welche in den letzten 6 Wochen durchschnittlich 28 M. Wochenlohn verdient haben.

Für die durch Alter, Unfall, Invalidität oder aus anderen Gründen minderleistungsfähigen Gesellen, sowie für Junggesellen im ersten Gesellenjahre, soweit dieselben bei ihrem Lehrmeister tätig sind, unterliegt die Festsetzung des Lohnes und der Abschlagszahlung der freien Vereinbarung.

Bei einem durchschnittlichen Akkordverdienst von 30 M. pro Woche beträgt die Abschlagszahlung 27 M. (bis 14. Februar 1908), von 35 M. eine solche von 30 M.; bei einem höheren Akkordverdienst kann eine höhere Abschlagszahlung vereinbart werden. Wo bisher höhere Abschlagszahlungen üblich waren, bleiben dieselben in Geltung.

---

[1]) Reichsarbeitsblatt V. Jahrgang S. 661 ff.

4. Lohn- und Akkordverhältnis.

Die vertragschließenden Parteien erkennen sowohl Lohn- wie Akkordarbeit nebeneinander als ortsüblich an. Wo bisher ausschließlich in Lohn gearbeitet wurde, bleibt die Lohnarbeit bestehen. In Streitfällen entscheidet die Schlichtungskommission.

5. Kündigung.

Die Kündigung des Arbeitsverhältnisses ist beiderseitig ausgeschlossen, sofern nicht andere Vereinbarungen getroffen sind.

Akkordarbeiter sind verpflichtet, die übernommenen Akkordarbeiten fertigzustellen. Im übrigen gelten die Bestimmungen des § 124 der Gewerbeordnung.

6. Montagearbeiten.

Bei Montagearbeiten außerhalb der Werkstatt beginnt und endigt die Arbeitszeit wie im Betriebe. Eisenbahnfahrten sind in der dritten Wagenklasse und der Weisung des Arbeitgebers entsprechend auszuführen und ist das Fahrgeld für die bezeichnete Klasse zu vergüten.

Bei Montagearbeiten innerhalb Berlins und innerhalb des Vorortverkehrs wird neben der Vergütung des Fahrgeldes als Entschädigung für Mittagessen und sonstige Unkosten 70 Pfg. pro Tag gezahlt. Bei Arbeiten in Orten über den Vorortverkehr hinaus und bei Bezug von Nachtquartier wird pro Tag 3,50 M. einschließlich des Sonntags gezahlt. Bei Montage bis zur Dauer von nicht mehr als drei Tagen beträgt die Montagevergütung 4 M. pro Tag.

7. Neue Muster.

Bezüglich der Lohnsicherung gelten folgende Bestimmungen: Die Akkordpreise von neuen Arbeiten werden im Verhältnis zu den bereits bestehenden Akkorden festgesetzt, falls sich die neuen Arbeiten mit den bereits ausgeführten Arbeiten vergleichen lassen. Wenn sich neue Arbeiten nicht mit bereits verakkordierten Arbeiten vergleichen lassen, und wenn über den Akkordpreis eine Einigung unter Hinzuziehung des Fabrikausschusses, wo ein solcher besteht, oder der Vertrauensmänner oder anderer geeigneter Arbeiter der Werkstatt nicht zu erzielen ist, so können diese Arbeiten in Lohn ausgeführt werden, oder die Festsetzung des Akkordpreises muß durch die Schlichtungskommission erfolgen.

Bis zur Entscheidung der Schlichtungskommission muß in Zeitlohn gearbeitet werden.

Wenn der Arbeiter bei Ausführung der neuen Arbeit in Akkord auf Grund der Festsetzung der Obmänner der Schlichtungskommission einen Minderverdienst gegen seinen bisherigen Durchschnittsverdienst der letzten sechs Monate erzielt hat, so steht ihm das Recht zu, eine Nachprüfung des Akkordes durch die Schlichtungskommission zu verlangen und muß ihm bei nachträglicher Gewährung eines höheren Akkordlohnes die Differenz nachgezahlt werden.

Ebenso steht dem Arbeitgeber das Recht zu, für spätere Akkorde derselben neuen Arbeit eine Nachprüfung des Akkordlohnes durch die Schlichtungskommission zu verlangen.

8. Tarife.

Für die einfachen Arbeiten (Stapelartikel) soll die Schlichtungskommission Tarife aufstellen.

b) Schlichtungskommission.

Zur Beilegung von Streitigkeiten, welche das Lohn- und Arbeitsverhältnis betreffen, wird eine Schlichtungskommission gebildet.

Diese Schlichtungskommission besteht aus 14 Mitgliedern, sowie 14 Stellvertretern, welche je zur Hälfte von den Arbeitgebern bzw. Arbeitnehmern gewählt werden, und einem unparteiischen Vorsitzenden; letzterer wird von der Schlichtungskommission gewählt.

Beide Parteien wählen aus ihrer Mitte je einen Obmann und einen Obmann-Stellvertreter. Die Kommission gibt sich die Geschäftsordnung selbst.

Aufgaben der Kommission.

a) Regelung von Differenzen zwischen den Arbeitgebern und Arbeitnehmern, welche das Lohn- und Arbeitsverhältnis betreffen;

b) Verhandlungen zum Zwecke der Herbeiführung eines Einverständnisses über die Art und Weise der Arbeitsvermittlung;

c) Herstellung eines Einvernehmens zwischen den Parteien bei Streitigkeiten von prinzipieller Bedeutung.

Ausführungsbestimmungen.

Zu a). Die Kommission hat sofort mit den ihr zugewiesenen Verhandlungen zu beginnen, sobald dies von einer Organisation der Parteien verlangt wird.

Der Verhandlungsgegenstand ist von derjenigen Partei, welche die Schlichtungskommission angerufen hat, der anderen schriftlich mitzuteilen. Bei eintretenden Werkstattdifferenzen haben die beiderseitigen Parteien ohne Verzug je einen Bevollmächtigten in die Werkstatt zu entsenden, in welcher die Streitigkeiten entstanden sind. Die Bevollmächtigten haben die Differenzen bzw. die von den Parteien geltend gemachten Forderungen zu prüfen und eine Einigung beider Teile anzustreben.

Ist der Versuch der Bevollmächtigten, eine Einigung beider Parteien herbeizuführen, erfolglos geblieben, so hat die Schlichtungskommission ihrerseits mit tunlichster Beschleunigung die Verhandlungen aufzunehmen. Es wird festgesetzt, daß diese Verhandlungen in der Regel an einem bestimmten Tage in der Woche, und zwar bis auf weiteres am Mittwoch, stattfinden sollen.

Zu den Verhandlungen können besondere Sachverständige hinzugezogen werden. Denselben steht jedoch nur bei den Beratungen eine Stimme zu, nicht aber bei den Beschlußfassungen.

Bis zur definitiven Beschlußfassung seitens der Schlichtungskommission dar. von den Arbeitern die Arbeit nicht niedergelegt werden und seitens der Arbeitgeber nicht ausgesperrt werden. Während dieser Zeit muß unter der Voraussetzung gleicher Arbeitsleistung seitens der an den Differenzen beteiligten einzelnen Arbeiter die bisher von denselben bezogene Abschlagszahlung durch den Arbeitgeber weitergezahlt werden, und zwar auch in dem Falle, daß die Verhandlungen eine Einigung der Parteien nicht herbeiführen. Maßregelungen und Entlassungen dürfen aus Anlaß dieser Differenzen nicht vorgenommen werden, ebenso sind Neueinstellungen von Gesellen zu unterlassen, sofern nicht die in Arbeit stehenden freiwillig das Arbeitsverhältnis aufgelöst haben.

Werden die Forderungen der Antragsteller von der Kommission als berechtigt anerkannt, so treten etwaige den Arbeitern bewilligte höhere Löhne von dem Tage an in Kraft, an welchem die Schlichtungskommission schriftlich angerufen worden ist.

In besonderen Fällen ist die Schlichtungskommission berechtigt, ihre Entscheidung auszusetzen und die Verhandlungen behufs weiterer Erhebungen zu vertagen.

Der neuanzuberaumende Termin darf jedoch nicht später als eine Woche nach demjenigen, an welchem die Vertagung der Entscheidung ausgesprochen wurde, stattfinden. Auf die Verhandlungen in dem neuen Termin finden vorstehende Bestimmungen entsprechende Anwendung. Gelingt es der Schlichtungskommission auch in diesem weiteren Termin nicht, eine Einigung der Parteien herbeizuführen, bzw. bezüglich der vorliegenden Streitigkeiten einen gültigen Beschluß zu fassen, so ist das Einigungsamt anzurufen, dessen Spruch sich beide Parteien zu unterwerfen haben.

Zu b). Von den vertragschließenden Parteien wird ein paritätischer Arbeitsnachweis unterhalten, auf dessen Benutzung in der „Fachzeitung" der Tischlermeister und Holzindustriellen Deutschlands hingewiesen werden soll. Die Aufstellung eines Arbeitsnachweisstatuts oder dessen Abänderung ist Sache der Schlichtungskommission.

Beschwerden über die Geschäftsführung im Arbeitsnachweis sind von der Schlichtungskommission zu erledigen.

Zu c). Als Differenzen von prinzipieller Bedeutung sollen gelten:

1. Veränderung der Arbeitszeit,
2. Einführung von Tarifverträgen,
3. Regelung der Abschlagszahlungen und Lohnverhältnisse,
4. Aufstellung von Werkstattordnungen und Regelung der allgemeinen Arbeitsbedingungen.

Soweit nachstehend nichts anderes vereinbart ist, sollen auf die geschäftsordnungsmäßige Behandlung vorstehender Angelegenheiten die zu den Aufgaben der Kommission unter a) gegebenen Ausführungsbestimmungen entsprechende Anwendung finden, insbesondere wird festgesetzt:

Alle Anträge sind schriftlich an einen der beiden Obmänner zu richten und von demselben dem anderen Obmanne mitzuteilen.

Beide Obmänner haben alsdann unverzüglich eine Besprechung der gestellten Anträge im engeren Kreise der Vertretung ihrer Partei zu veranlassen. Spätestens innerhalb zweier Wochen nach Eingang der Anträge muß eine Sitzung der Schlichtungskommission stattfinden, welche über die gestellten Anträge zu entscheiden hat. Ist ein Kommissionsmitglied verhindert, so beruft der Obmann statt desselben einen Stellvertreter ein. Handelt es sich um Streitigkeiten oder Beschwerden in einem einzelnen Betriebe, so sollen Arbeitgeber und Arbeitnehmer dieses Betriebes, falls sie der Kommission angehören, nicht einberufen, sondern durch Stellvertreter ersetzt werden.

Die Einladungen zu den vorbezeichneten Besprechungen und Sitzungen müssen schriftlich erfolgen mit Angabe der Tagesordnung. Die letztere muß den Verhandlungsgegenstand genau bezeichnen.

Führen die Verhandlungen der Kommission zu keinem abschließenden Ergebnis, so ist innerhalb dreier Tage das Einigungsamt anzurufen, welches endgültig entscheidet.

c) Übergangsbestimmungen.

Die Arbeiter nehmen, soweit sie nicht schon vor Vertragsschluß in Arbeit getreten sind, die Arbeit in denjenigen Betrieben wieder auf, in welchen sie vor

Ausbruch der Differenzen gearbeitet haben. Die Arbeitgeber verpflichten sich, die Arbeiter ohne Auswahl der Person nach Möglichkeit wieder einzustellen und so lange auf fremde Arbeiter zu verzichten, bis ihre vor Ausbruch der Differenzen beschäftigt gewesenen Arbeiter untergebracht sind.

Sämtliche Sperren werden von den Arbeitgebern und Arbeitnehmern aufgehoben.

d) Schlußbestimmungen.

Der Vertrag gilt bis zum Sonnabend, den 12. Februar 1910, abends. Wird er nicht von einer der beiden Parteien mit Zustimmung ihres Zentralvorstandes drei Monate vorher, also erstmals am 12. November 1909, bis 6 Uhr abends, gekündigt, so läuft er stillschweigend jeweils ein weiteres Jahr.

II.

1. Arbeits-Bedingungen

für das Maurer- und Zimmerergewerbe,[2]) gültig vom 1. April 1905 bis 31. März 1907 für alle Bauten von Berlin und den Vororten.

§ 1. Lohn.

Der Eintrittslohn beträgt vom 1. April 1905 bis zum 31. März 1906 73 Pf. und vom 1. April 1906 bis zum 31 März 1907 75 Pf. für die Stunde mit der Maßgabe, daß die Arbeitnehmer zur Ausführung aller Maurerarbeiten, soweit dies bisher üblich war, bzw. zur Ausführung aller Zimmererarbeiten und zu einer angemessenen Gegenleistung verpflichtet sind. Bei Zimmererarbeiten größeren Maßstabes mit vollständig imprägniertem und in feuchtem Zustande befindlichem Holz wird ein Zuschlag von $2^1/_2$ Pf. gewährt.

Die vor dem 1. Oktober 1902 ständig bei den städtischen Kanalisationsarbeiten zu einem geringeren Lohnsatz als dem in den damaligen allgemeinen Arbeitsbedingungen festgesetzten beschäftigt gewesenen Maurer erhalten dauernd einen um 5 Pf. geringeren Lohn wie die Hochbaumaurer.

Der Lohnsatz für durch Alter, Unfall, Invalidität minder leistungsfähige Gesellen, sowie für Junggesellen im ersten Gesellenjahre (bei Maurern, soweit dieselben bei ihrem Lehrmeister tätig sind) unterliegt der freien Vereinbarung.

§ 2. Lohnzahlung.

Die Lohnzahlung findet an jedem Sonnabend sofort nach Schluß der Arbeit mit Einbehaltung für Sonnabend auf der Arbeitsstätte statt. Ausgeschlossen sind hiervon die kleineren Reparatur- usw. Arbeitsstellen; die hier beschäftigten Maurergesellen, sowie Zimmerergesellen, die den Lohn nicht auf der Arbeitsstelle erhalten, haben sich ihren Lohn eventuell vom Bureau zu holen, jedoch ist ihnen entsprechend dem Zeitaufwand für den Gang nach der Zahlstelle früher Feierabend zu geben. Gesellen, welche am Sonnabend entlassen werden, und solche, welche am Sonnabend Feierabend nehmen wollen und dieses bis spätestens Sonnabend vormittag 10 Uhr

---

[2]) Siehe über den neuen Vertragsschluß Soziale Praxis XVII. Jahrgang Sp. 710 ff. 832. Der nunmehr gültige Vertrag wird voraussichtlich in einer der nächsten Nummern des Reichsarbeitsblatts mitgeteilt werden.

dem Arbeitgeber oder dessen Stellvertreter erklärt haben, erhalten den Lohn unter gleichzeitiger Aushändigung des Krankenkassenbuchs und der Invaliditätskarte für Sonnabend mit ausbezahlt.

Zimmergesellen, welche entlassen werden, ist eine Stunde vorher davon Mitteilung zu machen, oder eine Stunde mehr zu bezahlen, damit sie ihr Geschirr in Ordnung bringen können. Wird das Arbeitsverhältnis durch plötzlichen Streitfall gelöst, so fällt die Vergünstigung fort. Jeder Zimmergeselle hat mit scharfem Werkzeug seine Arbeit zu beginnen.

§ 3. Arbeitszeit.

Die Arbeitszeit beträgt 9 Stunden mit der Maßgabe, daß die für die Dauer der kurzen Tage festgesetzte Arbeitszeit in der Regel nicht überschritten werden darf. Eine Ausdehnung bis abends 6 Uhr ist zulässig für dringende Arbeiten, wenn der Arbeitsplatz genügend erleuchtet ist.

In jedem Fall wird nur die wirklich geleistete Arbeitszeit bezahlt und kann insbesondere der Arbeitnehmer keinen Lohn beanspruchen für die Zeit, in welcher die Arbeit durch Frost, Regen, Mangel an Material, Störung im Betriebe des für den Materialientransport ev. verwendeten Fahrstuhles, auf polizeiliche Anordnung oder durch partiellen Streik der auf dem Bau beschäftigten Mitarbeiter hin unterbrochen wird; durch eine derartige Unterbrechung wird das Vertragsverhältnis nicht aufgehoben, unbeschadet der Rechte, die sich aus § 6 (Kündigung) ergeben. Ebensowenig findet eine Lohnzahlung für solche Zeiten statt, in denen der Arbeiter durch einen in seiner Person liegenden Grund an der Arbeit verhindert worden ist, auch wenn die Versäumnis entschuldbar und von nicht erheblicher Dauer ist. Während der Arbeitszeit ist die Agitation auf der Baustelle verboten.

§ 4. Arbeitseinteilung.

Jahreszeit	Anfang Uhr	Frühstück Uhr	Mittag Uhr	Vesper Uhr	Feierabend Uhr	Tägl. Arbeitszeit Stunden
Vom 1. März bis 8. Okt.	7	$8^1/_2$—9	12—1	4—$4^1/_2$	6	9
„ 9. Okt. bis 30. Nov.	$7^1/_2$	9—$9^1/_2$	12—1	—	5	8
„ 1. Dez. bis 15 Jan.	8	9—$9^1/_2$	12—$12^1/_2$	—	4	7
„ 16. Jan. bis 31. Jan.	$7^1/_2$	9—$9^1/_2$	12—1	—	$4^1/_2$	$7^1/_2$
„ 1. Febr. bis 28. Febr.	7	$8^1/_2$—9	12—1	4—$4^1/_2$	$5^1/_2$	$8^1/_2$

Wenn oder wo die Lichtverhältnisse ungünstig sind, ist es gestattet, in der Zeit vom 16. Oktober bis 15. Februar durch Vereinbarung die vorstehende Arbeitseinteilung zu ändern, mit der Maßgabe, daß die für die jeweilige Jahreszeit festgesetzte Stundenzahl nicht überschritten werden darf.

Diese Arbeitseinteilung gilt mit der Maßgabe, daß eine Änderung der Arbeitszeit nur zu dem auf das betr. Datum folgenden Wochenschluß zulässig ist, so daß innerhalb einer Arbeitswoche ein Wechsel in der Arbeitszeit nicht eintreten darf.

An den Sonnabenden ist in der Zeit vom 1. Februar bis 8. Oktober abends eine Stunde früher Feierabend (ohne Vesper); vom 9. Oktober bis 31. Januar ist an den Sonnabenden eine halbe Stunde früher Feierabend. An den Tagen vor den hohen Festen wird eine Stunde früher als an jedem anderen Sonnabende Feierabend gemacht. Der Lohn wird bei allen 3 Abstufungen für den vollen Tag ausgezahlt, sofern tatsächlich bis zu Feierabend gearbeitet wurde; war dies nicht der Fall, so kommt die Stundenzahl in Abzug, welche weniger gearbeitet wurde, als die für den Tag wirkliche Arbeitszeit beträgt.

Für Kanalisationsarbeiten ist unter Umständen eine Abweichung von der vorgesehenen Arbeitszeit und Arbeitsteilung unter sinngemäßer Berücksichtigung derselben durch besondere Vereinbarung zulässig.

§ 5. Überstunden.

Überstunden und Sonntagsarbeit sind zu vermeiden. Wenn dringende Arbeiten wie Reparatur- und Installationsarbeiten in Theatern, Fabriken usw. Überstunden bedingen, so sind dieselben von 6 Uhr abends ab mit 15 Pf. Lohnzuschlag zu entschädigen. Im Maurergewerbe ist für Rüstungsgesellen täglich eine Überstunde zulässig und wird dieselbe mit Lohnzuschlag nicht bezahlt. Fordert eine Arbeit voraussichtlich für eine längere Dauer die Überschreitung der jeweiligen Arbeitszeit, so ist die Arbeit in zwei Schichten einzuteilen, deren jede 9 Stunden nicht überschreiten darf. Die Stunden der Nachtschichten sowie Sonntagsarbeit werden den Überstunden gleich bezahlt.

§ 6. Auflösung des Arbeitsverhältnisses.

Den Arbeitgebern und Arbeitnehmern steht es frei, das Arbeitsverhältnis jederzeit ohne Kündigung und ohne Angaben von Gründen aufzuheben. Maßregelungen bzw. Entlassungen infolge des Eintretens für Innehaltung der (von der Achtzehner-Kommission erlassenen) Vertragsbestimmungen dürfen nicht stattfinden.

Ortskrankenkassenbuch und Quittungskarte der Invaliditäts- und Altersversicherung des Arbeiters werden während der Dauer des Arbeitsverhältnisses beim Arbeitgeber oder dessen Vertreter aufbewahrt und dem Arbeiter bei der Entlassung zurückgegeben. Sofern letzteres nicht möglich ist, ist dem Arbeiter die Zugehörigkeit zu einer Krankenkasse zu bescheinigen und auf Wunsch Krankenkassenbuch und Karte unentgeltlich durch die Post zuzusenden.

§ 7. Baubude.

Zum Schutze gegen Witterungseinflüsse und Diebstahl, sowie zur Erholung und Einnahme der Mahlzeiten, müssen auf jedem Bau und auf jedem Holzplatz trockene Räume bereit gehalten werden, welche im Mittel in der Regel 2,20 m im Lichten hoch sein müssen. Die Grundfläche der Räume muß derartig bemessen sein, daß die Größe derselben bei Beschäftigung von 11 bis 15 Arbeitern im Mittel 10 qm, bei 16 bis 20 Arbeitern im Mittel 14 qm beträgt. Bei Beschäftigung von mehr als 20 Arbeitern tritt bei jeder Vermehrung um je 1 bis 5 Arbeiter eine Vergrößerung der Grundfläche mindestens um je 2,5 qm ein. Genügend Tische und Bänke, sowie eine der Größe und Lage der Bude entsprechende Anzahl Fenster, welche zum Öffnen eingerichtet sind, sind bei Benutzung der Bude erforderlich. Im Zimmergewerbe muß in oder bei der Bude ein Gefäß zum Waschen vorhanden sein.

Ferner muß die Baubude dichte Seitenwände, welche im Winter mindestens aus doppelten Schaalbrettern resp. mit Pappe beschlagen, oder aus gespundeten Brettern sein müssen, ein wasserdichtes Dach, eine verschließbare Tür und einen hölzernen oder massiven Fußboden haben, welcher mindestens 10 cm über der jeweiligen Terrainhöhe des Hofes liegt. Baumaterialien und Gerätschaften dürfen in der Baubude nicht gelagert werden. Zur ersten Hilfe bei Unglücksfällen soll ein Kasten mit Verbandmaterial an einer zugänglichen und staubfreien Stelle aufgestellt sein.

Für Heizung und Beleuchtung der Baubude hat der Arbeitgeber zu sorgen.

Auf jedem Bau muß jemand bestimmt sein, welcher die notwendigen Lebensmittel herbeischafft. Ein Zwang, in einem bestimmten Lokal zu verkehren, ist nicht statthaft.

§ 8. Abort.

Der Abort muß mit Pissoiranlage versehen sein und ist möglichst abseits von bewohnten Räumen resp. der Baubude aufzubauen; sollte hierzu kein Platz vorhanden sein, so ist Gelegenheit zur Wasserspülung zu schaffen. Bei Benutzung von 20 bis 30 Arbeitern müssen mindestens 2 Sitze und darüber, für jede weiteren 20 Arbeiter wiederum 1 Sitz mehr bis zur Anzahl von 6 Sitzen vorhanden sein. Die Sitze sind aus vollständig abgedeckten und ausgeschnittenen Brillen herzustellen. Die Seitenwände müssen dicht und zugfrei und das Dach wasserdicht sein. Für die notwendige Erhellung des Abortes muß ebenfalls Sorge getragen werden. Sind keine Türen vorhanden, so muß die Aussicht durch eine Schutzwand versperrt sein. Für wirksame Desinfektion, besonders in den wärmeren Jahreszeiten, ist unter allen Umständen Sorge zu tragen. Für Kanalisations-Maurer gelten hinsichtlich Baubude und Abort die polizeilichen Vorschriften. Für weibliche Arbeitnehmer muß ein gesonderter Abort vorhanden sein.

§ 9. Achtzehner-Kommission.

Es ist eine Kommission gebildet, welche aus 9 Arbeitgebern und 9 Arbeitnehmern besteht. Die Wahl der Mitglieder dieser Kommission erfolgt durch den Verband der Baugeschäfte bzw. der Arbeitnehmer.

Der Kommission liegt die Schlichtung von Streitigkeiten aus diesen Arbeitsbedingungen zwischen Arbeitgebern und Arbeitnehmern ob. Wenn eine Entscheidung in der Kommission nicht zustande kommt, können die Arbeitgeber- oder die Arbeitnehmer-Beisitzer innerhalb acht Tagen die Entscheidung des Einigungsamtes des Berliner Gewerbegerichts als II. Instanz anrufen.

Bis zur endgültigen Entscheidung durch die Kommission resp. das Einigungsamt dürfen Bausperren oder Aussperrungen unter keiner Bedingung verhängt werden. Nach der endgültigen Entscheidung sind Bausperren oder Aussperrungen nur zulässig, wenn der Entscheidung nicht Folge geleistet wird.

Bei Verstößen gegen diese Arbeitsbedingungen hat die Achtzehner-Kommission die erforderlichen Gegenmaßregeln zu treffen. Für den Fall, daß die Achtzehner-Kommission eine Einigung nicht erzielt, oder eine der Parteien mit der Entscheidung der Achtzehner-Kommission nicht zufrieden ist, kann binnen acht Tagen nach der letzten hier in Betracht kommenden Sitzung der Achtzehner-Kommission die Entscheidung des Einigungsamts angerufen werden. Bei Verfehlungen der Arbeitnehmer gegen diese Arbeitsbedingungen verpflichtet sich die Organisation derselben, den betreffenden Arbeitnehmern keinerlei materielle oder moralische Unterstützung zuteil werden zu lassen, es sei denn, daß die in diesen Arbeitsbedingungen vorgesehenen Instanzen ein Unrecht der Arbeitnehmer nicht anerkannt haben. Ebenso verpflichtet sich der Verband der Baugeschäfte von Berlin und den Vororten trotz Schiedsspruchs des Einigungsamts vertragsbrüchig bleibenden Arbeitgebern keinerlei

Unterstützung angedeihen zu lassen. Um Differenzen zwischen Arbeitgebern und Arbeitnehmern schneller zu erledigen, können auf Antrag von den Mitgliedern der Kommission 1 bis 2 Arbeitgeber und Arbeitnehmer gemeinsam als Unterkommission nach vorheriger Benachrichtigung des Bauausführenden und mit dessen Genehmigung auf den Bauten die Ursachen der Streitigkeiten zu ergründen und diese selbst zu schlichten suchen.

Die Arbeitgeber- und die Arbeitnehmer-Vertreter verpflichten sich, ihren ganzen Einfluß zur Aufrechterhaltung dieser Bedingungen einzusetzen und in Widerspruch mit denselben ausbrechende Sperren oder Aussperrungen nicht zu unterstützen.

Im November 1906 hat die Achtzehner-Kommission zusammenzutreten und die Arbeits- und Lohnverhältnisse für das nächste Arbeitsjahr festzusetzen. Der Entscheidung der Kommission haben sich die Arbeitgeber und die Arbeitnehmer zu unterwerfen, vorbehaltlich der Genehmigung ihrer Auftraggeber. Falls dann keine Vereinbarung zustande kommt, läuft der Vertrag ab.

§ 10. Arbeitszettel.

Arbeitszettel, welche eine schriftliche Anerkennung dieser Arbeitsbedingungen enthalten und deren Wortlaut von der Achtzehner-Kommission festgestellt ist, sind zulässig.

§ 11. Fahrgeldentschädigung.

Bei Arbeiten im Zimmergewerbe innerhalb der Stadt- und Ringbahn, wenn bei demselben im Laufe der Woche die Arbeitsstelle gewechselt wird, sowie bei den Arbeiten in den Vororten ist den Arbeitern das M. 1,20 übersteigende Fahrgeld zu vergüten.

Bei Arbeitgebern, welche außerhalb der Ringbahn ihren Wohnsitz haben, findet das umgekehrte Verfahren statt.

Alle anderen Fahrgeldentschädigungen sind stets dem Arbeitgeber vor der Verauslagung mitzuteilen und unterliegt die Festsetzung dieser Vergütung, sofern die obigen Bestimmungen nicht platzgreifen, der freien Vereinbarung.

§ 12. Geltungsbezirk.

Diese Arbeitsbedingungen gelten in den folgenden Orten: Adlershof, Alt-Glienicke, Baumschulenweg, Berlin, Bohnsdorf, Borsigwalde, Britz, Bukow, Charlottenburg, Cöpenick, Dahlem, Dalldorf, Deutsch-Wilmersdorf, Friedenau, Friedrichsberg, Friedrichsfelde, Friedrichshagen, Groß-Lichterfelde, Grünau, Grunewald, Haselhorst, Heinersdorf, Hohen-Schönhausen, Johannisthal, Jungfernhaide, Karlshorst, Lankwitz, Lichtenberg, Mariendorf, Marienfelde, Nieder-Schöneweide, Nieder-Schönhausen, Neu-Weißensee, Ober-Schöneweide, Pankow, Plötzensee, Reinickendorf, Rixdorf, Rudow, Rummelsburg, Saatwinkel, Schmargendorf, Schöneberg, Schönholz, Steglitz, Stralau, Südende, Tempelhof, Treptow, Weißensee, Westend, Zehlendorf.

Im Maurergewerbe beträgt der Stundenlohn in den Ortschaften Adlershof, Alt-Glienicke, Bohnsdorf, Bukow, Cöpenick, Friedrichshagen, Grünau und Rudow vom 1. April 1905 bis zum 31. März 1906 70 Pf. und vom 1. April 1906 bis zum 31. März 1907 75 Pf.

Im Zimmergewerbe beträgt der Stundenlohn in den Ortschaften Borsigwalde, Dalldorf, Johannisthal, Karlshorst, Nieder-Schöneweide und Ober-Schöneweide, vom 1. April 1905 bis zum 31. März 1906 70 Pf. und vom 1. April 1906 bis zum 31. März 1907 72 1/2 Pf., in den Ortschaften Adlershof, Alt-Glienicke, Bohnsdorf,

Bukow, Cöpenick, Friedrichshagen, Grünau und Rudow vom 1. April 1905 bis zum 31. März 1906 66 Pf. und vom 1. April 1906 bis zum 31. März 1907 70 Pf.

Arbeitgeber und Arbeitnehmer erklären hiermit, daß die vorstehenden, von der Achtzehner-Kommission festgesetzten und auf jedem Bau auszuhängenden Arbeitsbedingungen ihnen bekannt sind, und erkennen dieselben als für sie bindend an.

...., den ....

Der Arbeitgeber: .... Der/Die Arbeitnehmer: ....

---

2. Arbeits-Bedingungen

für Bauarbeiter, gültig vom 1. April 1905 bis 31. März 1907 für alle Bauten von Berlin und den Vororten.

a) Lohnarbeit.

Der Stundenlohn beträgt:

1. Für gewöhnliche geübte Bauarbeiter, insofern sie sich als solche ausweisen
vom 1. Mai 1905 bis 31. März 1906 48 Pf.
vom 1. April 1906 bis 31. März 1907 50 Pf.
für ungeübte, noch nicht im Baugewerbe beschäftigt gewesene Arbeiter
vom 1. Mai 1905 bis 31. März 1906 45 Pf.
vom 1. April 1906 bis 31. März 1907 47½ Pf.

Der Lohnsatz für durch Alter, Unfall, Invalidität minder leistungsfähige Arbeiter unterliegt besonderer Vereinbarung.

2. Für Kalkschläger, für Arbeiter bei umfangreichen Arbeiten mit hydraulischem Kalk, für Wasserträger, die Wasser von unten herauf tragen, ferner für beim Rüsten, sowie an Hebevorrichtungen beschäftigte Arbeiter auf Neubauten
vom 1. Mai 1905 bis 31. März 1906 53 Pf.
vom 1. April 1906 bis 31. März 1907 55 Pf.

3. Für das ausschließliche Tragen von Steinen und Kalk als ständige Tagesleistung
vom 1. Mai 1905 bis 31. März 1906 68 Pf.
vom 1. April 1906 bis 31. März 1907 70 Pf.

Als Leistung ist hierbei festgesetzt, daß zu tragen sind:
im Keller, Erdgeschoß und I. Stockwerk 26 Steine,
im II. und III. Stockwerk 24 Steine,
im IV. Stockwerk und Drempel 22 Steine
und zwar Hintermauerungssteine.

Die Zahl der erforderlichen Kalkträger beträgt $^2/_5$ der beschäftigten Träger.

b) Akkordarbeit.

1. Der Preis für das Tragen von 1000 Steinen nebst dem dazu gehörigen Mörtel beträgt 2,50 M. bis zu einer Mauerwerkshöhe von 0,55 m über Terrain, welche bei ungleicher Terrainlage im Durchschnitt festgestellt wird.

Darüber hinaus, bis zur Dachgleiche kommen zu vorstehenden, als Grundpreis geltenden Preisen Zuschläge in Ansatz, die für jedes Stockwerk aus seiner Höhe von Gleiche zu Gleiche und einem Einheitspreis von 25 Pf. pro steigenden Meter gebildet und verrechnet werden.

Bei angefangenen Metern wird hierbei jede Steigung bis zu 50 cm für einen halben Meter, jede Steigung über 50 cm für einen vollen Meter gerechnet.

Die Zulage muß pro Etage mindestens 1 M. betragen.

Für das Dachgeschoß resp. alles über Dachgleiche liegende Mauerwerk wird eine Zulage von 1,50 M. berechnet. Bei Villenbauten wird für das Kellergeschoß ohne Rücksicht auf die Höhenlage der Grundpreis von 2,50 M. und in den oberen Stockwerken neben der vertraglichen Zulage noch eine weitere Zulage, die der Meteranzahl des Kellers über 55 cm im Durchschnitt über Terrain multipliziert mit 0,25 M. entspricht, gezahlt.

2. Die vorstehenden Preise verstehen sich für Materialientransport, 1000 Steine mit zugehörigem Mörtel bei einer Entfernung bis zu 25 m vom Lagerplatz bis zum Leitergang. Bei einer Entfernung von 25 bis 30 m wird eine Zulage von 30 Pf. gewährt, bei weiteren Entfernungen erhöht sich der Grundpreis um 50 Pf.

Bei einem nach dem Gewicht der Steine in normalem Zustande zu berechnenden Durchschnittsgewicht von $6^1/_2$ bis $8^1/_2$ Pfund wird ferner eine Gewichtszulage von 50 Pf. und bei einem durchschnittlichen Normalgewicht über $8^1/_2$ Pfund eine Zulage von 1 M. gewährt.

3. Für das Heranschaffen von Kalksteinen und Mörtel zu 1 cbm fertigem Mauerwerk wird 1 M., für das Tragen von nur Mörtel zu den Kalksteinen zu 1 cbm fertigem Mauerwerk 50 Pf. gezahlt.

4. Für das Tragen des Materials zu 1 qm Rappputz 5 Pf.

5. Für das Tragen von Vollverblendsteinen wird ohne Rücksicht auf das Gewicht eine Zulage von 50 Pf. gewährt.

Zwei Rimchen gelten dabei für einen. Für das Tragen anderer Verblendsteine beträgt die Zulage 25 Pf. Vier $^1/_8$, zwei $^1/_4$, ein $^3/_4$, ein $^1/_2$ gelten dabei für einen.

6. Für das Tragen von Dachsteinen ist derselbe Preis wie für Mauersteine zu zahlen. Für das Tragen von Kalk zu Dachsteinen wird $^2/_3$ des Preises für Mauersteine gezahlt.

c) Allgemeines.

1. Lohnzahlung. Die wöchentliche Abrechnung erfolgt am Freitag Abend und sind dann die wöchentlichen Lohnzettel dem Polier durch den Kolonnenführer zu übergeben. Die Auszahlung des Lohnes findet gegen Quittung jedes einzelnen Bauarbeiters am Sonnabend nach Feierabend — unter Einbehaltung einer Kaution 10 Pf. pro 1000 getragener Steine bis zur Vertragserfüllung — auf der Baustelle möglichst durch den Polier oder sonstigen Stellvertreter des Arbeitgebers statt. Auf Verlangen der Akkordarbeiter ist ihnen eine Bescheinigung über die erfolgte Abrechnung mit dem Kolonnenführer zu verabfolgen.

Arbeiter, welche am Sonnabend entlassen werden und solche, welche am Sonnabend Feierabend nehmen wollen und dieses bis spätestens Sonnabend Vormittag 10 Uhr dem Arbeitgeber oder dessen Stellvertreter erklärt haben, erhalten den Lohn unter gleichzeitiger Aushändigung des Krankenkassenbuches und der Invaliditätskarte für Sonnabend mit ausbezahlt.

2. Arbeitszeit. Arbeitszeit und Arbeitseinteilung sind der für Maurer und Zimmerer festgesetzten anzupassen. In jedem Fall wird nur die wirklich geleistete Arbeitszeit bezahlt und kann insbesondere der Arbeiter keinen Lohn beanspruchen für die Zeit, in welcher die Arbeit durch Frost, Regen, Mangel an Material, Störung im Betriebe des für den Materialientransport eventl. ver-

wendeten Fahrstuhles, auf polizeiliche Anordnung oder durch partiellen Streik der auf dem Bau beschäftigten Mitarbeiter hin unterbrochen wird; durch eine derartige Unterbrechung wird das Vertragsverhältnis nicht aufgehoben unbeschadet der Rechte, die sich aus der Kündigung ergeben. Ebensowenig findet eine Lohnzahlung für solche Zeiten statt, in denen der Arbeiter durch einen in seiner Person liegenden Grund an der Arbeit verhindert worden ist, auch wenn die Versäumnis entschuldbar und von nicht erheblicher Dauer ist. Während der Arbeitszeit ist die Agitation auf der Baustelle verboten.

Für Überstunden nach 7 Uhr abends erhalten diejenigen Arbeiter, welche vom 1. Mai 1905 bis 31. März 1906 48 Pf. Lohn und darunter und vom 1. April 1906 bis 31. März 1907 50 Pf. Lohn und darunter verdienen, einen Lohnzuschlag von 10 Pf.

3. Kündigung. Den Arbeitgebern und Arbeitnehmern steht es frei, das Arbeitsverhältnis jederzeit ohne Kündigung und ohne Angabe von Gründen aufzuheben. Maßregelungen bzw. Entlassungen infolge des Eintretens für Innehaltung der Vertragsbestimmungen dürfen nicht stattfinden.

Ortskrankenkassenbuch und Quittungskarte der Invaliditäts- und Altersversicherung des Arbeiters werden während der Dauer des Arbeitsverhältnisses beim Arbeitgeber oder dessen Stellvertreter aufbewahrt und dem Arbeiter bei der Entlassung zurückgegeben. Sofern letzteres nicht möglich ist, ist dem Arbeiter die Zugehörigkeit zu einer Krankenkasse zu bescheinigen und auf Wunsch Krankenkassenbuch und Karte unentgeltlich durch die Post zuzusenden.

4. Hinsichtlich Baubude und Abort gelten dieselben Bestimmungen wie bei den Maurern.

5. Schlichtungskommission. Die Entscheidnng von Streitigkeiten aus diesen Arbeitsbedingungen zwischen den Vertragsparteien liegt einer Schlichtungskommission ob, welche aus 7 vom Verbande der Baugeschäfte zu wählenden Arbeitgebern und 7 von den Organisationen der Arbeitnehmer zu wählenden Arbeitervertretern besteht.

Um Differenzen zwischen Arbeitgebern und Arbeitnehmern schneller erledigen zu können, können auf Antrag von den Mitgliedern der Kommission je 1 bis 2 Arbeitgeber und Arbeitnehmer gemeinsam als Unterkommission nach vorheriger Benachrichtigung des Bauausführenden und mit dessen Genehmigung auf den Bauten die Ursachen der Streitigkeiten zu ergründen und diese selbst zu schlichten suchen. Wenn eine Entscheidung in der Kommission nicht zu Stande kommt, können Arbeitgeber und Arbeitnehmer innerhalb 8 Tagen die Entscheidung eines Schiedsgerichts beantragen. Dieses Schiedsgericht besteht aus 3 Vertretern des Verbandes der Baugeschäfte und 3 Vertretern der Arbeiter-Organisationen, sowie aus einen von diesen Arbeitgebern und Arbeitnehmern gemeinsam aus den Reihen der ständigen richterlichen Beisitzer des Reichs-Versicherungsamts oder aus den beim Landgericht I Berlin zugelassenen Rechtsanwälten zu wählenden unparteiischen Vorsitzenden. Kann über den unparteiischen Obmann eine Einigung nicht erzielt werden, so entscheidet das Loos unter den Vorgeschlagenen. Das Verfahren des Schiedsgerichts und die Wirkung der Schiedssprüche richten sich nach den gesetzlichen Bestimmungen. (§ 1025 ff CPO.)

Bis zur endgültigen Entscheidung durch die Kommission resp. das Schiedsgericht dürfen Bausperren oder Aussperrungen unter keiner Bedingung verhängt werden. Nach der endgültigen Entscheidung sind Bausperren oder Aussperrungen nur zulässig, wenn der Entscheidung nicht Folge geleistet wird.

Die Arbeitgeber- und die Arbeitnehmer-Vertreter verpflichten sich, ihren ganzen Einfluß zur Aufrechterhaltung dieser Bedingungen einzusetzen und im Widerspruch mit denselben ausbrechende Sperren oder Aussperrungen nicht zu unterstützen.

6. Arbeitszettel. Arbeitszettel, welche eine schriftliche Anerkennung dieser Arbeitsbedingungen enthalten und deren Wortlaut von der Schlichtungskommission festgestellt ist, sind zulässig.

7. Geltungsbezirk. Diese Arbeitsbedingungen gelten in den folgenden Orten: Adlershof, Alt-Glienicke, Baumschulenweg, Berlin, Bohnsdorf, Borsigwalde, Britz, Bukow, Charlottenburg, Cöpenick, Dahlem, Dalldorf, Deutsch-Wilmersdorf, Friedenau, Friedrichsberg, Friedrichsfelde, Friedrichshagen, Groß-Lichterfelde, Grünau, Grunewald, Haselhorst, Heinersdorf, Hohen-Schönhausen, Johannisthal, Jungfernhaide, Karlshorst, Lankwitz, Lichtenberg, Mariendorf, Marienfelde, Nieder-Schöneweide, Nieder-Schönhausen, Neu-Weißensee, Ober-Schöneweide, Pankow, Plötzensee, Reinickendorf, Rixdorf, Rudow, Rummelsburg, Saatwinkel, Schmargendorf, Schöneberg, Schönholz, Steglitz, Stralau, Südende, Tempelhof, Treptow, Weißensee, Westend, Zehlendorf.

Arbeitgeber und Arbeitnehmer erklären hiermit, daß die vorstehenden, von der Schlichtungs-Kommission festgesetzten und auf jedem Bau auszuhängenden Arbeitsbedingungen ihnen bekannt sind, und erkennen dieselben als für sie bindend an.

.............................., den ....

Der Arbeitgeber: .... Der/Die Arbeitnehmer: ....

III.

Vertrag für die Verkäuferinnen des Konsum-Vereins Sendling-München E. G. m. b. H.

Zwischen dem Konsum-Verein Sendling-München E. G. m. b. H. einerseits und dem Zentralverband der Handlungsgehilfen und Gehilfinnen Deutschlands, Bezirk München, andererseits, ist folgender Vertrag abgeschlossen worden:

§ 1. Einstellungs- und Entlassungs-Bedingungen.

Die Einstellung und Entlassung der Verkäuferinnen erfolgt durch Beschluß des Vorstandes.

Die Anstellung erfolgt aushilfsweise auf die Dauer eines Monats und kann während dieser Zeit das Vertragsverhältnis von beiden Seiten jeden Tag gelöst werden.

§ 2. Geschäftszeit.

Die Geschäftszeit beginnt früh 6½ und endet abends 7½ Uhr; an Samstagen abends 9 Uhr.

Die Mittagspause beträgt 2 Stunden.

Vormittag und Nachmittag ist je ¼ Stunde Brotzeit. Die Pausen richten sich nach dem Geschäftsgange und haben die Verkäuferinnen jeweils dabei nach den Anordnungen des Lagerhalters zu wechseln.

Bei besonders strengem Geschäftsgang regelt sich die Dauer der Mittagspause nach Vereinbarung zwischen dem Lagerhalter und den Verkäuferinnen.

An Sonn- und gesetzlichen Feiertagen sind die Verkaufsstellen geschlossen.

Ausgenommen sind davon eventl. die beiden letzten Sonntage vor Weihnachten.

Gesetzliche Feiertage sind:

Neujahrstag, Heilige Drei Könige, Ostermontag, Christi Himmelfahrt, Pfingstmontag, Fronleichnam, Maria Himmelfahrt, Allerheiligen, Weihnachten und Stephanitag.

An den nicht gesetzlichen Feiertagen ist von 6½—8 Uhr und von 10—12 Uhr vormittags Geschäftszeit.

Jede Verkäuferin hat alle zwei Wochen je einen halben Tag frei und zwar an den Tagen Dienstag bis Donnerstag nach den Anordnungen des Lagerhalters. Voraussetzung dabei ist, daß in beide Wochen kein Feiertag fällt.

§ 3. Gehalt.

a) Lernende Verkäuferinnen unter 16 Jahren:
Anfangsgehalt monatlich M. 25,—.
½ jährl. Steigerung monatlich M. 5,—.
Die Lehrzeit beträgt 2 Jahre.
Nach Beendigung derselben beträgt der Gehalt monatlich M. 50,— steigend wie unten.

b) Anfangs-Verkäuferinnen über 16 Jahre alt, die noch nicht in der Kolonialwarenbranche ausgebildet sind:
Anfangsgehalt monatlich M. 40,—.
½ jährl. Steigerung monatlich M. 5,—.
Höchstgehalt monatlich M. 85,—.

c) Gelernte Verkäuferinnen:
Anfangsgehalt monatlich M. 60,—.
½ jährl. Steigerung monatlich M. 5,—.
Höchstgehalt monatlich M. 85,—.

Lernende Verkäuferinnen, die während der Lehrzeit das 16. Jahr überschreiten, rücken mit diesem Zeitpunkt in die Klasse der Anfangsverkäuferinnen auf.

Bei Neueinstellung von ausgebildeten Verkäuferinnen kommt nicht ausschließlich der Anfangsgehalt in Betracht, sondern die betr. Verkäuferin tritt ihren Leistungen entsprechend, sofort in eine, in jedem Falle näher zu bestimmende höhere Gehaltsklasse.

Die Steigerungen erfolgen vor Beginn des der Einstellung nach ½jährlicher Frist folgenden Kalendervierteljahres.

In Fällen, in denen die Verkäuferin nicht zufriedenstellend arbeitet, kann die jeweilige Steigeruug durch den Vorstand von Fall zu Fall festgelegt werden.

Die Kranken- und Invalidenkassenbeiträge werden vom Gehalt nicht gekürzt.

§ 4. Urlaub.

Jede Verkäuferin hat, sofern sie bis 1. Mai ein Jahr im Betriebe des Konsum-Vereins beschäftigt ist, Anspruch auf eine Woche (6 Wochentage) Urlaub unter Fortbezahlung des Gehalts.

Derselbe muß in der Zeit vom 1. Mai bis 1. Oktober erfolgen.

Über die Zeit desselben ist vorher mit dem Lagerhalter und durch diesen mit dem Vorstand eine Verständigung herbeizuführen.

§ 5. Verpflichtung zu besonderen Dienstleistungen außer dem Warenverkauf.

Die Verkäuferin ist verpflichtet, nach den Anordnungen des Lagerhalters, das Kehren der Lokalitäten, das Reinhalten der Ladenpuddel, des Eisschrankes, der Regale, Wagen, Gewichte u. dgl. zu besorgen und zur Winterszeit die Heizung imstande zu halten.

§ 6. Aufsicht.

Die Verkäuferin untersteht der Aufsicht desjenigen Lagerhalters, dem sie vom Vorstand als Hilfskraft zugeteilt ist.

Dieselbe hat auch den Anweisungen derjenigen Person Folge zu leisten, welche den Lagerhalter während dessen Abwesenheit vertritt.

Dies gilt insbesondere in denjenigen Verkaufsstellen, wo neben dem Lagerhalter eine erste Verkäuferin vorhanden ist.

§ 7. Kündigung und Entlassung.

Die gegenseitige Kündigung beträgt einen Monat und kann nnr zum Schlusse des vorhergehenden Monats schriftlich erfolgen.

Die Entlassung einer Verkäuferin kann nur unter folgenden Voraussetzungen erfolgen:

a) bei beabsichtigter Verminderung des Personals, wobei zunächst die zuletzt angestellten Personen zu entlassen sind;
b) bei Erkrankung von mehr als dreimonatlicher Dauer. Jedoch wird nur auf die Dauer von 6 Wochen der Gehalt weiter bezahlt, § 63 d. H. G. B.;
c) bei ungenügender Leistung.

Die Verkäuferin kann ohne Anspruch auf Entschädigung ohne Kündigung entlassen werden:

a) wenn sie sich eine grobe Verletzung dieses Vertrages, Unredlichkeiten oder ein nicht gesittetes Verhalten zu Schulden kommen läßt;
b) wenn sie wiederholt den Anordnungen des Vorstandes nachzukommen sich weigert;
c) in Ausnahmefällen durch gegenseitige Verständigung.

§ 8. Beschwerdeweg.

Der Verkäuferin steht das Recht zu, gegen die Anordnungen und die Behandlung seitens des vorgesetzten Lagerhalters beim Vorstand Beschwerde zu führen.

Beschwerden gegen die Entscheidungen des Vorstandes sind an den Aufsichtsrat zu richten.

Bis zur Erledigung der Beschwerde ist zunächst den Anordnungen des Lagerhalters resp. Vorstandes Folge zu leisten.

§ 9. Schiedsgericht.

Alle aus diesem Vertrage entstehenden prinzipiellen Streitigkeiten, werden durch ein Schiedsgericht, bestehend aus zwei vom Konsumverein Sendling und zwei vom Zentralverband der Handlungsgehilfen ernannten Vertrauenspersonen und einem Vertreter des Gewerkschaftsverein München als unparteiischen Vorsitzenden geschlichtet. Jede Partei hat das Recht, eine Person mit beratender Stimme zu der Verhandlung zu entsenden.

Die Entscheidungen sind endgültig.

§ 10. Arbeitsvermittlung bei Neueinstellung von Verkäuferinnen.

Bei Bedarf an kaufmännischen Arbeitskräften sind diese durch den Arbeitsnachweis des Zentralverbandes der Handlungsgehilfen und -Gehilfinnen Deutschlands, Bezirk München, oder den Zentralarbeitsnachweis des Verbandes zu beziehen. Die Verwaltung des Konsumverein Sendling-München behält sich vor, Neueinstellungen nach ihrem Vorschlag durch diesen Arbeitsnachweis vermitteln zu lassen.

§ 11. Bisherige Verhältnisse.

Eine Verschlechterung bisheriger Verhältnisse und Gepflogenheiten findet nicht statt.

§ 12. Vertragsdauer.

Vorstehender Vertrag beginnt am 1. Oktober 1906 und läuft bis 1. Januar 1909. Derselbe läuft auf ein Jahr weiter, wenn nicht drei Monate vorher derselbe gekündigt wird.

§ 13. Nicht erwähnte Punkte.

In allen übrigen durch diesen Vertrag nicht berührten Punkten gelten die einschlägigen gesetzlichen Bestimmungen.

München, den 29. September 1906.

Konsumverein Sendling-München E. G. m. b. H.
Der Vorstand.
(Unterschriften.)

Zentralverband der Handlungsgehilfen und -Gehilfinnen
Deutschlands. Bezirk München.
(Unterschriften.)

Übergangsbestimmungen.

Für die zur Zeit beschäftigten Verkäuferinnen haben die in § 3 Absatz c dieses Vertrages bezeichneten Normen insoferne rückwirkende Kraft, als ihnen je nach Lage der Sache zum Teil ihre Dienstzeit im Konsumverein Sendling angerechnet wird.

Konsumverein Sendling-München E. G. m. b. H.
(Unterschriften.)

Zentralverband der Handlungsgehilfen und -Gehilfinnen
Deutschlands. Bezirk München.
(Unterschriften.)

Geschäftsanweisung für die Verkäuferinnen des Konsumverein Sendling.

1. Beim Eintritt hat die betreffende Verkäuferin, sobald dieselbe 16 Jahre alt ist, die Quittungskarte der Alters- und Invaliden-Versicherung im Bureau vorzulegen und diesen Vertrag zu unterzeichnen.

2. Beim Fernbleiben aus dem Geschäft hat dte Verkäuferin sowohl ihrem vorgesetzten Lagerhalter, als auch dem Vorstand sofort Mitteilung zu machen.

3. Die Waren sind unter Aufsicht des Lagerhalters netto gewogen und gemessen, reinlich behandelt und sorgfältig verpackt nach den vom Vorstand festgesetzten Preisen zu verkaufen.

4. Nach § 152 des Genossenschaftsgesetzes werden Personen, die für einen Konsumverein den Warenverkauf besorgen, wenn sie wissentlich oder ohne Beachtung der vom Vorstand erlassenen Anweisungen, Waren an andere Personen als an Mitglieder oder deren Vertreter verkaufen, mit Geldstrafe bis zu 150 M. bestraft.

Die Verkäuferin wird deshalb angewiesen und verpflichtet sich, Waren nur an solche Personen abzugeben, die ihr entweder als Mitglieder der Genossenschaft bekannt sind, oder sich durch Vorzeigung einer Legitimationskarte als Mitglieder bezüglich deren Vertreter legitimieren.

Bei Zuwiderhandlungen hat die Verkäuferin die sie treffende Strafe selbst zu zahlen.

5. Beim Warenverkauf hat die Verkäuferin in sauberer Kleidung die Mitglieder oder deren Angehörige stets in höflicher anständiger Weise, der Reihe nach wie sie gekommen sind, zu bedienen.

Ausnahmen dürfen nicht stattfinden. Kinder darf die Verkäuferin nicht länger warten lassen wie Erwachsene.

München, den 1. Oktober 1906.

Der Vorstand.

....

IV.

1. Antrag von Beisitzern an den Ausschuß des Gewerbegerichts Berlin betreffend gesetzliche Regelung des Tarifvertrages.

Die unterzeichneten Beisitzer beantragen auf Grund des § 75 Absatz 2 des Gewerbegerichtsgesetzes den folgenden Vorschlag im Ausschuß zu beraten und zum Gegenstand eines Antrages an die gesetzgebenden Körperschaften zu machen:

Im Titel VII der Gewerbeordnung sind

1. Hinter Abschnitt I „Allgemeine Verhältnisse" in einem Abschnitt II „Vorschriften über Tarifverträge" aufzustellen.

2. In dem § 134c hinter den Worten „soweit er den Gesetzen" die Worte einzuschalten „oder einem für die Arbeitgeber geltenden Tarifvertrag."

Begründung.

Der Mangel gesetzlicher Vorschriften über den Tarifvertrag macht sich im gewerblichen Leben immer mehr und mehr fühlbar. Diese Beobachtung ist in neuerer Zeit auch bei den Verhandlungen vor dem Einigungsamte gemacht worden. Hierzu kommt noch, daß das Reichsgericht in einer bereits viel bemängelten Strafentscheidung vom 30. April cr. in Verkennung des Charakters einer Tarifgemeinschaft diese als eine Koalition im Sinne der §§ 152, 153 der Gewerbeordnung aufgefaßt hat.

Bei dem Entwurf des Gewerbegerichtsgesetzes hat man mit Bezug auf die Einigungsämter an die Organisationen der Arbeitgeber und Arbeitnehmer und an die Tarifverträge gedacht. Das Gewerbegerichtsgesetz stellt einige Normen für die Vermittlung des Abschlusses von Tarifverträgen auf. Man sollte nunmehr einen Schritt weitergehen und im Anschluß an eine zu erwartende Reform der Koalitionsgesetzgebung, durch welche mindestens § 152 Absatz 2 der Gewerbeordnung beseitigt werden dürfte, in der Gewerbeordnung den Tarifvertrag gesetzlich regeln. Die Vorschriften würden in einen besonderen Abschnitt hineingehören, gleich hinter Titel VII, Abschnitt I, weil tarifvertragliche Bestimmungen für alle Arbeiter ohne Ausnahme Bedeutung haben.

(S. Lotmar, „Tarifverträge", Brauns Archiv Bd. 15 S. 118.)

Bis heute ist es Sache der Organisationen der Arbeitgeber und der Arbeiter allein gewesen, für die Entwicklung des Tarifvertrages zu sorgen, wie sie ebenfalls Sorge getragen haben, daß die vor dem Gewerbegericht geschlossenen und verlautbarten Verträge zur Durchführung gelangten. Die Verbände haben unter Vermittlung des Einigungsamts (§ 62 des Gewerbegerichtsgesetzes) bei Streitigkeiten zwischen Arbeitgebern und Arbeitern über die Bedingungen der Fortsetzung oder Wiederaufnahme des Arbeitsverhältnisses durch Schaffung von Tarifverträgen den Frieden hergestellt und zur Erhaltung desselben sich verschiedene Pflichten auferlegt. Sie suchen Streiks und Aussperrungen in Zukunft dadurch zu vermeiden, daß sie in den Verträgen paritätische Schlichtungskommissionen vorschreiben, welche unter anderem den Auftrag haben, die Verträge auszulegen und Differenzen zu begleichen. Gewöhnlich ist in dem Vertrage das Einigungsamt berufen, eventuell als zweite Instanz zu fungieren.

Leider werden aber häufig die Tarifverträge gebrochen. Es liegt dieses zum Teil daran, daß man meint, die sich gegenüberstehenden Kontrahenten hätten kein klagbares Recht aus ihrem Vertrage auf Grund des § 152 Absatz 2 der Gewerbeordnung.

Die Erfahrungen aus den Einigungsverhandlungen bei den verschiedenen Lohnkämpfen können als erläuternde Beispiele dienen.

Die Gärtnereibesitzer haben sich kurzer Hand über den mit den Gehilfen vor dem Gewerbegericht vereinbarten Tarifvertrag hinweggesetzt, ohne sich weiter um die getroffenen Abmachungen zu kümmern.

26 Fliesenleger haben nach dem letzten Fliesenlegerstreik sich nicht mehr um den am 19. Januar 1902 geschlossenen und noch gültigen Tarifvertrag gekümmert, weil der Arbeitgeberverband, mit dem dieser Vertrag vereinbart worden ist, sich aufgelöst hatte.

Die Erfahrungen aus dem letzten Bäckerstreik sind ebenfalls zu beherzigen. Hierzu sei bemerkt, daß Innungsmeister zum Abschluß eines Tarifvertrages keineswegs, wie die Vorstände der Bäckerinnungen ihren Mitgliedern vorgeredet haben, der Genehmigung ihrer Innungen bedürfen. Es ist für die Praxis der Innungsmeister von großer Bedeutung, durch das Gesetz auch jeden Zweifel darüber zu nehmen, daß der Abschluß von Tarifverträgen ohne Genehmigung der Obermeister nicht zum Ausschluß aus der Innung berechtigt.

Wenn dieser Umstand bekannt wäre, würden sich viele jetzt fernstehende Bäckermeister dem Tarifvertrage angeschlossen haben.

Durch die erwähnte Reichsgerichts-Entscheidung tritt der Gedanke auf, daß der tarifuntreue Arbeitgeber und Arbeiter seinem Verbande gegenüber durch § 152 Absatz 2 der Gewerbeordnung Schutz genießt, hierzu kommt noch das Fehlen jeglicher Vorschrift über den Tarifvertrag.

Diese Tatsachen drängen darauf, ein Gesetz über den Tarifvertrag zu schaffen. Der Bruch eines einzelnen Arbeitsvertrages ist ein Unrecht, aber lange nicht von so folgenschwerer Wirkung, wie der Bruch eines Kollektivvertrages, zumal wenn dieser eben erst zustandegekommen ist. Wenn ein Arbeiter oder ein Arbeitgeber ein Arbeitsverhältnis widerrechtlich löst, so wird es in der Regel nach zum Prozeß kommen, kaum zum Streik, beziehungsweise zur Aussperrung. Anders bei dem Bruch eines Tarifvertrages. Da kann es sich ereignen, daß der mit Mühe erreichte Friede gestört und der Kampf um so erbitterter wieder aufgenommen wird.

Derjenige, welcher für den gewerblichen Frieden ist, muß zur Vermeidung von Konflikten stets dafür sein, daß § 152 Absatz 2 der Gewerbeordnung beseitigt und an dessen Stelle möglichst eingehende Bestimmungen über den Tarifvertrag der Gewerbeordnung einverleibt werden. Es wird erforderlich sein, eine Definition des Tarifvertrages voranzusetzen. Tarifverträge dürfen nicht nur zwischen Organisationen abgeschlossen werden, sondern es genügt auch eine Mehrheit von Arbeitern einem Arbeitgeber oder eine Mehrheit von Arbeitgebern gegenüber.

Ferner unterliegt es für jeden, welcher einmal bei dem Abschluß eines Tarifvertrages mitgewirkt hat, keinem Zweifel, daß der Tarifvertrag schriftlich abgeschlossen werden sollte, gleichwie die Beitrittserklärung der Parteien der Schriftlichkeit bedarf.

Beweis hierfür bilden die Verhandlungen der Schlichtungskommissionen der einzelnen Gewerbe über die häufigen Streitigkeiten, welche sich bei der Auslegung sogar der schriftlichen Tarifverträge ergeben und die zahlreiche Änderungen und Richtigstellungen der Verträge herbeigeführt haben.

Eine weitere Forderung ist, daß die Tarifverträge vor dem Gewerbegericht, beziehungsweise Gemeindevorsteher abzuschließen und dort niederzulegen sind.

Wenn es sich um Tarifverträge handelt, welche über den Bezirk eines Gewerbegerichts hinaus Geltung haben sollen, müßte von den Landesregierungen dasjenige Gewerbegericht bestimmt werden, welches die Verhandlungen leiten soll.

Eine Maßregel, um endlose Verhandlungen zu vermeiden und um die Interessenten für den Tarifvertrag mit einem Male zusammen zu haben, wäre, die beteiligten Arbeitgeber und Arbeitnehmer durch öffentliche Bekanntmachung aufzufordern, sich binnen einer bestimmten Frist auf dem Gewerbegericht zu melden, besonders, wenn sie irgend welche begründeten Einsprüche erheben können, welche für den Abschluß des Vertrages von Bedeutung sind.

Über den Inhalt, welchen die Tarifverträge haben müssen, geben die einzelnen vor dem Gewerbegericht zustandegekommenen Verträge genügende Anhaltspunkte.

In erster Linie bestimmt der Vertrag die Höhe des Lohnes, sowohl für Zeitlohn, wie für Stücklohn, sowie über die Lohnzahlung. Ferner muß der Vertrag Bestimmungen enthalten über die Arbeitszeit, über Kündigung, über Vergütigungen für Fahrgeld und Fahrzeit bei Arbeiten außerhalb der Stadt, über Entschädigung von Überstunden und Nachtarbeit, über die Dauer des Vertrages und endlich über die bekannten Schlichtungskommissionen. Wünschenswert wäre auch eine Vorschrift über die Gewährung des Rechts der Ausübung der Koalitionsfreiheit, was die Angehörigen einzelner Arbeitgeberverbände allerdings von ihrer alten Gewohnheit nicht abbringen wird, die Organisationen der Arbeiter zu schädigen.

Zum Schluß über den Aushang des Tarifvertrages.

Hierbei sei an die Verhandlungen über den großen Konfektionsarbeiterstreik erinnert, wo von den Arbeitern auf das Entschiedenste der Aushang des Tarifvertrages verlangt wurde.

Der Aushang der Urkunde vertritt die Funktion der sogenannten Lohnbücher, und sollte im Übrigen den Bestimmungen des § 134e Absatz 2 G.O. unterliegen, insbesondere muß den Arbeitern Gelegenheit gegeben werden, in die Urkunde Einsicht zu nehmen, und jedem Arbeiter bei seinem Eintritt in die Beschäftigung ein Exemplar ausgehändigt werden.

Es ist bekannt, daß der Aushang des Tarifvertrages schon jetzt in einzelnen Gewerben üblich ist.

Zu berücksichtigen ist noch, daß die Arbeitsordnungen keine Bestimmungen enthalten dürfen, welche den Tarifverträgen entgegenstehen, damit durch die Arbeitsordnungen die Verträge nicht umgangen nnd gebrochen werden können. Im Zweifelfalle, ob der Arbeitsordnung vor dem Tarifvertrage der Vorrang einzuräumen ist, muß das Gesetz dem letzteren die erste Stelle einräumen, nach dem Grundsatz, daß dem allgemeinen Interesse das Interesse des einzelnen zu weichen hat.

Berlin, den 28. Juni 1904.

(Es folgen 30 Unterschriften.)

---

2. Entwurf eines Antrages des Gewerbegerichts Berlin an die gesetzgebenden Körperschaften betreffend Tarifverträge.

Die gesetzgebenden Körperschaften des Reiches wollen beschließen:

Den Titel VII Abschnitt 1 der Gewerbeordnung dahin zu ergänzen:

1. daß auf Tarifgemeinschaften zwischen gewerblichen Unternehmern und Arbeitern die §§ 152/3 der Gewerbeordnung keine Anwendung finden;
2. daß Tarifvereinbarungen für ihre Teilnehmer dergestalt bindend sind, daß von den Teilnehmern abweichende Bestimmungen weder durch den einzelnen Arbeitsvertrag noch durch Arbeitsordnungen getroffen werden dürfen.

Begründung.

In den letzten Jahren haben die Tarifgemeinschaften (Kollektiv- oder Tarifverträge) zwischen gewerblichen Unternehmern und ihren Arbeitern an Zahl wie an Bedeutung erheblich zugenommen. Zum Teil bilden sie den Abschluß von Lohnkämpfen, zum andern Teil — und grade dieser Teil wächst Dank der aufklärenden und vermittelnden Tätigkeit der gewerbegerichtlichen Einigungsämter besonders an — kommen sie ohne eigentliche Kämpfe (Streiks, Aussperrungen) zu Stande. Es wird immer mehr der ausgesprochene Zweck dieser Tarifabkommen, Streiks usw. zu verhüten und den gewerblichen Frieden zu wahren, indem man richtig erkennt, daß fast jeder größere Lohnkampf auch die siegreiche Partei wirtschaftlich schädigt, das Erwerbsleben weiterer Kreise benachteiligt und schließlich das ganze Staatswesen in Mitleidenschaft ziehen kann.

Es braucht deshalb kaum betont zu werden, daß gerade der Staatsgewalt die Förderung des Abschlusses von Tarifgemeinschaften besonders angelegen ist und sein muß. Sind doch die Vorschriften des Gewerbe-Gerichts-Gesetzes über das einigungsamtliche Verfahren mit aus eben diesem Bestreben hervorgegangen.

Im vorigen Jahre nun ist eine höchstrichterliche Entscheidung bekannt geworden, welche den genannten Tarifvereinbarungen den Lebensnerv zu unterbinden nur zu wohl geeignet ist. Das Reichsgericht, 3. Straffenat, hat in seinem Urteil vom 30. April 1904 die Tarifverträge als Verabredungen (Koalitionen) im Sinne der §§ 152, 153 der Gewerbeordnung hingestellt. Wenn diese Ansicht richtig ist, so würde den Tarifverträgen eine bindende Kraft nicht zukommen, vielmehr könnte nach § 152, Absatz 2 l. c., ein jeder an ihrem Abschluß Beteiligte beliebig und ohne deshalb irgendwie zu Schadensersatz usw. herangezogen werden zu können, von ihnen zurücktreten dürfen. Jedes derartige Kollektivabkommen wäre also zwecklos, jede einigungsamtliche Tätigkeit unnötig und es wären die bezüglichen Bestimmungen des Gewerbegerichtsgesetzes überflüssig.

Schon diese Schlußfolgerung beweist, daß jene Entscheidung des Reichsgerichts kaum zutreffend sein kann. Es ist denn auch der lebhafteste Widerspruch gegen sie laut geworden.

So von Zimmermann, Soziale Praxis XIII. Jahrgang Sp. 966 von Schalhorn ebenda Spalte 1010, von Baum im Gewerbegericht IX. Jahrgang Sp. 233, von v. Schulz, Archiv für Sozialwissenschaft und Sozialpolitik XX. Bd., Heft 2, Seite 362.

Es ist betont worden, daß ein Tarifvertrag nicht die Erlangung, sondern die Festlegung von Lohnbedingungen zum Inhalt hat, daß Koalitionen nur unter Angehörigen der gleichen Berufsgruppe (zwischen Arbeitgebern oder Arbeitnehmern) logisch denkbar sind, daß also jede Kollektiv-Vertragspartei eines Tarifabkommens wohl für sich eine Koalition darstellen kann, nicht aber die Vereinbarung zweier gegnerischer Koalitionen selbst ein Koalitionsvertrag sein kann. Auf der Grundlage der Reichsgerichts-Entscheidung würde man schließlich auch den Einzel-Arbeitsvertrag als ein Koalitionsabkommen ansehen können.

Dem sei jedoch wie ihm wolle; die Auffassung des Reichsgerichts mag richtig sein, oder nicht: auf alle Fälle müssen ihre Folgen verhütet werden. Soll nicht wieder der rohen Gewalt der Vorzug vor friedlichem Abkommen werden, so muß unsers Erachtens so bald wie möglich und noch vor der gesamten allgemeinen Neuregelung der Koalitionsbestimmungen im Wege der Gesetzgebung festgestellt werden, daß die Tarifgemeinschaften nicht unter den Koalitionsbegriff der §§ 152/3 der Gewerbeordnung fallen. Hiermit würde erreicht sein, daß die Tarifverträge dieselbe Kraft und Wirkung haben, wie jeder andere Vertrag des bürgerlichen Rechts.

Dies bezwecken wir mit dem I. Teile unseres Antrags.

Es erscheint uns aber im Interesse einer weiteren Zunahme der Tarifgemeinschaften und ihrer Friedenswirkungen ferner geboten, diesen Abkommen ein Übergewicht zu verleihen vor den Einzelarbeitsverträgen, welche zwischen Teilnehmern einer Tarifgemeinschaft abgeschlossen werden.

Man hat leider mehrfach die Wahrnehmung machen müssen, daß gewisse Teilnehmer eines Tarifabkommens -- und zwar meist zum Zwecke unlauteren Wettbewerbes — beim Abschluß des einzelnen Arbeitsvertrages sich nicht an die Grundsätze des Kollektivvertrages binden, sondern andere und zumeist solche Bestimmungen vereinbaren, die man durch den allgemeinen Tarifvertrag zu beseitigen, bzw. zu verbessern bezweckte. Vgl. v. Schulz a. a. O. Seite 367, Bernhard, Soziale Praxis XIII. Jahrgang, Spalte 1115.

Wenn solches zulässig sein sollte, so muß natürlich die Neigung zum Abschluß von Tarifverträgen bei allen redlich Denkenden ebenso schwinden, wie in dem Falle einer Anerkennung der Auffassung des Reichsgerichts.

Es ist nun zwar von angesehener Seite — Lotmar in Brauns Archiv, Band XV, Seite 1 ff., bes. Seite 88 ff. — die Ansicht vertreten worden, daß solche abweichenden Einzelabreden von Tarifteilnehmern untereinander ungültig seien und daß an ihrer Stelle für die Tarifteilnehmer immer nur die Bestimmungen des Kollektivvertrages Geltung haben könnten. Diese Lehre hat aber keineswegs allgemeine Billigung gefunden; es wird ihr entgegengehalten, daß sie dem Prinzip der allgemeinen Vertragsfreiheit widerspreche. Ihre Anwendbarkeit würde jedoch den gerügten Mißstand beseitigen; es erscheint uns daher durchaus angebracht, ihr gesetzlich Geltung zu verschaffen. Jedenfalls genügt es bei dem heutigen Mangel eines Koalitionsrechts und -zwanges nicht, die tariftreuen Teilnehmer der Tarifgemeinschaft zur Selbsthilfe gegen die tarifbrüchigen zu verweisen. Ob nach der heutigen Gesetzgebung überhaupt eine Mehrheit von Unternehmern oder Arbeitern in der Lage ist, die dem gemeinschaftlichen Tarifvertrage abtrünnig gewordenen Mitunternehmer bzw. Mitarbeiter ersatzpflichtig zu machen, steht dahin. Jedenfalls wird inzwischen die wirtschaftliche Schädigung der Tariftreuen bereits eingetreten sein. Wenn man z. B. bedenkt, daß noch immer selbst größere Korporationen größere Aufträge im Submissionswege an die Mindestbietenden vergeben, ohne die Gewährung der tarifmäßigen Mindestlöhne zur Bedingung zu machen, daß infolgedessen gerade tarifuntreue Unternehmer ihre Konkurrenten zu unterbieten in der Lage sind, so dürfte es in der Tat angebracht sein, ein für allemal solcher Möglichkeit gesetzlich vorzubeugen. Möge ein jeder bei Zeiten es sich überlegen, ob es für ihn zweckmäßig ist, sich an einem Tarifvertrage zu beteiligen; nach seinem Beitritt aber sei er gezwungen, das allgemein Vereinbarte auch im Einzelarbeitsvertrage — sofern auch sein Gegenkontrahent zur Tarifgemeinschaft gehört — gelten zu lassen. Auch nicht im Wege des einseitigen Erlasses von Arbeitsordnungen (§§ 134a ff. der Gewerbeordnung) darf er dem Kollektivabkommen Abbruch tun; das allgemeine Interesse muß auch hier dem Einzelwillen vorgehen.

Dieses Ziel erstrebt der II. Teil unseres Antrages.

Die Frage nach der zivilrechtlichen Gültigkeit des Tarifabkommens (hinsichtlich der Legitimation, Vertrags- und Vertretungsfähigkeit der Abschließenden; unter dem Gesichtspunkt der Anfechtung wegen Irrtums, Betruges, unsittlichen Inhalts, der örtlichen Geltungsgrenzen usw.), dürfte durch die gesetzliche Festlegung der von uns erbetenen Bestimmungen nicht berührt werden, wird vielmehr wie bei jedem anderen Vertrage des Privatrechts im einzelnen Streitfalle durch den Prozeßrichter zu entscheiden sein.

V.

Antrag von Beisitzern an das Gewerbegericht Berlin betreffend Ausbau der Koalitionsfreiheit.

Auf Grund des § 75 des Gewerbegerichtsgesetzes wird beantragt, daß der Ausschuß des Gewerbegerichts zusammentreten möge, um über den Ausbau der Koalitionsfreiheit zu beraten und um einen entsprechenden Antrag an die gesetzgebenden Körperschaften zu richten.

Es wird folgender Gesetzentwurf vorgeschlagen:

„An Stelle der §§ 152, 153 der Gewerbeordnung tritt die Bestimmung: Vereinigungen zum Behufe der Erlangung günstiger Lohn- und Arbeitsbedingungen haben zur Schlichtung von Streitigkeiten, welche zur Einstellung der Arbeit oder Entlassung der Arbeiter führen können, bei dem Gericht des Bezirks, in dem sie ihren Sitz haben, zu erscheinen und zu verhandeln.

Auf die Vereinigungen findet der § 21 des Bürgerlichen Gesetzbuches entsprechende Anwendung, mit der Maßgabe, daß, wenn die Vereinigungen die Bestimmungen des Absatzes 1 in ihren Satzungen aufnehmen und auch erfüllen,

Einspruch gegen ihre Eintragung von der Verwaltungsbehörde nicht erhoben werden darf.

Die Satzungen der Vereinigungen sind unbeschadet der Bestimmungen des Bürgerlichen Gesetzbuches über Vereine dem betreffenden Ausschuß des in Absatz 1 genannten Gewerbegerichts zur Genehmigung vorzulegen.

Beschwerden gegen den Beschluß des Gewerbegerichtsausschusses gehen an den zuständigen Oberpräsidenten, welcher endgültig entscheidet.

Verstöße gegen die Satzungen sind mit Ordnungsstrafen zu ahnden."

Begründung.

„Nach dem Ausspruch eines Regierungsvertreters bei der Beratung des Gewerbegerichtsgesetzes 1890 im Reichstage sind die Einigungsämter des Gewerbegerichts geschaffen worden, um Organe zu haben, an welche sich die streitenden Teile bei Streiks und Aussperrungen wenden können, mit dem Antrage, Verhandlungen anzubahnen. Bis dahin hatten die Parteien keine genügende Gelegenheit, mit einander zum Verhandeln zu kommen. Wenn man die Motive zu dem genannten Gesetz einsieht, erfährt man, daß der Gesetzgeber an die Organisationen der Parteien gedacht und auch wohl erhofft hat, daß. wenn Vertreter von Organisationen vor dem Gewerbegericht verhandeln, dieselben für die Durchführung der dort geschlossenen Verträge resp. Vergleiche und der anerkannten Schiedssprüche Sorge tragen werden.

Wir glauben, daß die Erwartung, welche man in dieser Beziehung von den Parteien hatte, wohl ausnahmslos in Erfüllung gegangen ist. Dies bezeugen vor allem die zahlreichen Vergleiche, welche vor dem Berliner Gewerbegericht abgeschlossen wurden. Wenn trotzdem behauptet werden muß, daß das Einigungsamt nicht genügend in Anspruch genommen wird, so werden wir hierfür in erster Linie die bestehenden Gesetze verantwortlich zu machen genötigt sein. Der einigungsamtlichen Tätigkeit des Gewerbegerichts sind besonders hinderlich die sogenannten Koalitionsparagraphen der Gewerbeordnung, welche ein Emporblühen der Berufsvereine vereiteln. Nach den §§ 152, 153 der Gewerbeordnung sind zwar Vereinigungen und Vereinbarungen der Arbeitgeber und Arbeiter zur Erlangung günstigerer Lohn- und Arbeitsbedingungen nicht mehr strafbar. Die Mitglieder der Vereine und deren Leiter laufen aber auf Grund der Bestimmungen des § 153 der Gewerbeordnung ständig Gefahr, bei Streiks usw. wegen Handlungen zur Rechenschaft gezogen zu werden, wegen welcher andere Mitbürger des Staates stets straflos bleiben. Hierüber ist so viel geschrieben worden und gesprochen, daß es sich erübrigt, noch näher darauf einzugehen. Nur wollen wir erwähnen, daß, weil bei der Anwendung des § 153 der Gewerbeordnung nicht mit gleichem Maße gemessen wird — bewußt oder unbewußt lassen wir dahingestellt —, die Arbeiter der Meinung geworden sind, daß einzig und allein ihretwegen der § 153 der Gewerbeordnung einverleibt bleibt.[3])

Es dürfte im allgemeinen Interesse liegen, hier Wandlung zu schaffen.

Zunächst halten wir es für dringend erforderlich, den § 153 der Gewerbeordnung zu beseitigen, zumal er nachweisbaren Nutzen nicht gebracht hat.

---

[3]) Siehe aber im Abschnitt II des Gutachtens die Anmerkung 208 und Soziale Praxis XIII. Jahrgang Sp. 1220. Vgl. noch Zimmermann, Gerechtigkeit! Soziale Praxis XIII. Jahrgang Sp. 504 ff., 529 ff., 561 ff.

Er hat lediglich dazu gedient, die Erbitterung der Arbeiter immer mehr und mehr zu steigern. Auch das ist bekannt, daß wir für unsere Angaben Beweise nicht besonders beizubringen brauchen. Wenn Arbeiter bei Streiks oder Aussperrungen sich vergehen, so mögen sie bestraft werden, wie sie es verdienen, aber wie jeder andere, nach dem allgemeinen Strafgesetz.

Durch den § 153 der Gewerbeordnung und seine Androhungen ist noch kein Streik und keine Aussperrung verhindert worden. Wohl könnte man dieses aber erreichen durch den Ausbau der Koalitionsfreiheit zu einem Koalitionsrecht, durch eine Vervollständigung des § 152 der Gewerbeordnung. Gleiches Recht für alle, also auch für Arbeitgeber und Arbeiter in ihren Berufsvereinen.

Man beseitige das Einspruchsrecht der Verwaltungsbehörden aus § 61 des Bürgerlichen Gesetzbuches gegen die Eintragung der Berufsvereine und verpflichte diese Vereine durch Gesetz, daß sie sich Statuten geben, nach welchen sie genötigt sind, unter allen Umständen bei ausgebrochenen Streiks oder Aussperrungen, wenn angängig schon vorher, an das Gewerbegericht als Einigungsamt heran zu treten. Welche Vorteile gemeinsame Aussprachen vor dem Gewerbegericht bieten, ist in Berlin schon sehr oft beobachtet worden: Mißverständnisse werden dort aufgeklärt und die Streitpunkte so eingehend erörtert, daß, wenn selbst auf dem Gewerbegericht eine Einigung nicht erzielt wurde, nachträglich noch die Parteien sich zusammenfanden, um den Frieden herzustellen.

Die Statuten der Berufsvereine hätten demnach Vorschriften zu enthalten, damit auch das allgemeine Interesse gewahrt wird. Praktisch wäre die Genehmigung der Satzungen dem Gewerbegerichtsausschuß zu überlassen und als letzte Instanz den Oberpräsidenten zu bestellen. Organisationen, welche bezwecken, sich gegenseitig zu vergewaltigen, wären nicht zuzulassen; damit aber solche einigungsamtlichen Verhandlungen im ganzen Nutzen bringen, bedarf es starker Organisationen, welche mächtig genug sind, ihre Mitglieder zu nötigen, die geschlossenen Vergleiche zu halten.

Es wäre erforderlich, daß möglichst nur Organisationen sich gegenüberstehen. Diese hätten darüber, ob es zum Streik oder Aussperrung kommen soll, durch Mehrheit zu entscheiden.

Die Minderheit hat sich der Mehrheit zu fügen, für den Fall des Nichtfügens wären Konventionalstrafen zu empfehlen, wie man auch Konventionalstrafen einführen könnte für Berufsvereine, um sie zur Erfüllung ihrer Pflichten anzuhalten.

Die Berufsvereine der Arbeiter und der Arbeitgeber — mit Ausnahme derjenigen Arbeitgebervereine, welche sich nicht daran gewöhnen können, daß die Arbeiterverbände mit ihnen gleichberechtigt sind — haben bei Lohnbewegungen usw. durch die Verhandlungen, besonders vor dem Berliner Gewerbegericht bewiesen, daß es ihnen Ernst ist, Streiks uud Aussperrungen aus dem Wege zu schaffen.

Will man Streiks und Aussperrungen nach Möglichkeit verhindern, so gebe man auf der einen Seite den Berufsvereinen die größte Bewegungsfreiheit, auf der andern Seite zwinge man sie, den Versuch zu machen, ihre Differenzen vor den Gewerbegerichten zu erledigen."

FSC
www.fsc.org
MIX
Papier | Fördert gute Waldnutzung
FSC® C083411

Kolibri 360 GmbH
Ferdinand-Jühlke-Straße 7
99095 Erfurt, Deutschland
produktsicherheit@kolibri360.de